谨以此书献给

为河南高速公路发展事业作出贡献的决策者、建设者、管理者

"十三五"国家重点图书出版规划项目

中国高速公路建设实录

Record of Expressway Construction in
Henan

河南高速公路建设实录

河南省交通运输厅

内 容 提 要

本书是《中国高速公路建设实录》系列丛书之河南卷,本书是一部系统、全面展现河南省高速公路建设历程和发展成就的大型历史文献和科普专著,融专业性、资料性、实用性于一体。全书收录了截至2016年底,河南省境内的14条国家高速公路、18条地方高速公路的完整建设信息及相关资料,内容包括:河南省经济社会与综合交通运输发展、公路交通概况、高速公路建设发展概况、高速公路建设管理地方法规、高速公路运营管理概要、高速公路建设科技成果、高速公路文化建设概要、高速公路项目建设信息、高速公路大事记等。

本书可供交通运输系统从业人员、公路建设行业技术人员、交通运输类大中专院校师生等相关人员学习参考。

图书在版编目(CIP)数据

河南高速公路建设实录 / 河南省交通运输厅组织编写. — 北京:人民交通出版社股份有限公司, 2018.12
ISBN 978-7-114-14168-3

Ⅰ. ①河… Ⅱ. ①河… Ⅲ. ①高速公路—道路建设—河南 Ⅳ. ①U412.36

中国版本图书馆 CIP 数据核字(2017)第 222917 号

"十三五"国家重点图书出版规划项目
中国高速公路建设实录

书　　名:	河南高速公路建设实录
著 作 者:	河南省交通运输厅
责任编辑:	刘永超　周　宇　潘艳霞
责任校对:	赵媛媛
责任印制:	张　凯
出版发行:	人民交通出版社股份有限公司
地　　址:	(100011)北京市朝阳区安定门外外馆斜街3号
网　　址:	http://www.ccpress.com.cn
销售电话:	(010)59757973
总 经 销:	人民交通出版社股份有限公司发行部
经　　销:	各地新华书店
印　　刷:	北京雅昌艺术印刷有限公司
开　　本:	787×1092　1/16
印　　张:	70
字　　数:	1400 千
版　　次:	2018 年 12 月　第 1 版
印　　次:	2018 年 12 月　第 1 次印刷
书　　号:	ISBN 978-7-114-14168-3
定　　价:	480.00 元

(有印刷、装订质量问题的图书,由本公司负责调换)

《河南高速公路建设实录》编委会

主　任：张　琼

副主任：刘兴彬　丁　平　胡明柱　唐彦民　徐　强
　　　　高建立　魏金立　李玉辉　宋华东　尹如军
　　　　程日盛　马　健　柴中畅　温胜强　李　强
　　　　李明元

编　委：徐　磊　崔　梅　武景顺　朱焕新　刘　江
　　　　成小原　夏连学　关　健　王前东　张　军
　　　　王　丽　刘　皓　李鸿超　郭　琦　陈威达
　　　　刘　芳　胡仁东　赵平均　孙　艺　游江涛
　　　　王穗平　袁　超　宁金成　张恩朝　李俊峰
　　　　夏姝彦　毛予蓉　贺倩倩　魏　琳　王　轩
　　　　郑云鹏　支　刚　朱铁增　刘　伟　万拥军
　　　　曹　帅　张祎茹　王　政　蒋丽君　孙振华
　　　　夏苗苗　闫海峰　王菊蕊　李　迪　尹　楠
　　　　郑华茂　孟国东　韩文杰　潘　登　张丽娟
　　　　何　晨　郭朋朋　张艳华　侯　瑞　吴　晶
　　　　贾　悦　都敬丽　李　沛　王　帆　王　丹
　　　　王智博　李旭丹　郭朝慧

河南地处中原,自古就有"九州腹地、十省通衢"之称,是全国承东启西、连南贯北的重要交通枢纽,承担着东西经济互补、南北资源流通的历史使命。改革开放以来,在省委省政府的正确领导下,河南交通运输取得了长足发展。截至2015年底,河南交通运输已经实现了由"基本缓解"到"总体适应"的重大跨越,为河南由"交通大省"向"交通强省"迈进奠定了坚实基础。

高速公路是公路网络的主骨架。自1984年1月,河南第一条高速公路——郑州至开封高速公路启动可行性研究以来,河南交通人解放思想、开拓创新、接续奋斗,截至2016年底,全省高速公路通车总里程已达6448km。河南高速公路的快速发展,极大地促进了人流、物流的快速增长,提高了社会资源配置效率,改善了河南经济发展环境,已经成为河南的一张靓丽名片,为全省经济社会发展装上了奔跑的轮子,插上了腾飞的翅膀。

回顾33年波澜壮阔的建设历程,不由令人心潮澎湃:从打破思想禁锢,艰辛无畏地破冰前行,逐步拉开高速公路建设大幕;到放开建设市场,搞多元化融资,实施豫西高速公路大开发,推动高速公路大发展,连续8年通车里程保持全国第一;再到坚持改中求进,破解瓶颈制约,推广运用PPP建设模式,掀起新一轮高速公路建设高潮。每一步发展都是一次历史纪录的刷新,都是河南交通发展史上浓墨重彩的一笔,都是河南交通人智慧、力量和担当精神的充分彰显,值得我们认真地去总结和发扬。

抢抓机遇　　创新进取
河南高速公路快速发展的历史序幕正式拉开

20世纪90年代初,随着改革开放和社会主义现代化建设进入新阶段,国民经济得到较快增长。产业结构的变化和城乡人民生活水平的提高,对交通运输业发展提出了更高的要求。面对基础设施落后、运能紧张的局面,全社会发展交通运输的积极性空前高涨。在这一时期,国家对交通建设的投资力度成倍增长,并开启了由普通公路建设向高速公路建设的转移模式。

也正是在这一时期,河南省委省政府提出要充分发挥"中"和"通"的优势,即得天独厚、四通八达的交通区位优势,完善交通基础设施,形成大交通、大流通、大市场格局,改善投资硬环境,实施开放带动战略,闯出一条内陆省份、内陆城市对外开放的路子。

为加快公路事业发展,在政策上,河南省委省政府提出了"政治动员,经济补偿,行政干预,各方支援"和"集资建设,有偿使用,收费还贷,滚动发展"的"双十六字"方针。1998年,又出台了"统贷统还"的政策,即由河南省交通厅作为借款主体,统一调度资金,统一偿还贷款本息,采用"统一规划,统一贷款,统一建设,统一归还"的融资模式。在建设环境上,号召全社会集中力量支持高速公路建设,方方面面都要为高速公路建设开绿灯,就像革命老区当年支援前线那样支援高速公路建设,并把首先建设的郑汴洛(开封—郑州—洛阳)高速公路列入了当时全省十大基础设施工程,并给予重点支持。

河南省交通厅积极贯彻落实省委省政府工作部署:一方面广开门路,挖掘内部潜力,积极自筹和利用省内资金,同时积极争取交通部的大力支持;另一方面广泛招商引资,利用国际金融组织贷款进行高速公路建设,争取世界银行贷款4.7亿美元,用于郑州至洛阳、安阳至新乡高速公路建设。1994年,河南较早的两条高速公路郑州至开封高速公路和郑州至新郑机场高速公路建成通车,实现了"零的突破","八五"期间建成高速公路230km。之后至"九五"末,河南又建成了郑州至洛阳、安阳至新乡等4条277km高速公路;对郑州至新乡一级公路进行改造,其中有42km达到了高速公路标准。到2000年底,全省高速公路通车里程达507km,并在2000年成立了河南高速公路发展有限责任公司和河南中原高速公路股份有限公司两家大型高速公路建设管理企业,河南跨入了全国高速公路先进省份的行列。

勇立潮头 敢于争先
河南高速公路在百舸争流中实现跨越式发展

进入21世纪,河南抓住国家实施以扩大内需为导向的宏观经济政策的有利时机,乘势而上,推动全省高速公路步入了一个高速跨越式发展的新时期。2001年,随着全长206km连霍高速公路洛阳至三门峡至灵宝段建成通车,连霍高速公路在河南境内实现全线贯通;当年新增高速公路570km,新增里程居全国第一;全省高速公路通车里程达到1077km,由上年全国的第十三位跃居第六位。2003年,河南省政府出台的《关于深化交通建设管理体制改革的通知》(豫政〔2003〕10号)明确提出:"要放宽准入条件,拓宽融资渠道,加快全省交通建设。凡经营性交通建设项目,鼓励和引导社会资金以独资、合资、合作、联营、特许经营等方式参与建设,形成多元化投资格局"。按照河南省政府要求,河南省交通厅坚持"抓两头、完善中间"的指导方针,重点推进高速公路建设,会同省发改委出台了《关于加强我省投资经营性公路管理的通知》等一系列文件,进一步明确各市政府作为高速公路建设项目主管单位的职责,规范引导社会资金参与河南省高速公路建设。融资方式和建设市场管理的全面创新,为高速公路建设注入了新活力。2004年,京珠高速公路在河南境内实现全线贯通,河南建成了京珠高速公路和连霍高速公路两条纵贯南北、连接东西、辐射和带动全省经济社会发展的"金十字"大通道,真正成了全国公路的枢纽中心。2005年,全省高速公路新增通车里程920km,是当年全国新增高速公路里程最多的省份;全省高速公路总里程达到2678km,18个省辖市全部实现高速公路连接;在建高速公路里程2214km,在建规模全国第一。省内高速公路全部实现联网收费"一卡通",成为全国最大的"一网相连"的高速公路收费网络。

"十一五",特别是2008年以后,国家为应对由美国次贷危机引发的全球金融危机,进一步实施积极的财政政策,将加大基础设施投资作为推动经济增长的重大举措,要求交通要做好"三个服务"。河南抓住这一时期,把交通发展放到了更加突出的位置来抓,鲜明地提出了"科学发展,交通先行;中原崛起,交通先行;三化协调,交通先行"和"交通要适度超前"的要求。河南省交通厅不等不靠、主动作为,打造融资平台,成立了河南交通投资集团和收费还贷高速公路管理中心两大"交通航母";拓宽融资渠道,强化资金运作,盘活存量资产,创新形成银行贷款、中期票据、融资租赁等多元化融资结构;实施豫西高速公路大开发战略,推进"10+1"高速公路连接线工程,全面掀起了一场史无前例的高速公路建设热潮,并取得了2006年至2013年连续8年高速公路通车总里程保持全国第一的奇迹。2006年,河南高速公路通车里程达到3439km,跃居全国第一。2007年,突破4000km,达到4047km。2010年,突破5000km,达到5016km,国高网河南境段全部建成。2012年,全省所有县市基本实现20分钟上高速公路。2013年达到5859km,17个市形成高速公路十字交叉,4个市形成绕城高速公路。

改中求进 进中破难
河南新一轮高速公路建设高潮全面掀起

2013年下半年以后,长期以来支撑交通运输基础设施快速发展的要素条件和外部环境发生了深刻变化。由于长期举债发展,交通运输系统债务负担十分沉重,再加上进入了还本付息的高峰期,建设资金严重紧缺,土地、劳动力、环境等要素成本也在大幅度上升,使得传统粗放的交通运输发展方式难以为继。2014年,河南交通投资集团资产负债率一度接近80%的警戒线,大公国际资信评估有限公司拟对其信用评级进行下调,面临150亿元私募债发行叫停,部分高速公路项目停工,已发行281亿元债券面临提前收回的风险。针对这一情况,河南省交通运输厅党组积极应对,努力争取省委省政府支持,及时采取得力措施,成功化解了融资信用风险,同时强化管理,提升多元化盈利水平,使河南交投集团重新焕发了内生动力,为长远发展积蓄了能量。但长期以来高位举债发展暴露的问题已十分明显,改革迫在眉睫、势在必行。

乘着党的十八大以来全面深化改革的东风,河南省交通运输厅党组准确把握交通运输发展的阶段性特征和规律性要求,审时度势、科学谋划,创新地提出了改中求进的发展思路,着力用改革的精神、改革的思路、改革的办法破解发展难题,开启了河南交通运输改革发展的新时代。

特别是对于河南的高速公路建设,经济效益较好的路段已经基本修建完毕,贫困区、深山区高速公路建设项目投资量大,经济效益差,按照原来的投资模式,难以吸引投资。因此,要解决河南高速公路建设成本高、融资难与发展空间依然较大、需求依然旺盛的矛盾,迫切需要尽快对投资模式进行改革。

正当河南交通人努力寻求解决高速公路建设瓶颈制约的办法时,国家出台了推广运用政府和社会资本合作模式的一系列文件。河南省交通运输厅党组敏锐地认识到,PPP模式的出台和推行,将是河南高速公路建设走出困境的一个突破口。

为抢抓机遇,尽快形成实际成果,河南省交通运输厅认真研究,在与沿线市县多次沟通后,筛选出条件相对成熟的尧山至栾川至西峡高速公路等项目作为试点,提请省政府印发了省长办公会议纪要,明确高速公路建设采取沿线地方政府承担20%建设资金补贴,并负责征地拆迁、提供净地的PPP模式合作建设,基本形成了可借鉴、可复制、可推广的实践经验。2016年,河南省交通运输厅应用此模式,推动建设了周口至驻马店至南阳、济源至洛阳西、信阳息县至平桥(邢集)等多条高速公路。同时,成功引入中建八局、绿地集团、中港集团等大型央企和优势企业,投资建设范台梁高速公路、渑池至垣曲高速公路、新晋高速公路等项目。2016年,河南共新开工8条、482km高速公路,是"十二五"以来河南高速公路开工里程最多的一年。2017年,河南重登历史巅峰,在建高速公路里程达828km,同时新开工建设南太行、大别山、伏牛山、黄河滩区以及省际通道、中原城市群互联互通等20余个、1000km以上高速公路。据此,河南"十三五"将新增高速公路通车里程1800km以上,突破8000km,高速公路新一轮建设高潮全面掀起。

建管并重　提升品质
河南高速公路建设管理实现经济和社会效益双丰收

多年来,河南省交通运输系统唱响"发展、改革、质量、廉政、安全"主旋律,始终坚持高速公路项目管理与项目建设两手抓、两手都要硬。出台《河南省高速公路设计技术要求》、标准化施工技术指南等一系列规章制度,推广施工单位自检、驻地监理抽检、中心试验室抽查的三级质量控制体系,实行高速公路三阶段检查验收和一年两次质量大检查,开展优质工程、品质工程创建活动,严格施工过程控制,强化工程质量管理。编制公路工程施工招标资格预审文件范本,对投标单位的施工组织设计审查提前到资格预审阶段。推广固定标价随机抽取法,开展工程设计、施工单位和从业人员动态信用评价,严格落实业绩信誉和"黑名单"档案制度,强化建设市场管理。印发了《河南省公路工程施工分包管理办法》《重点建设项目质量监督管理台账》等六个办法和八项台账,并出台相应的责任追究办法,全面提升项目规范化管理水平。全省高速公路工程质量合格率达到100%,优良率达到93%以上。濮阳至鹤壁、济源至焦作两个高速公路项目荣获"国家优质工程银质奖"。桃花峪黄河大桥被冠名为全国首批、全省唯一的"平安工程"项目。

始终坚持通过提升高速公路运营管理水平,创品牌、强服务、树形象。实施路面平整度专项整治,提高了行车舒适度;开展高速公路绿化专项治理,达到了"四季常青、三季有花";开展标志标牌整改工作,实现了"车行中原、一目了然"。推行"联合指挥、联合巡逻、联合执法、联合施救"路警"四联合"工作机制,保通服务能力持续增强。树立"高速服务、天天进步"的理念,高速公路服务区ISO国际标准化管理体系认证率达到100%,2015年争创全国百佳服务区7对,评比数量、比例均居全国第一。推行收费员"微笑服务",提高ETC覆盖率,实行货车非现金支付,高速公路服务水平稳步提升。

33年的高速公路发展,推动全省经济社会面貌发生了巨大变化,带动经济社会快速发展。不仅创造了就业,促进了建材工业、机械制造业发展,而且在高速公路沿线,形成了以商品集散、市场贸易、高新技术、信息产业等为主体的,郑汴洛、新—郑—漯、新—焦—济(南太行)、洛—平—漯等新兴产业带,构筑了河南经济发展的"脊梁"。2016年,河南的经济总量跨入4万亿俱乐部,增速高出全国平均水平1个百分点以上,稳居全国第五位。促进了中原城市群建设进程;增强了郑州作为中原城市群中心的辐射带动效应;促进了城市群资源共享、产业互补、协调发展,区域经济一体化步伐加快。近年来,河南常住人口城镇化率年均提高1.5个百分点以上,中原城市群成为国家重点培育发展的城市群。推进了旅游产业发展,旅游正在加速成长为河南新的经济增长点。仅2017年春节期间,河南省就接待游客1868.9万人次,同比增长17.3%,旅游总收入80.32亿元,同比增长19.5%。出行条件得到极大的改善,商务、公务、社交由"朝发夕至"发展为"当日往返",200km内探亲访友可实现"中午与亲朋会面,晚上在自家吃饭"。交通枢纽优势进一步提升,河南的运输量占全国的1/10,高速公路60%以上为过境车辆,"中原通则一通百通"的作用充分发挥。

<h3 style="text-align:center">继往开来　接续奋斗
河南高速公路再谱新篇章续写新辉煌</h3>

回顾河南高速公路发展历程,我们豪情满怀。33年的历史沉淀,33年的沧桑巨变,33年的不懈奋斗。一代代河南交通人以其自强不息、与时俱进、创新发展的拼搏精神,用自己的辛勤和汗水,推动河南高速公路取得了举世瞩目的发展成就。

《河南高速公路建设实录》一书汇编了河南高速公路发展全过程,既有建设又有管理,既有理念政策又有具体措施做法,同时还包含了参建单位人员取得的技术进步和科研成果,突出了河南特色,具有很强的专业性、资料性和实用性。相信读到这本书,读者可以清晰地看到河南高速公路发展的历史轨迹、巨大贡献和经验做法,定会读有所感、读有所悟、读有所获。

百尺竿头思更进,继往开来谱新篇。2016年,习近平总书记提出了"十三五"交通运输仍处于黄金时期的重大判断,并向交通人提出了加快发展、不辱使命,为实现中华民族伟大复兴中国梦发挥更大作用的明确要求。这是党中央给交通人吹响的"集结号"、下达的"军令状"。当前,河南正处于全面建成小康社会的决胜阶段,但贫困地区尤其是革命老区、三山一滩等地高速公路仍然是薄弱环节,正如习近平总书记所说,"要想富,先修路",在河南也不过时、很迫切。

为更好地服务河南经济社会发展、脱贫攻坚、新型城镇化建设和产业布局优化,按照"扩大覆盖、增强能力、强化衔接、提高效率"的总体思路,《河南省高速公路网规划调整方案(2016—2030年)》在2012年河南高速公路规划的基础上,提出新增路线11条、新增里程约1300km,调整后规划总规模达到9370km,同时新增6条线路、约680km作为展望研究。规划路线规模和研究路线规模合计约1万km。高速公路网规划调整后,可形成"网络更完善、核心更突出、衔接更顺畅、覆盖更广泛、出行更便捷"的高速公路网络,为实现"两个一百年"目标提供强有力支撑。

面对艰巨繁重的高速公路建设任务,河南交通人将进一步解放思想、扩大开放,"撸起袖子加油干",深化交通投融资改革,打破长期以来在重点项目建设中单一区域、单一项目、单一模式的做法,吸引大型企业、行业龙头企业,在高速公路建设管理领域开展深度合作,全面推进高速公路建设,持续巩固提升河南交通优势,加快建设交通运输强省步伐,全力以赴在河南决胜全面小康让中原更加出彩中走在前列、当好先行!

本书编委会

2018年9月

前言
Foreword

1994年12月26日,全长81km的连霍高速公路开封至郑州段建成通车,实现了河南高速公路"零的突破"。在交通运输部、省政府的大力支持下,河南省的高速公路建设经过近30年的迅猛发展,取得了令人瞩目的成绩,截至2016年底,全省高速公路通车总里程达6448km,已基本形成以郑州为中心的一个半小时中原城市群经济圈,3小时可达全省任何一个省辖市,6小时可达周边6省任何一个省会城市,全省所有县(市)城20分钟上高速公路,河南连南贯北、启东承西的区位优势愈发突显,枢纽地位日益巩固。2030年河南规划目标为全省高速公路通达里程10050km,路网密度6.0km/100km^2,将继续走在全国高速公路建设第一方阵,努力实现由"交通大省"向"交通强省"迈进的目标。

河南高速公路的大发展、大成就凝聚着几代人的艰辛和努力,涌现出许许多多模范人物和先进事迹,留下了大量珍贵的现场资料和建设信息,这是历史的记忆、时代的财富,应该加以很好的保存和保护。2014年10月,交通运输部决定启动《中国高速公路建设实录》编纂工作,全面回顾总结改革开放40年来中国高速公路的发展历程和建设成就。根据交通运输部编纂工作要求,河南省交通运输厅成立了以张琼厅长为主任的《河南高速公路建设实录》编委会,由交通运输厅建设管理处牵头组织,具体编纂任务由河南交通职业技术学院承担。

《河南高速公路建设实录》(以下简称《实录》)一书是对河南省高速公路近30年发展历程的一次全面回顾和系统总结,是展现河南省高速公路发展轨迹,传承河南公路建设文化的一项重要工作,意义重大,影响深远。该书记载了自河南省第一条高速公路开工建设以来,高速公路建设经验模式、法律法规、科技创新、运营管理、文化传承、重大事件等成果,搜集整理了32条河南省境内的高速公路项目建设信息,真实记录了各条高速公路建设过程,是研究河南省高速公路建设和交通运输发展的珍贵历史资料。由于《实录》跨度大,时间长,编纂工作人员深入设计院、咨询监理公司、各项目运营管理单位，通过实地查看、审阅档案、走访离退休老同志等方式，保证了资料的真实性和准确性。

交通运输部和中国公路建设行业协会对本书的编纂工作给予了全面指导和大力支持，河南省交通运输厅机关有关部门、所属单位、各高速公路项目建设公司、运营管理单位为本书提供了大量的文稿、照片等原始资料，交通运输系统的部分老干部、老专家也为本书文稿和照片的搜集整理提供了大量的帮助，并对本书编纂工作提出了宝贵意见。在此，一并表示衷心感谢！

本书中引用了其他作者的一些资料、数据，谨向原作者致谢！由于编著者水平有限，书中难免会有疏漏和不足之处，敬请读者批评指正。

作　者
2018 年 7 月

目录 Contents

第一章	河南经济社会与综合交通运输发展	1
第一节	经济社会发展	1
第二节	综合交通运输发展	14
第三节	现代综合交通运输体系发展规划概要	25
第二章	河南公路交通运输概况	28
第一节	公路建设概况	28
第二节	公路建设、养护管理体制改革概况	32
第三节	道路运输发展概况	40
第三章	河南高速公路建设发展概况	47
第一节	河南省高速公路管理模式的演变	48
第二节	河南省高速公路的发展历程	51
第三节	河南高速公路建设成果综述	65
第四节	河南高速公路桥梁隧道建设成果概要	68
第五节	河南高速公路建设管理经验概要	91
第六节	高速公路网与河南经济社会发展	103
第四章	河南高速公路建设管理地方法规和标准	108
第一节	主要地方法规综述	108
第二节	地方管理法规制度摘要	113
第三节	地方标准简介	140
第五章	河南高速公路运营管理概要	145
第一节	运营管理概述	145
第二节	养护管理概况	149
第三节	收费管理与信息系统概况	153
第四节	路政管理概况	163
第五节	服务区管理概况	166

| 第六节 | 主要运营管理单位简介 | 171 |

第六章　河南高速公路建设科技成果　178
- 第一节　科研项目综述　178
- 第二节　科研成果摘选　195
- 第三节　科研成果推广应用　226

第七章　河南高速公路文化建设概要　243
- 第一节　交通文化建设综述　243
- 第二节　建设期文化建设概况　245
- 第三节　运营期文化建设概况　256

第八章　河南高速公路项目建设信息　260
- 第一节　G3W 德州至上饶高速公路河南段　260
- 第二节　G4 北京至香港澳门高速公路河南段（安阳县至罗山县）　275
- 第三节　G4W2 许昌至广州高速公路河南段（许昌县至桐柏县）　366
- 第四节　G1511 日照至兰考高速公路河南段（兰考县）　386
- 第五节　G1516 盐城至洛阳高速公路河南段（永城市至伊川县）　392
- 第六节　G35 济南至广州高速公路河南段（商丘市梁园区至虞城县）　429
- 第七节　G3511 菏泽至宝鸡高速公路河南段（长垣至济源）　440
- 第八节　G45 大庆至广州高速公路河南段（南乐县至新县）　474
- 第九节　G55 二连浩特至广州高速公路河南段（济源市至邓州市）　553
- 第十节　G5512 晋城至新乡高速公路河南段（博爱县至原阳县）　596
- 第十一节　G59 呼和浩特至北海高速公路河南段（灵宝市至西峡县）　620
- 第十二节　G30 连云港至霍尔果斯高速公路河南段（永城市至灵宝市）　649
- 第十三节　G36 南京至洛阳高速公路河南段（沈丘县至孟津县）　732
- 第十四节　G40 上海至西安高速公路河南段（固始县至西峡县）　773
- 第十五节　S1 郑州机场高速公路　813
- 第十六节　S22 南乐至林州高速公路　818
- 第十七节　S26 台前至辉县高速公路　851
- 第十八节　S38 新蔡至泌阳高速公路　860
- 第十九节　S39 濮阳至商城高速公路　880
- 第二十节　S49 林州至汝州高速公路　886
- 第二十一节　S60 商丘至登封高速公路　905
- 第二十二节　S62 淮滨至信阳高速公路　916
- 第二十三节　S81 商丘至南阳高速公路　923

第二十四节	S82 郑州至民权高速公路	944
第二十五节	S83 兰考至南阳高速公路	968
第二十六节	S85 郑州至少林寺高速公路	995
第二十七节	S87 郑州至云台山高速公路	1004
第二十八节	S88 郑州至西峡高速公路	1022
第二十九节	S89 郑州机场至周口西华高速公路	1034
第三十节	S96 洛阳至栾川高速公路	1044
第三十一节	S97 洛阳至卢氏高速公路	1065
第三十二节	S98 内乡至邓州高速公路	1082

附录 河南高速公路大事记 ······ 1089

第一章
河南经济社会与综合交通运输发展

第一节 经济社会发展

一、基本省情

（一）名称由来

河南位于我国中东部、黄河中下游，因大部分地区位于黄河以南，故称河南。远古时期，黄河中下游地区河流纵横、森林茂密、野象众多，河南又被形象地描述为人牵象之地，这就是象形字"豫"的来源，也是河南简称"豫"的由来。《尚书·禹贡》将天下分"九州"，豫州位居九州之中，现今河南大部分地区属九州中的豫州，故有"中原""中州"之称。

（二）自然地理

河南位于北纬31°23′~36°22′和东经110°21′~116°39′之间，东接安徽、山东，北界河北、山西，西连陕西，南临湖北，呈联南望北、承东启西之势。东西长约580km，南北长约550km，全省土地总面积16.7万km²，占全国总面积的1.73%。地势西高东低，北、西、南三面太行山、伏牛山、桐柏山、大别山沿省界呈半环形分布，中东部为黄淮海冲积平原，西南部为南阳盆地。平原盆地、山地丘陵分别占总面积的55.7%、44.3%。灵宝市境内的老鸦岔为全省最高峰，海拔2413.8m；固始县淮河出省处为全省最低处，海拔仅23.2m。

（三）资源环境

河南大部地处暖温带，南部跨亚热带，属北亚热带向暖温带过渡的大陆性季风气候，同时还具有自东向西由平原向丘陵山地气候过渡的特征，具有四季分明、雨热同期、复杂多样和气候灾害频繁的特点。全省由北向南年平均气温为12.7~16.1℃，平均降水量495.0~1119.0mm，降雨以6~8月最多。年均日照1478.6~2202.8h，全年无霜期203.2~285天，适宜多种农作物生长。全省耕地面积12189.09万亩，人均耕地1.15亩。河南是我国唯一地跨长江、淮河、黄河、海河四大流域的省份。省内河流大多发源于西部、西北部和东南部山区，流域面积100km²以上的河流有560条，流域面积1000km²及以上河流64条，流域面积10000km²及以上河流11条。全省多年平均水资源量403.5亿m³，人均水资源量约383m³、不足全国平均水平的1/5。

全省动植物资源丰富，现在省级以上森林公园118处，其中国家级森林公园34处；已知陆生脊椎野生动物520种，国家重点保护野生动物94种。

河南矿产资源丰富，是我国重要的矿产资源省份之一。已发现的矿种143种，已探明资源含量的矿种110种，已开发利用的矿产93种。既有铝、钼、金、银、铜、铅、锌、钨、锑等有色金属及贵金属矿产，又有铁、钛、钒等黑色金属矿产；既有煤、石油、天然气等能源矿产，又有耐火黏土、萤石、天然碱、珍珠岩、石墨、宝石等非金属矿产。在已探明储量的矿产资源中，居全国首位的有14种，居前5位的有39种，居前10位的有71种。

（四）历史文化

河南是中华民族和华夏文明的重要发源地。中华民族的人文始祖黄帝诞生在河南新郑。在5000年中华文明史中，河南作为国家的政治、经济、文化中心长达3000多年，先后有20多个朝代在此建都、200多个皇帝在此执政。中国八大古都河南就有四个，即九朝古都洛阳、七朝古都开封、殷商古都安阳、商都郑州。中国古代四大发明均源自河南。文物古迹众多，有记载着祖先在中原大地繁衍生息的裴李岗文化遗址、仰韶文化遗址、龙山文化遗址；有"人祖"伏羲太昊陵、黄帝故里和轩辕丘；有最古老的天文台周公测景台；有历史上最早的关隘函谷关、最早的佛教寺院白马寺；有"天下第一名刹"嵩山少林寺和闻名中外的大相国寺等。洛阳、开封、安阳、南阳、郑州、浚县、濮阳是全国历史文化名城。

中原大地孕育的风流人物灿若群星，如古代哲学家、思想家老子、庄子、墨子、韩非、程颐、程颢，政治家、军事家姜子牙、商鞅、苏秦、李斯、刘秀、张良、司马懿、岳飞，文学家、艺术家杜甫、韩愈、白居易、李贺、李商隐、司马光、褚遂良、吴道子，科学家张衡、僧一行，医学家张仲景，佛学家玄奘等，还有现代史上的抗日英雄吉鸿昌、杨靖宇，革命先辈邓颖超、彭雪枫、吴焕先、许世友，"县委书记的榜样"焦裕禄等。

"万姓同根，万宗同源"。河南是中华姓氏的重要发源地，当今的300个大姓中根在河南的有171个，依人口数量多少而排列的100个大姓中有78个姓氏的源头或部分源头在河南，有"陈林半天下，黄郑排满街"之称的海外四大姓氏均起源于河南。无论是客家人还是闽南人基本上祖籍都在河南。近些年来，到河南寻根谒祖的海内外人士络绎不绝。可以说，河南是所有中华儿女心灵上的故乡。

河南既是历史文化资源大省，也是自然景观荟萃之地，犹如一座浩瀚如烟的历史长廊、一幅风光旖旎的天然画卷，山川融南秀北雄于一体。全省共有云台山、嵩山、王屋山—黛眉山、伏牛山等世界地质公园4个，三门峡小秦岭等国家地质公园15个，卢氏玉皇山等省级地质公园17个,新乡凤凰山、焦作缝山等国家矿山公园3个,国家级恐龙蛋化石群自然保护区1个。

全省共有A级旅游景区364处、4A级以上景区138处,其中5A级景区14处、位居全国前列。云台山景区、尧山·大佛景区、嵖岈山景区、淇河生态旅游区、栾川重渡沟风景区为国家生态旅游示范区。嵩山、白云区、鸡公山、王屋山、尧山、太行大峡谷、宝天曼、老界岭、云梦山、南湾湖、丹江口等均属山水奇观。黄河自西向东流经河南七百余公里,郑州至开封段由于泥沙淤积,河床平均高出两岸地面3～5m,形成"地上悬河"的独特自然景观,可谓"河从屋顶过,船在空中行"。"人工天河"红旗渠被誉为世界第八大奇迹。

(五)人口民族

2015年底,全省总人口10722万人,常住人口9480万人。人口密度每平方公里642人。河南56个民族成分齐全,全省有3个城市民族区、21个民族乡(镇)、863个民族聚居村,少数民族万人以上的县(市、区)50个,在全国未建立民族自治地方的省、直辖市中少数民族人口居第一位。

2015年底,河南常住人口城镇化率达46.85%,新型城镇化发展步履沉稳而矫健。

(六)行政区划

河南辖郑州、开封、洛阳、平顶山、安阳、鹤壁、新乡、焦作、濮阳、许昌、漯河、三门峡、南阳、商丘、信阳、周口、驻马店等17个省辖市,济源市1个省直管市,20个县级市,86个县,51个市辖区,1808个乡镇,625个街道办事处,如表1-1-1所示。

河南省行政区统计表(2015-12-31)　　表1-1-1

单位名称	县级				乡级			
	市	县	市辖区	合计	镇	乡	街道	合计
18省辖市合计	20	86	51	157	1105	703	625	2433
郑州市	5	1	6	12	73	16	85	174
开封市		4	5	9	31	48	37	116
洛阳市	1	8	6	15	99	31	58	188
平顶山市	2	4	4	10	50	36	56	142
安阳市	1	4	4	9	61	30	43	134
鹤壁市		2	3	5	14	5	23	42
新乡市	2	6	4	12	75	43	35	153

续上表

单位名称	县级				乡级			
	市	县	市辖区	合计	镇	乡	街道	合计
焦作市	2	4	4	10	33	19	56	108
濮阳市		5	1	6	38	37	13	88
许昌市	2	3	1	6	55	23	25	103
漯河市		2	3	5	38	10	3	51
三门峡市	2	2	2	6	29	33	12	74
南阳市	1	10	2	13	144	60	39	243
商丘市	1	6	2	9	90	79	27	196
信阳市		8	2	10	83	88	37	208
周口市	1	8	1	10	93	76	34	203
驻马店市		9	1	10	88	69	37	194
济源市					11		5	16

注：济源市在省内按省辖市对待；巩义、兰考、汝州、滑县、长垣、邓州、永城、固始、鹿邑、新蔡等10个县（市）为省直管县全国试点。

二、经济社会发展情况

河南省开放改革30多年来，始终坚持发展第一要务，坚决主动有序推进全面深化改革、扩大开放，主动适应经济发展新常态，特别是在"十二五"期间，着力实施粮食生产核心区、中原经济区、郑州航空港经济综合实验区三大国家战略规划，推进先进制造业大省、高成长服务业大省、现代农业大省、网络经济大省建设，完善提升产业集聚区等科学发展载体，构建与现代化相适应的产业体系、城乡体系、创新体系、市场体系，努力打造具有较强综合实力和竞争力、人民生活富足的经济强省，实现了经济社会发展量和质的跨越。

（一）综合实力持续增强，成为全国重要的经济大省

（1）经济发展保持良好态势。2015年全省生产总值37010.25亿元，如图1-1-1所示，经济总量居全国第5位、中西部省份首位，比上年增长8.3%，增速高于全国平均水平1.4个百分点。其中：第一产业增加值4209.56亿元，增长4.4%；第二产业增加值18189.36亿元，增长8.0%；第三产业增加值14611.33亿元，增长10.5%。人均生产总值39131元。

（2）地方财力持续增强。2015年，地方财政总收入4426.96亿元，比上年增长8.1%。地方一般公共预算收入3009.65亿元，增长9.9%，其中，税收收入2100.95亿元，增长7.7%，税收收入占地方一般公共预算收入的69.8%，地方一般公共预算支出6806.46亿

元,增长 12.9%。

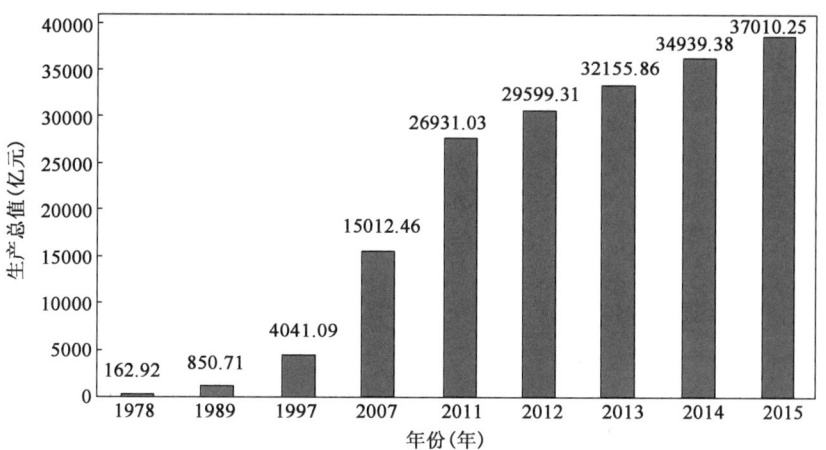

图 1-1-1　河南省生产总值

(3)居民收入快速增长。2015 年全省居民人均可支配收入 17125 元、实际增长 7.7%;按常住地分,农村居民人均可支配收入 10853 元、实际增长 7.6%,城镇居民人均可支配收入 25576 元、实际增长 6.7%,如图 1-1-2 所示。

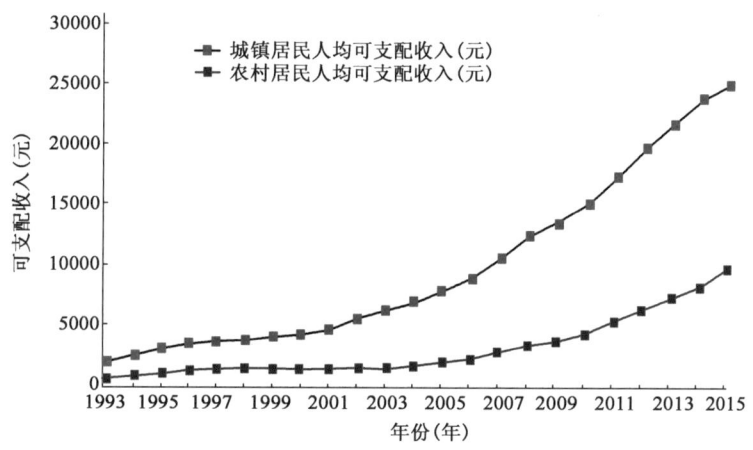

图 1-1-2　河南省城乡居民可支配收入

(4)居民消费持续上涨。2015 年,居民消费价格(CPI)比上年上涨 1.3%。其中,食品类价格上涨 1.8%。商品零售价格下降 0.2%。工业生产者出厂价格下降 4.6%。工业生产者购进价格下降 4.6%。固定资产投资价格下降 2.4%。农业生产资料价格上涨 0.3%。

(5)产业结构不断优化。到 2015 年,河南省三大产业结构比为 11.4∶49.1∶39.5,第二、第三产业比重达到 88.6%,全省经济增长动力已从主要由第二产业拉动向第二、第三产业共同拉动的格局转变。

第一产业,2015年全省粮食播种面积10267150hm²,比上年增长0.6%;全年粮食产量6067.1万t,比上年增长5.1%;棉花产量12.6万t;油料产量599.7万t;猪牛羊禽肉总产量696.5万t;禽蛋产量410.0万t;牛奶产量342.2万t。农业机械总动力11710.08万kW;农用拖拉机379.85万台;农用运输车217.15万辆。

第二产业,2015年河南省全部工业增加值16100.92亿元,比上年增长8.0%。规模以上工业增加值增长8.6%,其中,轻工业增长8.1%,重工业增长8.9%,轻、重工业比例35.3:64.7。工业企业主营业务收入72381.37亿元,比上年增长6.6%;产品销售率98.3%,利润总额4840.62亿元。

第三产业,2015年河南省社会消费品零售总额15740.43亿元,比上年增长12.4%;共接待海内外游客5.19亿人次,比上年增长13.1%,旅游总收入5035.29亿元,增长15.3%;进出口总值4600.19亿元,比上年增长15.3%;金融机构人民币各项存款余额47629.91亿元,比上年末增长13.5%;截至2015年底,全省已有105家境内外上市公司,发行股票107只,募集资金总额2538.69亿元。年末,境内A股上市公司流通股总市值6549.12亿元。

(6)发展后劲蓄积增强。固定资产投资稳定增长。2015年全省全社会固定资产投资35660.34亿元、比上年增长15.8%;投资结构不断优化,全省第三产业投资16478.08亿元,占固定资产投资的47.1%;工业投资17023.35亿元,其中高成长性制造业投资占工业投资的比重54.7%,传统支柱行业投资占工业投资的比重为35.4%;民间投资29659.25亿元,占全省固定资产投资的比重为84.9%,是拉动全省固定资产投资增长的重要力量。

(二)河南已发展成为全国重要的交通枢纽、通信枢纽和能源基地

(1)全国重要的交通枢纽。坚持交通先行,不断完善航空网、铁路网、公路网陆空衔接的综合运输体系,提升水运通道功能,打造现代化综合交通网络,形成多式联运的大交通格局。京广、京九、太焦、焦柳、陇海、侯月、新月、新菏、宁西铁路及京广、郑西高铁等多条铁路干线经过河南,郑州已初步形成全国铁路路网中的"双十字"中心,郑州北站是亚洲较大的列车编组站之一,郑州东站是全国较大的高铁站之一。米字形高速铁路网建设取得突破性进展,如图1-1-3所示。郑徐高铁经过3年建设已于2016年正式通车运营,郑万、郑合、商合杭高铁和蒙西至华中铁路开工建设,郑济、郑太高铁前期工作取得重大进展,郑焦、郑机城际铁路投入运营。2015年末,全省铁路营业里程5205km,公路通车总里程达26.7万km。高速公路通车里程6305km、居全国第3位;国省普通干线公路通车里程达3.1万km,居全国第3位;农村公路里程达23万km,居全国第3位。民航事业快速发展,拥有郑州新郑国际机场、洛阳机场和南阳机场三个民用机场。郑州新郑国际机场是国家民航局确定的全国八大区域性枢纽机场之一,随着郑州机场二期投入使用,郑州机场

航空货邮吞吐量增速大幅提升。2015年全省机场旅客吞吐量1860.69万人次,货邮吞吐量40.58万吨。水路运输加快发展,内河航道总里程达1675km,其中高等级航道452km,形成沙颍河、淮河两条"通江达海"的水运通道。全年各种运输方式货物运输总量达21.19亿吨,同比增长6%;全省货物周转量达7582.38亿吨公里,同比增长3.1%。全省旅客运输量达14.61亿人,同比增长3%;全省旅客周转量达1941.88亿人公里,同比增长4.6%。

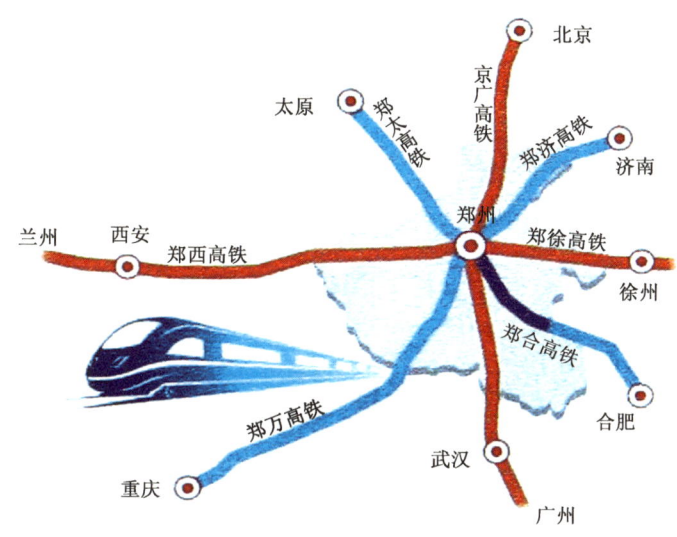

图1-1-3 米字形高速铁路网示意图

(2)全国重要的通信枢纽。河南省公用电信网在全国具有重要的战略地位,国家骨干公用电信网"八纵八横"中有"三纵三横"途经河南,加上南北、东西两条架空光缆干线从河南穿过,构成"四纵四横"的信息高速公路基本框架。2015年,"宽带中原"加快实施,"全光网河南"建成,4G网络实现行政村全覆盖,县以上城区100%实现全光纤网络覆盖,行政村光纤进村率达到96.4%,实现通信基础设施由"铜网"到"光网"的历史性跨越,中国联通中原数据基地等一批重大项目建成使用。2015年,全省邮电业务总量1317.28亿元,比上年增长30.3%;其中,邮政行业业务总量(含快递)163.78亿元、增长40.5%,电信业务总量1153.50亿元、增长29.0%。快递业务总量51449.70万件、增长74.5%。年末局用电话交换机总容量131.30万门,本地固定电话用户1009.66万户,移动电话用户7975.06万户;互联网用户6626.90万户。

(3)全国重要的能源基地。河南是全国重要的区域性综合能源基地,原煤产量、发用电量、油气管道长度均居全国前列。坚持"内节外引"战略思路,重点实施电网建设、绿色煤电、炼化基地、"气化河南"、新能源五大提速和煤炭升级工程,完善能源输配网络和储备设施,加强能源生产供应组织协调,深化能源开放合作。2015年,全省一次能源生产总量1.14亿t标准煤,消费总量2.63亿t标准煤。全社会用电量2880亿kW·h,发电量2559亿kW·h。原煤产量1.25亿t,原油产量429万t,天然气产量4.3亿m^3;成品油销售量1690万t。年末电力装机总容量达到6800万kW;油气长输管道达7500km,基本实现县县通管道天然气,年天然气消费量达到65亿m^3,城市居民燃气普通率达到85%。

(三)着力落实三大战略,打造河南经济升级版

1. 粮食生产核心区建设

2009年8月,河南省被确定为国家粮食战略工程核心区。把服务国家大局、保障国家粮食安全与推动自身发展、促进农民增收结合起来,加快实施高标准粮田"百千万"建设、现代农业产业化集群培育、都市生态农业发展、"三山一滩"群众脱贫四大工程,加快转变农业发展方式,进一步推动农业结构调整和农民增收,如图1-1-4所示。

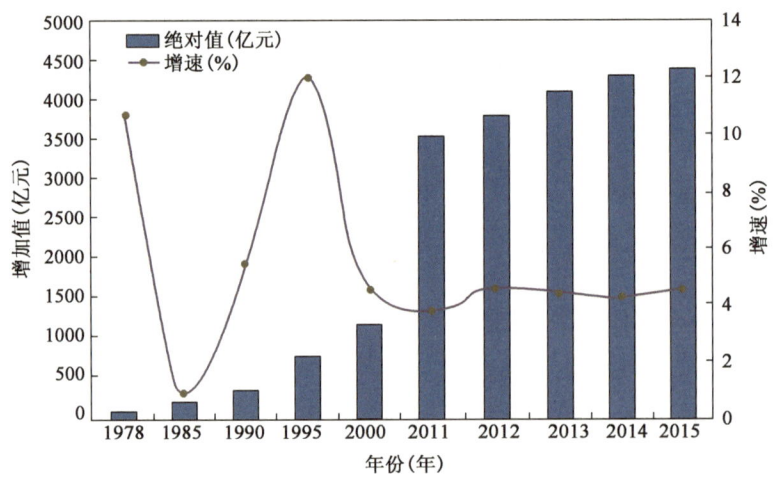

图1-1-4　农林牧渔业增加值及增速

(1)全国重要粮食生产大省

河南是全国农产品主产区之一,粮棉油肉奶等主要农产品产量均居全国前列,粮食总产量占全国的近1/10、小麦产量占全国的1/4强。2015年,全省粮食生产在高基点上实现新跨越,总产量达到1213.42亿斤,首次突破1200亿斤,实现十二连增,如图1-1-5所示。河南还是全国重要的畜产品生产和加工基地,肉类总产量696.5万t,牛奶产量342.2万t。

(2)粮食转化加工大省

食品工业是全省工业第一大支柱产业,也是重要的经济增长点。农产品加工业、主食产业化快速发展,全省规模以上农产品加工企业营业收入突破2万亿元,农业产业化龙头

企业达6804家,实现年销售收入10505亿元。现代农业产业体系加快形成,农业产业化集群培育工程和都市生态农业发展工程建设成效明显,规划培育农业产业化集群517个、已培育208个,基本覆盖全省优势农产品产业和区域性特色产业。新型农业经营主体和适度规模经营迅速壮大,农民合作社、家族农场分别达到11.6万家、2.6万家。全省21个农产品品牌被命名为"中国名牌",43个农产品加工企业的产品商标被认定为"中国驰名商标"。

(3)农业基础设施配套完善

截至2015年底,全省农机总动力1.17亿kW,农业综合机械化水平达77.5%。强化水利支持系统建设,构建复合型、多功能的水利网络体系。南水北调中线一期工程河南段如期通水并实现稳定运营。全省共有各类水库2653座,总库容419.74亿m³。蓄滞洪区13处,万亩以上灌区340处;规模以上机电井数量120.5万眼;耕地灌溉面积达到7815.96万亩;累计治理水土流失面积3.55万km。共有53个贫困县,576万贫困人口,居全国第三位。创新扶贫开发长效机制,大力实施大别山、伏牛山、太行山、黄河滩区"三山一滩"群众脱贫工程,黄河滩区居民迁建试点启动、第一批试点部分群众喜迁新居。2015年120万农村贫困人口实现脱贫。

图1-1-5 河南粮食产量十二连增
(单位:亿斤)

2. 中原经济区建设

2012年11月,中原经济区建设上升为国家战略规划。推进中原经济区建设,把加快工业化、城镇化作为最突出任务,探索四化同步科学发展路子,确保河南与全国一道实现全面小康。

(1)产业集聚等科学发展载体建设加快推进

把产业集聚区作为全省区域经济的增长极、转型升级的突破口、招商引资的主平台、农民转移就业的主渠道、改革创新的示范区,坚持产业集聚区总体规划、土地利用总体规划、城市总体规划、生态环境规划、区域公共服务基本设施规划"五规"合一,坚持企业项目集中布局、产业集群发展、资源集约利用、功能集合构建、促进人口向城镇转移"四集一转",坚持产城互动,以产兴城、依城促产,完善功能规划布局,理顺管理体制,推动产业集聚区提质转型创新发展、商务中心区和特色商业区(街)服务业"两区"提速扩容增效发展,科学发展载体的综合带动效应进一步凸显。积极培育"百千万"亿级优势产业集群,主营业务收入超千亿元的工业产业集群达到15家,超百亿元的服务业集群达到7家。2015年全省产业集聚区规模以上工业增加值占全省工业增加值的比重60.4%,对全省工业增长的贡献率89.8%,拉动全省工业增长7.7个百分点。

(2)加快构建现代产业体系

河南是全国新兴工业大省,工业门类齐全,形成了食品、机械、纺织、电力、建材、冶金、化工、煤炭、石油及天然气等一批重点产业,如图1-1-6所示。按照竞争力最强、成长性最好、关联度最高的原则,明确重点产业发展方向,以加快新旧产业转换为中心任务,强化传统产业升级、新兴产业培育双轮驱动,做优农业、做强工业、做大服务业、培育网络经济新业态,推动产业向中高端迈进。

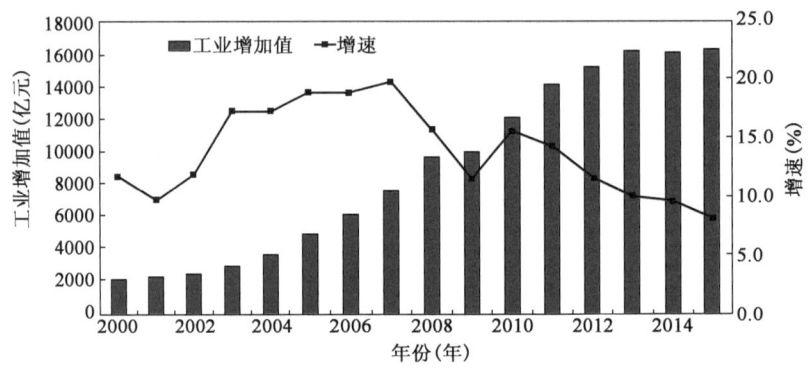

图1-1-6　全部工业增加值及增速

结构调整持续深入推进。实施先进制造业大省建设行动计划,启动实施技改提升工程和工业强基工程,着重推动培育生物资源生产加工产业链、矿产资源加工产业链、循环经济产业链;建设高成长服务业大省,实施服务业重点领域发展行动方案,金融、物流等现代服务业加快发展,服务业比重持续提高,金融业增加值占服务业比重超过12%;建设现代农业大省,推进产业稳产增效;谋划建设网络经济大省,出台"互联网+"行动实施方案,实施中原云计算和大数据产业园等一批重大项目。高成长性制造业和高技术产业增加值占工业的56.3%,服务业增加值增长10.5%,对经济增长的贡献率显著提升。

(3)加快构建现代城乡体系

把科学推进新型城镇化作为"牵一发而动全身"、关乎全局的战略性任务,以新型城镇化引领带动经济结构转型、需求动力再造、发展方式转变、人民生活水平提升,构建以中原城市群为主体形态,大中小城市、小城镇和新农村协调发展的现代城乡体系。落实推动产业集聚、人口集中、土地集约的要求,坚持"一基本两牵动三保障",即产业为基、就业为本,实施住房牵动、就学牵动,完善社会保障、农民权益保障、基本公共服务保障,出台户籍制度改革实施意见、促进农民进城八项措施、"三个一批人"城镇化实施方案,推动农村人口向城镇转移落户。坚持核心带动、轴带发展、节点提升、对接周边,积极构建"一极三圈八轴带"发展格局,如图1-1-7所示,推进交通一体、产业链接、服务共享、生态共建。"一极",就是发挥郑州国家中心城市辐射带动作用,打造中原城市群核心增长极;"三圈",就是坚持向心发展,依托高速铁路网和城际铁路网,构建以郑州为中心,涵盖周边8个省辖市的"半小时"核心圈、涵盖其余9个省辖市的"1小时"紧密圈和涵盖中原经济区其他中心城市的"1个半小时"合作圈;"八轴带",就是依托综合运输通道支撑,带动人口和产业集聚,壮大提升节点城市,形成辐射八方的米字形城镇产业发展轴带。加快城乡一体化示范区建设,坚持经济、宜居、生态功能复合和第一、二、三产业复合,打造率先实现四化同步发展的综合实验示范样板区。城镇化率达到46.85%,比上年提高1.65个百分点。

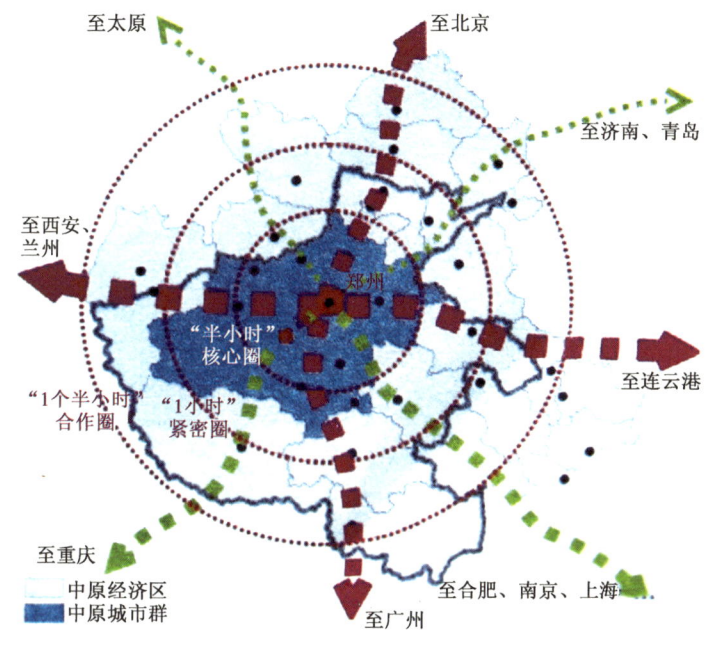

图1-1-7 "一极三圈八轴带"发展格局

县域经济实力明显提升。2015年全省有38个县(市)地方一般公共预算收入超10亿元,有20个县(市)超15亿元。县域公共财政预算平均收入规模达到10.9亿元,按常住人口计算的人均公共财政预算收入达到1653元。公共财政预算平均支出规模达到32.4亿元,按常住人口计算的人均公共财政预算支出达到4896元。科学编制新农村建设规划,分类推进新农村建设。新解决835万农村居民和中小学师生的饮水安全问题,解决100万农户"低电压"问题,实施农村公路三年行动计划乡村畅通工程,新建改建农村公路1.3万km、改造危桥8万延米,农村生产生活条件不断改善,一批美丽宜居村庄正在形成。

(4)加快构建自主创新体系

紧紧围绕建设创新省份,实施创新驱动发展战略,抓好主体、平台、载体、机制、专项、人才等关键环节,推动创新能力持续提升,加快创新成果同产业对接、创新项目同现实生产力对接,一批核心技术产业化实现重大突破。2015年,全省有7家国家级高新区,居中西部首位;国家中原现代农业科技示范区正式获批,国家技术转移郑州中心、国家专利审查协作中心、国家粮食作物协同创新中心等加快建设;28个成果获得国家奖励,河南粮食作物协同创新中心成为国家首批协同创新中心,可见光通信、客车智能驾驶等核心关键技术取得重大突破;推进大众创业万众创新,国家级众创空间达到6家;3人当选为中国工程院院士,其中2名为中原学者;全年申请专利74373件,授权专利47766件,技术合同成交金额45.56亿元。截至2015年底,全省共有14个国家级重点实验室、91个省级重点实验室,10个国家级工程技术研究中心、927个省级工程技术研究中心,1013个省级以上企业技术中心,385个省级以上工程实验室(工程研究中心)。

(5)加快构建现代市场体系

积极发展要素市场,完善提升商品市场,激发市场主体活力,健全完善市场制度。中原银行、中原股权交易中心、中原农业保险公司和中原资产管理有限公司开业运营,55家县级农信社改制组建农商行,新三板挂牌中小企业195家。建立省级公共资源交易平台,矿业权网上交易制度和国有建设用地使用权网上招拍挂制度建立实施。消费市场规模持续扩大,社会消费品零售总额1.57亿元、增长12.4%,市场规模稳居全国第五位,对经济增长的贡献超过50%。加强农产品流通和农村市场体系建设,全省超百亿农产品交易市场达到4个,郑州万邦国际物流、商丘农产品批发中心市场、周口黄淮农产品批发市场进入全国50强。全省限额以上连锁企业达到138家、连锁门店超过5000个、销售额超过700亿元。大力发展电子商务等新兴交易市场,电子商务新业态迅速发展,电子商务交易额7720亿元、增长36.4%,网络零售额1330亿元、增长53.7%。

3. 郑州航空港经济综合实验区建设

2013年3月,郑州航空港经济综合实验区发展规划正式经国务院批准实施。顺应世界航空经济发展趋势,探索以航空经济促进发展方式转变新模式,明确大枢纽带动大物流、大物流带动产业群、产业群带动城市群、城市群带动中原崛起河南振兴富民强省的发展思路。

国际物流中心正在加速形成,货运航线网络覆盖欧美亚,郑州和卢森堡"双枢纽"战略布局效应显现,郑州机场旅客吞吐量达到1730万人次,货邮吞吐量突破40万t、增速居全国主要机场前列。高端产业集聚发展,第6代低温多晶硅薄膜晶体管液晶显示器件项目签约开工,智能手机产量2.02亿部,占全国智能手机出货量1/7强,全球智能手机生产制造基地基本形成。中欧班列(郑州)实现每周去程三班和返程两班常态化、均衡对开,成为开行最为稳定的中欧班列,综合指标保持全国中欧班列首位。内陆地区对外开放重要门户正在形成,进出口总额483亿美元、约占全省的65%,年均增长21%。推进城市功能区连片开发,加强基础设施和公共服务设施建设,综合承载能力继续增强。改革创新领跑全省,率先推行"五单一网""三证一章"、电子营业执照登记管理等改革,正式启动跨境人民币创新业务试点,成功复制上海自由贸易试验区11项海关创新监管制度和8项检验检疫创新制度。2015年,全区完成生产总值520.75亿元、比上年增长22.5%,高于全国15.6个百分点,高于全省14.2个百分点。其中,第一产业增加值11.8亿元,下降5.5%;第二产业增加值439.73亿元,增长24.0%;第三产业增加值69.22亿元,增长17.8%。第一、二、三产业增加值占地区生产总值比重分别为2.3%、84.4%、13.3%。

规模以上工业增加值完成429.9亿元,同比增长26.0%,高于全国19.9个百分点,高于全省17.4个百分点。其中,计算机、通信设备和其他电子设备制造业完成增加值419.4亿元,增长27.3%,占规模以上工业增加值97.6%。截至12月底,富士康完成增加值412.1亿元,增长25.5%,占规模以上工业增加值95.9%。

固定资产投资完成521.75亿元,增长30.2%,高于全国20.2个百分点,高于全省14.6个百分点。从投资构成看:交通运输、仓储和邮政业155.31亿元,占全部投资额的29.8%;工业117.08亿元,占22.4%;房地产业109.86亿元,占21.1%;水利、环境和公共管理业93.09亿元,占17.8%。以上四个行业的投资占全部投资的91.1%。

社会消费品零售额完成83.01亿元,增长14.7%,高于全国4个百分点,高于全省2.3个百分点。

完成全口径财政总收入358.9亿元,同比增长84.5%。其中,海关收入267.3亿元,增长72.5%。完成一般公共预算收入29.5亿元,增长39.4%;完成一般公共预算支出86.64亿元,增长38.5%。

国地税累计完成税收收入49.9亿元,同比增长55.1%。其中:国税收入完成22.43亿元,增长89.5%;地税收入完成27.43亿元,增长35.1%。

引进省外境内资金累计完成41.44亿元,同比增长13.5%;实际利用外资5.05亿美元,下降12.9%;截至2015年12月底外贸进出口总值完成483.31亿美元,同比增长27.5%。

民航旅客吞吐量1729.74万人次,同比增长9.4%;民航货邮吞吐量40.33万t,增长8.9%;航空运输起降15.39万架次,增长4.6%。

实验区建设"三年打基础"目标基本实现,在河南省对外开放中的窗口平台和引领作用日益凸显。

第二节 综合交通运输发展

一、交通运输行业发展情况

(一)全省交通运输行业基本情况

(1)交通基础设施方面,截至2015年底:河南省公路通车总里程达到26.7万km,居全国第2名;密度160km/100km²,居全国第4位;高速公路6305km,居全国第3位;国省干线公路3.1万km,居全国第3位;农村公路23万km,居全国第3位、中部6省第1位。

(2)运输服务方面,截至2015年底:全省道路运输从业人员272.7万人;营运车辆127.8万辆,其中高级营运客车比例约71%,居全国第5位。全省现有城市公交车2.4万辆,出租汽车6.1万辆,农村客车3.12万辆。现有二级以上公路客运站235个。2015年,完成公路客运量13亿人次、货运量19亿t,公路客、货运量均占全省运输量的90%以上。全省内河航道里程1675km,港口泊位87个,年吞吐能力1967万t,监管货船5050艘,净载重吨945万t,其中90%在长江等流域从事货物运输。据交通运输部统计,河南省内河货运船舶运力规模在长江水系居第4位。

(二)交通运输行业发展成就

改革开放30多年来,河南省交通运输部门牢牢把握科学发展第一要务,坚持交通先行,紧紧围绕"三大国家战略规划"实施和新型城镇化建设,持续加大投入,初步形成了以高速公路支撑轴带发展、以快速通道服务城市组团式发展、以国省干线公路保障产业集聚区建设、以农村公路助力粮食生产核心区建设的路网格局。同时,不断加大内河水运开发力度,着力提升运输服务能力和水平,加强安全应急、养护管理、科技信息、法律法规、行业标准等保障能力建设,努力推动邮政快递业转型升级,交通运输发展取得了显著成绩,实现了由"相对滞后"到"基本缓解"再到"总体适应"的重大跨越,为率先基本实现交通运输现代化奠定了坚实基础。

1.基础设施建设成效显著

到"十二五"末,全省公路通车总里程26.7万km,内河航道里程1675km,初步建成安全便捷的交通基础设施网络,交通运输对经济社会发展的先行引领作用日益凸显。

(1)高速公路网络不断完善,国家高速公路主通道通行能力和服务水平显著提高。到2015年底,全省高速公路通车里程6305km,居全国第3位;京珠、连霍高速公路河南境内全部实现八车道,八车道里程达1036km,实现所有县(市)城20分钟上高速公路,省际出口27个,郑州、洛阳、南阳、商丘、周口等5市形成环城高速公路,以郑州为中心、辐射所有省辖市的3小时高速公路交通圈已经建成。

(2)普通干线路网结构更趋优化。以提升等级、改善路况、优化网络为重点,加大城市组团快速通道和产业集聚区连通道路建设力度,到2015年底,全省普通干线公路里程3.1万km,在"县县通国道、乡乡有干线"布局规划的基础上,实现省规划的64个城市组团中41个与中心城区以一级公路连通,180个省规划产业集聚区全部以二级及以上公路连通。

(3)农村公路服务能力持续增强。大力实施"县县畅、乡乡联"工程和农村公路乡村通畅工程,加大危桥改造力度,逐步完善安保等附属设施。到2015年底,全省农村公路里程23万km左右,基本实现乡道及以上行政等级公路覆盖所有建制村。

(4)运输场站建设有序开展。围绕客运"零距离换乘"和货运"无缝衔接"的发展目标,重点推进综合客运枢纽建设和普通公路客运站升级改造。到2015年底,全省二级及以上公路客运站达到235个,实现了"市有一级站、县有二级站、乡有客运站"。

(5)内河航运开发稳步推进。大力推进沙颍河周口至漯河段、涡河二期、沱浍河一期等航运工程建设。到2015年底,全省内河通航里程1675km,形成沙颍河、淮河等通江达海的水运通道。

2. 养护管理水平明显提升

(1)公路养护力度不断加大。以"畅、安、舒、美"为目标,加大公路养护投入力度,到2015年底,全省高速公路总体技术状况指数达到93.8,普通干线公路平均优良路率从"十一五"的69%提高到88.3%,农村公路基本形成了"分级负责、以县为主、乡村配合"的管养机制,实现"乡乡建有管养站"。

(2)安全应急保障能力明显增强。以建设"平安交通"为载体,深入开展"道路交通三年综合整治""道路客运安全年"和"平安工地"等活动,强力推进企业安全生产标准化建设;大力实施安全保障工程、危桥改造工程及灾害防治工程,积极推进河南国家区域性公路交通应急装备物资储备与救援中心、公路水路安全畅通和应急处置系统项目建设,安全监管和应急处置能力进一步增强,交通安全生产形势持续稳定好转。

(3)服务管理能力有效提升。开展收费公路专项清理工作,深入推进车辆超限超载治理工作,有效遏制违法超限超载蔓延势头。认真落实"绿色通道"和重大节假日小型客车、夏季联合收割机免征等政策,2010—2015年累计减免通行费134亿元,仅2015年就减免车辆通行费达38.8亿元。

3. 运输服务能力持续增强

(1)公路运输基础性作用依然突出。全省公路水路客运量保持平稳增长态势,2015

年河南省全年完成公路客运量、旅客周转量、货运量、货物周转量分别为13亿人、898亿人公里、19亿t、5208亿吨公里,在综合运输体系中的占比达到90.5%、89.6%、89.6%、65.5%。公路在综合运输体系中的基础性作用和主体地位进一步巩固。到2015年底,全省营运车辆达到127.8万辆,中高级营运客车比例约71%。

(2)客运服务保障能力大幅提升。大力实施公交优先发展战略,郑州、新乡国家"公交都市"建设成效显著,许昌、巩义等6个省级"公交优先示范城市"创建活动有序开展,驻马店、开封等6市公交IC卡实现了互联互通;郑州、济源、许昌等城市公共自行车服务系统投入使用。到2015年底,全省农村客车3.12万辆、农村客运班线4231条,建制村通班车率达到98.3%,客运基本公共服务均等化水平不断提升。

(3)物流业发展势头良好。围绕打造全国重要的现代综合交通枢纽和物流中心的目标,积极推动物流园区等基础设施建设;着力优化市场主体结构,推动货运物流转型升级,长通、宇鑫、邮政速递等一批骨干物流企业迅速成长;加快发展甩挂运输,13家企业成为国家甩挂运输试点;郑州交运集团与郑州铁路局开展全国最大规模的公铁联运合作;推进农村物流与邮政快递融合发展,农村物流试点工作初见成效。

(4)邮政普遍服务能力持续增强。积极推进邮政基础设施建设,全省乡镇邮政网点覆盖率达到100%,实现"乡乡设所、村村通邮"。快递业发展势头迅猛。目前,全省共有41个快递品牌,法人企业234家,分支机构3070个,邮政普遍服务网点2588个,全省邮政行业从业人员超过10万人(其中,快递从业人员已逾5万人)。

河南全国性快递集散交换中心正式建成并投入运营,一批快递骨干企业迅速成长,快递乡镇网点覆盖率和服务满意度大幅提升,服务经济社会发展的作用日益凸显。

4. 智慧绿色交通建设初见成效

(1)信息化应用水平不断提高。出台了加快推进智慧交通发展的实施意见,在全国率先上线运行"微信+交通运输综合服务"平台——"畅行中原",开通运营全省公路客运联网售票平台,省、市、县和企业四级重点营运车辆联网监控系统基本建成。截至"十二五"末,全省高速公路ETC收费站点覆盖率达到95%,实现与全国联网,成为全国最大的"一网相连"和"一卡通"的高速公路收费网络。同时,在全省推广应用了交通规费征稽管理、交通工程建设管理、公路智能养护管理等交通管理信息系统。

(2)绿色交通建设步伐不断加快。加大对交通运输节能环保新材料、新技术、新产品等的推广力度,实现高速公路养护全部沥青路面废料再生利用,干线公路改造工程中旧路面回收率达90%以上。积极开展"车、船、路、港"千家企业低碳交通运输专项行动,济源、郑州入选全国"绿色交通"试点城市,三淅高速公路全国绿色循环低碳公路试点建设任务基本完成。

5. 行业改革和法制建设不断加强

河南省坚持以改革促发展,深化交通领域各项改革。"十一五"期间,成立了河南省综合交通运输体系建设领导小组和省民航发展建设委员会办公室、铁路建设协调办公室,加强了各种交通运输方式建设和发展的统筹协调。按照国家的统一部署,完成了燃油税费改革,一次性撤销全省所有政府还贷二级公路收费站(点);农村公路管理养护体制改革取得新进展,出台了《河南省农村公路条例》,建立了以县级政府为主的农村公路管理养护体制和运行机制;组建了省铁路投资公司、省交通投资集团、省收费还贷高速公路管理中心和国土资源开发投资管理中心四大投融资平台,为全省交通建设提供了有力的资金保障。战略合作开创新局面,与铁道部、交通运输部、中国民航局以及南航、海航、东航、中邮集团等大型企业签订了一系列合作协议,为促进综合交通运输发展奠定了良好基础;铁道部与河南省合作建设铁路客运专线等铁路建设项目,开创了部省合作的新局面。"十二五"期间,全面完成全省交通运输行政执法体制改革,改革经验在全国示范推广。行政审批、简政放权等工作取得阶段性成果。依法行政水平逐步提高。

二、综合交通运输体系建设

河南省抢抓加快建设中原经济区的历史机遇,按照"核心带动、轴带发展、节点提升、对接周边"的总体要求,以枢纽建设和通道网络化、向心化为重点,不断加大交通基础设施建设力度,逐步形成以铁路、高速公路为骨架,以国省干线公路为依托,铁路、公路、民航等多种交通方式协调发展的综合交通运输体系和以郑州为中心、地区性枢纽为节点的现代交通枢纽体系。

(一)综合交通运输体系建设的定位

1. 全国统筹协调发展的战略支撑

中原经济区作为全国重要的经济增长板块和全国区域协调发展的战略支点,通过加快建设网络设施配套衔接、覆盖城乡、连通内外、安全高效的综合交通运输网络体系,充分发挥承东启西、连南贯北的区位优势,形成完善的"东融西拓"战略布局、与长江中游地区南北呼应、带动中部地区崛起的核心地带,为引领中西部地区经济发展提供重要保障,为国家统筹协调梯次推进发展重大战略的实施提供战略支撑。

2. 全国区域高效连通的战略通道

通过建设覆盖全省、辐射周边、服务全国的综合交通运输体系,以打通出省通道、提高互联互通能力为重点,逐步形成区域间高效连通的通道网络,进而促进与毗邻地区融合发展,密切与沿海地区和周边经济区域的交通联系,全面强化东部地区产业转移、西部地区资源输出和南北区域交流合作的战略通道功能,增强中原经济区战略腹地效应。

3.全国重要的现代综合交通枢纽

按照枢纽型、功能性、网络化要求,强力推进郑州全国综合交通枢纽建设,促进多种运输方式高效衔接、功能互补,形成以郑州为中心、地区性枢纽为节点的现代交通枢纽体系,成为联通经济增长和市场需求空间由东向西、由南向北梯次推进,支撑东中西互动、优势互补、相互促进、共同发展的核心枢纽和重要保障。

4.全国重要的现代综合物流中心

落实大交通大物流战略,立足建设全国重要的现代货运枢纽,充分发挥中原经济区在全国综合运输大通道中的作用,强化对外集疏、对内集配的联动,构建与国际接轨的现代物流服务体系,形成服务中西部、面向全国、连接国际的现代综合物流服务中心,巩固提升郑州在全国物流格局中的枢纽功能和作用,凸显郑州交通、物流、商务区域中心城市地位,使中原经济区在服务全国经济发展大局中发挥更加重要的作用。

(二)综合交通运输体系建设的目标

1.形成以扩大开放为主导的国际综合交通运输系统

依托中原地区铁路货运通道、国家高速公路网和现代航空网络,加强空陆运输协调,着力形成以扩大开放为主导的国际综合交通运输体系,重点加快郑州国际航空港经济综合实验区建设,打造服务开放发展的战略性交通运输通道,构筑内陆开放高地,促进产业转移承接,提高对外开放水平,为中原经济区加快形成全方位、多层次、宽领域的开放格局提供重要支撑保障。

2.形成以区域协同为主导的省际综合交通运输系统

统筹协调与周边省市间的交通发展,以建设连通东西、纵贯南北的运输通道和交通枢纽为重点,依托出省通道,提高通达能力,发挥濮阳、周口、南阳、济源等连接周边的前锋作用,深化与毗邻地区在交通运输基础设施、运输管理、信息平台等重点领域的对接与合作,着力形成以区域协同为主导的省际综合交通运输体系,支撑沿海经济带向内陆地区纵深推进的战略格局,全面提升中原经济区综合竞争力。

3.形成以集群联动为主导的城际综合交通运输系统

以满足区域经济一体化和运输一体化发展需求为宗旨,推进以高速公路、高速铁路和城际轨道为重点的城市群内多层次城际快速交通网络建设,完善以郑州为中心的中原城市群"半小时""1小时"和"2小时"交通圈,促进城际功能对接、联动发展,着力形成以集群联动为主导的城际快速综合交通运输系统,引导支撑以郑州为中心的中原城市群和中部地区的交通运输与经济社会一体化发展。

4. 形成以服务均等为主导的城乡综合交通运输系统

优化资源配置,创新组织方式,强化农村交通基础设施和物流设施建设,重点提高农村交通网络的通达深度和覆盖水平,着力形成以服务均等为主导的城乡综合交通运输体系,推动城乡之间公共资源均衡分配和生产要素自由流动,改善农村特别是贫困地区出行条件,促进城乡交流融合,缩小城乡差距,确保广大城乡居民共享改革发展成果,为中部地区全面实现小康提供保障。

(三)综合交通运输体系的建设状况

1.综合交通运输网络建设的规模与结构

"十二五"期间,河南省按照综合交通运输体系建设的规划和目标,不断加大交通基础设施建设力度,逐步形成以铁路、高速公路为骨架,以国省干线公路为依托,铁路、公路、民航等多种交通方式协调发展的综合交通运输网络。截至2015年底,全省陆上交通网总里程(包括铁路、公路、内河航道及管道)约28.1万km,如表1-2-1所示。

河南综合交通运输网络总规模(2015年)(单位:km)　　　表1-2-1

公路	铁路	管道(约)	航道	合计
267000	5205	7500	1675	281380

从结构上看,全省陆上综合交通运输网络中,公路里程约占94.89%,铁路约占1.85%,管道占2.67%,内河航道占0.6%,如表1-2-2所示。

河南陆上综合交通线网结构比例(2015年)(单位:%)　　　表1-2-2

公路	铁路	管道	航道	合计
94.89	1.85	2.66	0.60	100

2.综合交通运输网络建设的空间和布局

(1)民航。2015年全省民用运输机场数量达到3个,旅客、货邮吞吐量达到1860.69万人次和40.58万t,其中郑州新郑国际机场达到1729.74万人次和40.33万t。随着郑州航空港经济综合实验区的快速发展,郑州新郑国际机场二期物流配套,河南省航空运输业保持高速增长。在郑州机场运营的客运航空公司32家,通航城市81个,开通客运航线137条,其中国内客运航线115条、国际地区客运航线22条。

(2)铁路。以客运专线、城际铁路、大能力运输通道为重点,全面加快铁路建设。2015年运营里程达到5205km,其中客运专线1100km,城际铁路260km。形成以郑州为中心的"米"字形铁路网和城际铁路网,建成"三纵五横"货运干线铁路网。铁路集疏运系统同步完善,铁路运输效率和服务质量显著提升。

(3)公路。通车总里程达到26.7万km,其中,高速公路6305km,居全国第3位,八车道里程1064km,实现了所有县(市)20分钟上高速公路,郑州、洛阳、南阳、商丘、周口等5市形成环城高速公路,以郑州为中心、辐射所有省辖市的3小时高速公路交通圈已经建成;普通国省干线公路结构不断优化,到2015年底普通干线公路里程达到3.1万km,居全国第3位,其中一级公路2.7万km左右,省规划的64个城市组团中41个与中心城区实现一级公路连通;二级及以上公路通车里程达到2.1万km左右,在"县县通国道、乡乡有干线"布局规划的基础上,实现180个产业集聚区全部以二级及以上公路连通;农村公路服务能力持续增强,到2015年底,农村公路里程达到23万km左右,居全国第3位、中部六省第1位。公路运输场站建设有序推进。以客运"零距离换乘"和货运"无缝衔接"为发展目标,重点推进综合客运枢纽建设,促进普通公路客运站升级改造。2015年底,河南省二级以上公路客运站达到235个,实现了"市有一级站、县有二级站、乡有客运站"。

(4)内河航运。内河航道通航里程约1675km,高等级航运通道里程452km,形成四条直达华东地区的水上通道。水上安全设施基本完善。

(5)管道运输。油气长输管道总长度约7500km,实现各种气源互济互通和油品输配网络化,天然气管道通达所有县级城镇和部分重点乡镇。

(6)邮政快递。河南省邮政业规模迅速增长,结构持续优化,基础设施网络逐步完善,服务水平不断提升。2015年,邮政业业务总量完成163.78亿元,占全国邮政业业务总量比重3.22%;邮政业业务收入(不含邮政储蓄银行直营业务收入)147.81亿元,占全国邮政业业务收入比重3.66%,占全省生产总值比重0.40%。其中,快递业业务收入63.11亿元,占全省生产总值比重0.17%。行业从业人员10万人。截至"十二五"末,全省共有邮政网点2588个,其中,农村地区1928个。行政村通邮率100%。

截至"十二五"末,依法取得快递业务经营许可证企业234家,分支机构3070家,从业人员达5万余人,快递市场已经形成国有、民营、外资多种所有制经济共同发展的新格局。全省"非邮快递"网点数量达9562个,乡镇网点覆盖率98.9%。

3.综合交通运输量

2015年河南省完成货物运输总量达21.19亿t、货物周转量达7582.38亿t、旅客运输量达14.61亿人次、旅客周转量达1941.88亿人公里。

2015年河南省铁路货物运输量9802.05万t,铁路货物周转量1666.02亿吨公里,铁路旅客运输量达1.3亿人次,旅客周转量910.24亿人公里。

2015年河南省公路货物运输量19.16亿t,公路货物周转量5208.16亿吨公里,公路旅客运输量13.1亿人次,旅客周转量898.08亿人公里。

2015年河南省水路货物运输量10459.34万t。

2015年河南省机场旅客吞吐量1860.69万人次,货邮吞吐量40.58万t,其中郑州机场旅客吞吐量1729.74万人次,占全部机场旅客吞吐量的93%,货邮吞吐量40.33万t。

三、现代物流业快速发展

河南省地处中原,自古以来素有"九州腹地、十省通衢"之称。在中国历史上,河南向来承担着承东启西、连南贯北的重要物流功能,独特的地理位置和四通八达的公路、铁路交通运输网,成为河南物流业发展得天独厚的条件。河南省物流行业依托中部交通枢纽优势和综合交通运输体系建设,伴随着经济社会和交通运输的发展,传统物流纷纷向现代物流转型,新兴的第三方物流企业快速成长。目前运行总体呈现增长稳中趋缓,物流市场需求结构加快调整,消费类物流和特色专业物流较快增长,物流领域投资力度加大,物流运行效率进一步提升。

(一)物流业发展历程

1. 改革开放前

(1)丝绸之路:以洛阳为起点的中欧物流通道。东汉定都洛阳,丝绸之路也从长安向东延伸至洛阳,全国政治经济中心使得河南成为丝绸之路沿线的重要地区,越来越多的欧洲商品流入洛阳,中欧物流大通道正式开启。

(2)隋唐大运河:以河南为中心的水运大动脉。隋唐时期大运河成为全国物流运输的命脉。隋唐大运河以洛阳作为中心,南起余杭(杭州),北至涿郡(北京),隋朝开凿全长2700km,跨越地球10多个纬度,纵贯在中国最富饶的东南沿海和华北大平原上,地跨北京、天津、河北、山东、河南、安徽、江苏、浙江8个省、直辖市,通达黄河、淮河、长江、钱塘江、海河五大水系,其承接、转移物流方面至关重要,这也成为河南省历史上第一条重大交通动脉,奠定了河南全国交通中心的最早影响。

(3)郑州迈入铁路枢纽时代,物流集散地显雏形:河南省境内第一条铁路——道清铁路从道口镇至清化镇(今博爱),长150km,1907年3月3日正式全线通车。道清铁路把当时的商贸重镇清化同道口甚至天津连在一起。焦作的煤炭、竹货、"四大怀药"源源不断地运到了道口三里湾码头,然后通过卫河水运直达天津;而天津的工业产品和"洋货"以及各种时尚,也纷纷在焦作登场亮相。晚清至民国时期,京汉铁路和陇海铁路两大线路在郑州交汇,郑州正式迈入铁路枢纽时代。平汉铁路和汴洛铁路筑成通车后,郑州即可通过平汉铁路北达北京,转接天津。城北20余公里通黄河水运,向南可抵汉口,连接长江水路;通过陇海铁路向西至观音堂(后至陕州、潼关、西安等地),向东经徐州北上通济南、青岛,南下达浦口、上海。由徐州继续东行即达海州大埔港出海,由海路南下到上海。北上至青岛,能够与诸多通商口岸直接联系。郑州处于十字交通的核心位置,从而获取了得天独厚的发展优势,逐步发展成为地域经济的中心。

2. 改革开放后

(1) 河南高速公路形成物流网：1978 年之前，河南的道路运输发展较慢。以 1978 年为例，全省仅有汽车 6.03 万辆，其中客车 1.04 万辆，货车 4.99 万辆。到 2000 年底，河南民用汽车达 84.7 万辆，轮胎式拖拉机 172 万辆。其中，营运汽车 24.4 万辆（营运客车 5.6 万辆，货车 18.8 万辆），营运拖拉机 169 万辆。营运车辆年完成客、货运输量分别达 7.99 亿人次和 5.15 亿吨，年均以 4.7% 和 5.6% 的速度增长；客、货运周转量分别达 353.7 亿人公里和 363.9 亿吨公里，平均每年递增 6.4% 和 9.7%。

河南省的高速公路至今已经走过了 20 多年的辉煌历程。1994 年，全长 81km 的郑州至开封高速公路建成通车，"九五"期间建成高速公路 277km，进入"十五"后，高速公路建设步入快速发展阶段。2007 年底河南省高速公路通车总里程达到 4556km，成为全国第一个突破 4000km、当年通车里程超过 1000km 的省份，初步形成了以郑州为中心，纵贯南北、连接东西、辐射八方的高速公路网络。

发达的交通促使现代物流业快速发展。近年来，河南省积极培育物流发展龙头企业，逐渐形成了豫鑫物流、省公路港、郑州金象物流、万里物流、长通物流、双汇物流等一批集道路运输、仓储、货运代理和信息配载于一体的专业化物流运输企业，从而带动了传统货运业的升级改造。以建设物流信息系统为基础，积极构建现代物流网络，建立完善了河南公共物流信息系统。目前，系统平台已覆盖了全国 31 个省、自治区、直辖市。

(2) 河南米字形铁路网成为辐射全国的物流集散地：位居中国中心的地理位置和国家铁路"心脏"的郑州火车站、郑州东站，构建成黄金"双十字架"架构的郑州国家铁路综合交通枢纽的"双核心"，为促进郑州国家综合交通枢纽的建设，为促进中国铁路骨干网络的建设，促进中国中部的崛起，具有重要的政治、经济、文化、军事战略地位。

目前，经过河南境内的高速铁路有京广高铁、郑西高铁、郑徐高铁、商杭高铁、郑渝高铁、郑合高铁、郑济高铁、郑太高铁等。郑州"米"字形高铁为河南的经济发展尤其是物流业发展提供了最坚实的后盾。

(3) 航空枢纽助力打造国际物流中心：河南拥有郑州新郑国际机场、洛阳机场和南阳机场三个民用机场。郑州新郑国际机场是 4E 级机场和国内一类航空口岸，1997 年建成通航，是国家民航局确定的全国八大区域性枢纽机场和国家一类航空口岸；欧洲最大的全货运航空公司卢森堡货运航空的亚太总部所在地；中国南方航空公司、深圳航空基地；郑州新郑国际机场作为河南省的空中门户和国内重要的航空港之一，空中航线贯穿东、西、南、北，是中原地区空中交通枢纽。2013 年 3 月，郑州航空港经济综合实验区发展规划正式经国务院批准实施。

郑州航空港经济综合实验区具有四通八达、十分便捷的交通优势，郑州机场高速公路、开封机场高速公路、郑州少林高速公路、京广澳高速公路、连霍高速公路、绕城高速公路、洛南高速公路以及107、310国道均在航空港区交汇,市区至机场快速路、轻轨六号线、"四港"联动大道等,将航空港区与郑州市区连为一体,可实现航空、轻轨、公路之间"零"换乘。目前国际物流中心正在加速形成,货运航线网络覆盖欧美亚,郑州和卢森堡"双枢纽"战略布局效应显现,2015年河南省机场旅客吞吐量1860.69万人次,货邮吞吐量40.58万吨。目前郑州机场在全球前20位货运枢纽机场中已开通15个航点,基本形成覆盖欧美和东南亚主要货运枢纽的航线网络。

(4)中欧班列(郑州)成为河南通向欧洲的物流动脉:郑欧国际铁路于2013年7月18日首次发车,标志着郑州沟通世界的国际铁路物流大通道由此打通,河南省成为我国中部、西北、华北、东北地区货物的主要集散地和中转站,开启了中国与欧洲的"新丝绸之路"。中欧班列(郑州)实现每周去程三班和返程两班常态化、均衡对开,成为开行最为稳定的中欧班列,综合指标保持全国中欧班列首位,成为连通郑州到欧洲、沟通世界的国际铁路物流大通道。

(二)物流业总体运行情况

(1)物流需求稳中略缓,消费类物流贡献持续提升。2015年,全省社会物流总额93538.48亿元,增长9.0%,比2014年回落1.6个百分点。从结构上看,在网络购物等居民消费强力拉动下,以快递为代表的物流需求增长最快,全省单位与居民物品物流总额163.78亿元,增长40.5%,比2014年提高16.8个百分点;其次是进口物流总额1916.16亿元,增长21.9%,比2014年提高9.0个百分点;工业品物流和外省流入物流等受大宗商品需求不足影响增速放缓,全省工业品物流总额、外省流入物流总额分别为76750.36亿元和8163.26亿元,增长9.4%和6.5%,分别比2014年下降2.3个和0.5个百分点;农产品物流总额、再生资源物流总额保持稳定增长,分别增长4.6%、12.3%,农产品物流总额增幅比2014年下降1.9个百分点,再生资源物流总额提高0.8个百分点。

(2)社会物流总费用增速回落,物流效率持续提升。2015年,全省社会物流总费用6255.43亿元,同比增长6.9%,比2014年回落0.2个百分点,社会物流总费用与全省生产总值的比率为16.9%,物流运行效率不断改善。从物流环节的费用成本看,交通运输费用占比最大,管理费用增长最快。2015年全省交通运输费用4010.40亿元,增长6.8%,占社会物流总费用的64.1%,增速比2014年下降0.1个百分点;保管费用为1707.17亿元,管理费用538.05亿元,分别增长7.9%和9.7%。

(3)物流增加值稳步增长,为经济发展提供有力支撑。2015年,全省物流业完成增加值1984.37亿元,增长8.8%,保持较快增长。物流业增加值占全省生产总值的5.4%,占服务业增加值的13.6%,成为推动经济发展的重要力量。从结构上看,邮政快递行业继续保持迅猛发展,完成增加值163.78亿元,增幅达到40.5%;交通运输业所占比重最大,达到64.7%,完成增加值1281.31亿元,增长8.6%,增速同比回落0.3个百分点;仓储业完成增加值127.10亿元,贸易业完成增加值412.18亿元,同比分别增长9.2%和10.8%。

(4)物流相关领域投资加大,拉动投资增长作用明显。2015年,河南省交通运输场站、物流园区、分拨配送中心等设施建设稳步推进,一批重大物流项目建成投用,物流基础设施功能进一步提升。全省物流相关产业完成固定资产投资1906.31亿元,同比增长36.7%,分别高于全省固定资产投资(不含农户)增速、服务业投资增速20.2个百分点和14.9个百分点,拉动全省投资增速1.7个百分点。

(5)交通货运量增速有所放缓,但仍好于全国平均水平。2015年全省全社会完成货运量21.19亿t,同比增长6.0%,比2014年回落3.4个百分点,但比全国水平高1.6个百分点。完成货物周转量7582.38亿吨公里,同比增长3.1%,比2014年回落0.1个百分点,比全国水平高3.6个百分点。其中,铁路累计完成货运量9802万t,同比下降9.7%,比全国水平高2.2个百分点;公路完成货运量19.16亿t,同比增长6.6%,比全国水平高0.2个百分点;民航完成货物运输量40.58万t,同比增长8.8%,比全国水平高3.6个百分点;水路完成货运量10459.34万t,同比增长11.9%,比全国水平高8.2个百分点。

(6)行业集中度不断提高,物流豫军初步形成。在不断吸引国内外物流龙头企业入驻发展的同时,本土物流企业也不断发展壮大,传统运输、仓储、流通物流企业加快向现代物流企业转型。截至2015年,河南共评出A级物流企业91家,其中3A级以上物流企业85家,21家物流园区被河南省政府认定为省级示范物流园区,27家物流企业进入全省服务业百户领军企业。

(三)物流业运行结构发展趋势

2015年,伴随产业结构调整升级步伐加快,物流供给结构也发生明显变化,航空、铁路、公路、快递等领域物流综合交通发展呈现不同趋势和特点。

(1)航空货运企稳回升,覆盖网络进一步扩大。2015年,郑州机场货运增速经历一季度下滑后逐季回升,最终全年增长8.8%,货邮吞吐量突破40万t,居全国第8位,成为继上海、广州、深圳之后的国内第四大货运机场,增速居全国主要机场前列。截至2015年底,郑州机场已开通货运航线34条,每周航班达94班,全货机通航点达36个,其中国际通航点25个,全货机航班数量居全国第3位,初步形成了覆盖欧美亚的货运航线网络。

(2)快递物流持续迅猛增长,业务规模稳居全国第一方阵。2015年,全省快递业务量51449.7万件,业务收入63.11亿元,分别增长74.5%和54.5%,居全国第3位和第4位,郑州市快递业务量在全国主要城市中位居第16名。郑州开展跨境贸易电子商务试点以来,截至2015年底试点项目业务量约5001.6万单,货值39.26亿元,税收1.12亿元,进口商品来自世界55个国家,出口商品发往77个国家,业务量、纳税额、参与企业数量等综合指标居全国试点城市首位,影响力不断提升。

(3)公路货运保持中速增长,物流主体地位不断加强。2015年全省公路货运呈现了稳中有升、中速发展的态势。货物运输量达到19.16亿t,同比增长6.6%;货物周转量达到5208.16亿吨公里,同比增长8.0%。公路货运量和周转量分别占全部货运量和周转量的90.4%和68.7%,保持着交通货运市场的主体地位。

(4)铁路货运加快调整结构,"黑冷白热"现象突出。2015年全省铁路运输受煤炭、钢材等大宗产品运输需求下降影响,货运量和货物周转量呈现延续回落态势,降幅分别为9.7%和12.9%。但同时,铁路货运结构在加快调整,生活消费品等"白货"占比不断上升,单位产品的总价值、附加值不断提高,特别是中欧班列(郑州)实现往返均衡和高频常态开行,截至2015年底,总累计开行256班,累计货值12亿美元,货重10.78万t,货值、货重均居国内中欧班列首位。

第三节 现代综合交通运输体系发展规划概要

一、形势与要求

"十三五"时期是河南省全面建成小康社会的决胜阶段,也是基本形成现代化建设框架格局的关键时期,交通运输发展既面临"一带一路"、"三大国家战略规划""四个河南"建设等机遇,也面临结构调整、转型升级、体系完善、资源环境等诸多挑战。新形势对河南省交通运输发展提出了新的更高要求:

(1)实现全面建成小康社会目标,要求进一步增强公路和水路交通运输保障能力,统筹区域、城乡交通运输协调发展,加大交通扶贫脱贫攻坚力度,以贫困地区和革命老区为主战场,实施精准扶贫、精准脱贫,推进交通运输基本公共服务均等化。

(2)率先基本实现交通运输现代化,要求切实发挥交通运输的先行引领作用,继续保持适度超前、优先发展,注重提质增效转型升级,加快培育信息化、现代化"两化融合"发展的新型动力,服务"一极三圈八轴带"发展格局,支撑和引领经济社会持续健康发展。

(3)完善综合交通运输体系,要求积极推进公路水路与其他运输方式深度融合,加强与铁路、航空等运输方式以及与铁路场站、机场等交通枢纽的衔接,积极发展公铁联运、陆空联运,提高公路水路与其他运输方式之间的转换效率。

（4）继续全面深化改革，要求加快转变行业职能，持续深化交通行政审批、交通投融资、建养管一体化等各项改革，增强发展的动力和活力，全面推行依法行政，推进法治交通建设，加快构建权责一致、运转高效的行业管理体系，切实提升行业治理能力和水平。

（5）适应"互联网+"等新模式、新业态，要求加快推进交通与互联网有机融合，充分运用移动互联网、云计算、大数据等先进技术与手段，推进实施"互联网+便捷交通""互联网+高效物流"，加快智慧交通建设步伐，满足公众多样化、个性化、高品质的运输服务需求，推动行业提质增效转型升级。

（6）加快"两型"社会建设，要求树立绿色循环低碳发展理念，加快转变发展方式，大力推进资源节约和环境保护，加快构建绿色循环低碳交通运输体系。

二、发展总体思路

深入贯彻落实党的十八大和十八届三中、四中、五中全会精神，紧紧围绕"四个全面"战略布局、"一带一路"倡议和河南省"五大国家战略规划""四个河南"建设，牢固树立并切实贯彻创新、协调、绿色、开放、共享的发展理念，坚持改中求进和建养管运并重，以率先基本实现交通运输现代化为目标，以提质增效升级为导向，以服务民生为根本，着力构筑大通道、完善大路网、打造大枢纽、带动大物流，着力增强可持续发展能力，着力提升运输服务品质和行业治理水平，全力构建"综合交通、智慧交通、绿色交通、平安交通、法治交通、服务交通"，使交通真正成为引领经济新常态发展的先行官，为全面建成小康社会、加快现代化建设，进而实现中原崛起、河南振兴、富民强省发挥引领作用。

三、发展规划目标

到2020年，基础设施实现"四通"、管理服务实现"五化"，基本建成能力充分、衔接顺畅、服务优质、智慧绿色、运行安全、执法规范的现代交通运输体系，交通运输强省地位基本确立，综合实力进入全国第一方阵，交通优势形成的区域竞争力显著增强，率先基本实现交通运输现代化。

（1）基础设施"四通"。建成高速公路内联外通、干线公路连县通乡、农村公路安全畅通、内河水运通江达海的基础设施网络，实现"省与省、市与市、市与县、县与乡、乡与村"五级通畅，为率先基本实现交通运输现代化提供基础保障。

（2）管理服务"五化"。基本实现运输服务品质化、城乡客运一体化、公共服务均等化、科技信息智慧化、行业管理规范化，发展的质量效益明显提升，可持续能力不断增强，为全面建成小康社会当好先行官。

（3）通行能力充分。形成结构合理、覆盖广泛的基础设施网络，线网总里程达到27万km，其中：高速公路达到8000km，省际出口达到38个，基本建成完善的高速公路网；普通干线公路达到3.1万km,其中二级及以上公路占比达到75%以上;农村公路在23万km的基础上持续提升,实现85%以上的乡镇通二级公路、所有乡镇通三级及以上公路,具备条件的自然村通硬化路;内河通航里程达到1855km,淮河、沙颍河等通江达海的水运通道基本建成。

(4)枢纽衔接顺畅。公路枢纽站场功能合理配置,全省二级及以上公路客运站达到270个,建成20个以上综合客运枢纽和货运枢纽(物流园区),所有机场、高铁站有二级以上客运站对接,真正实现"人便于行、货畅其流"。公路与枢纽衔接紧密、集疏高效,公路与城市道路、高速公路与普通公路实现顺畅衔接与转换。

(5)运营服务优质。公路管养效能明显提升,高速公路、普通干线公路优良路率分别达90%、85%以上,县乡公路优良中等路比例不低于70%,实现所有建制村"乡村通畅"。公路客运服务水平明显提升,中高级营运客车占比达到80%。内河船舶标准化率达到80%,干线航道通航保证率达到98%。城市客运便捷舒适水平显著提升,公交站点覆盖范围进一步扩大,省辖市公共交通机动化出行分担率达到60%以上,实现公交"一卡通"互联互通。城乡客运一体化水平明显提升,所有具备条件的建制村通客车、通邮政、通快递。

(6)智慧绿色提升。互联网+、云计算、大数据等现代信息技术广泛应用;所有二级及以上客运站联网售票、治超"四级联网"、营运车辆联网联控等现代交通运输信息网络基本建成;公众出行信息实现互联网、移动智能终端等多渠道查询,基本实现高速公路ETC收费站点全覆盖;货运物流和政务信息化水平显著提升。绿色循环低碳公路交通运输体系基本形成,运输领域节能降耗成效显著,营运货车里程利用率达到70%;新增清洁能源、新能源公交车比例提高到75%。

(7)运行安全保障。安全防护水平显著提高,安全基础设施明显改善,基本完成乡道及以上行政等级公路安全隐患治理和危桥改造,普通国省道当年新发现危桥当年处置率达到100%。高速公路重点路段、干线公路特大桥隧、二级及以上客运站监测覆盖率达到100%。交通应急救援保障网络基本完备,一般灾害情况下公路应急救援到达时间不超过2小时、应急抢通时间不超过24小时。道路运输责任事故起数、伤亡人数明显下降,水上一般等级以上实现零事故。

(8)执法体系规范。交通运输法规制度体系基本健全,依法行政水平和行政效率明显提高,行政执法处罚正确率达到95%以上,群众评议满意度大幅提升。高速公路超限货物运输现象杜绝,干线公路超限超载率平均控制在5%(含)以下。

第二章
河南公路交通运输概况

交通运输是国民经济和社会发展的先行官,"要想富,先修路,要快富,修高速",全面小康,交通必先行。只有充分发挥交通运输业的基础性、先导性作用,才能有效支撑经济社会持续健康发展,才能为人民群众提供安全、便捷、高效的出行服务。

公路是交通运输发展的重要组成部分。河南地处中原,连南贯北,承东启西,有着得天独厚的区位优势。改革开放以来,河南省公路建设保持良好发展态势,经过"十五"的快速发展、"十一五"的跨越式发展、"十二五"的稳步发展,一个以高速公路为主骨架,以普通国、省干线公路为依托,以县乡公路为支脉的中原大路网已经形成,河南公路交通一轮又一轮的建设高潮,极大促进了区域经济的快速发展,为河南粮食生产核心区建设、中原经济区建设、河南自由贸易试验区建设和郑州航空港经济综合实验区建设提供了强有力的基础设施保障。

第一节 公路建设概况

一、公路发展历程

新中国成立60多年来,河南省公路建设事业日新月异,特别是改革开放以来,公路建设进入了一个崭新的大发展时期。至2015年底,全省公路总里程达到26.7万km(图2-1-1),以郑州为中心的全省公路网络已基本形成。公路的发展大体经历了三个阶段。

第一阶段是从新中国成立至20世纪80年代末。该阶段河南公路处于恢复和保通期。公路总里程稳步增长,至80年代末,河南省公路通车总里程为41170km,公路网密度为每百平方公里24.65km,但道路建设标准低、质量差、晴通雨阻的状况非常突出。公路建设基本是在原大车道、便道上修补改造进行,也有相当部分是人民解放军在行军途中一边行军、一边施工的应急公路。

第二阶段为20世纪90年代初至21世纪初(2005年)。该阶段河南公路处于建设提升期。由于国民经济水平的提高和人民生活水平的提升,整个运输产业的结构调整和竞争加剧,加速了公路运输业的发展。河南省于1994年实现了高速公路零的突破,打通了交通运输行业制约国民经济发展的瓶颈,全长81km的郑州至开封高速公路建成通车,结束了河南省无高速公路的历史,标志着河南省公路建设跨入了新的时代,成为全国第十个拥有高速公路的省份。至2005年底,河南省公路通车总里程达到了79506km,公路网密度为每百平方公里47.61km。此阶段河南省国省干线公路逐步增加,建设标准不断提高,一级、二级公路总里程为21790.07km,占公路网总里程的27.41%,高速公路里程为2677.88km,等级公路占公路网总里程的94.34%。这一阶段,河南省干线公路建设逐步标准化,等级不断提高、优化,规模不断增加。

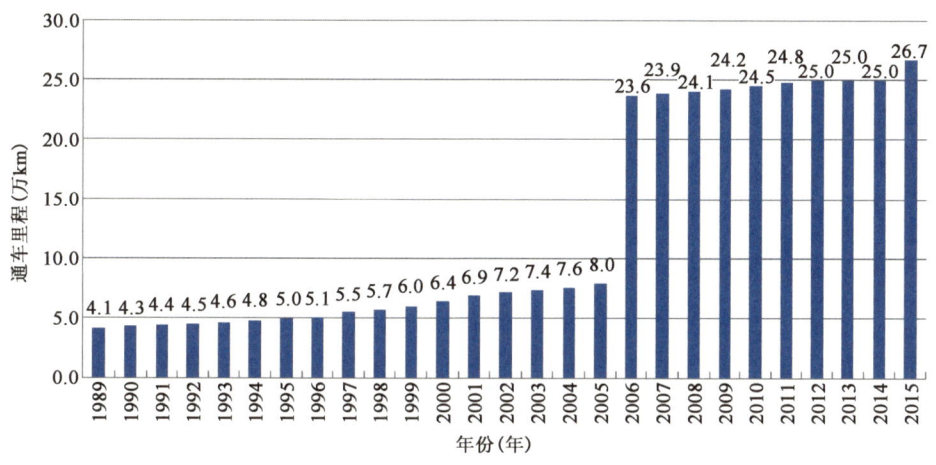

图2-1-1 河南省历年公路通车里程

第三阶段为21世纪初(2006年)至今。该阶段河南省公路处于建设完善期。一方面,随着我国经济结构的转型,增加了对运输方便性和快捷性的要求,而公路运输可实现门到门服务,加大了人们出行选择的可能性;另一方面,公路作为铁路运输的互补,随着铁路运输业的发展,必然也要求公路运输业更快的发展。2006年,河南省公路通车总里程迅猛增长至236351km(2006年起将乡村公路纳入公路通车总里程),公路网密度达到每百平方公里141.28km,公路网的联通深度增加,通畅程度不断提高。2015年底,河南省公路总里程为26.7万km,公路网密度为每百平方公里159.88km,是全国每百平方公里47.68km的3.35倍,其中普通国省干线公路为17995km,高速公路6305km,普通干线二级以上公路总里程为16576km。从里程上可以看出,自2006年,二级以上公路总里程保持平稳增长,现阶段主要处于完善阶段和养护管理期,国省干线基本上在老路的基础上进行改造或改建,建设标准不断提高,等级结构不断优化。

二、公路交通基础设施建设情况

"十二五"期间,全省交通运输部门牢牢把握科学发展第一要务,围绕"三大国家战略规划"实施和新型城镇化建设,持续加大投入,加快推进郑州航空港经济综合实验区、集中连片特困地区、产业集聚区、城市组团连通道路建设和农村公路"乡村通畅"工程实施，初步形成了以高速公路支撑轴带发展、以快速通道服务城市组团式发展、以国省干线公路保障产业集聚区建设、以农村公路助力粮食生产核心区建设的路网格局。

"十二五"末，全省公路通车里程达到26.7万km（表2-1-1），初步建成安全便捷的公路交通基础设施网络，交通运输对经济社会发展的先行引领作用日益凸显。

"十二五"公路交通主要发展目标完成情况　　表2-1-1

主　要　指　标	2010年	"十二五"规划	2015年
公路网总里程（万km）	24.5	25	26.7
高速公路里程（km）	5016	>6600	6305
普通国省道里程（万km）	1.8	2.7	3.1
农村公路里程（万km）	22	22	23

（一）高速公路网络不断完善

"十二五"期间，全省高速公路完成投资1206亿元，为规划目标1000亿元的121%。积极构建内联外通的高速公路网，重点推进郑州航空港经济综合实验区高速公路建设，加强豫西山区、省际出口通道建设；加快京港澳、连霍高速公路河南段扩容改造，提升国家高速公路主通道通行能力和服务水平。到2015年底，全省高速公路通车里程达到6305km，居全国第3位，比"十一五"末增加1289km；八车道里程达到1005km，比"十一五"末增加700km，实现所有县（市）城20分钟上高速，郑州、洛阳、南阳、商丘、周口5市形成环城高速公路，以郑州为中心、辐射所有省辖市的3小时高速公路交通圈已经建成。

（二）普通干线公路结构更趋优化

"十二五"期间，全省普通干线公路完成投资588亿元，为规划目标580亿元的102%，五年新、改建8425km。以提升等级、改善路况、优化网络为重点，加大城市组团快速通道和产业集聚区连通道路建设力度，实施G105、G107、G310等重要国道扩容改造和"10+1"高速公路连接线工程，着力畅通秦巴山区、大别山区对外通道。同时，适应经济社会发展需要，调整优化了国省道线网布局。到2015年底，全省普通干线公路里程达到3.1万km，在"县县通国道、乡乡有干线"布局规划的基础上，实现省规划的64个城市组团中41个与中心城区以一级公路连通，180个省规划产业集聚区全部以二级及以上公路连通。

（三）农村公路服务能力持续增强

"十二五"期间，全省农村公路完成投资398亿元，为规划目标365亿元的109%，五年新、改建4.2万km，改造危桥20万延米。围绕服务人民群众安全便捷出行和农村经济社会发展，大力实施"县县畅、乡乡联"工程和农村公路三年行动计划"乡村通畅工程"，加大危桥改造力度,逐步完善安保等附属设施;加大扶贫开发投入,圆满完成国家"十二五"集中连片扶贫建设任务。适应经济社会发展需要,对农村公路网布局进行了调整优化。到2015年底,全省农村公路里程达到23万km,基本实现了"村村有县乡道"目标,基本实现乡道及以上行政等级公路覆盖所有建制村。

三、公路等级情况

（一）按技术等级划分

"十二五"末,河南省高速公路里程6305km,一级公路里程2918km,二级公路里程27118km,三级公路里程20681km,四级公路里程171118km,等外公路38912km。各技术等级公路所占比例如图2-1-2所示。

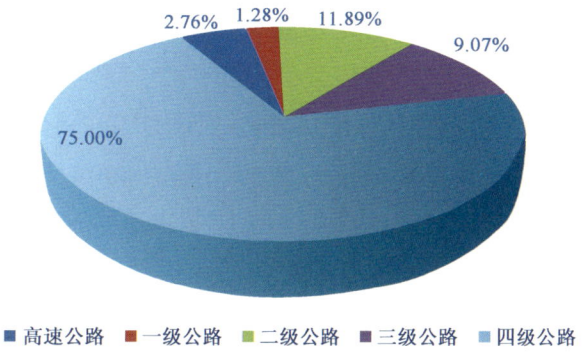

图2-1-2　2015年底河南省各技术等级公路所占比例

（二）按照行政等级划分

"十二五"末,河南省公路网里程:国道里程13961km,其中国家高速公路4237km;省道里程23026km,其中地方高速公路2068km;农村公路网总里程230065km,其中县道里程27271km,乡道里程59057km,村道143737km。各等级公路所占比例如图2-1-3所示。

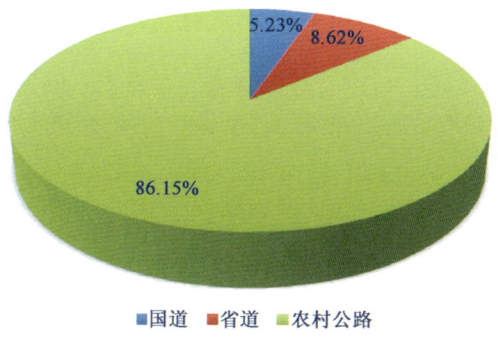

图2-1-3　按行政等级划分各等级公路所占比例

(三)按路面等级划分

"十二五"末,有铺装路面195386km,其中沥青混凝土路面47856km,水泥混凝土路面147530km;简易铺装路面27737km,未铺装路面43930km。按路面等级划分各等级公路所占比例如图2-1-4所示。

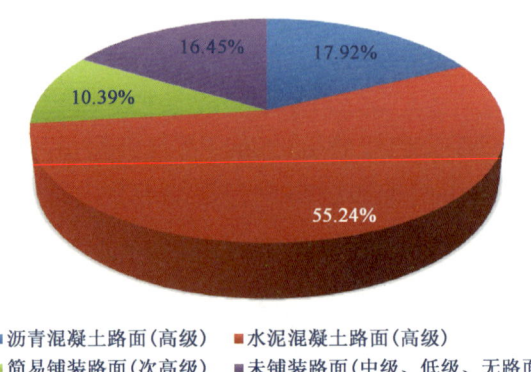

图2-1-4 按路面等级划分各等级公路所占比例

"十二五"末,河南省公路桥梁总计为51609座、2280914延米,其中特大桥梁86座、156926延米。公路通达方面,全省1873个乡镇已实现通达通畅,全省46024个建制村已实现通达通畅。

第二节 公路建设、养护管理体制改革概况

一、河南省公路建设项目管理模式

改革开放以来,河南省公路建设的形式有两种:一是新建公路工程项目,包括普通干线公路、农村公路和高速公路;二是原有公路改扩建工程项目,包括提高技术等级、加宽改造、危桥改造等。公路建设项目管理的模式主要有:

1. 建设单位(业主)自行组织管理机构模式

由建设单位(业主)组建工程指挥部或建设办公室等进行项目管理。项目规划、设计、施工等均由建设单位(业主)协调、监督和管理。建设单位力量不足时,再委托设计单位设计、委托施工单位施工。

1990年以前河南省多采用这种模式。这一时期,公路建设项目的投资主体是政府。项目建设完成后项目管理班子解散。这种模式的弊端是显而易见的,往往是只有一次教训,没有二次经验。

2. 建设单位(业主)委托咨询公司协助管理模式

由建设单位(业主)和项目咨询公司共同进行项目管理。建设单位(业主)可委托项目咨询公司进行前期的各项准备工作,通过招标方式选择施工承包商、设备承包商,建设单位和承包商订立合同,业主聘请咨询工程师或监理工程师对工程进行监理。咨询工程师或监理工程师和承包商没有合同关系。

1990年以后,部分或全部使用世界银行、亚洲开发银行、国家开发银行等银行贷款的公路工程项目,都采用这种模式,政府是投资主体的公路工程项目亦采用这种模式。

3. BOT(建造—运营—移交:Build-Operate-Transfer)模式

自2003年以来,国家、河南省相继出台了一系列促进公路市场化经营的新政策。公路建设项目,特别是高速公路建设项目的投资主体形成了多元化的投资格局,实现了由政府投资为主向社会投资主体为主的战略性转移。BOT模式的基本程序是:

(1)政府开放基础设施建设和运营市场,吸收国内外资金;

(2)建设单位(业主)招标选定建造商(项目公司),授给建造商(项目公司)特许权;

(3)建造商(项目公司)按照合同约定,负责融资和组织建设;

(4)建成后建造商(项目公司)负责运营、回收成本和偿还贷款;

(5)建造商(项目公司)在特许期满时将项目移交给政府(业主)。

4. BT(建造—移交:Build-Transfer)模式

BT模式由BOT模式演变而来。2010年以后,河南省的公路建设项目采用了这种模式。BT模式的基本程序是:

(1)政府开放基础设施建设和运营市场,吸收国内外资金;

(2)建设单位(业主)招标选定建造商(项目公司),授给建造商(项目公司)特许权;

(3)建造商(项目公司)按照合同约定,负责融资和组织建设;

(4)建成后建造商(项目公司)将项目移交给政府(业主);

(5)政府(业主)分期支付建造商(项目公司)的建造费用(回购);

(6)在报酬上也可采用成本加奖励的办法。

5. PPP(Public Private Partnership)模式

广义的PPP模式,即政府和企业(私营或国有企业)合作项目融资,鼓励企业与政府进行合作,参与公共基础设施的建设,参与合作的各方共同承担责任和融资风险,强调特许经营、购买服务和股权合作。狭义的PPP模式,即政府与企业(私营或国有企业)组成特殊目的(公共服务项目)机构SPV,引入社会资本,共同设计开发、共同承担风险、全过程合作,合作期满后,再移交给政府。

PPP模式同样需要政府开放公共服务或基础设施建设、运营等市场,引入市场机制,吸收企业(私营或国有企业)的资金,建立公(政府)私(私营企业)合作关系或公私合伙制。PPP模式的三大特征是伙伴关系、利益共享、风险共担。政府对项目中后期建设管理、运营过程参与更深;企业对项目前期科研、立项等阶段参与更深;政府和企业都是全过程参与,双方合作的时间更长、信息也更对称。

2015年以来,河南省采用PPP(又称3P)模式试点建设的新乡至郑州(官渡)黄河大桥、焦作至荥阳黄河大桥和尧(山)栾(川)西(峡)高速公路建设项目,基本形成了可复制、可借鉴、可推广的"两桥一路"模式。

二、河南省干线公路养护管理模式

2004年通过的《河南省人民政府关于干线公路养护体制改革的实施意见(豫政〔2004〕53号)》指出,国省干线公路养护管理实行省、(省辖)市、县(市)公路养护分级负责、权责分明、管理科学的管理模式;各级公路管理部门所属的企事业单位与主管单位全部脱钩,组建企业法人实体,独立经营,实现事企分开、管养分离,提高干线公路养护管理水平、养护质量和养护效率。

河南省现行的普通国省干线公路养护管理模式可以归纳为"省级规划指导、市级大中修、县级小修保养"。省、(省辖)市、县(市)按行政区域分级管理、分级负责。省公路管理部门负责全省公路养护的行业管理,制定国、省干线公路的养护规划和标准,指导监督检查公路养护目标的实施。(省辖)市级公路管理部门负责辖区内国、省干线公路的养护管理和大、中修工程的组织实施;县(市)级公路管理部门负责辖区内国、省干线公路的养护管理和小修保养工程的组织实施。

(一)公路养护管理机构改革

公路管理部门和公路养护队伍实行事企分离。各级公路管理部门所属的工程处(队)、厂、场、站等事业单位全部整建制转为企业,依法建立产权清晰、权责明确、事(政)企分开、管理科学的现代企业制度,成为自主经营、自负盈亏、自我约束、自我发展的企业法人和市场竞争主体,实现与公路管理部门人、财、物彻底脱钩。积极推行股份制,鼓励多种所有制成分参与或组建公路养护企业,发展混合所有制经济。

(二)公路养护运行机制改革

实行公路管理与养护分离,建立统一开放、规范有序、公开公平竞争的公路养护市场运行机制。打破区域和行业界限,大、中修养护按项目,小修保养按路段,对养护施工企业、养护技术咨询监理公司实行公开招投标方式选择。实行养护市场准入制度,按照交通运输部有关规定,养护企业须向省交通行政主管部门申请养护企业资质,并依据核批的养护企业资质等级参与公路养护市场竞争。鼓励各类社会投资主体建立养护企业,参与公路养护。各级公路管理部门按照项目法人责任制、招投标制、合同管理制、施工监理制的要求,对辖区内的养护工程实行管理和监督。

(三)公路养护资金管理改革

非收费公路的管养费用列入政府部门预算;收费还贷公路的管养费用按照规定的比例,由财政部门拨付公路交通部门,省、(省辖)市公路管理部门应检查、监督通行费收入如数按期上交省财政部门设在各市的财政汇缴专户;经营性收费公路的管养费用由经营公司承担。

非收费干线公路养护经费和管理经费实行切块包干管理方式,包干基数5年不变,并根据每年养路费收入增长幅度确定各(省辖)市的增长系数。按照各市管养的非收费路段公路里程,并适当考虑路况、交通量、材料价格和汽车养路费收缴等因素,分四类确定不同基数和比例切块包干给各市公路管理部门,结余资金结转下年使用,超支不补,不足部分由(省辖)市财政解决。

养护经费和管理经费由省财政部门拨付给各(省辖)市财政部门。省公路管理部门与各市公路管理部门签订养护经费切块包干合同,对资金总量、养护项目、养护生产指标和通行能力实行目标管理,加强行业监管;(省辖)市公路管理部门对切块包干费用、养护项目、养护质量、进度负总责。县(市)级公路管理部门在(省辖)市公路管理部门领导下对小修经费使用负责。

省交通行政主管部门每年留取全省公路养护费的5%,用于突发性严重自然灾害造成的损毁、特殊小型项目和省公路管理部门管理经费。

省、(省辖)市、县(市)财政和交通行政主管部门,都要根据编制情况,本着勤俭节约的原则,核定各级公路主管部门的管理经费,不准挪用养护经费用于管理经费开支。各级财政和审计部门要加强对公路养护经费和管理经费使用的监督。

(四)公路养护管理主要成效

"十二五"以来,河南省公路养护管理水平明显提升。一是公路养护力度不断加大。"十二五"期,以"畅、安、舒、美"为目标,积极开展公路养护示范工程创建、农村公路管理养护年活动,大力推进安全保障工程、危桥改造工程及灾害防治工程等,加大公路养护投入力度,制定出台了相关实施标准和实施方案。五年高速公路养护共投入41.3亿元,实施路面专项工程里程4869km;普通干线公路投入174亿元,实施大中修里程5765km;落实农村公路养护财政资金81.5亿元。到2015年底,全省高速公路总体技术状况指数达到93.8;普通干线公路平均优良路率从"十一五"的69%提高到88.3%;农村公路基本形成了"分级负责、以县为主、乡村配合"的管养机制,实现"乡乡建有管养站"。二是安全应急保障能力明显增强。以建设"平安交通"为载体,深入开展道路交通三年综合整治、"道路客运安全年"和"平安工地"等活动,强力推进企业安全生产标准化建设。大力实施安全保障工程、危桥改造工程及灾害防治工程,五年改造干线公路危桥(隧)658座,处置安全隐患9022km,基本消除了县乡道上的大中危桥。积极推进河南国家区域性公路交通应急装备物资储备与救援中心、公路水路安全畅通和应急处置系统项目建设,安全监管和应急处置能力进一步增强,交通安全生产形势持续稳定好转。三是服务管理能力有效提升。开展收费公路专项清理工作,10个普通干线经营性收费公路项目终止收费。深入推进车辆超限超载治理工作,有效遏制违法超限超载蔓延势头。认真落实"绿色通道"和重大节假日小型客车、夏季联合收割机免征等政策,五年累计减免通行费134亿元。

三、河南省干线公路建设投融资模式

河南省现行干线公路投资模式可以总结为"国省补助、地方配套",即交通运输部和省财政按照建设项目里程和建设类型固定补助标准,不足部分由(省辖)市、县自筹。

"十二五"期间,国家把干线公路升级改造作为交通建设的重中之重,加大对干线公路的补助力度,并按照事权、财权相统一的原则,重点对普通国道建设给予大力支持,国家逐步实行"国道国管、省道国补"的政策。整个"十二五"期间,国家大幅提高干线公路补助标准,并支持和鼓励国道主干线二级升一级改造,国家干线公路补助规模占中央车购税的比例由"十一五"的6.6%升至28%。河南国省干线公路改造的建安费用以国省投资为主,其中省级投资配套部分实行以奖代补,征地、备土、拆迁、绿化和附属设施等费用原则上由省辖市、县政府承担。河南省普通干线公路建设项目国省补助标准见表2-2-1。

河南省普通干线公路建设补助标准表(单位:万元/km)　　表2-2-1

等级	类型	国道			省道		
		国补	省补	合计	国补	省补	合计
一级	一改一	300	—	300	210	90	300
	二升一	600	—	600	420	180	600
二级	二改二	125	75	200	88	112	200
	三升二	250	—	250	175	75	250

"十二五"期间,国家针对集中连片特困地区启动了专项扶贫攻坚行动,提高了部分贫困地区干线公路建设补助标准,重点是提高低等级升二级的补助标准,不提高一级公路建设标准。调整后,河南省26个集中连片特困地区的干线公路建设补助标准见表2-2-2。

河南省集中连片特困地区的干线公路建设补助标准表(单位:万元/km)   表2-2-2

等级	类型	国道			省道		
		国补	省补	合计	国补	省补	合计
一级	一改一	300	—	300	210	90	300
一级	二升一	600	—	600	420	180	600
二级	二改二	125	75	200	88	112	200
二级	三升二	400	—	400	260	70	330

河南省干线公路建设的融资主要指的是筹措地方配套部分资金。由于干线公路收费还贷性收费站已经全部撤销，目前融资途径是"以地方财政出资为主"，具体有四种方式：

（1）交通专项税费。包括车购税和燃油税。

（2）其他财政性资金。除了交通专项资金外，各级政府还安排部分财政性资金，用于普通干线公路建设，如中央的预算内资金、地方政府的财政补助。省级财政资金每年都有稳定的投入，但是省市、县级财政资金来源通常不稳定，规模差别也比较大，财力好的地区较多，财力很差的地区甚至没有。另外，河南省还有一个省级融资平台，即河南省收费还贷高速公路管理中心。2010年8月，为应对当时的融资困境，成立了河南省收费还贷高速公路管理中心。该中心除负责筹集高速公路贷款外，还负责偿还政府还贷二级公路部分债务，并支持干线公路建设。

（3）金融机构贷款。由于用于干线公路建设和养护的交通专项资金规模有限，不能满足干线公路发展的需求，为弥补资金不足，金融机构贷款成为河南省干线公路发展的重要资金来源。该项贷款主要用于干线公路的新建和改扩建，大中修利用贷款情况则较少。

（4）社会资金。河南省还积极吸引社会资金参与干线公路投资、建设和运营，省政府出台相关文件，明确鼓励多渠道利用社会资金，促进干线公路建设。社会投资人包括私营和国有投资人、外资等，投资模式主要有BOT、BT等。

归纳总结，河南省公路建设投融资模式大致经历了三个阶段：

第一阶段：作为政府行为的公路发展及建设。

在我国传统的计划经济体系中，公路等基础设施建设项目的投融资自然成为计划经济的产物，政府直接干预、决定和操纵一切基础设施建设。在公路建设项目方面，中央和地方政府对国家干线公路和地方区域公路实行分工负责制度。

在计划经济体制下，公路投融资实际上体现了政府计划的特点，投融资决策权也高度集中在政府，政府通过指令性计划和行政审批程序来决定具体的公路建设投资规模和投资结构等。投资主体和投融资渠道单一，政府是唯一的投资主体，私有和民间资金被完全排斥在外。

第二阶段：收费制度纳入公路建设的投融资体系。

随着我国经济体制改革的开展和深入，公路建设投资体制也发生了重大变化，财政投资实行"拨改贷"制度，基础设施建设的财政资金也由无偿拨款改为有偿贷款。与此同时，国务院及交通部出台了相应的道路建设管理政策，1985年国务院批准征收"车辆购置附加费"，所收费用由交通部根据国家规定统一安排使用；各省（区、市）也相应制定了各种交通规费的征收政策，进一步扩大了公路建设的资金来源。

在计划经济向市场经济转轨过程中，公路等基础设施建设的事业性投资成为政府向社会提供公共产品的主要模式，这种投融资和管理模式至今在我国公路投资政策中占有重要的地位。在公路建设实践中，已经形成了"以路养路""以路建路"的基本发展模式，公路"两费一金"（养路费、车辆购置费以及公路建设发展基金）的事业性收费体制基本建立。这种"谁受益、谁付费"的原则成为公路建设投融资的基本理念，也是我国公路建设发展战略上的重大突破。由此开始了我国改革开放以来的以公路经济性为导向的收费路的尝试。

第三阶段：经营权及股权等要素成为公路投融资的创新点。

公路收费制度形成之后，公路经营权转让制度是收费制度的必然发展趋势。随着公路收费制度的实施，在公路经营期间造成的收益现金流与贷款偿还之间的错位问题日益凸显出来。为此，将公路未来收益提前变现来偿还贷款成为最优的解决方案，公路的经营权转让以及股权转让无疑是将未来收益提前变现的理想途径。

1996年颁布的《公路经营权有偿转让管理办法》（交通部令1996年第9号）规定："转让方获得的转让公路经营权收入，首先用于偿还被转让公路经营权的公路建设贷款和开发新的公路建设项目。"公路经营权转让获得了合法的地位。

综上所述，河南省的公路投融资模式从刚开始的由政府单一投资转变为以财政资金为基础、贷款资金为主体、民间资金和外资为重要补充的格局，形成了"国家投资、地方筹资、社会融资、利用外资"和"贷款修路、收费还贷、滚动发展"的投融资体制特点，呈现出"投资主体多元化、融资渠道多元化、项目业主多元化"的趋势，为河南省公路交通的飞速发展做出了不可磨灭的贡献。

四、河南省干线公路管理体制

2003年前，河南省公路系统实行的管理体制是双重领导制，即计划、财务、公路规划、管理政策、技术业务由省公路局实行行业管理，人事、党群工作归地方管理，形成了"条块结合，以块为主"的公路管理体制。2004年8月，省政府出台了《河南省人民政府关于干线公路养护体制改革的实施意见》（豫政〔2004〕53号），此后，河南省干线公路系统实行"条块结合，业务以条为主，人事以块为主"的管理体制，省公路局作为交通运输厅下属副厅级事业单位，是全省普通公路行业主管部门，主要负责全省普通公路的规划、建设、养护和路政管理以及行业监督管理和精神文明创建工作。省公路局管计划和资金,省辖市、县地方政府管人、管事,人、财、物管理不统一。省辖市、县公路部门作为自筹自支事业单位,人员工资等来自上级部门"切块"的小修保养经费,不需要当地政府负担。

五、河南省公路发展的重要经验

自1978年以来,河南省公路事业经过30多年的艰苦创业,公路面貌和布局发生了巨大变化,公路状况向着高标准、高等级、高密度方向发展,公路建设投资规模逐年增加,技术状况有了显著提高,有效地促进了河南传统运输业向现代物流业的转型,不但极大地拉动了经济增长,加快了中原城市群建设,而且带动了旅游业的发展,促进了公路沿线经济带的形成,总结起来有以下几点经验:

(1)紧紧抓住政策机遇,是实现跨越式发展的关键因素。

国家的公路发展政策具有一定的阶段性,不同时期会有不同侧重点,历史发展经验一再证明,只有紧紧跟随政策导向,才能实现大发展。例如,为应对1997年亚洲金融风暴,国家启动了投资拉动计划,公路投资大幅提升,河南省抓住机遇,一举实现了公路建设的快速发展。再如,为解决"三农"问题,加快广大农村地区发展,"十一五"时期,国家启动了农村公路"五年千亿元建设工程"。要逐步实现"村村通"的目标,河南省集中人力物力,奋力拼搏,于2007年底在中西部地区率先实现了"村村通",河南省几千万农民世世代代走的土路变成了水泥(油)路。事实证明,如果错过了重要的政策机遇,可能就意味着很长一段时期的落后。

(2)收费公路政策给河南省公路带来了空前大发展。

20世纪80年代中期以前,交通一直是国民经济发展的瓶颈制约因素之一,其症结根源在于单一的政府投资体制限制。通过放开准入,创新体制机制,引入社会资本,收费还贷,短时间内一举改变了瓶颈制约现象。"贷款修路、收费还贷"是我国公路基础设施建设投融资政策的重要内容,自1984年实施以来,有效缓解了公路建设资金不足的矛盾,公路里程快速增加,推动了国民经济的全面发展和公路事业的飞跃。

据不完全统计,目前收费公路建设总投资中将近70%的资金是通过银行贷款和集资获得的。"没有收费公路的政策,就没有河南交通的现状"。

(3)养护管理体制改革使公路养护走上科学化道路。

按照"事企分开、改企转制、管养分离、权责统一、分级管理、分级负责、强化监管、保障通畅"的基本思路,河南省于2004年全面推进干线公路养护体制改革,实施干线公路养护管理模式、机构、运行机制、资金管理、国有资产管理和监督管理改革,建立符合社会主义市场经济体制要求的公路养护管理体制和运行机制。干线公路养护体制改革使公路部门管理职能向"强化宏观,弱化微观"转变。实行养护资金切块包干,从机制上保证养护资金的合理使用。实行养护市场准入制,开放公路养护市场,从机制上保证养护效率、养护质量的提高。

2015年,为全面深化交通运输领域改革,进一步简政放权,有效解决普通干线公路建设、养护、管理中责权利不匹配问题,提升普通干线公路建设、养护、管理质量水平,促进了全省普通干线公路持续健康发展。

第三节 道路运输发展概况

河南省牢牢把握主题主线,统筹做好稳增长、调结构、促改革、惠民生各项工作,全省经济社会发展始终保持好的趋势、好的态势、好的气势。国民经济、社会和政策环境的稳步改善,为交通运输业服务经济社会发展提供了良好的外部条件,为河南省交通运输转变发展方式、加快构建高效便捷、安全可靠、绿色环保、规范诚信的综合运输体系,不断提升运输服务保障能力奠定了坚实的环境基础。

一、客货运场站规划建设情况

(一)客货运场站规划情况

"十二五"期间,省道路运输管理局编制发布了《河南省综合客运枢纽布局规划》《河南省货运枢纽(物流园区)布局规划》《河南省公路港湾站规划》,明确了河南省近期和中远期的道路客货枢纽场站布局方案。

1. 综合客运枢纽布局规划

规划以满足需求为目标,以引导发展为导向,充分考虑了河南省经济社会、城镇化发展对综合客运枢纽建设的要求,解决城市土地资源紧缺与居民出行需求不断增长之间的矛盾,通过对节点城市层次的划分,根据不同城市规模对综合客运枢纽划分为三类,即A类(门户枢纽)、B类(重要枢纽)、C类(一般枢纽)。通过布局,全省共规划51个综合客运枢纽。其中:A类综合客运枢纽16个,主要与新建高铁车站、重要的干线铁路车站以及干线运输机场(新郑机场)相衔接,分布于第一、第二层次的枢纽城市;B类综合客运枢纽20个,与省辖市一般普铁车站或支线机场相衔接,分布于第二、第三层次枢纽城市;C类综合客运枢纽15个,与人口较多、经济或旅游较为发达的县(县级市)新建高铁或城际铁路车站相结合。综合客运枢纽分布如图2-3-1所示。

2. 货运枢纽(物流园区)布局规划

为落实国家构建现代市场体系、深化升级转型的总体要求,推动中原经济区建设,保障河南省振兴和服务"三化协调"战略,加快现代综合交通枢纽和现代物流中心建设,制定了今后5~10年全省道路货运枢纽(物流园区)规划建设。从全省统筹协调发展出发,以18个省辖市和10个省直管县为主要规划范围,以提供物流公共服务平台且货运功能突出的"物流园区"为重点,划分为区域级、地方性两级。同时将部分涉及民生、公共安全的公共型货运场站纳入规划范围,共形成三个层次的道路货运枢纽规划体系。

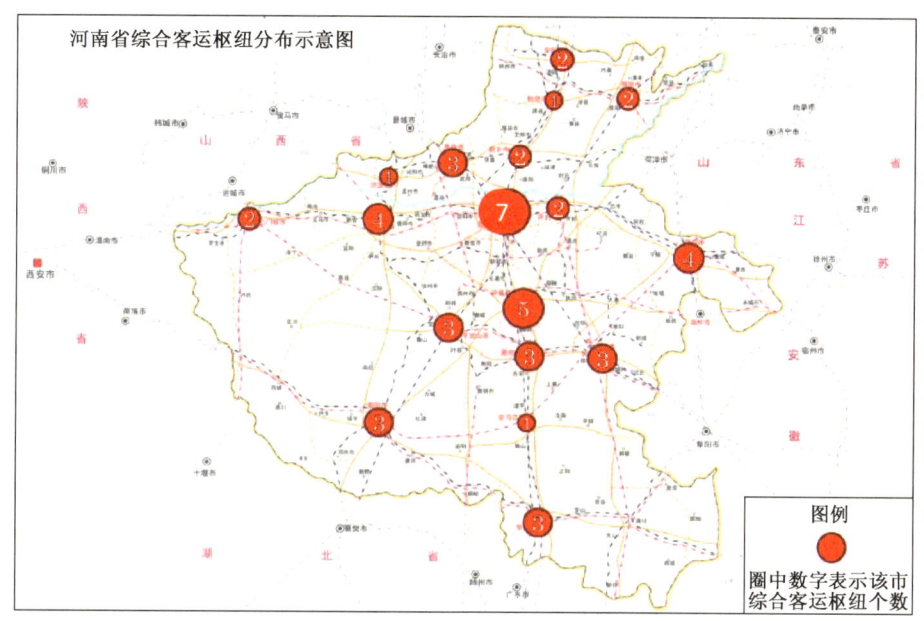

图 2-3-1　河南省综合客运枢纽分布示意图

根据布局方案,在全省范围内形成"一极、两片区、两轴、四门户"的道路货运枢纽(物流园区)总体格局,即"1224"空间布局结构,如图 2-3-2 所示。"一极",为郑(州)开(封)许(昌)物流发展极。依托郑州国际国内物流中心、郑汴一体化发展条件,借助区域铁路、公路、航空及口岸优势构筑国际一体化发展条件,构筑国际、区域转运物流节点体系核心区;借助区域产业集中优势,构建和完善区域产业联动物流节点体系。"两片区",即为豫北、豫中物流发展区和豫南农业物流发展区。依托豫北、豫中洛阳、焦作、新乡、鹤壁、濮阳、济源、平顶山、漯河等工矿业物流优势和豫南的信阳、驻马店、周口等农产品及商贸业物流优势,构筑与区域特色产业联动的物流节点体系。"两轴",即依托京广、陇海两大国家综合运输大通道,充分发挥其联动东西、衔接南北的交通优势,在大通道沿线城市构筑形成具备区域货运集散、中转的省域转运物流节点体系。"四门户",即依托商丘、安阳、三门峡、南阳四大省域门户城市,充分发挥其联通周边、枢纽集散的优势,构筑形成具有省内外货物流通、区域物资集散、加工等功能的中转集散物流节点体系。

全省共规划 68 个货运枢纽。其中,第一层次(区域级物流园区)18 个,第二层次枢纽

(地方性物流园区)41个,第三层次枢纽(涉及民生安全工程的场站)8个。河南省货运枢纽(物流园区)各市分布如图2-3-3所示。

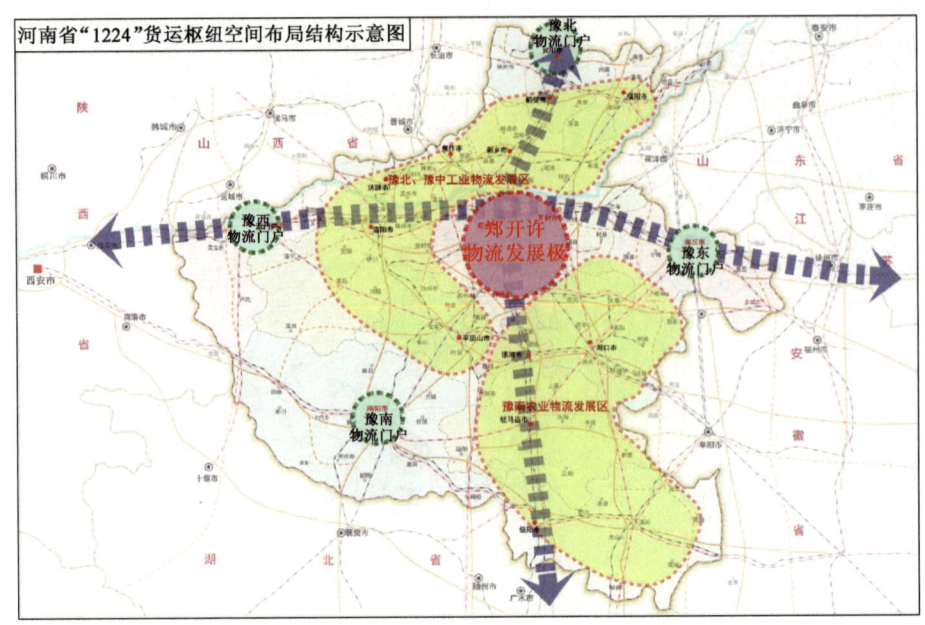

图2-3-2　河南省"1224"货运枢纽空间布局结构示意图

图2-3-3　河南省货运枢纽(物流园区)各市分布示意图

3.河南省公路港湾站规划(2013—2020年)

公共交通以其运载量大、运送效率高、能源消耗低、相对污染少、运输成本低等优势成为了城市经济引擎的助推力。为了实现公交化运作的客运班线"车归站、人归点"的安全运营模式,河南省开展了公路港湾站规划工作。目前,已开通了10条城际公交线路,实现了"九市同城",未来全省将以郑州为中心,全面开通城际公交,从而形成城乡客运一体化格局。同时,市县之间、县县之间以及县城与邻近乡镇之间都实现公交化运作的客运班线,公共交通已由城市公交逐步延伸至城际、城乡公交。城际间、市县间、县乡间、新型社区间客运实施公交化、网络化发展,进一步促进了城市之间、城市与县城、乡镇、行政村之间的沟通联系。

全省共规划建设1841个港湾站,其中河南省集中连片特困地区,即26个扶贫县规划673个,其他地区1168个。

（二）客货运场站建设情况

按照河南省国家发展战略规划,截至2015年,河南省共有客货运场站12867个,其中等级客运站2125个、货运站102个。建成综合客运枢纽3个、在建6个,在建物流园区12个。场站建设步伐平稳推进,基础设施条件不断改善,建设质量不断提高。在不断推进客货运场站建设的同时,积极对建设年份久远、发送能力不能满足群众出行需求、设施设备落后的客货运场站进行了改建,对设施设备进行更新扩容,不仅大大提高了客货运场站的发送能力,而且站容站貌明显改观,社会形象和服务水平均有了较大提升。

随着城市框架的不断拉大,部分城市客运站因建设用地、客车进出城等问题进行了土地置换,搬迁至城市周边,最大限度地避免对城市交通的干扰。货运场站的布局在考虑了货源、交通便捷程度等因素的基础上,站址一般选择在距离城区一定距离的城市郊区。总之,客货运场站的布局一方面注重与城市交通的衔接,为群众提供无缝衔接的便捷性出行服务,另一方面在一定程度上避开城市核心区,场站布局不断优化以适应城市发展的需要。

随着运输服务水平的不断提高,河南省已开通了多条城际公交线路,其低票价、高发车频率、运营灵活的优势为群众出行提供极其便捷的服务。为了适应城际公交等多样化公路客运的发展,最大限度服务群众出行,已在部分公交化运作的线路上试点建设公路港湾站,在更大范围提升运输服务水平、促进社会公平,实现了"车归站、人归点"的安全运营模式。目前,全省已建成公路港湾站124个。

随着经济社会的发展,道路运输信息化程度不断提高。目前,多数客货运场站,尤其是新建和改建的场站项目,多数安装了车辆运行动态卫星定位监控平台、客运站联网售票系统、信息发布系统、安全监控系统等,对场站经营企业降低运营成本、提高运营管理水平和企业形象具有重要的作用。

二、道路运输发展政策

(一)运输场站建设相关政策

为进一步发挥政府投资的引导作用,充分调动社会资本的积极性,加快全省公路客运场站建设,省发改委、交通运输厅研究制定了《加快全省公路客运场站建设指导意见》(豫发改基础〔2015〕539号)。按照成品油价格和燃油税费改革转移支付"资金属性不变、资金用途不变"的原则,最大限度地提升政府资金使用效益,依据场站类型(综合客运枢纽、普通公路客运站)和投资额(综合客运枢纽)或场站等级(普通公路客运站)划拨公路客运场站建设补助经费。

2014年,省道路运输管理局基于国家对货运枢纽(物流园区)的建设补助标准,在调研江苏、湖南、陕西、浙江、河北等省份支持政策的基础上,对河南省货运枢纽建设投资补助标准进行了研究。

(二)现代物流相关政策

1. 甩挂运输

对列入交通运输部和国家发展改革委试点的甩挂运输,积极争取国家车购税和中央预算内投资补助,省交通运输厅和省发展改革委落实配套补助资金。对列入省级试点的甩挂运输,省交通运输厅给予每个试点项目100万元补助资金,牵引车和挂车分别按照2万元/台和1万元/台的标准进行补助。

2. 城市配送

2013年9月,河南省和交通运输部签署《共同推进河南省综合交通运输体系建设加快物流业发展会谈纪要》,明确提出到2020年,河南将建成国家重要的现代综合枢纽和全国主要的现代物流城市。目前,航空物流、快递物流、运输物流、仓储物流、冷链物流业态体系基本建成,物流园区、物流中心、物流场站层次分明。

郑州长通物流公司倡导成立的"中中物流联盟",是全国首家跨区域的物流企业联合,已形成覆盖7省99个地市、791个县、1000多个分支机构的物流服务网络。该大联盟引领了行业的发展。

郑州交运集团与郑州铁路局实施了公铁联合运输,两家企业在物流联运、城市配送、网络建设、快件运输等七个方面深度合作。充分发挥各自优势,提高效率,达到了双赢。

3. 农村物流相关政策

为加快推进河南省农村物流健康发展,完善农村物流体系,2010年选取12个农村物流节点试点建设工作,每个试点给予200万元的资金支持。2016年,省道路运输管理局印发了《河南省农村物流节点项目建设方案》(豫交运货〔2016〕53号),旨在进一步完善农村物流基础设施、优化组织模式、提升装备水平,加快构建覆盖县、乡、村三级农村物流网络体系,全面提升农村物流服务能力和水平。河南省采取试点先行,探索积累相关经验,以点带面逐步扩大推进范围的模式,全省选择6个项目认定为河南省农村物流节点示范项目。

河南省农村物流初步形成了"县级货运站+乡村站点""县级仓储商贸中心+乡村商贸网点""特色农产品集散地+生产专业户"的物流运作模式。卫辉市平原物流园、确山县的双河镇都已发展为农村物流的典型。

(三)运输安全相关政策

为规范道路旅客运输企业安全生产工作,河南省道路运输管理局、公安交通警察总队印发了《关于联合开展全省道路包车客运市场专项整治行动的通知》,进一步加强了包车客运安全管理。省道路运输管理局研究制定了《河南省运管系统"规范管理年"活动督导方案》。建立了道路运输局安全生产事故定期通报制度。

为适应新形势、新任务的要求,进一步强化道路运输安全生产主体责任,明确安全管理职责,根据国务院、省政府关于加强安全生产工作指示精神,结合道路运输工作实际,制定出台了道路运输安全生产"一岗双责"实施意见。完善了驾驶员培训和从业人员管理制度。

加强防汛救灾应急准备工作,修订了《河南省道路运输应急保障预案》,进一步明确了省级应急保障工作职责和相关地市的应急工作任务,完善了应急防范措施、应急预警、应急启动程序。组织百日安全隐患排查活动,下发了《关于开展道路运输安全隐患大排查的通知》,并采取了隐患排查周报告、月总结的措施。

开展"安全生产月"和执行安全生产创建活动,制定下发了《河南省道路运输行业"平安交通"实施方案》。

(四)运输应急保障相关政策

为切实加强道路运输应急保障工作,全面提高道路运输行业应对和处置各类突发事件的能力,保障人民生命财产安全,河南省于2013年7月发布了《河南省道路运输应急保障预案》。预案对组织机构及职责、启动程序、应急保障、演练、宣传、培训、责任与奖惩等方面提出了明确要求,使运输应急保障工作得以顺利开展。

(五)运输节能减排相关政策

为巩固深化"车、船、路、港"千家企业低碳交通运输专项行动阶段性成果,推动千家企业节能管理,交通运输部办公厅下发了《关于深入推进"车、船、路、港"千家企业低碳交通运输专项行动的通知》(厅函政法〔2013〕135号),根据《"车、船、路、港"千家企业低碳交通运输专项行动参与企业名单(河南省)》,各级交通运输主管部门要进一步强化目标责任,按照交通运输部制定的《千家企业能源消耗与碳排放控制考核评分标准(暂行)》认真开展千家企业节能减排工作考核,推动"千企行动"深入开展。

按照《道路运输车辆燃料消耗量检测和监督管理办法》(交通运输部2009年11号令),严把道路运输车辆燃油消耗准入关,严禁超过燃料消耗量限值标准的车辆进入道路运输市场。

制定和印发了《河南省道路旅客运输行政许可办法》,明确在客运线路许可时执行"对于班线平均实载率达不到70%的,严禁新增运力和班次"。

根据《河南省节能减排实施方案》(豫政〔2007〕46号)提出的要"加强交通领域节能减排",优先发展公共交通、提高交通运输信息化水平、加速淘汰高耗能的老旧汽车、加大车用乙醇汽油和天然气汽车的推广力度等措施要求,提出了推进"中原绿色客运新干线项目",大力推广天然气燃料(CNG)的使用。省厅运管局制定了"中原绿色客运新干线"项目实施方案,鼓励具有一定经济实力,气源保障充足以及具有一定管理经验的燃气经营企业参与项目建设当中;实施车辆改装资金补助。项目建站资金筹措主要来自政府投资、银行贷款和企业自筹三个方面,营运车辆改装主要以政府补贴为主,企业筹集为辅方式解决。

进一步优先发展城市公共交通,减少城市污染。做好电动汽车试点推广工作,加快"公交都市"建设,协调各方关系,加大出租车辆使用双燃料改造力度。

(六)城乡道路客运一体化相关政策

为加快推进城乡道路客运一体化发展,更好地服务中原经济区建设和城乡居民出行,根据交通运输部《关于开展城乡道路客运一体化发展水平评价有关工作的通知》(交运发〔2014〕259号)要求,河南省交通运输厅研究制定了《河南省城乡道路客运一体化发展水平评价实施办法》(豫交文〔2015〕352号)。本办法基于科学严谨、客观公正、统筹兼顾、重点突出的原则,对全省各省辖市市区、省直管县(市)和县(市)行政区进行评价,并将城乡道路客运一体化发展水平评价设定自我评价、实地核查、抽查复核三个实施环节,评价等级分为5A级、4A级、3A级、2A级和A级五个等级。构建了建制村公路通畅率、通客车率、城乡道路客运车辆公交化比率、城乡道路客运车辆交通责任事故万车死亡率、城乡道路客运基础设施一体化水平、信息服务一体化水平、客运发展政策一体化水平等8个指标,并确定了各指标的核算标准,为河南省城乡客运一体化发展提供了可供依照的标准和指南。

第三章
河南高速公路建设发展概况

河南是我国重要的综合交通枢纽,加快交通基础设施建设尤其是高速公路建设,对构建综合交通运输体系,发挥河南交通枢纽优势具有举足轻重的作用。为更好地服务全国交通大局,创造便利通达的交通运输条件,把河南的交通区位优势转化为经济优势,满足区域经济社会乃至全国经济社会发展的需要,河南省坚持交通优先发展战略,抢抓机遇、突出重点,稳步推进交通体制改革,不断加大投资力度,高速公路建设发展迅猛,成果丰硕。

河南省高速公路建设起步于20世纪90年代初。1994年,全长81km的连霍高速公路郑州至开封段建成通车,结束了河南省无高速公路的历史,标志着河南省的公路建设跨入了新的时代,成为全国第十个拥有高速公路的省份。河南省高速公路发展经历了从无到有、从段到线、从线到网三个阶段。"九五"期间建成高速公路277km,进入"十五"以后,高速公路建设步入快速发展阶段,2001、2005、2006、2007、2010、2015年高速公路通车里程分别突破1000km、2000km、3000km、4000km、5000km和6000km(图3-0-1),2006—2013年连续8年通车里程位居全国第一。

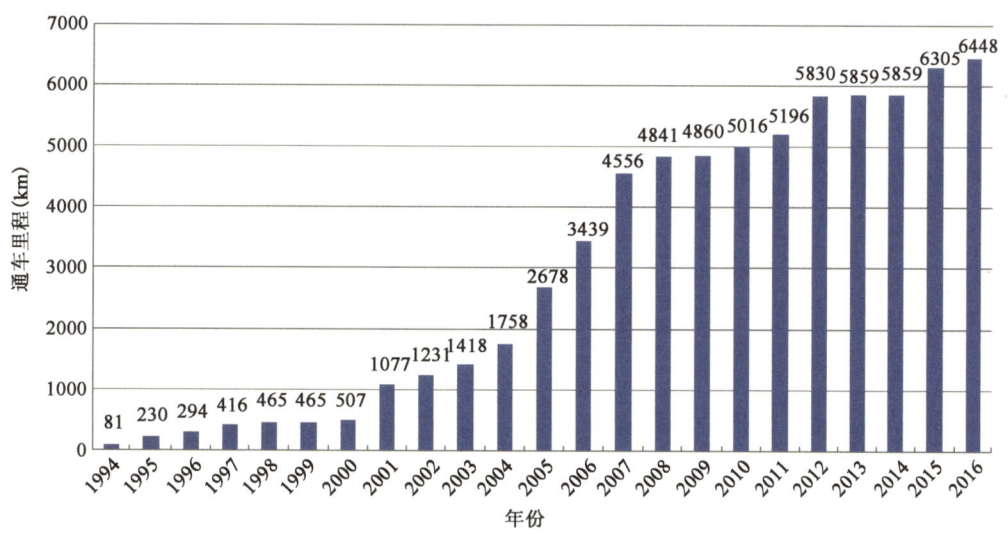

图 3-0-1　河南省历年高速公路通车里程

截至"十二五"末,全省高速公路通车里程达到6305km,居全国第3位,比"十一五"末增加1289km,八车道里程达到1036km,比"十一五"末增加732km,41个省级出口已贯通27个。2016年底,高速公路通车总里程6448km,在建493km,拟新开工建设526km。建成了全国最长的"一网相连"的高速公路收费网络,实现了"一卡在手,踏遍中原无红灯"。河南省高速公路网已经实现所有县(市)城20分钟上高速公路,郑州、洛阳、南阳、商丘、周口等5市形成环城高速公路,以郑州为中心、辐射所有省辖市的3小时高速公路交通圈已经建成,纵贯南北、连接东西、辐射八方的全省高速公路网基本形成。

经过20多年的发展,河南省高速公路"内联外通"网络基本形成,大大提高了路网整体水平,优化了运输结构,增加了交通供给能力,在提高经济社会运行效率、增强发展活力、改善人民生活质量、推进区域协调发展等方面发挥了巨大作用。

第一节 河南省高速公路管理模式的演变

一、河南省高速公路管理体制的形成

河南省高速公路管理体制随着高速公路建设和投融资模式的调整不断变化。为适应高速公路各阶段发展需求,机构设置先后经历了河南省高等级公路建设指挥部、河南省高速公路建设管理局到河南省高速公路管理局的变迁。2000年8月在河南省交通厅高速公路建设管理局基础上成立了河南高速公路发展有限责任公司,负责全省高速公路的建设和运营。2000年12月从河南高速公路发展有限责任公司剥离优质资产,成立河南中原高速公路股份有限公司,并于2003年上市。

2003年以来,通过鼓励和引导社会资金以独资、合资、合作、联营、特许经营等方式参与高速公路建设,形成多元化投资格局:

(1)省政府的投资主体,包括省高速公路发展有限责任公司、中原高速公路股份有限公司、省交通厅公路管理局、省建设投资公司四个单位,前3个单位隶属于省交通厅,省建设投资公司隶属于省发改委。

(2)各省辖市政府的投资主体,即由各省辖市交通局或公路局作为主管单位成立的高速公路项目公司。

(3)社会投资主体,即由一些社会企业或民营企业组建的高速公路项目公司。

2005年6月,河南省编制委员会下发《关于成立省交通厅高速公路管理局的批复》,同意成立省交通厅高速公路管理局,为省交通厅直属事业单位,主要受省交通厅委托,负责全省高速公路行业管理工作。京珠高速公路郑州至新乡段、鹤壁至濮阳高速公路建成后,省政府确定为收费还贷高速公路,由交通厅分别成立管理处负责收费、运营管理。

为整合省交通运输厅管辖的国有经营性资产以及持有的股权,省政府决定组建大型国有独资公司。2009年6月28日,由河南省人民政府作为出资人,成立了河南交通投资集团有限公司,委托省政府国资委进行资产监管,省交通运输厅负责行业管理、业务指导和人事管理。

2010年8月,为进一步改善高速公路投融资结构,成立了河南省收费还贷高速公路管理中心,为隶属于省交通运输厅的事业单位,实行企业化管理,省交通运输厅负责业务、行业及人事管理,省财政厅负责资产监管。

截至2015年底,河南省高速公路管理已形成以河南省收费还贷高速公路管理中心管理的收费还贷高速公路和以河南交通投资集团有限公司为主、其他投资主体为辅的经营性高速公路并存的管理格局。

二、河南省高速公路投融资变迁

河南省高速公路建设起步相对较晚,高速公路建设投融资基本可以划分为以下几个阶段。

(一)高速公路投融资起步阶段(1991—1997年)

1991年,连霍高速公路开封至郑州段开工建设,1994年建成通车。此阶段主要以中央和地方财政资金及公路税费为主要投资来源,同时吸引部分国内外金融机构贷款。连霍高速公路郑州至洛阳段是河南省第一条利用世界银行贷款修建的高速公路,1995年建成通车。1997年,河南省高速公路里程达到416km。

(二)高速公路统贷统还阶段(1998—2002年)

1998年,国家开发银行与河南省交通厅创建"统贷统还"高速公路投资模式,由河南省交通厅作为借款主体统一借款,转贷给省公路局和高速公路项目公司,由省交通厅统一调度使用资金,统一归还贷款本息。由于省交通厅有较强的统筹还贷能力和良好的信誉,得到了银行的大力支持。"统贷统还"的优点是:全省"统一规划、统一贷款、统一建设、统一归还",能提高全省的筹融资能力,集中财力搞建设,充分发挥资金的使用效益。2003年,交通部提出各地要积极开展"统贷统还"模式。2002年,河南省高速公路里程达到1231km。

(三)多种经营主体投融资阶段(2003—2009年)

2003年,河南省人民政府下发了《河南省人民政府关于深化交通建设管理体制改革的通知》(豫政〔2003〕10号)后,省交通厅向国家开发银行提出,将其"统贷统还"的公路项目借款主体由省交通厅变更为项目法人,省交通厅不再承担"统贷统还"的责任。运作方式为,路网建设贷款和省公路管理局管理的高速公路项目贷款由省公路管理局作为借款主体统一借款,转贷给省辖市公路部门,省公路管理局按照省投资计划和项目建设进度,将贷款拨付给项目建设单位,省公路管理局负责编制年度偿还贷款计划,经省交通、财政部门审核,从省路网通行费专户中拨付省公路管理局用于偿还贷款。河南高速公路发展有限公司管理的项目由省高速公路发展公司统贷统还,省辖市管理的项目由项目公司直接承贷。

与此同时,国家也相继出台了一系列促进高速公路市场化经营的新政策:

(1)承办主体出现变化,由省级交通主管部门为主体转变为以高速公路发展公司和其他形式的企业法人为主体。

(2)投资呈现多元化格局,项目业主一般采取竞标的方式产生。

(3)审批权下放,省辖市均可自主修建高速公路。

国有的、民营的、社会的、银行的大量资金投入,形成了多元化投资新格局,实现了由政府投资为主向社会投资主体为主的战略性转移。河南省高速公路建设的积极性日益高涨。截至2009年,河南省已通车高速公路各类投资主体共24家,其中省交通厅厅管投资主体5家,省辖市投资主体4家,民营投资主体12家,其他国有投资主体3家。

2009年河南省高速公路通车里程达到4861km。此阶段年均增长里程超过600km,出现了股票、债券、信托、BT等融资模式,实现了高速公路的快速发展。

(四)投融资管理逐步优化阶段(2010—至今)

2010年,河南省收费还贷高速公路管理中心正式成立,主要负责统一管理河南省政府收费还贷高速公路资产,整合政府还贷高速公路资源。自此,该管理中心运营管理河南省收费还贷高速公路、河南高速公路发展有限公司、中原高速公路股份有限公司以及其他高速公路投融资主体运营经营性收费高速公路。2012年,已通车高速公路各类投融资主体共27家。

此阶段出现了融资租赁、资产证券化等新的融资方式,进一步优化、扩宽了投融资渠道,盘活了存量资产,挖掘了高速公路资产价值,优化了投融资结构。2015年,河南高速公路通车里程达到6305km,已通车高速公路各类投融资主体共32家,其中省交通运输厅厅属单位4家(河南交通投资集团有限公司、河南省收费还贷高速公路管理中心、河南高速公路发展有限责任公司、河南中原高速公路股份有限公司),其他投资主体28家。

第二节 河南省高速公路的发展历程

一、建设起步阶段（1994—2003 年）

2003 年之前，河南省高速公路建设投融资模式管理主体是省级政府，实施主体为省交通厅，项目资本金主要来源于中央车购税和省级交通规费。项目主要由省交通厅直属的高速公路发展有限公司、中原高速公路股份有限公司（后整合组建为交通投资集团）和省交通厅公路管理局实施，建成高速公路 1418km，京港澳高速公路和连霍高速公路两条国道高速公路主干线河南段基本建成。

（一）建设背景

1989 年，在全国交通工作会议上，"三主一支持"的国家战略构想正式提出，即从"八五"开始，用几个五年计划时间，在发展以综合运输体系为主轴的交通行业总方针指导下，统筹规划、分层负责、条块结合，建设我国公路主骨架、水运主通道、港站主枢纽和支持保障系统。高速公路是国民经济和社会发展的重大基础设施，其建设对促进国民经济的发展、国土资源的开发、生产力的合理布局、区域间的合作、投资环境的改善、交通出行的消费、生活水平的提升等诸多方面都带来了巨大影响。

在河南省委、省政府和交通部的正确指导下，河南省交通厅扎实工作，抓住机遇，开展了高速公路建设研究工作。当时国家高速公路网规划、建设标准等总体上仍处于探索阶段，国内仅有个别省、直辖市启动了高速公路建设，河南省相继提出规划建设开封至郑州、洛阳高速公路，并开展河南省高速公路网规划研究编制工作。河南的公路建设发展，特别是高速公路建设发展取得的优异成绩，使得高速公路在国民经济和社会发展中的地位和作用凸显出来，各级政府越来越重视高速公路的建设发展，高速公路建设管理体制改革在实践中也取得了重大突破。河南高速公路建设发展既是社会主义市场经济发展的必然趋势和客观要求，也是河南抢抓西部大开发机遇，加快交通建设和发展的必然趋势和客观要求。同时也是贯彻落实中央、河南省委关于强化机遇意识和创新意识，加速观念创新、制度创新、科技创新和管理创新的具体实践和具体体现。全省高速公路建设管理逐步由探索阶段步入法制化、规范化、科学化的新阶段。

（二）建设计划实施情况

河南省第一条高速公路郑州至开封高速公路于 1991 年开工建设，1994 年 10 月建成通车。从此开启了河南省高速公路建设发展新征程，高速公路建设投资逐年加大，通车里程逐年增多。该阶段河南高速公路历年通车里程和投资情况见表3-2-1和图3-2-1,具体建设项目情况见表3-2-2。

河南省高速公路历年建设及投资情况表(2003年以前)　　　　表3-2-1

年份（年）	通车里程（km）	全国位置（按里程排序）	当年建成（km）	投资（万元）	累计投资（万元）
1991	0	—	0	14214	14214
1992	0	—	0	18306	32520
1993	0	—	0	75363	107883
1994	81	—	81	135514	243397
1995	230	4	149	181508	424905
1996	294	4	64	166288	591193
1997	416	4	122	133166	724359
1998	465	5	49	351387	1075746
1999	465	9	0	321542	1397288
2000	507	13	42	511716	1909004
2001	1077	6	570	680838	2589842
2002	1231	8	154	659872	3249714
2003	1418	8	187	1160813	4410527

图3-2-1　河南省高速公路历年通车里程及投资分布(2003年以前)

河南省高速公路建设起步阶段建设项目一览表(2003年以前)　　表3-2-2

路线编号	路线名称	路段起止点		里程（km）	修建年份（年）
		起点名称	止点名称		
G30	连霍高速公路	皖豫界	开封县堌街	203	2001
G30	连霍高速公路	开封县堌街	郑州市界	81	1994
G30	连霍高速公路	郑州市界	偃师界	76	1994
G30	连霍高速公路	偃师界	孟津界高沟村	46	1995

续上表

路线编号	路线名称	路段起止点		里程(km)	修建年份(年)
		起点名称	止点名称		
G30	连霍高速公路	孟津界高沟村	豫陕界	206	2001
G36	宁洛高速公路	界首市	项城市	51	2002
G36	宁洛高速公路	项城市	召陵区后谢乡	73	2001
G36	宁洛高速公路	汝阳与汝州交界	郑少洛交界交叉	26	2002
G4	京港澳高速公路	安阳县辛店乡	京珠与G107交叉点	114	1997
G4	京港澳高速公路	中牟新郑交界	长葛市李良店	22	1994
G4	京港澳高速公路	长葛市李良店	许昌县石庄	45	1996
G4	京港澳高速公路	许昌县石庄	鄢城县黄集	49	1998
G4	京港澳高速公路	鄢城县黄集	驻马店市确山界	68	2001
G4	京港澳高速公路	驻马店市确山界	豫鄂界	154	2003
G55	二广高速公路	济洛交接	郑少洛交界交叉	25	2002
G5512	晋新高速公路	晋城	宁郭枢纽	28	2000
S85	郑卢高速公路	马寨	登封韩村	54	2003
S86	原焦高速公路	原阳县新庄	宁郭枢纽	46	1998

2003年以前，河南省高速公路发展速度相对滞后，形成了一些瓶颈和断头路。例如，由于驻（马店）信（阳）段高速公路建成较晚，使京港澳国道主干线全线贯通时间推迟了两年，加上河南中枢的地理位置，影响了国家高速公路和省际高速公路效益的发挥。

二、快速发展阶段（2003—2010年）

（一）建设背景

2003年后，河南省委、省政府把加快交通基础设施建设作为促进全省国民经济持续快速健康发展的重要举措之一，并把2007年高速公路通车里程突破4000km作为政府的重要目标之一。2500km以上高速公路，总投资近1000亿元，需要在5年内建成，河南作为人口大省、农业大省和欠发达省份，政府财力有限，如此大规模的投资，仅靠省内交通部门一家，无论是技术管理力量，还是资金筹措能力都是难以承担的。

为促进高速公路快速发展，拓宽融资渠道，省政府出台了《关于深化交通建设管理体制改革的通知》（豫政〔2003〕10号），推进各省辖市政府作为项目建设管理单位，对投资主体招标、法人组建和施工环境保障负责，使各市建设高速公路的积极性空前高涨。同时，全面放开了高速公路建设投融资市场，项目法人采取公开竞标选择，促使各类社会投资主体以平等身份、在同等条件下进入高速公路建设市场，有效地调动了社会资金特别是非公有制经济参与交通基础设施建设的积极性,形成了多元化投资新格局。

(二)建设目标

1. 2006版规划

在国家高速公路网规划布局的基础上,按照"整体成网、中部加密、周边连通"的布局思路,以"对外通道畅通、省会连接地市、覆盖重要通道、连接多数县城"为目标,拓展出口通道,与周边省份高速路网协调连接,形成有机整体;完善中原城市群与外围城市之间的沟通;形成连接所有省辖市及多数县城,连接主要公路枢纽、铁路枢纽、机场、重要旅游城市的集疏运系统。

河南省高速公路网总体布局采用重要通道和联络线相结合的形式,即由6条南北纵向通道、8条东西横向通道、6条区间通道和若干联络线组成,总规模约6280km,其中主线6046km、联络线及城市环线约234km。具体是:

(1)南北纵向通道

6条:济南至广州高速公路(河南段)、大庆至广州高速公路(河南段)、北京至港澳高速公路(河南段)、焦作至桐柏高速公路、二连浩特至广州高速公路(河南段)、三门峡至淅川高速公路,共2093km。

(2)东西横向通道

8条:南乐至林州高速公路、范县至辉县高速公路、长垣至济源高速公路、连云港至霍尔果斯高速公路(河南段)、永城至登封高速公路、南京至洛阳高速公路(河南段)、新蔡至泌阳高速公路、上海至西安高速公路(河南段),共2813km。

(3)区间通道

6条:商丘至周口高速公路、兰考至南阳高速公路、郑州至卢氏高速公路、郑州至民权高速公路、郑州至焦作至晋城高速公路、武陟至西峡高速公路,共1374km。

(4)城市环线和联络线

郑州西南绕城、洛阳西南绕城2条城市环线和郑州至机场高速公路、德州至商丘高速公路(河南段)、二广至兰南高速公路、范辉至长济高速公路等若干条联络线。

上述规划的6280km高速公路中,已建成2678km(至2005年底),在建2214km,待建1388km,分别占总里程的43%、35%和22%。

具体建设目标:

到2007年,全省高速公路里程超过4300km,密度超过2.57km/100km^2。省内高速公路网主体基本形成,除三门峡外,其他17个省辖市都将形成"十"字或"米"字形交叉,90%以上的县(市)平均30分钟以内抵达高速公路网。

到2010年,全省高速公路里程超过5100km,密度超过3.05km/100km^2。国家高速公路网河南境内路段全部完成,中原城市群内部高速公路网络进一步加强,95%的县(市)平均30分钟以内抵达高速公路网,出省道路达到13条,省界出口达到22个。

到2015年,全省高速公路通车里程超过5700km,占总规划里程的90%以上,密度超过3.41km/100km²。高速路网边缘路线逐步完善,出口通道基本打通,东部、中部、北部形成较为完善的高速公路网络。

到2020年,全省高速公路里程超过6280km,高速公路密度达到3.76km/100km²。规划的高速公路全部完成,高效、快捷、安全的高速公路网络形成,京港澳、连霍等主干路线运输能力全面提高。

2. 2009调整版规划

本次规划调整,增加了郑州新郑国际机场至少林寺、内乡至邓州、洛阳至栾川、淮滨至息县、武陟至云台山、固始至淮滨、济源至山西阳城、渑池至山西垣曲、灵宝至山西芮城、山东济宁经永城至安徽祁门河南段10个项目,增加的10个项目均为联络线,总里程约560km。调整后,全省高速公路网仍维持"6条南北纵向通道、8条东西横向通道、6条区间通道"的基本格局。规划目标年为2020年,全省高速公路通车里程由6280km增加到6840km,路网密度达到4.1km/100km²。

上述规划的6840km高速公路中,已建成4841km(截至2008年底),在建601km,待建1398km,分别占总里程的71%、9%、20%。

具体建设目标:

到2015年,全省高速公路通车里程超过6200km,占总规划里程的90%以上,密度超过3.71km/100km²。高速公路网边缘路线逐步完善,出口通道基本打通,京港澳、连霍等主干路线运输能力全面提高。

到2020年,全省高速公路通车里程达到6840km,高速公路密度达到4.1km/100km²。规划的高速公路全部完成,高效、快捷、安全的高速公路网络形成。

(三)建设计划实施情况

河南省人民政府颁发《关于深化交通建设管理体制改革的通知》(豫政〔2003〕10号)以来,极大地调动了地方政府和社会资本的积极性,吸引了22家(国企4家518km,民营14家966km)社会主体进入高速公路建设市场,建成高速公路1484km,形成了投资建设运营多元化新格局,推动河南省高速公路进入了快速发展阶段。七年间建成高速公路3258km,平均每年新增465km,并于2010年在全国率先突破5000km,高速公路骨架网络基本形成。

2006—2010年,河南省高速公路总里程位于全国首位。具体实施情况见表3-2-3和图3-2-2,具体的建设项目情况见表3-2-4。

河南省高速公路历年建设及投资情况表(2003—2010年)　　　　表 3-2-3

年份 (年)	通车里程 (km)	全国位置 (按里程排序)	当年建成 (km)	投资 (亿元)	累计投资 (亿元)
2003	1418	8	187	116.1	441.1
2004	1758	4	340	202.1	643.2
2005	2678	4	920	280.4	923.6
2006	3439	1	761	397.1	1320.7
2007	4556	1	1117	245.1	1565.8
2008	4841	1	285	135.6	1701.4
2009	4860	1	19	149.6	1851
2010	5016	1	156	184	2035

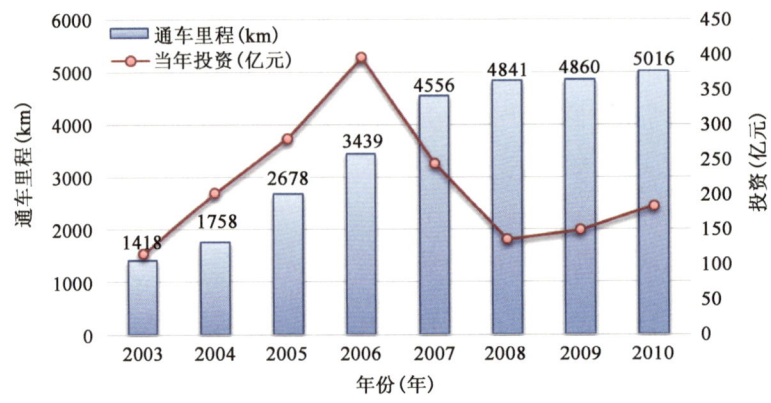

图 3-2-2　河南省高速公路历年通车里程及投资分布(2003—2010 年)

河南省高速公路快速发展阶段建设项目一览表(2003—2010年)　　　　表 3-2-4

路线编号	路线名称	路段起止点		里程 (km)	修建年份 (年)
		起点名称	止点名称		
G1511	日兰高速公路	开封市兰考县王楼村	开封市开封县	43	2005
G3001	郑州绕城高速公路	荥阳市广武镇	中牟县谢庄镇	52	2005
G35	济广高速公路	梁园区刘口镇坡刘村	虞城县营廓镇马屯村	58	2006
G36	宁洛高速公路	召陵区后谢乡	叶县城关镇	76	2005
G36	宁洛高速公路	叶县城关镇	平顶山市新华区焦店镇	17	2006
G36	宁洛高速公路	平顶山市新华区焦店镇	孟津县麻屯镇任屯村	126	2005
G4	京港澳高速公路	京珠与 G107 交叉点	中牟新郑交界	93	2004
G40	沪陕高速公路	豫皖界	信南界	186	2005
G40	沪陕高速公路	信南界	宛城区辛店乡	183	2006
G40	沪陕高速公路	宛城区辛店乡	南阳市西峡县西坪镇	145	2007
G40	沪陕高速公路	南阳市西峡县西坪镇	南阳市西峡县西坪镇	6	2008

第三章
河南高速公路建设发展概况

续上表

路线编号	路线名称	路段起止点		里程（km）	修建年份（年）
		起点名称	止点名称		
G45	大广高速公路	南乐县梁村乡西崇町村北	南乐县近德固乡	14	2010
G45	大广高速公路	南乐县近德固乡	项城市贾岭镇蒉庄村与平舆交界	359	2006
G45	大广高速公路	项城市贾岭镇蒉庄村与平舆交界	光山县泼陂河镇毛嘴村	151	2007
G45	大广高速公路	光山县泼陂河镇毛嘴村	与湖北交接	36	2005
G55	二广高速公路	豫晋省界	济源梨林镇	21	2008
G55	二广高速公路	济源梨林镇	洛龙区白马寺镇	46	2005
G55	二广高速公路	大安	南召县南召互通北侧	110	2008
G55	二广高速公路	南召县南召互通北侧	镇平县张华岗	56	2007
G55	二广高速公路	南阳市宛城区周营村	邓州市魏家集村	73	2005
G5512	晋新高速公路	宁郭枢纽	延津县殷庄	79	2007
S1	机场高速公路	京港澳高速交叉口	郑州南出口七里河村	26	2005
S22	南林高速公路	濮阳市南乐县	安阳市文峰区	63	2008
S22	南林高速公路	安阳市文峰区	林州市横水镇	53	2006
S26	范辉高速公路	濮阳市西孔庄村	淇滨区京珠交叉点	59	2004
S28	长济高速公路	长垣大碾	武陟县桥弯村	136	2007
S28	长济高速公路	武陟县桥弯村	济源市旧河庄	55	2005
S28	长济高速公路	济源市轵城镇	河南山西界	60	2008
S32	永登高速公路	永城任庄	永城小新庄	46	2010
S32	永登高速公路	鹿邑县马铺乡	许昌东互通立交	146	2007
S32	永登高速公路	许昌东互通立交	许昌县将官池镇	14	2005
S32	永登高速公路	许昌县将官池镇	S83/S32枢纽	14	2004
S32	永登高速公路	S83/S32枢纽	程堂西侧	88	2007
S38	新阳高速公路	新蔡县孙召乡	泌阳县	164	2007
S49	焦桐高速公路	丰收路口（中站区）	南接焦作黄河大桥北引	31	2005
S49	焦桐高速公路	叶县廉村乡	泌阳县与桐柏县	94	2010
S81	商周高速公路	睢阳区城北乡小史楼村	商水县张庄乡杨胡村	137	2006
S83	兰南高速公路	开封市开封县	S83/S32枢纽	113	2005
S83	兰南高速公路	S83/S32枢纽	S103交叉口	150	2004
S83	兰南高速公路	S103交叉口	南阳市宛城区陈湾营G55/G40枢纽	18	2005
S8311	南阳北绕城高速公路	兰南高速祝庄互通	卧龙区白河特大桥	10	2008
S8311	南阳北绕城高速公路	卧龙区白河特大桥	卧龙区蒲山镇黄山村	9	2009

续上表

路线编号	路线名称	路段起止点		里程（km）	修建年份（年）
		起点名称	止点名称		
S8311	南阳北绕城高速公路	卧龙区蒲山镇黄山村	卧龙区二广高速龚河互通	5	2008
S85	郑卢高速公路	登封韩村	伊川县槐庄村	58	2005
S86	原焦高速公路	京港澳高速	郑焦晋高速	13	2004
S88	武西高速公路	郑州市二七区红花寺	鲁山县赵村乡上汤	184	2007

三、稳步发展阶段（2011—2016年）

（一）建设背景

至2011年底，河南省高速公路通车里程达到5196km，连续6年位居全国第一，在建里程1031km。根据《河南省国民经济和社会发展第十二个五年规划纲要》发展目标，至2015年底，全省高速公路通车里程力争达到6600km，现有高速公路规划网基本建成。

随着国务院《关于支持河南省加快建设中原经济区的指导意见》的出台，中原经济区建设上升为国家战略，提出了构建全国重要的现代综合交通枢纽和物流中心的目标，要求构筑便捷高效的交通运输网络，完善内联外通的高速公路网。同时，随着中原经济区建设的全面实施，为全面适应河南省转变经济发展方式的要求，特别是城市组团式发展、新兴城镇化建设和产业集聚区建设步伐在不断加快，对高速公路路网发展提出了新的需求。

为更好地发挥交通在建设中原经济区的"先行"作用，河南省交通运输厅完成了《中原经济区综合交通运输体系规划研究》和《中原经济区综合交通运输体系发展纲要》。周边相邻省份也对高速公路网规划进行了调整，提出了相关路线规划对接的要求。

（二）建设目标

根据河南省经济社会发展对交通设施的需求，按照优化衔接，改善结构，合理配置资源，促进全省经济协调、快速发展，兼顾社会效益和投资效益的原则，本次高速公路网调整规划的总体目标为：

到2020年，基础设施更趋完善，运输结构更加合理，运输效率和质量显著提升，形成"能力充分、网络完善、衔接高效、服务优良、绿色安全"的高速公路网络系统，为中原经济区综合交通运输体系建设提供基础支撑，实现"中原经济区建设成为全国重要的现代综合交通枢纽和物流中心"的战略目标。

调整后，全省高速公路采用重要通道和联络线相结合的形式，由9条南北纵向通道、12条东西横向通道、6条省会郑州放射线和若干联络线组成，总规模约8070km，其中主线约7486km，联络线及城市环线约584km。具体是：

(1)南北纵向通道 9 条:济南至广州高速公路(河南段)、濮阳至湖北阳新高速公路(河南段)、兰考至南阳高速公路、大庆至广州高速公路(河南段)、北京至港澳高速公路(河南段)、林州至桐柏高速公路、二连浩特至广州高速公路(河南段)、渑池至栾川高速公路、三门峡至淅川高速公路,共约 3573km。

(2)东西横向通道 12 条:南乐至林州高速公路、台前至辉县高速公路、长垣至济源高速公路、兰考至焦作高速公路、连云港至霍尔果斯高速公路(河南段)、商丘至登封高速公路、永城至登封高速公路、南京至洛阳高速公路(河南段)、商丘至南阳高速公路、新蔡至泌阳高速公路、淮滨至信阳高速公路、上海至西安高速公路(河南段),共约 2984km。

(3)省会郑州放射线 6 条:郑州至机场高速公路、郑州至云台山高速公路、郑州至西峡高速公路、郑州机场至周口西华高速公路、郑州至民权高速公路、郑州至卢氏高速公路,共约 929km。

(4)9 条联络线及城市环线:郑州西南绕城高速公路、安阳西北绕城高速公路、三门峡黄河公铁两用桥、新乡至辉县高速公路、济源至洛阳西高速公路、济宁至祁门高速公路(河南段)、洛阳至卢氏高速公路、内乡至邓州高速公路、渠首至老河口高速公路(豫鄂省界)等,共约 584km。

本次规划调整,分为规划路线和研究路线两个层次(表 3-2-5)。其中规划路线 10 条,分别是郑州机场至周口西华高速公路、商丘至登封高速公路、安阳西北绕城高速公路、渠首至老河口(豫鄂省界)高速公路、台前(豫鲁省界)至范县高速公路、林州(豫冀省界)至焦作高速公路、息县至邢集高速公路、济源至洛阳西高速公路、周口至南阳高速公路、栾川至卢氏高速公路,里程约 948km;研究路线为濮阳至湖北阳新高速公路(河南境)、兰考至原阳高速公路、渑池至栾川高速公路,里程约 512km,总里程约 1460km。

高速公路网规划调整方案表(2012—2020 年)   表 3-2-5

序号	路 线 名 称	里程(km)	占地面积(亩)	总投资(亿元)	备 注
	一、规划路线	948	107600	660	
1	郑州机场至周口西华高速公路	150	16000	90	"十二五"期间
2	商丘至登封高速公路	220(新增180)	23800	140	"十二五"期间
3	安阳西北绕城高速公路	30	3200	17	"十二五"期间
4	渠首至老河口(豫鄂省界)高速公路	13	1500	10	"十二五"期间
5	台前(豫鲁省界)至范县高速公路	25	2600	18	"十二五"期间
6	林州(冀豫界)至焦作高速公路	135	15200	112	"十二五"至"十三五"期间
7	息县至邢集高速公路	95	10100	48	"十三五"期间

续上表

序号	路线名称	里程（km）	占地面积（亩）	总投资（亿元）	备注
	一、规划路线	948	107600	660	
8	济源至洛阳西高速公路	40	4500	30	"十三五"期间
9	周口至南阳高速公路	195	20800	100	"十三五"期间
10	栾川至卢氏高速公路	85	9900	95	"十三五"期间
	二、研究路线	512	55800	355	
11	濮阳至湖北阳新高速公路（河南境）	272	29800	160	研究路线
12	兰考至原阳高速公路	135	14500	75	研究路线
13	渑池至栾川高速公路	105	11500	120	研究路线
	三、合计	1500（新增1460）	163400	1015	

注：占地参考《公路工程建设用地指标》，平原区四车道高速公路占地按照107亩/km计算，重丘区按照113亩/km估算，山岭区按照117亩/km估算。

（三）建设计划实施情况

为进一步完善河南省高速公路网络，实现公共基础设施服务均等化，促进全省经济协调同步发展和加快郑州航空港经济综合实验区建设，重点实施了豫西山区、豫东南欠发达地区、省际通道和郑州航空港经济综合实验区高速公路项目。6年建成高速公路1432km，平均每年新增238km。2015通车里程突破6000km，2016年达到了6447.6km，省际出口通道达到28个。目前，全省所有县城20分钟内可以上高速公路，形成了以郑州为中心，1.5小时中原城市群、3小时省辖市城区和6小时周边省会城市高速公路圈，高速公路网络基本适应全省经济社会发展需求。

此外，为缓解高速公路主通道交通压力，满足河南省乃至全国经济发展需求，对运输繁忙、流量大的京港澳高速公路、连霍高速公路、郑州机场高速公路实施了"四改八"扩容改造，改扩建里程1004.599km。这一阶段具体实施情况见表3-2-6和图3-2-3，具体的建设项目情况见表3-2-7。

河南省高速公路历年建设情况表（2011—2016年）　　表3-2-6

年份（年）	通车里程（km）	全国位置（按里程排序）	当年建成（km）	投资（亿元）	累计投资（亿元）
2011	5196	1	180	215	2250
2012	5830	1	634	299.4	2549.4
2013	5859	1	29	238.3	2787.7
2014	5859	3	0	239.2	3026.9
2015	6305	3	446	472.4	3499.3
2016	6448	—	144	141.3	3640.6

第三章
河南高速公路建设发展概况

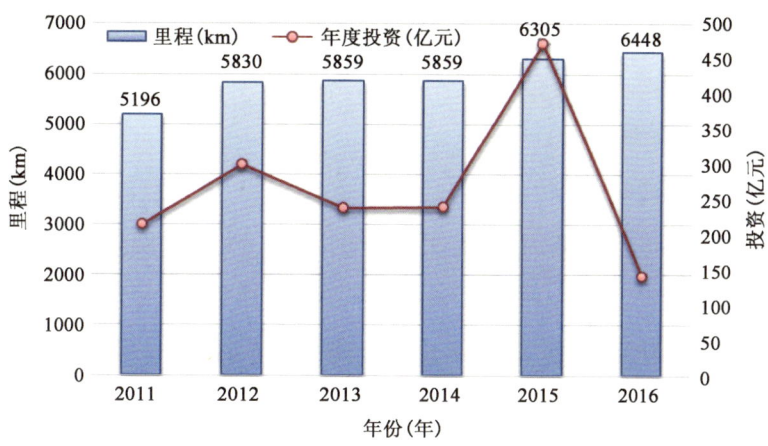

图 3-2-3　河南省高速公路历年通车里程及投资分布（2011—2016 年）

河南省高速公路稳步发展阶段建设项目一览表（2011—2016 年）　　　表 3-2-7

路线编号	路线名称	路段起止点		里程（km）	修建年份（年）
		起点名称	止点名称		
G3W	德上高速公路	范县	范县	20	2015
G3W	德上高速公路	条河乡后堤湾村	薛湖镇李沟崖	15	2015
G3W	德上高速公路	薛湖镇李沟崖	侯岭乡柏山集	41	2012
G59	呼北高速公路	梨园互通	浦峪河大桥	81	2012
G59	呼北高速公路	浦峪河大桥	南阳市西峡县寺湾镇	122	2015
S22	南林高速公路	南乐县	南乐县	34	2015
S22	南林高速公路	林州市横水镇	林州市任村镇	40	2012
S26	台辉高速公路	范县龙王庄乡	华龙区王什乡	55	2011
S38	新阳高速公路	新蔡县栎城乡	新蔡县孙召乡	26	2011
S39	濮商高速公路	淮滨县台头乡	固始县方集镇	67	2012
S49	林汝高速公路	巩义市站街镇	程堂西侧	44	2012
S49	林汝高速公路	卢店互通	汝州市小屯镇	59	2016
S60	商登高速公路	商丘市梁园区水池铺乡徐庄村北	龙王乡阴岗村	161	2015
S62	淮信高速公路	淮滨县台头乡	息县张陶乡	49	2012
S81	商南高速公路	梁园区双八镇魏庄村	睢阳区城北乡小史楼村	27	2011
S82	郑民高速公路	中牟县祥云寺	开封市七里湾村	73	2011
S82	郑民高速公路	开封市陈留镇七里湾枢纽	民权县西南交与连霍高速公路	48	2016
S87	郑云高速公路	连霍高速公路	原焦高速公路	29	2013
S87	郑云高速公路	武陟县冯村	武陟县新赤庄西与S306交叉处	37	2016
S89	机西高速公路	开封市尉氏县大营乡	周口市西华县李大庄乡	106	2015
S96	洛栾高速公路	古城乡溢坡村东北	洛栾高速设计终点	129	2012
S97	洛卢高速公路	洛阳高新区	管道口互通	137	2012
S98	内邓高速公路	内乡西交于沪陕高速公路（G40）K1197	邓州南交于二广高速公路 K1431+200	89	2012

四、远景发展规划

(一)规划背景及必要性

高速公路作为经济社会发展的重要战略资源、综合交通运输网络的重要组成部分,在提高经济运行效率、增强发展活力、改善人民生活质量、推进区域协调发展等方面发挥了巨大作用。根据党的十八大提出的"两个一百年"的宏伟目标和河南省"五大国家战略",为保持河南省高速公路网规划的前瞻性和可持续发展,河南省于2015—2016年对高速公路网规划进行了进一步调整完善。

(1)开展全省高速公路网规划调整,是贯彻落实党的十八大提出的"两个一百年"宏伟目标,实现中原崛起河南振兴富民强省的需要。党的十八大描绘了全面建成小康社会的宏伟蓝图,提出了实现社会主义现代化和中华民族伟大复兴的总任务。完善综合交通体系对于支撑河南省现代化建设和服务全国大局,中原在实现中国梦进程中更出彩具有重要意义。同时,按照"用大枢纽带动大物流、用大物流带动产业群、用产业群带动城市群、用城市群带动中原崛起河南振兴富民强省"的基本发展思路,需要培育交通发展新优势,切实发挥先行官的作用。

(2)开展全省高速公路网规划调整,是加快构建现代综合运输体系、推动河南交通领域率先基本实现现代化的需要。《河南省全面建成小康社会加快现代化建设战略纲要》提出2020年交通领域要率先基本实现现代化,高速公路作为现代综合运输体系的重要组成部分,需要进一步提高其通行能力和服务水平,充分发挥其在路网中的骨干作用,从而推动现代综合运输体系建设,全面提升公路运输的服务保障能力。

(3)开展全省高速公路网规划调整是高速公路网规划适度前瞻、健康有序发展的需要。国家高速公路网于2013年进行调整后,规划期调整为2030年,与河南相邻的省份也逐步提出了相关规划路线的对接要求。河南省国民经济和社会发展"十三五"规划纲要、"十三五"现代综合交通运输体系发展规划、"十三五"公路水路交通发展规划、土地利用总体规划等也对高速公路网规划提出了新的需求。由于河南省现行规划期限为2020年,为满足中长期发展需求、保持规划的前瞻性,也需结合实际需求对高速公路网进行调整和完善。

(二)范围和期限

考虑到国家高速公路网规划期限为2030年,本次河南高速公路网规划期限相应调整至2030年。

(三)规划研究思路

本次规划在考虑与国家主干线、重要干线一致的原则基础上,围绕"扩大覆盖、增强能力、强化衔接、提高效率"的思路展开对高速公路规划调整的研究工作。

(1)扩大覆盖。围绕河南省"五大国家战略",在提升郑州都市区及中原城市群核心圈的辐射带动作用的基础上,扩大路网覆盖广度和深度,着力推进基本公共服务均等化水平,促进全省经济社会协同发展。

(2)增强能力。进一步增加和完善运输大通道,提升路网的通达能力,强化对主要节点的衔接,增强高速公路网络的服务保障能力。

(3)强化衔接。强化河南省路网与周边省份规划的衔接、强化高速公路与机场、码头、铁路的衔接,强化高速公路与城市内外交通的衔接。

(4)提高效率。注重与现有规划的协调、实现通道的高效利用,注重与环境、土地资源等因素的协调,实现可持续发展。

(四)调整目标

根据河南省经济社会发展对交通设施的需求,按照"完善布局、强化衔接、适度超前、节能环保"的原则,制定河南省高速公路网调整规划的目标为:到2030年,高速公路网络化建设更趋完善,运输结构更加合理,运输效率和质量显著提升,实现省际互通、市市直通、县县联通。高速公路在引领区域发展、带动国土开发、服务交通出行等方面的作用更加凸显。具体有以下几点:

(1)优化中原城市群核心圈路网结构,完善紧密圈通道布局,为河南省构建"一极三圈八轴带"发展格局提供保障;

(2)进一步加强与周边经济区域的联系,提升中原经济区辐射带动能力;

(3)完善中心城市高速公路过境方案,强化城际沟通联系;

(4)提升"三山一滩"地区高速公路通达度,促进均等化发展。

(五)调整方案

本次规划调整新增路线11条、新增里程约1300km;展望研究路线6条,里程680km(表3-2-8)。调整后规划总规模约10050km。

(六)规划调整效果

规划调整后可形成"网络更完善、核心更突出、衔接更顺畅、覆盖更广泛、出行更便捷"的高速公路网络,为实现"两个一百年"目标提供强有力的交通支撑和保障。

全省高速公路网规划调整方案一览表(2015—2030年)　　　　表 3-2-8

序　号	路 线 名 称	里程 (km)	总投资 (亿元)	占地 (亩)
	一、规划路线	1300	1200	140000
1	安阳(豫冀界)至罗山(豫鄂界)高速公路	350	300	37000
2	汝州至唐河(豫鄂界)高速公路	195	160	21000
3	西峡至豫鄂界高速公路	75	75	8300
4	卢氏至豫陕界高速公路	45	50	5300
5	固始至豫皖界高速公路	45	35	4700
6	焦作至平顶山高速公路	190	210	21000
7	沿太行高速焦作至济源段	40	50	5000
8	桐柏至邓州高速公路	180	160	18800
9	连霍二广高速公路联络线	85	80	8900
10	连霍呼北高速公路联络线	30	25	3000
11	南阳至渠首高速公路	65	55	7000
	二、展望研究路线	680	700	72000
1	沿大别山高速公路	220	270	24000
2	郑州至新乡高速公路	60	80	6300
3	许昌至信阳高速公路	170	140	18000
4	安阳至新乡高速公路	90	85	9300
5	濮阳至卫辉高速公路	90	85	9200
6	兰南郑尧高速公路联络线	50	40	5200
	三、合计	1980	1900	212000

(1)网络更完善。高速公路网密度由现行规划的每百平方公里拥有高速公路 4.8km 提高到 6.0km,增加了 7 条通道,路网布局更加合理高效,运输通道的服务能力和支撑作用得到提升。

(2)核心更突出。高速公路网面积密度在周边 6 省中,由现行规划的第四位提升到第一位,区域辐射带动能力更强;中原城市群核心区 9 个城市路网密度由现行规划的 6.5km 增加至 7.5km,中原城市群核心地位进一步凸显,对外辐射带动能力更强。

(3)衔接更顺畅。省际对接更加通畅,规划省际出口由 41 个增加到 47 个,与长江经济带、京津冀、西部地区以及东南部地区之间的沟通联系更加密切;强化了与高速铁路、城际铁路、普通铁路、航空、水运等运输方式的高效衔接,进一步提升河南省综合交通枢纽地位。

(4)覆盖更广泛。高速公路网覆盖所有县城;强化与全省 64 个城市组团、180 个产业集聚区的沟通衔接,以高效路网促进新型城镇化和产业集聚区快速发展;完善了"三山一滩"地区,贫困地区,革命老区高速公路通道,为扶贫开发提供了交通基础保障。

(5)出行更便捷。郑州市形成第二高速公路环线,由安阳至罗山高速公路(东环)、商丘至登封高速公路(南环)、焦作至平顶山高速公路(西环)、原阳至焦作高速公路(北环)构成,环线里程约300km;省辖市规划绕城高速环线由8个增加至16个(除三门峡、济源),县市高速十字交叉由55个增加至76个。这对于减轻绕城交通压力,缓解城市拥堵,便捷区域出行具有很大意义。完善了太行山、大别山、伏牛山等高速旅游通道,高速公路基本覆盖全省所有4A级以上景区,旅游通道更加完善,景区联系更加密切。

第三节 河南高速公路建设成果综述

一、高速公路总体建设情况

河南地处中原,具有促进东西融合、南北对接、推动区域产业梯次转移的重要区位优势。连霍、京港澳两大国家高速公路的主通道在郑州交会;京广、陇海、京九等国家干线铁路纵贯全境;新郑机场、洛阳机场、南阳机场鼎足而立;邮政通信、管道运输和内河水运都在全国占有重要的地位。河南省交通运输事业的快速发展,不仅为河南经济社会发展提供了坚强保障,也为全国交通和经济发展全局提供了重要支撑。近年来,在河南省委、省政府的正确领导下,以服务粮食生产核心区、中原经济区、郑州航空港经济综合实验区等五大国家战略规划为重心,强力推进交通基础设施建设,着力构建现代综合交通运输体系。高速公路作为综合交通运输体系的主骨架,发挥着重要的支撑作用。加快构建"内部联系密切、外部沟通顺畅"的高速公路网,不仅是加速河南经济社会发展的基础,也是加强区域经济联系与合作的前提,更是贯彻落实五大国家规划,实现中部崛起的关键。

从1991年至2016年为期25年发展历程中,河南先后开工建设了连霍高速公路、京港澳高速公路、大广高速公路、二广高速公路、日兰高速公路、永登高速公路、沪陕高速公路、晋新高速公路、南林高速公路等项目,总投资达3640.6亿元,通车总里程达到6447.6km,居全国第4位。经过20余年的发展,河南高速公路网络基本形成,全省18个省辖市均有高速公路连接,其中11个省辖市形成了"十字交叉"高速公路,5个省辖市建成了环城高速公路,所有县(市)城实现了20分钟上高速公路,省际出口达到28个,以郑州为中心,辐射所有省辖市的3小时高速公路交通圈已经建成。截至2016年底,河南省高速公路总体建设情况见表3-3-1。预计至2020年,河南省高速公路总里程突破8000km,形成横贯东西、纵穿南北,覆盖全区的"7射12纵12横"高速公路网格局,实现网络化服务的规模效益,有力支撑河南经济发展,推动社会进步,保障国家安全,全面服务可持续发展。

河南省高速公路总体建设情况表　　　　　　　表 3-3-1

序号	路线名称	路线编号	路段起止名称		通车里程（km）	类型
			起点名称	止点名称		
1	日兰高速公路	G1511	开封市兰考县王楼村	开封市开封县	43.084	国高
2	盐洛高速公路	G1516	豫皖省界	伊川县槐庄村	367.888	国高
3	连霍高速公路（含郑州绕城高速公路）	G30	豫皖省界	豫陕省界	661.983	国高
4	济广高速公路	G35	商丘市梁园区刘口镇坡刘村	虞城县营廓镇马屯村	57.449	国高
5	菏宝高速公路	G3511	长垣县大碾	豫晋省界	254.248	国高
6	宁洛高速公路	G36	豫皖省界	孟津县麻屯镇任屯村	367.133	国高
7	德上高速公路	G3W	范县	永城	75.764	国高
8	京港澳高速公路	G4	安阳县辛店乡	豫鄂省界	522.98	国高
9	许广高速公路	G4W2	许昌县	豫鄂省界	199.869	国高
10	沪陕高速公路	G40	豫皖界	南阳市西峡县西坪镇	518.821	国高
11	大广高速公路	G45	豫冀省界	豫鄂省界	558.128	国高
12	二广高速公路	G55	豫晋省界	豫鄂省界	372.019	国高
13	晋新高速公路	G5512	豫晋省界	原阳	85.716	国高
14	呼北高速公路	G59	三门峡市梨园互通	豫鄂省界	202.615	国高
15	机场高速公路	S1	郑州南出口七里河村	京港澳高速公路交叉口	26.532	地高
16	南林高速公路	S22	豫鲁省界	豫晋省界	188.193	地高
17	台辉高速公路	S26	范县龙王庄乡	淇滨区京珠交叉点	117.405	地高
18	新阳高速公路	S38	豫皖省界	泌阳县	171.715	地高
19	濮商高速公路	S39	淮滨县台头乡	固始县方集镇	66.586	地高
20	林汝高速公路	S49	焦作市丰收路口（中站区）	汝州市界	136.295	地高
21	商登高速公路	S60	商丘市梁园区水池铺乡徐庄村北	龙王乡阴岗村	161.496	地高
22	淮信高速公路	S62	信阳市淮滨县台头乡	息县张陶乡	49.235	地高
23	商南高速公路	S81	商丘市梁园区双八镇魏庄村	南阳市卧龙区二广高速公路龚河互通	188.481	地高
24	郑民高速公路	S82	郑州市中牟县祥云寺	民权县	119.39	地高
25	兰南高速公路	S83	开封市开封县	南阳市宛城区陈湾营G55/G40 枢纽	308.281	地高

续上表

序号	路线名称	路线编号	路段起止名称		通车里程（km）	类型
			起点名称	止点名称		
26	郑少高速公路	S85	郑州市马寨	登封市程堂西侧	50.485	地高
27	郑云高速公路	S87	郑州市连霍高速公路互通	云台山	65.088	地高
28	郑西高速公路	S88	郑州市二七区红花寺	鲁山县赵村乡上汤	183.747	地高
29	机西高速公路	S89	开封市尉氏县大营乡	周口市西华县李大庄乡	106.302	地高
30	洛栾高速公路	S96	洛阳市古城乡溢坡村东北	栾川	129.229	地高
31	洛卢高速公路	S97	洛阳高新区	卢氏县管道口互通	137.186	地高
32	内邓高速公路	S98	内乡西交与沪陕高速公路	邓州南交与二广高速公路	89.107	地高

二、国家高速公路建设情况

从1994年河南省建成第一条高速公路以来，河南省牢牢抓住国家每个时期出台促进国民经济发展、扩大内需、拉动投资的各个历史性机遇，认真研究并落实国家高速公路网的总体布局规划在河南的实施。至2015年，河南省先后建成了连云港至霍尔果斯高速公路（G30）开封至郑州、郑州至洛阳、洛阳至三门峡、三门峡至灵宝（省界）、开封至商丘段，北京至港澳高速公路（G4）郑州新郑、新郑至许昌、安阳至新乡、许昌至漯河、漯河至驻马店、驻马店至信阳、信阳至九里关（豫鄂界）、新乡至郑州段，日照至兰考高速公路（G1511）开封至兰考段，郑州绕城高速公路（G3001）荥阳至中牟段，济南至广州高速公路（G35）商丘段，南京至洛阳高速公路（G36）漯河至沈丘（豫皖界）、洛阳至汝阳（市界）、漯河至平顶山、平顶山至洛阳段，晋城至新乡高速公路（G5512）原阳至焦作、焦作至晋城段，上海至西安高速公路（G40）叶集至信阳、信阳至南阳、南阳至西坪（豫陕界）段，二连浩特至广州高速公路（G55）洛阳至大安、济源至洛阳、南阳至邓州（豫鄂界）、大安至寄料、寄料至分水岭、分水岭至南阳、济源至豫晋省界段，大庆至广州高速公路（G45）南乐至濮阳、濮阳至新乡、新乡至开封、开封至周口、周口至驻马店、驻马店至信阳、信阳至与湖北交界处、冀豫界至南乐段，菏泽至宝鸡高速公路（G3511）济源至焦作、获嘉至新乡、焦作至修武、新乡至长垣、济源至邵原段，盐城至洛阳高速公路（G1516）少林寺至洛阳、许昌、禹州至登封、周口、许昌至禹州、永城段，许昌至广州高速公路（G4W2）许昌至叶县、叶县至舞钢、泌阳至桐柏段，呼和浩特至北海高速公路（G59）灵宝至卢氏、卢氏至西坪、西坪至寺湾段，德州至上饶高速公路（G3W）范县、商丘段。建设里程4237.138km，构成了河南高速公路的骨干网，对河南地方高速公路网建设起到了积极的带动作用。

三、地方高速公路建设情况

作为国家高速公路网的完善和补充，河南不断推进地方高速公路网建设，对完善河南高速公路网起到了重要的作用。截至2015年底,河南先后建成郑(州)少(林寺)高速公路(S85)、机场高速公路(S1)、兰(考)南(阳)高速公路(S83)、郑(州)西(峡)高速公路(S88)郑州至尧山段、新(蔡)阳(泌阳)高速公路(S38)、商(丘)南(阳)高速公路(S81)南阳北绕城段、商丘至周口段、台(前)辉(县)高速公路(S26)濮阳至范县、濮阳至鹤壁段、淮(滨)信(阳)高速公路(S62)淮滨至息县段、濮(阳)商(城)高速公路(S39)淮滨至固始段、洛(阳)栾(川)高速公路(S96)、洛(阳)卢(氏)高速公路(S97)、南(乐)林(州)高速公路(S22)、商(丘)登(封)高速公路(S60)商丘段、开封段、机西高速公路(S89)一期工程、内(乡)邓(州)高速公路(S98)、郑(州)民(权)高速公路(S82)、林(州)汝(州)高速公路(S49)焦作至温县、巩义至登封、登封至汝州段、郑(州)云(台山)高速公路(S87)等,建设里程达2210.489km。

第四节　河南高速公路桥梁隧道建设成果概要

一、高速公路桥梁建设概况

（一）桥梁建设总体情况

河南省地跨淮河、长江、黄河、海河四大流域,其流域面积分别为8.61万km^2、2.77万km^2、3.60万km^2、1.53万km^2。全省100km^2以上的河流有560条。其中,河流流域面积超过10000km^2的9条,为黄河、洛河、沁河、淮河、沙河、洪河、卫河、白河、丹江;5000~10000km^2的8条,为伊河、金堤河、史河、汝河、北汝河、颍河、贾鲁河、唐河;1000~5000km^2的43条;100~1000km^2的433条。按流域范围划分:100km^2以上的河流,黄河流域93条、淮河流域271条、海河流域54条、长江流域75条。因受地形影响,大部分河流发源于西部、西北部和东南部的山区,流经河南省的形式可分为4类,即穿越省境的过境河流;发源地在河南的出境河流;发源地在外省而在河南汇流及干流入境的河流;全部在省内的境内河流。全省多年平均水资源总量403.5亿m^3、居全国第19位,人均水资源占有量不足383m^3,相当于全国平均水平的1/5。河南省高速公路桥梁数量相对水系发达地区偏少且桥梁长度较短,特大型、大型桥梁多集中在跨黄河、淮河、沙河、颍河、洛河等较大水系。

截至2016年底,河南已通车高速公路共有各类桥梁8004座、865554.51延米。其中,国家高速公路5358座、571303.32延米,省道高速公路2646座、294251.19延米。按照桥梁技术等级分类分别为:特大桥74座、124161.59延米,大桥1894座、513808.28延米,中桥3340座、179694.13延米,小桥2696座、47890.51延米。已通车高速公路桥梁类型比例、长度比例如图 3-4-1、图 3-4-2 所示。

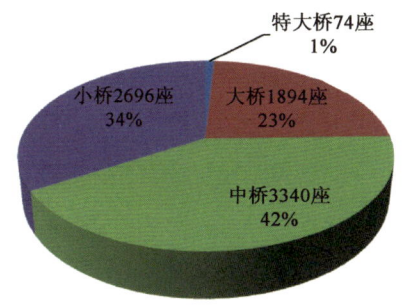

图 3-4-1　河南省高速公路桥梁类型比例图

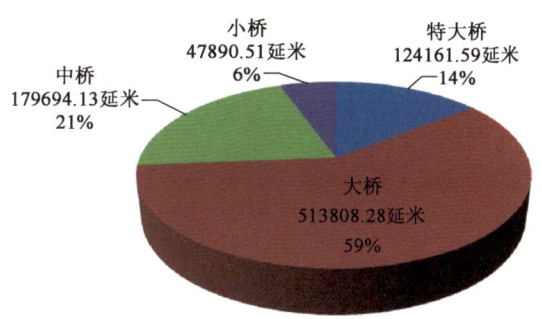

图 3-4-2　河南省高速公路桥梁长度比例图

河南省已通车高速公路特大桥梁分布情况见表 3-4-1。

河南省已通车高速公路特大桥梁分布情况表　　　　　表 3-4-1

序号	桥 梁 名 称	路线编号	路 线 名 称	桥梁全长（m）	单孔最大跨径（m）	建成通车时间
1	汜水河西侧高架桥	G30	连霍高速公路	1312.8	1300	2013-01
2	伊洛河大桥	G30	连霍高速公路	2307.3	2280	2013-01
3	洪阳河特大桥	G30	连霍高速公路	1055.46	1050	2001-10
4	许沟特大桥	G30	连霍高速公路	485.24	480	2001-10
5	函谷关河特大桥	G30	连霍高速公路	1159.52	25	2001-10
6	阳平河特大桥	G30	连霍高速公路	1259.52	30	2001-10
7	枣乡河特大桥	G30	连霍高速公路	1159.52	30	2001-10
8	京共特大桥	G3511	荷宝高速公路	2902.95	220	2007-10
9	卫共行洪区特大桥	G3511	荷宝高速公路	2711.5	50	2007-10
10	沁河特大桥	G3511	荷宝高速公路	1048.8	50	2005-10
11	逢石河特大桥	G3511	荷宝高速公路	1499	50	2008-10
12	神仙庄特大桥	G3511	荷宝高速公路	1216	50	2008-10
13	跨京广铁路立交桥	G36	宁洛高速公路	1685.54	40	2005-12
14	沙河特大桥	G36	宁洛高速公路	1848.8	40	2006-10
15	北金堤滞洪区行洪特大桥	G3W	德上高速公路	1028.2	120	2015-11
16	卫共特大桥左幅	G4	京港澳高速公路	1305.28	40	1997-10
17	卫共特大桥右幅	G4	京港澳高速公路	1305.28	50	1997-10
18	K646+719 郑州黄河二桥	G4	京港澳高速公路	9848	40	2004-10
19	苏店河特大桥	G40	沪陕高速公路	1018.48	30	2005-12
20	宁西铁路立交	G40	沪陕高速公路	1272	20	2006-10
21	白河特大桥	G40	沪陕高速公路	1590.2	20	2006-10
22	焦枝铁路高架桥	G40	沪陕高速公路	1513.6	100	2007-10

续上表

序号	桥梁名称	路线编号	路线名称	桥梁全长（m）	单孔最大跨径(m)	建成通车时间
23	宁西铁路高架桥	G40	沪陕高速公路	1158.2	30	2007-10
24	卫河特大桥	G45	大广高速公路	1413.96	50	2010-10
25	开封黄河特大桥	G45	大广高速公路	7837.68	100	2006-10
26	淮河特大桥	G45	大广高速公路	4958.2	40	2007-10
27	洛阳黄河特大桥	G55	二广高速公路	4011.86	50	2005-10
28	潘庄高架桥	G55	二广高速公路	1118.4	52	2005-10
29	黄鸭河大桥	G55	二广高速公路	1164	140	2008-10
30	白河特大桥左幅	G55	二广高速公路	1211.4	40	2007-10
31	白河特大桥右幅	G55	二广高速公路	1163.9	50	2005-10
32	东沟特大桥左幅	G59	呼北高速公路	1894.65	30	2012-12
33	东沟特大桥右幅	G59	呼北高速公路	1987.75	35	2012-12
34	庄子2号特大桥左幅	G59	呼北高速公路	1250	30	2015-12
35	庄子2号特大桥右幅	G59	呼北高速公路	1250	35	2015-12
36	田家村3号特大桥左幅	G59	呼北高速公路	1059.1	40	2015-12
37	田家村3号特大桥右幅	G59	呼北高速公路	1087	40	2015-12
38	庙沟特大桥左幅	G59	呼北高速公路	1617	40	2015-12
39	庙沟特大桥右幅	G59	呼北高速公路	1574	40	2015-12
40	庄科特大桥左幅	G59	呼北高速公路	1232	30	2015-12
41	庄科特大桥右幅	G59	呼北高速公路	1232	30	2015-12
42	童子沟特大桥左幅	G59	呼北高速公路	2319	40	2015-12
43	童子沟特大桥右幅	G59	呼北高速公路	2329	40	2015-12
44	后坪特大桥左幅	G59	呼北高速公路	1374.5	25	2015-12
45	后坪特大桥右幅	G59	呼北高速公路	1049	25	2015-12
46	滥泥湖特大桥右幅	G59	呼北高速公路	1105	40	2016-01
47	寨根特大桥左幅	G59	呼北高速公路	1211	40	2016-01
48	花园关特大桥左幅	G59	呼北高速公路	1345	40	2016-01
49	花园关特大桥右幅	G59	呼北高速公路	1576	40	2016-01
50	露水河特大桥左幅	S22	南林高速公路	596	170	2012-11
51	露水河特大桥右幅	S22	南林高速公路	596	170	2012-11
52	共产主义渠特大桥	S26	台辉高速公路	1065.12	30	2004-10
53	宿鸭湖特大桥	S38	新阳高速公路	1251	30	2007-10
54	淮河特大桥	S39	濮商高速公路	3568.2	170	2012-10
55	白露河特大桥	S39	濮商高速公路	2527.56	170	2012-10
56	沁河特大桥	S49	林汝高速公路	1774.66	20	2005-10

续上表

序号	桥梁名称	路线编号	路线名称	桥梁全长(m)	单孔最大跨径(m)	建成通车时间
57	西泗河特大桥	S49	林汝高速公路	1168.6	40	2014-05
58	后寺特大桥	S49	林汝高速公路	1129	40	2015-05
59	白河特大桥	S81	商南高速公路	1238.2	30	2008-10
60	蒲山特大桥	S81	商南高速公路	1703.2	225	2009-10
61	桃花峪黄河大桥主桥	S87	郑云高速公路	726	406	2013-09
62	桃花峪黄河大桥北侧堤内引桥	S87	郑云高速公路	4366	51	2013-09
63	南水北调特大桥	S87	郑云高速公路	327.4	175	2016-11
64	北汝河特大桥	S88	郑西高速公路	1027.6	30	2007-10
65	余官营互通主线桥	S88	郑西高速公路	1122.06	31.1	2007-10
66	南水北调特大桥	S88	郑西高速公路	1167.6	30	2007-10
67	乾涧沟特大桥	S96	洛栾高速公路	1111.16	50	2012-12
68	栗子坪伊河特大桥	S96	洛栾高速公路	368.12	170	2012-12
69	大柳树特大桥左幅	S97	洛卢高速公路	1209.52	50	2012-12
70	大柳树特大桥右幅	S97	洛卢高速公路	1259.52	50	2012-12
71	甘堂河特大桥	S97	洛卢高速公路	1059.52	50	2012-12
72	洛河特大桥	S97	洛卢高速公路	1205	40	2012-12
73	小铁沟特大桥	S97	洛卢高速公路	675.48	160	2012-12
74	大铁沟特大桥	S97	洛卢高速公路	856.48	160	2012-12
	合计			124161.59		

(二)跨越黄河的高速公路桥梁建设概况

黄河发源于青藏高原巴颜喀拉山北麓海拔4500m的约古宗列盆地。经青藏高原的青海、四川、甘肃，黄土高原和鄂尔多斯高原的宁夏、内蒙古、陕西、山西，华北平原的河南、山东，注入渤海，全长5464km，流域面积75万km^2。

黄河从内蒙古托克托的河口镇到河南郑州的桃花峪段为黄河中游，这一段干流长1206km，流域面积34.4km^2。黄河每年输送的泥沙有90%就来自于这里，而中游的来水量仅占全河的45%。黄河从郑州桃花峪开始进入下游河道，直至入海口，长786km。黄河下游河道除山东境内南岸东平湖至济南区间为低山丘陵外，其余全靠堤防挡水。郑州花园口(图3-4-3)是黄河"地上悬河"的起点；兰考境内的东坝头(图3-4-4)位于黄河由东流折向东北流的转弯处，是著名的险工地段，这里两岸的堤距宽达20km。

黄河自陕西潼关进入河南，自西向东横贯三门峡、洛阳、济源、焦作、郑州、新乡、开封、濮阳8市26县(市、区)，全长711km。河南境内黄河的河道较宽、河水较浅、河槽淤积，阻断了两岸之间的交通。截至2015年底,河南省境内已建黄河桥共19座,其中公路桥梁13座(高速公路4座、干线公路7座、其他2座)、铁路桥梁5座、公铁两用桥梁1座。为满足黄河两岸群众通行需求,郑州、开封、濮阳等市还搭建了20座季节性通行的浮桥。在建黄河桥梁共4座,其中高速公路2座(长济高速东明黄河桥、德商高速鄄城黄河桥)、干线公路1座、铁路1座。按照河南省跨线黄河桥梁相关规划,2016—2020年,全省共规划黄河大桥21座,其中,高速公路8座、干线公路13座。

图3-4-3　河南郑州花园口

图3-4-4　河南兰考东坝头

1. 已通车高速公路黄河大桥

河南境内已通车高速公路上的黄河大桥共4座,基本情况见表3-4-2。

河南省已通车高速公路黄河大桥表　　　表3-4-2

序号	桥梁名称	路线编号	路线名称	桥梁总长(m)	通车时间
1	刘江黄河公路大桥(郑州黄河二桥)	G4	京港澳高速公路	9848.16	2004-10
2	吉利黄河公路大桥	G55	二广高速公路	4011.86	2005-10
3	开封黄河公路大桥	G45	大广高速公路	7825	2006-10
4	桃花峪黄河公路大桥	S87	郑云高速公路	7692.47	2013-09

(1)京港澳高速公路刘江黄河公路大桥简介

京港澳高速公路刘江黄河大桥又称"郑州黄河二桥",位于黄河下游河段上端,南岸为河南省中牟县,北岸为河南省原阳县,被誉为"黄河上最漂亮的大桥",如图3-4-5所示。大桥于2002年4月开工建设,2004年10月建成通车,是北京至港澳国道主干线的"咽喉工程",这座桥的建成,标志着京港澳高速公路河南段全线建成通车。

刘江黄河公路大桥全长9848.16m,主桥全宽46m,引桥全宽42m,采用平原微丘区双向八车道标准修建,主桥结构形式为下承式钢管混凝土简支系杆拱桥,具有结构轻巧、造型美观、强度大、抗变形能力强、施工技术复杂等特点,是目前万里黄河上第一座钢管混凝土拱形特大桥,也是目前国内最长、桥面最宽、单孔跨度最大的高速公路特大桥。

图 3-4-5　京港澳高速公路刘江黄河公路大桥夜景

该桥由河南省新乡至郑州高速公路建设有限公司建设、河南省交通规划勘察设计院设计。大桥由北引桥、主桥、南引桥三部分组成,设计使用年限 100 年,总投资 10 亿元。桥孔跨径布置由北向南依次为 127×35m + 81×50m + 8×100m + 27×20m。主桥为 8 孔 100m 下承式钢管混凝土简支系杆拱,下部为空心墩,群桩基础。北引桥为 127 孔 35m 预应力混凝土简支 T 梁和 81 孔 50m 预应力混凝土简支 T 梁,南引桥为 27 孔 20m 预应力混凝土空心板,引桥桥墩均为柱式墩,钻孔灌注桩基础。

站在宽阔的河滩上远远望去,蓝色的大桥在河水的映衬下,风韵翩翩,8 个跨度均为 100m 的巨型钢管混凝土拱耸立在平坦的桥面上更是蔚为壮观,如图 3-4-6 所示。

图 3-4-6　京港澳高速公路刘江黄河公路大桥

(2)二广高速公路吉利黄河公路大桥简介

二广高速公路吉利黄河公路大桥(图 3-4-7)位于小浪底工程大坝下游约 25km 处,上距原洛阳黄河公路大桥750m,南岸是河南省孟津县会盟镇,北岸为河南省洛阳市吉利区。大桥总投资约4.6亿元,于2002年12月开工建设,于2005年10月建成通车。

图3-4-7　二广高速公路吉利黄河公路大桥

该桥全长4011.86m,为双向四车道高速公路桥梁,桥面全宽2×13.5m。由河南省济洛高速公路有限公司建设管理、河南省交通规划勘察设计院设计、中铁大桥集团有限公司和中国路桥华南工程公司承建。大桥为双幅分离式结构,由北引桥、主桥、南引桥三部分组成。主桥为2联12孔50m预应力混凝土等截面连续箱梁。上部构造采用移动模架工艺施工,下部为实体花瓶形墙式墩,钻孔灌注桩基础。南北引桥为2联5孔50m预应力混凝土简支T梁,引桥桥墩为双柱式墩,钻孔灌注桩基础。

(3)大广高速公路开封黄河公路大桥简介

大广高速公路开封黄河公路大桥(图3-4-8、图3-4-9)位于古都开封以北的黄河干流上,南岸是开封市郊区大门寨,北岸为河南省封丘县,是大(庆)广(州)高速公路河南段的标志性建筑。大桥于2004年9月开工建设,2006年10月建成通车。

图3-4-8　大广高速公路开封黄河公路大桥(一)

图3-4-9　大广高速公路开封黄河公路大桥(二)

该桥全长 7838.68m,主桥宽 37.4m,采用平原微丘区双向六车道标准修建,工程总投资约 20 亿元,由河南省交通规划勘察设计院设计,开封阿深黄河大桥有限公司建设管理。大桥由北引桥、主桥、南引桥三部分组成,设计使用年限 100 年。该桥孔跨布置由北向南依次为 $15 \times 35m + 33 \times 50m + (85m + 6 \times 140m + 85m) + 41 \times 50m + 72 \times 35m$。主桥为 7 孔 8 跨双索面矮塔斜拉桥,下部为空心墩,群桩基础。北引桥为 15 孔 35m 预应力混凝土连续箱梁和 33 孔 50m 预应力混凝土先简支后连续 T 梁,南引桥为 72 孔 35m 预应力混凝土连续箱梁和 41 孔 50m 预应力混凝土先简支后连续 T 梁,引桥桥墩均为柱式墩,钻孔灌注桩基础。

开封黄河大桥的建设在五个方面创下了全国第一:①桥的长度及其七座塔的桥式和八桥跨的连续数量,在国内居第一,在世界上居第二,只有美国有一座九塔桥。②国内第一次采用了由日本引进的环氧填充型钢绞线斜拉索体系,作为主桥斜拉索。③国内第一次在主桥鞍座部分采用耐老化、高强度的 HDPE 分丝管结构,已申请国家专利。④支撑桥塔的支座第一次采用万吨抗震球形支座,当时国内其他同类桥梁支座均达不到万吨。⑤国内第一次在 50m T 梁安装时采用双固定墩结构。

(4)郑云高速公路桃花峪黄河公路大桥简介

郑云高速公路桃花峪黄河公路大桥(图 3-4-10、图 3-4-11)采用双向六车道高速公路技术标准,设计速度 100km/h。该黄河公路大桥历经四年建设,于 2013 年 9 月 27 日建成通车,打开了郑州的西北门户,由郑州开车至焦作 30 分钟就能到达。从省会郑州出发,1 小时就能抵达国家 5A 级景区云台山的停车场。

图 3-4-10 郑云高速公路桃花峪黄河公路大桥(一)

图 3-4-11 郑云高速公路桃花峪黄河公路大桥(二)

该桥是目前世界跨径最大的双塔自锚式悬索桥,桥梁全长 7692.47m,分别包括北侧堤外引桥[左幅桥跨径组合为 $(25 + 30 + 2 \times 35 + 2 \times 25)m + 6 \times 30 + 4 \times (5 \times 30)m$,右幅桥跨径组合为 $(3 \times 25 + 2 \times 35 + 30)m + 6 \times 30 + 4 \times (5 \times 30)m$]、跨大堤桥($75m + 135m + 75m$)、北侧堤内引桥[$3 \times 5 \times 50m + 8 \times 6 \times 50m + 4 \times (50 + 4 \times 51 + 50)m$]、副桥($50m +$

10×80m)、主桥(160m+406m+160m)、南引桥[2×(5×50m)],主桥和副桥跨越主河槽。主桥为双塔三跨自锚式悬索桥,跨径布置为160m+406m+160=726m,桥梁宽度39m(含布索区及钢箱梁风嘴),整体钢箱梁断面形式。

2. 在建高速公路黄河大桥

河南境内正在建设高速公路的黄河大桥共2座,见表3-4-3。

河南省在建高速公路黄河大桥表 表3-4-3

序号	桥梁名称	路线编号	路线名称	桥梁总长(m)	开工时间
1	鄄城黄河公路大桥	G3W	德上高速公路	5623	2006-12
2	东明黄河公路大桥	S28	长济高速公路	14450	2012-07

(1)德上高速公路鄄城黄河公路大桥

德上高速公路鄄城黄河公路大桥位于山东、河南两省交界处,为德(州)上(饶)高速公路主要控制工程。该桥由中国公路工程咨询集团有限公司设计,2006年12月,该黄河公路大桥开工建设,于2015年建成通车,其效果图如图3-4-12所示。

图3-4-12 德上高速公路鄄城黄河公路大桥效果图

大桥起点位于河南省范县陈庄乡吴庄村,终点位于山东省鄄城县李进士堂镇李进士堂村西,全长5623m,总投资9.1亿元。其中黄河大桥长4819m,为全封闭、全部控制出入的双向四车道高速公路特大桥,设计速度120km/h,按上、下行分离式桥建设,单幅桥宽13.5m,两幅桥间净距1.0m。

大桥桥孔布置为9×50m预应力混凝土T梁+(70+11×120+70)m波形钢腹板预应力混凝土连续箱梁+58×50m预应力混凝土T梁,沥青混凝土桥面。该桥的技术特点包括:①波形钢与混凝土组合腹板,钢—混结合部的连接,采用在波形钢板上打孔,穿过钢筋(贯通钢筋),再在钢板的上、下端部焊接纵向钢筋(约束钢筋),并埋入混凝土中使其结合。②大桥按照设计要求的合龙顺序:先合龙边跨,再合龙中跨。合龙段施工是上部悬浇施工的一道关键工序,采用型钢劲性骨架支撑进行合龙口的锁定,在悬臂"T"构两侧对称设置水箱,以保证合龙口两梁端无相对竖向位移,采用吊架法进行施工。③主桥上部结构是国内首创的波形钢腹板桥,引桥部分采取的是折线配筋的预应力先张T梁,在国内也是最为先进的一种桥梁技术。该桥型在设计理念上,对波形腹板PC箱梁采用体外预应力承受活荷载,因而在长期运营后,体外预应力索更换方便。

(2)荷宝高速公路东明黄河公路大桥

荷宝高速公路东明黄河公路大桥位于新乡市长垣县赵堤与东明市高村之间,新(乡)荷(泽)铁路北侧,大桥起点连接新乡至长垣段高速公路,终点接山东省日照至东明高速公路。该项目于2011年8月举行开工典礼,2012年7月开工建设,截至目前,东明黄河公路大桥项目路基工程和桥梁基础工程基本完成,预计2018年建成通车,其效果图如图3-4-13所示,项目建成将结束豫鲁两省交接的长垣县与东明县靠浮桥摆渡通行的历史。

图3-4-13 荷宝高速公路东明黄河公路大桥效果图

该桥全长14450m,桥梁总长14047m,其中主桥长1120m,堤内引桥长12309m,堤外引桥618m。主桥推荐桥型为变截面连续梁60m + 10 × 100m + 60m = 1120m;引桥为30m、50m等截面连续梁由246跨组成。另有两岸大堤平交路基段共300m,东岸桥头接线103m。项目建设投资约为21亿元。经该桥两地政府协商,由东明市政府组织项目的建设工作。

3. 规划高速公路黄河大桥

按照河南省跨越黄河桥梁相关规划,2016—2020年,河南省共规划高速公路黄河大桥8座,河南拟建高速公路黄河大桥的位置如图3-4-14所示,各座桥梁详细规划情况见表3-4-4。

图 3-4-14 河南省拟建高速公路黄河大桥分布示意图

河南省规划高速公路黄河大桥一览表　　　　表 3-4-4

序号	地市	桥梁名称	桥长(m)	技术标准
1	三门峡市	呼(和浩特)北(海)高速公路运宝黄河大桥	3504	六车道,宽34.5m
2	三门峡市	运(城)三(门峡)高速公路三门峡黄河公铁两用桥	5600	六车道,宽34.5m
3	三门峡市	渑(池)垣(曲)高速公路渑池黄河大桥	1500	六车道,宽34.5m
4	洛阳市	济源至洛阳西高速公路小浪底黄河大桥	1951	六车道,宽34.5m
5	焦作市	林(州)汝(州)高速公路河洛黄河大桥	1020	六车道,宽34.5m
6	开封市	垣(阳)原(阳)高速公路长垣黄河大桥	13200	六车道,宽34.5m
7	濮阳市	濮(阳)阳(新)高速公路濮阳黄河大桥	8000	八车道,宽41.5m
8	濮阳市	范(县)台(前)梁(山)高速公路范县黄河大桥	10250	六车道,宽34.5m

(1) 呼北高速公路运宝黄河大桥

该大桥接线北起山西芮城刘堡,接解州至陌南高速公路,向南在三门峡大坝上游54km处跨黄河,以高架桥穿越灵宝后地古枣林,继续向东南经东岭村西,下穿郑西高铁,在梨园村东接入三淅与连霍高速公路梨园互通立交,全长9.284km,其中黄河大桥长3.504km。

主桥拟采用矮斜拉桥,设计为34.5m 宽、六车道。大桥建成后,对减轻国道 G209 线三门峡黄河公路桥的运营压力,缓解三门峡市城区交通拥堵,建设和发展大三门峡市,发展旅游经济等均具有重要意义。

(2) 运三高速公路三门峡黄河公铁两用桥

三门峡黄河公铁两用桥为拟建的运三铁路及规划中的运三高速公路跨越黄河的桥梁,该桥址位于三门峡黄河公路大桥上游8.4km,距三门峡黄河水利枢纽坝址28.9km,全长5.6km。

该桥是继郑州黄河公铁两用桥之后,河南省第二座在建的黄河公铁两用桥。三门峡黄河公铁两用桥上层通行汽车,下层通行火车,公铁合建段桥长1.69km,主桥为高速公路双向六车道。主桥拟采用单索面部分斜拉连续钢桁结合梁,主跨长108m。

(3)渑垣高速公路渑池黄河大桥

该大桥处于晋南山地的黄河峡谷地,天然河谷宽1300m,整体地势山峦重叠,溪涧纵横,地形地貌复杂。考虑到桥梁高度达70m,而且处于小浪底库区内,景观效果非常重要,规划采用悬索桥类型,主桥初步方案采用自锚式悬索桥,孔跨布置为(133+277+133)m=543m钢箱梁,"门"形塔身,塔高120m。桥长1500m,六车道、桥宽34.5m。

(4)济源至洛阳西高速公路小浪底黄河大桥

济源至洛阳西高速公路小浪底黄河大桥全长1951.2m,由北引桥、主桥、南引桥三部分组成,全桥共分7联。其中,主桥长1114m,采用桥跨布置为77+8×120+77(m)悬浇变截面预应力混凝土刚构—连续梁组合体系桥,采用上、下行分离式桥梁。下部结构采用空心薄壁墩群桩基础。北引桥采用40m跨径装配式预应力混凝土T梁,南引桥采用30m跨径装配式预应力混凝力连续小箱梁。

(5)林汝高速公路河洛黄河大桥

拟建林汝高速公路河洛黄河大桥,位于温县与巩义市之间,现S237焦作至巩义黄河大桥上游1km。该段黄河左岸为青风岭阶地,右岸为邙山,处于伊洛河入黄口上端,为无堤防河道。桥位处河段为典型的游荡性河段,河床宽浅散乱,主流摆动频繁。桥址河道滩宽9350m,其中槽宽1230m,河槽最大摆动宽度1000m。考虑到该桥地处中原城市群腹地,而且大桥两岸的郑州、焦作也是著名的旅游城市,桥型方案确定时应当更加重视桥梁的景观效果,而且该桥下游1km处的S237焦作至巩义黄河大桥为50m简支T梁。初步方案采用中交公路规划设计院提出的四塔钢箱梁斜拉桥,主桥孔跨布置为(60+60+260×3+60+60)m=1020m钢箱梁,塔高77m,六车道。

(6)堌原高速公路长垣黄河大桥

该黄河特大桥全长13200m,六车道。主桥拟采用120m预应力混凝土连续箱梁桥,引桥为30m、50m等截面连续梁组成。

(7)濮(阳)阳(新)高速公路濮阳黄河大桥

濮阳高速公路濮阳黄河大桥桥长8km,主桥拟采用120m变截面连续箱梁桥,目前正在开展前期工作。

(8)范台梁高速公路范县黄河大桥

范县黄河大桥为范县至梁山高速公路的控制性工程,大桥全长10250m,六车道。主桥采用120m变截面连续梁桥。

(三)其他高速公路典型桥梁建设概况

1. 河南省第一座高速公路特大桥梁——卫共特大桥

卫共特大桥是京港澳高速公路安新段跨卫共河的一座特大桥,也是河南省第一座高速公路特大桥梁,该桥1994年开工建设,1997年10月建成通车,桥梁全长1305.28m,为20孔65×20m预应力钢筋混凝土空心板梁桥,桥面宽度32m。

2. 河南省最高的高速公路特大桥——大铁沟特大桥

大铁沟特大桥(图3-4-15)位于洛宁县罗岭乡树下村境内,地势落差较大,地势险峻、复杂,施工难度极大,是洛卢高速公路重点控制性工程。该桥全长856.48m,大桥主跨为160m分离式大跨度连续刚构梁,桥墩集合了双薄壁空心墩、变截面空心墩、等截面空心墩、柱式墩4种形式。其中9号墩高120m,10号墩高118m,沟底至桥面全高183m,是目前河南省最高的特大型桥梁。

图3-4-15 洛卢高速公路大铁沟特大桥

3. 河南省高速公路跨径最大的连续刚构现浇箱梁特大桥——栗子坪特大桥

洛阳至栾川高速公路栗子坪特大桥(图3-4-16)位于嵩县境内,横跨伊河,设计为连续钢构现浇箱梁,全长368.12m,双幅桥宽24.5m,桥墩最大墩高68m,双向四车道,主梁最大跨径170m,因其跨径大而在同类桥梁中有着"国内罕见、河南第一"之称。

4. 河南省施工难度最大的高速公路桥梁——呼北高速公路东沟特大桥

呼和浩特至北海高速公路灵宝至卢氏段东沟特大桥为分离式桥梁(图3-4-17),左线桥长1987.75m,右线桥长1975.15m,全桥共有桩基础274根,墩台186个,其中35m以上实心薄壁墩23个,30m T梁310片,40m T梁250片;是呼北高速公路灵宝至卢氏段最长的桥梁,也是该项目重要的控制性工程之一。

图 3-4-16　洛栾高速公路栗子坪特大桥

图 3-4-17　呼北高速公路灵宝至卢氏段东沟特大桥

5. 河南省最大的高速公路互通立交——刘江互通式立交桥

刘江互通式立交桥位于黄河南岸,南北与京港澳高速公路相接,东西与连霍高速公路相连,沟通了南北、东西两条国道大动脉的交通枢纽——刘江互通式立交桥,是目前亚洲占地面积最大的高速公路互通立交桥(图 3-4-18),也是河南省最大的高速公路立交桥和标志性建筑。

刘江互通式立交南北长 2.95km,东西长 3.58km,正线为双向八车道,主车道长达 2.95km,设计速度 120km/h,共分为上下 4 层,每天约有超 10 万辆汽车自桥上通过。

图 3-4-18　京港澳高速公路刘江互通式立交桥

6. 国内弯桥悬臂浇筑施工第一桥——露水河特大桥

林州至长治高速公路是一条穿越太行山大峡谷、贯通河南和山西的交通要道。项目于 2010 年 3 月开工建设，2012 年 11 月建成通车。其中，露水河特大桥（图 3-4-19）上部结构为主跨 170m 连续刚构桥梁，是国内弯桥悬臂浇筑施工第一桥。

图 3-4-19　林州至长治高速公路露水河特大桥

7. 国内第一座高速公路波形钢腹板桥——卫河大桥

卫河大桥（图 3-4-20）位于大广高速公路冀豫界至南乐段，主桥跨径为 (47＋52＋47)m，为现浇预应力混凝土波形钢腹板组合箱梁。该桥为国内第一座高速公路波形钢腹板桥。

图 3-4-20　大广高速公路卫河大桥

8. 河南省最高建筑荣誉桥——许沟特大桥

许沟特大桥（图 3-4-21）是连霍高速公路洛（阳）三（门峡）段上的一座特大型桥梁，位于义马市近郊。桥梁为主跨 220m 钢筋混凝土箱形无铰拱，全长 493.14m。该桥荣获 2003 年中国建筑工程鲁班奖。

图 3-4-21　连霍高速公路许沟特大桥

9. 武陟至云台山高速公路跨南水北调特大桥

武陟至云台山高速公路跨南水北调特大桥（图 3-4-22）位于武云高速整体路线中州铝厂东南侧，跨越南水北调中线总干渠，桥梁全长 327.48m，桥跨组成为（175＋93＋49）m。该特大桥为独塔单跨斜拉桥，索塔采用类似倒 Y 形的曲线形桥塔，主梁采用预应力混凝土箱梁，斜拉索采用镀锌平行钢丝。主跨 175m 跨越南水北调总干渠两侧防护堤，桥墩设置在防护堤坡脚外，桥面全宽为 27m、净宽为 2×11.75m，设计速度 100km/h，桥梁设计荷载采用公路—Ⅰ级。

图 3-4-22　武陟至云台山高速公路跨南水北调特大桥

10. 商丘至登封高速公路跨南水北调特大桥

商登高速公路南水北调特大桥（图3-4-23）为主跨265m双塔单索面预应力混凝土部分斜拉桥，采用塔梁固结、塔墩分离结构体系，主桥全长551m，桥宽29.5m。

图 3-4-23　商登高速公路南水北调特大桥

二、高速公路隧道建设情况

（一）隧道建设总体情况

河南省地形特点是西高东低，平原区面积9.3万 km^2，约占全省总面积的55.7%（包括南阳盆地）。省境之西耸立着太行山和豫西山脉。豫西山脉是秦岭的东延部分，秦岭进入豫西向东呈扇状展布，伏牛山是豫西山地的主体，山势雄伟高耸，海拔1000~2000m，被誉为全省的屋瓴。桐柏山脉、大别山脉位于省境之南，海拔一般在1000m以下，为淮河、长江的分水岭。太行山脉与豫西山脉之间的黄河两岸分布有黄土丘陵区。豫中屹立着巍峨峻峭的中岳嵩山。省境东部为辽阔的黄淮平原。河南省高速公路隧道全部为穿山隧道，隧道多集中在河南省西部和南部地区的太行山和豫西山脉、桐柏山脉、大别山脉。

截至2016年底，河南省已通车高速公路共有各类隧道（双向分别统计）294条、184096延米，其中国家高速公路212条、128401延米，省道高速公路82条、55695延米；按隧道长度分：特长隧道4条、13662延米，长隧道47条、77867.7延米，中隧道67条、45303.5延米，短隧道176条、47262.8延米。河南省高速公路隧道的数量比例和长度比例如图3-4-24、图3-4-25所示，高速公路特长隧道和长隧道详细情况见表3-4-5。

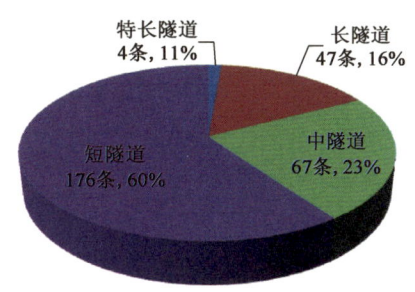 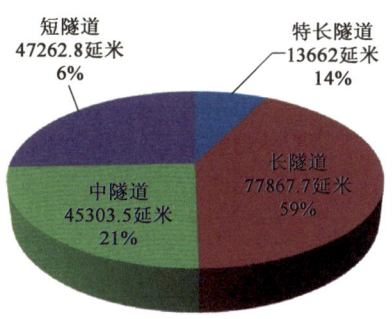

图3-4-24 河南省高速公路隧道数量比例图　　图3-4-25 河南省高速公路隧道长度比例图

河南省高速公路特长隧道和长隧道明细表　　表3-4-5

序号	隧道名称	路线编号	路线名称	隧道长度（延米）	隧道类型	通车时间
1	王屋山隧道上行	G3511	菏宝高速公路	2001	长隧道	2008-12
2	王屋山隧道下行	G3511	菏宝高速公路	1920	长隧道	2008-12
3	上台隧道上行	G55	二广高速公路	1968	长隧道	2008-11
4	上台隧道下行	G55	二广高速公路	2027	长隧道	2008-11
5	过风崖隧道Ⅰ	G55	二广高速公路	1438	长隧道	2008-11
6	过风崖隧道Ⅱ	G55	二广高速公路	1468	长隧道	2008-11
7	仙神河隧道上行	G55	二广高速公路	1299.4	长隧道	2008-01
8	仙神河隧道下行	G55	二广高速公路	1445	长隧道	2008-01
9	崤山隧道上行	G59	呼北高速公路	2955	长隧道	2012
10	崤山隧道下行	G59	呼北高速公路	2960	长隧道	2012
11	瓦庙岭隧道上行	G59	呼北高速公路	1645	长隧道	2012
12	瓦庙岭隧道下行	G59	呼北高速公路	1590	长隧道	2012
13	刘家凹隧道上行	G59	呼北高速公路	1300	长隧道	2012
14	刘家凹隧道下行	G59	呼北高速公路	1245	长隧道	2012
15	横涧隧道上行	G59	呼北高速公路	1262	长隧道	2015-12
16	横涧隧道下行	G59	呼北高速公路	1287	长隧道	2015-12
17	熊耳山隧道上行	G59	呼北高速公路	3614	特长隧道	2015-12

续上表

序号	隧道名称	路线编号	路线名称	隧道长度（延米）	隧道类型	通车时间
18	熊耳山隧道下行	G59	呼北高速公路	3646	特长隧道	2015-12
19	九龙山隧道上行	G59	呼北高速公路	1724	长隧道	2015-12
20	九龙山隧道下行	G59	呼北高速公路	1635	长隧道	2015-12
21	毛公山隧道上行	G59	呼北高速公路	1078	长隧道	2015-12
22	毛公山隧道下行	G59	呼北高速公路	1068	长隧道	2015-12
23	毛峪隧道上行	G59	呼北高速公路	1352	长隧道	2012
24	毛峪隧道下行	G59	呼北高速公路	1348	长隧道	2012
25	岭南隧道	G59	呼北高速公路	1011	长隧道	2012
26	周家咀隧道	G59	呼北高速公路	1126	长隧道	2012
27	赛岭隧道上行	G59	呼北高速公路	2517	长隧道	2016-01
28	赛岭隧道下行	G59	呼北高速公路	2508	长隧道	2016-01
29	捷道沟2号隧道上行	G59	呼北高速公路	1158	长隧道	2016-01
30	捷道沟2号隧道下行	G59	呼北高速公路	1155	长隧道	2016-01
31	后塘沟隧道下行	G59	呼北高速公路	1041	长隧道	2016-01
32	张马垭隧道上行	G59	呼北高速公路	1366	长隧道	2016-01
33	张马垭隧道下行	G59	呼北高速公路	1373	长隧道	2016-01
34	前湾隧道上行	G59	呼北高速公路	1429	长隧道	2016-01
35	前湾隧道下行	G59	呼北高速公路	1416	长隧道	2016-01
36	西簧隧道上行	G59	呼北高速公路	1128	长隧道	2016-01
37	西簧隧道下行	G59	呼北高速公路	1144	长隧道	2016-01
38	林虑山上行隧段	S22	南林高速公路	2341	长隧道	2012-11
39	林虑山下行隧段	S22	南林高速公路	2263	长隧道	2012-11
40	太行屋脊上行隧段	S22	南林高速公路	3162	特长隧道	2012-11
41	太行屋脊下行隧段	S22	南林高速公路	3240	特长隧道	2012-11
42	北庄隧道上行	S49	林汝高速公路	2530	长隧道	2014-12
43	北庄隧道下行	S49	林汝高速公路	2505	长隧道	2014-12
44	石嘴隧道上行	S49	林汝高速公路	1011	长隧道	2014-12
45	石嘴隧道下行	S49	林汝高速公路	1074.3	长隧道	2014-12
46	始祖山隧道上行	S88	郑西高速公路	1672	长隧道	2007-12
47	始祖山隧道下行	S88	郑西高速公路	1633	长隧道	2007-12
48	狮子坪1号隧道上行	S96	洛栾高速公路	2354	长隧道	2012-12
49	狮子坪1号隧道下行	S96	洛栾高速公路	2392	长隧道	2012-12
50	中条山隧道上行	S98	内邓高速公路	1815	长隧道	2013
51	中条山隧道下行	S98	内邓高速公路	1890	长隧道	2013
合计				91529.7		

（二）典型隧道建设概况

1. 河南省第一个高速公路隧道群——连霍高速公路隧道群

连霍高速公路隧道群是河南省第一个高速公路隧道群，也是第一个位于改扩建路段的隧道群，位于连霍高速公路郑州至洛阳段，其中伏羲台隧道和凤凰山隧道（图 3-4-26）为分离式，双向四车道中隧道，兴洛仓隧道和康店隧道（图 3-4-27）双向四车道短隧道。隧道群总长度 4243m，隧道净宽均为 10.75m，1994 年 10 月建成通车。

图 3-4-26　连霍高速公路凤凰山隧道　　　　　图 3-4-27　连霍高速公路康店隧道

连霍高速公路郑州至洛阳段于 2012 年底进行改扩建，由双向四车道改为双向八车道。改扩建北半幅车道采用的是原有道路，改扩建后这个隧道群均位于郑州至洛阳方向的北半幅，即由原先的往返方向改为同向，两个隧道各有两条车道，驾驶员通过隧道时需注意两个隧道中间的隔离带，以免发生碰撞。从洛阳前往郑州方向原来要经过康店隧道、凤凰山隧道、兴洛仓隧道、伏羲台隧道 4 条隧道，改扩建南半幅，采用改变线路架设高架桥、跨河大桥等方式，巧妙避开了这些山岭重丘区，洛阳至郑州方向全线没有隧道，行车更加安全。

2. 河南省最长的高速公路隧道——西安岭隧道

呼和浩特至北海高速公路灵宝至卢氏段西安岭隧道，也称熊耳山隧道，位于卢氏县横涧乡、双槐树乡的西安岭是黄河、长江两流域的分界岭。该隧道为双向分离式四车道，全长 3646m，是河南省迄今最长的公路隧道，也是呼北高速公路灵宝至卢氏段全线的控制性工程，于 2015 年 12 月建成通车，隧道净宽 10.25m，净高 5m（图 3-4-28）。

呼北高速公路河南段地处豫西深山区，跨越黄河和长江两大流域，创造了河南省高速公路建设历史的三个"最"，是目前河南省建设难度最大、桥隧比最大、单公里投资最高的建设项目。呼北高速公路河南段是河南省高速公路规划中的西部重要大通道和伏牛山旅游高速公路。主线穿越熊耳山、伏牛山、洛河、老鹳河、淇河、丹江等山脉和水系,地质条件复杂,桥连隧,隧连桥,桥隧相通,桥隧比达58.58%。

图3-4-28　呼北高速公路西安岭(熊耳山)隧道

3. 河南省超大断面隧道工程——连霍高速公路洛三段改扩建隧道群

该项目的观音堂段原有高速公路边坡高,地形起伏变化频繁,进行单侧或双侧拼宽难度大。综合考虑该地区地形地质情况,设计阶段采取单洞四车道隧道通过的方案(图3-4-29)。其中,青石岭隧道长1005m、金银山隧道长1178m、张茅隧道长1935m。隧道开挖跨度达到21m,局部的开挖跨度甚至达到24m,在国内公路隧道开挖跨度上达到领先水平,同时也是国内最长的单洞四车道隧道。对单洞四车道长隧道的风险评估、设计、施工、质量控制、运营安全等的研究成果在国内处于领先水平。

图3-4-29　连霍高速公路洛阳至三门峡段改扩建隧道群效果图

4. 第一条采用隧道群组合理念设计的隧道群——洛阳至栾川高速公路嵩县至栾川段高速公路隧道群

洛阳至栾川高速公路嵩县至栾川段路线全长约66.539km,是河南省高速公路中第一条采用隧道群组合理念修建的傍山沿河高速公路。《嵩县至栾川高速公路施工图设计（隧道群设计）》获得2013年度河南省勘察设计行业创新奖一等奖。

全线共设置隧道25座,为双向四车道隧道,设计行车速度80km/h,隧道建筑限界宽度10.25m。在山岭重丘区为了减少高边坡的开挖及环境保护,在K101+328~K108+308段布置隧道7座,总长4832.25m,隧道占该段路线比例近70%。

该项目以分离式隧道、大跨异型棚洞、偏压地形"零开挖"半明半暗隧道（图3-4-30）等相结合的毗邻隧道群形式越岭,缩短路线长度,减少高填深挖路基,以合理的构筑物组合形式保护环境、降低工程造价、提高行车安全性和舒适性,达到与自然环境和谐统一理念。该项目的成功实施,为国内外同类型山区高速公路建设提供了一个新的范例。

图3-4-30　嵩县至栾川高速公路组合隧道群效果图

5. 河南省超大断面浅埋隧道——朝阳沟隧道

朝阳沟隧道（图3-4-31）位于盐洛高速公路西段的禹州至登封段高速公路上,穿过登封市卢店乡的东南部。该隧道于2005年开工建设,2007年10月建成通车,为双向六车道连拱隧道。全长310m,设计车速100km/h,隧道建筑限界宽度14.25m,隧道最大埋深约15m,最小埋深仅7m,属超浅埋超大跨度连拱隧道。隧道洞顶有重载公路槐夏公路通过,且上方有春盛耐火材料厂厂房建筑,设计施工难度大。

6. 河南省第一座长隧道——郑西高速公路始祖山隧道

始祖山隧道（图3-4-32）位于郑州市和许昌市交界地带,穿越中岳嵩山的余脉,是一座分离式四车道高速公路隧道,隧道全长1672m和1633m,是河南省第一座长隧道,该隧道于2005年开工建设,2007年12月建成通车,隧道内设置3处行人横洞、2处行车横洞、2处应急停车带。

图3-4-31　盐洛高速公路禹州至登封段朝阳沟隧道

图3-4-32　郑西高速公路始祖山隧道

7. 河南省第一座高速公路大型滑坡路段抗滑明洞——许广高速公路九龙山隧道

九龙山隧道位于K32+400～K32+700路段,原设计为挖方路基,中心最大挖方高度28.7m,最小挖方高度13.2m,右侧边坡最大挖方高度45m,最小挖方高度20.0m。施工中发现该段为滑坡路段,整体形态呈"簸箕"形,滑坡前后缘高差约39.0m,滑坡前缘宽度约为231.0m,顺主滑方向长约158.0m,滑体最大厚度约为16.80m,体积约90万m^3,为一大型土质滑坡,滑舌前进了9～29.0m。通过对滑坡段治理方案进行充分论证,采用抗滑明洞方案进行治理。九龙山隧道形式(图3-4-33)采用分离式双向四车道连拱隧道,设计行车速度100km/h,隧道全长460m,于2010年12月建成通车。

图 3-4-33　许广高速公路九龙山隧道

第五节　河南高速公路建设管理经验概要

一、多元化的投融资模式

（一）有关政策文件

2003年4月,河南省政府《关于深化交通建设管理体制改革的通知》(豫政〔2003〕10号)明确提出要放宽准入条件,拓宽融资渠道,加快全省交通建设。凡经营性交通建设项目,鼓励和引导社会资金以独资、合资、合作、联营、特许经营等方式参与建设,形成多元化投资格局。鼓励各省辖市自行筹措资金进行高速公路建设。省高速公路发展有限责任公司等省政府投资主体要充分发挥自身优势,扩大投融资,加快高速公路建设。对拟建和在建的高速公路,凡社会资金愿意进入的,政府投资要积极退出。以政府投资为主已建成的高速公路,要积极进行经营权转让,盘活存量资产。调整省交通规费建设资金投向,主要用于干线路网、农村公路等非经营性公路建设。积极争取国家资金,加强与金融机构多种形式的合作,争取银行贷款支持。规范交通建设投融资行为,经营性建设项目,原则上由项目法人直接向银行借款和偿还。

2003年6月和9月,省交通运输厅会同省发改委分别出台了《关于加强我省投资经营性公路管理的通知》(豫交计〔2003〕398号)和《关于进一步加强我省高速公路投资主体招标监督管理有关问题的通知》(豫计基础〔2003〕1769号),积极规范和引导社会资金进入公路建设市场,对于投资经营性公路的一般性原则、市场准入、项目法人进入程序、项目的经营管理以及政府应提供的支持与优惠政策等做出比较明确的规定。

2004年,国务院发布《国务院关于投资体制改革的决定》(国发〔2004〕20号)提出按照"谁投资、谁决策、谁收益、谁承担风险"的原则,落实企业投资自主权;进一步拓宽项目融资渠道,发展多种融资方式。鼓励社会投资,放宽社会资本的投资领域,允许社会资本进入法律法规未禁入的基础设施、公用事业及其他行业和领域。通过注入资本金、贷款贴息、税收优惠等措施,鼓励和引导社会资本以独资、合资、合作、联营、项目融资等方式,参与经营性的公益事业、基础设施项目建设。

进一步拓宽企业投资项目的融资渠道。允许各类企业以股权融资方式筹集投资资金,逐步建立起多种募集方式相互补充的多层次资本市场。经国务院投资主管部门和证券监管机构批准,选择一些收益稳定的基础设施项目进行试点,通过公开发行股票、可转换债券等方式筹集建设资金。

2005年7月,为进一步深化投融资体制改革,优化投资环境,广泛吸纳国内外各类资金参与河南省重点项目建设,省政府办公厅出台了《关于规范省重点项目投资主体选择的意见》(豫政办〔2005〕61号),在重点项目市场放开、投资主体招标、项目主管单位责任、监督管理等方面提出要求。

2006年,交通部发布《建设创新型交通行业指导意见》(交科教发〔2006〕363号)提出建设创新型交通行业的重点任务:完善多元化投融资政策,进一步健全交通投融资体制,强化资金监管,为交通发展提供资金保障。重点是扩大财政性资金来源,加大对农村公路、公共航道及水上安全与救助设施等项目的投入;完善投融资政策,积极利用社会资金,加快公路、沿海港口、内河航运的发展;研究建立交通基础设施特许经营制度;搭建融资平台,扩大资金渠道,探索新的融资工具在交通领域中的应用;健全交通资金监管制度和约束机制,提高资金的安全性和使用效益。

2011年,《河南省人民政府关于创新投融资机制鼓励引导社会投资的意见》(豫政〔2011〕21号)中提出了指导交通建设领域的投资意见。支持交通领域投融资公司与社会资本、金融机构合作设立交通投资基金,吸引社会资本投入交通基础设施建设。以BOT等模式吸引社会资本投入铁路、公路建设,并可通过沿线土地开发增值收益等方式对投资者给予合理补偿。

(二)郑州交通建设投资有限公司关于投融资体制改革的做法

1.优化资源配置,在提高"四资"效益上求突破

依托政府即将出台的公共服务资产管理办法,通过签署政府采购服务协议,将该公司名下道路桥梁资产转化为能稳定产生收益的经营性资产,借助基金、证券公司等金融机构资源,盘活存量资产实现资产证券化。

依托金融机构资金,通过购买下游企业股份或其他经营性资产,以并购交易收益作为融资产品的还款来源。通过这种方式,既能依靠金融机构的资金扩大自己的资产规模,注入优质"造血"资产,优化资产组合;又能做到通过资产的收益为前期投入"买单",形成良性循环,提供"造血"动力。

依托该公司名下优良子公司资源,充分支持子公司潜能产业。例如:停车管理服务、广告服务、加油加气站服务等经营性业务发展,做实现有经营性业务,逐步提升公司经营性资产比重,为融资储备新资源。利用好控股子公司高现金流产业优势,切实提高该部分资源利用率,做实该类融资。

2. 发挥专业优势,在PPP模式上求突破

该公司作为交通行业的融资主力军,充分发挥交通行业专业优势,结合涉港公路项目和新建项目特点,与中建、中铁、中交等多体系央企施工单位以及金融机构进行洽谈。拟通过成立项目公司,以PPP模式提供投资、融资、建设、回购的一体化方案,实现新建公路项目的可持续性融资建设。

3. 发展多元化融资,在创新融资方式上求突破

(1)融资租赁业务

利用该公司现有的路桥资产,与多家融资租赁公司对接,目前首单融资租赁业务已落地:即以该公司名下的石家庄至武汉高速铁路客运专线郑州站站房高架匝道(桥)、郑州市花园路与连霍高速公路互通式立交作为租赁物与北银金融租赁有限公司合作开展融资租赁业务,融资金额不超过6亿元,期限不超过5年。

(2)股权融资

正在积极与证券公司对接股权融资合作事宜,首先成立项目公司运作标的项目,由SPV持有项目公司绝大部分股份的方式获得融资,并通过由第三方回购股权的投资人退出方式,实现该公司项目的融资、建设与运营。具体措施如下:成立项目公司;券商安排通道机构设立SPV,并由SPV分次向项目公司增资;与政府签订回购协议,并由政府承诺项目所涉及土地的未来出让收益用于赎回项目公司股份。

(三)进一步加强高速公路投融资工作的对策

1. 统筹组织高速公路项目前期工作

根据全省高速公路网规划和"十三五"高速公路建设目标,为便于项目统筹协调、打包招商、快速推进,由省交通运输厅负责统筹主导,与地方政府共同推进项目前期工作,全面启动、加快进度,加强项目前期储备。

2. 统筹组织投资主体选择工作

为避免再次出现类似新晋高速公路、内邓高速公路等烂尾工程项目情况,由省交通运

输厅负责统筹主导,与地方政府共同开展项目投资主体选择工作。按照全面放开市场原则,引进综合实力强、信誉好的大型央企和其他社会资本,对河南省高速公路项目实行打包投资建设。

3. 积极推广投融资新模式

积极推广已在重庆广泛应用且国家支持采用的 BOT + EPC、BOT + EPC + 股权合作等投融资模式,有效吸引社会资本参与河南省高速公路建设。同时,鼓励支持厅属"交投集团"和"还贷中心"与社会资本强强联合,充分发挥厅属两大投资主体资金的杠杆效应,撬动社会资本。

4. 合理突破、提高效率

为缩短前期工作周期,提高效率,夯实招商引资技术基础,借鉴重庆、贵州、四川等地经验,项目工可方案经省交通运输厅和省发改委组织专家论证通过后,即启动项目勘察设计招标工作。

5. 进一步明确地方政府责任,保障项目顺利实施

地方政府要积极做好辖区内项目立项核准所需的土地、规划、环评、压覆矿产等相关要件的报批工作;负责辖区内征地拆迁及建设用地组卷及上报工作,采取任务包干、责任包干、概算包干等方式按时交付项目建设用地;负责保障辖区内优良的建设环境。地方政府要参与与社会资本的沟通协商和 PPP 实施方案的制订,负责落实辖区内项目可行性缺口补助资金,并履行相关程序,将缺口补助资金纳入政府财政预算。

二、强化行业监管力度,加强质量安全管理

(一)加强资格预审和招投标管理,严把工程质量安全源头关

1. 严把项目法人选择关

2003 年以后,在投资主体呈现多元化的新形势下,部分新进入市场的企业缺乏建设管理经验,技术力量薄弱,对工程建设的质量、安全和进度造成了一定影响。针对这些情况,为切实把好高速公路建设市场源头关,省交通运输厅先后下发了《关于加强我省投资经营性公路管理的通知》《关于进一步加强我省高速公路投资主体招标监督管理有关问题的通知》等规范性文件,加强对项目法人的招标管理,对项目法人的从业经验、商业信誉、财务状况、质量安全管理水平等进行严格审核。同意并鼓励参与高速公路建设的民营投资主体聘用交通系统有丰富管理经验的工程技术人员,作为项目负责人和技术负责人。通过加强对项目法人招标过程的监督管理,择优选择项目法人,为项目能够优质高效、安全顺利完成奠定基础。

2. 严把施工单位选择关

(1)编制了《河南省公路工程施工招标资格预审文件范本》。将原招标阶段对投标单位的施工组织设计审查提前到资格预审阶段,加强对施工能力、质量、业绩信誉、安全措施等方面的审查。

(2)在施工评标过程中实行有限低价评标法。设置多种招标人标底确定办法,在开标现场随机抽取,并当场确定中标单位,提高了评标活动的透明度。

(3)加强对评标专家的管理。采用计算机随机抽取评标专家,对评标专家定期培训,并实行动态管理考核,如评标过程中发现有严重违规违纪行为的,将终止其专家资格。

3. 严把设计和监理单位选择关

对设计单位,开展了设计评价工作,跟踪评价各单位的设计理念、业绩信誉、后期服务等,作为设计招标时评分的重要依据。同时严格设计审查制度,京港澳高速公路安新段改扩建工程、连霍高速公路郑洛段改扩建工程等项目引入了"双院制",一个院设计,一个院审查,有效提高了设计质量。对监理单位,在招标时重点对拟投入监理人员的从业经验、资质、监理能力进行审查,同时严格招标过程管理,确保招标过程公平、公正。

(二)严格建设过程监督管理,为工程质量安全保驾护航

1. 抓好项目建设环境和进度

项目建设环境、均衡施工同样对工程质量和安全有着至关重要的影响。在项目建设管理过程中,河南省始终重视为项目建设创造优良环境,把保障建设环境作为保证项目均衡施工,从而保证工程质量的重要工作来抓。积极协调省纪检监察、公安和地方政府等有关部门,及时解决影响工程建设的环境问题,严厉打击破坏建设环境的违法行为,全力优化建设环境。省监察厅"优化办"于2007年开展了优化郑石高速公路建设环境暨专项效能监察工作,并在总结经验的基础上,进一步将安阳至南乐高速公路、京港澳高速公路郑州至漯河段和安阳至新乡段改扩建工程、连霍高速公路郑州至洛阳段改扩建工程等项目,列入全省优化经济发展环境重点项目。通过优化建设环境,保证各参建单位将主要精力用于工程施工管理,确保项目能够按计划均衡施工,避免因赶工发生质量安全问题,推动项目建设顺利实施。

2. 强化项目监督检查

除分片区成立督导小组外,对落后项目实行派专人驻地督导的原则,及时发现质量安全等问题,协调解决相关困难,确保各项目顺利推进。组织开展每年两次的工程质量安全大检查,对实体质量、安全生产和内业资料等进行详细检查,检查结果在全省通报,并通过新闻媒体公布,使各项目公司、施工和监理单位在工程质量安全管理方面,形成"比、学、

赶、超"的良好氛围。

3. 从严开展质量监督工作

省交通质监站不断完善规章制度,突出监督重点,强化监督手段,从严开展质量监督工作。

(1) 严格执行建设过程"三阶段"验收制度。即对在建高速公路项目的路基和桥梁下部工程、路面基层和桥梁上部工程、路面面层和交通安全设施工程三个关键阶段开展专项质量检查,质量合格后方可进入下道施工工序,并将检查结果作为工程质量鉴定的重要依据。

(2) 高度重视安全生产监督工作。设立了安全监督管理处,认真组织开展施工企业安全生产管理人员考核培训、安全生产专项检查整治等各项工作。

(3) 积极整顿监理市场和试验检测市场。加强对监理人员的管理,要求各项目监理人员在上岗前必须通过考试考核,并实行登记备案制度;重视对试验检测机构的培育指导,逐步建立第三方检测制度,通过招标选择试验检测机构承担交工验收质量检测和"三阶段"验收任务。

4. 加强业绩信誉管理

为加强公路建设行业管理,提高行业信誉度,河南省将工程质量安全作为评价业绩信誉的主要指标,下发了《河南省公路建设从业单位业绩信誉动态管理暂行办法》《河南省公路建设市场从业单位及人员信用管理办法》,对出现工程质量安全问题的从业单位及个人进行处罚。通过奖优罚劣,有效遏制了质量安全问题发生,有力促进了质量安全意识提升。

5. 严格施工过程安全控制

(1) 定期组织开展建设项目施工安全专项排查治理活动,对各项目安全生产情况全面排查,对桥梁隧道工程、大型临时工程等关键部位重点排查,及时发现施工安全隐患,督促建设单位认真整改,从源头上预防安全事故。

(2) 重视对施工安全管理人员的培训考核,要求各施工单位主要负责人、项目负责人和专项安全生产管理人员必须经培训考核合格后方可进场。

6. 强化社会舆论监督

自2012年起,河南省所有高速公路建设项目全面实行社会公示制度和现场公示制度。高速公路项目在开工建设前,必须将工程概况、工期安排、项目主管单位、项目从业单位及责任人刊登在省级报纸上,接受社会监督。每个高速公路项目施工现场都实行规范化管理,竖立工程公示牌,显示工程概况、质量标准、工程责任单位及责任人、质量投诉举报电话等,并将高速公路项目的建设质量安全、工程进展等信息,定期在网络上发布。

(三)加强项目交竣工验收和后评价管理,准确评价工程质量

1.严把交工验收关

公路工程交工验收由项目法人负责,实行严格监督,要求项目交工验收前,附属工程必须与主体工程同步完成。在项目通车前,省交通运输厅建设管理处牵头有关部门联合对工程完成情况进行实地检查,对发现的工程质量缺陷、运营安全隐患等问题,要求通车前整改完成。

2.抓好竣工验收关

对项目通车后的竣工验收工作,河南省严格遵守交通运输部现行的《公路工程竣(交)工验收办法》的规定,对工程实体质量、内业资料质量等进行检查,准确评价工程质量、建设管理工作等各项内容。除此之外,着重对工程缺陷责任期内的安全运营情况进行检查,确保通过竣工验收的项目安全运营。

3.认真开展后评价工作

项目竣工验收后,河南省积极组织开展高速公路项目后评价工作。通过开展该项工作,认真总结项目建设管理过程中质量安全工作的经验教训,完善已建项目,改进在建项目,指导待建项目。

(四)全面开展优质工程创建活动

近年来,在全省高速公路在建和已通车项目全面开展创优质工程活动,组织召开"创优质工程"全省动员会,对创优质活动进行动员部署,并多次召开各项目专题座谈会,组织施工现场观摩活动,鼓励各项目争创"公路交通优质工程奖""国家优质工程奖"等,取得了良好效果。

目前,各项目公司紧紧围绕"创建优质工程"和"创建品质工程"活动,结合项目自身实际,扎实开展了一系列相关工作,不断提高质量安全管理水平。如濮阳至鹤壁高速公路已获得"国家优质工程银奖";连霍高速公路改扩建工程郑州至洛阳段提出了"总体工程优良、结构工程精品、附属工程协调、景观工程优美"的奋斗目标,并制订了具体的技术保障措施等。

三、加强绿色交通建设,促进建设管理手段创新

"十二五"以来,河南省交通运输行业全面落实交通运输部、河南省政府关于节能减排和绿色环保的各项安排部署,紧紧围绕"绿色交通"工作目标,加快推进绿色循环低碳发展,绿色交通运输体系建设取得了明显成效,有效推动了河南省交通运输节能减排目标的实现,为"美丽中原"建设提供了有力保障。

(一)组织保障机制和政策法规体系不断完善,绿色交通发展环境不断优化

(1)组织保障机制不断完善。为切实加强对全省绿色低碳交通运输体系建设,成立了河南省绿色低碳交通运输体系建设工作领导小组,负责领导河南省交通运输行业节能减排、应对气候变化和绿色循环低碳交通运输体系建设工作。领导小组下设办公室,办公室设在省交通运输厅科技处,主要职责为承担全省交通运输行业节能减排、应对气候变化和绿色循环低碳交通运输体系建设日常工作。

(2)绿色循环低碳政策法规体系不断健全。"十二五"以来,河南省先后制订了一系列旨在加强节能减排、推动绿色循环低碳发展的规范性文件和政策措施,绿色循环低碳工作取得积极进展。

(二)绿色交通基础设施建设不断增强,示范带动作用充分发挥

(1)大力推进林业生态省份建设,打造河南省绿色低碳生态廊道。结合河南林业生态省建设,加强天然林资源保护,严格林地保护管理,拓展林业发展空间,加强高速公路、铁路及其他交通、水利大通道等两侧生态廊道建设。以郑州市、济源市为例,对国省干线公路两侧40~50m、农村公路两侧10~20m、城市环路两侧60~100m范围进行了高标准绿化。充分尊重自然,围绕"美丽交通"理念,科学设计绿化方案,使林带与公路线形、路域环境和谐统一。

(2)加大绿色交通技术研发,促进资源集约节约与循环利用。在公路养护中积极探索引进厂拌热再生、厂拌冷再生技术,在高速公路设计中推广"低路基"设计。先后进行了"废旧沥青混合料厂拌热再生利用研究""基于现代管理学的高速公路市场化养护管理模式与使用技术研究"等具有全局性的重大关键技术研究。在项目审批、勘察设计、建设施工、养护管理的全过程中推行绿色生态理念,注重各个环节的节能减排。

(3)加大对绿色交通新技术新产品推广力度,推行绿色理念。在高速公路的设计施工中突出了绿色低碳理念,推广新材料、新产品、新能源等节能减排技术应用;在高速公路运营管理中,大力推广LED照明、太阳能、风能、光伏发电和中水利用等先进技术,收费车道设置专门的ETC系统,高速公路服务区照明场所广泛安装节能LED灯,服务区引入中水回用系统;在公路养护方面,积极探索引进厂拌热再生、厂拌冷再生技术,采用旧混凝土路面碎石化和旧沥青路面再生利用技术。

(三)试点示范工作积极开展,推进绿色交通建设

(1)积极组织绿色循环低碳交通区域性城市和主题性公路建设。"十二五"以来,在区域性城市建设方面,济源市被确定为全国第二批低碳交通运输体系建设试点城市和绿

色循环低碳交通区域性试点城市,郑州市被交通运输部确定为绿色交通城市。目前,在沥青冷再生技术应用、出租车油改气、混合动力公交车更新改造和碳汇林工程等项目方面已积极推进,取得了初步成效;低碳公路主题性试点方面,呼北高速公路(卢氏至寺湾段)低碳公路建设被列入全国第一批(共5个)交通运输节能减排专项资金支持主题性项目试点。目前通过低碳公路主题性试点建设,积极探索低碳公路建设的新理念、新机制和新技术,形成了河南绿色循环低碳公路品牌。

(2)积极推进千家企业专项行动和绿色循环示范项目建设。"十二五"以来,河南省积极开展了"车、船、路、港"千家企业低碳交通运输专项行动,一批先进节能减排技术得到推广使用,全省交通运输节能减排"12+10示范工程"取得初步实效,"高性能乳化沥青冷再生技术推广应用""河南省新乡市城乡客运一体化建设""河南省高速公路电子不停车收费系统建设"等示范项目实现了重点突破。从2011年开始,河南省组织开展了节能减排示范项目建设工作,推出了全省行业第一批节能减排示范项目12个,河南省交通运输厅道路运输局的"河南物流信息系统——'八挂来网'"和河南高速公路发展有限责任公司的"太阳能供电技术在连霍高速公路郑州至洛阳段道路全程监控系统中的应用"被交通运输部确定为全国交通运输行业第二批和第三批节能减排示范项目;河南高速公路发展有限责任公司的"连霍高速公路河南境巩义段隧道群LED改造工程"被国家发展改革委、住房和城乡建设部、交通运输部3部委确定为半导体隧道照明灯应用示范工程项目。

四、加强智能交通建设,提升高速公路信息化水平

河南省高度重视交通信息化建设,智能交通水平不断提升,智能交通总体情况是:

(1)开发应用了高速公路联网收费系统及综合管理信息系统,全省已通车高速公路全部实现联网收费,成为全国最大的"一网相连"和"一卡通"的高速公路收费网络;

(2)推广应用GPS行车记录仪等现代信息技术,加快了现代信息技术和组织管理技术的集成应用,运输生产效率和行业节能水平得到提高;

(3)开发建成了高速公路公众出行"12328"、干线公路路政管理"96055"和道路运输"96520"公众服务平台,把公路救援、出行服务、运输业务办理咨询等融为一体,引导公众便利出行,降低全社会能耗;

(4)加快实施"智能交通"重点工程建设,实现了全省交通运输系统信息数据的大融合,GIS和GPS两大平台投入使用,安全应急、公众出行和经济决策支持系统已发挥应有作用;

(5)高速公路ETC系统一期工程建成使用,郑州和新乡"城市智能交通"试点工程、"智能高速公路"试点工程等进展顺利。这些项目的相继建成将极大提升河南省的信息

化水平,为绿色低碳交通运输体系建设提供强有力的支持。

河南高速公路运营管理方面采用的典型智能技术如下:

(一)高速公路网多路径识别系统工程

河南省地处中原地带,决定了其在我国路网中占有举足轻重的地位。随着投资主体的多元化以及高速公路路网的形成,最短路径确定车辆行驶路线和模糊拆分通行费的方法与各投资主体要求精确结算之间的矛盾日益突出。河南省交通运输厅及所属各单位积极开展了基于路径识别的高速公路通行费精确拆分系统的研究、高速公路多路径识别技术研究及实现等,取得了一定的成果,并逐步在全省范围内推广应用。

按照省交通运输厅《关于河南省高速公路网多路径识别系统工程详细设计的批复》(豫交文〔2013〕766号文)要求,为确保工程顺利实施,实现高速公路通行费按"实际路径收费,实际路径拆分",进一步提升高速公路联网收费和拆分的科学性、准确性,提高高速公路信息化服务水平,保障运营安全、资金安全,结合河南省实际情况,制订了多路径识别系统工程实施方案。

该系统工程采用433MHz射频技术构建全省高速公路网多路径识别系统,主要建设内容为:路侧标识站、复合通行卡、通行卡读写器、管理工作站、联网收费软件升级等主要设施,以及门架、光电缆、备份电源等配套设施。

(二)高速公路智能化监控

2011年10月,全省高速公路智能交通系统开始正式运行,具有路面安全监控、自动识别套牌、区间计算速度等多项功能,以雷达检测的方式全天候采集全部通行车辆的通行时间、地点、车牌、车型、车速等信息,自动统计违法车辆信息后,上传至交通违法处理系统,启动智能卡口拦截系统报警装置。全省智能交通管理系统犹如"天网",让高速公路上的违法行为无处遁迹,成为高速公路交警手中的"利器"。

高速公路智能交通系统不但能定点测速,还能实现任意两个固定摄像设备之间"区间测速",依据两个固定摄像设备之间的距离和车辆经过的时间,系统自动运算、分拣平均速度超过最高限速值的车辆。其具体功能如下:

1. 视频监控

该系统使用全景摄像机和高速球机摄录,经专用光纤实时传送,可以实时监控全省高速公路通行情况和道路情况,特别是在应对突发事件、交通事故现场、恶劣天气交通拥堵现场等的处理上发挥重要作用。

2. 智能卡口拦截

通过在高速公路收费站设立拦截卡点,以雷达检测的方式全天候采集全部通行车辆的各项信息,尤其对于套牌、录入"黑名单"的车辆,智能交通管理系统还能自动比对,通过对录入车辆的车型、车牌信息和公安网显示的车辆信息进行比对,确定该车牌是否和录入车辆的车型、颜色一致,从而确定该车是否为套牌。比对后若为套牌,则自动报警,并显示该车现在所处的方位、车速和运行轨迹,启动智能卡口拦截系统,指令所属支、大队进行查处。截至 2012 年 1 月,高速公路路政总队通过在全省高速公路安装智能卡口拦截系统,覆盖全省 17 个省界出口、郑州周边高速公路下站口、18 个省辖市的主要路段。

3. 交通违法自动分类查处

该系统还具备自动分辨车牌、分拣车道查处交通违法功能。针对双向八车道高速公路,对最左侧车道设置全天候监控。通过以车道(不同车道对于车速有不同规定)定车型(黄牌或蓝牌车),对于低速货车不按规定车道行驶或小型载客汽车在最左侧车道低于规定时速行驶的违法行为,自动分拣、查处。

此外,该系统通过路面外侧设置的高清摄像机,可以对高速公路路面客车违法停车上下人、违法占用应急车道、倒车、逆行、违法停车等多种严重交通违法行为实时摄录取证。

4. 及时发现和处理交通违法行为

由于智能卡口拦截系统与交通违法处理系统、交通违法信息库相对接,所有在本辖区有违法行为未处理的车辆经过收费站口的卡口拦截系统时,均会报警,提示民警拦截。同时,执勤民警可以及时告知违法驾驶人违法信息,并告知其可在收费站口附近的交通违法处理室,或到附近指定的银行进行处理。

除了以上功能外,该系统还具有警车智能管理、视频执法、高速公路服务区、收费站区和停车区"三区"治安管理功能。2011 年 9 月,南阳高速公路交警就根据智能交通管理系统的报警,将一网上逃犯成功抓获。同年 10 月,河南高速公路交警总队六支队民警根据智能交通管理系统报警,及时抓获在停车区偷盗大货车油料的犯罪嫌疑人。

(三)交通应急指挥平台

该系统是集广域语音集群、综合视频指挥、精确 GPS 定位、数据信息交互为一体的多网合一型多媒体指挥调度平台,是运管执法、跨部门协作的信息交互中心,可提升运管执法的调查取证、决策分析、快速反应、现场控制、信息汇总、协同行动的业务实战能力,为运管执法提供各类业务数据收集的技术保障,最大程度地实现现有资源的整合、信息的共享,已成为"可视、可控、可判"的多媒体指挥调度平台。

1. 系统组网

河南省高速公路应急指挥系统采用标准网络架构和协议,具备良好的互通性。采用业务与控制分离、控制与承载分离的技术,对语音、视频、数据、定位、即时通信等业务,构建融合通信网络,快速定义业务特征。系统运行时,在终端和调度服务器之间,通过各种有线和无线的 IP 网络,传送信令和媒体信息。

在终端侧,系统接入公开标准的 SIP 话机,也可以接入 3G 无线终端。3G 无线终端上,包括专用和通用终端,均运行客户端软件,与调度服务器进行通信,让调度服务器掌握终端所在的位置,与终端进行业务通信。系统依托运营商网路实现全省跨地域、跨距离部署,满足分散部署、集中管理的需求。系统分级组网,其组网结构如图 3-5-1 所示。

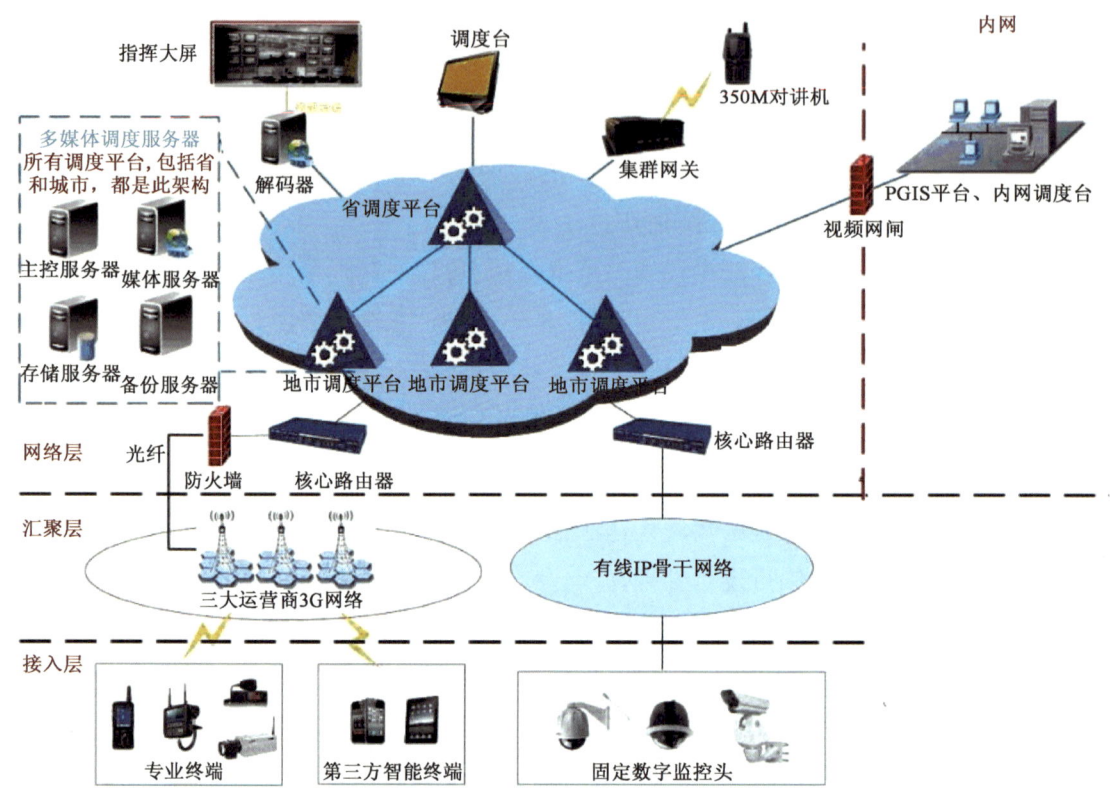

图 3-5-1 河南省高速公路网交通应急指挥平台组图

2. 系统功能

河南省高速公路应急指挥系统的功能包括传统语音功能、数字集群功能、视频功能、定位功能、即时通信功能、漫游与切换功能,系统安全性、组网安全性、与第三方业务支撑平台接入、与 PGIS 位置信息服务系统互通等功能。

3. 平台性能

支持 AMR 等多种编码技术,同时可支持 G711、G729、GSM 等语音编码;采用 VoIP 技术,支持语音抖动平滑处理;系统支持多优先级设置,可设置 8 级优先级;支持呼叫限时功能,组呼时长、话权空闲时长等可配置。

(四)河南省交通公众出行信息服务

为方便公众出行,河南省交通公众出行服务网(http://road.hncd.gov.cn)为公众提供了实时路况、出行策划、图行河南、高速公路通行费、交通旅游、运输、个性化服务、客运联网售票、汽车维修、驾培等方面的信息服务,为公众提供全方位的出行服务。也可通过拨打 12328 高速公路客服电话查询最新路况信息。

在节假日期间,由于高速公路免费通行,车流量随之急剧增加,河南省高速公路联网收费公司采用大数据服务公众出行,如 2016 年的端午节,通过"河南高速"微信公众号发布了"2016 年端午假期河南高速出行不免费提示",并预判总体流量、高峰时间段、流量较大收费站,提醒社会公众合理出行;提高了公众出行服务能力,并对路网运行管理提供了有效的数据支撑,较好地引导了公众出行,得到社会各界及新闻媒体的好评。

第六节 高速公路网与河南经济社会发展

高速公路的快速发展,优化了交通运输结构,对缓解交通运输"瓶颈"制约发挥了重要作用。高速公路在自身快速发展的同时,把人流、物流、商流、资金流、信息流等各种生产要素,从广阔的时空领域汇聚起来,构筑了一系列新的经济增长点,有力地推动了沿线经济的发展,促进了社会进步和现代文明,其效益远远超出交通运输行业自身,有着广泛的经济效益与社会效益。从河南省区域经济社会发展的视角来看,高速公路建设对拉动经济总量、优化产业结构、改善投资环境、促进资源开发等具有巨大的推动作用。

经过 20 多年的发展,河南省高速公路"内联外通"网络基本形成,为加快现代化建设,进一步加快推动新型工业化、信息化、城镇化和农业现代化,特别是加快推动"五大国家战略"全面实施、构建"一极三圈八轴带"城镇发展格局、"三山一滩"扶贫攻坚提供了重要基础设施保障,也为河南建成全国重要的现代综合交通枢纽和现代物流中心,率先实现交通现代化起到了极大的拉动作用。河南省高速公路历年通车里程及累计投资情况如图 3-6-1 所示。

一、高速公路建设对河南省经济发展的直接影响

(一)促进资源的优化配置

高速公路投资在初期也许见不到收益,或收益甚微,但从整体看,它对其他产业的拉动作用是不可忽视的。其作为一种极有效的融资手段,对拉动投资、加快河南经济增长具有促进作用。高速公路的建设投资以及所带来的诱发效应每年平均拉动河南省生产总值

增长 1.1 个百分点。如 2006 年全省交通建设完成投资 526 亿元，就拉动全省生产总值增长 1.2 个百分点。

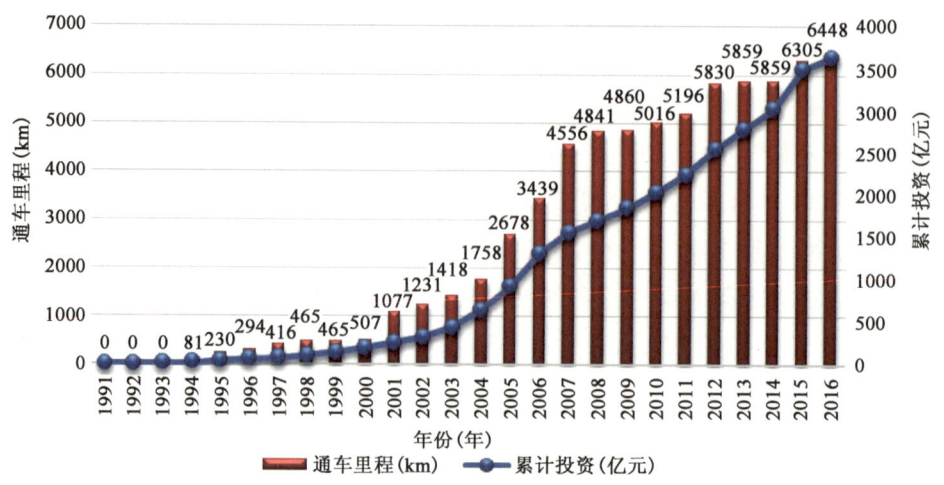

图 3-6-1　河南省高速公路历年通车里程及累计投资分布图

（二）增加就业

河南是人口大省，农村剩余劳动力较多，但经济不发达、工厂较少，存在严重的就业问题。外出打工的大量农民工也诱发出一系列的社会问题，作为社会中数量庞大的弱势群体，给我国社会的稳定带来一定的影响。作为我国第一劳务输出大省，河南有农民工 2150 万人，近年来，陆续返乡的农民工有 950 万人左右，其中有 50% 左右存在就业困难。投资高速公路建设不仅拉动了社会经济发展，还提供了大量的就业岗位。经国家专业部门测算，每亿元的公路建设投资就能够创造出 2000 多个就业机会，而为公路建设直接或者间接提供产品的相关部门相应增加的就业机会更是达到了公路建筑行业的 2.5 倍。同时，工程建设培养了大批技术工人，这些技术将成为他们以后高质量就业的重要保障。

（三）扩大生产、刺激消费

河南地处中原，古丝绸之路的要道，是东、西部沟通的桥梁，但由于资源、人口、环境等限制，经济欠发达。近年来，河南省一直谋求经济发展之路，希望通过道路扩建、基础设施的完善、环境的美化等方式，一方面提高人们的生活质量，另一方面招商引资、吸引项目来带动河南的经济。交通设施建设是基础性建设，它的产业链很长，能够给相关部门带来较为明显的拉动效应。据相关分析，基础设施建设每投资 1 元将拉动相关产业带来 7 元的投资效应。按照建设 1km 的高速公路，平均需要 1000t 钢材、9000t 水泥、1500t 沥青的标准测算，河南高速公路建设投资大部分转化为新的市场消费需求，有效地刺激和带动钢材、水泥、机械等相关产业发展和资源的开发利用。

二、高速公路建设对河南省经济发展的间接影响

（一）促进了中原城市群的发展

2011年,《国务院关于支持河南省加快建设中原经济区的指导意见》明确了河南省新时期的战略定位：国家重要的粮食生产和现代农业基地；全国工业化、城镇化和农业现代化协调发展示范区；全国重要的经济增长板块；全国区域协调发展的战略支点和重要的现代综合交通枢纽。

中原经济区的建设要求河南省构筑便捷高效的集疏运系统。加强铁路、公路、航空、水运网络建设，提高通达能力，强化与沿海地区和周边经济区域的交通联系，形成网络设施配套衔接、覆盖城乡、连通内外、安全高效的综合交通运输网络体系。

按照统筹规划、合理布局、适度超前的原则，加快交通基础设施建设，构建功能配套、安全高效的交通运输网络，为中原经济区建设提供重要保障。充分发挥河南省承东启西、连南贯北的区位优势，加速生产要素集聚，强化东部地区产业转移、西部地区资源输出和南北区域交流合作的战略通道功能；加快现代综合交通体系建设，促进现代物流产业发展，形成全国重要的现代综合交通枢纽和物流中心。

河南高速公路网的基本建成，使省会郑州到周边省辖市的时间缩短到3小时之内，增强了郑州在中原经济区中的带动效应，极大地改善了城市之间的交通状况，促进了城市群资源共享、产业互补、协调发展，城市间的产业联系与经济合作不断加强，区域经济一体化的进程不断加快，培育形成了沿国道主干线的"新郑漯""郑汴洛"和"郑洛新"产业发展带，中原城市群协调发展和整体功能得到有效发挥。中原城市群已经成为承接发达国家及中国东部产业转移、西部资源传输的枢纽和核心区域之一，成为今后中原崛起的重要增长点。

（二）优化产业结构

河南省是一个人口大省、粮食大省、经济大省，农业在河南经济中占有重要地位，工业相对欠发达。由于科技的进步，农业逐步机械化，农业生产水平提高，农村有大量的剩余劳动力亟待解决等一系列问题，都表明河南的产业结构已不适应经济发展需求，产业结构优化的任务必须解决。高速公路运输是区域交通运输的主体，其发展的程度必然会对沿线区域产业结构产生直接影响，自1994年河南省首条高速公路建成以来，随着高速公路里程的增加，河南省第三产业占整个国民生产总值的比重显著上升，高速公路里程的增加和第三产业比重有相同的发展趋势，而第一产业比重与其趋势相反，这说明，随着高速公路建设的推进和路网的不断完善，河南省的产业结构越来越合理。

(三)对农业生产的影响

较为发达的高速公路网络为农产品的及时快速运输提供了快速的交通网络支撑。现代化农业基地以及农业现代化都离不开高速公路的支持,通过便捷的交通,农产品的流通和农业信息的交流得以顺畅进行,从而不断调整和优化农业生产结构,对农业的规模经营和集约生产起到良好的推动作用。以省会郑州为例,其余17个省辖市通过高速公路到达省会的时间均在3小时以内,全省所有县(市)20分钟能够上高速公路,能够及时保证其余地市与省会郑州的快速运输交流。郑汴洛高速公路建成后,郑州、开封、洛阳三地间农、副产品的交流明显加快,保鲜蔬菜、名贵花卉的生产得以更好地发展,农产品的商品化和农业现代化得到很好推动。农业生产基地也快速向高速公路道口靠拢,如郑州的双桥花卉基地离连霍高速公路惠济区出入口不足5km,郑州的毛庄绿园蔬菜基地离连霍高速公路惠济区出入口大约10km。通过连霍高速公路,从郑州到洛阳的时间大概为2小时,到开封的时间为1小时,能够保证鲜花、蔬菜快速地运往各地市场。

高速公路对于现代高效农业、休闲观光农业具有特别的吸引力。高速公路对特色农业、观光农业的吸引力集中表现在相关农业项目向高速公路出入口聚集上来。如郑州的豫王富苑休闲观光农业园、绿金园农业园等都靠近高速公路出入口。高速公路的通车改变了农村地区的交通条件,为人们的外出打工提供了便利,为大量的农村人口进城务工提供便利。

(四)带动了旅游业的发展

在高速公路快速发展的同时,促进了当地的人文景观、自然境况和该地区的地势地貌等资源的开发和利用。根据不同环境和地区,在沿线开发旅游资源,强大的高速公路网络为游客提供了便利的出行条件,缩短了旅途时间。高速公路建设大大缩短了人们到达景区的时间,带动了沿线地区旅游业的繁荣。通过旅游区域合作,可以集中各个资源和有利的条件,在不破坏现有资源的情况下,秉承平等互惠的理念进行旅游资源开发,形成比较有区域特色的旅游项目,提高整体旅游区域竞争力,促进旅游事业的发展。

由于高速公路提供便利的出行条件,各个地区根据该区域的特点发展特色旅游产业,构建"吃、住、行、游、购、娱"一条龙服务的旅游体系,形成众多特色鲜明的旅游景区,带动当地经济的快速发展。

(五)促进了公路沿线经济带的形成

河南省高速公路的快速发展不仅带动了河南省旅游业的发展,也有效地带动了建筑、建材、机械、电子、化工、汽车、能源、运输等相关产业的发展,推进了沿线城市化进程,使城市群资源共享、产业互补、协调发展,促进了高速公路沿线经济带的形成。在京港澳高速公路和连霍高速公路沿线,目前正在形成以安钢、安彩、新飞、宇通客车、中铝等企业为龙头,以中原油气、新乡化纤、双汇食品、华英集团等企业为骨干的快速经济走廊,现代物流业也得到快速发展。

|第四章|
河南高速公路建设管理地方法规和标准

第一节 主要地方法规综述

河南省高速公路建设管理法规体系分为两个部分,即国家、行业颁布的相关法律法规和本省颁布的相关法律法规。本省颁布的法规均是依据国家相关法律法规的规定和要求,结合河南高速公路建设实际情况编制而成。1991年,河南省第一条高速公路郑州至开封高速公路动工建设之时,高速公路建设相关的法规制度很少。1995年9月6日河南省第八届人民代表大会常务委员会第十五次会议的《河南省公路管理条例》通过后(1995年11月1日起施行),河南省高速公路建设管理相关的法律法规相继出台。1998年,随着交通部提出加快建设"五纵七横"国道主干线、重要经济干线的要求,2004年,提出中部崛起战略构想,重申中部"三个基地一个枢纽"地位,确定了"四大城市群"后,加速了河南省高速公路建设管理相关规章制度的制定和完善。目前,河南省在公路建设市场管理、项目管理等领域均形成了健全完善的法律规章体系。

一、市场管理领域

(一)市场管理方面

1997年3月颁布的《河南省公路建设市场管理办法实施细则》规范了河南省公路工程建设管理和建设单位与勘察设计、施工、监理、咨询单位之间的各种经营活动,确保了公路工程建设质量和合理工期,控制了工程造价,有利于公路建设事业健康发展。1997年6月印发的《河南省公路建设市场分级管理办法》完善了管理机制,明确了各级管理部门的管辖范围。2003年5月颁布的《关于加强公路基本建设程序监督管理的通知》中指出,交通运输主管部门对整个公路基本建设过程进行监督,所有招标评标文件必须到交通运输主管部门备案,所有招标情况必须报交通主管部门备案、资格预审评审邀请交通运输主管部门监督,交工验收合格后由省交通厅批准方可运行等。2003年7月14日,省交通厅印发《河南省高速公路项目建设管理公司从业管理暂行规定》,明确了从业资格等级及申报条件,严格了从业资格的申请和审批,加强了从业资格证书的管理。2004年10月28日,省交通厅发布《关于认真贯彻落实公路建设市场"黑名单"制度的通知》,强调"黑名单制度"严格执行,认真清查,提高了工程质量,加强了质量监督管理。2005年7月22日,省交通厅转发交通部《关于实施公路建设项目施工许可工作的通知》,进一步明确了公路建设项目施工许可程序和有关要求。2005年8月11日,省交通厅出台《关于印发〈河南省公路工程施工和监理单位管理办法〉的通知》,从市场准入管理、合同管理、质量管理、安全管理、文明施工管理、廉政建设管理、信誉动态管理等方面规范了施工、监理单位市场行为。2007年4月19日,省交通厅印发《河南省公路建设市场从业单位及人员信用管理办法》,规范公路建设从业人员行为,增强河南省公路建设市场从业单位及从业人员的守法、诚信意识,促进河南省公路建设又好又快发展。2007年7月24日,省交通厅印发《河南省公路建设施工企业信用评价办法》(试行),明确了信用评价工作的程序,促进了施工市场健康有序发展。2007年8月10日,省交通厅印发《关于印发〈河南省公路建设监理企业信用评价办法(试行)〉的通知》,明确了信用评价的内容、程序和方法,为推进河南省公路建设市场施工监理行业的信用建设,引导监理企业诚信履约,治理监理市场的商业贿赂行为,促进监理市场健康有序发展提供了条件保障。2007年12月29日,省交通厅印发《关于印发〈河南省公路工程施工分包管理办法〉的通知》,规定了分包的条件、责任和义务,明确了处罚力度。2008年8月8日,省交通厅印发《关于进一步加强我省高速公路建设主要从业人员管理的通知》,明确了从业人员范围、人员基本要求、人员管理和责任追究,为进一步抓好高速公路建设工程质量和项目管理工作,推动全省重点项目全面开展提供了有力保障。

(二)招标投标方面

河南省在公路水运建设项目招标投标方面,除严格执行相关法律法规,并结合实际,制定了有关交通基础设施建设招标投标配套的法律规章制度,为河南省公路水运工程施工、监理招投标的高效合法运转提供了强有力的保障。制定的法律规章制度主要有:《关于进一步规范公路工程招投标活动的通知》《河南省公路工程施工招标实施办法》《关于印发〈河南省公路工程施工招标资格预审文件范本〉的通知》《关于对〈河南省公路工程施工招标资格预审文件范本〉进行修订的通知》《关于改进公路工程招标投标制度的通知》《关于进一步加强河南省公路工程施工招标投标管理工作的若干规定》《关于对招标文件补遗书进行审查的通知》《关于加强高速公路养护工程施工招投标管理工作的通知》等。

二、项目管理领域

河南省严格依照国家有关工程项目管理规定,结合实际需要,在项目综合管理、勘察设计、质量安全与管理、工程造价、交(竣)工验收、工程养护等方面形成了系统的规章制度,确保了高速公路建设项目管理高效、协调、有序开展。

(一)综合管理方面

1. 财务审计管理

1992年11月颁布的《河南省公路系统材料物资财务管理及核算办法》,明确了公路建设各级材料物资管理责任体系,加强了全省公路系统材料物资的财务管理和核算。2003年11月21日,省交通厅出台《关于加强投资经营性公路资金监督的通知》,进一步加强了投资经营性公路资金监管。2005年7月26日,发布《关于印发〈河南省交通基本建设资金监督管理实施办法〉的通知》,加强了交通基本建设资金的监督管理,保证各项资金安全、合理、有效使用,不断提高投资效益。2005年11月7日,省交通厅印发《河南省高速公路建设项目财务总监委派管理办法(试行)》的通知,提高了各类国有投资主体建设的高速公路项目的财务会计核算水平,进一步加强了高速公路项目的行业管理,规范了高速公路项目管理行为,建立健全了内部约束机制和会计监督体系,保障了国有资产产权完整。2005年11月14日,省交通厅印发《河南省高速公路建设项目财务监督管理办法(试行)》的通知,进一步加强了高速公路建设项目财务管理,规范了财务行为,提高了投资效益,确保了建设项目资金安全。此后,相继出台了《关于加强厅属事业单位财务管理、严肃财经纪律的通知》《河南省交通建设项目委托审计管理暂行办法》《关于进一步规范交通建设项目竣工决算审计工作的通知》《关于规范对社会中介机构委托行为的通知》《关于高速公路建设项目交工验收后有关问题的通知》《河南省交通厅机关专项资金管理暂行办法》《河南省交通厅机关固定资产管理暂行办法》等一系列文件,加强了财务管理、审计管理、专项资金管理,规范了交通建设项目和社会中介的各种委托行为,促进了交通基础设施建设健康协调运转。

2. 廉政建设

河南省委、省政府、省交通运输厅高度重视交通基础设施建设管理过程中的廉政建设,制定了一系列规章制度,主要有:《河南省交通系统五条禁令》《河南省交通厅关于实行任前廉政谈话制度的暂行规定》《河南省交通基础设施建设、监督办法(试行)》《关于进一步加强交通基础设施建设领域廉政工作的意见》《河南省高速公路建设工程项目实施纪检检察人员派驻制度的暂行办法》《河南省人民检察院河南省交通厅关于在全省公路工程建设中开展预防职务犯罪工作的意见》《河南省交通基础设施建设市场准入规定(试行)》《河南省交通基本建设项目招标投标工作纪检监察监督办法(试行)》《河南省高速公路廉政建设若干规定(试行)》《河南省交通厅建立健全交通系统惩治和预防腐败体系实施办法》等文件。

(二)勘察设计方面

根据国家及交通运输行业有关文件要求,结合省内高速公路建设实况,从高速公路勘察设计单位资质、技术水平、技术要求、设计变更管理等方面进行了规范,制定的法律规章制度有:《河南省高速公路建设项目设计变更管理办法》《厅属高速公路建设项目设计变更与计量支付网上管理系统管理办法(试行)》《关于加强高速公路工程勘察设计招标投标管理工作的通知》《关于高速公路建设项目设计审查工作有关问题的通知》《关于印发〈河南省高速公路设计技术要求〉的通知》《关于下发〈高速公路设计技术要求〉修订内容的通知》《关于印发〈河南省高速公路景观设计指南(试行)〉的通知》《关于加强在建高速公路项目技术方案专家论证会管理的通知》《河南省高速公路设计变更管理办法(试行)》《关于加强高速公路连接线管理的通知》《河南省高速公路互通式立交及连接线建设的实施意见》等。

(三)质量安全与管理方面

1. 工程质量管理

以国家及交通运输行业有关工程质量管理文件为基准,针对公路工程质量管理的一些细节进行了补充,有力加强了工程项目的质量管理。2003年11月6日,省交通厅印发《河南省公路建设工程质量管理细则》,理清了交通运输主管部门、项目主管单位、质量监督机构、建设单位、勘察设计单位、施工单位、监理单位、试验检测单位、材料设备供应单位的责任和义务,增强了公路建设有关责任主体的质量责任意识,保证了公路建设工程质量。2003年11月7日,省交通厅发布《河南省交通建设质量监督规程(试行)》的通知,明确了质量监督的基本要求,规范和完善了质量监督工作。2003年11月18日,省交通厅印发《河南省公路建设从业单位业绩信誉动态管理暂行办法》《河南省公路建设项目材料设备采购管理办法》《河南省重点交通基础设施建设质量举报奖励办法》的通知,加强了公路建设市场的监督管理,维护了公路建设市场秩序,规范了公路建设市场行为。2006年5月24日,省交通厅印发了《关于加强中央分隔带混凝土防撞护栏质量控制的通知》,明确了中央分隔带混凝土防撞护栏质量要求。

2. 安全生产管理

制定发布了一系列制度,如《河南省公路水运工程安全生产管理办法》《河南省公路水运工程安全生产监督规定》《河南省公路水运工程施工企业安全生产管理人员安全生产考核办法》《河南省公路水运工程施工企业安全生产许可证管理规定》等,预防和减少了安全生产事故,在一定程度上保证了生产安全,保障了人民群众生命和财产安全。

(四)工程造价方面

2005年6月25日,省交通厅印发《关于实行公路工程造价人员持证上岗制度的通知》,为合理确定和有效控制工程造价创造条件,提高了公路工程建设项目各阶段造价文件的编审质量;2005年9月16日,省交通厅印发《河南省公路工程基本建设项目概算、预算编制要求》,使公路工程基本建设项目概算、预算文件内容更加清晰,方便了不同设计阶段各项工程内容的造价对比及造价控制;2006年7月25日,省交通厅印发《关于加强高速公路建设项目设计及造价管理工作的通知》,解决了高速公路建设项目设计及造价管理中存在的突出问题,规范了高速公路建设市场;2009年3月10日,省交通运输厅印发《河南省厅属高速公路建设项目工程造价管理规定(试行)》,明确了工程造价编审管理职责,进一步加强了厅属高速公路建设项目造价管理,严格控制了建设投资;2009年4月28日,交通运输厅发布《河南省公路工程施工招标工程量清单(细则)》,进一步完善了公路建设招投标制度,有利于更好地分析项目单位工程造价水平,科学合理地审查确定工程概预算。

(五)交(竣)工验收方面

交(竣)工验收是公路建设程序中的重要组成部分,是对建设项目工程设计、施工、质量、监理等内容进行的全面评价和总结,省交通运输厅制定了相关配套的文件和制度,取得了显著成效。2003年6月6日,省交通厅印发《关于做好公路工程项目交(竣)工验收工作的通知》,有利于完善公路项目基本建设程序,认真做好建设项目的交(竣)工验收工作;2004年12月8日,省交通厅发布《关于严格高速公路行业管理及通车程序的通知》,加强了行业管理,严格了通车程序,确保了高速公路工程质量、服务质量和运营安全;2006年8月8日,省交通厅《关于加强高速公路建设项目交竣工验收管理工作的通知》,明晰了交(竣)工工作程序,加强了验收管理工作。

(六)工程养护方面

高速公路工程养护是高速公路运营管理的重要环节,是保障交通安全的重要条件,省交通运输厅先后出台的有关制度有:2004年9月28日,省交通厅印发《关于加强高速公路车辙病害研究和预防的通知》,一定程度上减少了高速公路的车辙病害;2005年5月11日,省交通厅印发《河南省高速公路通道积水处理技术方案》,分析了公路通道积水的原因,提出了处理技术方案;2005年5月25日,省交通厅印发《关于加强我省高速公路养护施工安全的通知》,规范了高速公路养护行为,加强了高速公路养护安全管理,为高速公路使用者提供了安全、舒适的行驶条件;2006年12月11日,省交通厅发布《关于高速公路养护管理体制改革的若干意见》,进一步促进了养护管理体制改革,加强了高速公路养护管理工作。

第二节 地方管理法规制度摘要

一、综合管理法规制度摘要

河南省高速公路建设综合管理相关法规制度见表4-2-1。

河南省高速公路建设综合管理相关法规制度一览表 表4-2-1

序号	法规文件名称	文号	颁布日期	颁布单位	备注
1	河南省道路运输条例	豫人常〔1994〕第33号	1994年12月27日	河南省人大常委	1997年部分修正,2007年12月3日全面修订
2	河南省公路管理条例	豫人常〔1995〕第47号	1995年9月6日	河南省第八届人民代表大会常务委员会	
3	关于实施《中华人民共和国公路法》第八条第四款有关委托事项的通知	豫交政法〔1998〕28号	1998年2月6日	河南省交通厅	
4	河南省高速公路交通管理规定	省政府令〔1999〕第49号	1999年6月1日	河南省人民政府	
5	河南省公路路政管理规定	省政府令〔2000〕第54号	2000年1月6日	河南省人民政府	
6	关于深化交通建设管理体制改革的通知	豫政〔2003〕10号	2003年4月28日	河南省人民政府	
7	关于加强河南省投资经营性公路管理的通知	豫交计〔2003〕398号	2003年6月19日	河南省交通厅、河南省发展改革委员会	
8	关于进一步加强公路建设质量监督管理的通知	豫人常〔2003〕50号	2003年12月5日	河南省政府办公厅	
9	河南省高速公路条例	豫人常〔2004〕23号	2004年11月26日	河南省人大常委	
10	关于规范省重点项目投资主体选择的意见	豫政〔2005〕61号	2005年7月22日	河南省政府办公厅	
11	河南省高速公路设计技术要求	豫交计〔2005〕767号	2005年8月8日	河南省交通厅	2006年7月首次修订

续上表

序号	法规文件名称	文号	颁布日期	颁布单位	备注
12	高速公路建设项目财务监督管理办法(试行)	豫交财〔2005〕73号	2005年11月7日	河南省交通厅	
13	河南省交通厅关于在全省公路工程建设中开展预防职务犯罪工作的意见	豫检会〔2007〕3号	2007年2月27日	河南省检察院	
14	关于印发河南省交通运输行业公路水路环境统计报表制度的通知	豫交科教〔2009〕5号	2009年2月11日	河南省交通厅	
15	关于印发《河南省高速公路养护管理办法》的通知	豫交〔2009〕20号	2009年4月23日	河南省交通运输厅	
16	关于印发《〈公路安全保护条例〉贯彻实施方案》的通知	豫交法〔2011〕6号	2011年5月8日	河南省交通运输厅	
17	关于严格执行高速公路施工标准化管理工作的通知	豫交文〔2012〕575号	2012年7月31日	河南省交通运输厅	
18	关于转发河南省重大建设项目稽查办法的通知	豫交文〔2013〕162号	2013年3月28日	河南省交通运输厅	
19	河南省重大建设项目稽查办法	省政府令〔2013〕第151号	2013年2月7日	河南省人民政府	
20	关于印发河南省高速公路施工标准化技术指南(试行)的通知	豫交文〔2013〕221号	2013年4月26日	河南省交通运输厅	
21	河南省治理货物运输车辆超限超载办法	省政府令〔2013〕第154号	2013年7月8日	河南省人民政府	
22	关于印发河南省公路交通阻断信息报送制度(试行)的通知	豫交文〔2013〕593号	2013年9月6日	河南省交通运输厅	
23	关于下达河南省2013年干线公路第三批大修改造项目投资计划的通知	豫交文〔2013〕628号	2013年9月24日	河南省交通运输厅	
24	关于做好我省南水北调中线干线工程跨渠公路桥梁验收管理工作的通知	豫交文〔2014〕6号	2014年1月7日	河南省交通运输厅	
25	关于进一步加强河南省公路工程施工分包管理工作的通知	豫交文〔2014〕30号	2014年1月16日	河南省交通运输厅	
26	关于调整河南省高速公路建设与养护路用沥青材料采购方式(试行)的通知	豫交文〔2014〕31号	2014年1月16日	河南省交通运输厅	

续上表

序号	法规文件名称	文 号	颁布日期	颁布单位	备 注
27	河南省交通运输厅关于河南省高速公路建设项目电力通信设施迁改工程指导意见(试行)的通知	豫交文〔2014〕33号	2014年1月16日	河南省交通运输厅	
28	关于在全省交通重点建设项目中实施台账管理的通知	豫交文〔2014〕61号	2014年2月12日	河南省交通运输厅	
29	关于进一步加强一级公路与大中型水运工程建设项目质量安全监督管理的通知	豫交文〔2014〕191号	2014年3月28日	河南省交通运输厅	
30	关于印发《河南省公路工程建设管理等行政处罚裁量标准(试行)》的通知	豫交文〔2014〕251号	2014年4月29日	河南省交通运输厅	
31	关于进一步强化高速公路建设项目管理的意见	豫交文〔2014〕280号	2014年4月29日	河南省交通运输厅	
32	关于下发《普通干线公路畅安舒美示范路创建指导意见》的通知	豫交文〔2015〕88号	2015年2月28日	河南省交通运输厅	
33	关于印发《河南省高速公路网路线命名编号调整方案》的通知	豫交文〔2015〕112号	2015年3月6日	河南省交通运输厅	

(一)《关于加强河南省投资经营性公路管理的通知》

河南省交通厅、省发展改革委根据《中华人民共和国公路法》《中华人民共和国招标投标法》《河南省实施〈中华人民共和国招标投标法〉办法》《河南省人民政府关于深化交通建设管理体制改革的通知》精神,为进一步加快河南省交通基础设施建设步伐,实现投资多元化,规范经营性公路投资行为,发布该文件,对投资经营性公路的一般原则和要求、投资经营性公路市场准入条件、项目法人进入程序、项目的经营管理、政府提供的支持与优惠等方面提出了具体要求。

(二)《关于进一步加强公路建设质量监督管理的通知》

为确保公路建设工程质量,进一步强化各省辖市人民政府、交通主管部门和项目法人、设计、施工、监理单位以及质量监督机构的质量责任,根据国家有关政策规定,结合实际情况,省政府下发了本通知,要求各市、县人民政府、省人民政府各部门提高认识,进一步加强公路建设质量监督管理;要明确职责,严格执行质量责任追究制;要健全制度,完善质量监督保证体系。

（三）《河南省高速公路管理条例》

为了加强高速公路建设和管理，保障高速公路的质量、安全、畅通和正常运营，根据《中华人民共和国公路法》《中华人民共和国道路交通安全法》和国家有关法律法规，结合本省实际制定本条例，经河南省第十届人民代表大会常务委员会第十二次会议审议通过，于2005年3月1日开始实施。本条例遵循科学规划、质量第一、节约用地、保护环境、保障畅通、建设改造与养护并重的原则，从规划与建设、路政管理、经营管理、交通安全与管理、养护管理和法律责任等多个方面对省行政区域内高速公路的规划、建设、养护、经营、使用和管理等进行明确的规定。

（四）《关于规范省重点项目投资主体选择的意见》

本意见对省重点项目选择投资主体提出："放开投资主体选择市场、严格项目投资主体的招标选择、落实项目主管单位的责任、切实加强监督管理"等要求，有利于进一步深化投融资体制改革，优化投资环境，广泛吸纳国内外各类资金参与重点项目建设。

（五）《河南省高速公路设计技术要求》

根据河南省政府2005年7月8日在郑州召开的"河南省高速公路设计、建设、管理研讨会"的会议精神，为全面提升高速公路设计理念，确保高速公路建设质量，争创全国一流水平，省交通厅组织专家在2003年10月和2004年11月下发的《河南省高速公路设计指导性原则和技术要求（试行）》及补充条文的基础上进行了全面系统的补充、修订和完善，形成了《河南省高速公路设计技术要求》。

（六）《河南省重大建设项目稽查办法》

为进一步加强重大建设项目的监督管理，规范重大建设项目稽查工作，确保工程质量和资金安全，提高投资效益，维护社会公共利益和公众安全，根据国家有关规定，结合河南省实际，制定了本办法。

（七）《关于进一步加强河南省公路工程施工分包管理工作的通知》

为规范河南省公路新建、改建、扩建工程施工分包活动，加强公路建设市场监管，保证工程建设质量和施工安全，杜绝工程转包和违法分包，以全省公路工程分包管理台账为依据，以规范化管理为抓手，通过台账管理、暗访检查、跟踪督办、加大问责等手段，切实提高公路建设市场监管水平，根据交通运输部《公路工程施工分包管理办法》（交公路发〔2011〕685号）文件精神，下发了本通知。

第四章 河南高速公路建设管理地方法规和标准

(八)《关于在全省交通重点建设项目中实施台账管理的通知》

为进一步加强全省交通重点建设项目管理工作,促进建设市场更加规范有序,省交通运输厅决定实行质量监督管理台账、安全生产管理台账、创优基金管理台账、分包管理台账、施工进度管理台账、竣工验收管理台账、农民工工资管理台账、设计变更管理台账八项"动态台账"管理;明确了责任主体,提出了相关要求。

(九)《关于进一步强化高速公路建设项目管理的意见》

省交通运输厅交通重点建设项目审核委员会在交通重点建设项目审核工作中,发现个别高速公路项目在管理方面还存在一些问题,影响和制约了项目建设的顺利、高效推进,主要表现在:一是招标清单与设计文件不一致,导致施工期间变更工程量清单新增细目单价数量较多;二是附属工程未严格按照设计和招标清单进行施工,特别是绿化树种及数量随意变动问题突出;三是项目用地等前期手续不完善,建设过程中未严格履行招投标、设计变更、计量支付等规定;四是"生米做成熟饭"等设计变更的现象时有发生;五是个别已通车项目竣工验收工作滞后,竣工验收严重超期。为进一步规范项目建设,提高工程质量,保证工程安全,降低建设成本,出台了本意见。

(十)《河南省高速公路网路线命名编号调整方案》

2013年,国家发改委印发了《国家公路网规划(2013—2030年)》(发改基础〔2013〕980号),对国家高速公路网进行了补充完善。为进一步规范路线名称、统一标识,提高道路辨识度,根据国高网规划路线调整情况,按照《国家高速公路网命名和编号规则》(JTG A03—2007)和《公路路线标识规则和国道编号》(GB/T 917—2009)的相关规定,结合河南省实际,研究制订了本方案。

二、建设市场管理相关法规制度摘要

河南省高速公路建设市场管理方面的相关法规制度见表4-2-2。

河南省高速公路建设市场管理方面规章制度一览表　　表4-2-2

序号	法规文件名称	文　号	颁布日期	颁布单位
一、公路建设市场管理文件				
1	河南省公路建设市场管理办法实施细则	豫交工〔1997〕119号	1997年3月30日	河南省交通厅
2	河南省公路建设市场分级管理办法	豫交工〔1997〕235号	1997年6月9日	河南省交通厅
3	关于加强公路基本建设程序监督管理的通知	豫交工〔2003〕284号	2003年5月12日	河南省交通厅

续上表

序号	法规文件名称	文　号	颁布日期	颁布单位
一、公路建设市场管理文件				
4	河南省高速公路项目建设管理公司从业管理暂行规定	豫交工〔2003〕485号	2003年7月14日	河南省交通厅
5	关于高速公路建设项目公文申报有关事项的通知	豫交工〔2003〕933号	2003年11月24日	河南省交通厅
6	转发交通部关于实施公路建设项目施工许可工作的通知	豫交工〔2005〕84号	2005年7月22日	河南省交通厅
7	河南省公路工程施工和监理单位管理办法	豫交工〔2005〕93号	2005年8月11日	河南省交通厅
8	关于印发《河南省公路工程施工分包管理办法》的通知	豫交工〔2007〕80号	2007年12月29日	河南省交通厅
9	关于进一步加强我省高速公路建设主要从业人员管理的通知	豫交工〔2008〕48号	2008年8月8日	河南省交通厅
10	河南省高速公路道路石油沥青采购指导意见	豫交工〔2008〕56号	2008年9月12日	河南省交通厅
11	厅属单位组建高速公路项目建设公司从业管理规定	豫交工〔2009〕2号	2009年1月12日	河南省交通厅
12	关于规范公路水运工程施工和监理企业资质管理工作的通知	豫交工〔2009〕15号	2009年3月10日	河南省交通运输厅
13	关于印发《河南省优化交通工程项目建设环境"零阻工"考核奖惩办法》的通知	豫交工〔2009〕26号	2009年5月13日	河南省交通运输厅
14	关于印发《河南省高速公路建设项目首件工程认可制和样板工程评审推广制实施办法(试行)》的通知	豫交工〔2009〕48号	2009年8月5日	河南省交通运输厅
15	关于加强高速公路建设项目沿线房建工程前期工作管理的通知	豫交规划〔2010〕287号	2012年7月2日	河南省交通运输厅
16	关于加快高速公路建设项目设计审批工作的通知	豫交文〔2012〕501号	2009年3月10日	河南省交通运输厅
17	关于进一步加快交通建设项目审批工作的通知	豫交文〔2013〕144号	2013年3月19日	河南省交通运输厅
18	关于进一步加强我省公路工程施工分包管理工作的通知	豫交文〔2014〕30号	2014年1月16日	河南省交通运输厅
19	关于河南省高速公路建设项目电力通信设施迁改工程指导意见(试行)的通知	豫交文〔2014〕33号	2014年1月16日	河南省交通运输厅

第四章
河南高速公路建设管理地方法规和标准

续上表

序号	法规文件名称	文　号	颁布日期	颁布单位
二、信用管理文件				
1	关于认真贯彻落实公路建设市场"黑名单"制度的通知	豫交工〔2004〕182号	2004年10月28日	河南省交通厅
2	关于印发《河南省公路建设市场从业单位及人员信用管理办法》的通知	豫交工〔2007〕19号	2007年4月19日	河南省交通厅
3	河南省公路建设施工企业信用评价办法(试行)	豫交工〔2007〕32号	2007年7月24日	河南省交通厅
4	河南省公路建设监理企业信用评价(试行)办法(试行)	豫交工〔2007〕39号	2007年8月10日	河南省交通厅
5	关于进一步切实解决拖欠农民工工资问题的通知	豫交文〔2012〕669号	2012年8月30日	河南省交通运输厅
6	关于加强拖欠农民工工资问题源头治理工作的通知	豫交文〔2014〕29号	2014年1月16日	河南省交通运输厅
三、资质管理文件				
1	河南省公路工程施工和监理单位管理办法	豫交工〔2005〕93号	2005年8月11日	河南省交通厅
2	关于进一步加强我省高速公路建设主要从业人员管理的通知	豫交工〔2008〕48号	2008年8月8日	河南省交通厅
四、招投标管理文件				
1	河南省公路工程施工招标投标管理办法	豫交工〔1997〕236号	1997年6月9日	河南省交通厅
2	关于对招标文件补遗书进行审查的通知	豫交工〔2003〕924号	2003年11月24日	河南省交通厅
3	关于进一步规范公路工程招投标活动的通知	豫交工〔2004〕205号	2004年12月9日	河南省交通厅
4	关于下发高速公路标段划分有关规定的通知	豫交工〔2005〕37号	2005年3月21日	河南省交通厅
5	关于在全省公路水运工程建设项目施工招标中增加安全生产资格审查的通知	豫交工〔2006〕2号	2006年1月5日	河南省交通厅
6	河南省公路工程施工招标资格预审文件范本	豫交工〔2006〕28号	2006年4月27日	河南省交通厅
7	关于改进公路工程招标投标制度的通知	豫交工〔2006〕32号	2006年4月29日	河南省交通厅
8	关于转发《公路工程施工招标投标管路办法》的通知	豫交工〔2006〕71号	2006年8月8日	河南省交通厅

续上表

序号	法规文件名称	文　号	颁布日期	颁布单位
四、招投标管理文件				
9	关于对《河南省公路工程施工招标资格预审文件范本》进行修订的通知	豫交工〔2007〕21号	2007年4月28日	河南省交通厅
10	关于进一步加强河南省公路工程施工招标投标管理工作的若干规定	豫交工〔2009〕12号	2009年3月5日	河南省交运输通厅
11	关于加强交通建设项目招标投标管理工作的通知	豫交工〔2009〕29号	2009年6月11日	河南省交运输通厅
12	关于公路工程施工招标有关事宜的补充通知	豫交工〔2009〕41号	2009年7月21日	河南省交运输通厅
13	关于公路工程绿化施工招标有关事宜的通知	豫交工〔2009〕42号	2009年7月21日	河南省交运输通厅
14	河南省公路工程施工招标实施办法	豫交〔2012〕103号	2012年7月18日	河南省交通运输厅
15	关于修改河南省公路工程施工招标实施办法的通知	豫交文〔2013〕576号	2013年9月2日	河南省交通运输厅
16	关于进一步加强我省公路建设项目设计招投标管理的通知	豫交文〔2014〕729号	2014年11月3日	河南省交通运输厅
17	关于进一步改进和加强我省公路水运工程招投标管理工作的通知	豫交文〔2014〕773号	2014年11月16日	河南省交通运输厅
18	关于调整我省高速公路附属工程施工招标人报价审核程序的通知	豫交文〔2014〕814号	2014年11月25日	河南省交通运输厅

（一）《河南省公路建设市场管理办法实施细则》

为加强对公路建设市场的管理，严格执行基本建设程序，规范公路建设市场行为，根据交通部《公路建设市场管理办法》的规定，结合河南省公路建设特点，制定本细则。细则适用于河南省公路工程建设管理和建设单位与勘察设计、施工、监理、咨询单位之间的各种经营活动，确保公路工程建设质量和合理工期，控制工程造价，推动技术进步，提高投资效益，促进公路建设事业健康发展。

（二）《河南省公路建设市场分级管理办法》

为加强对公路建设市场的管理，完善管理机制，明确各级管理部门的管辖范围，结合河南省公路建设市场管理实际情况，制定了本办法。对具体工程项目的管理和监督须按本办法附图《河南省公路建设市场管理框图》进行操作。

（三）《关于加强公路基本建设程序监督管理的通知》

为加强公路建设监督管理，确保公路建设程序履行，根据《中华人民共和国公路法》

《中华人民共和国招标投标法》、河南省人民政府《关于深化交通建设管理体制改革的通知》(豫政〔2003〕10号)和交通部《公路建设四项制度实施办法》《公路工程施工招标投标管理办法》等规定,下发了本通知。

(四)《河南省高速公路项目建设管理公司从业管理暂行规定》

为更好地实行公路建设项目法人制度,适应社会主义市场经济发展的需要,进一步规范高速公路建设市场管理行为,促进高速公路建设持续健康发展,根据河南省人民政府《关于深化交通建设管理体制改革的通知》(豫政〔2003〕10号)精神,河南省积极发展高速公路项目建设管理公司和招标代理公司等中介服务组织,为高速公路建设的投资者提供高质量、多样化的中介服务。对经营性高速公路建设项目,鼓励和引导社会资金以独资、合资、合作等方式参与建设,逐步形成多元化的投资格局,有利于充分发挥投资的经济效益和社会效益,为河南省社会经济发展做出应有的贡献。

(五)《河南省公路工程施工分包管理办法》

为加强公路建设市场管理,规范分包行为,杜绝工程转包,根据国家有关规定,制定了本办法。本办法从分包的界定、分包的责任、监督检查、信誉评价等多方面加强了对分包的管理、监督和制约。

(六)《厅属单位组建高速公路项目建设公司从业管理规定》

为加强省交通厅直属单位组建高速公路项目建设公司的管理,进一步加强项目公司从业人员管理,根据交通部《公路建设项目法人资格标准》(交公路发〔2001〕583号)和《河南省高速公路项目建设管理公司从业管理暂行规定》(豫交工〔2003〕485号)的有关要求,制定了本规定。

(七)《河南省高速公路建设项目首件工程认可制和样板工程评审推广制实施办法(试行)》

为深入开展高速公路建设项目创建优质工程活动,积极推广先进的施工工法和成熟的施工经验,进一步提高工程质量。根据国家有关法律、法规、规章,制定了本办法。办法规定省交通运输厅负责对全省高速公路建设项目实施首件工程认可制和项目样板工程评审推广制的具体情况进行指导、监督和检查,并对经省交通运输厅认定、在全省范围内领先的项目样板工程及施工工法,在各高速公路建设项目予以推广。

(八)《河南省公路建设市场从业单位及人员信用管理办法》

为加强河南省公路建设市场管理,规范公路建设从业单位和从业人员行为,增强河南省公路建设市场从业单位及从业人员的守法、诚信意识，促进公路建设又好又快发展，根据《中华人民共和国公路法》《中华人民共和国招标投标法》和《公路建设市场管理办法》等相关法规，结合河南省实际，对从业单位信用等级划分与公布、信用奖罚等方面进行了明确的规定。

(九)《河南省公路建设施工企业信用评价办法(试行)》

为加强河南省公路工程施工企业的信用管理，促进施工市场健康有序发展，根据河南省交通厅《河南省公路建设市场从业单位及人员信用管理办法》，制定了本办法。办法详细规定了信用评价工作程序、施工企业信用评价指标评分细则等。

(十)《河南省公路建设监理企业信用评价办法(试行)》

为推进河南省公路建设市场施工监理行业的信用建设，引导监理企业诚信履约，治理监理市场的商业贿赂行为，促进监理市场健康有序发展，根据河南省交通厅《河南省公路建设市场从业单位及人员信用管理办法》，制定了本办法。

(十一)《河南省公路工程施工和监理单位管理办法》

为加强公路工程施工单位和监理单位管理，规范施工、监理单位市场行为，依据国家有关法律、法规、规章和省政府文件，结合河南省实际，制定了本办法。公路工程施工和监理单位参与公路建设活动，应当遵循科学、公正、诚实、信用的原则，严格遵守国家有关法律、法规和规章，严格执行公路建设行业的强制性标准、各类技术规范及规程的要求。

(十二)《关于进一步加强高速公路建设主要从业人员管理的通知》

按照交通运输部《关于严格落实公路工程质量责任制的若干意见》(交公路发〔2008〕16号)的要求，为进一步抓好高速公路建设工程质量和项目管理工作，推动全省重点项目全面开展"创优质工程"活动，结合《河南省公路工程建设市场从业单位及人员信用管理办法》的有关规定，下发本通知。决定进一步加强高速公路建设项目主要从业人员的管理，明确高速公路建设主要从业人员范围和从业人员基本要求，加强人员管理，严格责任追究。

(十三)《关于进一步规范公路工程招投标活动的通知》

为进一步规范公路工程招投标活动，维护公平竞争的公路建设市场秩序，提高工程建设质量，预防和遏制腐败现象发生，根据《国务院办公厅关于进一步规范招投标活动的若干意见》(国办发〔2004〕56)和有关法律法规，在总结河南省公路工程招投标工作实践并借鉴外省经验的基础上，下发了本通知。本通知对招投标活动的预审办法、行政许可程序等进行了明确的规定。

(十四)《关于进一步加强河南省公路工程施工招标投标管理工作的若干规定》

为进一步加强河南省公路施工招标投标管理,规范市场秩序,维护市场公平,建立市场诚信,根据《中华人民共和国招标投标法》《〈标准施工招标资格预审文件〉和〈标准施工招标文件〉(试行)》(九部委2007年56号令)规定,结合河南省实际,制定了本规定。

(十五)《河南省公路工程施工招标实施办法》

为进一步规范河南省公路建设市场秩序,促进公路工程招标投标活动公开、公平、公正开展,有效维护招标投标活动各方当事人合法权益,根据《中华人民共和国招标投标法》《工程建设项目施工招标投标办法》《公路工程施工招标投标管理办法》《公路工程质量管理办法》及交通运输部《关于解决当前政府投资公路水运工程建设中带有普遍性问题的意见》(交监察发〔2010〕648号)等有关规定,结合河南省实际,制定了本办法。2013年9月对该办法进行了修订。

三、项目管理相关法规制度摘要

河南省高速公路建设项目管理方面的相关法规制度、文件见表4-2-3。

河南省高速公路建设项目管理方面的相关法规制度一览表　　表4-2-3

序号	名　　称	文　号	颁布日期	颁布单位
一、财务审计管理文件					
1	河南省公路财务管理暂行办法	豫交财〔1991〕339号	1991年9月24日	河南省交通厅、河南省财政厅
2	河南省公路系统材料物资财务管理及核算办法	豫交财〔1992〕502号	1992年11月3日	河南省财政厅、河南省交通厅
3	关于加强厅属事业单位财务管理、严肃财经纪律的通知	豫交财〔2004〕18号	2004年5月8日	河南省交通厅
4	关于印发《河南省交通基本建设资金监督管理实施办法》的通知	豫交财〔2005〕43号	2005年7月26日	河南省交通厅
5	关于印发《河南省高速公路建设项目财务总监委派管理办法(试行)》的通知	豫交财〔2005〕71号	2005年7月26日	河南省交通厅
6	关于印发《河南省高速公路建设项目财务监督管理办法(试行)》的通知	豫交财〔2005〕73号	2005年7月26日	河南省交通厅
7	关于高速公路建设项目交工验收后有关问题的通知	豫交财〔2006〕29号	2006年6月5日	河南省交通厅
8	河南省交通厅机关专项资金管理暂行办法	豫交办〔2007〕36号	2007年7月16日	河南省交通厅

续上表

序号	名称	文号	颁布日期	颁布单位
一、财务审计管理文件				
9	河南省交通厅机关固定资产管理暂行办法	豫交办〔2007〕37号	2007年7月16日	河南省交通厅
10	关于进一步规范交通建设项目竣工决算审计工作的通知	豫交财〔2008〕28号	2008年6月19日	河南省交通厅
11	河南省交通建设项目委托审计管理暂行办法	豫交财〔2008〕32号	2008年8月1日	河南省交通厅
12	关于加强高速公路建设项目工程决算等审核管理工作的通知	豫交工〔2009〕46号	2009年7月20日	河南省交通运输厅
13	关于印发《高速公路建设项目交(竣)工验收阶段财务资产管理规定》的通知	豫交财〔2011〕108号	2011年11月14日	河南省交通运输厅
14	关于印发河南省交通运输厅交通重点建设项目审核委员会工作细则的通知	豫交文〔2014〕250号	2014年4月28日	河南省交通运输厅
15	关于印发交通建设项目审计问题台账的通知	豫交文〔2015〕66号	2015年2月15日	河南省交通运输厅
二、廉政建设文件				
1	河南省交通系统五条禁令	豫交党〔2003〕13号	2003年3月25日	河南省交通厅
2	河南省交通基础设施建设、监督办法(试行)	豫交党〔2003〕336号	2003年5月28日	河南省交通厅
3	河南省交通厅关于实行任前廉政谈话制度的暂行规定	豫交〔2003〕552号	2003年8月11日	河南省交通厅
4	关于进一步加强交通基础设施建设领域廉政工作的意见	豫交〔2003〕922号	2003年11月21日	河南省交通厅
5	河南省高速公路建设工程项目实施纪检检察人员派驻制度的暂行办法	豫交〔2003〕1013号	2003年12月20日	河南省交通厅
6	关于在全省公路工程建设中开展预防职务犯罪的意见	豫检会〔2004〕3号	2004年12月16日	河南省人民检察院、河南省交通厅
7	河南省交通基础设施建设市场准入规定(试行)	豫交监察〔2005〕3号	2005年6月14日	河南省交通厅
8	河南省交通基本建设项目招标投标工作纪检监察监督办法(试行)	豫交监察〔2005〕11号	2005年11月7日	河南省交通厅
9	河南省高速公路廉政建设若干规定(试行)	豫交监察〔2005〕12号	2005年11月8日	河南省交通厅
10	建立健全交通系统惩治和预防腐败体系实施办法	豫交党〔2005〕75号	2005年	河南省交通厅

续上表

序号	名 称	文 号	颁布日期	颁布单位
二、廉政建设文件				
11	贯彻落实《建立健全惩治和预防腐败体系2008—2012年工作规划》实施办法	豫交党〔2008〕61号	2008年12月3日	河南省交通厅
12	贯彻落实《建立健全惩治和预防腐败体系2008—2012年工作规划》实施办法分工方案	豫交党〔2008〕70号	2008年12月3日	河南省交通厅
三、勘察设计管理文件				
1	关于加强高速公路工程勘察设计招标投标管理工作的通知	豫交计〔2003〕767号	2003年10月10日	河南省交通厅
2	关于高速公路建设项目建设审查工作有关问题的通知	豫交计〔2003〕952号	2003年11月27日	河南省交通厅
3	关于加强高速公路连接线管理的通知	豫交计〔2005〕145号	2005年6月21日	河南省交通厅
4	关于高速公路变更中央分隔带形式的通知	豫交计〔2005〕220号	2005年9月6日	河南省交通厅
5	河南省高速公路设计变更管理办法(试行)	豫交计〔2005〕372号	2005年12月23日	河南省交通厅
6	关于印发《河南省高速公路互通式立交及连接线建设的实施意见》的通知	豫交计〔2006〕20号	2006年2月16日	河南省交通厅
7	关于下发《高速公路设计技术要求》修订内容的通知	豫交计〔2006〕177号	2006年7月25日	河南省交通厅
8	关于"四改六"高速公路路段标线设置的补充规定	豫交计〔2006〕253号	2006年10月8日	河南省交通厅
9	关于加强在建高速公路项目技术方案专家论证会管理的通知	豫交计〔2006〕348号	2006年12月31日	河南省交通厅
10	河南省高速公路景观设计指南(试行)	豫交计〔2007〕23号	2007年2月2日	河南省交通厅
11	河南省高速公路网命名和编号方案	豫交计〔2007〕318号	2007年9月17日	河南省交通厅
12	河南省高速公路增设互通式立交、分离式立交的实施意见	豫交计〔2008〕175号	2008年6月21日	河南省交通厅
13	关于印发《河南省公路水运工程复杂构造物设计和施工方案安全评审制度》的通知	豫交建管〔2009〕86号	2009年12月12日	河南省交通运输厅
14	关于进一步加强高速公路建设项目设计变更和计量支付管理的通知	豫交文〔2012〕2号	2012年1月6日	河南省交通运输厅
15	关于印发河南省公路工程设计变更管理办法的通知	豫交文〔2014〕28号	2014年1月16日	河南省交通运输厅

续上表

序号	名　称	文　号	颁布日期	颁布单位
三、勘察设计管理文件				
16	关于进一步加强我省公路建设项目设计审查管理的有关通知	豫交文〔2014〕718号	2014年10月25日	河南省交通运输厅
四、工程质量管理文件				
1	河南省公路建设工程质量责任追究办法(试行)	豫交工〔2003〕542号	2003年8月7日	河南省交通厅
2	河南省公路建设工程质量管理细则	豫交工〔2003〕842号	2003年11月6日	河南省交通厅
3	河南省交通建设质量监督规程(试行)	豫交工〔2003〕851号	2003年11月7日	河南省交通厅
4	河南省交通建设现场监理管理暂行办法	豫交工〔2003〕852号	2003年11月15日	河南省交通厅
5	关于印发《河南省公路建设从业单位业绩信誉动态管理暂行办法》《河南省公路建设项目材料设备采购管理办法》《河南省重点交通基础设施建设质量举报奖励办法》的通知	豫交工〔2003〕901号	2003年11月18日	河南省交通厅
6	关于在施工过程中严格控制高速公路桥头跳车的指导意见	豫交工〔2004〕25号	2004年3月7日	河南省交通厅
7	关于开展全省高速公路三个关键阶段工程质量专项检查的通知	豫交工〔2004〕30号	2004年3月14日	河南省交通厅
8	关于转发交通部《关于在公路建设中严格控制工期确保工程质量的通知》的通知	豫交工〔2004〕125号	2004年7月27日	河南省交通厅
9	关于印发《河南省高速公路边坡绿化指导性意见》的通知	豫交工〔2005〕59号	2005年4月30日	河南省交通厅
10	关于发布《全省高速公路三个关键阶段工程质量专项检查实施细则》的通知	豫交工〔2005〕65号	2005年5月14日	河南省交通厅
11	关于印发进一步加强高速公路质量管理十条措施的通知	豫交工〔2005〕109号	2005年7月25日	河南省交通厅
12	关于印发《河南省高速公路建设工程施工合同管理办法(试行)》的通知	豫交工〔2005〕118号	2005年10月28日	河南省交通厅
13	关于加强中央分隔带混凝土防撞护栏质量控制的通知	豫交工〔2006〕37号	2006年5月24日	河南省交通厅
14	关于进一步加强质量管理严格质量控制的通知	豫交工〔2006〕69号	2006年11月21日	河南省交通厅
15	关于加强工程建设质量管理进一步提高路面平整度的通知	豫交工〔2006〕96号	2006年11月21日	河南省交通厅

续上表

序号	名称	文号	颁布日期	颁布单位
四、工程质量管理文件				
16	关于加强我省公路水运工程试验检测管理工作的通知	豫交工〔2008〕55号	2008年9月12日	河南省交通厅
17	关于印发《河南省交通建设项目优质工程奖评选办法（试行）》的通知	豫交建管〔2010〕77号	2010年6月24日	河南省交通运输厅
18	关于印发《河南省高速公路建设项目"省级样板工程"评选办法》的通知	豫交建管〔2010〕122号	2010年10月15日	河南省交通运输厅
19	关于进一步加强公路交通建设项目冬季施工质量安全管理工作的通知	豫交文〔2012〕858号	2012年10月29日	河南省交通运输厅
20	关于进一步加强全省新建高速公路绿化工程项目管理的通知	豫交文〔2013〕373号	2013年6月9日	河南省交通运输厅
21	关于进一步加强一级公路与大中型水运工程建设项目质量安全监督管理的通知	豫交文〔2014〕191号	2014年3月28日	河南省交通运输厅
22	关于进一步加强全省在建高速公路路面工程施工质量的通知	豫交文〔2015〕163号	2015年4月3日	河南省交通运输厅
23	关于进一步加强桥梁支座质量控制的通知	豫交文〔2015〕171号	2015年4月7日	河南省交通运输厅
五、安全生产管理文件				
1	河南省公路工程安全管理、施工规则（试行）	豫交路字〔1990〕480号	1990年12月11日	河南省交通厅
2	关于印发《河南省公路水运工程安全生产管理办法》《河南省公路水运工程安全生产监督规定》《河南省公路水运工程施工企业安全生产管理人员安全生产考核办法》《河南省公路水运工程施工企业安全生产许可证管理规定》的通知	豫交工〔2005〕102号	2005年9月16日	河南省交通厅
3	关于印发《河南省公路水运建设工程安全生产费用管理暂行规定》的通知	豫交建管〔2010〕110号	2010年9月15日	河南省交通运输厅
4	关于进一步加强高速公路建设安全生产管理的紧急通知	豫交文〔2012〕209号	2012年3月22日	河南省交通运输厅
5	关于转发《交通运输部办公厅关于印发工地试验室标准化建设要点的通知》的通知	豫交文〔2012〕730号	2012年9月29日	河南省交通运输厅
6	关于转发交通运输部《关于印发公路水运工程施工企业项目负责人施工现场带班生产制度（暂行）的通知》的通知	豫交文〔2012〕1135号	2012年12月14日	河南省交通运输厅

续上表

序号	名　　称	文　号	颁布日期	颁布单位
五、安全生产管理文件				
7	关于转发交通运输部《关于印发公路水运工程生产安全重大事故隐患挂牌督办制度(暂行)的通知》的通知	豫交文〔2012〕1135号	2012年12月14日	河南省交通运输厅
8	关于转发交通运输部开展公路水运工程"平安工地"考核评价工作的通知	豫交文〔2013〕18号	2013年1月14日	河南省交通运输厅
9	关于印发河南省公路工程工地试验室管理办法的通知	豫交文〔2014〕220号	2014年4月10日	河南省交通运输厅
六、工程造价管理文件				
1	关于调整在建高速公路建设项目材料价格的指导性意见	豫交定〔2004〕2号	2004年6月8日	河南省交通厅
2	关于规范高速公路房建工程施工图和预算编制的通知	豫交计〔2004〕349号	2004年10月20日	河南省交通厅
3	关于实行公路工程造价人员持证上岗制度的通知	豫交〔2005〕151号	2005年6月25日	河南省交通厅
4	关于加强高速公路建设项目设计及造价管理工作的通知	豫交计〔2006〕178号	2006年7月25日	河南省交通厅
5	河南省高速公路维修保养工程费用标准暂行规定	豫交计〔2006〕330号	2006年11月21日	河南省交通厅
6	河南省公路工程基本建设项目概算、预算编制要求	豫交定〔2008〕16号	2008年3月16日	河南省交通厅
7	关于发布《河南省高速公路养护工程预算定额》及《河南省高速公路养护工程预算编制办法》的通知	豫交计〔2008〕76号	2008年4月8日	河南省交通厅
8	关于印发《厅属高速公路建设项目工程造价管理规定(试行)》的通知	豫交工〔2009〕13号	2009年3月10日	河南省交通运输厅
9	关于发布《河南省公路工程施工招标工程量清单》的通知	豫交工〔2009〕23号	2009年4月28日	河南省交通运输厅
七、交(竣)工验收文件				
1	关于做好公路工程项目竣工验收工作的通知	豫交工〔2003〕366号	2003年6月6日	河南省交通厅
2	关于转发交通部《公路工程竣工(交)工验收办法》的通知	豫交办文〔2004〕40号	2004年5月12日	河南省交通厅
3	关于严格高速公路行业管理及通车程序的通知	豫交工〔2004〕204号	2004年12月8日	河南省交通厅
4	关于加强高速公路建设项目交(竣)工验收管理工作的通知	豫交工〔2006〕70号	2006年8月8日	河南省交通厅

续上表

序号	名 称	文 号	颁 布 日 期	颁 布 单 位
七、交(竣)工验收文件				
5	河南省高速公路养护工程竣交工验收办法	豫交工〔2007〕17号	2007年4月18日	河南省交通厅
6	转发省档案局关于做好2013年重点建设项目档案工作的通知	豫交文〔2013〕438号	2013年7月2日	河南省交通运输厅
7	关于进一步加强我省高速公路和普通干线公路竣(交)工验收工作的通知	豫交文〔2014〕32号	2014年1月16日	河南省交通运输厅
8	关于印发河南省高速公路工程竣(交)工验收质量鉴定检测工作程序和标准的通知	豫交文〔2014〕221号	2014年4月10日	河南省交通运输厅
9	关于印发河南省公路建设项目地质勘察专项验收管理办法(试行)的通知	豫交文〔2014〕671号	2014年9月28日	河南省交通运输厅
八、工程养护文件				
1	关于加强高速公路车辙病害研究和预防的通知	豫交工〔2004〕162号	2004年9月28日	河南省交通厅
2	河南省高速公路通道积水处理技术方案	豫交工〔2005〕61号	2005年5月11日	河南省交通厅
3	关于加强我省高速公路养护施工安全的通知	豫交工〔2005〕62号	2005年5月25日	河南省交通厅
4	高速公路养护施工十条规定	豫交工〔2005〕85号	2005年7月25日	河南省交通厅
5	河南省高速公路文明示范路实施方案(试行)	豫交工〔2005〕92号	2005年8月9日	河南省交通厅
6	河南省高速公路服务区管理办法(试行)	豫交工〔2005〕146号	2005年12月28日	河南省交通厅
7	河南省干线公路养护管理办法(试行)	豫交工〔2006〕17号	2006年3月7日	河南省交通厅
8	关于高速公路养护管理体制改革的若干意见	豫交工〔2006〕104号	2006年12月11日	河南省交通厅
9	高速公路桥头跳车处理实施意见	豫交工〔2007〕35号	2007年8月2日	河南省交通厅
10	河南省高速公路养护管理办法	豫交〔2009〕20号	2009年4月23日	河南省交通运输厅

(一)审计管理主要文件

1.《河南省公路系统材料物资财务管理及核算办法》

省公路系统各级材料物资仓库、油库是为全省公路建设服务的物资采购供应部门。为加强材料物资的财务管理和核算,增强服务观念,促进公路建设事业的迅速发展,制定了本办法。明确材料采购计划的编制和实施,材料物资的调拨、收入、发出及材料价款的结算等业务,均由各级公路管理部门的供应和财务部门共同负责办理。

2.《河南省交通基本建设资金监督管理实施办法》

为加强河南省交通基本建设资金的监督管理,保证各项资金安全、合理、有效使用,不断提高投资效益。根据财政部颁布的《基本建设财务管理规定》及交通部颁布的《交通基本建设资金监督管理办法》等规定,结合交通基本建设实际,并在广泛征求意见的基础上,制定了本办法,2005年又进行了修订(豫交财〔2005〕43号)。

3.《河南省交通厅高速公路建设项目财务总监委派管理办法》

为进一步加强河南省高速公路项目的行业管理,规范高速公路项目管理行为,建立健全内部约束机制和会计监督体系,保障国有资产安全、完整,强化资产管理监督,保障财务总监依法行使职权,根据《河南省高速公路建设项目财务监督管理办法》,结合高速公路建设实际情况,制定了本办法。

4.《河南省高速公路建设项目财务监督管理办法(试行)》

为进一步加强河南省高速公路建设项目财务管理,规范财务行为,提高投资效益,确保建设项目资金安全,省交通厅根据财政部《基本建设财务管理规定》《内部会计控制规范——工程项目(试行)》,以及河南省交通厅、河南省发展改革委员会《关于加强我省投资经营性公路管理的通知》等相关规定,结合高速公路建设实际情况,制定了本办法。

5.《关于高速公路建设项目交工验收后有关问题的通知》

本通知的主要目的是加强高速公路建设交工验收后的管理工作,规范河南省国有建设单位资产管理,充分发挥国有资产使用效益。

6.《关于进一步规范交通建设项目竣工决算审计工作的通知》

为进一步规范交通建设项目竣工决算审计工作,根据交通部《公路工程竣(交)工验收办法》,并结合《交通建设项目审计实施办法》和《交通建设项目委托审计管理办法》,下发了本通知。

7.《河南省交通建设项目委托审计管理暂行办法》

根据中华人民共和国交通部令2007年第4号《交通建设项目委托审计管理办法》,结合实际情况,制定了本办法。

8.《高速公路建设项目交(竣)工验收阶段财务资产管理规定》

为进一步加强厅管(含河南交通投资集团)高速公路建设项目交(竣)工验收阶段的财务和资产管理工作,规范各项资产、债务的清理移交活动,保证项目资产安全有效使用,根据财政部《基本建设财务管理规定》(财建〔2002〕394号)、交通部《交通基本建设资金监督管理办法》(交财发〔2009〕782号)等有关规定,结合河南省实际,制定了本规定。

9.《河南省交通运输厅交通重点建设项目审核委员会工作细则》

为进一步规范厅交通重点建设项目审核委员会管理,明确审核工作程序和要求,提高审核工作质量和效率,根据《河南省交通运输厅交通重点建设项目审核委员会工作规则》(豫交文〔2013〕844号),制定了本细则。

(二)廉政建设主要文件

1.《河南省交通系统五条禁令》

本禁令的目的是为切实加强全省交通系统党风廉政建设,规范交通系统公职从业人员的行为,促进河南交通事业健康、快速发展。对贯彻禁令不利和违反本禁令规定的公职人员,要从严追究有关领导和责任人的责任。

2.《河南省交通基础设施建设、监督办法(试行)》

为加强交通基础设施建设计划、资金、工程、质量监督管理,建立健全决策科学、行为规范、公正透明、廉洁高效的监督制约机制,制定了本办法。

3.《关于进一步加强交通基础设施建设领域廉政工作的意见》

为进一步加强交通基础设施建设领域廉政工作,促进全省交通事业健康快速发展,根据河南省人民政府《关于深化交通建设管理体制改革的通知》(省政〔2003〕10号)精神和交通部有关规定,提出进一步加强廉政建设的意见和建议。

4.《关于在全省公路工程建设中开展预防职务犯罪工作的意见》

为有效遏制和减少河南省公路工程建设中职务犯罪的发生,推进交通系统廉政建设和反腐败工作的深入开展,确保"工程优质、队伍优良",省人民检察院、省交通厅共同研究决定,联合在全省公路建设中深入开展预防职务犯罪工作。

5.《河南省交通基础设施建设市场廉洁准入规定(试行)》

本规定的主要目的是:规范河南省交通基础设施建设市场,营造公开、公平、诚信的交通工程建设环境,促进河南省交通基础设施建设领域各项工作廉洁高效开展。

6.《河南省交通基本建设项目招标投标工作纪检监察监督办法(试行)》

为进一步加强和规范河南省交通系统各级纪检监察组织对基本建设项目招标投标工作的监督,巩固交通基础设施建设领域廉政建设成果,根据《中华人民共和国招标投标法》《中华人民共和国行政监察法》以及国家、省、部的其他有关规定,制定出台了本办法。

7.《河南省高速公路廉政建设若干规定(试行)》

为进一步加强河南省高速公路项目的行业管理,规范高速公路项目的管理行为,搞好廉政建设工作,促进全省高速公路建设事业的健康快速发展,根据《中华人民共和国公路法》《河南省高速公路条例》等有关法律、法规,结合河南省实际,制定了本规定。

8.《建立健全交通系统惩治和预防腐败体系实施办法》

制定本办法的主要目的是:建立健全具有河南交通特色的惩治和预防腐败体系,全面贯彻落实党中央和省委的部署,推进全省交通行业廉政建设和反腐败工作向纵深发展。办法对全省交通系统建立健全惩防体系作出了全面部署,为全省交通事业全面协调和可持续发展提供了坚强的政治保障。

(三)勘察设计管理文件

1.《关于加强高速公路工程勘察设计招标投标管理工作的通知》

根据《中华人民共和国招标投标法》、交通部〔2001〕第6号令《公路工程勘察设计招标投标管理办法》和交通部《关于认真贯彻执行公路工程勘察设计招标投管理办法的通知》(交路发〔2002〕303号)等有关法律、法规、规章的精神,下发了本通知。

2.《关于高速公路建设项目建设审查工作有关问题的通知》

为适应河南省加快高速公路建设发展的需要,进一步规范设计文件审查工作,提高工作效率,确保审批质量,根据交通部办公厅《关于公路工程基本建设项目设计审批有关问题的通知》(厅公路字〔2003〕439号)精神,结合实际,下发了本通知。

3.《关于加强高速公路连接线管理的通知》

随着河南省交通基础设施建设的快速发展,高速公路通车里程不断增加,互通式立交数量也日益增多,高速公路连接线在完善路网功能、方便车辆上下高速公路方面发挥了重要的作用,为规范管理,确保连接线畅通,下发了本通知。

4.《关于高速公路变更中央分隔带形式的通知》

根据省政府2005年7月8日"全省高速公路设计、建设、管理研讨会议"精神,为减少水对路面、路基的损坏、提高通行能力及节约后期绿化养护费用,省交通厅决定2006年通车的高速公路项目中央分隔带形式变更为钢筋混凝土防撞护栏。

5.《河南省高速公路设计变更管理办法(试行)》

根据交通部《公路工程设计变更管理办法》(2005年第5号令),为严格规范河南省高速公路工程设计变更程序,加强对高速公路设计变更的管理,制订了本办法。

6.《关于加强在建高速公路项目技术方案专家论证会管理的通知》

"十五"期间,河南省高速公路在建项目较多,里程较长,随着新材料、新技术的不断出现,各省高速公路项目公司都在积极进行设计和施工技术的探讨、创新,并取得一定的效果,但也出现了一些盲目现象,部分项目公司通过专家方案论证会的形式,对设计进行随意变更。为加强设计变更管理,维护设计批复的严肃性,保证高速公路建设项目设计方案专家论证会的质量和效果,下发了本通知。

7.《河南省高速公路互通式立交及连接线建设的实施意见》

为更有效地发挥高速公路骨架作用,合理与地方道路连接,更好地服务于当地经济社会的发展,方便沿线群众出行,充分体现"以人为本"服务理念,根据《河南省高速公路设计技术要求》的有关规定,制定了本意见。

8.《河南省高速公路景观设计指南(试行)》

为提升河南省高速公路景观设计理念,提高高速公路服务水平,省交通厅组织专家对高速公路线形、路两侧、中分带、互通立交、边坡、沿线构造物、附属设施七方面的景观设计进行了认真的分析,制定了本指南。

9.《河南省高速公路增设互通式立交、分离式立交的实施意见》

随着河南省经济社会的快速发展和高速公路网的逐步完善,其他道路与高速公路交叉也在不断增加,为更有效地与其他道路连接,更好地服务于当地经济的发展,方便群众出行,制定了本意见。

10.《关于进一步加强我省公路建设项目设计审查管理的有关通知》

针对勘察设计阶段存在的地质勘察深度不够,工程方案比选深度不足,设计文件编制不规范,专家审查意见落实不到位等造成的设计变更现象时有发生,工程质量、进度和造价难以得到有效控制的情况,为进一步加强设计审查工作,切实解决存在的突出问题,下发了本通知。要求各相关单位要严格履行基本建设程序,进一步强化责任意识,加强组织管理,确保设计质量,促进河南省公路建设事业健康发展。

(四)工程质量管理文件

1.《河南省高速公路建设工程质量责任追究办法(试行)》

为维护全省交通建设市场秩序,加强交通建设工程质量管理,促进交通建设事业持续、快速、健康发展。根据国务院《建设工程质量管理条例》和交通部《公路建设监督管理办法》《公路工程质量管理办法》等有关规定、规章,制定了本办法。

2.《河南省公路建设工程质量管理细则》

随着河南省公路建设的快速发展,公路建设市场出现了投资多元化和经营产业化的新形势,各类投资主体积极参与公路建设,项目法人形式多样,工程质量管理工作出现了新情况。为切实做好新形势下公路工程的质量管理工作,进一步增强公路建设有关责任主体的质量责任意识,省交通厅按照《建设工程质量管理条例》(国务院令〔2000〕第 279 号)和《公路工程质量管理办法》(交公路发〔1999〕90 号)的有关要求,制定了本细则。

3.《河南省交通建设质量监督规程(试行)》

根据国务院《建设工程质量管理条例》和交通部《公路建设监督管理办法》《公路工程质量检验评定标准》《河南省交通基本建设监督管理实施细则》等有关规定,为规范完善河南省的质量监督工作,制定了本规程。

4.《河南省交通建设现场监理管理暂行办法》

本办法的主要目的是:规范河南省交通建设监理市场行为,保证工程质量,控制工期和工程费用,提高投资效益。

5.《河南省公路建设从业单位业绩信誉动态管理暂行办法》《河南省公路建设项目材料设备采购管理办法》《河南省重点交通基础设施建设质量举报奖励办法》

为加强河南省各公路建设市场的监督管理,维护公路建设市场秩序,规范公路建设市场行为,确保公路工程质量,根据国家有关法律法规,制定了 3 个办法。

6.《关于在施工过程中严格控制高速公路桥头跳车的指导意见》

高速行驶的车辆在桥头会产生跳动和冲击,对路面和桥梁产生附加的冲击荷载,加速了桥台、桥头路面及桥梁伸缩装置的破坏,加快了车辆本身的损坏,也直接影响了高速公路的使用寿命和社会效益。本指导意见对有效防止桥头跳车提出了明确的要求和技术措施。

7.《关于开展全省高速公路三个关键阶段工程质量专项检查的通知》

为全面贯彻落实 2004 年全省交通工作会议、全省高速公路建设工程会议精神,切实加强高速公路建设项目的质量管理,按照河南省人民政府《关于进一步加强公路建设质量监督管理的通知》(豫政〔2003〕50 号)要求,决定对全省在建高速公路项目的路基和桥梁下部工程、路面基层和桥梁上部工程、路面面层和交通安全设施工程三个关键阶段建设进行专项质量检查。

8.《河南省高速公路边坡绿化指导性意见》

随着河南省高速公路的迅猛发展,公路边坡绿化已成为高速公路建设的重要组成部分。受传统设计观念以及对绿化工程重视不够等因素的影响,高速公路边坡绿化工作严重滞后于主体工程建设。为贯彻落实全面、协调、可持续的科学发展理念,根据省政府对高速公路绿化工作的要求,结合河南省实际,制定了本意见。

9.《全省高速公路三个关键阶段工程质量实施细则》

为了进一步贯彻执行河南省人民政府《关于进一步加强公路建设质量监督管理的通

知》(豫政〔2003〕50 号)文件和河南省交通厅《关于开展全省高速公路三个关键阶段工程质量专项检查的通知》(豫交工〔2004〕30 号)文件精神,制定了本细则。细则对每个阶段检查的程序、要求、内容、频度及表格格式作出了具体规定,各在建项目进行三个阶段检查时要求严格按照此细则进行。

10.《关于印发进一步加强高速公路质量管理十条措施的通知》

为进一步贯彻落实河南省人民政府《关于进一步加强公路建设质量监督管理的通知》(豫政〔2003〕50 号)和省交通厅加强质量管理的一系列文件精神,适应新时期高速公路建设的质量管理要求,提升高速公路建设的工程质量,提出了"十条措施"。

11.《河南省高速公路建设工程施工合同管理办法(试行)》

为进一步加强河南省高速公路项目的行业管理、规范高速公路项目管理行为,维护高速公路建设市场正常秩序,切实保障建设各方的经济利益,确保合同管理规范,计量支付有序,根据《中华人民共和国公路法》《中华人民共和国招标投标法》《中华人民共和国合同法》《公路建设监督管理办法》《公路建设市场管理办法》等有关法律、法规,制定了本办法。

12.《关于加强工程建设质量管理进一步提高路面平整度的通知》

随着高速公路项目的建设管理水平,工程建设质量和养护施工水平的显著提高,人们对出行的安全性、舒适性提出了更高的要求,路面平整度指标受到更广泛的关注。为满足人民群众日益增长的出行需求,更好地体现高速公路的社会服务功能,进一步加强工程质量管理,下发了本通知。

13.《河南省交通建设项目优质工程奖评选办法(试行)》

为鼓励和引导全省交通建设从业单位加强科技创新,强化质量管理,全面提高交通基础设施建设质量,争创国家和交通运输部优质工程奖,参照交通运输部《公路交通优质工程奖评选办法》,结合本省实际,制定了本办法。办法规定河南省交通建设项目优质工程奖原则上每年评选一次,是全省交通建设行业最高质量奖,获奖项目整体质量水平应达到省内领先水平以上。

14.《河南省高速公路建设项目"省级样板工程"评选办法》

为进一步推动全省高速公路建设项目创建优质工程活动,结合《河南省高速公路建设项目首件工程认可制和样板工程评审推广制实施办法》(豫交工〔2009〕48 号)的相关要求,制定了本办法。"省级样板工程"原则上每年评选一次。办法对评选标准、申报条件、申报办法、评审工作、奖罚措施等提出了明确要求。

15.《关于进一步加强全省在建高速公路路面工程施工质量的通知》

为全面落实《河南省高速公路施工标准化技术指南》,进一步加强高速公路路面工程施工标准化管理,规范施工行为,提高高速公路路面工程施工质量,根据相关文件精神,下发了本通知。本通知对路面工程施工质量控制提出原材料控制、施工过程控制、监督检查等要求。

16.《关于进一步加强桥梁支座质量控制的通知》

为进一步加强河南省公路桥梁支座管理,确保桥梁支座的施工质量和使用寿命,根据河南省实际,下发了本通知。要求责任主体加强责任意识、强化支座产品进场检验、加强桥梁支座安装的岗前培训、落实监理责任、实行支座安装质量抽样检测制度等。

(五)安全生产管理文件

1.《河南省公路水运工程安全生产管理办法》

为加强公路水运工程安全生产管理,保障人身及财产安全,根据《中华人民共和国安全生产法》、国务院《建设工程安全生产管理条例》、交通部《公路建设监督管理办法》等法律、法规、规章的有关规定,结合河南省实际,制定了本办法。

2.《河南省公路水运工程安全生产监督规定》

为加强公路水运工程安全生产监督工作,防止和减少施工安全事故,保障人身及财产安全,依据《中华人民共和国安全生产法》、国务院《建设工程安全生产管理条例》、交通部《公路建设监督管理办法》等法律、法规和规章的有关规定,结合河南省实际,制定了本规定。

3.《河南省公路水运工程施工企业安全生产管理人员安全生产考核办法》

为加强公路水运工程安全生产管理工作,提高公路水运工程施工企业的主要负责人、项目负责人和专职安全生产管理人员的安全知识水平和管理能力,根据《中华人民共和国安全生产法》、国务院《安全生产许可证条例》、交通部《公路水运工程施工企业安全生产管理人员安全生产考核实施意见》等法律、法规和规章,结合河南省实际,制定了本办法。

4.《河南省公路水运工程施工企业安全生产许可证管理规定》

为规范公路水运工程施工企业安全生产条件,进一步加强安全生产监督管理,预防和减少生产安全事故,保障人民群众生命和财产安全,根据国务院《安全生产许可证条例》(国务院令第397号)、建设部《建筑施工企业安全生产许可证管理规定》,结合河南省实际,制定了本规定。

5.《河南省公路水运建设工程安全生产费用管理暂行规定》

为加强公路水运建设工程安全生产费用管理,保证安全生产费用足额到位,建立安全生产投入长效机制,改善施工作业安全条件,减少施工伤亡事故,切实保障公路水运建设人员人身安全,根据国务院《建设工程安全生产管理条例》、交通运输部《公路水运工程安全生产监督管理办法》、财政部和国家安全生产监督管理总局《高危行业企业安全生产费用财务管理暂行办法》等有关规定,制定了本规定。

6.《关于进一步加强高速公路建设安全生产管理的紧急通知》

针对河南省高速公路建设重点已转移至豫西山区和京港澳、连霍国道主干线改扩建项目,山区高速公路项目地形复杂,工程艰巨,改扩建项目边通车边施工,整体安全生产形势严峻,为进一步加强全省高速公路施工安全管理,下发了本通知。

7.《河南省公路工程工地试验室管理办法》

公路工程工地试验室是公路工程质量控制和评判的重要基础数据来源,是工程建设质量保证体系的重要组成部分。为规范河南省公路工程工地试验室管理工作,根据交通运输部颁发的《公路水运工程试验检测管理办法》(交通部令〔2005〕第12号)、《关于进一步加强工地试验室管理工作的意见》(交质监发〔2009〕183号)以及《工地试验室标准化建设要点》(交质监发〔2012〕200号),制定了本办法。

(六)工程造价管理文件

1.《关于调整在建高速公路建设项目材料价格的指导性意见》

2003年下半年以来,受市场因素的影响,部分筑路材料价格上涨幅度较大,根据省政府常务会议纪要精神:"对参建单位因钢材、水泥、设备等涨价提出增加投资的问题,凡不是大包干合同的,要本着实事求是的精神,研究解决办法"。为加快重点项目建设,结合实际情况,制定了本意见。

2.《关于规范高速公路房建工程施工图和预算编制的通知》

根据省政府关于加快全省在建和新建高速公路房建工程进度的精神,省交通厅印发了《关于加强公路基本建设项目前期工作管理工作的通知》(豫交计〔2003〕568号)。为进一步加强、规范高速公路房建工程设计管理,下发了本通知。

3.《关于实行公路工程造价人员持证上岗制度的通知》

为合理确定和有效控制工程造价,提高公路工程建设项目各阶段造价文件的编审质量,规范公路工程计价行为,按照交通部《公路工程造价人员资格认证管理办法》《公路工程造价人员资格认证管理实施细则》的要求,结合河南省实际,决定从2005年10月1日起,在全省实行公路工程造价人员持证上岗制度。

4.《关于加强高速公路建设项目设计及造价管理工作的通知》

根据对在建高速公路项目的检查,发现部分建设项目在工程设计、建设程序、合同管理等方面,存在对政策理解有偏差、执行不到位的情况,为规范高速公路建设市场,针对存在的突出问题,下发了本通知。

5.《河南省高速公路养护工程预算定额》及《河南省高速公路养护工程预算编制办法》(2008版)

本定额及办法自2008年7月1日起执行,发布的《河南省高速公路养护工程预算定额》(豫交计〔2004〕5号)及《河南省高速公路养护工程预算编制办法》同时废止。该定额及编制办法由河南省交通工程定额站负责解释。

6.《厅属高速公路建设项目工程造价管理规定(试行)》

为进一步加强厅属高速公路建设项目造价管理,严格控制建设投资,根据国家有关工程造价和投资控制管理办法,结合河南省实际,制定了本规定。

7.《河南省公路工程施工招标工程量清单》

为进一步完善河南省公路建设招投标制度,更好地分析项目单项工程造价水平,公开对比全省各个工程项目单价和平均造价,科学合理地审查确定工程概预算,对工程建设整体造价实施更加有效的控制,根据交通运输部《公路工程国内招标文件范本》(交公路发〔2003〕94号),结合公路建设项目投资控制、合同管理的实际要求,编写了《河南省公路工程施工招标工程量清单》及计量和支付规则。

(七)交(竣)工验收文件

1.《关于加强高速公路建设项目交(竣)工验收管理工作的通知》

公路工程交(竣)工验收是基本建设程序的重要组成部分,是对建设项目工程设计、施工、质量、监理等内容进行的全面评价和总结,为加强管理,保证验收质量,下发了本通知。

2.《关于严格高速公路行业管理及通车程序的通知》

本通知的主要目的是:贯彻科学发展观,树立"以人为本"的理念,加强行业管理,严格通车程序,确保高速公路工程质量、服务质量和运营安全。

3.《河南省高速公路养护工程竣(交)工验收办法》

为规范高速公路养护工程竣(交)工验收工作,根据交通部《公路养护工程管理办法》(交公路发〔2001〕327号)、《公路工程竣交工验收办法》(2004年第3号令)等文件精神,制定了本办法。

4.《关于印发河南省高速公路工程竣(交)工验收质量鉴定检测工作程序和标准的通知》

为进一步规范河南省高速公路工程竣(交)工验收质量鉴定检测工作,根据交通运输部《公路工程竣(交)工验收办法》《公路工程竣(交)工验收办法实施细则》《公路工程质量检验评定标准》,结合河南省实际,下发了本通知。标准适用于河南高速公路新建、改建、扩建和大修等工程及绿化、房建、机电等附属工程的竣(交)工验收质量鉴定检测工作。

(八)工程养护主要文件

1.《关于加强高速公路车辙病害研究和预防的通知》

已建成通车的高速公路,在通车时间不长的情况下,部分路段出现了车辙病害,从调查分析和试验检测结果来看,出现车辙的主要原因是由于夏季高温、超载运输和连续长大纵坡路段,也存在沥青混凝土材料差异、配合比不佳、施工随易性大和压实不足等主观原因。针对这些情况,下发了本通知,要求所有在建项目高度重视车辙病害的研究和预防工作。

2.《河南省高速公路通道积水处理技术方案》

针对河南省已通车高速公路沿线许多通道不同程度存在雨天积水现象,有些通道内积水长时间滞留,不能排除,造成当地群众通行困难,为贯彻落实《河南省高速公路条例》和省政府指示精神,充分体现高速公路以人为本、服务社会的宗旨,省交通厅决心下大力气对高速公路通道积水问题进行彻底整治,为此制定了本方案。

3.《关于加强河南省高速公路养护施工安全的通知》

为了规范河南省高速公路养护行为,加强高速公路养护(路面养护、绿化浇水、修剪、护栏擦洗、油漆、维护、标牌更换、道路清障等)安全管理,为高速公路使用者提供安全、舒适的行驶条件,构建和谐高速交通,下发了本通知。

4.《高速公路养护施工十条规定》

高速公路的养护管理工作体现了高速公路的使用质量,关系到每一个使用者的利益,特别为社会所关注。为进一步提高高速公路养护管理水平,展示高速公路的良好社会形象,制定了《高速公路养护施工十条规定》。

5.《河南省高速公路文明示范路实施方案(试行)》

为进一步提高河南省已通车高速公路的管理水平,更好地为社会提供优质服务,制定了本方案,在全省高速公路管理单位中开展"文明示范路"的创建活动,旨在促进高速公路管理科学化、规范化,提高高速公路通行能力和服务水平,充分展示高速公路的良好社会形象。

6.《关于高速公路养护管理体制改革的若干意见》

为进一步促进高速公路养护管理体制改革,提高服务水平,根据交通部《公路养护工程管理办法》《公路养护工程市场准入暂行规定》《公路养护工程施工招投标管理暂行规定》《"十一五"公路养护管理事业发展纲要》及河南省人民政府办公厅转发省国资委《关于加快省属国有企业改制工作意见的通知》等有关规定,制定了本意见。

7.《河南省高速公路养护管理办法》

2007年实行的《河南省高速公路养护管理办法(试行)》对河南省高速公路养护管理工作起到了重要的指导作用。随着交通运输部《公路技术状况评定标准》(JTG H20—2007)的发布,以及高速公路管理理念的不断更新,省交通运输厅在广泛征求各方意见的基础上,结合河南省实际情况和养护工程的特点,于2009年制定了本办法。

第三节 地方标准简介

河南省交通运输厅立足本省交通运输实际,依托相关工程实例,编制完成了若干与高速公路相关的地方标准,见表4-3-1。

河南省高速公路相关地方标准一览表 表4-3-1

序号	名称	编号	实施时间
1	《公路波形钢腹板预应力混凝土箱梁桥设计规范》	DB41/T 643—2010	2010-12-18
2	《高速公路绿化养护技术规程》	DB41/T 656—2010	2011-3-1
3	《公路波形钢腹板预应力混凝土箱梁桥支架法施工技术规范》	DB41/T 696—2011	2012-2-20
4	《公路折线配筋先张法预应力混凝土梁设计施工规范》	DB41/T 742—2012	2012-11-17
5	《公路结构物耐久性混凝土技术规范》	DB41/T 826—2013	2013-11-5
6	《公路水泥稳定碎石抗裂设计与施工技术规范》	DB41/T 864—2013	2014-2-25
7	《高速公路桥涵预防性养护技术规范》	DB41/T 895—2014	2014-5-26
8	《高速公路沥青路面预防性养护技术规范》	DB41/T 894—2014	2014-5-26
9	《高速公路隧道预防性养护技术规范》	DB41/T 896—2014	2014-5-26
10	《高速公路数字化视频监控设备联网技术要求》	DB41/T 949—2014	2014-9-30
11	《高速公路设计指南》	DB41/T 419—2014	2014-12-1
12	《公路沥青路面泡沫沥青冷再生技术规范》	DB41/T 964—2014	2014-12-1
13	《公路沥青路面厂拌热再生技术规范》	DB41/T 965—2014	2014-12-1
14	《公路桥涵和隧道工程施工安全风险评估与控制》	DB41/T 1085—2015	2015-11-13
15	《公路半刚性基层透层乳化沥青施工技术规范》	DB41/T 1109—2015	2015-11-13
16	《高速公路路面石料加工及应用技术规范》	DB41/T 1112—2015	2015-12-29

一、《公路波形钢腹板预应力混凝土箱梁桥设计规范》

为了规范波形钢腹板预应力混凝土箱梁桥的设计,河南省交通规划勘察设计院有限责任公司承担了河南省行业推荐标准《公路波形钢腹板预应力混凝土箱梁桥设计规范》的编制工作,用于指导公路波形钢腹板预应力混凝土箱梁桥的设计和施工。主要内容有13章和两个附录:范围、规范性引用文件、术语和定义、符号、总则、材料、一般规定、构造、整体计算、横桥向及桥面板计算、波形钢腹板计算、连接件计算、可养护检修设计等内容。附录A、B为资料性附录,分别给出了波形钢腹板局部屈曲界限图和波形钢腹板整体屈曲界限图。

二、《高速公路绿化养护技术规程》

本规程规定了河南省高速公路中央分隔带、互通立交区、管理区、边坡、边沟等路域范围内,对乔木、灌木、地被及攀缘植物、草坪、竹类等的绿化养护管理。主要内容包括12部分:范围、规范性引用文件、术语符号代号、浇灌与排水、施肥、中耕与除草、修剪与整形、有害生物防治、补植与改植、自然灾害防治、更新复壮、安全作业。

三、《公路波形钢腹板预应力混凝土箱梁桥支架法施工技术规范》

本规范在总结我国首座单箱三室波形钢腹板预应力混凝土箱梁高速公路桥——大广高速公路冀豫界至南乐段项目卫河特大桥主桥的施工经验的基础上,规范了波形钢腹板预应力混凝土箱梁桥的施工工艺。主要内容包括15部分:前言、范围、规范性引用文件、术语和定义、公路波形钢腹板预应力混凝土箱桥梁支架法施工流程、施工准备、模版及支架工程、钢筋工程、波形钢腹板制作、波形钢腹板安装、波形钢腹板的现场涂装、连接件施工、混凝土工程、预应力筋施工及验收。

四、《公路折线配筋先张法预应力混凝土梁设计施工规范》

折线配筋先张法预应力混凝土梁设计施工具有施工周期短、工序简单、耐久性好等特点,且预应力明确,无须管道,省去压浆等工艺,更有利于控制预制梁的施工质量,与传统先张直线配筋梁相比,梁端受力更为合理。本规范主要内容包括:弯起器的设计与施工、张拉台座设计与施工、预应力张拉和放张工艺等。

五、《公路结构物耐久性混凝土技术规范》

混凝土结构的耐久性问题十分复杂,不仅环境作用本身多变,带有很大的不确定性,而且结构材料在环境作用下的劣化机理也有诸多问题有待进一步明确。本规范是在国家相关规范基础上,充分考虑河南实际情况编写。主要内容包括8章和4个附录:混凝土结构耐久性设计的基本原则、环境作用类别与等级的划分、设计使用年限、混凝土材料的基本要求、有关的结构构造措施以及一般环境、冻融环境、氯化物环境和化学腐蚀环境作用下的耐久性设计方法等。

六、《公路水泥稳定碎石抗裂设计与施工技术规范》

本规范是由省交通运输厅申报立项,由厅公路管理局、许昌市公路管理局与长安大学共同起草。其主要内容涵盖了水泥稳定碎石设计与施工等多方面技术,规定了公路水泥稳定碎石抗裂设计与施工技术的术语和定义、材料要求、抗裂型配合比设计、施工工艺、施工质量检查与验收。着重解决了一直困扰国内外道路工程界水泥稳定碎石开裂的问题,提高了水泥稳定碎石力学强度,填补了河南省公路系统同类技术规范的空白,为今后河南省公路水泥稳定碎石施工设计提供了重要技术支撑。

七、《高速公路桥涵预防性养护技术规范》

本规范主要规定了高速公路预防性养护时机、方案选择及相关养护设计要求。主要内容共包括11部分、2个附件、2个附录:范围、规范性引用文件、术语和定义、符号及代号、总则、预防性养护检测及评定、预防性养护条件、预防性养护方案选择、预防性养护时机、预防性养护设计、预防性养护实施、附录A(规范性附录) 桥梁预防性养护工作重点、附录B(资料性附录) 钢桥面铺装ERS维修技术、附件1 《高速公路桥涵预防性养护技术规范》条文说明、附件2 《高速公路桥涵预防性养护技术规范》编制说明。

八、《高速公路沥青路面预防性养护技术规范》

为了提高河南省高速公路管理水平,维持良好的路面状况,加快和促进河南省高速公路预防性养护的实施,河南交通投资集团有限公司制定该规范。主要内容包括12个部分和2个附件:范围、规范性引用文件、术语和定义、符号和缩略语、总则、预防性养护路况检测及评定、预防性养护条件、预防性养护方案选择、预防性养护技术、预防性养护时机、预防性养护设计、预防性养护实施、附件1 《高速公路沥青路面预防性养护技术规范》条文说明、附件2 《高速公路沥青路面预防性养护技术规范》编制说明。

九、《高速公路隧道预防性养护技术规范》

本规范适用于河南省高速公路隧道土建结构的预防性养护,其他等级的公路隧道可参照执行;高速公路隧道机电设施、房建、消防、环保及绿化的预防性养护按照其他相关标准或规范执行。主要内容包括16部分:范围、规范性引用文件、术语和定义、符号及代号、总则、预防性养护检测及评定、预防性养护条件、预防性养护方案选择、预防性养护时机、预防性养护设计、预防性养护实施等。

十、《高速公路数字化视频监控设备联网技术要求》

本技术要求是为了实现各类视频监控设备间的互联、互通和信息共享,综合利用各类视频监控资源制定的,是河南省高速公路新建、扩建或改建工程中视频监控系统建设和管理的通用(基础)技术标准之一,结合其他相关的标准规范,在实际工作中配套使用。主要内容包括8个部分和1个附录:总则、引用文件及术语、系统结构、音频编解码及要求、联网信息传输要求、SIP接口要求、对象编码及数据存储要求、视频编解码设备联网测试、附录1 动态库接口标准。

十一、《高速公路设计指南》

《高速公路设计指南》是在河南省交通规划勘察设计院有限责任公司和长安大学联合完成的科研项目——《河南省高速公路设计技术要求》(DB41/T 419—2005)修订基础上完成的。规定了高速公路总体及路线、路基、路面、排水、防护、桥梁涵洞、隧道、交叉、安全设施、绿化、沿线设施、交通机电等工程的设计技术要求,适用于河南省高速公路新建和改(扩)建工程的勘察设计,一级公路也可参照执行。

十二、《公路沥青路面泡沫沥青冷再生技术规范》

依据国家、行业有关标准,为进一步提高河南省公路的养护管理水平,循环利用路面旧料,保护环境,降低养护成本,延长路面使用寿命,推广使用泡沫沥青冷再生技术,确保工程质量,编制本规范。主要内容包括9章、2个附录:总则、术语和符号、路况调查及分析、材料、泡沫沥青冷再生混合料设计、泡沫沥青冷再生层设计、厂拌冷再生施工、就地冷再生施工、施工质量管理与检查验收、附录A 泡沫沥青发泡试验、附录B 泡沫沥青冷再生混合料配合比设计方法。

十三、《公路沥青路面厂拌热再生技术规范》

本规范规定了沥青路面厂拌热再生施工的术语和定义、原路面调查与分析、材料、配合比设计、施工、施工质量标准与控制、现场施工质量检查与评定,适用于各等级公路沥青路面厂拌热再生工程,市政厂区等道路也可参照执行。主要内容共包括9部分、2个附录和1个条文说明:前言、范围、规范性引用文件、术语和定义、原路面调查与分析、材料、配合比设计、施工、施工质量标准与控制、现场施工质量检验与评定、附录A(规范性附录)RAP取样与实验分析、附录B(资料性附录) 厂拌热再生混合料配合比设计实例、条文说明。

十四、《公路桥涵和隧道工程施工安全风险评估与控制》

本标准主要内容包括8部分和3个附录:前言、范围、规范性引用文件、术语和定义、一般规定、风险源辨识、风险评估、风险控制、风险动态监测与预警;附录A(规范性附录) 风险评估报告编制及格式、附录 B(规范性附录) 现场通用及特殊工程安全风险控制措施、附录 C(资料性附录) 风险源持续辨识用表。

十五、《公路半刚性基层透层乳化沥青施工技术规范》

本规范主要内容包括 8 部分和 3 个附录:前言,范围,规范性引用文件,术语和定义,材料,透层油加工,储存及运输,施工,质量管理与检查验收,附录 A(规范性附录) 透层油渗透性能检验方法、附录 B(推荐性附录) 乳化沥青蒸发残留物含量快速检验方法、附录 C(推荐性附录) 抗冲刷性检验方法。

十六、高速公路路面石料加工及应用技术规范

本规范主要内容共包括 10 部分和 2 个附录:前言、范围、规范性引用文件、术语和定义、缩略语、总则、石料加工设备、石料加工、石料质量技术要求、石料加工质量控制、石料应用、附录 1 条文说明、附录 2 编制说明。

第五章
河南高速公路运营管理概要

第一节 运营管理概述

一、运营管理模式沿革

河南省高速公路运营管理模式随着高速公路建设投融资模式的变化而不断改变。1990年,成立了河南省高等级公路建设指挥部,1991—1996年,高速公路建设管理、运营管理均由指挥部负责。1997年,在原河南省高等级公路建设指挥部的基础上成立了"河南省交通厅高速公路建设管理局",主要负责全省高速公路的建设和运营管理工作。

2000年,经河南省人民政府授权,省交通厅党组对全省高速公路建设管理体制进行了改革,将原河南省交通厅高速公路建设管理局、河南省交通建设投资公司以及郑州黄河公路大桥的资产合并改制,于同年8月8日组建了"河南高速公路发展有限责任公司",主营高速公路、特大型独立桥梁等交通基础设施的开发建设、养护和经营管理。

2000年12月,经河南省人民政府批准,河南高速公路发展有限责任公司、华建交通经济开发中心、河南省高速公路实业开发公司、河南省交通规划勘察设计院以及河南公路港务局五家法人单位拿出部分优良资产共同发起组建了"河南中原高速公路股份有限公司",主营业务范围为高等级公路、大型和特大型独立桥梁等交通基础设施项目投资、经营管理和维护。2003年8月,中原高速股票在上海证券交易所挂牌交易,成为河南省首家交通基础设施上市公司。

2003年4月,河南省人民政府出台《关于深化交通建设管理体制改革的通知》(豫政〔2003〕10号),明确提出:"要放宽准入条件,拓宽融资渠道,加快全省交通建设。凡经营性交通建设项目,鼓励和引导社会资金以独资、合资、合作、联营、特许经营等方式参与建设,形成多元化投资格局。"由此国有的、民营的、社会的、银行的大量资金投入河南高速公路建设的积极性日益高涨,河南高速公路建设实现了由政府投资为主向社会投资为主的战略性转移。

为适应河南省高速公路快速发展和投资主体多元化的需要,实现社会效益和经济效益的最大化,迫切需要一个专门的机构对全省高速公路行使政府监管职能,从体制上根本解决因投资主体多元化造成的管理体制多元化的问题,彻底改善条块式、分割式管理带来的弊端,变分散管理为统一管理。2005年6月,河南省编制委员会下发《关于成立省交通厅高速公路管理局的批复》,2006年6月,省交通厅下发《河南省交通厅高速公路高管局职能》,确定了包括路政管理职能、通行费收费管理职能、养护管理职能、机电管理和指导调度职能和综合管理职能五大项职能共计39小项任务。2010年7月1日,《公路安全保护条例》开始实施,厅高管局作为高速公路主管部门,开始全面承担全省高速公路涉路行政许可以及治超等行政执法职能。

2012年12月,河南省机构编制委员会办公室《关于河南省交通运输厅所属事业单位清理规范意见的通知》(豫编办〔2012〕470号)文件指出,河南省交通运输厅高速公路管理局的主要任务是:经授权,负责全省高速公路保护的监督管理工作;组织拟定全省高速公路运营、管理与服务标准、规范,并监督执行;负责全省高速公路通行费联网收费管理工作;组织协调和监督指导全省高速公路的养护管理工作。

2014年8月,为深化全省交通运输执法体制改革,加强执法队伍建设,河南省编委《关于全省交通运输执法体制改革有关机构编制问题的通知》(豫编〔2014〕50号)文件指出,"将省交通运输厅公路管理局、高速公路管理局和省道路运输局承担的行政处罚、行政强制、监督检查、货运源头治超等职能进行整合,统一交由新组建的省交通运输执法机构承担","按照中央整合职能相同、相近事业单位的有关规定,省交通运输厅高速公路管理局承担的行政处罚、行政强制、监督检查等职能划转省交通运输执法机构后,其承担的高速公路运营管理监管职能、行政许可职能以及人员编制整体划入省交通运输厅公路管理局,撤销省交通运输厅高速公路管理局。"

二、运营管理工作综述

河南省在高速公路运营管理中逐步建立了一整套一体化管理的行业规章制度,并切实履行职能,强化行业监管。各运营管理单位认真执行和贯彻落实统一的行业标准,在管理和服务一线大胆创新,建文化,抓品牌,创特色。河南高速公路整体管理水平不断提高,服务质量不断进步,社会反映越来越佳,行业形象越来越好。概括地说,主要体现在:

(一)"一体化"管理有效推进,高速公路"名片效应"凸显

围绕打造平安高速、智慧高速、阳光高速、和谐高速、低碳高速"五个高速"目标,按照"明确产权,以省为主,集中统一,依法监管"的要求,不断加大行业监管力度,先后出台下发了《河南省高速公路养护管理办法》等80余项行业管理制度,极大地促进了行业规范化、标准化建设。本着"公开、公平、公正"的原则,加大监督检查力度,通过日常督察、专项稽查和一年一度的高速公路管理工作大检查,多方位、多层次对全省高速公路运营管理

单位进行检查考核,促进高速公路管理和服务水平不断提高,行业形象不断提升,高速公路名片效应不断凸显。

(二)养护管理持续发力,高速公路通行环境不断优化

"十二五"期间,全省高速公路养护总投入达41.26亿元,实施路面专项工程里程4869km,开展了路面平整度和桥头跳车专项整治,全省高速公路技术状况平均指数MQI达到94.7,路面技术状况平均指数PQI达到93.7,道路通行环境得到明显改善。开展了桥隧安全隐患排查,重点排查了49座长、特长隧道,完成了9座四类桥隧的整治,实现全省高速公路无四、五类桥隧。经统计,全省一、二类桥梁占比98%以上,高于交通运输部要求的90%以上目标。树立了全寿命周期养护成本理念,预防性养护、"四新"技术得到推广应用。开展高速公路绿化专项治理,达到了"高中低、红黄绿、乔灌草,四季常青,三季有花"的效果。开展了标志标牌整改工作,达到了"车行中原,一目了然"的效果。全省高速公路共创建"文明示范路"2257km,路容路貌舒适美观,服务功能明显改善,得到了社会各界的一致赞誉。在交通运输部组织开展的五年一次的全国干线公路养护管理检查中,河南高速公路排名稳步提升,尤其是在2015年开展的"十二五"全国干线公路养护管理检查中,河南省首次获得"全国公路养护管理进步单位"荣誉称号。

(三)应急指挥体系逐步完善,安全保通服务能力不断增强

与公安交警部门合作,推行"联合指挥、联合巡逻、联合执法、联合施救"的路警"四联合"工作机制,进一步完善应急指挥体系,依托各路段监控分中心建立应急指挥中心57个,基本形成了以省路警指挥中心为主导的路网管理与应急指挥体系,构建了"门户网站、服务热线、交通广播"三位一体的交通路况信息服务体系,确保公众多渠道、全方位、及时了解道路通行状况。与气象部门合作,建立了气象预警机制。与邻省合作,开展省界出入口畅通工程,实现了资源整合和信息共享,提高了反应速度,增强了救援能力,出色完成了历年历次重大活动、节假日、恶劣天气下全省高速公路保通任务。开展了危险路段专项整治和团雾多发路段的整治,消除了安全事故隐患,提升了道路安全通行能力。开展了违章建筑、垃圾堆积物专项治理,保护了路产路权。从12122系统升级并网到12328交通运输服务监督电话,成为全国第三个实现部、省、市三级12328电话系统联网的省份,实现了交通运输行业的信息咨询、投诉举报、意见建议等一号通。规范广告设施设置管理,做好涉路工程行政许可,对超限运输许可实行省内"一证通"。以信用交通建设为切入点,进一步落实简政放权政策,不断规范许可流程,制定了《高速公路行政许可责任清单》《行政职权运行流程图》等一系列规章制度,使审批材料和程序得到极大精简。利用省政府网站和省交通运输厅网站信息平台,将许可办理权力清单、办理时限、办理结果、廉政监督

电话等内容公示,让权力在阳光下运行。

(四)以创建活动为抓手,服务区管理水平持续提升

大力开展"星级服务区"创建活动,提升服务理念,增加服务功能,强化细节管理,规范服务标准,使"高速服务,天天进步"的理念深入人心。全面推行 ISO 国际标准化管理体系认证,认证率100%,日常管理标准化程度由70%提升至90%。出台了《河南省高速公路服务区公共设施维护管理规定》等10余项行业规章,进一步健全了行业管理制度体系。积极引入全球或国内快餐品牌、知名连锁汽修品牌以及突出地域文化的各类地方特产、特色小吃。建立由行业管理部门、管理单位和服务区共同构成的三级监控管理体系,75%的服务区能够适时向省联网监控大厅上传监控信息,各服务区启用了网站的服务信息查询、网上预定、在线受理投诉、用户满意度调查等栏目,顾客满意率提升至96%。全省服务区平均满意率从2010年的81%上升至96%。全省已评定五星级服务区24对,四星级服务区38对,三星级服务区及优秀停车区31对,星级服务区达到83%。2015年,经交通运输部考核组验收评比,鹤壁等7对服务区评定为"全国百佳示范服务区",原阳等29对服务区评定为"全国优秀服务区",淮阳等72对服务区评定为达标服务区,达标率达到100%。

(五)收费管理持续升级,服务经济社会能力不断提高

河南省高速公路自2004年10月1日开始实行全省联网收费,到2005年成为当时全国唯一省内高速公路网中无主线收费站的省份。2015年6月底,按照交通运输部统一部署,完成了ETC全国联网,截至2016年底,全省累计建成ETC车道694条,主线收费站和匝道收费站ETC覆盖率分别达到100%和95%。ETC总用户量突破135万,客车ETC使用率达28%,交易资金量达45.16亿元。全省建设客服网点增至1745个,县级行政区覆盖率达100%。认真落实"绿色通道"惠民政策,"十二五"时期,总计免收通行费91.85亿元。建立健全监控管理制度,加大稽查力度,治理逃费车辆。积极支持"畅通郑州"工程建设,对郑州籍小型客车行驶郑州绕城高速公路实行通行费免缴政策,对缓解郑州城区的交通拥堵起到了积极作用。

(六)智慧交通建设持续推进,现代化管理水平不断加强

积极推进网络化、信息化、智能化建设,努力提升高速公路的现代化管理水平。目前,全省高速公路监控里程达3226km,基本实现对全省高速公路收费站、服务区、互通区等重点路段、重点区域的可监可视可控。自动发卡机、银联卡收费得到普及。全面应用了全车牌自动识别系统,ETC实现了互联网充值。社会停车场应用推广已进入工程实施阶段。

大数据、云计算等得到常态化应用,高速公路实时通行状况通过简图形式向社会发布,每月及重要节假日编制数据分析报告,为科学决策提供数据支持。

(七)精神文明建设开花结果,行业形象不断提升

深入开展窗口单位为民服务创先争优"三百三十"活动以及"文明示范路""星级服务区""星级收费站""微笑服务"等创建活动,充分展示高速公路"职业形象好、岗位素质高、优质服务好"的时代风采,掀起"争创先进集体、争当优秀标兵"热潮。积极开展"收费员职业技能竞赛""服务区技能竞赛""养护工职业技能竞赛"等各类劳动竞赛活动,在全省高速公路系统形成了比、学、赶、帮、超的生动局面。积极开展"文明单位""工人先锋号""青年文明号""巾帼标兵示范岗""五好基层党组织"等创先争优工作,共创建国家级荣誉称号20余个、省级荣誉称号70余个、省辖市厅级荣誉称号300余个。

第二节　养护管理概况

一、养护资金来源和使用管理

高速公路养护资金全部来源于各投资主体收取的高速公路通行费。高速公路运营管理单位依据上一年全年养护维修实际情况,结合本年度路面、路基、桥梁涵洞、绿化及交通安全设施的调查情况和检评结果,编制本年度日常小修保养计划、大中修专项工程计划。小修保养费用按照现行的《河南省高速公路维修保养费用标准暂行规定》实施,综合考虑通车年限、车流数量、有无进行大中修等因素计算而得;大中修专项工程按照检评结果,根据现行的《河南省高速公路养护工程预算定额》及《河南省高速公路养护工程预算编制办法》编制预算。形成正式文件上报运营管理上级单位(集团公司)进行审核。要求各运营管理单位将日常小修保养计划工程量及养护资金需求上报省厅高管局备案,保证日常养护方面资金有效投入。专项工程施工全过程由厅高管局和各投资主体按照各自职责参与监管。

二、养护运行机制概况

(一)养护组织模式、生产运行机制和市场化改革进程

2004年河南省人民政府出台《关于干线公路养护体制改革的实施意见》(豫政〔2004〕53号),2006年河南省交通厅出台《关于高速公路养护管理体制改革的若干意见》(豫交工〔2006〕104号),要求实行管养分离,推进国有养护企业改制,实行养护工程市场

化,严格养护工程市场准入,全面推行养护工程招投标制度。

自2004年以来,河南省开展了公路养护施工资质的评定工作,全省共核准5批约448家单位864个公路养护施工资质。具备二类甲级资质的有111家,具备三类甲级资质的有160家,同时具备二类甲级和三类甲级资质的有72家。

河南省高速公路日常养护组织管理模式主要为公开招标、委托养护和管养一体,管养分离普及程度较高,约占管养总里程的90%,其中公开招投标约占管养总里程的33.6%。各管理单位每年9月底前编制完成下一年度日常养护计划,报省厅高管局,省厅高管局在当年10月底前批复。日常养护按照"费用包干、年度检评、目标管理"的模式实施,要求对日常养护工程发包时,每个养护标段长度为40~60km,养护施工年限为3年,日常养护报价方式实行年×公里单价合同。管理单位采用"维修通知单"形式对养护施工进行管理。

河南高速公路养护大中修工程参照新建工程的建设程序进行组织管理,分为工程立项、设计、施工和竣(交)工验收等阶段。

抢修工程由管理单位组织实施,必要时可由省厅高管局牵头,地方政府协助抢修。要求抢修工程完工后20日内,管理单位将抢修处治方案和费用报省厅高管局备案。

检评咨询服务要求管理单位委托具有相应资质的检评咨询单位进行。

(二)养护运行协作机制、事权与财权匹配情况

河南省高速公路各条路段拥有不同的投资主体,不同的投资主体分别经营各自的线路,其项目公司的人权、财权均由投资主体确定,各路段养护实施由投资主体组成的管理单位负责组织进行。

省厅高管局负责制定行业标准,负责对全省高速公路养护从业单位进行监督和检查,审查批复维修保养(小修)工程年度养护计划、专项(中修)、大修工程的养护计划、立项、设计文件,监督养护工程招投标工作,组织或参与专项、大修工程的竣工验收,监督、检查养护施工现场和施工质量,组织技术讲座,对养护从业人员进行业务技能培训,组织全省养护管理检查和评比,推广应用新技术、新材料、新工艺等。

投资主体组建的管理单位负责贯彻执行有关高速公路养护管理的法律法规、规范、政策和办法,制定并实施各项养护管理制度、工作目标和考核办法,组织实施路况检评,编报所辖路段年度养护计划,组织养护工程招投标,管理养护工程实施,组织养护施工单位处理突发事件、实施抢险、抢修工程,并做好防汛、除雪、防灾等所需物资储备,组织或参与养护工程竣工验收,建立养护管理技术档案,上报各种养护管理资料,建立、应用和维护养护管理信息系统,应用新技术、新材料、新工艺等。

(三)监督考核责任主体的具体方式,以及出台的相关规章制度

省厅高管局依据法律、法规行使行业监管,对全省高速公路养护管理进行检查和指

导,通过组织经常性检查、专项检查、不定期的抽查及年度检查,对运营管理单位的养护管理水平、养护质量、养护资金投入进行监督和考核,对养护施工单位和监理单位履行合同情况进行检查和监督。根据检查评比结果,对各运营管理单位当年养护管理目标完成情况进行考核排名,对未能履行养护管理职责、达不到养护管理目标或养护管理水平较差的管理单位,采用口头批评、下发整改通知、全省通报、黄牌警告等措施督促其整改。管理单位不能及时改正,致使严重影响车辆正常通行的,省厅将对其实行部分或全部代为管理,直至报请省人民政府同意,取消其高速公路经营管理资格。

管理单位制定对所辖路段养护施工单位和监理单位的检查和抽查制度。高速公路养护施工单位和监理单位不能按照有关技术规范、操作规程和合同约定保证高速公路养护施工质量和安全的,管理单位可按照合同规定进行处罚,并报请省厅高管局给予通报、黄牌警告等处罚,造成高速公路养护重大质量事故或安全事故的,管理单位可解除养护施工、监理合同,追究违约责任,并报省厅给予养护施工、监理单位全省通报、取消高速公路养护资格等处罚。

相继出台的规章制度有《河南省高速公路管理办法》《河南省高速公路养护工程预算定额》《河南省高速公路养护工程预算编制办法》《高速公路养护施工日报制度》《河南省高速公路养护施工现场管理指导意见》《河南省高速公路除雪融冰实施细则》《河南省高速公路病害修复限时制度》《河南省高速公路绿化管理指导意见》《河南省高速公路养护工程竣(交)工验收办法》《河南省高速公路养护专项工程竣(交)工验收工作实施办法》《河南省高速公路养护工作制度指导意见》等。

(四)主要经验与做法

(1)推行日常维修保养总承包。日常维修保养按照"费用包干、年度检评、目标管理"模式实施,维修保养费用实行年×公里报价,编制了《河南省高速公路土建及交通安全设施维修保养工程招标文件范本(试行)》等范本,规避了过度养护、浪费资金等不良现象。

(2)推广养护施工标准化。多次组织全省高速公路养护管理观摩会,学习探讨标准化管理和养护作业方法,将好的工法向全省推广,成功解决了绿化、路面修补等经常性病害处理标准不统一问题。出台了《河南省高速公路养护施工现场管理指导意见》,规范了养护施工现场,减少了养护施工对通行车辆造成的干扰。

(3)鼓励使用"三新"技术,加强预防性养护。注重用新技术、新材料、新设备解决养护中存在的难疾。如用MOH材料处治桥头跳车,减少铣刨路面程序和作业时间,既低碳环保、节约了资金,又降低了对行车的干扰;用硅酮耐候密封胶处理路面早期裂缝,施工简便、封水效果较好,大大节约了时间,降低了资金成本。出台了《河南省高速公路预防性养护指导意见》,延长高速公路的使用寿命,降低高速公路长寿命周期内养护成本,实现养护科学化。

（4）注重养护队伍素质建设。采取多种方式，提高养护人员专业素养。出台了《河南省高速公路养护技术培训指导意见》，每两年开展一次全省高速公路养护技能竞赛，定期组织桥梁路面养护工程师培训和考核，不定期举办技术规范宣贯会和召开专项技术讲座等，使从事高速公路养护工作的从业人员不断提升养护管理水平和技术能力。

（5）大力开展养护管理信息化建设。河南省交通运输系统积极推进信息化建设，先后开发使用了路面管理系统、桥梁管理系统、维修施工信息系统和养护工程管理系统，建立规范、有序、共享的信息通道，为科学决策提供依据，切实做到养护工作流程无纸化、程序化、数字化管理，为实现"数字高速"奠定良好基础。

三、"文明示范路"创建

2005年以来，随着河南高速公路的快速发展，河南省交通厅提出逐步转变工作重心，由"建设为主、管理为辅"转向"建管并重"，以保证高速公路在通车里程迅猛增加的同时，运营管理水平和服务质量能够同步提高。本着"以人为本，服务社会"的理念，围绕"畅、洁、绿、美、安"的要求，着力推进河南省高速公路文明示范路创建工作，努力构筑高速公路畅通、安全、舒适、优美的交通环境，促进高速公路运营管理向科学化、规范化方向发展。

2010年，省交通运输厅明确高速公路工作的两个重心是：建设狠抓"优质工程"创建，管理狠抓"文明示范路"创建。根据几年来积累的经验和具体管理工作实际，对"文明示范路"评比办法和细则进行了修订，进一步深化了"文明示范路"内涵，从传统的以养护管理和路容路貌为主，向全面、立体、综合评价转变，更加细化各项硬指标，同时注重"文明示范路"的服务质量、企业文化建设等软指标的考核。

（1）"文明示范路"路段国际平整度指数IRI≤2.0（以百米为单位），无超标点（大于2.0，以百米为单位），全段无桥头跳车现象。

（2）"文明示范路"路段内所属服务区（含对外承包经营形式）必须通过ISO国际标准化体系认证。必须按照《河南省高速公路服务区星级评定办法》，取得三星级以上资质。所属停车区必须为优秀停车区。

（3）"文明示范路"路段内所属收费站，必须按照《河南省高速公路星级收费站评定办法》，全部达到三星级以上标准，并且至少有一个达到四星级以上标准。

（4）"文明示范路"路段内交通标志按照有关规定设置，做到编号醒目、标识清晰、视认方便、信息合理、齐全完好、无错误、无遮挡、位置合理、版面美观。

（5）"文明示范路"路段不能存在事故多发段。如果有事故多发点，必须通过增设减速带、警示标线等各类安全设施予以消除。

目前全省高速公路共创建"文明示范路"2257km，其中京港澳高速公路、连霍高速公路等主干线创建比例超过了60%。"文明示范路"向社会立牌公示,接受社会监督,起到了良好的示范带头作用,有效彰显了河南高速公路"管理争一流、服务创品牌"的理念,树立了河南高速公路的良好形象。

四、"迎国检"

全国干线公路养护管理大检查每五年开展一次,河南高速公路于2005年、2010年和2015年三次参检,总体上成绩稳步提升,体现了河南高速公路的发展成就。尤其是在2015年开展的"十二五"全国干线公路养护管理大检查中进步明显。根据交通运输部《关于"十二五"全国干线公路养护管理工作检查情况的通报》,在省、直辖市、自治区排名中,河南省综合评分第16名、高速公路评分第14名;在省、直辖市、自治区排名中,综合评分第12名、高速公路评分第10名。由于河南省"十二五"期间进步明显,有较大位次提升,省交通运输厅被交通运输部授予"公路养护管理工作进步单位"荣誉称号。

从交通运输部通报路面技术状况评定结果来看,呈现以下特点:

(1)高速公路总体路况处于优等水平。高速公路检评里程共计1500km,路面使用性能指数PQI均值为93.90,处于优等水平,优良路率为99.98%,次差路率为0.01%,达到交通运输部《"十二五"公路养护管理发展纲要》中"高速公路平均路面使用性能指数PQI大于90"的要求。从分项指标看,路面损坏状况指数PCI均值为94.08、路面行驶质量指数RQI均值为94.59、路面车辙深度指数RDI均值为91.74,均处于优等水平。

(2)高速公路路况水平略优于中部和全国高速公路路况水平。河南省高速公路路面性能PQI均值为93.90,中部和全国高速公路路面性能PQI分别为93.55和93.58。高速公路的路面破损PCI优于中部,但略差于全国;车辙RDI则差于中部和全国。

(3)路面破损PCI和平整度RQI较"十一五"均略有提升。路面破损PCI提升0.03,平整度RQI提升0.02。

第三节 收费管理与信息系统概况

一、高速公路联网收费管理

为解决高速公路不同投资主体间通行费拆分问题,2003年8月,河南省成立了高速公路联网收费工作领导小组(豫交征〔2003〕555号文),下设办公室,全面负责和指导高速公路机电总体规划的实施和结算中心的建设。2004年10月1日,河南省境内京港澳高速公路和连霍高速公路1163km全部实现联网收费试运行,河南省高速公路(圃田)临时联网收费中心正式启用,2005年成为当时全国唯一省内高速公路网中无主线收费站的省份。2006年开始,连续7年省域高速公路联网收费里程全国第一。全省高速公路联网收费,不仅降低了运营成本,提高了道路通行能力、安全保障能力和综合服务水平,提升了社会形象,而且为高速公路通行费管理工作标准化、规范化提供了有力的支撑,取得了明显的经济和社会效益,为高速公路网络化、智能化、数字化、信息化管理水平的提高奠定了坚实的基础。

截至2016年底,全省高速公路通车里程达到6448km,按收费属性分类,其中收费还贷高速公路路2789km,经营性高速公路3659km。全省高速公路联网收费业主单位28家,360个收费站,年收费额260亿左右。河南省高速公路联网收费行业监管由省交通运输厅高速公路管理局负责,技术保障和通行费拆分清算由河南省高速公路联网监控收费通信服务有限公司负责。

(一)联网收费行业监管的主要做法

(1)坚持统一的联网收费技术标准。河南省高速公路联网收费工作严格遵守交通运输部下发的《高速公路联网收费暂行技术要求》《收费公路联网收费技术要求》《高速公路监控技术要求》《高速公路通信技术要求》和《公路网运行监测与服务暂行技术要求》等一系列技术规范。河南省编制了《河南省高速公路联网收费、通信、监控总体规划》和《河南省高速公路联网收费/通信/监控技术要求(暂行)》作为交通机电工程设计、施工的指导性文件,使高速公路联网收费工作有章可循,能够在科学的规划和明确的技术要求下实施联网收费。

(2)统一全省高速公路联网收费软件操作系统和操作流程。河南省高速公路所有联网收费单位分中心、收费站操作软件均统一由联网公司委托技术单位编制。

(3)出台了《高速公路收费服务》《高速公路收费操作流程》两项地方性标准,将联网收费服务和操作流程纳入地方标准进行行业监管。

(4)成立了高速公路联网收费管理委员会。制定了《河南省高速公路联网收费管理委员会章程》《河南省高速公路联网收费管理委员会议事规则》和《河南省高速公路联网收费行业自律公约》;对联网收费过程中的重大事项进行商议、决策,并对执行情况进行监督;对违反联网收费工作纪律的情况,依据《自律公约》进行处理。

(5)实施了联网收费统一经办银行工作制度。通过公开招标程序,优先选择商业银行上门统一接款、统一汇缴、统一拆分、统一结算。

(6)统一开展区域间联合稽查工作。对联网收费单位收费站执行免费政策的情况进行监督和检查。

(二)高速公路联网收费拆分结算

高速公路联网收费拆分和资金拆分结算由联网公司负责,具体的拆分和结算流程是:

(1)联网公司对全省高速公路联网收取的通行费数据进行 $T+1$ 逐日拆分,通行费数据日拆分报表由联网公司运营部制作并加盖公章。如遇网络故障等特殊情况时,应在通行费数据日拆分报表中备注说明。

(2)通行费数据日拆分报表应在每日 15:00 时前,传递至全省高速公路联网收费经办银行,用于银行资金的核对和资金划拨的依据。

(3)联网公司于每月 5 号(节假日顺延)定期召开全省高速公路联网收费通行费拆分会。

(4)通行费数据月拆分报表应在拆分会结束的次日,传递至全省高速公路联网收费经办银行,用于经办银行当月资金清算划拨的正式依据。

(5)联网公司在次月拆分会召开前完成多路径通行费数据拆分月度报表。

(6)经营性高速公路通行费资金划拨通过网银支付系统直接划拨;收费还贷高速公路通行费资金划拨填写国库资金上解"一般缴款书",由合作银行在 $T+1$ 期限内通过人民银行支付系统直接上解国库。

(三)多义性路径识别的有关情况

2004 年 10 月,河南省实现联网收费后,高速公路联网收费和拆分采用的是"最短路径收费,最短路径拆分"。随着路网出现环状结构,引发了多路径收费和拆分问题,经多方研究论证,2006 年 8 月确立了"最短路径收费、交通概率拆分"原则,该原则执行至今。

自 2006 年开始,开展方案征集,组织试验场、现场多次测试。2011 年底,由省交通运输厅领导带队,有关部门和单位的管理、技术人员组成考察组对浙江、四川、江西、湖北 4 省进行了实地考察调研,详细了解各省多义性路径识别系统运行情况。2012、2013 年,又多次邀请国内知名专家、生产厂商技术人员进行方案论证,结合河南省实际情况,研究多义性路径识别系统技术方案,提出了"基于 433MHz 双向射频技术 + '有源单、双向 RFID 电子标签 + 非接触式 IC 卡'复合通行卡相结合"的技术方案。2015 年,交通运输部《收费公路多义性路径识别技术要求》出台后,为了和国标保持一致,河南省暂停了原有的研究方案,正在进行多义性路径识别系统新国标的技术研究工作。

二、ETC 全国联网

河南省高速公路 ETC 最早应用于郑州机场高速公路,作为目前世界上最先进的高速公路收费方式,其收费能力是人工收费通道的 5~10 倍。随着经济社会的发展,ETC 的推广应用得到国家的重视和支持,2010 年 11 月 30 日,交通运输部和国家发改委、财政部联合下发《关于促进高速公路应用联网电子不停车收费技术的若干意见》(〔2010〕726 号),要求在基本具备条件的省(区、市)和区域加快推广应用 ETC,逐步形成跨省区联网的收费格局。同时在全国干线公路养护管理大检查中明确要求,各省份已经建设符合国家标准的专用电子不停车收费车道的收费站,不低于总收费站的20%。自此,河南省高速公路ETC建设推广步入快车道,2011年10月底完成了郑州、洛阳、登封等著名风景区出入口30个收费站建设58个ETC收费车道的建设任务。

2015年,李克强总理在《政府工作报告》中明确提出"在全国基本实现高速公路电子不停车收费联网"这一惠及民生的重大决策,河南省地处中原,承东启西、连南贯北,是ETC全国联网的重要节点,为尽快发挥河南省在支撑ETC全国联网中的"桥梁"作用,交通运输部要求河南省于2015年6月底提前并入全国高速公路ETC联网运行。在各方的共同努力下,在规定的时间内,河南省ETC联网收费系统成功切换至全国联网系统,22个省界收费站联网运行平稳,286个匝道站通行顺畅,资金清分结算中心平台数据传输准确,客服系统运行正常。

交通运输部冯正霖副部长在2015年6月30日召开的全国ETC联网工作调度会上,对河南省给予了高度表扬,他指出:河南作为省界站最多、工程建设任务最重的省份,克服基础薄弱、头绪繁多、问题复杂等实际困难,凝心聚力、迎难而上,最早具备了入网条件,彰显了贯彻落实国务院工作部署的决心、能力和良好的精神风貌。

截至2016年底,全省累计建成ETC车道694条,主线收费站和匝道收费站ETC覆盖率分别达到100%和95%。ETC总用户量突破135万,同比增长181%,客车ETC使用率达28%,交易资金量达45.16亿元。全省建设客服网点增至1745个,县级行政区覆盖率达100%。与华夏银行、中国银行、农业银行、光大银行、建设银行五家银行合作,推出了记账卡业务,实现了先消费后付款,有效扩大了用户规模。积极推广ETC多应用业务,实现了互联网充值和社会停车场应用。

三、高速公路绿色通道

2005年1月,交通部等七部委联合下发《关于印发全国高效率鲜活农产品流通"绿色通道"建设实施方案的通知》(交公路发〔2005〕20号),在全国建立高效率的鲜活农产品流通"绿色通道"。根据通知精神,河南省4条干线公路收费站于2005年8月1日起开始实施"绿色通道"惠农政策,对运输鲜活农产品的车辆均免收通行费。京港澳高速公路、连霍高速公路同时设立了"绿色通道"专用通道,运输鲜活农产品的车辆正常缴纳通行费后,优先快速放行。

2008年,根据交通部的工作部署,在全省高速公路范围内开通了"绿色通道",对运输鲜活农产品的省内外车辆实行无差别免收通行费政策。2008年4月~2010年11月,经省政府批准,除京港澳高速公路、连霍高速公路继续执行"绿色通道"免费政策外,其他高速公路恢复正常收费。2010年12月,根据国务院《关于稳定消费价格总水平保障群众基本生活的通知》(国发〔2010〕40号)有关精神,经河南省人民政府批准,全省境内所有高速公路对整车合法装载的鲜活农产品运输车辆免收道路通行费。

为确保便民、惠民的"绿色通道"政策落到实处,河南高速公路主要做了以下工作:

(1)严格执行国务院"国发〔2010〕40号"通知要求。自2010年12月1日起,全省收费公路对整车合法装载鲜活农产品的车辆免收通行费;对少量混装其他农产品以及超载幅度在合理计量误差范围内的鲜活农产品的运输车辆,比照整车合法装载车辆执行;同时,根据交通运输部、国家发改委、财政部《关于进一步完善鲜活农产品运输绿色通道政策的紧急通知》(交公路发〔2010〕715号)精神,将马铃薯、甘薯(红薯、白薯、山药、芋头)、鲜玉米、鲜花生列入交通运输部、国家发展改革委《关于进一步完善和落实鲜活农产品运输绿色通道政策的通知》(交公路发〔2009〕784号)确定的《鲜活农产品品种目录》,落实免收车辆通行费等相关政策。

(2)加强"绿色通道"监管力度。2010年1月29日出台了《河南省高速公路"绿色通道"规范化管理办法》,规范了河南省"绿色通道"操作流程和监督程序,保证了高速公路联网收费秩序,确保了国家惠民政策落实到位。

(3)积极推广现代化验货设备,提高验货效率。对车流量大的收费站,尤其是省界收费站增加了固定验货点数量,在京港澳、大广、连霍、沪陕、二广等高速公路省界收费站建设了现代化固定验货系统9个。以往一般"绿色通道"车辆验货需5~10分钟左右,如遇篷布车辆,需要打开篷布、验货、拍照、系扎篷布,费时约20分钟,使用现代化固定验货系统后,每辆车30秒内可以验货完毕,保证了绿色通道车辆集中验货,快速放行。同时,在安阳、信阳两地开展了区域间集中验货试点工作,达到了"一点验货,辐射周边"的效果。

(4)建立"绿色通道"车辆灰白名单库。如对运输鲜奶的"绿色通道"车辆简化了验货程序,联合省畜牧局对伊利、光明等大型奶厂的鲜奶运输车实施简易验货流程,既保障了鲜奶的食品安全,也提高了车辆通行效率。

从2008年1月至2016年底,全省高速公路累积对3410.67万辆运输鲜活农产品车辆免征了通行费,累计免费金额达148.07亿元。尤其是2010年后,随着社会公众对"绿色通道"的深入了解,每年呈快速增长趋势,从2010年的年免费额9.58亿元增长至2016年的年免费额27亿元。

四、重大节假日小型客车免收通行费

根据国务院《关于批转交通运输部等部门重大节假日免收小型客车通行费实施方案的通知》、交通运输部《关于切实做好重大节假日免收小型客车通行费有关工作的通知》和河南省人民政府《关于批转省交通运输厅等部门河南省重大节假日免收小型客车通行费具体实施方案的通知》精神,河南省高速公路于2012年"国庆节"起,对每年"春节""清明节""五一节""十一节"四个国家法定重大节假日以及上述法定节假日连休日实施小型客车免费通行工作,每年四个节日免费时间约为20天。免费时段从节假日第一天00:00开始,节假日最后一天24:00结束(高速公路以车辆驶离出口收费车道的时间为准)。免费通行的车辆范围为行驶河南省收费公路的本省及外省、市、区7座以下(含7座)载客车辆。

为切实保障节假日小客车高速公路免费政策落到实处,河南高速公路主要采取了以下措施:

(1)制定下发了《全省高速公路重大节假日期间免收小型客车通行费实施工作保障方案》《高速公路收费站重大节假日正常情况操作流程和特殊情况操作流程》等各项实施管理规定和应急操作流程,督促全省收费站加强业务培训和实战演练。

(2)各高速公路运营管理单位严格落实保通工作一把手负责制,坚持领导带班和24小时值班制度,明确路政、养护、收费、监控、服务区等各部门责任,主要领导现场指挥,及时完善措施、合理调配资源、快速处置情况。同时加强内部协调指挥,收费、路政、服务区、改扩建项目部等单位要做好信息共享、联动配合,避免因管理不到位导致车辆拥堵。

(3)省路警联合指挥中心在重大节日期间,实行联合值班制度,增加客服电话接线人员,确保服务热线24小时畅通,通过广播、微信、网站、媒体多渠道及时准确播报实时路况信息。

(4)切实加强收费站管理,合理安排收费站班次,在收费广场设置小型客车专用通道,对小型客车实行抬杆快速放行,实行免费车辆和正常缴费车辆分道、分区域行驶,引导缴费车辆与免费车辆分车道、有序通行。同时积极提升收费站突发事件的应急处置能力,特别是加强站区内和匝道内的事故车辆处理和清障救援工作。

(5)在重大节日之前全面排查高速公路监控、气象检测、电子显示屏等相关设施,提前做好维修排查工作,确保各类监控机电设施功能完好,联网收费网络正常运行。一旦出现车辆拥堵,及时通过电子显示屏、广播、媒体、网站等多种渠道发布警示信息,减少因新手上路驾驶和随意停车等出现的交通事故,引导公众合理安排出行时间和路线,避免出现集中拥堵。

(6)积极应对低温雨雪冰冻、寒潮、大风、雾霾等恶劣天气。积极加强与气象部门的合作,做好本路段的气象预警工作,同时加强道路实时监测,及时了解雪情、雾情、道路结冰等情况,一旦出现雨雪冰冻灾害,及时组织除雪融冰和抢通保通工作。

(7)加强高速公路施工现场管理。重大节日期间,除高速公路日常保养、紧急抢修和部分高速公路改扩建施工外,暂停所有高速公路涉路施工。提前对道路沿线桥梁、涵洞及安全设施进行一次隐患排查,更换缺失、破损等指路标志设施,确保主要设施各项功能正常。

(8)强化路面管理,加强疏导保通。重大节日期间,加强路政巡查,配合高速公路交警,对流量大、事故多发、长时间拥堵等路段,提前制订分流绕行方案。在事故现场确实无法及时撤离时,迅速采取近端疏导、远端绕行、多点分流等措施,疏导滞留车辆。

(9)全面排查服务区公共设施,确保服务设施齐全、功能良好。针对客流高峰期间的停车、加油、如厕、就餐、购物等重要环节,制定切实可行的应急保障预案,做好与地方政府、公安交警和周边旅游景点的沟通协调。深化安全隐患排查治理,加强餐饮食品卫生监督管理,防止发生食物中毒事件。储备充足的食品、商品、油品等物资。

随着社会经济水平的提高,人民群众的长假出行意愿本身较强烈,加上高速公路实施节假日小型客车免费通行政策,河南省高速公路在重大节假日期间,车流量出现"井喷"式增长,小型客车车流量较以往同期同比增长约70%以上。自2012年国庆节至2016年底,河南省高速公路累计免费车流量约为10326.64万辆,测算累计免收通行费约为56.53亿元。

五、高速公路计重收费

河南省高速公路于2003年8月1日起,对载货汽车超载运输实施计重收费,计重收费的标准是:对超载30%(含30%)以内的车辆,按规定的通行费标准收费;对超载30%~50%(含50%)的车辆,按规定的通行费标准50%加收;对超载50%~100%(含100%)的车辆,按规定的通行费标准1倍加收;对超载100%以上的车辆,按规定的通行费标准3倍加收。2005年底,交通部印发了《收费公路试行计重收费的指导意见》,经过广泛调研,反复论证,自2007年3月15日起,河南省高速公路计重收费模式实施转换:改变过去依据车辆核定装载质量和车型分类收取车辆通行费的模式,以实地测量的车货总质量为依据,计重收取车辆通行费。具体标准是:

(1)高速公路和封闭式收费公路的基本费率标准以元/(t·km)计,各条高速公路的具体费率由省发展改革委会同省财政厅、省交通厅根据各路段的实际投资和收费情况分别确定。

(2)正常装载情况下的收费标准:以收费站实际测量确定的车货总质量为依据,车货总质量小于或等于15t的车辆按基本费率计收;15~49t的车辆,15t及以下部分按基本费率计收,15t以上部分按0.04元/(t·km)计收。车货总质量不足5t时按5t计收;计费不足5元时按5元计收。

(3)超过公路承载能力车辆的收费标准:

①车货总质量超过对应的公路承载能力认定标准30%以内(含30%)的车辆,车货总质量中符合公路承载能力认定标准的重量部分暂按正常装载收费标准计收;超过公路承

载能力认定标准以上的重量部分暂按基本费率计重收取车辆通行费。

②车货总质量超过对应的公路承载能力认定标准30%～100%（含100%）的车辆,车货总质量中符合公路承载能力认定标准的质量部分暂按正常装载收费标准计收;超出公路承载能力认定标准30%的质量部分暂按基本费率收取车辆通行费;超过公路承载能力认定标准30%以上的质量部分,暂按基本费率的3倍线性递增至5倍计重收取车辆通行费。

③车货总质量超过对应的公路承载能力认定标准100%以上的车辆,车货总质量中符合公路承载能力认定标准的质量部分暂按正常装载收费标准计收;超出公路承载能力认定标准30%的质量部分暂按基本费率收取车辆通行费;超过公路承载能力认定标准30%以上的质量部分,暂按基本费率的3倍线性递增至5倍计重收取车辆通行费;超过公路承载能力认定标准100%以上的质量部分暂按基本费率的5倍计重收取车辆通行费。

2007年3月15日,河南高速公路联网收费计算机系统成功升级改造,全省高速公路计重收费模式转换工作实现了平稳过渡,达到了遏制严重超载超限车辆、保护高速公路路产路权、全省高速公路收费秩序井然有序的预期目的。

(1)严重超载超限车辆得到有效遏制。通过全省高速公路联网收费计算机系统对货车超载率情况进行统计分析,实施计重收费模式转换以来,全省高速公路正常装载的车辆占61%,超载率在30%以内的占28.4%,超载率在30%～100%的占10%,超载率在100%以上的仅占0.6%。同时,严重超载超限车辆引发的道路交通事故起数同比有所下降,大吨位超载车辆低速行驶、长期占用超车道造成高速公路不畅的问题基本缓解。

(2)广大运输户和车主普遍认可新的计重收费模式。高速公路计重收费模式转换以后,通行费总体收取与转换前基本持平,受到广大运输户和车主,特别是守法装载运输户的广泛认同。大多数运输户反映,新模式比原有模式更科学、合理,避免了原有收费模式的空车、重车收费相同的弊端,使守法运输经营者的成本明显降低,减轻了经济负担,同时车辆过往收费站的时间明显缩短。因严重超载超限造成通行费加收力度显著的运输户,也表示能理解政府出台的这项政策,今后要合法装载运输。

(3)高速公路通行费收入比例和结构日趋合理。随着对新的计重收费政策的不断了解,广大运输户和车主基本掌握了运输成本和装载货物吨位的平衡点,严重超载超限的车辆急剧下降。计重收费模式转换以来,正常通行费收入占到了80%,超载加收占20%,高速公路通行费收入比例和结构日趋合理,为实现高速公路可持续发展奠定了坚实的基础。

(4)部分短途运输车辆分流行驶干线公路,实现了全省公路网协调发展。新的计重收费模式利用经济杠杆,对国家鼓励发展的多轴大型、长途运输车辆给予适当优惠,用政策引导了车辆合理选择行驶路径。高速公路实施计重收费模式转换以后,部分短途运输车辆分流行驶干线公路,据统计测算,安林高速公路、许平南高速公路、濮鹤高速公路短途货车分流 20% 左右。

（5）简化了收费操作程序，车辆通过收费站效率提高。新的计重收费模式以车货总质量为收费依据，车辆通过收费站时计算机系统自动显示出总质量、超载率、收费金额等数据，运输户和车主对应缴纳的通行费一目了然，简化了以前查验行车证、计量手册、频繁变挡等烦琐的程序，货车通过收费站的时间控制在了 60 秒以内，收费站通行效率显著提高。

（6）解决了车辆"复磅"引发的收费纠纷和堵车问题。计重收费模式转换以后，改变了"收费车型＋最大轴超限"模式征收通行费，而且超限加收计算理论是连续性的，不存在超限临界点跳跃突变问题，运输户和车主通过收费站时基本不要求"复磅"，京港澳高速公路豫冀省界、连霍高速公路豫陕省界收费站通行不畅的问题得以彻底解决。

（7）从根本上遏制了"大吨小标"等偷逃通行费的行为。计重收费模式转换以后，不再按车型收费，车辆"大吨小标"没了用武之地，从根本上解决了"大吨小标"和涂改行车证等偷逃少缴通行费的行为。同时通过对软件的升级改造，也杜绝了内部工作人员通过"变挡"或"删除轴重信息"等手段作弊的可能性。

2016 年，为提高称重精度，提高收费站通行效率，减少服务投诉和纠纷，堵漏增收，有效预防和遏制大型货车违规逃费行为，河南高速公路收费站开始全面启动计重设备升级改造工作。实施范围是：已通车高速公路收费站使用单秤台计重设备的收费车道，按要求分期进行升级改造；新建高速公路的收费车道按推荐的计重设备类型同步进行设计和建设。计重设备选型原则是：

（1）货车通行费日均超过（含）50 万元的收费站，包括京港澳高速公路豫冀省界站、豫鄂省界站，连霍高速公路豫陕省界站，宁洛高速公路豫皖省界站，沪陕高速公路豫陕省界站，大广高速公路豫冀省界站，焦桐高速公路豫鄂省界站，二广高速公路豫鄂省界站，日兰高速公路豫鲁省界站，济广高速公路豫鲁省界站，郑州至焦作高速公路平原新区东站，应选择整车式称重设备。

（2）货车通行费日均低于 50 万元的其他省界收费站、货车交通量大的收费站，应选择整车式称重设备或轴组称重设备，鼓励优先考虑整车式称重设备。

（3）其他收费站由各高速公路运营管理单位在整车式称重设备、轴组称重设备、联体称重设备三种类型中，由各单位综合权衡、科学选定，鼓励优先考虑整车式称重设备或轴组称重设备。截至 2016 年底，全省已通车高速公路收费站已改造收费车道 976 条，实施效果明显。

六、高速公路出行服务与应急救援系统建设

为适应河南省交通事业的快速发展，充分发挥公路路网整体效应，保证联网收费工作

有序运行,全面提高交通系统应对各类突发事件和实施救援救助的能力,推进和提高河南省交通信息化的发展水平,建设了高速公路联网中心。2009年11月30日,河南省高速公路联网监控中心正式建成投入使用,标志着河南省高速公路全面实现联网监控。主要业务系统有:

(一)数字视频系统

视频管理是掌握全省高速公路通行情况,获取事件现场信息,了解监控路网交通流状况的最直接手段。河南省的视频监控系统已经实现了联网监控,省联网监控中心通过对路网视频图像联网,可以调阅多路视频图像信息,为路网管理、应急指挥、信息服务等提供视频信息数据支持。全省的监控摄像机主要安装在收费车道、收费广场、道路沿线、重要路段或区域,如国道主干线、互通立交、隧道、特大桥、重要交叉路口、特长下坡等。

(二)交通地理信息系统

该系统以河南省高速公路GIS地图为载体,为各类动、静态信息数据提供图像化的展示平台,是联网监控中心各项系统功能的基础支撑。交通地理信息系统主要由空间数据录入、数据管理与存储、数据自动分析与处理、动态显示等各子系统构成。融合了省内高速公路(包括路段名称、收费站、服务区、超限站、加油站等)各类静态信息,影响道路正常通行的养护施工作业信息、交通事故信息、交通管制信息、恶劣天气信息、社会公共安全信息等动态信息,还包括国道省道、河流湖泊等的地理空间数据信息和高速公路监控外场设备(车检器、气象站等)实时检测数据,为各级管理部门进行路网管理提供各种直观的信息数据。

(三)应急指挥系统

应急指挥调度的基础条件是各种事件信息的迅速采集与管理。为了保证各种事件信息的快速传递,河南省通过视频图像查看、外场设备数据分析与报警、12122客服、内线电话、分中心填报等手段,可获取全省高速公路交通事件,包括事故、养护等信息。并根据事件处置流程上报省交通运输厅、高管局及路警联合指挥中心,根据其下达的处置方案完成对全省高速公路的应急指挥与调度。

(四)12122呼叫中心客服系统与12328监督电话系统

12122是河南省高速公路对外服务号码,应答中心位于联网监控中心大厅内,主要完成全省高速公路的接警、咨询、建议、投诉,是河南高速公路对社会公众服务的形象窗口。12122还是路网交通事件信息来源的重要途径。通过收集社会驾乘人员在道路使用过程中的直接反馈信息,及时掌握突发事件的当前动态情况,与路段管理分中心进行信息共享,使信息来源多元化,为应急指挥调度提供多方面的辅助决策依据。

2016年6月,按照交通运输部要求,河南省交通运输厅整合12122客服系统,成立了河南省12328交通运输服务监督电话中心,完成了交通运输行业统一的社会公益性服务监督电话,并实现部、省、市三级联网开通运行。12328电话系统是依托通信和信息手段构建形成的以12328电话为主体,以相关网站、微信、短信等为补充的交通运输服务监督系统,主要功能包括:受理和办理交通运输行业的投诉举报、信息咨询和意见建议,不包含经营性业务和应急救援业务。业务范围先期主要覆盖公路、水路、道路运输(含城市客运)等领域。

(五)综合信息查询系统

GIS地图可以显示全路网内各种外场设备采集到的实时数据,而要查询这些设备在一定时期内的历史数据,就需要通过综合信息查询系统来实现。通过综合信息查询系统,可以为道路管理者提供各项基础的路网原始数据(车流量、平均车速、车道占有率等),为各级领导进行科学管理决策提供数据支持。

(六)基础信息维护系统

基础信息是整个高速公路联网监控系统的数据支撑平台,在省联网监控中心数据库中,录入了各路段的基础信息数据,如高速公路沿线收费站、服务区、加油站、维修点、旅游景点、医院、消防队、派出所等信息(包含各单位的联系人及联系方式)。省联网监控中心通过数据审核及筛选,将这些数据信息按照类型提供给不同的信息使用者,为应急指挥决策人员、路网管理人员、12328客服人员等提供基础信息支持。

(七)公众信息服务系统

公众信息服务系统即高速公路公众服务信息网,该网站以GIS地图为平台,为广大出行的驾乘人员提供路网交通状态、交通事件、道路运营、气象服务等信息,为社会公众提供出行参考。

第四节 路政管理概况

一、高速公路路政管理体制历史沿革

河南省高速公路路政管理管理模式、运行机制等历经多次变革,大体可以分为四个

阶段：

（一）事业编制阶段（1994—2000年）

自1994年12月河南省第一条高速公路——郑州至开封高速公路建成通车以来，高速公路路政管理队伍正式组建成立，由当时的河南省高等级公路建设指挥部直接管理；1997年，在原高等级公路建设指挥部的基础上正式成立了河南省交通厅高速公路建设管理局，所有高速公路路政管理队伍移交高速公路建设管理局管理，人员身份为事业编制，路政经费从省财政列支。

（二）企业身份阶段（2000—2009年）

2000年，原省高速公路建设管理局（事业单位）整体转制为河南高速公路发展有限责任公司，并成立了中原高速公路股份有限公司，所属路政管理队伍也全部由事业身份转为企业职工，路政经费由高发公司、中原股份公司按企业管理模式供给。在此之后，受高速公路投资主体多元化影响，所有新开通路段均参照上述模式，由各运营管理单位自行组建路政管理队伍。

2006年，省编委下发《关于省交通厅高速公路管理局路政管理处挂省高速公路路政管理总队牌子的批复》（豫编〔2006〕65号），仅同意厅高管局路政处对外挂"省高速公路路政管理总队"牌子，但未批复增加所属内部机构和人员编制，未能从根本上解决全省高速路政队伍的执法主体资格问题。依据省交通厅《关于成立河南省高速公路路政管理总队的通知》（豫交人劳〔2006〕31号）等文件，厅高管局（省高速公路路政管理总队）依托当时各高速公路管理单位设立了6个支队（高发公司、中原股份公司、省公路局、新郑管理处、濮鹤管理处、许平南公司）和85个路政（产）大队，业务上受总队领导，日常管理和经费由各运营管理单位自行负责。

（三）两支队伍并存阶段（2009—2014年）

2009年，按照省政府办公厅《关于交通规费征稽人员转岗安置意见的通知》（豫政办〔2009〕69号），河南18个省辖市市级征稽机构人员转岗从事市域内高速路政管理工作，人员和经费的管理分别隶属于各省辖市交通运输局。2010年省交通运输厅制定下发了《各省辖市新成立路政机构人员转岗从事高速路政管理实施方案（试行）》（豫交〔2010〕47号），明确省辖市路政管理机构负责行政执法等方面的工作，原各运营管理单位路政队伍负责路产保护等工作，高速公路路政管理进入两支队伍并存阶段。河南省高速公路路政队伍共有4147人，其中原运营管理单位2412人，均为企业身份，主要从事道路保通和路产赔补偿等工作；省辖市路政管理机构1735人，具有事业编制，具备路政执法资格，主要从事超限车辆治理和建筑控制区管理等执法工作。

(四)全省交通运输行政执法体制改革阶段(2014年以后)

2014年9月,河南省人民政府印发《关于全省交通运输行政执法体制改革的意见》(豫政〔2014〕65号),将分散在各级交通运输管理、公路管理、农村公路管理、道路运输管理以及省高速公路管理等部门的行政处罚、行政强制、监督检查等职能予以整合,交由各级新组建的交通运输行政执法机构承担。

省直管县(市)区域内高速公路的行政执法工作仍由原所在省辖市新组建的交通运输行政执法机构承担。高速公路运营管理单位的路产人员继续承担公路保通、交通事故施救、路产保护等服务工作,不再承担行政强制、行政处罚等执法工作。省级交通运输行政执法机构主要负责政策、标准的制定和业务指导、监督及协调。省辖市的执法范围仅限在市域内的高速公路及城市建成区。经省政府批准设置的超限检测站,属省辖市管理的普通公路超限检测站,移交所在县(市)新组建的交通运输行政执法机构管理;属省辖市城市建成区内的超限检测站和高速公路超限检测站,移交省辖市新组建的交通运输行政执法机构管理。

二、路警联合指挥中心

为推进河南省高速公路"联合指挥、联合巡逻、联合执法、联合施救"的"路警四联合"工作机制发展,2006年1月,河南省交通运输厅高速公路管理局和河南省公安厅高速交警总队联合组建了"河南省高速公路路警联合指挥中心"(简称省路警联合指挥中心)。路警双方通过"统一值班和指挥调度,统一设立咨询、报警电话,统一共享资源,统一收集发布信息,统一工作程序",依托各高速公路运营管理单位的监控中心,利用全程监控设备、短信发布系统、有线无线通信网络等一系列科技手段,担负全省高速公路路况信息收集、发布、交通与公安双方各有关单位的指挥调度、恶劣天气和突发事件的应急处置及督导检查路警各单位指令落实等职责。通过充分发挥高速公路路政、高速公路交警各职权优势和信息资源,实现了对高速公路各类交通事故、突发事件的高效、快捷处置,最大程度地保障了人民群众生命财产安全和高速公路合法权益不受侵犯。

2010年9月20日,河南省交通运输厅联网监控收费通讯服务有限公司开通了高速公路客服电话"12122"试运行工作,客服电话通过人工应答、自动语音播报等多种手段,为公众24小时提供全省高速公路实时路况查询,出行路线查询,收费政策、交通运输法规咨询,车辆故障求助,投诉和建议等全方位的出行服务。为进一步畅通信息渠道,提升路警联合处置突发事件效率,同时便于"12122"客服更及时、更有效地为出行公众服务,河南省交通运输厅于2011年9月整合了省路警联合指挥中心和"12122"客服,使省路警联

合指挥中心工作程序更加统一、规范,各个环节衔接更加紧密,主要成效表现在:

(1)减少信息传递的中间环节,极大提高了突发事件处置及公众出行服务效率。合并运行后,形成了"及时发现、快速核实、快速处置、快速反馈"的响应机制,不仅保证了路警值班员及时接警,也使"12122"客服话务员能够实时掌握突发事件应急处置的动态信息并向公众解释,有效减少因信息不畅引发的投诉。

(2)完善信息采集渠道,充分发挥公众作为信息源的作用。在高速公路发生交通事故、道路拥堵时,驾乘人员往往会在第一时间向"12122"客服咨询,或通过各种方式对外发布,公众渠道在信息采集渠道中的比重日益提升,在重大节假日或恶劣天气情况下等车流量高峰时段尤为明显。

(3)促进信息资源共享,形成了高速公路各职能机构协调联动工作格局。省路警联合指挥中心将高速交警、高速路政、话务客服等不同部门的职权优势及信息资源高度整合,实现高速公路突发事件应急处置和公众服务一体化运行。"12122"客服从路警平台直接获取高速公路道路管制、收费站管制、养护施工等信息,可及时、准确地向公众提供服务,路警平台也从"12122"客服直接获取公众提供的各类突发性事件信息,以及时开展应急处置工作。

近年来,省路警联合指挥中心与河南交通广播(FM104.1)建立连线播报机制,与河南电视台都市频道、郑州交通广播等媒体进行广泛合作,并依托省高速公路联网公司开发了河南高速微信、微博、手机 APP 等信息发布手段,形成了与高速公路交警总队、各路段高速公路交警、高速公路路政、联网公司及各协作媒体协调联动工作格局。通过多种渠道的信息采集与发布,确保了公众方便、快捷获取高速公路路况信息。

第五节 服务区管理概况

一、标准化管理体系的构建与推行

2009 年,经过调研论证,厅高管局决定在全省高速公路服务区植入国际标准化管理体系,制定了《全省高速公路服务区国际标准认证工作规划》,计划用三年时间逐步推广与高速公路服务区密切相关的 ISO9001(质量管理体系)、ISO14001(环境管理体系)、GB/T 28001(职业健康安全管理体系)认证工作,以建立行业标准体系,向国际管理水平接轨。首先选取连霍高速公路和京港澳高速公路 19 对自营服务区进行试点,2010 年全省三星级以上 72 对服务区均通过认证,2011 年在全省所有已开业服务区全面推行。目前,已开业服务区 100% 通过认证,日常标准化作业率达到 90%。

（一）在质量管理体系认证过程中，构建四个体系

按照科学化管理的匹配要素和ISO9001质量管理体系标准，根据服务区管理工作的特点，通过建立和完善规章制度体系、职能管理体系、过程控制体系和考核评价体系，实现真正意义上的标准化管理。

1. 规章制度体系

按照ISO9001质量管理体系标准要求，不断完善涵盖服务区经营管理和服务工作所有方面的行业规章、制度和标准、规范，直至工作流程。制定了《河南省高速公路服务区管理办法》《河南省高速公路服务区日常检查评比细则》《河南省高速公路服务区公共设施维护管理规定》《关于进一步开放服务区经营市场，加快推进服务区经营专业化进程的指导意见》等一系列的行业规章，对高速公路服务区各级管理机构的职责、服务区各场所设施配备、资金保障、日常管理、责任落实、从业人员、招商管理、市场秩序、监督检查等各方面进行明确，统一、规范服务区行业管理标准。各高速公路运营管理单位结合自身实际对服务区行业规章进行细化，制定了《服务区绩效考核管理办法》《服务区设施设备管理办法》《服务区人员管理办法》《服务区投诉管理规定》及服务区餐饮管理、便利店管理、汽修管理、加油站管理、客房管理等一系列管理制度和规范。按ISO9001质量管理体系标准，对管理制度做进一步规范和完善，编制了《管理手册》《程序文件》《员工手册》，对服务区各岗位职责、工作标准、作业规程、工作纪律和考核标准进行规范，成为对服务区管理和服务工作考核的基本依据。形成比较完整的管理制度覆盖网络，没有死角，不留空白，使服务区的各项工作都有章可循，有据可依，避免了管理的盲目性和随意性。

2. 职能管理体系

按照ISO9001质量管理体系标准要求，不断健全服务区管理组织机构及岗位设置。厅高管局成立了服务区管理办公室，专职履行服务区行业管理职责，研究政策，制定标准，监督检查，督促整改。各高速公路运营管理单位也都成立了服务区专职管理部门，管理路段较多的单位还成立了服务区管理公司，负责本单位的服务区管理工作。各服务区根据所提供的服务和业务分工，合理设置餐饮、商品、物业、加油站、汽修站等岗位，具体负责本服务区日常经营管理工作。无论是行业监管、还是日常管理，都有明确的职能划分，构成了一个职权明确、层次清晰、岗位设置合理的职能管理体系，确保管理目标、职责、方式、效果的高度统一。

3. 过程控制体系

制定了完整的服务区各岗位工作流程和操作规范，对管理、服务工作中的关键节点实施过程控制。一方面，把管理从目标延伸到全过程，对服务区菜品质量、商品质量、客房用

品质量、汽修配件质量、油品质量、服务质量等控制方面进行量化和落实管理责任,从餐饮原材料的采购、加工、留样到销售,从商品供应商的选择、配送到销售,从员工的统一着装到发型、指甲、饰品的要求,从文明服务用语到行为规范等各个方面都做了严格、细致的要求,建立一套具有科学性的质量管理和质量保证方法及手段。另一方面,实施岗位流程自评制度,在服务区各岗位设立"工作流程自评表",自评内容包括员工考勤、仪容仪表、环境卫生、设施设备及服务的关键节点,每位上岗员工从上班到下班期间定时按照自评表内容进行如实自评,对自评发现的问题及时整改落实。部门领班每天定时检查员工是否按时自评,验证员工自评的真实性,并对自己工作进行自评。以此类推,部门经理每天负责检查验证领班岗位自评,服务区经理每天负责检查验证各部门岗位自评,各级管理单位不定时抽查服务区自评效果。通过一系列岗位自评与检查验证,层层落实责任人,增强了时效性,降低了错误发生率。

4. 考核评价体系

建立了行业管理部门、管理单位和服务区构成的三级考核评价体系,每级考核评价体系均对考核评价的内容、方式、结果和奖惩进行了明确。厅高管局成立了全省高速公路服务区日常检查评比委员会,邀请行业协会、旅游酒店、标准化认证等相关专家,以及各高速公路管理单位领导、服务区经营管理者共同参与,充分体现考评的公开、公平、公正。把每年一次的管理大检查细化为月检查、季度排名、年度总评等多频次检查评比,检查评比的标准、检查评比的结果与星级服务区评定、年度评先等工作紧密挂钩,对不同星级类别服务区的前三名进行奖励,对落后单位视情况采取一系列的处罚措施,力求把各项标准化操作规程转化为服务区开展日常工作的自觉行动。同时建立了三级监控信息管理体系,基本实现了对服务区现场的实时监控。各管理单位结合认证标准和服务区各项管理规范,制定了对服务区整体工作绩效有重大影响的A类评价标准、对服务区各部门工作绩效有较大影响的B类评价标准和对服务区各岗位工作标准要求的C类评价标准。其中,A类评价标准100大项、B类评价标准150大项、C类评价标准240大项,合计评价项目490大项,共涉及2819项单项指标。评价内容涵盖了服务区综合管理、工程维护、餐饮部、商品部、客房部、物业部、汽修厂、宿舍管理、加油站9个方面,各单位按照标准每月不定期对服务区进行监督考核。服务区内部考核贯穿于日常各项业务工作的始终,随时发现、解决服务区体系运行过程中存在的不足。通过科学的考核评价,持续改进服务区的管理和服务工作。

5. 行业培训体系

从2011年9月开始,通过系统构建行业培训体系,着力提升服务区从业队伍的整体素质。

(1) 组织编写了《河南省高速公路服务区从业人员培训教材》。包括服务区管理总论、物业管理、餐饮管理、客房管理、汽修管理七册，涵盖了服务区所有业务。教材充分体现实用性、把握规律性、富于创造性，既是宣贯行业规章和行业标准的重要工具，也是体现从业人员培训要求和内容的重要载体。通过教材的统一，实现服务理念的统一、工作流程的统一、服务标准的统一和培训内容的统一，为从业人员培训和标准化作业奠定了坚实的基础。

(2) 通过系统培养、严格选拔，建立了高素质的教师队伍。选聘了13名政治素质好、业务水平高、工作能力强的业内专家担任服务区管理人员培训教师，从全省服务区选拔了96名优秀管理人员和技能尖子作为一线从业人员培训讲师。

(3) 构建从业人员培训平台。利用G30（连霍）高速公路郑州北服务区改扩建后的有利条件，设立了"河南省高速公路服务区实训基地"，主要承担全省高速公路服务区管理人员业务知识培训，选择具有区域示范性的16个服务区设立了"河南省高速公路服务区从业人员轮训点"，主要承担全省服务区一线从业人员标准化操作培训，又与省内3家五星级酒店合作，设立了服务区经理人交流学习中心。

(4) 精心组织实施，圆满完成了年度培训工作目标。先后在实训基地组织了12期培训班，对1000余名服务区经理、监管办主任和部门主管进行了为期4天的业务知识培训和岗位实习，在16个轮训点组织了20期一线从业人员在岗轮训班，对3000余名服务员、保洁员等一线从业人员分别进行了以实际操作为主的岗位轮训。为借鉴先进管理经验，又组织了五期服务区经理人交流学习活动，先后选派了102名服务经理到3家五星级酒店进行为期7天的岗位实习。

通过建立行业培训体系，系统组织开展从业人员培训，有效解决了从业人员对标准理解不透、对操作规程掌握不清的问题，逐步改善了服务区从业人员的知识结构、专业技能和综合素质。经过培训后，工作制度的执行率提高12%，顾客满意率提高9%，投诉率降低60%，服务区的服务质量和管理水平提升明显。

（二）在环境管理体系认证过程中，建设环保型服务区

按照ISO14001环境管理体系标准要求，把环保和节能减排作为服务区管理的一项重要内容，当作一项"硬指标"来完成。重点抓住两个环节：

(1) 加大经费投入。在推行ISO14001环境管理体系认证过程中，全省高速公路服务区共投资9000多万元实施污水处理改造工程，解决了服务区污水排放不达标问题。在日常管理中，每个服务区的污水处理设备每月运行成本为5476.6元，每年运行成本约为6.7万元，各单位采取实报实销的方法确保污水处理设备正常运转。各服务区还在抽油烟机上安装油烟过滤网，实现抽油烟机油烟达标排放。在环境建设上，每年投入大量资金

和人力物力,对服务区环境进行绿化美化。

(2)采用新材料、新技术节能降耗。各运营单位给服务区耗电量最大的照明设备(高杆照明灯)安装了节电器,在保持相同照明效果的情况下,节电率达到30%;在原有路灯基础上加装太阳能、太阳能风能一体发电装置,利用风能、太阳能等可再生资源供电,降低对自然资源消耗。在服务区安装了太阳能热水器,即实现了顾客免费饮用开水和温水洗手,提高了人性化服务水平,又环保节能,没有增加服务成本。为提高保洁工作质量和效率,各服务区还添置了多功能擦地机、高压洗地机等新型设备。目前,全省服务区积极推进太阳能洁净能源、光伏发电建设、污水处理、中水利用,实现服务区节能减排,生活垃圾集中无害化处理,围绕清洁能源项目积极建成绿色环保型服务区。安阳、确山、郑州北、许昌等服务区建立的 LNG 加气站已开业运营,国家电网在安阳、鹤壁等四对服务区建设的充电站也已完工。

(三)在职业健康安全管理体系认证过程中,打造平安服务区

按照 GB/T 28001 职业健康安全管理体系认证标准要求,完善安全生产规章制度与应急预案,坚持按照统一制定的每月安全生产检查表对可能造成安全生产事故的隐患以及重大危险源和事故多发领域进行隐患排查,建立安全生产危险源信息库,实施动态管理。各高速公路运营管理单位以消防、食品安全卫生、用电、用火、加油、环境污染、车辆使用等安全为重点环节,经常性组织开展服务区安全生产专项检查和整治工作,做到"安全生产天天抓、安全巡查天天有、奖罚分明保安全"。不断加强安全生产和职业健康教育培训,定期组织安全演练,增强从业人员的安全意识和处置突发事件的能力。为从业人员配备劳动保护用品,为餐厅、超市、客房从业人员办理健康证,最大程度减少各种伤亡事故和职业疾病隐患,保障服务区的生命财产安全,提高工作效率,打造平安服务区。

二、服务区文明服务创建

为了提升全国高速公路服务区服务质量,2015 年,交通运输部在全国高速公路服务区范围内开展了"文明服务创建活动",决定创建 100 对"百佳示范服务区",作为交通行业贴近民生 10 件实事之一,向社会作出郑重承诺。河南省交通运输厅高度重视,成立了"创建工作领导小组",制订了《实施方案》,明确职责分工、目标任务及时间节点;选取了 16 对服务区争创"全国百佳示范",42 对服务区争创"全国优秀",明确了全国百佳示范服务区数量"保 5 争 7"的创建目标;各运营管理单位全面落实 9 大类、142 条创建标准,实现了服务、管理水平的有效提升,达到了相应的创建标准,展现了河南高速公服务区的个性与魅力。河南省高速公路服务区"文明服务创建活动"取得的成绩归纳如下:

(1)总体特色有亮点。各服务区立足地方文化等要素,打造多元商业、旅游目的地、

国防交通战备等主题鲜明的特色服务区,既展示了厚重的历史文化,又体现了现代路网服务功能。

(2)日常管理标准化呈亮点。积极推行国际标准化认证。建立了过程控制等 5 大体系,下发了《服务区从业人员培训教材》。目前,全省开业服务区日常标准化作业率达到 90%。

(3)经营项目市场化出亮点。遵循市场经济规律,开放服务区经营市场,由"等商家来"变为"请商家来",肯德基等国内外知名餐饮品牌,"老家河南"等地方文化和特产品牌已陆续进驻服务区。河南高速公路发展公司自主品牌"旅美达"汽车旅馆应运而生。安阳等 7 个服务区已建成 LNG 加气站。鹤壁等 4 个服务区建成了电动汽车充电站,实现了综合能源供应。

(4)信息化服务现亮点。各服务区建立信息服务网络,设置综合查询平台,实现 WiFi 全覆盖,提供 ETC 服务、旅游查询以及手机充电站等设备。

(5)人性化服务展亮点。服务区配置了母婴室,设置了第三卫生间,提供温水洗漱等诸多人性化服务。全省服务区平均满意率从 2010 年的 81% 上升至目前的 96%,提高了 15 个百分点。

(6)行业文化上出亮点。服务区利用视频等形式宣传社会主义核心价值观,丰富"旅美达""千里之外,家的感觉""在路上与你相遇"等理念,用"爱心、诚心、热心、耐心、细心"营造温馨驿站,形成了独具特色的行业文化。

通过努力,在 2015 年首届"全国百佳示范服务区"创建活动中,鹤壁、安阳、灵宝、镇平、郑州北、平顶山、许昌 7 对服务区评定为"全国百佳示范服务区",数量、比例均居全国第一;原阳等 29 对服务区评定为"全国优秀服务区";淮阳等 72 对服务区评定为达标服务区,达标率达到 100%。

第六节　主要运营管理单位简介

按照河南高速公路投资主体的不同,河南省高速公路运营管理单位目前有 27 家,主要的运营管理单位有:

一、河南省收费还贷高速公路管理中心

河南省收费还贷高速公路管理中心于 2010 年 8 月 18 日挂牌成立,为隶属于省交通运输厅的事业单位,实行企业化管理,机构规格相当于副厅级,河南省交通运输厅负责业务、行业及人事管理,河南省财政厅负责资产监管。

本管理中心下辖河南省交通运输厅京珠高速公路新乡至郑州管理处、河南省交通运输厅高速公路濮阳至鹤壁管理处、河南省交通运输厅高速公路少林寺至新乡管理处、河南省交通运输厅高速公路洛阳管理处、河南省交通运输厅高速公路三门峡管理处、河南省收费还贷高速公路管理中心航空港管理处和河南省交通运输厅高速公路宛坪管理处等七个高速公路管理处和三门峡至淅川高速公路项目公司、机西高速公路项目公司、德商高速公路范县段项目公司、南林高速公路项目公司、济阳高速公路项目公司、尧栾西高速公路建设有限公司、豫晋高速公路建设有限公司、三门峡黄河大桥高速公路建设有限公司和济源至洛阳西高速公路建设有限公司等9个高速公路建设项目公司。管理中心内设综合处、财务处、通行费管理处、工程管理处和资产经营处。

"管理中心"主要职能：负责统一管理全省政府还贷高速公路资产，整合政府还贷高速公路资源，发挥政府还贷高速公路融资功能，支持全省高速公路建设；负责筹集偿还政府还贷高速公路项目贷款资金、政府还贷二级公路部分债务资金，并适当支持干线公路、农村公路及其他交通基础设施建设；支持河南交通投资集团有限公司提高融资能力，促进综合交通运输体系建设；负责政府还贷高速公路人事及业务管理。

二、河南高速公路发展有限责任公司

河南高速公路发展有限责任公司隶属于河南交通投资集团有限公司，是主营高速公路、特大型独立桥梁等交通基础设施的开发建设、养护和经营管理的国有独资企业。其历史可以追溯到1990年成立的"河南省高等级公路建设指挥部"。1997年在"原指挥部"的基础上正式成立了"河南省交通厅高速公路建设管理局"。2000年8月，由"河南省交通厅高速公路建设管理局""河南省交通建设投资公司"及"郑州黄河公路大桥"合并改制组建成立了河南高速公路发展有限责任公司（简称"高发公司"）。高发公司是河南省最早从事高速公路建设管理的单位，从1991年3月25日河南省第一条高速公路——连霍高速公路开封至郑州段开工建设至今，累计建成高速公路里程突破3000km，达3171.2km，占全省高速公路通车总里程的54.18%，其中包括连霍高速公路河南段、京港澳高速公路河南段等国道主干线。

目前，高发公司管辖的二级公司有：禹登分公司、洛阳分公司、郑州分公司、三门峡分公司、开封分公司、桃花峪黄河大桥分公司、驿阳分公司、潢淮分公司、安新分公司、商丘分公司、南阳分公司、周口分公司、信阳分公司共13个分公司。管辖已通车高速公路2518.78km，其中省内高速公路2377.16km，占全省高速公路通车总里程的40.5%；省外高速公路141.62km。

三、河南中原高速公路股份有限公司

2000年12月，经河南省人民政府批准，成立了河南中原高速公路股份有限公司（简称"中原高速")。

2003年8月8日,中原高速公开发行的2.8亿元普通股(A股)股票在上海证券交易所上市交易,为目前河南省交通行业唯一一家上市公司。作为河南省高速公路建设在资本市场的长期融资窗口、资本运作载体以及优良公路资产的经营管理者,中原高速成立以来,按照市场经济和建立现代企业制度的要求,以及国家产业政策和公路发展规划,坚持以高等级公路、大型及特大型独立桥梁等交通基础设施项目投资、经营管理和维护为主营业务,以提供高效、优质服务,创造良好的经济效益和社会效益,维护全体股东的利益为中心,不断完善公司法人治理结构,规范运作,科学管理,实现了稳定、快速的发展。

河南中原高速公路股份公司下设郑州黄河公路大桥分公司、郑漯分公司、驻马店分公司、郑州分公司、平顶山分公司、郑石分公司、商丘分公司、中原大桥分公司、郑民分公司、睢县分公司、航空港分公司共11个分公司以及京港澳高速公路郑州至漯河扩建工程、漯河至驻马店改扩建工程2个项目部。

四、河南省许平南高速公路有限责任公司

投资业主:河南投资集团有限公司。

许昌至平顶山至南阳高速公路编号为S83,东起京港澳高速公路许昌东区收费站南2.5km处,经许昌、平顶山,终点与南阳豫01线交汇,全长163km,沿线设置了许昌南、襄城、平顶山、叶县、旧县、方城、南阳7个收费站及许昌南、平顶山、方城3对服务区,于2004年12月12日建成通车。

安阳至林州高速公路编号为S22,东起京港澳高速公路K509+670处,西至林州市横水镇与省道S301线相接,全长52km,沿线设有安阳开发区、安阳西、水冶、林州4个收费站及曲沟服务区1对,于2006年10月30日建成通车。

林州至长治(省界)高速公路编号为S22,东接安林高速公路K146(横水互通),西至豫晋省界K185+705处,在关家岭隧道内与山西长平高速公路相接,全长39km,沿线设有太行大峡谷、红旗渠、豫晋省界3个收费站,隧道管理站1个及林州服务区1对,于2012年11月22日建成通车。

五、河南省漯周界高速公路有限责任公司

投资业主:北京国开泰富资产管理有限公司。

河南省漯周界高速公路有限责任公司成立于1998年9月30日,2001年12月15日漯河至周口段高速公路顺利通车,2002年12月26日漯周界高速公路全线通车。高速公路编号G36,全长125.1km,起止桩号K385+900~K511+000,共设有6个收费站、3对服务区。

六、山东高速集团河南许禹公路有限公司

山东高速集团河南许禹公路有限公司成立于 2006 年 5 月,2007 年 12 月 8 日通车运营,2009 年 1 月建管分离,划归山东高速公路股份有限公司,并代管山东高速集团河南许亳公路有限公司,承担着永登高速公路许昌至禹州段、周口段的运营管理任务。两个路段里程总计 164.73km(含 8km 连接线),管护里程 200km,间隔 56km,是山东高速集团有限公司在省外第一个建成通车的 BOT 项目并转为运营管理的公司。

为了响应股份公司转型发展战略,2012 年 10 月注册成立了山东高速河南发展有限公司。

七、河南大广高速黄河大桥有限公司

投资业主:河南大广高速黄河大桥有限公司。

所辖路段编号 G45,里程 13.809km,起止桩号 K1915+850~K1929+660,所辖路段无收费站,无服务区。

大广高速公路黄河大桥于 2006 年 11 月 28 日开始通车。运营 10 年来,河南大广高速黄河大桥有限公司以实现规范化管理为目标,高标准、严要求、扎实工作,各项工作有序开展,并取得了较好成绩。

八、开封市路达高速公路开发管理有限公司

投资业主:开封市路达高速公路开发管理有限公司。

所辖路段编号 G1511、S83,2005 年 11 月 19 日通车。里程(起止桩号)G1511,K430+000~K473+084;S83,K0+000~K1+822。管理 4 个收费站、1 对服务区。

九、焦作市新时代高速公路有限公司

投资业主:焦作市国有资产管理委员会。

所辖路段 S86 段 K12+880~K58+389,全长 45.509km;G5512 段 K33+000~K60+447,全长 27.447km;全线总长度 72.956km。2016 年养护报表路线编号更改为 G5512,K33+000~K105+956,全长 72.956km。全线共有收费站 6 个、服务区 2 个。

十、河南省漯平高速公路发展有限责任公司

投资业主:河南省漯平高速公路发展有限责任公司。

所辖路段编号 G36,桩号 K511+000~K586+497,设收费站 3 个(漯河西站、舞阳站、叶县北收费站),服务区 1 个(漯河西服务区)。

十一、河南省宏力高速公路投资发展有限公司

投资业主:河南省宏力高速公路投资发展有限公司。

所辖路段编号 G3511,里程(起止桩号)K37+897~K45+120。由于所辖路段向东与山东东明黄河大桥相接,东明黄河大桥处于在建阶段,公司所辖路段与 2008 年通车 7.5km,剩余 28km 未通车,所以所辖通车路段没有服务区和收费站。

十二、开封市兰尉高速公路发展有限公司

投资业主:上海硕苑实业发展有限公司。

兰考至尉氏高速公路于 2005 年 11 月 19 日建成通车,全长 61.03km,编号 S83,起止桩号 K1+822~K62+852,设收费站 3 个、服务区 1 个。

十三、河南平正高速公路发展有限公司

投资业主:广西中铁交通高速公路管理有限公司。

所辖路段大广高速公路(G45)平舆至正阳段,位于河南省驻马店境内,全长52.1265km,该段北起河南项城市与驻马店市平舆县交界的安李庄(起点桩号:K134+678),南止于驻马店市正阳县与信阳市息县交界的李寨(止点桩号:K186+805),设有收费站 3 处、监控站 1 处、服务区 1 处。

十四、平顶山太澳高速公路有限责任公司

投资业主:河南盛润控股集团。

所辖路段二广高速公路(G55)寄料至分水岭段 K26+813.237~K90+478.7,全长63.66km,设有 3 个收费站、2 个服务区。项目于 2005 年 9 月 26 日开工建设,2008 年 11月 26 日胜利通车。

十五、河南瑞贝卡实业有限公司

投资业主:越秀(中国)交通基建投资有限公司。

所辖路段由尉氏许昌段和永城登封段组成。尉许段起止点桩号 K62+852~K113.132,路段全长 50.28km;永登段起止点桩号 K225+059~K239+063,路段全长14.004km。所辖路段全长 64.284km,有 1 个服务区、2 个收费站。

十六、郑州路桥集团建设发展公司

投资业主:郑州市公路管理局。

所辖路段郑(州)少(林寺)高速公路,编号 S85。起止桩号 K0+000~K53+664,全长

53.664km。设收费站 5 个(包含在建 1 个)、停车区 1 个。

十七、平顶山叶舞高速公路有限责任公司

投资业主:平顶山市公路管理局、平顶山市高速公路建设有限责任公司。

所辖路段为叶舞高速公路(S49),通车时间 2010 年 12 月 26 日,起止桩号 K241+032~K291+011,设收费站 4 个(开通 3 个、1 个未开通),服务区 1 对,停车区 1 对。

十八、南阳市高速公路有限公司

投资业主:深圳太阳城实业有限公司、南阳通盛实业有限公司。

所辖路段 2005 年 12 月 19 日通车,全长 91.069km。北段:S83 兰南高速公路 K290+381~K308+400;南段:G55 二广高速公路 K1380+400~K1453+070。管辖 5 个收费站、1 对服务区、2 对停车区。

十九、济源市济晋高速公路有限公司

投资业主:济源市济晋高速公路有限公司。

所辖路段编号 G55,起止桩号 K1082+000~K1102+555,设服务区 1 个、收费站 2 个。通车时间 2008 年 12 月 31 日。

二十、平顶山平临高速公路有限责任公司

投资业主:智安中国有限公司。

所辖路段编号 G36,里程 106.45km,起点桩号 K586+497,止点桩号 K692+947。设收费站 6 个、服务区 2 个。

二十一、河南光彩信阳高速公路有限公司

投资主体:河南光彩集团发展有限公司。

所辖路段为 G45 大广高速公路信阳境光山段 K2252+717.5~K2284+837.5,全长 32.12km,2007 年 10 月 10 日竣工通车。设收费站 2 个、服务区 1 对、停车区 1 对。

二十二、焦作市中宸高速公路有限公司

投资业主:中植企业集团有限公司。

所辖路段为 S49 焦桐高速公路焦作至温县段,始建于 2003 年,2005 年 5 月建成通车。全长 30.2914km,起止桩号 K0+000~K30+291.4,设 3 个收费站。

二十三、河南省豫南高速投资有限公司

投资业主:河南蓝天集团有限公司。

所辖路段编号为 G45,大广高速公路新县段 2009 年 4 月 16 日建成通车。全线长 35.223km,起点桩号为 K2285+837,终点桩号为 K2320+060。设有 3 个收费站,1 对服务区。

二十四、河南光彩新乡高速公路有限公司

投资业主:河南光彩集团发展有限公司。

所辖路段为长济高速公路 S28 新乡至长垣段,起止桩号 K45+120~K94+240,路线全长 49.12km,2007 年 10 月 8 日建成通车。设收费站 3 个、服务区 1 对、停车区 1 对。

二十五、洛界高速公路管理处

主管单位:洛阳市公路管理局。

所辖路段全长 50.191km,北起白马寺陈村互通区,南至汝阳县大安乡,为国家二广高速公路(G55)与宁洛高速公路(G36)共用路段,其中二广高速公路路段起止桩号为 K1148+341~K1172+688,2000 年 8 月正式开工建设,2002 年 12 月底建成通车试运营。共有收费站 6 个、服务区 2 对。

第六章
河南高速公路建设科技成果

第一节 科研项目综述

科学技术是推动人类社会发展进步的强大动力,交通运输业是科技成果率先应用的重要领域之一。多年以来,河南省高速公路建设始终贯彻"科技是第一生产力"的重要思想,紧紧围绕交通运输发展重点布局,积极开展工程项目的科学研究和成果推广应用,着力解决建设管理中的关键点、热点及难点问题,取得了丰硕成果。

本章主要介绍河南高速公路建设管理中具有较高学术价值和应用价值的科学研究成果。2003—2015 年,省厅科技项目补助经费加项目承担单位自筹经费累计投入约 3 亿元。在公路技术、桥隧技术、智能交通及信息化、节能环保研究等方面取得丰硕成果,其中国际领先 3 项、国际先进 78 项、国内领先 136 项。各类研究项目的基本情况见表 6-1-1～表 6-1-5。

河南省高速公路公路技术科研项目一览表　　　　表 6-1-1

序号	年度	鉴定证书编号	项目名称	项目第一承担单位	成果评定等级	完成日期（年-月-日）
1	2004	豫交科鉴字〔2004〕第 14 号	半刚性基层下封层施工与检测技术研究	郑州至少林寺高速公路工程建设项目经理部	国内领先	2004-10-15
2	2004	豫交科鉴字〔2004〕第 22 号	驻马店至信阳速公路改性沥青路面路用性能及施工工艺研究	河南省驻马店至信阳高速公路建设有限公司	国内领先	2004-12-30
3	2004	豫交科鉴字〔2004〕第 23 号	吉家河滑坡研究	河南省规划勘察设计院	国内领先	2004-12-30
4	2004	豫交科鉴字〔2004〕第 41 号	高速公路路基结构防灾减灾研究——高速公路路基边坡稳定性分析	河南省高速公路发展有限责任公司	国内领先	2004-12-23
5	2005	豫交科鉴字〔2005〕第 02 号	BSP 高速夯实机在郑少高速公路高填方及台背填土施工中的技术应用研究	郑州市公路管理局	国内领先	2005-4-21

续上表

序号	年度	鉴定证书编号	项目名称	项目第一承担单位	成果评定等级	完成日期（年-月-日）
6	2005	豫交科鉴字〔2005〕第11号	高速公路路基施工工序控制检测与路基整体质量研究	河南省交通基本建设质量检测监督站	国内领先	2005-10-14
7	2005	豫交科鉴字〔2005〕第20号	在重载条件下新郑高速公路改性沥青路面设计和铺装技术	河南省新乡至郑州高速公路建设有限公司	国内领先	2005-11-11
8	2005	豫交科鉴字〔2005〕第21号	水泥稳定碎石基层技术经济研究	河南省新乡至郑州高速公路建设有限公司	国内领先	2005-11-11
9	2005	豫交科鉴字〔2005〕第22号	水泥（粉煤灰）稳定碎石基层裂缝防治技术研究	河南省少林寺至洛阳高速公路有限责任公司	国内领先	2005-11-21
10	2005	豫交科鉴字〔2005〕第23号	高路堤沉降分析及填筑控制技术研究	河南省少林寺至洛阳高速公路有限责任公司	国内领先	2005-11-21
11	2005	豫交科鉴字〔2005〕第24号	多孔混凝土排水基层在高等级公路沥青路面中的应用研究	洛阳西南环城高速公路有限责任公司	国际先进	2005-11-22
12	2005	豫交科鉴字〔2005〕第36号	高速公路路基施工过程中的水土保持技术研究	河南豫濮高速公路发展有限公司	国内领先	2005-12-15
13	2005	豫交科鉴字〔2005〕第295号	高速公路长寿命路面典型结构成套技术研究	河南瑞贝卡实业有限公司	国际领先	2005-12-20
14	2005	豫交科鉴字〔2005〕第839号	河南高速公路设计技术标准分析研究	河南省交通工程定额站	国际先进	2005-12-30
15	2006	豫交科鉴字〔2006〕第06号	SMA-13在高速公路中的推广应用研究	河南省交通科学技术研究院	国内领先	2006-8-2
16	2006	豫交科鉴字〔2006〕第11号	高速公路路基拓宽修筑关键技术研究	河南省叶集至信阳高速公路建设有限公司	国际先进	2006-9-14
17	2006	豫交科鉴字〔2006〕第16号	高速公路路基处治对路面承载力的作用研究	河南豫濮高速公路发展有限公司	国际先进	2006-11-12
18	2006	豫交科鉴字〔2006〕第28号	沥青路面热再生（就地）关键技术的研究	河南中原高速公路股份有限公司	国际先进	2006-12-19
19	2006	豫交科鉴字〔2006〕第29号	高速公路复合式路面养护维修成套技术研究	河南中原高速公路股份有限公司	国际先进	2006-12-20
20	2006	豫交科鉴字〔2006〕第47号	设置隔离层水泥混凝土路面新结构的应用研究	安阳黄河高速公路有限公司	国内领先	2006-12-27

续上表

序号	年度	鉴定证书编号	项目名称	项目第一承担单位	成果评定等级	完成日期（年-月-日）
21	2006	豫交科鉴字〔2006〕第49号	高速公路渠化交通荷载下沥青路面基层结构研究	河南濮安高速公路有限责任公司	国内领先	2006-12-28
22	2006	豫交科鉴字〔2006〕第230号	高速公路路基处治对路面承载力的作用研究	河南豫濮高速公路发展有限公司	国际先进	2006-12-30
23	2007	豫交科鉴字〔2007〕第01号	高速公路旧沥青路面再生技术研究	河南高速公路发展有限责任公司	国内领先	2007-2-6
24	2007	豫交科鉴字〔2007〕第06号	高速公路SMA&ATB新型路面成套技术研究	河南省济焦新高速公路有限责任公司	国际先进	2007-4-28
25	2007	豫交科鉴字〔2007〕第16号	高速公路低路堤关键技术研究	河南省交通厅公路管理局	国际先进	2007-7-18
26	2007	豫交科鉴字〔2007〕第17号	高等级公路半刚性基层材料防裂性能研究	河南省公路工程局集团有限公司	国际先进	2007-7-27
27	2007	豫交科鉴字〔2007〕第49号	高速公路膨胀土路堑边坡设计与施工技术研究	南阳市高速公路有限公司	国际先进	2007-12-28
28	2007	豫交科鉴字〔2007〕第50号	高速公路沥青路面预防性养护技术研究	河南高速公路发展有限责任公司	国内领先	2007-12-30
29	2007	豫交科鉴字〔2007〕第55号	路基路面材料特性反演与快速检测维修整套技术	河南高速公路发展有限责任公司	国际先进	2007-12-30
30	2008	豫交科鉴字〔2008〕第02号	重交通条件下高模量沥青混凝土路面材料设计与施工技术研究	河南中原高速公路股份有限公司郑石分公司	国际先进	2008-5-7
31	2008	豫交科鉴字〔2008〕第05号	山区高等级公路加筋高陡边坡研究及其可靠分析	南阳市宛坪高速公路有限公司	国际先进	2008-5-22
32	2008	豫交科鉴字〔2008〕第07号	基于红外差热的沥青路面透水性评价及配套养护技术研究	河南高速公路发展有限责任公司	国际先进	2008-6-6
33	2008	豫交科鉴字〔2008〕第23号	长济高速公路沥青路面高效能抗车辙修筑技术研究	河南省济焦新高速公路有限责任公司	国际先进	2008-10-20
34	2008	豫交科鉴字〔2008〕第29号	驻信高速公路沥青路面车辙研究	河南高速公路发展有限责任公司	国内领先	2008-11-25
35	2008	豫交科鉴字〔2008〕第33号	大广高速公路新乡段沉降特性及施工控制技术研究	新乡黄河高速公路有限公司	国内先进	2008-12-18
36	2009	豫交科鉴字〔2009〕第07号	粉砂土地区高速公路路基沉降机理及发展规律研究	河南濮安高速公路有限责任公司	国际先进	2009-5-6

续上表

序号	年度	鉴定证书编号	项目名称	项目第一承担单位	成果评定等级	完成日期（年-月-日）
37	2009	豫交科鉴字〔2009〕第08号	节能型温拌沥青混合料路用性能评价研究	河南中原高速公路股份有限公司	国际先进	2009-5-20
38	2009	豫交科鉴字〔2009〕第09号	安新高速公路拓宽工程降低差异沉降技术研究	河南高速公路发展有限责任公司安新改建工程项目部	国内领先	2009-5-26
39	2009	豫交科鉴字〔2009〕第10号	高速公路沥青路面预防性养护关键技术研究	河南省交通厅京珠高速公路新乡至郑州管理处	国际先进	2009-5-27
40	2009	豫交科鉴字〔2009〕第12号	高速公路沥青路面寿命期功能性成套养护技术研究	河南高速公路发展有限责任公司	国际先进	2009-7-28
41	2009	豫交科鉴字〔2009〕第16号	温拌沥青混合料设计与施工技术研究	河南驿阳高速公路有限公司	国内先进	2009-9-26
42	2009	豫交科鉴字〔2009〕第17号	郑石高速公路不同填料路基耐久性修筑技术研究	河南中原高速公路股份有限公司	国内先进	2009-11-5
43	2009	豫交科鉴字〔2009〕第20号	河南高速公路典型示范工程成套技术应用研究	河南中原高速公路股份有限公司	国际先进	2009-11-22
44	2009	豫交科鉴字〔2009〕第21号	新型SEAM改性沥青混合料应用性能研究	河南中原高速公路股份有限公司	国内领先	2009-12-18
45	2009	豫交科鉴字〔2009〕第22号	高速公路沥青路面车辙及水损坏平衡防治对策研究	河南中原高速公路股份有限公司	国际先进	2009-12-18
46	2009	豫交科鉴字〔2009〕第23号	花岗岩风化料路用性能应用研究	河南中原高速公路股份有限公司	国内领先	2009-12-18
47	2009	豫交科鉴字〔2009〕第28号	同步碎石封层设计方法与应用技术研究	河南中原高速公路股份有限公司	国内领先	2009-12-20
48	2009	豫交科鉴字〔2009〕第31号	微表处技术在高速公路复合式路面预防性养护中的应用研究	河南中原高速公路股份有限公司	国内先进	2009-12-23
49	2009	豫交科鉴字〔2009〕第32号	沥青路面维修养护中的车辙防治技术研究	河南中原高速公路股份有限公司	国内先进	2009-12-24
50	2009	豫交科鉴字〔2009〕第34号	延长沥青路面使用寿命等关键技术研究	河南驿阳高速公路有限公司	国际先进	2009-12-27
51	2009	豫交科鉴字〔2009〕第40号	安新高速公路扩建工程废旧材料综合利用关键技术研究	河南高速公路发展有限责任公司安新改建工程项目部	国内领先	2009-12-29

续上表

序号	年度	鉴定证书编号	项目名称	项目第一承担单位	成果评定等级	完成日期（年-月-日）
52	2010	豫交科鉴字〔2010〕第38号	高速公路施工工法及应用研究	河南省交通运输厅建设管理处	国内领先	2010-12-25
53	2010	豫交科鉴字〔2010〕第40号	排水路面结构与材料设计及施工技术研究	河南高速公路发展有限责任公司	国际先进	2010-12-25
54	2010	豫交科鉴字〔2010〕第42号	寒冷地区冬季融冰雪对沥青路面及附属设施的危害与防范措施研究	河南省交通运输厅京珠高速公路新乡至郑州管理处	国际先进	2010-12-31
55	2011	豫交科鉴字〔2011〕第03号	高性能乳化沥青厂拌冷再生关键技术	河南省交通科学技术研究院有限公司	国际先进	2011-1-24
56	2011	豫交科鉴字〔2011〕第11号	新型HPC力学性能试验与应用技术研究	濮阳豫龙高速公路有限责任公司	国内领先	2011-06-22
57	2011	豫交科鉴字〔2011〕第15号	半刚性基层沥青路面唧浆处治技术经济研究	河南省高远公路养护技术有限公司	国内领先	2011-09-05
58	2011	豫交科鉴字〔2011〕第28号	公路跑道粉砂土路基稳定性成套技术研究	河南中原高速公路股份有限公司	国内领先	2011-12-27
59	2011	豫交科鉴字〔2011〕第32号	KGRH二代乳化机研制与应用	河南省高等级公路养护工程研究中心	国际先进	2011-12-29
60	2011	豫交科鉴字〔2011〕第33号	高速公路沥青混凝土薄层罩面施工成套技术及地方标准研究	河南省交通科学技术研究院有限公司	国内先进	2011-12-31
61	2012	豫交科鉴字〔2012〕第07号	ZLB60型沥青混合料厂拌再生设备的开发应用研究	南阳市农村公路管理处	国内先进	2012-3-2
62	2012	豫交科鉴字〔2012〕第09号	高速公路改扩建工程设计与施工技术研究	河南省交通规划勘察设计院有限责任公司	国际先进	2012-3-2
63	2012	豫交科鉴字〔2012〕第14号	高韧性公路混凝土微观结构模型及增韧关键技术研究	洛阳市公路管理局	国内领先	2012-6-8
64	2012	豫交科鉴字〔2012〕第11号	高速公路飞机跑道安全及助航设施研究	河南中原高速公路股份有限公司	国际先进	2012-4-17
65	2012	豫交科鉴字〔2012〕第16号	高速公路扩宽路基综合防排水系统研究	河南中原高速公路股份有限公司	国际先进	2012-6-7
66	2012	豫交科鉴字〔2012〕第23号	沥青高强度路面技术应用	漯河市公路管理局	国内领先	2012-8-17

第六章
河南高速公路建设科技成果

续上表

序号	年度	鉴定证书编号	项目名称	项目第一承担单位	成果评定等级	完成日期（年-月-日）
67	2012	豫交科鉴字〔2012〕第31号	郑洛高速公路改建立交前后中央带开口长度设置方案安全性研究	河南高速公路发展有限责任公司连霍郑洛段改建工程项目部	国际先进	2012-9-12
68	2012	豫交科鉴字〔2012〕第33号	公路跑道沥青路面抗滑及排水技术研究	河南中原高速公路股份有限公司	国际先进	2012-9-27
69	2012	豫交科鉴字〔2012〕第37号	泥岩炉前边坡稳定研究	济源市公路管理局	国内领先	2012-11-2
70	2012	豫交科鉴字〔2012〕第38号	高速公路飞机跑道耐久性铺面结构与材料研究	河南中原高速公路股份有限公司	国内领先	2012-11-22
71	2012	豫交科鉴字〔2012〕第41号	基于现代管理学的高速公路市场化养护管理模式与使用技术研究	河南省交通运输厅京珠高速公路新乡至郑州管理处	国内领先	2012-11-9
72	2012	豫交科鉴字〔2012〕第60号	高速公路沥青路面冷补技术研究	河南省交通科学技术研究院有限公司	国内领先	2012-12-24
73	2013	豫交科鉴字〔2013〕第51号	再生沥青路面典型结构与适用技术研究	河南省交通运输厅公路管理局	国内领先	2013-12-29
74	2013	豫交科鉴字〔2013〕第26号	高速公路沥青路面常见病害养护技术标准化研究	河南省交通科学技术研究院有限公司	国内领先	2013-8-29
75	2013	豫交科鉴字〔2013〕第10号	《河南省高速公路管理条例》立法后评估研究	交通运输部科学研究院	国内领先	2013-5-31
76	2013	豫交科鉴字〔2013〕第11号	河南高速公路沥青路面典型结构设计与施工技术研究	河南省公路工程局集团有限公司	国际先进	2013-6-1
77	2013	豫交科鉴字〔2013〕第30号	河南省高速公路工程造价指数研究与应用	河南省交通工程定额站	国内领先	2013-12-20
78	2013	豫交科鉴字〔2013〕第35号	高速公路路基沉降预测控制及处置关键技术研究	河南新欣高速公路有限公司	国内领先	2013-12-20
79	2013	豫交科鉴字〔2013〕第49号	河南省公路机电工程造价规范研究	河南省交通工程定额站	国内领先	2013-12-20
80	2013	豫交科鉴字〔2013〕第55号	基于温度和荷载等效的沥青混合料设计方法与工程应用研究	河南高速公路发展有限责任公司	国际先进	2013-12-30
81	2014	豫科鉴字〔2014〕第122号	沥青路面纤维增强封层关键技术研究	平顶山市公路管理局中心实验室	国内领先	2014-12-30

续上表

序号	年度	鉴定证书编号	项目名称	项目第一承担单位	成果评定等级	完成日期（年-月-日）
82	2015	豫交科鉴字〔2015〕第2号	《河南省高速公路设计技术要求》修订和高速公路加宽关键技术研究	河南省交通运输厅综合规划处	国内领先	2015-4-17
83	2015	豫交科鉴字〔2015〕第05号	基于多普勒技术的快速激光动态弯沉检测系统开发研究	新乡市交通运输局	国际先进	2015-5-22
84	2015	豫交科鉴字〔2015〕第13号	山区高速公路施工过程风险控制与安全预警技术研究	河南省三门峡至淅川高速公路项目有限公司	国内领先	2015-7-23
85	2015	豫交科鉴字〔2015〕第22号	重载交通下沥青路面高温剪切推移特性研究	河南省交通科学技术研究院有限公司	国内领先	2015-9-17
86	2015	豫交科鉴字〔2015〕第30号	豫西山区高速公路黄土滑坡灾变机理及稳定控制技术研究	河南弘卢高速公路有限公司	国内领先	2015-11-5
87	2015	豫交科鉴字〔2015〕第37号	温拌沥青混合料应用技术研究及河南省温拌沥青混合料应用技术指南编制	河南高速公路发展有限责任公司商丘分公司	国内领先	2015-11-26
88	2015	豫交科鉴字〔2015〕第39号	多孔降噪沥青路面在公路中的应用研究	河南省交通科学技术研究院有限公司	国际先进	2015-11-27
89	2015	豫交科鉴字〔2015〕第41号	山岭重丘区高速公路改扩建工程关键技术研究——挖方边坡既有结构物拆除及防护技术研究	河南省弘阳高速公路有限公司	国内领先	2015-12-17
90	2015	豫交科鉴字〔2015〕第49号	多参数非线性的沥青混合料智能碾压分析系统	河南省公路工程局集团有限公司	国际先进	2015-12-28
91	2015	豫交科鉴字〔2015〕第43号	高速公路单波形梁钢护栏设计与应用技术研究	河南中原高速公路股份有限公司	国际先进	2015-12-28

河南省高速公路桥隧技术科研项目一览表　　　　表6-1-2

序号	年度	鉴定证书编号	项目名称	项目第一承担单位	成果评定等级	完成日期（年-月-日）
1	2004	豫交科鉴字〔2004〕第16号	应用于桥梁工程的高性能自密实混凝土的研制和基本力学性能研究	河南省交通公路工程局	国内领先	2004-10-22
2	2004	豫交科鉴字〔2004〕第19号	体外横向预应力加固空心板简支梁桥技术研究	河南省交通科学技术研究院	国内领先	2004-11-19

第六章 河南高速公路建设科技成果

续上表

序号	年度	鉴定证书编号	项目名称	项目第一承担单位	成果评定等级	完成日期（年-月-日）
3	2004	豫交科鉴字〔2004〕第28号	超高桥墩的关键技术及安全性能研究	焦作市公路管理局	国内领先	2004-12-14
4	2004	豫交科鉴字〔2004〕第31号	济洛高速公路黄河大桥移动模架施工控制研究	河南省济源至洛阳高速公路有限公司	国内领先	2004-12-23
5	2005	豫交科鉴字〔2005〕第03号	钢纤维混凝土的力学性能及在桥面铺装工程中的应用研究	河南省洛阳西南环城高速公路有限公司	国内领先	2005-3-23
6	2005	豫交科鉴字〔2005〕第10号	特大型混凝土桥梁沥青铺装层应用技术研究	河南省新乡至郑州高速公路建设有限公司	国内领先	2005-10-9
7	2005	豫交科鉴字〔2005〕第30号	智能预应力技术及其在桥梁控制中的应用研究	河南省洛阳西南环城高速公路有限公司	国际先进	2005-11-18
8	2005	豫交科鉴字〔2005〕第35号	旧桥预应力混凝土空心板的试验研究	河南高速公路发展有限责任公司	国际先进	2005-12-30
9	2006	豫交科鉴字〔2006〕第01号	高速公路结构物台背特别施工技术研究	河南省济焦新高速公路有限责任公司	国际先进	2006-3-2
10	2007	豫交科鉴字〔2007〕第07号	水磨湾特大桥施工监控新技术研究	河南省少林寺至洛阳高速公路有限责任公司	国内先进	2007-5-28
11	2007	豫交科鉴字〔2007〕第08号	斜拉桥环氧填充型钢绞线拉索体系研究	开封阿深黄河大桥有限公司	国际先进	2007-5-28
12	2007	豫交科鉴字〔2007〕第36号	折线配筋预应力混凝土先张梁成套技术研究	河南高速公路发展有限责任公司	国际先进	2007-12-30
13	2007	豫交科鉴字〔2007〕第39号	河南省特种荷载下公路桥梁结构标准化研究	河南省交通规划勘察设计院有限责任公司	国际先进	2007-12-30
14	2007	豫交科鉴字〔2007〕第46号	折线配筋预应力混凝土先张梁受力性能研究	河南驿宛高速公路有限公司	国际先进	2007-12-30
15	2007	豫交科鉴字〔2007〕第47号	折线配筋预应力混凝土先张梁设计及荷载试验研究	河南高速公路发展有限责任公司	国际先进	2007-12-30
16	2007	豫交科鉴字〔2007〕第48号	折线配筋预应力混凝土先张梁施工工艺研究	河南岭南高速公路有限公司	国际先进	2007-12-30
17	2007	豫交科鉴字〔2007〕第55号	复合加固技术在桥梁工程中的应用研究	河南高速公路发展有限责任公司	国际先进	2007-12-30
18	2008	豫交科鉴字〔2008〕第17号	CFG桩处理桥头跳车优化设计方法成套技术研究	河南中原高速公路股份有限公司	国际先进	2008-8-19

续上表

序号	年度	鉴定证书编号	项目名称	项目第一承担单位	成果评定等级	完成日期（年-月-日）
19	2008	豫交科鉴字〔2008〕第32号	波形钢腹板PC组合箱梁桥成套技术系统研究	河南省交通规划勘察设计院有限责任公司	国际先进	2008-12-17
20	2008	豫交科鉴字〔2008〕第48号	发泡聚苯乙烯内膜建造空心板桥技术研究	河南高速公路发展有限责任公司	国内领先	2008-12-30
21	2009	豫交科鉴字〔2009〕第24号	复杂地质公路隧道施工监控及质量控制研究	河南中原高速公路股份有限公司	国内领先	2009-12-18
22	2009	豫交科鉴字〔2009〕第35号	变截面钢管混凝土桁架拱桥建造技术系统研究	河南省交通规划勘察设计院有限责任公司	国际先进	2009-12-30
23	2009	豫交科鉴字〔2009〕第37号	高速公路桥梁高墩监测监控技术应用研究	河南省济邵高速公路有限公司	国际先进	2009-12-30
24	2009	豫交科鉴字〔2009〕第38号	复杂地质条件下隧道开挖与支护综合研究	河南省济邵高速公路有限公司	国内领先	2009-12-30
25	2009	豫交科鉴字〔2009〕第43号	高性能钢纤维陶粒混凝土在空心板旧桥面铺装层改建中的应用研究	河南高速公路发展有限责任公司连霍郑州段改建工程项目部	国内领先	2009-12-30
26	2010	豫交科鉴字〔2010〕第02号	高速公路桥头跳车量化指标与评价标准研究	河南省交通运输厅京珠高速公路新乡至郑州管理处	国际先进	2010-5-19
27	2010	豫交科鉴字〔2010〕第15号	空心板梁桥横向预应力成套技术研究	河南省交通科学技术研究院有限公司	国际先进	2010-8-19
28	2010	豫交科鉴字〔2010〕第29号	钢管混凝土拱桥健康监测与检测关键技术研究	河南省交通运输厅京珠高速公路新乡至郑州管理处	国际先进	2010-11-26
29	2010	豫交科鉴字〔2010〕第33号	公路桥梁混凝土耐久性技术及标准研究	河南省交通科学技术研究院有限公司	国际先进	2010-12-21
30	2010	豫交科鉴字〔2010〕第35号	深长桩基础工作机理及施工工艺和合理参数确定研究	河南中原高速公路股份有限公司	国内领先	2010-12-23
31	2011	豫交科鉴字〔2011〕第09号	复合有机水硬性材料处理桥头跳车技术研究	河南省高等级公路养护工程研究中心	国内领先	2011-07-21
32	2011	豫交科鉴字〔2011〕第19号	桥梁耐久性及安全性能检测评价与加固关键技术研究	河南省公路学会	国际领先	2011-10-25
33	2011	豫交科鉴字〔2011〕第30号	一箱多室波形钢腹板PC组合箱梁结构分析与建造技术	濮阳豫龙高速公路有限公司	国内领先	2011-12-29

续上表

序号	年度	鉴定证书编号	项目名称	项目第一承担单位	成果评定等级	完成日期（年-月-日）
34	2012	豫交科鉴字〔2012〕第08号	公路隧道施工动态风险监测与评估关键技术	河南省交通科学技术研究院有限公司	国际先进	2012-3-15
35	2012	豫交科鉴字〔2012〕第15号	旧桥加宽基础沉降控制技术研究	河南中原高速公路股份有限公司	国际先进	2012-6-7
36	2012	豫交科鉴字〔2012〕第17号	特高变截面空心薄壁桥墩建设关键技术研究	三门峡市交通运输局	国内领先	2012-6-8
37	2012	豫交科鉴字〔2012〕第18号	薄壁高速公路大桥安全通行保障体系研究	三门峡市交通运输局	国内领先	2012-6-8
38	2012	豫交科鉴字〔2012〕第20号	斜靠式拱桥设计与施工计算理论研究	河南省公路工程局集团有限公司	国内领先	2012-7-13
39	2012	豫交科鉴字〔2012〕第21号	桥梁结构耐久性施工关键技术及施工期间风险评估研究	河南省公路工程局集团有限公司	国内先进	2012-7-13
40	2012	豫交科鉴字〔2012〕第22号	高速公路桥梁（大体积结构）大掺量粉煤灰混凝土技术研究	河南省公路工程局集团有限公司	国内领先	2012-7-13
41	2012	豫交科鉴字〔2012〕第28号	桥梁技术等级评定管理制度	河南省交通科学技术研究院有限公司	国内领先	2012-9-7
42	2012	豫交科鉴字〔2012〕第32号	高速公路预制梁板混凝土耐久性关键技术研究	河南高速公路发展有限责任公司连霍郑洛段改建工程项目部	国际先进	2012-9-21
43	2012	豫交科鉴字〔2012〕第55号	基于图形标杆和计算力学的桥梁损伤评估及养护对策研究	河南省交通运输厅公路管理局	国际先进	2012-12-20
44	2012	豫交科鉴字〔2012〕第63号	岭南高速公路蒲山特大桥225m跨度系杆施工技术	河南岭南高速公路有限公司	国内领先	2012-12-30
45	2012	豫交科鉴字〔2012〕第64号	公路桥梁结构损伤快速诊断系统开发与应用研究	河南省交通规划勘察设计院有限责任公司	国际先进	2012-12-30
46	2012	豫交科鉴字〔2012〕第65号	隧道施工监测与安全风险控制技术研究	河南省交通规划勘察设计院有限责任公司	国内领先	2012-12-31
47	2012	豫交科鉴字〔2012〕第66号	三拱肋钢管混凝土拱桥施工力学行为研究	河南省交通科学技术研究院有限公司	国内领先	2012-12-25
48	2012	豫交科鉴字〔2012〕第67号	公路桥梁状态感知与安全技术重点实验室建设研究	河南省交通科学技术研究院有限公司	国内先进	2012-12-31

续上表

序号	年度	鉴定证书编号	项目名称	项目第一承担单位	成果评定等级	完成日期（年-月-日）
49	2013	豫交科鉴字〔2013〕第45号	超大跨径自锚式悬索桥成套技术研究	河南高速公路发展有限责任公司	国际先进	2013-10-30
50	2013	豫交科鉴字〔2013〕第54号	高速公路桥隧段通行能力研究	河南省交通规划勘察设计院有限责任公司	国际先进	2013-12-24
51	2015	豫交科鉴字〔2015〕第01号	环保安全型隧道沥青路面关键技术研究	河南高速公路发展有限责任公司	国际先进	2015-2-4
52	2015	豫交科鉴字〔2015〕第28号	基于超宽装配式公路钢桥提高桥梁承载力的关键技术研究	河南省交通规划设计研究院股份有限公司	国际先进	2015-11-4
53	2015	豫交科鉴字〔2015〕第29号	大跨径混凝土桥面铺装体系设计与施工技术研究	河南省交通运输厅京珠高速公路新乡至郑州管理处	国内领先	2015-11-4

河南省高速公路智能交通及信息化科研项目一览表 表6-1-3

序号	年度	鉴定证书编号	项目名称	项目第一承担单位	成果评定等级	完成日期（年-月-日）
1	2003	豫交科鉴字〔2003〕第03号	HIGHWAYGIS工程形象进度管理	河南省驻马店至信阳高速公路建设有限公司	国内先进	2003-5-17
2	2003	豫交科鉴字〔2003〕第06号	高速公路交通智能监控仿真及策略研究	商开高速公路建设有限公司	国内领先	2003-8-11
3	2003	豫交科鉴字〔2003〕第23号	高速公路车道控机研究	河南高速公路发展有限责任公司	国内领先	2003-10-15
4	2003	豫交科鉴字〔2003〕第32号	高速公路建设集成信息管理系统	南阳市高速公路有限公司	国内领先	2003-12-23
5	2004	豫交科鉴字〔2004〕第03号	高速公路紧急电话远程供电研究与开发	河南高速公路发展有限责任公司	国内领先	2004-4-18
6	2004	豫交科鉴字〔2004〕第17号	河南高速公路地理信息系统开发研究	河南高速公路发展有限责任公司	国内领先	2004-11-14
7	2005	豫交科鉴字〔2005〕第15号	高速公路OA系统数据库链接与共享的研究	河南省高速公路发展有限责任公司	国内先进	2005-10-29
8	2005	豫交科鉴字〔2005〕第18号	公路建设项目投资分析计算机辅助系统开发	河南省少林寺至洛阳高速公路有限责任公司	国内领先	2005-11-4
9	2005	豫交科鉴字〔2005〕第39号	高速公路机电设备维护管理信息系统研究	河南高速公路发展有限责任公司	国内领先	2005-12-24

第六章
河南高速公路建设科技成果

续上表

序号	年度	鉴定证书编号	项目名称	项目第一承担单位	成果评定等级	完成日期（年-月-日）
10	2006	豫交科鉴字〔2006〕第23号	河南智能高速公路需求分析与总体规划	河南省高速公路联网收费工作领导小组办公室	国内领先	2006-12-9
11	2006	豫交科鉴字〔2006〕第25号	高速公路路桥管理系统应用研究	河南中原高速公路股份有限公司	国内领先	2006-12-12
12	2006	豫交科鉴字〔2006〕第45号	河南省高速公路项目管理系统	河南省交通厅工程处	国内领先	2006-12-25
13	2007	豫交科鉴字〔2007〕第09号	高速公路全程监控技术研究	河南省交通厅公路管理局	国内领先	2007-5-24
14	2007	豫交科鉴字〔2007〕第10号	高速公路IC卡管理系统	河南盈科交通工程有限公司	国内领先	2007-5-24
15	2007	豫交科鉴字〔2007〕第30号	高速公路路面养护管理与智能决策系统研究与开发	河南省交通厅公路管理局	国内领先	2007-12-20
16	2007	豫交科鉴字〔2007〕第35号	高速公路路面养护管理系统	河南中原高速公路股份有限公司	国际先进	2007-12-28
17	2008	豫交科鉴字〔2008〕第03号	高速公路信息系统的基础平台和应用系统集成研究	河南高速公路发展有限责任公司	国内先进	2008-5-8
18	2008	豫交科鉴字〔2008〕第15号	河南省高速公路资产管理系统研究	河南省交通厅高速公路管理局	国内领先	2008-8-1
19	2008	豫交科鉴字〔2008〕第19号	基于全程监控的高速公路综合管理信息系统研究	河南中原高速公路股份有限公司	国际先进	2008-8-31
20	2008	豫交科鉴字〔2008〕第24号	高速公路通行费精确拆分技术研究——基于智能有源射频技术	河南高速公路发展有限责任公司	国内领先	2008-11-11
21	2008	豫交科鉴字〔2008〕第31号	高速公路路政信息化平台的研究与应用	河南高速公路发展有限责任公司	国内领先	2008-12-12
22	2008	豫交科鉴字〔2008〕第49号	河南省高速公路智能化管理发展模式研究	河南省高速公路联网收费工作领导小组办公室	国际先进	2008-12-27
23	2008	豫交科鉴字〔2008〕第53号	高速公路通行费精确拆分技术研究——基于无源射频识别技术	河南公路项目管理有限责任公司	国内领先	2008-12-25

续上表

序号	年度	鉴定证书编号	项目名称	项目第一承担单位	成果评定等级	完成日期（年-月-日）
24	2009	豫交科鉴字〔2009〕第02号	连霍郑州段改建工程路基和结构物变形监测及其信息管理系统开发	河南高速公路发展有限责任公司	国内领先	2009-3-3
25	2009	豫交科鉴字〔2009〕第06号	郑石高速公路典型示范工程建养一体化管理系统研究与应用	河南中原高速公路股份有限公司	国内领先	2009-4-28
26	2009	豫交科鉴字〔2009〕第44号	河南高速公路发展有限责任公司办公管理系统	河南高速公路发展有限责任公司	国内先进	2009-12-29
27	2010	豫交科鉴字〔2010〕第19号	基于GIS平台的高速公路智能管理系统	河南省交通运输厅京珠高速公路新乡至郑州管理处	国际先进	2010-9-7
28	2010	豫交科鉴字〔2010〕第25号	沥青路面结构层连续性探测及图像可视化技术研究	河南高速公路发展有限责任公司	国际领先	2010-11-16
29	2010	豫交科鉴字〔2010〕第43号	高速公路交通流仿真应用研究	河南省高速公路联网监控收费通信服务有限公司	国内领先	2010-12-27
30	2010	豫交科鉴字〔2010〕第45号	路面路基状态探地雷达检测数据量化处理分析技术	河南省交通规划勘察设计院有限责任公司	国际先进	2010-12-31
31	2011	豫交科鉴字〔2011〕第01号	高速公路视频监测与巡查系统研究与应用	河南省高速公路联网监控收费通信服务有限公司	国内领先	2011-1-18
32	2011	豫交科鉴字〔2011〕第07号	高速公路绿色通道车辆检测系统	河南高速公路发展有限责任公司	国内领先	2011-5-18
33	2011	豫交科鉴字〔2011〕第17号	河南省高速公路机电设施维护管理及技术研究	河南中原高速公路股份有限公司	国内先进	2011-10-27
34	2011	豫交科鉴字〔2011〕第42号	高速公路桥面径流实时识别及选择收集系统研究	河南省交通科学技术研究院有限公司	国际先进	2011-11-22
35	2012	豫交科鉴字〔2012〕第50号	基于二、三维一体化GIS交通应急动态信息管理应用研究	河南高速公路发展有限责任公司	国内领先	2012-12-21
36	2013	豫交科鉴字〔2013〕第43号	基于物联网的高速公路客运车辆及特殊车辆运营环境监控管理系统研究	河南中原高速公路股份有限公司	国际先进	2013-11-21

第六章
河南高速公路建设科技成果

续上表

序号	年度	鉴定证书编号	项目名称	项目第一承担单位	成果评定等级	完成日期（年-月-日）
37	2015	豫交科鉴字〔2015〕第15号	河南省综合交通运输信息中心平台建设规划研究	河南省高速公路联网监控收费通信服务有限公司	国内领先	2015-7-23
38	2015	豫交科鉴字〔2015〕第26号	河南省高速公路ETC关键设备邻道干扰研究	河南省高速公路联网监控收费通信服务有限公司	国内领先	2015-9-17
39	2015	豫交科鉴字〔2015〕第36号	高速公路LED安全照明智能控制及节能应用综合评价体系研究	河南省交通运输厅高速公路少林寺至新乡管理处	国内领先	2015-11-26
40	2015	豫交科鉴字〔2015〕第46号	河南高速公路路产三维数字化管理信息系统研究	河南中原高速公路股份有限公司	国际先进	2015-12-27
41	2015	豫交科鉴字〔2015〕第47号	智能化远程外业考核管理系统应用研究	河南省中原高速公路股份有限公司郑开分公司	国内领先	2015-12-26

河南省高速公路节能环保科研项目一览表　　表6-1-4

序号	年度	鉴定证书编号	项目名称	项目第一承担单位	成果评定等级	完成日期（年-月-日）
1	2003	豫交科鉴字〔2003〕第34号	驻马店至信阳高速公路建设对董寨鸟类自然保护区生态环境影响研究	河南省驻马店至信阳高速公路建设有限公司	国内领先	2003-12-2
2	2004	豫交科鉴字〔2004〕第21号	黄土沟壑地带高速公路景观和生态防护研究与示范	河南省交通规划勘察设计院	国内领先	2004-12-5
3	2008	豫交科鉴字〔2008〕第01号	高速公路环境景观及其影响研究	河南中原高速公路股份有限公司郑石分公司	国内领先	2008-5-6
4	2009	豫交科鉴字〔2009〕第41号	以工业废料、矿石粉为原料研制新型复合融雪剂研究	河南高速公路发展有限责任公司	国内领先	2009-12-26
5	2011	豫交科鉴字〔2011〕第04号	河南高速公路网络生态防护体系及养护管理研究	河南高速公路发展有限责任公司	国内领先	2011-1-26
6	2015	豫交科鉴字〔2015〕第04号	节能型废胎混合液改性道路胶结料开发及在路面养护中的应用研究	河南省高等级公路养护工程研究中心	国内领先	2015-5-22
7	2015	豫交科鉴字〔2015〕第17号	豫西山林地区旅游高速公路生态景观修复与环保研究	河南嵩阳高速公路有限公司	国内先进	2015-8-9
8	2015	豫交科鉴字〔2015〕第38号	沥青路面养护工程节能减排评估指标体系研究	河南高速公路发展有限责任公司	国内领先	2015-11-26

河南省高速公路其他软科学科研项目一览表 表6-1-5

序号	年度	鉴定证书编号	项目名称	项目第一承担单位	成果评定等级	完成日期（年-月-日）
1	2003	豫交科鉴字〔2003〕第08号	商(商丘)开(开封)高速公路全天候通车技术研究	河南省商丘至开封高速公路建设有限公司	国内领先	2003-9-5
2	2003	豫交科鉴字〔2003〕第28号	高速公路项目后评价经济问题研究	河南高速公路发展有限责任公司	国内领先	2003-12-20
3	2004	豫交科鉴字〔2004〕第20号	河南省高速公路收费费率确定及优化研究	河南省交通科学技术研究院	国内领先	2004-11-21
4	2005	豫交科鉴字〔2005〕第19号	高速公路养护对策研究	河南省高速公路发展有限责任公司	国内领先	2005-11-5
5	2005	豫交科鉴字〔2005〕第25号	河南中原高速公路股份有限公司发展战略研究	河南中原高速公路股份有限公司	国内领先	2005-11-22
6	2005	豫交科鉴字〔2005〕第838号	高速公路项目收益分析评价研究	河南省交通工程定额站	国际先进	2005-12-20
7	2005	豫交科鉴字〔2005〕第40号	高速公路养护运行机制研究	河南高速公路发展有限责任公司	国内领先	2005-12-24
8	2006	豫交科鉴字〔2006〕第03号	河南省高速公路建设科技含量现状调查与对策研究	河南省交通科学技术研究院	国内先进	2006-7-16
9	2006	豫交科鉴字〔2006〕第24号	河南高速公路联网收费多路径识别研究	河南省高速公路联网收费工作领导小组办公室	国际先进	2006-12-9
10	2006	豫交科鉴字〔2006〕第46号	高速公路交通工程机电项目监理工作实施的研究	河南省交通科学技术研究院	国内领先	2006-12-10
11	2006	豫交科鉴字〔2006〕第48号	河南省高速公路招投标项目研究	河南省交通厅工程处	国际先进	2006-12-29
12	2007	豫交科鉴字〔2007〕第02号	河南高速公路发展有限责任公司发展战略研究	河南高速公路发展有限责任公司	国内先进	2007-2-8
13	2007	豫交科鉴字〔2007〕第03号	中原城市群高速公路网建设与经济协调发展研究	河南高速公路发展有限责任公司	国内领先	2007-2-8
14	2007	豫交科鉴字〔2007〕第14号	河南省高速公路政府监管研究	河南省交通厅新郑高速公路管理处	国内领先	2007-6-26
15	2007	豫交科鉴字〔2007〕第15号	河南高速公路可持续发展战略研究	河南省交通厅高速公路管理局	国内先进	2007-6-26
16	2007	豫交科鉴字〔2007〕第19号	高速公路养护维修率预测方法研究	河南省交通工程定额站	国内领先	2007-8-4

第六章
河南高速公路建设科技成果

续上表

序号	年度	鉴定证书编号	项目名称	项目第一承担单位	成果评定等级	完成日期（年-月-日）
17	2007	豫交科鉴字〔2007〕第34号	高速公路内部控制应用研究	河南高速公路发展有限责任公司	国内领先	2007-12-28
18	2008	豫交科鉴字〔2008〕第04号	高速公路应急保障体系的建立与完善	河南高速公路发展有限责任公司	国内领先	2008-5-9
19	2008	豫交科鉴字〔2008〕第08号	高速公路三产企业管理系统研究	河南高速公路发展有限责任公司	国内领先	2008-6-12
20	2008	豫交科鉴字〔2008〕第09号	河南高速公路发展有限责任公司职工民主管理制度体系研究	河南高速公路发展有限责任公司	国内先进	2008-6-13
21	2008	豫交科鉴字〔2008〕第10号	河南高速公路发展研究	河南高速公路发展有限责任公司	国内领先	2008-6-13
22	2008	豫交科鉴字〔2008〕第14号	河南省高速公路"管理一流、服务优质"体系研究	河南省交通厅高速公路管理局	国内领先	2008-8-1
23	2008	豫交科鉴字〔2008〕第16号	河南高速公路计重收费及多路径概率确定分析研究	河南省交通科学技术研究院有限公司	国际先进	2008-8-5
24	2008	豫交科鉴字〔2008〕第22号	收费公路级差效益量化研究	河南高速公路发展有限责任公司	国内领先	2008-9-12
25	2008	豫交科鉴字〔2008〕第30号	高速公路项目建设成本分析研究	河南省交通工程定额站	国内领先	2008-12-2
26	2008	豫交科鉴字〔2008〕第35号	郑石高速建设中的效能监察研究	河南省中原高速公路股份有限公司郑石分公司	国内领先	2008-12-23
27	2008	豫交科鉴字〔2008〕第44号	高速公路标志牌设置指南研究	河南省交通厅计划处	国际先进	2008-12-30
28	2009	豫交科鉴字〔2009〕第14号	河南省高速公路交通安全评价及改造对策研究	河南省发改委交通运输处	国内领先	2008-12-20
29	2009	豫交科鉴字〔2009〕第15号	河南省高速公路建设从业单位及人员信用评价管理系统研究	河南省交通厅工程管理处	国内领先	2009-8-28
30	2009	豫交科鉴字〔2009〕第30号	高速公路运营管理一体化研究	河南公路项目管理有限责任公司	国内领先	2009-12-28
31	2010	豫交科鉴字〔2010〕第01号	河南省高速公路交通量生成机理与预测方法研究	河南省交通运输厅公路管理局	国内领先	2010-1-16

续上表

序号	年度	鉴定证书编号	项目名称	项目第一承担单位	成果评定等级	完成日期（年-月-日）
32	2010	豫交科鉴字[2010]第06号	河南省高速公路收费服务地方标准研究	河南中原高速公路股份有限公司	国内领先	2010-6-1
33	2010	豫交科鉴字[2010]第17号	河南高速公路经营资源优化配置研究	河南高速公路发展有限责任公司	国内领先	2010-9-17
34	2010	豫交科鉴字[2010]第44号	高速公路联网收费业务信息安全保障研究	河南省高速公路联网监控收费通信服务有限公司	国内领先	2010-12-10
35	2011	豫交科鉴字[2011]第18号	郑尧高速公路交通控制策略与紧急预案研究	河南中原高速公路股份有限公司	国内领先	2011-10-27
36	2011	豫交科鉴字[2011]第38号	高速公路运营期地质病害路段路基安全监测与评价技术	河南高速公路发展有限责任公司	国内领先	2011-12-28
37	2012	豫交科鉴字[2012]第03号	公路交通系统的能源消耗与周边经济影响分析	河南省交通科学技术研究院有限公司	国内先进	2012-1-13
38	2012	豫交科鉴字[2012]第25号	河南省收费公路权益转让融资方式研究	河南省交通运输厅财务处	国内领先	2012-8-20
39	2012	豫交科鉴字[2012]第35号	高速公路建设融资模式及全寿命周期成本控制研究	河南中原高速公路股份有限公司	国内先进	2012-10-30
40	2012	豫交科鉴字[2012]第45号	高速公路工程项目造价指标及敏感性分析	河南省交通工程定额站	国内领先	2012-12-19
41	2012	豫交科鉴字[2012]第46号	河南省高速公路建设项目设计变更与计量支付管理系统	河南省交通工程定额站	国内领先	2012-12-20
42	2012	豫交科鉴字[2012]第57号	河南省高速公路行业文化发展研究	河南省交通运输厅高速公路管理局	国内领先	2012-12-25
43	2012	豫交科鉴字[2012]第59号	河南省高速公路改造投资效益分析	河南高速公路发展有限责任公司安新改建工程项目部	国内领先	2012-12-26
44	2012	豫交科鉴字[2012]第69号	适应中原经济区发展的交通运输人才发展战略研究	河南交通职业技术学院	国内领先	2012-12-27
45	2012	豫交科鉴字[2012]第70号	河南省交通运输工作管理体系规划研究	河南省交通运输厅办公室	国内领先	2012-12-27
46	2013	豫交科鉴字[2013]第33号	河南高速公路网与构建现代城镇体系研究	河南省交通运输厅高速公路管理局	国内领先	2013-9-5

第二节 科研成果摘选

一、公路技术

公路技术类科研项目主要包括路基路面、边坡防护、新材料、新技术、施工养护管理等方面。

(一)高速公路长寿命路面典型结构成套技术研究

(1)获得奖项:河南省科学技术进步一等奖、河南省交通运输科学技术进步一等奖。

(2)项目完成单位:河南瑞贝卡实业有限公司、长安大学、北京建筑工程学院。

(3)项目简要技术说明。本项目全面采用新理念、新技术、新工艺、新设备和新材料,针对国内目前高速公路路面结构设计寿命偏短、早期破坏严重和维修费用高昂等现状,研发并应用了一种以超厚高强水泥混凝土面板为承载主体,以沥青磨耗层提高行车质量,以柔性沥青垫层改善层间结合与防水状况,集柔性路面与刚性路面优点于一体的ACA(柔—刚—柔)型路面结构,设计年限可达50年。项目研究了在高强度、高稳定性、高平整度路基和基层之上,水泥混凝土面板作为主要承重层,提供主要的荷载支撑,表层沥青混凝土改善行车安全与舒适性;提出了车辙与水损坏的综合防治措施,合理布置通信管道与中央分隔带,避免中央分隔带所造成路基的水损害;合理划分水泥板块尺寸和车道尺寸,将渠化交通荷载的不利条件转为有利条件;在原路基宽度上增加车道数量,在"四车道"路基宽度上成功实施"准六车道"高速公路;研发大宽度多车道传力杆钢筋置入机MDBI和裸化机及施工工艺。项目研制的"水泥混凝土路面伸缩缝钢筋置入机"获得国家实用新型专利,专利号:ZL200520051451.4。

(4)主要创新点。

①国内外首次提出设计使用年限50年以上的长寿命路面ACA"柔—刚—柔"典型结构的力学模型,建立了相应行车荷载与温度应力计算方法,研究得出了相应的基于全寿命分析的设计理论与方法,填补了国内外长寿命路面结构的空白。对关键技术"路床、基层、水泥混凝土面层、应力吸收层、沥青混凝土表层"的技术要求和材料组成等进行了深入系统研究,完成了国内外第一条大规模(64.28km)应用长寿命路面结构的高速公路,并已建成通车。

②在国际上首次研制成功了12.5m大宽度多车道水泥混凝土板缩缝传力杆置入机,解决了快速、准确置入缩缝传力杆这一重大技术难题;国际上首次研制开发了水泥混凝土板表面裸化机,制定了工艺技术指标,在水泥混凝土面板强度形成初期,对表层2~3mm

浮浆进行裸化而裸露出碎石,提高了水泥混凝土板与沥青面层的黏结力。

③优化水泥混凝土板块划分方式,使车辆能跨板块行驶,将渠化交通荷载对路面结构的不利影响巧妙地转化为有利条件,从而减少了约20%的水泥混凝土板底温度翘曲应力和约10%的荷载作用下的板底疲劳应力。

④开发了浸水车辙试验方法以及沥青混合料高温抗车辙临界温度的概念和确定方法,并应用于沥青混合料进行抗车辙与抗水损坏平衡设计,能够对沥青混合料在各种最不利条件并存的情况下的路用性能进行定量评价,从根本上解决了沥青混合料抗车辙与抗水损坏难以兼得的技术难题。

⑤通信管道设置在路肩,并将中央分隔带完全封闭,能够避免由于管道设置在中央分隔带造成的常年维修安全隐患及中央分隔带渗水侵蚀路基这一长期重大工程隐患;经过研究,在不降低通信能力的情况下,大规模减少了通信管道孔数,既节约了建设资金,又加快了工程进度。

(二)路基路面材料特性反演与快速检测维修整套技术研究

(1)获得奖项:国家科学技术进步二等奖。

(2)项目完成单位:河南高速公路发展有限责任公司、郑州大学、郑州优特基础工程维修有限公司。

(3)项目简要技术说明。本项目针对我国高速公路施工质量控制和养护管理的迫切需要,系统研究路基路面材料特性反演理论,开发无损检测与快速维修整套技术及其装备。主要研究成果有:

①建立了路面结构介电特性反演理论,系统研究了复合多相材料介电特性及其与压实度、含水率等工程质量关键指标的关系,发展了路基路面复杂力学特性反演理论,开发了以反演理论为基础的工程化软件,其精度和实用性明显优于国外以数据拟合或简化公式为基础的各类软件和现行方法。

②针对我国高速公路设计和施工特点,将动力无损检测与电磁无损检测进行技术集成,开发了以材料特性反演和无损检测技术为基础的路基路面快速检测分析技术,为保障高速公路建设质量提供了先进而实用的技术成果。

③成功研制了集成化道路维修高聚物注浆系统,开发了以无损检测技术为基础的精细化注浆施工工艺,符合我国高速公路养护维修的迫切需要。

(4)主要创新点。

①创建了路基路面材料特性反演理论体系(包括力学特性反演理论和介电特性反演理论),在此基础上开发了具有自主知识产权的工程化软件,从根本上解决了公路无损检测技术长期徘徊不前的"瓶颈"问题。

②针对我国高速公路设计特点和施工质量控制的迫切需要,开拓了道路雷达电磁无损检测新技术领域,并与落锤式弯沉仪动力无损检测技术相结合,开发了路基路面施工过程多指标分层检测和实时分析技术。

③首次开发了路基路面快速维修高聚物注浆整套技术及装备,研制了集成化的高聚物注浆系统,研发了适用于道路维修的高聚物材料配合比和以无损检测技术为基础的施工工艺,开创了路基路面病害处治新途径。

(三)基于红外差热的沥青路面透水性评价及配套养护技术研究

(1)获得奖项:中国公路学会科学技术二等奖、河南省交通运输科学技术进步一等奖。

(2)项目完成单位:河南高速公路发展有限责任公司、河南省高远公路养护技术有限公司。

(3)项目简要技术说明。本项目主要针对目前采用定点法渗水仪对沥青路面透水性的评价中存在代表性差、速度慢、离散性大等缺点,开发能够快速、连续检测的设备,并提出合理的透水性评价标准;提出对不同透水性的沥青路面实施与其透水状况相匹配的处治方法。项目首次将红外差热技术应用到沥青路面透水性检测中,提出了基于红外差热技术评价沥青路面透水性的评价指标及方法,开发了沥青路面透水性红外差热图谱软件系统,研制了沥青路面透水性红外检测仪,并可实现车载连续检测。项目选择不同通车年限和不同等级的沥青路面试验路段,进行红外测温及渗水对比试验,证明采用红外差热图谱评价沥青路面的透水性是可行的。提出了沥青路面透水处置技术(LTC技术),开发了基于检测结果调节沥青洒布量的自动跟踪洒布车及配套养护材料。

(4)主要创新点。

①根据道路无损、快速、连续检测设备的性能指标要求,通过红外路面测温仪、控制系统、数据处理软件的设计,完成了沥青路面透水性红外检测仪的开发。

②通过选择不同通车年限和不同等级的试验段在雨后晴天、洒水模拟下雨、无雨条件下,进行红外测温并记录数据,选取代表性区域进行渗水试验,分析了渗水系数与红外差热图谱数据的相关关系,提出了"沥青路面透水性检测评价方法"。

③根据沥青路面透水处治的需要,充分利用红外检测数据,对沥青路面常规雾封层技术进一步丰富和发展,形成了成套的LTC技术。

④开发了沥青路面透水性红外检测仪,解决了目前国内外无法实现沥青路面透水性快速、连续检测的难题。

(四)高速公路沥青路面寿命期功能性成套养护技术研究

(1)获得奖项:河南省交通运输科学技术进步一等奖。

(2)项目完成单位:河南高速公路发展有限责任公司、河南省高远公路养护技术有限公司。

(3)项目简要技术说明。首次针对高速公路沥青路面寿命期的功能性养护技术进行研究。通过不同的方法,采用最先进、有效的检测设备对原路面进行检测评定,建立科学、合理的评价模型,对养护技术进行决策。针对国内目前对于高速公路沥青路面的养护技术层出不穷而国内没有相应技术指南或规范的现状,在多年的施工经验和研究成果的基础上编制了《高速公路沥青路面寿命期功能性成套养护技术工法汇编》,弥补了我国现有规范的不足。

本项目提出了沥青路面"透水性指数 WPI"和"环境和谐度指数 EHI"评价指标,建立了基于 PCI、RQI、RDI、SRI 以及 WPI、EHI 等六个指标的沥青路面使用性能评定模型和基于道路材料在荷载作用下衰减的沥青路面性能可靠性评定模型,并基于主导病害类型,提出了高速公路沥青路面功能性养护的决策表和决策树方法;研制了操作简便、安全的半自动化沥青路面激光车辙检测仪;开发了具有快速、安全、经济、智能化特点的"GY-LD 路面破损状况调查软件",提出了"路面病害调查处理方法";根据沥青路面养护需求,编制了15 项高速公路沥青路面寿命期功能性养护技术工法,为沥青路面功能性养护提供了系统的方法,具有显著的社会效益和经济效益。

(4)主要创新点。

①首次提出了沥青路面"透水性指数 WPI"和"环境和谐度 EHI"评价指标,建立了基于 PCI、RQI、RDI、SRI 以及 WPI、EHI 六个指标的使用性能评价模型。

②首次提出了基于材料性能衰变的沥青路面可靠性评价模型。

③提出了高速公路沥青路面功能性养护决策的决策表和决策树法;提出了集机械、电子、工艺、成品于一体的功能性养护质量监控体系(黑匣子)。

④以工程为对象应用系统工程原理,提出了高速公路沥青路面寿命期15 项功能性养护技术工法。

⑤研发了半自动化沥青路面激光车辙检测仪(专利号:ZL200620078484.2)。

(五)高速公路改扩建工程设计与施工技术研究

(1)获得奖项:中国公路学会科技技术奖一等奖、河南省交通运输科学技术进步一等奖。

(2)项目完成单位:河南省交通规划勘察设计院有限责任公司、长沙理工大学、河南省交院工程测试咨询有限公司。

(3)项目简要技术说明。本项目比较分析了路基单侧拼宽、双侧拼宽、分离式加宽等高速公路老路加宽扩建方式的特点,提出了高速公路加宽方案论证的主要评价指标;分析了按照地形地基条件、路基的拓宽范围、新老路基填挖形式、新老边坡类型、共同作用层厚度分类的 17 大类、36 小类路基拓宽、新老路基结合的典型横断面形式的工程特性与工程特点;提出了高速公路老路加宽方式中新老路基及路基结合部控制不协调变形的路基加宽设计理论、有限元计算理论模型与方法、设计流程与步骤;提出了路基拼接差异沉降控制标准,新老路基差异沉降控制标准,新路基沉降控制标准,新路基施工期沉降稳定控制标准。

(4)主要创新点。

①提出"在保证路基稳定的前提下,控制路基的不协调变形"处治目标,形成"变形协调与控制"的新老路基结合部处治核心技术,并提出加宽路基施工的关键工序与措施。

②采用相关的仪器和设备,对旧路路面结构承载能力的评价与剩余寿命进行评估;检测旧路基层的损坏状况,提出基层缺陷的加固措施;对旧沥青路面的沥青混合料的老化程度进行评价,提出合理的利用方案;提出了旧路面结构的利用方案与再生技术方案。

③提出了旧路面评价的关键技术指标,研究了改性沥青黏结防水层技术,针对实体工程,提出旧路面病害的处治措施与方案,提出旧路面利用加铺改建方案。

④研究了桥梁加宽的结构形式与桥型布置,分析了新老桥台、桥墩连接技术,桥梁加宽施工时纵缝处理施工工艺,以及盖梁的施工步骤及注意事项。

⑤论证了互通式立交匝道、变速车道及跨线桥的改造技术,探讨了高速公路典型互通的改造方案。

(六)河南高速公路沥青路面典型结构设计与施工技术研究

(1)获得奖项:中国公路学会科学技术一等奖。

(2)项目完成单位:河南省公路工程局集团有限公司、河南省交通规划勘察设计院有限责任公司、河南省交院工程检测加固有限公司、长安大学。

(3)项目简要技术说明。本项目以河南省高速公路设计和建设实践为基础,对全省 20 年来高速公路设计、施工和管理方面的经验进行了及时总结,结合豫西山区高速公路项目,针对高速公路沥青路面新建及改扩建工程中的关键技术问题,从沥青路面结构与材料两方面出发,研究并提出河南省高速公路沥青路面设计与施工典型关键技术,具体包括:河南省高速公路沥青路面结构设计参数确定、沥青路面结构组合设计、沥青路面材料优选与科学设计及沥青路面施工质量控制等关键问题。

(4)主要创新点。

①建立了河南省高速公路自然区划。

②提出了河南省公路路基合理设计参数。

③提出了河南省高速公路典型结构设计方法,提出了河南省高性能路面材料设计

方法。

(七)多参数非线性的沥青混合料智能碾压分析系统研究

(1)获得奖项:河南省交通运输科学技术进步一等奖。

(2)项目完成单位:河南省公路工程局集团有限公司、华北水利水电大学、河南省第二公路工程有限公司、交通运输部公路科学研究院。

(3)项目简要技术说明。本项目是以高温沥青混合料的压实特性的研究为基础,通过传感器采集振动压路机压实中振动信号,同时通过数据分析来解析被碾压的沥青混合料的密度变化状况,最终通过神经网络等非线性建模技术,建立多参数、非线性的智能碾压分析系统。

(4)主要创新点。

①解释了沥青混合料振动压实、抵抗压路机碾轮旋转、路面沉降的压实特性和高低温沥青混合料的密度变化规律。

②创新提出了基于神经网络的多参数非线性智能碾压分析方法和系统。

(八)多孔混凝土排水基层在高等级公路沥青路面中的应用研究

(1)获得奖项:河南省科学技术进步二等奖、河南省交通运输科学技术进步二等奖。

(2)项目完成单位:洛阳西南环城高速公路有限责任公司、河南省交通科学技术研究院、长安大学。

(3)项目简要技术说明。本项目研究了多孔混凝土排水基层的排水性能,提出了空隙率和渗透系数是表征其排水性能的指标;利用渗透仪测试,得出渗透系数与空隙率的相关关系,提出了多孔混凝土排水基层配合比设计的指标与标准;通过正交试验设计和均匀试验设计,回归出振动成型方法下强度和空隙率的一系列关系,据此提出多孔混凝土配合比设计的经验公式法。通过室内小梁弯拉疲劳试验和数据分析,得出多孔混凝土不同失效概率下两种形式的双对数疲劳方程,比较了常用半刚性材料和混凝土的疲劳性能,得出多孔混凝土作为沥青路面基层层底弯拉应力验算的抗拉强度结构系数。此外,还从分析路面温度场入手,研究了多孔混凝土基层的温度翘曲应力和温度胀缩应力,分析了多孔混凝土基层接缝设置和缝间距离。综合路面排水分析和应力分析与结构计算,给出多孔混凝土基层的结构设计方法。

(4)主要创新点。

①通过正交试验,建立了振动成型方式下多孔混凝土强度和空隙率关系,提出多孔混凝土配合比设计方法。

②通过室内小梁弯拉疲劳试验,提出多孔混凝土不同失效概率下的疲劳方程和抗拉

强度结构系数。

③提出以空隙率和渗透系数为指标的排水性能评价方法,利用自制渗透仪,建立了渗透系数与空隙率的相关关系。

④综合路面排水分析和应力分析与结构计算,提出多孔混凝土基层的结构设计方法。

(九)河南高速公路设计技术标准分析研究

(1)获得奖项:河南省交通运输科学技术进步一等奖。

(2)项目完成单位:河南省交通工程定额站。

(3)项目简要技术说明。项目针对河南省高速公路质量方面存在的问题,首先就路基、路面、排水、防护、桥梁涵洞、互通式立交、安全设施、房屋建筑、供电、照明、绿化景观、交通工程等方面,于 2003 年 10 月出台了《河南省高速公路设计指导性原则和技术要求》,并以省交通厅正式文件下发试行。其次,对 28m 路基布设六车道、天桥的设计、交通标志牌、服务区的规模、全程监控等内容也展开了研究,并陆续出台补充条文。2005 年 7 月,课题组组织省内本行业专家,结合前几次设计研讨会的精神,对此前下发的《河南省高速公路设计指导性原则和技术要求(试行)》及补充条文,开展了更加全面、系统、深入的研究,对有关条文作了补充、修订和完善,在这些成果的基础上,编写完成了《河南省高速公路设计技术要求》,以省交通厅文件正式下发实施,并报河南省质量技术监督局评审,以河南省地方标准的形式发布实施,更好地指导高速公路设计与建设。

(4)主要创新点。本课题的研究成果涉及高速公路路基、路面、排水、防护、桥梁涵洞、互通式立交、安全设施、房屋建筑、绿化景观、交通机电工程等专业,共 12 个方面,在全国率先以地方标准形式发布实施,指导河南省高速公路的设计、建设及管理,具有突出创新设计理念,突出以人为本原则、突出服务意识、突出和谐思想、突出技术创新等特点。

(十)高速公路 SMA&ATB 新型路面成套技术研究

(1)获得奖项:河南省交通运输科学技术进步一等奖。
(2)项目完成单位:河南省济焦新高速公路有限责任公司、长安大学。
(3)项目简要技术说明。

①系统研究了水泥粉煤灰稳定碎石(砂砾)作为(底)基层材料的配合比设计及其温缩、干缩、疲劳和抗冲刷等路用性能以及沥青稳定碎石联结层的配合比设计及其高温稳定性、低温抗裂性、水稳定性、抗疲劳等路用性能,首次采用了半刚性基层+ATB 联结层的复合基层结构形式,从根本上消除了半刚性基层沥青路面的反射裂缝问题,丰富了高速公路沥青路面结构形式。

②针对河南省干、温缩一般同时发生作用的现状,首次提出以综合抗裂指数为半刚性

材料抗裂设计的控制指标,并进行计算验证。

③对实体工程济焦高速公路(长济高速公路济源至焦作段)ATB 联结层的设计参数进行敏感性分析,并推荐了相应设计参数范围。

④利用有限元方法对济焦高速公路 ATB 联结层的抗裂效果进行力学分析,推荐防裂层的厚度为 12~14cm。

⑤在河南省首次应用了 SMA 路面,系统研究了 SMA 的配合比设计及其高温稳定性、抗裂性、水稳定性、疲劳性能等路用性能,提出了 4cm SMA + 13cm ATB + 低强度水泥粉煤灰碎石的路面组合。

(4)主要创新点。

①首次提出了 SMA + AC + ATB + 低强度水泥粉煤灰稳定碎石基层的组合式沥青路面结构。

②针对河南省干、温缩一般同时发生作用的现状,首次提出以综合抗裂指标——抗裂指数为半刚性材料抗裂设计的控制指标,并进行计算验证。

③在河南省首次应用了 SMA 路面,系统研究了 SMA 的配合比设计及其高温稳定性、低温抗裂性、水稳定性、疲劳性能等路用性能,提出了 4cm SMA + 13cm ATB + 低强度水泥粉煤灰碎石的路面组合,为实体工程济焦高速公路路面结构的合理组合提供理论基础,为在河南省 SMA 路面的推广应用提供实践经验。

(十一)高速公路膨胀土路堑边坡设计与施工技术研究

(1)获得奖项:河南省交通运输科学技术进步一等奖。

(2)项目完成单位:南阳市高速公路有限公司、河南高速公路发展有限责任公司、长沙理工大学。

(3)项目简要技术说明及主要创新点。

①提出膨胀土干湿循环显著影响区内湿度场的分布是一个随机的非均匀场,利用数值计算的手段,首次获得瞬态变形场和瞬态强度场的变化规律。

②利用数值模拟手段分析了受风化软弱面控制的膨胀土路堑边坡破坏模式的机理,为工程处治方法的提出奠定了基础。

③利用数值模拟手段分析了渗透系数随湿度场的分布变化而变化的规律。

④系统地研究了膨胀土原状样与重塑土样的强度关系规律,创造性地提出并成功实施保湿防渗、柔性支护的综合处治措施。

⑤通过实体分析认为,柔性支护技术是膨胀土路堑边坡处治的首选技术。

(十二)粉砂土地区高速公路路基沉降机理及发展规律研究

(1)获得奖项:河南省交通运输科学技术进步一等奖。

(2)项目完成单位:河南濮安高速公路有限责任公司、湖南大学。

(3)项目简要技术说明。

①研究了粉砂土路基冲刷破坏的发展形成机理与规律,得出粉砂土在不同含砂量条件下的击实曲线及动静力学特性。

②设计和制作粉砂土路基模型试验平台及降雨模拟装置,进行粉砂土路基降雨冲刷物理模型试验。

③以石灰为添加剂,进行粉砂土改性试验,得出石灰改性添加的最合适比例,提出粉砂土路基压实程序及其压实质量控制方法。

④研制和开发了以虚拟试验响应面可靠度计算法为特色的具有数据统计分析、边坡模型输入、可靠性分析及敏感性分析四大功能的边坡可靠度计算程序。

⑤基于岩土强度变异性提出一种基于岩土变异特特性的循环荷载作用下土体塑性累积变形计算方法,得出粉砂土路基在汽车循环荷载作用下的沉降变形规律,为评价粉砂土路堤的沉降稳定性提供了基础数据。

(4)主要创新点。

①利用可靠度理论分析了粉砂土路基稳定性,并开发出实用的分析软件程序。

②提出基于土体变异性的循环荷载下土体累积变形分析方法,得出粉砂土路基在汽车循环荷载作用下的沉降变形规律。

③对粉砂土路基进行了长期沉降观测,提出粉砂土路基沉降稳定性判别指标,编制了《粉砂土路基施工与质量控制指南》。

(十三)河南高速公路典型示范工程成套技术应用研究

(1)获得奖项:河南省交通运输科学技术进步一等奖。

(2)项目完成单位:河南中原高速公路股份有限公司、东南大学。

(3)项目简要技术说明。高速公路典型示范工程是当前高速公路建设过程中形成新技术的重要载体,也是确立建设新理念的重要途径。项目依托工程全线融汇了河南省高速公路建设项目特有的技术难题,研究围绕"优质高效、守法安全、利民环保"的建设理念,通过郑州至石人山高速公路(郑石高速公路)创新体系、高速公路环境景观技术、重载耐久沥青路面结构组合、沥青路面抗车辙综合技术、环保与资源节约型沥青路面技术、和谐高速公路建设与管理技术、高速公路效能监察机制等方面,提出创建文明示范路的规范和技术,实现机制创新、管理创新、制度创新、服务创新,为打造资源节约、环保人文、贴近自然景观的新型高速公路奠定了基础。

(4)主要创新点。

①以理念体系创新和环境友好为目标,综合理念创新、技术创新及管理创新,提出了

高速公路建设创新体系;应用景观视觉和形态学理论,提出了实用的高速公路景观生态设计体系。

②以安全耐久为目标,研究提出了耐久节约型高速公路路面结构组合、材料优选和组成设计新技术。

③以资源节约为目标,研究应用了路基填料综合利用、温拌沥青混合料和SEAM沥青混合料等安全环保型高速公路建设新技术。

④以和谐高速为目标,构建了"以人为本""建管养数字一体化"和"效能监察"的高速公路建设管理体系。

(十四)延长沥青路面使用寿命等关键技术研究

(1)获得奖项:河南省交通运输科学技术进步一等奖。

(2)项目完成单位:河南驿阳高速公路有限公司、同济大学。

(3)项目简要技术说明。课题成果提出的延长道路使用寿命的沥青路面结构设计方法、材料设计指标等关键技术,以及相应的设计方法、理论体系、材料设计具体方案,通过试验路的铺装,验证了该设计方法的合理性和有效性。

(4)主要创新点。

①基于车辙预估模型及允许车辙深度,提出了不同层位沥青混合料抗剪强度指标,用于面层材料的设计,实现了结构与材料设计的有机结合,具有创新性。

②提出的沥青路面结构组合设计方法,有利于车辙损坏的防治和沥青路面使用寿命的延长。

③采用有限元方法对土工格室加劲级配碎石的作用机理、力学响应和影响因素进行了深入分析,提出了采用土工格室加劲级配碎石机理的柔性路面结构,并通过实体工程的铺筑和检测,效果良好。

(十五)排水路面结构与材料设计及施工技术研究

(1)获得奖项:河南省交通运输科学技术进步一等奖。

(2)项目完成单位:河南高速公路发展有限责任公司、长安大学。

(3)项目简要技术说明。

①用体积法对多孔水泥碎石排水基层进行材料组成设计。提出体积法设计应满足的条件、所需设计参数以及参数的确定办法。推荐多孔水泥碎石的合理级配范围,指出最大粒径和4.75mm碎石含量对多孔水泥碎石材料的组成设计尤为重要。

②利用自制渗透仪进行排水基层渗透试验,并分析了级配、空隙率、水泥用量、水灰比等参数对排水基层渗透系数的影响,得到渗透系数与有效空隙的关系,同时提出了多孔水

泥碎石排水基层的现场检测方法。

③通过室内疲劳试验,回归出多孔水泥碎石的疲劳方程,而且结果证实其疲劳性能可达到甚至优于悬浮密实结构材料,多孔水泥碎石具有较好的温缩、干缩性能及良好的抗冲刷性能。

④通过试验段的铺筑,重点研究了压实工艺。

(4)主要创新点。

①给出了排水路面结构的分类形式,并提出根据交通、环境条件等情况充分发挥排水效能的排水体系。

②研究了多孔水泥碎石排水基层的材料组成设计方法,提出按体积法进行材料设计的条件参数。

③研究了多孔水泥碎石排水基层施工控制要点,细化排水设施的布置,提出施工工艺要求,编制了《排水路面结构与材料及施工技术要点》。

(十六)寒冷地区冬季融冰雪对沥青路面及附属设施的危害与防范措施研究

(1)获得奖项:河南省交通运输科学技术进步一等奖。

(2)项目完成单位:河南省交通厅京珠高速公路新乡至郑州管理处、长沙理工大学、中交第四公路工程局第二工程有限公司、郑州科技学院。

(3)项目简要技术说明。课题组通过对大量使用融冰剂后的京珠高速公路进行了现场调研,掌握了融冰剂对沥青路面及附属设施的损伤状况,为室内研究提供了基础资料。汇总现有相关研究成果,开发了融冰剂使用效果评价方法,并针对目前常用融冰剂优缺点开发了新型绿色融冰剂 NC。通过系统室内试验和机理分析,研究了融冰剂对沥青、集料、沥青混合料、植物、水泥混凝土、钢材、土壤和水体的影响,并验证了新型绿色融冰剂的使用效果。

(4)主要创新点。

①自主研发的新型融雪剂 NC 具有较好的融冰雪效能和经济性。

②系统研究了 $NaCl$、$CaCl_2$ 和 NC 三种融雪剂对沥青性能、集料性能、沥青与集料黏附性、沥青混合料路用性能影响机理,揭示了影响规律。

③提出的使用融冰雪剂后的沥青与集料黏附性能测试新方法和融冰化雪能力测试技术,科学合理。

(十七)高性能乳化沥青厂拌冷再生关键技术研究

(1)获得奖项:河南省交通运输科学技术进步一等奖。

(2)项目完成单位:河南省交通科学技术研究院有限公司、河南中原高速公路股份有限公司。

(3)项目简要技术说明及主要创新点。本项目依托郑州至漯河改扩建工程,研究了乳化剂、基质沥青对乳化沥青性能的影响规律以及适用于冷再生的乳化沥青配方及其与旧料之间的配伍性。

①提出了高性能乳化沥青及其厂拌冷再生混合料的技术指标体系。

②通过大量室内试验和理论分析,提出了高性能乳化沥青混合料设计方法,以及混合料早期性能评价及其试验方法。

③提出了高性能乳化沥青厂拌冷再生技术的材料要求、专用施工设备、施工工艺、质量控制及验收标准,并编制了相应的施工技术指南。

(十八)KGRH 二代乳化机研制与应用研究

(1)获得奖项:河南省交通运输科学技术进步一等奖。

(2)项目完成单位:河南省高等级公路养护工程研究中心、河南省交通运输厅科技处、河南高远公路养护设备股份有限公司。

(3)项目简要技术说明及主要创新点。

①根据机械与液体力学原理,设计了一种用于连续生产精细乳液的高性能设备,该设备主要由一组单偶啮合的初混转子和一对精细锥形转子及负压泵所组成。在电动机的驱动下该设备高速旋转,负压泵产生强劲的轴向吸力将物料吸入腔体,经过粗、细两次混合、研磨、均化和负压泵送等过程,完成对沥青的乳化过程。解决了乳化液在大生产量工况下的动力匹配问题;采用机械剪切技术,实现乳化物料的均细化。

②通过对该设备乳化定转子间初混剪切区流场、转子槽道流场及二级锥形转子流场进行理论分析,将研究所得的结果作为KGRH 二代乳化机设计的理论依据,完成了KGRH 二代乳化机初混转子、胶体磨及负压泵的设计与研发,使各部件的功耗最低。

③该设备结构紧凑、能耗低。优化了 KGRH 二代乳化配套部件及总体设计,包括电动机的选择、主轴设计、联轴器的选择、间隙调节装置设计、机壳体设计及其他零部件的设计等。

④通过对乳化沥青生产工艺的研究,提出 KGRH 二代乳化机的工业化生产流程及生产控制指标。该设备所生产的乳化液(如乳化沥青)质量性能完全符合现行乳化沥青的规范要求,且其制得的乳液更均匀、更稳定。

⑤编制的《KGRH 二代乳化机企业标准》及使用说明书,为乳液生产提供技术指导。

(十九)基于多普勒技术的快速激光动态弯沉检测系统开发研究

(1)获得奖项:河南省交通运输科学技术进步一等奖。

(2)项目完成单位：新乡市交通运输局、河南省高远公路养护技术有限公司。

(3)项目简要技术说明。

①本项目研发了一种能快速、无损、连续检测路面动态弯沉的检测设备，通过对多普勒激光检测路面动态弯沉原理分析，设计研发了激光动态弯沉检测系统。

②分析了多普勒激光检测路面弯沉的测量原理，研究了水平速度、姿态变化等因素对路面弯沉的补偿方式，并建立了动态弯沉测量计算模型。

③设计研制了具有温度补偿、姿态补偿、距离和速度测量等功能的激光动态弯沉检测系统，实现了对动态弯沉的检测。

④进行了工程应用，验证了激光动态弯沉检测系统检测路面弯沉的准确性。

⑤编制了《激光动态弯沉检测系统》企业标准。

(4)主要创新点。

①建立了包括姿态补偿的路面动态弯沉计算模型。

②研发了车载式具有可变荷载的多普勒激光技术路面动态弯沉大型检测系统，开发了相应的支撑软件。

③提出了采用动态弯沉进行路面结构强度评定的方法。

二、桥隧技术

桥隧技术类科研项目主要包括桥梁、隧道的设计、施工、监控等方面。

（一）折线配筋预应力混凝土先张梁成套技术研究

(1)获得奖项：河南省科学技术进步一等奖、河南省交通运输科学技术进步一等奖。

(2)项目完成单位：河南高速公路发展有限责任公司、河南岭南高速公路有限公司、河南驿宛高速公路有限公司、河南海威工程咨询有限公司。

(3)项目简要技术说明。本项目对折线配筋预应力混凝土先张梁受弯性能，耐疲劳性能，折线配筋预应力先张梁弯起器、张拉台座，先张梁钢绞线锚固长度、终极徐变，35m跨小箱梁设计与设计荷载试验，以及35m跨小箱梁施工工艺等进行了系统的试验研究，基本解决了在公路工程中应用折线配筋先张法预应力混凝土梁的关键技术问题。折线配筋先张法成套技术研究首次在大跨径公路桥梁上加以应用，进行深入、系统的理论分析，补充了折线配筋先张梁的预应力摩擦损失计算公式、折线钢绞线强度折减系数、梁端锚固区预应力失效长度及防止裂缝措施。折线配筋先张法预应力混凝土施工工艺，其主要内容为张拉台座的设计与安装及张拉放张工艺两部分。

(4)主要创新点。

①建立了定量化分析折线配筋预应力混凝土先张梁的预应力损失σ_{l1}规范计算公式。

②提出先张法预应力锚固（传力长度）段有限元建模及应力分析方法、锚固段混凝土防裂措施。

③编写了折线配筋预应力混凝土先张梁成套施工技术方案，该技术方案具有较强的可操作性。

④编写了折线配筋预应力混凝土先张梁设计施工细则，具有很好的实用性。

⑤发明了拉板式弯起器、大小千斤顶配合使用的安全可靠的张拉、放张施工工艺。

（二）河南省特种荷载下公路桥梁结构标准化研究

（1）获得奖项：河南省交通运输科学技术进步一等奖。

（2）项目完成单位：河南省交通规划勘察设计院有限责任公司、交通部科学研究院。

（3）项目简要技术说明。项目研究成果已经成型（成果登记证号：9412008Y0222）。该项目首次在现行桥梁规范的基础上，针对河南省高速公路上汽车荷载参数进行调查统计，应用概率统计方法建立了汽车荷载计算模型，得出适应于河南省当前高速公路车辆轴重的置信区间和轴重、轴距及车间距的代表值。运用经概率统计分析得到的汽车荷载参数对不同跨径和结构形式的梁桥进行分析，并与公路—Ⅰ级荷载作用下的荷载效应进行了对比，提出反映河南省高速公路交通运输状况的公路桥梁特种荷载模式。

（4）主要创新点。

①针对现有常用的概率统计模型难以恰当拟合河南省高速公路汽车荷载的情况，首次引入了非参数统计中的核估计法用于建立车辆的荷载参数模型，提出了适应当前河南省高速公路车辆轴重的置信区间及轴重、轴距和车间距的代表值。

②对荷载标准提高后增加的建安费用和原有桥梁等级下由于重型车辆作用带来的各种桥梁加固、改造和维修费用进行了对比，从降低桥梁全寿命成本的角度提出反映河南省高速公路交通运输状况的公路桥梁特种荷载标准。

③首次在现行桥梁规范的基础上，运用概率统计分析得到的汽车荷载参数对不同跨径不同结构形式的桥梁进行分析，并与公路—Ⅰ级荷载作用下的效应进行对比，提出反映河南省高速公路交通运输现状的公路桥梁特种荷载模式。

（三）波形钢腹板PC组合箱梁桥成套技术系统研究

（1）获得奖项：中国公路学会科学技术一等奖、河南省科学技术进步二等奖。

（2）项目完成单位：河南省交通规划勘察设计院有限责任公司、东南大学。

（3）项目简要技术说明。本项目将空间有限元数值模拟技术与模型试验、实桥试验相结合，提出了比较完善的波形钢腹板PC组合箱梁桥的设计方法。研究了横隔板对波形钢腹板PC组合箱梁畸变特性的影响。研究表明，随着横隔板的增多（间距减少），畸变产生的竖向位移与弯曲位移的比值也明显减小。偏心荷载下的竖向位移也有类似的规律,横隔板可以有效减少由于畸变而引起的变形。研究了波形钢腹板箱梁的高跨比对结构的力学性能的重要影响。研究表明,偏心荷载作用下的应力和挠度增大系数均随高跨比的增大而增大,较大的高跨比对箱梁的抗扭是不利的。宽跨比对波形钢腹板箱梁在偏心荷载作用下的力学性能也有影响,宽跨比越大,对结构的受力越不利。

(4)主要创新点。

①在国内首次深入研究了波形钢腹板的几何形状设计、波形钢腹板箱梁的剪力滞、抗弯、抗扭以及波形钢腹板与混凝土的有效连接方式等重大技术问题,提出了比较完善的设计分析方法,完成了我国第一座波形钢腹板 PC 组合箱梁结构公路桥,填补了波形钢腹板 PC 组合箱梁结构在我国公路桥梁中应用的空白。

②研究了横隔板对波形钢腹板 PC 组合箱梁畸变特性的影响,为以后波形钢腹板 PC 组合箱梁内的横隔板设置提供了设计参考。

③在国内首次进行了大尺寸波形钢腹板预应力混凝土组合箱梁的剪力键设计和连接技术研究。提出了新型的抗剪连接件,该抗剪连接件具有很好的实用性。

(四)钢管混凝土拱桥健康监测与检测关键技术研究

(1)获得奖项:河南省交通运输科学技术进步一等奖。

(2)项目完成单位:河南省交通运输厅京珠高速公路新乡至郑州管理处、河南省交通科学技术研究院有限公司、郑州大学。

(3)项目简要技术说明。该课题以京港澳高速公路刘江黄河大桥主桥为研究对象,对钢管混凝土拱桥基于频率的中、短吊杆索力测试实用技术、吊杆损伤识别技术、基于广义残余力向量结构损伤识别技术、拱桥健康档案指标及监控流程等关键技术进行详细的研究,为中、下承式拱桥吊杆索力测试、健康监测及损伤识别等提供了依据和参考,具有重要的理论和工程意义。研究成果与国内外同类研究相比,提出的复杂边界条件下吊杆力计算的模型与实用公式、基于广义残余力向量法的结构损伤识别方法具有创新性,达到国际先进水平。

(4)主要创新点。

①提出考虑吊杆弹性支承、附加质量等复杂边界条件下的计算模型,理论推导并给出基于振动法的拱桥中、短吊杆索力的实用计算公式,并通过试验,验证了该公式的准确性和可行性。

②提出基于广义残余力向量法的结构损伤识别方法。通过算例及试验验证,显示该方法与同类其他方法相比具有明显的实用性。

③给出了钢管拱桥健康监测流程和健康档案的建立方法。

(五)桥梁耐久性及安全性能检测指标评价与加固关键技术研究

(1)获得奖项:河南省交通运输科学技术进步一等奖。

(2)项目完成单位:河南省公路学会、河南中原高速公路股份有限公司、河南高速公路发展有限责任公司、同济大学、郑州大学。

(3)项目简要技术说明。本课题在全面调研和分析现有桥梁耐久性及安全性能评价与加固技术的基础上,结合河南郑(州)漯(河)、安(阳)新(乡)、郑(州)洛(阳)3条高速公路加宽项目工程实践,以公路中小跨径梁式桥为研究对象,并结合我国现行的有关桥梁养护规范,通过理论研究、技术开发及实际应用,系统研究了中小跨径混凝土梁式桥常见病害类型及其成因机理,通过既有梁式桥安全性、耐久性检测与评估技术系统理论与方法的论证与讨论,研究、开发了公路桥梁检测新技术以及结构安全性与耐久性评估的指标、准则与方法,以指导旧桥的快速检测与加固,解决工程实践中的难题。课题还研究了桥梁碳纤维加固技术的施工工艺和可靠度。

(4)主要创新点。

①创造性地提出了以两阶段相机标定的摄影测量理论为基础的结构动位移测试方法,包括三维动位移的通用测量方法和针对桥梁检测中平面位移测量的新技术。通过各类试验室试验与现场试验进行系统验证,并在相关依托工程中成功运用。

②建立了一种针对公路桥梁荷载试验评估方法的实用指标——断面应力校验系数以及中小跨径公路桥梁技术状况评估的基本流程,并进行了工程应用;获得了桥面铺装层作用、板式橡胶支座约束作用、荷载横向分布以及桥梁护栏对荷载试验评估结果的影响。

③提出了钢筋混凝土梁桥退化构件的承载能力计算及结构寿命预测的方法。对屈服强度降低系数及钢筋混凝土协同工作降低系数进行了敏感性分析,认为混凝土保护层锈胀开裂是结构性能变化的一个重要转折点。

(六)超大跨径自锚式悬索桥成套技术研究

(1)获得奖项:河南省交通运输科学技术进步一等奖。

(2)项目完成单位:河南省桃花峪黄河大桥投资有限公司、交通部科学研究院、清华大学。

(3)项目简要技术说明。郑(州)云(台山)高速公路桃花峪黄河大桥是主跨406m的双塔自锚式悬索桥,跨径为当时世界第一。本项目对桃花峪黄河大桥大跨径自锚式悬索桥的结构性能、力学行为、施工工艺等方面进行了一系列的研究和技术创新。

(4)主要创新点。

①超大跨径自锚式悬索桥抗风、抗震性能及其稳定性研究:结构风致振动、地震响应

及对策研究,确立了大断面扁平钢箱梁及纵向全漂浮体系。

②全桥及锚固区模型试验研究:大比例全桥及局部模型试验与结构仿真及监测控制。建立超大跨径自锚式悬索桥全桥模型并进行相关模型试验,以确定合理的施工阶段结构体系转换过程检验施工方案的可行性;建立超大跨径自锚式悬索桥主缆锚固区模型,采用多种手段、多种尺度相互验证的方法增强研究的系统性和可信性。

③施工控制及健康检测研究:超大跨径自锚式悬索桥施工关键技术。

④采用先梁后缆方案施工,钢箱梁采用54m高临时墩,多点、同步、连续顶推施工技术;具有顶推质量大,长度长,施工质量和线形控制要求高,河床摆动冲刷大等特点,在临时墩顶位移、顶推不平衡水平力控制、顶推平台的滑移方式设置等施工相对传统技术有较大的提升和创新。

(七)大跨径混凝土桥面铺装体系设计与施工技术研究

(1)获得奖项:河南省交通运输科学技术进步特等奖。

(2)项目完成单位:河南省交通运输厅京珠高速公路新乡至郑州管理处、长安大学。

(3)项目简要技术说明及主要创新点。

①提出基于延长固化时间的环氧沥青材料,优化环氧树脂与基质沥青的配伍性,降低环氧沥青的施工难度。

②较为全面地研究了环氧沥青防水黏结层材料、环氧沥青材料组成设计及性能、混凝土桥面沥青铺装层结构设计及施工技术与经济效益分析。

③分析了不同防水黏结层材料的拉伸、高温、低温、耐腐蚀、透水性能,以及防水黏结层层间剪切和黏结性能,提出了基于路用性能的混凝土桥面环氧系防水黏结材料技术指标。

④研发了基于延长固化时间的环氧沥青,对比分析了不同环氧沥青混合料时温性、强度、温度稳定性、水稳定性、耐油腐蚀性、疲劳性能以及抗滑抗渗性能。

⑤建立了以热稳定性、抗疲劳性、抗渗性和抗裂性为指标的环氧沥青混凝土材料组成设计。

(八)基于超宽装配式公路钢桥提高桥梁承载力的关键技术研究

(1)获得奖项:河南省交通运输科学技术进步特等奖。

(2)项目完成单位:河南省交通规划设计研究院股份有限公司。

(3)项目简要技术说明。本项目的研究内容为:超宽装配式公路钢桥的设计理论研究;超宽装配式公路钢桥的第一类和第二类稳定性研究;临时支点位置与预留间隙的优化研究;超宽装配式公路钢桥的车桥耦合问题研究;超宽装配式公路钢桥的施工技术研究。

(4)主要创新点。

①基于"321"型贝雷梁结构形式,提出并设计了一种新型超宽装配式公路钢桥,对推动"321"型装配式公路钢桥扩展应用有积极作用。

②在"桥上桥"结构中提出了确定临时支点初始间隙量的方法,合理设置了装配式钢梁的临时支座,提高了大件运输车辆的通行能力。

③基于多准则研究超宽装配式公路钢桥的第二类稳定性,得到了不同支点数量下超宽装配式公路钢桥的承载能力。

(九)智能预应力技术及其在桥梁控制中的应用研究

(1)获得奖项:河南省交通运输科学技术进步一等奖。

(2)项目完成单位:河南省洛阳西南环城高速公路有限责任公司、清华大学。

(3)项目简要技术说明。本项目主要针对目前交通领域较为突出的超载问题,提出基于形状记忆合金的智能桥梁概念,将其应用在桥梁结构中,调节桥梁结构的承载能力,以适应超载要求,提出桥梁安全设备;完成形状记忆合金的性能和应用有关实验室试验,提出其应用于桥梁的设计方法,解决了形状记忆合金束和钢绞线的连接方案和相应的施工工艺问题,完成空心板智能预应力效果试验;分析了智能预应力对提高桥梁承载力的效果,进行埋置有形状记忆合金束的桥梁整体结构试验。

(4)主要创新点。

①完成形状记忆合金性能和应用的有关实验室试验,解决了形状记忆合金在通电加热状态下的力学性能测试时的绝缘问题,得出形状记忆合金的本构关系曲线,为其在桥梁工程中的应用提供了必要的技术数据。

②提出基于形状记忆合金智能预应力技术应用于桥梁的设计方法,解决了形状记忆合金束和钢铰线的连接方案和相关施工工艺等。

③项目在试验技术、设计方法和施工工艺等方面有较大创新,并在国际上首次进行了智能预应力技术在桥梁控制中的应用研究。

(十)旧桥预应力混凝土空心板的试验研究

(1)获得奖项:河南省交通运输科学技术进步一等奖。

(2)项目完成单位:河南高速公路发展有限责任公司、河南海威工程咨询有限公司。

(3)项目简要技术说明。本课题结合郑(州)洛(阳)高速公路维修养护换下的4片已使用10年的旧桥预应力混凝土空心板为载体,开展了旧桥预应力混凝土空心板的性能、指标检测与破坏荷载试验研究、旧桥预应力混凝土空心板的加固方案及相应破坏荷载试验研究。研究了河南省公路建设中常用的预应力混凝土空心板的极限承载能力、受荷破坏机理等;以此为基础,分别采用受压区加大截面法和受拉区粘贴碳纤维布的方法对2片旧桥预应力混凝土空心板进行加固,并通过加固后的旧桥预应力混凝土空心板的破坏荷载试验研究,探讨了不同结构补强措施对旧桥预应力混凝土空心板极限承载力、受荷破坏机理等的影响,并提出合理可行的旧桥预应力混凝土空心板加固补强方案及相关建议。

(4)主要创新点。

①通过2片旧桥空心板的破坏荷载试验,对旧桥预应力混凝土空心板的极限承载能力及受荷破坏机理等进行试验分析研究。

②利用桥面铺装混凝土对旧桥预应力混凝土空心板受压区进行加固,采用碳纤维布对旧桥预应力混凝土空心板受拉区进行加固,通过破坏荷载试验,对加固后旧桥预应力混凝土空心板的极限承载能力及受荷破坏机理等进行分析研究。

(十一)斜拉桥环氧填充型钢绞线拉索体系研究

(1)获得奖项:河南省交通运输科学技术进步一等奖。

(2)项目完成单位:开封阿深黄河大桥有限公司、江苏法尔胜新日制铁缆索有限公司。

(3)项目简要技术说明。本研究依托大(庆)广(州)高速公路,开封黄河大桥是在国内首次将环氧填充型钢绞线应用于工程建设的斜拉桥。环氧填充型钢绞线拉索体系包括索体、锚固系统、过渡系统(即索鞍)防腐系统等。

①索体(环氧填充型钢绞线)。索体的环氧树脂保护层通过静电沉积将环氧树脂与钢绞线熔融固结在一起,7根钢丝间的空隙完全由环氧树脂填充,外圈保护层的厚度达到0.6mm,可有效阻腐蚀介质的侵入,防腐性能优良。据日本住友电工所做的各项耐腐蚀试验与加速老化试验,使用寿命不低于50年,如无紫外线直接照射,使用寿命可达100年。

②锚固系统。研制的配套锚夹具性能稳定可靠,研制的锚夹具已申请国家专利(申请号:200520075754.X)。

③过渡系统(即索鞍)。研制的"HDPE分路管索鞍"是采用HDPE分丝管将索体分开,分丝管之间填充水泥浆的一种结构形式,克服了其他鞍座索体受力不匀、混凝土局部劈裂应力过大、索体易磨损的缺点。HDPE分丝管索鞍已申请国家专利(申请号:200520075112.X)。

④防腐系统。防腐系统分为索体防腐与锚固部位防腐两部分。索体防腐主要通过环氧涂层来阻止有害介质对钢绞线的侵蚀,同时采用HDPE外套管来阻止紫外线直接照射环氧涂层(起到双层保护作用)。

(4)主要创新点。

①研发了含HDPE分丝管的拉索鞍座体系,进行了1∶1足尺模拟试验验证。工程实

践表明该体系结构合理、加工制造简单,具有推广运用价值。

②对斜拉索锚固体系做了双重防护的改进,可有效提高斜拉索的使用寿命。

③在国内首次将环氧涂层填充型钢绞线体系运用于特大型矮塔斜拉桥。该产品防腐性能优良,运输、安装方便,便于更换,具有推广价值。

(十二)复合加固技术在桥梁工程中的应用研究

(1)获得奖项:河南省交通运输科学技术进步一等奖。

(2)项目完成单位:河南高速公路发展有限责任公司、河南省交院工程测试咨询有限公司。

(3)项目简要技术说明。本课题结合实际桥梁工程,总结和划分了连续箱形桥梁的病害特征;以三维有限元数值分析为技术手段,验证了体外预应力、铆粘钢板、增大截面粘贴碳纤维布对桥梁加固的有效性,确定了以复合加固为原则的技术,提出了合理有效的施工工序,建立了复合应用多种加固技术加固连续箱形桥梁的施工工艺,确定了各加固技术对连续箱形桥梁加固前、后动力性能的影响,为连续箱形桥梁损伤后动力测试和快速加固提供了重要的理论参考。

(4)主要创新点。

①首次提出了不同加固方法对连续箱形桥梁加固前后动力特性的影响规律,为连续箱形桥梁损伤后动力测试和加固设计提供了参考依据。

②建立了以复合加固为原则的加固方法。依据后期施工加固措施不影响或减少前期施工的加固效果为原则,兼顾施工方便,首次明确提出了复合加固的优化施工工序,并编制了复合加固施工工艺指南。

(十三)变截面钢管混凝土桁架拱桥建造技术系统研究

(1)获得奖项:河南省交通运输科学技术进步一等奖、中国公路学会科学技术奖三等奖。

(2)项目完成单位:河南省交通规划勘察设计院有限责任公司、河南省交院工程测试咨询有限公司、郑州大学。

(3)项目简要技术说明。本项目以二广高速公路蒲山特大桥主桥为依托,根据变截面三拱肋钢管混凝土桁架拱桥的结构特点,建立了变截面三拱肋钢管混凝土桁架拱桥的空间有限元计算模型,用理论分析、现场监测和科学试验相结合的方法,对桥梁静力性能、稳定性、设计优化、施工优化与仿真、施工监控、质量评价等建造关键技术进行系统研究。

(4)主要创新点。

①首次采用空间有限元方法,研究分析了三拱肋变截面钢管混凝土拱桥空间受力特

征和控制部位受力特性,为依托工程——蒲山特大桥优化设计提供了依据。

②提出了三拱肋变截面钢管混凝土拱桥拱脚的构造优化设计和抗裂性设计方法。

③分析了三拱肋变截面钢管混凝土拱桥吊杆张拉索力变化的相互影响规律,提出了吊杆张拉力调整的优化控制方法,指导了大桥施工。

④采用太阳能远程无线遥测技术,实现了大桥施工全过程的跟踪监控。

⑤编制的《蒲山特大桥养护维修指南》可供类似工程参考。

(十四)高速公路桥梁高墩监测监控技术应用研究

(1)获得奖项:河南省交通运输科学技术进步一等奖。

(2)项目完成单位:河南省济邵高速公路有限公司、河南省交通运输厅公路管理局、大连理工大学。

(3)项目简要技术说明。课题通过建立实时监测系统对高墩大跨桥梁不同施工阶段的受力性能及变形等进行现场监测,研究随高度的增加高墩受力的变化情况及温度、风速等对高墩受力的影响,并及时与设计值进行对比,保证高墩在整个施工过程中的安全性与科学性,发现问题及时纠正与改进。利用有限元分析软件建立高墩大跨桥梁不同施工阶段的弹塑性模型,对高墩不同施工阶段的受力及变形情况进行分析,通过将计算结果与实测结果进行对比,逐步对数值模型进行修正,保证所建数值模型的有效性与科学性。

(4)主要创新点。

①依托济邵高速公路逢石河特大桥工程,针对该桥梁高墩建立一套现场施工监控系统,采集并积累了观测数据,为类似桥梁高墩施工监控系统的建立提供了参考,对研究桥梁高墩在施工阶段的受力及变形特点提供了实测资料。

②基于几何非线性、材料非线性的有限元模型,开展了高墩施工过程中稳定性数值分析,该方法更接近高墩实际受力情况。

③基于监控系统观测数据,对桥梁高墩有限元计算模型进行了修正,提高了模型的计算准确性。

(十五)高速公路桥头跳车量化指标与评价标准研究

(1)获得奖项:河南省交通运输科学技术进步一等奖。

(2)项目完成单位:河南省交通运输厅京珠高速公路新乡至郑州管理处、长安大学。

(3)项目简要技术说明及主要创新点。

①提出了基于人体舒适性的不同车速、不同沉降量等条件下的高速公路桥头跳车沉降评价指标及控制标准。

②建立人—车—路垂向振动系统,采用动荷载系数作为评价路桥过渡段车辆的动载

评价指标,计算了行驶车辆作用于路桥过渡段路面的附加动荷载和动荷载系数,并基于行车安全性提出了高速公路桥头跳车沉降评价指标及控制标准。

③建立路桥过渡段三维有限元模型,计算冲击荷载和移动荷载作用下路面结构的动态响应。通过引入基于路表弯沉、层底拉应力和路基顶面压应变的路桥过渡段沥青路面动载修正系数,分析了动载对路桥过渡段路面结构破坏的影响,为其设计及养护提供技术依据。

(十六)空心板梁桥横向预应力成套技术研究

(1)获得奖项:河南省交通运输科学技术进步一等奖、河南省科学技术进步二等奖。

(2)项目完成单位:河南省交通科学技术研究院有限公司、河南中原高速公路股份有限公司、河南高速公路发展有限责任公司、河南省交通运输厅公路管理局、河南省公路学会、郑州大学。

(3)项目简要技术说明及主要创新点。

①通过对装配式预应力混凝土空心板梁桥最常见的铰缝破碎、脱落问题进行病害机理分析,指出空心板间连接构件的"铰链"薄弱,桥梁的横向弯矩必然造成横断面梳形张开,导致铰缝下部拉裂、脱落,铰缝上部产生应力集中而破坏。

②提出的采用施加横向体外预应力增加空心板间横向整体性的方法,解决了在活荷载作用下造成铰缝混凝土再次损坏的难题,增强了铰缝混凝土的抗剪、抗裂性能。

③应用空间有限元方法,对横向分布系数、加固效率等多种评估加固量化参数指标进行了研究,发现了宽跨比、斜度对施加横向体外预应力加固效果的影响规律,提出了施加横向有效预应力的控制指标。

④提出了在装配式空心板桥两侧边板侧壁。通过植筋现浇的方式增设混凝土牛腿锚固预应力索的设计方案,有效解决了预应力索钢板锚固出现松动、疲劳破坏的问题。

⑤研究了针对空心板梁桥从检测、评估、加固设计、施工工艺等方面的成套技术,编制的《混凝土空心板梁桥横向预应力成套技术施工指南》已在多项工程中应用,社会效益和经济效益显著。

(十七)公路桥梁混凝土耐久性技术及标准研究

(1)获得奖项:河南省交通运输科学技术进步一等奖、河南省科学技术进步三等奖。

(2)项目完成单位:河南省交通科学技术研究院有限公司、河南中原高速公路股份有限公司。

(3)项目简要技术说明。

①提出了抗裂性能、抗碳化性能、抗冻性能及抗氯离子渗透性能等普通混凝土耐久性

关键指标,为检验普通混凝土的耐久性提供了依据。

②提出了混凝土原材料的质量控制指标,为提高普通混凝土的耐久性提供了保证。

③提出了普通混凝土的耐久性配合比设计方法,为提高普通混凝土的耐久性提供了技术支持。

④提出了普通混凝土施工质量控制指标,为提高普通混凝土的耐久性提供了控制技术。

(4)主要创新点。

①依据混凝土结构的设计使用年限、环境作用类别及作用等级,提出了具体的普通混凝土耐久性控制指标,并首次将混凝土耐久性检验评定等级用于混凝土耐久性控制指标之中。

②从普通混凝土的原材料质量控制、耐久性配合比设计及关键施工工序的控制等方面,提出了适用、可行、较为系统的普通混凝土耐久性成套控制技术。

③编制了《公路桥梁混凝土耐久性技术及标准》。

(十八)高速公路预制梁板混凝土耐久性关键技术研究

(1)获得奖项:河南省交通运输科学技术进步一等奖。

(2)项目完成单位:河南高速公路发展有限责任公司连霍郑洛段改建工程项目部、中冶建筑研究总院有限公司、中建二局连霍改扩建工程 No.14 标段项目经理部。

(3)项目简要技术说明及主要创新点。

①通过集料级配优化采用高性能减水剂、掺合料等技术,提出了基于耐久性目标的混凝土配合比设计方法,提高了预制梁板混凝土的耐久性能。

②通过调整预制梁板混凝土砂率和工作性能指标,采用 200mm 大流动度高性能混凝土技术浇筑预制梁板,并形成相应工法,为工程实际应用提供指导性操作方法,并为有关标准规范编制提供参考。

③提出基于表层混凝土渗透性指标评价耐久性的标准和检测方法,实现了预制梁板实体混凝土耐久性的快速、无损检测,具有创新性。

④针对混凝土破坏的主要形式,采用玄武岩纤维提高混凝土抗盐冻剥落能力,确保混凝土结构的耐久性。

三、智能交通及信息化

智能交通及信息化类科研项目是在高速公路建设管理中应用到的智能交通理念及信息化手段的研究类项目。

(一)基于 GIS 平台的高速公路智能管理系统研究

(1)获得奖项:河南省交通运输科学技术进步一等奖。

(2)项目完成单位:河南省交通运输厅京珠高速公路新乡至郑州管理处、河南威腾科技发展有限公司。

(3)项目简要技术说明。基于 GIS 的高速公路管理平台,能够综合利用 GIS 进行自动检测、数据分析与自动控制,实现了高速公路路政、养护、征收、机电和服务区信息的整合和业务的集成,达到了对交通状况的智能管理;利用 PDA 技术、移动视频、无线通信和 GPS 技术,实现了道路病害信息、路政现场视频即时传输,提升了指挥中心远程调度和实时反应能力;首次利用自主研发的软矩阵及解码技术,实现了数字与模拟信号的同屏显示。该系统总体上达到国际先进水平,具有显著的经济效益和社会效益。

(4)主要创新点。

①建立基于 GIS 的高速公路监控与业务管理集成平台,实现高速公路监控系统、应急调度指挥系统与路政、征收、机电、养护等业务流程的协同管理;实现高速公路监控设备之间、设备与业务管理系统之间的智能联动;利用组播技术实现信息的同步发布与共享;利用数字化视频技术实现高速公路现场管理可视化。

②利用移动终端与 GPS 系统建立了系统配套的"高速公路路政巡查现场 GIS 理子系统",实现终端与中心的信息同步。

③利用 PDA 技术、GPS 技术、GIS 技术和无线网络技术,实现高速公路养护作业的实时定位与桩号计算、作业过程实时通知与报告。

(二)沥青路面结构层连续性探测及图像可视化技术研究

(1)获得奖项:河南省交通运输科学技术进步一等奖。

(2)项目完成单位:河南高速公路发展有限责任公司、河南省高远公路养护技术有限公司。

(3)项目简要技术说明。本项目针对半刚性基层沥青路面结构层连续性检测技术进行研究,采用有限元路面结构与声耦合算法,设置了激励能量、路面模量、结构不连续区域等参数,建立了半刚性基层沥青路面结构层不连续区域与声效特征值的特征关系,并利用声效法原理,研制了由激励轮、音频传感器、位移传感器等部件及数据处理和图像可视化系统构成的路面结构层连续性无损检测仪。研发的"沥青路面结构层连续性检测仪",能够实现半刚性基层沥青路面结构不连续病害检测,为病害处治和预防性养护设计提供更完善的参考依据。研制了路面结构层连续性无损检测仪,研发的"路面结构层连续性检测仪的 280 激励轮"已申请国家发明专利(申请号:200910022278.8)。河南省交通厅组织专家组鉴定认为:该研究成果填补了国内外半刚性基层沥青路面结构连续性检测方面的空白,总体上达到国际领先水平。

(4)主要创新点。

①本项目应用振动和声效理论,利用有限元结构与声耦合算法对半刚性基层沥青路面结构进行声效特征值分析,建立了半刚性基层沥青路面结构层不连续病害与声效特征值的对应关系。研究试验表明,采用声效法检测半刚性基层沥青路面结构层不连续性是充分可行的。

②研究表明,半刚性基层沥青路面结构层存在不连续时,在振动条件下产生声效的能量与频谱存在一定的对应关系。

③通过有限元计算激励结构连续区声效表征方法,研究确定了检测半刚性基层沥青路面连续性需要的激励能量和频率,以研究结果为基础发明了"路面结构层连续性检测仪的激励轮",并申请了发明专利。

④编制了数据处理软件,采用数理统计的方法对半刚性基层沥青路面声效特征值数据进行分析,确定了基准值的计算方法;判断出结构不连续病害等级和位置,最后将检测结果以模拟图像的形式表现出来,使检测结果直观,判断简便。

(三)河南高速公路联网收费多路径识别研究

(1)获得奖项:河南省交通运输科学技术进步一等奖。

(2)项目完成单位:河南省高速公路联网收费工作领导小组办公室。

(3)项目简要技术说明。本项目的研究内容包括基础调查研究(路网结构调查、收费状况调查、驾驶员路径选择行为调查、路网交通运行规律调查等项内容),基础理论研究(收费政策分析、路径识别理论分析、路径选择特性分析、多路径划分标准研究等项内容),多路径识别分析(多路径分布规律分析、多路径影响分析等项内容),实施方案研究等四个方面。课题研究过程中,不仅全面系统地对各种路径识别技术进行了比较分析,而且针对河南省的具体情况,多次开展了驾驶员路径选择问卷调查和典型路段交通量调查工作,提出适合河南省高速公路联网收费特点的合理多路径界定原则、标准及通行费征收与拆分方案。

(4)主要创新点。

①项目首次对河南省高速公路"环套环"的多路径路网特征结构进行了分析,提出了采用最短路径为主体,合理多路径协商概率拆分为补充的选择方法。

②项目首次根据驾驶员路径选择行为调查结果,提出了"以里程为参数,绝对差和相对差结合"的合理路径划分方法。该方法符合河南省高速网络结构特征,界定原则可行。

③项目通过实际多路径路网的OD数据、典型路段交通调查验证,提出了基于"里程、

时间、路况"等多因素的多路径概率拆分模性,具有较强的适应性和可操作性。

(四)路面路基状态探地雷达检测数据量化处理分析技术研究

(1)获得奖项:河南省交通运输科学技术进步一等奖。

(2)项目完成单位:河南省交通规划勘察设计院有限责任公司、中国海洋大学、河南省交院工程测试咨询有限公司。

(3)项目简要技术说明及主要创新点。

①通过对公路检测探地雷达信号系统分析,研究了多种提高信号信噪比的方法。结果表明,预测反褶积、横向滤波和偏移数据处理技术在提高剖面分辨率方面效果明显。

②基于大量探地雷达实测资料,研究了路面沥青混凝土、水泥混凝土及砂土路基的介电特性,优化了以上三种材质介电常数公式;应用模型估算法提出了材质电磁波速等参数求取方法,实现了含水率、压实度等结构层物性参数量化分析。

③将理论模拟和实测资料相结合,系统建立了公路面层裂缝、厚度变异、密实度不均,基层裂缝、换填、疏松、脱空及路基沉降、空洞等常见病害的探地雷达剖面图库。

④研发了具有自主版权的"路面路基状态探地雷达检测数据处理软件系统",可实现雷达探测剖面信号高分辨处理,公路病害异常图像自动模拟,结构层界面自动追踪,厚度、含水率等状态参数自动计算及结果成图和输出。

(五)高速公路桥面径流实时识别及选择收集系统研究

(1)获得奖项:河南省交通运输科学技术进步一等奖。

(2)项目完成单位:河南省交通科学技术研究院有限公司。

(3)项目简要技术说明。

①提出U形传感器检测管设计方案,可以对来水进行连续检测。

②采用传感器组合进行径流水质检测,选定pH值、浊度、电导率、可燃气体等的传感器,用较少的传感器覆盖酸碱性液体、浊度型物质、盐溶液、挥发性液体等检测对象。

③借助天气传感器对检测时段进行优化,将其区分为降水和非降水两种天气状况,简化了系统处理流程,大幅提高了事故泄漏检出率和系统可靠度。

④设计检测管半排空机制,除满足个别传感器工作环境要求外,还提供危险品检测所需的稀释水,同时避免因存水过多过度稀释导致低浓度危险品不易检出。

⑤提出电磁阀延时关闭、开启机制,避免事故状态下水质发生变化前泄漏混合物流入蓄水池或正常径流流入事故泄漏池情况的发生。

(4)主要创新点。

①针对公路桥面危险品运输事故泄漏物的物理、化学性质,以桥面控制主机、水质传

感器、三位三通电磁阀为核心,提出了桥面径流收集系统设计技术方案。

②开发的 GPRS 无线通信模块、管理软件,可对化学危险品在公路桥面泄漏时,实现自动检测、报警。

四、节能环保

节能环保类科研项目研究是指在高速公路建设管理中进行的节能环保研究。

(一)黄土沟壑地带高速公路景观和生态防护研究

(1)获得奖项:河南省交通运输科学技术进步一等奖。

(2)项目完成单位:河南省交通规划勘察设计院、河南农业大学、河南农大风景园林规划设计院。

(3)项目简要技术说明及主要创新点。

①该项目选择郑州西南环城高速公路为研究对象,借鉴国内外高速公路修建过程中的经验和教训,应用工程选线、工程设计、生态防护设计与工程施工四位一体的思路与方法,对沿线互通式立交、边坡碎落台、中央分隔带、外侧防护林带等采取工程措施与生物措施相结合的防护技术,达到了生态安全与景观重建的目的,符合以人为本、科学发展的要求。

②为有效控制水土流失,改变以往单一水泥浆砌类坡面覆盖措施,选择出最优的快速恢复植被技术,确定了适宜的植物种类,控制水土流失效果良好,并较大范围地采用了国际先进的喷浆快速恢复植被技术。

③实现了利用大量沟壑废弃地建立公路及立交桥,少占用耕地;选择了最优快速恢复植被的设计方案与技术,生态防护效果突出;实现了以工程护坡骨架为基础,"乔、灌、花、草、藤"三维护坡体系。

④通过高速公路生态防护效益与生态经济效益的定量化研究,首次应用了国内外最近提出的"生态服务"新理论和新方法,评估人工生态系统的生态服务价值。

(二)以工业废料、矿石粉为原料研制新型复合融雪剂的研究

(1)获得奖项:河南省交通运输科学技术进步一等奖。

(2)项目完成单位:河南高速公路发展有限责任公司、郑州科技学院、郑州大学。

(3)项目简要技术说明及主要创新点。

①本项目利用生物质气化、干馏过程中的废液——粗木醋液与白云石矿石粉为主要原料,通过蒸馏处理与白云石粉室温下搅拌反应、蒸发结晶,并与硝酸镁或硝酸钠进行复合等制备了复合型醋酸钙镁盐(CMA)类的新型复合融雪剂。得到的复合盐型融

雪剂呈现出与氯化钠相近的融冰、融雪性能,对金属的腐蚀和植物的毒害远低于氯化钠。

②经河南省化工产品质量检测中心检测,产品质量指标符合 Q/HGF001—2009 标准要求。

③通过室外试验发现,新型复合融雪剂具有融雪速度快、融雪性能好、对路面腐蚀作用小等特点。合成原料及制备工艺具有创新性,环保效果明显,社会效益显著。

(4)推广应用前景。该复合型融雪剂属于对道路桥梁等基本不腐蚀、对环境无污染的环保型融雪剂,主要应用于道路、机场或特定区域的除排冰雪。该类型融雪剂的推广使用,有利于环境的美化与生态平衡,可大大减少因基础设施重建或修复而增加的开支。新型复合融雪剂的推广要加大力度,宣贯地方标准,及时总结使用中出现的问题,进一步优化配方,为科技成果转化和发展生产力而努力推出第二代产品。新型复合融雪剂是值得期待的具有良好社会效益和环境效益的项目。

(三)河南高速公路网络生态防护体系及养护管理研究

(1)获得奖项:河南省交通运输科学技术进步一等奖。

(2)项目完成单位:河南高速公路发展有限责任公司、河南农业大学、河南农大风景园林规划设计院。

(3)项目简要技术说明及主要创新点。

①将河南省分为十大生态类型区,就高速公路生态防护体系中的中央分隔带、边坡、互通区、服务区及站区和路侧防护林带的生态防护体系的构建与管理关键技术进行了深入的研究,提出不同生态类型区的模式、养护质量评价指标及技术措施。

②探索了中央分隔带植物防眩效果的评价方法及影响因子,确定了植物防眩的计算方法;研究了边坡植物配置与水土保持效果的关系,建立了植物护坡模式。

③制定了高速公路绿化养护技术指标及措施,提出绿化养护考评指标及考评办法。

五、其他软科学

其他软科学类科研项目是指为高速公路建设管理决策、科学化管理而进行的研究。

(一)高速公路项目收益分析评价研究

(1)获得奖项:河南省交通运输科学技术进步一等奖。

(2)项目完成单位:河南省交通工程定额站、长沙理工大学。

(3)项目简要技术说明及主要创新点。

①建立了高速公路项目建设期、运营期效益分析评价指标和方法体系,内容全面系

统,为高速公路的发展建设决策和运营管理决策提供了理论、方法与技术支撑。

②提出了利用人工神经网络技术进行高速公路建设项目各参与方利润空间的快速估算方法,建立了项目融资风险模糊层分析模型及融资风险分配的线性规划模型等,具有创新性。

③利用投入产出方法定量计算了河南省高速公路投入产生的间接经济效益和就业岗位数,并根据模糊综合评判原理,采用35个影响指标,全面评价了河南省高速公路的经济效益、社会效益、环境效益。

(二)河南省高速公路招投标项目研究

(1)获得奖项:河南省交通运输科学技术进步一等奖。

(2)项目完成单位:河南省交通厅工程管理处、河南高速公路发展有限责任公司、河南中原高速公路股份有限公司。

(3)项目简要技术说明。本课题的研究内容包括河南省公路工程施工招标资格预审范本、改进招标人标底确定办法、编制招投标辅助管理系统、高速公路工程监理费最低标准、网上招标系统等。

(4)主要创新点。

①项目测定了高速公路监理费用的最低标准,有利于高质量开展监理工作和引进高水平的监理队伍进入高速公路建设市场。

②对利用网络资源进行网上招投标做了有益探索,开发了专家库管理系统,有利于加强对评标专家的管理。

③针对公路工程招投标中存在的围标、串标等行为,首次提出合理有限低价评标法的多种复合标底计算方法,编制的《河南省公路施工招投标资格预审文件范本》及辅助管理系统在全省使用,得到了交通部的肯定和认可。

(三)河南高速公路发展研究

(1)获得奖项:河南省科学技术进步三等奖、河南省交通运输科学技术进步三等奖。

(2)项目完成单位:河南高速公路发展有限责任公司、河南省人民政府发展研究中心。

(3)项目简要技术说明。

①本项目研究了河南高速公路发展的特点和作用,总结了国内外发展高速公路的经验和规律,对高速公路发展的必要性和环境进行了全面分析。

②运用数理模型对河南高速公路运输需求进行了定量预测。运用博克斯—詹金斯法,不依赖于常规回归分析法,建立了预测河南高速公路运输量的ARIMA数学模型,并利

用该模型预测了河南高速公路2010—2020年的运输总量和交通量。

③提出了河南高速公路发展总体思路和基本战略。明确河南省高速公路发展的总体思路,提出了适度超前、协调发展、科技兴路、人才强路、可持续发展和产业化经营战略。

④提出了加快河南高速公路发展的对策措施。树立科学发展理念,推进高速公路建设投融资体制创新,构建和谐高速公路,强化节能减排,坚持节约土地,创新高速公路经营管理体制,积极推进养护市场化,大力实施多元化经营,使高速公路的经济效应得到有效发挥。

(4)主要创新点。

①在对河南高速公路发展的现状、特点、经验及存在问题进行系统研究的基础上,分析了高速公路发展的必要性,根据国内外高速公路的发展规律和特点,提出了未来河南发展高速公路的总体思路和基本发展战略,从深化体制改革、构建和谐高速公路、创新体制、强化节能减排目标等方面,提出了发展的具体对策和措施。

②课题组对高速公路的阶段性发展目标进行了论证,建立了基于土地利用的四步法与高速公路运输需求预测理论框架。从深化认识、提高管理水平、推进养护市场化、健全人才培养体系、大力实施多元化经营等方面,对高速公路经营管理体制创新进行了探讨,成果具有创新性。

(四)河南高速公路计重收费及多路径概率确定分析研究

(1)获得奖项:河南省科学技术进步二等奖、河南省交通运输科学技术进步二等奖。

(2)项目完成单位:河南省交通科学技术研究院有限公司、河南高速公路发展有限责任公司、河南中原高速公路股份有限公司。

(3)项目简要技术说明。

①该研究成果中的车辆收费当量系数理论概念和相关数学模型,主要用于收费公路的收费标准和收费车型系数标准的分析确定,以及计重收费标准主要参数的分析确定。制订的河南省高速公路计重收费方案、提出的高速公路网多路径概率拆分通行费的方法体系,具有较强的可操作性。

②该研究成果制订的多路径概率拆分通行费的成套技术方案,可以用于高速公路联网收费多路径拆分问题的处理。

③基于计重收费模式的高速公路通行费联网收费—拆分—分析预测模型,为高速公路联网收费和拆分情况下的高速公路通行费管理另辟蹊径,有很好的实用性。

(4)主要创新点。

①创新性地提出车辆收费当量系数概念,建立了定量化分析确定收费公路收费标准

的数学模型,量化分析了车辆计重收费的关键参数,补充和完善了公路网收费相关理论和方法。

②提出了多路径概率拆分通行费的成套技术方案,该技术方案具有较强的可操作性。

③建立了基于计重收费模式的高速公路通行费联网收费—拆分—分析预测模型,具有很好的实用性。

(五)河南省高速公路建设从业单位及人员信用评价管理系统研究

(1)获得奖项:河南省交通运输科学技术进步一等奖。

(2)项目完成单位:河南省交通厅工程管理处、河南省交通厅公路管理局。

(3)项目简要技术说明及主要创新点。

①运用内插计算法和固定比例分配等级的方式,将最终各评价等级的从业单位数量控制在合理的范围内,避免了以往常规打分容易出现的普遍高分或普遍低分的现象,体现了信用评价的相对性、科学性和公平性。

②对从业单位按照月评价进行综合排名,实现了信用评价的动态管理,具有创新性。

③基于客户服务器模式、Net 平台、MS SQLSERVER 和多层架构等技术开发的评价管理系统,结构合理、安全稳定。

④研究制定的《河南省公路建设市场从业单位及人员信用管理办法》《河南省公路建设施工企业信用评价办法(试行)》和《河南省公路建设监理企业信用评价办法(试行)》已在河南省高速公路项目建设管理中实施,有效加强了工程管理,规范了从业单位履约行为。

(六)河南省高速公路收费服务地方标准研究

(1)获得奖项:中国公路学会科学技术奖三等奖。

(2)项目完成单位:河南中原高速公路股份有限公司、河南省工业情报标准信息中心。

(3)项目简要技术说明及主要创新点。

①项目组围绕提高高速公路收费服务质量所需要的关键因素和关键节点,对服务设施、服务质量、服务安全、服务监督、收费稽查等环节进行了定性和定量的研究,符合河南省高速公路的实际情况,具有针对性、统一性、实用性。

②基于研究成果编制的《高速公路收费服务》《高速公路收费人员操作规程》被批准为河南省地方标准,应用情况良好,填补了交通运输行业收费服务地方标准的空白。

(七)《河南省高速公路设计技术要求》修订和高速公路加宽关键技术研究

(1)获得奖项:河南省交通运输科学技术进步一等奖。

(2)项目完成单位：河南省交通运输厅综合规划处、河南省交通规划勘察设计院有限责任公司、长安大学。

(3)项目简要技术说明。

①本项目是在全国高速公路设计技术要求的基础上，结合河南省的地域特征，对某些指标补充和细化，研究成果更能适应河南省的实际情况。目前国内其他省份还没有类似技术成果。

②项目完成了《河南省高速公路设计技术要求》的修订，并将其提升为《河南省高速公路设计指南》。编写了技术报告，内容包括：山区高速公路长陡下坡路段安全体系设置及应用研究、高速公路改扩建路基拼接技术研究、河南省高速公路路面典型结构研究、高速公路改扩建桥梁拼宽技术研究、高速公路桥梁荷载标准研究、高速公路小净距隧道合理净距研究、高速公路连拱隧道施工支护研究、高速公路沿线设施设计研究。

(4)主要创新点。

①建立了长陡下坡路段事故率、事故严重程度预测、安全度模型及危险路段安全水平评估体系。

②确定了河南省高速公路改扩建工程桥梁设计荷载标准及独柱墩桥梁上部结构抗倾覆安全系数。

③推荐了河南省高速公路小净距隧道的合理净距及偏压连拱隧道的合理施工方法。

④修订了《高速公路设计技术要求》，形成了《高速公路设计指南》。

第三节 科研成果推广应用

一、交通科技创新总体情况综述

在"十二五"期间，随着国家和交通运输部深入实施"科技强交"战略，河南省也逐步加快了创新型交通运输行业建设，进一步提升科技创新水平，取得一批拥有自主知识产权的科技成果。

(1)创新能力建设达到新水平。更加注重推进科研基地建设，先后成立了"河南省道路材料与结构研究中心""河南省玄武岩纤维混凝土工程实验室""河南省岩土与隧道工程院士工作站""河南省桥梁诊断与加固工程技术研究中心""交通科研博士后研发基地""博士后、硕士研究生联合培养基地""研究生创新实践基地"等。科研基础条件不断完善，为进一步提高创新能力、推进交通运输行业科研工作向更高水平发展创造了条件。加强了国家行业重点实验室和工程研究中心建设，培育出国家级重点实验室或工程研究中心和交通运输部重点实验室、工程技术研究中心;加强了省级实验室和工程技术研究中心建设,基本建成了全省交通运输创新能力体系;完善行业科技信息资源共享平台建设,促进科技资源整合利用。依托重大建设工程、科研项目和科研基地,在重点领域培养了一批知名专家和优秀科技创新团队。

(2)重大科技研发取得了新突破。不断推进关键领域技术创新,交通运输基础设施建设、养护和管理技术取得全面提升,整体上达到国内领先水平;现代交通运输组织技术、交通运输安全保障技术、智能信息技术取得新的重大突破,交通运输节能减排和环保技术重点突破,交通运输科学决策能力进一步提高。

(3)技术标准建设取得新进展。完善了行业地方性技术标准体系,促进技术进步,保证工程质量,保障人身安全、财产安全,促进先进适用的科技成果及时纳入标准,制(修)订了符合河南省实际情况的地方性标准规范,加快技术标准更新。

二、科技成果推广

2012年《河南省交通运输科技成果推广实施方案》印发后,河南省交通运输科技成果推广工作进入实质性推广应用阶段,成立了省厅科技成果推广应用工作领导小组办公室(以下简称"科推办"),在省厅科技处的指导下开展具体工作。

(一)推广成果的来源

(1)2007年以来完成的省交通运输科技项目取得的成果。

(2)交通运输部交通运输建设科技成果推广目录收录的成果。

(3)其他符合交通运输行业发展需求,能够推动行业科学技术进步、先进成熟的科技成果。

(二)推广成果的选择原则

(1)择优性原则。适合河南省交通运输发展需求,技术比较成熟,能对全省交通行业有带动和示范作用的成果。

(2)效益性原则。符合交通产业发展方向,成果的推广应用具有良好的经济、社会和生态效益。

(3)可操作原则。推广的成果具有良好的技术基础,能够保障成果推广的顺利实施。

(三)科技成果推广主要方向

1. 2012—2013年科技成果推广方向

①沥青路面材料再生技术;②高性能混凝土技术;③抗裂半刚性基层技术;④预防性

养护技术。

2.2014—2015年科技成果推广方向

①RFID射频技术和传感器感知技术在交通运输领域的应用;②交通运输信息化技术;③交通运输节能减排技术;④道路科学养护技术;⑤橡胶沥青在沥青路面中的应用技术;⑥高强钢筋在钢筋混凝土中的应用技术;⑦经济、舒适、耐久水泥混凝土路面技术。

(四)科技成果推广项目情况

2012—2015年,河南省交通运输厅共列支专项经费570万元,组织了34项科技成果的推广应用,并建立了科技成果推广项目的申报、评审、验收等工作程序。2012—2015年河南省交通运输科技成果推广应用项目见表6-3-1。

2012—2015年河南省交通运输科技成果推广应用项目表　　表6-3-1

序号	项目编号	项目名称	项目申请单位	以奖代补资金（万元）
2012年度					
1	2012T01	高性能乳化沥青厂拌冷再生技术在连霍郑洛段改扩建工程	河南省交通科学技术研究院有限公司	25
2	2012T02	公路桥梁集群监测、评估与预警成套技术	河南省交通科学技术研究院有限公司	25
3	2012T03	抗裂半刚性基层技术	河南省交通运输厅公路管理局	25
4	2012T04	高速公路桥面径流实时识别及选择收集系统	河南省交通科学技术研究院有限公司	20
5	2012T05	多功能路况快速检测系统(CICS)	河南省交通运输厅公路管理局	20
合计		5项		115
2013年度					
6	2013T01-1	道路安全评价与提升技术	交通运输部公路科学研究院	0
6	2013T01-2	高速公路排水降噪沥青路面成套修筑技术	交通运输部公路科学研究院	0
6	2013T01-3	废胎胶粉橡胶沥青修筑高性能环保沥青路面	交通运输部公路科学研究院	0
7	2013T02	公路混凝土路面常见病害快速修复材料与技术	河南省交通运输厅公路管理局	15

第六章 河南高速公路建设科技成果

续上表

序号	项目编号	项目名称	项目申请单位	以奖代补资金（万元）
8	2013T03	水泥混凝土路面改造打裂压稳成套技术及设备	河南省交通运输厅公路管理局	10
9	2013T04	高速公路服务区标准化管理研究	河南省交通运输厅高速公路管理局	10
10	2013T05	河南省高速公路行业文化发展研究	河南省交通运输厅高速公路管理局	10
11	2013T06	基于多媒体的公路工程施工网络招投标信息化系统	河南省交通工程定额站	10
12	2013T07	公路桥梁混凝土耐久性技术及标准研究	河南省交通科学技术研究院	15
13	2013T08	空心板梁桥横向预应力成套技术	河南省交通科学技术研究院	15
14	2013T09	高速公路绿色通道稽查管理系统	河南省交通科学技术研究院	10
15	2013T10	高速公路机电运维管理系统	河南省交通科学技术研究院	10
16	2013T11	沥青路面泡沫沥青厂拌冷再生施工技术	周口市公路管理局	10
17	2013T12	泡沫沥青冷再生技术成果推广应用	南阳市交通运输局	10
18	2013T13	基于稀土换能器的桥梁层析成像关键技术及南阳旧桥升级健康评价模型研究与应用	南阳市交通运输局	10
合计		13 项		135
2014 年度				
19	2014T01	沥青路面厂拌热再生技术应用	河南省交通运输厅公路管理局	20
20	2014T02	水泥稳定碎石抗裂技术在固始县沙河铺—泉河铺公路改建工程中推广应用	河南省交通科学技术研究院	20
21	2014T03	厂拌乳化沥青冷再生技术在公路沥青路面中的推广应用	河南省交通科学技术研究院	50
22	2014T04	空心板梁桥横向预应力成套技术	河南省交通科学技术研究院	40

续上表

序号	项目编号	项目名称	项目申请单位	以奖代补资金（万元）
23	2014T05	超限车辆快速动态称重检测系统	河南省交通科学技术研究院	20
24	2014T06	沥青路面冷再生快速修复技术在山区道路及山区村镇路段的应用	南阳市交通运输局	20
合计		6项		170
2015年度				
25	2015T01	河南省普通干线公路建设管理标准化体系	河南省交通运输厅公路管理局	15
26	2015T02	厂拌乳化沥青冷再生技术在公路沥青路面推广应用	河南省交通科学技术研究院	20
27	2015T03	旧空心板在农村公路中应用成套技术	河南省交通科学技术研究院、鹤壁市农村公路管理处	15
28	2015T04	道路运输安全督导信息移动管理系统	河南省道路运输管理局	10
29	2015T05	30m跨空心板加固成套技术	河南省交通科学技术研究院有限公司	20
30	2015T06	横向预制拼装波形钢腹板组合梁桥	河南省交通规划勘察技术设计院有限责任公司	15
31	2015T07	路面隐性病害移动式无损检测技术	河南省高远公路养护技术有限公司	15
32	2015T08	沥青路面泡沫沥青厂拌冷再生施工技术	周口市公路管理局	15
33	2015T09	路面热熔型灌缝胶技术标准	河南省交通科学技术研究院	15
34	2015T10	公路工程质量节点体系及管理信息系统	河南省交通运输厅公路管理局	10
合计		10项		150
2012—2015年汇总		34项		570

其中，对高速公路建设、运营、管理有较大影响的推广应用项目主要有：

1. 公路桥梁集群监测、评估与预警成套技术（2012T02）

该项目主要推广了桥梁健康监测、安全评估及预警技术在工程实际中的应用，并通过实际应用总结经验，将经验应用于理论的研究，在理论研究为实际工程服务的基础上，又因实际工程应用使得理论得到升华。

1)推广应用情况

本技术已成功应用于连霍高速公路义昌大桥中。连霍高速公路义昌大桥,桩号 K741+800,由河南高速公路发展有限责任公司洛阳分公司管辖。桥梁全长为 208.04m,桥面宽度净 11m+2×0.5m 防撞护栏,设计荷载为汽车—超 20 级,挂车—120。该桥上部结构为预应力混凝土简支 T 梁,跨径布置为 5×40m。下部结构为三柱式桥台,双柱式桥墩,钻孔灌注基础桩。桥面为钢筋混凝土+沥青混凝土铺装。

2013 年 2 月 1 日,连霍高速 K741+800 处义昌大桥南半幅发生坍塌,受其影响北半幅桥梁第 3 孔出现局部破坏和损伤,在外观检查和荷载试验的基础上,设计和实施基于传感技术、网络信息技术、信号处理与分析技术以及结构分析评估理论的在线健康监测系统,用以监测和评估桥梁的受力状态,及时了解结构的健康状况,为义昌大桥北幅的养护管理和车辆保通提供科学依据。

2)经济、社会效益

本项目的效益主要表现:在桥梁运营过程中面临着火灾、泥石流、车撞等各种各样的风险,桥梁健康监测、评估、预警系统可以在事故发生后对桥梁的工作状态进行及时的评估及预警,避免人员的伤亡等次生灾害的发生,带来巨大的经济、社会效益。

在桥梁正常的运营中,健康监测、评估、预警系统可以及时反映桥梁的工作状态,及时发现桥梁的病害,提醒桥梁养护工程师及时对桥梁病害进行处理,避免小的病害因无及时发现造成大的病害,进而可以节省大量的养护资金,产生较大的经济、社会效益。

2. 高速公路服务区标准化管理研究(2013T04)

1)推广应用情况

高速公路服务区标准化管理研究科技成果推广项目(2013T04),旨在对河南省高速公路现有服务区运营情况进行系统全面调查的基础上,提出服务区标准化体系基本结构和相关标准,并在一定范围内征求意见,对标准体系所涉及的相关技术条款进行论证,确定标准条款的可行性及有效性,最终形成内容科学全面、符合行业发展的《河南省高速公路服务区标准化运营管理规范》。

项目编制了地方标准《高速公路服务区运营服务管理规范(征求意见稿)》,项目进一步提升河南省高速公路服务区的标准化运营管理水平,依托项目发表了相关论文 2 篇。

2)经济、社会效益

高速公路服务区标准化管理研究科技成果推广项目,在制定科学全面的《河南省高速公路服务区标准化运营管理规范》的基础上,一方面将标准内容融入行业管理部门制定的高速公路服务区星级评定办法、服务区标准化管理办法、日常检查评定细则、示范服务区考核细则等行业政策中去;另一方面通过观摩会、文明服务区创建活动、浮动式星级评定等活动和宣传手段,进一步规范服务区的运营管理,从而提升服务区的整体服务形象和经营状况,取得了良好的社会效益和经济效益。

3. 河南省高速公路行业文化发展研究(2013T05)

1)推广应用情况

项目推广以来,召开了全省高速公路行业文化建设现场观摩会,制定下发了《关于推进全省高速公路行业文化建设的指导意见》,内部出版发行了《河南高速》杂志,以"河南高速"为品牌,积极推行形象统一战略,全方位推进精神、制度、行为、物态等各类形态的文化建设,抓好试点,建立起统一的"河南高速"文化体系,全面提升行业的服务能力。与行业新闻主流媒体建立良好的宣传渠道,组织了全国行业和省权威媒体进行专题采访,在《中国交通报》刊发高速文化相关专题报道,在全国形成较为鲜明的"河南高速"品牌形象,实现可持续发展。

随着河南省五大国家战略的实施,交通运输行业的先行作用进一步凸显,作为现代综合交通运输体系的骨干支撑,高速公路的窗口效应和名片效应愈加突出。建设好、维护好河南省高速公路的品牌形象,是全省高速公路行业永远不能放松的任务。随着时代的发展,高速公路行业文化的发展应用前景广阔,要积极促进高速公路行业文化内涵研究的不断发展和深化,促进行业文化的落地生根、开花结果。

2)经济、社会效益

通过一系列推广,"中枢大道,道行天下"的河南省高速公路行业文化体系落地生根、开花结果,与各高速公路运营管理单位企业文化相融共进,进一步树立了高速公路良好的社会形象。河南省高速公路行业文化发展研究成果推广项目,通过观摩会、印发指导意见、权威媒体宣传等手段,取得了良好的社会效益,为全省高速公路各运营管理单位企业文化的建立健全提供了鲜明统一的内涵、意义和体系,极大地节约了各单位的设计开发成本,按每单位节约2万元成本估算,取得间接经济效益54万元。

4. 公路桥梁混凝土耐久性技术及标准研究(2013T07)

1)推广应用情况

本项目的推广应用以保证混凝土耐久性为主要目的。对影响钢筋混凝土桥梁耐久性的因素、耐久性损伤机理进行了分析总结;结合河南省气候环境特点和钢筋混凝土桥梁出现的耐久性问题,对混凝土结构所处的环境类别和环境作用等级进行分类,并针对不同的环境类别和环境作用等级提出相应的混凝土耐久性指标;在混凝土耐久性规范和国内外混凝土耐久性技术研究的基础上,从混凝土原材料的质量控制、混凝土的配合比设计、混凝土的施工质量控制等方面进行研究和总结,提出系统的、全过程的混凝土耐久性指标控制技术。研究成果在焦桐高速公路登封至汝州段新建工程项目混凝土工程中实际应用,混凝土耐久性能得到保证,为混凝土耐久性指标及控制技术在河南省范围内推广应用提供了坚实的基础。

2）经济、社会效益

河南省内高速公路上的大多数桥梁为钢筋混凝土桥梁。通过混凝土耐久性技术的推广应用，两年后预计高性能混凝土材料利用率将达到95%以上。

混凝土耐久性技术不仅应用于桥梁建设中，也可以在铁路、水利和城建等多个领域中推广应用。在实施混凝土耐久性技术产业化和科技推广项目中，积极完善技术和产品的各项技术指标，编制地方标准，引领资源节约型和环境友好型公路行业的发展。具体的经济分析如下：

（1）使用粉煤灰取代一定量的水泥，降低了单位体积混凝土的成本。以胶凝材料为300kg/m³ 的 C30 混凝土配合比计算，粉煤灰取代量为30%，以市场粉煤灰与水泥的差价150元/t 计算，混凝土降低成本 13.5 元/m³。实际施工中 C50 等配合比使用胶凝材料更多，节省的费用更高。

（2）采用本项目研究成果有效地提高了混凝土的耐久性能，从而提高了桥梁的使用寿命。以设计寿命为 100 年的桥梁为例，由于耐久性不足，使用寿命仅为 30 年。混凝土的耐久性能提高后，桥梁使用寿命为 60 年，则相当于两座使用寿命为 30 年的桥梁。

（3）在混凝土中使用矿物掺合料（粉煤灰）取代一定量水泥，降低了混凝土中水泥用量，节约了自然资源；将粉煤灰变废为宝，减少了污染和耕地面积的占用，符合国家的节能减排方针政策。

（4）使用大掺量矿物掺合料配制成的混凝土属于绿色环保材料，符合国家可持续发展战略。

（5）混凝土耐久性技术的科技成果推广实施，将会推动河南高速公路钢筋混凝土桥梁建设水平迈上一个新的台阶。

5. 空心板梁桥横向预应力成套技术（2013T08）

本项目的推广应用主要是为了推广空心板梁桥横向预应力成套加固技术在空心板铰缝病害加固中的应用。

1）推广应用情况

（1）通过推广项目的理论研究，形成空心板梁桥横向预应力的设计理论。

（2）通过推广项目的应用，形成系统的空心板梁桥横向预应力的施工工艺，编制《装配式空心板桥横向预应力加固施工工法》。

（3）通过加固效果的长期监测，形成长期加固效果评价指标。

（4）获得国家专利 3 项，出版专著 1 部：空心板桥体外横向锚固体系及其施工工艺（国家发明专利 201010502940.2）、空心板桥铰缝病害处理结构（实用新型专利 CN 202194081 U）、空心板桥体外横向锚固体系（实用新型专利 CN 201817779 U）和《体外横向预应力加固简支空心板梁桥技术》专著。

2）经济、社会效益

空心板梁横向预应力成套技术已在京港澳高速公路驻马店至信阳段改扩建工程实施，对于旧桥加固，尤其是空心板桥梁铰缝病害的处治，采用横向预应力方法进行加固处理，增强了空心板梁桥的横向联系，改善了横向预应力的分布情况，保障了桥梁正常安全运营，带来了较大的经济效益。

横向预应力加固效果显著，且在桥梁长期运营情况下，退化现象不明显；与传统相关病害处治方法相比，节省了大量桥梁维修资金且避免了重复加固，取得了良好的效果。

6. 高速公路绿色通道稽查管理系统（2013T09）

1）推广应用情况

本项目采用智能终端实现"绿色通道"稽查过程中车辆稽查信息快速录入和拍照，数据通过无线网络实时上传，后台实现稽查数据与收费流水数据的自动匹配，实现"绿色通道"的快速稽查与统计。使用绿色通道稽查管理系统智能终端，将稽查时间缩短到30s，包括拍照、车辆牌照识别、绿色通道车辆数据录入等，能够实现智能终端车辆牌照识别不小于95%，同时开发了一套高速公路绿色通道稽查管理系统软件。

本项目的推广使用主要达到了如下作用：

（1）简化了验货程序，缩短了验货时间，降低了工作人员劳动强度。

（2）实现快速、高效、实时的"绿色通道"车辆稽查流程，减少因稽查而导致塞车现象的发生，提高收费站专用通道的车辆通行效率，切实做到专用车道快速放行，为高速公路"保畅通"更好服务。

（3）升级现有稽查技术手段，变单个工作人员稽查为多方异地协同稽查、监管。通过新型技术手段加入到"绿色通道"的稽查过程中，以全方位的稽查方式进行"绿色通道"查证，进一步减少驾驶员单独作弊、驾驶员和稽查人员联合作弊等事件的发生。

（4）稽查过程的图像、视频短片等必要稽查数据将实时上传到管理中心服务器，由"绿色通道"平台实时进行数据管理。缩短因手工登记车辆信息所造成的数据处理延误，提高效率。

（5）实现实时"绿色通道"数据汇总，为领导更好地决策提供支持。

（6）对数据进行全方位综合分析，如绿通车流量、车型，车流量主要分布季节、时段、往来区域，以及货物的类型、来源等。

2）经济、社会效益

（1）实现了高速公路绿色通道稽查系统的数字化信息管理，取代了工作人员人工攀爬车辆检查车辆货品，人工填写表格登记，基本实现无纸化办公，降低了绿通车辆稽查的危险性，提高了绿通车辆通行效率。

(2)有效预防货车驾驶员、工作人员等的作弊行为,避免国家经济损失。

(3)提高高速公路绿色通道通行效率。把工作人员从过去手工检测、手工制作报表的方式中解脱出来,通过高效的移动办公,实时采集绿通车辆的信息,实时生成报表。

(4)通过系统的使用为管理部门的决策提供数据支持,提高整个高速公路的运输效率和运营效益。

7. 高速公路机电运维管理系统(2013T10)

1)推广应用情况

机电系统是高速公路中保障交通畅通的神经系统。建立"高速机电系统运维标准化管理服务支撑平台",以优化配置和整合共享高速公路机电系统的设备资源,实现机电系统运维的标准化、规范化、信息化管理,最大限度地发挥机电系统工效,降低高速公路机电系统运营成本,提高运营效率和运行管理水平。

本项目的推广使用主要达到如下作用:

(1)规范机电工程养护质量检验评定的工作内容。

(2)提高机电工程养护质量检验评定的工作效率。

(3)形成统一的机电设备、供应商、养护标准等基础数据中心库。

(4)丰富统计分析功能,辅助管理者决策。

(5)通过智能检测 PDA 工具提高工作效率。

2)经济、社会效益

本项目推广运行以来,不仅方便新郑管理处机电设备日常检测工作,而且提高了机电设备日常检测工作的评定效率,是实现高速公路交通智能化的重要实施步骤。在机电设备管理方面,达到预防为主、防治结合的要求,建立高速公路机电系统运行与维护工作的长效机制,做到集养护、检测、评定于一体的机电养护管理体系。

(1)实现了高速公路机电系统的数字化信息管理,降低信息管理成本;基本实现了无纸化办公,取代了过去手工表格登记的复杂性,降低日常管理运营成本。

(2)有效预防机电系统设备故障,提升高速公路机电设备运维管理水平,提高高速公路机电设备运行效率。

(3)提高了高速公路机电设备检测工作效率。把工作人员从过去手工检测、手工制作报表的方式中解脱出来,通过高效的移动办公设备,实时收集机电设备的检测信息,实时生成报表。

(4)拓宽沟通渠道,改善沟通途径,使得主管单位、项目单位、检测单位之间的信息得以充分共享,提高整体工作效率。

(5)通过系统的使用,能更清楚地关注核心设备的工况性能和关键运维问题,提高整个高速公路的运行效率和运营效益。

8. 30m 跨空心板加固成套技术(2015T05)

本项目研究目的:推广空心板内置气囊加固技术和支座脱空处置技术在实际工程中的应用。

1)推广应用情况

(1)30m 空心板桥抗剪加固技术及试验研究

提出了内置气囊增大截面进行空心板端部抗剪加固的方法,完成了 3 片 30m 空心梁板的实桥抗剪加固对比试验。

(2)空心板支座脱空处置技术及试验研究

发明了一种桥梁可调支座垫石,通过调整螺杆旋转大小,满足不同支座抬升高度要求,避免了支座受力不均匀和脱空现象的发生,减少桥梁病害的发生,延长支座的使用寿命,降低全寿命养护成本。

可调支座垫石轴向抗压试验结果表明,针对 30m 空心板用可调垫石,在最大加载值 1000kN 作用下,可调垫石的竖向变形量分别为 0.832mm 和 0.941mm,满足使用要求。可调支座垫石轴向抗压数值模拟结果表明,数值分析荷载—竖向位移曲线与试验值吻合较好。

2)经济、社会效益

(1)空心板正常服役期间,面临着抗剪承载能力不足和支座脱空的问题,对于上述问题的重视程度不够或者不能及时进行加固处理,将会使得病害进一步地发展,甚至引起事故,造成较为严重的经济损失和社会影响。

(2)在空心板加固处理过程中,通过内置气囊法进行空心板抗剪承载能力不足的加固,加固效果较好;可以避免空心板更换带来的经济负担,同时还可以避免长时间中断交通带来的经济损失和社会影响。

(3)在支座脱空处理中,通过可调支座垫石的更换,能够很好地保障支座受力均匀,避免脱空现象发生。对于后期支座更换问题,能够在不中断交通的情况下,进行支座更换,避免了整体抬升中断交通带来的经济损失和社会影响,具有较好的经济效益。

9. 路面隐性病害移动式无损检测技术(2015T07)

1)推广应用情况

(1)发明专利 4 项,即提高红外传感器标定精度的方法、路面结构层隐性病害检测方法、采用声效与探地雷达检测路面病害的控制电路及具有该控制电路的检测装置、路面病害检测高精度信号同步采集系统及其同步采集方法。

(2)外观专利 1 项:路面病害无损检测车。

2)经济、社会效益

沥青路面隐性病害综合检测系统可实现沥青路面面层透水性、路面结构不连续和路面结构层模量的检测，与传统技术相比在检测速度、检测数据代表性、检测准确性方面具有较大的优势，设备使用及维护成本较低。

运用该项技术后，能够大幅度降低因结构层内部变化引起的路面损害，减少了裂缝、沉陷、坑槽等病害出现，从而减少养护成本，减少封闭交通修补段，提高畅通能力，具有广泛的社会意义。

实时采用相应的养护措施，可以延长路面的使用寿命，提高道路行驶的舒适性。对于道路用户也带来了诸多效益，包括事故量减少、行驶时间缩短、车辆运行费用降低、车辆养护费用节省、对附近居民商业干扰减弱、行驶舒适性增加、公众满意程度提高等。

利用本项目的研究成果，可以提早发现路面隐形病害，能从根本上实现预防性养护，避免路面状况进一步恶化，保证道路服务质量并延长使用寿命，从而达到在公路寿命周期内节约养护成本的目的，促进公路养护资源节约、环境友好型目标的实现。

三、科技创新平台建设

截至 2015 年底，河南省共有各类科技创新平台 11 个，其中国家级 2 个、省级 9 个，详见表 6-3-2。

河南省交通运输科技创新平台基本情况表　　　　表 6-3-2

序号	级别	名　　称	类　　别	所属领域	批准部门	批准日期	经费（万元）
1	国家级	公路养护装备国家工程实验室	国家工程实验室	公路	国家发展和改革委员会	2012 年 9 月	5783.4
2	国家级	公路桥梁安全检测与加固技术交通运输行业研发中心	国家工程（技术）研究中心	公路	交通运输部	2013 年 8 月	1200
3	省级	河南省道路材料与结构工程技术研究中心	省级工程（技术）研究中心	公路	河南省科技厅	2008 年 8 月	1889
4	省级	河南省桥梁诊断与加固工程技术研究中心	省级工程（技术）研究中心	公路	河南省科学技术厅	2010 年 10 月	857.8
5	省级	道桥新材料与结构耐久性技术河南省工程实验室	省级工程实验室	公路	河南省发展和改革委员会	2011 年 10 月	1478.6
6	省级	河南省桥梁安全技术工程研究中心	省级工程（技术）研究中心	公路	河南省发展和改革委员会	2011 年 10 月	650

续上表

序号	级别	名　称	类　别	所属领域	批准部门	批准日期	经费（万元）
7	省级	河南省公路交通安全技术工程研究中心	省级工程（技术）研究中心	交通安全	河南省发展和改革委员会	2011年10月	275
8	省级	隧道施工运营安全技术河南省工程实验室	省级工程实验室	交通	河南省发展和改革委员会	2012年7月	
9	省级	玄武岩纤维混凝土河南省工程实验室	省级工程实验室	公路	河南省发展和改革委员会	2012年11月	1677
10	省级	射频识别（RFID）交通应用技术河南省工程实验室	省级工程实验室	交通	河南省发展和改革委员会	2013年7月	200
11	省级	公路地质病害防治技术河南省工程实验室	省级工程实验室	交通	河南省发展和改革委员会	2013年7月	

（一）国家级科技创新平台

1. 公路养护装备国家工程实验室

该实验室是2012年由国家发改委批准建设。该实验室以河南省高远公路养护技术有限公司为依托，联合交通运输部科学研究院、长安大学、中交西安筑路机械有限公司、河南高远公路养护设备股份有限公司共同组建。公路养护装备国家工程实验室紧紧围绕国家重大战略需求和产业发展的需要，针对国产重大型、先进、多功能公路养护装备的产品空白，重点开展路面现场热再生设备、路面现场冷再生设备、路面预防性养护设备、高性能路面摊铺设备等路面施工设备共性技术、工艺、产品的研发和工程化。实验室的发展目标为初步建成具有一流工程试验条件、一流工程技术人才、一流管理水平的国家级公路养护装备开发基地和创新平台。

2. 公路桥梁安全检测与加固技术交通运输行业研发中心

该研发中心是交通运输部2013年认定的7个交通运输行业研发中心之一。该研发中心以河南省交通科学技术研究院有限公司为依托单位，联合下属公司河南省公路工程试验检测中心有限公司和河南省交通工程加固有限责任公司共同组建。该研发中心的定位是：公路桥梁检测与加固领域技术研发、科技成果转化与系统集成、工程试验验证和产业化推广应用的平台。河南交科院为研发中心的技术支撑和转化机构，下属公司河南省公路工程试验检测中心有限公司和河南省交通工程加固有限责任公司为产业化、工程化应用、推广单位。

研发中心围绕公路桥梁安全检测与加固改造技术研发方向,开展重载交通、不中断交通条件下桥梁快速检测评定技术与设备、桥梁结构实时监测技术与设备、桥梁结构病害诊治和维修加固技术及材料等领域的技术研发、科技成果转化与集成、工程化试验验证和产业化推广应用,实现科技成果向现实生产力有效转化,加快行业技术进步。

(二)省级科技创新平台

1. 河南省道路材料与结构工程技术研究中心

该研究中心是由河南省科学技术厅于2008年8月批准成立的从事道路工程技术研究开发的专业研究机构。该研究中心的依托单位为河南省交通科学技术研究院有限公司,是一家省级交通技术开发型科研机构,是国家高新技术企业。

该研究中心接受河南省科学技术厅管理,实行管理委员会领导下的主任负责制。研究中心现有人员35人,其中博士4人,硕士15人,本科15人;教授级高工4人,高级工程师9人,工程师22人。研究中心下设工程技术中心管理委员会与工程技术研究中心学术委员会。以项目需求为导向,将人才进行分层分类,根据人才的不同特点采取不同的管理模式,依据人才的需求提供差异化的人力资源产品与服务。研究人员分布覆盖道路的检测与养护设计,道路耐久性技术,新材料、新技术、新工艺的研发与推广等。形成了资深专家为顾问,中青年专家为带头人,年轻博士、硕士团队为骨干的学术梯队。

2. 河南省桥梁诊断与加固工程技术研究中心

该研究中心是由河南省科学技术厅于2010年10月28日批准成立的从事桥梁技术研究开发的专业研究机构。该研究中心的依托单位为河南省公路工程试验检测中心有限公司,它是河南省第一家拥有交通部颁发的"综合甲级公路工程试验检测机构"资质的企业,并通过河南省技术监督局计量认证,拥有CMA认证证书;通过中国实验室国家认可委员会认可,获得CNAS证书。

该研究中心接受河南省科学技术厅管理,实行管理委员会领导下的主任负责制。研究中心现有固定人员35人。研究中心下设工程技术中心管理委员会与工程技术研究中心学术委员会。以项目需求为导向,将人才进行分层分类,根据人才的不同特点采取不同的管理模式,依据人才的需求提供差异化的人力资源产品与服务。研究人员分布覆盖桥梁健康监测与诊断、旧桥加固技术、桥梁重车灾变等研究方向,形成了资深专家为顾问,中青年专家为带头人,年轻博士、硕士团队为骨干的学术梯队。

3. 道桥新材料与结构耐久性技术河南省工程实验室

该工程实验室是由河南省发展和改革委员会于2011年10月批准成立的省级工程实

验室。该实验室以以往研究成果和在研课题为基础,加强新材料的研发与应用,如高性能改性剂、高性能乳化剂、抗裂夹层材料、混凝土防水剂、养护材料;加强新技术的研究与推广,如道路耐久性技术、桥梁耐久性技术、沥青混合料再生成套技术等。通过以上新材料、新技术的研究和推广,河南省工程实验室将建设具有先进的产业技术研发试验设施和结构合理的创新团队,具备从原辅材料到产品性能检测、从产品设计与制造工艺到专用生产设备与仪器,以及产品应用技术的完整配套研发功能特点,面向行业开放,省内一流、具有国内先进水平的工程技术实验室。

4. 河南省桥梁安全技术工程研究中心

该研究中心是由河南省发改委于2011年10月批准成立的从事桥梁工程安全技术研究的专业研究机构。本研究中心的依托单位为河南省交通科学技术研究院有限公司,拥有交通部颁发的"综合甲级公路工程试验检测机构"资质,并通过河南省技术监督局计量认证,拥有CMA认证证书;通过中国实验室国家认可委员会认可,获得CNAS证书。

该研究中心接受河南省发改委管理,实行管理委员会领导下的主任负责制。研究中心现有固定人员30人。研究中心下设工程技术中心管理委员会与工程技术研究中心学术委员会。以社会需求为导向,开展旧桥检测评定、桥梁加固、桥梁健康监测与诊断、桥梁施工监控、大件运输桥梁安全保障等研究。形成了知名专家为顾问,中青年专家为带头人,年轻博士、硕士团队为骨干的学术梯队。

5. 河南省公路交通安全技术工程研究中心

河南省公路交通安全技术工程研究中心由河南省发展和改革委员会于2011年批准成立,隶属于河南省交通科学技术研究院有限公司。

该研究中心目前在公路交通安全性评价与设计、涉路工程安全性评价、施工安全风险评估开展了广泛的科学研究及成果应用。已完成厅局级科研项目3项,其中2项获得厅科学技术进步一等奖,在研省部级科研项目1项,厅局级科研项目2项;完成地方标准编制2项,在编3项;申请发明专利3项,实用新型专利4项。2013年至今,先后有300余名相关专业大中专学生在该中心参与科研实习实践,中心与郑州大学、河南省交通职业技术学院、郑州交通职业技师学院等学校建立了校企合作关系。此外,2015年中心还与交通运输部公路交通安全工程研究中心签订了战略合作协议,目前已经在路网安全性评价、农村公路安全技术研究等方面开展了广泛的科研合作。

6. 隧道施工运营安全技术河南省工程实验室

该实验室是由河南省发展和改革委员会2012年10月批准成立的省级工程实验室。该实验室是以河南省交通规划设计研究院股份有限公司为依托单位的从事隧道工程专业的整体建设专业机构。该实验室是根据河南省高速公路已通车运营和新建工程的现状和发展需求,以建立共享机制为核心,以资源整合为主线搭建的具有公益性、基础性、战略性的科技基础条件平台。

该实验室实行理事会领导下的主任负责制;成立技术委员会,负责相关技术咨询工作。实验室由依托单位负责日常运行与管理,实行独立核算。结合国内外隧道施工运营安全现状,立足于河南公路建设,主要开展隧道施工、运营安全技术研究,旨在建立"背靠行业建基地,以培养人才为基础,以攻克关键技术为目标"的体制,加强自主技术的开发,稳固和扩展校企合作,充分发挥示范辐射作用,整体提高河南乃至我国公路隧道工程的修筑水平,进一步提高高速公路建设的质量和科技水平。

7. 玄武岩纤维混凝土河南省工程实验室

该实验室由河南交通职业技术学院和河南交院工程技术有限公司于2012年8月向河南省发展和改革委员会申报,并于2012年11月27日通过审批(审批文号:豫发改高技〔2012〕1956号)。玄武岩纤维混凝土河南省工程实验室的建设地点在郑州市,成立的主要功能和任务是:针对混凝土抗压强度低、抗拉强度弱和寿命短等突出问题,建立玄武岩纤维混凝土研发平台,开展玄武岩纤维材料、道路桥梁用玄武岩纤维混凝土综合性能改进、结构修补等应用技术的研究与开发。建设内容为:建立结构力学实验室、道路实验室、数字模拟实验室、工程材料实验室等研发试验平台,购买部分试验设备,配备数字化实验室综合管理信息系统,完善现有研发条件。

8. 射频识别(RFID)交通应用技术河南省工程实验室

该实验室是由河南省发展和改革委员会于2013年7月批准成立的省级工程实验室。实验室由试验检测中心、RFID技术交通行业标准研究室、应用系统与工程研究室、基础研究室和综合办公室等部门组成,拥有包含RFID Type仿真器、射频信号源、干扰信号源、射频信号处理仪等检测设备共700余套,以及射频校准软件、协议测试软件、天线性能测试软件等各种测试软件,各种设施总值6000余万元。

该实验室与交通运输部科学研究院共建"国家交通运输物联网技术应用实验室(河南)基地",拥有价值2000多万元的设备仪器,可以对RFID标签性能、天线性能、射频一致性、协议分析、综合仿真等功能进行检测和试验。

实验室主要围绕RFID交通应用产业发展迫切需求,以突破交通信息化应用中RFID产品的基础性能、通信性能等技术制约为目标,建设RFID交通应用检测与仿真研发平台,开展RFID交通应用产业核心技术的研发,提升交通运输RFID产业自主创新能力,为加快现代运输业建设发展提供服务。

9. 公路地质病害防治技术河南省工程实验室

该实验室是由河南省发展和改革委员会于2013年7月批准成立的省级工程实验室。

该实验室是以河南省交通规划勘察设计院有限责任公司为依托单位的从事公路地质病害研究开发的专业机构。该实验室是根据河南省高速公路已通车运营和新建工程的现状和发展需求,以建立共享机制为核心,以资源整合为主线搭建的具有公益性、基础性、战略性的科技基础条件平台。

实验室实行理事会领导下的主任负责制,成立技术委员会,负责相关技术咨询工作。由依托单位负责日常运行与管理,实行独立核算。结合国内外公路地质病害研发现状,立足于河南公路建设,主要开展公路地质病害勘察、监测和治理技术研究。主要工作内容是新建公路工程的潜在地质病害以及已建工程既有地质病害的勘察、监测,并对其进行评价,给出相应治理方案;建设全省公路地质病害数据库、处治方案库、档案平台和专家系统。

第七章
河南高速公路文化建设概要

第一节 交通文化建设综述

一、文化的基本内涵

传统的观念认为,"文化"是人类在社会历史发展过程中所创造的物质财富和精神财富的总和,包括"物质文化、制度文化和心理文化"三个方面。"物质文化"是指人类创造的物质文明,包括交通工具、服饰、日常用品等,是一种可见的显性文化;"制度文化"和"心理文化"分别指生活制度、家庭制度、社会制度以及思维方式、宗教信仰、审美情趣,它们属于不可见的隐性文化,包括文学、哲学、政治等方面的内容。

文化哲学把文化结构区分为"物质文化、制度文化、精神文化"三个层面。"物质文化"是指人类在物质生产活动中所创造的全部物质产品,以及创造这些物品的手段、工艺、方法等。"制度文化"是人们为反映和确定一定的社会关系并对这些关系进行整合和调控而建立的一整套规范体系。"精神文化"也称为观念文化,是以心理、观念、理论形态存在的文化。它包括两个部分:一是存在于人心中的文化心态、文化心理、文化观念、文化思想、文化信念等;二是已经理论化、对象化的思想理论体系,即客观化了的思想。

二、河南交通文化的特点

河南交通文化是全省交通行业各部门、各单位在长期的建设管理工作实践中逐步形成的,为广大干部职工所普遍认同并自觉遵守的,具有现代意识和行业特色的使命、愿景、精神和价值观,以及各部门、各单位制定各种规章制度、展现各自外在形象所遵循的价值理念。河南交通文化是理论和实践的统一,是价值观和方法论的统一,具有客观性、观念性、独立性、动态性、继承性等特点。

河南交通文化主要由"物质文化、制度文化、精神文化和环境文化"等要素构成。"物质文化"是交通行业的表层文化,是交通行业的形象识别系统,是交通行业各部门、各单位在交通建设、工作环境、形象标识和文化传播网络等方面所展现的外在形象,以及树立这种外在形象所遵循的价值理念。"制度文化"是交通行业的浅层文化,是交通行业的行为规范系统,是交通行业规范交通建设、运输和管理行为的道德准则和规章制度,以及制定这些道德准则和规章制度所秉承的价值理念。"精神文化"是交通行业的核心文化,是交通行业最主要的价值理念系统,包括核心理念系统和应用理念系统。核心理念系统反映的是交通行业纲领性的核心思想,包括交通行业的使命、愿景、精神、价值观等;应用理念系统反映的是交通行业某一领域具有应用指导作用的价值理念,包括建设理念、运输理念、管理理念、用户理念、员工理念等。"环境文化"是交通行业的从业人员对自然的认识、对人与自然环境关系的认识,由环境认知文化、环境规范文化、环境物态文化和民俗环境文化构成。

在多年的交通基础设施建设和运输管理实践中,河南交通人形成了"艰苦奋斗、勇于创新、不畏艰险、默默奉献"的河南交通精神和"坚贞不渝的铁的信念、百折不挠的铁的意志、牢不可破的铁的团结、所向无畏的铁的作风、迎难而上的铁的担当"的河南交通"铁军"精神。

三、河南交通文化的品牌

2012年11月~2013年5月,由河南省交通运输厅联合省总工会,中国交通报社、河南日报社、河南电视台、大河网等新闻媒体共同举办了第一届"奉献中原十大交通人物"评选活动。"评选活动"的宗旨是:广泛宣传河南"三平"精神和交通精神,充分展示河南交通人艰苦奋斗、勇于创新、不畏风险、默默奉献的良好形象,发挥先进典型人物的示范引领作用,构建现代综合交通运输体系,服务中原经济区建设。

"奉献中原十大交通人物"包括:为豫西高速公路建设做出突出贡献的开拓者,中国道路运输百强诚信企业的企业家,带领团队设计高速公路达1000多公里的优秀青年科技专家,交通运输部授予的"全国模范养路工",河南高速公路收费站"收费状元",倾心营造"千里之外,家的感觉"的高速公路服务区管理干部,对乘客倾注一片真情的城市公交驾驶员等。

2015年6月~2016年8月,为在全省交通运输行业深入培育和践行社会主义核心价值观,传递行业正能量,树立行业好形象,提升行业软实力,激发广大干部职工干事创业热情,河南省交通运输厅、河南省交通工会开展了第二届"感动河南交通十大人物"评选活动。

2016年8月16日,第二届"感动河南交通十大人物"颁奖会在郑州举行,如图7-1-1所示。他们中既有善于钻研的科技尖兵,也有开山筑路的"当代愚公";既有勇救他人的交通好人,也有用爱感动社会的服务先锋。他们因为舍生忘死,崇高得令人感动;因为大爱和奉献,无私得令人感动;因为善良和坚强,执著得令人感动;因为信诺和忠义,真诚得令人感动。在他们身上,集中体现了交通人敬业奉献、勇于担当、开拓进取和不怕牺牲的精神和情怀。

图 7-1-1 "感动河南交通十大人物"颁奖会合影

第二节 建设期文化建设概况

河南交通运输系统积极贯彻落实"创新、协调、绿色、开放、共享"的发展理念和"综合交通、智慧交通、绿色交通、平安交通、法治交通、服务交通"六个交通的发展要求。着力加强"规划设计、建设管理、工程质量、生态景观、交通文化、服务能力"等方面的内涵建设,促进交通基础设施内在质地和外在品位同步提升。

河南高速公路建设期间的物质文化、制度文化方面的建设情况,已在前面有关章节中介绍,不再赘述。本节主要介绍高速公路建设期间的精神文化、环境文化方面建设的概况。

一、精神文化建设是核心

在精神文化建设上,对高速公路建设项目管理单位(公司)、监理单位、检测单位等参建单位提出的基本要求如下。

(一)基层党组织建设基本要求

(1)基层党组织机构健全,政治学习实现常态化。
(2)领导有力,创建基层优秀党支部工作扎实。
(3)工会作用明显,职工权益得到充分保障。

（二）精神文明建设基本要求

(1)思想教育深入,员工道德风尚良好。
(2)学习风气浓厚,文体活动丰富。
(3)民主氛围浓厚,职工主人翁意识强。
(4)内外环境优美,卫生工作达标。
(5)模范人物多,先进事迹突出。
(6)宣传手段丰富,宣传标语内容寓意深刻。

（三）团队建设基本要求

(1)组织机构健全、制度完善。
(2)工作流程科学、合理、规范。
(3)管理规范有序。
(4)廉洁自律无经济问题。
(5)法律意识强,无违法违纪现象。
(6)技术水平领先,社会声誉良好。

二、环境文化建设是重点

在环境文化建设上,对高速公路建设项目管理单位(公司)、监理单位、检测单位等参建单位提出的基本要求如下。

（一）绿色发展基本要求

(1)节能减排,低碳作业。
(2)少占耕地,复耕及时。
(3)做到"四节一环保"(节能、节地、节材、节水、环境保护)。

（二）施工环境管理基本要求

(1)施工现场工程明示牌、施工围挡、施工标志、施工警示语、场地内环保设施等完整、清晰。
(2)施工通行道路保护良好,扬尘防治合理。
(3)公路工程施工扬尘防治遵照《河南省公路水运工程施工扬尘污染防治标准》规定执行。

（三）路域文化基本要求

(1)公路沿线雕塑、装饰、交通标识等寓意深刻,彰显区域文化特色。

（2）徽标鲜明醒目。

（3）公示栏、宣传牌统一标准字、标准色。

（4）公务交通工具车身颜色统一、标识清晰。

（5）办公、收费、停车等场所彰显交通特色。

（6）办公、服务、生活用品规格一致、标识统一。

三、"工匠精神"文化培育是关键

"工匠精神"的基本内涵是：①精益求精。注重细节，追求完美和极致，不惜花费时间精力，孜孜不倦，反复改进产品。②严谨、一丝不苟。不投机取巧，确保每个部件的质量，对产品采取严格的检测标准，不达要求绝不轻易交货。③耐心、专注、坚持。不断提升产品和服务，真正的工匠在专业领域上绝对不会停止追求进步，无论是使用的材料、设计还是生产流程，都在不断完善。④专业、敬业。工匠精神的目标是打造本行业最优质的产品，其他同行无法匹敌的卓越产品。

省交通运输厅主动倡导、鼓励各高速公路建设项目管理单位（公司）、监理单位、检测单位等参建单位，重视技术技能型人才的培养培训，完善企业的"工匠"激励机制，开展个性化定制、柔性化生产，培育精益求精的"工匠精神"，在高速公路建设中增提品质、创品牌。

四、开展创建与评选活动是载体

在高速公路项目建设过程中，河南开展了"首件工程认可制""平安工地建设""省级样板工程评选""施工标准化""公路水运'品质工程'创建"等活动。以各项活动为载体，将高速公路建设中的物质文化、制度文化、精神文化、环境文化、工匠精神有机融合，用最好的产品、最佳的管理体现最优的文化生命力和创造力。

（一）首件工程认可制

河南高速公路在建设管理过程中，要求把所有分项工程当作工艺品做细、做精。省交通运输厅发布了《河南省高速公路建设项目首件工程认可制和样板工程评审推广制实施办法》（豫交工〔2009〕48号）。在关键工序管理上引进工厂的产品检验方式，即样品合格之后，才能进行半成品到成品的批量生产机制。

首件工程认可制是指：在高速公路每一分项工程首件施工前，必须进行严格的试验认证，直到工艺满足精品工程要求，经论证为优良工程方可进行正式施工。未经首件工程认可的分项工程，不得批量生产。

首件工程认可制的基本原则：以工序保分项工程，以分项工程保分部工程，以分部工程保单位工程,以单位工程保项目质量。

首件工程认可制代表性成果如图7-2-1、图7-2-2所示。

图7-2-1　首件工程认可制——涵洞

图7-2-2　首件工程认可制——墩(台)帽

(二)平安工地建设

根据交通运输部《关于开展公路水运工程平安工地建设活动的通知》(交质监发〔2010〕132号)、河南省交通运输厅《关于开展公路水运工程平安工地建设活动的通知》(豫交建管〔2010〕44号)的精神,河南高速公路建设贯彻安全第一、预防为主、综合治理的方针,坚持抓基础、抓示范、抓关键的原则,大力推进行业安全管理标准化。

通过开展"平安工地"建设活动,切实将安全生产法律法规、技术标准落实到基层,全面夯实安全工作基础,做到施工现场"安全防护标准化、场容场貌规范化、安全管理程序化",建设各方安全生产责任落实,安全培训教育坚持有效,施工安全风险得到有效控制。实现杜绝重特大事故、遏制较大事故、减少事故总量的目标,创建一大批"零伤亡"工程,推进行业安全管理水平整体提升。

省交通运输厅于2013年又发布了《全省交通运输系统平安交通创建活动实施方案》(豫交文〔2013〕197号)、《河南省公路水运工程持续开展平安工地建设活动实施方案》。以特大(长)桥隧和大型水运工程建设为重点,继续推行桥梁、隧道施工安全风险评估制度,全面实施工程风险预警、预控、预案管理。继续开展以"防坍塌、反三违"为重点的专项治理行动,全面推行"平安工地"考核评价制度,定期公布评价结果,并与企业信用记录挂钩,确保公路水运工程建设"安全生产零事故"。

(三)省级样板工程

按照省交通运输厅发布的《关于组织开展评选全省高速公路建设项目样板工程的通知》(豫交建管〔2010〕51号)、《河南省高速公路建设项目"省级样板工程"评选办法》(豫交工〔2010〕122号)的要求,自2010年5月开始,每年均组织开展"省级样板工程"评选活动。

省交通运输厅对获奖分项工程授予"省级样板工程"的牌匾,在工程现场醒目位置处悬挂;对获得"省级样板工程"的监理、施工单位,在信用评价时加2分。项目主管单位可对相关参建单位给予一定奖励,推广省级样板工程的做法,鼓励项目参建单位学习借鉴样板工程的经验,共同提高质量管理水平。

河南省高速公路"省级样板工程"代表性成果如图7-2-3、图7-2-4所示。

图7-2-3 省级样板工程——边坡防护

图7-2-4 省级样板工程——桥梁

(四)高速公路施工标准化

2011年2月,交通运输部颁发了《关于开展高速公路施工标准化活动的通知》(交公路发〔2011〕70号)和《高速公路施工标准化活动实施方案》,省交通运输厅相继发布了《关于开展高速公路施工标准化活动的通知》(豫交建管〔2011〕49号)、《河南省高速公路施工标准化技术指南(试行)》(豫交文〔2013〕221号)、《关于进一步加强全省交通重点建设项目施工标准化管理工作的通知》(豫交文〔2013〕494号)等文件。决定从2011年起,在高速公路建设中开展施工标准化活动。

1. 施工标准化的总体目标

高速公路施工场站建设更加有序,施工工艺更加规范,材料加工更加可靠,试验检测更加真实,促进规章制度更加完善,管理行为更加科学,人员素质更加过硬,职工精神面貌和行业形象更加显著提升,工程实体质量及安全环保总体水平进一步提高,实现标准化建设常态化管理。

2. 施工标准化的内容

(1)工地标准化

主要包括驻地和施工现场的标准化。按照标准化要求建设施工、监理驻地和试验室及施工便道,改善生产生活环境,提高施工管理效率。按照标准化要求建设各类拌和站、预制加工场地和材料存放场地,实现混合料(混凝土)集中拌制,钢筋、碎石集中加工,构件集中预制,充分发挥集约化施工的优势,规范施工现场管理,保证工程质量。按照标准化要求规范施工现场安全防护设施、安全标识及其他各类临时设施设置,消除隐患,文明施工。

河南省高速公路施工工地标准化的代表性成果如图7-2-5～图7-2-8所示。

图7-2-5 工地标准化——现场公示牌

图7-2-6 工地标准化——钢筋加工车间

图7-2-7 工地标准化——预制加工场

图7-2-8 工地标准化——现场观摩

(2)施工标准化

按照规范和指南要求,结合各建设项目公司实际情况,细化路基、路面、桥涵、隧道、绿化及防护、交通安全与机电等各项工程的施工标准化要求,优化施工工艺,严格工艺管理,提高施工效率和实体工程质量。规范质量检验与控制,强化各类验证试验和标准试验,做到检测项目完整齐全、检测频率符合要求、检测数据真实可靠。加强对隐蔽工程、关键工序的过程控制和验收,确保工程各项指标抽检合格率达到规范要求。

(3)管理标准化

严格执行公路建设法律法规和强制性标准,在工程管理中查找薄弱环节,健全管理制度,优化管理流程,把技术标准、管理标准、作业标准落实到施工全过程,实现工程进度合理均衡。节能环保措施到位,档案资料收集齐全、整理规范。加强从业人员管理和培训,统一从业人员持证和着装。

(五)打造"品质工程"

2016年2月,河南省交通运输厅发布了《河南省公路水运"品质工程"建设活动实施方案》(豫交文〔2016〕77号)。

"品质工程"是合理成本下的安全舒适、内实外美精品工程。基本内涵包括"规划设计精、建设管理细、工程质量优、生态景观美、交通文化浓、服务能力强"6个方面。"品质工程"建设过程中充分融入生态文明、美丽中国、海绵城市、大数据、互联网+、文化品位、建筑信息模型(BIM技术)等元素,凸显规划、设计、施工、管理过程中的"精雕细刻"和"精益求精"。

"品质工程"建设是全面推进"现代工程管理"理念的提升,是新的工程实践的探索,是内在质地和外在品位的同步提升。其内在质地是指工程应具有的功能性、耐久性、可靠性、安全性、适用性等;外在品位则是指建筑艺术、工程技术、与生态的协调、与环境的协调、文化的融入以及后期服务质量等。

五、路域环境文化建设的典型案例

河南省高速公路路域环境文化建设的突出表现是建成"人文高速公路"。人文高速公路就是将高速公路与人文信息融合,通过公路建设展现高速公路影响区域的自然景观、人文景观、历史文化等地域特色,实现从单一的交通功能向交通、生态、人文信息展示等复合功能转变的高速公路。人文高速公路的建设以宣传沿线人文地域特色、丰富公路文化内涵、提升公路服务品质为出发点,是高速公路展现地域文化的窗口。下面选取典型案例予以介绍。

(一)郑(州)少(林寺)洛(阳)高速公路

郑少洛高速公路,既是郑州与豫西南物资交流的重要通道,又是河南省旅游"三点一线"的重要基础设施,项目结合少林武术、嵩山、洛阳等旅游景区特色元素,在路域环境文化建设上做了许多有益尝试。

郑少洛高速公路郑少段为河南省第一条集"绿、美、优、洁、畅"为一体的快捷、高效、舒适、安全的旅游高速公路,被誉为"黄金旅游干线"。为最大限度地减少因视觉单调而给驾驶员造成的疲劳,郑少高速公路在公路两侧的边坡上种植绿草,巨大的"武"字壁画(图7-2-9)呈现在路堑边坡上,少林武僧雕像(图7-2-10)也出现在路旁,并在几处喷锚防护上配有彩色喷绘。驱车驶入郑少高速公路，不仅给驾乘人员带来了方便、舒适、安全，而且带来了视觉上的美感。

图7-2-9 郑少高速公路路堑边坡"武"字壁画图

图7-2-10 郑少高速公路路旁武僧雕像

郑少洛高速公路少洛段在景观设计上紧密结合沿途人文历史，充分体现了登封、洛阳两地深厚的中原文化底蕴。从天桥结构及色彩入手，做到了"一桥一景"。在标牌设计中大胆创新，采用"放光彩印旅游区标志"，做到白天清晰醒目，夜晚明亮可见。坚持科学修筑防护工程，少取路边土，努力做到显山、露水、现绿，路旁有林带，三季有花，四季常青，充分体现"旅游路"的特征。

(二)郑(州)尧(山)高速公路

河南省交通运输厅提出，在高速公路基础设施建设中，大力推广"低路堤"等节能新成果、新技术，倡导节水、节地、节电等建设管理理念，实现集约发展，减少资源浪费。在规划、设计、建设等各个环节倡导"最大限度地保护生态、最小程度地破坏生态、最大限度地恢复生态、不破坏是最好的保护"等生态保护理念；在进行相关桥梁隧道设计建设时，充分考虑自然景观、人文历史的因素，达到与自然环境和谐统一的目的。确定将郑尧高速公路建设为环保、景观方面的示范工程。

郑尧高速公路结合沿线区域人文、自然景观资源，将视觉资源、美学和生态理念应用于工程建设中，取得了良好效果。如隧道洞口形式和进出口绿化设计，主要结合当地的文化和建筑风格进行造型设计，进出口绿化考虑视觉的要求，缓解明暗急剧变化给驾驶员带来的不适感，凸现隧道洞口的美学效应；洞顶和洞侧植被应与山体植被一致，过渡自然，能很好地与周边环境相融合，始祖山隧道进口如图7-2-11所示。土质路堑边坡的防护与绿化美化密切结合(图7-2-12)，也彰显了高速公路主体结构与自然和谐共存的路域文化。郑尧高速公路被交通运输部评为全国"典型示范工程"。

图 7-2-11 郑尧高速公路始祖山隧道进口

图 7-2-12 郑尧高速公路边坡生态与文化

(三)三(门峡)淅(川)高速公路

三淅高速公路是河南省高速公路规划中的西部重要大通道和伏牛山旅游高速公路，被誉为河南"最美高速"，如图 7-2-13 所示。

三淅高速公路灵(宝)卢(氏)段，沿线植被茂盛，风景优美，林木、果木资源丰富，但土地资源稀缺，必须集约利用国土资源，通过优化设计，最大限度地节约用地、节约能源和保护生态环境，如图 7-2-14 所示。为了保护沿线生态环境，防治水土流失，项目在设计中尽

图 7-2-13 山岭重丘中穿越的河南"最美高速"

图 7-2-14 三淅高速公路灵卢段沿线生态保护

量少占森林,避免深挖高填,同时在设计方案审查过程中,注重平衡废方少占土地,提出许多优化设计方案,力争挖方与填方达到基本平衡,避免弃土废方对水土保持和地表植被的破坏。

三淅高速公路卢(氏)淅(川)段项目被交通运输部列为"全国首批绿色低碳公路主题性试点项目",按照交通运输部的要求,项目建设者明确了"节能降耗、资源节约、环境友好、畅通耐久"的创建目标,以绿色低碳为理念,全过程采用绿色低碳技术,实现绿色低碳效益;全方位进行绿色低碳管理,全面展示绿色低碳成果。在最大限度节约用地、节约能源、保护生态环境和不增加过多投资的前提下,多修桥梁隧道,减少对自然植被的破坏,建成一条安全、绿色、环境友好、景色优美的绿色低碳公路。卢淅段高速公路环境文化建设代表性成果如图7-2-15、图7-2-16所示。

图7-2-15　三淅高速公路卢淅段沿线生态保护

图7-2-16　三淅高速公路卢淅段河流生态保护

(四)其他高速公路

河南省地处我国中部,以平原为主,以农业为重要产业。由于特定的地貌和农业产业结构,在高速公路绿化景观设计中,既要满足功能要求,又要注重景观效果;既要满足农业耕作的需要,又要尽量不破坏自然风貌,以形成集农业和观光为一体的田园风光特点。

商(丘)登(封)高速公路郑州境段南水北调特大桥是其标志性建筑,在设计方案选择上根据郑州航空港区及南水北调工程结合中华历史文化采用矮塔斜拉桥,主桥为 143m + 265m + 143m 双塔预应力斜拉桥,如图 7-2-17 所示。矮塔断面及南水北调干渠,如同登高山而下望深渊,缥缈而深邃,仿佛有巨龙盘卧,故名龙渊剑。十年磨一剑,寓意南水北调工程之艰巨。该桥型方案较好地与春秋战国时代的传世名剑和新时代的南水北调工程结合在一起,寓意:龙渊宝剑与展翅腾飞。

图 7-2-17　商登高速公路跨南水北调干渠双塔预应力斜拉桥

郑州机场高速公路改扩建工程的景观绿化设计,是通过以视觉为主的感受通道,借助物化的环境景观形态,在人的行为心理上引起反应,创造共鸣。在进行景观设计时,本项目针对高速公路特定的空间环境,综合多方面的因素进行协调,力求创造舒适、优美的道路景观。

郑州机场高速公路北收费站(图 7-2-18),是其标志性建筑之一,它的造型融入了飞机、轮船等交通元素,表现了河南综合交通运输体系协调共同发展的特点。

图 7-2-18　郑州机场高速公路北收费站

许(昌)广(州)高速公路泌阳段呈现出低路堤与节地理念和田园风光特点的环境文化,如图 7-2-19 所示。

图 7-2-19　许广高速公路泌阳段路域文化代表成果

郑(州)云(台山)高速公路桃花峪黄河大桥(图 7-2-20),与母亲河黄河的大气、雄伟和邙山的秀丽融为一体,彰显了伟大、美丽的高速公路路域文化。

图 7-2-20　郑云高速公路桃花峪黄河大桥

河南高速公路服务区的规划设计,既尊重了其所在的地域人文环境,又充分发掘了当地历史文化、民俗艺术、文物古迹等资源。在吸取历史和人文精髓的基础上,对传统文化加以提炼、概括、运用,并在设计思想中充分体现,使各个服务区具备地域性、观赏性、独特性和可识别性等特征。

第三节　运营期文化建设概况

按照《全国交通运输行业精神文明建设规划(2011—2015 年)》的要求和行业发展的内在需求,"十二五"伊始,河南省高管局邀请国内知名专家和学者,开展了河南省高速公路行业文化建设发展研究,通过对行业文化的范畴、重点、特征和背景的分析,最终提炼并建立了具有鲜明时代特征、中原文化基因和行业特色的"中枢大道"文化架构体系。

一、河南高速公路运营行业文化的定位

(一)高速公路运营行业文化属于"行"文化范畴

基本内容是服务百姓高速出行,基本特征:地处中原,文化底蕴十分深厚;位居中枢,大道直通九州;行业领先,备受全国关注;高效便捷,尽显现代康衢优势。

(二)高速公路运营行业文化建设的全面性

践行行业核心价值观,打造行业文化品牌,铸造行业整体形象。行业文化是全行业的共同价值取向,是行业的生命精髓,既体现在行业层面,同时也体现在运营管理层面和窗口基层单位(收费站、路政队、服务区)。

(三)高速公路运营行业文化的体系特点

河南高速公路文化是体现鲜明时代特征、地域特点和行业特色的精神文化、环境文化、制度文化和物质文化的总和,是行业发展的重要成果和行业文明程度的显著标志。精神文化是核心价值理念,制度文化是体现价值理念的重要保障,物质文化是精神文化、环境文化和制度文化的基础,环境文化是其他三种文化的表现形式。

二、河南高速公路运营行业文化的背景场分析

(一)地理文化元素

河南位于黄河中下游,古为"豫州",位于九州中心,有"中州""中原"之称。地理位置居中决定了河南的战略地位,历史上先后有20多个朝代建都于此,3000年来一直处于全国政治、经济和文化中心。当代的河南仍为国家中部的中心,河南高速公路网连南贯北,承东启西,直通陕西、湖北、安徽、山东、河北和山西六省,可以说"河南通,全国通"。

(二)中原文化元素

以河南为中心与重心的中原文化具有根源性、原创性、包容性、开放性和基础性等五大特点,成为中华文化的中流砥柱和文化之本、文明之根。中华各文化相互融合造就了以河南中原文化为正统的多民族、多文化相容的璀璨中华文明。历代帝王十分重视建设以中原为中心的四通八达的交通枢纽。历史记载的中原康衢大道宽敞便捷,支撑了中原经济社会发展和中心地位的稳固,也促进了文化交流和文化融合。

(三)时代文化元素

中原经济区地处我国中心地带,是全国主体功能区明确的重点开发区域,其范围涵盖河南全省,地理位置重要、市场潜力巨大、文化底蕴深厚,在全国改革发展大局中具有重要战略地位。另外,郑州航空港经济综合实验区、河南自贸区的设立为河南经济社会快速发展打下了坚实的基础。

(四)行业文化元素

经过30多年建设,河南高速公路网已基本建成。高速公路运营行业作为以服务高速公路畅通为主要目标的新型行业,既传承了交通行业的优秀文化,如铺路石精神、铁军精神和现代愚公精神等,同时又坚持创新发展,不断提升服务品质,打造出新的文化品牌。

(五)人文文化元素

随着河南高速公路网基本建成,公众对于高品质出行的需求不断增长,主要矛盾已由基础设施能力严重不足转化为公共服务能力不强与日益增长和不断提高的运输需求的矛盾;公众从过去要求"走得了"发展到要求"走得好、走得经济、走得安全",高效通畅、经济实惠、安全便捷成为了公众的新期待、关注的新热点。

三、河南省高速公路运营行业文化建设成效

河南省在逐步构建四通八达的高速公路网的同时,高速公路运营期间的行业文化建设也得到了同步发展。各高速公路运营管理单位坚持"以基层单位和窗口单位为重点、以规范行为标识为突破口",把精神文明作为运营管理工作的一项不可或缺的重要内容,开展了许多有益尝试和成功实践,行业文化建设取得了重要进展与显著成效。

(一)河南省高速公路运营行业文化精髓

河南省高速公路运营行业文化核心价值观是:中枢大道,道行天下。行业使命是:守中致远,四通八达。行业精神是:一路有我,一路争先。共同愿景是:同行和谐大道,共享美好生活。职业操守是:恪守社会公德,信守职业道德,坚守中华美德。

"中枢"是河南省高速公路的区位优势,"大道"是高速公路的基本特征,"中枢大道"文化的基因,从古代修筑中原康衢到现代建设高速公路,数千年来一直沉淀于中原沃土中,既是河南高速公路网的形象概括,也是河南高速公路行业文化的高度凝聚。其核心思想是和谐共处与励志壮行,建设载体是平安高速、智能高速、阳光高速、和谐高速和低碳高速。

(二)行业行为文化体系已基本成型

全省高速公路行业收费、路政和服务区的主体行为标识已经成型,收费管理采用严格的准军事化管理,统一员工服装服饰、标准的文明礼仪和文明用语。路政管理强调文明执法、规范执法。服务区全面推行标准化管理和人性化服务,按不同专业系列统一工装。这些对于提高队伍素质、提升行业品质,都起到了重要的促进作用,展示了河南高速人的良好形象。

(三)形成了一批高速公路企业文化特色

经过多年的积淀和发展,各运营管理单位建立了符合高速公路行业特征和自身特点的企业文化,大力倡导"高速服务、天天进步""把路放在心上、把心用在路上"等执着理念,极大地提升了全行业的文明形象,多数单位建立了符合行业特征和自身特点的企业文化,形成了企业文化品牌,成为行业文化建设的亮点。

(四)创建了行业特色文化——文化家园

针对收费站、服务区地理偏远、任务繁重和节奏单一的实际,创建切合青年职工学习与成长需求的文化家园,受到基层职工的欢迎和支持。文化家园的核心理念为"健康生活、快乐工作",基本特点是将家园、校园和菜园融为一体。

(五)文明创建硕果累累

全行业广泛开展"文明单位""工人先锋号""青年文明号""巾帼标兵示范岗""五好基层党组织"等创先争优工作,获得了一大批国家级、省级荣誉称号,涌现了许许多多先进个人、劳动模范和道德楷模。

第八章
河南高速公路项目建设信息

河南地处中原,承东启西,连南贯北,自古素有"九州腹地、十省通衢"之称,得天独厚的地理区位优势决定了河南在全国的交通枢纽地位。改革开放以来,河南高速公路建设迅猛发展,取得了令人瞩目的成绩,截至2016年底,高速公路通车总里程达到6448km,为河南区域经济发展及中原经济区、郑州航空港经济综合实验区、河南自贸区建设提供了强有力的交通基础设施保障。

本章以河南省境内的国家高速公路和地方高速公路逐条展开,将河南省境内每条高速公路的项目建设信息(包括项目基本情况、参建单位主要情况、项目准备阶段、项目实施阶段、复杂技术工程、科技创新、运营养护管理等)按路线分路段进行归纳描述,数字、信息准确完整,图、文、表并茂,全面真实记载各条高速公路建设历程。其中,第一节至第十四节为国家高速公路,以"71118"国家高速公路网为主体,按照《国家高速公路网命名和编号规则》排序;第十五节至第三十二节为地方高速公路,按照河南省高速公路网路线命名编号由小到大排序。两条高速公路共同使用同一路段时,在其中一条高速公路中描写详细信息,另一条仅注明该段在某条高速公路中已介绍。

第一节 G3W 德州至上饶高速公路河南段

G3W 德上高速公路是国家高速公路网 G3 京台高速公路的并行线,连接山东省德州市和江西省上饶市,在河南省内沿线经过范县、永城两县,全长 75.764km。该项目对完善河南省高速公路网布局,加强豫东北与鲁西及华东各省之间交流,改善省际交通环境,促进区域经济发展,全面推进中原经济区建设具有重要意义。

一、G3W 德上高速公路范县段

(一)项目概况

1. 基本情况

1)功能定位

G3W 德上高速公路范县段全线位于濮阳市范县境内,北接德上高速公路山东聊城段,南连山东鄄城黄河桥北岸,分别跨越晋豫鲁铁路通道、台辉高速公路濮范段,全长19.605km。该项目对完善豫东北高速公路网布局,加快地区脱贫致富,加强省际人口往来和货物运输,促进区域经济发展具有重要意义。

2)技术标准

全封闭、全立交、双向四车道;设计行车速度:120km/h;路基宽度:28m;桥涵设计荷载标准:汽车—超20级,挂车—120;路面设计标准轴载:BZZ-100;路面:收费广场采用水泥混凝土路面,其他采用沥青混凝土路面;路面结构:主线为4cm细粒式改性沥青混凝土(AC-13C)+6cm中粒式沥青混凝土(AC-20C)+8cm粗粒式沥青混凝土(AC-25C)+改性沥青同步碎石封层+36cm水泥稳定碎石+18cm水泥稳定碎石。

3)建设规模

主要工程量:路基土方273万 m^3,路面56万 m^2;全线设主线收费站1处(11进11出),匝道收费站1处(3进4出),养护管理所1处,服务区1处。表8-1-1为G3W德上高速公路范县段桥梁一览表。

G3W德上高速公路范县段桥梁一览表　　　　　　　　　　表8-1-1

规模	名称	桥长(m)	主跨长度(m)	跨越障碍物			桥梁类型
				河流	沟谷	道路、铁路	
特大桥	北金堤滞洪区行洪特大桥	1028.2	30		√		连续梁桥
大桥	孟楼河大桥	182.46	25	√			连续梁桥
中桥	马庄中桥	43.02	13			√	简支梁桥
	东于庄中桥	42.98	13	√			简支梁桥
	前玉皇庙中桥	43.02	13	√			简支梁桥
	廖桥沟中桥	64.48	20	√			简支梁桥
	梁庄中桥	42.98	13			√	简支梁桥
	刘楼中桥	43.02	13			√	简支梁桥
	总干渠中桥	84.52	20	√			简支梁桥

4)主要控制点

濮阳市范县颜村铺乡、陈庄乡。

5)地形地貌

路线所经地区处于黄河冲积平原,总体地势西南略高,东北偏低,地面高程为44.55~48.28m,比降1/6000~1/10000,地形平坦、宽广,局部不良地貌(如较大水塘、藕塘、养殖鱼塘等)。

6)投资规模

项目概算投资12.167亿元。

7）开工及通车、竣工时间

2012年12月开工建设,2015年11月交工通车。

2. 参建单位主要情况

(1) 建设单位:河南省德商高速公路建设有限公司。

(2) 勘察设计单位:江苏省交通规划设计院股份有限公司。

(3) 质量监督单位:河南省交通基本建设质量检测监督站。

(4) 监理单位:山东东泰工程咨询有限公司、河南省交通科学技术研究院有限公司、北京中交路通交通工程咨询有限公司。

(5) 土建施工单位:中铁三局集团第二工程有限公司、中铁二十二局第四工程有限公司、路港集团有限公司、中交一公局第三工程有限公司。

(6) 路面施工单位:天津市第二市政公路工程有限公司。

(7) 房建施工单位:河南福众建筑工程有限公司、河南省惠浦建设发展有限公司、河南技改建设集团有限公司。

(8) 绿化施工单位:河南荣基园林工程有限公司。

(9) 交通安全设施施工单位:山西交研科学实验工程有限公司、江苏兴路交通工程有限公司、山西长达交通设施有限公司、河北燕峰路桥建设集团有限公司。

(10) 交通机电施工单位:安徽皖通科技股份有限公司、安阳优创实业有限公司。

(二) 建设情况

1. 项目准备阶段

1）项目审批文件

2005年,河南省国土资源厅对项目压覆矿产资源报告进行批复,文号为豫国土资函〔2005〕427号。2006年,河南省环境保护局对项目环境影响报告表进行批复,文号为豫环监表〔2006〕20号。2009年11月2日,河南省水利厅对项目水行政许可决定书进行批复,文号为豫水行许字〔2009〕189号。2011年11月23日,河南省环保厅对项目环境影响报告表进行批复,文号为豫环评管〔2011〕194号。2011年12月20日,《关于德州至商丘高速公路范县段工程可行性研究报告的批复》,文号为豫发改基础〔2011〕2258号。2012年4月27日,《关于德州至商丘高速公路河南范县段初步设计的批复》,文号为豫发改设计〔2012〕500号。2012年5月22日,《关于德州至商丘高速公路范县段工程施工图的批复》,文号为豫交文〔2012〕370号。2012年12月27日,国土资源部对项目工程建设用地进行批复,文号为国土资函〔2012〕1014号。

2）资金筹措

概算总投资为12.167亿元,其中2.79亿元为建设单位自有资金,其余为银行贷款。

3）合同段划分

（1）设计标段划分：土建、房建、绿化工程设计标段划分1个标段，机电工程设计1个标段。

（2）施工标段划分：土建工程4个标段，机电工程2个标段，房建工程3个标段，绿化工程1个标段，交通安全设施工程4个标段。

（3）施工监理标段划分：1个土建、房建工程监理标段，1个机电工程监理标段。

4）招投标

（1）2012年8月15日，确定了4家土建工程中标单位。

（2）2014年2月27日，确定了1家路面工程中标单位。

（3）2014年7月23日～2014年9月26日，确定了3家房建工程中标单位。

（4）2014年12月23日，确定了1家绿化工程中标单位。

（5）2015年3月6日，确定2家机电工程中标单位。

（6）2015年4月3日，确定了4家交通安全设施工程中标单位。

5）征地拆迁情况

征地面积为136.9744hm^2。其中农用地132.6748hm^2（其中耕地115.1228hm^2）、建设用地3.5153hm^2、未利用地0.7843hm^2。批复拆迁占地费用共计11074万元。

2. 项目实施阶段

1）实施过程

（1）主线土建工程于2012年12月28日开工，2015年11月6日完工。

（2）房建工程于2014年11月开工，2015年11月完工。

（3）机电工程于2015年5月开工，2005年11月完工。

（4）交通安全设施工程于2015年5月开工，2015年11月完工。

（5）绿化工程于2015年3月开工，2015年11月完工。

（6）2015年11月6日，通过了交工验收，得分为98.52分，工程质量评定为合格工程。

2）重大决策

2014年8月26日，项目公司制订了《德商高速项目百日劳动竞赛活动实施方案》，下达了百日劳动竞赛节点目标及奖罚措施，规范了施工单位的行为，通过比工程质量、比安全施工、比工程进度、比施工工法标准化，提高了整体管理水平。

3）设计变更

2014年8月9日，河南省交通运输厅豫交文〔2014〕503号文批复较大设计变更共计3处，分别为：K14+856前双庙分离由3～16m变更为4～13m；K12+971梁庄中桥由2～

16m 变更为 3~13m;K18+595 处将 1~8×4.0 箱涵变为 4~20m 预应力空心板桥,取消两侧通道,改路至桥下通行。

(三)科技创新

基于耐久性能的混凝土桥梁标准化施工关键技术研究。以德上高速公路范县段桥梁工程建设为依托,将桥梁耐久性与桥梁施工有机结合,系统地分析了环境因素、人为因素、自然灾害等对桥梁耐久性影响的机理和后果。对桥梁工程中常见的钢筋锈蚀、裂缝、桥面铺装病害以及伸缩缝病害等的成因、影响因素和病害防治对策进行了详细的阐述,并分别依据弹塑性力学理论和断裂力学理论推导出钢筋混凝土的临界锈胀力计算公式,提出混凝土桥梁施工参数控制的工序能力控制法、灰色预测控制法和灰色神经网络预测控制法,为确保桥梁施工质量和耐久性奠定了理论基础;通过大量试验,系统研究了粉煤灰、硅粉、纤维分别在"单掺"和"混掺"情况下对高性能混凝土材料性能的影响规律,推荐了不同掺和条件下各掺和料的合理掺和比例,为高性能混凝土在桥梁工程中的推广应用提供了技术支持;将桥梁标准化施工与桥梁的耐久性能要求有机结合,形成了适合混凝土桥梁结构特点的、满足桥梁耐久性要求的混凝土桥梁标准化施工技术,为混凝土耐久桥梁的建设提供了重要的技术保障。

(四)运营养护管理

1. 组织架构

该项目运营管理单位为河南省交通运输厅高速公路濮阳至鹤壁管理处,成立于2004年10月,下设办公室、财务科、经营科、养护科、路政科、党办等8个科室和工会;2个具有管理职能的二级单位:监控运营维护中心、濮阳濮鹤高速公路服务管理有限公司;2个运营管理中心:安新运营管理中心、安南运营管理中心;下设18个收费站、2个绿色通道验货站、6个服务区、5个停车区、6个路政大队。

2. 服务设施

下辖范县服务区1处,见表8-1-2。

G3W 德上高速公路范县段服务场区一览表　　表8-1-2

高速公路编码	服务区名称	桩　号	所 在 区 域	占地(m²)	建筑面积(m²)
G3W	范县服务区	K216+628	范县颜村铺乡赵楼村	46200	5528.96

3. 收费设施

设有豫鲁界和范县东两个收费站,见表8-1-3。豫鲁界收费站有11个出口、11个入口,共22条通行车道,范县东收费站有4个出口、3个入口,共7条通行车道。

G3W 德上高速公路范县段收费设施一览表　　　　表 8-1-3

收费站名称	桩　号	入口车道数		出口车道数	
		总车道	ETC 车道	总车道	ETC 车道
豫鲁界收费站	K223+528	11	2	11	2
范县东收费站	K219+128	3	1	4	1

4. 监控设施

设置监控中心 1 个,负责主线及收费、服务区域的运营监管。

5. 养护管理

濮鹤管理处养护科负责全线路基、路面、桥涵、交通安全设施和绿化日常养护,并严格执行相关行业标准及濮鹤管理处养护制度,进行日常保养保洁工作。

二、G3W 德上高速公路永城段二期工程

(一)项目概况

1. 基本情况

1)功能定位

G3W 德上高速公路永城段二期工程起于永城市与安徽省砀山县交界处,向南沿 S201 西侧布线,止于德上高速永城段一期工程芒山枢纽互通处,与连霍高速公路衔接,全长 15.139km。该项目地处豫、鲁、苏、皖结合部,对完善河南省高速公路网布局,促进豫皖两省之间社会、经济往来,推动旅游开发和资源利用,加快豫东地区经济发展具有重要意义。

2)技术标准

采用双向四车道;设计行车速度:120km/h;路基宽度:28m;设计荷载等级:公路—Ⅰ级。

3)建设规模

主要工程量:路基填方 239 万 m^3,挖方 55 万 m^3;表 8-1-4 为 G3W 德上高速公路永城段二期工程桥梁一览表。

G3W 德上高速公路永城段二期工程桥梁一览表　　　　表 8-1-4

规模	名　称	桥长(m)	主跨长度(m)	跨越障碍物			桥梁类型
				河流	沟谷	道路、铁路	
大桥	王引河大桥	270	30	√			简支梁桥
	吕楼大桥	150	30			√	简支梁桥
中桥	窑山沟中桥	60	20		√		简支梁桥

4)主要控制点

永城市。

5)投资规模

项目概算投资9.39亿元,平均每公里造价6202万元。

6)开工及通车、竣工时间

2013年10月开工建设,2015年12月完成通车。

2.参建单位主要情况

(1)建设单位:河南中原高速公路股份有限商丘分公司。

(2)勘察设计单位:河南省交通规划勘察设计院有限公司。

(3)质量监督单位:河南省交通基本建设质量检测监督站。

(4)监理单位:河南中宇交通科技发展有限责任公司、河南省豫通工程监理有限公司。

(5)土建施工单位:中铁航空港集团第一工程有限公司、中交第二公路工程局有限公司。

(6)路面施工单位:东盟营造工程有限公司。

(7)房建施工单位:河南国人工程建设有限公司、郑州建工集团有限公司。

(8)绿化施工单位:河南省六合生态园林发展有限公司。

(9)交通安全设施施工单位:湖南天弘交通建设工程有限公司。

(10)交通机电施工单位:安徽皖通科技股份有限公司、河南超远建筑工程有限公司、河南时升电力工程有限公司。

(二)建设情况

1.项目准备阶段

1)项目审批文件

2010年3月25日,河南省水利厅批准项目水行政许可决定书,文号为豫水行许字〔2010〕19号。2010年4月16日,商丘市地震局对项目《济宁至祁门高速公路永城段工程场地地震安全性评价报告》评审意见进行批复,文号为商震〔2010〕3号。2010年5月24日,河南省国土资源厅对项目建设用地的预审意见进行批复,文号为豫国土资函〔2010〕212号。2010年7月29日,河南省环境保护厅对项目环境影响报告书进行批复,文号为豫环审〔2010〕165号。2012年8月4日,《关于济宁至祁门高速公路永城段二期工程核准的批复》,文号为豫发改基础〔2012〕1108号。2013年2月4日,《关于济宁至祁门高速公路永城段二期工程初步设计的批复》,文号为豫发改设计〔2013〕280号。2013年3月14日,《关于济宁至祁门高速公路永城段二期工程施工图设计的批复》,文号为豫交文〔2013〕134号。

2）资金筹措

该项目概算总投资为 9.39 亿元,其中 25% 为建设单位自有资金,其余 75% 为银行贷款。

3）合同段划分

(1) 设计标段划分:工程设计标段划分 2 个标段、土建设计 1 个标段:包含土建、房建、绿化、交安、机电工程设计,10kV 电力线路设计 1 个标段。

(2) 施工标段划分:土建工程 2 个标段,机电工程 3 个标段,房建工程 2 个标段,绿化工程 1 个标段,交通安全设施工程 1 个标段。

(3) 施工监理标段划分:设 1 个土建总监办,1 个机电总监办公室。

4）招投标

(1) 2013 年 4 月 28 日发布了土建施工招标公告,2013 年 5 月 27 日开标确定了 2 家中标单位。

(2) 2014 年 6 月 9 日发布了房建工程施工招标公告,2014 年 7 月 1 日开标确定了 2 家中标单位。

(3) 2014 年 7 月 17 日发布了路面工程施工招标公告,2014 年 8 月 6 日开标确定了 1 家中标单位。

(4) 2015 年 4 月 3 日发布了机电工程施工招标公告,2015 年 4 月 28 开标确定了 3 家中标单位。

(5) 2015 年 4 月 8 日发布了交安及绿化施工招标公告,2015 年 4 月 29 日开标确定了 1 家交安及 1 家绿化中标单位。

5）征地拆迁情况

征地面积为 103.2479hm^2(合计 1548.7185 亩),其中永城市条河乡等三个乡镇集体土地 102.4738hm^2,水利局等三个单位国有土地 0.7741hm^2。拆迁征地费用共计 8258.58 万元。

2. 项目实施阶段

1）实施过程

(1) 主线土建工程于 2013 年 10 月开工,2015 年 10 月完工。

(2) 房建工程于 2014 年 8 月开工,2015 年 10 月完工。

(3) 机电工程于 2015 年 6 月开工,2015 年 10 月完工。

(4) 交通安全设施工程于 2015 年 6 月开工,2015 年 10 月完工。

(5) 绿化工程于 2015 年 6 月开工,2015 年 10 月完工。

(6) 2015 年 10 月 28 日,通过了交工验收,工程质量评定为合格工程。

2）重大决策

(1) 制定下发了《济祁高速公路永城段监理工作、土建工程项目精细化施工管理目标责任综合考核办法（试行）》等一系列精细化管理措施、办法及考核规定,重点加强了对分项、分部和单位工程及其各工序进行现场控制。

（2）为创建省级样板工程,打造精品优质工程,商丘分公司结合济祁一期建设管理经验以及其他项目质量管理措施,制订印发各类质量控制文件,进一步规范该项目质量管理。

（3）制定下发了《济祁高速永城段二期工程监理创优及奖励基金管理办法（试行）》等监理工作管理办法,定期及不定期地对监理进行考核评价。

3）设计变更

（1）特殊路基处理:初步设计主线水泥搅拌桩长度为91km,碎石桩长度为206.7km。经施工图设计优化,取消全部碎石桩并缩减主线水泥搅拌桩长度。

（2）路基土石方填筑:初步设计路基下部掺灰量为5%;中部为20%素土填筑,80%路基掺灰量为5%;路床掺灰量为6%。优化后,除路床掺灰量为5%外,其余路基填筑均未掺灰,仅根据工程需要计列了部分土方晾晒费用。

（3）路基防排工程:初步设计路基排水边沟全部采用混凝土预制块硬化。优化后,沿线全部采用土质边沟设计,仅急流槽对应处采用预制块铺筑;全线中央分隔带采用新泽西护栏设计,不设置中分带排水。

（4）芒山枢纽式立体交叉工程:在施工图设计时,对匝道线形和纵坡进行优化,降低路基填土高度,仅匝道土方（含有灰土）较初步设计减少33364m^3;同时,在匝道特殊路基处理中,水泥搅拌桩长度较初步设计减少68583m。

（5）天桥引线工程:初步设计引道土方掺灰处理,路面结构为4cm+6cm沥青混凝土面层加40cm水稳碎石（底）基层。施工图设计优化后,引道土方未掺灰,路面结构为22cm水泥混凝土面层加18cm级配碎石基层。

（三）科技创新

1.煤矸石台背回填压实质量检测技术研究

针对煤矸石台背回填建设的实际需要,通过理论分析和试验研究,重点研究煤矸石台背回填的压实质量与其动力学振动信号参数之间的相关关系及其主要影响因素,应用现代信号分析和人工智能技术,建立煤矸石台背回填压实质量的有效检测评价分析方法。

2.高速公路路产三维数字化信息管理系统研究

利用三维数字路产采集与显示和识别技术,结合路产性能衰变和资产动态变化特征,实现高速公路资产评估与动态管理,开发高速公路路产管理评价及效益动态分析系统。

(四)运营养护管理

1. 组织架构

该项目运营管理单位为河南中原高速公路股份有限公司商丘分公司,公司实行总经理负责制,下设综合部、财务部、运维部、养护部、路产部、三产管理部、通行费管理部等部门。

2. 收费设施

下设永城北和永砀省界2个收费站,见表8-1-5。永城北收费站有5个出口、3个入口,共8条通行车道;永砀省界收费站有12个出口,设立形式是河南省和安徽省分址合建、双方代发卡、费用提前收取的运营管理模式,各省界站只有出站口,没有进站口。

G3W德上高速公路永城段二期工程收费设施一览表　　　　表8-1-5

收费站名称	桩号	入口车道数		出口车道数	
		总车道	ETC车道	总车道	ETC车道
永城北收费站	K92+500	3	1	5	1
永砀省界收费站	K91+700	0	0	12	3

3. 监控设施

设置监控中心1个,商丘分公司运维分中心负责永砀省界收费站区域和永城北收费站区域的运营监管。

4. 养护管理

商丘分公司养护部门负责项目全线路基、路面、桥涵、交通安全设施和绿化日常养护,并严格执行相关行业标准及商丘分公司养护制度进行日常保养保洁工作。

根据省交通运输厅及主管部门规范标准与公司制度,每两年委托检测单位对全线桥涵结构物进行定期检测,及时掌握技术状况及病害情况,作为桥涵维修保养的依据。

三、G3W德上高速公路永城段一期工程

(一)项目概况

1. 基本情况

1)功能定位

G3W德上高速公路永城段一期工程是河南省规划的一条最东侧南北向高速公路,位于豫、鲁、苏、皖结合部,路线起于连霍高速公路永城互通式立交西侧约1.4km处,止于侯岭乡柏山集西南盐洛高速公路,全长41.020km。该项目对完善河南省高速公路网布局,加强

省域之间文化交流,推动旅游开发和资源利用,加快豫东地区经济发展具有重要意义。

2)技术标准

全封闭、全立交、双向四车道;设计行车速度:120km/h;路基宽度:28m;桥梁净宽:2×12.5m;桥涵设计荷载标准:公路—Ⅰ级;路面设计标准轴载:BZZ-100;路面:收费广场和服务区广场采用水泥混凝土路面,其他采用沥青混凝土路面;路面结构:沥青路面设计总厚度为72cm,上面层为4cm细粒式(AC-13C型)沥青混凝土,中面层为6cm中粒式(AC-20C型)沥青混凝土,下面层为10cm沥青稳定碎石(ATB-25),封层为改性乳化沥青稀浆封层,基层为34cm水泥稳定碎石,底基层为18cm水泥稳定碎石;地震基本烈度Ⅵ度,桥梁按Ⅶ度设防;沥青混凝土路面设计使用年限15年,水泥混凝土路面设计使用年限30年。

3)建设规模

主要工程量:全线主线挖方23.2万 m^3,填方513.3万 m^3;全线设服务区1处,监控、管理分中心1处,匝道收费站2处;全线设有防撞护栏、交通标志、标线、隔离栅等设施;表8-1-6为G3W德上高速公路永城段一期工程桥梁一览表。

G3W德上高速公路永城段一期工程桥梁一览表　　　　表8-1-6

规模	名称	桥长(m)	主跨长度(m)	跨越障碍物 河流	跨越障碍物 沟谷	跨越障碍物 道路、铁路	桥梁类型
大桥	汪楼沟大桥	166.08	20	√			简支梁桥
大桥	沱河大桥	467.56	60	√			连续梁桥
大桥	界沟大桥	105.72	20	√			简支梁桥
大桥	大治河大桥	166.05	20	√			简支梁桥
大桥	S201分离式立交	281.56	25			√	连续梁桥
大桥	阎瓦房跨铁路分离式立交	697.36	30			√	连续梁桥
中桥	郭长庄中桥	44.144	13	√			简支梁桥
中桥	幸福沟中桥	85.793	20	√			简支梁桥
中桥	后小楼中桥	44.106	13	√			简支梁桥
中桥	张香铺中桥	53.122	13	√			简支梁桥
中桥	汪楼中桥	44.106	13	√			简支梁桥
中桥	新建沟中桥	53.115	13	√			简支梁桥
中桥	莲花沟中桥	85.793	20	√			简支梁桥
中桥	张双楼分离式立交	44.04	13			√	简支梁桥
中桥	滦湖分离式立交	53.122	16			√	简支梁桥
中桥	王大坟分离式立交	44.106	13			√	简支梁桥
中桥	朱小楼分离式立交	44.106	13			√	简支梁桥
中桥	魏庄分离式立交	53.122	16			√	简支梁桥

续上表

规模	名称	桥长(m)	主跨长度(m)	跨越障碍物 河流	跨越障碍物 沟谷	跨越障碍物 道路、铁路	桥梁类型
中桥	X041分离式立交	53.122	16			√	简支梁桥
	永淮路分离式立交	65.742	20			√	简支梁桥
	S325分离式立交	65.742	20			√	简支梁桥
	程庄分离式立交	44.106	20			√	简支梁桥
	高小庄分离式立交	44.04	20			√	简支梁桥

4)主要控制点

永城市。

5)地形地貌

路线所经地区地形平坦,其地貌单元属黄淮冲积平原,微地貌类型主要有剥蚀残丘、黄泛沉积平地、湖河相沉积平地、河床、河漫滩等。纵观全貌,地势西北略高,向东南渐低,海拔30~38m,平均坡降为1/8000~1/10000。

6)投资规模

项目概算投资19.47亿元,竣工决算投资19.37亿元,平均每公里造价4722.00万元。

7)开工及通车、竣工时间

2010年10月开工建设,2012年12月通过交工验收并通车试运营,2015年3月完成竣工验收。

2. 参建单位主要情况

(1)建设单位:河南中原高速公路有限公司。

(2)勘察设计单位:中国公路工程咨询集团有限公司。

(3)质量监督单位:河南省交通基本建设质量检测监督站。

(4)监理单位:河南豫通公路工程监理事务所、河北华达公路工程咨询监理有限公司。

(5)土建施工单位:中交第二工程局、郑州市公路工程公司、中交一公局第三工程有限公司、中国水电建设集团路桥工程有限公司、中铁十局第二工程有限公司。

(6)路面施工单位:中铁二局第五工程有限公司、浙江省交通工程建设集团有限公司。

(7)房建施工单位:河南省永阳建设有限公司、河南现代建设集团有限公司、河南城建建设集团有限公司、郑州市正岩建设有限公司。

(8)绿化施工单位:河南嘉天下园林景观工程有限公司、河南神农园林绿化有限公司。

(9)交通安全设施施工单位:沙河市飞耀交通设施有限公司、潍坊东方交通设施工程有限公司、周口市公路交通设施有限公司、陕西科润公路沿线设施工程有限公司。

(10)交通机电施工单位:广东飞达交通工程有限公司、北京瑞华赢科技发展有限公司、中铁七局集团电务工程有限公司、禹州市百业隆电力工程有限公司。

(二)建设情况

1. 项目准备阶段

1)项目审批文件

2010年6月25日,河南省发展和改革委员会对项目建设进行核准批复,文号为豫发改基础〔2010〕818号。2010年8月24日,河南省发展和改革委员会对项目初步设计进行批复,文号为豫发改设计〔2010〕1250号。2010年,河南省环境保护厅对项目环境影响报告书进行批复,文号为豫环审〔2010〕165号。2011年5月24日,河南省交通运输厅对项目施工图设计进行批复,文号为豫交规划〔2011〕129号。2012年12月27日,国土资源部对项目建设用地进行批复,文号为国土资函〔2012〕1023号。

2)资金筹措

项目估算总投资约18.48亿元,其中,项目资本金4.62亿元(占总投资的25%)由项目法人负责筹措,其余13.86亿元申请国内银行贷款解决。

3)合同段划分

(1)设计标段划分:土建工程设计标段划分1个标段,房建工程设计1个标段,绿化工程设计1个标段,机电工程设计1个标段。

(2)施工标段划分:土建工程5个标段,机电工程3个标段,房建工程4个标段,绿化工程2个标段,交通安全设施工程4个标段。

(3)施工监理标段划分:设1个总监办公室,5个土建工程驻地监理标段,1个房建工程监理标段,1个机电工程监理标段。

4)招投标

(1)2010年8月30日,土建工程公开开标,确定5家中标单位。

(2)2012年4月6日,路面工程公开开标,确定2家中标单位。

(3)2012年7月3日,交通安全设施工程公开开标,确定4家中标单位。

(4)2012年7月10日,房建工程公开开标,确定3家中标单位;2012年10月11日,确定1家中标单位。

(5)2012年7月31日,交通机电工程、供配电照明工程、10kV线路架设工程公开开标,分别确定了1家中标单位。

(6)2012年10月11日,绿化工程公开开标,确定2家中标单位。

5)征地拆迁情况

征地面积为274.5566hm^2,其中服务设施用地4.6hm^{2}范围内的经营性用地以有偿使用方式供地,其余以划拨方式供地。

2. 项目实施阶段

1）实施过程

（1）主线土建工程于 2010 年 10 月 7 日开工，2012 年 11 月 15 日完工。

（2）房建工程于 2012 年 8 月开工，2013 年 11 月完工。

（3）机电工程于 2012 年 9 月开工，2013 年 11 月完工。

（4）交通安全设施工程于 2012 年 8 月开工，2012 年 11 月完工。

（5）绿化工程于 2012 年 11 月开工，2013 年 11 月完工。

（6）2012 年 11 月 14～15 日，河南省交通基本建设质量检测监督站对德上高速公路永城段一期工程进行了交工验收，工程质量评定为合格工程。

2）重大事件

（1）2012 年，德上高速公路永城段一期工程 K99 + 807.5 现浇盖板通道（6 × 3.5）被评为河南省交通运输厅第三批"省级样板工程"。

（2）2014 年，德上高速公路永城段一期工程 K120 + 390～K122 + 390 段新泽西护栏被评为河南省交通运输厅第四批"省级样板工程"。

（三）运营养护管理

1. 组织架构

该项目运营管理单位为河南中原高速公路股份有限公司商丘分公司，下设办公室、党委办公室、监察室、考核办、人力资源部、财务资产部、养护管理部、路产管理部、运营监督管理分中心、通行费管理稽查部和建设项目部等 12 个处室，下设 2 个路政大队、6 个收费站、2 个服务区。

2. 服务设施

下辖永城服务区 1 处，见表 8-1-7。

G3W 德上高速公路永城段一期工程服务场区一览表　　　表 8-1-7

高速公路编码	服务区名称	桩号	所在区域	占地（m²）	建筑面积（m²）
G3W	永城服务区	K115 + 800	陈集乡小孟庄村	76659	8200.00

3. 收费设施

下设永城东和永城 2 个收费站，见表 8-1-8。

G3W 德上高速公路永城段一期工程收费设施一览表　　　表 8-1-8

收费站名称	桩号	入口车道数		出口车道数	
		总车道	ETC 车道	总车道	ETC 车道
永城东收费站	K132 + 700	3	1	6	1
永城收费站	K120 + 348	3	1	6	1

4. 监控设施

设置监控中心 1 个,负责商丘分公司 6 个收费站区域的运营监管。

5. 养护管理

德上高速公路永城段一期工程养护项目部负责全线路基、路面、桥涵、交通安全设施和绿化日常养护,并严格执行相关行业标准及中原高速公路公司养护制度进行日常保养保洁工作。

1)桥梁检测、维修加固

2015 年共投入 194.28 万元,对全线 5 座桥头锥坡及搭板脱空进行水毁抢险处治,如图 8-1-1 所示。

图 8-1-1　桥梁维修加固

2)沿线设施的提升、改造

2015 年对沿线安全设施进行改造,新增边沟及互通区积水治理,进一步确保路基稳定,保障道路行驶安全,如图 8-1-2、图 8-1-3 所示。

图 8-1-2　沿线设施改造　　　　　　　　图 8-1-3　互通区积水治理

第二节　G4 北京至香港澳门高速公路河南段
（安阳县至罗山县）

京港澳高速公路连接北京和广州、珠海、香港、澳门等南北方重要城市,为中国的南北交通大动脉,其中河南段起于豫冀两省交界的安阳市灵芝村,途经安阳、汤阴、鹤壁、淇县、卫辉、新乡、原阳、郑州、新郑、长葛、许昌、临颍、郾城、漯河、西平、遂平、驻马店、确山、信阳等县市,止于罗山县九里关,与湖北省境内的京港澳高速公路连接,全长522.98km。该项目大大缓解了国道107线因交通量超负荷而造成的交通拥挤和阻塞问题,满足了交通量快速增长的需求,对促进河南经济发展以及完善国家高速公路网布局具有重要意义。

一、G4 京港澳高速公路安阳至新乡段

（一）项目概况

1．基本情况

1）功能定位

京港澳高速公路安阳至新乡段北起豫冀两省交界的安阳市灵芝村,与同期建设的石家庄至邯郸(省界)高速公路相连,沿京广铁路东侧南行,经安阳市、汤阴县、鹤壁市(大赉店)、淇县、卫辉市、新乡市,在延津县马村与郑州至新乡高速公路相接,全长113.168km。该项目加强了豫冀两省城际联系,改善了豫北地区的投资环境和交通状况,对促进安阳、鹤壁、新乡三城市及周边区域经济发展具有重要意义。

2）技术标准

全封闭、全立交、双向四车道;设计行车速度:120km/h;路基宽度:26m;中央隔离带:3m;双向四车道:4×3.75m;紧急停车带:2×2.5m;设计标准轴载:BZZ-100;桥涵设计荷载标准:汽车—超20级,挂车—120;设计洪水频率:特大桥为1/300,其余桥涵、路基均为1/100;路面:收费广场和服务区广场采用水泥混凝土路面,其他采用沥青混凝土路面;路面结构(由上到下):主线为4cm多碎石沥青混凝土+5cm粗粒式沥青混凝土+6cm热拌沥青碎石;设计使用年限:水泥混凝土路面30年,沥青混凝土路面15年。

3）建设规模

主要工程量:路基土方1460.76万m^3,G4京港澳高速公路安阳至新乡段桥梁一览见表8-2-1,人行机耕天桥2座,石灰土底基层315.7万m^2,水泥稳定碎石基层286.4万m^2,热拌沥青碎石265.3万m^2,粗粒式沥青混凝土248.7万m^2,多碎石沥青混凝土280万m^2,

防撞护栏467.926km,墙式护栏35.225km,反光标线143297m²,反光标识牌1262块,隔离栅246.513km,收费大棚、广场、收费岛16处,综合功能服务区2处,防噪声墙11处。

G4京港澳高速公路安阳至新乡段桥梁一览表 表8-2-1

规模	名称	桥长(m)	主跨长度(m)	跨越障碍物 河流	跨越障碍物 沟谷	跨越障碍物 道路铁路	桥梁类型
特大桥	卫共河特大桥	1305.28	20	√			简支梁桥
大桥	西见山分洪大桥	405.1	20	√			简支梁桥
	安阳河大桥	225.08	20	√			简支梁桥
	跨长江大道	162.8	25			√	连续梁桥
	洪水河大桥	145.1	20	√			简支梁桥
	羑河大桥	145.08	20	√			简支梁桥
	汤河大桥	185.08	20	√			简支梁桥
	淤泥河大桥	165.08	20	√			简支梁桥
	汤濮立交桥	105.08	20			√	简支梁桥
	永通河大桥	145.08	20	√			简支梁桥
	淇河大桥	345.08	20	√			简支梁桥
	思德河大桥	117.08	16	√			简支梁桥
	赵家渠大桥	149.08	16	√			简支梁桥
	豚胫河大桥	149.08	16	√			简支梁桥
	沧河北大桥	245.06	20	√			简支梁桥
	沧河南大桥	325.08	20	√			简支梁桥
中桥	AX-002桥	37.04	16			√	简支梁桥
	AX-004幸福梁中桥	85.04	20			√	简支梁桥
	AX-012桥	25.04	20			√	简支梁桥
	AX-014桥	25.04	20			√	简支梁桥
	AX-016桥	25.04	20			√	简支梁桥
	AX-019桥(韩陵山天桥)(跨线桥)	62	25			√	简支梁桥
	AX-027桥	57.04	20			√	简支梁桥
	AX-028桥	57.04	20			√	简支梁桥
	AX-034文明大道中桥	82.8	25			√	简支梁桥
	AX-039文昌大道中桥	82.8	25			√	简支梁桥
	AX-051桥	37.04	16			√	简支梁桥
	AX-053桥	37.04	16			√	简支梁桥
	AX-054桥	37.04	16			√	简支梁桥
	AX-057桥	25.04	20			√	简支梁桥
	AX-059桥	25.04	20			√	简支梁桥
	AX-063桥	25.04	20			√	简支梁桥

续上表

规模	名称	桥长(m)	主跨长度(m)	跨越障碍物 河流	跨越障碍物 沟谷	跨越障碍物 道路铁路	桥梁类型
中桥	AX-064 桥	37.04	16			√	简支梁桥
	AX-069 桥	53.04	16			√	简支梁桥
	AX-071 桥	25.04	20			√	简支梁桥
	AX-078 桥	37.04	16			√	简支梁桥
	AX-079 桥(精忠路分离式立交桥)	44.04	20			√	简支梁桥
	AX-081 桥	25.04	20			√	简支梁桥
	AX-082 桥	44.04	16			√	简支梁桥
	AX-098 桥	37.04	16			√	简支梁桥
	AX-102 桥	25.04	20			√	简支梁桥
	AX-103 桥(汾河中桥)	85.04	16			√	简支梁桥
	AX-107 桥(大青山分离式立交)	34.04	10			√	简支梁桥
	AX-109 桥	25.04	20			√	简支梁桥
	AX-116 桥(周庄分离式立交)	40.04	16			√	简支梁桥
	AX-119 桥(杨庄分离式立交)	40.04	16			√	简支梁桥
	AX-124 桥(分离式立交)	40.04	16			√	简支梁桥
	AX-126 桥	36.04	16			√	简支梁桥
	AX-128 桥(分离式立交)	40.04	16			√	简支梁桥
	AX-131 桥	32.74	20			√	简支梁桥
	AX-132 桥	25.04	20			√	简支梁桥

4)主要控制点

安阳市(安阳县、汤阴县)、鹤壁市(浚县、淇县)、新乡市(卫辉市、新乡县、延津县)。

5)地形地貌

路线所经地区西高东低,地势平坦开阔。路线在卫辉以北,处于太行山前冲积平原,卫辉以南黄河冲积平原。高程在66~86m之间(黄海高程系)。

6)投资规模

概算投资203072万元,竣工决算投资230200万元,平均每公里造价1891.47万元。

7)开工及通车时间

1994年8月开工建设,1997年11月交工通车。

2. 参建单位主要情况

(1)建设单位:河南省高等级公路建设指挥部。

(2)设计单位:河南省交通规划勘察设计院。

(3)质量监督单位:河南省交通基本建设质量检测监督站。

（4）监理单位：河南省高等级公路建设监理部。

（5）道路主体施工单位：交通部第二公路工程局、铁道部第十四工程局、铁道部第十一工程局、河南省交通公路工程局、铁道部第三工程局。

（6）供配电、照明工程施工单位：照明施工单位：河南省新野灯具厂、山东淄博交通灯具集团公司；供配电施工单位：巩义先锋电器技术公司、河南卫辉市电力建筑安装工程公司。

（7）房建施工单位：河南建筑工程公司黄河分公司、中牟县城乡建设总公司、郑州第一建筑公司、河南省建设总公司四公司、郑州市第三建筑公司、河南省天地建筑总公司九公司、郑州市邙山第三建筑公司、中国建筑第七工程局三公司、郑州市黄河园林艺术建筑公司、开封市建设总公司、郑州市黄河园林艺术建筑公司。

（8）机电工程施工单位：河南盈科交通工程有限公司。

（二）建设情况

1. 项目准备阶段

1）项目审批文件

（1）1992年，河南省计经委对安阳至新乡高速公路项目建议书进行了批复，文号为豫计经交〔1992〕2130号。

（2）1992年，国家计委对安阳至新乡高速公路项目建议书进行了批复，文号为计交通〔1992〕2605号。

（3）1993年10月，国家环保总局对安阳至新乡高速公路环境影响报告书进行了批复，文号为环监字〔1993〕581号。

（4）1993年，国家计委对安阳至新乡高速公路工程可行性研究报告进行了批复，文号为计交通〔1993〕1129号。

（5）1993年，交通部对安阳至新乡高速公路工程初步设计进行了批复，文号为交工发〔1993〕700号。

（6）1993年，河南省交通厅对安阳至新乡高速公路工程初步设计进行了批复，文号为豫交计〔1993〕252号。

2）资金筹措

概算总投资为204056万元，资金来源为世界银行贷款。

3）合同段划分

（1）设计标段划分：土建工程1个标段，房建工程1个标段。

（2）施工标段划分：土建工程5个标段，供配电照明工程1个标段，房建工程1个标段，机电工程1个标段。

(3)监理标段划分:设1个总监办公室,5个土建工程驻地监理标段。

4)招投标

(1)首先发布招标公告,并依据程序进行资格预审、发送通标邀请书、举行标前会、现场勘探、公开开标和评标等。确定了5家中标单位。

(2)与河南省高等级公路建设监理部签订了安新高速公路咨询服务协议。

(3)与当地政府签订了公路用地征迁包干协议。

(4)分标段与施工单位签订工程施工协议。

5)征地拆迁情况

共征用土地10968.75亩,总计拆迁房屋13134m²,补偿金额307.64万元。

2. 项目实施阶段

1)实施过程

(1)主线土建工程于1994年9月14日开工,1997年11月28日完工。

(2)房建工程于1996年4月开工,1997年11月完工。

(3)供配电、照明工程于1996年12月开工,1997年11月28日完工。

(4)机电工程于2001年6月开工,2006年3月完工。

(5)1997年11月4日,该项目通过了交工验收,得分为90.63分,工程质量等级评定为合格。

2)重大决策

(1)1996年底成立安新高速公路前线指挥部,负责组织协调高速公路建设工作,加强施工现场的协调力度,同时在安阳、鹤壁、新乡三市分设市级工程指挥部,以协调建设过程中出现的各种问题。

(2)1996年在连降罕见暴雨的恶劣气候和资金不到位的情况下,积极拼抢,抢晴天战雨天,组织了"大干一百天"和"秋季大决战"的劳动竞赛。

3)设计变更

(1)涵洞通道:原设计为53道,33道变更,取消7道,变更后为46道。

(2)防护工程:原设计在K83+800~K90+264段路基由填筑鹅卵石,边坡防护由浆砌片石、接十字块植草皮变更为浆砌混凝土预制块。

(3)桥梁立交:增设4座,变更8座。其中卫共河特大桥基桩桩径由1.8m变更为1.5m。原设计的SD-40、SD-60型桥梁伸缩缝变更为型钢GQF-C40,GQF-C60伸缩缝,四座立交桥设MEGAFLEX型改性沥青伸缩缝,中央分隔带盖板并更为墙式护栏,以利施工。

(4)绿化:中央分隔带范围种植冬青及花草。

(5)路面:原路面结构由25cm厚石灰土、15cm厚二灰碎石变更为35cm厚水泥稳定碎石,以更好地满足基层、底基层强度使用要求。

(6)道路沿线设施：中央分隔带范围内 PVC 管预埋及钢管装饰局部变更，人孔井变更后为 93 个，电话平台增设 31 处，中央分隔带开口处由 PVC 管预埋变更为预埋钢管，以便于利用。

(三)科技创新

1. 卵石土填筑路

第一标段土场土的含水率较高，碾压周期过长，而韩陵山一带有大量含水率合适，而且不可耕的卵石土可供利用。但由于卵石土中的卵石较多、粒径较大，室内击实试验标准及现场检测方法都与现行规范不符。经与驻地监理工程师及监理代表处有关人员进行详细的研究，拟采用将卵石土中大于某一粒径的卵石检出，并测出其密度，将剩余的土料在室内按规范做标准击实试验，做出最大干密度；现场检测用灌砂法进行，试验时同样检出大于某一粒径的卵石，根据先前测出的卵石密度反算该种石料的体积，从而获得现场压实度。工程部对卵石土路基进行了挖验，结果表明按上述方法检测合格的路基，内部结构密实，经进一步检测其弯沉值几乎可以与石灰土相比。

2. 粉煤灰在路堤填筑中的应用

粉煤灰是一种工业废料，可利用程度低，它的堆放不仅占用大量耕地，也给周围的环境造成了不可低估的污染。据此，一标段工程部在广泛查阅粉煤灰填筑路堤有关资料的基础上，组织技术人员进行详细的分析、论证，解决了一标段土源匮乏状况，更是变废为宝，解决了粉煤灰的堆放及污染等问题。

3. 膨胀土的处理

一标段 K7+800～K9+300 之间的挖方路段，在路槽底面高程左右为中等膨胀性膨胀土，不适宜作为路基填土。1994 年底，工程部会同安新高速公路监理代表处、驻地监理办公室共同成立了"膨胀土改性科研小组"。经过 1 年多的不懈努力，最终确定了"在原膨胀土掺加 12% 的生石灰粉，充分拌和均匀"的处理方法。

(四)运营养护管理

1. 组织架构

该项目运营管理单位为河南高速公路发展有限责任公司安新分公司，公司经营管理实行总经理负责制，设有办公室、人事劳动科、财务资产科、监察室、考核督查办公室、政工科、团委、工会、通行费管理科、路产管理科、养护管理科、路域经济办公室等 12 个部门。

2. 服务设施

所辖路段有安阳、鹤壁 2 个服务区，见表 8-2-2。

G4 京港澳高速公路安阳至新乡段服务场区一览表　　表 8-2-2

高速公路编码	服务区名称	桩　号	所 在 区 域	占地面积(m²)	建筑面积(m²)
G4	安阳服务区	K509+778	安阳市文峰区宝莲寺镇赵官屯村	208058	13144.49
	鹤壁服务区	K566+031	鹤壁市淇县北阳镇王庄村	192665	15000

(1)安阳服务区占地面积312.4亩(2010年11月1日改扩建后),能够为驾乘人员提供餐饮、住宿、购物、加油、加气、充电、车辆维修、停车休息等多种服务。

(2)鹤壁服务区于1998年12月正式营业,占地面积289亩(2010年11月1日改扩建后),停车场面积11.6万 m²,建筑面积1.5万 m²,绿化容积率达到35%,是一所设备齐全、环境幽雅,集餐饮、住宿、购物、停车、加油、充电、车辆维修、车辆降温于一体的多功能服务区。

3.收费设施

下设8个收费站,见表8-2-3。豫冀界收费站出口12个;安阳北收费站有5个出口、3个入口,共8条通行车道;安阳收费站有6个出口、4个入口,共10条通行车道;安阳南(汤阴)收费站有5个出口、3个入口,共8条通行车道;鹤壁收费站有6个出口、6个入口,共12条通行车道;浚县收费站有5个出口、3个入口,共8条通行车道;淇县收费站有5个出口、4个入口,共9条通行车道;卫辉收费站有6个出口、4个入口,共10条通行车道。

G4 京港澳高速公路安阳至新乡段收费设施一览表　　表 8-2-3

收费站名称	桩　号	入口车道数		出口车道数	
		总车道	ETC 车道	总车道	ETC 车道
豫冀界收费站	K484+358	0	0	12	1
安阳北收费站	K497+575	3	1	5	1
安阳收费站	K504+422	4	1	6	1
安阳南(汤阴)收费站	K518+833	3	1	5	1
鹤壁收费站	K539+184	6	1	6	1
浚县收费站	K545+806	3	1	5	1
淇县收费站	K557+051	4	1	5	1
卫辉收费站	K585+412	4	1	6	2

4.监控设施

设置监控中心1个,负责京港澳高速公路 K484+358～K597+526 段区域的运营监管。

5.养护管理

京港澳高速公路日常养护 AXYH-01 项目部和 AXYH-02 项目部责安新高速公路全线

路基、路面、桥涵、交通安全设施和绿化日常养护,并严格执行相关行业标准及安新分公司养护制度进行日常保养保洁工作。

1)路面维修工程

(1)2007—2008年京港澳高速公路安新段路面改善工程

2007年京港澳高速公路安新段路面改善工程是河南省交通厅2007年重要工程之一,是对京港澳高速公路安新段K513+000~K600+553(原桩号)实施罩面改善工程,由河南路桥公司和河南省第一公路工程有限公司承建,共完成投资额16829万元。完成高聚物注浆258000m^2、宽缝处治900m^2、基层修补2350m^2、面层铣刨摊铺89770m^2、维修29座桥涵铺装层、精铣刨1707700m^2、罩面摊铺1707700m^2。

2008年实施安新路K513以北罩面工程,于2008年3月15日~4月30施工,施工费用为64978108元,起止桩号为K513+115~K487+358,全长近26km。主要工程量包括:11万m^2的高聚物注浆,近2000m^2的基层换填,1500道宽缝,1700m^2的面层挖补,2500m^2的桥涵铺装层维修,单车道4km的就地热再生,50万m^2的加铺,豫冀省界站广场彩色路面等,如图8-2-1所示。

图8-2-1 2007—2008年京港澳高速公路安新段路面改善工程

(2)京港澳高速公路安新段部分收费站广场积水治理专项工程

京港澳高速公路安新段在改扩建期间,未将汤阴、浚县、淇县、卫辉共四个互通式立交出入口平交范围的路面病害纳入改造范围。随着高速公路交通量的增加和运行时间的增长,上述互通式立交出入口范围的路面遭到了较为严重的破坏;另外随着地方道路的改扩建,地方道路路面逐渐抬高导致立交出入口处每年雨季积水严重。为了处治上述病害及缺陷,通过全国公开招投标,公司组织实施了积水治理专项工程,如图8-2-2所示。中标施工单位为周口龙兴公路工程有限公司。工程于2014年5月5日开工,9月28日竣工,竣工决算投资为489.12万元。

图 8-2-2　收费站广场积水治理专项工程

完成的主要工程数量：现浇 C25 混凝土排水沟 115m³，池塘挖土方 7845m³，池塘浆砌片石 216m²；修建 5 座雨水检查井，64m 直径 600mm 的雨水管道；修建 5 座雨水口，29m 直径 300mm 雨水管道；完成 5cm 厚 AC-16 改性沥青混凝土上面层 1692m²，5cm 厚 AC-16 改性沥青混凝土中面层 1081m²，15cm 厚 C20 贫混凝土基层 4513m²；现浇 25cm 厚 C30 混凝土面板 459m²，18m² 厚水泥稳定碎石基层 263m³，17cm 厚水泥石灰稳定土底基层 1596m³。

(3) 京港澳高速公路安新段 2015 年路面养护专项工程

为迎接"十二五"全国干线公路检查，根据《2014 年安新路路况检测报告》，结合实际路况，公司组织实施了 2015 年路面养护专项工程。该专项工程于 2015 年 3 月 31 日组织全国公开招标，中标单位为河北广通路桥集团有限公司，负责京港澳高速公路 K487+358～K597+526 段路面养护专项工程。工程总投资为 8696446 元。

工程于 2015 年 5 月 13 日开工，7 月 27 日顺利完成施工任务。铣刨沥青混凝土旧路面 98033.83m²，固体沥青条 1732.84m²，改性沥青聚合物密封胶灌缝 3378.4m，抗裂贴 1621.63m²，快修混凝土修补路面 1.48m³，灰砂桩 3280.22m，改性乳化沥青黏层 88822.19m²，6cm 厚 AC-20C 改性沥青混凝土 204.67m²，4cm 厚 AC-13C 改性沥青混凝土 97726.83m²，热熔型路面标线（普通型）3262m²，如图 8-2-3 所示。

2）桥梁检测、维修加固

(1) 2015 年度京港澳高速公路安新段桥梁伸缩缝维修专项工程

2015 年度京港澳高速公路安新段桥梁伸缩缝维修专项工程于 2015 年 4 月 2 日面向社会进行公开招标，最终确定邯郸市华通公路养护工程有限公司为中标单位。完成工程总费用 183.22 万元。

工程于 2015 年 5 月 16 日正式开工，7 月 20 日伸缩缝维修全部完工，共计完成 159 处，其中更换型钢 66 处，共计 710m，局部维修混凝土 93 处，共计 29.6m³，如图 8-2-4 所示。

图 8-2-3　京港澳高速公路安新段 2015 年路面养护专项工程　　图 8-2-4　京港澳高速公路安新段桥梁伸缩缝维修专项工程

(2) 京港澳高速公路安新段桥梁病害维修专项工程

京港澳高速公路安新段桥梁病害维修专项工程由郑州市广汇路桥工程有限公司负责施工,对安新路 K487+358～K597+526 全线约 118 座桥梁病害进行维修,完成工程费用为 96.69 万元。工程于 2015 年 6 月 28 日开工,8 月 6 日完工。完成了 119 座桥梁病害的维修,其中钢筋除锈 1052.58m²,封闭封缝 96.5m,注胶封缝 186.55m,界面剂 1102.58 m²,六棱块 3.6m³,环氧树脂砂浆 1660.72m²,浆砌片石 15m³,如图 8-2-5 所示。

图 8-2-5　京港澳高速公路安新段桥梁病害维修专项工程

3) 绿化提升、补植

河南高速公路发展有限责任公司 2007 年度绿化改造工程 AX01 合同段由省公司于 2007 年 3 月上旬统一招标、组织实施。AX01 合同段中标单位为河南省世锦园林工程有限公司,负责安新路 K487+358～K548+900 段中央分隔带的绿化改造工程,工程总价为 1334532.95 元,植物栽植工期 20 天,管养 1 年。随后省公司下达文件,由安新分公司与绿化改造施工单位签订施工合同,进行统一管理。

工程于 2007 年 3 月中旬开工,在规定工期内拆除了中央分隔带铺设的混凝土块 2704m³,栽植木槿 644 株、紫薇 4705 株,播种狗牙根 81185m²。同时按照省公司对豫冀界绿化的要求,做好高速公路反季节绿化种植试验,又相继栽植了石楠等花灌木 150 余株,栽植月季等 17560 余 m², 如图 8-2-6 所示。

图 8-2-6 京港澳高速公路安新段绿化提升、补植工程

二、G4 京港澳高速安阳至新乡段改扩建工程

(一)项目概况

1. 基本情况

1) 功能定位

京港澳高速公路安阳至新乡段改扩建工程北起京港澳高速公路豫冀界收费站,途经安阳、鹤壁、新乡 3 个省辖市共 10 个县区,南接新乡至郑州高速公路,全长 113.174km。该项目对完善国家和河南省高速公路网布局,改善现有交通环境,提高公路服务水平和通行能力,进一步促进区域经济发展具有重要意义。

2) 技术标准

加宽四车道,双向八车道;设计行车速度:120km/h;路基宽度:42m;桥梁净宽:2×19m;桥涵设计荷载标准:公路—Ⅰ级;路面结构:4cm 改性沥青玛蹄脂碎石混合料(SMA-13)+6cm 中粒式改性沥青混凝土(AC-20C)+8cm 粗粒式沥青混凝土(AC-25C)+10cm 粗粒式沥青碎石(ATB-30)+36cm 水泥稳定碎石基层+20cm 低剂量水泥稳定碎石底基层;设计使用年限:20 年。

3) 建设规模

主要工程量:路基土石方 644.4942 万 m³;全线设服务区 2 处;管理、养护、服务、监控房屋建筑面积 27826.1m²;表 8-2-4 为 G4 京港澳高速公路安阳至新乡段改扩建工程桥梁一览表。

G4 京港澳高速公路安阳至新乡段改扩建工程桥梁一览表

表 8-2-4

规模	名称	桥长（m）	主跨长度（m）	跨越障碍物 河流	跨越障碍物 沟谷	跨越障碍物 道路、铁路	桥梁类型
特大桥	卫共河特大桥 K574+995	1305.28	20	√			简支梁桥
大桥	西见山分洪大桥 K494+044	405.1	20		√		简支梁桥
大桥	安阳河大桥 K495+241	225.08	20	√		√	简支梁桥
大桥	K504+422 桥	162.8	25			√	简支梁桥
大桥	洪水河大桥 K506+091	145.08	20	√			简支梁桥
大桥	羑河大桥 K513+153	145.08	20	√			简支梁桥
大桥	汤河大桥 K517+998	185.08	20	√			简支梁桥
大桥	K522+694 桥	165.1	20	√			简支梁桥
大桥	汤濮铁路大桥 K523+635	105.1	20			√	简支梁桥
大桥	永通河大桥 K533+008	145.1	20	√			简支梁桥
大桥	淇河大桥 K548+921	345.08	20	√		√	简支梁桥
大桥	思德河大桥 K554+561	117.08	16	√			简支梁桥
大桥	赵家渠大桥 K557+708	149.08	16	√			简支梁桥
大桥	豚胫河大桥 K561+875	149.08	16	√			简支梁桥
大桥	沧河北大桥 K568+113	245.06	20	√			简支梁桥
大桥	沧河南大桥 K569+399	325.08	20	√			简支梁桥
中桥	K485+059 桥	37.04	16			√	简支梁桥
中桥	K485+838 幸福渠中桥	85.04	20	√			简支梁桥
中桥	K489+462 桥	25.04	20	√			简支梁桥
中桥	K490+075 桥	25.04	20	√			简支梁桥
中桥	K490+955 桥	25.04	20	√			简支梁桥
中桥	K492+447 桥	62	25			√	简支梁桥
中桥	杨家庄通道桥 K496+173	28.38	20			√	简支梁桥
中桥	K497+130 桥	57.04	20			√	简支梁桥
中桥	K497+575 桥	57.04	20			√	简支梁桥
中桥	K499+793 桥	82.8	25			√	简支梁桥
中桥	K501+791 桥	82.8	25			√	简支梁桥
中桥	K504+392 桥	82.5	25			√	简支梁桥
中桥	K504+824 桥	65	20			√	简支梁桥
中桥	K505+633 桥	37.04	16			√	简支梁桥
中桥	K506+699 桥	37.04	16	√			简支梁桥
中桥	K507+138 桥	37.04	16		√		简支梁桥
中桥	K508+736 桥	25.04	20		√		简支梁桥
中桥	K509+252 桥	25.04	20			√	简支梁桥

续上表

规模	名 称	桥长（m）	主跨长度（m）	跨越障碍物 河流	跨越障碍物 沟谷	跨越障碍物 道路、铁路	桥梁类型
中桥	K510+688 桥	25.04	20			√	简支梁桥
	张村通道桥 K511+312	37.04	16			√	简支梁桥
	K513+612 桥	53.04	16	√			简支梁桥
	K514+624 桥	25.04	20			√	简支梁桥
	K518+261 桥	57.04	20			√	简支梁桥
	K518+833 桥	57.04	20			√	简支梁桥
	K519+352 桥	37.04	16			√	简支梁桥
	K519+737 桥	44.04	20			√	简支梁桥
	K520+688 桥	25.04	20			√	简支梁桥
	K520+946 桥	44.04	16			√	简支梁桥
	K527+057 桥	37.04	16			√	简支梁桥
	K528+390 桥	25.04	20			√	简支梁桥
	K528+688 桥	85.04	16	√	√		简支梁桥
	K531+655 桥	25.04	20			√	简支梁桥
	K536+685 桥	40.04	16			√	简支梁桥
	K538+531 桥	40.04	16			√	简支梁桥
	K539+184 桥	73.04	30			√	简支钢梁
	K540+799 桥	40.04	16			√	简支梁桥
	K541+610 桥	37.04	16			√	简支梁桥
	K542+707 桥	40.04	16			√	简支梁桥
	K543+927 桥	32.74	20			√	简支梁桥
	K544+573 桥	25.04	20		√		简支梁桥
	K545+393 桥	57.04	20			√	简支梁桥
	K545+806 桥	57.04	20			√	简支梁桥
	K546+936 桥	53.04	16	√			简支梁桥
	K550+266 桥	40.04	16			√	简支钢梁
	K552+840 桥	53	16		√		简支梁桥
	K555+671 桥	53	16			√	简支梁桥
	K557+051 桥	73.04	30			√	简支梁桥
	K558+652 桥	57.04	20			√	简支梁桥
	K559+110 桥	40.04	16			√	简支钢梁
	K560+472 桥	55.64	20			√	简支梁桥
	K560+945 桥	52	16			√	简支梁桥
	K563+069 桥	40.04	16			√	简支钢梁

续上表

规模	名 称	桥长（m）	主跨长度（m）	跨越障碍物			桥梁类型
				河流	沟谷	道路、铁路	
中桥	K563+642桥	52	16			√	简支梁桥
	K565+457桥	40.04	16			√	简支钢梁
	K570+134桥	40.04	16			√	简支钢梁
	K572+170桥	46.44	16			√	简支梁桥
	K572+721桥	53	16			√	简支梁桥
	K573+620桥	53	16			√	简支梁桥
	K574+049桥	40.04	16			√	简支钢梁
	K576+889桥	57.04	20			√	简支梁桥
	K579+267桥	37	16	√			简支梁桥
	K580+450桥	37	16			√	简支梁桥
	K581+160桥	53.04	16		√	√	简支梁桥
	K584+037桥	40.04	16			√	简支梁桥
	K585+412卫辉立交桥	73.04	30			√	简支梁桥
	K587+162桥	40.04	16			√	简支钢梁
	K587+800桥	53	16		√		简支梁桥
	K589+240桥	53.04	16			√	简支梁桥
	K593+290桥	37	16			√	简支梁桥

4）主要控制点

安阳市(安阳县、汤阴县)、鹤壁市(浚县、淇县)、新乡市(卫辉市、新乡县、延津县)。

5）地形地貌

路线所在区域基本以卫河、共产主义河为界，北部位于太行山隆起和东濮凹陷的过渡带，属山前倾斜平原，地势西高东低，开阔平整，起伏微弱。南部属黄河冲积平原，地势平缓开阔。

6）投资规模

概(预)算投资46.58亿元，竣工决算投资45.65亿元，平均每公里造价4034.00万元。

7）开工及通车、竣工时间

2008年4月开工建设，2010年11月交工通车，2016年4月完成竣工验收。

2. 参建单位主要情况

（1）建设单位：河南高速公路发展有限责任公司安新改建工程项目部。

（2）设计单位：中交第一公路勘察设计研究院有限公司、河南省交通规划勘察设计院有限责任公司、江苏省交通科学研究院股份有限公司。

（3）质量监督单位：河南省交通基本建设质量检测监督站。

（4）监理单位：河南省中原公路工程监理有限公司、北京华通公路桥梁监理咨询公司。

（5）土建施工单位：北京城建道桥工程有限公司、中交第一公路工程局有限公司、中交第三公路工程局有限公司、中铁十一局集团有限公司、无锡市交通工程有限公司、中铁四局集团有限公司、中铁十五局集团第一工程有限公司、中铁五局集团第一工程有限责任公司、中铁十五局集团第五工程有限公司、路桥集团国际建设股份有限公司、中铁十一局集团第一工程有限公司、河南省公路工程局集团有限公司、中交一公局第六工程有限公司、河南省公路工程局集团有限公司、中铁九局集团有限公司、路桥华东工程有限公司、中铁十局集团有限公司、中交一公局第六工程有限公司。

（6）路面施工单位：路桥华祥国际工程有限公司、中交第四公路工程局有限公司、中国凯瑞国际经济技术合作有限公司、枣庄市道桥工程有限公司、河南省公路工程局集团有限公司、河南路桥建设集团有限公司、河南省公路工程局集团有限公司。

（7）服务区施工单位：北京城建二建设工程有限公司、河南水利建筑工程有限公司、河南省大河筑路有限公司、中原油田建设集团公司、山东雄狮建筑装饰工程有限公司、河南华盛建设集团有限公司。

（8）绿化施工单位：河南万绿园林绿化工程有限公司、河南林峰园林绿化工程有限公司。

（9）交通安全设施施工单位：山西长达交通设施有限公司、河南省新乡六通实业有限公司、潍坊东方交通设施工程有限公司、天津华安公路交通工程有限公司、山东富博交通设施有限公司、河南富昌道路设施有限公司、开封市通达公路工程有限公司、安徽恒通交通工程有限公司、天津华安公路交通工程有限公司、天津华安公路交通工程有限公司、江苏博纳华交通科技有限公司、周口市公路交通设施有限公司。

（10）机电施工单位：河南中天高新智能科技开发有限责任公司。

（11）旧路改造施工单位：安徽水利开发股份有限公司、上海先为土木工程有限公司、上海久坚加固工程有限公司、北京特希达科技有限公司、中交三公局桥梁隧道工程有限公司。

（二）建设情况

1. 项目准备阶段

1）项目审批文件

2005年3月，国家环境保护总局对京珠国道主干线安阳至新乡高速公路改扩建工程环境影响报告进行了批复，文号为环审〔2005〕253号。2005年9月，水利部对京珠国道主干线安阳至新乡高速公路改扩建工程水土保持方案进行了批复,文号为水保函〔2005〕354号。2005年10月,国家发展和改革委员会对京珠国道主干线安阳至新乡公路改扩建工程可行性研究报告进行了批复,文号为发改交运〔2005〕2072号。2007年10月,交通部对京珠国道主干线安阳至新乡公路改扩建工程的初步设计进行了批复,文号为交公路发〔2007〕568号。2008年3月,国土资源部对京珠国道主干线安阳至新乡高速公路改扩建工程建设用地进行了批复,文号为国土资函〔2008〕166号。2008年5月,河南省交通运输厅对京珠国道主干线安阳至新乡高速公路改扩建工程施工图设计进行了批复,文号为豫交计〔2008〕92号。2008年5月,交通部对京珠国道主干线安阳至新乡高速公路改扩建工程开工报告进行了批复。2010年5月,河南省交通运输厅对京珠国道主干线安阳至新乡高速公路旧路改造工程施工图设计进行了批复,文号为豫交规划〔2010〕148号。2010年8月,河南省交通运输厅对京珠国道主干线安阳至新乡高速公路改扩建工程绿化施工图设计进行了批复,文号为豫交规划〔2010〕272号。2010年8月,河南省交通运输厅对京珠国道主干线安阳至新乡高速公路改扩建工程机电工程详细设计、供配电照明工程施工图设计进行了批复,文号为豫交规划〔2010〕274号。2010年9月,河南省发展和改革委员会对京港澳高速公路安阳服务区改扩建工程项目申请报告进行了批复,文号为豫发改基础〔2010〕1471号。2010年9月,河南省发展和改革委员会对京港澳高速公路鹤壁服务区改扩建工程项目申请报告进行了批复,文号为豫发改基础〔2010〕1470号。2011年7月,河南省交通运输厅对京港澳高速公路安阳服务区改扩建工程施工图设计进行了批复,文号为豫交规划〔2011〕161号。2011年7月,河南省交通运输厅对京港澳高速公路鹤壁服务区改扩建工程施工图设计进行了批复,文号为豫交规划〔2011〕163号。

2)资金筹措

概(预)算总投资为46.58亿元,其中25%为自有资金,75%为银行贷款。

3)合同段划分

(1)设计标段划分:第一合同段、第二个合同段及旧路改造3个标段。

(2)施工标段划分:土建工程18个标段,路面工程7个标段,机电工程1个标段,服务区工程6个标段,绿化工程2个标段,交通安全设施工程12个标段,旧路改造工程5个标段。

(3)施工监理标段划分:A监理代表处、B监理代表处2个监理标段。

4)招投标

(1)2006年4月10日,完成了京珠国道主干线安阳至新乡段高速公路服务区改建工程的开标、评标工作。

(2)2007年3月5日,完成了京珠国道主干线安阳至新乡段高速公路改扩建工程波形护栏专项工程的开标、评标工作。

（3）2008年1月9日，完成了京珠国道主干线安阳至新乡段高速公路改扩建工程土建工程的开标、评标工作。

（4）2009年8月25日，完成了京珠国道主干线安阳至新乡段高速公路改扩建工程路面工程的开标、评标工作。

（5）2009年8月25日，完成了京珠国道主干线安阳至新乡段高速公路改扩建工程标线工程及标志工程的开标、评标工作。

（6）2010年5月30日，完成了京珠国道主干线安阳至新乡段高速公路改扩建工程机电工程及绿化工程的开标、评标工作。

（7）2011年12月9日，完成了京珠国道主干线安阳至新乡段高速公路改扩建工程鹤壁服务区装饰工程的开标、评标工作。

（8）2012年3月1日，完成了京珠国道主干线安阳至新乡段高速公路改扩建工程安阳服务区装饰工程的开标、评标工作。

5）征地拆迁情况

共征用土地4774.9305亩，其中安阳市征地2111.274亩，鹤壁市征地1608.771亩，新乡市征地1054.8855亩。

2. 项目实施阶段

1）实施过程

（1）主线土建工程于2008年4月28日开工，2010年10月26日完工。

（2）房建工程于2010年10月开工，2013年1月完工。

（3）机电工程于2010年8月开工，2013年1月完工。

（4）交通安全设施工程于2008年4月开工，2010年10月完工。

（5）绿化工程于2010年8月开工，2013年1月完工。

（6）2010年10月26日，通过了交工验收，得分为95.4分，工程质量评定为合格。

（7）2016年4月，通过了竣工验收，质量鉴定等级评为优良。

2）重大事件

（1）根据工程建设进展情况，制订劳动竞赛实施方案及相关的奖惩制度等相关措施，在全线组织开展劳动竞赛活动，先后开展了"创优质工程，大干一百天，确保全年建设计划目标圆满完成"劳动竞赛活动、"春季施工建设高潮劳动竞赛"活动、"百日质量安全劳动竞赛活动""决战三季度，以优质、安全、高效向国庆六十周年献礼劳动竞赛活动"等，有效激发了广大工程建设者的积极性和创造性，对全面促进改扩建工程项目建设发挥了积极的作用，如图8-2-7所示。

（2）截至建成通车时，全线挂牌奖励了27个分项分部"样板工程"，并被河南省交通运输厅授予第一批"河南省样板工程"称号，如图8-2-8所示。

图 8-2-7　安新高速公路改扩建工程动员大会

图 8-2-8　安新高速公路改扩建工程获评省"样板工程"

（3）2006 年河南省交通规划勘察设计院完成的"安阳至新乡高速公路改扩建工程可研报告"，获 2006 年全国优秀工程咨询成果三等奖。

（4）2011 年河南省交通规划勘察设计院完成的"安阳至新乡高速公路改扩建工程路基拼接岩土工程勘察及设计"，获得河南省住房和城乡建设厅"2011 年度优秀工程勘察奖二等奖"。

（5）2012 年河南省交通规划勘察设计院完成的"京珠国道主干线安阳至新乡段高速公路改扩建工程"，获中国公路勘察设计协会 2012 年度公路交通优秀设计二等奖。

（三）科技创新

（1）与海威工程咨询有限公司一起进行的科研项目"旧桥预应力混凝土空心板试验研究"，喜获 2006 年河南省交通系统科技进步一等奖。

（2）与长沙理工大学一起进行了"废旧材料综合利用"的技术课题研究。

（3）与长安大学一起完成了"拓宽工程降低差异沉降技术"科研项目的阶段性总结，并制订了既有道路的开挖方案，为后续工程的开展起到了指导性作用。

三、G4 京港澳高速公路新乡至郑州段

（一）项目概况

1. 基本情况

1）功能定位

京港澳高速公路新乡至郑州段起点位于安新高速堤湾附近，与安新高速公路顺接，在原阳县蒋庄和金水区来潼寨之间跨越黄河，设八车道黄河特大桥 1 座，终点位于中牟谢庄乡席庄村与后魏之间，与新建的席庄至薛店高速公路相接，全长 80.704km。该项目不仅实现了京港澳高速公路的全线畅通，同时也对完善河南省的路网布局，拉动区域经济发

展,充分发挥国家主干线整体效益具有重要意义。

2)技术标准

全封闭、全立交、平原微丘区双向六车道、八车道高速公路;设计行车速度:120km/h;路基宽度:六车道35m、八车道42.5m;桥梁净宽:六车道净宽2×15.734m、八车道净宽2×19.484m;桥涵设计荷载标准:汽车—超20级,挂车—120;路面设计标准轴载:BZZ-100;路面结构:5cm上面层(AK-16A型)中粒式SBS改性沥青混凝土+6cm中面层(AC-20I型)中粒式SBS改性沥青混凝土+7cm下面层(AC-25I型)粗粒式沥青混凝土;设计使用年限:按长寿命路面设计,使用年限为50年。

3)建设规模

主要工程量:路基土方1309.49万m^3,路面312万m^2;全线设收费站3处,服务区1处,停车区1处;管理、养护、服务、监控房屋建筑面积17000m^2;表8-2-5为G4京港澳高速公路新乡至郑州段桥梁一览表。

G4京港澳高速公路新乡至郑州段桥梁一览表　　　　表8-2-5

规模	名称	桥长(m)	主跨长度(m)	跨越障碍物 河流	跨越障碍物 沟谷	跨越障碍物 道路、铁路	桥梁类型
特大桥	K646+719 黄河二桥	9848	100	√			钢管混凝土拱桥
大桥	K601+710.5 主线桥	570.06	25		√		简支梁桥
	K610+063.5 主线桥	876	43			√	简支梁桥
	K617+206 主线桥	105.06	25		√		简支梁桥
	K627+324 主线桥	105.08	20		√		简支梁桥
	K637+831.5 主线桥	165.4	20		√		简支梁桥
	K641+399 黄河引桥	428.8	35	√			连续T梁
	K656+939 主线桥	566.06	35			√	简支梁桥
	K658+495 主线桥	265.1	20	√			简支梁桥
	K659+757 主线桥	125.08	20	√			简支梁桥
	K664+471 主线桥	205.1	20	√			简支梁桥
	K664+672 主线桥	125.08	20		√		简支梁桥
	K666+775 圃田互通主线桥(陇海铁路桥)	454.01	35			√	简支梁桥
	K667+232 主线桥	461.67	40	√			简支梁桥
	K667+809 主线桥	145.08	35	√			简支梁桥
中桥	K599+186.5 主线桥	45.04	20			√	简支梁桥
	K599+524 主线桥	53.04	16	√			简支梁桥
	K601+149 主线桥	37.04	16		√		简支梁桥
	K602+976 主线桥	37.04	16		√		简支梁桥
	K603+458 主线桥	37.04	16			√	简支梁桥

续上表

规模	名　称	桥长（m）	主跨长度（m）	跨越障碍物			桥梁类型
				河流	沟谷	道路、铁路	
中桥	K603+642 主线桥	53.04	16			√	简支梁桥
	K604+432 主线桥	53.04	16			√	简支梁桥
	K605+764 主线桥	21.04	20			√	简支梁桥
	K606+206 主线桥	80.04	25			√	简支梁桥
	K606+791.5 主线桥	37.04	16	√			简支梁桥
	K608+362 主线桥	85.04	16	√			简支梁桥
	K617+676 主线桥	37.04	16		√		简支梁桥
	K618+356 主线桥	53.04	16		√		简支梁桥
	K619+130 主线桥	69.04	16		√		简支梁桥
	K619+964 主线桥	25.04	20			√	简支梁桥
	K620+530 主线桥	53.04	16		√		简支梁桥
	K621+482 主线桥	53.04	16			√	简支梁桥
	K621+971 主线桥	53.04	16		√		简支梁桥
	K622+306 主线桥	53.04	16			√	简支梁桥
	K625+612 主线桥	53.04	16			√	简支梁桥
	K629+044.5 主线桥	53.04	16			√	简支梁桥
	K629+937.5 主线桥	37.04	16		√		简支梁桥
	K630+452 主线桥	53.04	16			√	简支梁桥
	K633+329.7 主线桥	80.04	25		√		简支梁桥
	K634+883.7 主线桥	53.04	16	√			简支梁桥
	K636+731.5 主线桥	37.04	16		√		简支梁桥
	K637+116.5 主线桥	53.04	16		√		简支梁桥
	K652+668 主线桥	53.04	16		√		简支梁桥
	K653+148 主线桥	37.04	16		√		简支梁桥
	K653+955 主线桥	65.04	20		√		简支梁桥
	K654+560 主线桥	53.04	16			√	简支梁桥
	K655+604 主线桥	53.04	16		√		简支梁桥
	K658+966 主线桥	53.04	16			√	简支梁桥
	K661+198 主线桥	37.04	16			√	简支梁桥
	K661+551 主线桥	53.04	16		√		简支梁桥
	K662+020 主线桥	53.04	16		√		简支梁桥
	K663+340 主线桥	53.04	16			√	简支梁桥
	K663+582 主线桥	37.04	16	√			简支梁桥
	K664+869 主线桥	53.04	16			√	简支梁桥
	K666+192 主线桥	86.08	35			√	简支梁桥
	K668+551 主线桥	53.48	16			√	简支梁桥
	K675+137 主线桥	53.04	16		√		简支梁桥

4) 主要控制点

新乡市(延津县、新乡县、原阳县)、郑州市(金水区、管城区、中牟县)。

5) 地形地貌

路线所在区域为河南省中部,黄河以北属海河流域和黄河流域,黄河以南属淮河流域,在地貌类型及区划中属黄河冲积平原区。黄河以北延津、新乡、原阳一带为黄河大冲扇的北翼,按地貌形态属于黄河泛流平原,地势大致平坦,自西南向东北微倾斜,自然坡降为1/6000。黄河以南郑州、中牟一带为黄河大冲扇的南翼,地势自西北向东南倾斜,历史上黄河在这里多次泛滥改道,残堤故道、缓岗沙丘与潭状洼地多分布在南岸的万滩及中牟以东广大地区。古河道、古河滩、古泛道、决口扇等地貌类型复杂,差异显著。

6) 投资规模

项目批复总概算41.5441亿元,工程决算总额420621万元,平均每公里造价5139.55万元。

7) 开工及通车、竣工时间

2002年4月1日开工建设,2004年10月1日交工通车,2007年11月完成竣工验收。

2. 参建单位主要情况

(1) 建设单位:河南省新乡至郑州高速公路建设有限公司。

(2) 设计单位:河南省交通规划勘察设计院。

(3) 质量监督单位:河南省交通基本建设质量检测监督站。

(4) 监理单位:天津新亚太工程建设监理有限公司、河南省高等级公路建设监理部、河南省豫通公路工程监理事务所。

(5) 土建施工单位:中国地质工程集团、中铁第十一工程局、中铁十八局第四工程有限公司、中国第四冶金建设公司、黑龙江省公路桥梁建设集团有限公司、河南省交通公路工程局、路桥集团第一公路工程局第一工程公司、中铁大桥局集团有限公司、中铁第二十工程局、北京城建集团有限公司、中铁三局集团有限公司、中国建筑第四工程局。

(6) 路面施工单位:路桥集团第二公路工程局、北京城建集团有限公司、路桥集团总公司。

(7) 房建施工单位:河南水利建筑工程有限公司、河南胜达建筑工程有限公司、河南黄埔建筑安装有限公司、邙山第三建筑公司。

(8) 绿化施工单位:鄢陵县园艺场、浙江伟达建设工程有限公司、河南省绿色工程有限公司、厦门市园林建筑工程公司、河南黄河园林绿化工程有限公司。

(9) 交通机电施工单位:新乡电力集团有限公司、中铁电气化局集团二公司、淄博张店海德灯具厂、淄博市张店电气安装公司、清华同方股份有限公司、广州海特天高信息系统工程有限公司。

(二)建设情况

1. 项目准备阶段

1)项目审批文件

2001年3月,国家计委对北京至珠海国道主干线河南新乡至郑州高速公路可行性研究报告进行了批复,文号为计基础〔2001〕571号。2001年6月,交通部对北京至珠海国道主干线河南新乡至郑州高速公路初步设计进行了批复,文号为交公路发〔2001〕294号。2001年7月,河南省交通厅对京珠国道主干线河南新乡至郑州高速公路施工图设计进行了批复,文号为豫交计〔2001〕439号。2001年9月,河南省国土资源厅对京珠国道主干线河南新乡至郑州高速公路建设用地进行了批复,文号为豫国土资函〔2001〕128号。2002年5月,国土资源部对北京至珠海国道主干线河南新乡至郑州高速公路工程建设用地进行了批复,文号为国土资函〔2002〕190号。2002年6月,交通部对北京至珠海国道主干线河南新乡至郑州高速公路开工报告进行了批复。2004年5月,河南省国土资源厅对京珠国道主干线河南新乡至郑州高速公路建设用地进行了批复,文号为豫国土资函〔2004〕178号。

2)资金筹措

批复总概算41.5441亿元。项目资金来源分两部分:一部分为政府投资104735万元;另一部分为银行贷款363617.25万元,其中,国内商业贷款231100万元,日本协力银行贷款折合人民币132517.25万元。

3)合同段划分

(1)设计标段划分:土建工程1个标段。

(2)施工标段划分:道路和结构土建工程12个标段,路面工程3个标段,交通机电工程1个标段,配电照明5个标段,绿化工程5个标段,房建工程4个标段。

(3)监理标段划分:设4个总监代表处,10个驻地监理标段。

4)招投标

(1)2001年6月,经过公开招标,确定了1家设计单位。

(2)2001年8月,共有52家土建工程施工单通过资格预审,参加该项目主线土建工程12个合同段的投标,经过公开开标,评标委员会确定12家中标单位。

(3)2003年7月,共有20家路面工程施工单位通过资格预审,参加该项目路面工程3个合同段的投标,经过公开开标,评标委员会确定3家中标单位。

(4)2003年1月,共有6家机电工程施工单位通过资格预审,参加该项目机电工程1个合同段的投标,经过公开开标,评标委员会确定1家中标单位。

(5)2003年8月,共有35家配电照明施工单位通过资格预审,参加该项目配电照明工程5个合同的投标,经过公开开标,评标委员会确定5家中标单位。

(6)2004年6月,共有11家绿化工程施工单位通过资格预审,参加绿化亮化美化工程4个合同段的投标,经过公开开标,评标委员会确定4家中标单位。

5)征地拆迁情况

国土资源部2002年5月16日下发国土资函〔2002〕190号文,同意将农村集体农用地602.6414hm^2(其中耕地526.4353hm^2)转为建设用地,另征用农村集体建设用地22.3886hm^2,未利用地1.0515hm^2;同意使用国有建设用地4.4914hm^2,共批准建设用地630.5729hm^2,作为新乡至郑州高速公路建设用地。

2. 项目实施阶段

1)实施过程

(1)主线工程于2002年4月1日开工,2004年9月完工。

(2)交通机电工程于2004年6月开工,2004年12月完工。

(3)配电照明工程于2004年7月开工,2004年9月完工。

(4)绿化工程于2004年4月开工,2004年9月完工。

(5)2004年12月30日,该项目通过了交工验收,得分为94.6分,工程质量等级评定为合格。

(6)2007年11月,河南省交通基本建设质量检测监督站对该项目进行了公路工程竣工质量鉴定,鉴定评分为91.97分,建设项目工程质量等级为优良。

(7)2010年5月,交通运输部基本建设质量监督总站对质量鉴定进行了审核认定。

(8)2010年11月23~24日,交通运输部组织成立新郑高速公路竣工验收委员会,对该项目进行了竣工验收。竣工验收工程质量评分值为92.68分,工程质量等级为优良。

2)重大决策

(1)项目公司全面落实了项目法人责任制、招投标制和工程监理制,精心组织、严格管理,制订了科学周密的施工网络计划,把工程建设质量放在重中之重来抓,严格贯彻三级质量保证体系,实行层层负责的工程质量终身制和廉政责任追究制。

(2)按照外资贷款项目的要求,采取面向国内、国际公开招标,择优选择承包商,依靠工程监理负责工程质量、进度和投资控制。严格合同管理,通过计量支付监督合同实施、建设资金调配、协调地方关系和各标段施工建设,以调度会、现场会、联席会、工地例会等形式,发挥组织、协调、监督和服务功能,确保项目的建设质量与进度同步。

3)设计变更

(1)应新乡市政府要求,经省交通厅和项目公司研讨后,取消堤湾分离式路基段和张庄互通式立交,变更起点至张庄互通式立交段纵断面设计,增设新乡互通式立交。

(2)路面工程变更,包括路面结构方案变更、路面边部排水方案变更设计。

4) 重大事件

(1) 2002年4月1日,时任省委书记李克强和省市有关厅局领导视察新乡至郑州公路建设情况。

(2) 2001年12月31日,由河南省交通规划勘察设计院完成的"北京至珠海国道主干线新乡至郑州段高速公路工程可行性研究报告",被全国咨询协会评为2001年度全国优秀工程咨询成果三等奖。

(三) 复杂技术工程

黄河大桥位于来潼寨村西,主流紧靠南岸大堤,摆动幅度较小,对南岸冲刷严重,桥轴线与主流交角为90°,桥长为9.856km。该项目施工图定测时考虑到南岸大堤外来潼寨新村的实际建设情况,经征得黄河河务部门的同意,保持黄河特大桥桥轴线与黄河北大堤相交桩号不变,与黄河南大堤相交位置西移300m,使大桥从两个防洪坝之间大堤最窄处跨越黄河南大堤,同时躲避了正在建设中的规模较大的来潼寨新村。

主桥每跨两墩中心距100m,计算跨度95.5m,矢跨比1/4.5。拱轴线采用悬链拱轴线,拱轴系数1.347。上部结构上下行为分离式的两座桥。每座桥有两片拱肋,每片由2根 $\phi1000 \times 16$mm 钢管和腹板组成高2.4m的哑铃形断面。钢管内浇筑C50混凝土。支座与第一根吊杆间的拱肋腹腔内浇筑C50混凝土,其余部分腹腔内不填充混凝土。两拱肋中心距离22.377m,由中间一道一字形和两边各一道K形横撑联系两拱肋,形成空间结构。横撑为 $\phi1500 \times 16$mm 的钢管,管内不填充混凝土。系梁采用预应力混凝土箱梁,梁宽2.0m,高2.75m,配置16根 $\phi15.24$-15 预应力钢绞线,采用OVM15-15夹片锚。吊杆采用91根 $\phi7$mm 镀锌高强钢丝,双层PE保护,采用OVM冷铸镦头锚。吊点中心距7.1m。中横梁采用预应力工字形组合梁,梁高2.2m,配5束 $\phi15.24$-9 预应力钢绞线,采用OVM15-9夹片锚。端横梁采用预应力箱梁,梁宽2.9m,高3.22m,配8束 $\phi15.24$-8 钢绞线,采用OVM15-8夹片锚。拱脚固结点为三向预应力的混凝土结构,并配有钢劲性骨架。支座为1750t盆式橡胶支座。一端为固定支座,另一端为滑动支座。每两跨的固定支座放在同一个墩上,在该处桥面连续(两跨一联)。每两跨的滑动支座放置另一个墩上,在该处设XF II-160型伸缩装置。

主桥下部结构为空心墩,群桩基础,引桥桥台为肋板台身,钻孔灌注桩基础;桥墩均为单排三柱式墩身钻孔灌注桩基础,当柱高在7m以上时,桩顶设置横梁系,桥面横坡由桩位调整。纵向水平力计算,考虑桥面的连续作用,按连续梁弹模结构理论计算墩台水平力。黄河特大桥计算时考虑了三种河床断面形态,即实测河床断面、发生最大冲刷深度时的河床断面和考虑河床淤积的断面。

(四)科技创新

(1)该项目经过地段大部分为水稻田地,为确保地基承载力及工后沉降满足要求,项目公司在工程尚未开工前就组织了软土研究,通过 1km 长的试验段铺筑,从工艺及方案上为全线软弱地基提供了科学依据。对于非软弱地基路段,采用冲击式压路机进行填前碾压夯进,加强地基均匀性及密实度;对路基填高较低的较弱土地基采用碎石桩、搅拌桩等深层处理,确保了地基承载力及工后沉降满足要求,避免了桥头跳车的出现。

(2)该项目的关键性工程——黄河公路特大桥,在工程开工之前就积极研究采用新工艺,后自平衡法桩基检测、采用双栈桥、龙门吊施工方案、桥面铺装等成套技术研究成果,为大桥安全及高质量建设提供了科学指导。

(五)运营养护管理

1. 组织架构

该项目运营管理单位为河南省交通运输厅京珠高速公路新乡至郑州管理处,管理处设有办公室、财务科、征稽科、养护科、路产部、经营科等部门。

2. 服务设施

所辖路段有郑州东、原阳、新乡 3 个服务区,见表 8-2-6。

G4 京港澳高速公路新乡至郑州段服务场区一览表　　表 8-2-6

高速公路编码	服务区名称	桩　　号	所 在 区 域	占地面积(m^2)	建筑面积(m^2)
G4	郑州东服务区	K660+157	郑州市金水区	54000	8000
	原阳服务区	K636+151	新乡市原阳县	190000	16000
	新乡服务区	K618+400	新乡市新乡县	72000	10152

(1)郑州东服务区成立于 2005 年 4 月,是河南省交通厅首批五星级服务区之一,采取分离式服务区设计,分东、西两区,占地 80 亩,建筑面积 8000m^2,是集加油、餐饮、超市、住宿、车辆维修、物流信息、会议招待为一体的综合性服务区。

(2)原阳服务区为河南省高速公路五星级服务区,2008 年投入运营,占地面积 19 万 m^2(约 290 亩),广场面积 10 万 m^2,建筑面积 1.6 万 m^2,绿化面积 6.8 万 m^2,是河南首家民营企业 BOT 模式运营高速公路服务区。

(3)新乡停车区现改造成新乡服务区,位于京港澳高速 K618+200 处,2015 年改造后服务区占地面积 108 亩,建筑面积 10152m^2。

3. 收费设施

下设新乡收费站、原阳收费站、郑州新区收费站、圃田收费站、航海路收费站、南三环收费站,见表 8-2-7。新乡收费站有 10 个出口、7 个入口,共 17 条通行车道;原阳收费站有

4个出口、3个入口,共7条通行车道;郑州新区收费站有17个出口、13个入口,共30条通行车道;圃田收费站有14个出口、9个入口,共23条通行车道;航海路收费站有7个出口、5个入口,共12条通行车道;南三环收费路有8个出口、5个入口,共13条通行车道。

G4京港澳高速公路新乡至郑州段收费设施一览表　　　表8-2-7

收费站名称	桩　　号	入口车道数		出口车道数	
		总车道	ETC车道	总车道	ETC车道
新乡收费站	K601+949	7	1	10	1
原阳收费站	K628+427	3	1	4	1
郑州新区收费站	K662+000	13	3	17	3
圃田收费站	K666+899	9	2	14	2
航海路收费站	K668+767	5	1	7	1
南三环收费站	K671+220	5	1	8	1

4. 监控设施

设置监控室6个,负责新乡收费站、原阳收费站、郑州新区收费站、圃田收费站、航海路收费站、南三环收费站的运营监管。

5. 养护管理

1)路面维修工程

2012年立项"京珠高速新乡至郑州段、郑焦晋高速公路原阳至新庄段路面专项工程(该项目包含G4京珠高速公路席庄至薛店段)",对路面病害进行治理,施工图预算批复9005.7万元。

以迎国检为契机,2011年、2014年、2015年分别投入4561万元、4294万元、9865万元开展"2011年京珠高速公路新郑段路面专项工程""2014年路面专项工程""2015年度京珠高速公路新郑段路面工程",对全线路面进行全面的维修处治。

2)桥梁检测、维修加固

根据河南省交通厅及主管部门规范标准与公司制度,每三年委托检测单位对全线桥涵结构物进行定期检测,及时掌握技术状况及病害情况,作为桥涵维修保养的依据。

2013年、2015年分别投入73万元、500万元对京珠高速公路刘江黄河大桥进行伸缩缝维修及主桥病害治理专项维修。

2010年、2012年、2015年分别投入1300万元、360万元、947万元对评定为三类的桥梁及三类构件进行加固维修;2012—2015年,每年对破损的伸缩缝进行维修,确保了桥梁处于安全良好的状态。

3)沿线设施的提升、改造

为保证道路标志指示明确,2010年河南省交通运输厅统一安排,按照规范要求对京珠高速公路新乡至郑州段标志牌进行改造。

2011年、2015年,分别实施了护栏板整治专项工程。

为缓解圃田收费站站区通行压力,2012年、2013年分别开展了"京珠高速公路郑州圃田收费站车道拓宽改造专项工程""京珠高速公路圃田收费站改扩建工程"。

2014年,实施了"京珠高速公路新乡至郑州段桥梁防眩板改造专项工程(包括G4京珠高速公路席庄至薛店段)"。

4)新材料、新技术研发

(1)为了进一步完善沥青路面预防性养护技术,提高沥青路面养护水平,2006年与东南大学共同承担了"高速公路沥青路面预防性养护关键技术研究",分别获得河南省科学技术厅"科学技术成果证书",以及河南省交通运输厅"河南省交通运输科学技术奖"二等奖。

(2)2007年,与长安大学共同承担了"高速公路桥头跳车量化指标及标准研究",分别获得河南省科学技术厅"科学技术成果证书",以及河南省交通运输厅"河南省交通运输科学技术奖"一等奖。

(3)2008年,与长安大学共同承担了"寒冷地区冬季融冰雪对沥青路面及附属设施的危害与防范措施研究",分别获得河南省科学技术厅"科学技术成果证书",以及河南省交通运输厅"河南省交通运输科学技术奖"。

(4)2009年,与河南省交通厅高速公路管理局、河南省高远公路养护技术有限公司共同承担的"半刚性基层沥青路面唧浆处治技术经济研究",获得河南省交通运输厅"河南省交通运输科学技术奖"三等奖。

四、G4京港澳高速公路席庄至薛店段

(一)项目概况

1. 基本情况

1)功能定位

京港澳高速公路席庄至薛店段,北接京港澳高速公路新乡至郑州段终点,向南沿郑州至许昌段东侧延伸至新郑机场附近,在跨过原机场互通式立交后于薛店以北与京港澳高速公路郑州至许昌段相接,全长12.17km。该项目的建设使机场高速公路与京港澳高速公路主线彻底分离,形成机场专用高速公路,同时实现了提高京港澳高速公路整体运输效益和缩短郑州与新郑机场行驶距离的目的。

2)技术标准

全封闭、全立交、双向六车道;设计行车速度:120km/h;路基宽度:35m;桥梁设计荷载:汽车—超20级,挂车—120;路面:沥青混凝土路面;路面结构:面层由上往下依次为

5cm AK-16A 型中粒式沥青混凝土,6cm AC-20I 型中粒式沥青混凝土,7cm AC-25I 型粗粒式沥青混凝土。

3) 建设规模

主要工程量:路基土方 210.99 万 m^3,路面面层 40.19 万 m^2;表 8-2-8 为 G4 京港澳高速公路席庄至薛店段桥梁一览表。

G4 京港澳高速公路席庄至薛店段桥梁一览表　　表 8-2-8

规模	名称	桥长(m)	主跨长度(m)	跨越障碍物 河流	跨越障碍物 沟谷	跨越障碍物 道路、铁路	桥梁类型
大桥	K689+141 主线桥	266.16	35	√			简支梁桥
中桥	K678+141 主线桥	53.04	16			√	简支梁桥
中桥	K678+559 主线桥	53.04	16			√	简支梁桥
中桥	K689+904 主线桥	65.06	20			√	简支梁桥

4) 主要控制点

郑州市(中牟县、新郑市)。

5) 地形地貌

线路通过地区为郑州市东南部,京广铁路以东,陇海铁路以南。路区处于黄河二级阶地的山前坡洪积倾斜岗地,上前倾斜岗间洪积洼地。地形有起伏,大致呈北低南高的缓坡状,并有弧状沙丘分布,地面高程 112~165m。区内沙丘岗地呈片状分布,地形起伏不大。岗间坦地多种植耐旱作物,土壤肥力极差。岗丘之上多为槐林或野生植物。

6) 投资规模

概算投资 32202 万元,竣工决算投资 35737.1454 万元,平均每公里造价 2758.3471 万元。

7) 开工及通车、竣工时间

2002 年 7 月开工建设,2004 年 10 月交工通车,2010 年 1 月完成竣工验收。

2. 参建单位主要情况

(1) 建设单位:河南省新乡至郑州高速公路建设有限公司。

(2) 设计单位:河南省交通规划勘察设计院。

(3) 质量监督单位:河南省交通基本建设质量检测监督站。

(4) 监理单位:河南省豫通公路工程监理事务所。

(5) 土建施工单位:中国有色金属工业第六冶金建设公司、河南省大河筑路有限公司。

(6) 路面施工单位:河南省交通公路工程局第一工程处。

(7) 绿化施工单位:河南省春竹园林绿化有限公司。

(8) 交通安全设施施工单位:杭州京安交通工程设施有限公司。

(9) 交通机电施工单位:广州海特天高信息系统工程有限公司。

(二)建设情况

1. 项目准备阶段

1）项目审批文件

2001年9月29日,交通部对京珠国道主干线郑州席庄至薛店段可行性研究报告进行了批复,文号为交规划发〔2001〕576号。2002年3月27日,交通部对京珠国道主干线郑州席庄至薛店段初步设计进行了批复,文号为交公路发〔2002〕104号。2002年5月17日,河南省国土资源厅对京珠国道主干线郑州席庄至薛店段压覆矿产资源报告和地质灾害危险性评估进行了批复,文号为豫国土资函〔2002〕56号。2002年9月23日,河南省交通厅对京珠国道主干线郑州席庄至薛店段施工图设计进行了批复,文号为豫交计〔2002〕385号。2002年10月9日,国家环保总局对京珠国道主干线郑州席庄至薛店段环境影响报告进行了批复,文号为环审〔2002〕256号。2002年11月22日,水利部对京珠国道主干线郑州席庄至薛店段水土保持方案进行了批复,文号为水保〔2002〕506号。2004年4月19日,国土资源部对京珠国道主干线郑州席庄至薛店段建设用地进行了批复,文号为国土资函〔2004〕109号。

2）资金筹措

概算总投资为3.22亿元,其中38%为建设单位自有资金,其余62%为银行贷款。

3）合同段划分

(1)设计标段划分:土建工程1个标段。

(2)施工标段划分:土建工程3个标段,机电工程1个标段,绿化工程1个标段,交通安全设施工程1个标段。

(3)监理标段划分:1个监理单位。

4）招投标

为保证"席薛项目"与在建的新乡至郑州高速公路项目同时建成通车,充分发挥高速公路路网整体效应,提高国民经济发展促进作用,经河南省政府批准,该项目采取邀请投标的方式。首先公开发布招标公告,依据资格预审,发送投标邀请书,举行标前会,现场勘查,公开开标,专家组评审等程序,初步选择信誉好、业绩优良、技术水平高的投标单位上报河南省交通厅。河南省交通厅于2002年5月以豫交工〔2002〕393号文对"席薛项目"拟邀请投标单位进行了批复,随后经评标专家委员会评审,最终确定土建、路面、绿化、交安设施等施工单位7家。

5）征地拆迁情况

项目征地面积为83.6623hm^2。其中,农村集体农用地71.7322hm^2(其中耕地57.5597hm^2),农村集体建设用地0.2785hm^2,未利用地0.1582hm^2,国有农用地11.4934hm^2

(其中耕地 8.9949hm²)。

　　2.项目实施阶段

　　1)实施过程

　　(1)主线土建工程于 2002 年 6 月开工,2004 年 9 月完工。

　　(2)路面工程于 2004 年 3 月开工,2004 年 9 月完工。

　　(3)机电工程于 2004 年 2 月开工,2004 年 9 月完工。

　　(4)交通安全设施工程于 2004 年 2 月开工,2004 年 9 月完工。

　　(5)绿化工程于 2004 年 3 月开工,2004 年 9 月完工。

　　(6)2005 年 11 月 15 日,该项目进行交工验收,得分为 93.7 分,工程质量等级评定为合格。

　　(7)2007 年 11 月 16 日,河南省交通基本建设质量检测监督站对项目进行了质量鉴定,工程质量鉴定得分为 92.07 分,工程质量等级评为优良。

　　2)重大决策

　　(1)新郑公司成立质量监督处具体负责质量管理工作,按照要求建立政府监督、建立抽查、承包商自检的三级质量管理体系,并建立了路基、路面工程全面质量管理办法。

　　(2)新郑公司严格按照 FIDIC 条款和有关制度要求,与监理单位签订了合同和廉政合同书,先后下发《新郑高速公路监理工作程序》《监理工程师日常管理办法》等文件,明确责任,充分树立监理工程师权威。

(三)科技创新

　　(1)针对工程软弱地基较多的情况,使用冲击夯对高填土路基顶面进行冲击压实以提高路基压实度、减少沉降,并对部分路基承载力薄弱的路段和桥头、涵洞通道基础采用碎石柱、粉喷桩手段进行处理,减少了结构物和路基的不均匀沉降。

　　(2)对路床顶面以下 0~20cm 路基掺加 3% 水泥,要求 CBR 值不小于 8%,增强路基强度。

　　(3)将原设计的水泥石灰综合稳定土变更为水泥稳定粒料,强度达到 2.5MPa,基层强度要求达到 7d 无侧限抗压强度 4.5MPa,并要求现场取芯统一在第 7 天取芯、制件,第 8 天检测抗压强度。

(四)运营养护管理

　　1.组织架构

　　该项目运营管理单位为河南省交通运输厅京珠高速公路新乡至郑州管理处,管理处设有办公室、财务科、征稽科、养护科、路产部、经营科等部门。

2. 养护管理

1)路面维修工程

2012年立项京珠高速公路新乡至郑州段、郑焦晋高速公路原阳至新庄段路面专项工程(该项目包含G4京珠高速公路席庄至薛店段),对路面病害进行治理,施工图预算批复9005.7万元。

以迎国检为契机,2014年、2015年分别投入4561万元、4294万元、9865万元开展"2014年路面专项工程""2015年度京珠高速新郑段路面工程"(以上项目包含G4京珠高速公路席庄至薛店段),对全线路面进行全面的维修处治,如图8-2-9所示。

图8-2-9 京珠高速公路全线路面进行全面维修处治

2)沿线设施的提升、改造

2010年,根据河南省交通厅统一安排,按照规范要求对京珠高速公路席庄至薛店段标志牌进行改造。2014年,实施了"京珠高速公路新乡至郑州段桥梁防眩板改造专项工程"(包括席庄至薛店段)。2015年,实施了"京珠高速公路新乡至郑州段桥梁防眩板改造专项工程"(包括席庄至薛店段)。

五、G4京港澳高速公路郑州至新郑段

(一)项目概况

1. 基本情况

1)功能定位

京港澳高速公路郑州至新郑段北起郑州市陇海铁路立交桥南端,途经郑州市管城区、中牟县、新郑市,南至新郑与长葛交界处的穆庄,全长48.101km。随着G4京港澳高速公路席庄至薛店段的建成通车,项目命名和编号调整为北段的S1郑州机场高速公路和南段的G4京港澳高速公路薛店至新郑段。机场高速公路北起郑州市中州大道陇海铁路立交

南端,南至机场高速公路和航空港区迎宾大道连接的机场互通式立交南端,路段长度26.532km;京港澳高速公路薛店至新郑段北接京港澳高速公路席庄至薛店段,南至新郑与长葛交界处的穆庄,路段长度21.569km。该项目对完善河南高速公路网布局,改善交通投资环境,加快中原经济区建设和郑州航空港区建设具有重要意义。

2)技术标准

全封闭、全立交、双向四车道;设计行车速度:120km/h;路基宽度:26m;桥梁设计荷载:汽车—超20级,挂车—120;桥面净宽:2×11m。

3)建设规模

主要工程量:路基土方6096276m³,沥青混凝土路面1119231m²;全线设主线收费站4处;表8-2-9为G4京港澳高速公路郑州至新郑段桥梁一览表。

G4 京港澳高速公路郑州至新郑段桥梁一览表　　　　表8-2-9

规模	名称	桥长(m)	主跨长度(m)	跨越障碍物			桥梁类型
				河流	沟谷	道路、铁路	
大桥	十八里河大桥	185.12	20	√			简支梁桥
	七里河立交	104.08	20			√	简支梁桥
	K4+700	125.08	30			√	连续梁桥
	潮河大桥	105.08	20	√			简支梁桥
中桥	毛庄立交	25	20			√	简支梁桥
	七里河桥	85.08	20	√			简支梁桥
	曹古寺立交	25	20			√	简支梁桥
	南曹公路立交	41	16			√	简支梁桥
	南司公路立交	24	20			√	简支梁桥
	南耿公路立交	41	20			√	简支梁桥
	耿庄排河桥	45.04	20	√			简支梁桥
	阎坟公路立交	25	20			√	简支梁桥
	南谢公路立交	41	16			√	简支梁桥
	祥云寺东河桥	37	16	√			简支梁桥
	祥云寺立交	24	20			√	简支梁桥
	谢庄立交	45	20			√	简支梁桥
	张孟公路立交	25	20			√	简支梁桥
	余庄一号立交	24	20			√	简支梁桥
	机场立交	65	20			√	简支梁桥
	余庄二号立交	24	20			√	简支梁桥

4)主要控制点

郑州市管城区、中牟县、新郑市。

5)地形地貌

路线所经区域位于黄河冲积扇形平原的南翼,从北向南,由高到低,新郑以北为低丘岗地,沙丘广布,以南为河流冲积平原。境内均属淮河流域。

6)投资规模

批准预算为73312.10万元,竣工决算69747.65万元。

7)开工及通车、竣工时间

1993年4月开工建设,1995年6月交工通车,2000年4月完成竣工验收。

2. 参建单位主要情况

(1)建设单位:河南高速公路发展有限责任公司。

(2)设计单位:河南省交通规划勘察设计院。

(3)质量监督单位:河南省交通基本建设质量检测监督站。

(4)监理单位:河南省高等级公路建设监理部。

(5)主要施工单位:河南省交通公路工程局、交通部第二公路局第四工程处、铁道部第十五工程局、河南省公路建设集团、河南省公路建设集团。

(6)房建施工单位:新郑市交通路桥房建公司、新郑市交通路桥房建公司、郑州邙山第三建筑公司、周口豫深装饰工程有限公司、中牟县城乡建设公司、郑州市路桥房建有限公司。

(二)建设情况

1. 项目准备阶段

1)项目审批文件

1992年7月13日,交通部对郑州至新郑高速公路项目建议书进行了批复,文号为交计发〔1992〕556号。1992年11月30日,交通部对郑州至新郑高速公路可行性研究报告进行了批复,文号为交计发〔1992〕1163号。1993年3月4日,交通部对郑州至新郑高速公路初步设计进行了批复,文号为交工发〔1993〕196号。1993年4月23日,交通部对郑州至新郑高速公路开工报告进行了批复,文号为交工发〔1993〕427号。1994年3月18日,河南省交通厅对郑州至新郑高速公路施工图设计进行了批复,文号为豫交计〔1994〕81号。1998年7月6日,河南省交通厅对郑州至新郑高速公路薛店机场连接线和增加AC层、通信管道等工程预算进行了批复,文号为豫交计函〔1998〕32号和33号。

2)资金筹措

预算总金额为733120972元,其中1993年3月4日交通部以交工〔1993〕196号文批准概算投资627820950元,1994年3月18日河南省交通厅以豫交计〔1994〕81号文批准预算投资 669115605 元,1998 年 7 月 6 日河南省交通厅以豫交计函〔1998〕32 号和 33 号文批准从省管通行费中投资 64005367 元。

3)合同段划分

(1)设计标段划分:1 个设计标段。

(2)施工标段划分:土建工程 5 个标段,房建工程 6 个标段。

(3)施工监理标段划分:1 个工程监理标段。

4)招投标

工程采用国内邀请招标方式。

5)征地拆迁情况

项目共征用土地 5019 亩,拆迁房屋面积 11335 m^2,拆迁费用 6179.56 万元。

2. 项目实施阶段

该工程由省政府组建任命的"郑州至新郑高速公路工程建设指挥部"负责整个工程的直接组织、指挥和管理工作,委托河南省高等级公路建设监理部为该工程的施工监理单位。

项目执行过程中,在指挥部统一领导下,工程进度、质量和计量支付的控制与监督,由监理部门全权负责,并按照国际通用合同(FIDIC)条款组织施工。该工程建设单位是郑州至新郑高速公路工程建设指挥部,1997 年 8 月指挥部撤销,由河南省交通厅高速公路建设管理局郑州分局接管。

(三)运营养护管理

1. 组织架构

该项目运营管理单位为河南中原高速公路股份有限公司郑漯分公司,公司成立于 2001 年 5 月 25 日,下辖有郑州机场高速公路和京港澳高速公路新郑机场至漯河段,全长 142km,管辖 12 个高速公路收费站(口)、3 个路政大队、3 个服务区、1 个运营监管分中心。机关内设办公室、党委办公室、监察室、工会、财务会计部、人力资源部、通行费稽查管理部、路产部、工程养护管理部、三产分中心等部室。

2. 服务设施

新郑服务区集餐厅、超市、客房、加油站、修理厂于一体,能满足过往驾乘人员就餐、加油、修车、休闲、购物等需求,是过往驾乘人员理想的休息和消费场所,见表 8-2-10。

G4 京港澳高速公路郑州至新郑段服务场区一览表　　表 8-2-10

高速公路编码	服务区名称	桩　号	所 在 区 域	占地(m^2)	建筑面积(m^2)
G4	新郑服务区	K698+500	龙王乡赵郭李村	200000	5220

新郑服务区2010年10月1日正式开业经营,按照《高速公路服务区合作开发建设经营协议书》规定,新郑服务区需接受河南中原高速公路股份有限公司的监管,依照合同约定,根据管辖权限,郑漯分公司代表业主对服务区履行监督管理的职责,以保证高速公路通行者获得高效、优质服务,树立河南高速公路的良好形象。

3. 收费设施

郑州至新郑段,共有郑州南收费站、机场收费站(分南口、北口两个站点)、薛店收费站、新郑收费站五个收费站,见表8-2-11,总共26个入口车道、51个出口车道、9个ETC入口车道、9个ETC出口车道。

G4 京港澳高速公路郑州至新郑段收费设施一览表　　　　表8-2-11

收费站名称	桩号	入口车道数		出口车道数	
		总车道	ETC车道	总车道	ETC车道
郑州南收费站	K4+435	7	2	17	2
机场收费站北口	K22+391	8	3	16	3
机场收费站南口	K25+166	5	2	8	2
薛店收费站	K694+330	3	1	5	1
新郑收费站	K707+382	3	1	5	1

4. 监控设施

设置监控分中心1个,主要管理郑州、许昌、漯河3个区域监控。其中,郑州至新郑段设置1个郑州区域监控,办公地点设在机场收费站北口,具体负责郑州南收费站、机场收费站北口、机场收费站南口、薛店收费站、新郑收费站5个收费站(口)的运营监管工作。各区域监控中心与所在收费站合并办公。

5. 养护管理

1)路面维修工程

为保证机场高速路面行驶的安全、畅通,机场高速公路2006年对路面进行铣刨摊铺,摊铺里程25.5km,如图8-2-10所示。

2)桥梁检测、维修加固

每年聘请专业机构对所辖公路桥梁进行一次全面的定检和评定,每季度对所管辖的公路桥梁进行全面的检查、观测,每月对上季度评定的三类以下桥梁进行重点检查,需要维修的及时处理。2004年、2007年、2011年、2013年、2015年分别对全线部分桥梁实施了维修加固工程,如图8-2-11所示。

3)沿线设施的提升、改造

(1)2007年机场路绿化景观改造,共种植碧桃、淡竹、垂柳、龙柏、女贞、石楠等各类乔灌木30多种、494142株。

图 8-2-10　路面进行铣刨摊铺

图 8-2-11　桥梁进行维修加固

（2）2011年郑州南站和机场站新增应急车道，设计通过车辆长度为5m以内。

4）新材料、新技术研发

为进一步贯彻"预防为主，防治结合"的公路养护原则，京港澳高速公路郑新段2006年实施了单幅43km微表处。

六、G4 京港澳高速公路新郑至许昌段

（一）项目概况

1. 基本情况

1）功能定位

京港澳高速公路新郑至许昌段北起郑州至新郑高速公路终点（新郑穆庄），沿京广铁路东侧，途经长葛市、许昌县，止于许昌县石庄（许昌、漯河两市交界处），全长45.154km。该项目对加速2000年全线贯通两纵两横国道主干线建设进程，改善河南经济及投资环境，缓解区间交通紧张状况，适应国民经济发展对运力的需要，实现公铁分流，优化运输结构，提高综合运输能力具有重要意义。

2）技术标准

全封闭、全立交、双向四车道；设计行车速度：120km/h；桥梁设计荷载：汽车—超20级，挂车—120；路面结构：25cm厚水泥混凝土下面层，5cm厚沥青混凝土上面层复合式路面；交通安全设施：镀锌涂塑防撞护栏、反光交通标志、反光标线、隔离栅。

3）建设规模

主要工程量：路基土方661.02万m^3，水泥混凝土路面91.4035万m^2，沥青混凝土路面105.746万m^2，表8-2-12为G4京港澳高速公路新郑至许昌段桥梁一览表。

4）主要控制点

长葛市、许昌县。

G4 京港澳高速公路新郑至许昌段桥梁一览表　　　　表 8-2-12

规模	名　　称	桥长（m）	主跨长度（m）	跨越障碍物			桥梁类型
				河流	沟谷	道路、铁路	
大桥	双洎河大桥	205.12	20		√		简支梁桥
	小洪河大桥	105.12	20	√			简支梁桥
	许淮铁路大桥	125.12	20			√	简支梁桥
	清异河大桥	205.12	20	√			简支梁桥
中桥	北干渠中桥	53.04	16		√		简支梁桥
	金鱼河中桥	65.04	20	√			简支梁桥
	封庄中桥	45.04	20			√	简支梁桥
	石庄中桥	53.04	16			√	简支梁桥

5）地形地貌

路线所经区域位于豫东平原西部、京广铁路以西，地貌单元属黄淮河冲洪积平原，地形单一，北部及南部地势平缓，中南部漯河附近微微隆起，地形地貌条件相对简单。

6）投资规模

概算为 83995.0612 万元，竣工决算为 83694.5379 万元，平均每公里造价 1853.54 万元。

7）开工及通车、竣工时间

1995 年 5 月 5 日开工建设，1996 年 12 月 24 日建成通车，2000 年 12 月完成交工验收。

2．参建单位主要情况

（1）建设单位：河南高速公路发展有限责任公司。

（2）设计单位：河南省交通规划勘察设计院。

（3）质量监督单位：河南省交通基本建设质量检测监督站。

（4）监理单位：河南省高等级公路建设监理部。

（5）主要施工单位：铁道部第三工程局第四工程处、湖南省路桥建设总公司、铁道部第十八工程局第四工程处、河南省许昌公路工程建设总公司、交通部第二工程局第四工程处。

（6）路面施工单位：郑州大河筑路联营公司、许昌公路工程建设总公司、河南省公路工程局机械处、交通部第二工程局四处。

（7）房建施工单位：河南路鑫建设工程有限公司、河南省中原建设总公司、郑州市东风建设集团公司、许昌市水利工程局、郑州国基建筑安装公司、河南省兴达建筑安装公司、郑州正岩建筑实业总公司。

（8）绿化施工单位：潢川奶庙苗圃场、河南省绿色工程公司、州鑫成花卉经营部、师白塔花木园艺责任有限公司、葛花木园艺场、鄢陵县柏梁镇姚家苗圃、师邙岭花木果品公司、陵县连明花园、陵县花木盆景园、潢川县大地花木盆景公司、鄢陵县姚家花园、鄢陵县陈化店园林、鄢陵县大马乡苗圃。

(9) 交通安全设施施工单位：新乡高等级公司金属制品厂、河南省公路局筑路机械厂、河南现代交通工程有限公司、山东省潍坊钢管总厂。

(10) 交通机电施工单位：潍坊海莱特钢管有限公司、昌市灯具厂、东淄博海德灯厂。

(二) 建设情况

1. 项目准备阶段

1) 项目审批文件

1994年1月28日，交通部对新郑至许昌高速公路可行性研究报告进行了批复，文号为交计发〔1994〕106号。1994年5月12日，交通部对新郑至许昌高速公路初步设计进行了批复，文号为交公路发〔1994〕446号。1997年12月15日，河南省交通厅对新郑至许昌高速公路施工图设计进行了批复，文号为豫交计发〔1997〕485号。

2) 资金筹措

概算为83995.0612万元，由交通部用车购费安排17700万元，其余部分66295.0612万元由河南省自筹，其中养路费贷款29000万元，客运附加费贷款2000万元，货运附加费贷款4500万元，通行费贷款6000万元，车购费分成贷款5000万元，国内银行贷款19000万元，并纳入交通部、河南省1994—1998年的年度交通基本建设大型项目年度投资计划，分期拨付建设资金，保证建设项目顺利进行。

3) 合同段划分

(1) 设计标段划分：1个设计标段。

(2) 施工标段划分：土建工程9个标段，房建工程7个标段。

(3) 施工监理标段划分：1个工程监理标段。

4) 招投标

1994年10月20日发布工程招标通告，面向全国公开招标。38家施工企业通过资格预审。11月28日指挥部组织召开标前会，1995年1月5日上午举行了开标会议，确定了各标段中标单位。

5) 征地拆迁情况

共征用土地5654亩，拆迁房屋77415m²，拆迁费用5780.02万元。

2. 项目实施阶段

1) 实施过程

京港澳高速公路许昌段工程的初步设计经国家交通部批复以后，河南省政府大型项目建设办公室于1994年7月8日下发了《关于成立郑州至许昌高速公路工程指挥部的通知》,经省政府同意,决定由省交通厅、许昌市人民政府主要领导和许昌市交通局、长葛市、许昌县的行政一把手共同组成工程指挥部的领导班子。

全线分两期开工,一、二、三标段于1995年5月5日开工建设,1996年12月10日完工;四、五标段于1995年7月25日开工建设,1996年12月20日完工。

1997年10月由省交通厅基本建设监督站进行的质量评定检查中,各项工程优良率达到90.9%,被评为优良工程。2000年12月交工验收中,被省交通厅定为优良工程。

2)设计变更

1998年8月17日,河南省交通厅以豫交工〔1998〕351号文《关于新许高速公路路基排水工程变更设计的批复》,同意把边沟全部采用浆砌片石防护。

(三)科技创新

(1)在厚25cm混凝土面板的关键工序施工时,使用了"三轴平整仪",使混凝土面板的密实度、平整度都有了较大程度的提高。

(2)在5cm沥青混凝土面层施工中,采用"滑橇法"自动找平,从混合料的拌和到面层的摊铺都采用新机械、新工艺,大幅度提高了工作效率,平整度也有效控制在设计标准之内。

(3)为了有效解决桥头跳车问题,在抓好桥头土方回填的同时,把伸缩缝"软硬"结合平顺问题作为重点进行攻关,采用先铺沥青面层,再做橡胶伸缩缝,最后用混凝土二次浇灌的方法,较好解决了桥头跳车明显的通病。

(4)科学处理混凝土面板断板问题,在严格操作规程和用料配合比、加强养护、及时锯缝,将断板控制在最低限度的情况下,对出现的少量断板,及时采用江苏省科学院研制的JK-24进行断板处理,有效解决了断板问题。

(四)运营养护管理

1. 组织架构

该项目运营管理单位为河南中原高速公路股份有限公司郑漯分公司,公司成立于2001年5月25日,下辖有郑州机场高速公路和京港澳高速公路新郑机场至漯河段,全长142km,管辖12个高速公路收费站(口)、3个路政大队、3个服务区、1个运营监管分中心。机关内设办公室、党委办公室、监察室、工会、财务会计部、人力资源部、通行费稽查管理部、路产部、工程养护管理部、三产分中心等部室。

2. 服务设施

许昌服务区占地面积约150余亩,具有为驾乘人员提供餐饮、住宿、购物、加油、加气、充电、汽车维修、停车休息等多种服务功能,餐厅可容纳240余人就餐,东、西区广场设有免费停车位327个,实行大小车、客货车分区停放管理,见表8-2-13。

G4 京港澳高速公路新郑至许昌段服务场区一览表　　　　表 8-2-13

高速公路编码	服务区名称	桩号	所在区域	占地(m²)	建筑面积(m²)
G4	许昌服务区	K717+600	长葛市官亭乡秋庄村	93000	7780

许昌服务区于 2000 年 11 月投入运营,采取承包经营模式。

3. 收费设施

新郑至许昌段,共设有长葛收费站、许昌北收费站、许昌收费站、许昌东收费站 4 个收费站,见表 8-2-14。总共 13 个入口车道、20 个出口车道、4 个 ETC 入口车道、4 个 ETC 出口车道。

G4 京港澳高速公路新郑至许昌段收费设施一览表　　　　表 8-2-14

收费站名称	桩号	入口车道数		出口车道数	
		总车道	ETC 车道	总车道	ETC 车道
长葛收费站	K725+257	3	1	6	1
许昌北收费站	K736+000	3	1	3	1
许昌收费站	K746+184	4	1	6	1
许昌东收费站	K752+615	3	1	5	1

4. 监控设施

设置监控分中心 1 个,主要管理郑州、许昌、漯河 3 个区域监控。其中,新郑至许昌段设置 1 个许昌区域监控,办公地点设在许昌收费站,具体负责长葛收费站、许昌北收费站、许昌收费站、许昌东收费站 4 个收费站(口)的运营监管工作。各区域监控中心与所在收费站合并办公。

5. 养护管理

1)路面维修工程

(1)2006 年在新许段实施 33km(单幅)微表处。

(2)2007 年新许段西半幅实施专项罩面工程,如图 8-2-12 所示。

(3)2015 年,结合迎国检标准,重点处治平整度、破损率指数超标路段。

2)桥梁检测、维修加固

每年聘请专业机构对所辖公路桥梁进行一次全面的定检和评定,每季度对所管辖的公路桥梁进行全面的检查、观测,每月对上季度评定的三类以下桥梁进行重点检查,需要维修的及时处理。2004 年、2007 年、2011 年、2013 年、2015 年分别对全线部分桥梁实施了维修加固工程。

3)沿线设施的提升、改造

与北京中交路成交通技术有限公司针对普通两波形梁钢护栏存在实际安全等级低、

景观条件差的问题联合开发了高速公路单波形梁钢护栏,经实车碰撞试验检测合格后,于 2015 年 6 月 1 日应用于新许段 K718+800 处,分别在中央分隔带双侧安装了标准段 70m 和活动护栏段 30m,共计 200m,实现了标准段和活动护栏段一体化无缝连接。单波形梁钢护栏结构新颖,景观效果好,安全等级高,在提高防撞等级的同时,又节约了工程投资,在活动护栏段地锚式应用可提高中央分隔带活动护栏的防撞等级到 A 级,与标准段护栏一体化安装成为无缝连接,提高了高速公路安全设施的整体防护水平。

图 8-2-12　2007 年新许段西半幅实施专项罩面工程

4)新材料、新技术研发

(1)2006 年在翻浆严重路段进行了夯扩桩路基加固,该项技术能够有效提高路基密实度、水稳性,保持路基路面稳定性,干拌混凝土强度等级为 C20,桩位呈梅花形布置,桩距 1m,排距 1m,成孔直径 15cm,桩长嵌入原地面不少于 1m,桩孔路面以下采用细石混凝土封孔,该桩具有置换挤密、复合路基、吸收水分等作用,在不对路面进行开挖、破除的情况下,对翻浆治理起到显著作用。

(2)冬季过后受雨雪水的影响,路面翻浆遍地可见。提前用贴缝胶处理裂缝,防止雨水渗入,降低了路面翻浆点。与路面结合效果较好,且变形较小。

(3)在处治路面病害中,主要采用了微波热再生技术进行施工,此项技术具有质量好、效率高、用料省、污染少等特点。

(4)桥梁加固维修中,采用了粘贴碳纤维板对桥梁进行加固,如图 8-2-13 所示。碳纤维板加固施工工艺流程简单,施工工期短、效率高,自身弹性模量高,加固后对温度裂缝、锈胀裂缝等细微变形控制效果较好。碳纤维板加固几乎不用栓锚固定和外物加压,对混凝土原结构几乎没有破坏。采用碳纤维板加固法加固施工后,装饰施工时无须处理界面,只在碳纤维片材施工最后工序时喷防腐漆即可。采用粘贴碳纤维板加固将对空心板跨中裂缝有很好的抑制作用,提高桥梁的耐久性,保证桥梁使用安全。

图 8-2-13　粘贴碳纤维板加固空心板

七、G4 京港澳高速公路许昌至漯河段

(一)项目概况

1. 基本情况

1)功能定位

京港澳高速公路许昌至漯河段起点为京港澳高速公路新郑至许昌段终点(许昌县石庄村),途经临颍县、郾城县,终点位于漯河市召陵区找子谢村西,全长49km。该项目对实现交通运输部提出的2000年以前打通两纵两横国道主干线的宏伟目标,缓解许昌至漯河区间现有公路运输紧张状况,适应国民经济发展对运力的需要,并为铁路分流发挥运输综合效益,促进河南社会经济的发展具有重要意义。

2)技术标准

全封闭、全立交、双向四车道;设计行车速度:120km/h;路基宽度:26m;桥梁设计荷载:汽车—超20级,挂车—120;路面:收费站广场为水泥混凝土路面,其他路段均为沥青混凝土路面;路面结构:4cm AC-16 中粒式密级配沥青混凝土,6cm AC-25 粗粒式密级配沥青混凝土,6cm AC-30 粗粒式密级配沥青混凝土,20cm 水泥稳定碎石,40cm 石灰稳定土;交通安全设施:镀锌涂塑双层防腐防撞护栏、反光交通标志、反光轮廓标、反光标线、反光道钉、隔离栅。

3)建设规模

主要工程量:路基土方627.57万 m^3,防护工程11.2193万 m^3;表8-2-15为G4京港澳高速公路许昌至漯河段桥梁一览表。

G4 京港澳高速公路许昌至漯河段桥梁一览表

表 8-2-15

规模	名称	桥长（m）	主跨长度（m）	跨越障碍物 河流	跨越障碍物 沟谷	跨越障碍物 道路、铁路	桥梁类型
大桥	清泥河大桥	165.12	20	√			简支梁桥
大桥	颍河大桥	255.12	50	√			连续梁桥
大桥	蜈蚣渠大桥	105.12	20	√			简支梁桥
大桥	沙河大桥	355.12	50	√			连续梁桥
中桥	九龙渠中桥	45.04	20	√			简支梁桥
中桥	早支河中桥	25.04	20		√		简支梁桥
中桥	北沟河中桥	37.04	16		√		简支梁桥
中桥	外沟河中桥	53.04	16		√		简支梁桥
中桥	青羊渠中桥	45.04	20			√	简支梁桥
中桥	五里河中桥	45.04	20		√		简支梁桥
中桥	临鄢桥	55.04	20			√	T形刚构
中桥	青龙渠中桥	65.04	20		√		简支梁桥
中桥	乌江沟中桥	45.04	20		√		简支梁桥
中桥	北马沟中桥	65.04	20		√		简支梁桥
中桥	南北马沟中桥	37.04	16		√		简支梁桥
中桥	南马沟中桥	65.04	20			√	简支梁桥
中桥	小商河中桥	53.04	16	√			简支梁桥
中桥	堰河中桥	45.04	20	√			简支梁桥
中桥	漯西桥	62.04	25			√	简支梁桥
中桥	K800+310.000桥	25.04	20			√	简支梁桥
中桥	汾河中桥	53.04	16	√			简支梁桥
中桥	漯周桥	55.04	20			√	T形刚构

4）主要控制点

临颍县、郾城县及漯河市区。

5）地形地貌

路线途经临颍县,地势较为平坦,自西北向东南略微倾斜,地面平均坡降为 5.8/1000,中部横亘一条略高于南北两侧坡地的土岗,名为四十五里黄土岗,系山前冲击底被大面积侵蚀切割后的产物。最高海拔 74.2m,最低海拔 53m,平均海拔 63.6m。郾城县及漯河市区地处伏牛山东麓平原和淮北平原交错带,地势平坦,尚有少量的岗地零星分布于召陵、空冢郭、裴城乡。整个地势由西北向东南方向倾斜,自然坡降 1/4000。海拔为西部 65m,东部 51m,召陵岗最高海拔 86m。

6）投资规模

概算为 96507 万元,竣工决算为 95700 万元,平均每公里造价 1953.06 万元。

7）开工及通车、竣工时间

1997年3月开工建设,1998年12月建成通车,1999年2月完成交工验收。

2. 参建单位主要情况

(1) 建设单位:河南高速公路发展有限责任公司。

(2) 设计单位:河南省交通规划勘察设计院。

(3) 质量监督单位:河南省交通基本建设质量检测监督站。

(4) 监理单位:河南省高等级公路建设监理部。

(5) 土建施工单位:铁道部第三工程局第四工程处、广东省长大公路工程公司、中铁第十八工程局第四工程处、交通部第一公路工程公司第一分公司、中国建筑第五工程局、河南省交通公路工程局。

(6) 路面施工单位:交通部第二公路工程局第四工程处、大河筑路联营公司、交通部第一公路工程公司第一分公司、河南省交通公路工程局。

(7) 房建施工单位:漯河市建筑装饰工程总公司、郑州市邙山第三建筑公司、河北省定州第一建筑工程公司、漯河市劳动局建筑工程公司、河南省七星建筑安装公司、郑州正岩建筑实业总公司、中建七局四公司郑州公司、河南省大华建筑有限公司、漯河市建设工程总公司、深圳潮阳建筑安装公司、河南第一建筑工程公司。

(8) 绿化施工单位:鄢陵县大马乡靳庄花木园、鄢陵花卉集团公司园艺场、潢川奶庙苗圃场、漯河市沙北园艺场、鄢陵桧柏艺术园、潢川园林绿化工程公司、潢川卜集奶庙六里圃、郑州市第三苗圃、驻马店铁路林场。

(9) 交通安全设施施工单位:焦作总段反光标牌厂、许昌公路工程建设总公司、周口反光标牌厂、深圳朝阳建筑公司第一分公司、潍坊利多钢管厂、河南省公路局机械厂。

(10) 交通机电施工单位:河南省星光电子有限责任公司、河南省沙河航运公司。

(二) 建设情况

1. 项目准备阶段

1）项目审批文件

1994年1月20日,交通部对京珠国道主干线许昌至漯河段高速公路项目建议书进行了批复,文号为交计发〔1994〕76号。1995年8月28日,交通部对京珠国道主干线许昌至漯河段高速公路可行性研究报告进行了批复,文号为交计发〔1995〕796号。1996年4月19日,交通部对京珠国道主干线许昌至漯河段高速公路初步设计进行了批复,文号为交公路发〔1996〕347号。1997年10月5日,河南省交通厅对京珠国道主干线许昌至漯河段高速公路施工图设计进行了批复,文号为豫交计〔1997〕391号。

2)资金筹措

概算为96507万元,其中交通部补助22700万元,河南省自筹73807万元。

3)合同段划分

(1)设计标段划分:1个设计标段。

(2)施工标段划分:土建工程10个标段,房建工程11个标段。

(3)施工监理标段划分:1个工程监理标段。

4)招投标

1996年10月21日召开标前会议并组织投标人前往工地现场考察,于1996年11月21日召开工程开标大会,于1996年12月2日召开评标会议。路基桥涵、路面基层、底基层等土建工程及工程监理采用国内公开招标方式,确定了6家中标单位。沥青混凝土路面工程采用邀请招标办法,确定了4家中标单位。防撞护栏、配电工程、绿化工程采用邀请招标办法确定施工单位。标志、标线、照明工程、房建工程采用议标确定施工单位。

5)征地拆迁情况

征用土地4993.06亩,拆迁房屋7781m^2,拆迁费用5540.56万元。

2. 项目实施阶段

1)实施过程

(1)路基工程于1997年3月28日开工建设,1998年12月15日完工。

(2)路面工程于1998年5月1日开工建设,1998年9月30日完工。

(3)房建工程于1998年6月开工建设,1999年6月30日完工。

(4)1998年12月7~12日,项目进行了质量鉴定工作,工程质量评分值为91.02分,工程质量评为优良工程。

(5)2001年9月28日,项目进行了竣工验收,总体质量等级评定为优良。

2)设计变更

(1)1997年6月28日,河南省交通厅以豫交工〔1997〕265号文《关于许漯段高速公路工程变更设计的批复》,同意将K19+228处原设计二孔20m+20m分离式立交桥变更为三孔16m+20m+16m分离式立交桥。K3+330处增设一道4m×3m通道,K11+868处增设一道4m×3m通道,K12+701处增设一道6m×3.5m通道,K21+576处增设一道4m×3m通道,K23+750处增设一道4m×3m通道,K31+283处增设一道4m×3m通道,K33+539处增设一道4m×3m通道,K39+100处增设一道4m×3m通道,K23+750处原设计1.25m×1.8m涵洞改变为4m×3m通道,K43+217处原设计2m×2m涵洞改变为4m×3m通道,取消K11+812处1.25m×1.8m涵洞一座。

(2) 1998 年 3 月 25 日,河南省交通厅以豫交工〔1998〕111 号文《关于对许漯高速公路路肩变更设计的批复》,将原设计的土路基变更为硬化路肩。

(3) 1998 年 3 月 25 日,河南省交通厅以豫交工〔1998〕112 号文《关于对许漯高速公路路面结构设计变更的批复》,同意将原路面结构设计 4cm 中粒式沥青混凝土 + 6cm 粗粒式沥青混凝土 + 6cm 沥青碎石 + 25cm 稳定碎石 + 35cm 石灰土,变更为 4cm 中粒式沥青混凝土 + 6cm 粗粒式沥青混凝土 + 6cm 粗粒式沥青混凝土 + 20cm 水泥稳定碎石 + 40cm 石灰土。

(4) 1999 年 5 月 17 日,河南省交通厅以豫交工〔1999〕170 号文《关于许漯高速公设计变更的批复》,同意 7 项变更,增加投资 36768792 元。

(三)科技创新

(1) 项目采用了较先进的勘测手段,导线控制测量及中线测量均采用高精度的远红外线测距仪,保证了原始数据的采集精度。

(2) 项目在地质勘探中采用了先进的静力触探设备和原位测试设备,保证了基础设计资料的可靠性,为确定合理设计方案提供了最基本的保证。

(四)运营养护管理

1. 组织架构

该项目运营管理单位为河南中原高速公路股份有限公司郑漯分公司,公司成立于 2001 年 5 月 25 日,下辖有郑州机场高速公路和京港澳高速公路新郑机场至漯河段,全长 142km,管辖 12 个高速公路收费站(口)、3 个路政大队、3 个服务区、1 个运营监管分中心。机关内设办公室、党委办公室、监察室、工会、财务会计部、人力资源部、通行费稽查管理部、路产部、工程养护管理部、三产分中心等部室。职工 978 人,其中男职工 458 人,女职工 520 人,大专以上学历 667 人,平均年龄 36 岁。基层党支部 18 个,党员 246 人。

2. 服务设施

漯河服务区分东、西两区,占地 120 亩,2009 年立项扩建增加面积 118 亩,目前总占地 238 亩,总建筑面积 9460m²,绿化面积约 20165m²,广场面积 53800m²,是集餐饮、住宿、超市、加油、汽修、信息查询、休闲多功能为一体的四星级服务区,见表 8-2-16。

G4 京港澳高速公路许昌至漯河段服务场区一览表　　表 8-2-16

高速公路编码	服务区名称	桩　号	所 在 区 域	占地(m²)	建筑面积(m²)
G4	漯河服务区	K785+000	临颍县陈庄乡洛程村	158700	9460

漯河服务区于 2000 年 11 月开始运营,2004 年实行对外承包经营,分项目分别对外承包餐厅、超市、汽修厂、加油站。

3. 收费设施

许昌至漯河段，共有临颍收费站、漯河南收费站、漯河收费站 3 个收费站，见表 8-2-17。总共 12 个入口车道、14 个出口车道、3 个 ETC 入口车道、3 个 ETC 出口车道。

G4 京港澳高速公路许昌至漯河段收费设施一览表　　表 8-2-17

收费站名称	桩　　号	入口车道数		出口车道数	
		总车道	ETC 车道	总车道	ETC 车道
临颍收费站	K773+249	3	1	3	1
漯河收费站	K794+845	4	1	6	1
漯河南收费站	K805+152	5	1	5	1

4. 监控设施

设置监控分中心 1 个，主要管理郑州、许昌、漯河 3 个区域监控。其中，许昌至漯河段设置 1 个漯河区域监控，办公地点设在漯河南收费站，具体负责临颍收费站、漯河收费站、漯河南收费站 3 个收费站(口)的运营监管工作。各区域监控中心与所在收费站合并办公。

5. 养护管理

1) 路面维修工程

(1) 2003 年进行了许漯路西半幅改造工程，对部分基层进行了改造，对面层进行了铣刨重铺。

(2) 2004 年和 2007 年对许漯路东半幅实施了改造工程，对部分基层进行了改造，对面层加铺了 5cm 厚沥青混凝土。

(3) 2008 年，对严重裂缝及翻浆部位的基层进行了高聚物注浆处理，如图 8-2-14 所示。

图 8-2-14　对严重裂缝及翻浆部位的基层进行高聚物注浆处理

(4)2015年,结合迎国检标准,重点处治平整度、破损率指数超标路段。

2)桥梁检测、维修加固

公司每年聘请专业机构对所辖公路桥梁进行一次全面的定检和评定,每季度对所管辖的公路桥梁进行全面的检查、观测,每月对上季度评定的三类以下桥梁进行重点检查,需要维修的及时处理。2004年、2007年、2011年、2013年、2015年分别对全线部分桥梁实施了维修加固工程。

3)沿线设施的提升、改造

2013年7月对漯河收费站外广场老化路面进行铣刨重铺维修,如图8-2-15所示。

图8-2-15　漯河收费站外广场老化路面铣刨重铺

4)新材料、新技术研发

本部分内容同本节"六、G4京港澳高速公路新郑至许昌段　(四)运营养护管理 5.养护管理　4)新材料、新技术研发。"

八、G4京港澳高速公路郑州至漯河段改扩建工程

(一)项目概况

1.基本情况

1)功能定位

京港澳高速公路郑州至漯河段改扩建工程,起于郑州机场互通式立交南侧,止于漯河市东南漯河南枢纽互通式立交南侧,全长119.550km。该项目对完善河南公路网布局,增强京港澳高速公路通行能力,加快中原经济区和郑州航空港区建设具有重要意义。

2)技术标准

全封闭、全立交、双向八车道;设计行车速度:120km/h;路基宽度:42m;桥梁净宽:2×

18.75m;桥梁设计荷载:公路—Ⅰ级;路面:收费站采用水泥混凝土路面,其他均采用沥青混凝土路面;路面结构:改扩建部分采用4cm AC-13改性细粒式沥青混凝土,6cm AC-20C改性中粒式沥青混凝土,8cm AC-25C 粗粒式沥青混凝土,36cm水泥稳定碎石基层,18cm低剂量水泥稳定碎石基层,老路路面采用4cm AC-13改性细粒式沥青混凝土罩面。

3)建设规模

主要工程量:全加宽段土方728.7m³,新建沥青混凝土路面293.7万m²;全线设新建服务区1处,改造服务区2处;表8-2-18为G4京港澳高速公路郑州至漯河段改扩建工程桥梁一览表。

G4京港澳高速公路郑州至漯河段改扩建工程桥梁一览表 表8-2-18

规模	名称	桥长(m)	主跨长度(m)	跨越障碍物 河流	跨越障碍物 沟谷	跨越障碍物 道路、铁路	桥梁类型
大桥	小洪河大桥	105.	20	√			简支梁桥
	康沟河大桥	225.06	20	√			简支梁桥
	双洎大桥	205.12	20	√			简支梁桥
	清溪河大桥	205.1	20	√			简支梁桥
	跨许淮铁路桥	125.12	100			√	简支梁桥
	颍河大桥	259.28	50	√			T形刚构
	沙河大桥	359.16	50	√			T形刚构
	蜈蚣渠大桥	105.04	20	√			简支梁桥
中桥	北干渠中桥	53.08	16			√	简支梁桥
	金鱼河中桥	65.08	20	√			简支梁桥
	九龙渠中桥	45.04	20	√			简支梁桥
	早支河中桥	25.04	20	√			简支梁桥
	北沟河中桥	37.04	16	√			简支梁桥
	外沟河中桥	53.04	16	√			简支梁桥
	青洋渠中桥	45.04	20	√			简支梁桥
	五里河中桥	45.04	20	√			简支梁桥
	黄龙渠中桥	65.04	20	√			简支梁桥
	乌江沟中桥	45.04	20	√			简支梁桥
	北马沟中桥	65.04	20	√			简支梁桥
	南北马沟中桥	37.04	16	√			简支梁桥
	南马沟中桥	65.04	20	√			简支梁桥
	小商河中桥	53.05	16	√			简支梁桥
	堰沟中桥	45.04	20	√			简支梁桥
	汾河中桥	53.04	16	√			简支梁桥
	方庄排沟中桥	37.04	16	√			简支梁桥

4）主要控制点

郑州市（新郑市）、许昌市（长葛县、许昌县）、漯河市（临颍县、郾城区）。

5）地形地貌

项目所在区域位于黄淮冲积平原中西部，自北向南为黄河二级阶地和黄河冲积平原两大地貌区，地势由北向南微倾斜。

6）投资规模

概算总投资 42.05 亿元，加宽部分概算总投资为 33.24 亿元，旧路改造部分预算 7.57 亿元，新增许昌北互通式立交预算 1.24 亿元，竣工决算投资 42.01 亿元，平均每公里造价 3511.00 万元。

7）开工及通车、竣工时间

2008 年 3 月开工建设，2010 年 10 月交工通车。

2. 参建单位主要情况

（1）建设单位：河南中原高速公路股份有限公司。

（2）设计单位：河南省交通规划勘察设计院有限责任公司、中交第一公路勘察设计研究院有限公司。

（3）质量监督单位：河南省交通基本建设质量检测监督站。

（4）监理单位：北京华通公路桥梁监理咨询有限公司、武汉大通公路桥梁工程咨询监理有限责任公司。

（5）土建施工单位：陕西明泰工程建设有限责任公司、河南省公路工程局集团有限公司、中铁九局集团有限公司、中铁四局集团第四工程有限公司、中铁十一局集团第四工程有限公司、河南省公路工程局集团有限公司、江西省公路机械工程局、中铁五局（集团）公司、中铁十一局集团第一工程有限公司、北京市公路桥梁建设集团有限公司、中铁四局集团有限公司、中交第四公路工程有限公司、江西省地质工程（集团）公司、中铁三局集团第二工程有限公司、河北广通路桥工程有限公司。

（6）路面施工单位：中交一公局第一工程有限公司、郑州市公路工程公司、云南云桥建设股份有限公司、黄冈市楚通路桥建设有限公司、河南省公路工程局集团有限公司、河南路桥建设集团有限公司、中交路桥北方工程有限公司、华通路桥集团有限公司。

（7）房建施工单位：河南省建设集团有限公司。

（8）绿化施工单位：土建施工单位包含绿化工程内容。

（9）交通安全设施施工单位：潍坊东方交通设施工程有限公司、天津华安公路交通工程有限公司、中交一公局交通工程有限公司、郑州彩达交通设施工程有限公司、河南通汇公路交通工程有限公司、河南鸿志实业有限公司、河南省新乡六通实业有限公司、北京华凯交通科技有限公司、南京华路公路设备工程有限公司、河南省路桥建设集团有限公司、河北远征交通设施有限公司、北京京通安交通设施制作有限公司、盐城金阳京通设施有限公司、北京市高速公路交通工程有限公司。

(10)交通机电施工单位：四川高路交通信息工程有限公司、紫光捷通科技股份有限公司、郑州众信电力工程有限公司、卫辉市电力建筑安装工程有限公司。

(二)建设情况

1. 项目准备阶段

1)项目审批文件

2004年12月29日,河南省国土资源厅对郑漯改扩建工程压覆矿产资源报告和地质灾害评估进行了批复,文号为豫国土资函〔2004〕629号。2005年6月15日,国家环境保护总局对郑漯改扩建工程环境影响报告书进行了批复,文号为环审〔2005〕538号。2005年9月23日,水利部对郑漯改扩建工程水土保持方案进行了批复,文号为水保函〔2005〕371号。2005年10月24日,国家发展和改革委员会对郑漯改扩建工程可行性研究报告进行了批复,文号为发改交运〔2005〕2146号。2007年8月30日,交通部对郑漯改扩建工程初步设计进行了批复,文号为交公路发〔2007〕466号。2007年12月29日,国土资源部对郑漯改扩建工程建设用地进行了批复,文号为国土资函〔2007〕1029号。2008年5月4日,河南省交通厅对郑漯改扩建工程施工图设计进行了批复,文号为豫交计〔2008〕56号。2009年9月21日,河南省文物管理局对郑漯改扩建工程文物环境影响评价书进行了批复,文号为豫文物函〔2009〕50号。2010年5月12日,河南省交通运输厅对增设京珠高速许昌北互通式立交进行了批复,文号为豫交规划〔2010〕140号。2010年5月19日,河南省交通运输厅对郑漯改扩建工程旧路旧桥改建工程施工图设计进行了批复,文号为豫交规划〔2010〕146号。

2)资金筹措

概算总投资42.05亿元,加宽部分概算总投资为33.24亿元,旧路改造部分预算7.57亿元,新增许昌北互通式立交预算1.24亿元。其中35%为建设单位自有资金,其余65%为银行贷款。

3)合同段划分

(1)设计标段划分：土建工程2个标段,房建工程1个标段,机电工程1个标段。

(2)施工标段划分：土建工程15个标段,路面工程8个标段,机电、供配电工程4个标段,房建工程1个标段,交通安全设施工程12个标段,声屏障工程3个标段。

(3)监理标段划分：设2个总监办公室,15个土建工程驻地监理标段,1个房建工程监理标段,1个机电工程监理标段。

4) 招投标

(1) 2005年4月19~28日,19家单位通过土建试验段(ZLTJ-03和ZLTJ-10标)资格预审,2006年7月26日,确定出中标单位。

(2) 2008年3月13日,ZLTJ-01合同段开标,确定出9家单位中标。

(3) 2008年6月25日,ZLTJ-02、ZLTJ-06合同段开标,确定出2家单位中标。

(4) 2008年7月21日,ZLTJ-12合同段开标,确定出1家单位中标。

(5) 2007年12月4日,ZLTJ-14合同段开标,确定出1家单位中标。

(6) 2009年4月23日~2009年5月26日,95家单位通过路面工程资格预审,2009年9月8日,确定出中标单位。

(7) 2010年4月22日,95家单位通过房建工程资格预审,2010年7月28日,确定出1家中标单位。

(8) 2010年7月26日,GPDZM-1标段、GPDZM-2标段供配电照明工程开标,确定出2家单位中标。

(9) 2010年7月26日,JD-1标段、JD-2标段机电工程开标,确定出2家单位中标。

(10) 2010年4月28日,JA-1标段、JA-3标段交安工程开标,确定出中标单位。

(11) 2010年4月22日,31家单位通过声屏障工程资格预审,开标确定出3家单位中标。

5) 征地拆迁情况

该项目征用土地4142.1008亩,其中,主线永久性征地3486.9454亩,许昌新增互通区征地288.3054亩,新郑服务区(停车区)征地244亩,漯河服务区(停车区)征地122.85亩,改路改渠征地632.9598亩(新郑段57.3871亩,许昌段70.4027亩,漯河段505.17亩),房屋拆迁40860.0276m^2,电力拆迁94处,通信拆迁216处。

2. 项目实施阶段

1) 实施过程

(1) 主线土建工程于2008年3月25日开工,2010年10月26日完工。

(2) 房建工程于2010年8月开工,2011年3月完工。

(3) 机电工程于2010年8月开工,2011年4月完工。

(4) 交通安全设施工程于2010年8月开工,2010年11月完工。

(5) 2010年10月28~30日,通过了交工验收,得分为98.10分,工程质量评定为合格工程。

(6) 2012年11月10~13日,通过了竣工验收,工程质量鉴定得分为92.74分,质量鉴定等级评为优良。

2) 重大决策

为了确保完成工程建设计划目标,在保证工程质量的前提下合理安排工期。项目公司在2008年不失时机地组织了"大干一百天"和"金秋会战"两次劳动竞赛,如图8-2-16所示。

图8-2-16 "金秋会战"动员大会

3) 设计变更

(1) 边坡防护工程变更。

原设计路基填高大于4m及以上的路段采用拱形骨架或菱形骨架进行防护。

①为降低造价,借鉴其他项目的成功经验,对3-13标路基填高2~5m的路段取消骨架防护,设置路肩纵向排水槽和泄水槽,既减少了圬工防护,也避免了雨水直接冲刷路基,美化了道路环境。设置纵向排水槽后,全线减少圬工骨架防护6万多立方米。综合增加的1.9万 m^3 集水槽,减少费用1046万元。

②由于1、2标段路基填土为粉砂土,雨季水毁严重,因此在原设计基础上增加了骨架防护和路缘石,改分散排水为集中排水。

(2) 纵断面调整变更。

按照河南省交通运输厅2009年2月7日会议纪要要求,设计单位对全线纵断面进行了调整,普遍增加10cm。全线增加路基填土约33万 m^3,增加费用约990万;对2009年2月已施工的桥梁立柱或者盖梁、支座垫石、背墙、搭板等进行了高程调整,增加了混凝土和钢筋用量,总计增加费用323万元。

(3) 桥梁护栏变更桥梁护栏按照省交通运输厅豫交外〔2009〕124号文件,由SA级变更为SS级,全线总计增加费用217.65万元。

(4) 桥面铺装钢筋变更。

原设计桥面铺装钢筋为单层现场绑扎钢筋网,施工期间按照《河南省高速公路技术设计要求》变更为双层10cm×15cm双层钢筋网片,全线总计增加费用657万元。

(5)桥面沥青铺装层变更。

为确保桥面位置的平整度,将桥梁两端搭板之间(含搭板)范围的原设计 4cm 厚的沥青混凝土铺装层变更为 4cm AC-13＋5cm AC-20,即桥面沥青混凝土铺装层总厚度为 9cm。

(6)旧路加铺方案变更。

原设计强调:一要保证 10cm 沥青层罩面厚度要求,二要对直接加铺路段路面进行精铣刨(或拉毛)处理,三是各路面施工路面结构层厚度必须满足规范最小厚度要求,因此造成如按照设计实施加铺方案,需要进行大量的铣刨。因此,在 2010 年 7 月 7 日,通过专家研讨,对加铺方案进行了优化。

4)重大事件

(1)2008 年 3 月,郑州至漯河段改扩建工程开工建设。

(2)2008 年 6 月,郑州至漯河段改扩建工程项目部召开"大干快上争先创优　建设精品示范工程"动员会。

(3)2009 年 12 月,由郑漯改扩建工程项目部与黄淮学院合作完成的"探地雷达理论研究及其在工程检测中的应用",获河南省科学技术进步二等奖。

(4)2010 年 11 月 1 日,郑州至漯河段改扩建工程正式通车。

(5)2013 年 6 月,由河南省交通规划勘察设计院有限责任公司完成的"京珠国道主干线郑州至漯河高速公路改扩建工程郑州至许昌段""G4 高速公路郑州—漯河段改扩建勘察及旧路检测"分获 2013 年度河南省勘察设计行业创新一、二等奖。

(三)科技创新

1. PTC 管桩应用

新老路基差异沉降是高速公路改扩的重点和难点,根据国内多条高速公路改扩建中先张法预应力混凝土薄壁管(PTC 管桩)的成功运用经验,为了提高地基承载力,减小新旧路基差异沉降,郑漯高速改扩建工程在地基处理中采用了 PTC 管桩处治的方法。

2. 桥梁整体顶升技术研究

由于全线旧路面加铺,路线纵坡进行调整,老桥桥面均需要提升,为了减少桥面铺装破除,降低工程造价,根据交通运输厅专家审查意见要求,采用"整孔同步顶升空心板梁"技术提高桥面高程。

3. 旧桥加宽基础沉降控制技术研究

在广泛调查典型地区桥梁加宽已存在的基础沉降病害基础上,对各类病害问题进行分类,分析其成因;通过有限元仿真分析,对不同的桥梁基础类型加宽前后的承载能力展开研究,目的是掌握桥梁基础加宽前后的承载力能力的变化规律,为旧桥加宽提供经济、合理的加宽技术并评价加宽后桥梁基础的可靠性;通过现场试验,监控加宽部分和原旧桥基础的承载特性与沉降变化规律,并与理论分析结果进行对比分析;结合调研成果、理论分析成果和现场试验成果,提出控制新、旧桥梁基础沉降技术以及防止病害产生的措施。

4.高速公路扩宽路基综合防排水系统研究

首次针对高速公路采用两侧加宽路基时,道路改扩建路面内部排水系统的布设方法进行了系统研究,通过 SEEP/W 软件对不同排水设置方案进行了比选优化,提出不同情况下路面内部排水系统的布设方法。

九、G4 京港澳高速公路漯河至驻马店段

(一)项目概况

1.基本情况

1)功能定位

京港澳高速公路漯河至驻马店段北起漯河市召陵区找子谢村西,接许昌至漯河高速公路,途经郾城县、西平县、上蔡县、汝南县和驿城区,南与驻马店至信阳高速公路相连,全长 67.183km。该项目对于完善河南高速公路网布局,改善交通投资环境,促进区域经济发展具有重要意义。

2)技术标准

全封闭、全立交、双向四车道;设计行车速度:120km/h;路基宽度:28m;路面:全段路面结构除收费站广场为水泥混凝土路面外,其余均为沥青混凝土路面;桥梁设计荷载:汽车—超 20 级、挂车—120;设计洪水频率:大、中桥均为 1/100。

3)建设规模

主要工程量:路基土方 969 万 m^3,20cm 水泥石灰土底基层 185.57 万 m^2,38cm 水泥稳定碎石基层 159.01 万 m^2,7cm 粗粒式沥青混凝土下面层 154.48 万 m^2,5cm 粗粒式沥青混凝土中面层 163.38 万 m^2,4cm 中粒式沥青混凝土上面层 166.15 万 m^2,混凝土路面 2.56 万 m^2;交通标志 299 块,道路标线 6.55 万 m^2,隔离栅 114.95km,收费大棚、广场 3 处,综合功能服务区 1 处、隔音墙 12 处;表 8-2-19 为 G4 京港澳高速公路漯河至驻马店段桥梁一览表。

4)主要控制点

漯河市(郾城县)、驻马店市(西平县、上蔡县、汝南县和驿城区)。

G4 京港澳高速公路漯河至驻马店段桥梁一览表

表 8-2-19

规模	名　称	桥长(m)	主跨长度(m)	跨越障碍物			桥梁类型
				河流	沟谷	道路、铁路	
大桥	淤泥河大桥	225.06	20	√			简支梁桥
	洪河大桥	165.1	20	√			简支梁桥
	仙女池河大桥	125.06	20	√			简支梁桥
	空桥河大桥	165.06	20	√			简支梁桥
	奎旺河大桥	165.06	20	√			简支梁桥
	汝河大桥	305.35	20	√			简支梁桥
	汝河分洪道大桥	405.19	20	√			简支梁桥
中桥	黑河中桥	65.04	20	√			简支梁桥
	上坡干河中桥	65.04	20	√			简支梁桥
	滞洪区排沟河中桥 1 号	55.25	16		√		简支梁桥
	滞洪区排沟河中桥 2 号	37.04	16		√		简支梁桥
	西平互通立交主线跨被交道桥	55.468	18			√	连续梁桥
	柳堰河支流中桥	37.04	16	√			简支梁桥
	柳堰河中桥	85.04	20	√			简支梁桥
	汪庄排沟中桥	37.04	16		√		简支梁桥
	大都庄排沟中桥	25.04	20		√		简支梁桥
	徐庄排沟中桥	53.04	16		√	√	简支梁桥
	胡坡排沟中桥（Ⅰ号）	37.04	16		√	√	简支梁桥
	胡坡排沟中桥（Ⅱ号）	45.04	20		√	√	简支梁桥
	九龙沟中桥	53.04	16		√		简支梁桥
	鲁沟中桥	85.04	20	√			简支梁桥
	鲁庄排沟中桥Ⅰ号	45.04	16		√		简支梁桥
	鲁庄排沟中桥Ⅱ号	37.04	16		√		简支梁桥
	空桥河支流中桥	37.04	16	√			简支梁桥
	龙庄排沟中桥	25.04	20		√		简支梁桥
	王陈渠中桥	53.04	16	√			简支梁桥
	韩湾排沟中桥	25.04	20		√		简支梁桥
	大张庄排沟中桥	25.04	20			√	简支梁桥
	红旗沟中桥	65.14	20		√		简支梁桥
	王老庄庄排沟中桥	53.04	20		√		简支梁桥
	大金庄排沟中桥	25.129	20		√		简支梁桥
	郭庄排沟中桥	25.04	20	√			简支梁桥
	张庄排沟中桥	53.22	16	√			简支梁桥
	大陈庄排沟中桥	45.04	20	√			简支梁桥

续上表

规模	名称	桥长(m)	主跨长度(m)	跨越障碍物 河流	跨越障碍物 沟谷	跨越障碍物 道路、铁路	桥梁类型
中桥	冷水河中桥	85.04	20	√			简支梁桥
	顺河中桥	65.04	20	√			简支梁桥
	黄油河中桥	45.04	20	√			简支梁桥
	顺河支流中桥	37.04	16	√			简支梁桥
	邓庄排沟中桥	53.04	16	√			简支梁桥

5) 地形地貌

项目路线所经地区处于淮河冲湖积平原,地形平坦。漯河至遂平为襄城至遂平缓倾斜平原区,遂平至驻马店为驻马店至正阳缓倾斜平原区,淮河冲湖积平原位于沙颍河以南,伏牛山以东,大别山以北地区,主要是淮河泛滥冲洪积及湖积而成的低缓平原,地势低下而平坦,大体由西北向东南微微倾斜,路区地面高程 45～70m。

6) 投资规模

概算投资 16.2963 亿元,竣工决算投资 15.4008 亿元,平均每公里造价 2291.78 万元。

7) 开工及通车、竣工时间

1999 年 3 月开工建设,2001 年 9 月交工通车,2003 年 12 月完成竣工验收。

2. 参建单位主要情况

(1) 建设单位:漯河至驻马店高速公路工程建设指挥部。

(2) 设计单位:河南省交通规划勘察设计院。

(3) 质量监督单位:河南省交通基本建设质量检测监督站。

(4) 监理单位:河南省高等级公路建设监理部漯驻高速公路监理代表处。

(5) 土建施工单位:黑龙江省路桥总公司、河南省大河筑路公司、中铁第十八工程局第四工程处、广东长大公路公司、中铁第二十工程局第二工程处、中铁第三工程局第四工程处、河南省交通公路工程局、中国建筑第三工程局、中交一局一公司。

(6) 路面施工单位:河南省交通公路工程局、河南省大河筑路公司、中交一局一公司。

(7) 房建施工单位:河南省七星建筑总公司、郑州建设总公司、河南省建设总公司、漯河建筑装饰公司、河南省建设总公司、郑州第三建筑工程公司、河南省第一建筑公司。

(8) 绿化施工单位:河南路鑫公路工程有限公司、商丘市阳春园绿化中心、西华县花木风景园、驻马店恒大花木场、河南汇丰实业有限公司、河南农大风景园林设计所、许昌江北花卉有限公司、潢川绿化园林公司分带绿化、潢川金卉园林工程公司、武汉铁路分局驻马店林场。

(9) 交通安全设施施工单位:北京路桥机械厂、杭州京安交通工程设施有限公司、江阴市护栏板有限公司、杭州市交通工程设施有限公司、潍坊利多钢管公司。

(10) 交通机电施工单位:河南省沙河航运公司、漯河汇力电业有限公司。

(二) 建设情况

1. 项目准备阶段

1) 项目审批文件

1997年3月24日,交通部对京珠国道主干线漯河至驻马店段高速公路项目建议书进行了批复,文号为交计发〔1997〕143号。1998年5月27日,交通部对京珠国道主干线漯河至驻马店段高速公路可行性研究报告进行了批复,文号为交计发〔1998〕315号。1998年8月19日,交通部对京珠国道主干线漯河至驻马店段高速公路初步设计进行了批复,文号为交公路发〔1998〕507号。2000年8月9日,河南省交通厅对京珠国道主干线漯河至驻马店段高速公路两阶段施工图设计进行了批复,文号为豫交计〔2000〕411号。2002年1月28日,国家环保总局对京珠国道主干线漯河至驻马店段高速公路环境影响报告书进行了批复,文号为环〔2002〕13号。

2) 资金筹措

概算总投资16.2963亿元,其中交通部补助(车购费)36900万元,财政预算内专项资金5000万元,开发银行贷款94600万元,省投资26463万元。

3) 合同段划分

(1) 设计标段划分:土建工程6个标段,房建工程8个标段,绿化工程10个标段,机电工程2个标段。

(2) 施工标段划分:土建工程9个标段,机电工程2个标段,房建工程8个标段,绿化工程10个标段,交通安全设施工程5个标段。

(3) 监理标段划分:设1个总监办公室,6个土建工程驻地监理标段,1个房建工程监理标段。

4) 招投标

1998年8月,河南省交通厅成立漯河至驻马店高速公路评标委员会,经过资格预审有71家合格投标人,根据评标细则规定,凡经过计算有效投标47家。

经过对47家投标人的认真审查,并综合各组专家评分和意见,最后确定综合得分高的7家投标人为中标单位:黑龙江路桥总公司、铁十八局四处、广东长大公路工程公司、铁二十局二处、铁三局四处、河南省交通公路工程局和交通部一局一公司。

5) 征地拆迁情况

项目征用土地6501.53亩,拆迁房屋10329m^2,拆迁费用8237.48万元。

2. 项目实施阶段

1）实施过程

（1）主线土建工程于1999年3月28日开工，2001年9月18日完工。

（2）房建工程于2000年9月开工，2001年8月完工。

（3）机电工程于2000年9月开工，2001年8月完工。

（4）交通安全设施工程于2000年10月开工，2001年9月完工。

（5）绿化工程于2000年12月开工，2001年6月完工。

（6）2001年9月3~13日，河南省交通基本建设质量检测监督站对京珠高速公路漯河至驻马店段进行了交工验收。漯河至驻马店高速公路土建工程No.1~No.6标段评为优良工程，路面工程AC-1~AC-3标段评为优良工程，交通安全设施工程评为优良工程。漯河至驻马店高速公路的单位工程优良率：100%，工程质量评分值：91.38分，工程项目质量等级：优良。

（7）2003年8月29~30日和11月30日，河南省交通基本建设质量检测监督站对京港澳高速公路漯河至驻马店段进行了质量鉴定。鉴定认为京港澳高速公路漯河至驻马店段经过2年多的试运营，个别路段出现车辙；部分路段路面出现了纵缝和横缝；桥梁外观质量合格，伸缩缝伸缩有效；小桥、通道、涵洞、排水工程的外观质量合格；路面平整度、车辙等指标经复测满足规范和标准要求；标志、标线、防撞护栏外观及使用效果满足要求。根据《公路工程质量鉴定办法》和《公路工程质量检验评定标准》的有关要求，工程质量鉴定得分为83.5分，京港澳高速公路漯河至驻马店段建设项目竣工验收工程质量鉴定等级评为合格。

2）重大决策

（1）为保证该项目的顺利实施，经河南省人民政府批准，河南省交通厅于1998年9月29日下发豫交工〔1998〕450号文《关于成立漯河至驻马店高速公路工程建设指挥部的通知》，沿线地市领导、县领导为指挥部成员。漯河、驻马店两地市按照河南省政府"政治动员、经济补偿、行政干预、多方支援"的公路建设方针要求，分别成立了漯河、驻马店建设支援指挥部。沿线县市各有关部门在漯驻高速公路建设期间顾大局，通力协作，大力支持漯驻路建设，为漯驻路保质保量、按期完成提供了支援服务，做出了重要贡献。

（2）漯驻高速公路指挥部在工程建设管理中实施了全方位的目标管理，即在工程质量管理、进度控制、造价控制创全省一流目标的同时，在施工环境、土地环保、廉政建设及文明施工等多方面也实现创一流的目标，即全面实现大优质工程的管理目标，大大地推动了工程建设。

（3）结合交通部和省交通厅开展的质量年活动安排，采取了积极有效的措施，深入开展了质量管理活动，取得了良好效果；建立了质量责任制及质量责任终身追究制。

(4)加强工程质量宣传,增强全员质量意识。

3)设计变更

(1)由于目前公路运输车辆超载的现象没有得到有效遏制,路面损坏现象仍然比较严重。为提高路面结构的承载力,漯驻路原设计基层为厚40cm水泥石灰土+20cm水泥稳定碎石,变更为厚20cm水泥石灰土+38cm水泥稳定碎石基层。该变更由监理、设计和建设单位签署意见后报省交通厅和交通部,交通部公路司于2000年6月12日以公设技字〔2000〕106号文给予了批复。

(2)漯驻高速公路中央分隔带排水原设计为纵向设置 $\phi 5cm$ 软式透水管,考虑到管道易堵塞、管道接头和封口处会留下隐患等原因,改变为用水泥预制块封闭隔离带的办法,经指挥部报请河南省交通厅,省厅于2000年5月15日以豫交工〔2000〕207号文给予了批复。

(3)由于修建漯周与漯驻互通式立交桥,连接部分两侧需要加宽,该变更经指挥部报请河南省交通厅,省厅于2001年2月5日以豫交工〔2001〕93号文给予了批复。

4)重大事件

(1)1998年11月21日,省政府、省军区、漯河市、驻马店市各级领导出席漯驻高速公路控制工程开工典礼。

(2)漯驻高速公路建成通车,如图8-2-17所示。

图8-2-17 建成通车的漯驻高速公路

(三)复杂技术工程

老王坡滞洪区地段的工程地质状况较差,土层容许承载力为120~170kPa。桥梁多为空心板,桩柱式基础,受地基影响较小;涵洞、通道多为 $4m \times 3m$ 和 $6m \times 3.5m$ 盖板涵,除明涵外,多数要求地基承载力在200kPa以上,天然的地基容许承载力不能满足结构物所需的承载力要求,对此路段的结构物的地基,全部采用水泥粉体喷射搅拌法加固处理;老王坡滞洪区以外的其他路段,天然的地基容许承载力与结构物所需的地基承载力差别较大的,利用换填级配碎石法进行了处理。

(四)科技创新

为延长漯驻高速公路设计使用周期,开展了"高性能沥青混合料技术"的课题研究和工程实践。其中"高性能沥青混合料技术研究"获得 2002 年度河南省科学技术成果奖(证书号:豫科成登字 20020270)。在施工中,采用了最近几年国内外已成功实践的新技术、新设备、新工艺、新材料,主要采用以下五种新技术、新措施。

1. 静压注浆地基加固技术

高速公路路面下降、地基采用注浆加固施工技术,注浆后原沉陷区地基加固效果较好,路面已得到恢复。测量结果表明,沉陷区的最大沉降量已由注浆前的 16cm 降为注浆后的 2cm,截至 2000 年 7 月,最大沉降量已基本稳定在 2cm 深范围内。

2. FWD 应用路面施工控制质量

2001 年 1~3 月,利用 Dynatest8000 型 FWD 对全线进行了弯沉检测(38cm 水稳碎石基层上),用于检验控制其工程质量,能全面了解路面施工质量的相对差别。

3. 优化沥青混凝土配合比

在计算机上进行配合比设计,计算机对于传统的手工图解法来说,更加准确、方便、快捷。如原材料变异性较大,可以及时对沥青混合料的配合比进行调整。

4. 水泥稳定碎石侧面支撑立木模

采用 20cm×20cm 的方木作为基层边摸,有效保证了水泥稳定碎石的宽度、厚度,且中部与边部压实度均得到保证,边部也不会出现薄、低的现象。

5. 更新中央分隔带排水观念

改变原在路面结构层下设集水槽、纵向设置透水管观念,将路面底基层在中央分隔带连通,设置单面防水土工布,防止渗入水对路面结构层的危害。除绿化部分外,中央分隔带全断面浆砌铺筑预制块。

(五)运营养护管理

1. 组织架构

该项目运营管理单位为河南中原高速公路股份有限公司驻马店分公司,公司设置有五部、三室、考核办和工会。主要负责京港澳高速公路漯河至驻马店段收费、养护、路政、机电和服务区管理等工作。

2.服务设施

驻马店服务区占地面积约 60 余亩,具有为驾乘人员提供餐饮、住宿、购物、加油、汽车维修、停车休息等多种服务,餐厅可容纳 400 余人就餐,东、西区广场设有免费停车位 170 个,实行大型、小型分区停放管理。2008 年底,在全省高速公路服务区评定中,驻马店服务区被评为"四星级服务区",见表 8-2-20。

G4 京港澳高速公路漯河至驻马店段服务场区一览表　　　表 8-2-20

高速公路编码	服务区名称	桩号	所在区域	占地(m^2)	建筑面积(m^2)
G4	驻马店服务区	K837+900	西平县徐庄	40000	7934.00

驻马店服务区于 2001 年 9 月 18 日投入运营,根据省厅高管局有关规定,2011 年实行承包经营,目前主营业务餐厅、超市及客房、加油站、汽修厂均采用承包模式经营,年承包额 1370 万元。

3.收费设施

共设有驻马店收费站、遂平收费站、西平收费站 3 个收费站。西平收费站有 3 个出口、2 个入口共 7 条通行车道;遂平收费站有 3 个出口、2 个入口共 7 条通行车道;驻马店收费站有 3 个出口、2 个入口共 7 条通行车道,见表 8-2-21。

G4 京港澳高速公路漯河至驻马店段收费设施一览表　　　表 8-2-21

收费站名称	桩号	入口车道数		出口车道数	
		总车道	ETC 车道	总车道	ETC 车道
西平收费站	K828+093	2	0	3	0
遂平收费站	K850+165	2	0	2	0
驻马店收费站	K867+729	5	1	5	1

4.监控设施

该项目设置监控中心 1 个,负责区域内的运营监管。

5.养护管理

1)路面维修工程

大修工程:为保证京港澳高速公路漯河至驻马店段保持畅、安、温、舒、美的行车环境,中原高速公路 2007 年投入 1.2 亿,于 5~9 月分路面一期改造和路面专项整治两个项目,对漯河至驻马店段 67.2km 实施罩面工程,采取单幅不间断通行施工(每合同段只允许有一个不超过 3km 的单幅封闭路段)。

预防性养护工程:2011 年 2 月 22 日~4 月 26 日,开展精铣刨微表处预防性专项工程,完成微表处施工面积约 225510m^2、59.5km,如图 8-2-18 所示。

高聚物注浆预防性专项工程:2011 年 1～12 月利用化学注浆处治路面局部轻微沉陷和翻浆 397 处,累计完成 8531 m²,如图 8-2-19 所示。

图 8-2-18　开展精铣刨微表处预防性专项工程

图 8-2-19　高聚物注浆预防性专项工程

2) 桥梁检测、维修加固

根据省交通厅及主管部门规范标准与公司制度,每 3 年委托检测单位对全线桥涵结构物进行定期检测,及时掌握技术状况及病害情况,作为桥涵维修保养的依据。

根据桥梁检测结果,2014—2015 年漯驻高速加宽施工期间,项目部对全线路段内的三类桥涵进行维修加固,如图 8-2-20 所示。

图 8-2-20　桥涵维修加固

3) 沿线设施的提升、改造

为提升漯驻高速公路通行能力、服务品质,中原高速公路于 2013 年 5 月～2015 年 12 月 15 日对全线实施改扩建工程,既有双向四车道扩建为双向八车道的高速公路改扩建项目,采用沿老路双侧各加宽 7m 的改扩建方案,扩建后路基全宽 42m。

4) 新材料、新技术研发

在河南省高速公路率先应用微波热再生车处治横向重度裂缝和小于 1m² 的路面龟裂沉陷病害,如图 8-2-21 所示。

图 8-2-21　微波热再生车处治横向重度裂缝龟裂沉陷病害

用复合有机水硬性材料（MOH）对西幅 K840～K843 区间的 3 个桥头跳车点进行桥头跳车处治试验 3100m²。其材料具有不进行铣刨、不等厚摊铺、施工方便的特点。

十、G4 京港澳高速公路漯河至驻马店改扩建工程

（一）项目概况

1．基本情况

1）功能定位

京港澳高速公路漯河至驻马店改扩建工程北起京港澳高速公路郑州至漯河段改扩建工程终点，经漯河市东、西平县东、上蔡县西、遂平县东、汝南县西，于驻马店南站北约 1.7km 接京港澳高速公路驻马店至信阳段，路线全长约 63.494km。该项目对完善河南高速公路网布局，改善现有通行条件，促进区域经济发展具有重要意义。

2）技术标准

全封闭、全立交，增加四车道，改扩建后双向八车道；设计行车速度：120km/h；路基宽度：42m；桥梁设计荷载：公路—Ⅰ级；设计洪水频率：1/100；路面及路面结构：收费站广场路面采用 28cm 厚 C25 水泥混凝土，主线路面采用总厚度为 20cm（4cm AC-13C + 6cm AC-20C + 10cm ATB-25）沥青混凝土。

3）建设规模

主要工程量：路基填方 355 万 m³，挖方 88．沥青混凝土路面 616.2 万 m²；扩建原有服务区 1 处，改扩建原有互通式立交 3 处；表 8-2-22 为 G4 京港澳高速公路漯河至驻马店段改扩建工程桥梁一览表。

4）主要控制点

漯河市（召陵区）、驻马店市（西平县、遂平县、驿城区）。

G4 京港澳高速公路漯河至驻马店段改扩建工程桥梁一览表　　　表 8-2-22

规模	名　称	桥长（m）	主跨长度（m）	跨越障碍物 河流	跨越障碍物 沟谷	跨越障碍物 道路、铁路	桥梁类型
大桥	淤泥河大桥	225.06	20			√	简支梁桥
	洪河大桥	165.16	20			√	简支梁桥
	仙女池河大桥	125.06	20			√	简支梁桥
	汝河大桥	305.35	20			√	简支梁桥
	汝河分洪道大桥	405.19	20			√	简支梁桥
	空桥河大桥	165.06	20			√	简支梁桥
	奎旺河大桥	165.16	20			√	简支梁桥
中桥	黑河中桥	65.04	20			√	简支梁桥
	上坡干河中桥	65.04	20			√	简支梁桥
	滞洪区排沟河中桥（Ⅰ号）	55.252	16			√	简支梁桥
	滞洪区排沟河中桥（Ⅱ号）	37.04	16			√	简支梁桥
	柳堰河支流中桥	37.354	16			√	简支梁桥
	柳堰河中桥	85.04	20			√	简支梁桥
	汪庄排沟中桥	37.04	16			√	简支梁桥
	胡坡排沟中桥（Ⅰ号）	37.04	16			√	简支梁桥
	胡坡排沟中桥（Ⅱ号）	45.04	20			√	简支梁桥
	九龙沟中桥	53.04	16			√	简支梁桥
	徐庄排沟中桥	53.04	16			√	简支梁桥
	鲁沟中桥	85.04	20			√	简支梁桥
	鲁庄排沟中桥（Ⅰ号）	45.04	20			√	简支梁桥
	鲁庄排沟中桥（Ⅱ号）	37.04	16			√	简支梁桥
	空桥河支流中桥	37.04	16			√	简支梁桥
	王陈渠中桥	53.04	16			√	简支梁桥
	张庄排沟中桥	53.218	16			√	简支梁桥
	大陈庄排沟中桥	45.04	20			√	简支梁桥
	邓庄排沟中桥	53.04	16			√	简支梁桥
	冷水河中桥	85.04	20	√		√	简支梁桥
	顺河中桥	65.04	20	√			简支梁桥
	顺河支流中桥	37.04	16	√			简支梁桥
	黄油河中桥	45.04	20	√		√	简支梁桥

5）地形地貌

项目途经地区属于"山前倾斜平原"地貌单元，处于黄淮冲洪积平原，地形较为平坦，总体地势由西北向东南微呈倾斜，地面高程多在 50～60m，地形地貌简单，沿线河流、渠道较为丰富，总体呈自西向东微偏南走势。

6）投资规模

投资概算 26.1385 亿元，平均每公里造价 4116.6882 万元。

7）开工及通车、竣工时间

2013 年 5 月 15 日开工建设，2015 年 11 月 15 日交工通车。

2. 参建单位主要情况

（1）建设单位：河南中原高速公路股份有限公司。

（2）勘察设计单位：河南省交通规划勘察设计院有限公司。

（3）质量监督单位：河南省交通基本建设质量检测监督站。

（4）监理单位：河南高建工程管理有限公司、北京华通公路桥梁监理咨询有限公司、中国公路工程咨询集团有限公司、河南卓越工程管理有限公司。

（5）土建施工单位：中铁十四局集团有限公司、中国葛洲坝集团股份有限公司、中铁十一局集团第三工程有限公司、中铁七局集团有限公司、中铁一局集团第四工程有限公司、中铁二十五局集团有限公司、河北路桥集团有限公司。

（6）路面施工单位：河南省公路工程局集团有限公司。

（7）房建施工单位：新蒲公建设集团有限公司、周口市万安建筑工程有限公司、郑州建工集团有限公司、驻马店市涂胜建筑工程有限公司、郑州市第一建筑工程集团有限公司、河南许昌万里路桥集团股份有限公司。

（8）绿化施工单位：邢台绿地生态工程有限公司。

（9）交通安全设施施工单位：辽宁省路桥建设第一有限公司、湖南常德路桥建设集团有限公司、天津市政公路设备工程有限公司、邯郸市立通道路设施有限公司、杭州萧山金鹰交通设施有限公司、江苏金阳交通工程有限公司。

（10）交通机电施工单位：江苏铁电交通科技集团有限公司、河南省三江电力设备有限公司。

（二）建设情况

1. 项目准备阶段

1）项目审批文件

2009 年 7 月 27 日，河南省国土资源厅对京港澳高速公路漯河至驻马店段改扩建工程压覆矿产资源报告进行了批复，文号为豫国土资函〔2009〕494 号。2009 年 10 月 28 日，国土资源部对京港澳高速公路漯河至驻马店段改扩建工程建设用地预审意见进行了批复，文号为国土资预审字〔2009〕405 号。2009 年 7 月 14 日，环境保护部对京港澳高速公路漯河至驻马店段改扩建工程环境影响报告书进行了批复，文号为环审〔2009〕343 号。2011 年 2 月 24 日，国家发展和改革委员会对京港澳高速公路漯河至驻马店段改扩建工程项目核准进行了批复,文号为发改基础〔2011〕387号。2011年4月2日,河南省发展和改革委员会对京港澳高速公路漯河至驻马店段改扩建工程可行性研究报告进行了批复,文号为豫发改基础〔2011〕384号。2011年10月12日,交通运输部对京港澳高速公路漯河至驻马店段改扩建工程初步设计进行了批复,文号为交公路发〔2011〕575号。2011年12月21日,国家林业局对京港澳高速公路漯河至驻马店段改扩建工程使用林地审核意见进行了批复,文号为林资许准〔2011〕352号。2012年11月26日,河南省交通运输厅对京港澳高速公路漯河至驻马店段改扩建工程施工图设计进行了批复,文号为豫交文〔2012〕1044号。2013年2月1日,水利部对京港澳高速公路漯河至驻马店段改扩建工程水土保持方案进行了批复,文号为水保函〔2013〕37号。2013年10月18日,河南省交通运输厅对京港澳高速公路漯河至驻马店段改扩建工程特殊地基处理设计变更进行了批复,文号为豫交文〔2013〕670号。2014年8月18日,河南省交通运输厅对京港澳高速公路漯河至驻马店段改扩建工程旧路旧桥改造工程施工图设计进行了批复,文号为豫交文〔2014〕522号。2014年12月27日,国土资源部对京港澳高速公路漯河至驻马店段改扩建工程建设用地进行了批复,文号为国土资函〔2014〕701号。

2)资金筹措

预算总投资为26.1385亿元,资金来源为企业自筹。

3)合同段划分

(1)设计标段划分:1个设计标段,涵盖土建工程设计、房建工程设计、绿化工程设计、机电工程设计、交安工程设计。

(2)施工标段划分:土建工程7个标段,机电工程1个标段,供配电1个标段、房建工程4个标段,房改工程2个标段、绿化工程1个标段,交通安全设施工程6个标段。

(3)监理标段划分:设4个总监办公室,下辖7个土建工程驻地监理标段,1个房建工程驻地监理标段,1个机电工程驻地监理标段。

4)招投标

(1)2013年3月5日,72家土建工程施工单位按照招标文件要求递交了96份投标文件,经固定标价随机抽取法确定出7家中标单位。

(2)2014年12月10日,3家路面施工单位按照招标文件要求递交了3份投标文件,经固定标价随机抽取法确定出1家中标单位。

(3)2015年4月10日,93家投标人按照招标文件要求递交了101份A类专业类别投标文件,共计38家投标人按照招标文件要求递交了38份B类专业类别投标文件,共计31家投标人按照招标文件要求递交了31份C类专业类别投标文件,共计18家投标人按照招标文件要求递交了18份D类专业类别投标文件,经固定标价随机抽取法确定出6家中标单位。

5) 征地拆迁情况

项目征用土地 1713.384 亩，共支付征地拆迁费用 18917.5541 万元。其中漯河境内 2.7km，占地面积 65.5875 亩，支付征地拆迁费用 941.2171 万元；驻马店境内 60.8km，占地面积 1647.7965 亩（包含驻马店服务区改扩建占地 135 亩），支付征地拆迁费用 17976.3370 万元。

2. 项目实施阶段

1) 实施过程

(1) 主线土建工程于 2013 年 5 月 15 日开工，2015 年 11 月 15 日完工。

(2) 房建工程于 2014 年 4 月开工。

(3) 机电工程于 2014 年 7 月 12 日开工。

(4) 交通安全设施工程于 2014 年 5 月开工，2015 年 8 月完工。

(5) 绿化工程于 2015 年 3 月开工。

(6) 2015 年 12 月 13~15 日，通过了交工验收。

2) 重大决策

(1) 2009 年 5 月 22 日，河南中原高速公路股份有限公司以豫高股〔2009〕116 号文件批准成立京港澳高速公路漯河至驻马店改扩建工程项目部，具体负责京港澳高速公路漯河至驻马店改扩建工程项目的建设管理工作。

(2) 2013 年 5 月，改扩建工程项目实施《京港澳高速公路漯河至驻马店改扩建工程施工标准化实施细则》。

(3) 按照驻马店市政府要求，驻马店互通由原有的 T 形交叉，变更为双喇叭互通式立体交叉，收费站由现有位置搬迁至东北象限。2015 年 1 月 27 日，郑州召开《驻马店互通式立体交叉变更施工图设计》专家审查会。

(4) 确定施工保通工作分三个阶段：一是在原有路侧防撞护栏进行拆除后，在通行路面应急停车带内摆放隔离墩与锥形标等警告标志，提醒广大驾乘人员在施工路段谨慎驾驶；二是在新路下面层施工和新防撞护栏安装后，将车辆改至新加宽路面上，并开始对旧路进行压浆补强、铣刨处理，对新旧桥梁进行拼接；三是在老路面改造结束后，以 2~4km 为一个施工段落，双侧交错布置，将车辆改至一侧路面上，半幅双向行驶，另一侧路面中面层、上面层按动态滚动式施工，并安装标志、施划交通标线、安装辅助设施，协同交警、路政等部门共同做好单幅双向通行。

3) 设计变更

(1) 较大变更：2013 年 10 月 18 日，河南省交通运输厅批复特殊地基处理设计变更，由原设计的 CFG 桩处理特殊地基变更为碎石桩处理特殊地基；2014 年 11 月 21 日，河南省交通运输厅批复防排工程设计变更，新建边沟由原设计的浆砌混凝土预制块变更为土边沟。

(2)重大变更:2015年4月7日,河南省交通运输厅批复驻马店互通式立体交叉变更,驻马店互通由原有的T形交叉,变更为双喇叭互通式立体交叉,收费站由现有位置搬迁至东北象限。

(三)科技创新

(1)2013年,京港澳高速公路漯河至驻马店改扩建工程项目部与长安大学公路学院共同开展的"重交通条件下拓宽路基差异沉降控制标准",被河南省科技厅确认为河南省科学技术成果。

(2)2014年,京港澳高速公路漯河至驻马店改扩建工程项目部与河南省交通规划设计研究院股份有限公司联合开展"高速公路改扩建旧路路面改善设计及就地冷再生成套技术研究"。2016年6月,该课题通过河南省交通运输厅的鉴定,评定为国际先进。2016年12月,被评为中国公路学会科学技术二等奖。

(四)运营养护管理

1. 组织架构

该项目运营管理单位为河南中原高速公路股份有限公司驻马店分公司,公司设有五部、三室、考核办、工会,下设3个收费站、1个服务区,分公司主要负责京港澳高速公路漯河至驻马店段收费、养护、路政、机电和服务区管理等工作。

2. 服务设施

下辖驻马店服务区1处,见表8-2-23。

G4京港澳高速公路漯河至驻马店改扩建工程服务场区一览表 表8-2-23

高速公路编码	服务区名称	桩号	所在区域	占地(m²)	建筑面积(m²)
G4	驻马店服务区	K837+900	西平县徐庄	40000	7934.00

3. 收费设施

公司下设3个收费站。其中驻马店收费站有6进8出,共14个车道,遂平收费站有3进5出,共8个车道,西平收费站有3进5出,共8个车道,见表8-2-24。

G4京港澳高速公路漯河至驻马店改扩建工程收费设施一览表 表8-2-24

收费站名称	桩号	入口车道数		出口车道数	
		总车道	ETC车道	总车道	ETC车道
驻马店收费站	K867+729	6	2	8	2
遂平收费站	K850+165	3	1	5	1
西平收费站	K828+093	3	1	5	1

4. 监控设施

河南中原高速公路股份有限公司在分公司设置监控分中心1个,各收费站、服务区设监控机房,负责全线道路运营情况、收费站区域运营情况和收费情况的运营监管。

5. 养护管理

京港澳高速公路漯河至驻马店段改扩建工程目前还处在缺陷责任期,目前的道路养护仍由建设单位负责。

1)路面维修工程

京港澳高速公路漯河至驻马店改扩建工程实施时,按照原有路面病害(龟裂、破损、沉陷、翻浆等)病害情况的范围、面积、深度进行了深度处治,并在原有路面的基础上铣刨1cm后加铺5cm厚AC-13沥青混凝土。

2)桥梁检测、维修加固

京港澳高速公路漯河至驻马店改扩建工程实施时,对原有桥梁进行了检测,并有针对性地进行局部维修,对已老化、变形的原有桥梁的橡胶支座全部进行了更换。

3)沿线设施的提升、改造

(1)收费站、服务区及沿线的监控摄像机由原有的普清摄像机提升为高清摄像机,并更换了蓄电池和部分损坏的太阳能电池板。

(2)西平收费站由原有的2进3出5车道,扩建为3进5出8车道,并将其中的1进1出两车道提升为ETC车道;遂平收费站由原有的2进2出4车道,扩建为3进5出8车道,并将其中的1进1出两车道提升为ETC车道;驻马店收费站由原有的5进5出10车道,扩建为6进8出14车道,其中设2进2出4个ETC车道。

(3)将原有收费站的单秤台计重设备更换为双秤台,并增加了轴组秤。

(4)对原来占地60亩,建筑面积7934m²的驻马店服务区进行了扩建,扩建后驻马店服务区占地172.78亩,建筑面积9025m²。

(5)将既有高速公路的双向四车道扩建为双向八车道,采用沿老路双侧各拼宽7m的改扩建方案,扩建后路基全宽42m。

十一、G4京港澳高速公路驻马店至信阳段

(一)项目概况

1. 基本情况

1)功能定位

京港澳高速公路驻马店至信阳段北起京港澳高速公路漯河至驻马店段,沿京广铁路

东侧布线,途经驻马店驿城区、确山县,南至信阳市平桥区,全长 95.776km。该项目对完善河南及全国高速公路网布局,改善驻马店、信阳两市的投资环境,扩大对外开放,促进区域性经济发展,改变大别山革命老区行路难状况具有重要意义。

2)技术标准

全封闭、全立交、双向四车道;设计行车速度:120km/h;路基宽度:28m;桥梁净宽:2×12m;桥涵设计荷载:汽车—超 20,挂车—120;路面设计轴载:BZZ-100;路面:收费广场和服务区广场采用水泥混凝土路面,其他采用沥青混凝土路面;路面结构:上面层为 4cm AK-16A 型中粒式沥青混凝土,中面层为 5cm AC-25I 型粗粒式沥青混凝土,下面层为 7cm AC-30I 型粗粒式沥青混凝土,基层为 32～34cm 水泥稳定碎石(包括防水层),底基层为 20cm 水泥石灰土稳定砂;设计使用年限:沥青混凝土路面 15 年,水泥混凝土路面 30 年。

3)建设规模

表 8-2-25 为 G4 京港澳高速公路信阳至驻马店段桥梁一览表。

G4 京港澳高速公路信阳至驻马店段桥梁一览表　　　表 8-2-25

规模	名称	桥长(m)	主跨长度(m)	跨越障碍物			桥梁类型
				河流	沟谷	道路、铁路	
大桥	练江河大桥	125.06	20	√			简支梁桥
	马集大桥	125.06	20			√	简支梁桥
	郝庄大桥	125.06	20			√	简支梁桥
	臻头河大桥	155.08	30			√	简支梁桥
	大高庄大桥	205.12	20		√		简支梁桥
	淮河大桥	815.24	30	√			简支梁桥
	张岗大桥	125.06	20			√	简支梁桥
	洋河北大桥	185.08	30		√		简支梁桥
	跨线立交桥	181.04	30			√	简支梁桥
	洋河南大桥	155.08	30			√	简支梁桥
中桥	中桥	25.04	20		√		简支梁桥
	宋庄中桥	37.04	16		√		简支梁桥
	中桥	53.04	16			√	简支梁桥
	韩庄中桥	53.04	16			√	简支梁桥
	中桥	37.01	16	√			简支梁桥
	泥河中桥	85.04	20	√			简支梁桥
	中桥	53.04	16			√	简支梁桥
	沙河中桥	85.04	20	√			简支梁桥
	中桥	85.01	20			√	简支梁桥
	薄山北干渠中桥	65.04	20			√	简支梁桥

续上表

规模	名称	桥长（m）	主跨长度（m）	跨越障碍物			桥梁类型
				河流	沟谷	道路、铁路	
中桥	薄山北干渠—支渠中桥1号中桥	45.04	20			√	简支梁桥
	薄山北干渠—支渠中桥2号中桥	37.04	16			√	简支梁桥
	矿山铁路中桥	53.04	16			√	简支梁桥
	水泥厂—确正路桥	37.04	16			√	简支梁桥
	郝庄中桥	53.04	16			√	简支梁桥
	大潘庄中桥	65.04	20			√	简支梁桥
	薄山南干渠中桥	65.04	16			√	简支梁桥
	留庄中桥	53.04	16			√	简支梁桥
	汤门中桥	53.04	16			√	简支梁桥
	顺山店—新安店中桥	53.04	16			√	简支梁桥
	流沙河中桥	65.04	20			√	简支梁桥
	伍庄中桥	37.04	16			√	简支梁桥
	中桥	37.04	16			√	简支梁桥
	陈店中桥	65.04	20			√	简支梁桥
	围庄中桥	65.04	20			√	简支梁桥
	三道河中桥	85.04	16		√		简支梁桥
	胡店东中桥	65.04	20			√	简支梁桥
	大王庄中桥	85.04	20			√	简支梁桥
	西吕畈中桥	53.04	16			√	简支梁桥
	冯楼中桥	37.04	16			√	简支梁桥
	洋河中桥	65.04	20		√		简支梁桥
	白土堰北中桥	85.04	20			√	简支梁桥
	白土堰中桥	85.04	20			√	简支梁桥
	中桥	85.04	20			√	简支梁桥
	中桥	53.04	16			√	简支梁桥
	中桥	65.04	20			√	简支梁桥

4）主要控制点

驻马店市（驿城区、确山县）、信阳市（平桥区）。

5）地形地貌

路线所经地区位于黄淮河平原地区，按地形变化可分为两个大的地貌单元：一是淮河以北，属黄淮河冲积平原区，地面较为平坦，略有起伏，地势总体自西南向东北倾斜，地面高程一般为70~90m（黄海高程系）。在确山县境内K25和K39附近有少量基岩残丘出露,其海拔可达200余米;二是淮河以南,属大别山和黄淮河平原的过渡地区,地形急剧起伏,岗洼相间,大部分岗地为丘荒,洼地为稻田,地面高差一般不超过50m。

6)投资规模

批复总概算为20.53亿元,竣工决算投资21.3089亿元,平均每公里造价2225.94万元。

7)开工及通车、竣工时间

2001年9月开工建设,2003年12月交工通车,2005年12月完成竣工验收。

2.参建单位主要情况

(1)建设单位:河南省驻马店至信阳高速公路建设有限公司。

(2)设计单位:河南省交通规划勘察设计院。

(3)质量监督单位:河南省交通基本建设质量检测监督站。

(4)监理单位:河南省高等级公路建设监理部。

(5)土建施工单位:中国光大国际合作有限公司、中铁第十七局、路桥第一工程局、汕头公路桥梁总公司、海南公路工程公司、陕西路桥公司、北京城建集团有限公司、中国第十九冶金建设公司、中铁四局一公司。

(6)路面施工单位:中国光大国际合作有限公司、中铁第十七局、路桥第一工程局、汕头公路桥梁总公司、海南公路工程公司、陕西路桥公司、北京城建集团有限公司、中国第十九冶金建设公司、中铁四局一公司。

(7)房建施工单位:新乡市电建公司、郑州正岩公司、郑州国基建安公司、河南郾城二建公司、荥阳建筑总公司、河南永阳建安公司、郑州第一建筑公司。

(8)交通机电施工单位:淮滨县电力开发总公司、河南省输变电三公司、光山县电力工程安装公司。

(二)建设情况

1.项目准备阶段

1)项目审批文件

2000年5月,国家发展计划委员会对北京至珠海国道主干线河南驻马店至信阳段可行性研究报告进行了批复,文号为计基础〔2000〕618号。2000年,交通部对北京至珠海国道主干线河南驻马店至信阳段初步设计进行了批复,文号为交公路发〔2000〕421号。2000年10月8日,河南省交通厅对北京至珠海国道主干线河南驻马店至信阳段两阶段施工图设计进行了批复,文号为豫交计〔2000〕489号。2001年8月18日,国土资源部对北京至珠海国道主干线河南驻马店至信阳段建设用地进行了批复,文号为国土资函〔2001〕373号。

2)资金筹措

项目概算投资205300万元,其中,交通部补助54890万元,世界银行贷款1.378亿美元,折合人民币114400万元(按100美元折算830元人民币的固定汇率计算),省交通规费26010万元,国家开发银行软贷款10000万元。

3)合同段划分

(1)设计标段划分:土建设计1个标段。

(2)施工标段划分:土建工程9个标段,房建工程7个标段,绿化工程9个标段,交通安全设施工程9个标段,机电工程3个标段。

(3)监理标段划分:设1个总监办公室,4个土建工程驻地监理标段,1个房建工程监理标段,1个机电工程监理标段。

4)招投标

(1)一期工程招标。

项目系利用世界银行贷款建设,因此,所有招投标工作除符合国家有关招投标规定外,还满足世界银行贷款协议的条款规定。公司严格执行世界银行招标采购原则和程序,进行国际公开性竞争招标,经过评标专家委员会的评定,并报世界银行认可,选定9家双一级大型施工企业参与项目建设,1家监理单位承担建设监理工作。根据世界银行的要求,确定了外籍监理。

(2)二期工程招标。

2002年5月开始组织实施二期配套工程的招标工作。招标的范围为:北段服务区、收费站工程、沿线设施工程、道路绿化工程。按照有关采购、招标原则,进过公开、公平的评定,最终确定二期配套工程的施工单位。

5)征地拆迁情况

征用土地573.5514hm^2,其中农村集体农用地532.7456hm^2(其中耕地501.7613hm^2),农村集体建设用地30.1655hm^2,未利用地10.11883hm^2,国有建设用地0.5215hm^2。

2. 项目实施阶段

1)实施过程

(1)主线土建工程于2001年9月开工,2003年11月完工。

(2)房建工程于2002年11月开工,2003年11月完工。

(3)机电工程于2003年10月开工,2004年8月完工。

(4)交通安全设施工程于2002年10月开工,2003年11月完工。

(5)绿化工程于2002年10月开工,2003年11月完工。

(6)2003年11月21日,河南省交通基本建设质量检测监督站组织专家对改工程进行了交工验收。整个工程项目得分为89.4分,单位工程优良率达81.6%,质量等级为优良。

2)设计变更

(1)路面设计变更。

变更后的路面面层结构为4cm细粒式改性沥青混凝土(AC-13改进型)+6cm中粒式沥青混凝土(AC-20I)+7cm粗粒式沥青混凝土(AC-25I)+0.6cm热喷改性沥青防水层(不计厚度)。鉴于原设计底基层为20cm厚的水泥石灰土稳定砂,厚度为施工规范的上限值,施工控制较难,为保证底基层压实质量,同时提高基层承载力且又不改变原路面结构层设计高程,将全线底基层厚度由原设计20cm变更为18cm,基层厚度增加2cm,厚度变更为34~36cm,变更后的路面总厚度为69~71cm。

(2)不良地质地段处理变更。

驻马店至信阳段部分路段在施工中发现存在软弱土层及淤泥质土,地基承载力不足100kPa,为确保工程质量,需要对不良地质地段软基进行处理。变更后不良地基处理方法包括:①对于路基填筑高度大于10m,下卧软弱层厚度大于6m的路段,以架桥通过;②对于下卧软弱层厚度大于3m且小于6m的路段,采用强夯置换和抛石挤淤法处治;③对于下卧软弱层厚度小于3m的路段,采用换填处理;④对一般稻田软弱层,在基底清表后,铺设一层厚50cm的砂砾垫石。

(3)架桥跨越软基路段的设计情况。

按交通部有关意见,对于路基填筑较高、同时基底软弱层厚度较大的情况,建议采用桥梁形式通过。结合高路基地质资料,经过对于架桥与深层软基处理方案的经济、技术比较后,在原施工图基础上增加大桥2座,加长大桥1座,取消郝庄中桥1座,上部形式为预应力混凝土空心板,下部采用桩柱式或肋板式桥台。

(三)科技创新

(1)积极引进新工艺、新设备。在驻信三标桥梁桩基施工中,采用了旋挖钻机,缩短了成孔时间,保证了成孔质量。

(2)对于路基、桥梁工程,经过现场考察、地质勘探、专家论证,慎重地决定对一些软弱地基采用透水性材料换填、碎石桩挤密、增设桥涵等措施,对山体不稳定的路段增设深孔锚索防护,并对桥涵工程实施了调整铺装层结构、排水系统、纵坡顺接等方案。

(3)对特大桥桥面采用了新型防水涂料,以提高路面铺装的防水能力和使用寿命。

(4)项目既采取了传统的护坡、护面墙、锚喷等工程防护方式,还结合山体稳定情况采用了深孔预应力锚索防护和生态防护,在河南省率先采用了客土喷播新技术。

(5)2007年12月,由河南省交通规划勘察设计院设计的"驻马店至信阳(省界)高速公路",获中国公路勘察设计协会2006年度公路交通优秀设计二等奖。

(四)运营养护管理

1. 组织架构

该项目运营管理单位为河南高速公路发展有限责任公司信阳分公司。公司管理实行总经理负责制,下设10个职能科室(办公室、财务资产科、人事劳动科、政工科、工会、监察室、考核办、养护管理科、路产管理科、通行费管理科)、1个运维监控分中心、1个路警联合指挥中心和5个路政大队,19个收费站。

2. 服务设施

下辖确山、信阳2处服务区,见表8-2-26。

G4京港澳高速公路驻马店至信阳段服务场区一览表 表8-2-26

高速公路编码	服务区名称	桩 号	所在区域	占地(m²)	建筑面积(m²)
G4	确山服务区	K900+000	驻马店市确山县	45974	5420
	信阳服务区	K953+240	信阳市平桥区	109333	7390

3. 收费设施

设有驻马店南、确山、正阳、明港机场、明港、信阳北、信阳7个收费站,见表8-2-27。

G4京港澳高速公路驻马店至信阳收费设施一览表 表8-2-27

收费站名称	桩 号	入口车道数		出口车道数	
		总车道	ETC车道	总车道	ETC车道
驻马店南收费站	K874+628	4	1	5	1
确山收费站	K891+400	3	1	4	1
正阳收费站	K902+370	3	1	4	1
明港机场站	K918+900	3	1	4	1
明港收费站	K926+800	3	1	4	1
信阳北收费站	K944+700	3	1	4	1
信阳收费站	K968+852	4	1	6	1

4. 监控设施

设置监控中心1个,负责京港澳高速公路驻信段、沪陕高速公路叶信段全线及收费站和服务区的运营监管。

5. 养护管理

1)路面维修工程

(1)2010年驻信段和信九段进行路面、桥梁专项施工,路面投入3477.58万元,桥梁投入524.2万元。

(2)2013年实施改扩建施工。

2)桥梁检测、维修加固

根据河南省交通厅及主管部门规范标准及公司制度,每2年委托检测单位对全线桥涵结构物进行定期检测,及时掌握技术状况及病害情况,作为桥涵维修保养的依据。根据桥梁检测结果,对全线路段内发现的三类桥涵进行维修加固。

十二、G4京港澳高速公路信阳至九里关段

(一)项目概况

1.基本情况

1)功能定位

京港澳高速公路信阳至九里关段是京港澳高速公路在河南最南的一段,起于信阳市平桥区,经罗山县,止于九里关,与湖北境内的京港澳高速公路连接,全长38.256km。该项目为完善河南及全国高速公路网布局,促进信阳市与华中、华南地区及周边城市间的经济文化交流,加快大别山革命老区脱贫致富,推动区域经济发展具有重要意义。

2)技术标准

全封闭、全立交、双向四车道;设计行车速度:100km/h;路基宽度:26m;桥梁净宽:2×11.5m;桥涵设计荷载:汽车—超20级,挂车—120;路面设计轴载:BZZ-100;路面:收费广场和服务区广场采用水泥混凝土路面,其他采用沥青混凝土路面;路面结构:上面层为4cm AK-16A型中粒式沥青混凝土,中面层为5cm AC-25I型粗粒式沥青混凝土,下面层为7cm AC-30I型粗粒式沥青混凝土,基层为32~34cm水泥稳定碎石(包括防水层),底基层为20cm水泥石灰土稳定砂。

设计使用年限:沥青混凝土路面15年,水泥混凝土路面30年。

3)建设规模

主要工程量:主线收费站1处;养护工区1处;表8-2-28为G4京港澳高速公路信阳至九里关段桥梁一览表。

G4京港澳高速公路信阳至九里关段桥梁一览表　　　　表8-2-28

规模	名　称	桥长(m)	主跨长度(m)	跨越障碍物			桥梁类型
				河流	沟谷	道路、铁路	
特大桥	灵山特大桥	1000.4	30			√	简支梁桥
大桥	浉河大桥	695.2	30	√			简支梁桥
	南灌渠大桥	125.08	20			√	简支梁桥
	大桥	129.08	20			√	简支梁桥
	曹楼大桥	115.06	20			√	简支梁桥

续上表

规模	名称	桥长(m)	主跨长度(m)	跨越障碍物 河流	跨越障碍物 沟谷	跨越障碍物 道路、铁路	桥梁类型
大桥	李窑高架桥	133.06	30			√	简支梁桥
	黄楼大桥	373.74	20			√	简支梁桥
	大桥	106.54	20			√	简支梁桥
	北小潢河大桥	245.08	30			√	简支梁桥
	大桥	214.62	20			√	简支梁桥
	大桥	395.54	20			√	简支梁桥
	大桥	165.15	20			√	简支梁桥
	大桥	165.08	20			√	简支梁桥
	大桥	145.14	20			√	简支梁桥
中桥	中桥	53.04	16			√	简支梁桥
	中桥	85.04	20		√		简支梁桥
	秃子湾中桥	87.04	20			√	简支梁桥
	中桥	72.04	20			√	简支梁桥
	三道河中桥	74.54	20			√	简支梁桥
	清水塘中桥	54.54	20			√	简支梁桥
	中桥	55.04	20			√	简支梁桥
	黄洼中桥	65.04	20			√	简支梁桥
	中桥	85.04	20			√	简支梁桥
	中桥	99.04	20			√	简支梁桥
	桃花沟中桥	85.04	20		√		简支梁桥
	中桥	53.04	16			√	简支梁桥

4）主要控制点

信阳市（平桥区、罗山县）。

5）地形地貌

路线所经地区大部分处于大别山区，地形复杂。南段起点至北灌渠，属大别山和黄淮河平原的过渡地区，地形起伏，岗洼相间，大部分岗地为旱地，洼地为稻田，地面高差一般不超过20m；浉河河床及其冲积谷地位于南部山岭和北部丘陵之间，宽广平坦；南灌渠以南至终点为基岩山区，区域上属秦岭—大别山褶皱带，地形急剧起伏山体连绵，其中河南省著名风景区——灵山风景区就位于此地。

6）投资规模

批复总概算为13.01亿元，竣工决算投资144954.6115万元，平均每公里造价3401万元。

7）开工及通车、竣工时间

2001年4月开工建设，2003年12月交工通车，2005年12月完成竣工验收。

2.参建单位主要情况

(1)建设单位:河南省驻马店至信阳高速公路建设有限公司。

(2)设计单位:河南省交通规划勘察设计院。

(3)质量监督单位:河南省交通基本建设质量检测监督站。

(4)监理单位:北京华宏路桥咨询监理公司。

(5)土建施工单位:保利建设与开发总公司、路桥集团一公司、汕头市路桥建设总公司、武汉市市政工程总公司、中铁四局集团一公司。

(6)路面施工单位:路桥集团一公司、中铁四局集团一公司。

(7)房建施工单位:信阳建筑总公司、郑州亚新建筑公司、河南郾城二建公司、信阳市第一建筑公司。

(8)绿化施工单位:潢川县三鸣花卉公司、江苏常州武进园林公司、河南育林绿化公司、河南省绿色工程公司、河南春竹园林公司。

(9)交通安全设施施工单位:杭州京安交通设施公司、江阴市青舜冷弯型钢制造公司、陕西诚信高速公司交通工程有限公司、山西路达实业有限公司、河南三明交通设施工程公司。

(10)交通机电施工单位:驻马店市电力建设公司。

(二)建设情况

1.项目准备阶段

1)项目审批文件

2000年5月,国家发展计划委员会对北京至珠海国道主干线河南驻马店至信阳段可行性研究报告进行了批复,文号为计基础〔2000〕618号。2000年,交通部对北京至珠海国道主干线河南驻马店至信阳段初步设计进行了批复,文号为交公路发〔2000〕421号。2000年10月8日,河南省交通厅对北京至珠海国道主干线河南驻马店至信阳段两阶段施工图设计进行了批复,文号为豫交计〔2000〕489号。2001年8月18日,国土资源部对北京至珠海国道主干线河南驻马店至信阳段建设用地进行了批复,文号为国土资函〔2001〕373号。

2)资金筹措

项目概算总投资为130645.0273万元。其中:交通部补助18310万元,省交通厅规划费1790万元,国家开发银行软贷款100000万元,国家开发银行软贷款10010万元。

3)合同段划分

(1)设计标段划分:土建工程设计1个标段。

(2)施工标段划分:土建工程5个标段,房建工程4个标段,绿化工程6个标段,交通安全设施4个标段,机电工程1个标段。

(3)施工监理标段划分:设1个总监办公室,4个土建工程驻地监理标段,1个房建工程监理标段,1个机电工程监理标段。

4)招投标

(1)一期工程招标。

2000年7月,驻信高速公路开始招标,2000年10月完成招标工作。根据合理低价中标原则,选定5家双一级大型施工企业参与信阳至九里关段的项目建设,1家监理单位承担建设监理工作。

(2)二期工程招标。

2002年5月,开始组织实施高速公路二期配套工程的招标工作。招标的范围为:沥青路面工程、服务区、收费站工程、沿线设施工程、道路绿化工程。按照有关采购、招标原则,经过公开、公平的评定,最终确定二期配套工程的施工单位。

5)征地拆迁情况

征用土地244.6343hm^2,其中农村集体农用地233.208hm^2(其中耕地90.0107hm^2),农村集体建设用地8.0386hm^2,未利用地2.1243hm^2;国有农用地1.1843hm^2,国有建设用地0.0791hm^2。

2. 项目实施阶段

1)实施过程

(1)主线土建工程于2001年4月开工,2003年11月完工。

(2)房建工程于2002年11月开工,2003年11月完工。

(3)机电工程于2003年10月开工,2004年8月完工。

(4)交通安全设施工程于2002年10月开工,2003年11月完工。

(5)绿化工程于2002年10月开工,2003年11月完工。

(6)2003年11月24日,河南省交通基本建设质量检测监督站组织专家对改工程进行了交工验收。工程质量评分值为90.1分,单位工程优良率达82.9%。质量等级为合格。

2)设计变更

(1)路面设计变更。

变更后的路面面层结构为4cm细粒式改性沥青混凝土(AC-13改进型)+6cm中粒式沥青混凝土(AC-20I)+7cm粗粒式沥青混凝土(AC-25I)+0.6cm热喷改性沥青防水层(不计厚度)。鉴于原设计底基层为20cm厚的水泥石灰土稳定砂,厚度为施工规范的上限值,施工控制较难,为保证底基层压实质量,同时提高基层承载力且又不改变原路面结构层设计高程,将全线底基层由原设计20cm变更为18cm厚,基层厚度增加2cm,厚度变更为34～36cm,变更后的路面总厚度为69～71cm。

(2)生物走廊设计变更。

信阳至九里关(省界)高速公路穿越董家寨鸟类自然保护区,根据要求,在豫鄂两省交界处设一宽度不小于30m的生物走廊,设置景观通道,在洞顶回填原状土并恢复绿化,为野生动物在公路两边迁徙活动提供一条自然生物廊道。

(3)边坡坡率变更。

①路堑挖深小于10m时,根据岩石风化程度边坡设计仍为1:0.75或1:1;

②路堑挖深大于10m时,岩石微风化第一级台阶坡率为1:0.75,设2m碎落台,第二级坡率为1:0.5,而后向上各级各台阶坡率放缓1:0.75;强风化或弱风化第一级台阶坡率为1:0.75,设2m碎落台,第二级台阶坡率1:1,而后向上各级台阶放缓为1:1;全风化第一级台阶坡率为1:1,设2～4m碎落台,第二级坡率1:1.25,而后向上各级放缓1:1.5。

(4)架桥跨域软基路段的设计情况。

对于陆路基填筑较高、同时基底软弱层厚度较大的情况,建议采用桥梁形式通过,设计单位结合高路基地质资料,经过对于架桥与深层软基处理方案的经济、技术比较后,增加大中桥10座,加长桥梁2座,取消大桥1座。桥梁均为简支梁结构,上部形式为预应力混凝土空心板,下部采用桩柱式或肋板式桥台。

3)重大事件

(1)2001—2002年度先进表彰动员会,如图8-2-22所示。

(2)通车典礼,如图8-2-23所示。

图8-2-22　2001—2002年度先进表彰动员会

图8-2-23　通车典礼

(三)科技创新

(1)对于路基、桥梁工程,经过现场考察、地质勘探、专家论证,慎重地决定对一些软弱地基采用透水性材料换填、碎石桩挤密、增设桥涵等措施,对山体不稳定的路段增设深孔锚索防护,并对桥涵工程实施了调整铺装层结构、排水系统、纵坡顺接等方案。

(2)对特大桥桥面采用了新型防水涂料,以提高路面铺装的防水能力和使用寿命。

(3)驻信路既采取了传统的护坡、护面墙、锚喷等工程防护方式,又结合山体稳定情况采用了深孔预应力锚索防护和生态防护,在河南省率先采用了客土喷播新技术。

(4)2005年9月,由河南省交通规划勘察设计院设计的"京珠高速公路驻马店至信阳段房屋建筑工程灵山主线收费站、服务区"项目,获河南省勘察设计行业创新二等奖。

(5)2007年12月,由河南省交通规划勘察设计院设计的"驻马店至信阳(省界)高速公路"项目,获中国公路勘察设计协会2006年度公路交通优秀设计二等奖。

(四)运营养护管理

1. 组织架构

该项目运营管理单位为河南高速公路发展有限责任公司信阳分公司。公司管理实行总经理负责制,下设10个职能科室(办公室、财务资产科、人事劳动科、政工科、工会、监察室、考核办、养护管理科、路产管理科、通行费管理科)、1个运维监控分中心、1个路警联合指挥中心和5个路政大队,19个收费站。

2. 服务设施

下辖灵山服务区1处,见表8-2-29。

G4京港澳高速公路信阳至九里关段服务场区一览表 表8-2-29

高速公路编码	服务区名称	桩 号	所在区域	占地(m²)	建筑面积(m²)
G4	灵山服务区	K993+648	罗山县	66667	6620

3. 收费设施

设有灵山、鸡公山、豫鄂3个收费站,见表8-2-30。

G4京港澳高速公路信阳至九里关段收费设施一览表 表8-2-30

收费站名称	桩 号	入口车道数		出口车道数	
		总车道	ETC车道	总车道	ETC车道
灵山收费站	K988+156	3	1	4	1
豫鄂收费站	K994+297	6	2	10	1
鸡公山收费站	K1005+223	2	0	2	0

4. 监控设施

设置监控中心1个,负责京港澳高速公路驻信段、沪陕高速公路叶信段全线及收费站和服务区的运营监管。

5. 养护管理

1)路面维修工程

(1)2010年驻信段和信九段进行路面、桥梁专项施工,路面投入3477.58万元,桥梁投入524.2万元。

(2)2013年实施改扩建施工。

2)桥梁检测、维修加固

根据河南省交通厅及主管部门规范标准及公司制度,每2年委托检测单位对全线桥涵结构物进行定期检测,及时掌握技术状况及病害情况,作为桥涵维修保养的依据。根据桥梁检测结果,对全线路段内发现的三类桥涵进行维修加固。

十三、G4京港澳高速公路驻马店至信阳(豫鄂省界)段改扩建工程

(一)项目概况

1.基本情况

1)功能定位

京港澳高速公路驻马店至信阳(豫鄂省界)段改扩建工程起于驻马店南互通式立交北侧1.586km处,北接漯河至驻马店段高速公路,向南经驻马店东、确山东、明港东、信阳市东、灵山镇西,止于鸡公山互通式立交以南豫鄂省界处,全长136.879km。该项目对完善国家和河南省高速公路网布局,提高公路服务水平和通行能力,加快区域经济发展具有重要意义。

2)技术标准

设计行车速度:120(100)km/h;路基宽度:42m(ZXSJ-1),41m(ZXSJ-2)双侧加宽段,47.25m(ZXSJ-2)单侧加宽段,46.5(20.5+26)m(ZXSJ-2)分离式路基段;桥梁设计荷载:公路—Ⅰ级;路面设计轴载:BZZ-100;桥梁净宽:2×19.25m,2×19.5m(分离式路基段);设计洪水频率:1/100(特大桥1/300);路面:除收费站广场采用水泥混凝土路面外,其余均采用沥青混凝土路面。

3)建设规模

主要工程量:路基土方1153万m^3,新建路面467万m^2;改造服务区3处,改造收费站7处,新建收费站3处。服务区处,停车区1处;管理、养护、服务、监控房屋建筑面积15249m^2;表8-2-31为G4京港澳高速公路驻马店至信阳(豫鄂界)段桥梁一览表。

G4京港澳高速公路驻马店至信阳(豫鄂界)段桥梁一览表　　表8-2-31

规模	名称	桥长(m)	主跨长度(m)	跨越障碍物			桥梁类型
				河流	沟谷	道路铁路	
大桥	淮河特大桥	815.24	30	√			简支梁桥
	浉河特大桥	695.2	30	√		√	简支梁桥
	练江河大桥	125.06	120	√			简支梁桥

续上表

规模	名称	桥长(m)	主跨长度(m)	跨越障碍物			桥梁类型
				河流	沟谷	道路铁路	
大桥	马集大桥	120.8	20	√			简支梁桥
	S224跨线桥	126.94	30			√	简支梁桥
	郝庄大桥	165.08	20	√			简支梁桥
	臻头河大桥	125.08	20				简支梁桥
		155.08	30	√			简支梁桥
	K46+789.825大高庄大桥	205.12	20	√			简支梁桥
	张岗大桥	125.06	20	√			简支梁桥
	洋河北大桥	185.14	30	√			简支梁桥
	洋河南大桥	155.08	30	√			简支梁桥
	万家湾大桥	105.06	20	√			简支梁桥
	K90+329.721桥	105.06	20	√			简支梁桥
	K88+542.861沪陕跨线桥	105.08	25			√	简支梁桥
	K95+522.3跨宁西铁路立交桥	181.04	30			√	简支梁桥
	南灌渠大桥	125.08	20	√		√	简支梁桥
	大桥	129.08	20		√		简支梁桥
	曹楼大桥	115.06	20		√		简支梁桥
	李家窑高架桥	133.06	30	√		√	简支梁桥
	K109+684.637大桥	375.7	20			√	简支梁桥
	K112+499.554大桥	107.1	20			√	简支梁桥
	北小潢河大桥	246.9	30	√			简支梁桥
	K115+870.6大桥	214.62	20		√		简支梁桥
	K116+924.5南小潢河大桥	461.93	25	√			简支梁桥
	K119+728西楼高架桥	164.56	25		√		简支梁桥
	易家冲高架桥	240.87	25		√		简支梁桥
	万寿Ⅰ号高架桥	191.04	25		√		简支梁桥
	万寿Ⅱ号高架桥	245.32	25		√		简支梁桥
	李家湾高架桥	193.04	25		√		简支梁桥
	前风岗高架桥	114.96	25		√		简支梁桥
	楼子周高架桥	170.04	25		√		简支梁桥
	王家湾大桥	190.04	25		√		简支梁桥
	K130+650刘家沟高架桥	318.32	25		√		简支梁桥
	K131+910高架桥	169.04	25		√		简支梁桥
	K132+170高架桥	144.94	25		√		简支梁桥
	K132+370高架桥	197.016	25		√		简支梁桥

续上表

规模	名称	桥长（m）	主跨长度（m）	跨越障碍物 河流	跨越障碍物 沟谷	跨越障碍物 道路铁路	桥梁类型
大桥	K133+446 高架桥	248.87	25		√		简支梁桥
	K134+470 跨线桥	216.85	25			√	简支梁桥
	K136+240.501 大桥	146.78	20		√		简支梁桥
中桥	K0+074.824 中桥	25.04	20		√		简支梁桥
	K8+824.888 宋庄中桥	37.04	32		√		简支梁桥
	K9+914.893 李庄中桥	25	20		√		简支梁桥
	K11+534.845 泥河中桥	85.04	80	√			简支梁桥
	K1+255.783 中桥	37.04	32		√		简支梁桥
	沙河中桥	80.8	20	√			简支梁桥
	K16+151.830 中桥	80.8	20	√			简支梁桥
	薄山北干渠中桥	60.8	20	√			简支梁桥
	薄山北干渠一支渠	40.8	20	√			简支梁桥
	薄山北干渠二支渠中桥	37.04	16.00	√			简支梁桥
	郝庄中桥	53.04	16.00			√	简支梁桥
	大潘庄中桥	65.04	20.00			√	简支梁桥
	薄山南干渠中桥	65.04	20.00	√			简支梁桥
	留庄中桥	53.04	16.00			√	简支梁桥
	K39+893.925 汤凹中桥	53.04	16	√			简支梁桥
	K44+329.845 流沙河中桥	65.04	20	√			简支梁桥
	K57+195.931 陈店中桥	65.04	20	√			简支梁桥
	K56+521.888 中桥	37.04	16	√			简支梁桥
	K53+917.918 周庄中桥	65.04	20	√			简支梁桥
	K51+388.873 伍庄中桥	37.04	16	√			简支梁桥
	三道河中桥	85	16	√			简支梁桥
	胡店东中桥	65	20	√			简支梁桥
	大王庄中桥	85	20	√			简支梁桥
	西吕畈中桥	53.04	16	√			简支梁桥
	冯楼中桥	37.04	16	√			简支梁桥
	K85+733.649 11 号中桥	85.04	20	√			简支梁桥
	K87+069.712 2 号中桥	85.04	20	√			简支梁桥
	K90+611.672 中桥	53.04	16	√			简支梁桥
	北灌渠中桥	85.04	20	√			简支梁桥
	秃子湾中桥	87.04	20			√	简支梁桥
	中桥	72.04	20		√		简支梁桥

续上表

规模	名 称	桥长（m）	主跨长度（m）	跨越障碍物 河流	跨越障碍物 沟谷	跨越障碍物 道路铁路	桥梁类型
中桥	二道河中桥	74.54	20		√		简支梁桥
	清水塘中桥	54.54	20			√	简支梁桥
	K106+699.075 中桥	55.04	16			√	简支梁桥
	K107+719.699 黄洼中桥	65.04	20			√	简支梁桥
	K112+235.629 中桥	85.04	20			√	简支梁桥
	K1+585.818 跨线桥	85.04	80			√	简支梁桥
	K7+339.905 分离式立交	53.04	48			√	简支梁桥
	K8+230.836 分离式立交	53.04	48			√	简支梁桥
	K11+843.842 分离式立交	53.04	48			√	简支梁桥
	矿山铁路桥	53.04	16			√	简支梁桥
	确山服务区分离式立交桥	37.04	16			√	简支梁桥
	K42+850.813 分离式立交桥	53.04	16			√	简支梁桥
	K53+257.203 跨线桥	85.04	20			√	简支梁桥
	胡店互通跨线桥	65	20			√	简支梁桥
	洋河分离式立交	65.04	20			√	简支梁桥
	K95+039.687 信阳互通跨线桥	65.04	20			√	简支梁桥
	分离式立交桥	53.04	16			√	简支梁桥

4）主要控制点

驻马店市（驿城区、确山县）、信阳市（平桥区、罗山县）。

5）地形地貌

项目位于黄淮河平原地区向大别山区过渡地段，按地形变化可分为两个大地貌单元。一是淮河以北，属黄淮河冲积平原区，地面较为平坦，略有起伏。地势总体自西南向东北倾斜，地面高程一般70～90m（黄海高程系）。在确山县境内K25和K39附近有少量基岩残丘出露，其海拔高度可达200余米。二是淮河以南，属大别山和黄淮河平原的过渡地区，地形急剧起伏，岗洼相间，大部分岗地为荒丘，洼地为稻田，地面高差一般不超过50m。

6）投资规模

项目概算投资68.77亿元。平均每公里造价3618.92万元。

7）开工及通车时间

2012年12月开工建设，2015年11月交工通车。

2. 参建单位主要情况

（1）建设单位：河南高速公路驻信段改扩建工程有限公司。

（2）勘察设计单位：河南省交通规划设计研究院股份有限公司。

（3）质量监督单位：河南省交通基本建设质量检测监督站。

（4）监理单位：河南省高等级公路建设监理部有限公司、湖南交通建设工程监理有限公司、邯郸市诚信工程建设监理有限公司、河北华达公路工程咨询监理有限公司。

（5）土建施工单位：上海警通建设（集团）有限公司、河南省平顶山中亚路桥建设工程有限公司、河南省公路工程局集团有限公司、江西赣粤高速公路工程有限责任公司、中交第三公路工程局有限公司、中铁十一局集团有限公司、中国葛洲坝集团股份有限公司、中铁十六局集团有限公司、浙江正方交通建设有限公司、中交一公局海威工程建设有限公司、中交一公局第五工程有限公司、中交第四公路工程局有限公司、中交第二公路工程局有限公司。

（6）路面施工单位：河南省公路工程局集团有限公司。

（7）房建施工单位：林州市华通建设有限公司、郑州市第二建筑工程有限责任公司、林州市二建集团建设有限公司、河南宏盛建筑有限公司、河南大富建筑工程有限公司。

（8）绿化施工单位：许昌市创景园林设计工程有限公司、河南吉恒园林工程有限公司、湖南世纪园林建设有限公司。

（9）交通安全设施施工单位：山西交研科学实验工程有限公司、茂名市公路建设有限公司、江西省公路工程有限责任公司、湖南海鸿交通工程有限公司、苏州交通工程集团有限公司、湖南省湘筑交通科技有限公司、湖南天弘交通建设工程有限公司、河北金辉交通工程有限公司、杭州红萌交通设施有限公司、河北远征交通设施有限公司、天津市环路公路设施有限责任公司、河北科力交通设施有限公司、南京华路公路设备工程有限公司、山东景亮工贸有限公司、滕州市金恒大交通设施有限责任公司。

（10）交通机电施工单位：安徽汉高信息科技有限公司、河北远东通信系统工程有限公司、河南省同信电力工程有限公司、中国铁建电气化局第一工程有限公司。

（二）建设情况

1. 项目准备阶段

1）项目审批文件

2009年8月3日，河南省地震局对京港澳高速公路驻马店至信阳（豫鄂省界）段改扩建工程场地地震安全性评价工作报告进行了批复，文号为豫震安评〔2009〕112号。2011年5月25日，国家发展与改革委员会对京港澳高速公路驻马店至信阳（豫鄂省界）段改扩建工程项目核准的批复，文号为发改基础〔2011〕1072号。2011年10月21日，国家林业局对京港澳高速公路驻马店至信阳（豫鄂省界）段改扩建工程穿越河南董寨国家级自然保护区许可进行了批复，文号为林护许准〔2011〕2179号。2012年2月6日，交通运输部对京港澳高速公路驻马店至信阳（豫鄂省界）段改扩建工程初步设计进行了批复，文号为交公路发〔2012〕43号。2012年10月30日,河南省交通运输厅对京港澳高速公路驻马店至信阳(豫鄂省界)段改扩建工程施工图设计进行了批复,文号为豫交文〔2012〕861号。2012年10月30日,环境保护部对京港澳高速公路驻马店至信阳(豫鄂省界)段改扩建工程环境影响报告书进行了批复,文号为环审〔2012〕575号。2013年11月14日,国土资源部对京港澳高速公路驻马店至信阳(豫鄂省界)段改扩建工程建设用地进行了批复,文号为国土资函〔2013〕807号。2014年9月10日,河南省交通运输厅对京港澳高速公路驻马店至信阳(豫鄂省界)段改扩建工程房屋建筑工程施工图设计进行了批复,文号为豫交文〔2014〕622号。2015年1月26日,河南省交通运输厅对京港澳高速公路驻马店至信阳(豫鄂省界)段改扩建工程旧路旧桥改造施工图设计进行了批复,文号为豫交文〔2015〕31号。2015年1月30日,河南交通投资集团有限公司对京港澳高速公路驻马店至信阳(豫鄂省界)段改扩建工程绿化工程施工图设计进行了批复,文号为豫交集团工〔2015〕17号。2015年4月10日,河南省交通运输厅对京港澳高速公路驻马店至信阳(豫鄂省界)段改扩建工程机电工程详细设计、供配电照明工程和10kV架空线路工程施工图设计进行了批复,文号为豫交文〔2015〕184号。

2)资金筹措

概算投资为68.77亿元,其中自筹资金部分(项目资本金)约为18.29亿元,占总投资的26.6%,由河南高速公路发展有限责任公司出资;国内商业银行贷款部分,预计贷款金额为50.48亿元,占总投资的73.4%。

3)合同段划分

(1)设计标段划分:工程设计2个标段。

(2)施工标段划分:土建工程13个标段,机电工程4个标段,房建工程5个标段,绿化工程3个标段,交通安全设施15个标段。

(3)监理标段划分:设3个土建工程驻地监理标段,1个房建工程监理标段,1个机电工程监理标段。

4)招投标

2012年7月6日,施工监理开标,通过固定标价评分法,确定2家中标单位。2013年4月26日,施工监理(一监办、机电、房建重招)开标,通过固定标价评分法,确定3家中标单位。2012年6月7日,正阳互通土建工程开标,通过固定标价随机抽取法,确定1家中标单位。2012年12月10日,土建工程开标,通过固定标价随机抽取法,确定13家中标单位。2015年1月14日,房建工程开标,通过固定标价随机抽取法,确定4家中标单位。2015年2月12日,交安工程开标,通过固定标价随机抽取法,确定15家中标单位。2015年2月12日,路面BT工程开标,通过综合评估法,确定1家中标单位。2015年5月14日,绿化工程开标,通过固定标价随机抽取法,确定3家中标单位。2015年8月3日,机电供配电 10kV 工程开标,通过固定标价随机抽取法,确定 4 家中标单位。2015 年 8 月 22 日,智能管控科技示范工程开标,通过综合评估法,确定 1 家中标单位。2015 年 10 月 13 日,房建工程污水处理系统开标,通过固定标价随机抽取法,确定 1 家中标单位。2015 年 10 月 19 日,明港机场连接线工程开标,通过固定标价随机抽取法,确定 1 家中标单位。2012 年 9 月 25 日,信阳停车区改服务区房建工程开标,通过固定标价随机抽取法,确定 2 家中标单位。2015 年 11 月 11 日,信阳停车区改服务区精装修开标,通过固定标价随机抽取法,确定 2 家中标单位。

5)征地拆迁情况

项目共征用土地 4025.7495 亩,共支付征地拆迁费用 20912.0469 万元,其中驻马店市境内征地 1231.9035 亩,支付征地拆迁费用 6170.2584 万元,信阳市境内征地 2793.846 亩,支付征地拆迁费用 14741.7885 万元。

2. 项目实施阶段

1)实施过程

(1)主线土建工程于 2012 年 12 月开工,2015 年 11 月完工。

(2)房建工程于 2013 年 9 月开工,2015 年 12 月完工。

(3)机电工程于 2015 年 9 月开工,2017 年 4 月完工。

(4)交通安全设施工程于 2015 年 2 月开工,2015 年 11 月完工。

(5)绿化工程于 2015 年 5 月开工,2015 年 11 月完工。

(6)2015 年 11 月 13~15 日,通过了交工验收,得分为 99 分,工程质量评定为合格。

2)设计变更

(1)管桩处理软基变更。

水泥搅拌桩处理后可满足承载力要求,原设计 CFG 桩改由水泥搅拌桩代替,以节约投资(豫交文〔2013〕801 号文《河南省交通运输厅关于京港澳高速公路驻马店至信阳段改扩建工程特殊地基处理设计变更的批复》)。

(2)路床掺加石灰变更。

该段取土场 CBR 值和膨胀量均不能满足《公路路基施工技术规范》要求,不能直接用于填筑上路堤和下路床,需对弱膨胀土进行掺灰处理[豫交文〔2014〕612 号文《河南省交通运输厅关于京港澳高速公路驻马店至信阳(豫鄂界)段改扩建工程弱膨胀土掺灰处理设计变更的批复》]。

(3)沪陕互通 B 匝道桥变更。

为了降低施工安全风险、节约建设资金,采用偏心支撑法进行施工(豫交文〔2015〕413 号文《河南省交通运输厅关于京港澳高速公路驻马店至信阳段改扩建工程沪陕枢纽互通式立交 B 匝道桥设计变更的批复》)。

(4)桥面沥青混凝土防冰材料变更。

为了保证沥青混凝土桥面施工质量、降低施工难度、节约建设资金,取消桥面沥青混凝土中掺加防冰材料[豫交文〔2015〕86号文《河南省交通运输厅关于京港澳高速公路驻马店至信阳(豫鄂界)段改扩建工程桥面沥青混凝土防冰材料设计变更的批复》]。

3)重大事件

2013年9月10日下午,为了确保完成工程建设计划目标,在保证工程质量的前提下合理安排工期,该项目召开"掀起秋季施工高潮确保11月底提前完成投资任务动员会",如图8-2-24所示。

图8-2-24 驻信高速公路改扩建工程动员会

(三)科技创新

1.沥青路面结构及材料功能分工型设计研究

2014年与长沙理工大学联合,共同开展了"沥青路面结构及材料功能分工型设计研究"课题研究。该课题分析了沥青路面各层位的力学特性,提出了集料承力骨架评价方法及判断标准,及相应的功能要求、设计指标及材料组成设计。研发了路面施工中沥青混合料离析室内模拟设备,提出了以集料离析为指标的评价方法。

2.水泥稳定碎石废旧料再生利用成套技术及其在驻信高速公路改扩建工程中的应用

2014年,与北京建筑大学共同开展了"沥青路面旧料高效环保再生利用成套技术及其应用"课题研究。该课题对水泥稳定碎石旧料的级配和物理力学性能进行了评价分析,提出了采用砂浆吸水率指标量化评价旧料表面砂浆裹覆量的方法。对再生基层材料的收缩开裂、抗冲刷机理进行了分析,分别提出了基于细料小试件的收缩性能评价方法、基于横向分布式车辙仪的抗冲刷性能测试评价方法。根据再生基层材料的特性,提出了基于抗裂性能的再生水稳基层材料配合比设计方法。

3. 沥青路面旧料高效环保再生利用成套技术及其应用

该课题基于红外光谱和凝胶色谱微观试验分析,揭示了沥青老化及再生的机理,开发了具有温拌、再生和改性功能的复合再生剂 WSR,利用 WSR 技术,提高了再生旧料的掺量,降低了施工温度。提出了基于性能平衡的温拌再生改性沥青混合料设计方法,以及编制了相应的施工技术指南。

(四)运营养护管理

1. 组织架构

该项目运营管理单位为河南高速公路发展有限责任公司信阳分公司。公司管理实行总经理负责制,下设10个职能科室(办公室、财务资产科、人事劳动科、政工科、工会、监察室、考核办、养护管理科、路产管理科、通行费管理科)、1个运维监控分中心、1个路警联合指挥中心和5个路政大队,18个收费站。

2. 服务设施

下辖确山、信阳、灵山3处服务区,见表8-2-32。

G4 京港澳高速公路驻马店至信阳(豫鄂省界)段服务场区一览表　　表8-2-32

高速公路编码	服务区名称	桩 号	所在区域	占地(m²)	建筑面积(m²)
G4	确山服务区	K900+000	驻马店市确山县	45974	5420
	信阳服务区	K953+240	信阳市平桥区	109333	7390
	灵山服务区	K993+648	罗山县	66667	6620

3. 收费设施

京港澳高速公路驻信段改扩建工程共有10个收费站,驻马店南收费站有4进5出9个车道;确山收费站有3进4出7个车道;正阳收费站有3进4出7个车道;明港机场收费站有3进4出7个车道;明港收费站有3进4出7个车道;信阳北收费站有3进4出7个车道;信阳收费站有4进6出10个车道;灵山收费站有3进4出7个车道;豫鄂界收费站有6进10出16个车道;鸡公山收费站有2进2出4个车道,见表8-2-33。

G4 京港澳高速公路驻马店至信阳(豫鄂省界)段收费设施一览表　　表8-2-33

收费站名称	桩 号	入口车道数		出口车道数	
		总车道	ETC车道	总车道	ETC车道
驻马店南收费站	K874+628	4	1	5	1
确山收费站	K891+400	3	1	4	1
正阳收费站	K902+370	3	1	4	1
明港机场收费站	K918+900	3	1	4	1
明港收费站	K926+800	3	1	4	1

续上表

收费站名称	桩号	入口车道数		出口车道数	
		总车道	ETC 车道	总车道	ETC 车道
信阳北收费站	K944+700	3	1	4	1
信阳收费站	K968+852	4	1	6	1
灵山收费站	K988+156	3	1	4	1
豫鄂界收费站	K994+297	6	2	10	1
鸡公山收费站	K1005+223	2	0	2	0

4. 监控设施

设置监控中心 1 个,18 个监控分中心负责收费站区域的运营监管。

第三节　G4W2 许昌至广州高速公路河南段（许昌县至桐柏县）

许昌至广州高速公路(简称许广高速公路)是京港澳高速公路的一条并行线,河南段起于许昌县 G1516/S83 枢纽,经襄城县、平顶山市、叶县、舞钢市、泌阳县,止于桐柏县东南的出山店、豫鄂两省交界处,全长 199.869km。该项目对完善河南省高速公路网布局,缓解京港澳通行压力,促进豫、鄂两省经济文化交流,推进区域产业升级和改造,加快河南新型工业化、城镇化、农业产业化的进程具有重要意义。

一、G4W2 许广高速公路许昌至宁洛互通段

G4W2 许广高速公路许昌至宁洛互通段,里程桩号为 K0+000~K48+100,路线长 48.1km,与 S83 兰南高速公路许昌至南阳段共线,此路段将在本章第二十五节中介绍。

二、G4W2 许广高速公路宁洛互通至叶县廉村镇段

G4W2 许广高速公路宁洛互通至叶县廉村镇,里程桩号为 K48+100~K52+300,路线长 4.2km,与 G36 宁洛高速公路漯河至平顶山段共线,此路段将在本章第十三节中介绍。

三、G4W2 许广高速公路叶县至舞钢段

(一)项目概况

1. 基本情况

1)功能定位

许广高速公路叶县至舞钢段起点位于平顶山市叶县境内南洛高速公路与兰南高速公

路甘刘枢纽互通东约 4km 处,终点位于平顶山舞钢市与驻马店市泌阳县交界处,全长 50.011km。该项目实现了平顶山市"县县通高速"的目标,对完善河南省高速公路网,加快区域经济的发展,推动沿线资源开发利用具有重要意义。

2) 技术标准

全封闭、全立交、双向四车道;设计行车速度:120km/h;路基宽度:28m;桥梁净宽:28m;桥涵设计荷载标准:公路—Ⅰ级;路面设计标准轴载:BZZ-100;路面:收费广场和服务区广场采用水泥混凝土路面,其他采用沥青混凝土路面;路面结构为 4cm 细粒式沥青混凝土(AC-13C) + 6cm 中粒式沥青混凝土(AC-16C) + 8cm 中粒式沥青混凝土(AC-20C) + 1cm 稀浆封层 + 54cm 水泥稳定碎石基层;按长寿命路面设计,设计使用年限为 50 年。

3) 建设规模

主要工程量:路基土石方 1016.7 万 m^3;梁板预制安装 3952 片;底基层、基层 260.4 万 m^2;面层 420 万 m^2;收费站 3 处;服务区 1 处;停车区 1 处;表 8-3-1、表 8-3-2 分别为 G4W2 许广高速公路叶县至舞钢段桥梁、隧道一览表。

G4W2 许广高速公路叶县至舞钢段桥梁一览表　　　　表 8-3-1

规模	名称	桥长(m)	主跨长度(m)	跨越障碍物 河流	跨越障碍物 沟谷	跨越障碍物 道路、铁路	桥梁类型
大桥	马河大桥	207	25			√	简支梁桥 连续梁桥
	澧河大桥	277	30	√			连续梁桥
	平舞铁路大桥	367	40			√	连续梁桥
	甘江河大桥	277	30	√			连续梁桥
	东沟大桥	187	30	√			连续梁桥
	红卫水库	105.1	20	√			简支梁桥 连续梁桥
	K270+460	225.2	20			√	简支梁桥 连续梁桥
	葛庄大桥	429.2	30		√		连续梁桥
	郘林大桥	551.4	30		√		连续梁桥
	邢沟大桥	157	30		√		连续梁桥
	王河大桥	337	30	√			连续梁桥
	王皮岗水库大桥	187	30	√			连续梁桥
	魏庵大桥	217	30	√			连续梁桥
	AK0+613.637	241	32			√	连续梁桥
	CK0+838.987	435	32			√	连续梁桥
	AK1+950.13	245	20			√	连续梁桥
	EK0+430	184.9	20			√	连续梁桥

续上表

规模	名称	桥长（m）	主跨长度（m）	跨越障碍物 河流	跨越障碍物 沟谷	跨越障碍物 道路、铁路	桥梁类型
中桥	K241+946	44.04	13			√	简支梁桥
	K243+547	44.04	13	√			简支梁桥
	K244+436	53.04	16			√	简支梁桥
	K244+638	44.04	13			√	简支梁桥
	K246+349	44.04	13			√	简支梁桥
	K248+423	53.04	16	√			简支梁桥
	K251+374	44.04	13	√			简支梁桥
	K251+875	44.04	13			√	简支梁桥
	K253+670	65.04	20	√			简支梁桥
	K253+976	44.04	13			√	简支梁桥
	K257+106.5	44.04	13	√			简支梁桥
	K257+381	37.04	16	√			简支梁桥
	K258+815	44.04	13			√	简支梁桥
	K261+351	44.04	13	√			简支梁桥
	K261+813	44.04	13			√	简支梁桥
	K262+380	65.04	20	√			简支梁桥
	K262+611	85.04	20			√	简支梁桥
	K262+997	37.04	16	√			简支梁桥
	K263+880	85.04	20	√			简支梁桥
	K264+868	65.04	20			√	简支梁桥
	K268+123	53.04	16			√	简支梁桥
	K268+477	65.04	20	√			简支梁桥
	K269+787	85.04	20	√			简支梁桥
	K278+707	85.04	20	√			简支梁桥
	K280+442	53.04	16	√			简支梁桥
	K281+132	44.04	13			√	简支梁桥
	K281+504	65.04	20			√	简支梁桥
	K281+710	53.04	16			√	简支梁桥
	K283+517	44.04	13			√	简支梁桥
	K283+870	82	25			√	连续梁桥
	K284+313	44.04	13	√			简支梁桥
	K284+814	44.04	13	√			简支梁桥
	K287+857	44.04	13			√	简支梁桥
	K288+613	53.04	16	√			简支梁桥

续上表

规模	名称	桥长(m)	主跨长度(m)	跨越障碍物			桥梁类型
				河流	沟谷	道路、铁路	
中桥	K289+020	65.04	20		√		简支梁桥
	K290+977	65.04	20		√		简支梁桥
	AK0+462.5	44.04	13		√		简支梁桥
	CK0+459	44.04	13		√		简支梁桥
	DK0+114	44.04	13		√		简支梁桥

G4W2 许广高速公路叶县至舞钢段隧道一览表　　表 8-3-2

规模	名称	隧道全长(m)	隧道净宽(m)	隧道分类(勾选)						洞门形式(进口/出口)
				按地质条件划分			按所在区域划分			
				土质隧道	石质隧道		山岭隧道	水底隧道	城市隧道	
短隧道	九龙山隧道上行	460	12.1	√			√			端墙式/端墙式
	九龙山隧道下行	460	12.1	√			√			端墙式/端墙式

4)主要控制点

平顶山市叶县、舞钢市。

5)地形地貌

项目位于河南省中南部,属豫西山区与黄淮平原两大地貌类型的过渡地带,西依伏牛山脉,东接黄淮平原,南临南阳盆地,北屏嵩山系。

6)投资规模

概算投资 22.13 亿元,竣工决算投资 24.5 亿元,平均每公里造价 4900 万元。

7)开工及通车时间

2008 年 11 月开工建设,2010 年 12 月交工通车。

2. 参建单位主要情况

(1)建设单位:平顶山叶舞高速公路有限责任公司。

(2)设计单位:河南省交通规划勘察设计院有限责任公司。

(3)质量监督单位:河南省交通基本建设质量检测监督站。

(4)监理单位:河南恒通工程监理咨询有限公司、河南省豫通公路工程监理事务所、河南省豫建工程管理有限公司、北京中交路通交通工程咨询有限公司。

(5)土建施工单位:中铁四局集团第一工程有限公司、河南中州路桥建设有限公司、中铁十五局集团第四工程有限公司、衡水路桥工程有限公司、河南中原路桥(集团)有限公司、河南省平顶山中亚路桥建设工程有限公司、中交一公局第五工程有限公司、华通路桥集团有限公司、河南中州路桥建设有限公司。

(6)路面施工单位:河南省路桥建设集团有限公司、华通路桥集团有限公司、河南省平顶山中亚路桥建设工程有限公司。

（7）房建施工单位：河南现代建设集团有限公司、河南新城建设有限公司、河南省凯达建筑有限公司、河南建总国际工程有限公司、河南中成建设工程有限公司、郑州市第二建筑工程有限责任公司、河南省建设集团有限公司、河南省永阳建筑安装有限公司。

（8）绿化施工单位：河南新封园林绿化工程有限公司、平顶山市意达园林绿化有限公司、周口绿原花卉有限公司、河南省绿色工程有限公司、河南省润青园林绿化工程有限公司。

（9）交通安全设施施工单位：天津市环路公路设施有限责任公司、河南省公路工程局集团有限公司、太原市锐光交通安全设施有限公司、周口市公路交通设施有限公司、石家庄路恒交通设施技术开发有限公司、连云港市云路集团设施厂、邯郸市金明交通器材有限公司、山东通达路桥工程有限公司、河南省昭阳建材有限公司。

（10）交通机电施工单位：郑州汉威光电技术有限公司、内乡县晟达电力工程建设有限责任公司、中铁建电气化局集团第一工程有限公司。

（二）建设情况

1. 项目准备阶段

1）项目审批文件

2006年8月28日，河南省国土资源厅批准并签发了项目建设用地的审查意见，文号为豫国土资源函〔2006〕457号。2007年4月30日，河南省发展和改革委员会对项目申请报告进行了批复，文号豫发改交通〔2007〕552号。2007年8月13日，河南省环境保护局对项目工程环境影响报告书进行了批复，文号为豫环审〔2007〕179号。2007年9月5日，河南省发展和改革委员会《关于焦作至桐柏高速公路叶县至舞钢段工程初步设计的批复》，文号为豫发改设计〔2007〕1392号。2007年9月17日，河南省国土资源厅批准了关于项目压覆矿产资源情况的审查意见，文号为豫国土资源函〔2007〕583号。2008年5月31日，国土资源部对项目工程建设用地进行了批复，文号为国土资函〔2008〕290号。2009年12月31日，河南省交通运输厅《关于对焦作至桐柏高速公路叶县至舞钢段工程施工图设计进的批复》，文号为豫交规划〔2009〕341号。2010年12月17日，河南省发展和改革委员会、河南省交通运输厅《关于焦作至桐柏高速公路叶县至舞钢段车辆通行费收费标准进的批复》，文号为豫发改收费〔2010〕1826号。

2）资金筹措

算总投资为22.13亿元，其中35%为建设单位自有资金，其余65%为银行贷款。

3）合同段划分

（1）设计标段划分：工程设计1个标段。

(2)施工标段划分：土建工程10个标段，路面工程3个标段，护栏工程2个标段，房建工程8个标段，绿化工程5个标段，机电工程4个标段，交通安全设施7个标段。

(3)施工监理标段划分：土建工程2个监理代表处，房建和绿化工程1个监理代表处，机电工程1个监理代表处。

4)招投标

(1)2006年8月22日，进行工程设计招标资格预审；2006年9月20日开标，确定了1家中标单位。

(2)2007年7月16日，发布土建工程资格预审公告；2007年8月27日，发售招标文件；2007年9月14日~2008年8月2日，确定土建4~9标共6个中标单位；2009年2月25日，发布土建工程1号、2号、3号、10号标的公告；2009年3月27日~4月2日，确定2号、3号、10号共3个中标单位；2009年4月7日，确定了土建1标的中标单位。

(3)2009年7月28日，发布路面工程资格预审公告，2009年8月12日，进行了资格预审评审；2009年9月1日，发售招标文件；2009年9月28日~2010年1月11日，确定了3个中标单位。

(4)2009年8月7日，发布护栏工程资格预审公告；2009年8月24日，进行了资格预审评审；2009年9月15日，发售招标文件；2009年10月12日，确定了2个中标单位。

(5)2009年10月26日，发布房建工程资格预审公告；2009年11月10日，进行了资格预审评审；2010年1月15日，发售招标文件；2010年2月26日，确定了房建工程施工的中标单位。

(6)2010年2月3日，发布绿化工程资格预审公告；2010年2月25日，进行了资格预审评审；2010年5月24日，确定5个中标单位。

(7)2010年2月3日，发布供配电工程资格预审公告；2010年2月25日，进行了资格预审评审；2010年5月24日，确定2个中标单位。

(8)2010年2月3日，发布机电工程资格预审公告；2010年2月25日，进行了资格预审评审；2010年5月24日，确定JD-1标的中标单位；2010年4月29日，确定JD-2标的中标单位。

(9)2007年7月16日，发布土建监理(含交安、护栏)资格预审公告；2007年8月27日，发售招标文件；2007年9月14日，确定2个中标单位。

(10)2009年10月26日，发布房建(绿化)监理资格预审公告；2009年11月10日，进行了资格预审评审；2010年1月15日，发售招标文件；2010年2月26日，确定了房建工程施工监理的中标单位。

(11)2010年2月3日，发布机电监理资格预审公告；2010年3月5日，进行了资格预审评审；2010年4月1日，发售招标文件；2010年4月29日，确定中标单位。

(12)2010年3月24日,发布交安工程资格预审公告;2010年4月7日,进行了资格预审评审;2010年5月24日~6月17日,确定7个中标单位。

(13)2010年3月24日,发布沥青采购资格预审公告;2010年5月24日,确定3个中标单位。

5)征地拆迁情况

征地面积为5074.93亩。其中,叶县段2566.17亩,舞钢段2508.76亩,耕地4076.33亩,林地998.6亩,拆除居民住房35户,拆除坟墓712座,拆除16处饮水工程。

2. 项目实施阶段

1)实施过程

(1)主线土建工程于2008年11月开工,2010年9月完工。

(2)房建工程于2010年4月开工,2010年9月完工。

(3)机电工程于2010年7月开工,2010年10月完工。

(4)交通安全设施工程于2010年7月开工,2010年11月完工。

(5)绿化工程于2010年7月开工,2010年11月完工。

(6)2012年12月,通过了交工验收。

2)设计变更

(1)仙台互通立交变更

仙台互通立交位于叶县仙台镇(桩号K9+000),与省道S330洺白线相连接。在项目实施过程中,平顶山市和叶县提出为加快叶县东部经济发展,实现范辛铁路与高速公路的货运对接,建议将仙台互通立交位置向北移到叶县廉村镇(桩号K2+000),与县道X004线相连接。经河南省交通运输厅豫交计[2009]90号文件批复,同意该变更,仙台互通北移后维持单喇叭形式不变。

(2)K22+754~K25+500段穿越采矿区路线变更

项目路线K22+754~K25+500段穿越舞钢中加矿业发展有限公司的采矿区,且局部路段仍在开采,挖深较大,地形与施工图设计外业调查期间发生了较大变化,鉴于路线穿越该采矿区实施困难,建议对该段路线线位向西进行调整。经河南省交通运输厅豫交计[2009]90号文件批复,同意该变更。调整后线位避开采矿区开采境界线,并与开采境界线保持一定安全距离。

(3)K32+400~K32+700段滑坡路段设计变更

项目K32+400~K32+700段原设计为挖方路基,边坡比例为1∶0.75。2010年4月6日,该段路基两侧边坡出现滑塌,项目公司会同设计单位进行了第一次设计变更,采用调整边坡比例、防渗土工布覆盖坡面、设置土工格室、格室内喷播植草等防护措施。2010年8月9日,舞钢市发生强降雨,该段路基右侧山体再次发生大面积滑坡。经省厅、项目公司组织专家审查论证,进行了第二次设计变更,采用卸载滑坡体、设置抗滑桩、坡面防排水等抢险措施;对滑坡路段采用明洞隧道(桩号 K32+320~K32+780)的施工方案,设计速度为 100km/h;同时在 K32+150~K32+320、K32+780~K32+950 路段设置隧道渐变段。

3)重大事件

(1)在 2007 年 7 月第一次平顶山勘界中发现,叶县境出现了大量的新增附属物。经过叶舞高速公司的积极协调,2008 年 12 月,最终促成了叶县新增附属物的二次清点,节约了大量的建设资金,避免了国有资产的流失,切实维护了叶舞高速公司的正当利益。

(2)2009 年 2 月 11 日、12 日,叶县、舞钢市分别召开了征拆动员大会,掀起征地拆迁工作高潮,为 10 月叶舞高速公路的全面开工建设创造了良好的建设环境,如图 8-3-1 所示。

图 8-3-1　许广高速公路叶县段开工动员

(3)2009 年 5 月 12 日,召开叶舞高速公路叶县远航压矿问题专题协调会,平顶山市交通部门、国土部门、大项目办、优化办、叶县和舞钢市相关负责同志参加会议,形成了《关于协调解决叶县远航公司以压矿为由阻拦叶舞高速公路施工问题的会议纪要》;5 月 13 日,叶县远航公司撤出现场不再阻工,施工单位进驻现场开始清表施工。

(4)2009 年 4 月,叶舞高速公路路段土建六标 K32+520~K32+800 段出现滑坡现象,7 月底基本将滑坡段处理完毕;但是 8 月 9 日 23 时 30 分左右,该段路基西侧山体又因不良地质反应加强降雨引发了大面积滑坡地质灾害,如图 8-3-2 所示,严重影响了 12 月底通车目标实现。施工单位用短短 90 天完成了 460m 隧道和 50 万 m^3 土方清运回填任务,彻底打通了制约叶舞高速公路全线通车的最后一个障碍,12 月 8 日九龙山隧道顺利合龙,如图 8-3-3 所示。

图 8-3-2　塌方段

图 8-3-3　九龙山隧道

（三）科技创新

2010 年,平顶山叶舞高速公路有限责任公司与长沙理工大学、郑州路梦科技服务有限公司合作,采用柔性支护技术对富地下水条件下的膨胀土松散堆积体开挖边坡进行了处治。课题组开发出"一种柔性加筋支挡结构"的课题,该结构的特点是,直接采用膨胀土作加筋体填料,允许坡体产生一定的胀缩变形以吸收坡体的膨胀能,具备完善的内外防排水系统。与传统刚性支护技术相比,柔性支护新技术不仅工程可靠,而且施工简便,经济环保效益显著。

（四）运营养护管理

1. 组织架构

该项目运营管理单位为平顶山叶舞高速公路有限责任公司,经营管理实行董事会领导下的总经理负责制,设有办公室、财务部、运营部、养护部、法律合约部、人力资源部、服务区管理部、监控中心、路政大队及 3 个收费站。

2. 服务设施

下辖叶县服务区 1 处,见表 8-3-3。

G4W2 许广高速公路叶县至舞钢段服务场区一览表　　表 8-3-3

高速公路编码	服务区名称	桩号	所在区域	占地(m²)	建筑面积(m²)
G4W2	叶县服务区	K256+800	平顶山市叶县龙泉乡	80000	5400

3. 收费设施

设有叶县南、舞钢和舞钢南 3 个收费站。叶县南收费站有 3 个出口、2 个入口,共 5 条通行车道;舞钢收费站有 4 个出口、2 个入口,共 6 条通行车道;舞钢南收费站有 2 个出口、2 个入口,共 4 条通行车道,见表 8-3-4。

G4W2 许广高速公路叶县至舞钢段收费设施一览表　　表 8-3-4

收费站名称	桩　　号	入口车道数		出口车道数	
		总车道	ETC 车道	总车道	ETC 车道
叶县南收费站	K262+347	2	0	3	1
舞钢收费站	K270+341	2	0	4	1
舞钢南收费站	K281+052	2	0	2	0

4. 监控设施

设监控中心 1 个,负责叶县南、舞钢和舞钢南 3 个收费站区域的运营监管。

5. 养护管理

1) 路面维修工程

2013 年撒布乳化沥青 18km,每年开展灌封 5 万多米预防性养护工程等。

2) 桥梁检测、维修加固

根据省交通厅及主管部门规范标准及公司制度,项目每 2 年委托有资质的检测单位对全线桥涵结构物进行定期检测,如图 8-3-4 所示,及时掌握技术状况及病害情况,作为桥涵维修保养的依据。

图 8-3-4　桥梁检测

3) 沿线设施的提升、改造

在易发生事故的路段设置减速带,在九龙山隧道内设置反光轮廓标。

四、G4W2 许广高速公路泌阳段

(一) 项目概况

1. 基本情况

1) 功能定位

许广高速公路泌阳段起点位于舞钢市与泌阳县交界处,经泌阳县的象河乡、春水镇、付庄乡、贾楼乡、王店乡和高邑乡,先后与 S234、S333、S334 相交,止于泌阳县东南部铜山湖边,与驻马店至泌阳高速公路相交,全长 44.248km。2015 年,河南省高速公路网路线命名编号调整,新阳高速公路驻马店至泌阳段后 17.3km 并入 G4W2 许广高速公路驻马店至泌阳段,里程桩号为 K146+559~K163+859。该项目对完善河南高速公路网布局、改善交通投资环境、加快沿线经济快速发展、推动当地旅游、矿产资源开发利用具有重要意义。

2）技术标准

全封闭、全立交、双向四车道；设计行车速度：100km/h；路基宽度：26m；桥涵设计荷载标准：公路Ⅰ级的1.3倍；路面设计标准轴载：BZZ-100；地震基本烈度：Ⅵ度，桥梁按Ⅶ度设防；路面：收费广场和服务区广场采用水泥混凝土路面，其他采用沥青混凝土路面；路面结构为4cm细粒式改性沥青混凝土（AC-13C）+6cm中粒式改性沥青混凝土（AC-20C）+8cm粗粒式沥青混凝土（AC-25AC）+36cm水泥稳定碎石基层+18cm水泥稳定砂砾底基层。

3）建设规模

主要工程量：表8-3-5为G4W2许广高速公路泌阳段桥梁一览表；全线建有完善的收费、通信、服务设施。

G4W2许广高速公路泌阳段桥梁一览表　　　　　　表8-3-5

规模	名称	桥长（m）	主跨长度（m）	跨越障碍物 河流	跨越障碍物 沟谷	跨越障碍物 道路、铁路	桥梁类型
大桥	洼张桥	181.4	25		√		连续桥梁
	象河大桥	281.4	25	√			连续桥梁
	K333跨线桥	456.8	30		√		连续桥梁
	梅林河大桥	247.2	30	√			连续桥梁
	杨庄桥	153.16	65			√	连续桥梁
	贾楼桥	165.1	20	√			连续桥梁
	张湾南桥	156.4	25	√			连续桥梁
中桥	刘岗中桥	85.08	20	√			简支梁桥
	汪庄桥	53.04	16			√	简支梁桥
	焦林北桥	53.04	16	√			简支梁桥
	焦林南桥	53.04	16	√			简支梁桥
	李庄桥	85.08	20	√			简支梁桥
	汪口桥	53.04	16	√			简支梁桥
	花羊桥	53.08	16	√			简支梁桥
	史庄桥	53.08	16			√	简支梁桥
	下韩中桥	69.08	16		√		简支梁桥
	昌庄中桥	69.08	16		√		简支梁桥
	昌庄南桥	53.08	16			√	简支梁桥
	和庄桥	85.08	16	√			简支梁桥
	烟庄桥	53.08	16			√	简支梁桥
	湾里中桥	53.08	16		√		简支梁桥
	赵庄中桥	69.08	16		√		简支梁桥
	张沟中桥	53.08	16		√		简支梁桥

续上表

规模	名称	桥长(m)	主跨长度(m)	跨越障碍物			桥梁类型
				河流	沟谷	道路、铁路	
中桥	乱石盘中桥	53.08	16		√		简支梁桥
	老街桥	65.08	20			√	简支梁桥
	大路庄中桥	53.08	16		√		简支梁桥
	邱庄桥	53.08	16			√	简支梁桥
	和尚庄桥	53.08	16			√	简支梁桥
	K344跨线桥	85.08	20			√	简支梁桥
	小营庄桥	85.08	16	√			简支梁桥

4）主要控制点

驻马店市（泌阳县）。

5）地形地貌

项目所在区域地貌类型多样，山地、丘陵、岗地、平原等地貌均有分布，属于组合型地貌类型；地势基本是中间高，东北、西南两隅低平；桐柏山余脉在县境内呈"S"形走向，形成南阳盆地东缘的脊背地带和江、淮两大水系的分水岭；山区面积为1123km^2，占全线总面积的41.87%，平原面积为444km^2，占全线总面积的16.56%；地质属于剥蚀丘陵山地工程地质区；山丘由于长期剥蚀呈浑圆状，山顶及岗地花岗岩直接出露，破碎不严重，呈大块状，强风化带一般厚1~3m，下部为弱风层；山间洼地及局部山坡堆积有中更新统褐黄色设硬塑状亚黏土夹碎石，厚0.5~3m。

6）投资规模

概算投资18.5638亿元。

7）开工及通车时间

2008年4月16日正式开工，2010年10月31日交工通车。

2. 参建单位主要情况

（1）建设单位：河南高速公路发展有限责任公司驿阳分公司。

（2）设计单位：河南省交通规划勘察设计院有限责任公司。

（3）质量监督单位：河南省交通基本建设质量检测监督站。

（4）监理单位。土建工程：河南省高等级公路监理部、湖南金路工程咨询监理有限公司；房建工程：河南省兴豫建设管理有限公司；机电工程：北京中交路通交通工程咨询有限公司。

（5）土建施工单位：岳阳市通衢兴路公司、驻马店市公路工程开发公司、上海耿耿市政工程有限责任公司、江西有色工程有限公司、中铁十五局集团第七工程有限公司、河南省公路工程局集团有限公司、天津城建集团有限公司、河南路桥建设集团有限公司、中交第二公路工程局有限公司、中铁二十局集团第六工程有限公司。

(6)路面施工单位:河南省公路工程局集团有限公司、开封市通达公路工程有限公司、驻马店市公路工程开发公司。

(7)房建施工单位:河南建总国际工程有限公司、郑州市正岩建设有限公司、河南省合立建筑工程有限公司、河南隆基建设有限公司、河南省建设集团有限公司。

(8)绿化施工单位:潢川县佳美园林工程有限责任公司、许昌锦绣北方园林绿化有限公司、河南省豫南园林绿化有限责任公司、浙江园博景观建设有限公司、河南省国伟园林绿化工程有限责任公司、河南省绿洲园林有限公司、杭州萧山永和园林绿化工程有限公司、江苏绿海园林绿化工程有限公司。

(9)交通安全设施施工单位:河南省路桥建设集团有限公司、沙河市飞耀交通设施有限公司、江西省金路科技开发有限公司、科达集团股份有限公司、河南现代交通工程有限公司、邯郸市立通道路设施有限公司。

(10)交通机电施工单位:中咨泰克交通工程有限公司。

(二)建设情况

1. 项目准备阶段

1)项目审批文件

2007年,河南省发展和改革委员会初步设计批复文件《关于焦作至桐柏高速公路泌阳段工程初步设计的批复》,文号为豫发改设计〔2007〕1284号。2007年,河南省发展和改革委员会《关于焦作至桐柏高速公路泌阳段项目申请报告核准的批复》,文号为豫发改交通〔2007〕962号。2008年,河南省交通运输厅房建工程批复文件《关于焦作至桐柏高速公路泌阳段房屋建筑工程概念设计的批复》,文号为豫交计〔2008〕31号。2008年,中华人民共和国国土资源部批复文件《关于焦作至桐柏高速公路(泌阳段)工程建设用地的批复》,文号为国土资函〔2008〕168号。

2)资金筹措

概算投资18.5638亿元,其中资本金为项目总投资的35%(含银行贷款利息),由河南省交通厅补助和项目公司投资,其余资金为项目总投资的65%(含银行贷款利息),通过国内银行贷款和招商引资方式筹措,通过收取车辆通行费偿还本息。

3)合同段划分

(1)设计标段划分:土建工程设计1个标段,房建工程设计1个标段,绿化工程设计1个标段,机电工程设计1个标段。

(2)施工标段划分:土建工程7个标段,机电工程2个标段,房建工程2个标段,绿化工程5个标段,交通安全设施6个标段。

（3）施工监理标段划分：设 1 个总监办公室，4 个土建工程驻地监理标段，1 个房建工程监理标段，1 个机电工程监理标段。

4）征地拆迁情况

项目征地面积为 3960 亩，征地、拆迁费 127232613.51 元。

2. 项目实施阶段

（1）涵洞基础地基承载力达不到设计要求，涵洞基底采用换填碎石处理。

（2）实际地质与设计不符，嵌岩桩进入弱风化岩层小于设计要求，桩基变更加长。

（3）原地面土与设计图纸不符，为保证质量，采取挖除非适应土，换填马谷砂。

（4）水稻田经试验检测地基含水率较大，地基承载力不能满足设计要求，地基处理方案为加 20cm+40cm 砂垫层+土工格栅+土工布。

（5）线外改路改渠。

（6）砌筑防排工程位置不符合实际地形发生的变更。

（7）涵洞通道基础承载力不够引起的变更。

（8）土质挖方段路基，原状为弱膨胀土并且天然含水率较高，无法压实，根据设计图纸规定，80cm 路床部分应进行换填砂砾处理。

（9）圆管涵处会水面积较大，为了保证路基稳定，M7.5 浆砌片石挡墙基础加大。

（三）科技创新

1. 大范围道路灾害动态监测与辨识预警技术研究

"大范围道路灾害动态监测与辨识预警技术"研究 是国家高技术研究发展计划项目，简称国家 863 计划，是河南驿宛高速公路有限公司以河南高速公路发展有限责任公司名义，联合北京科技大学中标的中华人民共和国科技部的 863 项目。该项目由河南驿宛高速公路有限公司联系河南省内高速公路资源，提供项目基础资料，北京科技大学开展室内技术研究。

2. 大直径嵌岩桩受力特性及提高承载力成套技术研究

"大直径嵌岩桩受力特性及提高承载力成套技术研究"是河南驿宛高速公路有限公司和河南省交院工程测试咨询有限公司合作项目，该项目结合工程现场测试结果，以桩岩（土）共同作用理论为基础，参考国内外最新的理论研究成果，以先进的技术、方法为手段，研究嵌岩桩的工作机理、破坏机制、桩承载力的影响因素，提出相应的计算模式、实用的计算方法和提高承载力的实用技术，将有利于改变传统的设计方法，达到降低风险，节约投资，保证质量、提高工程可靠性的效果。该项目经河南省交通运输厅评审，获得河南省交通运输厅科技成果二等奖。

3. 多孔隙的水泥稳定碎石排水基层试验路

为了有效防治路面水损坏,河南驿宛高速公路有限公司联合长安大学,在铜山枢纽互通立交匝道铺设了多孔隙的水泥稳定碎石排水基层试验路,从路面内部排水入手,设置路面结构内部排水系统,研究排水性路面的材料组成设计、排水设施布置、施工工艺、排水路面性能和排水功能评价等,旨在解决路面的水损害问题,将渗入路面内部的水及时排除,提高路面的服务质量,延长路面的使用寿命。

4. 采用聚苯乙烯泡沫做空心板内模

聚苯乙烯泡沫做空心板内模如图8-3-5所示。

图8-3-5 聚苯乙烯泡沫做空心板内模

5. 采用凿毛锤进行腹板凿毛技术

采用了气动凿毛锤进行腹板凿毛,如图8-3-6所示。在浇筑空心板混凝土后不急于过早拆模,待混凝土强度达到设计强度的80%左右即拆模,拆模后2~3天时间用凿毛锤凿毛。这一过程既不影响混凝土的强度,凿毛工作又容易进行,且凿毛比拉毛更容易和铰缝混凝土结合。

图8-3-6 采用凿毛锤进行腹板凿毛

6. 采用养生桶、塑料薄膜配合海绵条养生墩柱技术

在立柱拆模后,在立柱顶部放上透水土工布,土工布高出立柱边缘 3～5cm,土工布上面放上养生桶,养生桶底部留直径 3mm 左右的渗水孔,养生桶安放水平,防止渗水流向一个方向。在立柱的侧面缠上螺旋状的海绵条,海绵条宽度为 2cm,厚度为 1cm,相邻两条海绵条间距约 60cm,海绵条缠绕至立柱底部,然后用塑料薄膜把立柱和海绵条螺旋状缠绕包裹起来,塑料薄膜的顶部应把立柱顶部的透水土工布包裹 3cm 左右,保证渗水能进入薄膜内部,塑料薄膜接头宜设置在海绵条处避免阻水,如图 8-3-7 所示。最后用防水胶带把塑料薄膜接头处黏牢固,以防止塑料薄膜脱落。

图 8-3-7　墩柱养生

(四)运营养护管理

1. 组织架构

该项目运营管理单位为河南高速公路发展有限责任公司驿阳分公司。公司管辖新阳高速公路、许广高速公路泌阳段、许广高速公路泌阳至桐柏段,经营管理实行省公司领导下的总经理负责制,设有财务管理科、人事科、通行费管理科、路产管理科、养护管理科、办公室、政工科、监察室、考核办。

2. 收费设施

设有泌阳北和春水站 2 个收费站。泌阳北收费站有 2 个出口、2 个入口,共 4 条通行车道;春水站有 3 个出口、2 个入口,共 5 条通行车道,见表 8-3-6。

G4W2 许广高速公路泌阳段收费设施一览表　　表 8-3-6

收费站名称	桩号	入口车道数		出口车道数	
		总车道	ETC 车道	总车道	ETC 车道
泌阳北收费站	S317	2	0	2	1
春水收费站	K304	2	0	3	1

五、G4W2 许广高速公路泌阳至桐柏段

(一)项目概况

1. 基本情况

1)功能定位

许广高速公路泌阳至桐柏段起于泌阳县城东南马谷田乡,与驻马店—泌阳高速公路

终点对接,止于桐柏县东南的出山店、豫鄂两省交界处,与湖北随州至岳阳高速公路相接,全长36.01km。该项目对完善豫西南高速公路网布局,弥补原有多条干线公路成线不成网、难以实现全方位服务的不足,对加快区域经济发展和贫困地区脱贫致富具有重要意义。

2)技术标准

全封闭、全立交、双向四车道;设计行车速度:100km/h;路基宽度:26m;桥梁净宽:2×12.75m;桥涵设计荷载标准:1.3倍公路—Ⅰ级;路面设计标准轴载:BZZ-100;路面:收费广场和服务区广场采用水泥混凝土路面,其他采用沥青混凝土路面;土质路基主线、匝道路面结构为4cm细粒式沥青混凝土(AC-13C)+6cm中粒式沥青混凝土(AC20)+10cm粗粒式沥青混凝土(ATB-25)+34cm水泥稳定碎石基层+18cm水泥稳定碎石底基层;石质路基主线、匝道路面结构为4cm细粒式沥青混凝土(AC-13C)+6cm中粒式沥青混凝土(AC20)+10cm粗粒式沥青混凝土(ATB-25)+18cm水泥稳定碎石基层+15cm水泥稳定碎石底基层+15cm水泥混凝土调平层;收费广场路面结构为26cm水泥混凝土+18cm水泥稳定碎石+18cm水泥石灰稳定土;路面设计使用年限为15年。

3)建设规模

主要工程量:路基填方407.69万m^3、挖方439.77万m^3,路面86.7424万m^2,大桥2903.77m/15座,中、小桥295.2m/5座,见表8-3-7,互通式立交2处,分离式立交9处,通道21道,涵洞67道,天桥1625.28m/19座;主线收费站1处,匝道收费站2处;服务区1处;管理、养护、服务、监控房屋建筑面积36625m^2。

G4W2许广高速公路泌阳至桐柏段桥梁一览表　　　表8-3-7

规模	名　称	桥长(m)	主跨长度(m)	跨越障碍物			桥梁类型
				河流	沟谷	道路、铁路	
大桥	塞沟中桥	105.04	20	√			简支梁桥
	里岗大桥	187.2	30	√			简支梁桥
	北寨大桥	224	30	√			连续梁桥
	流石板Ⅰ号大桥	134	30	√			连续梁桥
	流石板Ⅱ号大桥	250.6	30	√			连续梁桥
	魏沟大桥	164	30	√			连续梁桥
	曹庄大桥	254	30	√			连续梁桥
	月河大桥	281.04	30	√			连续梁桥
	陆林河大桥	136.4	25	√			连续梁桥
	淮河大桥	393	35	√			连续梁桥
中桥	景庄中桥	85.04	20	√			简支梁桥
	瓦房庄中桥	85.04	20	√			简支梁桥
	杨冲中桥	65.04	20	√			简支梁桥

4）主要控制点

驻马店（泌阳县）、南阳市（桐柏县）。

5）地形地貌

路线所经地区低山、丘陵、平原地貌类型都具备，地势北高南低，从北部海拔500m以上逐渐降低到海拔100m左右；地貌类型也相应从低山过渡到丘陵、岗地、河谷平原；总体低山、丘陵、岗地地貌占62%，平原占38%。

6）投资规模

项目概算投资17.6770亿元，竣工决算投资17.5248亿元，平均每公里造价4815.96万元。

7）开工及通车、竣工时间

2006年1月开工建设，2007年11月交工通车，2011年10月完成竣工验收。

2. 参建单位主要情况

（1）建设单位：河南驿宛高速公路有限公司。

（2）设计单位：河南省交通规划勘察设计院。

（3）质量监督单位：河南省交通基本建设质量检测监督站。

（4）监理单位：湖南金路工程咨询监理有限公司、北京中交路通交通工程咨询有限公司、河南省华兴建设监理公司。

（5）土建施工单位：中铁隧道集团有限公司、路桥集团第一公路工程局、山东通达路桥工程有限公司、中铁十九局集团第四工程有限公司、中铁二十三局集团有限公司、河南省路桥工程集团有限公司、中铁二十五局集团第一工程有限公司、甘肃省公路工程总公司。

（6）路面施工单位：河南路桥建设集团有限公司、路桥集团第三公路工程局有限公司、路桥集团第一公路工程局第五工程公司。

（7）房建施工单位：河南天罡建筑安装工程有限公司、河南四建股份有限公司、中宇建设集团有限公司、河南华盛建筑集团工程有限公司、洛阳城建集团有限公司、开封市黄河钢结构有限公司。

（8）绿化施工单位：潢川县绿宇园林绿化工程有限责任公司、河南省豫南科技发展有限公司、武汉长江绿色工程科技研究有限公司、新乡市绿源绿化工程有限公司、河南通行实业园林工程有限公司、武安市三缘绿色工程有限公司、河南九九天景观绿化有限公司、河南省江河园林绿化有限公司。

（9）交通安全设施施工单位：河南现代交通工程有限公司、陕西世纪交通工程有限公司。

（10）交通机电施工单位：江苏智运科技发展有限公司、平顶山市豫达输变电安装有限公司。

（二）建设情况

1. 项目准备阶段

1）项目审批文件

2005年10月18日，地质灾害危害性评估报告备案登记。2005年11月9日，河南省发展计划委员会对项目的可行性研究报告进行了核准批复，文号为豫发改交通〔2005〕1612号。2005年12月6日，河南省国土资源厅对项目的压覆矿产资源报告进行了批复，文号为〔2005〕575号。2005年12月22日，河南省计委对项目初步设计进行了批复，文号为〔2005〕1883号。2006年1月6日，河南省环境保护局对项目环境影响报告书进行了批复，文号为豫环审〔2006〕1号。2006年7月11日，河南省文物管理局对项目文物环境影响评价书进行了批复，文号为〔2006〕33号。2006年8月15日，河南省水利厅对项目的水土保持方案进行了批复，文号为豫水土〔2006〕62号。2006年9月25日，省交通厅对项目施工图设计进行了批复，文号为豫交计〔2006〕248号。2007年，国家发展和改革委员会对项目建议书进行了批复，文号为发改办交运〔2007〕1463号。2008年10月13日，国土资源部批准了本项目的建设用地，文号为国土资函〔2008〕625号。

2）资金筹措

概算投资17.6770亿元，其中35%为建设单位自有资金，其余65%为银行贷款。

3）合同段划分

（1）设计标段划分：土建工程设计1个标段，房建工程设计1个标段，绿化工程设计1个标段，机电工程设计1个标段。

（2）施工标段划分：土建工程8个标段，机电工程2个标段，房建工程6个标段，绿化工程8个标段，交通安全设施2个标段。

（3）施工监理标段划分：设1个总监办公室，8个土建工程驻地监理标段，1个房建工程监理标段，1个机电工程监理标段。

4）招投标

（1）2005年11月30日，56家土建工程施工单位通过资格预审；2005年12月13日，确定了8家中标单位。

（2）2006年3月29日，24家路面工程施工单位通过资格预审；2006年5月18日，确定了3家中标单位。

（3）2006年10月16日，33家房建工程施工单位通过资格预审；2006年12月30日，确定了6家中标单位。

(4)2007年1月16日,39家交通安全设施工程施工单位通过资格预审;2007年3月1日,确定了2家中标单位。

(5)2007年3月5日,36家绿化工程单位通过资格预审;2007年4月13日,确定了8家中标单位。

(6)2007年3月29日,16家机电工程施工单位通过资格预审;2005年4月21日,确定了1家中标单位。

5)征地拆迁情况

征地面积为248.5508hm^2,其中农村集体农用地150.3208hm^2(其中耕地89.3972hm^2),农村集体建设用地8.9424hm^2,未利用地72.2448hm^2;国有农用地14.2301hm^2,国有建设用地1.8158hm^2,未利用地0.9969hm^2。

2. 项目实施阶段

(1)主线土建工程于2006年1月6日开工,2007年10月31日完工。

(2)房建工程于2007年3月20日开工,2007年10月20日完工。

(3)机电工程于2007年5月开工,2007年10月完工。

(4)交通安全设施工程于2007年3月10日开工,2007年10月25日完工。

(5)绿化工程于2007年5月20日开工,2007年11月23日完工。

(6)2007年11月,通过了交工验收,得分为92.63分,工程质量评定为合格工程。

(7)2008年5月12日,通过了竣工验收,工程质量鉴定得分为90.60分,工程质量鉴定等级评为优良。

(三)运营养护管理

1. 组织架构

该项目运营管理单位为河南高速公路发展有限责任公司驿阳分公司。公司管辖新阳高速公路、许广高速公路泌阳段、许广高速公路泌阳至桐柏段,经营管理实行省公司领导下的总经理负责制,设有财务管理科、人事科、通行费管理科、路产管理科、养护管理科、办公室、政工科、监察室、考核办。

2. 服务设施

下辖桐柏服务区1处,见表8-3-8。

G4W2 许广高速公路泌阳至桐柏段服务场区一览表　　表8-3-8

高速公路编码	服务区名称	桩　号	所 在 区 域	占地(m^2)	建筑面积(m^2)
G4W2	桐柏服务区	K338+000	桐柏县月河镇	100000	6000

3. 收费设施

设有桐柏朱庄、桐柏东、豫鄂省界3个收费站。桐柏朱庄收费站有2个出口、2个入口,共4条通行车道,桐柏东收费站有3个出口、2个入口,共5条通行车道;豫鄂省界收费站有9个出口、9个入口,共18条通行车道,见表8-3-9。

G4W2许广高速公路泌阳至桐柏段收费设施一览表 表8-3-9

收费站名称	桩号	入口车道数		出口车道数	
		总车道	ETC车道	总车道	ETC车道
桐柏朱庄收费站	K333+200	2	0	2	1
桐柏东收费站	K345+600	2	0	3	1
豫鄂省界收费站	K352+600	9	2	9	2

第四节　G1511日照至兰考高速公路河南段(兰考县)

日兰高速公路王楼(省界)至兰考段

(一)项目概况

1. 基本情况

1)功能定位

日照至兰考高速公路王楼(省界)至兰考段起点位于豫鲁两省交界处的兰考县孟寨乡王楼村附近,终点在开封市祥符区罗王乡附近,全长44.906km(包含G1511豫鲁省界至S83/G30互通43.084km和S83兰南高速公路起始点S83/G30互通至开封市祥符区罗王乡1.822km)。该项目对加强河南、山东陆路交通联系,充分发挥豫鲁两省骨架公路网整体效益,促进旅游资源开发利用,推动豫东地区经济发展具有重要意义。

2)技术标准

全封闭、全立交、双向四车道;设计行车速度:120km/h;路基宽度:28m;桥涵设计荷载标准:汽车—超20级,挂车—120;路面:全线采用沥青混凝土路面,路面结构为4cm细粒式SBS改性沥青混凝土(AK-13A)上面层+6cm中粒式沥青混凝土(AC-20I)中面层+8cm粗粒式沥青混凝土(AC-25I)下面层+1cm改性沥青下封层及透层和黏层。

3)建设规模

主要工程量:路基土方546万m^3,路面133.08万m^2;主线收费站1处,匝道收费站3处;服务区1处;管理、养护、服务、监控房屋建筑面积12597m^2;表8-4-1为G1511日兰高速公路王楼(省界)至兰考段桥梁一览表。

4)主要控制点

兰考县、开封市(祥符区)。

第八章 河南高速公路项目建设信息

G1511 日兰高速公路王楼(省界)至兰考段桥梁一览表

表 8-4-1

规模	名称	桥长(m)	主跨长度(m)	跨越障碍物 河流	跨越障碍物 沟谷	跨越障碍物 道路、铁路	桥梁类型
大桥	四明河大桥	107.4	25	√			连续梁桥
大桥	引黄干渠大桥	217	30	√			连续梁桥
中桥	朱庄中桥	35.98	16	√			简支梁桥
中桥	451.822	42.96	13	√			简支梁桥
中桥	453.184	35.5	10	√			简支梁桥
中桥	456.817	42.98	13	√			简支梁桥
中桥	兰商干渠桥	82.4	25	√			简支梁桥
中桥	466.059	42.96	13	√			简支梁桥
中桥	四干渠中桥	64.48	20	√			简支梁桥
中桥	官寨中桥	42.96	13			√	简支梁桥
中桥	圈张河中桥	51.98	16	√			简支梁桥

5)地形地貌

项目位于黄河中下游,根据地貌的成因类型和形态类型将本区的地貌划分为两类黄河故道区和背河洼地区。黄河故道区分布于兰考与堌阳一带,地势较高,西高东低,地面高程为 61.50~67.30m,地下水埋藏较浅。

6)投资规模

项目概算投资 13.4086 亿元,竣工决算投资 16.378 亿元,平均每公里造价 3647.17 万元。

7)开工及通车、竣工时间

2003 年 6 月 15 日开工建设,2005 年 11 月 19 日交工通车,2008 年 1 月完成竣工验收。

2.参建单位主要情况

(1)建设单位:开封市路达高速公路开发管理有限公司。

(2)设计单位:河南省交通规划勘察设计院。

(3)质量监督单位:河南省交通基本建设质量检测监督站。

(4)监理单位:北京华通公路桥梁监理咨询公司、江苏伟信工程咨询有限公司。

(5)土建施工单位:开封市通达公路工程公司、中铁十三局集团公司、中铁十九局集团二公司、路桥二公局三公司。

(6)路面施工单位:开封市通达公路工程公司、路桥二公局三公司、中铁二十三局集团二公司。

(7)房建施工单位:中国航空港建设总公司、河南中城建筑工程股份有限公司、河南省第二建筑工程有限责任公司。

(8)绿化施工单位:北京绿茵达绿化工程技术公司、开封市路通园林绿化发展有限责任公司、河南农大风景园林规划设计院。

(9)交通安全设施施工单位:信阳金路交通工程有限公司(护栏刺网)、徐州众安交通设施有限公司(护栏刺网)、湖南郴州路桥有限公司(标志标线)、北京华凯交通科技有限公司(标志标线)、武安交通安全设施有限公司(标志标线)。

(10)交通机电施工单位:河南盈科交通工程有限公司、中铁十五局集团电务公司。

(二)建设情况

1.项目准备阶段

1)项目审批文件

2002年12月30日,河南省发展计划委员会对项目建议书进行了批复,文号为豫计基础〔2002〕1751号。2003年2月13日,《关于王楼(省界)至兰考高速公路可行性研究报告的批复》,文号为豫计基础〔2003〕129号。2003年3月17日,河南省文物管理局对该项目文物环境影响评价书进行了批复。2003年3月28日,国土资源厅对压覆矿产资源报告进行了批复,文号为〔2003〕99号。2003年4月28日,国土资源厅对地质灾害评估报告进行了批复,文号为〔2003〕135号。2003年5月7日,河南省国土资源厅批准并签发了该项目建设用地的审查意见,文号为豫国土资源函〔2003〕148号。2003年5月21日,河南省环境保护局对该项目环境影响报告书进行了批复,文号为豫环监表〔2003〕64号。2003年5月27日,《关于王楼(省界)至兰考高速公路工程初步设计的批复》,文号为豫计设计〔2003〕581号。2003年6月30日,河南省水利厅对该项目的水土保持方案进行了批复,文号为豫水土〔2003〕23号。2003年8月20日,《关于王楼(省界)至兰考高速公路施工图设计的批复》,文号为豫交计〔2003〕576号。2004年9月10日,国土资源部批准了该项目的建设用地,文号为国土资函〔2003〕286号。

2)资金筹措

概算总投资为13.4086亿元,其中35%为建设单位自有资金,其余65%为银行贷款。

3)合同段划分

(1)设计标段划分:工程设计1个标段。

(2)施工标段划分:土建工程5个标段,路面工程3个标段,机电工程2个标段,房建工程3个标段,绿化工程3个标段,交通安全设施5个标段,网架工程1个标段。

(3)施工监理标段划分:设2个总监办公室,5个土建工程及3个路面工程驻地办,1

个房建工程监理标段,1个机电工程监理标段,1个绿化工程监理标段,1个交安工程监理标段。

4)招投标

(1)2003年4月21日,35家土建工程施工单位通过资格预审;2003年5月28日,确定了5家中标单位。

(2)2004年11月5日,21家路面工程施工单位通过资格预审;2004年12月12日开标,确定了3家中标单位。

(3)2004年5月14日,21家房建工程施工单位通过资格预审;2005年1月6日开标,确定了3家中标单位。

(4)2004年11月5日,14家机电工程施工单位通过资格预审;2004年12月12日开标,确定2家中标单位。

(5)2004年11月5日,35家交通安全设施工程施工单位通过资格预审;2004年12月12日开标,确定了5家中标单位。

(6)2004年11月5日,21家绿化工程单位通过资格预审;2004年12月12日开标,确定了3家中标单位。

5)征地拆迁情况

项目征地面积为5480亩,其中农村集体农用地315.4356hm²(其中耕地292.0686hm²),农村集体建设用地3.6423hm²。拆迁房屋8530.49m²,拆迁占地费用7320.252万元。

2.项目实施阶段

1)实施过程

(1)主线土建工程于2003年6月15日开工,2005年5月30日完工。

(2)路面工程于2005年5月27日开工,2005年10月20日完工。

(3)房建工程于2005年3月26日开工,2005年10月31日完工。

(4)机电工程于2005年2月19日开工,2005年10月20日完工。

(5)交通安全设施工程于2005年5月25日开工,2005年10月20日完工。

(6)绿化工程于2005年9月18日开工,2005年11月完工。

(7)2005年11月19日,通过了交工验收,得分为97.34分,工程质量评定为合格工程。

(8)2008年1月6日,通过了竣工验收,工程质量鉴定得分为93.29分,工程质量鉴定等级评为优良。

2)设计变更

四车道改六车道。根据省政府和省交通厅有关文件的要求,在路基宽度为28m的情况下,通过变更中央分隔带的宽度,四车道改六车道,相应增加基层、底基层宽度。

3) 重大事件

（1）2003 年河南省高速公路建设投融资体制改革,开封市路达高速公路开发管理有限公司通过开封市人民政府公开招标,于 2003 年 5 月 30 日获得了王兰高速公路项目法人资格（此前建设单位为河南省兰许高速公路开发有限公司）,具体负责该项目管理工作。

（2）2003 年 6 月 15 日,王兰高速公路开工典礼,如图 8-4-1 所示。

图 8-4-1　王兰高速公路开工典礼

（三）复杂技术工程

（1）采用粉喷桩、碎石桩、强夯、碎石（或砂砾石、石屑）垫层加铺土工格栅等技术方案,解决黄河故道区软弱土、液化土以及高填方路段地基承载力薄弱等问题,确保了王兰高速公路路基稳定性。

（2）针对沿线土质 CBR 值不够、开封黄河故道区的土质塑性指数偏低、路基用土土质不够均匀等问题,对路基 93 区顶面增加了冲击压实工艺;路床顶面以下 0～15cm 路基范围掺 3% 的水泥和 5% 的石灰、15～50cm 路基范围掺 5% 的石灰、50～80cm 范围掺 3% 的石灰等施工工艺;水泥石灰综合稳定土底基层改变外掺剂用量、调整路基压实机械组合等工艺,提高了底基层整体板结效果。

（四）运营养护管理

1. 组织架构

该项目运营管理单位为开封市路达高速公路开发管理有限公司。公司设有投资经营部、监察考核部、养护工程部、人力资源部、财务资产部、通行费管理部、工会和党政办公室。

2. 服务设施

下辖兰考服务区1处,见表8-4-2。

G1511日兰高速公路王楼(省界)至兰考段服务场区一览表　　表8-4-2

高速公路编码	服务区名称	桩号	所在区域	占地(m²)	建筑面积(m²)
G1511	兰考服务区	K448+606	兰考县爪营乡	40020	5477

3. 收费设施

设有兰考西、兰考北、堌阳站和省界站4个收费站。兰考西收费站有3个出口、2个入口,共5条通行车道;兰考北收费站有2个出口、2个入口,共4条通行车道;堌阳收费站有2个出口、2个入口,共4条通行车道;省界收费站有12个出口、12个入口,共24条通行车道,见表8-4-3。

G1511日兰高速公路王楼(省界)至兰考段收费设施一览表　　表8-4-3

收费站名称	桩号	入口车道数		出口车道数	
		总车道	ETC车道	总车道	ETC车道
兰考西收费站	K471+182	2	1	3	1
兰考北收费站	K453+560	2	1	2	1
堌阳收费站	K440+984	2	1	2	1
省界收费站	K430+000	12	2	12	2

4. 监控设施

设监控中心1个,负责兰考西、兰考北、堌阳站和省界站4个收费站区域的运营监管。

5. 养护管理

1)路面维修工程

2015年为迎国检,投入3550万元对项目全线路面进行全面的维修处治。

2)桥梁检测、维修加固

根据省交通厅及主管部门规范标准及公司制度,项目每2年委托检测单位对全线桥涵结构物进行定期检测,及时掌握技术状况及病害情况,作为桥涵维修保养的依据。

3)沿线设施的提升、改造

为解决兰考西收费站拥堵现象,项目于2013年6月至11月底将兰考西收费站连接线拓宽为双向四车道,收费站区增加1个收费车道和2处迎送宾客广场。

4)新材料、新技术研发

项目路面结构为4cm+6cm+8cm沥青混凝土路面,反射裂缝已成为主要病害之一,为进一步贯彻"预防为主,防治结合"的公路养护原则,该项目2012年实施新技术、新材料、新工艺灌缝试验,联合长安大学开展"王兰高速公路沥青路面预防性养护决策技术研究及应用"研究,目前被确认为河南省科学技术成果,如图8-4-2所示。

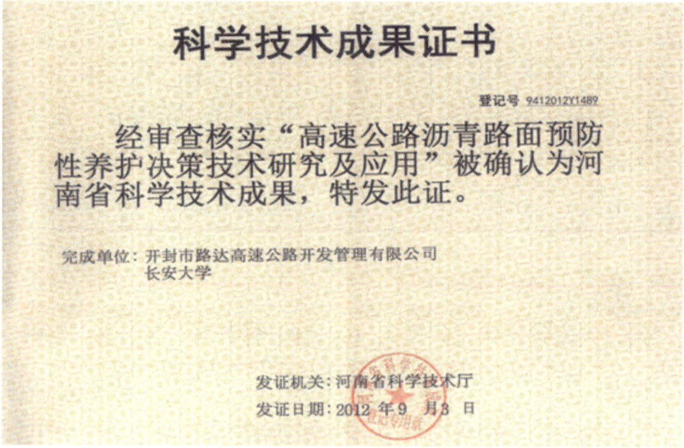
科学技术成果证书

登记号 9412012Y1489

经审查核实“高速公路沥青路面预防性养护决策技术研究及应用”被确认为河南省科学技术成果，特发此证。

完成单位：开封市路达高速公路开发管理有限公司
长安大学

发证机关：河南省科学技术厅
发证日期：2012 年 9 月 3 日

图 8-4-2　河南省科学技术成果证书

第五节　G1516 盐城至洛阳高速公路河南段（永城市至伊川县）

盐城至洛阳高速公路是沈（阳）海（口）高速的联络线。盐洛高速公路河南段东起永城市侯岭镇小新庄，经过安徽省亳州市后再次进入河南省鹿邑、太康、扶沟、鄢陵、许昌、禹州、登封，止于伊川县昌营村西北，先后与德上高速公路、商南高速公路、济广高速公路、大广高速公路、兰南高速公路、京港澳高速公路、郑西高速公路、郑少高速公路、宁洛高速公路等相交，全长 367.888km。该项目对构建豫、皖两省高速公路网，加快区域经济发展步伐，推动河南旅游、矿产资源开发利用具有重要意义。

一、G1516 盐洛高速公路永城段

（一）项目概况

1. 基本情况

1）功能定位

盐洛高速公路永城段起于安徽与河南交界处的永城市卧龙镇任庄村，接安徽亳州至永城高速公路安徽段，止于永城市侯岭镇小新庄，全长 45.936km。该项目对完善河南高速公路网布局，促进旅游开发、矿产利用，加快推动豫皖两省经济发展具有重要意义。

2）技术标准

全封闭、全立交、双向四车道；设计行车速度：120km/h；路基宽度：28m；桥梁净宽：2 × 12m；桥涵设计荷载标准：公路—Ⅰ级的 1.3 倍；路面结构：主线路面结构自上而下为：5cm 中粒式沥青混凝土（AC-16）+6cm 中粒式沥青混凝土（AC-20）+7cm 粗粒式沥青混凝土

（AC-25）+沥青下封层+35cm水泥稳定碎石+20cm二灰土。

3）建设规模

路基土方441万 m^3，沥青混凝土路面99.7万 m^2；全线段服务区1处；表8-5-1为G1516盐洛高速公路永城段桥梁一览表。

G1516盐洛高速公路永城段桥梁一览表　　表8-5-1

规模	名称	桥长(m)	主跨长度(m)	跨越障碍物			桥梁类型
				河流	沟谷	道路、铁路	
大桥	浍河二号大桥	577	80	√			连续梁桥
	大青沟大桥	697.2	80	√			连续梁桥
	旱河中桥	101.012	16	√			简支梁桥
	浍河一号大桥	323.04	35	√			连续梁桥
中桥	东双风沟中桥	53	16		√		简支梁桥
	新增中桥	37.12	16		√		简支梁桥
	白洋沟中桥	65.12	20		√		简支梁桥
	小涧沟中桥	43.65	13		√		简支梁桥
	大涧沟中桥	85.24	16		√		简支梁桥
	薄壁桥台中桥	37.02	16		√		简支梁桥
	宁沟中桥	43.68	13		√		简支梁桥
	小洪河二号中桥	43.48	13	√			简支梁桥
	小洪河一号中桥	43.48	13	√			简支梁桥
	卧龙沟中桥	53.12	16		√		简支梁桥
	潘庄渠中桥	43.48	13		√		简支梁桥

4）主要控制点

永城市。

5）地形地貌

沿线位于黄淮冲积平原的东部，地势低平开阔，西北高，东南低，海拔31~39m。本区东北部尚有芒砀山等10余座剥蚀残丘，东南有柏山等剥蚀残丘，本区最高峰为海拔高度156.8m的芒砀山。项目以河流相冲积成因的冲积平原地貌单元为主。

6）投资规模

概算投资15.0339亿元，竣工决算投资15.2057亿元，平均每公里造价3379.04万元。

7）开工及通车、竣工时间

2005年9月开工建设，2011年12月交工验收并通车，2015年3月完成竣工验收。

2.参建单位主要情况

（1）建设单位：河南中原高速公路股份有限公司。

（2）设计单位：江苏伟信工程咨询有限公司。

(3)质量监督单位:河南省交通基本建设质量检测监督站。

(4)监理单位:西安华兴公路工程咨询监理有限公司、河南省豫通公路工程监理事务所。

(5)土建施工单位:中铁十四局集团有限公司、中铁八局集团有限公司、河南省路桥工程集团有限公司、中铁大桥局股份有限公司、江西省公路桥梁工程局、中铁二局第四工程有限公司、中铁十一局集团第四工程有限公司、中铁九局集团有限公司。

(6)路面施工单位:河南中州路桥建设有限公司、河南省路桥建设集团有限公司。

(7)透层、下封层工程施工单位:河南省公路工程局集团有限公司、中国凯瑞国际经济技术合作有限公司。

(8)房建施工单位:河南润安建设集团有限公司、徐州九鼎建设集团有限公司、河南军安建工集团有限公司。

(9)绿化工程施工单位:河南通冠园林绿化工程有限公司、深圳市万信达环境绿化建设有限公司、河南省豫南园林绿化有限公司、河南四季春园林工艺工程有限公司。

(10)交安工程施工单位:河南省路桥建设集团有限公司、河南省公路工程局集团有限公司、江西省公路机械工程局、徐州众安交通设施有限公司、河南昶维路桥养护工程有限公司。

(11)机电工程施工单位:中咨泰克交通工程有限公司、北京瑞华赢科技发展有限公司。

(12)供配电施工单位:内乡县晟达电力工程建设有限责任公司。

(13)照明施工单位:江苏镇江安装集团有限公司。

(14)10kV施工单位:永城市启元电力有限公司。

(二)建设情况

1.项目准备阶段

1)项目审批文件

2004年9月份,河南省地质矿产勘查局第二地质勘查院完成了项目矿产压覆与地质灾害的评审工作。2005年2月2日,《关于任庄至小新庄高速公路工程可行性研究报告的批复》,文号为豫发改交通〔2005〕135号。2005年9月下旬,对法人变更事宜进行了批复,文号为豫交计〔2005〕282号。2005年11月21日,同意项目建设用地通过预审,文号为豫国土资函〔2005〕552号。2006年1月8日,《关于任庄至小新庄高速公路(主线)工程初步设计进的批复》,文号为豫发改设计〔2006〕24号。2006年2月20日,对该项目环评报告进行了批复,文号为豫环审〔2006〕20号。2006年2月20日,河南省水利厅对任庄至小新庄高速公路水土保持方案报告书进行了复函,文号为豫水保〔2006〕9号。2006年

10月16日,《关于任庄至小新庄高速公路工程施工图设计的批复》,文号为豫交计〔2006〕266号。2006年12月8日,国家环保总局对河南省商丘市任庄至小新庄(永亳淮)高速公路环境影响报告书进行了批复,文号为环审〔2006〕668号。2009年7月3日,国土资源部对任庄至小新庄高速公路工程建设用地进行了批复,文号为国土资函〔2009〕900号。2010年,《关于河南任庄至小新庄高速公路绿化工程施工图设计的批复》,文号为豫交规划〔2010〕271号。2010年,《关于任庄至小新庄高速公路机电工程详细设计、供配电照明及10 kV供电线路工程施工图设计的批复》,文号为豫交规划〔2010〕297号。2010年,《关于任庄至小新庄高速公路房屋建筑物工程(不含服务区)施工图设计的批复》,文号为豫交规划〔2010〕298号。

2)资金筹措

概算15.0339亿元,其中资本金3.83亿元,其余11.2039亿元申请国内银行贷款。

3)合同段划分

(1)设计标段划分:土建工程设计1个标段,房建工程设计1个标段,绿化工程设计1个标段,机电工程设计1个标段。

(2)施工标段划分:土建工程5个标段,机电工程3个标段,房建工程4个标段,绿化工程2个标段,交通安全设施4个标段。

(3)施工监理标段划分:设1个总监办公室,5个土建工程驻地监理标段,1个房建工程监理标段,1个机电工程监理标段。

4)招投标

按照国家颁布的《中华人民共和国招标投标法》和交通部颁布的《公路工程施工招标投标管理办法》《公路工程施工招标资格预审办法》《公路工程施工招标评标办法》的要求,该项目采用公开竞争性方式招标。

(1)2005年10月土建工程施工单位通过资格预审,参加该项目主线土建工程8个合同段的投标。2005年11月21日,确定了8家中标单位。

(2)2009年10月22日,33家路面工程施工单位通过资格预审。2009年11月,确定了2家中标单位。

(3)2009年12月16日,38家房建工程施工单位通过资格预审。2010年1月28日,确定了3家中标单位。

(4)2009年12月16日,绿化工程施工单位通过资格预审,参加该项目绿化工程4个合同的投标。2010年1月28日,确定了4家中标单位。

(5)2010年3月,110家交通安全设施工程施工单位通过资格预审。2010年4月30日,确定了5家中标单位。

(6)2010年4月13日,机电工程施工单位通过资格预审,参加该项目机电工程1个合同段的投标,2010年5月,确定了1家中标单位。

5) 征地拆迁情况

用地277.278hm^2。其中,服务区及附属设施用地6.1445hm^{2}范围内的经营性用地以有偿使用方式供地,改路改沟等用地3.8848hm^{2}由当地人民政府按规划和供地政策合理安排使用,其余用地以划拨方式供地。

2. 项目实施阶段

(1) 主线土建工程于2006年3月7日开工,2010年12月25日完工。

(2) 房建工程于2010年2月开工,2011年12月完工。

(3) 机电工程于2010年7月开工,2012年12月完工。

(4) 交通安全设施工程于2010年5月开工,2011年12月完工。

(5) 绿化工程于2010年3月开工,2012年12月完工。

(6) 2010年12月23日,对项目土建工程进行了交工验收。

(7) 2012年12月对该项目的机电工程进行交工验收,验收结果:满足规范设计要求。

(8) 2013年10月对该项目的房建工程进行了交工检测,检测意见:整体房建工程质量符合设计要求。

(9) 2013年10月,对该项目的绿化工程进行了交工检测,检测结果为:基本符合绿化专业的质量验收要求。

(三) 运营养护管理

1. 组织架构

该项目运营管理单位为河南中原高速公路股份有限公司商丘分公司,设办公室、党委办公室、监察室、考核办、人力资源部、财务资产部、养护管理部、路产管理部、运营监督管理分中心、通行费管理稽查部和建设项目部12个处室,下设2个路政大队,6个收费站,2个服务区。

2. 服务设施

下辖永城南服务区1处,见表8-5-2。

G1516盐洛高速公路永城段服务场区一览表　　　　表8-5-2

高速公路编码	服务区名称	桩　　号	所 在 区 域	占地(m^2)	建筑面积(m^2)
G1516	永城南服务区	K020+046	永城市双桥乡孙瓦房村	77000.39	7006.00

3. 收费设施

下设有永亳、永城南、永登豫皖界3个收费站,见表8-5-3。

G1516 盐洛高速公路永城段收费设施一览表　　　　表 8-5-3

收费站名称	桩　　号	入口车道数		出口车道数	
		总车道	ETC 车道	总车道	ETC 车道
永亳收费站	K45+496	10	2	10	2
永城南收费站	K13+992	2	0	2	1
永登豫皖界收费站	K1+200	10	2	10	2

4. 监控设施

设置监控中心 1 个,商丘分公司运维分中心负责商丘分公司 6 个收费站区域的运营监管。

5. 养护管理

日常养护项目部负责盐洛高速公路永城段全线路基、路面、桥涵、交通安全设施和绿化日常养护,并严格执行相关行业标准及中原高速公司养护制度进行日常保养保洁工作。

2014 年和 2015 年对沿线设施进行改造(图 8-5-1),对部分积水通道和边沟进行了综合治理,进一步保障道路行驶安全和沿线群众安全出行,如图 8-5-2 所示。

图 8-5-1　标牌改造

图 8-5-2　沿线通道提升改造

二、G1516 盐洛高速公路周口段

(一)项目概况

1. 基本情况

1)功能定位

盐洛高速公路周口段包括扶沟段、太康段、鹿邑段 3 部分,该项目起于鄢陵、扶沟两县交界处的大浪沟,经扶沟、太康、鹿邑 3 县,止于鹿邑县马铺乡代庄与小贾滩东豫皖两省交界处,全长 117.659km。该项目对完善河南省高速公路网布局,促进区域经济发展,加快小康社会构建具有重要意义。

2）技术标准

全封闭、全立交、双向四车道；设计行车速度：120km/h；路基宽度：28m；桥梁净宽：2×12m；桥涵设计荷载标准：汽车—超20级，挂车—120；路面设计标准轴载：BZZ-100；路面：收费广场和服务区广场采用水泥混凝土路面，其他采用沥青混凝土路面；路面结构：主线为4cm细粒式沥青混凝土（AC-13C），2cm应力吸收层，6cm中粒式沥青混凝土（AC-20I），8cm粗粒式沥青混凝土（AC-25I），1cm乳化沥青石屑下封层，36cm水泥稳定碎石基层，20cm水泥石灰稳定土底基层；设计使用年限：设计以双轮组单轴轴载100kN为标准轴载，沥青混凝土路面设计计算年限为15年，水泥混凝土路面设计计算年限为30年。

3）建设规模

主要工程量：路基土方1568.47万 m³，路面380.65万 m²；主线收费站1处，匝道收费站6处；服务区2处，停车区0处；管理、养护、服务、监控房屋建筑面积30273.44 m²；表8-5-4为G1516盐洛高速公路周口段桥梁一览表。

G1516盐洛高速公路周口段桥梁一览表　　　　表8-5-4

规模	名称	桥长（m）	主跨长度（m）	跨越障碍物			桥梁类型
				河流	沟谷	道路、铁路	
大桥	贾鲁河大桥	525	25	√			简支梁桥
	清水河大桥	140	20	√			简支梁桥
	新运河大桥	100	20	√			简支梁桥
	里沟河大桥	180	20	√			简支梁桥
	黑河大桥	120	20	√			简支梁桥
	涡河大桥	225	25	√			简支梁桥
	惠济河大桥	300	25	√			简支梁桥
中桥	幸福河中桥	96	16	√			简支梁桥
	城闫排沟中桥	32	16	√			简支梁桥
	姜王河中桥	48	16	√			简支梁桥
	轩西岭排沟中桥	48	16	√			简支梁桥
	清水沟中桥	80	16	√			简支梁桥
	林楼排沟中桥	48	16	√			简支梁桥
	黄水沟中桥	48	16	√			简支梁桥
	大许庄排沟中桥	36	13	√			简支梁桥
	张石白排沟中桥	36	13	√			简支梁桥
	刘天光排沟中桥	36	13	√			简支梁桥
	商周永运河中桥	80	16	√			简支梁桥
	耿家沟中桥	39	13	√			简支梁桥
	前庄村排沟中桥	32	16	√			简支梁桥
	王楼排沟中桥	60	20	√			简支梁桥

续上表

规模	名称	桥长(m)	主跨长度(m)	跨越障碍物 河流	跨越障碍物 沟谷	跨越障碍物 道路、铁路	桥梁类型
中桥	新运粮河中桥	48	13	√			简支梁桥
	田桥排沟中桥	60	20	√			简支梁桥
	晋沟河中桥	60	20	√			简支梁桥
	清水河Ⅰ号中桥	60	20	√			简支梁桥
	河岸张排沟中桥	48	16	√			简支梁桥
	叶庄排沟中桥	32	16	√			简支梁桥
	红泥河中桥	60	20	√			简支梁桥
	清水河Ⅱ号中桥	80	16	√			简支梁桥
	王河中桥	48	16	√			简支梁桥
	白沟河中桥	96	16	√			简支梁桥
	红玉沟中桥	39	13	√			简支梁桥
	小河子中桥	80	16	√			简支梁桥
	黑沟咀中桥	60	20	√			简支梁桥
	林楼分离式立交桥	60	20			√	简支梁桥
	马头分离式立交桥	48	16			√	简支梁桥
	符草楼分离式立交桥	75	25			√	简支梁桥
	二门分离式立交桥	48	16			√	简支梁桥
	穆店分离式立交桥	64	16			√	简支梁桥
	韩铺分离式立交桥	80	16			√	简支梁桥
	攀登渠中桥	60	20	√			简支梁桥

4)主要控制点

周口市(扶沟县、西华县、太康县、鹿邑县)。

5)地形地貌

项目位于黄河冲积平原区,沿线地形平坦,在部分地方呈微微突起的状态,海拔40m左右,地势沿贾鲁河由西向东南倾斜,区域内零星分布着一些碟形洼地和湖泊。

6)投资规模

项目概算投资40.48亿元,竣工决算投资39.55亿元,平均每公里造价3361.41万元。

7)开工及通车、竣工时间

2005年3月开工建设,2007年12月交工通车,2012年7月完成竣工验收。

2.参建单位主要情况

(1)建设单位:山东高速集团河南许亳公路有限公司、周口恒大高速公路有限公司(前期)。

(2)设计单位:河南省交通规划勘察设计院。

(3)质量监督单位:河南省交通基本建设质量检测监督站。

(4)监理单位:黑龙江省公路工程监理咨询公司、江苏东南交通工程咨询监理有限公司、北京华路捷监理公司、重庆中宇咨询监理有限公司。

(5)土建施工单位:温州交通建设集团有限公司、隧道集团工程有限公司、中国新兴建设开发总公司、中铁十二局集团四公司、北京城建集团有限公司、中铁十九局集团公司、中交三局、山东天诚、河南大河筑路、山东鲁桥集团、中铁四局集团公司、中铁十七局集团第一工程有限公司、中铁十局集团第二工程有限公司、中国有色金属工业第六冶金建设公司、中铁十三局集团公司、中铁十六局集团公司、中铁十六局集团第五工程有限公司。

(6)路面施工单位:山东省路桥集团有限公司、开封通达公路工程有限公司、山东路桥建设有限公司、山东鲁桥建设有限公司、山东黄河工程局、开封通达公路工程有限公司、路桥集团第一公路工程局第三工程公司。

(7)房建施工单位:山东省颐恒建设有限公司、山东桓台建设有限公司、文登市电力建筑工程有限公司、江苏江都二建工程有限公司、山东省路桥集团有限公司、河南科兴建设有限公司、湖南省建筑工程总公司、山东兴沂建设集团有限公司、山东康桥交通科技有限公司、徐州现代结构有限公司、湖南省建筑工程总公司、许昌中原建设集团有限公司、许昌金质建设有限公司。

(8)绿化施工单位:山东省森帝室内外环境工程有限公司、安徽省华兴园林绿化工程有限公司、山东润昌科技有限公司、山东路桥绿化工程有限公司、鄢陵县花艺绿化工程有限公司、杭州祥符市政园林绿化建设有限公司。

(9)交通安全设施施工单位:山东省高速公路路桥工程处、山东省高速公路服务区管理总公司、高密市顺达交通工程有限公司、山东省路桥集团有限公司、山东省公路建设集团、青岛公路建设集团、河北特利特交通设施有限公司、宁波路宝科技实业集团有限公司、东盟营造工程有限公司、河南现代交通工程有限公司、中交一局第三工程有限公司、山东黄河工程处。

(10)交通机电施工单位:北京紫光捷通科技有限公司。

(二)建设情况

1. 项目准备阶段

1)项目审批文件

2003年12月31日,河南省发展计划委员会对盐洛高速周口段公路扶沟段、太康段、鹿邑段项目建议书进行了批复,文号为豫计基础〔2003〕2496号、2495号、2494号。2004年4月27日,河南省国土资源厅分别对该项目的压覆矿产资源报告进行了批复,文号为豫国土资函〔2004〕1455号。2004年6月22日,关于该项目扶沟段、太康段的"工程可行性研究报告"批复,文号为豫发改交通〔2004〕1235号、1236号。2004年8月9日,河南省地震局对该项目"地震安全性评价工作报告"进行了批复,文号为豫震评〔2004〕75号。2004年11月12日,关于该项目扶沟段、太康段的"工程初步设计"的批复,文号为豫发改设计〔2004〕2110号、2109号。2004年12月2日,关于该项目鹿邑段的"工程可行性研究报告"的批复,文号为豫发改交通〔2004〕2229号。2005年1月31日,河南省环境保护局对环境影响报告书进行了批复,文号为豫环监〔2005〕20号、21号、22号。2005年5月27日,河南省水利厅对该项目扶沟段、太康段、鹿邑段的水土保持方案进行了批复,文号为豫水土〔2005〕25号、24号、26号。2005年11月28日,关于该项目鹿邑段的"工程初步设计"的批复,文号为豫发改设计〔2005〕113号。2006年8月14日,关于该项目鹿邑段的"施工图设计"的批复,文号为豫交计〔2006〕198号。2006年8月15日,关于河南省交通厅对该项目扶沟段、太康段的"施工图设计"的批复,文号为豫交计〔2006〕199号、192号。2009年4月24日,国土资源部批准了该项目的建设用地,文号为国土资函〔2009〕481号。

2)资金筹措

概算总投资为40.48亿元,其中35%为建设单位自有资金,其余65%为工商银行贷款。

3)合同段划分

(1)项目设计标段划分:土建工程设计1个标段,房建工程设计1个标段,绿化工程设计1个标段,机电工程设计1个标段。

(2)施工标段划分:土建工程16个标段,路面工程7个标段,机电工程1个标段,房建工程11个标段,绿化工程7个标段,标志、声屏障工程各3个标段,标线、隔离栅、护栏工程各6个标段。

(3)施工监理标段划分:土建、路面、房建、交安工程3个标段,机电工程1个标段。

4)招投标

按照国家颁布的《中华人民共和国招标投标法》和交通部颁布的《公路工程施工招标投标管理办法》《公路工程施工招标资格预审办法》《公路工程施工招标评标办法》的要求,该项目采用公开竞争性方式招标。

(1)2006年11月路面交通安全设施工程招标完毕。

(2)2007年5月房建工程招标完毕。

(3)2007年5月绿化工程招标完毕。

(4)2007年8月机电工程招标完毕。

5)征地拆迁情况

征地面积为11542.6亩,其中扶沟段3168.05亩,太康段3687.14亩,鹿邑段4687.41亩。拆迁房屋33099 m^2,拆迁占地费用共计39010万元。

2. 项目实施阶段

1）实施过程

（1）主线土建工程于 2005 年 3 月开工，2007 年 12 月完工。

（2）房建工程于 2007 年 4 月开工，2007 年 12 月完工。

（3）机电工程于 2005 年 7 月开工，2007 年 12 月完工。

（4）交通安全设施工程于 2007 年 7 月开工，2007 年 12 月完工。

（5）绿化工程于 2007 年 7 月开工，2007 年 11 月完工。

（6）2007 年 11 月 26 日，进行了交工验收，扶沟段工程项目得分为 92.3 分，太康段工程项目得分为 92.4 分，鹿邑段工程项目得分为 92.1 分，质量等级均为优良。

（7）2009 年 12 月，对工程质量进行鉴定，扶沟段工程项目得分为 92.3 分，太康段工程项目得分为 92.4 分，鹿邑段工程项目得分为 92.1 分，许昌至亳州高速公路建设项目竣工验收工程质量鉴定等级评为优良。

2）重大决策

（1）为了确保完成工程建设计划目标，在保证工程质量的前提下合理安排工期，采取了方方面面的措施，督促施工单位加快施工进度，确保项目总体进度目标的实现，开展了"大干 60 天""金秋大干 90 天"（图 8-5-3）、"大干 120 天，确保许亳高速公路按期通车"（图 8-5-4）等活动，制订详细的月计划、旬计划进度目标，并进行严格的考核：对完成目标的给予一定的经济奖励，对不能完成的给予处罚，并责令其分析原因、查找原因，采取措施，在下旬的计划进度中完成。

图 8-5-3　金秋大干动员会　　　　　　　　图 8-5-4　太康段大干动员会

（2）项目公司采取缩短计量时限，提前借支工程款等措施，对施工单位提供大力的资金支持，以督促其加大投入，保证工程进度；对履约能力极差，确实没有能力完成其合同义务，严重威胁到了项目建设整体目标的实现，采取强制分割等措施，由施工能力强的合同段来完成，以确保工程进度目标的实现；加大了地方协调工作的力度，努力消除由于部分土建施工单位与地方经济纠纷的原因引起阻工事件对工程建设的影响。

（三）科技创新

为提高路面结构层整体强度，特别是改善普通沥青混凝土一些常见的病害，对该项目沥青混凝土路面下面层和中面层采用了天然岩改性沥青，天然岩改性沥青不但可以提高沥青混凝土的高温稳定性，增加路面抗车辙能力，而且能提高低温抗裂性，延长路面使用年限。

（四）运营养护管理

1. 组织架构

该项目运营管理单位为山东高速集团河南许禹许亳公路有限公司，设综合部门4个，分别为综合事务部、党群工作部、计划财务部、运营管理部；辖养护所1个，路政大队1个，信息管理中心1个及收费站7个（扶沟、太康、唐集、丘集、鹿邑西、鹿邑和鹿亳收费站）。在QC课题调研方面，公司养护部门QC课题调研活动，连续五年获得山东省交通运输系统奖励，其中2010年活动课题，在2011年获得交通运输部优秀成果奖。

2. 服务设施

下辖鹿邑服务区、林楼服务区2处，见表8-5-5。

G1516盐洛高速公路周口段服务场区一览表　　　　　表8-5-5

高速公路编码	服务区名称	桩　　号	所在区域	占地（m²）	建筑面积（m²）
G1516	鹿邑服务区	K117+557	周口市鹿邑县唐集乡朱庄	104590	6728
	林楼服务区	K166+507	周口市西华县西华营镇林楼村	118472	6608

3. 收费设施

下设扶沟、太康、唐集、丘集、鹿邑西、鹿邑、鹿亳7个收费站。扶沟收费站有5个出口、3个入口，共8条通行车道；太康收费站有4个出口、2个入口，共6条通行车道；唐集收费站有2个出口、2个入口，共4条通行车道；丘集收费站有3个出口、2个入口，共5条通行车道；鹿邑西收费站有4个出口、4个入口，共8条通行车道；鹿邑收费站有3个出口、2个入口，共5条通行车道；鹿亳收费站有9个出入口，共9条通行车道，见表8-5-6。

G1516盐洛高速公路周口段收费设施一览表　　　　　表8-5-6

收费站名称	桩　　号	入口车道数		出口车道数	
		总车道	ETC车道	总车道	ETC车道
鹿亳收费站	80	9	0	9	2
鹿邑收费站	84.164	2	0	3	1
鹿邑西收费站	91.3	4	0	4	1
丘集收费站	106.266	2	0	3	1
唐集收费站	124.457	2	0	2	0
太康收费站	145.677	2	1	4	1
扶沟收费站	187.789	3	1	5	1

4.监控设施

设置监控中心1个,负责许亳路沿线及收费站区域的运营监管。

5.养护管理

日常养护单位负责周口段高速公路全线路基、路面、桥涵、交通安全设施和绿化日常养护,并严格执行相关行业标准及公司养护制度进行日常保养保洁工作。

1)路面维修工程

预防性养护工程:2011年采用STAR SEAL SUPREME沥青路面保护剂对桥面铺装层做防水处理,工程量68086m^2。

2012年采用STAR SEAL SUPREME沥青路面保护剂对桥面铺装层做防水处理,工程量70704m^2。

2013年对路面裂缝、桥头跳车及路面车辙等进行了微表处及路面挖补预防性养护施工,工程量206872m^2。

2015年对路面裂缝、桥头跳车及路面车辙等进行了微表处及路面挖补预防性养护施工,完成挖补2522.33m^3,微表处127093.3m^2。

2)桥梁检测、维修加固

根据省交通厅及主管部门规范标准及公司制度,每3年委托检测单位对全线桥涵结构物进行定期检测,及时掌握技术状况及病害情况,作为桥涵维修保养的依据。

根据桥梁检测结果,2015年对路段内不符合抗倾覆性验算的独柱墩桥梁进行了维修加固,完成了商周立交10个独柱墩和大广立交13个独柱墩的加固,新增钢管立柱46根,工程费用390万元。

3)沿线设施的提升、改造

为增设ETC车道,同时确保车辆通行畅通,2015年对太康收费站进行了车道扩容工程施工,增加2条收费车道。

三、G1516盐洛高速公路许昌段

(一)项目概况

1.基本情况

1)功能定位

盐洛高速公路许昌段起于许昌县,与兰南高速公路连接,经鄢陵县,止于鄢陵、扶沟两县交界处的大浪沟,全长27.83km,其中许昌县境3.613km、鄢陵县境内24.21km。该项目对改善河南路网结构,促进区域经济发展,加快小康社会构建具有重要意义。

2)技术标准

全封闭、全立交、双向四车道;设计行车速度:120km/h;路基宽度:28.5m;桥梁净宽:2×11.5m、2×12m、2×12.5m;桥涵设计荷载标准:汽车—超20级,挂车—120;路面设计标准轴载:BZZ-100;路面:收费广场和服务区广场采用水泥混凝土路面,其他采用水泥混凝土+沥青混凝土复合式路面;路面结构:主线为5cm中粒式改性沥青混凝土、6cm中粒式改性沥青混凝土、8cm粗粒式沥青混凝土、36cm水泥稳定碎石基层、20cm水泥稳定碎石底基层;设计使用年限:按长寿命路面设计,使用年限为50年。

3)建设规模

主要工程量:完成计价土方462万 m^3;路面面层面积76万 m^2;全线设服务区1处,收费站1处;表8-5-7为G1516盐洛高速公路许昌段桥梁一览表。

G1516盐洛高速公路许昌段桥梁一览表　　　　表8-5-7

规模	名称	桥长(m)	主跨长度(m)	跨越障碍物			桥梁类型
				河流	沟谷	道路、铁路	
大桥	大浪沟大桥	165	160	√			简支梁桥
	三道河大桥	165	160	√			简支梁桥
	老潩河大桥	105	100	√			简支梁桥
中桥	大红沟中桥	65	60		√		简支梁桥
	中桥	53	48		√		简支梁桥
	二级河中桥	65	60	√			简支梁桥
	引黄补源中桥	53	48	√			简支梁桥

4)主要控制点

许昌县、鄢陵县。

5)地形地貌

路线所经地区处于黄淮冲洪积平原,地势平坦。地势由西北向东南倾斜,自然坡降1/6000~1/1000,地面高程多在60~70m,地形地貌简单。地面之上有波状砂地、零星沙丘、垄状或砂状岗和岗地、丘间和岗间洼地、泛流洼地和背河洼地、黄河故道等奇特地貌景观。

区内河流有老潩河、三道河、大浪沟等,均为季节性河流,不通航。河岸均为人工整治,河堤、河道规则。

6)投资规模

概算投资8.46(概算)亿元,竣工决算投资9.47亿元,平均每公里造价3402.00万元。

7)开工及通车、竣工时间

2005年6月开工建设,2007年10月交工通车,2014年7月完成竣工验收。

2.参建单位主要情况

(1)建设单位:河南许昌至扶沟高速公路有限公司。

(2)设计单位:上海市政工程设计研究院中原分院。

(3)质量监督单位:河南省交通基本建设质量检测监督站。

(4)监理单位:河南豫通公路工程监理事务所。

(5)土建施工单位:中铁十五局集团第六工程有限公司、许昌广莅公路工程建设总公司、中铁二局股份有限公司、开封市通达公路工程有限公司。

(6)路面施工单位:北京市公路桥梁建设集团有限公司、中铁十五局五公司。

(7)房建施工单位:河南省合立建筑工程有限公司、湖南省建筑工程集团总公司、中铁二十二局哈尔滨铁路建设集团有限责任公司。

(8)绿化施工单位:驻马店市枫源园林工程有限公司、河南四季春园林艺术工程有限公司、杭州建安园林绿化工程有限公司、河南省江河园林绿化有限公司、许昌锦绣北方园林绿化有限公司、潢川县绿宇园林绿化工程有限责任公司。

(9)交通安全设施施工单位:厦门合顺公路交通安全工程有限公司、福建省漳洲市公路机械修配厂、周口佳美机电制造有限公司。

(10)交通机电施工单位:陕西汉唐计算机有限公司。

(二)建设情况

1. 项目准备阶段

1)项目审批文件

2004年6月22日,河南省发展和改革委员会对许昌至亳州高速公路许昌段项目的工程可行性研究报告进行了批复,文号为豫计基础〔2004〕1237号。2004年9月3日,河南省发展和改革委员会对许昌至登封亳州高速公路许昌段项目的初步设计的批复,文号为豫发改设计〔2004〕1625号。2004年9月12日,河南省国土资源厅对许昌至亳州高速公路项目许昌段的工程建设用地进行了批复,文号为豫国土资函〔2004〕441号。2004年10月26日,河南省环境保护局对许昌至亳州高速公路许昌段项目的环境影响报告进行了批复,文号为豫环监表〔2004〕158号。2007年2月9日,河南省交通厅对许昌至亳州高速公路许昌段工程施工图设计进行了批复,文号为豫交计〔2007〕35号。

2)资金筹措

概算总投资为8.46亿元,其中35%为建设单位自有资金,其余65%为工商银行贷款。竣工决算投资9.47亿元,平均每公里造价3402.00万元。

3)合同段划分

(1)项目设计标段划分:土建工程设计1个标段,房建工程设计1个标段,绿化工程设计1个标段,机电工程设计1个标段。

(2)施工标段划分:土建工程4个标段,机电工程1个标段,房建工程3个标段,绿化工程6个标段,交通安全设施3个标段。

(3)施工监理标段划分:设1个总监办公室,4个土建工程驻地监理标段,3个房建工程监理标段,1个机电工程监理标段。

4)招投标

按照国家颁布的《中华人民共和国招标投标法》和交通部颁布的《公路工程施工招标投标管理办法》《公路工程施工招标资格预审办法》《公路工程施工招标评标办法》的要求,项目采用公开竞争性方式招标。

(1)2005年7月17日,32家土建工程施工单位通过资格预审。2005年8月10日至9月8日,评审出4家中标单位。

(2)2007年5月7日,30家路面工程施工单位通过资格预审。2007年7月9日,审出2家中标单位。

(3)2007年4月10日,28家房建工程施工单位通过资格预审。2007年6月20日,确定了3家中标单位。

(4)2007年2月13日,10家机电工程施工单位通过资格预审。2007年4月13日,确定1家中标单位。

(5)2007年4月11日,18家交通安全设施工程施工单位通过资格预审。2007年5月10日,确定了3家中标单位。

(6)2007年2月5日,34家绿化工程单位通过资格预审。2007年3月20日,确定了6家中标单位。

5)征地拆迁情况

征地面积为2744.8815亩。拆迁房屋23896 m^2,拆迁占地费用共计20317.61万元。

2.项目实施阶段

1)实施过程

(1)主线土建工程于2005年6月,2006年11月20日完工。

(2)房建工程于2007年5月开工,2007年7月完工。

(3)机电工程于2007年7月20日开工,2007年11月5日完工。

(4)交通安全设施工程于2007年7月开工,2007年9月完工。

(5)绿化工程于2007年4月开工,2007年9月完工。

(6)2007年9月28日,进行了交工验收,得分为96.7分,工程质量评定为合格工程。

(7)2001年1月,进行质量鉴定,工程质量鉴定得分为92.60分,工程质量鉴定等级评为优良。

2)重大决策

(1)盐洛高速公路许昌段公路开工以来,围绕强化队伍管理,提高工程建设质量,积极探索高速公路建设和管理的新路子,在项目建设中提出了争创"十无"目标,即:安全无事故、质量无缺陷、进度无延期、环境无污染、廉政无案件、管理无漏洞、企业无违规、办公无杂乱、职工无抱怨、施工无投诉;对项目公司和监理单位提出了"十字"工作准则,即:监督、检查、协调、指导、服务。

(2)项目建设过程中,项目公司严格执行国家基本建设程序,遵守国家各项法律法规、规章制度,建立健全内部组织机构,并选调政治素质、业务素质等方面过硬的专业技术人员,明确其任务职责和工作标准,在人员少、任务重的情况下积极、稳妥地开展各项工作。

(3)为了保证路面结构层质量,切实提高路面平整度,项目公司成立了路面质量及平整度控制领导小组,并建立质量控制组织机构,坚决贯彻执行省交通厅《关于进一步提高路面平整度质量的通知》精神,下发《各处室联系督导各路面施工单位路面平整度的通知》至各施工单位,把平整度指标层层分解到人。

(三)运营养护管理

1. 组织架构

该项目运营管理单位为河南高速公路发展有限责任公司禹登分公司,经营管理实行公司董事会领导下的总经理负责制,下设有办公室、财务科、路产科、养护科等科室部门。

2. 服务设施

下辖鄢陵南服务区1处,见表8-5-8。

G1516盐洛高速公路许昌段服务场区一览表　　　　表8-5-8

高速公路编码	服务区名称	桩号	所在区域	占地(m^2)	建筑面积(m^2)
G1516	鄢陵南服务区	K198+893	鄢陵县大马乡	54000	4360.00

3. 收费设施

下设鄢陵南收费站1处。鄢陵南收费站有3个出口、2个入口,共5条通行车道,见表8-5-9。

G1516盐洛高速公路许昌段收费设施一览表　　　　表8-5-9

收费站名称	桩号	入口车道数		出口车道数	
		总车道	ETC车道	总车道	ETC车道
鄢陵南收费站	K206+487	2	0	3	1

4. 监控设施

设置监控中心1个,负责盐洛高速公路许昌段全县区域的运营监管。

5. 养护管理

日常养护项目部负责盐洛高速公路许昌段全线路基、路面、桥涵、交通安全设施和绿化日常养护,并严格执行相关行业标准及禹登分公司养护制度进行日常保养保洁工作。

1) 路面维修工程

中修工程:2015年为许昌段高速公路通车8年,以迎国检为契机,为保证许昌段高速公路路面行驶的安全、畅通,许昌段高速公路2015年投入240余万元对桥头跳车、路面车辙等病害进行了专项治理。

2) 桥梁检测、维修加固

根据省交通厅及主管部门规范标准及公司制度,每2年委托检测单位对全线桥涵结构物进行定期检测,及时掌握全线桥涵结构物的技术状况及病害情况,作为桥涵维修保养的制定依据。根据桥梁检测结果,对全线路段内发现的三类桥涵进行维修加固。

3) 沿线设施的提升、改造

根据豫交办文〔2008〕37号文和省交通厅、省高发公司的有关文件要求,2008年10月~2009年12月对盐洛高速许昌至扶沟段进行交通标志整改专项工程,并于2010年6月对禹登分公司的标牌整改工作进行了大力宣传,收集和采纳各种好的整改建议并实施整改。

4) 新材料、新技术研发

(1) 路面除雪融冰技术:引进"环保型融冰雪路面涂层"技术,其主要原理是:使用黏结材料将一种温控智能型的融雪物质附着在路面表面。在低温雨雪天气条件下,涂层能融化路面积雪,并使路表面无法结冰,恢复路面抗滑性。

(2) 桥梁伸缩缝麻面修复处理:引入一种新型材料"超强水泥聚合物"。该物质是在水泥路面涂抹的薄层,用以消除细微裂缝、油污和老化脱落现象,使其焕然一新。具有黏结性好、耐磨性好、耐久性强、防水、防腐性强、施工简单、容易操作、干燥养护时间短等特点,可用以修补和保护各种不同的路面。

四、G1516 盐洛高速公路许昌东互通立交至孙刘赵互通式立交段

G1516盐洛高速公路许昌东互通立交至孙刘赵互通式立交段,里程桩号为K225+059~K239+063,路段长14.004km,与S83兰南高速公路尉氏至许昌段共线,此项目将在本章第二十五节中介绍。

五、G1516 盐洛高速公路孙刘赵互通式立交至盐洛/许广互通段

G1516盐洛高速公路孙刘赵互通式立交至盐洛/许广互通段,里程桩号为K239+063~K252+664,路段长13.601km,与S83兰南高速公路许昌至南阳段共线,此项目将在本章第二十五节中介绍。

六、G1516 盐洛高速公路许昌至禹州段

(一)项目概况

1. 基本情况

1) 功能定位

盐洛高速公路许昌至禹州段东起许昌榆林乡东北,自东向西横穿禹州市全境,终点位于禹州市郭连乡,全长39.07km。该项目对完善河南省高速公路网布局,减轻连霍、京港澳两条国道主干线交通压力,提高运输整体效益,加快区域经济发展,推动沿线资源开发利用具有重要意义。

2) 技术标准

全封闭、全立交、双向四车道;设计行车速度:120km/h;路基宽度:28m;桥梁净宽:2×12.75m;桥涵设计荷载标准:汽车—超20级,挂车—120;路面设计标准轴载:BZZ-100;路面:收费广场和服务区广场采用水泥混凝土路面,其他采用沥青混凝土路面;路面结构:主线为4cm改性沥青碎石混合料(SMA-13C)+6cm中粒式沥青混凝土(AC-20I)+8cm粗粒式沥青混凝土(AC-25I)+1cm乳化沥青石屑下封层+36cm水泥稳定碎石基层+20cm水泥石灰稳定土底基层;设计使用年限:设计以双轮组单轴轴载100kN为标准轴载,沥青混凝土路面设计计算年限为15年,水泥混凝土路面设计计算年限为30年。

3) 建设规模

主要工程量:路基土方626.7万m^3,路面124.8万m^2;全线设匝道收费站2处,停车区1处;管理、养护、停车区、监控房屋建筑面积9297.28m^2;表8-5-10为G1516盐洛高速公路许昌至禹州段桥梁一览表。

G1516盐洛高速公路许昌至禹州段桥梁一览表　　　　表8-5-10

规模	名称	桥长(m)	主跨长度(m)	跨越障碍物			桥梁类型
				河流	沟谷	道路、铁路	
大桥	靳庄分离式立交	557.2	25			√	简支梁桥
	南水北调大桥	182.08	35	√			简支梁桥
	颍汝灌渠大桥	160.08	35	√			简支梁桥
	小泥河中桥	101.08	16	√			简支梁桥
	郑石枢纽式互通式立交被交道桥	107.22	25			√	简支梁桥
中桥	许昌西互通式立交被交道桥	80.08	35			√	简支梁桥
	分离式立交	80.08	35			√	简支梁桥
	禹州北互通式立交被交道桥	65.08	20			√	简支梁桥
	岗头李分离式立交	57.04	20			√	简支梁桥

续上表

规模	名 称	桥长（m）	主跨长度（m）	跨越障碍物			桥梁类型
				河流	沟谷	道路、铁路	
中桥	中桥	53.04	16			√	简支梁桥
	郑门分离式立交	53.04	16			√	简支梁桥
	分离式立交	53.04	16			√	简支梁桥
	长店沟中桥	53.04	16			√	简支梁桥
	洗眉河中桥	53.04	16	√			简支梁桥
	孙庄分离式立交	40.04	16			√	简支梁桥
	大任分离式立交	37.04	16	√			简支梁桥

4) 主要控制点

许昌市（许昌市、禹州市）。

5) 地形地貌

项目区域属伏牛山前斜地的前沿，地面高程由70m上升至157m，低岗、洼地相间，岗洼地面高程均是逐渐抬高。岗洼均为剥蚀型，地面坡5°~15°。

6) 投资规模

概算投资13.31亿元，竣工决算投资13.01亿元，平均每公里造价3329.92万元。

7) 开工及通车、竣工时间

2005年4月开工建设，2007年12月交工通车，2012年7月完成竣工验收。

2. 参建单位主要情况

(1) 建设单位：山东高速集团河南许禹公路有限公司、许昌瑞华高速公路建设有限公司（前期）。

(2) 设计单位：上海市政工程设计研究院。

(3) 质量监督单位：河南省交通基本建设质量检测监督站。

(4) 监理单位：西安方舟工程咨询有限责任公司。

(5) 土建施工单位：岳阳市公路桥梁基建总公司、山西远方路桥（集团）有限责任公司、中国地质工程集团公司、中铁十一局第四工程有限公司。

(6) 路面施工单位：山东省路桥集团有限公司、开封通达公路工程有限公司。

(7) 房建施工单位：山东诚祥建安集团有限公司、菏泽市岳程建筑工程有限公司。

(8) 绿化施工单位：山东路桥绿化有限公司、许昌江北花木有限公司。

(9) 交通安全设施施工单位：山东省路桥集团有限公司。

(10) 交通机电施工单位：紫光捷通科技股份有限公司。

(二)建设情况

1. 项目准备阶段

1）项目审批文件

2003年7月8日，河南省发展计划委员会对许昌至登封高速公路许昌至禹州段项目建议书进行了批复，文号为豫计基础〔2003〕1122号。2003年12月6日，河南省发展计划委员会对该项目的"工程可行性研究报告"进行了批复，文号为豫计基础〔2003〕2244号。2004年4月15日，河南省国土资源厅对压覆矿产资源报告进行了批复，文号为豫国土资函〔2004〕122号。2004年3月31日，河南省地震局对该项目"地震安全性评价工作报告"进行了批复，文号为豫震评〔2004〕31号。2004年4月20日，发展和改革委员会对该项目的"工程初步设计"进行了批复，文号为豫发改办〔2004〕707号。2004年7月19日，河南省环境保护局对环境影响报告表进行了批复，文号为豫环监表〔2004〕90号21号。2004年11月16日，河南省交通厅对该项目的"工程施工图设计"进行了批复，文号为豫交计〔2004〕375号。2004年12月16日，河南省水利厅对该项目的水土保持方案进行了批复，文号为豫水土〔2004〕57号。2009年9月10日，国土资源部批准了该项目的建设用地，文号为国土资函〔2004〕296号。

2）资金筹措

概算总投资为13.63亿元，由于许昌西互通未实施，扣减相应的费用3185万元，调整后概算13.31亿元。项目资本金4.42亿元为建设单位自有资金，剩余8.58亿元申请国内银行贷款。

3）合同段划分

（1）项目设计标段划分：土建工程设计1个标段，房建工程设计1个标段，绿化工程设计1个标段，机电工程设计1个标段。

（2）施工标段划分：土建工程4个标段，路面工程2个标段，机电工程1个标段，房建工程2个标段，绿化工程2个标段，交安设施2个标段。

（3）施工监理标段划分：土建4个标段，路面、交安、房建、绿化各2个标段，机电工程1个标段。

4）招投标

按照国家颁布的《中华人民共和国招标投标法》和交通部颁布的《公路工程施工招标投标管理办法》《公路工程施工招标资格预审办法》《公路工程施工招标评标办法》的要求，该项目采用公开竞争性方式招标。

（1）勘察设计招标由原项目法人完成，并签署合同，后随项目法人变更设计合同，随着移交。

(2)土建工程、施工监理招标由原项目法人完成,并签署合同,后随项目法人变更合同,随着移交。

(3)项目所有工程均采用公开招标、资格预审的方式,确定施工及监理单位。路面交通安全设施工程 2006 年 10 月招标完毕;房建工程 2007 年 5 月招标完毕,绿化工程 2007 年 5 月招标完毕;机电工程 2007 年 8 月招标完毕。

5)征地拆迁情况

项目征地面积为 4742.745 亩。拆迁房屋 23040.4 m^2,拆迁占地费用共计 1.5 亿元。

2. 项目实施阶段

1)实施过程

(1)主线土建工程于 2005 年 7 月 2 日开工,2007 年 10 月完工。

(2)房建工程于 2006 年 11 月开工,2007 年 11 月完工。

(3)机电工程于 2006 年 11 月开工,2007 年 11 月完工。

(4)交通安全设施工程于 2006 年 11 月开工,2007 年 11 月完工。

(5)绿化工程于 2006 年 11 月开工,2007 年 11 月完工。

(6)2007 年 11 月 23 日,河南省交通基本建设质量检测监督站组织专家对盐洛高速公路许禹段进行了交工验收。该工程项目得分为 92.6 分,质量等级均为优良。

(7)2009 年 12 月,对许昌至禹州高速公路进行了质量鉴定。工程项目得分为 92.6 分,质量鉴定等级评为优良。

2)重大决策

(1)为了确保完成工程建设计划目标,在保证工程质量的前提下合理安排工期,采取了方方面面的措施,督促施工单位加快施工进度,确保项目总体进度目标的实现,开展了"大干六十天"(图 8-5-5)、"金秋大干九十天""大干一百二十天,确保许禹高速公路按期

图 8-5-5 "大干六十天"现场会

通车"等活动,制订详细的月计划、旬计划进度目标,并进行严格的考核;对完成目标的给予一定的经济奖励,对不能完成的给予处罚,并责令其分析原因、查找原因,采取措施,在下旬的计划进度中完成。

(2)采取缩短计量时限,提前借支工程款等措施,对施工单位提供大力的资金支持;以督促其加大投入,保证工程进度。对履约能力极差,确实没有能力完成其合同义务,严重威胁到了项目建设整体目标的实现,采取强制分割等强制措施,强行分包给施工能力强的合同段来完成,以确保工程进度目标的实现。

(三)科技创新

为提高路面结构层整体强度,特别是改善普通沥青混凝土的一些常见的病害,对该项目沥青混凝土路面下面层和中面层采用了天然岩改性沥青,天然岩改性沥青不但可以提高沥青混凝土的高温稳定性,增加路面抗车辙能力,而且也能提高低温抗裂性,延长路面使用年限。

(四)运营养护管理

1. 组织架构

该项目运营管理单位为山东高速公路集团、河南许禹许亳公路有限公司,下设综合部门四个,分别为综合事务部、党群工作部、计划财务部、运营管理部,辖养护所1个、路政大队1个、信息管理中心1个及收费站2个(许禹段许昌西、禹州北收费站)。

2. 服务设施

下辖郭店服务区1处,见表8-5-11。

G1516 盐洛高速公路许昌至禹州段服务场区一览表　　表8-5-11

高速公路编码	服务区名称	桩号	所在区域	占地(m²)	建筑面积(m²)
G1516	郭店停车区	K264+310	许昌市灵井镇郭店村	39619.8	2596.3

3. 收费设施

下设许昌西和禹州北2个收费站。许昌西收费站有5个出口、3个入口,共8条通行车道;禹州北收费站有6个出口、3个入口,共9条通行车道,见表8-5-12。

G1516 盐洛高速公路许昌至禹州段收费设施一览表　　表8-5-12

收费站名称	桩号	入口车道数		出口车道数	
		总车道	ETC车道	总车道	ETC车道
许昌西收费站	K264+958	3	1	5	1
禹州北收费站	K290+354	3	1	6	1

4.监控设施

设置监控中心 1 个,负责许禹路沿线及收费站区域的运营监管。

5.养护管理

公司日常养护单位负责许禹高速公路全线路基、路面、桥涵、交通安全设施和绿化日常养护,并严格执行相关行业标准及公司养护制度进行日常保养保洁工作。

1)路面维修工程

预防性养护工程:2011 年采用 STAR SEAL SUPREME 沥青路面保护剂对桥面铺装层做防水处理,工程量 50000m²。

2013 年对路面裂缝、桥头跳车及路面车辙等进行了微表处及路面挖补预防性养护施工,工程量 193275m²。

2014 年对路面裂缝、桥头跳车及路面车辙等进行了微表处预防性养护施工,工程量 195800m²。

2015 年对路面裂缝、桥头跳车及路面车辙等进行了微表处及路面挖补预防性养护施工,完成挖补 577.53m³,微表处 16577.72m²。

2)桥梁检测、维修加固

根据省交通厅及主管部门规范标准及公司制度,每 3 年委托检测单位对全线桥涵结构物进行定期检测,及时掌握技术状况及病害情况,作为桥涵维修保养的依据。

3)沿线设施的提升、改造

为增设 ETC 车道,同时确保车辆通行畅通,2014 年对许昌西收费站进行了车道扩容工程施工,增加 3 条收费车道。

七、G1516 盐洛高速公路禹州至登封段

(一)项目概况

1.基本情况

1)功能定位

盐洛高速公路禹州至登封段起点接许昌至禹州高速公路终点,向西经过禹州市、登封市,在登封的程堂村附近与郑州至少林寺高速公路互通,全长 48.380km,其中禹州境 26.32km、登封境内 22.06km。该项目对加快区域经济发展,推动沿线资源开发利用,完善河南省干线公路网布局,减轻连霍、京港澳两条国道主干线交通压力具有重要意义。

2)技术标准

全封闭、全立交、双向四车道;设计行车速度:100/120 km/h;路基宽度:28.5m;桥梁

净宽:2×12.794m;桥涵设计荷载标准:汽车—超20级,挂车—120;路面设计标准轴载:BZZ-100;路面:收费广场和服务区广场采用水泥混凝土路面,其他采用沥青混凝土路面;路面结构:主线为4cm中粒式改性沥青混凝土+6cm中粒式改性沥青混凝土+8cm粗粒式沥青混凝土+36cm水泥稳定碎石基层+16cm水泥石灰稳定碎石底基层;设计使用年限:按长寿命路面设计,使用年限为50年。

3)建设规模

主要工程量:路基土石方1457.75万 m³;设服务区1处,停车区1处,收费站3处;表8-5-13为G1516盐洛高速公路禹州至登封段桥梁一览表。

G1516盐洛高速公路禹州至登封段桥梁一览表 表8-5-13

规模	名 称	桥长(m)	主跨长度(m)	跨越障碍物			桥梁类型
				河流	沟谷	道路、铁路	
大桥	下宋河大桥	232	225	√			简支梁桥
	书堂河大桥	132	125	√			简支梁桥
	龙潭河大桥	182	175	√			简支梁桥
	磨河大桥	132	125	√			简支梁桥
	白佛张大桥	135.08	120		√		简支梁桥
	南寨大桥	107	100	√			简支梁桥
	二龙山大桥	307	300	√			简支梁桥
	白沙水库大桥	532	525	√			简支梁桥
	青石沟大桥	485.16	480	√			简支梁桥
	石淙河大桥	125.08	120	√			简支梁桥
中桥	中桥	31.04	26		√		简支梁桥
	中桥	25.04	20		√		简支梁桥
	犊水河中桥	53.04	48	√			简支梁桥
	中桥	44.04	39		√		简支梁桥
	中桥	53.04	48	√			简支梁桥
	中桥	85.04	80	√			简支梁桥
	中桥	44.04	39		√		简支梁桥
	中桥	31.04	26	√			简支梁桥
	中桥	53.04	48	√			简支梁桥
	小北干渠中桥	37.04	32	√			简支梁桥
	中桥	85.04	80		√		简支梁桥
	中桥	37.04	32		√		简支梁桥
	中桥	44.04	39		√		简支梁桥
	北干渠中桥	44.04	39	√			简支梁桥
	水泉沟中桥	85.04	80	√			简支梁桥

续上表

规模	名称	桥长(m)	主跨长度(m)	跨越障碍物			桥梁类型
				河流	沟谷	道路、铁路	
中桥	中桥	37.04	32		√		简支梁桥
	中桥	65.04	60		√		简支梁桥
	黑鹿沟中桥	89.54	80		√		简支梁桥

4)主要控制点

禹州市、登封市。

5)地形地貌

路线在大地构造单元上处于华北地层区西南部,其地层属于华北地层区,按中南地层区划属于豫西分区的嵩山、箕山小区,该段区域内太古界、元古界、古生界、新生界均有出露。沉积岩、岩浆岩、变质岩三大岩类齐全。地壳具有明显的双层结构。基底由太古界、下元古界组成,以古老的变质岩即片麻岩或结晶片岩为特征。盖层由中元古界三叠系组成,属稳定的海相—海陆过渡相—陆相沉积岩。三叠系以后侧属于地台阶段的山间盆地或断陷盆地沉积。该区西半部基底有古老的岩浆岩侵入。区内地质构造基底以断裂为主,褶皱次之。在漫长的地质发展过程中,该地区地壳活动频繁,岩浆岩活动较强烈,地质构造复杂,岩石变质有浅有深。

6)投资规模

概算投资20.83亿元,竣工决算投资21.78亿元,平均每公里造价4501.00万元。

7)开工及通车、竣工时间

2005年6月开工建设,2007年10月交工通车,2014年7月完成竣工验收。

2.参建单位主要情况

(1)建设单位:河南禹州至登封高速公路有限公司。

(2)设计单位:河南省交通规划勘察设计院。

(3)质量监督单位:河南省交通基本建设质量检测监督站。

(4)监理单位:黑龙江省公路工程监理咨询公司。

(5)土建施工单位:中国新兴建设开发总公司、路桥集团第一公路工程局第五工程公司、中铁二十局集团有限公司、中铁十五局集团有限公司、中铁三局集团第二工程有限公司、二公局(洛阳)第四工程处、中铁二局股份有限公司、中铁十一局第四工程公司。

(6)路面施工单位:山西平阳路桥有限公司、河南省公路工程局集团有限公司、路桥集团公路一局五公司、山东通达路桥工程有限公司。

(7)房建施工单位:河南绿城建设工程有限公司、河南中大建设工程有限公司、郑州建安建筑工程有限公司、河南天桥建设工程公司、河南省广厦建设工程有限公司、周口市建设工程有限公司。

（8）绿化施工单位：鄢陵县鑫隆园林绿化工程有限公司、河西林场三门峡城建苗圃、杭州萧山振大园林绿化有限公司、杭州天开市政园林工程有限公司、河南农业大学园林艺术工程公司、河南省绿色工程有限公司、驻马店市支点园林工程有限公司、许昌江北花木有限公司、河南省益春园实业发展有限公司、濮阳市绿城园林建设工程有限公司、郑州绿元风景园林有限公司、洛阳市公路绿化工程处。

（9）交通安全设施施工单位：南京华路公路设备工程有限公司、北京驿顺达路桥养护工程有限公司、山西交研科学实验工程有限公司、南通市兴路交通工程有限公司、河南路桥建设集团有限公司。

（10）交通机电施工单位：漯河市环城电力安装工程有限公司、驻马店市华宇电力实业有限公司、陕西公路交通科技开发咨询公司。

（二）建设情况

1. 项目准备阶段

1）项目审批文件

2003年7月8日，河南省发展计划委员会对禹州至登封高速公路项目建议书进行了批复，文号为豫计基础〔2003〕1123号。2003年12月31日，河南省发展计划委员会对禹州至登封高速公路工程的可行性研究报告进行了批复，文号为豫计基础〔2003〕2471号。2004年4月20日，河南省发展和改革委员会对禹州至登封高速公路工程初步设计进行了批复，文号为豫发改办〔2004〕706号。2004年7月19日，河南省环境保护局对禹州至登封高速公路工程的环境影响报告进行了批复，文号为豫环监表〔2004〕91号。2004年8月2日，河南省国土资源厅对禹州至登封高速公路禹州段的工程建设用地进行了批复，文号为豫国土资函〔2004〕350号。2004年8月12日，河南省国土资源厅对禹州至登封高速公路登封段的工程建设用地进行了批复，文号为豫国土资函〔2004〕380号。2007年1月11日，河南省交通厅对禹州至登封高速公路工程的施工图设计进行了批复，文号为豫交计〔2007〕10号。

2）资金筹措

概算总投资为20.83亿元，其中35%为建设单位自有资金，其余65%为工商银行贷款。

3）合同段划分

（1）设计标段划分：土建工程设计1个标段，房建工程设计1个标段，绿化工程设计1个标段，机电工程设计1个标段。

（2）施工标段划分：根据工程内容的不同，土建工程8个标段，机电工程1个标段，房建工程6个标段,绿化工程12个标段,交通安全设施6个标段。

(3)施工监理标段划分:根据工程内容设1个总监办公室,8个土建工程驻地监理标段,6个房建工程监理标段,1个机电工程监理标段。

4)招投标

按照国家颁布的《中华人民共和国招标投标法》和交通部颁布的《公路工程施工招标投标管理办法》《公路工程施工招标资格预审办法》《公路工程施工招标评标办法》的要求,该项目采用公开竞争性方式招标。

(1)2005年7月17日,有53家土建工程施工单位通过资格预审,参加该项目主线土建工程7个合同段的投标。

(2)2005年8月10日~9月8日进行公开开标,由河南高速公路发展有限责任公司、许昌瑞华高速公路建设有限公司等单位组成评标委员会评审出8家中标单位。

(3)2007年2月5日,63家绿化工程单位通过资格预审。2007年3月20日,确定了12家中标单位。

(4)2007年2月13日,6家机电工程施工单位通过资格预审。2007年4月13日,确定1家中标单位。

(5)2007年4月10日,40家房建工程施工单位通过资格预审。2007年6月20,确定了6家中标单位。

(6)2007年4月11日,39家交通安全设施工程施工单位通过资格预审。2007年5月10日,确定了6家中标单位。

(7)2007年5月7日,37家路面工程施工单位通过资格预审。2007年7月9日,确定了4家中标单位。

5)征地拆迁情况

征地面积为6095.62亩。其中经营性用地占地4.9401hm^2,由当地人民政府以有偿方式供地。改路改渠用地4.6027hm^2交由当地人民政府规划和设计合理安排使用。拆迁房屋63974 m^2,拆迁占地费用共计18937.61万元。

2. 项目实施阶段

1)实施过程

(1)主线土建工程于2005年6月,2006年11月20日完工。

(2)房建工程于2007年5月开工,2007年7月完工。

(3)机电工程于2007年7月20日开工,2007年11月5日完工。

(4)交通安全设施工程于2007年7月开工,2007年9月完工。

(5)绿化工程于2007年4月开工,2007年9月完工。

(6)2007年9月28日,河南省交通基本建设质量检测监督站组织专家对盐洛高速禹登段进行了交工验收。整个工程项目得分为98.2分,质量等级为合格。

(7)2010年1月,进行了质量鉴定,鉴定认为禹州至登封高速公路经过3年多的试运营各项指标满足要求。工程质量鉴定得分为92.40分,质量鉴定等级评为优良。

2)重大决策

(1)禹州至登封高速公路开工以来,围绕强化队伍管理,提高工程建设质量,积极探索高速公路建设和管理的新路子,在项目建设中提出了争创"十无"目标,即:安全无事故、质量无缺陷、进度无延期、环境无污染、廉政无案件、管理无漏洞、企业无违规、办公无杂乱、职工无抱怨、施工无投诉;对项目公司和监理单位提出了"十字"工作准则,即:监督、检查、协调、指导、服务。

(2)项目建设过程中,项目公司严格执行国家基本建设程序,遵守国家各项法律法规、规章制度,建立健全内部组织机构,并选调政治素质、业务素质等方面过硬的专业技术人员,明确其任务职责和工作标准,在人员少、任务重的情况下积极、稳妥地开展各项工作。

(3)为了保证路面结构层质量,切实提高路面平整度,项目公司成立了路面质量及平整度控制领导小组,并建立质量控制组织机构,坚决贯彻执行省交通厅《关于进一步提高路面平整度质量的通知》精神,下发《各处室联系督导各路面施工单位路面平整度的通知》至各施工单位,把平整度指标层层分解到人。

3)设计变更

采空区3号标对刘碑寺停车区铝土矿采空区进行治理。刘碑寺停车区场区占地120亩,2006年雨季场区原地面出现明显塌陷,后经设计单位钻探勘察,证实为铝土矿采空区。为保证场区建筑和停车场安全,对采空区进行注浆治理 YDMCZBG-NO3-01号变更。

(三)运营养护管理

1.组织架构

该项目运营管理单位为河南高速公路发展有限责任公司禹登分公司,实行省公司董事会领导下的总经理负责制,下设办公室、财务科、路产科、养护科等科室部门。

2.服务设施

下辖禹州西服务区1处,见表8-5-14。

G1516盐洛高速公路禹州至登封段服务场区一览表　　表8-5-14

高速公路编码	服务区名称	桩　　号	所在区域	占地(m²)	建筑面积(m²)
G1516	禹州西服务区	K301+734	禹州市王庄乡	54000	5385.00

3.收费设施

下设苌庄、宣化和卢店3个收费站。苌庄收费站有3个出口、2个入口,共5条通行车道;宣化收费站有3个出口、2个入口,共5条通行车道;卢店收费站有3个出口、2个入口,共5条通行车道,见表8-5-15。

G1516盐洛高速公路禹州至登封段收费设施一览表　　　表8-5-15

收费站名称	桩　号	入口车道数		出口车道数	
		总车道	ETC车道	总车道	ETC车道
苌庄收费站	K312+196	2	0	3	1
宣化收费站	K320+755	2	0	3	1
卢店收费站	K338+059	2	0	3	1

4.监控设施

设置监控中心1个,负责禹登段全线区域的运营监管。

5.养护管理

禹登高速公路日常养护项目部负责禹登高速公路全线路基、路面、桥涵、交通安全设施和绿化日常养护,并严格执行相关行业标准及禹登分公司养护制度进行日常保养保洁工作。

1)路面维修工程

2015年为禹登高速公路通车8年,以迎国检为契机,为保证禹登高速公路路面行驶的安全、畅通,2015年投入270余万元对程堂互通区、朝阳沟隧道进行加固维修。

2)桥梁检测、维修加固

根据省交通厅及主管部门规范标准及公司制度,每2年委托检测单位对全线桥涵结构物进行定期检测,及时掌握技术状况及病害情况,作为桥涵维修保养的依据。根据桥梁检测结果,对全线路段内发现的三类桥涵进行维修加固。

禹登高速公路石淙河大桥位于K331+817,该地段处于登封境内下伏煤矿采空区。由于区内煤矿采空区重复多次开采,冒落程度差异性大,造成该处地表沉降明显,裂缝较为发育。为此,自高速公路通车之日起,会同河南高速公路试验检测公司,持续对该桥进行不间断观测,加强了采空区地表沉降对石淙河大桥影响的监控检测工作,保证桥梁的安全运营。

3)沿线设施的提升、改造

根据豫交办文〔2008〕37号文和省交通厅、省高发公司的有关文件要求,自2008年10月～2009年12月对盐洛高速公路许昌至扶沟段、禹州至登封段进行交通标志整改专项工程,并于2010年6月对禹登分公司的标牌整改工作进行了大力宣传,收集和采纳各种好的整改建议并实施整改。

4)新材料、新技术研发

(1)路面除雪融冰技术:引进"环保型融冰雪路面涂层"技术,其主要原理是:使用黏结材料将一种温控智能型的融雪物质附着在路面表面。在低温雨雪天气条件下,涂层能融化路面积雪,并使路表面无法结冰,恢复路面抗滑性。

(2)桥梁伸缩缝麻面修复处理:引入一种新型材料"超强水泥聚合物"。该物质是在水泥路面涂抹的薄层,用以消除细微裂缝、油污和老化脱落现象,使其焕然一新。具有黏结性好,耐磨性好、耐久性强、防水、防腐性强;施工简单,容易操作,干燥养护时间短等特点,可用以修补和保护各种不同的路面。

八、G1516盐洛高速公路程堂西侧至登封韩村段

因2015年高速公路命名和编号调整,S85郑少高速公路程堂西侧至登封韩村,路段长3.179km,并入G1516盐洛高速公路,里程桩号为K340+114~K343+293,此项目将在本章第二十六节中介绍。

九、G1516盐洛高速公路少林寺至洛阳段

(一)项目概况

1. 基本情况

1)功能定位

盐洛高速公路少林寺至洛阳段起于登封市韩村东,与郑少高速公路终点顺接,止于伊川县昌营村西北,与洛阳西南环城高速公路相连,全长58.229km。该项目襟带嵩岳,俯首伊阙,对完善区域路网布局,缓解连霍高速公路交通压力,促进豫西地区旅游、经济发展具有重要意义。

2)技术标准

全封闭、全立交、双向四车道;设计行车速度:100km/h;路基宽度:26m;桥梁净宽:2×11.25m;桥涵设计荷载标准:汽车—超20级,挂车—120;路面设计标准轴载:BZZ-100;路面:除收费站广场为水泥混凝土路面外,其余均为沥青混凝土路面;路面结构:主线路面结构为20cm厚二灰稳定土底基层+33cm厚水泥稳定碎石基层+沥青表处封层(单层式)+8cm厚粗粒式沥青混凝土(AC-25Ⅰ)+6cm厚中粒式沥青混凝土(AC-20Ⅰ)+4cm厚粒式沥青混凝土抗滑层(AK-16A);设计使用年限:按长寿命路面设计,使用年限为30年。

3)建设规模

主要工程量:路基土石方总量共计848.20万m^3,沥青混凝土路面143.97万m^2;全线设服务区1处,管理分中心1处,养护工区1处,匝道收费站3处;表8-5-16为G1516盐洛高速公路少林寺至洛阳段桥梁一览表。

G1516 盐洛高速公路少林寺至洛阳段桥梁一览表

表 8-5-16

规模	名 称	桥长（m）	主跨长度（m）	跨越障碍物 河流	跨越障碍物 沟谷	跨越障碍物 道路、铁路	桥梁类型
大桥	书院河大桥	131.6	25	√			连续梁桥
	登封西跨 S207 主线桥	167.06	35			√	连续梁桥
	少林河大桥	181.60	25	√			连续梁桥
	顾家河大桥	131.6	25		√		连续梁桥
	石崖河大桥	181.60	25	√			连续梁桥
	陈家闷大桥	217.2	30	√			连续梁桥
	郑沟大桥	217.2	30	√			连续梁桥
	薛沟大桥	181.6	25	√			连续梁桥
	竹园沟大桥	157.2	30	√			连续梁桥
	水磨湾大桥	577.32	110		√		连续梁桥
	东安乐大桥	182.89	25	√			连续梁桥
	常寨大桥	182.89	25	√			连续梁桥
	蒋庄大桥	131.6	25	√			连续梁桥
	花园大桥	337.67	30	√			连续梁桥
	程村大桥	277.72	30	√			连续梁桥
	遵王大桥	131.82	25	√			连续梁桥
	苏村大桥	156.6	25	√			连续梁桥
	王化沟大桥	307.79	30	√			连续梁桥
	石佛寺大桥	217.68	30	√			连续梁桥
	邢上河大桥	127.44	30	√			连续梁桥
	袁庄大桥	156.6	25	√			连续梁桥
	曲河大桥	157.6	30	√			连续梁桥
	东一干渠大桥	324	35	√			连续梁桥
	马蜂沟大桥	128.44	30	√			连续梁桥
中桥	四里河中桥	84.28	16	√			连续梁桥
	宋家沟中桥	64.78	20	√			连续梁桥
	陈家窑中桥	84.78	20	√			连续梁桥
	北街中桥	64.78	20	√			连续梁桥
	李洼中桥	81.6	25	√			连续梁桥
	李寨中桥	97.25	30		√		连续梁桥

4）主要控制点

登封市（君召乡）、洛阳市（吕店乡、伊川县）。

5）地形地貌

项目位于河南省中西部，属豫西低山丘陵区的一部分，其北紧邻嵩山山脉，该山脉地形陡峻,地面高程 500~800m,最高海拔高程 1512.4m(九朵莲花山),属中山地貌,路线沿山前面经过,所经地区主要为嵩山南山麓山前洪坡积岗地区。

6)投资规模

概算投资 18.67 亿元,竣工决算投资 18.08 亿元,平均每公里造价 3077.658 万元。

7)开工及通车、竣工时间

2003 年 3 月开工建设,2005 年 8 月交工通车,2008 年 5 月完成竣工验收。

2. 参建单位主要情况

(1)建设单位:河南省少林寺至洛阳高速公路有限责任公司。

(2)设计单位:中交第一公路勘察设计研究院。

(3)质量监督单位:河南省交通基本建设质量检测监督站。

(4)监理单位:湖南金路工程咨询监理有限公司、北京泰克华诚技术信息咨询有限公司、河南华冠工程咨询有限公司。

(5)土建施工单位:郑州市公路工程公司、许昌公路工程建设总公司、中铁十九局集团有限公司、路桥集团第一公路工程局、河南省交通公路工程局、北京城建集团有限责任公司、中国路桥(集团)总公司。

(6)路面施工单位:许昌公路工程建设总公司、中铁十九局集团第二工程有限公司、路桥集团第一公路工程局。

(7)房建施工单位:郑州市正岩建设有限公司、河南建筑工程总公司。

(8)绿化施工单位:湖南金驰园林绿化有限公司、灵宝市三宝园林绿化工程有限责任公司、河南省交通园林绿化工程有限公司、郑州怡景园林工程有限公司、潢川县三星园林产业有限责任公司、许昌市苑兴园林工程有限公司、河南大红园林工程有限公司、鄢陵县花木盆景园。

(9)交通安全设施施工单位:河南路桥发展建设总公司、苏州市安泰交通安全设施工程有限公司、无锡市中路交通工程有限公司、北京华纬交通工程公司。

(10)交通机电施工单位:江苏安防科技有限公司。

(11)伸缩缝工程施工单位:衡水丰泽工程橡胶科技开发有限公司、江苏华东路桥构件科技有限公司。

(二)建设情况

1. 项目准备阶段

1)项目审批文件

2002 年 3 月 19 日,河南省发展计划委员会对《关于少林寺至洛阳高速公路项目建议书》进行了批复,文号为豫计基础〔2002〕286号。2002年7月4日,河南省发展计划委员会对《关于少林寺至洛阳高速公路可行性研究报告的批复》进行了批复,文号为豫计基础〔2002〕804号。2002年9月8日,河南省发展计划委员会对《关于少林寺至洛阳高速公路工程初步设计的批复》进行了批复,文号为豫计设计〔2002〕1129号。2003年1月29日,河南省交通厅对《关于少林寺至洛阳高速公路施工图设计的批复》进行了批复,文号为豫交计〔2003〕96号。2003年7月23日,中华人民共和国国土资源部对《关于少林寺至洛阳高速公路工程建设用地》进行了批复,文号为国土资源〔2003〕252号。

2)资金筹措

概算总投资为18.6682亿元,其中35%为建设单位自有资金,其余65%为银行贷款。

3)合同段划分

(1)设计标段划分:土建工程设计1个标段,房建工程设计1个标段,绿化工程设计1个标段,机电工程设计1个标段。

(2)施工标段划分:根据工程内容的不同,土建工程7个标段,机电工程1个标段,房建工程2个标段,绿化工程8个标段,交通安全设施4个标段,伸缩缝工程2个标段。

(3)施工监理标段划分:根据工程内容土建及绿化设1个总监办公室,7个土建工程驻地监理标段;1个房建工程监理;1个机电工程监理。

4)招投标

按照国家颁布的《中华人民共和国招标投标法》和交通部颁布的《公路工程施工招标投标管理办法》《公路工程施工招标资格预审办法》《公路工程施工招标评标办法》的要求,该项目采用公开竞争性方式招标。

(1)2002年10月,通过资格预审的71家施工单位参加了该项目的竞标。于2002年11月12日与中标施工单位和监理单位签订合同协议书。

(2)进行路面工程、机电工程、交通安全设施工程、标线工程、伸缩缝工程、房建工程和绿化工程的施工招标与机电和房建两个工程的监理招标。经过评审率选,选定出中标施工单位。

5)征地拆迁情况

项目建设实际征地6735.864亩,其中:登封4327.513亩,伊川2408.351亩。

2. 项目实施阶段

1)实施过程

(1)主线土建工程于2003年3月12日开工,2005年7月15日完工。

(2)房建工程于2004年11月开工,2005年7月25日完工。

(3)机电工程于2004年11月25日开工,2005年9月25日完工。

(4)交通安全设施工程于2004年11月16日开工,2005年7月20日完工。

(5)绿化工程于2005年5月开工,2005年11月完工。

(6)2005年8月,河南省交通基本建设质量检测监督站组织专家对盐洛高速公路少洛段进行了交工验收。工程质量鉴定得分为92.98分。

2)重大决策

(1)坚持重大事项集体讨论。

(2)实行"两证两卡"制度。

(3)开展"少洛杯"评比活动。

(4)建立工地巡查制度。

(5)实行监理人员末位淘汰制度。

(6)建立第三方检测制度。

(7)建立了"曝光台"制度。

(8)加强外部监督。

3)设计变更

(1)路面基层水泥稳定碎石厚度由原设计33cm变更为36cm。

(2)为确保路床填筑质量,对全线路床做了相应处理。

(3)新增征地、美化行车环境、设计数量与实际地形不符及优化设计等一些变更。

(4)护坡处理、天桥形式的变化、防护排水的改变、增加护坡浮雕等。

(5)东冯分离式立交桥由K24+220.48移至K24+600,由$3\times20m$变更为$1\times20m$。

(6)K55+684处东一干渠大桥的一侧桥台台背位于深沟路段,桥基填土高度达18m,为避免路基沉降,将东一干渠加长3跨,由原设计$5\times35m$变更为$8\times35m$。

(三)复杂技术工程

水磨湾大桥主桥采用预应力混凝土连续钢构方案,主桥跨径组成为$65+110+65=240(m)$,引桥采用30m跨径预应力混凝土连续箱梁。主桥总体结构计算采用桥梁线性综合程序GQJS8.0进行施工阶段验算和营运阶段的结构计算。具体计算内容包括成桥状态下的结构自重、预应力、活载、混凝土收缩徐变、支座强迫位移、温度变化等的计算,按最不利状态进行组合。作为全线的控制性工程水磨湾大桥的施工关键阶段,专门聘请省内外著名专家组成了少洛高速公路建设技术顾问委员会,解决工程中的技术难题。根据专家委员会的建议,及时调整了施工工艺,建立了大桥悬臂施工动态观测系统,使大桥合龙高程误差缩小为5mm,中线误差缩小为3mm,基本实现了零误差合龙,使大桥提前4个月顺利合龙,创造了同类大桥施工的新纪录。

(四)科技创新

(1)搭板采用枕梁及水泥挤密桩。处理填方路段时,结合桥头跳车现象,进行了高路堤沉降及桥头跳车处理的研究。在桥头搭板下面设立枕梁，在枕梁下面灌注混凝土桩，保证搭板不下沉，有效解决了柔性路基与刚性桥梁之间的不协调导致的桥头跳车问题。

（2）部分标段原设计图纸中底基层为二灰稳定土，针对当地缺少黏土且风化砂较多的实际情况，进行了水泥稳定山砂作底基层的课题研究，既合理利用了当地资源，又提高了基层强度和整体稳定性。

（3）在水磨湾特大桥施工过程中，进行特大桥悬臂施工动态控制技术的研究，有效解决了动态控制问题，保证了特大桥施工质量。

（4）由省公路局牵头，自主研制规范化管理系统，2004年9月开始研制，2005年4月已开始在路段试用，不到1年时间，自主创新能力显著提高，节约了大量开支。

（5）对沥青路面结构进行优化，上中面层采用改性沥青，有效地预防沥青面层高温车辙及低温裂缝的产生；面层与基层间设应力吸收层，对于基层防水和防止面层反射裂缝具有良好效果。

（6）景观设计体现绿色人文之路。少洛高速公路在景观设计上紧密结合沿途人文历史，充分体现了登封、洛阳两地深厚的中原文化底蕴。同时从天桥结构及色彩入手，做到了"一桥一景"。在标牌设计中大胆创新，采用"放光彩印旅游区标志"，做到白天清晰醒目，夜晚明亮可见。坚持科学修筑防护工程，少取路边土，努力做到显山、露水、现绿，路旁有林带，三季有花，四季常青，充分体现"旅游路"特征。

（五）运营养护管理

1. 组织架构

该项目运营管理单位为河南省交通运输厅少新管理处高速公路少洛运管中心，实行管理中心主任领导下的科室负责制，设有综合部、财务部、政工部、养护部、路政部5个部门和少林服务区。

2. 服务设施

下辖少林服务区1处，见表8-5-17。

G1516盐洛高速公路少林寺至洛阳段服务场区一览表　　表8-5-17

高速公路编码	服务区名称	桩　　号	所在区域	占地(m²)	建筑面积(m²)
G1516	少林服务区	K70+579	登封市大金店镇崔坪村	184000.00	6922.00

3. 收费设施

盐洛高速公路少林寺至洛阳段包含登封东、登封西、君召、吕店4个收费站，见表8-5-18。

G1516 盐洛高速公路少林寺至洛阳段收费设施一览表　　　表 8-5-18

收费站名称	桩号	入口车道数		出口车道数	
		总车道	ETC 车道	总车道	ETC 车道
登封东收费站	K52+707	2	0	3	1
登封西收费站	K62+310	3	1	5	1
君召收费站	K80+200	2	0	2	1
吕店收费站	K98+000	2	0	2	1

4. 监控设施

设置监控中心 1 个,负责盐洛高速公路少林寺至洛阳段的运营监管。

5. 养护管理

1) 路面维修工程

中修工程:为保证少洛高速公路路面行驶的安全、畅通,少洛高速公路 2011 年投入 291 万元对路面进行铣刨摊铺及沉陷处理,如图 8-5-6 所示。

2015 年以迎国检为契机,投入 2970 万元对少洛高速公路全线路面进行全面的维修处治。

预防性养护工程:2012 年开展含砂雾封层预防性养护工程,铺设里程 8km。

2) 桥梁检测、维修加固

根据省交通厅及主管部门规范标准及还贷中心制度,少洛高速公路每 3 年委托检测单位对全线桥涵结构物进行定期检测,及时掌握技术状况及病害情况,作为桥涵维修保养的依据。2012 年和 2015 年共投入 548 万元对桥梁病害及三类构件进行加固维修,如图 8-5-7 所示。

图 8-5-6　路面铣刨摊铺

图 8-5-7　桥梁检测

3) 沿线设施的提升、改造

为提升少洛高速公路高填方路段的行车安全性,消除安全隐患,2013 年对部分路堑边坡路段增加挡土墙,进一步保障道路行驶安全。

第六节　G35 济南至广州高速公路河南段
（商丘市梁园区至虞城县）

济广高速公路河南段位于商丘市,北起河南、山东省交界处的黄河故道,南至河南、安徽两省交界处前马屯村附近,与安徽省亳州至阜阳(省界)段高速公路相接,全长57.449km。该项目对提高河南高速公路通达能力,完善商丘市综合运输网络,发挥商丘位于豫、鲁、苏、皖4省结合部的区位优势,改善投资环境,促进区域经济发展,提高河南省与周边省份的竞争能力具有重要意义。

一、G35 济广高速公路商丘至菏泽(省界)段

(一)项目概况

1. 基本情况

1)功能定位

济广高速公路商丘至菏泽(省界)段位于商丘市北部,南起商丘至亳州(省界)高速公路商丘北互通式立交处,向北止于河南、山东省交界处的黄河故道,全长11.819km。该项目构建了商丘市铁路、高速公路、干线公路三大交通十字架,凸显了商丘市的交通区位优势,对树立商丘对外开放形象、促进区域经济发展、加快全面建设小康社会的进程具有重要意义。

2)技术标准

全封闭、全立交、双向四车道;设计行车速度:120km/h;路基宽度:28m;桥梁净宽:2×13.5m;桥涵设计荷载标准:汽车—超20级,挂车—120;路面设计标准轴载:BZZ-100kN;路面:除收费站广场为水泥混凝土路面外,其余均为沥青混凝土路面;路面结构:4cm AC-13改性沥青混凝土(上面层)+6cm AC-20沥青混凝土(中面层)+7cm AC-25粗粒石沥青混凝土(下面层)+稀释封层+20cm 6%水泥稳定碎石+16cm 5%水泥稳定碎石+18cm水泥稳定土。

3)建设规模

主要工程量:主线路基土方填方196万 m^3;设1处主线收费站,1处匝道收费站;全线还设有防撞护栏、交通标志、标线、隔离栅等设施;表8-6-1为G35济广高速公路商丘至菏泽(省界)段桥梁一览表。

4)主要控制点

商丘市、虞城县。

G35济广高速公路商丘至菏泽(省界)段桥梁一览表　　　　表8-6-1

规模	名　称	桥长(m)	主跨长度(m)	跨越障碍物 河流	跨越障碍物 沟谷	跨越障碍物 道路、铁路	桥梁类型
大桥	黄河故道大桥	428.5	30	√			桁架拱桥
中桥	刘堤圈中桥	53.04	16		√		简支梁桥
	爱民沟中桥	65.04	20		√		简支梁桥
	G105中桥	95.04	30			√	简支梁桥
	夏庄分离式立交桥	53.04	16			√	简支梁桥
	丁庄立交	65.04	20			√	简支梁桥
	土楼中桥	37.04	16	√			简支梁桥

5)地形地貌

项目所在地位于商丘市北部,地处豫东平原,地势由西北向东南微倾,地面坡降1/7000～1/5000,部分坡降可缓至1/10000,绝大部分地区地势平坦,视野辽阔,平均海拔高程30～70m。由于历史上黄河多次决口、泛滥,加之自然灾害的影响,形成众多带行、碟形洼地和滩地,此处地貌为老黄河故道高滩地,终点老黄河故道大堤保存完好。

6)投资规模

概算投资3.99198亿元,竣工决算造价3.95567亿元,平均每公里造价3287万元。

7)开工及通车时间

2003年12月开工,2006年9月28日建成通车。

2.参建单位主要情况

(1)建设单位:商丘市商亳高速公路发展有限公司。

(2)设计单位:江苏伟信工程咨询有限公司。

(3)质量监督单位:河南省交通基本建设质量检测监督站。

(4)监理单位:江苏伟信工程咨询有限公司。

(5)土建施工单位:河南路桥建设发展总公司、中铁十四局集团有限公司、中铁十局集团有限公司。

(6)路面施工单位:河南路桥建设发展总公司。

(7)房建施工单位:浙江金华第一建筑安装工程有限公司、商丘市建筑安装工程总公司、河南中凯建设工程有限公司、山东康桥交通科技有限公司。

(8)绿化施工单位:河南菁华生物工程有限公司、潢川县紫红花木草坪有限责任公司。

(9)交通安全设施施工单位:山西交研科学实验工程有限公司、武安市安全设备有限公司。

(10)交通机电施工单位:中咨泰克交通工程有限公司、虞城县豫中电力安装有限公司、常州市横山桥电力工程有限公司。

（二）建设情况

1. 项目准备阶段

1）项目审批文件

2003年6月5日,河南省发展计划委员会对《商丘至济宁（省界）高速公路项目建议书》进行了批复,文号为豫计基础〔2003〕936号。2003年10月15日,《关于商丘至济宁（省界）高速公路工程可行性研究报告的批复》,文号豫计基础〔2003〕1789号。2003年12月19日,《关于商丘至菏泽（省界）高速公路初步设计的批复》文号为豫计设计〔2003〕1478号。2004年3月11日,《关于商丘至菏泽（省界）施工图设计的批复》,文号为豫交计〔2004〕60号。

2）资金筹措

项目概算总投资为39919.8万元,其中35%由项目法人负责向股东筹措,其余65%由项目法人申请国内银行贷款。

3）合同段划分

（1）设计标段划分:1个设计标段。

（2）施工标段划分:土建工程3个标段,路面工程1个标段,机电工程1个标段,配电及照明2个标段,房建工程4个标段,绿化工程2个标段,交通安全设施2个标段。

（3）施工监理标段划分:设1个总监单位,3个土建工程驻地监理标段,1个房建工程监理标段,1个机电工程监理标段。

4）招投标

（1）2003年11月27日,有20家土建工程施工单位通过资格预审。2003年12月15日,确定了3家中标单位。

（2）2003年11月27日,监理单位招标。2004年2月14日开标,确定了1家中标单位。

（3）2003年7月14日,设计单位招标。2003年10月17日开标,确定了1家中标单位。

5）征地拆迁情况

项目经国土资源部批准,征用土地100.6 hm^2,后因小边沟改为大边沟、改路、改渠、扩建服务区、四改六变更等原因增加征地,实际用地127.4 hm^2,多征用土地26.7 hm^2。

2. 项目实施阶段

1）实施过程

（1）主线土建工程于2003年12月29日开工,2006年9月28日完工。

(2)路面工程于2005年12月5日开工,2006年9月30日完工。

(3)房建工程于2006年4月开工,2006年9月24日完工。

(4)机电工程于2005年7月12日开工,2005年11月17日完工。

(5)交通安全设施工程于2006年5月开工,2006年9月完工。

(6)绿化工程于2006年4月开工,2006年9月完工。

(7)2006年9月28日,通过交工验收,得分为93.64分,工程质量评定为合格。

(8)2009年10月14日,通过竣工验收,得分为94.20分,质量鉴定等级评为优良。

2)重大决策

为了确保完成工程建设计划目标,在保证工程质量的前提下合理安排工期,明确具体的质量目标,项目公司自工程开始就把质量目标锁定为工程合格率100%,优良率93%以上,确保国家级优良工程,争创"鲁班奖",并制订下发了实施方案。

3)设计变更

(1)四车道改六车道。根据省政府和省交通厅有关文件的要求,在路基宽度为28m的情况下,通过变更中央分隔带的宽度,设置为六车道。

(2)路面结构变更。按河南省地方标准要求,对路面结构进行了优化设计,由沥青混凝土路面结构:5cm中粒式沥青混凝土上面层+6cm中粒式沥青混凝土中面层+7cm粗粒式沥青混凝土下面层+33cm水泥稳定碎石上基层+20cm水泥石灰稳定土底基层的结构变更为4cm细粒式沥青混凝土上面层+6cm中粒式沥青混凝土面层+7cm粗粒式沥青混凝土下面层+20cm水泥稳定碎石上基层+16cm水泥稳定碎石下基层+18cm水泥石灰稳定土底基层。

(三)科技创新

1.科研项目

针对半刚性基层容易产生反射裂缝,导致沥青路面开裂的问题,与长安大学合作开展了应力吸收层的研究。

2.新技术在商菏高速公路上的运用

(1)在93区顶采用20遍强夯冲击碾压,以增加压实度,加速路基下沉。

(2)在薄壁桥台增加钢筋网以防止出现裂缝。

(3)沥青混凝土路面上、中面层采用改性沥青,提高了沥青路面的抗老化性能、抗高温和抗车辙能力。

(4)沥青混凝土路面施工方面,采用了先进的沥青混合料转运车,避免了沥青混合料在运输过程中产生离析,减少了摊铺过程中的温度离析,避免了运料车撞击摊铺机对路面平整度造成的影响。

(四)运营养护管理

1. 组织架构

该项目运营管理单位为河南高速公路发展有限责任公司商丘分公司,公司经营管理实行省公司领导下的经理负责制。设有办公室、财务科、人事科、征收科、养护科、路产科、监察室、考核办、政工科、工会团委10个部门。

2. 收费设施

下设济广豫鲁和双八2个收费站。豫鲁收费站有11个出口、11个入口,共22条通行车道;双八收费站有3个出口、2个入口,共5条通行车道,见表8-6-2。

G35济广高速公路商丘至菏泽段收费设施一览表　　　　表8-6-2

收费站名称	桩号	入口车道数		出口车道数	
		总车道	ETC车道	总车道	ETC车道
豫鲁收费站	K343+574	11	2	11	2
双八收费站	K346+498	2	0	3	1

3. 养护管理

1)路面维修工程

2010年对桥头实施桥头跳车铣刨摊铺工程(图8-6-1)。

2015年全线展开路面养护专项工程(图8-6-2)。

图8-6-1　桥头跳车铣刨摊铺工程

图8-6-2　路面养护专项工程

2)桥梁检测、维修加固

2013年和2015年对该项目全线评定为三类的桥梁及三类构件进行加固维修,确保该项目桥梁处于安全良好的状态。

3)沿线设施的提升、改造

2008年,实施交通标志整改专项工程(图8-6-3)。

图 8-6-3 交通标志整改专项工程

4)新材料、新技术研发

2013—2014 年,在济广高速公路商丘段开展了"橡胶沥青应力吸收层表面处治""预养护剂预养护工程"和深圳魁道公司的"魁封带+CAP 有效封闭裂缝进水的路面修补封层技术"三项新的预防性养护新技术,并在省公司养护部组织的第一季度养护技术交流会上进行了观摩交流,探索出降低路面寿命养护成本的新途径。

二、G35 济广高速公路商丘至营廓集(省界)段

(一)项目概况

1. 基本情况

1)功能定位

济广高速公路商丘至营廓集(省界)段北起商丘市东侧孙小楼村西北,南至河南、安徽两省交界处前马屯村附近,与安徽省亳州至阜阳(省界)段高速公路相接,全长 45.63km。该项目突显了商丘市的交通区位优势,拉近了商丘与长江三角洲、珠江三角洲以及京津唐地区三大经济圈之间的距离,对树立商丘对外开放形象,促进商丘区域经济发展,加快全面建设小康社会进程具有重要意义。

2)技术标准

采用全封闭、全立交、双向四车道。设计行车速度:120km/h;路基宽度:28m;桥梁净宽:2×12m;桥涵设计荷载标准:汽车—超 20 级,挂车—120;路面设计标准轴载:BZZ-100kN;路面:除收费站广场为水泥混凝土路面外,其余均为沥青混凝土路面;路面结构:4cm AC-13 改性沥青混凝土(上面层)+6cm AC-20 沥青混凝土(中面层)+7cm AC-25 粗粒石沥青混凝土(下面层)+稀释封层+20cm6%水泥稳定碎石+16cm5%水泥稳定碎石+18cm 水

泥石灰稳定土。

3）建设规模

主要工程量：路基土方挖方52.2万 m^3，填方722.4万 m^3，路面基层1374419m^2；主线收费站1处，匝道收费站3处；服务区1处，监控中心1处；管理、养护、服务、监控房屋建筑面积22077.22m^2。表8-6-3为G35济广高速公路商丘至营廓集（省界）段桥梁一览表。

G35济广高速公路商丘至营廓集（省界）段桥梁一览表　　　　表8-6-3

规模	名称	桥长(m)	主跨长度(m)	跨越障碍物			桥梁类型
				河流	沟谷	道路、铁路	
大桥	陇海铁路大桥	845	30			√	简支梁桥
	包河大桥	125.04	20	√			连续钢梁桥
中桥	丰民沟中桥	53.04	16	√			简支梁桥
	东沙河中桥	85.06	20	√			简支梁桥
	文明沟中桥	53.04	16	√			简支梁桥
	安庄天桥	77.04	20			√	简支梁桥
	洼河中桥	85.04	20	√			简支梁桥
	武河中桥	53.04	16	√			简支梁桥
	常庄1号分离式立交桥	37.04	16			√	简支梁桥
	常庄2号分离式立交桥	53.04	16			√	简支梁桥
	周庄分离式立交桥	37.04	16			√	简支梁桥
	老丘庄1号分离式立交桥	37.04	16			√	简支梁桥
	老丘庄2号分离式立交桥	37.04	16			√	简支梁桥
	凌阁分离式立交桥	53.04	16			√	简支梁桥
	周集分离式立交桥	44.04	13			√	简支梁桥
	桃源分离式立交桥	77.05	20			√	简支梁桥
	申楼分离式立交桥	37.04	16			√	简支梁桥
	王庄分离式立交桥	65.04	16			√	简支梁桥
	杨佩玖分离式立交桥	37.04	16			√	简支梁桥
	关庄分离式立交桥	53.04	16			√	简支梁桥
	谷熟互通式立交桥	82.04	20			√	简支梁桥
	王集分离式立交桥	77.04	20			√	简支梁桥 连续梁桥
	丁庄分离式立交桥	44.04	13			√	连续梁桥
	S327分离式立交桥	65.04	16			√	连续梁桥
	王桥分离式立交桥	37.04	16			√	连续梁桥
	营廓互通立交桥	65.04	16			√	简支梁桥 组合梁桥
	孟庄分离式立交桥	37.04	16			√	简支梁桥 组合梁桥
	刘楼分离式立交桥	37.04	16			√	简支梁桥
	后马屯分离式立交桥	37.04	16			√	简支梁桥

4）主要控制点

商丘市、张阁镇、周集乡、平台镇、小侯乡、站集乡、谷熟镇、杜集镇、沙集乡、营廓镇。

5）地形地貌

路线所在地区地形简单，地貌单一，地形结构简单，且无特殊岩性土层，场地工程地质条件属于简单类型。

6）投资规模

项目概算总投资131957万元，竣工决算投资155127.057万元，平均每公里造价3326.76万元。

7）开工及通车、竣工时间

2002年10月29日开工，2005年10月30日建成通车。

2. 参见单位主要情况

(1) 建设单位：商丘市商亳高速公路发展有限公司。

(2) 设计单位：河南省交通规划勘察设计院。

(3) 质量监督单位：河南省交通基本建设质量检测监督站。

(4) 监理单位：江苏伟信工程咨询有限公司、湖南大学建设监理中心。

(5) 土建施工单位：东北军辉路桥集团有限公司、中铁十三局集团有限公司、河南省路桥发展建设总公司、中铁三局集团有限公司、中铁二十局集团有限公司、河南省交通公路工程局、中国水利水电第十三工程局。

(6) 路面施工单位：吉林省交通建设集团有限公司、河南路桥发展建设总公司、路桥二公局第三工程有限公司。

(7) 房建施工单位：河南省第五建筑安装工程有限公司、商丘市中原建设工程有限公司、民权县民建建筑工程有限公司、河南省建筑工程总公司、商丘市信誉建筑工程有限公司、中国建筑第三工程局、商丘市兴华建筑安装有限公司、徐州市机械施工有限公司、河南亚鹰钢结构幕墙工程有限公司、开封市黄河钢结构有限公司、盐城市大鹏交通电力有限公司、河南裕城消防暖通工程有限公司、郑州寰艺装饰工程设计有限公司、上海奥林匹克建筑安装工程有限公司、商丘市远方广告装潢工程公司、商丘市金威装饰工程有限公司、南京金陵建筑装饰有限责任公司、中国航空港建设总公司、南京深圳装饰工程有限公司、商丘尚雅世纪建筑工程有限公司、开封市黄河钢结构有限公司。

(8) 绿化施工单位：潢川县金卉园林绿化工程有限责任公司、河南省黄河园林绿化工程有限公司、鄢陵县园林绿化工程公司、河南佳宜景观工程景观工程有限公司。

(9) 交通安全设施施工单位：河南现代交通工程有限公司、河北中通交通设施有限公司、周口市公路交通设施有限公司、河南路桥发展建设总公司、天津市环路公路设施有限责任公司。

（10）交通机电施工单位：中咨泰克交通工程有限公司、虞城县豫中电力安装有限公司、常州市横山桥电力工程有限公司。

（二）建设情况

1. 项目准备阶段

1）项目审批

2002年3月20日，河南省发展计划委员会对该项目项目建议书进行了批复，文号为豫计基础〔2002〕298号。2002年6月26日，河南省发展计划委员会对该项目可行性研究报告进行了批复，文号为豫计基础〔2002〕749号。2002年8月30日，河南省发展计划委员会对该项目初步设计行了批复，文号为豫计设计〔2002〕1902号。2003年2月18日，河南省交通厅对该项目施工图设计行了批复，文号为豫交计〔2003〕109号。

2）资金筹措

概算总投资131957万元，其中35%由项目法人负责向股东筹措，其余65%由项目法人申请国内银行贷款。

3）合同段划分

（1）设计标段划分：1个设计标段。

（2）施工标段划分：土建工程7个标段，路面工程3个标段，交通设施5个标段，机电工程1个标段，房建工程21个标段，绿化工程4个标段、供配电照明工程2个标段。

（3）监理标段划分：2个监理标段。

4）招投标

（1）一期工程招标情况（土建和监理）。

2002年10月9日，土建工程开标，确定7家中标单位。

2002年10月9日，监理开标，确定2家中标单位。

（2）二期工程招标情况（路面、交通安全设施、绿化、机电、房建工程）。

2003年8~12月，完成招标工作。

5）征地拆迁情况

项目共征用土地6180亩，拆迁房屋30000m^2，共发生补偿款近1.1亿元。

2. 项目实施阶段

1）实施过程

（1）主线土建工程于2002年10月29日开工，2005年10月30日完工。

（2）房建工程于2004年12月开工，2005年8月完工。

(3)机电工程于 2005 年 5 月开工,2006 年 12 月 15 日完工。

(4)交通安全设施工程于 2005 年 7 月开工,2005 年 11 月完工。

(5)绿化工程于 2005 年 3 月开工,2005 年 8 月完工。

(6)2005 年 10 月 17～21 日,通过交工验收,得分为 92.63 分,工程质量评定为合格工程。

(7)2008 年 5 月 10～12 日,通过竣工验收,得分为 90.60 分,鉴定等级评为优良。

2)重大决策

为了确保完成工程建设计划目标,在保证工程质量的前提下合理安排工期,明确具体的质量目标,项目公司自工程开始就把质量目标锁定为工程合格率 100%,优良率 93% 以上,确保国家级优良工程,争创"鲁班奖",并制订下发了实施方案。

3)设计变更

(1)四车道改六车道。根据省政府和省交通厅有关文件的要求,在路基宽度为 28m 的情况下,通过变更中央分隔带的宽度,设置为六车道。

(2)路面结构变更。按河南省地方标准要求,对路面结构进行了优化设计,由原设计的沥青混凝土路面结构:5cm 中粒式沥青混凝土上面层 + 6cm 中粒式沥青混凝土中面层 + 7cm 粗粒式沥青混凝土下面层 + 33cm 水泥稳定碎石上基层 + 20cm 水泥石灰稳定土底基层变更为 4cm 细粒式沥青混凝土上面层 + 6cm 中粒式沥青混凝土面层 + 7cm 粗粒式沥青混凝土下面层 + 20cm 水泥稳定碎石上基层 + 16cm 水泥稳定碎石下基层 + 18cm 水泥石灰稳定土底基层。

4)重大事件

时任省委书记李克强百忙之中来到工地调研。

(三)复杂技术工程

跨陇海铁路分离式立交桥全长 848.2m,总共计 28 跨,同时跨越陇海铁路和周商永运河,是全线最大的一座桥梁,也是商丘市建设史上最大的一座桥梁,上部结构为$[(8\times30)+(5\times30)+(8\times30)+(7\times30)]$m 装配式预应力混凝土组合连续箱梁。下部结构为钻孔桩基础、双柱式桥墩,肋板式桥台。

(四)科技创新

(1)桥台台后用粉喷桩和土工网处理,以解决桥头跳车的难题。

(2)推广应用 GPS 先进技术,成功地将 GPS 用于导线点和路线中线测量,实现中桩桩位和高程一次测定目标,并达到 GPS 数据与道路 CAD 系统的兼容,提高了测量精度和效率。

（五）运营养护管理

1. 组织架构

该项目运营管理单位为河南高速公路发展有限责任公司商丘分公司，公司经营管理实行省公司领导下的经理负责制，设有办公室、财务科、人事科、征收科、养护科、路产科、监察室、考核办、政工科、工会团委10个部门。

2. 服务设施

商丘服务区占地面积146.2余亩，于2008年6月投入运营，2011年实行独立经营，财务独立核算，见表8-6-4。

G35济广高速公路商丘至营廓集（省界）段服务场区一览表　　表8-6-4

高速公路编码	服务区名称	桩号	所在区域	占地(m²)	建筑面积(m²)
G35	商丘服务区	K365+149	商丘市谷熟乡	97467.15	5541

3. 收费设施

下设商丘新区北、新区南、木兰、豫皖界4个收费站，见表8-6-5。商丘新区北收费站有5个出口、3个入口共8条通行车道；济广高速公路商丘新区南收费站有6个出口、3个入口共9条通行车道；济广高速公路木兰收费站（有两个上下收费口）有4个出口、4个入口，共8条通行车道；济广高速公路木兰收费站有2个出口、2个入口，共4条通行车道；济广高速公路豫皖收费站有11个出口、11个入口，共22条通行车道。

G35济广高速公路商丘至营廓集（省界）段收费设施一览表　　表8-6-5

收费站名称	桩号	入口车道数		出口车道数	
		总车道	ETC车道	总车道	ETC车道
新区北收费站	355.459	3	1	5	1
新区南收费站	361.331	3	1	6	1
木兰收费站	396.3	4	0	4	0
豫皖界收费站	400.449	11	2	11	2

4. 监控设施

设置监控中心1个，负责济广高速公路商丘至营廓集段的运营监管。

5. 养护管理

1) 路面维修工程

2015年全线开展路面养护专项工程（图8-6-4）。

2) 桥梁检测、维修加固

2008年和2015年对全线评定为三类的桥梁及三类构件进行加固维修，确保桥梁处于安全良好的状态(图 8-6-5)。

图 8-6-4　全线展开路面养护专项工程

图 8-6-5　桥梁三类构件维修专项工程

2012 年因济广高速公路王集天桥被过往超高车辆损坏部分桥梁下部设施,紧急开展维修专项工程(图 8-6-6)。

3)沿线设施的提升、改造

按照省厅高管局统一安排,2014 年实施交通标志整改专项工程(图 8-6-7)。

图 8-6-6　王集天桥紧急开展维修专项工程

图 8-6-7　交通标志整改专项工程

第七节　G3511 菏泽至宝鸡高速公路河南段（长垣至济源）

菏宝高速公路河南段起自河南新乡境内的长垣,与大广高速公路相连,经新乡、焦作、济源,止于河南山西交界处的西阳河,全长 254.248km。该项目沟通大广、二广、郑焦晋、京港澳等多条高速公路,对进一步打通黄河以北区域出海口,加强中原城市群城际间的连接、构筑河南交通的新区位优势、实现中原崛起具有重要意义。

一、G3511 菏宝高速公路长垣段

(一)项目概况

1.基本情况

1)功能定位

菏宝高速公路长垣段起点位于长垣县与滑县交界处,与菏宝高速公路新乡至长垣段相接,向东于黄河西岸至项目终点,全长 35.45km,2007 年大广高速公路以西路段建成通车,全长7.223km。该项目对进一步完善河南省干线公路网布局、加快区域经济发展具有重要意义。

2)技术标准

设计行车速度:120km/h;路基宽度:28m;桥梁净宽:2×12m;桥涵设计荷载标准:公路—Ⅰ级;路面结构:主线为4cm 细粒式改性沥青混凝土(AC-13C)+6cm 中粒式沥青混凝土(AC-20C)+8cm 粗粒式沥青混凝土+改性乳化沥青防水层+36cm 水泥稳定碎石+20cm 级配碎石。

3)建设规模

项目已通车路段主要工程量:双向四车道高速公路标准设计,设计行车速度120km/h,路基宽度28.0m,大桥348.4m/2 座,中桥118.10m/2 座,见表8-7-1,小桥34.04m/1 座,通道11 道,涵洞2 道;其中有梁庙西、梁庙东、邢固堤和青岗4 座分离式立交。

G3511 菏宝高速公路长垣段通车路段桥梁一览表　　　　表 8-7-1

规模	名称	桥长(m)	主跨长度(m)	跨越障碍物			桥梁类型
				河流	沟谷	道路、铁路	
大桥	主线跨 A 匝道桥	221.30	45			√	连续梁桥
	主线跨大广高速桥	127.08	30			√	简支梁桥
中桥	张三寨沟中桥	53.04	16	√			简支梁桥
	文明西支中桥	65.04	20	√			简支梁桥

4)主要控制点

长垣县。

5)地形地貌

项目位于黄河北岸的长垣县境,属黄河冲积平原,地形较平缓,多缓坡、沙沟。

6)投资规模

项目概算投资11.5 亿元,平均每公里造价约3244 万元。

7）开工及通车、竣工时间

2005年4月开工建设，2007年10月交工通车。

2. 参建单位主要情况

（1）建设单位：河南省宏力高速公路投资发展有限公司。

（2）设计单位：上海市政工程设计研究院。

（3）质量监督单位：河南省交通基本建设质量检测监督站。

（4）监理单位：湖南省交通建设监理有限公司。

（5）土建施工单位：洛阳路桥建设总公司。

（6）路面施工单位：黑龙江农垦建工路桥有限公司。

（二）建设情况

1. 项目准备阶段

1）项目审批文件

2004年6月22日，《关于济源至东明高速公路长垣段工程可行性研究报告的批复》，文号为豫发改交通〔2004〕1234号。2004年8月20日，河南省国土资源厅对该项目的压覆矿产资源报告进行了批复，文号为豫国土资函〔2004〕398号。2004年8月25日对公路建设地质灾害危险性评估报告进行了批复。2004年9月28日，河南省国土资源厅对该项目的土地预审进行了批复，文号为豫国土资函〔2004〕451号。2004年12月9日，《关于济源至东明高速公路长垣段工程初步设计的批复》，文号为豫发改设计〔2004〕2269号。2004年，河南省环境保护局对环境影响报告书进行了批复，文号为豫环监〔2004〕172号。2005年10月10日，国土资源部批准了该项目的建设用地，文号为国土资函〔2005〕902号。2005年，河南省水利厅对该项目的水土保持方案进行了批复，文号为豫水土〔2005〕22号。2006年6月6日，《关于济源至东明高速公路长垣段工程施工图设计的批复》，文号为豫交计〔2006〕118号。

2）资金筹措

该项目概算总投资为14.98亿元，其中35%为建设单位自有资金，其余65%为工商银行贷款。

3）合同段划分

（1）设计标段划分：土建工程设计1个标段。

（2）施工标段划分：土建工程1个标段。

（3）施工监理标段划分：1个总监办公室，1个土建工程驻地监理标段。

4）招投标

（1）2004年11月21~22日，招标代理机构向10家通过资格预审的施工单位和3家监理单位发出了投标邀请函,2004 年 12 月 6 日开标。

(2)2007 年 2 月 10~11 日,招标代理机构向通过路面工程资格预审的投标单位发售招标文件,2007 年 3 月 16 日开标。

5)征地拆迁情况

菏宝高速公路长垣段共批准征用土地 251.8062hm²,其中集体农用地 249.6372hm²、建设用地 1.9298hm²、未利用地 0.2392hm²。已通车路段征用约 53.13hm²。

2. 项目实施阶段

1)实施过程

(1)主线土建工程于 2004 年 4 月 18 日开工,2007 年 10 月完工。

(2)交通安全设施工程于 2007 年 8 月开工,2007 年 10 月完工。

(3)2007 年 9 月 20 日,河南省交通基本建设质量检测监督站组织专家对菏宝高速公路长垣段进行了交工验收。

2)重大决策

因山东省东明黄河大桥迟迟不能开工建设,2007 年初项目决定先期通车大广高速公路以西 7.223km,大广高速公路以东 28km 路段全部停工。

3)设计变更

(1)上面层沥青玛蹄脂沥青混凝土变更为 SBS 改性沥青混凝土,路面底基层结构由原设计水泥石灰稳定土变更为级配碎石。

(2)鉴于村民对天桥占地多、坡度大、出行不便以及工程造价等多方面考虑,经与沿线村民及政府有关部门协商,将 K3+800 天桥变更为 K3+791 分离式立交。

(3)鉴于水泥搅拌桩在施工中,质量不易控制,养护期长,检测方法烦琐,检验费用高的特点,经专家多次论证,一致同意在湿软土层不厚的条件下,可以采用碎石垫层代替搅拌桩,不仅能够节省投资,同时质量容易控制,施工简便,加快了工程进度。

4)重大事件

(1)2004 年 12 月 29 日,菏宝高速公路长垣段开工典礼,如图 8-7-1 所示。

(2)2007 年 9 月 20 日通车验收,如图 8-7-2 所示。

(三)运营养护管理

1. 组织架构

该项目运营管理单位为河南省宏力高速公路投资发展有限公司,公司现有员工 25 人,其中,管理人员 18 人,一线人员 7 人。下设综合协调部、财务部、养护部、路产部 4 个部门。

图 8-7-1　典礼现场　　　　　　　　　　图 8-7-2　通车验收

2. 养护管理

1）路面维修工程

2006 年 3 月，针对交通事故对路面、路基波形护栏造成的不同程度损坏，公司紧急进行了施工、修护，如图 8-7-3 所示。

2）桥梁检测

根据养护规范要求，委托检测单位对全线桥涵结构物进行定期检测（图 8-7-4），及时掌握技术状况及病害情况，作为桥涵维修保养的依据。

图 8-7-3　护栏维修　　　　　　　　　　图 8-7-4　桥梁检测

二、G3511 菏宝高速公路新乡至长垣段

（一）项目概况

1. 基本情况

1）功能定位

菏宝高速公路新乡至长垣段由民营企业投资建设，起点位于新乡市东的关屯附近，接济源至东明高速公路获嘉（市界）至新乡段，止于滑县与长垣县交界处（于庄西北），全长 49.12km。该项目对完善河南公路网功能，促进豫北地区旅游、资源开发利用，推动区域

经济快速发展具有重要意义。

2) 技术标准

全封闭、全立交、双向四车道;设计行车速度:120km/h;路基宽度:28.5m;桥梁净宽:2×12.5m;桥涵设计荷载标准:汽车—超 20 级,挂车—120;路面设计标准轴载:BZZ-100kN;路面:收费广场和服务区广场采用水泥混凝土路面,其他采用沥青混凝土路面;路面结构:主线为 4cm 细粒式改性沥青混凝土 AC-13C + 6cm 中粒式改性沥青混凝土 AC-20C + 8cm 密级配沥青碎石 ATB-25 + 36cm 水泥稳定碎石基层 + 20cm 级配碎石底基层。

3) 建设规模

项目主要工程量:路基土方 662 万 m^3,路面 141 万 m^2;匝道收费站 3 处,服务区 1 处,停车区 1 处;管理、养护、服务、监控房屋建筑面积 4216 m^2。表 8-7-2 为 G3511 菏宝高速公路新乡至长垣段桥梁一览表。

G3511 菏宝高速公路新乡至长垣段桥梁一览表　　　　　　表 8-7-2

规模	名　称	桥长（m）	主跨长度（m）	跨越障碍物			桥梁类型
				河流	沟谷	道路、铁路	
大桥	大公河大桥	188.2	30	√			连续梁桥
中桥	南暴庄中桥	25.08	20		√		简支梁桥
	于村中桥	44.08	13		√		简支梁桥
	刘庄中桥	65.08	20		√		简支梁桥
	大城中桥	31.08	13		√		简支梁桥
	王楼中桥	44.08	13		√		简支梁桥
	高低河中桥	44.08	13	√			简支梁桥
	后大柳Ⅱ中桥	25.08	20		√		简支梁桥
	后大柳Ⅰ中桥	31.08	13		√		简支梁桥
	前大柳中桥	25.08	20		√		简支梁桥
	南宋中桥	31.08	13		√		简支梁桥
	龙潭排河中桥	53.08	16	√			简支梁桥
	十八里庄中桥	53.08	16		√		简支梁桥
	水花堡中桥	53.08	16		√		简支梁桥
	东三干渠中桥	65.08	20	√			简支梁桥
	三支渠中桥	44.08	13	√			简支梁桥

4) 主要控制点

新乡市(延津县)、安阳市(滑县)。

5) 地形地貌

路线所经地区为微起伏黄河泛流冲积沉积平原,以平原地貌为主。地势平坦开阔,地表微有起伏,地势西部稍高,东部稍低,南部比北部稍高,存在较多的垄状或链状砂岗及岗间泛流洼地。

6）投资规模

项目概算投资 20.5013 亿元,竣工决算投资 25.9796 亿元,平均每公里造价 5289.007 万元。

7）开工及通车、竣工时间

2004 年 9 月开工建设,2007 年 10 月交工通车,2012 年 7 月完成竣工验收。

2. 参建单位主要情况

(1)建设单位:河南光彩新乡高速公路有限公司。

(2)设计单位:河南省交通规划勘察设计院。

(3)质量监督单位:河南省交通基本建设质量检测监督站。

(4)监理单位:河南省宏力工程咨询有限公司。

(5)土建施工单位:中铁四局集团有限公司、上海警通路桥建设有限公司、中铁四局集团第一工程有限公、中铁十五局集团第二工程有限公司、中铁十五局集团第五工程有限公司、山西晋中路桥建设集团有限公司、中国地质工程集团公司。

(6)路面施工单位:北京城建道桥工程有限公司、中铁十五局集团第二工程有限公司、河南中州路桥建设有限公司。

(7)房建施工单位:河南绿城建设工程有限公司、周口市豫东建筑安装有限公司。

(8)绿化施工单位:鄢陵锦添园林景观工程有限公司、潢川县佳美园林工程有限责任公司。

(9)交通安全设施施工单位:潍坊东方交通设施工程有限公司。

(10)标志标线施工单位:周口市公路交通设施有限公司。

(11)交通机电施工单位:山西欣奥特自动化工程有限公司。

(二)建设情况

1. 项目准备阶段

1）项目审批文件

2004 年 3 月 15 日,河南省发展和改革委员会对新乡至长垣段高速公路的项目建议书进行了批复,文号为豫发改办〔2004〕381 号。2004 年 6 月 22 日,《关于济源至东明高速公路新乡至长垣段工程可行性研究报告的批复》,文号为豫发改交通〔2004〕1233 号。2004 年 6 月 24 日,省国土资源厅对项目的地质灾害危险性评估审查进行了认定。2004 年 8 月 11 日,省国土资源厅对项目的压覆矿产资源审查意见进行了批复,文号为豫国土资函〔2004〕382 号。2004 年 9 月 12 日,《关于济源至东明高速公路新乡至长垣段工程初步设计的批复》,文号为豫发改设计〔2004〕1683 号。2004 年 10 月 21 日,省地震安全委员会对项目地震安全性评价报告进行了批复,文号为豫震评〔2004〕104号。2005年1月13日,河南省环境保护局对项目的环境影响报告书进行了批复,文号为豫环监〔2005〕10号。2005年6月6日,河南省水利厅对项目的水土保持方案进行了批复,文号为豫水土〔2005〕28号文。河南省国土资源厅分别于2004年9月10日、9月22日、2005年3月2日以豫国土资源函〔2004〕419号、〔2004〕440号、〔2005〕70号批准并签发了项目建设用地的预审意见。2005年8月31日,国土资源部批准了项目的建设用地,文号为国土资函〔2005〕830号。2005年12月9日,《关于济源至东明高速公路新乡至长垣段工程施工图设计的批复》,文号为豫交计〔2005〕342号。

2)资金筹措

项目概算总投资为20.5013亿元,其中35%为建设单位自筹资金,其余65%为银行贷款。

3)合同段划分

(1)设计标段划分:土建工程设计1个标段,房建工程设计1个标段,绿化工程设计1个标段,机电工程设计1个标段。

(2)施工标段划分:土建工程7个标段,路面工程3个标段,机电工程1个标段,房建工程2个标段,绿化工程2个标段,交通安全设施1个标段,标志标线1个标段。

(3)施工监理标段划分:1个总监办公室,6个土建工程驻地监理标段和其他各驻地监理标段。

4)招投标

(1)2004年8月8日,有49家土建工程施工单位通过资格预审;2004年9月1~9月3日开标,确定了7家中标单位。

(2)2006年12月18~19日,有23家路面工程施工单位通过资格预审;2007年1月12日开标,确定了3家中标单位。

(3)2006年12月18~19日,有8家房建工程施工单位通过资格预审;2007年1月12日开标,确定了2家中标单位。

(4)2006年12月18~19日,有7家机电工程施工单位通过资格预审;2007年1月12日开标,确定了1家中标单位。

(5)2006年12月18~19日,有18家交通安全设施工程施工单位通过资格预审;2007年1月12日开标,确定了1家中标单位。

(6)2007年5月31日,有11家绿化工程单位通过资格预审;2007年6月25日开标,确定了2家中标单位。

5)征地拆迁情况

经国土资源部批准征地面积为328.9004hm^2,其中农村集体农用地317.5829hm^2,农村集体建设用地 2.3238hm²,未利用地 1.0887hm²;国有农用地 7.7602hm²,国有建设用地 0.1448hm²。经省国土资源厅批准增加用地 41.9334hm²。以上共计批复 370.8338hm² 作为新乡至长垣高速公路工程用地。

2. 项目实施阶段

1) 实施过程

(1) 主线土建工程于 2004 年 10 月开工,2007 年 9 月完工。

(2) 房建工程于 2007 年 3 月开工,2007 年 9 月完工。

(3) 机电工程于 2007 年 3 月开工,2007 年 9 月完工。

(4) 交通安全设施工程于 2007 年 5 月开工,2007 年 9 月完工。

(5) 绿化工程于 2007 年 6 月开工,2007 年 11 月完工。

(6) 2007 年 9 月 25~27 日,河南省交通基本建设质量检测监督站组织专家对菏宝高速公路新长段进行了交工验收,得分为 93.2 分,工程质量评定为合格工程。

(7) 2011 年 8 月 29 日~9 月 8 日,该项目通过了竣工验收,工程质量鉴定得分为 91.8 分,工程质量鉴定等级评为优良。

2) 重大决策

(1) 2005 年 3 月开展施工单位工作考核活动,每月例行检查一次,每次工地例会对当月检查评比情况全面总结,并按考核标准综合打分,奖罚兑现。

(2) 为保证该项目 2005 年度生产目标按时完成,满足工程总体计划的需要,项目公司于 9 月份在各施工单位全面开展以"大干一百天,上土三百万"为主题的土方施工竞赛活动。

(3) 根据 2005 年度建设项目进展情况和质量控制情况,结合省厅 2005 年年终质量大检查所提出的问题及项目公司月检查和日常工地现场巡视情况,为加强该项目施工控制,严把工程质量关,提高监理工作质量,树立监理人员威信,使该项目建设成优良工程,2006 年 2 月实施了监理工作质量监督管理办法。

(4) 2006 年 4 月公司决定向施工单位派驻联络员,加强与施工单位的联系,全面了解、掌握并及时解决施工中存在的问题,确保工程顺利实施。

(5) 2007 年 4 月按照与省厅签订《目标责任书》和省厅北区督导组的具体要求,全面落实"拼搏五十天、圆满完成一期工程任务"誓师大会会议精神,对各标段就总体目标任务及节点控制目标完成情况进行考核评比。

(6) 2006 年 4 月及 2007 年 4 月为贯彻落实省总工会、省发改委、省交通厅、省交通工会"关于在全省在建高速公路工程项目开展劳动竞赛"要求,开展劳动竞赛。

3) 设计变更

(1) 四车道改六车道。根据省政府和省交通厅有关文件的要求,在路基宽度为 28m

的情况下,通过变更中央分隔带的宽度,设置为六车道。

(2)路面底基层由水泥石灰稳定土变更为级配碎石。由于路线经过路段大部分为黄河故道,地方政府制订路基填筑土源为风积沙丘土,沙性很大,利用石灰稳定效果较差。经对原设计底基层水泥石灰稳定土做试件进行无侧限抗压强度试验,结果不能满足设计7d强度(0.95MPa)要求。故将原设计水泥石灰稳定土变更为级配碎石。

(3)取消天桥变更为通道、涵洞或分离式立交。根据当地政府协调建设指挥部关于对地面构造物设计变更的意见要求,设计院对沿线结构物进行了变更,取消了10座天桥。

(三)复杂技术工程

项目主要的地质问题为软弱土及液化土。K65+970~K77+270、K82+270~K84+670、K89+140~K94+240三段为软弱土段,软弱土层厚度一般在3~11m,地表容许承载力一般在90~130kPa。液化土分布较多,工程性质很差。且此三段范围内填土高度较高,结构物较多,路堤易发生稳定破坏。在路基高度大于7.5m以及台后路基高度大于6m时,地基采用CFG桩处理软弱土,利用沉管法挤密桩间土,提前完成地基变形,提高承载力,并消除液化。

为减少路堤施工后沉降造成路面破坏和桥头跳车,桥头高填方地段及软土地基段经比选和设计优化,地基处理变更为CFG桩,CFG桩施工完成并检测合格后,铺设土工格栅,碎石垫层和土工布,检验合格后,开始路基填筑。

(四)运营养护管理

1. 组织架构

该项目运营管理单位为河南光彩新乡高速公路有限公司,公司实行董事会领导下的总经理负责制,设有综合办公室部、财务部、营运部、养护部、机电部、人事部、路政大队、监控管理中心。

2. 服务设施

延津服务区占地面积约120亩,具有为驾乘人员提供餐饮、住宿、购物、加油、汽车维修、停车休息等多种服务;牛屯停车区占地面积60亩,具有提供餐饮、购物、加油、停车休息等服务,见表8-7-3。

G3511菏宝高速公路新乡至长垣段服务场区一览表 表8-7-3

高速公路编码	服务区名称	桩号	所在区域	占地面积(m²)	建筑面积(m²)
G3511	延津服务区	K80+012	延津县胙城乡张王庄村	80040	6922.26
	牛屯停车区	K52+970	滑县牛屯镇魏园村	40000	2449.6

延津服务区于2009年8月1日投入运营,牛屯停车区目前未投入运营。

3. 收费设施

营运部下设有新乡经开区、延津及滑县牛屯3个收费站。新乡经开区收费站有4个出口、3个入口,共7条通行车道;延津收费站有3个出口、3个入口,共6条通行车道;滑县牛屯收费站有3个出口、3个入口,共6条通行车道,见表8-7-4。

G3511菏宝高速公路新乡至长垣段收费设施一览表　　表8-7-4

收费站名称	桩号	入口车道数		出口车道数	
		总车道	ETC车道	总车道	ETC车道
新乡经开区收费站	K89+740	3	1	4	1
延津收费站	K74+030	3	1	3	1
滑县牛屯收费站	K56+620	3	1	3	1

4. 监控设施

项目设置监控中心1个,负责新乡经开区收费站区域、延津收费站区域和滑县牛屯收费站区域的运营监管。

5. 养护管理

1) 路面维修工程

项目通车后,对路面技术状况指数中破损率超标现象,采取了路面灌缝处理。

2) 桥梁检测、维修加固

根据省交通厅及主管部门规范标准及公司制度,每3年委托检测单位对全线桥涵结构物进行定期检测,及时掌握技术状况及病害情况,作为桥涵维修保养的依据。

3) 收费广场加宽、改造

为缓解该项目收费广场部分时段车多拥堵现象和保障绿化通道验货人员安全,2015年对3个收费广场进行加宽一个车道处理,在3个收费站增加ETC车道。

日常养护项目部和绿化养护项目部负责全线路基、路面、桥涵、交通安全设施和绿化日常养护,严格执行相关行业标准及公司养护制度进行日常保养保洁工作。

三、G3511菏宝高速公路获嘉至新乡段

(一)项目概况

1. 基本情况

1) 功能定位

菏宝高速公路获嘉至新乡段西接焦作至修武高速公路,在济源与二广高速公路相连,北连晋城至焦作高速公路,与山西省高速公路网相衔接,南接郑州至焦作高速公路,东接京港澳高速公路,全长50.752km。该项目减轻了连霍高速公路交通压力,缩短了西北地区

车辆东出距离,对促进豫、晋两省沿线经济发展及完善河南高速公路网布局具有重要意义。

2)技术标准

全封闭、全立交、双向四车道;设计行车速度:120km/h;路基宽度:28m;桥梁净宽:2×净-12.5m;桥涵设计荷载标准:公路—Ⅰ级;路面:收费广场和服务区广场采用水泥混凝土路面,其他采用沥青混凝土路面;路面结构:路面面层采用5cm厚中粒式改性沥青混凝土AC-16C+6cm厚中粒式改性沥青混凝土AC-20C+7cm厚粗粒式沥青混凝土AC-25C;路面下封层采用SBS改性乳化沥青稀浆封层;路面基层采用39.5cm厚水泥稳定碎石,7d无侧限强度3.5MPa;路面底基层采用18cm水泥稳定碎石,7d无侧限强度3.0MPa;设计使用年限:按长寿命路面设计,使用年限为50年。

3)建设规模

项目主要工程量:路基土方1354万 m^3,路面133万 m^2;表8-7-5为G3511菏宝高速公路获嘉至新乡段桥梁一览表。

G3511菏宝高速公路获嘉至新乡段桥梁一览表　　表8-7-5

规模	名称	桥长(m)	主跨长度(m)	跨越障碍物			桥梁类型
				河流	沟谷	道路、铁路	
特大桥	卫共行洪区特大桥	2711.5	40			√	连续梁桥
	京共特大桥	2902.95	50	√		√	连续梁桥简支钢梁
中桥	狮子营北通道桥	37.88	16			√	连续梁桥
	招民庄北通道桥	69.88	16			√	连续梁桥
	苏章营渠中桥	44.28	13			√	连续梁桥
	刘庄西通道桥	44.28	13			√	连续梁桥
	刘庄通道桥	53.88	16			√	连续梁桥
	星沟通道桥	57.28	13			√	简支梁桥
	星沟中桥	44.28	13			√	简支梁桥
	阎庄西通道桥	53.88	16	√			简支梁桥
	阎庄通道桥	44.28	13			√	简支梁桥
	阎庄东通道桥	53.88	16			√	简支梁桥
	大块西通道桥	44.28	13			√	简支梁桥
	民生渠中桥	66.48	20			√	简支梁桥
	小块村西通道桥	44.28	13			√	简支梁桥
	小块村中桥	44.28	13			√	简支梁桥
	南张门通道桥	53.88	16			√	简支梁桥
	西黑堆通道桥	53.88	16			√	简支梁桥
	白露人工渠中桥	44.28	13			√	简支梁桥
	东孟姜女河中桥	66.48	20			√	简支梁桥
	史洼村通道桥	44.28	13			√	简支梁桥

4) 主要控制点

新乡市(获嘉县、辉县市、延津县)。

5) 地形地貌

项目全线位于河南省新乡市境内,跨度东经 113°31′~114°01′、北纬 35°15′~35°19′,属于太行山东麓与华北平原西缘的接壤部位。地势西高东低,地面高程 68~80m,由西北向东南方向倾斜,自然坡降 1/500 左右,局部有微状起伏。

路区可分为以下几个地貌单元:古黄河冲积平原、卫河冲积平原、剥蚀岗地、古河道及交接洼地。

6) 投资规模

项目概算投资 23.56 亿元,竣工决算投资 24.93 亿元,平均每公里造价 4950.55 万元。

7) 开工及通车、竣工时间

2005 年 7 月开工建设,2007 年 9 月交工通车,2012 年 4 月完成竣工验收。

2. 参建单位主要情况

(1) 建设单位:河南省龙腾高速公路有限责任公司。

(2) 设计单位:河南省交通规划勘察设计院、中铁郑州勘察设计咨询院有限公司、郑州大学综合设计研究院、湖南华罡交通规划设计研究院、吉林勘查设计院。

(3) 质量监督单位:河南省交通基本建设质量检测监督站。

(4) 监理单位:信阳三元工程监理咨询有限公司、河南省公路工程监理咨询有限公司、河南省育兴建设工程管理有限公司房建工程监理、郑州市中原公路工程监理有限公司、北京路桥通国际工程咨询有限公司。

(5) 土建施工单位:中铁十八局集团第五工程有限公司、路桥集团三公局工程有限公司、中铁十四局集团第四工程有限公司、中铁十八局集团有限公司、河南省路桥工程集团有限公司、路桥华东工程有限公司、二公局(洛阳)第四工程处、中铁十九局集团第四工程有限公司、中铁九局集团有限公司、辽河石油勘探局筑路工程公司、中铁二十局集团第二工程有限公司、路桥华南工程有限公司。

(6) 路面施工单位:江西有色工程有限公司、开封市通达公路工程有限公司、山西运城路桥有限责任公司、辽河石油勘探局筑路工程公司。

(7) 房建施工单位:河南派普建设工程有限公司、华通路桥集团有限公司、湖南省建筑工程集团总公司、焦作市海宇公路工程有限公司。

(8) 绿化施工单位:河南省顺利达园林绿化工程有限公司、河南省方圆园林工程有限公司、河南省豫建园林工程有限公司、河南省春竹园林绿化有限公司。

(9) 交通安全设施施工单位:高密市顺达交通工程有限公司、天津华安公路交通工程有限公司、四川金城栅栏工程有限公司、河北科力交通设施有限公司、焦作市海宇公路工程有限公司、濮阳市万向交通设施有限公司、周口市公路交通设施有限公司。

（10）交通机电施工单位：陕西汉唐计算机有限责任公司、中铁电气化局集团第三工程有限公司、北京云星宇交通工程有限公司。

（二）建设情况

1. 项目准备阶段

1）项目审批文件

2003年9月30日，河南省国土资源厅批准了关于项目压覆矿产资源情况的审查意见，文号为豫国土资源函〔2003〕208号。2004年1月8日，《关于济源至东明高速公路获嘉（市界）至新乡段工程可行性研究报告的批复》，文号为豫发改办〔2004〕14号。2004年9月12日，《关于济源至东明高速公路获嘉（市界）至新乡段工程初步设计的批复》，文号为豫发改设计〔2004〕1684号。2005年6月10日，河南省水利厅对项目的水土保持方案进行了批复，文号为豫水土〔2005〕32号。2005年7月13日，河南省环境保护局对项目的环境影响报告进行了批复，文号为豫环监〔2005〕94号。2005年8月26日，河南省林业厅对项目使用林地许可证进行审批，文号为豫新林地审字〔2005〕057号。2006年12月20日，《关于济源至东明高速公路获嘉（市界）至新乡段工程施工图设计的批复》，文号为豫交计〔2006〕327号。2007年1月28日，国土资源部对项目建设用地进行了批复，文号为国土资函〔2007〕30号。

2）资金筹措

项目概算总投资为23.56亿元，由河南省交通厅公路管理局和新乡市公路管理局共同建设，其中河南省交通厅公路管理局占70%股份，新乡市公路管理局占30%股份。

3）合同段划分

（1）设计标段划分：土建工程设计1个标段。

（2）施工标段划分：土建工程12个标段，机电工程3个标段，房建工程4个标段，绿化工程4个标段，交通安全设施7个标段。

（3）施工监理标段划分：2个总监办公室，12个土建工程驻地监理标段，1个房建工程监理标段，1个机电工程监理标段，1个附属工程监理标段。

4）招投标

（1）2005年4月15~16日，发布土建施工、监理招标资格预审公告，2005年5月29日完成招标，2005年6月23日完成施工合同协议书签订工作。

（2）2005年8月4~5日，发布通信管道预埋工程招标资格预审公告，2006年9月26日完成招标。

（3）2006年9月20~21日，发布房建工程招标资格预审公告，2006年11月6日完成房建工程施工、监理招标,2007年1月完成房建工程施工合同协议书签订工作。

(4)2006年11月30日,完成路面工程、桥梁伸缩缝工程、中央分隔带钢筋混凝土防撞护栏工程施工招标,2007年1月完成施工合同协议书签订工作。

(5)2006年11月29~30日,发布安全设施工程、配电照明工程招标资格预审公告,2007年3月22日完成施工招标,2007年4月完成施工合同协议书签订工作。

(6)2006年11月29~30日,发布机电工程、绿化工程、防眩板工程招标资格预审公告,2007年4月3日完成施工招标,2007年4月完成施工合同协议书签订工作。

2. 项目实施阶段

1) 实施过程

(1)主线土建工程于2005年7月20日开工,2007年8月完工。

(2)路面工程于2007年5月10日开工,2007年8月完工。

(3)房建工程于2006年12月1日开工,2007年8月完工。

(4)绿化工程于2007年4月1日开工,2007年8月完工。

(5)机电工程于2007年5月1日开工,2007年8月完工。

(6)交通安全设施工程于2007年3月5日开工,2007年8月完工。

(7)2010年3月,河南省交通基本建设质量检测监督站对获嘉至新乡高速公路进行了质量鉴定。工程质量鉴定得分为93.0分,工程质量鉴定等级评为优良。

2) 设计变更

(1)边坡防护变更。路基填筑采用的填料主要有煤矸石、砂砾石、砾山石、山皮土和素土等,针对不同填料,边坡采用不同的防护形式。

(2)路面结构变更。路面面层采用5cm厚中粒式改性沥青混凝土AC-16C+6cm厚中粒式改性沥青混凝土AC-20C+7cm厚粗粒式沥青混凝土AC-25C;路面下封层采用SBS改性乳化沥青稀浆封层;路面基层采用39.5cm厚水泥稳定碎石,7d无侧限强度3.5MPa;路面底基层采用18cm水泥稳定碎石,7d无侧限强度3.0MPa;调整设计后,路面结构厚度与原设计路面厚度不同,故施工时路床顶面高程应作相应调整;为保证全线路面厚度一致,桥面铺装应采用5cm厚中粒式改性沥青混凝土AC-16C+6cm厚中粒式改性沥青混凝土AC-20C+10cm厚水泥混凝土。

(3)交通工程及安全设施变更。中央分隔带护栏形式调整为钢筋混凝土防撞护栏形式,中央分隔带处钢筋混凝土防撞护栏放置于沥青混凝土面层之上。

(4)桥梁、涵洞、分离式立交、通道等结构物变更。取消涵洞22道,涵洞改为通道桥1座;增加分离式立交2座,减少天桥1座;卫河大桥由7~25m变更为8~25m;涵洞移位,改变孔径、角度15道。

(三)科技创新

为避免出现前修后坏、设计使用周期不长的情况,在施工中大规模采用了国内外成功实践的新技术、新设备、新工艺、新材料。

1. SBS 改性沥青

SBS 改性沥青是在原有基质沥青(AH-70)的基础上,掺加 2.5%、3.0%、4.0%的 SBS 改性剂,改性后的沥青与原沥青相比,其高温黏度增大,软化点升高。在良好的设计配合比和施工条件下,沥青路面的耐久性和高温稳定性明显提高。

2. 粉喷桩

粉喷桩加固软土地基,随着填土厚度的增加,即填土荷载的增加,路基的沉降速率也在加大,待加至一定荷载后,路基的沉降速率趋于稳定。

(四)运营养护管理

1. 组织架构

该项目运营管理单位为河南省交通运输厅少新管理处高速公路新济运管中心,中心于 2007 年 11 月组建,全面负责菏宝高速公路新乡至济源段 134.78km 的运营管理工作,下设 7 科 1 室 9 个收费站,4 个服务区(停车区),3 个路政大队,2 个运维监控站。

2. 服务设施

下辖获嘉服务区 1 处,凤泉停车区 1 处,见表 8-7-6。

G3511 菏宝高速公路获嘉至新乡段服务场区一览表 表 8-7-6

高速公路编码	服务区名称	桩号	所在区域	占地(m^2)	建筑面积(m^2)
G3511	获嘉服务区	K97+635	获嘉县位庄乡苏章营村	70702	6742
	凤泉停车区	K126+200	新乡市凤泉区耿黄乡东鲁堡村	25212.6	3100

3. 收费设施

设有获嘉、新乡西及新乡东 3 个收费站。获嘉收费站有 2 个出口、2 个入口,共 4 条通行车道;新乡西收费站有 4 个出口、2 个入口,共 6 条通行车道;新乡东收费站有 6 个出口、4 个入口,共 10 条通行车道,见表 8-7-7。

G3511 菏宝高速公路获嘉至新乡段收费设施一览表 表 8-7-7

收费站名称	桩号	入口车道数		出口车道数	
		总车道	ETC 车道	总车道	ETC 车道
获嘉收费站	K102+400	2	0	1	1
新乡西收费站	K123+494	2	0	3	1
新乡东收费站	K131+525	4	0	5	1

4. 监控设施

设置监控中心 1 个,负责获嘉至新乡段的运营监管。

5. 养护管理

1) 路面维修工程

中修工程:2015 年,投入 2415 万元对中心管辖范围内的菏宝高速公路全线路面进行微表处处治,共计处治 45.3km,如图 8-7-5 所示。

图 8-7-5　路面铣刨

2) 桥梁检测、维修加固

根据省交通厅及主管部门规范标准及公司制度,每 3 年委托检测单位对全线桥涵结构物进行定期检测,及时掌握技术状况及病害情况,作为桥涵维修保养的依据。

2014 年菏宝高速公路获嘉至新乡段更换桥梁 D-160 型伸缩缝及橡胶止水条,保证了桥梁的安全行车。

菏宝高速公路根据桥梁检测结果,对中心管辖范围内发现的三类桥涵进行维修加固,2015 年共投入 85 万元对三类桥梁及三类构件进行加固维修,确保桥梁处于安全良好的状态。

3) 沿线设施的提升、改造

为提高新乡西收费站的通行能力,缓解堵车现象,河南省交通运输厅高速公路少林寺至新乡管理处在 2013 年委托河南省交通规划勘察设计院有限责任公司进行了新乡西收费站改扩建立项申请报告的编制工作。同年 9 月,该项目获批复。具体方案为:在原广场基础上加宽扩建,即在目前"2 进 2 出"的基础上北侧增加一个入口收费车道、南侧增加一个出口收费车道,使收费车道总数达到"2 进 4 出"共 6 个复式收费车道,并对收费大棚进行改造。其中内侧入口车道设置为双向收费车道。当出口车辆出现拥堵时,该车道可作为出口车道使用,形成"1 进 5 出"收费模式,有效缓解了交通拥堵,如图 8-7-6 所示。

图 8-7-6　新乡西收费站改扩建

4）新材料、新技术研发

2015 年,河南省交通运输厅高速公路少林寺至新乡管理处与河南省高远公路养护技术有限公司签署"全过程公路养护技术系统"项目试验应用路段协议书,负责 G3511 菏宝高速公路焦作至新乡段路基、路面、桥涵、交通安全设施和绿化日常养护,并严格执行相关行业标准及养护制度进行日常保养保洁工作。

四、G3511 菏宝高速公路焦作至修武段

（一）项目概况

1. 基本情况

1）功能定位

菏宝高速公路焦作至修武段西起焦作市西南武陟县宁郭镇桥湾村与三阳乡马村之间与济焦高速公路连接,东至焦作与新乡交界处与获新高速公路相连,全长 29.03km。该项目对完善河南省高速公路网布局,改善交通投资环境,促进旅游资源开发和区域经济发展具有重要意义。

2）技术标准

全封闭、全立交、双向四车道;设计行车速度:120km/h;路基宽度:28m;桥梁净宽:2×12.794m;桥涵设计荷载标准:汽车—超 20 级,挂车—120;路面设计标准轴载:BZZ-100;路面:主线采用沥青混凝土路面,收费广场和服务区广场采用水泥混凝土路面;路面结构:4cm 细粒式沥青混凝土(AC-13C)+6cm 厚中粒式改性沥青混凝土(AC-20I)+11.5cm 厚密级配沥青碎石(ATB-25)+改性沥青碎石封层+36cm 厚水泥粉煤灰稳定碎石基层+18cm 厚水泥粉煤灰稳定碎石底基层;设计使用年限:按长寿命路面设计,使用年限为

50年。

3）建设规模

项目主要工程量：路基土石方443万 m^3；排水防护工程 $2\times 29.48km$；大桥125.12m/1座，中桥138.08m/2座，见表8-7-8，天桥5座；涵洞、通道：72道；互通立交3处：中原路互通、陈村互通、二十里铺互通；收费站3个（焦作收费站、修武南收费站、修武东收费站）、停车区1处；路面底基层 $780100m^2$；路面基层 $1548600m^2$；沥青路面 $768500m^2$。

G3511菏宝高速公路焦作至修武段桥梁一览表　　表8-7-8

规模	名　称	桥长（m）	主跨长度（m）	跨越障碍物			桥梁类型
				河流	沟谷	道路、铁路	
大桥	将沟大桥	125.12	20		√		简支梁桥
中桥	大狮涝河中桥	85.04	16	√			简支梁桥
	裕国庄中桥	53.04	16			√	简支梁桥

4）主要控制点

焦作市、修武县。

5）地形地貌

路线所经地区处于黄淮冲洪积平原（尉氏县西部毗邻黄河二级阶地），地形平坦。地势由西北向东南倾斜，自然坡降1/6000～1/1000，地面高程多在60～70m，地形地貌简单。地面上有波状沙地、零星沙丘、垄状或链状沙岗和岗地、丘间和岗间洼地、泛流洼地和背河洼地、黄河故道等地貌景观。

6）投资规模

项目建设总投资批复概算为10.1937亿元，竣工决算投资10.7688亿元，平均每公里造价3652.92万元。

7）开工及通车、竣工时间

2005年7月开工建设，2007年9月交工通车，2010年1月完成竣工验收。

2. 参建单位主要情况

（1）建设单位：河南省济焦新高速公路有限责任公司。

（2）设计单位：中国公路工程咨询监理总公司、中国华西工程设计建设有限公司郑州分公司。

（3）质量监督单位：河南省交通基本建设质量检测监督站。

（4）监理单位：信阳市三元工程监理咨询有限公司。

（5）土建施工单位：开封市通达公路工程有限公司、路桥集团第一公路工程局厦门工程处、路桥集团第一公路工程局第五工程公司、中铁十三局集团第四工程有限公司、中铁三局集团第四工程有限公司。

(6)路面施工单位:中交一公局厦门工程处有限公司、安阳市恒达公路发展有限责任公司。

(7)房建施工单位:河南红旗渠建设集团有限公司、河南泰宏房屋营造有限公司、河南省建设总公司。

(8)绿化施工单位:河南鼎利华林绿化工程有限公司、灵宝市三宝园林绿化工程有限公司、河南三星园林绿化工程有限公司。

(9)交通安全设施施工单位:河南恒通公路桥梁建设有限公司、河南四建股份有限公司、北京汉威达交通运输设备有限公司、河南省新乡六通实业有限公司、北京路桥方舟交通科技发展有限公司、河南路桥建设集团有限公司、郑州彩达交通安全设施工程有限公司、河南省公路局筑路机械厂。

(10)交通机电施工单位:河南盈科交通工程有限公司、河南晨星交通实业有限公司。

(二)建设情况

1. 项目准备阶段

1)项目审批文件

2004年1月8日,河南省发展和改革委员会批复工程可行性研究报告,文号为豫发改办〔2004〕13号。2004年9月22日,河南省发展和改革委员会批复初步设计文件,文号为豫发改设计〔2004〕1771号。2004年10月12日,环保行政主管部门对环评报告进行了批复,文号为豫环监表〔2004〕139号。2005年7月18日,河南省林业厅对焦修高速占用林地许可证进行审批,文号为豫焦林地审字〔2005〕046号。2007年1月11日,河南省交通厅批复施工图设计文件,文号为豫交计〔2007〕5号。2007年6月1日,河南省水利厅准予水行政许可决定书,文号为豫水行许〔2007〕3号。2007年,国土资源部对公路建设用地进行了批复,文号为国土资函〔2007〕897号。

2)资金筹措

项目建设总投资批复概算为10.1937亿元。项目资本金3.57亿元由项目法人河南省济焦新高速公路有限责任公司筹措,剩余6.63亿元申请国内银行贷款。

3)合同段划分

(1)设计标段划分:土建工程设计1个标段,房建工程设计1个标段,绿化工程设计1个标段,机电工程设计1个标段。

(2)施工标段划分:土建工程5个标段,机电工程2个标段,房建工程3个标段,绿化工程3个标段,交通安全设施8个标段。

(3)施工监理标段划分:设1个总监办公室,5个土建工程驻地监理标段。

4）招投标

（1）勘察设计招标由原项目法人完成，并签署合同，后随项目法人变更设计合同随着移交。

（2）2005年2月25日、26日，发布土建工程、施工监理招标公告；2005年6月15日，完成土建工程、施工监理招标。

（3）2006年9月8日、9日，发布混凝土护栏、防眩板工程招标公告；2006年12月5日，完成工程招标。

（4）2006年10月9日、10日，发布房建工程招标公告；2007年2月14日，完成工程招标。

（5）2006年11月1日、2日，发布路面工程、机电工程、收费大棚工程招标公告；2007年3月3日，完成路面工程、机电工程、收费大棚工程招标。

（6）2006年12月7日、8日，发布配电照明工程招标公告；2007年4月25日，完成配电照明工程招标。

（7）2007年1月25日、26日，发布绿化工程、交通安全设施工程、桥梁伸缩缝工程招标公告；2007年4月29日，完成绿化工程、交通安全设施工程、桥梁伸缩缝工程招标。

5）征地拆迁情况

国土资源部于2007年以国土资函〔2007〕897号文批复该项目建设用地，共获批征用土地3540亩。

2. 项目实施阶段

1）实施过程

（1）主线土建工程于2005年7月2日开工，2007年8月完工。

（2）2007年8月21日、22日，省厅质监站于对焦修高速进行了交工质量检测，质量等级为合格。

（3）2010年1月28日，该项目进行了竣工验收，质量鉴定得分为93.05分，工程质量等级评为优良。

2）设计变更

（1）对全线地下水位较高（50~80cm以内）的路段全部进行了换填砂砾处理。

（2）根据现场实际情况，个别涵洞改变孔径或改为小桥。

（三）运营养护管理

1. 组织架构

该项目运营管理单位为河南省交通运输厅少新管理处高速公路新济运管中心，中心于2007年11月组建,全面负责菏宝高速公路新乡至济源段134.78km的运营管理工作。中心设7科1室9个收费站,4个服务区(停车区),3个路政大队,2个运维监控站。

2. 服务设施

下辖修武服务区1处,见表8-7-9。

G3511菏宝高速公路焦作至修武段服务场区一览表   表8-7-9

高速公路编码	服务区名称	桩号	所在区域	占地(m²)	建筑面积(m²)
G3511	修武服务区	K98+902	焦作市高新区文昌办事处西俎近村	48000	4532.4

3. 收费设施

项目设有焦作东、修武、修武东3个收费站。焦作东收费站有5个出口、3个入口共8条通行车道;修武收费站有3个出口、2个入口共5条通行车道;修武东收费站有3个出口、2个入口共5条通行车道,见表8-7-10。

G3511菏宝高速公路焦作至修武段收费设施一览表   表8-7-10

收费站名称	桩号	入口车道数		出口车道数	
		总车道	ETC车道	总车道	ETC车道
焦作东站(中原路站)	K66+220	3	1	5	1
修武站(陈村站)	K82+000	2	0	3	1
修武东站(二十里铺站)	K88+100	2	0	3	1

4. 养护管理

1) 路面维修工程

中修工程:为保证菏宝高速公路焦修段路面行驶的安全、畅通,河南省收费还贷高速公路管理中心于2013年投入195万元对桥头跳车进行处治,共计处治桥头跳车14处。

2015年,投入2415万元对中心管辖范围内的菏宝高速公路全线路面进行微表处处治,共计处治45.3km。

2) 桥梁检测、维修加固

根据省交通厅及主管部门规范标准及公司制度,每3年委托检测单位对全线桥涵结构物进行定期检测,及时掌握技术状况及病害情况,作为桥涵维修保养的依据。

菏宝高速公路根据桥梁检测结果,对中心管辖范围内发现的三类桥涵进行维修加固,2015年共投入85万元对三类桥梁及三类构件进行加固维修,确保桥梁处于安全良好的状态。

3) 沿线设施的提升、改造

为提升菏宝高速公路焦修段的行车安全性,消除安全隐患,在2015年对全线中分带活动护栏进行更换,进一步保障道路行驶安全。

五、G3511 菏宝高速公路济源至焦作段

（一）项目概况

1. 基本情况

1）功能定位

菏宝高速公路济源至焦作段西起二广高速公路济洛段，经济源境、沁阳市、博爱县、武陟县，东连菏宝高速公路焦作至修武段，全长55.11km。该项目再向东延伸至新乡可与京珠国道主干线安阳至新乡段高速公路相连，实现豫北济源、焦作、新乡3个经济发达地区的快速连通，构成豫北区域干线公路网主骨架，形成与豫西北较为完整的高效运输网络，对缩短豫西北地区及晋煤外运车辆东出距离有显著作用。

2）技术标准

全封闭、全立交、双向四车道；设计行车速度：120km/h；路基宽度：28m；桥涵设计荷载标准：汽车—超20级，挂车—120；路面设计标准轴载：BZZ-100kN；路面：收费广场和服务区广场采用水泥混凝土路面，其他采用水泥混凝土+沥青混凝土复合式路面；路面结构：主线为4cm沥青玛蹄脂碎石混合料（SAM-13I）+6cm中粒式沥青混凝土（AC-20I）+13cm密度配沥青稳定碎石（ATB-25I）+19cm水泥粉煤灰稳定碎石（强度3MPa）+15cm水泥稳定碎石（强度2.5MPa）。

3）建设规模

项目主要工程量：路基土石方878.9万m^3；排水防护工程（高速公路主线）54.442km；全线设收费站3个（济源东收费站、柏香互通匝道、沁阳互通匝道）、服务区、监控各所1个；路面底基层1676489m^2；路面基层1599164m^2；沥青路面1579974m^2；表8-7-11为G3511菏宝高速公路济源至焦作段桥梁一览表。

G3511菏宝高速公路济源至焦作段桥梁一览表　　　　表8-7-11

规模	名称	桥长（m）	主跨长度（m）	跨越障碍物			桥梁类型
				河流	沟谷	道路、铁路	
特大桥	沁河特大桥	1048.8	40	√			连续梁桥
大桥	K54+932主线跨被交道桥	128.76	40			√	连续梁桥
	南水北调大桥	209.12	40	√			连续梁桥
	K187+984大桥	885.06	22			√	连续梁桥
中桥	运粮河中桥	53.04	16	√			简支梁桥
	官路河中桥	53.04	16	√			简支梁桥
	徐庄中桥	37.04	16	√			简支梁桥
	济河中桥	65.04	20	√			简支梁桥

续上表

规模	名称	桥长（m）	主跨长度（m）	跨越障碍物 河流	跨越障碍物 沟谷	跨越障碍物 道路、铁路	桥梁类型
中桥	四干二支渠中桥	53.04	16	√			简支梁桥
	济涻截排中桥	85.04	20			√	简支梁桥
	K208+683主线跨被交道桥	65.04	20			√	简支梁桥
	荣涝河中桥	53.04	16	√			简支梁桥
	济永涝河中桥	45.04	20	√			简支梁桥

4）主要控制点

济源市、焦作市(沁阳市)。

5）地形地貌

项目位于河南省北部，区域内地貌复杂，北部山地属太行山余脉，地势起伏较大，自北向南呈梯状降低，地形破碎，山势较陡，多深沟峡谷；南部平原由冲洪积形成，其西段地势较低，沁河自路线中部经过，沿河发育小型冲积平原，东部地势较平，由西北向东南倾斜，为太行山前倾平原向黄河冲积平原过渡地带。

6）投资规模

项目概算投资17.10亿元，后经河南省发展和改革委员会(豫发改设计〔2009〕141号)《关于济(源)焦(作)新(乡)高速公路济源至焦作段(含济源一级公路连接线)工程调整概的批复》调整概算为19.18亿元，竣工决算投资19.17亿元，平均每公里造价3439.92万元。

7）开工及通车、竣工时间

2003年6月开工建设，2005年9月交工通车，2007年12月完成竣工验收。

2. 参建单位主要情况

(1)建设单位：河南省济焦新高速公路有限责任公司。

(2)设计单位：河南省交通规划勘察设计院、铁道第三勘察设计院、中国公路工程咨询监理总公司。

(3)质量监督单位：河南省交通基本建设质量检测监督站。

(4)监理单位：天津新亚太工程建设有限公司、江苏东南交通工程建设监理有限公司。

(5)土建施工单位：中铁三局集团、中铁十五局集团第五工程有限公司、北京市公路桥梁建设公司、湖南省郴州公路桥梁建设有限责任公司、河南省交通公路工程局、开封通达公路工程有限公司、中铁十一局集团第二工程有限公司。

(6)路面施工单位：北京市公路桥梁建设公司、路桥集团第一工程局第三工程公司、山东省路桥集团有限公司。

（7）房建施工单位：郑州市第二建筑工程有限公司、河南中原建设有限公司、河南国基建筑安装工程有限公司。

（8）绿化施工单位：藁城市风景园林建设工程有限公司、河南育林绿化工程有限公司、河南育林绿化工程有限公司、河南金柳园林艺术工程有限公司。

（9）交通安全设施施工单位：河南路桥发展建设总公司、河南省公路局筑路机械厂、福建省漳州市公路机械修配厂、河南省新乡六通实业有限公司、河南路桥发展建设总公司、郑州彩达交通设施工程有限公司、四川路桥建设集团交通工程有限公司。

（10）交通机电施工单位：北京市泰克公路科学技术研究所、中铁电气化集团第三工程有限责任公司。

（二）建设情况

1. 项目准备阶段

1）项目审批文件

2002年6月12日，河南省发展计划委员会对济（源）焦（作）新（乡）高速公路济源至焦作段项目建议书进行了批复，文号为豫计划基础〔2002〕693号。2002年6月17日，《关于济源至焦作高速公路（含一级公路连接线）工程可行性研究报告的批复》，文号为豫计划基础〔2002〕1707号。2003年4月15日，《关于济源至焦作高速公路（含一级公路连接线）工程初步设计的批复》，文号为豫设计〔2003〕376号。2003年7月25日，《关于济源至焦作高速公路（含一级公路连接线）工程施工图设计的批复》，文号为豫计设计〔2003〕493号。2005年4月28日，国土资源部对济焦公路建设用地进行了批复，文号为国资函〔2005〕230号。

2）资金筹措

项目概算总投资为19.18亿元，其中30%为建设单位自有资金，其余70%为银行贷款。

3）合同段划分

（1）设计标段划分：工程设计1个标段。

（2）施工标段划分：土建工程7个标段，机电工程2个标段，房建工程3个标段，绿化工程4个标段，交通安全设施7个标段。

（3）施工监理标段划分：2个总监办公室，7个土建工程驻地监理标段。

4）招投标

按照国家颁布的《中华人民共和国招标投标法》和交通部颁布的《公路工程施工招标投标管理办法》《公路工程施工招标资格预审办法》《公路工程施工招标评标办法》的要求，该项目采用公开竞争性方式招标。

5) 征地拆迁情况

项目征用土地6183亩,拆迁占地费20011.34万元。

2. 项目实施阶段

1) 实施过程

(1) 土建工程于2003年6月9日开工,2005年9月26日完工。

(2) 房建工程、机电工程、交通安全设施于2005年9月完工。

(3) 2007年12月,河南省交通基本建设质量检测监督站组织专家对菏宝高速公路济焦段进行了交工验收,工程项目评定质量为合格。

(4) 2007年12月,项目通过了竣工验收,工程质量鉴定得分为93.83分,工程质量鉴定等级评为优良。

2) 设计变更

(1) 路面结构的变更。首次创造性采用了 SMA&ATB 组合技术,且在国内首次创新采用低剂量水泥粉煤灰稳定碎石基层结构,确保了高速公路沥青路面的长寿命2005年1月28日,河南省交通运输厅以《关于济焦高速公路(含济源一级公路连接线)路面结构变更设计的批复》,批复路面设计变更增加预算13423万元。

(2) 2015年6月22日,河南省交通厅公路管理局以《关于对济焦高速公路主线收费站工程变更设计及预算的批复》(豫交计〔2015〕144号)对增加207线匝道及核减济源一级公路连接线主线收费站工程进行了变更批复。

3) 重大事件

(1) 2009年11月,河南省交通勘察设计院有限责任公司设计的《济源至焦作高速公路项目》获中华人民共和国住房和城乡建设部"2008年度全国优秀工程勘察设计奖"铜奖。

(2) 2009年12月,项目获国家工程建设质量奖审定委员会组织评定的"2009年度国家优质工程银质奖"。

(三) 运营养护管理

1. 组织架构

该项目运营管理单位为河南省交通运输厅少新管理处高速公路新济运管中心,中心于2007年11月组建,全面负责菏宝高速公路新乡至济源段134.78km的运营管理工作。中心设7科1室9个收费站,4个服务区(停车区),3个路政大队,2个运维监控站。

2. 服务设施

沁阳服务区占地面积60亩(表8-7-12),于2005年9月投入运营,可为驾乘人员提供餐饮、住宿、购物、加油、汽车维修、停车休息等多种服务。2011年,在全省高速公路服务区评定中,沁阳服务区被评为"四星级服务区"。

G3511 菏宝高速公路济源至焦作段服务场区一览表　　表 8-7-12

高速公路编码	服务区名称	桩　　号	所 在 区 域	占地(m^2)	建筑面积(m^2)
G3511	沁阳服务区	K213+000	沁阳市王曲乡西渠沟村	40000	4450

3. 收费设施

设济源东、柏香及沁阳 3 个收费站,见表 8-7-13。济源东收费站有 6 个出口、4 个入口,共 10 条通行车道,柏香收费站有 4 个出口、4 个入口,共 8 条通行车道,沁阳收费站有 5 个出口、3 个入口,共 8 条通行车道。

G3511 菏宝高速公路济源至焦作段收费设施一览表　　表 8-7-13

收费站名称	桩　　号	入口车道数		出口车道数	
		总车道	ETC 车道	总车道	ETC 车道
济源东收费站	K229+650	2	2	4	3
柏香收费站	K218+380	4	0	3	1
沁阳收费站	K209+200	2	1	4	1

4. 监控设施

设监控中心 1 个,负责济源东、柏香、沁阳收费站区域和焦作东、修武东、修武收费站区域的运营监管。

5. 养护管理

1)路面维修工程

中修工程:为保证菏宝高速公路济焦段路面行驶的安全、畅通,河南省收费还贷高速公路管理中心于 2013 年投入 274 万元对桥头跳车 40 处进行处治。

2015 年,投入 2415 万元对中心管辖范围内的菏宝高速公路全线路面进行微表处处治,共计处治 45.3km,如图 8-7-7 所示。

图 8-7-7　路面处治施工

2)桥梁检测、维修加固

根据省交通厅及主管部门规范标准及公司制度,每3年委托检测单位对全线桥涵结构物进行定期检测,及时掌握技术状况及病害情况,作为桥涵维修保养的依据。

2014年对该项目K210+408南董天桥桥台处理;K210+837东渠沟天桥桥台处理;K199+295沁河特大桥26号右幅桥台加固。

菏宝高速公路根据桥梁检测结果,对中心管辖范围内发现的三类桥涵进行维修加固,2015年共投入85万元对三类桥梁及三类构件进行加固维修,确保桥梁处于安全良好的状态。

3)沿线设施的提升、改造

济源东收费站是出入济源市的重要门户,为提升济源市出入口形象,提高速公路整体服务水平,2013年经河南省交通运输厅《关于菏宝高速公路济源东收费站改造专项工程立项报告的批复》(豫交文〔2013〕237号)批准对济源东收费站进行整体提升改造。将原有的3进4出共7个车道扩建为4进6出共10个车道,结构设计采用仿古建筑形式,如图8-7-8所示。改扩建项目包括:站区收费车道扩建、新建收费大棚和新建办公生活区。其中,办公生活区建筑面积2641m²,总投资2800余万元。

图8-7-8 济源东收费站

六、G3511菏宝高速公路济源市旧河庄至济源市轵城镇

菏宝高速公路济源市旧河庄至济源市轵城镇,里程桩号为K229+132~K232+374,路段长3.242km,与G55二广高速公路济源至洛阳段共线,此项目将在本章第九节中介绍。

七、G3511菏宝高速公路济源至邵原段

(一)项目概况

1.基本情况

1)功能定位

菏宝高速公路济源至邵原段位于河南省济源市,起于轵城镇庚章村北,接二广高速公

路济源至洛阳段,止于豫晋交界处的西阳河,接山西省运城市境内的东蒲高速公路,全长59.771km。该项目对完善河南高速公路网布局、增强豫晋两省城际间经济文化交流、促进区域经济又好又快发展具有重要意义。

2)技术标准

全封闭、全立交、双向四车道。设计行车速度:120km/h;路基宽度:26m;桥梁净宽:2×12m;桥涵设计荷载标准:公路—Ⅰ级的1.3倍;路面设计标准轴载:BZZ-100;路面:收费广场和服务区广场采用水泥混凝土路面,其他采用沥青混凝土路面;路面结构:4cm中粒式SBS改性沥青混凝土+6(7)cm中粒式SBS改性沥青混凝土+8(9)cm粗粒式SBS改性沥青混凝土+36cm水泥粉煤灰稳定级配碎石+16(19)cm水泥粉煤灰稳定级配碎石底基层。

3)建设规模

项目主要工程量:路基土方1265万 m³,路面655万 m²;全线设服务区2处,收费站4处,管理中心1处,沿线交通安全设施及绿化工程,机电工程等;表8-7-14、表8-7-15分别为G3511菏宝高速公路济源至邵原段桥梁、隧道一览表。

G3511菏宝高速公路济源至邵原段桥梁一览表 表8-7-14

规模	名称	桥长(m)	主跨长度(m)	跨越障碍物			桥梁类型
				河流	沟谷	道路、铁路	
特大桥	逢石河特大桥	1499	120	√			连续梁桥
	神仙庄特大桥	1256	40	√			连续梁桥
大桥	庚章大桥	106.1	120		√		连续梁桥
	双阳河大桥	146.1	20	√			简支梁桥
	焦寨大桥	166.12	20		√		简支梁桥
	卫泗沟大桥	146.1	20		√		简支梁桥
	泗涧大桥	286.2	20		√		简支梁桥
	卫沟大桥	166.12	20		√		简支梁桥
	毛胡庄大桥	186.12	20		√		简支梁桥
	小王庄大桥	307	30		√		连续梁桥
	桑榆河大桥	247	30	√			连续梁桥
	花石1号大桥	228	30		√		连续梁桥
	花石2号大桥	310.64	30		√		连续梁桥
	黑柴沟大桥	200.2	20		√		简支梁桥
	孤树大桥	290	30		√		连续梁桥
	小孤树大桥	161.376	30		√		连续梁桥
	山甲登1号大桥	348.7	30		√		连续梁桥
	山甲登2号大桥	172	30		√		连续梁桥

第八章 河南高速公路项目建设信息

续上表

规模	名　称	桥长(m)	主跨长度(m)	跨越障碍物			桥梁类型
				河流	沟谷	道路、铁路	
大桥	大千步岭大桥	350	30		√		连续梁桥
	甲沟大桥	235	30		√		连续梁桥
	秋树沟大桥	262	40		√		连续梁桥
	佛谭沟大桥	260	40		√		连续梁桥
	韭菜坡大桥	218.16	40		√		连续梁桥
	燕庄大桥	175.56	30		√		连续梁桥
	庙前大桥	518	40		√		连续梁桥
	朱庄大桥	266.18	20		√		简支梁桥
	横山腰大桥	247	40		√		连续梁桥
	高楼庄大桥	287	40		√		连续梁桥
	翻毛沟大桥	207	40		√		连续梁桥
	大店河大桥	367	120	√			连续梁桥
	火神庙岭大桥	256	120		√		连续梁桥
	牤牛庄大桥	287	40		√		连续梁桥
	南沟大桥	156	30		√		连续梁桥
	商庄大桥	246	30		√		连续梁桥
	张沟大桥	287	40		√		连续梁桥
	前沟大桥	156	30		√		连续梁桥
	乔庄大桥	306	30		√		连续梁桥
	水泉凹大桥	456	30		√		连续梁桥
	南崖大桥	468	120		√		连续梁桥
	西岭大桥	927	40		√		连续梁桥
	煤窑河大桥	647	40		√		连续梁桥
	前谭院大桥	192	30		√		连续梁桥
	后背1号大桥	246	30		√		连续梁桥
中桥	郭庄中桥	86.1	20		√		简支梁桥
	后背2号中桥	66	30		√		连续梁桥

G3511菏宝高速公路济源至邵原段隧道一览表　　表8-7-15

规模	名　称	隧道全长(m)	隧道分类					洞门形式(进口/出口)
			按地质条件划分		按所在区域划分			
			土质隧道	石质隧道	山岭隧道	水底隧道	城市隧道	
长隧道	王屋山隧道左线	1970		√	√			端墙式/半明洞式
	王屋山隧道右线	1920		√	√			端墙式/半明洞式

续上表

规模	名 称	隧道全长 (m)	隧道分类					洞门形式 (进口/出口)
			按地质条件划分		按所在区域划分			
			土质隧道	石质隧道	山岭隧道	水底隧道	城市隧道	
中隧道	洪村隧道左线	920		√	√			半明洞式/端墙式
	洪村隧道右线	850		√	√			半明洞式/端墙式
	邵原隧道左线	710		√	√			端墙式/端墙式
	邵原隧道右线	520		√	√			端墙式/端墙式
短隧道	愚公隧道左线	360		√	√			端墙式/端墙式
	愚公隧道右线	310		√	√			端墙式/端墙式

4)主要控制点

济源市(轵城镇)、济源市(承留镇、王屋乡南、邵原镇)。

5)地形地貌

项目位于济源市境内,沿线自东向西穿越轵城、承留、大峪3个乡镇。依据其地形地貌的不同,以 K15+375 为界大致分为两类,往东至起点为黄土丘陵区,往西至终点为构造剥蚀、侵蚀低山区。

黄土丘陵区:位于济源南部和东南部,包括轵城、坡头、承留大部,植坡发育多为人工栽培植被,路线在该区的平均高度 150~400m。

低山区:位于济源西部、西南部,主要分布在承留以西。山坡多为阶梯状,造成波浪起伏的低山、丘陵、盆地、沟峪相间的层差地貌,该区森林稀少,荒山坡多,少量荆条、马甲刺,主要为栽培植被,山巅岭为人工刺槐林,该区相对高差为 200~500m。

6)投资规模

项目概算投资 34.0584 亿元,竣工决算投资 39.9674 亿元,平均每公里造价 6686.7587 万元。

7)开工及通车、竣工时间

2005 年 11 月 16 日开工建设,2008 年 12 月 16 日交工通车。

2. 参建单位主要情况

(1)建设单位:河南省济邵高速公路有限公司。

(2)设计单位:中交第二公路勘察设计研究院、浙江省交通规划设计研究院。

(3)监理单位:河南省公路工程监理咨询有限公司、中国公路工程咨询总公司、北京泰克华诚技术信息咨询有限公司。

(4)土建施工单位:河南省路桥工程集团有限公司、中国光大国际技术合作有限公司、河南省路桥建设集团有限公司、中铁十局集团第二工程有限公司、衡水路桥工程有限公司、山东通达路桥工程有限公司、邢台路桥建设总公司、中铁二局股份有限公司、山西太行路桥有限公司、中铁十一局集团第一工程有限公司、中国云南路桥建设集团股份有限公司、陕西路桥集团有限公司、中铁二十局集团有限公司、湖南湘潭公路桥梁建设有限公司、中铁三局集团有限公司。

（5）房建施工单位：河南省第五建筑安装工程（集团）有限公司、河南润华建筑安装工程有限公司、中国光大国际经济技术合作有限公司、河南华晨工程建设有限公司、河南隆基建设有限公司、河南七建工程有限公司、江苏火花钢结构集团有限公司、徐州通域空间结构有限公司。

（6）路面施工单位：河南省路桥工程有限公司、中交二公局第四工程有限公司、山东鲁桥建设有限公司、浙江登峰交通集团有限公司。

（7）绿化施工单位：潢川县绿宇园林绿化工程有限责任公司、潢川县禾域园林工程有限公司、郑州百年园林景观有限公司、郑州环境艺术科学研究交流中心、河南省绿色工程有限公司、河南中亨园林景观绿化工程有限公司、邯郸市方源园林花木有限公司、河南东方绿洲发展有限公司。

（8）护栏施工单位：贵州省交通工程有限公司、杭州萧山金鹰交通设施有限公司、北京深华科交通工程有限公司、浙江久久交通设施有限公司。

（9）标志施工单位：浙江交通设施有限公司、周口市公路交通设施有限公司。

（10）标线施工单位：江西省金路科技开发有限公司、山西通安交通工程公司。

（11）隔离栅施工单位：盐城金阳交通设施有限公司、河南路桥建设集团有限公司。

（12）机电施工单位：广西远长公路桥梁工程有限公司、淄博海德实业有限公司、河南新豫飞科技照明工程有限公司、焦作市政工程建设有限公司。

（13）硅芯管施工单位：湖北凯乐新材料科技股份有限公司、河北凯巍塑业有限公司。

（14）伸缩缝施工单位：成都市大通路桥机械有限公司、衡水橡胶股份有限公司、安徽省交通建设有限责任公司、衡水市桥闸工程橡胶有限公司。

（15）声屏障施工单位：河南泰通企业发展有限公司。

（二）建设情况

1. 项目准备阶段

1）项目审批文件

2005年2月3日，河南省发展和改革委员会对济源至邵原段高速公路的项目建议书进行了批复，文号为豫发改交通〔2005〕136号。2005年8月1日，河南省国土资源厅批准了关于济源至邵原高速公路建设项目用地的预审意见，文号为豫国土资函〔2005〕372号。2005年8月30日，《关于济源至邵原高速公路工程可行性研究报告核准的批复》，豫发改交通〔2005〕1207号文。2005年12月16日，《关于济源至邵原高速公路工程初步设计的批复》,豫发改设计〔2005〕1856 号文。2006 年 5 月 23 日,河南省人民政府对关于济源至邵原高速公路项目建设用地的请示进行了批复,文号为豫政文〔2006〕96 号。2006 年 10 月 8 日,《关于济源至邵原高速公路工程施工图设计的批复》,豫交计〔2006〕256 号文。2008 年 10 月 13 日,河南省国土资源厅对关于济源至邵原高速公路工程建设用地进行了批复,文号为豫国土资源函〔2008〕627 号。2008 年 11 月 10 日,国土资源厅对该项目的工程建设用地进行了批复,文号为豫国土资函〔2008〕747 号。

2)资金筹措

项目概算总投资为 34.0584 亿元,其中 35% 为建设单位自有资金,其余 65% 为工商银行贷款。

3)合同段划分

(1)设计标段划分:土建工程设计 2 个标段。

(2)施工标段划分:土建工程 15 个标段,机电工程 4 个标段,房建工程 8 个标段,绿化工程 8 个标段,交通安全设施 10 个标段。

(3)施工监理标段划分:2 个土建工程驻地监理标段,1 个机电工程监理标段。

4)招投标

(1)2005 年 6 月 29 日,公开招标,确定了 2 家单位,作为济源至邵原高速公路一期工程的设计单位。

(2)2005 年 9 月 18 日,发布招标公告,2005 年 10 月 26 日开标,确定了 15 家施工单位,2 家监理单位。

5)征地拆迁情况

征用土地 6184.059 亩,征地费用 9710.7502 万元。

2. 项目实施阶段

1)实施过程

(1)主线土建工程于 2005 年 11 月 16 日开工,2008 年 12 月 16 日通车。

(2)2008 年 12 月,项目公司根据交工验收检查情况及平时掌握的情况,对各合同段的工程质量进行了评定,经过汇总,整个工程项目得分为 96.5 分,质量等级为合格,单位工程合格率 100%。

2)重大决策

开展"优良施工协调环境奖"评比活动。对各协办实行月月考评,考评结果报济源市政府。通过激励机制,调动各协办的工作积极性,提高协调工作效率。

3)设计变更

(1)K8+300、K29+960 增加天桥的设计,K14+830 新增渡槽设计。

(2)全线填方上路床下 60cm,挖方上路床下 80cm,采用 6% 灰土改良。填方高大于

10m 的土石混填路堤,每填高 1.2m 进行强夯。

全线路面基层、上底基层变更为水泥粉煤灰稳定碎石。

中央分隔带取消混凝土护栏,变更为波形梁护栏。

全线泥岩,泥质粉砂岩,砂岩的挖方边坡骨架防护内土工格栅植草变更为空心六棱块植草。

K20+329.3～K20+678 原设计为路基,变更为大桥。

(3)K18+648～K18+698、K20+867～K20+897、K21+100～K21+122 原设计强夯,冲击碾压,因场地狭窄无法施工,采用石灰桩复核地基处理。

K22+485～K22+520、K22+750～K22+800、K25+565～K25+610 因地质变化,软弱土层厚 6.0～8.1mL 含水率大,采用碎石桩复合地基处理。

K6+832 桥式通道,因地基承载力不满足,饱和亚黏土层厚 7.0m,采用喷粉桩处理。

K5+630 盖板通道,强夯 2m 以下,湿陷系数,承载力均不满足设计要求,采用灰土桩复合地基处理。

(三)科技创新

"复杂地质条件下隧道开挖与支护综合技术研究"课题获河南省交通科学技术进步三等奖。

在复杂地质条件下进行隧道开挖时,采用理论计算与现场量测相结合的研究手段,可以准确判断围岩的稳定性,提出经济安全的支护结构方案,从而为隧道施工与支护结构设计提供技术指导;通过对复杂地质条件下隧道洞口边坡的稳定性进行分析及滑坡治理方案进行优化设计,可以使滑坡的治理更加经济安全,从而缩短工期,节省大量的人力物力。

(四)运营养护管理

1.组织架构

该项目运营管理单位为河南省交通运输厅少新管理处高速公路济洛运管中心,中心设有养护科、路政科、机电科、征收科、综合科、财务科、监察考核办、政工科 8 个部门和济源南服务区、王屋山服务区 2 个服务区。

2.服务设施

下辖济源南、王屋山 2 处服务区,见表 8-7-16。

G3511 菏宝高速公路济源至邵原段服务场区一览表　　表 8-7-16

高速公路编码	服务区名称	桩　号	所在区域	占地(m²)	建筑面积(m²)
G3511	济源南服务区	K235+500	济源市轵城镇	68598	35630.6
	王屋山服务区	K273+200	济源市王屋镇	86684.03	51590.4

3. 收费设施

设有济源南、王屋山、邵原和豫晋省界 4 个收费站,见表 8-7-17。

G3511 菏宝高速公路济源至邵原段收费设施一览表　　表 8-7-17

收费站名称	桩　　号	入口车道数		出口车道数	
		总车道	ETC 车道	总车道	ETC 车道
济源南收费站	K241+500	3	1	6	1
王屋山收费站	K272+900	2	1	3	1
邵原收费站	K285+100	2	0	3	1
豫晋省界收费站	K285+900	12	1	6	2

4. 监控设施

设置济邵监控中心 1 个。

5. 养护管理

(1) 路面维修工程

2014 年集中对该项目路面排水进行整治,专项工程费用为 311.031 万元。

(2) 桥梁检测、维修加固

根据省交通厅及主管部门规范标准及公司制度,每 3 年委托检测单位对全线桥涵结构物进行定期检测,及时掌握技术状况及病害情况,作为桥涵维修保养的依据。

(3) 沿线设施的提升、改造

2015 年,进行隔离栅、中央活动护栏、防眩板、防抛网补装及更换;增加危险品禁入、限重标志等安全设施,进一步提升行车安全性。

第八节　G45 大庆至广州高速公路河南段
（南乐县至新县）

大广高速公路河南段起自濮阳市南乐县西崇疃村(豫冀界),途经濮阳、安阳、新乡、开封、周口、驻马店、信阳等 7 市 18 县,止于信阳市新县大石山(豫鄂界),全长 558.128km。该项目对于缓解京港澳高速交通压力,完善中原地区高速公路网络,发挥综合运输效益,推动旅游开发、矿产资源利用,促进河南省区域经济发展和加快中原经济区建设具有重要意义。

一、G45 大广高速公路冀豫界至南乐段

(一)项目概况

1. 基本情况

1)功能定位

大广高速公路豫冀界至南乐段是大广高速公路河南省境内最北段,起点为河南省南乐县梁村乡西崇町村北(豫冀省界),终点位于南乐县近德固乡西,全长 14.15km。该项目为完善河南省高速公路网络,加强豫冀两省经济社会联系,改善区域交通条件,促进沿线地区资源开发和经济社会协调发展具有重要意义。

2)技术标准

全封闭、全立交、双向六车道;路基宽度:34.5m;计算行车速度:120km/小时;桥面净宽:2×15.25m;桥涵设计荷载标准:公路—Ⅰ级(特殊桥梁1.3倍公路—Ⅰ级);路面设计标准轴载:BZZ-100;设计洪水频率:1/100(特大桥 1/300);路面:收费广场和服务区广场采用水泥混凝土路面,其他采用沥青混凝土路面;路面结构:主线为5cm细粒式改性沥青混凝土(AC-13C)+7cm中粒式沥青混凝土(AC-20C)+10cm粗粒式沥青混凝土(AC-25C)+热喷改性沥青同步碎石下封层+36cm水泥稳定碎石基层+18cm水泥稳定碎石土底基层。

3)建设规模

主要工程量:主线挖土方2.5万 m^3,填方197.1万 m^3,沥青混凝土路面34.4万 m^2;全线设停车区1处(与超限站、主线收费站合建);表8-8-1为G45大广高速公路冀豫界至南乐段桥梁一览表。

G45 大广高速公路冀豫界至南乐段桥梁一览表　　表 8-8-1

规模	名称	桥长(m)	主跨长度(m)	跨越障碍物 河流	跨越障碍物 沟谷	跨越障碍物 道路、铁路	桥梁类型
特大桥	卫河特大桥	1413.96	52	√			连续梁桥
中桥	五支排河中桥	65.04	20	√			连续梁桥
中桥	第三濮清南干渠中桥	65.04	20	√			连续梁桥
中桥	元马沟中桥	65.04	20	√			连续梁桥
中桥	K11+517.5 中桥	25.04	20	√			连续梁桥

4)主要控制点

南乐县

5)地形地貌

项目位于河南省东北部豫、冀交界处、卫河中游腹地,地貌属黄河、卫河冲积平原区,

地形平坦开阔,微向东北偏斜,局部微起伏。潮土表层呈灰黄色,土层深厚,熟化程度较高,土体疏松,沙黏适中,耕性良好,保水保肥,酸碱适度,肥力较高,适合栽种多种作物,是农业生产的理想土壤。

6) 投资规模

项目概算投资 8.13 亿元。

7) 开工及通车、竣工时间

2008 年 12 月开工建设,2010 年 12 月交工通车。

2. 参建单位主要情况

(1) 建设单位:濮阳豫龙高速公路有限责任公司。

(2) 设计单位:河南交通规划勘察设计院有限责任公司、西安公路研究所、厦门市园创景观设计有限公司。

(3) 监理单位:河南省公路工程监理咨询有限公司。

(4) 监督单位:河南省交通基本建设质量检测监督站。

(5) 土建工程施工单位:中铁三局集团第二工程有限公司、河南省公路工程局集团有限公司。

(6) 路面施工单位:成都华川公路建设集团有限公司。

(7) 交通安全设施工程施工单位:河北龙威交通工程有限公司、山西森太科技有限公司、江苏宏运道路工程有限公司、安徽恒通交通工程有限公司。

(8) 房建工程施工单位:九冶建设有限公司、郑州市中方园建筑安装工程有限公司、北京城建二建设工程有限公司、河南省新蒲钢结构工程有限公司、辽阳成达石油设备安装工程有限公司、江苏蓝天水净化设备有限公司、河南省地矿建设工程(集团)有限公司。

(9) 绿化工程施工单位:河南佳宜景观工程有限公司、河南锦成园林绿化工程有限公司。

(10) 交通机电工程施工单位:南京东大智能化系统有限公司。

(11) 供、配电工程施工单位:河南国基电力安装有限公司。

(12) 照明工程施工单位:中铁电气化局集团第三工程有限公司。

(二) 建设情况

1. 项目准备阶段

1) 项目审批文件

2006 年 8 月 28 日,国家环境保护总局对《关于大庆至广州高速公路豫冀界至南乐段环境影响报告表》进行了批复,文号为环审〔2006〕437 号。2006 年 12 月 14 日,河南省水利厅豫水保对《关于大庆至广州高速公路豫冀界南乐段工程水土保持方案报告书》进行了批复,文号为豫水保〔2006〕100号。2007年7月19日河南省国土资源厅对《关于大庆至广州高速公路豫冀界至南乐段工程建设用地初审意见》进行了批复,文号为豫国土资文〔2007〕149号。2008年2月20日,国家发展和改革委员会对《国家发展改革委关于河南省冀豫界至南乐公路可行性研究报告》进行了批复,文号为发改交运〔2008〕467号。2008年7月17日,交通运输部对《关于冀豫界至南乐公路初步设计的批复》进行了批复,文号为交公路〔2008〕176号。2008年11月27日,国土资源部对《关于大庆至广州高速公路豫冀界至南乐段建设用地》进行了批复,文号为国土资函〔2008〕797号。2009年9月12日,河南省交通运输厅对《关于大庆至广州高速公路冀豫省界至南乐段工程施工图设计》进行了批复,文号为豫交计〔2009〕233号。

2)资金筹措

项目概算总投资为8.13亿元,其中35%为建设单位自有资金,其余65%为商业银行贷款。

3)合同段划分

(1)设计标段划分:土建工程设计2个标段,房建工程设计7个标段,绿化工程设计2个标段,机电工程设计1个标段。

(2)施工标段划分:土建工程2个标段,机电工程1个标段,房建工程7个标段,绿化工程2个标段,交通安全设施4个标段。

(3)施工监理标段划分:总监办公室1个,土建工程驻地监理1个标段,房建工程监理1个标段,机电工程监理1个标段。

4)招投标

(1)2003年8月3日,设计单位通过资格预审,2003年9月17日,确定了1家中标单位。

(2)2005年9月2日,房建工程施工单位通过资格预审,2005年9月29日,确定了7家中标单位。

(3)2005年9月2日,路面工程施工单位通过资格预审,2010年12月7日,确定了1家中标单位。

(4)2008年7月15日,监理单位通过资格预审,2008年9月23日,确定了2家中标单位。

(5)2008年7月15日,土建工程施工单位通过资格预审,2008年05月21日,确定了2家中标单位。

(6)2010年4月14日,绿化工程施工单位通过资格预审,2010年7月12日,确定了2家中标单位。

(7)2010年4月14日,交通安全设施工程施工单位通过资格预审,2010年7月13日,确定了4家中标单位。

(8)2010年4月16日,机电工程施工单位通过资格预审,2010年7月23日,确定了2家中标单位。

5)征地拆迁情况

项目批准用地86.5634hm^2,将南乐县农用地72.913hm^2(耕地69.3229hm^2,含基本农田54.4835hm^2)转为建设用地并办理了征地手续,另征收农民集体所有建设用地0.7057hm^2、未利用用地12.4229hm^2;将国有农用地0.1517hm^{2}转为建设用地,同时使用国有建设用地0.125hm^2、未利用用地0.2451hm^2。拆迁费用6303万元。

2. 项目实施阶段

1)实施过程

(1)主线土建工程于2008年12月开工,2010年12月完工。

(2)房建工程于2010年3月开工,2010年12月完工。

(3)机电工程于2010年5月开工,2010年12月完工。

(4)交通安全设施工程于2010年6月开工,2010年12月完工。

(5)绿化工程于2010年9月开工,2010年12月完工。

(6)2010年12月,省质监站组织对大广高速公路冀豫界至南乐段进行了交工工程质量检测和鉴定,项目工程质量鉴定得分为98.9分,工程质量鉴定等级评为合格。

2)重大决策

项目开工之初,项目公司就明确提出了"重事先策划、抓细部管理、强过程控制、创精品工程"的建设理念,确定了建设国优工程的目标。首先从制度着手,建立并完善了工程管理的各项规章制度,制订并下发了《大广高速公路冀豫界至南乐段项目创优规划》《工程质量管理办法》《施工监理管理办法》《安全文明施工管理手册》《设计变更管理办法》等办法,积极推行廉政承诺制度、原材料准入制度、首件产品认可制度、样板工程评审制度、工地例会制度、周例会制度、技术交底制度关键工程联合检查验收制度、"五不施工"和"三不交接"等制度,用制度规范监理单位和施工单位的建设行为,用制度加强工程管理工作,确保项目建设顺利进行。

3)重大事件

(1)在省厅组织开展的全省高速公路创样板工程活动中,项目所申报的"卫河特大桥墙式防撞护栏右幅11~14跨(第三联)"和"K6+685通道"被评为省级样板工程。省厅公布的全省第一批高速公路项目建设省级样板工程共5个项目6个分项工程,项目取得了2项省级样板工程的好成绩。

(2)在省厅组织开展的2010年全省第一次高速公路质量安全大检查中,项目在全省

8年内建成通车的项目中质量得分、创优得分、综合得分均为第一名,受到了全省通报表扬;监理、施工单位均取得了前10名的好成绩,土建二标施工单位更是在全省57个被检施工标段中名列第一。

(三)复杂技术工程

卫河特大桥是在国内高速公路中第一座建成通车的波形钢腹板PC组合箱梁桥。主桥设计为一箱三室预应力波形钢腹板箱梁,桥跨布置为47m+52m+47m,具有自重轻、成本低、施工周期短、抗剪屈曲性能高等优点。通过施工监控和静载试验分析,线形、挠度、关键截面的应力和应变均满足规范要求。

卫河特大桥主跨在国内首次采用上下翼缘型波形钢腹板施工技术,在国内没有经验可以借鉴的情况下,通过不断努力和创新,高质量地完成了该桥梁的建设,同时制订了《波形钢腹板验收细则》《卫河特大桥主桥施工技术方案》《波形钢腹板焊接工艺指导书》、《波形钢腹板现场涂装工艺指导书》《卫河特大桥主桥施工监控方案》和《卫河特大桥主桥静载实验方案》等技术方案,为波形钢腹板施工提供了有力的技术保障,也为今后类似桥梁施工提供了可借鉴的经验。

(四)科技创新

1. 新型HPC力学性能试验与应用技术研究

项目在分析HPC的制备原理的基础上,采用全计算法确定了新型HPC的配合比,对粉煤灰、硅粉和聚丙烯纤维分别"单掺""双掺"和"三掺"的新型HPC的拌和物工作性进行了研究,得出各掺和料掺量对HPC工作性的影响规律;通过抗压强度、抗拉强度和静压弹性模量试验,得出了各掺和料掺量对HPC各力学性能指标影响规律,对HPC弹性模量计算公式进行研究,以混凝土重度和立方体抗压强度为变量,对试验数据进行回归分析,得出了HPC弹性模量计算公式。2012年6月获河南省交通运输厅二等奖;2014年1月获河南省人民政府三等奖。

2. 一箱多室波形钢腹板PC组合梁结构分析与建造技术

项目通过采用经典箱梁理论和有限元分析,系统研究了一箱多室波形钢腹板箱梁的扭转问题,推导得到一箱多室波形钢腹板PC组合箱梁结构的约束扭转计算公式,为一箱多室波形钢腹板PC组合箱梁的设计提供了理论依据,解决了一箱多室波形钢腹板PC组合箱梁桥的设计与施工中的关键技术问题,于2010年建成了我国第一座高速公路波形钢腹板PC组合箱梁公路桥——卫河大桥,2012年6月获河南省交通运输厅一等奖;2012年12月获中国公路学会三等奖;2013年1月获河南省人民政府三等奖。

(五)运营养护管理

1. 组织架构

该项目运营管理单位为河南省交通运输厅高速公路濮阳至鹤壁管理处。管理处隶属于河南省收费还贷高速公路管理中心,设有综合办公室、党委办公室、人事劳动科、计划财务科、征稽科、路政管理科、工程养护科、运营维护中心、经营管理科9个科室和工会,2个运营管理中心:安新运营管理中心、安南运营管理中心。

2. 服务设施

南乐南停车区于2010年12月26日建成,以经营餐饮、超市为主体,以加油为配套,以停车休息为补充,为顾客提供多功能各方面服务,见表8-8-2。

G45大广高速公路冀豫界至南乐段服务场区一览表　　　表8-8-2

高速公路编码	服务区名称	桩 号	所 在 区 域	占地面积(m^2)	建筑面积(m^2)
G45	南乐停车区	K1762+650	南乐县梁村乡西崇疃村	28664	1382

3. 收费设施

设冀豫省界1个主线收费站,有15个出口、15个入口,共30条通行车道,见表8-8-3。

G45大广高速公路冀豫界至南乐段收费设施一览表　　　表8-8-3

收费站名称	桩 号	入口车道数		出口车道数	
		总车道	ETC车道	总车道	ETC车道
冀豫省界收费站	K1762+050	15	2	15	2

4. 监控设施

设置监控中心1个,负责冀豫省界收费站区域的运营监管。

5. 养护管理

项目日常养护项目部负责全线路基、路面、桥涵、交通安全设施和绿化日常养护,并严格执行相关行业标准及濮鹤管理处养护制度进行日常保养保洁工作。

二、G45大广高速公路南乐至濮阳段

(一)项目概况

1. 基本情况

1)功能定位

大广高速公路南乐至濮阳段,北起濮阳市南乐县以西的近德固乡,西与省道S301相接,向南经清丰县,止于濮阳市与安阳市交界的卢寨,与大广高速安阳段相接,全长

59.439km。该项目对完善豫北地区高速公路网、提高运输效益、提升区域竞争能力、加快贫困地区脱贫致富、促进经济又好又快发展具有重要意义。

2）技术标准

全封闭、全立交、双向四车道；设计行车速度：120km/h；路基宽度：28m；桥梁净宽：2×12.5m；桥涵设计荷载标准：汽车—超20级，挂车—120；路面设计标准轴载：BZZ-100；设计洪水频率：特大桥1/300，大、中、小桥、涵洞、路基均为1/100；路面：除收费广场采用水泥混凝土路面外，其余均采用沥青混凝土；路面结构：主线为4cm细粒式改性沥青混凝土（AC-13C）+7cm中粒式改性沥青混凝土（AC-20C）+7cm中粒式改性沥青混凝土（AC-20C），基层为36cm厚水泥稳定碎石，底基层为18cm厚水泥碎石土。设计使用年限：沥青混凝土路面15年，水泥混凝土路面30年。

3）建设规模

主要工程量：路基土方722.10万 m^3，沥青混凝土路面178.36万 m^2；匝道收费站3处（南乐收费站、清丰收费站、濮阳南收费站），服务区、停车区各1处共2处（濮阳服务区、濮阳南停车区），濮阳监控管理所1处；表8-8-4为G45大广高速公路南乐至濮阳段桥梁一览表。

G45大广高速公路南乐至濮阳段桥梁一览表   表8-8-4

规模	名称	桥长（m）	主跨长度（m）	跨越障碍物			桥梁类型
				河流	沟谷	道路、铁路	
大桥	第三濮清南干渠	105	20	√			连续梁
	K66+793大桥	309.12	16	√			连续梁
中桥	善缘町沟中桥	53.04	16		√		连续梁
	西西沟中桥	85.08	16		√		连续梁
	十干排水渠沟中桥	53.04	16		√		连续梁
	梁村沟中桥	53.04	16		√		连续梁
	古城沟中桥	53.04	16		√		连续梁
	炉里沟中桥	44.04	13		√		连续梁
	（K1800+942）中桥	44.04	13		√		连续梁
	固城沟中桥	65.04	20		√		连续梁
	马张皇沟中桥	44.04	13	√			连续梁
	赵北沟中桥	65.04	20	√			连续梁
	白屯中桥	44.04	13		√		连续梁
	（K1823+514）中桥	83.04	13		√		连续梁
	西土垒头中桥	65.04	20		√		连续梁
	土垒头沟退水口中桥	65.04	20	√			连续梁
	K73+002中桥	65.04	20		√		连续梁

4)主要控制点

南乐县、清丰县、濮阳市区。

5)地形地貌

项目位于河南省北部,路线所经地段均为黄河冲积平原,除中部及南部地段分布南北向沙岗地,间有洼地地形起伏外,全线路区地形平坦开阔,微向东北倾斜。

6)投资规模

项目概算投资18.87亿元,竣工决算投资21.05亿元,平均每公里造价3541.52万元。

7)开工及通车、竣工时间

2003年12月开工建设,2006年11月交工通车,2009年4月完成竣工验收。

2. 参建单位主要情况

(1)建设单位:河南濮安高速公路有限责任公司。

(2)勘察设计单位:河南交通规划勘测设计院有限责任公司、南京金陵装饰装修公司、西安公路研究所、中交一院公路勘察设计研究院、厦门市园创景观设计有限公司、常州风景园林设计有限公司。

(3)质量监督单位:河南省交通基本建设质量检测监督站。

(4)监理单位:湖南金路工程咨询监理有限公司、北京兴通交通工程监理有限责任公司、河南宏业建设管理有限公司。

(5)土建施工单位:中交路桥华南工程有限公司、中国路桥集团有限公司、中铁二十局集团有限公司、中铁十三局集团有限公司、河南省交通公路工程局、北京城建道桥工程有限公司、中铁十七局集团有限公司三处、路桥集团一局五公司预制标。

(6)路面施工单位:中交二公局(洛阳)第四工程处、中国路桥集团第二公路工程局、中国交通建设集团总公司、中铁十五局集团第二工程有限公司。

(7)房建施工单位:河南永阳建筑安装有限公司、郑州东风建筑工程有限公司、河南合力建筑工程有限公司、郑州昱翔房屋建筑有限公司、中国航空港建设总公司、河南省第二建筑有限责任公司、中国第九冶金建设公司、郑州市中方圆建筑安装工程有限公司、北京城建二建设工程有限公司、河南新蒲钢结构工程有限公司、江苏蓝天净化水设备有限公司、河南省地矿建设工程(集团)有限公司、河南捷信空调暖通安装有限公司、辽阳成达石油设备安装工程有限公司。

(8)绿化施工单位:山东省聊城市园林开发中心、潢川县绿宇园林绿化工程有限责任公司、河南林峰园林绿化工程有限公司、潢川县金卉园林绿化工程有限公司。

(9)交通安全设施施工单位:江西省公路局交通工程公司、武安市交通安全设备有限公司、浙江交通设施有限公司、邯郸市立通设施有限公司、江西省高新交通设施有限公司、河南省新乡大通实业有限公司、上海黎敏交通设施器材有限公司、北京汉威达交通运输设备有限公司、沈阳选腾交通设施工程有限公司、山西长达交通设施有限公司、郑州彩达交通设施工程有限公司、河北恒通交通安全设施有限公司。

（10）交通机电施工单位：亿阳信通股份有限公司、淄博张店海德灯具厂、南阳飞龙电力集团有限公司。

（二）建设情况

1. 项目准备阶段

1）项目审批文件

2003年6月16日，河南省发展计划委员会对立项文件进行了批复，文号为豫计基础〔2003〕190号。2003年10月24日，河南省发展计划委员会对《关于阿荣旗至深圳国家重点公路南乐至濮阳（市界）段高速公路工程可行性研究报告》进行了批复，文号为豫计基础〔2003〕1851号。2003年，河南省发展计划委员会对《关于阿荣旗至深圳国家重点公路南乐至濮阳（市界）段高速公路工程可行性研究报告》进行了批复，文号为豫计基础〔2003〕1851号。2003年，河南省国土资源厅对《关于报送濮阳至开封高速公路濮阳段、安阳段、新乡段建设用地地质灾害危险性评估报告》给予初步评审意见，文号为豫国土资函〔2003〕395号。2003年，河南省国土资源厅对《关于濮阳至信阳高速公路濮阳段压覆矿产资源的审查意见》进行了批复，文号为豫国土资函〔2003〕501号。2004年2月26日，《关于阿荣旗至深圳国家重点公路南乐至濮阳（市界）段高速公路工程初步设计的批复》，文号为豫发改办〔2004〕253号。2004年3月26日，河南省文物考古研究所关于《阿深高速公路文物保护报告》。2004年，河南省发展和改革委员会对《关于阿荣旗至深圳国家重点公路南乐至濮阳（市界）段高速公路工程初步设计》进行了批复，文号为豫发改办〔2004〕253号。2004年，河南省环境保护局对《关于阿荣旗至深圳国家重点公路南乐至濮阳（市界）段高速公路环境影响报告书》进行了批复，文号为豫环监〔2004〕51号。2004年，中华人民共和国国土资源部对《关于南乐至濮阳高速公路工程建设用地》进行了批复，文号为国土资函〔2004〕292号。2004年，河南省水利厅对《阿荣旗至深圳国家重点公路南乐至濮阳（市界）段高速公路水土保持方案报告书》进行了批复，文号为豫水土〔2004〕59号。2005年，河南省交通厅对《关于阿深国家重点公路濮阳段高速公路房屋建筑工程概念设计》进行了批复，文号为豫交计〔2005〕148号。2006年7月3日，《关于阿荣旗至深圳国家重点公路南乐至濮阳（市界）段高速公路工程施工图设计的批复》，文号为豫交计〔2006〕161号。2006年，河南省交通厅对《关于阿荣旗至深圳国家重点公路南乐至濮阳（市界）段高速公路工程施工图设计》进行了批复，文号为豫交计〔2006〕161号。

2006年,河南省交通厅对《关于阿深高速公路南乐至濮阳(市界)段机电工程详细设计》进行了批复,文号为豫交计〔2006〕53号。2006年,河南省高速公路发展责任有限公司对《关于对大广高速公路濮阳段交通机电工程联合设计文件》进行了批复,文号为豫高司工〔2006〕722号。2006年,河南省交通厅对《关于阿深国家重点公路南乐至濮阳段高速公路房建工程施工图设计》进行了批复,文号为豫交计〔2006〕260号。2008年,河南省交通厅对《关于大广高速公路南乐至濮阳段绿化工程施工图设计》进行了批复,文号为豫交计〔2008〕110号。

2) 资金筹措

项目概算总投资为18.87亿元,其中35%为建设单位自有资金,其余65%为银行贷款。

3) 合同段划分

(1) 设计标段划分:路基、路面、房建工程设计1个标段,房建装饰装修工程设计1个标段,交通机电工程设计1个标段,交通安全设施工程设计1个标段,绿化工程设计2个标段。

(2) 施工标段划分:土建工程8个标段,沥青路面工程4个标段,机电工程1个标段,房建工程15个标段,绿化工程4个标段,交通安全设施12个标段,供配电照明工程2个标段。

(3) 施工监理标段划分:总监办公室1个,土建工程驻地监理8个标段,房建工程监理1个标段,交通机电工程监理1个标段。

4) 招投标

(1) 2003年11月13日,64家土建工程施工单位通过资格预审。2003年12月10日,确定了8家中标单位。

(2) 2005年10月10日,40家路面工程施工单位通过资格预审。2005年11月15日,确定了4家中标单位。

(3) 2005年9月29日,89家房建工程施工单位通过资格预审。2005年11月23日,确定了15家中标单位。

(4) 2006年2月11日,16家机电工程施工单位通过资格预审。2006年3月29日,确定1家中标单位。

(5) 2006年2月21日,124家交通安全设施工程施工单位通过资格预审。2006年3月22日,确定了10家中标单位。

(6) 2006年2月11日,48家绿化工程单位通过资格预审。2006年3月16日,确定了4家中标单位。

5) 征地拆迁情况

项目征地拆迁448.7098hm^2,土地征用及拆迁费用20898.13万元,永久性征地面积为

387.1851hm²。其中农村集体农用地 357.5513hm²（其中耕地 311.2328hm²），农村集体建设用地 5.1946hm²，未利用地 14.3315hm²；国有农用地 10.1077hm²。

2. 项目实施阶段

1）实施过程

(1) 主线工程于 2003 年 12 月开工，2006 年 10 月完工。

(2) 房建工程于 2006 年 1 月开工，2006 年 11 月完工。

(3) 机电工程于 2006 年 6 月开工，2006 年 11 月完工。

(4) 交通安全设施工程于 2006 年 5 月开工，2006 年 11 月完工。

(5) 绿化工程于 2006 年 5 月开工，2006 年 11 月完工。

(6) 供配电照明工程于 2006 年 4 月开工，2006 年 11 月完工。

(7) 2006 年 10 月 20～25 日，河南省交通基本建设质量检测监督站对大广高速公路濮阳段进行了交工验收，经过评定，质量等级为合格。

(8) 2009 年 4 月 17～18 日，河南省交通基本建设质量检测监督站对大广高速公路濮阳段进行了质量鉴定，项目工程质量鉴定得分为 93.0 分，竣工验收工程质量鉴定等级评为优良。

2）重大决策

2004 年 4 月 28 日，省政府在商丘市召开的全省高速公路建设现场会上明确要求积极探索在路基宽度 28m 的高速公路上布设六车道，下决心降低路基填筑高度。按照"高改低""四改六"的方案，大广高速公路南乐至濮阳（市界）段工程全线除互通区外，路基平均填土高度由 3.37m 降为 2.43m，有近 20km 路基填土高度仅为 1m 左右，相应主线路基土方由原设计 788 万 m³，减少为 571 万 m³，天桥引线土方增加为 187 万 m³，总土方量减少了 30 万 m³。取消通道 28 道，增加天桥 28 座。所有天桥宽度 7.5m，可满足三级公路标准，与下穿通道相比，交叉道路等级提高。

3）设计变更

大广高速公路濮阳段项目施工图设计下发后，根据省政府和省交通厅的要求，在全线实行"高改低、四改六"的试点，主要有：

(1) 原设计为双向四车道，中央分隔带宽 3m，左侧路缘带为 2×0.75m，右侧路缘带 2×0.5m，硬路肩为 2×3.5m；土路肩为 2×0.75m；后变更为双向六车道，中央分隔带宽 2.0m；左、右侧路缘带未变，取消了硬路肩；土路肩由 2×0.75m 变更为 2×0.5m；每隔 500m 增设了港湾式停车岛。

(2) 路基高改低以后，天桥由原设计中的 2 座增加到 28 座，主线桥梁高程随之进行了相应调整。

(3) 南乐互通区主线原设计为下穿被交道，后根据当地政府及村民的要求改为上跨被交道,相应的路基桥涵设计都做了变更。

(4)主线桥梁在原设计基础上增设了2座,即K1824+542鱼塘处,将原来的一道涵洞、一道通道取消,增设了6×13m中桥;K1829+831处因紧靠居民区,后改设为19×16m的大桥;南乐互通区匝道AK0+522、CK0+260处为满足当地排灌需要,各由原设计的涵洞改为3×20m的空心板桥。

(5)中央分隔带由原设计的波形梁护栏变更为混凝土护栏加防眩板,取消了中央绿化带。

(6)原地面直接进入低填方路段,路床处理由50cm变更为80cm,其两侧由波形梁护栏变更为柱式轮廓标。

(7)路基填土高度在1.5m以下的路段,边沟护砌由浆砌变更为土边沟,采用植被防护。

(8)路面振荡标线由铣刨式变更为热熔涂料;隔离栅立柱由混凝土变更为钢管立柱,立柱中距由2m变更为2.5m。

(三)运营养护管理

1.组织架构

该项目运营管理单位为河南省交通运输厅高速公路濮阳至鹤壁管理处,管理处隶属于河南省收费还贷高速公路管理中心,设有综合办公室、党委办公室、人事劳动科、计划财务科、征稽科、路政管理科、工程养护科、运营维护中心、经营管理科9个科室和工会;2个运营管理中心:安新运营管理中心、安南运营管理中心。

2.服务设施

濮阳服务区占地面积约150余亩,于2006年11月21日投入运营,自主经营,具有为驾乘人员提供餐饮、住宿、购物、加油、加气、汽车维修、停车休息等多种服务,见表8-8-5。

G45大广高速公路南乐至濮阳段服务场区一览表　　　　表8-8-5

高速公路编号	服务区名称	桩号	所在区域	占地面积(m²)	建筑面积(m²)
G45	濮阳服务区	K1787+814	清丰县古城乡后囤上村	100000	6600
	濮阳南停车区	K1830+50	濮阳市新习乡后寨村	34671	1865

3.收费设施

下设南乐、清丰及濮阳南3个收费站,见表8-8-6。南乐收费站有3个出口、2个入口,共5条通行车道;清丰收费站有4个出口、2个入口,共6条通行车道;濮阳南收费站有4个出口、2个入口,共6条通行车道。

第八章 河南高速公路项目建设信息

G45 大广高速公路南乐至濮阳段收费设施一览表　　　表 8-8-6

收费站名称	桩　　号	入口车道数		出口车道数	
		总车道	ETC 车道	总车道	ETC 车道
南乐收费站	1776.154	2	0	3	1
清丰收费站	1798.4	2	0	4	1
濮阳南收费站	1824.75	2	0	4	1

4. 监控设施

项目设置监控中心 1 个,负责南乐收费站区域、清丰收费站区域、濮阳收费站区域和濮阳南收费站区域的运营监管。

5. 养护管理

1) 路面维修工程

2015 年投入 7493.6 万元开展"2015 年度濮鹤管理处大广路面专项工程",对大广高速公路濮阳段、安新段,南林高速公路安阳至南乐段全线进行全面的维修处治,主要工程量:微表处 355950m²(图 8-8-1),铣刨重铺 670202.99m²(图 8-8-2),处治桥头跳车 18 处。

图 8-8-1　微表处施工

图 8-8-2　路面铣刨重铺施工

2) 桥梁检测、维修加固

委托河南省公路工程试验检测中心有限公司每 2 年对桥梁进行检测一次。

3) 沿线设施的提升、改造

(1) 2010 年 1 月~2011 年 11 月,实施交通安全设施更新、补装专项工程,工程决算金额 136.6 万元。

(2) 2010 年 12 月~2012 年 5 月,实施交通标志整改专项工程,工程决算金额 11.42 万元。

(3) 2012 年 4~5 月,实施天桥引线路基专项工程,工程决算金额 20.14 万元。

(4) 2012 年 9 月~2013 年 6 月,实施边坡修护专项工程,工程决算金额 81.24 万元。

(5) 2012 年 9 月~2013 年 6 月,实施大广高速公路濮阳段、安新段及濮鹤高速公路活动护栏改造专项工程,工程决算金额 71.38 万元。

(6)2012 年 9 月~2013 年 6 月,实施濮阳服务区排水系统改造专项工程,工程决算金额 52.4 万元。

(7)2013 年 3~5 月,实施边沟防护整改专项工程,工程决算金额 262.49 万元。

(8)2013 年 10 月~2014 年 1 月,实施南乐站出入口综合整治专项工程,工程决算金额 64.03 万元。

(9)2013 年 10 月~2014 年 5 月,实施天桥引线交通安全设施改造专项工程,工程决算金额 75.56 万元。

(10)2014 年 5~7 月,实施 K1823+564 处隔声墙安装专项工程,工程决算金额 110.14 万元。

三、G45 大广高速公路安阳段

(一)项目概况

1. 基本情况

1)功能定位

大广高速公路安阳段北起濮阳市濮阳县与滑县交界处的卢寨,南接新乡市长垣县界,全段都在滑县境内,全长 42.111km。该项目结束了滑县没有高速公路的历史,改变了滑县交通闭塞的状况,对完善豫北高速公路网、加快贫困地区脱贫致富、促进当地经济发展具有重要意义。

2)技术标准

全封闭、全立交、双向四车道;设计行车速度:120km/h;路基宽度:28m;桥面净宽:2×12m;桥涵设计荷载标准:汽车—超 20 级,挂车—120;路面:收费广场和服务区广场采用水泥混凝土路面,其他采用水泥混凝土+沥青混凝土复合式路面;路面结构:4cm 细粒式沥青混凝土(AC13-I)+6cm 中粒式沥青混凝土(AC20-I)+7cm 粗粒式沥青混凝土(AC25-I)+改性沥青碎石封层+36cm 水泥稳定碎石基层+18cm 水泥稳定碎石底基层。

3)建设规模

主要工程量:路基土方 618 万 m^3;排水防护工程(高速公路主线)2×38.83km;路基底基层 122.26 万 m^2;路基基层 117.93 万 m^2;路面面层 106.1 万 m^2;表 8-8-7 为 G45 大广高速公路安阳段桥梁一览表。

4)主要控制点

安阳市(滑县)。

第八章 河南高速公路项目建设信息

G45 大广高速公路安阳段桥梁一览表　　　　　　　　　　　表 8-8-7

规模	名称	桥长（m）	主跨长度（m）	跨越障碍物			桥梁类型
				河流	沟谷	道路、铁路	
大桥	金堤河大桥	127	20	√			连续梁桥
中桥	官庄一中桥	37	16			√	简支梁桥
	高后营中桥	37	16			√	简支梁桥
	官庄二中桥	43.5	10			√	简支梁桥
	双营中桥	49	13			√	简支梁桥
	中桥	33.5	10	√			简支梁桥
	兰旗屯通道桥	33.5	10			√	简支梁桥
	柳青河一桥	22	20	√			简支梁桥
	柳青河二桥	65	20	√			简支梁桥
	高庄中桥	43.5	10			√	简支梁桥
	慈周寨通道桥	33.5	10			√	简支梁桥
	上寨中桥	53	16	√			简支梁桥
	瓦岗河中桥	53	16	√			简支梁桥

5）地形地貌

项目位于安阳市，路线所经地区地貌属黄河冲击倾斜平原，分为泛滥平原和古河道高地。地势平坦开阔，地形微有起伏，区域上地势西南部稍高，东北部稍低。区域内农田广布，地表植被较为发达。

6）投资规模

项目概算投资 12.5 亿元，竣工决算投资 12.573 亿元，平均每公里造价 2984.26 万元。

7）开工及通车、竣工时间

2003 年 12 月 25 日开工建设，2006 年 11 月 28 日交工通车，2013 年 5 月完成竣工验收。

2．参建单位主要情况

（1）建设单位：安阳黄河高速公路有限公司。

（2）设计单位：河南省交通规划勘察设计院。

（3）监理单位：北京华路捷公路工程技术咨询有限公司、郑州恒基建设监理有限公司。

（4）质量监督单位：河南省交通基本建设质量检测监督站。

（5）土建施工单位：山西路桥第一工程有限公司、中铁三局集团有限公司、中铁十五局集团公司、河南省交通公路工程局、中铁一局集团有限公司、中铁二十局集团第二工程有限公司。

（6）沥青路面施工单位：华通路桥集团有限公司、衡水路桥工程有限公司、内蒙古天骄公路工程有限公司。

(7) 交通安全设施施工单位：徐州众安交通设施有限公司、河南省公路局建筑机械厂、杭州京安交通设施公司、南京创程工程实业有限公司、徐州光环交通设施有限公司、江苏耀鑫交通设施有限公司、郑州彩达交通设施工程有限公司、上海交大天长交通工程有限公司、盐城市东方交通设施有限公司、陕西现代公路机械工程有限公司。

(8) 机电工程施工单位：中通建设股份有限公司。

(9) 绿化工程施工单位：商丘市天卉花木有有限公司、陵县花木盆景园、杭州风景园林绿化工程有限公司、河南豫园科技发展有限公司。

(10) 房建工程施工单位：中国航空港建设总公司、河南中鑫建筑工程技术咨询有限公司。

(二) 建设情况

1. 项目准备阶段

1) 项目审批文件

2003年8月21日，河南省国土资源厅对《关于报送濮阳至开封高速公路濮阳段、安阳段、新乡段建设用地地质灾害危险性评估报告》进行了批复。2003年9月30日，河南省国土资源厅对《河南省国资源厅关于濮阳至开封高速公路安阳段压覆矿产资源情况》进行了批复，文号为豫国土资函[2003]503号。2003年11月13日，河南省发展计划委员会对《关于阿荣旗至深圳国家重点公路安阳境段高速公路工程可行性研究报告》进行了批复，文号为豫计基础[2003]1977号。2003年12月12日，《关于对阿深国家重点公路安阳段施工及监理招标文件的批复》，文号为豫交工[2003]1000号。2004年3月1日，《关于阿荣旗至深圳国家重点公路安阳境段高速公路工程初步设计的批复》。2004年3月12日，河南省环境保护局对《关于阿荣旗至深圳国家重点公路安阳境段高速公路工程环境影响》进行了批复，文号为豫环监表[2004]30号；2004年3月30日，河南省水利厅对《阿荣旗至深圳国家重点公路濮阳至开封高速公路安阳段水土保持方案大纲》进行了批复。2004年8月30日，河南省地震安全性评定委员会对《关于阿深线安阳段高速公路工程场地地震安全性评价工作报告》进行了批复，文号为豫[2004]85号。2005年1月13日，《关于阿荣旗至深圳国家重点公路安阳境段高速公路工程施工图设计的批复》，文号为豫交计[2005]14号。2005年11月15日，河南省水利厅对《河南省水利厅关于阿荣旗至深圳国家重点公路安阳境段高速公路水土保持方案报告书》进行了批复，文号为豫水工[2005]53号。2006年6月20日，安阳市人民政府对《关于阿荣旗至深圳国家重点公路安阳境段工程建设用地》进行了批复。中华人民共和国国土资源部对《关于阿深高速公路安阳段工程建设用地》进行了批复，文号为国土资函[2004]340号。

2)资金筹措

项目总投资概算为12.5亿元,其中35%为建设单位自有资金,其余65%申请国内银行贷款。

3)合同段划分

(1)设计标段划分:土建工程设计1个标段,房建工程设计1个标段,绿化工程设计1个标段,机电工程设计1个标段。

(2)施工标段划分:土建工程6个标段,机电工程1个标段,房建工程3个标段,绿化工程4个标段,交通安全设施10个标段,沥青路面工程3个标段。

(3)施工监理标段划分:总监办公室1个,土建工程驻地监理6个标段,房建工程监理1个标段,机电工程监理1个标段。

4)招投标

(1)2003年11月12日,完成勘察设计招标,确定了1家中标单位。

(2)2003年11月24日,完成施工监理招标,确定了1家中标单位。

(3)2003年12月25日,完成土建工程招标,确定了6家中标单位。

(4)2005年11月23日,完成路面工程招标,确定了3家中标单位。

(5)2005年11月23日,完成安全设施、绿化、房建、机电工程及监理的招标,确定了10家交通安全设施中标单位,1家机电工程施工单位,4家绿化工程施工单位,2家房建工程施工单位,1家房建监理单位,1家机电工程施工监理单位。

(6)2004年5月31日,签订了施工、监理合同,2005年12月17日,签订了二期工程施工、监理合同。

5)征地拆迁情况

项目永久性征地面积为265.2428hm^2。其中农村集体农用地263.5203hm^2(耕地251.3401hm^2),农村集体建设用地1.5461hm^2,未利用地0.1764hm^2。征地拆迁等各项费用108042842.09元,其中土地征用、附着物补偿86957520.16元。

2.项目实施阶段

1)实施过程

(1)主线土建工程于2004年9月开工,2006年11月完工。

(2)路面工程于2006年2月开工,2006年11月完工。

(3)房建工程于2006年2月开工,2006年9月完工。

(4)机电工程于2005年7月12日开工,2006年9月15日完工。

(5)交通安全设施工程于2006年5月1日开工,2006年12月1日完工。

(6)绿化工程于2006年3月开工,2006年11月完工。

(7)2006年11月,省交通运输厅组织专家对该项目进行了交工验收,得分为91.1

分,工程质量标准评定为合格。

2)设计变更

(1)对施工设计图的桥涵台背回填、原设计填筑料为水泥灰土,变更为填筑砂砾和级配碎石;进一步改善了填料性能,减少桥有跳车,提高了桥涵稳定性。

(2)为了满足公路沿线群众的生产、生活需要,原施工设计图设计通道与涵洞为80道,变更为103道,增加23道。

(3)路面基层:原设计为水泥稳定土,变更为水泥稳定碎石,提高了结构层的整体强度。

(4)由原施工设计的渗透层变为乳化沥青渗透层加改性乳化沥青稀浆封层,延长了路面使用寿命。

(5)原路面中间隔离带,由2m变更为0.655m,增加路面宽度为26.434m。

(6)护栏、隔离墩由现浇变更为预制安装。

(7)标线将路边缘普通标线变更为黄色振荡标线,增加服务区导向标志。

(8)隔离栅将原电焊网变为浸塑网,铁丝编织网变更为浸塑网。

3)重大事件

(1)2003年12月29日,阿深国家重点公路安阳段开工奠基仪式在滑县八里营乡隆重举行。

(2)2006年7月24日,召开全体干部职工、参建单位"大干60天确保项目建设任务圆满完成"动员大会。

(3)2006年11月25日,大广高速公路安阳段通车仪式隆重举行。

(三)科技创新

课题组承担的课题"柔性纤维混凝土在公路路面中的应用研究"被列为交通部西部交通科技项目。研究提出一种新的公路路面基层新形式——柔性纤维水泥稳定级配碎石基层,大幅度提高水泥稳定级配碎石基层的性能,大幅减少路面的早期病害;项目的研究不仅能增强地域科技优势和竞争能力,而且能取得显著的技术、经济和社会效益,具有十分广阔的应用前景。课题组在研究柔性纤维混凝土路面的同时,也对柔性纤维水泥稳定级配碎石基层的材料和性能进行了研究。

(四)运营养护管理

1.组织架构

该项目运营管理单位为河南省交通运输厅高速公路濮阳至鹤壁管理处,管理处隶属于河南省收费还贷高速公路管理中心,设有综合办公室、党委办公室、人事劳动科、计划财务科、征稽科、路政管理科、工程养护科、运营维护中心、经营管理科9个科室和工会,2个运营管理中心,安新运营管理中心和安南运营管理中心。

2. 服务设施

滑县服务区占地面积约170余亩,具有为驾乘人员提供餐饮、住宿、购物、加油、会议接待、娱乐、信息查询、汽车维修、停车休息等多种服务,见表8-8-8。

G45大广高速公路安阳段服务场区一览表　　　表8-8-8

高速公路编码	服务区名称	桩　号	所 在 区 域	占地面积(m^2)	建筑面积(m^2)
G45	滑县服务区	K1860	河南滑县留固镇第三营村	113220	6500

3. 收费设施

设有慈周寨收费、滑县收费2个收费站,见表8-8-9。慈周寨收费站有2个出口、2个入口,共4条通行车道;滑县收费站有2个出口、2个入口,共4条通行车道。

G45大广高速公路安阳段收费设施一览表　　　表8-8-9

收费站名称	桩　号	入口车道数		出口车道数	
		总车道	ETC车道	总车道	ETC车道
慈周寨收费站	K1872+534	2	0	2	1
滑县收费站	K1850+474	2	0	2	1

4. 监控设施

设置监控中心1个,负责主线道路、滑县收费站区域、慈周寨收费站区域、长垣收费站区域和封丘收费站区域的运营监管。

5. 养护管理

2015年投入7493.6万元开展"2015年度濮鹤管理处大广路面专项工程"工作,对大广高速公路濮阳段、安新段,南林高速公路安阳至南乐段全线进行全面的维修处治,如图8-8-3所示。

图8-8-3　桥头跳车处置

四、G45 大广高速公路新乡段

(一)项目概况

1. 基本情况

1）功能定位

大广高速公路新乡段起于长垣县樊相镇北樊相村,止于封丘县曹岗乡谢马牧村,全长38.214km,该项目为完善河南省高速公路网络,加强豫北地区综合运输体系构建,改善区域交通环境,促进沿线地区资源开发和经济社会协调发展具有重要意义。

2）技术标准

全封闭、全立交、双向四车道;设计行车速度:120km/h;路基宽度:28m;桥面净宽:2×12.75m;桥涵设计荷载标准:汽车—超20级,挂车—120;路面:收费广场和服务区广场采用水泥混凝土路面,其他采用水泥混凝土+沥青混凝土复合式路面;路面结构:4cm细粒式沥青混凝土(AC13-I)+6cm中粒式沥青混凝土(AC20-I)+7cm粗粒式沥青混凝土(AC25-I)+改性沥青碎石封层+36cm水泥稳定碎石基层+18cm水泥稳定碎石底基层。

3）建设规模

主要工程量:路基土方518万m^3;排水防护工程(高速公路主线)2×38.211km;收费站2个、服务区1个、施工图批复中增设监控中心1个;路面底基层990746m^2;路面基层1209421m^2;沥青路面2869215m^2;表8-8-10为G45大广高速公路新乡段桥梁一览表。

G45 大广高速公路新乡段桥梁一览表　　　　表8-8-10

规模	名　　称	桥长(m)	主跨长度(m)	跨越障碍物 河流	跨越障碍物 沟谷	跨越障碍物 道路、铁路	桥梁类型
大桥	文岩渠大桥	693.4	30	√			连续梁桥
	天然渠大桥	518.2	30	√			连续梁桥
中桥	樊相镇中桥	33.54	10		√		简支梁桥
	文明西支渠中桥	25	20	√			简支梁桥
	中桥	25	20		√		简支梁桥
	小务口中桥	53	16		√		简支梁桥
	甄太沟二桥	43.04	13		√		简支梁桥
	文岩十一支中桥	69.04	16		√		简支梁桥
	北侯中桥	33.54	10		√		简支梁桥
	中桥	33.54	10		√		简支梁桥
	东周庄中桥	33.54	10	√			简支梁桥
	辛店中桥	37.04	16		√		简支梁桥
	天然渠中桥	43.04	13	√			简支梁桥

4）主要控制点

长垣县、封丘县。

5）地形地貌

项目位于黄河冲积平原。地势平坦开阔,地形微有起伏,区域上地势西部稍高,东部稍低。在天然渠南侧有条形砂垄,地势相对较高。区域范围内存在黄河泛流平原、古河道高地、洼地及条形砂垄4种地貌类型。

6）投资规模

项目概算投资13.025亿元,竣工决算投资14.645亿元,平均每公里造价3832.67万元。

7）开工及通车、竣工时间

2003年12月开工建设,2006年11月交工通车,2012年1月完成竣工验收。

2.参建单位主要情况

(1)建设单位:新乡黄河高速公路有限公司。

(2)勘察设计单位:河南省交通规划勘察设计院有限责任公司。

(3)监理单位:湖南金路工程咨询监理有限公司、北京路桥通工程监理咨询有限公司、河南卓越工程管理有限公司。

(4)质量监督单位:河南省交通基本建设质量检测监督站。

(5)土建施工单位:中铁十四局集团有限公司、辽河石油勘探局筑路工程公司、中铁十九局集团有限公司、中铁十一局集团有限公司。

(6)路面施工单位:中铁十局集团第二工程有限公司、郑州市公路工程公司、河南省路桥建设集团总公司。

(7)房建施工单位:开封兴隆建筑工程公司、新蒲建设集团有限公司。

(8)绿化施工单位:河南正形园林景观有限公司、驻马店支点园林工程有限公司、河南野森林园林绿化工程有限公司。

(9)交通安全设施施工单位:湖南省长路交通设施建设有限公司、江苏耀鑫交通设施有限公司、厦门合顺公路交通工程有限公司、河南省公路局筑路机械厂、北京汉威达交通运输设备有限公司、河南现代交通工程有限公司。

(10)交通机电施工单位:中铁电气化局集团有限公司。

(二)建设情况

1.项目准备阶段

1)项目审批文件

2003年9月30日,河南省国土资源厅对压覆矿产储量核查报告进行了批复,文号为豫国土资函〔2003〕502号。2003年11月20日,河南省交通厅对工程可行性研究报告进行了批复,文号为豫计基础〔2003〕2066号。2004年2月26日,河南省发展和改革委员会对初步设计文件进行了批复,文号为豫发改办〔2004〕252号。2004年4月23日,省林业厅对大广高速新乡段占用林地许可证进行了批复,文号为豫新林地审〔2004〕030号。2004年6月22日,水利部黄河水利委员会对防洪影响评价报告进行了批复,文号为黄水政字〔2004〕14号。2004年9月20日,环保行政主管部门对环评报告进行了批复,文号为豫环监表〔2004〕123号。2005年1月13日,河南省地震安全性评定委员会对地震安全性评价工作报告进行了批复,文号为豫震评〔2005〕7号。2005年6月9日,河南省交通厅对施工图设计文件进行了批复,文号为豫交计〔2005〕132号。2005年7月14日,国土资源部对新黄高速公路建设用地进行了批复,文号为国土资函〔2005〕511号。

2)资金筹措

项目总投资概算为13.0252亿元,其中35%为建设单位自有资金,其余65%申请国内银行贷款。

3)合同段划分

(1)设计标段划分:土建工程设计1个标段,房建工程设计1个标段,绿化工程设计1个标段,机电工程设计1个标段。

(2)施工标段划分:土建工程4个标段,路面工程3个标段,机电工程1个标段,房建工程2个标段,绿化工程3个标段,交通安全设施7个标段。

(3)施工监理标段划分:总监办公室1个,土建工程驻地监理4个标段,房建工程监理1个标段,机电工程监理1个标段。

4)招投标

(1)2003年10月29~11月1日,刊登和发布勘察设计招标公告,2003年12月,完成勘察设计招标。

(2)2003年12月18日,刊登和发布施工监理招标公告,2003年12月25日,完成施工监理招标。

(3)2003年12月18日,刊登和发布土建工程招标公告,2003年12月25日,完成土建工程招标。

(4)2004年1月18日,签订施工监理合同协议书和土建工程施工合同协议书。

(5)2005年6月29~30日,刊登和发布交通安全设施、绿化、房建、机电工程招标公告,2005年11月,完成以上三项工程招标。

(6)2005年11月15日,签订路面工程合同协议书和交通安全设施合同协议书。

(7)2005年11月30日,签订绿化工程、房建、机电工程合同协议书。

5)征地拆迁情况

项目共计批准建设用地 250.3634hm²(含服务区用地 4.735hm²)。其中农村集体农用地 243.1552hm²(其中耕地 233.6891hm²),农村集体建设用地 1.5436hm²、未利用地 3.9767hm²;国有农用地 1.6879hm²(均为耕地)。拆迁占地费用共计 13865.6 万元。

2. 项目实施阶段

1)实施过程

(1)土建工程于 2004 年 6 月 14 日开工,2006 年 9 月完工。

(2)路面工程于 2006 年 5 月 1 日开工,2006 年 10 月完工。

(3)房建工程于 2005 年 12 月 1 日开工,2006 年 10 月完工。

(4)机电工程于 2006 年 3 月 1 日开工,2006 年 10 月完工。

(5)交通安全设施工程于 2006 年 4 月 10 日开工,2006 年 10 月完工。

(6)绿化工程于 2006 年 3 月 10 日开工,2006 年 10 月完工。

(7)2006 年 11 月,省交通运输厅组织专家对该项目进行了交工验收,得分为 91.8 分,工程质量标准评定为合格。

2)重大决策

(1)对地表下隐患进行特殊处理。

项目开工奠基后,项目公司便要求各施工单位技术人员立即进场,对全线地表以下的沟、渠等隐患工程进行了全面排查。对全线地表隐患分别采取了换填砂砾、抛石挤淤、施打粉喷桩等技术处理措施,严格进行事前、事中、事后质量控制,对每处质量隐患处理方法均作了详细的记录。

(2)对地下水位较高的路段采取换填砂砾或级配碎石措施。

针对封丘滞洪区内地下水位普遍偏高的情况,对全线地下水位较高(50~80cm 以内)的路段全部进行了级配碎石加土工格栅处理,使级配碎石填筑面高于汛期地面积水水面,增大了路基刚度,有效阻断了地下水(毛细水)的上升。

(3)采用新规范及时调整压实标准

项目为 2003 年招标项目,按照合同约定,路基压实为旧的标准即 90、93、95 标准,新的《公路工程质量检验评定标准》(JTG F80/1—2004)发布后,在规定的 2005 年 1 月 1 日施行前,要求提前采用新标准,即 93、94、96 标准进行控制。

(4)提高路基弯沉值控制标准,增加路基稳定性。

在路基施工中,在路基设计弯沉值 260(0.01 mm)的基础上提高了 38%,对在验收中发现的不合格点的路段,全部进行了返工处理,达到多种标准叠加控制目标的实现。

(5)采用整体钢模板,保证结构物施工做到内实外美。

对整体钢模板提出单块钢模板不能低于 2m² 的标准进行控制,采用优质脱模剂施工,对每一个结构物和每一片梁板的强度用回弹仪逐一回弹排查,对有质量隐患的予以废除,达到了结构物的内实外美。

3)重大变更

(1)将台背回填水泥石灰稳定土变更为天然级配砂砾。

(2)边沟 M7.5 浆砌片石变更为 C20 预制混凝土六棱块。

(3)将部分路段路面分散排水变更为集中排水。

(4)天桥由原设计的四孔桥变更为八孔桥设计。

(5)将路面底基层由水泥石灰稳定土变更为 3% 水泥稳定碎石。

(6)中央分隔带变更为新泽西护栏的变更。

(7)路面结构层由原设计的"5cm + 6cm + 7cm"变更为"4cm + 6cm + 8cm"。

(8)边坡防护将原设计的路基高度在 2.5~3.5m 的浆砌片石防护变更为植物防护。

(9)在 K16 + 750 处增加 1 座通道,角度 90°;在 K10 + 782 处增加 1 座 2 × 2m 涵洞;在 K10 + 887 处增加 1 座涵洞,角度 60°;在 K37 + 800 处增加 1 座涵洞。

4)重大事件

(1)2003 年 12 月 25 日,举行开工典礼。

(2)2006 年 11 月 5 日,省交通厅通车鉴定组对大广高速公路新乡段全面验收。

(3)2006 年 11 月 28 日,大广高速公路新乡段通车,如图 8-8-4 所示。

图 8-8-4 大广高速公路新乡段通车

(三)科技创新

(1)提出了能考虑沉降观测时间序列的非等时距性,实测沉降数据的不断更新的路基沉降预测灰色预估模型。

(2)利用 FLAC 数值分析软件建立了桩承土工合成材料加筋垫层,符合地基分析模型,得到了此类复合地基的基本特性,分析其应用机理,提出了桩土应力比的合理范围。在数值模型的基础上,综合分析了不同桩体弹性模量,软土弹性模量,土工合成材料的拉伸刚度桩净间距和不同合成材料铺设层数条件下桩网符合地基的路堤顶面和桩顶面的沉降规律,应力分布与传递情况以及土工合成材料拉力的变化规律。

(四)运营养护管理

1. 组织架构

该项目运营管理单位为河南省交通运输厅高速公路濮阳至鹤壁管理处,它隶属于河南省收费还贷高速公路管理中心,设有综合办公室、党委办公室、人事劳动科、计划财务科、征稽科、路政管理科、工程养护科、运营维护中心、经营管理科9个科室和工会;安新运营管理中心和安南运营管理中心2个运营管理中心。

2. 服务设施

下辖封丘服务区1处,见表8-8-11。

G45 大广高速公路新乡段服务场区一览表　　　表8-8-11

高速公路编码	服务区名称	桩号	所在区域	占地(m^2)	建筑面积(m^2)
G45	封丘服务区	K1902+497	封丘县留光镇后寨村	106720	20000

3. 收费设施

设有封丘收费站、长垣收费站2个收费站,见表8-8-12。封丘收费站有3个出口、2个入口,共5条通行车道;长垣收费站有3个出口、2个入口,共5条通行车道。

G45 大广高速公路新乡段收费设施一览表　　　表8-8-12

收费站名称	桩号	入口车道数		出口车道数	
		总车道	ETC车道	总车道	ETC车道
封丘收费站	K1915+160	2	0	3	1
长垣收费站	K1891+131	2	0	3	1

4. 监控设施

设置监控中心1个,负责主线道路、滑县收费站区域、慈周寨收费站区域、长垣收费站区域和封丘收费站区域的运营监管。

5. 养护管理

2015年投入1217.8万元开展"2015年度濮鹤管理处大广路面专项工程"工作,对大广高速公路濮阳段、安新段,南林高速公路安阳至南乐段全线进行全面的维修处治。

安新段主要工程量:微表处299947.3m^2,铣刨重铺5597.242m^3(图8-8-5),处治桥头跳车178处,共处理面积106841.67 m^2。

图 8-8-5 铣刨重铺

五、G45 大广高速公路开封黄河大桥段

(一) 项目概况

1. 基本情况

1) 功能定位

大广高速公路开封黄河大桥段起自封丘互通立交南,止于开封县的大门寨,与连霍高速公路枢纽立交相连,全长 13.81km,其中黄河特大桥长 7837.76m,桥宽 37.4m。该桥对完善河南高速公路网布局、加强黄河两岸人口往来和货物运输,促进区域旅游开发和资源利用,推动地区经济发展具有重要意义。

2) 技术标准

全封闭、全立交、双向六车道;设计行车速度:120km/h;路基宽度:34.5m;桥梁净宽:净 2×15m;黄河特大桥主桥为多跨预应力混凝土双索面部分斜拉桥,主桥布置为:85m + 6×140m + 85m;桥涵设计荷载标准:公路—Ⅰ级;路面设计标准轴载:BZZ-100;设计洪水频率:特大桥为 1/300,大、中、小桥、涵洞、路基均为 1/100;路面:均采用沥青混凝土;路面结构:底基层为 20cm 水泥粉煤灰稳定碎石;基层为 38cm 水泥粉煤灰稳定碎石;沥青面层(路基部分)厚度18cm,下面层为粗粒式沥青混凝土(AC-25C)8cm,中面层为中粒式沥青混凝土(AC-20C)6cm,上面层为改性沥青细粒式沥青混凝土(AC-13C)4cm,沥青面层(桥梁部分)厚度10cm,其中中面层为改性沥青中粒式沥青混凝土(AC-20C)6cm,上面层为改性沥青细粒式沥青混凝土(AC-13C)4cm。

3) 建设规模

主要工程量:路基土方 62.62 万 m³,结构物混凝土 527121m³,沥青混凝土路面 41.38 万 m²;全线设监控通信管理处 1 处;表 8-8-13 为 G45 大广高速公路开封黄河大桥段桥梁一览表。

G45 大广高速公路开封黄河大桥段桥梁一览表   表 8-8-13

规模	名称	桥长(m)	主跨长度(m)	跨越障碍物			桥梁类型
				河流	沟谷	道路、铁路	
特大桥	开封黄河大桥	7838	1010	√			组合梁、斜拉桥
大桥	三合村大桥	569.0	35	√			简支梁桥
	西庄方大桥	245.0	35	√			简支梁桥
中桥	赵寨灌渠中桥	44.04	13.0			√	简支梁桥
	东干渠灌渠桥	53.04	16.0			√	简支梁桥

4）主要控制点

封丘县、开封县。

5）地形地貌

项目路线横跨黄河,经过的区域隶属黄河冲积扇中上部,地形较为平坦。线路经过区的地貌分为黄河河漫滩、背堤洼地及泛流平原,地层岩性以粉土、淤泥质粉土为主。区内新构造运动十分活跃,特别是汤东汤西两大断裂,晚近期以来活动频繁,由于基岩断层埋深很大,覆盖层厚度多在50m以上,因此断裂构造的活动性对工程影响集中体现在地震安全性方面,对路线展布和桥梁设置没有直接的影响。

6）投资规模

项目概算投资21.39亿元,竣工决算投资25.97亿元。

7）开工及通车、竣工时间

2004年9月15日开工建设,2006年11月28日交工通车。2009年7月15日通过河南省交通运输厅组织的竣工验收。

2.参建单位主要情况

（1）建设单位:开封阿深高速黄河大桥有限公司。

（2）勘察设计单位:河南省交通规划勘察设计院。

（3）质量监督单位:河南省交通基本建设质量检测监督站。

（4）监理单位:河南省高等级公路建设监理部。

（5）土建施工单位:路桥集团第一工程局第一公路工程公司、山东省路桥集团总公司、中铁大桥局集团有限公司、中铁四局集团有限公司、中铁十二局集团有限公司。

（6）路面施工单位:山东省路桥集团有限公司。

（7）房建施工单位:驻马店市建筑公司。

（8）绿化施工单位:河南鸿宝园林发展有限公司。

（9）交通安全设施施工单位:武安市交通安全设备有限公司。

(10)交通机电施工单位:北京瑞华赢科技发展有限公司、中铁电气化局集团第一工程有限公司。

(二)建设情况

1. 项目准备阶段

1)项目审批文件

2003年,河南省人民政府省长办公会议纪要对项目立项文件进行了批复,文号为〔2003〕54号。2003年9月23日,河南省国土资源厅对《河南省国土资源厅关于报送濮阳至周口高速公路封丘至通许段建设用地地质灾害危险性评估报告》进行了回函,文号为豫国土资函〔2003〕483号。2003年11月3日,河南省文物管理局对《关于阿荣旗至深圳国家重点公路黄河大桥项目建设工可推荐路线方案文物环境影响评价》进行了回函,明确指出"该线路方案拟用地的区域内,无国家级、省级文物保护单位,对文物环境影响较小。"2004年3月4日,河南省国土资源厅对《河南省国土资源厅关于阿荣旗至深圳国家重点公路黄河大桥工程压覆矿产资源情况的审查意见》进行了回函,文号为豫国土资函〔2004〕59号。2004年4月27日,河南省国土资源厅同意按照规划和设计合理安排使用土地,文号为豫国土资函〔2004〕163号。2004年4月30日,河南省林业厅同意按照规划和设计合理安排使用土地,文号为林地审字〔2004〕042号。2004年12月8日,河南省文物管理局对《关于阿荣旗至深圳国家重点公路开封黄河大桥段高速公路工程文物保护工作》进行了回函,明确指出"阿深高速开封黄河大桥沿线未发现重要文物,调查发现线路文物分布点控制范围均可进行工程施工"。2004年,河南省发展和改革委员会对《关于阿荣旗至深圳国家重点公路黄河大桥工程可行性研究报告》进行了批复,文号为豫发改办〔2004〕93号。2004年,河南省发展和改革委员会对《关于阿荣旗至深圳国家重点公路黄河大桥初步设计》进行了批复,文号为豫发改设计〔2004〕1104号。2004年,河南省交通厅对《关于阿荣旗至深圳国家重点公路黄河大桥工程施工图设计》进行了批复,文号为豫交计〔2004〕430号。2005年3月21日,国家环境保护总局对《关于阿荣旗至深圳国家重点公路黄河大桥工程环境影响报告书审查意见的复函》进行了批复,文号为环审〔2005〕277号。2005年11月16日,中华人民共和国国土资源部同意按照规划和设计合理安排使用土地,文号为国土资函〔2005〕1074号。2005年12月13日,河南省国土资源厅同意按照规划和设计合理安排使用土地,文号为豫国土资函〔2005〕604号。2005年12月27日,河南省水利厅对《阿荣旗至深圳国家重点公路黄河大桥工程水土保持方案报告书》进行了批复,文号为豫水土〔2005〕66号。

2)资金筹措

项目概算总投资21.0534亿元,公司自筹资金7.3687亿元,银行贷款13.6847亿元。

3）合同段划分

（1）设计标段划分：工程设计1个标段。

（2）施工标段划分：土建施工6个标段,房建施工1个标段,交通工程施工3个标段。

（3）施工监理标段划分：监理1个标段。

4）招投标

2004年2月2日至6日分别在中国采购与招标网、《中国交通报》《中国经济导报》《河南日报》等网站和报纸上刊登了项目施工招标资格预审公告。

2004年2月10~16日,共有70家单位购买,发售110份资格预审文件。

2004年4月17~18日,评审委员会对62家投标单位的资格预审文件进行了客观公正的评审,确定1号合同段：20家单位、2号合同段：12家单位、3号合同段：8家单位、4号合同段：17家单位、5号合同段：16家单位通过了符合性审查。

通过对申请人资格预审申请文件进行评审,最后确定1号合同段：4家单位、2号合同段：4家单位、3号合同段：4家单位、4号合同段：4家单位、5号合同段：4家单位。

5）征地拆迁情况

征地面积为1084.1亩。其中农用地20.61（耕地19.62）hm^2,建设用地2.52hm^2,未利用地21.15hm^2,拆迁面积445.1175亩,拆迁费用8295089.41元。

2. 项目实施阶段

1）实施过程

（1）土建工程于2004年9月15日开工,2006年11月23日完工。

（2）房建工程于2004年9月开工,2006年5月完工。

（3）机电工程于2005年7月12日开工,2005年11月17日完工。

（4）交通安全设施工程于2006年7月开工,2006年11月完工。

（5）绿化工程于2006年5月开工,2006年11月完工。

（6）2006年11月20日,组织了该项目的交工验收,交工验收质量评定为合格。

（7）2009年7月10~14日,河南省交通基本建设质量检测监督站对大广高速公路开封黄河大桥进行了质量鉴定。工程质量鉴定得分为90.02分,工程质量鉴定等级评为优良。

2）设计变更

（1）黄河大堤外低洼地段增加碎石垫层处理。

（2）取消中央分隔带绿化,改设防眩板。

（3）路面底基层由水泥稳定土改为水泥粉煤灰碎石,基层由水泥稳定碎石改为水泥粉煤灰稳定碎石。

（4）将黄河特大桥主桥桥塔索鞍结构由焊接分丝管变更为采用PVC分丝管结构。

3)重大事件

2007年2月13日,大广高速公路开封黄河大桥斜拉桥环氧填充型钢绞线斜拉体系获得河南省交通厅科学技术进步奖壹等奖。

(三)科技创新

1. 主桥万吨抗震球形支座的研究运用

开封黄河大桥采用了100000kN抗震球形支座,设计竖向承载力100000kN,水平方向可抗8度地震,是国内目前承载力最大的抗震球形支座。该支座由中国船舶重工集团七二五研究所设计、制造,单件平面尺寸达到3.11m×3.35m,质量达35t。开封黄河大桥通过对100000kN抗震球形支座在结构设计、校核、防腐设计、试验研究、制造工艺等方面的研究,推动了国内大吨位球型支座技术水平的提高,促进了大跨度桥梁的设计发展。

2. 主桥斜拉索环氧填充型钢绞线拉锁体系的研究运用

环氧填充型钢绞线拉索经过各项加速腐蚀和加速老化试验,在无意外损伤的情况下,使用寿命可达50~100年,大大高于其他同类拉索产品。开封黄河大桥通过自主创新,独立设计了桥梁斜拉索的配套系统,使这一优良的拉索产品得以第一次在中国大型桥梁的斜拉索中使用。

3. 主桥箱梁纤维混凝土的运用

为了解决连续箱梁混凝土容易开裂的问题,开封黄河大桥在主桥箱梁混凝土施工中,每立方米混凝土掺入0.9kg的聚丙烯纤维(俗称"杜拉纤维"),取得了很好的效果。

4. 预应力孔道真空辅助压浆技术的运用

该桥采用真空辅助压浆技术,即在压注水泥浆的过程中,孔道内保持0.8MPa左右的真空度,减轻空气阻力,使水泥浆能够自由充满孔道的每一个部位,解决了浆体不密实、不饱满的问题,结构的耐久性得到加强。为了增加浆体的流动度,采用高速气旋搅拌机拌制浆体,流锥时间可达到14s以下,浆体具有良好的流动性。

(四)运营养护管理

1. 组织架构

该项目运营管理单位为大广高速公路开封黄河大桥管理处,内设有工程技术部、计划合同部、财务部、办公室等部门。

2. 监控设施

项目设置监控中心1个,负责大广高速公路开封黄河大桥区域的运营监管。

3. 养护管理

大广高速公路开封黄河大桥管理处养护科负责大广高速公路开封黄河大桥段路基、路面、桥涵、交通安全设施和绿化日常养护,并严格执行相关行业标准及大广高速公路黄河大桥有限公司养护制度进行日常保养保洁工作。

1)路面维修工程

中修工程:2013 年投入 159.63 万元对桥面进行修铺,见图 8-8-6。

2)桥梁检测、维修加固

根据省交通厅及主管部门规范标准及公司制度,每 3 年委托检测单位对全线桥涵结构物进行定期检测(图 8-8-7),及时掌握技术状况及病害情况,作为桥涵维修保养的依据。

图 8-8-6　2013 年桥面施工维修

图 8-8-7　2009 年桥梁检测

3)沿线设施的提升、改造

2013 年对全桥路段增设 5 台摄像机,完善监控设施设备,进一步保障道路行驶安全。

六、G45 大广高速公路开封至通许段

(一)项目概况

1. 基本情况

1)功能定位

大广高速公路开封至通许段北起开封县袁坊乡小门寨与家庄之间,南至通许县玉皇庙镇长河洼村东南的开封与周口两市的交界处,全长 64.228km。该项目对完善豫东地区高速公路网布局,改善交通投资环境,促进沿线地区经济发展具有重要意义。

2)技术标准

K1929+660~K1930+475.980 段:采用 35m 双向六车道高速公路标准设计;设计行

车速度120km/h;其中行车道2×3×3.75m,中央分隔带宽3m,左侧路缘带2×0.75m,硬路肩2×3.25m,土路肩2×0.75m。其余路段:采用28m布设四车道高速公路标准设计;计算行车速度120km/h;其中行车道2×3×3.75m,中央分隔带宽1.5m(采用新泽西护栏),左侧路缘带2×0.75m,硬路肩2×0.5m,土路肩2×0.75m;路面:全线采用4cm中粒式改性沥青混凝土(AC-16I)+6cm中粒式沥青混凝土(AC-20I)+8cm粗粒式沥青混凝土(AC-25I)+沥青封层+36cm水泥稳定碎石+18cm石灰稳定土;桥涵荷载:公路—I级,桥面净宽2×12.5m;设计洪水频率:大、中、小桥1/100。

3)建设规模

主要工程量:路基土石方503.22万 m^3,路面168万 m^2;主线收费站0处,匝道收费站3处;服务区1处,停车区1处,表8-8-14为G45大广高速公路开封至通许段桥梁一览表。

G45大广高速公路开封至通许段桥梁一览表　　　　表8-8-14

规模	名称	桥长(m)	主跨长度(m)	跨越障碍物			桥梁类型
				河流	沟谷	道路、铁路	
大桥	惠济河大桥	307.64	20	√			简支梁桥
	涡河故道大桥	147.52	20	√			简支梁桥
	涡河大桥	205.04	20	√			简支梁桥
中桥	北干渠中桥	57.04	13	√			简支梁桥
	淤泥河中桥	44.04	13	√			简支梁桥
	东干渠中桥	70.04	13	√			简支梁桥
	三郭寨中桥	44.04	13	√			简支梁桥
	尚寨沟中桥	44.04	13	√			简支梁桥
	泄水河中桥	53.04	16	√			简支梁桥
	乡济沟中桥	44.04	13	√			简支梁桥
	东二干河中桥	57.04	13	√			简支梁桥
	老潘河中桥	44.04	13	√			简支梁桥
	小清河中桥	44.04	13	√			简支梁桥
	六支排沟中桥	44.04	13	√			简支梁桥
	油坊沟中桥	35.04	10	√			简支梁桥
	于林沟中桥	44.04	13	√			简支梁桥
	郝庄沟中桥	44.04	13	√			简支梁桥
	安苓沟中桥	44.04	13	√			简支梁桥
	标台沟中桥	85.04	16	√			简支梁桥
	大杨沟排沟中桥	44.04	13	√			简支梁桥

4)主要控制点

开封市(顺河区、开封县、通许县)。

5)地形地貌

项目位于开封,路线所经地区处于黄淮冲洪积平原,地形平坦。海拔高程自北向南 69.9m~56.89m,地面坡降为1/6000~1/2000。场地地貌类型单一,为黄河冲积(泛滥)平原区地貌,其间分布多处洼地。

6)投资规模

项目概算投资21.58亿元,实际竣工决算投资26.33亿元,平均每公里造价4099.46万元。

7)开工及通车、竣工时间

2004年8月开工建设,2006年11月交工通车,2010年7月进行了工程竣工验收。

2. 参建单位主要情况

(1)建设单位:河南海星高速公路发展有限公司。

(2)设计单位:中国公路工程咨询集团有限公司。

(3)质量监督单位:河南省交通基本建设质量检测监督站。

(4)监理单位:陕西公路交通工程监理咨询有限公司、西安公路交大建设监理公司、甘肃新科公路工程监理事务所。

(5)土建施工单位:中铁二局股份有限公司、中铁七局集团有限公司、新疆北新路桥建设股份有限公司、中铁三局集团第三工程有限公司、湖北长江路桥股份有限公司、中铁十五局工程有限公司、中铁十五局集团第一工程公司、中铁十五局集团第五工程有限公司、北京市海龙工程总公司。

(6)路面施工单位:河南省大河筑路有限公司、路桥华祥国际工程有限公司、郑州市公路工程公司、路桥集团第一公路工程局第三工程公司、中铁十五局集团第五工程有限公司。

(7)房建施工单位:陕西第七建筑工程公司。

(8)绿化施工单位:郑州欣安绿化有限公司、西安市园林绿化总公司、河南绿金洲园林工程有限公司。

(9)交通安全设施施工单位:潍坊东方交通设施工程有限公司、陕西现代公路机械工程有限公司、郑州彩达交通设施工程有限公司、陕西交通工贸工程公司。

(10)交通机电施工单位:中咨泰克交通工程有限公司。

(二)建设情况

1. 项目准备阶段

1)项目审批文件

2003年6月16日,河南省发展计划委员会对(关于印发《阿荣旗至深圳国家重点公路河南省境段总体路线规划方案汇报会会议纪要》的通知)达成共识,要求各市尽快开工建设,文号为豫计基础函〔2003〕190号。2003年8月20日和9月23日,国土资源厅分别对项目压覆矿产资源报告和地质灾害评估进行了批复,文号为〔2003〕388号和〔2003〕483号。2004年1月16日,河南省发展计划委员会对《关于阿荣旗至深圳国家重点公路开封至通许(市界)段高速公路工程可行性研究报告》进行了批复,文号为豫发改办〔2004〕72号。2004年4月26日,河南省发展计划委员会对《关于阿荣旗至深圳国家重点公路开封至通许(市界)段高速公路工程初步设计》进行了批复,文号为豫发改办〔2004〕751号。2004年11月18日,河南省环境保护局对项目环境影响报告书进行了批复,文号为豫环监〔2004〕175号。2004年12月16日,河南省水利厅对项目水土保持方案进行了批复,文号为豫水土〔2004〕58号。2005年4月11日,河南省文物管理局对项目文物环境影响评价书进行了批复。2005年4月28日,国土资源部对项目的建设用地进行了批复,文号为国土资函〔2005〕242号。2006年9月11日,河南省交通运输厅对《关于阿荣旗至深圳国家重点公路开封至通许(市界)段高速公路工程施工图设计》进行了批复,文号为豫交计〔2006〕220号。

2) 资金筹措

项目概算总投资为21.58亿元。项目资金来源主要是业主资本金占概算投资总额的35%,其余资金由项目法人申请国内银行贷款。

3) 合同段划分

(1) 设计标段划分:工程设计1个标段。

(2) 施工标段划分:土建工程10个标段,路面工程5个标段,机电工程1个标段,房建工程1个标段,绿化工程3个标段,交通安全设施4个标段。

(3) 施工监理标段划分:设总监办公室1个,土建工程驻地监理2个标段,房建工程监理1个标段,机电工程监理1个标段。

4) 招投标

(1) 2003年12月22日,项目勘察设计开标,经过详细评审,综合分析,评标委员会推荐了设计单位中标候选人。

(2) 2004年1月29日,土建施工单位招标开始,2004年4月3日经过详细评审,确定了中标候选人。

(3) 2004年1月29日,监理单位招标开始,2004年3月17日经过详细评审,确定了中标候选人。

(4) 2005年4月6日,路面施工单位招标开始,2005年6月22日经过详细评审,确定了中标候选人。

(5) 2006年1月5日,房建、交通工程招标开始,2006年2月28日经过详细评审,确定了中标候选人。

5）征地拆迁情况

项目批复工程建设用地544.8hm²（含连接线），实际征用土地551.8hm²，其中经营性出让用地14.94hm²，实际征地面积超出国土资源部批准的面积7hm²，对增加用地部分进行了补征。拆迁房屋22500m²。

2. 项目实施阶段

1）实施过程

（1）2004年8月土建标段完成了项目经理部、拌和站和实验室建设。

（2）2004年8月开始进行土方施工、桥梁钻孔、混凝土构件预制。

（3）2006年3月土建工程基本完成。

（4）2006年7月完成底基层施工。

（5）2006年9月路面基层施工全部完成。

（6）2006年11月路面工程施工结束。

（7）2006年11月25日完成中央分隔带水泥混凝土护栏、波形钢护栏、隔离栅、标志牌、标线的施工。

（8）2006年11月10日完成了绿化工程。

（9）2006年11月25日服务区具备了加油、吃饭、购物等条件。

（10）2010年7月河南省交通基本建设质量检测监督站做出了大广高速公路开封至通许段质量鉴定报告，质量鉴定得分为92.03分，质量鉴定等级为优良。

2）重大决策

（1）认清形势，合理计划，倒排工期，确保通车。

为了确保工程进展按照预定计划进行，根据工程进展程序和所需工期，通过倒排工期的方法，对标志标线、机电工程、安全设施、路基路面和桥梁涵洞逐项安排，明确最终竣工时间，并将其作为不可逾越的最后期限，严格执行。

（2）加强协调力度，创造良好的建设环境。

在公司提出"坚持两个依靠干工程"，即：紧密依靠地方政府，紧密依靠当地群众，主动出击，和地方政府及相关部门加强联系，加强协调与沟通。

（3）实施督导和夜巡制度，强力推进工程进度。

公司在全线实行了督导制度和夜巡制度。督导制是由公司直接向工地派驻2名现场督导员，分别住在开封县和通许县的2个驻地办，随时掌控工地实情，监督现场监理和施工单位的进度和质量，并将存在的问题快速报告，做到施工一线和项目公司快速沟通和联动机制。

（4）大力推动全线劳动竞赛，重奖重罚。

为了鼓励各标段挖掘潜力加大投入，公司实行重奖重罚制度，在全线掀起施工高潮，要求各施工、监理单位从思想上高度重视,变压力为动力,迅速掀起施工高潮,形成大干快上的良好局面,在保证质量的前提下加快施工进度。

3)设计变更

(1)车道数"四改六"。

项目采用"四改六"形式,其中孙寺互通区采用八车道,路面宽度增加,互通区4.4km主线路基加宽四车道;致使孙寺互通式立交匝道延长;采用"四改六"标准以后,在道路边缘增加紧急停车岛。

(2)道路竖曲线变更。

跨省道S218、S325、S326立交桥为了满足省道下一步拓宽改造的要求,进行了设计变更,桥梁跨境加大,增加桥下净空,因桥梁高程增加,引起桥梁两端路线竖曲线变更,路基填土高度增加。

(3)中央分隔带设计变更。

取消原中央分隔带波形梁护栏、绿化及中央分隔带排水设施;全线变更为新泽西钢筋混凝土护栏,并在其上加设防眩板。

(4)主线桥长度变更。

跨陇海铁路大桥原设计长度157m,为满足铁路部门要求,施工图设计阶段长度变更为767m,跨省道S218、S325、S326立交桥为了满足省道下一步拓宽改造的要求,进行了二次设计变更,跨境加大,净空抬高。

(5)天桥长度变更。

根据河南省交通厅《关于降低高速公路上跨天桥桥头填土高度的通知》豫交计〔2005〕57号精神,路堤段上跨天桥长度延长较多,此后又进行第二次变更,主跨两侧各3孔,造成部分基桩、承台、立柱报废。

(6)普通沥青路面变更为改性沥青路面。

原施工图设计路面设计结构为4cm细粒式沥青混凝土(AC-13I)+6cm中粒式沥青混凝土(AC-20I)+8cm粗粒式沥青混凝土(AC-25I)+18cm水泥稳定碎石+18cm水泥稳定碎石+18cm水泥稳定土+18cm水泥稳定土,路面结构层总厚度为90cm。

路面结构变更为5cm中粒式改性沥青混凝土(AC-16I)+6cm中粒式沥青混凝土(AC-20I)+7cm粗粒式沥青混凝土(AC-25I)+0.8cm沥青封层+18cm水泥稳定碎石+18cm水泥稳定碎石+18cm水泥稳定土+17.7cm水泥稳定土,路面结构层总厚度为90.5cm。

(7)路面面积增大。

中央分隔带由2m绿化带变更为0.56m的新泽西护栏,路面宽度增加1.34m,孙寺互通区由双向四车道变更为双向八车道,沿线增加紧急停车岛,使路面面积增加。

(三)运营养护管理

1. 组织架构

该项目运营管理单位为河南高速公路发展有限责任公司开封分公司,公司设7个科室(通行费管理科、养护科、政工科、综合科、财务科、监察室和人事科),辖3个收费站(开封杜良收费站、开封陈留收费站、通许东收费站)、1个路政大队、1个交通机电运营维护分中心,同时监管1个服务区(朱砂服务区)和1个停车区(练城停车区)。

2. 服务设施

下辖朱砂服务区1处,练城停车区1处,见表8-8-15。

G45大广高速公路开封至通许段服务场区一览表 表8-8-15

高速公路编码	服务区名称	桩 号	所 在 区 域	占地面积(m^2)	建筑面积(m^2)
G45	朱砂服务区	K130+600	通许县朱砂镇	100050	6370.86
	练城停车区	K152+600	通许县练城乡	20392	1887.77

朱砂服务区占地面积约150余亩,具有为驾乘人员提供餐饮、住宿、购物、加油、汽车维修、停车休息等多种服务。

3. 收费设施

全线设有杜良、陈留和通许东3个收费站,见表8-8-16。杜良收费站有4个出口、3个入口,共7条通行车道;陈留收费站有4个出口、2个入口,共6条通行车道;通许东收费站有2个出口、2个入口,共4条通行车道。

G45大广高速公路开封至通许段收费设施一览表 表8-8-16

收费站名称	桩 号	入口车道数		出口车道数	
		总车道	ETC车道	总车道	ETC车道
杜良收费站	K104+800	3	1	4	1
陈留收费站	K117+400	2	0	4	1
通许东收费站	K145+800	2	0	2	1

4. 监控设施

设置监控分中心1个,负责项目全线及杜良收费站、陈留收费站和通许东收费站、朱砂服务区、练城停车区的运营监管。

5. 养护管理

1)路面维修工程

中修工程:2015年投入856万元开展"大广高速公路开通段2015年路面养护专项工

程"工作,对大广高速公路开通段路面进行了维修处治。

2)桥梁检测、维修加固

2015年共投入养护专项资金514万元,对75座桥梁伸缩缝、桥面铺装病害进行加固维修,以保证桥梁良好的使用性能。

3)沿线设施提升改造

2015年维修养护的通道雨棚共1007.9m^2,砌墙495m^2,隔声墙刷漆面积共17376.7m^2,更换面积共2787.4m^2,墙式护栏共26647.5m^2,扶手共3198.5m^2,轮廓标共3176个,防阻块共519个,护栏板共968m,补装波形梁护栏立柱帽共8816个,更换防抛网共1845.6m^2,刷漆面积2748m^2,防眩板刷漆共14306m^2。

七、G45 大广高速公路扶沟至西华段

(一)项目概况

1. 基本情况

1)功能定位

大广高速公路扶沟至西华段起点位于周口市扶沟县大杨庄西北,终点位于周口市西华县官路徐西北,接大广高速公路西华至周口段,全长52.866km。该项目对完善豫中地区高速公路网布局,提高综合运输效益,加快小康社会建设、促进区域经济发展具有重要意义。

2)技术标准

全封闭、全立交、双向四车道;设计行车速度:120km/h;路基宽度:28m;平曲线一般最小半径:1000m;不设超高的最小曲线半径:5500m;最大纵坡3%;最短坡长:300m;凸形竖曲线一般最小半径:17000m;凹形竖曲线一般最小半径:6000m;停车视距:210m;桥梁设计荷载:汽车—超20级,挂车—120;路面设计标准轴载:BZZ-100;路面结构:沥青混凝土;桥梁净宽2×12m;涵洞通道的长度:满足路基宽度设计要求;设计洪水频率:1/100(特大桥1/300);地震基本烈度:Ⅵ度;路面结构:沥青混凝土;收费站广场路面结构:水泥混凝土;使用年限:沥青混凝土路面15年,水泥混凝土路面30年。

3)建设规模

全线共有大桥1座,中桥14座,见表8-8-17,分离式立交10座,天桥14座,通道81道、涵洞45道,路基土石方741万m^3,沥青混凝土路面148万m^3,及沿线交通工程、绿化工程等。全线共设互通式立交2处(含预留1处),匝道收费站1处,服务区1处、停车区1处。

G45 大广高速公路扶沟至西华段桥梁一览表

表 8-8-17

规模	名称	桥长（m）	主跨长度（m）	跨越障碍物 河流	跨越障碍物 沟谷	跨越障碍物 道路、铁路	桥梁类型
大桥	清水河大桥	157.34	25	√			连续梁桥
中桥	麻利沟中桥	65.04	20		√		简支梁桥
中桥	蔚扶河中桥	85.04	16	√			简支梁桥
中桥	张坞岗排沟1号中桥	44.04	13	√			简支梁桥
中桥	张坞岗排沟2中桥	65.04	20	√			简支梁桥
中桥	杨岗排沟中桥	65.04	20	√			简支梁桥
中桥	老涡河中桥	85.04	16	√			简支梁桥
中桥	后姚排沟中桥	53.04	16		√		简支梁桥
中桥	焦庄排沟中桥	65.04	16			√	简支梁桥
中桥	大新排沟中桥	44.04	13	√			简支梁桥
中桥	黄水沟中桥	53.04	16	√			简支梁桥
中桥	王岭排沟中桥	65.04	20	√			简支梁桥
中桥	北干渠中桥	65.04	20	√			简支梁桥
中桥	南干渠中桥	53.04	16			√	简支梁桥
中桥	石庄排沟中桥	53.04	16			√	简支梁桥

4）主要控制点

扶沟县、太康县、西华县。

5）地形地貌

项目位于黄河冲积平原，地势由西北向东南倾斜。沿线地形平坦，与公路工程有关的工程地质问题主要有地震砂土液化、软弱土、盐渍土，项目区范围内地震基本烈度为Ⅵ度。

6）投资规模

项目概算投资14.68亿元，竣工决算投资14.65亿元，平均每公里造价2771.16万元。

7）开工及通车、竣工时间

2003年12月开工建设，2006年11月交工通车，2010年11月完成竣工验收。

2. 参建单位主要情况

（1）建设单位：河南扶项高速公路有限公司。

（2）设计单位：河南省交通规划勘察设计院。

（3）质量监督单位：河南省交通基本建设质量检测监督站。

（4）监理单位：铁科院（北京）工程咨询公司、河南新恒丰建设监理有限公司、北京兴通交通工程监理有限责任公司。

（5）土建施工单位：山东泰山路桥工程公司、河南路桥发展建设总公司、路桥集团第一公路工程局第三工程公司、中港第二航务工程局、湖南省郴州公路桥梁建设有限责任公司。

（6）路面施工单位：河南路桥建设集团总公司、沈阳三鑫集团有限公司、路桥华东集团有限公司。

（7）房建施工单位：郑州东风建筑工程有限公司、河南隆基建设有限公司、林州市建筑工程九公司、淮南国能建设工程有限责任公司、中国机械工业机械化施工公司、无锡市德林环保设备有限公司、平顶山市石化建设安装工程公司。

（8）绿化施工单位：河南省通行实业园林工程有限公司、河南省林峰园林绿化工程有限公司、河南省派普园林绿化建设有限公司。

（9）交通安全设施施工单位：南阳市豫通公路物资储运有限公司、中国公路工程咨询监理总公司海南公司、郑州彩达交通设施工程有限公司、福建省漳州市公路机械修配厂、河南高速发展路桥工程有限公司、路桥集团第一公路工程局。

（10）交通机电施工单位：陕西公路交通科技开发咨询公司、常州市横山桥电力工程有限公司。

（二）建设情况

1. 项目准备阶段

1）项目审批文件

2003年8月18日，国土资源厅对项目的《地质灾害评估报告》进行了批复，文号为豫国土资函〔2003〕380号。2003年8月26日，河南省发展计划委员会对《关于阿荣旗至深圳国家重点公路扶沟（市界）至西华段高速公路工程可行性研究报告》进行了批复，文号为豫计基础〔2003〕1438号。2003年9月30日，国土资源厅对项目的压覆矿产资源报告进行了批复，文号为豫国土资函〔2003〕504号。2003年12月29日，河南省发展计划委员会对《关于阿荣旗至深圳国家重点公路扶沟（市界）至西华段高速公路工程初步设计》进行了批复，文号为豫计设计〔2003〕2341号。2004年3月30日，河南省环境保护局对项目的环境影响报告书进行了批复，文号为豫环监〔2004〕50号。2004年7月15日，河南省水利厅对项目的水土保持方案进行了批复，文号为豫水土〔2004〕29号。2004年12月7日，国土资源部对项目的建设用地进行了批准，文号为国土资函〔2004〕502号。2006年09月11日，河南省交通厅对《关于阿荣旗至深圳国家重点公路扶沟（市界）至西华段高速公路工程施工图设计》进行了批复，文号为豫交设计〔2006〕223号。

2）资金筹措

项目概算总投资为14.68亿元。资金来源由交通部补助、省管高速公路通行费、项目法人自筹资本金（占概算总投资的35%）和银行贷款（占概算总投资的65%）等几部分组成。

3）合同段划分

（1）设计标段划分：土建工程设计1个标段，房建工程设计1个标段，绿化工程设计1个标段，机电工程设计1个标段。

（2）施工标段划分：土建工程5个标段，路面工程4个标段，房建工程7个标段，绿化工程3个标段，交通安全设施6个标段，配电照明1个标段，交通机电1个标段。

（3）施工监理标段划分：设第一监理代表处、房建、绿化监理代表处和机电监理代表处。

4）招投标

（1）2003年8月28日，对勘察设计进行了邀请招标。2003年9月22日，确定了1家中标单位。

（2）2003年8月28日，发布土建工程及施工监理招标资格预审通告，陆续完成了施工、监理队伍30家（其中监理单位3家，施工单位27家）的招标工作。

（3）2006年5月26日，配电照明工程招标结束。

5）征地拆迁情况

扶沟至周口段全线实际征地713.7819hm^2。其中农村集体用地631.4942hm^2转为建设用地，农村集体建设用地17.9436hm^2，未利用地0.3224hm^2；国有农用地44.8914hm^2转为建设用地，使用国有未利用地0.0665hm^2，其中服务设施用地8.7667hm^2为经营性用地，由当地政府以有偿使用方式提供。扶沟至西华段房屋拆迁18942.02m^2。

2. 项目实施阶段

1）实施过程

（1）主线土建工程于2003年12月开工，2006年10月完工。

（2）房建工程于2005年12月开工，2006年11月完工。

（3）机电工程于2006年6月开工，2006年11月完工。

（4）交通安全设施工程于2006年5月开工，2006年10月完工。

（5）绿化工程于2006年3月12日开工，2006年11月完工。

（6）2006年11月7～13日，河南省交通基本建设质量检测监督站组织专家对该项目进行了交工验收，得分为93.6分，工程质量评定为合格。

（7）2010年11月5～6日，河南省交通运输厅组织有关单位专家对该项目进行了竣工验收。工程质量综合评分为92.84分，建设项目综合评分为92.30分。

2）设计变更

（1）四车道改六车道。根据扶项高函〔2004〕23号文件要求，对该项目进行了四车道布设六车道修改设计，其中主要中央分隔带宽度由3m改为2m，取消硬路肩，每隔1km左右增加一对紧急停车岛,桥梁净宽为 $2 \times 12.5m$。

(2)天桥修改设计。为方便当地居民生产生活的便利和减少占地,对桥梁跨数和形式进行了修改,将 K2021+506 扶沟互通立交主线桥向北延伸 5 跨,每跨 20m,共增加桥长 100m。根据省厅豫交计〔2005〕57 号文、扶项高函〔2005〕7 号文对天桥路基填土高度大于 3m 以上的路段全部设置桥梁,后又根据省厅豫交计〔2005〕191 号和施工情况对部分天桥主跨两侧应各延长三孔。

(3)服务区修改设计。根据《河南省高速公路设计指导性原则和技术要求》,扩大服务区、停车区和站区建筑规模:扶沟服务区建筑面积由 $6100m^2$ 增加至 $6161m^2$,扶沟管理处建筑面积由 $1860m^2$ 增加至 $3947.82m^2$,西华停车区建筑面积 $1040m^2$ 增加至 $1665m^2$。

(三)运营养护管理

1. 组织架构

该项目运营管理单位为河南高速公路发展有限责任公司周口分公司,公司下设 10 个职能科室(办公室、财务资产科、人事劳动科、政工科、工会、监察室、考核办、养护管理科、路产管理科、通行费管理科)、1 个运维监控分中心、1 个路警联合指挥中心和 2 个管理处(项城管理处、扶沟管理处)、3 个路政大队(项城路政大队、扶沟路政大队、周口路政大队)、9 个收费站(项城西收费站、周口东收费站、秣陵收费站、大新收费站、西华收费站、周口北收费站、周口西收费站、淮阳收费站、四通收费站)。

2. 服务设施

扶沟服务区,采用主线两侧港湾式对称布置,设有综合办公楼、加油站、配电房、泵房、锅炉房、维修车库等附属设施,见表 8-8-18。

G45 大广高速公路扶沟至西华段服务场区一览表 表 8-8-18

高速公路编码	服务区名称	桩号	所在区域	占地面积(m^2)	建筑面积(m^2)
G45	扶沟服务区	K2005+45	扶沟县崔桥镇西古村	68658	6196

3. 收费设施

下设大新收费站,有 4 个出口、2 个入口,共 6 条通行车道,见表 8-8-19。

G45 大广高速公路西华至周口段收费设施一览表 表 8-8-19

收费站名称	桩号	入口车道数		出口车道数	
		总车道	ETC 车道	总车道	ETC 车道
大新收费站	K2021+954	2	1	4	1

4. 养护管理

1)路面维修工程

2015 年以迎国检为契机,投入 1730 万元开展"2015 年大广高速公路周口段路面预防性养护专项工程"工作,对大广高速公路周口段全线进行微表处预防性养护处理,如图 8-8-8 所示。

图 8-8-8　路面微表处预防性养护

2)桥梁检测、维修加固

根据省交通厅及主管部门规范标准及公司制度,每 3 年委托检测单位对全线桥涵结构物进行定期检测,及时掌握技术状况及病害情况,作为桥涵维修保养的依据,如图 8-8-9 所示。

图 8-8-9　桥梁三类构件维修

3)沿线设施的提升、改造

2014 年 12 月,积极采用新型预应力防撞活动护栏在大广高速公路周口段做试点(图 8-8-10);2015 年对全线防抛网进行了维修、更换;2015 年对全线通道雨棚进行了维修专项工程。

图 8-8-10　新型预应力防撞活动护栏

4)新材料、新技术研发

布敦岩沥青(BRA)采用干法改性工艺、直接在沥青拌和楼添加改性沥青,无需特别设备和预改性,可以节约预改性所需的大量资源。2015 年 8 月在大广高速公路周口段上行 K2088 + 423 行车道,做了 500m 的试验段,抗老化性能和耐候性显著,如图 8-8-11 所示。

图 8-8-11　布敦岩沥青路面

八、G45 大广高速公路西华至周口段

(一)项目概况

1. 基本情况

1)功能定位

大广高速公路西华至周口段起点位于周口市西华县官路徐西北,与扶沟至西华高速

公路相连,终点在商水县黄寨镇宋营西约200m处,全长38.7km。该项目对完善豫中地区高速公路网,提高综合运输效益,提升区域竞争能力,加快旅游、文化资源开发,促进周口地区经济发展和对外联系具有重要意义。

2) 技术标准

全封闭、全立交、双向四车道;设计行车速度:120km/h;路基宽度:28m;平曲线一般最小半径:1000m;不设超高的最小曲线半径:5500m;最大纵坡:3%;最短坡长:300m;凸形竖曲线一般最小半径:17000m;凹形竖曲线一般最小半径:6000m;停车视距:210m;桥梁设计荷载:汽车—超20级,挂车—120;路面设计标准轴载:BZZ-100;桥梁净宽:净-2×12m;涵洞通道的长度:满足路基宽度设计要求;设计洪水频率:1/100(特大桥/300);地震基本烈度:Ⅵ度;路面结构:沥青混凝土;收费站路面结构:水泥混凝土;使用年限:沥青混凝土路面15年,水泥混凝土路面30年。

3) 建设规模

主要工程量:路基土石方998万 m^3,沥青混凝土路面120万 m^2,及沿线交通工程、绿化工程等,全线共有大桥2座,中桥5座,见表8-8-20,分离式立交18座,天桥5座,通道56道、涵洞42道,全线共设互通式立交4处,匝道收费站2处,服务区1处,监控分中心1处。

G45大广高速公路西华至周口段桥梁一览表 表8-8-20

规模	名称	桥长(m)	主跨长度(m)	跨越障碍物			桥梁类型
				河流	沟谷	道路、铁路	
大桥	流沙河大桥	232.24	25	√			连续梁桥
	沙颍河大桥	744.04	35	√			连续梁桥
中桥	司楼沟中桥	53.04	16	√			简支梁桥
	原种场1号排沟中桥	44.04	13	√			简支梁桥
	原种场2号排沟中桥	65.04	20	√			简支梁桥
	贾鲁干渠中桥	85.04	16	√			简支梁桥
	文杨河中桥	65.04	20	√			简支梁桥

4) 主要控制点

西华、淮阳。

5) 地形地貌

项目位于黄河冲积平原,地势由西北向东南倾斜。沿线地形平坦,与公路工程有关的工程地质问题主要有地震砂土液化、软弱土、盐渍土,项目区范围内地震基本烈度为Ⅵ度。

6) 投资规模

项目概算投资14.73亿元,竣工决算投资17亿元,平均每公里造价4392.76万元。

7) 开工及通车、竣工时间

2003年12月开工建设,2006年11月交工通车,2010年11月完成竣工验收。

2. 参建单位主要情况

(1) 建设单位:河南扶项高速公路有限公司。

(2) 设计单位:河南省交通规划勘察设计院。

(3) 质量监督单位:河南省交通基本建设质量检测监督站。

(4) 监理单位:贵州省交通建设咨询监理有限公司、河南新恒丰建设监理有限公司、北京兴通交通工程监理有限责任公司。

(5) 土建施工单位:北京城建集团有限责任公司、龙建路桥股份有限公司、中铁十九局集团第三工程有限公司、中铁二十局集团有限公司、河南省交通公路工程局。

(6) 路面施工单位:路桥集团第二公路工程局、中国路桥(集团)总公司、路桥集团三公司工程有限公司。

(7) 房建施工单位:林州市建筑工程九公司(西华收费站)、郑州市第二建筑工程公司、中铁电气化局集团北京建筑工程有限公司、徐州环海中意机电实业有限公司、清华同方人工环境有限公司、无锡市德林环保设备有限公司、哈尔滨市安装公司。

(8) 绿化施工单位:河南省长绿园林工程实业有限公司、河南地薇园林工程有限公司、南阳市绿都园林建设开发有限公司、河南省春竹园林绿化有限公司、周口荣兴绿化工程有限公司、商丘市春来环境绿化工程有限公司。

(9) 交通安全设施施工单位:江苏现代路桥有限责任公司、周口市公路交通设施有限公司、福建省漳州市公路机械修配厂、湖南湘潭公路桥梁建设有限公司、沈阳选腾交通设施工程有限公司、北京深华科交通工程有限公司。

(10) 交通机电施工单位:陕西公路交通科技开发咨询公司、中铁电气化局集团第三工程有限公司。

(二) 建设情况

1. 项目准备阶段

1) 项目审批文件

2003年8月26日,河南省发展计划委员会对《关于阿荣旗至深圳国家重点公路西华至段周口高速公路工程可行性研究报告》进行了批复,文号为豫计基础〔2003〕1439号。2003年9月30日,国土资源厅对项目压覆矿产资源报告进行了批复,文号为豫国土资函〔2003〕504号。2003年12月29日,河南省发展计划委员会对《关于阿荣旗至深圳国家重点公路西华至周口段高速公路工程初步设计》进行了批复,文号为豫计设计〔2003〕2342号。2004年1月12日,国土资源部地质环境司对项目建设用地地质灾害危险性评估报告进行了审查,并出具审查意见。2004年3月16日,河南省环境保护局对项目环境影响报告进行了批复,文号为豫环监表〔2004〕32号。2004年7月15日,河南省水利厅对项目水土保持方案进行了批复,文号豫水土〔2004〕31号。2004年12月7日,国土资源部对项目建设用地进行了批准,文号为国土资函〔2004〕502号。2006年09月11日,河南省交通运输厅对《关于阿荣旗至深圳国家重点公路西华至周口段高速公路工程施工图设计》进行了批复,文号为豫交设计〔2006〕221号。

2)资金筹措

项目概算总投资为14.73亿元,资金来源由交通部补助、省管高速公路通行费、项目法人自筹资本金(占批准总投资的35%)和银行贷款等几部分组成。

3)合同段划分

(1)设计标段划分:土建工程设计1个标段,房建工程设计1个标段,绿化工程设计1个标段,机电工程设计1个标段。

(2)施工标段划分:土建工程5个标段,路面工程3个标段,房建工程7个标段,绿化工程6个标段,交通安全设施6个标段,配电照明1个标段,交通机电1个标段。

(3)施工监理标段划分:设第二监理代表处,房建、绿化监理代表处,机电监理代表处。

4)招投标

(1)2003年8月28日对勘察设计进行了邀请招标,2003年9月22日,确定了1家勘察设计中标单位。

(2)2003年8月28日~2006年5月26日陆续完成了施工及施工监理的招标工作,最终确定中标单位32家(其中监理单位3家,施工单位29家)。

5)征地拆迁情况

扶沟至周口全线批准建设用地为694.7181 hm^2。其中,农村集体用地631.4942 hm^2转为建设用地、农村集体建设用地17.9436 hm^2、未利用地0.3224 hm^2;国有农用地44.8914 hm^2转为建设用地、使用国有未利用地0.0665 hm^2,其中服务设施用地8.7667 hm^2为经营性用地,由当地政府以有偿使用方式提供。全线实际征地713.7819 hm^2,扶沟至西华段房屋拆迁18942.02 m^2,西华至周口段拆迁房屋57583.8 m^2,扶沟至周口段拆迁占地费30998.2883万元。

2. 项目实施阶段

1)实施过程

(1)主线土建工程于2003年12月开工,2006年10月27日完工。

(2)房建工程于2005年12月15日开工,2006年11月15日完工。

(3)机电工程于2006年7月15日开工,2006年11月28日完工。

(4)交通安全设施工程于2006年7月开工,2006年9月完工。

(5)绿化工程于 2006 年 2 月 24 日开工,2006 年 11 月 30 日完工。

(6)2006 年 11 月 7~13 日,河南省交通基本建设质量检测监督站组织专家对大广高速周口段进行了交工验收,得分为 95.2 分,质量等级为合格。

(7)2010 年 11 月 5~6 日,河南省交通运输厅对该项目进行了竣工验收,工程质量综合评分为 93.16 分,建设项目综合评分为 92.57 分,工程质量等级和建设项目综合评价等级均为优良。

2)设计变更

(1)四车道改六车道。根据扶项高函〔2004〕23 号文件要求,对该项目进行了四车道布设六车道修改设计,其中主要中央分隔带宽度由 3m 改为 2m,取消硬路肩,每隔 1km 左右增加一对紧急停车岛,桥梁净宽为 $2 \times 12.5m$。

(2)天桥修改设计。按照《关于降低高速公路上跨天桥桥头填土高度的通知》(豫交计〔2005〕57 号)要求,将 6 座天桥桥头填土高度大于 3m 的路基部分变更为桥梁,共增加桥长 2133.66 延米。

(3)服务区修改设计根据《河南省高速公路设计指导性原则和技术要求》,扩大服务区和监控中心的建筑规模:周口东服务区建筑面积由 $5500m^2$ 增加至 $7209m^2$,周口东监控分中心建筑面积由 $5040m^2$ 增加至 $5794.87m^2$。

(三)运营养护管理

1. 组织架构

该项目运营管理单位为河南高速公路发展有限责任公司周口分公司,公司下设 10 个职能科室(办公室、财务资产科、人事劳动科、政工科、工会、监察室、考核办、养护管理科、路产管理科、通行费管理科)、1 个运维监控分中心、1 个路警联合指挥中心和 2 个管理处(项城管理处、扶沟管理处)、3 个路政大队(项城路政大队、扶沟路政大队、周口路政大队)、9 个收费站(项城西收费站、周口东收费站、秣陵收费站、大新收费站、西华收费站、周口北收费站、周口西收费站、淮阳收费站、四通收费站)。

2. 服务设施

周口东服务区,采用主线两侧港湾式对称布置,设有综合办公楼、加油站、配电房、泵房、锅炉房、维修车库等附属设施,提供加油、快餐、住宿等服务,见表 8-8-21。

G45 大广高速公路西华至周口段服务场区一览表　　表 8-8-21

高速公路编码	服务区名称	桩　号	所　在　区　域	占地面积(m^2)	建筑面积(m^2)
G45	周口东服务区	K2069+354	周口市川汇区搬口乡	188998	9219

3. 收费设施

下设有西华、周口东 2 个收费站,见表 8-8-22。西华收费站有 4 个出口、2 个入口,共

6条通行车道,周口东收费站有5个出口、3个入口,共8条通行车道。

G45大广高速公路西华至周口段收费设施一览表　　表8-8-22

收费站名称	桩号	入口车道数		出口车道数	
		总车道	ETC车道	总车道	ETC车道
西华收费站	K2047+754	2	1	4	1
周口东收费站	K2072+314	3	1	5	1

4.监控设施

该项目设置监控中心1个,负责大广高速公路周口段全段大新、西华、周口东、项城西、秣陵收费站区域的运营监管。

5.养护管理

1)路面维修工程

2015年,以迎国检为契机,投入1730万元开展"2015年大广高速周口段路面预防性养护专项工程",对大广高速公路周口段全线进行微表处预防性养护处理。

2)桥梁检测、维修加固

根据省交通厅及主管部门规范标准及公司制度,每3年委托检测单位对全线桥涵结构物进行定期检测,及时掌握技术状况及病害情况,作为桥涵维修保养的依据。

3)沿线设施的提升、改造

2014年12月,采用新型预应力防撞活动护栏在大广高速公路周口段做试点;2015年对全线防抛网进行了维修、更换;2015年对全线通道雨棚进行了维修专项工程。

九、G45大广高速公路周口至贾岭段

(一)项目概况

1.基本情况

1)功能定位

大广高速公路周口至贾岭段起点位于周口市商水县黄寨镇宋营西约200m处,与西华至周口高速公路相连,终点位于贾岭乡扈庄西南,与平舆至正阳高速公路相连,全长49.224km。该项目对完善豫中地区高速公路网,提高综合运输效益,提升区域竞争能力,加快小康社会建设、促进经济又好又快发展具有重要意义。

2)技术标准

全封闭、全立交、双向四车道;设计行车速度:120km/h;路基宽度:28m;平曲线一般最小半径1000m;不设超高的最小曲线半径5500m;最大纵坡23‰;最短坡长:300m;凸形竖曲线一般最小半径:17000m;凹形竖曲线一般最小半径:6000m;停车视距:210m;桥梁设计

荷载汽车—超20级,挂车—120;路面设计标准轴载 BZZ-100;桥梁净宽:净-2×12m;涵洞通道的长度:满足路基宽度设计要求;设计洪水频率:1/100(特大桥 1/300);地震基本烈度:Ⅵ度;面结构:沥青混凝土;收费站广场路面结构:水泥混凝土;使用年限:沥青混凝土路面15年,水泥混凝土路面30年。

3)建设规模

主要工程量:路基土石方604.34万 m³,沥青混凝土路面136.6275万 m²;匝道收费站2处,服务区1处、停车区1处;表8-8-23为G45大广高速公路周口至贾岭段桥梁一览表。

G45大广高速公路周口至贾岭段桥梁一览表　　　　　表8-8-23

规模	名称	桥长(m)	主跨长度(m)	跨越障碍物			桥梁类型
				河流	沟谷	道路、铁路	
大桥	清水河大桥	232.4	25	√			连续梁桥
	汾河大桥	257.34	25	√			连续梁桥
	泥河大桥	182.4	25	√			连续梁桥
中桥	驸马沟中桥	65.04	20	√			简支梁桥
	何埠口排沟中桥	53.04	16	√			简支梁桥
	九次沟中桥	37.04	16	√			简支梁桥
	张寨南干渠中桥	44.04	13		√		简支梁桥
	桃花沟中桥	37.04	16	√			简支梁桥
	曹河中桥	85.04	20	√			简支梁桥
	白龟沟中桥	44.04	13	√			简支梁桥
	史庄排沟中桥	37.04	16	√			简支梁桥
	十八里沟中桥	44.04	13	√			简支梁桥
	洪河中桥	44.04	16	√			简支梁桥
	年沟中桥	31.04	13	√			简支梁桥
	小师庄中桥	45.04	20			√	简支梁桥
	月牙河(Ⅰ)号中桥	65.04	20	√			简支梁桥
	月牙河(Ⅱ)号中桥	65.04	20	√			简支梁桥
	小黄庄排沟中桥	44.04	13		√		简支梁桥
	月牙河(Ⅲ)号中桥	53.04	16	√			简支梁桥
	亶庄排沟中桥	44.04	13		√		简支梁桥

4)主要控制点

淮阳、商水、项城。

5)地形地貌

项目位于黄河冲积平原,地势由西北向东南倾斜。沿线地形平坦,与公路工程有关的工程地质问题主要有地震砂土液化、软弱土、盐渍土,项目区范围内地震基本烈度为Ⅵ度。

6)投资规模

项目概算投资14.50亿元,竣工决算投资16.68亿元,平均每公里造价3388.87万元。

7)开工及通车、竣工时间

2004年7月开工建设,2006年11月交工通车,2010年11月完成竣工验收。

2.参建单位主要情况

(1)建设单位:河南扶项高速公路有限公司。

(2)设计单位:河南省交通规划勘察设计院。

(3)质量监督单位:河南省交通基本建设质量检测监督站。

(4)监理单位:上海同济公路工程监理咨询有限公司、河南新恒丰建设监理有限公司、北京兴通交通工程监理有限责任公司。

(5)土建施工单位:路桥集团第一公路工程局、中铁五局集团有限公司、洛阳路桥建设总公司、中国第四冶金建设公司、江西省交通工程集团公司、中铁一局集团有限公司。

(6)路面施工单位:中铁十三局第四工程公司、路桥集团第一公路工程局、中铁一局集团有限公司、贵州省桥梁工程总公司。

(7)房建施工单位:林州市建筑工程三公司、开封天元网架工程有限公司、淮南国能建设工程有限责任公司、河南派普建设工程有限公司、宜兴市高塍环保通风设备厂、辽阳成达石油设备安装工程有限公司。

(8)绿化施工单位:郑州中信园林景观工程公司、河南新封园林绿化工程有限公司、河南省豫建园林工程有限公司。

(9)交通安全设施施工单位:北京汉威达交通运输设备有限公司、湖南省醴陵市志远交通工程施工安装有限公司、北京华凯交通科技有限公司、南阳市豫通公路物资储运有限公司、南京创程工程实业有限公司、天津华安公路交通工程有限公司。

(10)交通机电施工单位:陕西公路交通科技开发咨询公司、中铁电气化局集团第三工程有限公司。

(二)建设情况

1.项目准备阶段

1)项目审批文件

2003年8月18日,国土资源厅对项目地质灾害评估报告进行了批复,文号为豫国土资函〔2003〕380号。2003年12月17日,河南省发展计划委员会对《关于阿荣旗至深圳国家重点公路周口至贾岭段高速公路工程可行性研究报告》进行了批复,文号为豫计基础

〔2003〕2366号。2004年3月1日,国土资源厅对项目压覆矿产资源情况进行了批复,文号为豫国土资函〔2004〕57号。2004年5月8日,河南省发展和改革委员会对《关于阿荣旗至深圳国家重点公路周口至贾岭段高速公路工程初步设计》进行了批复,文号为豫发改办〔2004〕825号。2004年7月15日,河南省水利厅对项目水土保持方案进行了批复,文号豫水土〔2004〕30号。2004年7月19日,河南省环境保护局对项目环境影响报告表进行了批复,文号为豫环监表〔2004〕92号。2005年8月31日,国土资源部对项目建设用地进行了批准,文号为国土资函〔2005〕824号。2006年09月11日,河南省交通厅对《关于阿荣旗至深圳国家重点公路周口至贾岭段高速公路工程施工图设计》进行了批复,文号为豫交设计〔2006〕222号。

2) 资金筹措

项目概算总投资为14.50亿元,资金来源由交通部补助、省管高速公路通行费、项目法人自筹资本金(占批准总投资的35%)和银行贷款等几部分组成。

3) 合同段划分

(1) 设计标段划分:土建工程设计1个标段,房建工程设计1个标段,绿化工程设计1个标段,机电工程设计1个标段。

(2) 施工标段划分:土建工程6个标段,路面工程4个标段,房建工程6个标段,绿化工程3个标段,交通安全设施6个标段,配电照明1个标段,交通机电1个标段。

(3) 施工监理标段划分:第三监理代表处,房建、绿化监理代表处、机电监理代表处。

4) 招投标

(1) 2003年12月18日对勘察设计进行了邀请招标,确定河南省交通规划勘察设计院为该项目勘察设计中标候选人。

(2) 从2003年12月18日发布项目土建工程及施工监理招标资格预审通告,陆续完成了该项目土建工程及施工监理的招标工作。最终确定31家施工、监理队伍(其中监理单位3家,施工单位28家)。

(3) 2006年5月26日配电照明工程招标结束。

5) 征地拆迁情况

建设用地为304.0557hm²。其中,农村集体农用地298.329hm²转为建设用地、农村集体建设用地2.2064hm²、未利用地0.1658hm²;同意将国有农用地3.0521hm²转为建设用地、同意使用国有建设用地0.3024hm²,其中服务设施用地4.94hm²,经营性用地由当地人民政府以有偿使用方式提供。实际征地307.9598hm²,拆迁房屋11365.2m²,拆迁占地费15945.6336万元。

2. 项目实施阶段

1) 实施过程

(1)主线土建工程于 2004 年 7 月开工,2006 年 10 月完工。

(2)房建工程于 2006 年 7 月开工,2006 年 11 月完工。

(3)机电工程于 2006 年 7 月开工,2006 年 11 月完工。

(4)交通安全设施工程于 2006 年 7 月开工,2006 年 10 月完工。

(5)绿化工程于 2006 年 7 月开工,2006 年 05 月完工。

(6)2006 年 11 月 7~13 日,河南省交通基本建设质量检测监督站组织专家对大广高速公路周口段进行了交工验收,得分为 94.4 分,质量等级为合格。

(7)2010 年 11 月 5~6 日,河南省交通运输厅组织有关单位专家对该项目进行了竣工验收。工程质量综合评分为 92.65 分,建设项目综合评分为 92.20 分,工程质量等级和建设项目综合评价等级均为优良。

2)设计变更

(1)四车道改六车道。根据扶项高函[2004]23 号文件要求,对该项目进行了四车道布设六车道修改设计,其中主要中央分隔带宽度由 3m 改为 2m,取消硬路肩,每隔一公里左右增加一对紧急停车岛,桥梁净宽为 $2 \times 12.5m$。

(2)天桥修改设计。按照《关于降低高速公路上跨天桥桥头填土高度的通知》(豫交计[2005]57 号)要求,将 9 座天桥桥头填土高度大于 3m 的路基部分变更为桥梁,共增加桥长 3241.88 延米。

(3)服务区修改设计。根据《河南省高速公路设计指导性原则和技术要求》,扩大服务区、停车区和站区的建筑规模:项城服务区建筑面积由 $5060m^2$ 增加至 $6554m^2$,项城管理处建筑面积由 $1200m^2$ 增加至 $1741m^2$。

(三)运营养护管理

1. 组织架构

该项目运营管理单位为河南高速公路发展有限责任公司周口分公司,公司下设 10 个职能科室(办公室、财务资产科、人事劳动科、政工科、工会、监察室、考核办、养护管理科、路产管理科、通行费管理科)、1 个运维监控分中心、1 个路警联合指挥中心和 2 个管理处(项城管理处、扶沟管理处)、3 个路政大队(项城路政大队、扶沟路政大队、周口路政大队)、9 个收费站(项城西收费站、周口东收费站、秣陵收费站、大新收费站、西华收费站、周口北收费站、周口西收费站、淮阳收费站、四通收费站)。

2. 服务设施

项城服务区,采用主线两侧港湾式对称布置,设有综合办公楼、加油站、配电房、泵房、锅炉房、维修车库等附属设施,见表 8-8-24。

G45 大广高速公路周口至贾岭段服务场区一览表　　表 8-8-24

高速公路编码	服务区名称	桩　　号	所 在 区 域	占地面积(m^2)	建筑面积(m^2)
G45	项城服务区	K2130+554	项城市贾岭镇	100183.40	7230

3. 收费设施

下设项城西、秣陵 2 个收费站,见表 8-8-25。项城西收费站有 2 个出口、2 个入口,共 4 条通行车道;秣陵收费站有 2 个出口、2 个入口,共 4 条通行车道。

G45 大广高速公路周口至贾岭段收费设施一览表　　表 8-8-25

收费站名称	桩　　号	入口车道数		出口车道数	
		总车道	ETC 车道	总车道	ETC 车道
项城西收费站	K2093+475	2	0	2	1
秣陵收费站	K2119+267	2	0	2	1

4. 养护管理

1)路面维修工程

2015 年,以迎国检为契机,投入 1730 万元开展"2015 年大广高速公路周口段路面预防性养护专项工程",对大广高速公路周口段全线进行微表处预防性养护处理。

2)桥梁检测、维修加固

根据省交通厅及主管部门规范标准及公司制度,每 3 年委托检测单位对全线桥涵结构物进行定期检测,及时掌握技术状况及病害情况,作为桥涵维修保养的依据。根据桥梁检测结果,对大刘庄天桥等进行了安全治理。

3)沿线设施的提升、改造

2014 年 12 月,采用新型预应力防撞活动护栏在大广高速公路周口段做试点;2015 年对全线防抛网进行了维修、更换;2015 年对全线通道雨棚进行了维修专项工程。

4)新材料、新技术研发

布敦岩沥青(BRA)采用干法改性工艺,直接在沥青拌和楼添加改性沥青,无须特殊设备和预改性,可以节约预改性所需的大量资源。2015 年 8 月在大广高速公路周口段上行 K2088+423 行车道,做了 500m 的试验段,抗老化性能和耐候性显著。

十、G45 大广高速公路平舆至正阳段

(一)项目概况

1. 基本情况

1)功能定位

大广高速公路平舆至正阳段北起平舆县高洋店的安李庄北约 200m(平舆县与项城

市交界处),南至正阳与息县交界的李寨西约 500m 处,途经平舆、新蔡、正阳 3 个县,全长 52.13km。该项目对完善豫南地区高速公路网布局、加快贫困地区脱贫致富、促进驻马店及相邻区域经济发展具有重要意义。

2)技术标准

全封闭、全立交、双向四车道;设计行车速度:120km/h;路基宽度:28m;桥梁净宽:2×12.5m;桥涵设计荷载标准:汽车—超 20 级,挂车—120;路面设计标准轴载:BZZ-100;路面:收费广场和服务区广场采用水泥混凝土路面,其他采用沥青混凝土路面;路面结构:主线为 4cm 细粒式改性沥青混凝土(AC-13C),6cm 中粒式改性沥青混凝土(AC-20C),8cm 粗粒式沥青混凝土(AC-25C),36cm 水泥稳定碎石,16cm 水泥稳定碎石;设计使用年限:15 年。

3)建设规模

主要工程量:路基土方 516 万 m^3,路面 117.2 万 m^2,大桥 5 座,中桥 28 座,(表 8-8-26),互通式立交 1 处,分离式立交 41 处,通道 63 道,涵洞 37 道,天桥 12 座。主线收费站 0 处,匝道收费站 3 处;服务区 1 处,停车区 0 处;管理、养护、服务、监控房屋建筑面积 $15168m^2$。

G45 大广高速公路平舆至正阳段桥梁一览表   表 8-8-26

规模	名称	桥长(m)	主跨长度(m)	跨越障碍物 河流	跨越障碍物 沟谷	跨越障碍物 道路、铁路	桥梁类型
大桥	洪河大桥	308.2	30	√			连续梁桥
大桥	小清河大桥	207.4	25	√			连续梁桥
大桥	戚桥港大桥	157.4	25	√			连续梁桥
大桥	李大湖大桥	157.4	25	√			连续梁桥
大桥	汝河大桥	308.2	30	√			连续梁桥
中桥	南大港中桥	25.04	20		√		连续梁桥
中桥	东大港中桥	31.04	13		√		连续梁桥
中桥	笪箩王庄中桥	37.04	16		√		连续梁桥
中桥	刘寨中桥	53.04	16		√		连续梁桥
中桥	陈庄中桥	37.04	16		√		连续梁桥
中桥	荒坡中桥	53.04	16		√		连续梁桥
中桥	王平庄中桥	37.04	16		√		连续梁桥
中桥	陈营中桥	53.04	16		√		连续梁桥
中桥	北李庄中桥	53.04	16		√		连续梁桥
中桥	宋庄中桥	53.04	16		√		连续梁桥
中桥	南营Ⅰ号中桥	31.04	13		√		连续梁桥
中桥	南营Ⅱ号中桥	45.04	20		√		连续梁桥

续上表

规模	名称	桥长（m）	主跨长度（m）	跨越障碍物			桥梁类型
				河流	沟谷	道路、铁路	
中桥	大李庄中桥	44.04	13		√		连续梁桥
	祁刘庄中桥	44.04	13		√		连续梁桥
	马阁中桥	53.04	16		√		连续梁桥
	大刘庄中桥	37.04	16		√		连续梁桥
	前杜庄中桥	25.04	20		√		连续梁桥
	丁港中桥	53.04	16		√		连续梁桥
	刘港涯中桥	25.04	20		√		连续梁桥
	刘楼中桥	37.04	16		√		连续梁桥
	桥头寺Ⅱ号中桥	37.04	16		√		连续梁桥
	桥头寺Ⅰ号中桥	53.04	16		√		连续梁桥
	桥头寺Ⅲ号中桥	37.04	16		√		连续梁桥
	徐庄中桥	44.04	13		√		连续梁桥
	代庄中桥	53.04	16		√		连续梁桥
	梁湖中桥	65.04	20		√		连续梁桥
	黄楼中桥	31.04	13		√		连续梁桥
	陈庄中桥	31.04	13		√		连续梁桥

4）主要控制点

平舆县、新蔡县、正阳县。

5）地形地貌

项目位于洪汝河冲积平原，主要由洪汝河冲积而成，构成广阔而平坦的低平原地形，主路区经过的最低洼地带，海拔一般在32～35m。坡降1/6000～1/4000，由西向东南倾斜。岩性主要为全新统及上更新统的黏性土。新蔡至正阳经过的大部分地段为冲湖积倾斜平原。地面高程40～50m，岩性主要由灰黄色黄土状亚黏土组成，局部地方分布有沼泽相的淤泥质亚黏土及淤泥质粉砂。

6）投资规模

项目概算投资22.6757亿元，竣工决算投资24.1687亿元（其中含支付驻马店人民政府城市建设费1.6915亿元），平均每公里造价4636.6万元。

7）开工及通车、竣工时间

2005年1月开工建设，2007年10月交工通车，2011年8月完成竣工验收。

2. 参建单位主要情况

（1）建设单位：河南平正高速公路发展有限公司。

（2）勘察设计单位：河南省交通规划勘察设计院。

（3）质量监督单位：河南省交通基本建设质量检测监督站。

（4）监理单位：山西省交通建设工程监理总公司、中国公路工程咨询监理总公司、郑州恒基建设监理有限公司、陕西公路交通科技开发咨询公司。

（5）土建施工单位：中铁一局集团第二工程有限公司、中国路桥集团一局五公司、中国新兴建设开发公司、中国路桥集团一局、中铁二十局集团一公司、中铁隧道集团有限公司、中铁四局集团、驻马店市公路工程开发总公司。

（6）路面施工单位：中铁二局机械筑路有限公司、江苏省交通工程集团有限公司、驻马店市公路工程开发总公司。

（7）房建施工单位：河南宏盛建筑有限公司。

（8）绿化施工单位：劲松园林景观有限公司、平舆豫南花木有限公司。

（9）交通安全设施施工单位：河南现代交通工程有限公司、周口市公路工程交通安全有限公司。

（10）交通机电施工单位：中铁电气化集团第三工程公司配电照明。

（二）建设情况

1. 项目准备阶段

1）项目审批文件

2003年6月3日，河南省发展计划委员会在郑州召开了阿荣旗至深圳国家重点公路河南省境内总体路线规划方案汇报会，文号为豫计基础函〔2003〕190号。2003年6月18日，驻马店市国土资源局对项目的压覆矿产资源报告评估进行了说明。2004年2月2日，河南省发展和改革委员会对《关于阿荣旗至深圳国家重点公路平舆至正阳段高速公路工程可行性研究报告》进行了批复，文号为豫发改办〔2004〕122号。2004年3月11日，河南省环境保护局对环境影响报告书进行了审查，文号为豫环监〔2004〕28号。2004年4月7日，省地震局对项目的地质灾害评估进行了说明。2004年4月27日，河南省发展和改革委员会对《关于阿荣旗至深圳国家重点公路平舆至正阳段高速公路工程初步设计》进行了批复，文号为豫发改办〔2004〕770号。2004年8月9日，河南省文物考古研究所对项目出示了文物调查报告。2005年10月10日，国土资源部对项目的建设用地进行了批复，文号为国土资函〔2005〕964号。2006年10月8日，河南省交通厅对《关于阿荣旗至深圳国家重点公路平舆至正阳段高速公路工程施工图设计》进行了批复，文号为豫交计〔2006〕257号。

2）资金筹措

项目概算总投资为22.6757亿元，资金来源为建设单位自有资金和国内银行贷款。

3）合同段划分

（1）设计标段划分：土建工程设计1个标段，房建工程设计1个标段，绿化工程设计1

个标段,机电工程设计1个标段。

(2)施工标段划分:土建工程8个标段,机电工程2个标段,房建工程1个标段,绿化工程2个标段,交通安全设施2个标段。

(3)施工监理标段划分:设总监办公室1个,2个土建工程驻地监理标段,1个房建工程监理标段,1个机电工程监理标段。

4)招投标

(1)2004年3月招标,国内30多家具备资质的施工、设计、监理企业参与了投标,经过专家评审,5月签订中标,最后选定了1家设计单位,8家施工单位及2家监理单位中标。

(2)2006年10月~2007年2月,陆续进行二期公开招标工作,主要项目有路面工程、房建工程、机电工程、交通安全设施、标志标线及绿化工程,经过资格筛选和专家评标,确定了各项工程的中标单位。

5)征地拆迁情况

项目永久性征地面积为5980亩。其中农村集体农用地358.4463hm^2(其中耕地338.679hm^2),农村集体建设用地19.4298hm^2,未利用地0.4425hm^2;国有建设用地17.6969hm^2,作为平舆至正阳段高速公路工程建设用地。房屋拆迁14550m^2,拆迁占地费用共计23417.1万元。

2. 项目实施阶段

1)实施过程

(1)主线土建工程于2005年1月5日开工,2007年10月完工。

(2)房建工程于2006年11月开工,2007年10月完工。

(3)机电工程于2007年5月28日开工,2007年10月10日完工。

(4)交通安全设施工程于2007年6月开工,2007年10月完工。

(5)绿化工程于2007年6月开工,2007年10月完工。

(6)2007年9月29日~10月1日,河南省交通基本建设质量检测监督站组织专家对大广高速公路平舆至正阳段进行了交工验收质量检测工作。质量评定得分95.4分,评定等级为合格。

(7)2011年8月,河南省交通基本建设质量检测监督站对大广高速公路平舆至正阳段进行了竣工质量鉴定,结果评为优良。

2)重大决策

大广高速公路平舆至正阳段高速公路地处淮河水系,洪河、小清河、汝河横切公路,在K2152~K2155、K2176~K2180两段为淮河滞洪区,地势低洼,路基填筑高度,极易造成洪水浸泡路基,威胁路基稳定。针对这种情况,采用了路基填土掺加石灰等加强措施,提高了土方密实度标准。

3) 重大变更

(1) 路基施工中,增加石灰土处理、冲击压实、粉喷桩处理以及软基处理增加清淤、换填、山皮石处理、使用固化剂等。

(2) 路面中面层改用改性沥青,路面底基层改为水泥碎石结构。

(3) 根据当地实际情况,增加涵洞11道、中桥1座。

(4) 天桥数量增加且跨度、跨数增加,互通式立交匝道采用改性沥青。

(三) 运营养护管理

1. 组织架构

该项目运营管理单位为河南平正高速公路发展有限公司,公司设有办公室、财务部、路产管理部、安全养护部、收费管理部5个部门,平舆杨埠站、新蔡砖店、正阳岳城3个收费站,1个监控站和新蔡服务区。

2. 服务设施

下辖新蔡服务区1处,见表8-8-27。

G45大广高速公路平舆至正阳段服务场区一览表　　　　表8-8-27

高速公路编码	服务区名称	桩　号	所 在 区 域	占地面积(m^2)	建筑面积(m^2)
G45	新蔡服务区	K2162+300	新蔡县砖店镇刑寨村	93380	6600

3. 收费设施

下设有平舆杨埠、新蔡砖店及正阳岳城3个收费站,见表8-8-28。平舆杨埠收费站、正阳岳城站均有2个出口、2个入口,共4条通行车道;新蔡砖店站分主站、副站两个收费站,各有2个出口、2个入口,共8条通行车道。

G45大广高速公路平舆至正阳段收费设施一览表　　　　表8-8-28

收费站名称	桩　号	入口车道数		出口车道数	
		总车道	ETC车道	总车道	ETC车道
平舆杨埠收费站	K2146+928	2	0	2	1
新蔡砖店收费站(主)	K2165+178	2	0	2	0
新蔡砖店收费站(副)	K2165+268	2	0	2	0
正阳岳城收费站	K2185+428	2	0	2	0

4. 监控设施

项目设置监控站1个,负责平舆至正阳段的运营监管。

5. 养护管理

大广高速公路平舆至正阳段养护项目部负责平正高速公路全线路基、路面、桥涵、交通安全设施和绿化日常养护,并严格执行相关行业标准及平正公司养护制度进行日常保养保洁工作。

十一、G45 大广高速公路息县至光山段

(一)项目概况

1. 基本情况

1)功能定位

大广高速公路息县至光山段起点位于信阳市息县与驻马店市正阳县交界处的梁庄西北侧,终点位于光山县十里庙乡王寨村西,途经息县和光山两个县,全长65.913km。该项目对促进豫南经济发展、改善河南省骨架公路网合理布局、完善综合运输体系、加快旅游资源开发利用具有重要意义。

2)技术标准

全封闭、全立交、双向四车道,每500m处设1处应急避险港湾;设计行车速度:120km/h;路基宽度:28m;桥梁净宽:2×12.75m;桥涵设计荷载标准:公路—Ⅰ级;路面设计标准轴载:BZZ-100;路面:收费广场和服务区广场采用水泥混凝土路面。主线路面结构:上面层:4cm细粒式改性沥青混凝土(AC-13);中面层:6cm中粒式改性混凝土沥青(AC-20);封层:0.6cm改性乳化沥青稀浆封层;下面层:7cm粗粒式沥青混凝土(AC-25);下面层:8cm沥青碎石混合料(ATB-25);基层:32cm 5%水泥稳定碎石;底基层:16cm 4%水泥稳定碎石;设计使用年限:主线使用年限为15年,服务区及收费广场使用年限为30年。

3)建设规模

主要工程量:路基土方999.21万 m³,路面168万 m²;全线设匝道收费站3处;服务区1处,停车区1处;管理、养护、服务、监控房屋建筑面积20532.65m²;表8-8-29为G45大广高速公路息县至光山段桥梁一览表。

G45 大广高速公路息县至光山段桥梁一览表　　　　表8-8-29

规模	名称	桥长(m)	主跨长度(m)	跨越障碍物			桥梁类型
				河流	沟谷	道路、铁路	
特大桥	淮河特大桥	4958.2	40	√			连续梁桥
大桥	闾河大桥	308.2	30	√			连续梁桥
	莲花港大桥	458.2	30	√			连续梁桥
	王岗大桥	357.4	25	√			连续梁桥
	何山寨大桥	204.13	20	√			连续梁桥
	刘柘园大桥	132.4	25	√			连续梁桥
	金河大桥	332.4	25	√			连续梁桥

续上表

规 模	名 称	桥长（m）	主跨长度（m）	跨越障碍物 河流	跨越障碍物 沟谷	跨越障碍物 道路、铁路	桥梁类型
大桥	寨河大桥	188.2	30	√			连续梁桥
	沪陕互通主线桥	814.04	40			√	连续梁桥
中桥	梁庄中桥	42.96	13			√	简支梁桥
	通道桥	42.96	13			√	简支梁桥
	李屯分离式立交	42.96	13			√	简支梁桥
	后马庄中桥	51.96	16			√	简支梁桥
	溜沟中桥	82.04	25	√			简支梁桥
	杨大庄分离式立交	51.96	16			√	简支梁桥
	分离式立交桥	42.96	13			√	简支梁桥
	东王庄中桥	42.96	13			√	简支梁桥
	S336 分离式立交桥	98.2	30			√	简支梁桥
	大郝庄中桥	51.96	16			√	简支梁桥
	南湾干渠中桥	51.96	16	√			简支梁桥
	泥河中桥	51.96	16	√			简支梁桥
	通道桥	42.96	13			√	简支梁桥
	和大寨中桥	51.96	16			√	简支梁桥
	S337 分离式立交桥	81.08	25			√	简支梁桥
	项店互通主线跨 A 匝道桥	81.08	25			√	简支梁桥
	佘楼中桥	51.96	13			√	简支梁桥
	通道桥	35.96	16			√	简支梁桥
	姚大塘分离式立交	51.96	16			√	简支梁桥
	老屋店分离式立交	42.96	13			√	简支梁桥
	大塘寨中桥	64.46	20			√	简支梁桥
	G312 互通主线跨 A 匝道桥	64.46	20			√	简支梁桥
	G312 互通主线跨 G312 桥	95.16	30			√	简支梁桥
	张曹坊中桥	51.96	16			√	简支梁桥
	赵岗分离式立交	51.96	16			√	简支梁桥
	叶信互通主线跨 H 匝道桥	96.08	30			√	简支梁桥
	肖染坊中桥	64.46	20			√	简支梁桥

4) 主要控制点

息县、光山县。

5) 地形地貌

项目地段范围内地貌单元为冲湖积平原区，分布于淮河南、北的广大地区，地形由西向东微倾斜，地势平坦，坡降(0.8～2)/1000，地面高程36～50m，水系较发育，呈树枝状，由西北流向东南注入淮河,沿线河沟、水塘、水渠、堤坝多有分布。沿线村庄密布,交通发达,为农作物生产区和城镇密布区。

6)投资规模

项目概算投资24.01亿元,竣工决算投资29.96亿元,平均每公里造价4545.38万元。

7)开工及通车、竣工时间

2005年4月开工建设,2007年10月交工通车,2010年5月完成竣工验收。

2. 参建单位主要情况

(1)建设单位:信阳豫申高速公路有限公司。

(2)设计单位:中交第一公路勘察设计研究院。

(3)质量监督单位:河南省交通基本建设质量检测监督站。

(4)监理单位:中国公路工程咨询监理总公司、河南省高等级公路建设监理部。

(5)土建施工单位:中铁十五局集团第六工程有限公司、中铁四局集团有限公司、中铁大桥局集团有限公司、中铁十局集团第二工程有限公司、中铁四局集团第一工程有限公司、中铁二十一局集团第三工程有限公司、河南路桥发展建设总公司、龙建路桥股份有限公司。

(6)路面施工单位:路桥集团第一公路工程局第五工程公司、中铁四局集团第一工程有限公司、河南路桥工程集团有限公司。

(7)房建施工单位:中原油田建筑集团公司、中集建设集团有限公司、河南省第七建筑工程公司、中交建设工程公司、郑州市第二建筑工程公司、河南水利建筑工程有限公司。

(8)绿化施工单位:郑州市园林绿化实业有限公司、武汉市花木公司、深圳市四季青园林花卉有限公司、北京园景园林工程有限公司。

(9)交通安全设施施工单位:河南省公路工程局集团有限公司、天津华安公路交通工程有限公司、河南路桥建设集团有限公司、河南鸿志实业有限公司、江阴市青舜冷弯型钢制造有限公司、武安市交通安全设备有限公司、四川金城栅栏工程有限公司、江西省公路管理局交通工程公司、山西通安交通工程公司、河南现代交通工程有限公司。

(10)交通机电施工单位:陕西汉唐计算机有限责任公司、洛阳龙羽集团有限公司、南阳飞龙电力集团有限公司、中铁电气化局集团有限公司、郑州汉威光电技术有限公司、新安县沃龙电力工程有限公司、漯河电业有限公司。

(二)建设情况

1. 项目准备阶段

1)项目审批文件

2003年12月19日,国土资源厅对该项目的压覆矿产资源报告进行了批复,文号为

〔2003〕697号。2003年12月23日,河南省发展计划委员会对《关于阿荣旗至深圳国家重点公路工程可行性研究报告》进行了批复,文号为豫计基础〔2003〕2517号。2004年1月6日,河南省地震安全评定委员会对该项目的地震安全性进行了批复,文号为豫震评〔2004〕1号。2004年8月12日,河南省发展和改革委员会对《关于阿荣旗至深圳国家重点息县至光山段高速公路工程初步设计》进行了批复,文号为豫发改设计〔2004〕1489号。2004年11月9日,河南省文物管理局对项目文物环境影响评价书进行了批复,文号为〔2004〕41号。2004年12月30日,国家环境保护总局对环境影响报告书进行了批复,文号为环审〔2004〕599号。2005年3月2日,河南省水利厅对项目的水土保持方案进行了批复,文号为豫水土〔2005〕10号。2007年3月20日,河南省交通厅对《关于阿荣旗至深圳国家重点息县至光山段高速公路工程施工图设计》进行了批复,文号为豫交设计〔2007〕53号。2008年3月20日,国土资源部批准了项目的建设用地,文号为国土资函〔2008〕57号。

2）资金筹措

概算总投资为24.01亿元,其中35%为建设单位自有资金,其余65%为银行贷款。

3）合同段划分

（1）设计标段划分：土建工程设计1个标段,房建工程设计1个标段,绿化工程设计1个标段,机电工程设计1个标段。

（2）施工标段划分：土建工程8个标段,机电工程7个标段,房建工程6个标段,绿化工程4个标段,交通安全设施工程10个标段。

（3）施工监理标段划分：设2个总监办公室,土建工程驻地监理8个标段,房建工程监理2个标段,机电工程监理2个标段。

4）招投标

（1）2004年7月28日有70家土建工程施工单位通过资格预审,参加主线土建工程8个合同段的投标。2003年8月4~31日开标时共收到土建标书52份,经评标专家综合评审,确定8家中标单位。

（2）2006年1月7日有28家路面工程施工单位通过资格预审,参加该项目路面工程4个合同段的投标。2006年1月10~17日开标时共收到路面标书24份,经商业摇号机随机摇号办法确定4家中标单位。

（3）房建工程、通信管道、通信监控收费系统工程、绿化工程、10kV供电线路工程、配电照明工程、交通安全设施工程招标等经过资格预审评审、发投标邀请书,现场开标,商业摇号机随机摇号办法确定业主标底计算办法及调整系数,最终计算确定10家中标单位。

5）征地拆迁情况

征地面积为440.5535hm²。其中农村集体农用地423.3229hm²（其中耕地356.5494hm²）,

农村集体建设用地 16.3927hm², 未利用地 0.8379hm²。

2. 项目实施阶段

1) 实施过程

(1) 主线土建工程于 2004 年 9 月开工, 2007 年 10 月完工。

(2) 房建工程于 2006 年 12 月开工, 2007 年 8 月完工。

(3) 机电工程于 2007 年 3 月 10 日开工, 2007 年 10 月 10 日完工。

(4) 交通安全设施工程于 2007 年 4 月开工, 2007 年 9 月完工。

(5) 绿化工程于 2007 年 3 月 26 日开工, 2007 年 10 月完工。

(6) 2010 年 5 月, 河南省交通基本建设质量检测监督站组织专家对阿荣旗至深圳国家重点公路息县至光山段高速公路进行了交工验收。

(7) 2007 年 9 月 5～10 日交工验收, 得分为 95.4 分, 工程质量评定为合格工程。

(8) 2009 年 1 月 29～30 日, 息县至光山段高速公路建设项目竣工验收工程质量鉴定得分为 92.84 分, 工程质量鉴定等级评为优良。

2) 重大决策

为加快施工进度, 豫申公司与施工单位建立了"工程管理中的上下级、日常生活中的知心朋友、施工项目上的同盟军"的和谐关系。大家围绕一个目标, 拧成一股绳, 心往一处想, 劲往一处使, 开展"大干一百二十天施工高潮"活动。在全线开展以"保安全、保优质、保高效、保廉政、讲文明、讲协作"为主要内容的"四保两讲"劳动竞赛活动和"秋季百日冲刺"等劳动竞赛活动。

3) 设计变更

将 K26 + 417 天桥改为通道, K25 + 800～K27 + 200 段作提高路基的调整。

(三) 科技创新

与交通部科学研究院合作, 共同开展了"MSB 基层抗裂防水层修筑技术"的研究, 目的是在结构上寻找一个相对能够适应半刚性基层变形的防水结构和防水材料, 使防水材料既有很高的强度, 又有很好的弹性, 且能够适应路面温度变形的需要, 同时又能充分吸收路面基层温缩开裂的应力, 兼有透层、封层的作用。该科研项目于 2008 年 4 月通过省交通厅鉴定。

(四) 运营养护管理

1. 组织架构

该项目运营管理单位为河南高速公路发展有限责任公司潢淮分公司, 公司设有办公室、考核督察办公室、监察室、政工科、人事劳动科、财务资产科、通行费管理科、养护管理科、路产管理科 9 个科室和息县服务区。

2. 服务设施

下辖息县服务区 1 处,见表 8-8-30。

G45 大广高速公路息县至光山段服务场区一览表　　　　表 8-8-30

高速公路编码	服务区名称	桩号	所在区域	占地面积(m²)	建筑面积(m²)
G45	息县服务区	K2203	息县张陶乡刘洼村	100000	8500

3. 收费设施

潢淮分公司大广高速公路段下设有白店站、息县站及寨河 3 个收费站,见表 8-8-31。3 个收费站的车道配置均是 2 个出口、2 个入口,共 4 条通行车道。

G45 大广高速公路息县至光山段高速收费设施一览表　　　　表 8-8-31

收费站名称	桩号	入口车道数		出口车道数	
		总车道	ETC 车道	总车道	ETC 车道
白店收费站	K2192+824	2	0	2	1
息县收费站	K2215+041	2	0	2	1
寨河收费站	K2244+424	2	0	2	1

4. 监控设施

项目设置监控中心 1 个,负责大广高速公路桩号 K2186+804.5～K2252+717.5 范围内主线、收费站及服务区的运营监管。

5. 养护管理

1)路面维修工程

2015 年为大广高速公路息光段通车 8 年,以迎国检为契机,投入 983.28 万元开展"大广高速公路息光段 2015 年路面养护工程",对大广高速公路息光段全线路面进行全面的维修处治,如图 8-8-12 所示。

2)桥梁检测、维修加固

根据省交通厅及主管部门规范标准及公司制度,每 2 年委托检测单位对全线桥涵结构物进行定期检测,及时掌握技术状况及病害情况,作为桥涵维修保养的依据。

大广高速公路息光段根据桥梁检测结果,对全线路段内发现的桥梁三类构件进行维修加固,2015 年共投入 315.57 万元对全线 25 座评定为三类的桥梁构件进行加固维修,确保桥梁处于安全良好的状态,如图 8-8-13 所示。

3)沿线设施的提升、改造

大广高速公路息光段大桥、特大桥桥头 150m 段设置凸起标线并安装爆闪灯;全线应急车道内线由虚线改成实线;桥面所有虚线均改为实线;匝道出口设置减速带。2015年,大广高速公路息光段及息淮固高速公路共计7个收费站实行普通车道改造ETC车道,实现了收费站ETC全覆盖的要求。

图8-8-12　路面专项施工现场

图8-8-13　桥梁专项施工(更换伸缩缝)

4)新材料、新技术研发

现有技术中,桥梁伸缩缝处都设置有伸张装置,这些伸缩缝都不同程度地存在一些缺陷,目前大量使用的毛勒伸缩缝装置,其缝内容易积尘、卡石、跳车明显,防水橡胶容易脱离而漏水,梁缝两侧混凝土因跳车而受车辆撞击,极易损坏。为解决这一问题,在所辖路段桥梁三类构件维修专项中引进刚弹体伸缩缝。

十二、G45 大广高速公路光山段

(一)项目概况

1. 基本情况

1)功能定位

大广高速公路光山段起于光山县城东北十里庙乡王寨村西,与息县至光山段高速公路相接,终点位于光山县泼河水库西,全长32.12km。该项目对改善河南省骨架公路网布局、完善豫南地区综合运输体系、加快大别山革命老区经济发展、促进区域小康社会建设具有重要意义。

2)技术标准

全封闭、全立交,其中 K2252+717.5~K2256+917.5 属微丘区段,设计行车速度120km/h,路基宽度28m,双向六车道,每500m设一处紧急停车带;K2256+917.5~K2284+837.5 属山岭区段,设计行车速度100km/h,路基宽度26m,双向四车道;K2280+372.5~K2281+367.50 段设一爬坡车道。路面:采用沥青混凝土结构;桥涵设计车辆荷载:采用公路—Ⅰ级。

3)建设规模

主要工程量:路基土石方538万 m³;路面底基层74.4万 m²,基层71.6万 m²,路面下面层70.9万 m²,中面层83.3万 m²,上面层83.9万 m²,匝道收费站2处,服务区1处,停车区1处,监控管理所1处;表8-8-32为G45大广高速公路光山段桥梁一览表。

G45大广高速公路光山段桥梁一览表　　　　表8-8-32

规模	名称	桥长(m)	主跨长度(m)	跨越障碍物 河流	跨越障碍物 沟谷	跨越障碍物 道路、铁路	桥梁类型
大桥	龙山水库北干渠大桥	106.04	20		√		简支梁桥
	王围子大桥	166.04	20		√		简支梁桥
	小潢河大桥	547	30	√			简支梁桥
	大吴湾大桥	246.04	20		√		简支梁桥
	小余湾大桥	226.04	20		√		简支梁桥
	潘大湾大桥	306	25			√	简支梁桥
	邬围孜大桥	731	25		√		简支梁桥
	泼河大桥	331	25	√			简支梁桥
中桥	李围子中桥	45.04	13		√		简支梁桥
	王染坊中桥	70.04	16		√		简支梁桥
	余集干渠中桥	45.04	13		√		简支梁桥

续上表

规模	名称	桥长（m）	主跨长度（m）	跨越障碍物 河流	跨越障碍物 沟谷	跨越障碍物 道路、铁路	桥梁类型
中桥	鄢楼中桥	54.04	16		√		简支梁桥
	紫水河中桥	66.04	20	√			简支梁桥
	刘湾中桥	86.04	16		√		简支梁桥
	泼河水库中渠中桥	45.04	13		√		简支梁桥
	小潘湾中桥	54.04	16			√	简支梁桥
	潘大湾中桥	45.04	13		√		简支梁桥
	周岗Ⅰ号中桥	38.04	16		√		简支梁桥
	CK0+358周岗Ⅱ号中桥	46.04	20	√			简支梁桥

4) 主要控制点

光山县。

5) 地形地貌

项目位于大别山北麓,向北过渡到淮河平原,为丘陵地貌,地形平缓起伏,为强烈剥蚀性丘陵区。丘陵为大面积剥蚀性低丘,低丘及丘间谷地相间,谷地宽窄长短不一。谷地底坡倾斜,倾斜坡度不一,植被不太发育,多为灌木草类,大部分垦为耕地和水田。区内最高为四面山,海拔400.0m,大部分丘陵为海拔200.0m左右或小于200.0m,相对高差为30.0~100.0m;丘坡较缓,一般为20°~30°。因小潢河自南向北纵贯本区,支流发育,因此在小潢河及其支流两岸发育有河漫滩及一级阶地。河漫滩区包括现代小潢河河床及小潢河漫滩,该区河流河道弯曲、河床宽浅、漫滩发育、表坡平缓,总体上南高北低;一级阶地位于河漫滩两侧,阶地高出河床2.0~6.0m,沿河分布,宽窄不一,一般为20.0~200.0m,阶地表面平坦。

6) 投资规模

项目概算投资10.38亿元,批复设计变更为14.48亿元,实际竣工决算投资17.58亿元,平均每公里造价5473.23万元。

7) 开工及通车、竣工时间

2004年11月1日开工建设,2007年9月30日完成交工验收,2007年10月10日通车试运行,2012年7月完成竣工验收工作。

2. 参建单位主要情况

(1) 建设单位:河南光彩信阳高速公路有限公司。

(2) 设计单位:河南省交通规划勘察设计院。

(3) 质量监督单位:河南省交通基本建设质量检测监督站。

(4) 监理单位:北京华路捷工程技术咨询有限公司。

(5)土建施工单位:中铁十局集团第二工程有限公司、中铁十五局集团第六工程有限公司、中铁四局集团第一工程有限公司、中铁十四局集团第三工程有限公司、北京城建道桥工程有限公司、中铁二十五局集团第一工程有限公司。

(6)路面施工单位:驻马店市公路工程开发公司、河南中州路桥建设有限公司。

(7)房建施工单位:周口机电安装有限公司、太康县建筑公司。

(8)绿化施工单位:河南东明园林绿化有限公司、河南派普园林绿化建设有限公司。

(9)交通安全设施施工单位:北京市高速公路交通工程公司。

(10)交通机电施工单位:中咨泰克交通工程有限公司。

(二)建设情况

1.项目准备阶段

1)项目审批文件

2003年12月30日,河南省发展计划委员会对《关于阿荣旗至深圳国家重点公路光山段高速公路工程可行性研究报告》进行了批复,文号为豫计基础〔2003〕2520号。2004年8月12日,河南省发展和改革委员会对《关于阿荣旗至深圳国家重点公路光山段高速公路工程初步设计》进行了批复,文号为豫发改设计〔2004〕1491号。2004年,国家环境保护总局对《关于阿荣旗至深圳国家重点公路信阳段环境影响报告书审查意见》进行了批复,文号为环审〔2004〕599号。2005年,国土资源部对《关于阿荣旗至深圳国家重点公路光山段工程建设用地》进行了批复,文号为国土资函〔2005〕831号。2006年3月30日,河南省交通厅对《关于阿荣旗至深圳国家重点公路光山段高速公路工程施工图设计》进行了批复,文号为豫交设计〔2006〕59号。2007年4月,河南省交通厅对《关于阿深国家重点公路光山段房建工程施工图设计》进行了批复,文号为豫交计〔2007〕87号。2007年5月29日,河南省交通厅对《关于阿深高速公路光山段机电工程详细设计(含通信管道和基础工程)、供配电照明、10kV线路工程施工图设计》进行了批复,文号为豫交计〔2007〕121号。2007年6月5日,河南省交通厅对《关于大广高速公路光山段绿化工程方案设计》进行了批复,文号为豫交计〔2007〕137号。2007年,河南省发展和改革委员会对《关于阿荣旗至深圳国家重点公路光山段高速公路设计变更》进行了批复,文号为豫发改设计〔2007〕402号。

2)资金筹措

项目概算总投资为14.48亿元,其中35%为建设单位自有资金,其余65%为银行贷款。

3)合同段划分

(1)设计标段划分:土建工程设计1个标段、房建工程设计1个标段、绿化设计设计1

个标段,机电工程设计1个标段。

（2）施工标段划分：土建工程6个标段,路面工程2个标段,机电工程1个标段,房建工程2个标段,绿化工程2个标段,交通安全设施1个标段,中央分隔带护栏1个标段。

（3）施工监理标段划分：监理1个标段。

4）招投标

（1）2004年7月27日,共有38家投标人通过了资格预审。2004年8月27日,确定了土建工程6个标段的中标单位。

（2）2006年9月5日,共有31家申请人通过了资格预审,2006年11月10日,确定了其中路面工程2个标段、房建工程2个标段、安全设施工程1个标段及机电工程1个标段的中标单位。

（3）2007年4月27日,共有8家潜在投标人通过了资格预审。2007年5月23日,确定绿化工程2个中标单位。

（4）2006年4月21日,向4家投标人发出了投标邀请书,2006年5月22日4家投标人递交了投标文件,确定了中央分隔带混凝土护栏中标单位。

5）征地拆迁情况

项目永久性征地面积为3477.27亩。其中农村集体农用地3244.893亩（其中耕地2323.386亩）,农村集体建设用地225.255亩,未利用地7.122亩。

2. 项目实施阶段

1）实施过程

（1）主线土建工程于2004年11月1日开工。

（2）房建工程于2006年4月开工,2007年8月完工。

（3）机电工程于2006年5月开工,2007年9月完工。

（4）交通安全设施工程于2006年6月开工,2007年9月完工。

（5）绿化工程于2007年5月开工,2007年9月完工。

（6）2007年10月10日通车试运行。

（7）2007年9月,河南省交通基本建设质量检测监督站组织专家对大广高速公路光山段进行了交工验收。

（8）在项目交工验收结束后,项目公司根据交工验收检查情况及平时掌握的情况,对各合同段的工程质量进行了评定,经过汇总,整个工程项目得分为97.8分,质量等级为优良。

（9）2011年11月竣工验收前,河南省交通基本建设质量检测监督站,对大广高速公路光山段进行了质量鉴定,得分为91.68分,工程质量评定为优良。

(10)2012年7月14日组织了大庆至广州国家重点公路光山段高速公路的竣工验收,经综合交工验收和质量鉴定得分计算,该项目工程质量评分为92.58分,质量等级为优良。

2)重大决策

项目公司制定一系列严格监督质量的措施。坚持每月质量评比大检查,并且下发了《阿深高速信阳境光山段公路施工单位工作考核办法》《阿深高速公路信阳境光山段工程建设优良工程保证金实施细则》《工程履约检查评比办法》《浆砌工程施工要点》《关于做好路基防护及排水工程施工通知》等具体细致的质量管理办法,制定奖罚制度,做到奖优罚劣。始终贯彻落实"质量原因查不清不放过、质量责任者得不到处理不放过、质量整改措施不落实不放过、质量问题教训不吸取不放过"。

3)设计变更

(1)2007年4月5日,河南省发改委根据信阳市发改委《关于阿荣旗至深圳国家重点公路光山段高速公路调整概算的请示》(信发改设〔2007〕67号)及省交通厅《关于阿荣旗至深圳国家重点公路光山段高速公路调整概算审查意见的函》(豫交计〔2007〕40号),以豫发改设计〔2007〕402号进行了工程设计变更批复,共调整概算40968万元,总概算调整为144779万元。

(2)根据《河南省高速公路设计技术要求》,将原设计中央分隔带波形护栏变更为新泽西护栏,路面数量随之一并修改。

(3)按审查后要求,全线增设爬坡车道1处,长995m,并按设计规范要求同时增设紧急停车带,此范围内土石方、路面数量相应增加,影响38.04m/1座分离需加宽。

(4)增加光山服务区,共占地85.2亩;泼河停车区,占地75.2亩。

(5)增加圆管涵331m/10道;倒虹吸管涵121.5m/3道;盖板涵30.25m/1道;盖板通道129.19m/5道。

(三)运营养护管理

1. 组织架构

该项目运营管理单位为河南光彩信阳高速公路有限公司,公司设有办公室、财务部、运管部、养护部、机电部、收费站、路政大队7个部门。

2. 服务设施

下辖槐店服务区1处,泼陂河停车区1处,见表8-8-33。

3. 收费设施

下设有光山东和泼陂河2个收费站,见表8-8-34。光山东收费站有2个出口、2个入口,共4条通行车道;泼陂河收费站有2个出口、2个入口,共4条通行车道。

G45 大广高速公路光山段服务场区一览表　　表8-8-33

高速公路编码	服务区名称	桩　号	所 在 区 域	占地面积（m^2）	建筑面积（m^2）
G45	槐店服务区	K2262+491	光山县槐店乡望城村	100050	5120
	泼陂河停车区	K2282+057	光山县泼陂河镇成冲村	61388	2139

G45 大广高速公路光山段收费设施一览表　　表8-8-34

收费站名称	桩　号	入口车道数		出口车道数	
		总车道	ETC车道	总车道	ETC车道
光山东收费站	K2256+941	2	0	2	1
泼陂河收费站	K2276+610	2	0	2	0

4. 监控设施

设置监控中心1个,负责光山东收费站区域和泼陂河收费站区域的运营监管。

5. 养护管理

1）桥梁检测、维修加固

根据省交通厅及主管部门规范标准及公司制度,每3年委托检测单位对全线桥涵结构物进行定期检测,及时掌握技术状况及病害情况,作为桥涵维修保养的依据,如图8-8-14、图8-8-15所示。

图8-8-14　桥梁定期检查

图8-8-15　更换桥梁伸缩缝

2）沿线设施的提升、改造

为提升大广高速公路光山段的行车安全性,消除安全隐患,2014年将中间活动护栏更换为混凝土护栏,进一步保障道路行驶安全,如图8-8-16所示。

图 8-8-16　更换中央活动护栏

十三、G45 大广高速公路新县段

(一)项目概况

1. 基本情况

1)功能定位

大广高速公路新县段起点位于光山县泼河水库西,北接大广高速公路光山段,向东南跨省道 S213,出河南省南接湖北省大广高速公路北段,全长 35.22km。该项目对加强豫鄂两省联系,加快新县革命老区脱贫致富,促进沿线旅游、矿产资源开发,推动豫南地区经济发展具有重要意义。

2)技术标准

全封闭、全立交、双向四车道;设计行车速度:100km/h;路基宽度:26m;桥梁净宽:2×11.5m;桥涵设计荷载:汽车—超 20 级,挂车—120 级;路面设计标准轴载:BZZ-100;路面:收费广场、隧道和服务区广场采用水泥混凝土路面,其他采用水泥混凝土+沥青混凝土复合式路面;路面结构:5cm 细粒式改性沥青混凝土+26cm C35 水泥混凝土+1.5cm 乳化沥青稀浆封层+16cm 水泥稳定碎石+15.5cm 水泥稳定碎石。

3)建设规模

主要工程量:路基土石方约 735.77 万 m^3、路面约 84.35 万 m^2;全线设匝道收费站 2 处,主线省界收费站 1 处;表 8-8-35、表 8-8-36 分别为 G45 大广高速公路新县段桥梁、隧道一览表。

G45 大广高速公路新县段桥梁一览表

表 8-8-35

规模	名称	桥长(m)	主跨长度(m)	跨越障碍物			桥梁类型
				河流	沟谷	道路、铁路	
大桥	小代湾 1 号大桥	163	30			√	连续梁桥
	小代湾 2 号大桥	126.04	20			√	简支梁桥
	余后湾大桥	126.04	20			√	简支梁桥
	汪河大桥	397	30	√			连续梁桥
	张湾大桥	106.4	20			√	简支梁桥
	关山大桥	127	30			√	连续梁桥
	石堰口大桥	223	30			√	连续梁桥
	鄢山 1 号大桥	150.8	30		√		连续梁桥
	鄢山 2 号大桥左半幅	198	30			√	连续梁桥
	鄢山 2 号大桥右半幅	168	30			√	连续梁桥
	西张湾 1 号大桥	198.5	30			√	连续梁桥
	西张湾 2 号大桥	356.9	25			√	连续梁桥
	焦赞岭 1 号大桥右半幅	166.04	20			√	简支梁桥
	焦赞岭 1 号大桥左半幅	206.04	20			√	简支梁桥
	焦赞岭 2 号大桥	226.04	20		√		简支梁桥
	姚冲大桥左半幅	206.04	20			√	简支梁桥
	姚冲大桥右半幅	166.04	20			√	简支梁桥
	冯楼大桥	398.5	30	√			连续梁桥
	板栗村大桥	238	25			√	连续梁桥
	寺垇大桥	218.5	30	√			连续梁桥
	大湖湾大桥	206.04	20	√			简支梁桥
	挪房湾大桥	187	30	√			连续梁桥
	鸡公洼大桥	247	25			√	连续梁桥
	郑福安大桥	145.44	20	√			简支梁桥
	潘畈大桥	156.04	20	√			简支梁桥
	蔡畈大桥	171.04	20	√			简支梁桥
	小畈大桥	176.04	20	√			简支梁桥
	撅姑畈大桥	340	30	√			连续梁桥
	肖河大桥	146.04	20				简支梁桥
	泗店大桥	367	30	√			连续梁桥
	转龙大桥	186.04	20		√		简支梁桥
	柏树湾大桥	106.04	20			√	简支梁桥
中桥	DK0+156	86.04	20			√	简支梁桥
	EK0+135	70.4	16	√			简支梁桥

续上表

规模	名称	桥长（m）	主跨长度（m）	跨越障碍物			桥梁类型
				河流	沟谷	道路、铁路	
中桥	姚冲中桥左半幅	86.04	20			√	简支梁桥
	姚冲中桥右半幅	66.04	20			√	简支梁桥
	刘家嘴中桥	47.24	16			√	简支梁桥
	黄家湾中桥	54.04	16			√	简支梁桥

G45 大广高速公路新县段隧道一览表 表 8-8-36

规模	名称	隧道全长（m）	隧道净宽（m）	隧道分类（勾选）					洞门形式（进口/出口）
				按地质条件划分		按所在区域划分			
				土质隧道	石质隧道	山岭隧道	水底隧道	城市隧道	
短隧道	石堰口隧道	410	22		√	√			翼墙式（进/出）
	孟良山1号隧道	162	22		√	√			翼墙式（进/出）
	孟良山2号隧道	345	22		√	√			翼墙式（进/出）
	焦赞岭1号隧道	105	22		√	√			削竹式（进/出）
	焦赞岭2号隧道	245	22		√	√			翼墙式（进/出）
	戴嘴1号隧道	210	22		√	√			翼墙式（进/出）

4）主要控制点

新县、光山县。

5）地形地貌

项目处于大别山脉北麓区，处于秦岭—昆仑纬向复杂构造带南亚带和新华夏系第二沉降带的交接复合部，并受经向构造复合干扰，地质构造复杂。项目区地下水主要为松散岩类孔隙水、基岩类裂隙水及断层构造脉状水。

6）投资规模

项目概算投资 22.9752 亿元，竣工决算投资 24.6972 亿元，平均每公里造价 7011 万元。

7）开工及通车、竣工时间

2004 年 9 月开工建设，浒湾以北于 2007 年 10 月 2 日交工验收；浒湾以南于 2008 年 7 月 20 日交工验收；2009 年 4 月完成竣工验收。

2. 参建单位主要情况

（1）建设单位：河南省豫南高速投资有限公司。

（2）设计单位：河南省交通勘察设计院。

（3）质量监督单位：河南省交通基本建设质量检查监督站。

(4)监理单位:北京华通路桥咨询有限公司。

(5)土建施工单位:信阳万里交通集团有限公司、中铁十五局集团第二工程有限公司、中铁十八局集团第一工程有限公司、云南路桥股份有限公司、泰州华通公路工程有限公司、辽宁路桥建设总公司、孝感市公路工程建设开发总公司。

(6)路面施工单位:河南万达路桥集团有限公司、中交第三公路工程局有限公司。

(7)交通安全设施施工单位:河南瑞航公路养护技术有限公司。

(8)机电工程施工单位:紫光股份有限公司。

(9)绿化施工单位:河南海景园林绿化工程有限公司、河南省第二建筑工程有限公司。

(10)房建施工单位:河南省第二建筑工程有限公司。

(二)建设情况

1.项目准备阶段

1)项目审批文件

2003年11月20日,国土资源厅对项目的《地质灾害评估》进行了批复,文号为豫国土资函〔2003〕630号。2003年12月19日,国土资源厅对项目的《压覆矿产资源报告》进行了批复,文号为豫国土资函〔2003〕697号。2003年12月30日,河南省发展计划委员会对《关于阿荣旗至深圳国家重点公路新县段高速公路工程可行性研究报告》进行了批复,文号为豫计基础〔2003〕2519号。2004年9月22日,河南省发展和改革委员会对《关于阿荣旗至深圳国家重点公路新县段高速公路工程初步设计》进行了批复,文号为豫发改设计〔2004〕1756号。2004年11月18日,河南省环境保护局对项目的《环境影响报告书》进行了批复,文号为豫环监〔2004〕176号。2005年3月4日,河南省水利厅对项目的《水土保持方案》进行了批复,文号为豫水土〔2005〕8号。2005年9月12日,河南省交通厅对《关于阿荣旗至深圳国家重点公路新县段高速公路工程施工图设计》进行了批复,文号为豫交计〔2005〕223号。2007年1月28日,国土资源部对项目的《建设用地》进行了批准,文号为国土资函〔2007〕29号。

2)资金筹措

项目概算总投资为22.2亿元,其中35%为自筹资本金,65%为银行贷款。

3)合同段划分

(1)设计标段划分:工程设计1个标段。

(2)施工标段划分:土建工程8个标段,路面工程2个标段,房建工程1个标段,交通安全设施工程1个标段,机电工程1个标段,绿化工程1个标段。

(3)施工监理标段划分:设立1个代表处,4个驻地办。

4）招投标

(1) 新县段设计单位招标工作由信阳市政府委托市交通局进行，中标单位为河南省交通规划勘察设计院。

(2) 2004年7月发布了土建工程招标资格预审，8个标段共101家单位通过了资格预审。2004年8月向通过资格预审的投标单位发出投标邀请书，经过评标专家综合评审，确定了8家施工单位。

(3) 2004年7月发布了监理招标资格预审，4家单位通过了资格预审。2004年8月经过评标专家综合评审，确定了中标单位为北京华通公路桥梁监理咨询公司。

(4) 2007年1月19日完成交通安全设施工程、机电工程、房建工程、路面工程4个项目的招标资格预审工作。2007年3月16日开标，经商业摇号机随机摇号的办法确定业主标底计算办法及调整系数，最终计算确定中标单位。

5）征地拆迁情况

征地面积为247.6386hm^2，其中耕地92.0401hm^2，园地22.7205hm^2，林地94.3701hm^2，其他农用地2.8024hm^2，工矿及居民点用地9.6714hm^2，交通用地0.8896hm^2，未利用地25.1445hm^2。

2. 项目实施阶段

1）实施过程

(1) 项目于2004年9月正式开工建设。

(2) 2007年9月，浒湾以北6.5km主体工程交工验收。

(3) 2008年7月，浒湾互通以南长28.723km主体工程交工验收。

(4) 2009年12月，房建工程交工验收。

(5) 2010年12月2~3日，河南省交通基本建设质量检测监督站派出监督工作组和检测单位对大广高速新县段房建工程进行了交工检测。

(6) 2010年12月1~2日，对大广高速新县段绿化工程进行了交工检测。

(7) 2010年12月27~29日，交安设施交工检测。

(8) 项目公司根据交工验收检查情况，对各合同段的工程质量进行了评定，经过汇总，整个工程项目得分为97.8分，质量等级为合格。

(9) 河南省交通基本建设质量检测监督站进行了质量鉴定，质量鉴定得分为91.12分，建设项目工程质量等级评为优良。

2）重大决策

豫南高速公路有限公司在负责新县段建设期间，积极准备，精心组织，每年均根据进度安排与各施工单位签订目标责任书，并要求各施工单位与外协队伍签订相应责任书，以实现层层把关，层层动员。为加快施工进度，豫南公司分别在2005年、2006年、2007年开展了阶段性劳动竞赛、百日劳动竞赛和"保安全、保优质、保高效、保廉政、讲文明、讲协作"为主要内容的"四保两讲"劳动竞赛等活动。

3）设计变更

（1）2005年4月，省长视察后要求严格执行高速公路设计指导性意见，要求将路基填土超过10m必须设桥，随即设计进行纵断调整，新增大桥及对原有桥梁进行增孔设计共计29座（含互通）。

（2）进行桥改路变更设计，取消了中桥368.24m/6座；大桥610.2m/5座。共取消大中桥978.44m/11座，减少桥梁孔数修改300m/2座。并恢复相应路基、路面、排水、防护、构造物等设计。

4）重大事件

项目于2004年9月正式开工建设，如图8-8-17所示。

图8-8-17 大广高速公路新县段开工庆典仪式

（三）运营养护管理

1. 组织架构

该项目运营管理单位为河南省豫南高速投资有限公司，公司设有综合办、财务部、养护科、机电科、路政大队5个部门，以及泗店蓝天茗茶服务区。

2. 服务设施

泗店蓝天茗茶服务区建筑面积3137.58m²，具有为驾乘人员提供餐饮、住宿、购物、加油、汽车维修、停车休息等多种服务，见表8-8-37。

G45 大广高速公路新县段服务区一览表 表8-8-37

高速公路编码	服务区名称	桩 号	所 在 区 域	占地面积（m²）	建筑面积（m²）
G45	泗店蓝天茗茶服务区	K2313+331	新县泗店	173333	18000

3. 收费设施

收费系统设有新县北、新县以及豫鄂界3个收费站,见表8-8-38。新县北收费站有2个出口、2个入口,共4条通行车道,新县收费站有2个出口、2个入口,共4条通行车道,豫鄂界收费站有9个出口,共9条通行车道。

G45大广高速公路新县段收费设施一览表　　　表8-8-38

收费站名称	桩　号	入口车道数		出口车道数	
		总车道	ETC车道	总车道	ETC车道
新县北收费站	K2290+673	2	0	2	1
新县收费站	K2305+811	2	0	2	1
豫鄂界收费站	K2313+650	0	0	9	2

4. 监控设施

项目分别在新县北、新县及豫鄂界收费站各设置1个监控室,负责各站区域的运营监管。

5. 养护管理

1）路面维修工程

2015年,以迎国检为契机,对大广高速公路新县段进行了全面的维修处治:所辖路段全线进行标线补画、破损的交安设施进行更换、路面进行大面积热补、中分带及两侧树木进行修剪补栽、站区收费安全岛进行重新刷漆、办公楼进行改造等。

2）桥梁检测、维修加固

根据省交通厅及相关制度要求,每3年委托检测单位对全线桥梁结构物进行定期检测,及时掌握技术状况及病害情况,作为桥梁维修保养的依据。

3）沿线设施的提升、改造

2013年12月,大广高速公路G45豫鄂界主线收费站TC-SCAN绿色通道车辆检查系统设备安装调试完成,开始试行;2015年7月ETC电子不停车收费系统正式试行。

第九节　G55 二连浩特至广州高速公路河南段
（济源市至邓州市）

二广高速公路河南段起点位于豫晋省界济源市西逯寨,经济源、孟津、洛阳、汝阳、鲁山、南召、南阳,止于邓州市,在魏家集接湖北省豫鄂界至襄阳高速公路,全长372.019km。该项目对完善河南高速公路网布局,促进豫西贫困地区脱贫致富,缓解京港澳高速公路交通运输压力,加快沿线旅游、矿产资源开发和区域经济发展具有重要意义。

一、G55 二广高速公路济源至晋城(省界)段

(一)项目概况

1. 基本情况

1)功能定位

二广高速公路济源至晋城段起点位于济源市梨林镇苗店村,终点为豫晋省界近济源市西逯寨,全长20.555km。该项目对完善高速公路网布局,缓解现有国道207线交通压力,提高晋煤外运,提升济源市及河南省旅游市场综合竞争力,促进沿线地区经济的可持续发展具有重要意义。

2)技术标准

全封闭、全立交、双向四车道;设计行车速度:山岭区80km/h,平原区120km/h;路基宽度:山岭区24.5m,平原区28m;桥梁净宽:山岭区2×11m,平原区2×12m;桥涵设计荷载标准:采用公路—Ⅰ级;路面:收费广场和服务区广场采用水泥混凝土路面;路面结构:平原区5cm中粒式SBS改性沥青混凝土(AK-16A)+6cm中粒式沥青混凝土(AC-20Ⅰ)+7cm粗粒式沥青混凝土(AC-25Ⅰ)+39cm(轻载方向为34cm)水泥稳定碎石基层+20cm水泥稳定碎石底基层;山岭区5cm中粒式SBS改性沥青混凝土(AK-16A)+6cm中粒式SBS改性沥青混凝土(AC-20Ⅰ)+7cm粗粒式沥青混凝土(AC-25Ⅰ)+39cm(轻载方向为38cm)水泥稳定碎石基层+20cm水泥稳定碎石底基层。

设计使用年限:30年。

3)建设规模

项目主要工程量:路基土方73.5万 m^3,石方128万 m^3;全线设服务区1处;表8-9-1为G55二广高速公路济源至晋城(省界)段桥梁一览表;表8-9-2为G55二广高速公路济源至晋城(省界)段隧道一览表。

G55 二广高速公路济源至晋城(省界)段桥梁一览表　　　表8-9-1

规模	名称	桥长(m)	主跨长度(m)	跨越障碍物			桥梁类型
				河流	沟谷	道路、铁路	
大桥	四里沟2号大桥	110	35		√		梁式桥
	古铜沟大桥左线	305	135		√		连续刚构
	古铜沟大桥右线	290	135		√		连续刚构
	龙凤沟大桥左线	354.6	120		√		连续刚构
	龙凤沟大桥右线	297.9	120		√		连续刚构
	雨泼沟大桥左线	369	135		√		连续刚构
	雨泼沟大桥右线	344	120		√		连续刚构

续上表

规模	名称	桥长(m)	主跨长度(m)	跨越障碍物			桥梁类型
				河流	沟谷	道路、铁路	
大桥	大坛沟大桥左线	146	35		√		组合梁桥
	大坛沟大桥右线	146	35		√		组合梁桥
	降雨沟大桥左线	230	30		√		组合梁桥
	降雨沟大桥右线	196.9	30		√		组合梁桥
	开油沟大桥	160	30		√		组合梁桥
	大灰窑大桥	134	30		√		组合梁桥
	白涧河大桥	753	135	√			连续刚构
	槽沟河大桥	462	50	√			连续梁桥
	黄绿沟大桥	257.5	35		√		组合梁桥
	K9+901 大桥	102	30		√		组合梁桥
	K10+153 大桥	113	35		√		组合梁桥
	K10+353 大桥	113	35		√		组合梁桥
	K10+575 大桥	148	35		√		组合梁桥
	沁河大桥	752.8	50	√			连续梁桥
中桥	四里沟1号中桥	41	20		√		组合梁桥
	东河沿中桥	94	30		√		组合梁桥
	K5+675 中桥	48	40		√		组合梁桥
	南水沟中桥	68.44	16		√		组合梁桥
	朱临河中桥	52.46	16	√			组合梁桥
	广利渠中桥	52.44	16	√			组合梁桥

G55 二广高速公路济源至晋城(省界)段隧道一览表　　　表8-9-2

规模	名称	隧道全长(m)	隧道净宽(m)	隧道分类(勾选)					洞门形式(进口/出口)
				按地质条件划分		按所在区域划分			
				土质隧道	石质隧道	山岭隧道	水底隧道	城市隧道	
长隧道	仙神河隧道左线	1299.4	10.25		√	√			端墙式/削竹式
	仙神河隧道右线	1445.0	10.25		√	√			削竹式/端墙式
中隧道	古铜沟1号隧道左线	623.0	10.25		√	√			端墙式/端墙式
	古铜沟1号隧道右线	628.0	10.25		√	√			端墙式/端墙式
	古铜沟2号隧道左线	512.0	10.25		√	√			端墙式/端墙式
	凤凰台4号隧道左线	552.0	10.25		√	√			端墙式/端墙式
	凤凰台4号隧道右线	578.0	10.25		√	√			端墙式/端墙式
短隧道	四里沟隧道	104.0	10.25		√	√			端墙式/削竹式
	古铜沟2号隧道右线	457.0	10.25		√	√			端墙式/端墙式

续上表

规模	名称	隧道全长（m）	隧道净宽（m）	隧道分类(勾选) 按地质条件划分 土质隧道	隧道分类(勾选) 按地质条件划分 石质隧道	隧道分类(勾选) 按所在区域划分 山岭隧道	隧道分类(勾选) 按所在区域划分 水底隧道	隧道分类(勾选) 按所在区域划分 城市隧道	洞门形式（进口/出口）
短隧道	凤凰台1号隧道左线	167.0	10.25		√	√			端墙式/端墙式
	凤凰台1号隧道右线	176.0	10.25		√	√			端墙式/端墙式
	凤凰台2号隧道左线	137.0	10.25		√	√			端墙式/端墙式
	凤凰台2号~3号隧道右线	428.0	10.25		√	√			端墙式/端墙式
	凤凰台3号隧道左线	206.0	10.25		√	√			端墙式/端墙式
	雨浸沟隧道左线	418.0	10.25		√	√			端墙式/端墙式
	雨浸沟隧道右线	412.0	10.25		√	√			端墙式/端墙式
	省庄连拱隧道	190×2	10.25						端墙式/端墙式

4）主要控制点

济源市。

5）地形地貌

项目区地形起伏较大,总体地势北高南低;大的地貌类型为中低山区和山前平原区。K0+000~K12+400为中低山区,其中K0+000~K5+200段山陡沟深,地面高程为360~760m;K5+200~K12+400地势稍缓,地面高程为250~400m;K12+400至终点为山前平原区。

6）投资规模

项目概算投资14.3亿元。

7）开工及通车、竣工时间

2004年11月开工建设,2008年12月交工通车。

2. 参建单位主要情况

（1）建设单位:济源市济晋高速公路有限公司。

（2）设计单位:河南省交通规划勘察设计院。

（3）质量监督单位:河南省交通基本建设质量检测监督站。

（4）监理单位:铁二院咨询监理公司、中公交通监理咨询河南有限公司、西安金路交通工程有限公司。

（5）土建施工单位:中铁二十一局集团第三工程有限公司、中铁三局集团有限公司、山铁十八局集团第五工程有限公司、中铁十九局集团第二工程有限公司、中铁十局集团第二工程有限公司、路桥华祥国际工程有限公司、中铁十五局集团第五工程有限公司。

(6)路面施工单位:河南路桥建设集团有限公司。

(7)房建施工单位:河南新获建设有限公司、河南省银基建设有限公司、河南省新乡网架集团、河南省石油总公司安装工程公司。

(8)绿化施工单位:郑州黄河园林绿化有限公司。

(9)交通安全设施施工单位:河南现代交通工程有限公司、郑州彩达交通设施有限公司。

(10)交通机电施工单位:中咨泰克交通工程有限公司。

(二)建设情况

1)项目审批文件

2002年5月22日,河南省发展计划委员会对济源至洛阳高速公路的项目建议书进行了批复,文号为豫计基础〔2002〕580号。2002年6月,国土资源厅对该项目地质灾害评估进行了批复。2002年7月,国土资源厅对该项目的压覆矿产资源报告进行了批复,文号为豫国土资涵〔2002〕188号。2003年12月10日,河南省发展计划委员会对该项目的"工可"进行了批复,文号为豫计基础〔2003〕2293号。2004年7月20日,省计委对初步设计进行了批复,文号为豫发改设计〔2004〕1113号。2004年12月31日,河南省环境保护局对环境影响报告书进行了批复,文号为豫环监〔2004〕215号。2005年7月14日,国土资源部批准了该项目的建设用地,文号为国土资函〔2005〕513号。2005年8月16日,省交通厅对施工图设计进行了批复,文号为豫交计〔2005〕197号。2006年9月23日,河南省水利厅对该项目的水土保持方案进行了批复,文号为豫水土〔2006〕10号。

2)资金筹措

该项目概算总投资为14.3亿元。

3)合同段划分

(1)土建工程设计标段划分:7个标段,房建工程设计2个标段,绿化工程设计1个标段,机电工程设计1个标段。

(2)施工标段划分:土建工程7个标段,机电工程1个标段,房建工程2个标段,绿化工程1个标段,交通安全设施2个标段。

(3)施工监理标段划分:设2个总监办公室,3个土建工程驻地监理标段,1个房建工程监理标段,1个机电工程监理标段。

4)招投标

按照国家颁布的《中华人民共和国招标投标法》和交通部颁布的《公路工程施工招标投标管理办法》《公路工程施工招标资格预审办法》《公路工程施工招标评标办法》的要求,该项目采用公开竞争性方式招标。

5)征地拆迁情况

项目永久性征地面积为 99.3135hm²。其中农村集体农用地 64.8176hm²(其中耕地 56.9439hm²),农村集体建设用地 1.9502hm²,未利用地 32.395hm²;国有建设用地 0.1507hm²,作为济源至晋城高速公路工程建设用地。

(三)运营养护管理

1. 组织架构

该项目运营管理单位为济源市济晋高速公路有限公司。公司设有综合办公室、财务处、经营处、养护处、路产处 5 个部门。

2. 服务设施

济源服务区占地面积约 150 余亩,具有为驾乘人员提供餐饮、住宿、购物、加油、汽车维修、停车休息等多种服务,见表 8-9-3。济源服务区于 2007 年 9 月投入运营,根据省交通厅高管局有关规定,2010 年实行承包经营。

G55 二广高速公路济源至晋城(省界)段服务场区一览表 表 8-9-3

高速公路编码	服务区名称	桩号	所在区域	占地面积(亩)	建筑面积(m²)
G55	济源服务区	K1098+990	济源市五龙口镇西正村	150	6488

3. 收费设施

经营处下设有豫晋省界和济源北 2 个收费站,见表 8-9-4。主线豫晋省界收费站有 9 个出口、5 个入口,共 14 条通行车道;匝道济源北收费站有 4 个出口、3 个入口,共 7 条通行车道。

G55 二广高速公路济源至晋城(省界)段收费设施一览表 表 8-9-4

收费站名称	桩号	入口车道数		出口车道数	
		总车道	ETC 车道	总车道	ETC 车道
豫晋省界收费站	K1095+791	5	2	9	2
济源北收费站	EK0+290	3	0	4	0

4. 监控设施

项目设置监控中心 1 个,负责豫晋省界收费站区域、济源北收费站区域及沿线的运营监管。

5. 养护管理

1)桥梁检测、维修

根据省交通厅及主管部门规范标准及公司制度,每 2~3 年委托检测单位对全线桥涵结构物进行定期检测,及时掌握技术状况及病害情况,作为桥涵维修保养的依据。

根据桥梁检测结果,2012年对全线路段内发现的部分桥梁支座进行了更换,确保所辖路段桥梁处于安全良好的状态。

2)沿线设施的提升、改造

(1)为提高济晋高速公路收费站区的安全性,消除安全隐患,2012年对豫晋省界收费站区安全岛进行了加高改造,进一步保障收费站区安全,如图8-9-1所示。

(2)为提高山岭区中分带防眩效果,消除安全隐患,2013年对山岭区中分带部分防眩设施进行了改造,将防眩板更换成防眩网,提高了过往车辆的行车安全,如图8-9-2所示。

图8-9-1 济晋高速公路收费站

图8-9-2 防眩设施

(3)为确保所辖路段隧道消防设施正常使用,消除安全隐患,2014年对隧道消防设施进行了改造,对消防报警系统进行了升级,确保隧道的安全畅通。

二、G55二广高速公路济源至洛阳段

(一)项目概况

1.基本情况

1)功能定位

二广高速公路济源至洛阳段北起济源市的新济公路,终点与洛阳至大安高速公路起点陈村互通式立交相接,全长46.088km。该项目对疏解207国道车流量,促进沿线地区经济发展,国家重点工程建设(小浪底水利枢纽、洛阳吉利大化纤、洛阳石化等)和旅游资源开发具有重要意义。

2）技术标准

全封闭、全立交、双向四车道；设计行车速度：120km/h；路基宽度：28m；桥梁设计荷载：汽车—超20级，挂车—120；路面设计标准轴载：BZZ-100；路面结构：沥青混凝土；黄河特大桥桥梁净宽：净2×12m；桥面横坡：2%；桥下通航等级：Ⅳ（3）级；通航净空：净宽35m，净高8m；地震基本烈度：Ⅶ度（地震动峰值加速度0.1g）；路面结构：4cm中粒式SBS改性沥青混凝土+6cm中粒式SBS改性沥青混凝土+8cm粗粒式沥青混凝土+36cm水泥稳定碎石基层+18cm水泥粉煤灰稳定碎石底基层。

3）建设规模

项目主要工程量：路基土石方1359.41万m^3；路面1228690m^2；表8-9-5为G55二广高速公路济源至洛阳段桥梁一览表。

G55二广高速公路济源至洛阳段桥梁一览表　　　　表8-9-5

规模	名称	桥长（m）	主跨长度（m）	跨越障碍物			桥梁类型
				河流	沟谷	道路、铁路	
特大桥	黄河特大桥	4011.86	50	√			预应力连续箱梁
	潘庄高架桥	1118.4	30			√	组合式梁
大桥	新济路桥	114	35			√	预弯混凝土梁
	蟒河大桥	107.4	25	√			预弯混凝土梁
	龙台大桥	394	35		√		简支梁桥
	燕沟大桥	218.2	30		√		连续梁桥
	涧东大桥	329.04	40		√		连续梁桥
	槐树口大桥	249.5	40		√		简支梁桥
	顺涧大桥	409.04	40		√		简支梁桥
	吉利大桥	368.2	30			√	预弯混凝土梁
	张盘Ⅰ号大桥	158.2	30		√		简支梁桥
	张盘Ⅱ号大桥	127.8	30		√		简支梁桥
	妯娌大桥	149	35		√		连续梁桥
	中州渠大桥	129	40		√		连续梁桥
中桥	下跨匝道主线桥	48.4	16			√	连续梁桥
	跨长济高速主线桥	87	22			√	箱型梁
	林虎路桥	51.94	16			√	预弯混凝土梁
	K1110+533+5中桥	42.9	13				简支梁桥
	西孟庄中桥	82.4	25	√			预弯混凝土梁
	K1140+990中桥	64.44	20				简支梁桥
	CRK202+013+35跨线桥	79	35			√	组合梁

4) 主要控制点

济源市、焦作孟州市、洛阳市吉利区、洛阳孟津县、洛阳市洛龙区。

5) 地形地貌

项目区地形起伏较大,地势北高南低。根据地貌形态及地质特征,全线可分为丘陵区、冲洪积平原及河谷阶地三个大单元。丘陵分布于顺涧水库东侧和西侧,海拔在135～290m,为典型的黄土塬、梁区,黄土冲沟发育,第四系沉积厚达20～80m。冲洪积平原主要分布在路线K20+800～K30+000、K38+400～K42+000、K61+800～K66+200段,地形平坦开阔。河谷阶地主要分布在黄河两岸,地形开阔平坦,高程在114～130m。

6) 投资规模

项目概算投资为18.727亿。平均每公里造价4063万元。

7) 开工及通车、竣工时间

2002年12月18开工,连霍高速公路以南路段于2005年1月3日实现试通车,其他路段通车时间为2005年9月4日。

2. 参建单位主要情况

(1) 建设单位:河南省济源至洛阳高速公路有限公司。

(2) 设计单位:河南省交通规划勘察设计院、中交第一公路勘察设计研究院。

(3) 质量监督单位:河南省交通基本建设质量检测监督站。

(4) 监理单位:河南省高等级公路建设监理部。

(5) 土建施工单位:攀枝花公路建设公司、北京城建道桥工程有限公司、北京市政二公司、路桥集团第二公路工程局、路桥华南工程有限公司、中铁大桥局集团有限公司、中铁十三局集团有限公司、中铁二局股份有限公司。

(6) 路面施工单位:北京市公路桥梁建设公司、路桥华南工程有限公司、二公局(洛阳)第四工程处。

(7) 护栏施工单位:河南路桥发展建设总公司、周口市公路交通设施有限公司、杭州京安交通工程设施有限公司。

(8) 标志施工单位:浙江交通设施有限公司。

(9) 标线施工单位:福建省漳州市公路机械修配厂、杭州京安交通工程设施有限公司。

(10) 隔离栅施工单位:江苏耀鑫交通设施有限公司、山西路达实业总公司。

(二) 建设情况

1. 项目准备阶段

1) 项目审批文件

2002年5月22日,批复了关于济源至洛阳高速公路项目建议书,同意该项目立项,文号为豫计基础〔2002〕580号。2002年8月28日,批复了济源至洛阳高速公路(一期)项目立项有效性问题的意见的函,文号为〔2002〕1081号。2002年6月27日,批复了《太(原)澳(门)公路济源至洛阳段可行性研究报告》的评估咨询报告,文号为华资估字〔2002〕7号。2002年12月16日,《关于济源至洛阳高速公路(一期)工程控制工期部分单体工程先行用地的批复》,文号为国土资厅函〔2002〕418号。2003年4月3日,《关于济源至洛阳高速公路(一期)工程施工图设计的批复》,文号为豫交计〔2003〕209号。2003年6月5日,批复了关于济洛高速公路通过洛阳邙山陵墓群保护范围,文号为文物保函〔2003〕420号。2006年11月24日,济源市人民政府转发《河南省国土资源厅关于济源至洛阳高速公路一期工程建设用地的函》的通知,文号为济政土建字〔2006〕59号。

2) 资金筹措

该项目批准的概算投资为18.727亿,其中国家开发银行贷款119000万元,省交通规费拨款2000万元,项目资本金41600万元,交通部车购税补助16100万元,济源市公路局200万元,焦作市公路局200万元,洛阳市公路局200万元,省交通厅公路局自筹资金7970万元。

3) 合同段划分

(1) 工程设计标段划分:2个标段。

(2) 施工标段划分:土建工程8个标段,路面工程3个标段,护栏工程3个标段,标志工程1个标段,标线工程2个标段。

4) 招投标

(1) 设计单位招标情况。

2002年6月22日,经过公开招标,选择了中交第一公路勘察设计研究院和河南省规划勘察设计院,作为济源至洛阳高速公路一期工程的设计单位。

(2) 监理、施工单位招标情况。

2002年9月28日,在国内招投标采购网、《中国交通报》上发布招标公告,2002年12月8日确定施工单位8家,监理单位1家,并报省厅备案。

5) 征地拆迁情况

(1) 项目林地使用于2003年1月19日由国家林业局以林资林地审字〔2003〕002号文批复,共征用林地55.5259hm^2。

(2) 项目沿线永久性用地面积共计307.6hm^2(包括林地在内)。

2. 项目实施阶段

1) 实施过程

(1) 2002年12月18日举行工程奠基仪式。

(2)计划 2005 年 12 月 18 日通车。

(3)连霍高速公路以南路段(K55+600~K66+863)于 2005 年 1 月 3 日试通车。

(4)其他路段通车时间为 2005 年 9 月 4 日。

(5)绿化完工时间 2006 年 9 月。

(6)经全线检测,河南省济源至洛阳高速公路建设项目工程质量鉴定得分为 92.52 分,各合同段工程质量鉴定等级评定为优良。

2)设计变更

(1)由于 K24+745~K24+775、K26+270~K26+341 段原地面土质较差,含有大量淤泥,为确保工程质量,将其变更为砂砾石换填。

(2)为了提高路基的承载能力,将全线路床上部 60cm 厚变更为 5%石灰土处理。

(3)将原设计的石灰粉煤灰稳定土底基层变更为水泥粉煤灰稳定碎石底基层。

(三)复杂技术工程

对Ⅱ级阶地湿陷性土,处于挖方段,全部挖除,挖除后对路基不作特殊处理;不能全部挖除的地段,路床顶面以下 50cm 换填 5%石灰土,并作重型碾压,湿陷深度大于 3m 时,采用强夯处理。填方路段的Ⅱ级湿陷土,采用强夯处理。由于设置了完整的路基路面排水系统,适度地减少了湿陷性黄土对路基的影响,故湿陷性黄土处理最大深度按 4.0m 考虑。湿陷性黄土路段加强路基路面排水设计,在边沟底部设置防水土工布,以防雨水下渗,危害路基安全。

(四)科技创新

1. 科研项目

(1)"黄河流域大孔径桥梁基桩施工技术研究"获得洛阳市科技进步二等奖。

(2)"黄河大桥移动模架连续箱梁施工技术研究"获得交通厅科技进步三等奖。

(3)"沥青路面防水害技术研究"获得焦作市科技进步二等奖。

2. 新技术应用

(1)黄河大桥主桥上部结构施工在省内率先采用大跨度移动模架连续施工,既加快了工程进度,又确保了工程质量,使黄河桥提前 6 个月完成,在省交通厅质监站检查验收时,桥梁分项合格率达 100%,桥面铺装、护栏尺寸检查优良率达 95%以上。

(2)在黄河大桥中段的混凝土防撞护栏上安装了气象检测仪,它能及时、准确地检测出每一时刻桥面的实际温度和当时的风速,以便通过大桥两头情报板向过往车辆发布安全提示信息,确保车辆能够在恶劣天气下安全通过黄河大桥。

(五)运营养护管理

1. 组织架构

该项目运营管理单位为河南省交通厅少新管理处高速公路济洛运管中心,中心设有养护科、路政科、机电科、征收科、综合科、财务科、监察考核办、政工科 8 个部门。

2. 收费设施

营运部下设有吉利孟州收费站和孟州吉利收费站 2 个收费站。吉利孟州收费站有 2 个出口、2 个入口,共 4 条通行车道;孟州吉利收费站有 2 个出口、2 个入口,共 4 条通行车道,见表 8-9-6。

G55 二广高速公路济源至洛阳段收费设施一览表　　　表 8-9-6

收费站名称	桩号	入口车道数		出口车道数	
		总车道	ETC 车道	总车道	ETC 车道
吉利孟州收费站	K1123+278	2	0	2	0
孟州吉利收费站	K1123+600	2	0	2	0

3. 监控设施

项目设置监控中心 1 个,负责吉利孟州收费站区域和孟州吉利收费站区域的运营监管。

4. 养护管理

1)路面维修工程

(1)2013 年沥青路面车辙及桥头跳车处治专项工程投入 860.6688 万元对路面进行整治。

(2)2015 年路面处治专项工程(SXZX-2 标段)投入 2310.5323 万元对该项目济源至洛阳段全线路面进行全面的维修处治,如图 8-9-3 所示。

图 8-9-3　路面整治

2)桥梁检测、维修加固

每 3 年委托检测单位对全线桥涵结构物进行定期检测,及时掌握技术状况及病害情况,作为桥涵维修保养的依据。

3)沿线设施的提升、改造

2015 年吉利孟州收费站改扩建专项工程(土建及大棚)增加一个车道,提升了通行效率。

三、G55 二广高速公路洛阳至大安段

二广高速公路洛阳至大安段,起点位于洛阳市东郊的白马寺镇大里王村,止于 G55/G36 互通枢纽,路线全长 46.463km,建设期为洛界高速公路洛阳至汝阳(市界)段的一部分,此项目将在本章第十三节 G36 宁洛高速公路洛阳至汝阳(市界)段中介绍。

四、G55 二广高速公路大安至寄料段

(一)项目概况

1. 基本情况

1)功能定位

二广高速公路大安至寄料段起于洛阳市汝阳县大安镇上庄村西南,与宁洛高速公路相接,终点在刘店乡东袁庄东南与洛阳至南阳高速公路寄料至分水岭段相接,全长26.78km。该项目对完善综合运输体系、缩小区域间经济发展差距、促进豫西地区经济发展、改善投资环境、加快脱贫致富具有重要意义。

2)技术标准

全封闭、全立交、双向四车道;设计行车速度:100km/h;路基宽度:26m;桥梁设计荷载:(公路—Ⅰ级)×1.3;桥面净宽:2×12m;隧道建筑限界:净宽10.5m,行车道 2×3.75m,净高5.5m,两侧检修道 2×0.75m;抗震等级:地震动峰值加速度系数:0.05g(相当于地震基本烈度:Ⅵ度);路面:采用沥青混凝土路面;主线路面结构:K1+019~K9+871.27,K13+120~K27+375.518,共计23.108km;采用柔性基层长寿命沥青路面,由上至下路面结构为:4cm SBS 改性沥青混凝土(AC-13C)+6cm SBS 改性沥青混凝土(AC-20)+20cm 粗粒式沥青混凝土(AC-25)+乳化沥青透层+20cm 级配碎石基层+40cm 级配碎石底基层,路面总厚度 90cm。设计使用年限:沥青混凝土路面设计使用年限 30 年。

3)建设规模

项目主要工程量:路基挖方为 226.8 万 m^3;路基填方:313.6 万 m^3;路面底基层为 584.7km^2;路面基层为 565.1km^2;沥青混凝土路面 556.4km^2;工程防护 36739m^3;植物防

护 212.003km²,本段路线设 1 处服务区,2 处匝道收费站;表 8-9-7 为 G55 二广高速公路大安至寄料段桥梁一览表;表 8-9-8 为 G55 二广高速公路大安至寄料段隧道一览表。在上台隧道南北口附近分别设置 1 处隧道供电管理站。

G55 二广高速公路大安至寄料段桥梁一览表　　　　　　　　　　表 8-9-7

规模	名称	桥长（m）	主跨长度（m）	跨越障碍物			桥梁类型
				河流	沟谷	道路铁路	
大桥	汝河大桥	817	30	√			组合梁
	板棚河大桥	282	25	√			组合梁
中桥	LK46+423.7 跨线桥	86	20			√	简支梁桥
	K2+715 中桥	65.04	13	√			简支梁桥
	牛家沟桥	86.12	16		√		简支梁桥
	河网化渠桥	44.05	13	√			连续梁桥
	赵家沟桥	58.04	20		√		简支梁桥
	赵家沟 1 号桥	66.04	20		√		简支梁桥
	赵家沟 2 号桥	46	20		√		简支梁桥
	K24+284	65.04	20			√	简支梁桥
	DK0+554.5 跨线桥	37.02	20			√	简支梁桥

G55 二广高速公路大安至寄料段隧道一览表　　　　　　　　　　表 8-9-8

规模	名称	隧道全长（m）	隧道净宽（m）	隧道分类(勾选)					洞门形式（进口/出口）
				按地质条件划分		按所在区域划分			
				土质隧道	石质隧道	山岭隧道	水底隧道	城市隧道	
长隧道	上台隧道(左线)	1968	10.05		√	√			削竹式/端墙式
	上台隧道(右线)	2079	10.05		√	√			端墙式/削竹式

4）主要控制点

大安互通、汝阳服务区、上台隧道、汝阳互通、汝河大桥、刘店互通及板棚河大桥。

5）地形地貌

项目所经过的山地为秦岭东延余脉的外方山,路线经过平原区、低山区及丘陵区三种地貌单元。平原包括内埠北剥蚀台地亚区、北部冲积平原亚区、汝河冲积平原亚区。剥蚀低山区包括中等剥蚀低山亚区、强剥蚀低山垄岗亚区。丘陵区包括杨岭强剥蚀丘陵亚区、板棚河河漫滩及阶地亚区、曹沟南中等剥蚀丘陵亚区。其中平原区低缓平坦,地表覆盖有不厚的残积物,南部覆盖冲洪积物。丘陵区标高低于 500m,相对高度低于 200m,基岩一般埋藏较浅,丘顶直接裸露,表层常有残积物覆盖,岩石风化强烈,谷底常堆积有较厚的冲积物。低谷区相对高差 200~500m,基岩裸露,岩石风化由强到弱,表层可见残积物覆盖。

6) 投资规模

项目概算投资 12.06 亿元,竣工决算投资 14.05 亿元,平均每公里造价 5168.85 万元。

7) 开工及通车、竣工时间

2006 年 10 月开工建设,2008 年 11 月交工通车,2016 年 3 月完成竣工验收。

2. 参建单位主要情况

(1) 建设单位:河南汝鑫高速公路有限公司。

(2) 设计单位:河南省交通规划勘察设计院。

(3) 质量监督单位:河南省交通基本建设质量检测监督站。

(4) 监理单位:北京路桥通国际工程咨询有限公司。

(5) 土建施工单位:中铁五局集团第三工程有限公司、中铁十六局集团第一工程有限公司、中铁隧道集团有限公司、中铁十五局集团有限公司、山东天诚市政公路工程有限公司、中建三局建设工程股份有限公司、洛阳路桥建设集团有限责任公司、中铁十五局集团第五工程有限公司。

(6) 路面施工单位:河南省公路工程局集团有限公司、华通路桥集团有限公司、安徽水利开发股份有限公司、中铁二局机械筑路工程有限公司。

(7) 房建施工单位:河南第一建筑工程集团有限责任公司、河南七建工程有限公司、华通路桥集团有限公司、中国建筑第七工程局第四建筑公司、哈尔滨市安装公司。

(8) 绿化施工单位:潢川县荟园绿化工程有限公司、潢川县江海园林装饰工程有限责任公司、河南省新金珠园林景观工程有限公司。

(9) 交通安全设施施工单位:高密市顺达交通工程有限公司、南京创程工程实业有限公司、河南高速发展路桥工程有限公司、郑州腾盛实业有限公司、山西通畅公路工程有限公司、天津华安公路交通工程有限公司、潍坊东方交通设施工程有限公司。

(10) 交通机电施工单位:河南盈科交通工程有限公司、焦作市政工程建设有限公司、郑州市亚通照明工程有限责任公司、卫辉市电力建筑安装工程有限公司。

(二) 建设情况

1. 项目准备阶段

1) 项目审批文件

2004 年 4 月 30 日,河南省国土资源厅下发了《关于太澳高速公路大安至寄料段建设项目压覆矿产资源的审查意见》,文号为豫国土资函〔2005〕51 号。2005 年,河南省发展和改革委员会批复了《关于洛阳至南阳高速公路大安至寄料段工程可行性研究报告》,文号为豫发改交通〔2005〕1349号。2005年9月22日,《关于洛阳至南阳高速公路大安至寄料段工程可行性研究报告核准的批复》,文号为豫发改交通〔2005〕1349号。2005年12月30日,《关于洛阳至南阳高速公路大安至寄料段工程初步设计的批复》,文号为豫发改〔2005〕2007号。2006年,河南省环境保护局批复了《洛阳至南阳高速公路大安至寄料段环境影响报告表》,文号为豫环监表〔2006〕3号。2006年,河南省交通厅批复了《关于洛阳至南阳高速公路大安至寄料段房屋建筑工程概念设计》,文号为豫交计〔2006〕72号。2006年,河南省交通厅批复了《关于更换洛阳至南阳高速公路洛阳段项目业主意见的复函》,文号为豫交计〔2006〕224号。2008年8月22日,国土资源部国批复了《关于洛阳至南阳高速公路大安至寄料段工程建设用地》,文号为土资函〔2008〕561号。2009年,河南省交通厅批复了《关于洛阳至南阳高速公路大安至寄料段房屋工程施工图设计》,文号为豫交计〔2009〕24号。2011年5月6日,《关于洛阳至南阳高速公路大安至寄料段施工图设计的批复》,文号为豫交规划〔2011〕112号。2011年5月19日,河南省交通运输厅补批洛南高速公路大安至寄料段工程项目施工许可申请书。

2)资金筹措

项目概算总投资为12.06亿元,其中35.5%为建设单位自有资金,其余64.5%为国内商业银行基建投资借款。

3)合同段划分

(1)设计标段划分:1个标段(包括土建工程、房建工程、绿化工程、机电工程)。

(2)施工标段划分:路基工程8个标段,路面工程4个标段,交通安全设施7个标段,房建工程5个标段,机电工程4个标段,绿化工程3个标段。

(3)施工监理标段划分:1个监理标段。

4)招投标

(1)2005年11月24日,进行公开开标和评标,确定监理中标单位1家,土建中标单位8家。

(2)2007年9月5日,进行了公开开标与评标,确定路面工程中标单位4家。

(3)2007年11月30日,进行了公开开标与评标,确定房建工程中标单位5家。

(4)2008年3月24日,进行了公开开标与评标,现场确定中标候选人。

(5)2008年6月26日,进行了公开开标与评标,确定供配电照明工程中标单位2家和交通机电工程中标单位1家,供电工程中标单位1家。

5)征地拆迁情况

项目实际征地面积为3319.121亩:农民集体所有农用地2695.428亩,农民集体所有建设用地103.602亩、未利用地83.778亩;国有农用地5.919亩,国有建设用地42.762亩、未利用地44.3775亩;项目新增永久性征地35.3395亩,改路改渠和天桥用地

294.0035亩,边角地及其他零星征地 10.91 亩。

2. 项目实施阶段

1）实施过程

(1) 主线土建工程于 2006 年 10 月开工,2008 年 11 月完工。

(2) 房建工程于 2007 年 12 月开工,2008 年 11 月完工。

(3) 机电工程于 2008 年 8 月 1 日开工,2008 年 11 月 20 日完工。

(4) 交通安全设施工程于 2008 年 6 月开工,2008 年 11 月完工。

(5) 绿化工程于 2008 年 5 月开工,2008 年 10 月 30 日完工。

(6) 2008 年 11 月 23~24 日,河南省交通基本建设质量检测监督站组织专家对洛南高速公路大安至寄料段进行了交工验收,得分为 96.76 分,工程质量评定为合格工程。

2）重大决策

工程建设后期,项目公司针对全线施工存在的不均衡问题,研究确定了"隧道攻坚、剩余工程突击、后续附属工程平行推进"三大战役,在原督导组的基础上,组成了三个特别工作组,由公司职能部门主要人员参加,进驻工地,与施工单位共同组织现场生产,解决实际问题,有效保证了重要节点计划的完成和良好的安全生产秩序。

3）设计变更

原设计路面结构为半刚性基层的沥青混凝土路面,改为采用长寿命柔性路面,路面结构从上到下依次为 4cm SBS 改性沥青混凝土(AC-13C) + 6cm SBS 改性沥青混凝土(AC-20) + 20cm 粗粒式沥青混凝土(AC-25) + 乳化沥青透层 + 20cm 级配碎石基层 + 40cm 级配碎石底基层,路面总厚度 90cm。

(三) 复杂技术工程

上台隧道位于汝阳县小店乡,隧道进出口端位于二马山的南北两侧,为上下行分离式长隧道,左右路线间距 24m,隧道轴线间距 35.6m。隧道主要在安山岩中通过,主要成分为石英及少量长石,受构造影响,节理发育,较破碎。施工中隧道进出口均在冲沟之中,坡积层较厚地层破碎,结合此地形、地质情况设置了明洞,采用明挖法施工。隧道暗洞均采用新奥法施工,对于Ⅴ级围岩段施工开挖采用留核心土环形开挖,Ⅳ级围岩段施工开挖采用上下断面正台阶法施工,对于Ⅲ级转岩采用光面爆破全断面开挖法。

(四) 科技创新

"长寿命全柔性路面结构"被列为省交通厅科研项目,与加拿大杰格工程咨询公司合作,根据本地交通、气候、材料特性数据选择疲劳、拉应变、永久变形作为设计控制指标,设计出级配碎石基层和沥青混凝土面层各层次结构,并确定路床验收弯沉标准。

(五)运营养护管理

1. 组织架构

该项目运营管理单位为河南高速公路发展有限责任公司洛阳分公司,公司设有财务资产部、经营管理部、公共服务部等部门。

2. 服务设施

下辖汝阳服务区 1 处,见表 8-9-9。

G55 二广高速公路大安至寄料段服务场区一览表　　表 8-9-9

高速公路编码	服务区名称	桩　号	所 在 区 域	占地面积(m^2)	建筑面积(m^2)
G55	汝阳服务区	K1201	汝阳县陶营乡柿园村	79920	6700

3. 收费设施

下设汝阳和刘店 2 个收费站,见表 8-9-10。汝阳收费站有 2 个出口、2 个入口,共 4 条通行车道;刘店收费站有 2 个出口、2 个入口,共 4 条通行车道。

G55 二广高速公路大安至寄料段收费设施一览表　　表 8-9-10

收费站名称	桩　号	入口车道数		出口车道数	
		总车道	ETC 车道	总车道	ETC 车道
汝阳收费站	K1212+298	2	0	2	1
刘店收费站	K1218+388	2	0	2	1

4. 监控设施

项目设置监控中心 1 个,负责汝阳收费站区域和刘店收费站区域的运营监管。

5. 养护管理

1) 路面维修工程

针对路面出现的坑槽用冷补料进行处理,如图 8-9-4 所示。

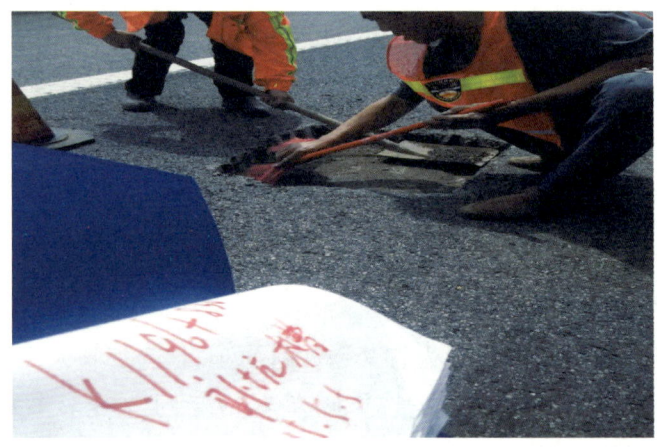

图 8-9-4　路面坑槽修补

2）桥梁检测、维修加固

全线桥梁每月人工徒步检查一次，洛阳分公司每年要对全线桥梁进行专项检测，由养护科配合各项工作，如图 8-9-5 所示。

图 8-9-5　桥梁伸缩缝内杂物清理

3）隧道检测维护

洛阳分公司每两年对隧道进行一次专项检测，养护科配合各项工作，如图 8-9-6 所示。

图 8-9-6　隧道内清洁

五、G55 二广高速公路寄料至分水岭段

（一）项目概况

1. 基本情况

1）功能定位

二广高速公路寄料至分水岭段起于洛阳、汝州两市交界处的寄料镇西北约 4km 的张

庄,接洛阳到南阳高速公路大安至寄料段,止于平顶山与南阳交界处的分水岭,全长63.66km。该项目实现了洛阳市和南阳市高速公路网的连接,对加快中部崛起以及豫西南经济发展,改善交通投资环境,促进旅游资源开发具有重要意义。

2)技术标准

全封闭、全立交、双向四车道;设计行车速度:100km/h;路基宽度:26m;桥梁净宽:2×11.50m(整体式);2×12.00m(分离式);桥涵设计荷载标准:公路—Ⅰ级;路面:收费广场和服务区广场采用水泥混凝土路面,其他采用沥青混凝土路面;路面结构:主线为4cm细粒式改性沥青混凝土(AC-13C)+6cm中粒式改性沥青混凝土(AC-20)+8cm粗粒式沥青混凝土(AC-25),基层为36cm水泥稳定碎石,底基层为20cm石灰粉煤灰稳定砂砾。

3)建设规模

项目主要工程量:路基土石方910万m³ 全线设匝道收费站3处,服务区2处。表8-9-11为G55二广高速公路寄料至分水岭段桥梁一览表,表8-9-12为G55二广高速公路寄料至分水岭段隧道一览表。

G55二广高速公路寄料至分水岭段桥梁一览表　　　　　　表8-9-11

规模	名称	桥长(m)	主跨长度(m)	跨越障碍物			桥梁类型
				河流	沟谷	道路、铁路	
大桥	安沟大桥	576	40		√		钢筋混凝土连续梁桥
	寄料主线大桥	107.4	25	√			钢筋混凝土连续梁桥
	草庙大桥	278.2	30			√	钢筋混凝土连续梁桥
	大王庙大桥(左)	325.41	40		√		钢筋混凝土连续梁桥
	大王庙大桥(右)	487.4	40		√		钢筋混凝土连续梁桥
	哑吧庄大桥(左)	137.41	30		√		钢筋混凝土连续梁桥
	哑吧庄大桥(右)	129.68	30		√		钢筋混凝土连续梁桥
	下地大桥	133.73	25			√	钢筋混凝土连续梁桥
	簸箕营大桥(左)	220.86	30			√	钢筋混凝土连续梁桥
	簸箕营大桥(右)	218.21	30			√	钢筋混凝土连续梁桥
	下赵沟大桥(左)	398.22	30		√		钢筋混凝土连续梁桥
	下赵沟大桥(右)	250.85	30		√		钢筋混凝土连续梁桥
	崔家沟大桥	243.2	40		√		钢筋混凝土连续梁桥
	南岭大桥	210.76	40		√		钢筋混凝土连续梁桥
	鹦歌嘴大桥(左)	391.69	40		√		钢筋混凝土连续梁桥
	鹦歌嘴大桥(右)	339.61	40		√		钢筋混凝土连续梁桥
	坡根大桥(左)	247.18	40		√		钢筋混凝土连续梁桥
	坡根大桥(右)	286.19	40		√		钢筋混凝土连续梁桥
	石庙沟大桥	325.41	40		√		钢筋混凝土连续梁桥
	黄土岭大桥	206.76	40		√		钢筋混凝土连续梁桥
	八角沟大桥	248.8	40		√		钢筋混凝土连续梁桥

第八章 河南高速公路项目建设信息

续上表

规模	名　称	桥长（m）	主跨长度（m）	跨越障碍物 河流	跨越障碍物 沟谷	跨越障碍物 道路、铁路	桥梁类型
大桥	郜沟大桥	278.2	30		√		钢筋混凝土连续梁桥
	程庄大桥(左)	248.2	30		√		钢筋混凝土连续梁桥
	程庄大桥(右)	188.2	30		√		钢筋混凝土连续梁桥
	二道岗大桥	308.2	30		√		钢筋混凝土连续梁桥
	下碳窑沟大桥	128.2	30		√		钢筋混凝土连续梁桥
	楼子河大桥	167.4	30			√	钢筋混凝土连续梁桥
	窑场庄大桥	128.2	25		√		钢筋混凝土连续梁桥
	荡泽河大桥	512.29	30	√			钢筋混凝土连续梁桥
	虎盘河大桥	368.2	30	√			钢筋混凝土连续梁桥
	安桥眼大桥(左)	167.64	25			√	钢筋混凝土连续梁桥
	安桥眼大桥(右)	129.2	25			√	钢筋混凝土连续梁桥
	马老庄大桥	398.2	30		√		钢筋混凝土连续梁桥
	石门北沟大桥	338.2	30		√		钢筋混凝土连续梁桥
	西庄大桥	398.2	30		√		钢筋混凝土连续梁桥
	罗沟大桥	368.2	30		√		钢筋混凝土连续梁桥
	石尖沟大桥(左)	218.21	30		√		钢筋混凝土连续梁桥
	石尖沟大桥(右)	310.62	30		√		钢筋混凝土连续梁桥
	西沟大桥(左)	168.8	40		√		钢筋混凝土连续梁桥
	西沟大桥(右)	248.8	40		√		钢筋混凝土连续梁桥
	咬马沟大桥	288.8	40		√		钢筋混凝土连续梁桥
	下白岭大桥(左)	247.6	40		√		钢筋混凝土连续梁桥
	下白岭大桥(右)	208.96	40		√		钢筋混凝土连续梁桥
	后沟大桥(左)	325.2	40		√		钢筋混凝土连续梁桥
	后沟大桥(右)	329.2	40		√		钢筋混凝土连续梁桥
	王化庄大桥(左)	289.15	40		√		钢筋混凝土连续梁桥
	王化庄大桥(右)	285.65	40		√		钢筋混凝土连续梁桥
	栗子沟大桥(左)	248.8	40		√		钢筋混凝土连续梁桥
	栗子沟大桥(右)	288.8	40		√		钢筋混凝土连续梁桥
	龙脖大桥	128.2	30		√		钢筋混凝土连续梁桥
	沙河大桥	749.6	30	√			钢筋混凝土连续梁桥
	清水河大桥	308.2	30	√			钢筋混凝土连续梁桥
	太澳主线大桥	147.08	30			√	钢筋混凝土连续梁桥
	东营大桥	288.3	40	√			钢筋混凝土连续梁桥
	寨子沟大桥	133.16	30		√		钢筋混凝土连续梁桥

续上表

规模	名 称	桥长（m）	主跨长度（m）	跨越障碍物			桥梁类型
				河流	沟谷	道路、铁路	
大桥	车庄Ⅰ号大桥	244.9	40		√		钢筋混凝土连续梁桥
	车庄Ⅱ号大桥(左)	168.8	40		√		钢筋混凝土连续梁桥
	车庄Ⅱ号大桥(右)	208.8	40		√		钢筋混凝土连续梁桥
	合庄大桥(左)	243.73	40		√		钢筋混凝土连续梁桥
	合庄大桥(右)	293.42	40		√		钢筋混凝土连续梁桥
	南石崖大桥	408.8	40		√		钢筋混凝土连续梁桥
	上店大桥(左)	172.8	40		√		钢筋混凝土连续梁桥
	上店大桥(右)	211.8	40		√		钢筋混凝土连续梁桥
	东姜沟大桥	407.9	40		√		钢筋混凝土连续梁桥
	凉水泉Ⅰ号大桥	279.4	40		√		钢筋混凝土连续梁桥
	凉水泉Ⅱ号大桥	376	40		√		钢筋混凝土连续梁桥
	大块地大桥(左)	132.09	40		√		钢筋混凝土连续梁桥
	大块地大桥(右)	169.22	40		√		钢筋混凝土连续梁桥
	红花沟Ⅰ号大桥(左)	500	40		√		钢筋混凝土连续梁桥
	红花沟Ⅰ号大桥(右)	540	40		√		钢筋混凝土连续梁桥
	红花沟Ⅱ号大桥	368.8	40			√	钢筋混凝土连续梁桥
中桥	K53+590中桥(左)	37.89	13		√		简支梁桥
	K53+590中桥(右)	40.99	13		√		简支梁桥
	下汤互通主线桥	82.3	25			√	钢筋混凝土连续梁桥
	上坡中桥	92.89	16		√		钢筋混凝土连续梁桥
	毛家庄中桥	52.02	16		√		钢筋混凝土连续梁桥
	龙潭沟中桥	87.76	25		√		钢筋混凝土连续梁桥
	潘家庄中桥	98.31	25		√		钢筋混凝土连续梁桥
	竹园中桥	51.69	16		√		钢筋混凝土连续梁桥

G55二广高速公路寄料至分水岭段隧道一览表　　　表8-9-12

规模	名 称	隧道全长（m）	隧道净宽（m）	隧道分类					洞门形式（进口/出口）
				按地质条件划分		按所在区域划分			
				土质隧道	石质隧道	山岭隧道	水底隧道	城市隧道	
长隧道	过风崖隧道	1468	9		√	√			削竹式/端墙式
中隧道	挂弓山隧道	910	9		√	√			削竹式/削竹式
	分水岭隧道	724	9		√	√			端墙式/端墙式
短隧道	赵沟隧道	410	9		√	√			削竹式/端墙式
	簸箕岭隧道	445	9		√	√			端墙式/端墙式

4)主要控制点

汝州市(寄料镇)、鲁山县(瓦屋乡、下汤镇)。

5)地形地貌

项目区北部属于处方山脉,南部位于伏牛山脉。沙河及荡泽河、清水河从区内流过。沿线地貌总体有低山区、山岭区、河谷区等地貌单元。该项目属于山岭重丘区,地形复杂,工程条件艰苦。

6)投资规模

项目概算投资33.03亿元,竣工决算投资37.86亿元,平均每公里造价5947.00万元。

7)开工及通车、竣工时间

2005年9月开工建设,2008年11月交工通车。

2. 参建单位主要情况

(1)建设单位:平顶山太澳高速公路有限责任公司。

(2)设计单位:中交第一公路勘察设计研究院。

(3)质量监督单位:河南省交通基本建设质量检测监督站。

(4)监理单位:山西省交通建设工程监理总公司、北京华宏路桥咨询监理公司、平顶山市兴平工程监理有限公司、中国公路工程咨询集团有限公司。

(5)土建施工单位:中铁二十三局集团有限公司、中交一公局厦门工程有限公司、中铁二十二局集团有限公司、湖南路桥建设集团公司、中交第三公路工程局有限公司、中铁十五局集团第七工程公司、中交二公局第三工程公司、路桥集团国际建设股份有限公司、中铁十六局集团第一工程公司、中铁十八局集团有限公司、中国第四冶金建设公司、中国新兴建设开发总公司、天津市公路工程总公司、中铁十八局集团第三工程有限公司、中国新兴建设开发总公司、中铁十五局集团总公司、中铁二十局集团有限公司(预制)、路桥集团公路一局五公司(预制)、核工业西北工程建设总公司(预制)、平顶山中亚路桥建设工程公司(预制)。

(6)路面施工单位:中交第三公路工程局有限公司、中交隧道工程局有限公司、中交一公局第五工程有限公司、平顶山中亚路桥建设工程公司。

(7)房建施工单位:山西老区建安交通工程有限公司、中铁十五局集团第七工程有限公司、湖北建兴建筑工程有限公司、湖北省工业建筑总承包集团第三建筑工程公司、河南省第七建筑工程公司、焦作市海宇公路工程有限公司。

(8)绿化施工单位:河南森苑园林绿化工程有限公司、河南华洋园林绿化工程有限公司、河南三星园林绿化工程有限公司、南阳市杰达绿化工程研究所、河南楚天园林工程有限公司。

(9)交通安全设施施工单位:平顶山市交运彩色钢板有限公司、杭州萧山金鹰交通设施有限公司、中交一公局交通工程有限公司、江焦作奇乐交通工程公司、江苏泓益交通工程有限公司、河南万里路桥工程有限公司、平顶山市交运彩色钢板有限公司、陕西世纪交通工程有限公司。

JA-1 JA-3 合同段负责全线隔离栅、护栏施工,JA-4 JA-5 合同段负责全线标牌施工。JA-6 JA-8 合同段负责全线标线施工。

（10）交通机电施工单位：河南中亚工程有限公司（机电土建）、成都曙光光纤网络有限责任公司（监控、收费、通信系统）、平顶山市豫达输变电安装有限公司（隧道供配电）、浙江永通科技发展有限责任公司（隧道照明）、平顶山市豫辉电力安装有限公司、中国电子工业深圳总公司（监控设备供应商）、上海博澳电气成套有限公司（高低压柜供应商）、郑州汉威光电技术有限公司（情报板供应商）、河南博力机电设备有限公司（广场照明）。

（二）建设情况

1. 项目准备阶段

1）项目审批文件

2004年4月22日,省发改委及省交通厅批复了平顶山市发展计划委员会和平顶山交通局呈报的《关于呈报〈太原至澳门国家重点公路寄料至分水岭段高速公路工程可行性研究报告〉的请示》,文号为〔2004〕11号。2005年7月14日,《关于洛阳至南阳高速公路寄料至分水岭段工程可行性研究报告的批复》,文号为豫发改交通〔2005〕927号。2005年12月26日,平顶山市人民政府下发了《关于下达2006年平顶山市第一批重点建设项目的通知》,文号为平政〔2005〕58号。2006年3月26日,《关于洛阳至南阳高速公路寄料至分水岭段工程初步设计的批复》,文号为豫发改设计〔2006〕314号。2006年12月20日,《关于洛阳至南阳高速公路寄料至分水岭段工程施工图设计的批复》,文号为豫发改设计〔2006〕314号。

2）资金筹措

项目概算总投资为33.03亿元,其中35%为建设单位自筹,65%申请银行贷款。

3）合同段划分

(1)设计标段划分:1个标段。

(2)施工标段划分:土建工程18个标段,机电工程6个标段,房建工程6个标段,绿化工程5个标段,交通安全设施8个标段。

(3)施工监理标段划分:2个土建工程监理标段,1个房建工程监理标段,1个机电工程监理标段。

4）招投标

(1)2005年5月30日,工程设计招标进行资格预审,6月15日开标,由中交第一公路勘察设计研究院中标。

(2)2005年8月5日,有49家递交了80份投标文件,确定了15个中标单位。2005年9月,对剩余3个桥梁预制标重新招标,10月议标确定了3个中标单位。

(3)2005年8月5日,有5家递交了7份关于土建工程监理的投标文件,确定了2个中标单位。

(4)2006年11月8日,有22家递交了25份关于路面工程的投标文件,确定了3个中标单位。

(5)2007年7月7日,递交了关于附属工程的投标文件,共计确定了23个中标单位。以后又确定了绿化、上边坡防护、伸缩缝等附属单位。

5)征地拆迁情况

项目征用土地6359.3亩。鲁山段4976.53亩,汝州段1382.82亩;耕地3411.4亩,非耕地2947.75亩。拆除居民住房364户,总面积53213.81m^2。

2. 项目实施阶段

1)实施过程

(1)项目于2005年9月26日开工,2008年11月26日完工。

(2)2008年11月21~24日,对二广高速公路寄料至分水岭段进行了交工验收,得分为97.1分,工程质量评定为合格。

2)重大决策

(1)项目公司在2005年末开展了"大干60天活动",并于2006年初召开了"迅速掀起施工高潮动员会",为避免雨季影响施工进度,项目公司于2006年3月1日~6月8日组织开展了"雨季前百日大会战",如图8-9-7所示。

(2)为顺利完成年度建设目标,于2006年10月4日~12月31日开展了"大干100天"和"年度目标攻坚战"劳动竞赛,如图8-9-8所示。

图 8-9-7 施工期动员会

图 8-9-8 大广高速公路寄料至分水岭段"大干100天"活动动员会

（3）2007年4月再次组织开展了"大干90天"活动。

（4）为规范管理项目建设，保证项目质量，确保安全施工，2007年5月15日"交通工作管理"年活动开始启动。

（5）2008年4月距省政府要求的路段开通日期只剩半年多时间，时间紧任务重，为顺利完成省政府要求目标，项目公司在全线开展"大干100天"活动，加快了施工进度。

（6）2008年9月项目公司开展了"大干60天"活动，使项目收尾工作顺利进行，2008年11月26日二广高速公路寄料至分水岭段顺利通车，正式开始收费运行。

3）设计变更

（1）增设草庙大桥一座。

（2）将崔家沟大桥、南岭大桥、坡根大桥、下白岭大桥、南石崖大桥等大桥的部分薄壁墩变更为柱式墩。

（3）在部分标段增设天桥，调整天桥的位置。

（三）科技创新

（1）对过风崖隧道山体塌空区采用雷达探测、压浆加固处理的先进科技手段。

（2）沥青路面施工前在实验室采用沥青混合料旋转压实新技术，确定了压实标准，使沥青混凝土路面更加密实。

（3）在水泥稳定碎石基层施工前，在实验室采用密实骨架级配设计方法，并用振实法击实成型新仪器新技术，在施工中采用推行，使水稳基层形成密实骨架，消除了半刚性基层裂缝的通病。

（四）运营养护管理

1. 组织架构

该项目运营管理单位为平顶山太澳高速公路有限责任公司。公司设有综合办公室、财务部、营运部、养护部、人力资源部、档案室、工会。下设3个收费站、1个路政大队、1个监控中心、5个部门和瓦屋、四棵树2个服务区。

2. 服务设施

下辖瓦屋、四棵树两处服务区，见表8-9-13。

3. 收费设施

下设下汤西、瓦屋、寄料3个收费站，见表8-9-14。下汤西收费站有4个出口、2个入口，共6条通行车道，瓦屋收费站有2个出口、1个入口，共3条通行车道，寄料收费站有2个出口、1个入口，共3条通行车道。

G55 二广高速公路寄料至分水岭段服务场区一览表　　　　表 8-9-13

高速公路编码	服务区名称	桩号	所在区域	占地面积（m²）	建筑面积（m²）
G55	瓦屋服务区	K1247+741	鲁山县瓦屋乡 鄢陵县柏梁镇陈家村	53336	6598
	四棵树服务区	K1274+771	鲁山县四棵树乡	53336	6592

G55 二广高速公路寄料至分水岭段收费设施一览表　　　　表 8-9-14

收费站名称	桩号	入口车道数		出口车道数	
		总车道	ETC 车道	总车道	ETC 车道
下汤西收费站	K1264+507	6	0	6	0
瓦屋收费站	K1247+811	3	1	3	1
寄料收费站	K1226+373	3	0	3	0

4. 监控设施

项目设置监控中心 1 个，负责下汤西、瓦屋、寄料区域的运营监管。

5. 养护管理

1）路面维修工程

2014 年投入 71.5 万元对路段内的 84000 延米的路面裂缝进行了灌缝治理，有效阻断外来水害对路面结构层的侵害，以最低的养护费用大大提高了路面结构层的使用寿命，如图 8-9-9 所示。

图 8-9-9　路面检修——灌缝治理

2）桥梁、隧道检测

每 3 年委托检测单位对全线桥涵、隧道结构物进行定期检测，及时掌握技术状况及病害情况，作为维修保养的依据，如图 8-9-10、图 8-9-11 所示。

图 8-9-10　桥梁检测

图 8-9-11　隧道检测

3）新材料、新技术研发

过风崖隧道 LK1261+217～LK1261+279 段出现塌方。该段开始设计为Ⅳ级深埋，发生塌方后，按Ⅴ级浅埋衬砌形式设计，且二衬混凝土强度等级提高至 C30。通车后发现 LK1261+201～LK1261+286 段出现多处裂缝，为防止裂缝进一步发展，联合郑州大学、河南省道路检测工程技术研究中心开展了"隧道围岩塌陷处治关键技术研究"，取得了良好效果，获得了省级科技进步奖。

六、G55 二广高速公路分水岭至南阳段

（一）项目概况

1. 基本情况

1）功能定位

二广高速公路分水岭至南阳段起于南阳与平顶山交界的分水岭，止于南阳市区西部

张华岗,与沪陕高速公路相接,主线全长74.3km,联络线由南阳市卧龙区的安皋乡向东,经蒲山镇止于宛城区的新店乡,与南兰高速公路相连接,全长24.25km,总里程共计98.546km。该项目对促进豫西地区经济发展,完善综合运输体系构建,促进旅游开发、矿产利用具有重要意义。

2)技术标准

全封闭、全立交、双向四车道;桥涵设计车辆荷载采用公路—Ⅰ级,除收费站、服务区和停车区场地外全部采用沥青混凝土路面;设计行车速度:山岭区100km/h,平原区120km/h;路基宽度:山岭区26m,平原区28m;平曲线一般最小半径:山岭区700m,平原区1000m;平曲线极限最小半径:山岭区400m,平原区650m;最大纵坡:山岭区4%,平原区3%;桥梁设计荷载:(公路—Ⅰ级)×1.3;设计洪水频率:特大桥为1/300,其他桥和路基1/100;地震动峰值加速度:$0.05g$、$0.01g$(相当于地震基本烈度:Ⅵ、Ⅶ度)。

3)建设规模

项目主要工程量:全线路基土方2121.79万m^3;沥青混凝土路面260.33万m^2;水泥稳定碎石基层216.08万m^2;水泥稳定碎石底基层218.08万m^2;总建筑面积18191m^2。其中:南召收费站1195m^2,瓦礤收费站与路政交警养护管理所2278m^2,南阳收费站与管理监控所2738m^2,南召停车区2331m^2,南阳服务区7225m^2,独山收费站2425m^2;表8-9-15 为G55二广高速公路分水岭至南阳段桥梁一览表;表8-9-16 为G55二广高速公路分水岭至南阳段隧道一览表。

G55二广高速公路分水岭至南阳段桥梁一览表　　表8-9-15

规　模	名　　称	桥长(m)	主跨长度(m)	跨越障碍物 河流	跨越障碍物 沟谷	跨越障碍物 道路、铁路	桥梁类型
特大桥	白河特大桥	1235.04	30				连续梁桥
	跨焦枝铁路特大桥	1703.2	225			√	连续梁桥
	黄鸭河特大桥	1164	35	√			连续梁桥
	白河特大桥	1211	30	√			连续梁桥
大桥	涌河大桥	144.04	20				连续梁桥
	回龙沟Ⅰ号大桥右幅	347.6	30		√		连续梁桥
	左线回龙沟Ⅰ号大桥	642.6	30		√		连续梁桥
	回龙沟Ⅱ号大桥	553.1	30		√		连续梁桥
	白龙庙大桥	408	30		√		连续梁桥
	左幅回龙沟Ⅲ号大桥	428	30		√		连续梁桥
	王庄大桥	105.5	25	√			连续梁桥

续上表

规模	名称	桥长（m）	主跨长度（m）	跨越障碍物			桥梁类型
				河流	沟谷	道路、铁路	
大桥	柴庄Ⅰ号中桥左幅	130.04	25		√		连续梁桥
	左线柴家庄Ⅰ号大桥	133.8	25			√	连续梁桥
	柴庄Ⅱ号中桥左幅	130	25		√		连续梁桥
	柴家庄Ⅱ号大桥左幅	130	25			√	连续梁桥
	回龙沟Ⅳ-1号大桥右幅	226	35	√			连续梁桥
	回龙沟Ⅳ号大桥左幅	530.04	35				连续梁桥
	回龙沟Ⅳ号大桥右幅	216.5	35	√			连续梁桥
	左线黄土岭大桥	403	35		√		连续梁桥
	黄土岭大桥右幅	403	35		√		连续梁桥
	右线黄土岭大桥	403	35		√		连续梁桥
	回龙沟Ⅴ号大桥左幅	367.5	30		√		连续梁桥
	右线回龙沟Ⅴ号大桥	409	30		√		连续梁桥
	上河东大桥左幅	136	30		√		连续梁桥
	左线上河东大桥	136	30		√		连续梁桥
	米家庄大桥左幅	221.5	30		√		连续梁桥
	左线米家庄大桥	221.5	30			√	连续梁桥
	雪家庄大桥左幅	188.2	30		√		连续梁桥
	左线雪家庄大桥	188.2	30			√	连续梁桥
	右线奄上大桥	553.1	30			√	连续梁桥
	庵上大桥右幅	553.1	30		√		连续梁桥
	靳家庄大桥	107.5	25				连续梁桥
	朱家庄大桥	285	25				连续梁桥
	铁匠炉Ⅰ号大桥左幅	415.7	25		√		连续梁桥
	铁匠炉大桥（左幅）	415.7	25			√	连续梁桥
	铁匠炉大桥（右幅Ⅰ号大桥）	150	25			√	连续梁桥
	北沟庄大桥	232.4	25			√	连续梁桥
	龙排沟大桥	308.2	30			√	连续梁桥
	砂锅窑大桥	218.4	30			√	连续梁桥
	沙锅窑大桥	218.2	30			√	连续梁桥
	上黄土岭大桥	131.04	30			√	连续梁桥
	巩家庄大桥	361.2	25			√	连续梁桥

第八章 河南高速公路项目建设信息

续上表

规模	名　　称	桥长(m)	主跨长度(m)	跨越障碍物 河流	跨越障碍物 沟谷	跨越障碍物 道路、铁路	桥梁类型
大桥	老磨沟大桥	137	25			√	连续梁桥
	铁河大桥	632.4	25	√			连续梁桥
	灌河大桥	878.7	35	√			连续梁桥
	渭林河大桥	232.4	25	√			连续梁桥
	裴老庄大桥	234.5	25				连续梁桥
	群英水库大桥	426	30	√			连续梁桥
	黄庵大桥	498.5	25				连续梁桥
	苇园沟大桥	232.4	25				连续梁桥
	瓦房沟Ⅰ号大桥	232.4	25				连续梁桥
	瓦房沟Ⅱ号大桥	232.4	25				连续梁桥
	竹园大桥	328.7	25				连续梁桥
	高家岇脖大桥	208.7	25				连续梁桥
	上杜沟大桥	153.7	25				连续梁桥
	下闫沟大桥	158	25	√			连续梁桥
	东潦河大桥	157.4	25	√			连续梁桥
	潦河大桥	232.04	25	√			连续梁桥
	张湾大桥	202.04	22.5				连续梁桥
	南阳西匝道	103.3	20				连续梁桥
	右线北地中桥	112	30	√			连续梁桥
	张华岗主线大桥	873.5	37				连续梁桥
中桥	白桐干渠中桥	82.4	25				连续梁桥
	铁匠炉大桥(右幅Ⅱ号大桥)	75	25			√	连续梁桥
	王庄中桥	53.04	16				连续梁桥
	刘岗中桥	65.04	20				连续梁桥
	中桥	45.04	20				连续梁桥
	天桥	55.04	25			√	连续梁桥
	梅溪河中桥	65.04	20				连续梁桥
	周后王中桥	65.04	20				连续梁桥
	草庙岗中桥	44.04	13				连续梁桥
	芦庄中桥	44.04	13				连续梁桥
	夏庄中桥	65.04	20				连续梁桥
	车行天桥	61.04	28			√	连续梁桥
	老于沟中桥	65.04	20				连续梁桥
	兰庄中桥	65.04	20				连续梁桥
	右线柴家庄Ⅱ号中桥	29.5	20			√	连续梁桥

续上表

规模	名称	桥长(m)	主跨长度(m)	跨越障碍物 河流	跨越障碍物 沟谷	跨越障碍物 道路、铁路	桥梁类型
中桥	铁匠炉Ⅱ号大桥右幅	80.04	25		√		连续梁桥
	下燕子北中桥	82.4	25			√	连续梁桥
	申沟中桥	82.4	25	√			连续梁桥
	清水河中桥	83.2	25	√			连续梁桥
	中桥	65.04	20				连续梁桥
	后洼中桥	64.64	20				连续梁桥
	杨咀头中桥	65.04	20		√		连续梁桥
	杨庄中桥	80.04	25			√	连续梁桥
	李官岗中桥	44.04	13	√			简支梁桥
	天桥	65.04	30			√	连续梁桥
	马岗中桥	53.04	16	√			简支梁桥
	赵营中桥	53.04	16	√			简支梁桥
	魏营中桥	53.04	16	√			简支梁桥
	祝庄互通许平南主线加宽桥	53.04	16			√	简支梁桥

G55 二广高速公路分水岭至南阳段隧道一览表 表8-9-16

规模	名称	隧道全长(m)	隧道净宽(m)	按地质条件划分 土质隧道	按地质条件划分 石质隧道	按所在区域划分 山岭隧道	按所在区域划分 水底隧道	按所在区域划分 城市隧道	洞门形式(进口/出口)
中隧道	上行柴家庄2号隧道	620.00	10.75		√	√			削竹式/端墙式
短隧道	下行柴家庄2号隧道	425.00	10.75		√	√			削竹式/端墙式
	上行柴家庄1号隧道	270.00	10.75		√	√			端墙式/端墙式
	上行上河东隧道	275.00	10.75		√	√			削竹式/削竹式
	下行上河东隧道	275.00	10.75		√	√			削竹式/削竹式
	上行薛家庄隧道	470.00	10.75		√	√			削竹式/削竹式
	下行薛家庄隧道	455.00	10.75		√	√			削竹式/端墙式

4）主要控制点

分水岭、南召、南阳。

5）地形地貌

项目区总体地势是北高南低，路线最高点位于伏牛山主脊，高程505m，路线最低点位于项目终点附近，高程143m，最高点于最低点相差362m，反映了本线路地形高差并不大。分水岭至南召县黄鸭河以北地段主要为中—低山区，河谷比较狭窄，谷坡陡峭，山顶至谷底相对高差在 100～400m,谷底阶地断续分布,阶面狭窄,阶差一般为 3～15m。南召县黄鸭河以南主要为丘陵区,地形起伏较小,相对高差一般不超过 50m。河谷开阔,河谷阶地断续发育,谷坡较缓。

6)投资规模

项目概算 45.6 亿元,截至 2014 年 3 月 31 日,共到位资金 468419 万元,其中:项目资本金 1000 万元;基建拨款 44278.15 万元;申请银行贷款 285720 万元;上级拨入资金 137420.85 万元,项目决算总额 46.96 亿元。

7)开工及通车、竣工时间

工程项目于 2005 年 9 月 16 日开工建设,主线南召至 G40 段 55km 于 2007 年 12 月 9 日建成通车进入试运营阶段,分水岭至南召段 18.856km 及联络线 24.25km 分别于 2008 年 11 月 26 日、2009 年 9 月 30 日建成通车进入试运营。2010 年 8 月竣工。

2. 参建单位主要情况

(1)建设单位:河南高速公路发展有限责任公司南阳分公司。

(2)设计单位:河南省交通规划勘察设计院。

(3)质量监督单位:河南省交通基本建设质量检测监督站。

(4)监理单位:河南省高等级公路建设监理部、河南省宏力工程资源有限公司、北京华路捷公路工程技术咨询有限公司、郑州中原铁道建设工程监理有限公司。

(5)土建施工单位:路桥集团第一公路工程局、中铁十九局集团第三工程有限公司、中铁二局股份有限公司、中铁一局集团第四工程有限公司、江西省公路桥梁工程局、中铁大桥股份有限公司、长庆石油勘探局筑路工程总公司、中铁十八局集团第一工程有限公司、路桥集团第一公路工程局第三工程公司、中铁十局集团第二工程有限公司、中铁十三局集团第五工程有限公司、中铁九局集团有限公司、中铁十七局集团第三工程有限公司、长沙市公路桥梁建设有限责任公司、南通路桥工程有限公司、湖南湘潭公路桥梁建设有限责任公司、中铁十一局集团第一工程有限公司、路桥集团第一公路工程局厦门工程处、路桥华祥国际工程有限公司、中铁四局集团有限公司、中铁七局集团有限公司、路桥华南工程有限公司、中铁五局集团第三工程有限责任公司、中铁二十二局哈尔滨铁路建设集团有限公司、中铁大桥局集团湖北第六工程有限公司、中铁大桥局股份有限公司、中交第三公路工程局有限公司。

(6)路面施工单位:路桥集团第一公路工程局、山西路桥第二工程有限公司、河南省公路工程局集团有限公司、路桥集团第一公路工程局厦门工程处、贵州省公路工程总公司、河南路桥建设集团有限公司、江苏海通建设工程有限公司。

(7)房建施工单位:河南六建建筑集团有限公司、河南科兴建设有限公司、河南省合立建筑工程有限公司、中国有色金属第六冶金建设公司洛阳公司、中铁十五局集团第七工程局有限公司、林州市建筑工程九公司、江苏省第一建筑安装有限公司、焦作市海宇公路工程有限公司、郑州市第一建筑工程有限责任公司、深圳市文业装饰设计工程有限公司、河南省豫美装饰工程有限公司、河南省合立建筑工程有限公司、河南锦业实业有限公司。

(8) 绿化工程施工单位：河南新封园林绿化工程有限公司、潢川县博宇花卉有限责任公司、许昌四季园林绿化工程有限公司、河南天图园林景观有限公司、潢川县佳美园林绿化工程有限公司、郑州黄河园林绿化工程公司、南阳市政工程总公司、潢川县绿洲园林绿化工程有限公司、河南农业大学园林艺术工程公司、厦门市厦生园林绿化工程有限公司、河南省通行实业园林工程有限公司、河南省豫建园林工程有限公司。

(9) 交通安全设施施工单位：武汉市交通安全设备有限公司、浙江交通设备有限公司、河南省公路附属设施有限公司、河南省新乡六通实业有限公司、河南鸿志实业有限公司、江苏中路交通工程有限公司、江苏耀鑫交通设施有限公司、南通市兴路交通工程有限公司、郑州彩达交通设施工程有限公司、杭州萧山金鹰交通设施有限公司、福建省漳州市公路机械修配厂、杭州神通交通设施有限公司、北京市高速公路交通工程公司。

(10) 机电施工单位：中铁一局集团电务工程有限公司（机电）、郑州市祥龙电力安装工程有限公司、郑州市亚通照明工程有限责任公司、中铁建电气化局集团第一工程有限公司。

(二) 建设情况

1. 项目准备阶段

1) 项目审批文件

2005年6月8日，《关于洛阳至南阳高速公路分水岭至南阳段工程可行性研究报告核准的批复》，文号为豫发改交通〔2005〕705号。2006年4月6日，《关于洛阳至南阳高速公路分水岭至南阳段工程初步设计的批复》，文号为豫发改设计〔2006〕359号。2006年12月25日，《关于关于洛阳至南阳高速公路分水岭至南阳段工程施工图设计的批复》，文号为豫交计〔2006〕332号。

2) 资金筹措

该项目概算45.6亿元，截至2014年3月31日，共到位资金468419万元，其中：项目资本金1000万元；基建拨款44278.15万元；申请银行贷款285720万元；上级拨入资金137420.85万元。

3) 合同段划分

(1) 设计标段划分：3个标段。

(2) 施工标段划分：土建施工单位27个标段；路面施工单位7个标段；交通安全设施施工单位13个标段；房建施工单位14个标段；机电施工单位4个标段；绿化工程施工单

位 12 个标段;伸缩缝施工单位 5 个标段;硅芯管施工单位 2 个标段;办公机具施工单位 4 个标段。

(3)监理标段划分:3 个标段。

4)招投标

项目在 2006 年 4 月 1~5 日组织了资格预审评审工作。2006 年 4 月 25、26 日,招标人对通过资格预审的单位发放了投标邀请书,并于 4 月 28 日发售招标文件,在招标文件规定的开标时间内,招标人进行了开标和评标。根据该项目招标文件规定,最终确定了中标单位。

5)征地拆迁情况

项目征地 11876.72 亩。其中永久征地 10565.36 亩,互通区、服务区、停车区、变更新增用地 23.92 亩,改路改渠和天桥用地 656.3595 亩,协助施工单位完成临时用地 665 亩;拆迁户数 633 户,"三杆"线路拆迁 284 处。

2. 项目实施阶段

1)实施过程

(1)主线土建工程于 2005 年 9 月开工,2007 年 11 月 27 日完工。

(2)房建工程于 2007 年 4 月开工,2009 年 9 月 17 日完工。

(3)机电工程于 2007 年 6 月开工,2009 年 9 月 17 日完工。

(4)绿化工程于 2007 年 3 月开工,2009 年 9 月 17 日完工。

(5)2010 年 8 月 19 日,通过了竣工验收,工程质量鉴定得分为 93.6 分,工程质量鉴定等级评为优良。

2)设计变更

(1)土建 NO.1 标路基填料调配。RK1+807.5~K2+582 段路基填料由本桩利用变更为借隧道弃渣,增加费用 1532536.00 元。

(2)土建 NO.3 标一处为隧道围岩变化,增设仰拱填充层。柴家庄 2 号隧道增设仰拱,增加费用 1832762.25 元。

(3)土建 K34+484~K35+557 段软基处理,增加费用 2113178 元;瓦赶互通区利用方变更后申报金额 5265929.00 元。

(三)复杂技术工程

蒲山特大桥主跨采用刚性系杆钢管混凝土桁架拱结构,横向设置三片拱肋,桥面系对应设置三道纵系梁,吊杆纵桥向间距 8m,对应吊杆位置设置中横梁,桥面板为预制钢筋混凝土空心板结构,整个上部体系为一简支结构支承在两端的主墩上。桩基施工时遇到流沙层,在这种地质条件下,采用高压旋喷桩护壁,然后人工开挖成孔,达到了良好的效果,并有效地加快了施工进度。

(四)科技创新

为减少路面的反射裂缝,项目在路面结构上做了大胆的尝试,增加了 ATB-25 沥青碎石柔性联结层。对于高填方路段,设置了沉降观测点,对路基的沉降进行动态监控。施工单位使用大型运车和抗离析改进型摊铺机,有效控制了沥青混合料的离析,提高了抗车辙能力。

(五)运营养护管理

1. 组织架构

该项目运营管理单位为河南高速公路发展有限责任公司南阳分公司,公司下设有养护科、征收科、路产科、人事劳动科、财务资产科、办公室、考核监察办公室、监察室、政工科、运维分中心 10 个科室。

2. 服务设施

下辖南阳北服务区一处,见表 8-9-17。

G55 二广高速公路分水岭至南阳段服务场区一览表　　　表 8-9-17

高速公路编码	服务区名称	桩　号	所 在 区 域	占地面积(m^2)	建筑面积(m^2)
G55	南阳北服务区	K1330+768	南阳市谢庄乡	16000.08	6828.00

3. 收费设施

岭南段共设有南阳西遮山、五朵山、南召和独山 4 个收费站,见表 8-9-18。南阳西遮山收费站有 3 个出口、2 个入口,共 5 条通行车道;五朵山收费站有 2 个出口、2 个入口,共 4 条通行车道;南召收费站有 2 个出口、2 个入口,共 4 条车道;独山收费站有 8 个出口、4 个入口,共 12 条车道。

G55 二广高速公路分水岭至南阳段收费设施一览表　　　表 8-9-18

收费站名称	桩　号	入口车道数		出口车道数	
		总车道	ETC 车道	总车道	ETC 车道
南阳西遮山收费站	K1354+483	2	0	3	1
五朵山收费站	K1319+766	2	0	2	1
南召收费站	K1305+100	2	0	2	1
独山收费站	JK6+668	4	1	8	1

4. 养护管理

1) 路面维修工程

中修工程:2015 年以迎国检为契机,投入 388 万元对路面进行铣刨摊铺、微表处理、如图 8-9-12 所示。

图 8-9-12　路面进行铣刨摊铺、微表处理

2）桥梁检测、维修加固

根据省交通运输厅、主管部门规范标准及公司制度,每3年委托检测单位对全线桥涵结构物进行定期检测,及时掌握技术状况及病害情况,作为桥涵维修保养的依据。

根据桥梁检测结果,对全线路段内发现的三类桥涵进行维修加固,以保证路段内桥梁结构的正常使用。

3）沿线设施的提升、改造

2015年对该项目岭南段全段进行标志牌整改,针对跨线桥和匝道桥设置限高牌。

七、G55 二广高速公路张华岗枢纽至南阳市卧龙区辛店段

G55 二广高速公路张华岗枢纽至南阳市卧龙区辛店段,里程桩号为 K1359+548～K1364+594,路段长 5.046km,与 G40 沪陕高速公路南阳至内乡段共线,此项目将在本章第十四节中介绍。

八、G55 二广高速公路南阳市卧龙区辛店至陈官营枢纽段

G55 二广高速公路南阳市卧龙区辛店至陈官营枢纽段,里程桩号为 K1364+594～K1380+548,路段长 15.954km,与 G40 沪陕高速公路泌阳至南阳段共线,此项目将在本章第十四节中介绍。

九、G55 二广高速公路南阳至邓州(省界)段

（一）项目概况

1. 基本情况

1）功能定位

南阳至邓州高速公路起自南阳宛城区周营,接许平南高速公路,经南阳市的宛城区、

卧龙区、新野县、邓州市,在魏家集接湖北省拟建的豫鄂界至襄阳高速公路,全长91.071km。其中起点至陈官营枢纽段,全长17.901km,因河南省高速公路网路线命名编号调整,该段调整为兰南高速公路,陈官营枢纽至邓州终点,全长73.17km,为二广高速公路。该项目对加强省际联系,促进豫西地区经济发展,完善综合运输体系构建,促进旅游开发、矿产利用,加快贫困地区脱贫致富具有重要意义。

2)技术标准

全封闭、全立交、双向四车道;设计行车速度:120km/h;路基宽度:28m;桥梁净宽:2×12m;桥涵设计荷载标准:汽车—超20级,挂车—120;路面设计标准轴载:BZZ-100;路面:收费广场和服务区广场采用水泥混凝土路面,其他采用沥青混凝土路面、水泥稳定碎石基层;路面结构:主线表面层4cm为SMA-13(K0+000~K30+600)与细粒式改性沥青混凝土AC-13(K30+600~K91+070),中面层为5cm中粒式沥青混凝土(AC-20),底面层为7cm粗粒式沥青混凝土(AC-25),封层采用改性沥青同步碎石,基层为36cm厚的水泥稳定碎石,底基层为18cm厚的水泥稳定碎石;设计使用年限:沥青混凝土路面15年,水泥混凝土路面30年。

3)建设规模

项目主要工程量:表8-9-19为G55高速公路南阳至邓州段桥梁一览表。土方1158万m^3,路面底基层427万m^2,路面基层415万m^2,路面面层221.6万m^2;并配置有完善的供电、照明、通信、监控、收费等机电交通工程系统。房建工程8处,主线收费站1处(半幅),匝道收费站4处,服务区1处,停车区2处。

G55高速公路南阳至邓州段桥梁一览表　　　　表8-9-19

规模	名称	桥长(m)	主跨长度(m)	跨越障碍物			桥梁类型
				河流	沟谷	道路、铁路	
特大桥	白河特大桥	1163.94	35	√			连续梁桥
大桥	湍河特大桥	918.94	35	√			连续梁桥
	白桐干渠大桥	132.34	25	√			连续梁桥
	潦河大桥	357.3	25	√			连续梁桥
	母渠沟大桥	157.34	25	√			连续梁桥
	礓石河大桥	282.34	25	√			连续梁桥
	刁河大桥	332.34	25	√			连续梁桥
中桥	新一支渠中桥	53.04	16	√			简支梁桥
	大桥北沟中桥	45.04	20	√			简支梁桥
	三支渠中桥	53.04	16	√			简支梁桥
	官庄中桥	53.04	16	√			简支梁桥
	干支斗渠中桥	53.04	16	√			简支梁桥

续上表

规模	名称	桥长(m)	主跨长度(m)	跨越障碍物 河流	跨越障碍物 沟谷	跨越障碍物 道路、铁路	桥梁类型
中桥	沈营排沟中桥	53.04	16	√			简支梁桥
	黄渠河中桥	53.04	16	√			简支梁桥
	2分渠中桥	34.04	16	√			简支梁桥
	泥河1号中桥	53.04	16	√			简支梁桥
	泥河2号中桥	37.04	16	√			简支梁桥
	中仓河中桥	85.04	20	√			简支梁桥
	白河坝引水渠中桥	45.04	20	√			简支梁桥
	白桐一分干渠中桥	53.04	16	√			简支梁桥
	溧河1号中桥	45.04	20	√			简支梁桥
	溧河2号中桥	69.04	16	√			简支梁桥
	二道河中桥	53.04	16	√			简支梁桥
	黄渠沟中桥	45	20	√			简支梁桥
	姚北河中桥	53.04	16	√			简支梁桥
	大湖沟桥	85.04	20	√			简支梁桥
	小孙渠中桥	53.04	16	√			简支梁桥
	母猪渠中桥	65.04	20	√			简支梁桥
	小洪渠中桥	65.04	20	√			简支梁桥
	幸福渠中桥	25.04	20	√			简支梁桥
	运粮河中桥	53.04	16	√			简支梁桥
	刘李营排沟中桥	37.04	16	√			简支梁桥
	小杨渠中桥	53.04	16	√			简支梁桥
	刁北三分干渠中桥	95.08	16	√			简支梁桥
	白龙渠中桥	85.08	16	√			简支梁桥
	刁南干渠中桥	85.04	16	√			简支梁桥
	黄龙渠中桥	53.04	16	√			简支梁桥
	北柳风渠中桥	53.04	16	√			简支梁桥
	南柳风渠中桥	85.08	20	√			简支梁桥
	一道沟中桥	85.04	20	√			简支梁桥
	刁南一分干渠中桥	25.04	20	√			简支梁桥

4）主要控制点

南阳市：宛城区、卧龙区、新野县、邓州市。

5）地形地貌

项目路线所经地区属于河南省三级地貌小区南阳盆地区内，属堆积平原区内的冲洪积平原,地势特征自北向南缓和倾斜,平均坡降为1/350~1/750,由于带状冲积河谷平原在其间呈条带状分布,地表亦向河谷平原略微倾斜,多与河谷平原以陡坎相接,地面高程一般130~890m,大部分地区为旱地,其岩性以褐色、棕褐色及棕黄色黏土、亚黏土为主。

6) 投资规模

项目概算投资25.372亿元,其中周营至万新庄段69005万元,万新庄至邓州终点段184715万元。竣工决算投资25.068亿元,平均每公里造价2752.62万元。

7) 开工及通车、竣工时间

2003年4月开工建设,2005年12月交工通车,2008年12月完成竣工验收。

2. 参建单位主要情况

(1) 建设单位:南阳市高速公路有限公司。

(2) 设计单位:河南省交通规划勘察设计院。

(3) 质量监督单位:河南省交通基本建设质量检测监督站。

(4) 监理单位:A监理代表处为中交国际工程咨询有限公司;C监理代表处为湖南省交通建设工程监理有限公司;机电监理代表处为北京兴通交通工程有限公司;房建监理代表处为河南建达工程建设监理公司。

(5) 土建施工单位:辽宁省路桥建设总公司、河南省交通公路工程局、河南省南阳市公路桥梁工程公司、浙江省交通工程建设集团有限公司、中港第二航务工程局、中国建筑第六工程局、中铁五局集团第三工程有限责任公司、中铁十八局集团第四工程有限公司、中铁十一局集团有限公司、中国地质工程集团公司、北京鑫实路桥建设有限公司。

(6) 路面施工单位:天津五市政公路工程有限公司、路桥集团第一公路工程局、路桥集团第一公路工程局厦门工程处、河南省交通公路工程局。

(7) 路面封层施工单位:路桥集团第一公路工程局五公司、路桥集团第一公路工程局五公司、浙江正方交通建设集团。

(8) 房建施工单位:平顶山建筑安装工程总公司、河南华宸工程建设有限公司、南阳市建筑总公司、中建六局三公司、郑州东风建筑工程有限公司、林州市建筑工程九公司。

(9) 绿化施工单位:河南佳宜景观工程有限公司、河南奥星园林工程有限公司、南阳市政工程总公司、北京中种草业有限公司、河南莱泰园林发展有限公司、河南楚天园林工程有限公司、潢川县泰昌园林有限责任公司、鄢陵县绿峰工程有限公司。

(10) 交通安全设施施工单位:杭州萧山金鹰交通设施有限公司、辽宁省交通工程公司、郑州彩达交通设施有限公司、陕西通畅公路工程有限公司、周口市公路交通设施有限公司。

(11) 交通机电施工单位:河南盈科交通工程有限公司、南阳飞龙电力集团有限公司、中铁十五局集团电务工程公司。

(二)建设情况

1. 项目准备阶段

1)项目审批文件

1998年8月21日,省计委批复了《关于许昌—南阳(省界)高速公路二期工程项目建议书》,文号为豫计交通〔1998〕762号。2002年6月24日,国家环境保护局下发了关于《太原至澳门国家重点干线南阳至邓州(省界)段高速公路工程环境影响报告书审查意见的函》,文号为环审〔2002〕163号。2002年7月11日,中国国际工程咨询公司通过了《关于河南南阳至邓州(省界)高速公路工程可行性研究报告》的评估报告,文号为咨交通〔2002〕430号。2002年11月7日,《关于南阳周营至万新庄高速公路工程初步设计的批复》,文号为豫计设计〔2002〕1464号。2002年12月26日,《关于南阳周营至万新庄高速公路工程施工图设计的批复》,文号为豫交计〔2002〕869号。2002年12月31日,《关于南阳至邓州(省界)高速公路(万新庄至省界段)工程初步设计的批复》,文号为豫计设计〔2002〕1729号。2003年4月3日,《关于南阳至邓州(省界)高速公路K23+600~K72+000段工程施工图设计的批复》,文号为豫交计〔2003〕204号。2003年5月28日,国土资源部批复了《关于南阳至邓州(省界)高速公路工程建设用地》,文号为国土资函〔2003〕140号。2003年7月31日,省交通厅批复了《南阳至邓州(省界)段高速公路建设项目开工报告》。

2)资金筹措

项目概算总投资为25.372亿元,南阳市高速公路有限公司自筹4055万元,其余银行贷款为192000万贷款。

3)合同段划分

(1)设计标段划分:土建工程设计1个标段,房建工程设计1个标段,绿化工程设计1个标段,机电工程设计1个标段。

(2)施工标段划分:土建工程18个标段,机电工程3个标段,房建工程6个标段,绿化工程8个标段,交通安全设施5个标段。

(3)施工监理标段划分:设2个监理标段,其中设总监办公室2个,设驻地监理办公室11个;1个房建工程监理标段,1个机电工程监理标段。

4)招投标

(1)第一期进行了路基工程招标,由北京国信招标有限公司全面负责,分两次进行。2002年12月,周营至万新庄段进行了三个标段的招标工作,评出了3家施工单位;2003年1月,万新庄至省界段进行了8个标段的招标工作,评出8家施工单位。

(2)第二期进行了路面、房建、机电、供电照明、绿化工程、沥青材料采购招标等项目的招标工作,于 2004 年 6 月—2005 年 1 月完成,确定了 26 家单位中标。

(3)监理招投标情况。

工程监理共分 7 个部分,确定 6 家单位中标。

5)征地拆迁情况

项目共征用土地 8162.175 亩,其中耕地 7543.52 亩。施工临时占地 185 亩。拆迁房屋 12265m²,征地拆迁费用共计 22045 万元。

2. 项目实施阶段

1)实施过程

(1)主线土建工程于 2003 年 4 月 1 日开工,2005 年 12 月 13 日完工。

(2)房建工程于 2005 年 2 月开工,2005 年 11 月完工。

(3)机电工程于 2005 年 6 月开工,2005 年 11 月完工。

(4)交通安全设施工程于 2005 年 8 月开工,2005 年 11 月完工。

(5)绿化工程于 2005 年 8 月开工,2005 年 11 月完工。

(6)2008 年 12 月,河南省交通基本建设质量检测监督站,组织对该项目进行了竣工工程质量检测和鉴定。工程质量鉴定得分为 90.17 分,鉴定等级评为优良。

2)重大决策

项目公司组织"大干百天"劳动竞赛,激发施工单位的积极性,有力地推动了施工进度;对重要及难点工程项目聘请有关专家进行讲座,使施工单位掌握施工技术难点,从而有力保证了工程施工质量。

3)设计变更

(1)路基填筑方案变更。

南邓高速公路大部分地段位于膨胀土地区,原设计方案是采用弱膨胀土处治后填筑路基,根据专家意见,在 66km 的膨胀土路段也采用非膨胀土填筑路基,且对膨胀土和原地面含水率大的路段做 20cm 厚 5% 石灰土封层。

(2)8 座天桥设计方案变更。

NO.2 标 K10+179 变更为提篮拱桥,K10+456.5 变更为四跨变截面连续箱梁桥。

NO.3A 标 K21+987 变更为斜拉桥。

NO.4 标 K32+337 变更为提篮拱桥。

NO.6 标 K50+463 变更为四跨变截面连续箱梁。

NO.8 标 K66+909 变更为三跨变截面连续箱梁,K69+824 变更为坡拱。

NO.10 标 K88+057 变更为悬链线飞鸟式拱桥。

(三)科技创新

鉴于项目区域降雨量大、车辆超载严重、夏季温度居高不下的特点,采用常规的连续式密级配沥青混凝土已不能满足路用要求，因此 NO.15 合同段沥青混凝土表面层采用断级配沥青混凝土玛蹄脂（SMA-13），沥青采用 SBS 改性沥青或掺入天然湖沥青的改性沥青。

（四）运营养护管理

1. 组织架构

该项目运营管理单位为南阳市高速公路有限公司，公司设有行政办公室、计划财务部、人力资源部、征稽中心、工程养护部、路产路权部、经济开发部、党群工作部 8 个部门。

2. 服务设施

下辖南阳、新野服务区两处，邓州停车区一处，见表 8-9-20。

G55 二广高速公路南阳至邓州（省界）段服务场区一览表　　　表 8-9-20

高速公路编码	服务区名称	桩　　号	所 在 区 域	占地面积（m²）	建筑面积（m²）
G55	南阳服务区	K294+600	宛城区红泥弯镇大桥村	10000	1000.00
	新野服务区	K1418+300	新野县王集镇大湖坡村	40000	5500.00
	邓州停车区	K1442+800	邓州市构林镇贺营村	10000	1000.00

3. 收费设施

征收稽查中心下设有双铺、新野北、邓州新野、构林和 G55 二广豫鄂界 5 个收费站，见表 8-9-21。双铺收费站有 6 个出口、4 个入口，共 10 条通行车道；新野北收费站有 3 个出口、2 个入口，共 5 条通行车道；邓州新野收费站有 5 个出口、3 个入口，共 8 条通行车道；构林收费站有 2 个出口、2 个入口，共 4 条通行车道；G55 二广豫鄂界收费站有 9 个出口、6 个入口，共 15 条通行车道。

G55 二广高速公路南阳至邓州（省界）段收费设施一览表　　　表 8-9-21

收费站名称	桩　　号	入口车道数		出口车道数	
		总车道	ETC 车道	总车道	ETC 车道
双铺收费站	K302+706	4	0	6	2
新野北收费站	K1408+167	2	0	3	1
邓州新野收费站	K1427+968	3	1	5	1
构林收费站	K1447+258	2	0	2	0
G55 二广豫鄂收费站	K1452+868	6	2	9	2

4. 监控设施

项目设置监控中心 1 个，负责双铺、新野北、邓州新野、构林和 G55 二广豫鄂界 5 个收费站的运营监管。

5. 养护管理

1)路面维修工程

中修工程:2011年4月,投入30余万元对K1415+000~K1417+000(左幅行车道)平整度超标(IRI>2.3m/km)路段进行了微表处,完成精铣刨和微表处8750m²。

专项工程:2015年,以迎国检为契机,投入360余万元对路面行车道车辙超标路段共计67.83km进行了专项精铣刨,面积为365436.48 m²。

预防性养护工程:2010—2015年,利用CAP沥青还原剂新材料,对路面出现的轻微病害,如局部沉陷、路面麻面(车辆自燃造成的)、桥头行车不适、桥头跳车、局部车辙等进行了预防性养护施工,面积累计12672 m²。

2)桥梁检测、维修加固

2016年3月,公司投入200余万元,对湍河大桥9号、10号、11号墩共计12根基桩进行加固施工,如图8-9-13所示。

图8-9-13　湍河大桥桩基加固

3)沿线设施的提升、改造

(1)项目通车以来,交通量年平均增长率达到26%,G55二广豫鄂界收费站广场已不能满足正常通行需要,2016年对广场进行了扩建改造。

(2)2016投资2000余万元,采用流媒体数字平台提升全线机电系统。

第十节　G5512晋城至新乡高速公路河南段（博爱县至原阳县）

晋新高速公路河南段起自豫晋省界,经焦作、新庄,止于新乡原阳,是二广高速公路联络线,全长85.716km。该项目对完善河南省高速公路网布局,加快区域经济发展,促进豫北地区资源开发利用,推动中原经济建设具有重要意义。

一、G5512 晋新高速公路焦作至晋城段

(一)项目概况

1. 基本情况

1)功能定位

晋新高速公路焦作至晋城段起于河南省与山西省交界的晋豫大桥,与焦郑公路终点相连,途经焦作市博爱、中站两县(区)的寨豁、龙洞、王封、朱村 4 个乡镇,全长 17.036km。该项目将山西晋东南、河南豫西北的公路网直接与京港澳、连霍等国道主干线连接,为晋煤快速东运、东南运打开了黄金通道,为公路网综合运输效益的发挥将起到积极的作用。

2)技术标准

全封闭、全立交、双向四车道。设计行车速度:山岭重丘区(K0+000~K14+200)80km/h;平原微丘区(K0+000~K17+036)100km/h;路基宽度:山岭重丘区(K0+000~K14+200)整体式为 23m,分离式为 11.75m;平原微丘区(K0+000~K17+036)路基宽度为 26m;桥梁净宽:2×10.75m(2×10.25m);桥涵设计荷载标准:汽车—超 20 级,挂车—120;路面设计标准轴载:BZZ-100;路面:收费广场和服务区广场采用水泥混凝土路面,其他采用沥青混凝土;路面结构:主线为 4cm 中粒式沥青混凝土(AC-16)+5cm 中粒式沥青混凝土(AC-20)+6cm 粗粒式沥青混凝土(AC-25),基层为水泥粉煤灰稳定碎石 36cm(强度为 4MPa),底基层为水泥粉煤灰稳定碎石 30cm(强度为 2MPa);设计使用年限:沥青混凝土路面使用年限为 15 年。

3)建设规模

项目主要工程量:路基土方 164.58 万 m^3,石方 137 万 m^3,路面 35 万 m^2;主线收费站 1 处,服务区 1 处;管理、养护、服务、监控房屋建筑面积 22000m^2。表 8-10-1 为 G5512 晋新高速公路焦作至晋城段桥梁一览表,表 8-10-2 为 G5512 晋新高速公路焦作至晋城段隧道一览表。

G5512 晋新高速公路焦作至晋城段桥梁一览表　　　　表 8-10-1

规　模	名　称	桥长(m)	主跨长度(m)	跨越障碍物			桥梁类型
				河流	沟谷	道路、铁路	
大桥	大沙河大桥	404.73	20	√			简支梁桥
	南水北调大桥	182	35	√			连续梁桥
	锦绣谷大桥	153.61	20		√		简支梁桥
	青山大桥	107.76	20		√		简支梁桥
	红枫大桥	131	40		√		连续梁桥
	东漭大桥	134.06	20		√		简支梁桥

续上表

规模	名称	桥长（m）	主跨长度（m）	跨越障碍物 河流	跨越障碍物 沟谷	跨越障碍物 道路、铁路	桥梁类型
大桥	金岸大桥	230.15	50		√		连续梁桥
	普慧大桥	148.9	40		√		连续梁桥
	行空大桥	271.8	50		√		连续梁桥
	天门大桥	155.6	50		√		连续梁桥
	青龙大桥	147.36	20		√		简支梁桥
	云台大桥	151.5	50		√		连续梁桥
	林海大桥	388.35	50		√		连续梁桥
	天马大桥	160.38	50		√		连续梁桥
	瑶池大桥	205.6	50		√		连续梁桥
中桥	碧影桥	95.07	20		√		简支梁桥
	青山桥	85.986	20		√		简支梁桥
	仙渡桥	81.82	20		√		简支梁桥
	青龙桥	88.58	20		√		简支梁桥
	神农桥	97.52	20		√		简支梁桥
	卫柿线跨线桥	64.44	20			√	简支梁桥

G5512晋新高速公路焦作至晋城段隧道一览表　　　　表8-10-2

规模	名称	隧道全长（m）	隧道净宽（m）	按地质条件划分 土质隧道	按地质条件划分 石质隧道	按所在区域划分 山岭隧道	按所在区域划分 水底隧道	按所在区域划分 城市隧道	洞门形式（进口/出口）
中隧道	马鞍山隧道	550	8.5	√		√			端墙式
	锦绣峰隧道	695	8.5	√		√			端墙式
	灵岩隧道	698	8.5	√		√			端墙式
短隧道	西花园隧道	495	8.5	√		√			端墙式
	一线天隧道	262	8.5	√		√			端墙式
	阳岗隧道	176	8.5	√		√			端墙式
	友好隧道	130	8.5	√		√			端墙式

4）主要控制点

焦作市博爱、中站、修武、武陟四县（区）的寨豁、龙洞、王封、朱村、三阳、宁郭、李万、阳庙等乡镇。

5）地形地貌

路线所经地区处于K33+000～K43+420穿越太行山脉。山势陡峭，多悬崖孤峰，沟谷狭窄，山势自北向南逐渐变缓，地面高程为661.2～240.0m，高差420m左右，K43+420～K50+036地形相对平缓，地面高程为280.0～126.0m，高差146m左右。

根据地貌特征和地貌成因类型,本线路段的地貌单元自北向南分属山岭区(K33+000~K39+610)、重丘区(K39+610~K43+420)、微丘区(K43+420~K50+036)、平原微丘区(K50+036~K60+447)。

6)投资规模

项目概算投资7.8亿元,竣工决算投资8.9亿元,平均每公里造价3244.15万元。

7)开工及通车、竣工时间

2000年9月26日开工建设,2002年12月23日全线建成通车运营,2013年9月13日完成竣工验收。

2.参建单位主要情况

(1)建设单位:焦作市公路管理局。

(2)设计单位:交通部第一公路勘察设计院通力勘察设计工程公司、河南省国防工业规划设计研究院、河南中辰建筑设计事务所、北京泰克公路科学技术所、北京桑松农业生态科技有限责任公司。

(3)质量监督单位:河南省交通基本建设质量检测监督站。

(4)监理单位:武汉大通公路桥梁工程咨询监理有限责任公司、河南省豫通公路工程监理事务所、北京双环工程咨询有限公司、河南省工程建设监理中心、中交国际工程咨询有限公司、北京泰克华诚技术信息咨询有限公司。

(5)施工单位:中港第二航务工程局、铁道部第四工程局、中铁第十八工程局第四工程处、中铁第十七工程局第五工程处、中铁第十九工程局第一工程处、中国航空港建设第十工程总队、中国路桥(集团)总公司、核工业长沙中南建设工程总公司、广东省惠州公路建设总公司、陕西罗克岩土工程公司、交通部第一公路勘察设计院通力勘察设计工程公司、广东省公路工程建设集团有限公司、河南现代交通工程有限公司、北京路安交通科技发展有限公司、陕西汉唐计算机有限责任公司、焦作市第一建筑工程公司、中国建筑第七工程局第一建筑公司、浙江省东阳市第二建筑工程有限公司、河南省潢川县紫红花木草坪有限责任公司、河南豫南园林绿化有限公司。

(二)建设情况

1.项目准备阶段

1)项目审批文件

1998年8月21日,省计委批复了《关于晋焦高速公路(焦作境)工程可行性研究报告的批复》,文号为豫计交通〔1998〕761号。1998年12月24日,省计委批复了《关于晋焦高速公路(焦作境)工程初步设计的批复》,文号为豫计设计〔1998〕1282号。1999年,焦作市地震局对《关于晋城—焦作高速公路(焦作段)工程场地地震安全性评价工作报告》作了批复,文号为焦地字〔1999〕28 号。1999 年,国土资源部批复了《关于焦作至新庄高速公路二期工程建设用地的批复》,文号为国土资函〔1999〕115 号。2000 年,河南省环境保护局批复了《关于新庄至焦作、晋焦高速公路(焦作境)环境影响报告书的批复》,文号为豫环然〔2000〕22 号。2001 年 7 月 27 日,河南省交通厅批复了《关于焦作至晋城(省界)段高速公路施工图设计的批复》,文号为豫交计〔2001〕440 号。

2)资金筹措

该项目初步设计概算 78000 万元,预算投资 85012 万元。项目资金来源:国家开发银行贷款 38360 万元,国债资金 10000 万元,市公路局自筹 36640 万元。2006 年经河南省发改委(豫发改设计〔2006〕460 号)批准,该项目概算调整为 95618.90 万元。

3)合同段划分

(1)设计标段划分:道路主体工程设计 1 个标段,采空区设计 1 个标段,房建工程设计 2 个标段,绿化工程设计 1 个标段,机电工程设计 1 个标段。

(2)施工标段划分:根据工程内容的不同,土建工程 12 个标段(含 3 个采空区处理标段),路面工程 1 个标段,机电工程 2 个标段,房建工程 3 个标段,绿化工程 2 个标段,交通安全设施工程 1 个标段。

(3)施工监理标段划分:道路主体工程监理 2 个标段,采空区监理 1 个标段,房建工程监理 1 个标段,绿化工程监理 1 个标段,机电工程监理 1 个标段。

4)招投标

(1)1999 年 9 月 3 日、4 日、7 日发布了施工招标资格预审通告,经评审委员会评审,河南省交通厅以豫交工〔1999〕532 号文对焦晋、焦新(二期)高速土建工程招标资格预审结果予以批复。

(2)2000 年 2 月 26 日~3 月 1 日,评标委员会本着客观、公正的原则,采用投票计分的办法,经焦作市公证处公证后,确定了路基第一至第六标段的评定结果。

(3)依据省交通厅《关于焦作至晋城、焦作至新庄(二期)高速公路土建工程招标资格预审结果的批复》,第七合同段招标采用邀标形式。该标段的评、定标工作由焦作市公路管理局组建的评标委员会负责。

(4)第九合同段为采空区治理工程,分 A、B、C 三个区段。采用了邀请招标。1999 年 8 月 13 日确定了 A、B、C 三个区段的中标单位。

(5)2000 年 3 月 25 日发布了资格预审通告,2000 年 4 月 26 日,通过资格预审的 4 家单位均参加了投标。经评委会评审,确定了中标单位。

(6)2001 年 11 月 22 日,发布了焦作至晋城(焦作段)、新庄(西段)高速公路路面及交通工程施工、监理招标资格预审通告;2002 年 1 月 16 日举行了开标仪式。评标工作由依法组建的评标委员会负责。

5)征地拆迁情况

该项目共征用土地1872.169亩(永久占地)。共支付征地拆迁款10109.57万元。

2.项目实施阶段

1)实施过程

(1)主线土建工程K33+000~K50+036段于2000年9月26日开工,2002年12月23日完工;K50+036~K60+447段于2000年6月开工,2002年12月23日完工。

(2)房建工程于2002年8月开工,2004年10月完工。

(3)机电工程于2004年12月开工,2005年9月完工(平原新区站由原先的主线收费站迁移改建,开工时间2005年10月,完工时间2006年1月)。

(4)交通安全设施工程于2002年3月开工,2002年11月完工。

(5)绿化工程于2002年8月开工,2003年11月完工。

(6)2002年11月进行了交工验收。

(7)项目公司根据交工验收检查情况及平时掌握的情况,对各合同段的工程质量进行了审定,经过汇总,K33+000~K50+036段质量得分为90.00分,工程项目质量等级优良,K50+036~K60+447段质量得分为88.30分,工程项目质量等级优良。

(8)依据交工验收前和竣工验收前的质量检测资料,形成了对晋新高速公路质量鉴定报告,其中K33+000~K50+036段质量鉴定得分为90.7分,K50+036~K60+447段质量鉴定得分为90.45分,建设项目工程质量等级均评为优良。

2)重大决策

(1)参照国际通用的菲迪克管理模式,选择高标准的监理队伍,成立了以总监理工程师负责,下设监理代表处和驻地监理办公室的三级质量监理体系。以上机构的成立为高速公路的顺利建设和确保工程质量提供了有力的保证。

(2)焦晋高速公路工程投资大、工期紧、任务重,在确保质量的前提下,不断加快工程进度,第一是紧紧依靠当地政府,紧紧依靠广大人民群众,不断加大协调工作力度,坚持每月召开两次协调专题会议研究解决施工环境中的新情况新问题。第二是开展了施工综合管理月评活动,成立了考评小组,做好了月月有考评,月月有通报,月月有落实。第三是因事而异在工程全线分阶段开展了四次"社会主义劳动竞赛活动"。通过广大建设者的辛勤劳动,确保了建设目标的顺利实现。

(3)为确保焦晋高速公路达到优良标准并争创鲁班奖,招投标时作为业主的焦作市公路管理局,始终贯彻执行"优质优价"的原则,并将"工程达到优良,业主将给予有效合同价3%的奖励;达不到优良者,对承包人给予相应金额的罚款"写进合同协议书,作为合同文件对双方进行约束。实践证明,激励体制的实施一方面加快了工程进度,另一方面也节约了投资。

3）设计变更

对原施工图设计进行优化，积极主动与设计单位沟通，配合设计单位对全线进行广泛调查和核定，根据实际情况对原设计加以完善和补充，使工程设计更加科学合理；在施工过程中，一旦发现需要变更设计的分项工程，立即组织设计代表、工程技术人员赶赴现场察看、论证，并果断地变更设计，使整个工程设计达到最佳。

4）重大事件

（1）2000年9月26日焦晋高速公路正式开工，如图8-10-1所示。

图8-10-1　项目开工仪式

（2）2002年12月23日，焦晋高速公路建成通车，如图8-10-2所示。

图8-10-2　项目通车典礼

（三）复杂技术工程

G5512晋新高速公路省界至焦作段采空区位于太行山西南部焦作市中站区刘庄至朱村一带，路线桩号为K41+000～K48+500，采空区治理采用全胶结注浆法治理方案，即在采空区影响范围内,按一定的孔距和排列方式布设足量的注浆孔,用钻机成孔,将水泥粉煤灰浆注入采空区及上覆岩体裂隙中,浆液经过固化,胶结岩层裂隙带,同时采空区的浆液形成的结石体对上覆岩层形成支撑作用,阻止上覆岩层的进一步冒落塌陷。

该方法施工相对简单,安全性高,施工工艺成熟,施工易于管理,缺点是材料用量较大。目前,G5512晋新高速公路省界至焦作段采空区段效果良好,道路未发生较大的沉陷等病害。

(四)科技创新

"采空区优化治理与质量检测研究"获得焦作市科技进步二等奖。采空区位于晋新高速公路K41+000~K48+500,地质情况异常复杂且为典型的隐蔽工程,国内成熟经验很少,没有相应的规范、标准,造成质量检测、质量控制难度大。采空区治理为晋新高速公路重点、难点工程,其治理结果将直接关系到晋新高速公路的实施。通过广大参建单位的精心组织、艰苦奋战,工程取得较好效果,有力地保证了焦晋高速公路的顺利进行。采空区治理总长度2.75km,治理宽度80~100m,钻孔总数量107960m/912孔,总灌浆量119267m^3。

(五)运营养护管理

1. 组织架构

该项目运营管理单位为焦作市新时代高速公路有限公司,设有综合办公室、财务部、人力资源部、养护工程部、营运收费部、监控指挥中心、行政管理部、经营开发部、工会办公室、路产保护部以及养护工区和服务区等部门。

2. 服务设施

焦作服务区占地面积约60亩(表8-10-3),具有为驾乘人员提供餐饮、住宿、购物、加油、汽车维修、停车休息等多种服务。2008年底,在全省高速公路服务区评定中,焦作服务区被评为"三星级服务区"。

G5512晋新高速公路焦作至晋城段服务场区一览表 表8-10-3

高速公路编码	服务区名称	桩 号	所 在 区 域	占地面积(m^2)	建筑面积(m^2)
G5512	焦作服务区	K53+836	焦作市中站区朱村乡府城村	40000	12000.00

3. 收费设施

G5512晋城至焦作段所辖有焦作西西幅、焦作西东幅、晋新豫晋省界3个收费站,见表8-10-4。焦作西西幅收费站有2个入口、3个出口,共5条通行车道;焦作西东幅收费站有2个入口、3个出口,共5条通行车道;晋新豫晋省界收费站有4个入口、7个出口,共11

条通行车道。

G5512 晋新高速公路焦作至晋城段收费设施一览表　　　　表 8-10-4

收费站名称	桩　号	入口车道数		出口车道数	
		总车道	ETC 车道	总车道	ETC 车道
焦作西西幅收费站	K47+036	2	0	3	1
焦作西东幅收费站	K46+636	2	0	3	1
晋新豫晋省界收费站	K46+351	4	2	7	2

4. 监控设施

该项目设置监控分中心 1 个,站级监控室 1 个,监控分中心负责郑焦晋高速公路全线高速公路监控及豫晋省界收费站、焦作收费站、武陟收费站、小徐岗收费站、平原新区西站区域的运营监管;站级监控室负责传达监控分中心的指示、命令,并做好各收费站的日常监控管理工作。

5. 养护管理

1) 路面维修工程

中修工程:

2007 年投入 917.6 万元,对路面进行了专项养护,养护工程主要内容有车辙处理、预养护处理。

2010 年投入 1720.8 万元,K33+000~K60+447 路面进行了专项养护,养护工程主要内容有高路堤连续沉陷段处治、平整度较差段处治、水泥混凝土路面改造、桥头跳车处治等。

2015 年以迎国检为契机,投入 4671.27 万元对 G5512 晋新高速公路(K33+000~K60+447)进行了路面专项整治,主要内容为对原路面所有病害进行维修后对主线及互通式立交匝道路面、隧道路面进行整体罩面,如图 8-10-3 所示。

图 8-10-3　路面罩面

2）桥梁检测、维修加固

根据2007年、2010年、2013年桥梁、涵洞定期检测结果，对全线路段内发现的三类桥涵进行维修加固，对老化、变形、移位的支座进行复位和更换，对全线结构物裂缝进行了封闭和灌缝处理，如图8-10-4所示。截至2014年，晋新高速公路已投入435万元，对全线评定为三类的桥梁及三类构件进行加固维修，确保桥梁处于安全良好的状态。

图8-10-4　桥梁维修加固

3）沿线设施的提升、改造

2015年，为提高晋新高速公路中央分隔带护栏等级，防止二次交通事故的发生，投入946.7万元对晋新高速公路K33+000～K48+697段现有的中央分隔带波形梁护栏改造为混凝土护栏，改造长度7791m。

4）绿化的提升、改造

中央分隔带种植的河南桧苗木在2001年建设期种植密度较大，随着苗木的生长，透风性差，加之车流量大，大型车辆居多，尾气污染严重，导致植物整体长势较差。为了配合焦作市创建森林城市，提升焦作市对外出入口的形象，2015年对K12+8800～K32+110段、K43+967～K58+389段中央分隔带绿化进行了改造，将原有苗木全部清除，更换为河南桧＋大叶黄杨球＋矮生紫薇＋法国冬青绿篱＋葱兰＋红花酢浆草、河南桧柏＋矮生紫薇＋草坪、河南桧柏＋榆叶梅＋草坪、红叶石楠球＋河南桧＋法国冬青绿篱＋矮生紫薇＋葱兰、海桐球＋红叶李＋大叶黄杨＋矮生紫薇＋红花酢浆草五种模式，如图8-10-5所示。

二、G5512晋新高速公路新庄至焦作段

（一）项目概况

1．基本情况

1）功能定位

晋新高速公路新庄至焦作段起于原阳县祝楼乡新庄,接国道107线,向西跨京广铁路,经武陟县城北,止于焦作市中站区小尚村东约800m处,接晋新高速公路晋城至焦作段,全长55.92km。该项目对加快豫西北地区经济发展,旅游资源开发,改善交通投资环境具有重要意义。

图 8-10-5　绿化改造

2）技术标准

全封闭、全立交、双向四车道;设计行车速度:120km/h;路基宽度:26m;桥梁净宽:2×11.0(10.75)m;桥涵设计荷载标准:汽车—超20级,挂车—120;路面设计标准轴载:BZZ-100;路面:收费广场和服务区广场采用水泥混凝土路面,其他均为沥青混凝土路面;路面结构:主线为上面层4cm中粒式沥青混凝土(AC-16I),中面层5cm粗粒式沥青混凝土(AC-20I),下面层6cm粗粒式沥青混凝土(AC-25I)。路面基层为20cm二灰碎石,路面底基层左幅为50cm石灰粉煤灰土,右幅为42cm石灰粉煤灰土。设计使用年限:路面使用年限为15年。

3）建设规模

该项目主要工程量:路基土方558万m^3,路面833万m^3;匝道收费站7处;管理、养护、服务、监控房屋建筑面积12700m^2;表8-10-5为G5512晋新高速公路新庄至焦作段桥梁一览表。

G5512 晋新高速公路新庄至焦作段桥梁一览表　　　　表8-10-5

规　模	名　称	桥长(m)	主跨长度(m)	跨越障碍物			桥梁类型
				河流	沟谷	道路、铁路	
大桥	共产主义总干渠大桥	144.52	20	√			简支梁桥
	京广铁路跨线桥	178	35			√	连续梁桥
	塔南路跨线桥	114.08	35			√	连续梁桥

续上表

规模	名　称	桥长(m)	主跨长度(m)	跨越障碍物			桥梁类型
				河流	沟谷	道路、铁路	
中桥	沉沙河中桥	67.9	16	√			简支梁桥
	白马干渠中桥	35.9	16	√			简支梁桥
	孟姜女河中桥	51.9	16	√			简支梁桥
	大狮涝河中桥	51.9	16	√			简支梁桥
	涧沟河中桥	99.94	16	√			简支梁桥
	107国道跨线桥	84.4	20			√	简支梁桥
	新孟路跨线桥	51.9	16			√	简支梁桥
	武方路跨线桥	51.9	16			√	简支梁桥

4）主要控制点

焦作市（高新区、武陟县）、新乡市（原阳县）。

5）地形地貌

该路段地貌主要处于黄河、沁河冲积平原内，地面起伏小，平面纵坡0.36%，地貌单元少，形态简单，仅在K35～K39由于沁河决口形成了一定规模和数量的沙丘。

6）投资规模

该项目概算投资9.45亿元，竣工决算投资12.58亿元（焦新高速公路批复概算投资11.62亿元，实际完成投资15.46亿元）。平均每公里造价2771.6万元。

7）开工及通车、竣工时间

（1）K13+000～K46+600段1998年8月18日开工建设，2001年7月23日建成通车。

（2）K46+600～K58+389段2000年6月20日开工建设，2002年12月23日建成通车。2013年9月完成竣工验收。

2.参建单位主要情况

（1）建设单位：焦作市公路管理局。

（2）设计单位：交通部第一公路勘察设计院。

（3）质量监督单位：河南省交通基本建设质量检测监督站。

（4）监理单位：中国公路工程咨询监理总公司、河南交协工程监理咨询有限公司、中交国际工程咨询有限公司、北京泰克华诚技术信息咨询有限公司、河南省豫通公路工程监理事务所、河南省工程建设监理中心。

（5）土建施工单位：广东省第二建筑工程公司、中国人民武装警察部队交通第一总队、郑州铁路工程总公司、惠州公路建设总公司、交通部第二公路工程局第四工程处、安徽省公路桥梁工程公司、河南省交通公路工程局、总后勤基地指挥部第一技术大队、核工业长沙中南建设工程总公司、核工业长沙中南建设工程总公司。

(6)路面施工单位:交通部第二公路工程局第四工程处、上海城建(集团)公司、广东省公路工程建设集团有限公司。

(7)房建施工单位:浙江省东阳市第二建筑工程有限公司、林州市建设工程公司、中国建筑第七工程局第四建筑公司、林州市建设工程公司、中国建筑第七工程局第四建筑公司。

(8)绿化施工单位:河南潢川县紫红花木草坪有限责任公司、福建林业工程公司、黑龙江高路园林绿化有限责任公司、河南豫南园林绿化有限公司、河南省潢川县开元花卉产业有限公司。

(9)交通安全设施施工单位:河南现代交通工程有限公司。

(10)交通机电施工单位:北京路安交通科技发展有限公司、陕西汉唐计算机有限责任公司。

(11)设计咨询单位:交通部第一公路勘察设计院、北京泰克公路科学技术所、河南中辰建筑设计事务所、北京桑松农业生态科技有限责任公司。

(二)建设情况

1. 项目准备阶段

1)项目审批文件

1995年8月22日,《关于新庄至焦作高速公路工程可行性研究报告的批复》,文号为豫计交通〔1995〕884号。1997年11月3日,《关于新庄至焦作高速公路工程初步设计的批复》,文号为豫计设计〔1997〕1117号。1998年4月23日,《关于新庄至焦作高速公路武陟段建设用地的批复》,文号为国土资函〔1998〕049号。1998年7月13日,《关于焦作至新庄高速公路原阳段建设征(拨)用土地的批复》,文号为豫政土〔1998〕070号。1999年3月8日,《关于焦作至新庄高速公路二期工程建设用地的批复》,文号为国土资函〔1999〕115号。1999年6月28日,《关于焦作至新庄高速公路两阶段施工图纸设计的批复》,文号为豫交计〔1999〕219号。1999年,《晋城—焦作高速公路(焦作段)工程场地地震安全性评价工作报告》,文号为焦地字〔1999〕28号。2000年,《关于新庄至焦作、晋焦高速公路(焦作境)环境影响报告书的批复》,文号为局豫环然〔2000〕22号。

2)资金筹措

该项目概算总投资为9.45亿元,全部为自筹资金。

3)合同段划分

(1)设计标段划分:土建工程设计1个标段,房建工程设计1个标段,绿化工程设计1个标段,机电工程设计1个标段。

(2)施工标段划分:根据工程内容的不同,土建工程 10 个标段,路面工程 3 个标段,机电工程 2 个标段,房建工程 5 个标段,绿化工程 5 个标段,交通安全设施 1 个标段。

(3)施工监理 6 个标段。

4)招投标

(1)1996 年 7 月,作为建设单位的焦作市公路管理局对焦新高速的设计进行了公开招标,共有 7 家设计单位参加投标,经过专家组的认真评审,最后交通部第一公路勘察设计院以设计方案最优、费用最低中标。

(2)1998 年初,一期工程为 43.6km 的路基工程进行招标,共分为 9 个标段,除第三标段京广铁路立交工程由郑州铁路工程总公司议标承包外,其余 8 个标段实行公开招标,于 1998 年 5 月 20 日完成土建标招标工作。

(3)1999 年 12 月 6～7 日,二期工程焦作以西 12.2km 的两个路基标段和新庄至焦作 43.6km 的两个路面标段招标。通过资格预审的单位共 29 家。焦作市公路管理局于经过严格的评审。与交通部二局四处、上海城建(集团)公司等四家单位签订了施工承包合同。

(4)2000 年 12 月焦作市公路管理局对绿化工程进行了邀请招标,对交通工程进行了公开招标(资格预审在二期工程招标中已完成),经过严格的评审,最后与河南现代交通工程有限公司(交通标)、黑龙江高路园林有限责任公司等四家单位签订了施工承包合同。

(5)一期工程监理招标采用议标形式,中标单位分别为:中国公路工程咨询监理总公司及河南交协工程监理咨询有限公司。

(6)2000 年 4 月 26 日,二期工程监理招标采用邀标形式,对通过预审的 3 家监理公司发出投标邀请书,最后与中交国际咨询有限公司签订了工程监理合同。

(7)机电工程监理单位采取公开招投标的形式进行,共 3 家符合要求的监理单位参与了投标,最终与中标单位北京泰克华诚技术信息咨询有限公司签订了监理合同。

5)征地拆迁情况

该项目共征用土地 4814.456 亩(永久占地),共计支付征地、拆迁费 11385.63 万元。

2. 项目实施阶段

1)实施过程

(1)主体工程:K13+000～K56+600 段 1998 年 8 月开工,2001 年 7 月完工;K56+600～K58+389 段 2000 年 6 月开工,2002 年 12 月完工。

(2)房建工程于 2001 年 11 月开工,2003 年 3 月完工。

(3)机电工程于 2004 年 12 月开工,2005 年 9 月完工(平原新区站由原先的主线收费站迁移改建,开工时间 2005 年 10 月,完工时间 2006 年 1 月)。

(4)交通安全设施工程于 2001 年 1 月开工,2001 年 7 月完工。

(5)绿化工程于2001年1月开工,2001年7月完工。

(6)2002年6月对焦作至新庄段进行了交工验收。

(7)河南省交通基本建设质量检测监督站在通车前对项目进行了质量检测,符合质量标准要求并于2001年7月15~22日对项目一期进行了质量鉴定,鉴定得分为90.02分;2002年11月6~23日对项目二期进行了质量鉴定,质量鉴定得分为88.3分。按照项目投资额加权平均计算,该项目总体交工验收得分为89.69分,质量鉴定得分为89.69分。

(8)河南省交通运输厅于2009年10月21日组织了焦作至新庄高速公路的工程验收,对工程质量进行了评分和计算,评分结果为93.48分,经综合计算,该项目工程质量总评分为90.45分,质量等级为优良。

2)重大决策

(1)在实施过程中参照国际通用的菲迪克管理模式,选择高标准的监理队伍,成立了以总监理工程师负责,下设监理代表处和驻地监理组的三级质量监理体系,为高速公路的顺利建设和确保工程质量提供了有力的组织保证。

(2)"树精品意识,创优质工程,争创鲁班奖"是焦新高速公路开工时提出的目标,为了实现创建优质工程这一目标,焦新高速公路办公室始终把"质量重于泰山"作为工程建设的宗旨,把实现优质工程的目标作为一切工作的出发点和落脚点。结合工程实际适时制定了《焦新高速公路创优质工程实施方案》,在工程建设中精心管理,并采取了层层落实工程质量责任制、实行监理人员风险抵押金制度、签订廉政建设目标责任书等许多行之有效的措施。

(3)实行政府监督。省质监站一位副总工常驻焦新高速工地,对该路的质量管理、技术措施、工地试验等进行质量跟踪检查和监督,充分发挥政府质量监督机构的作用。

(4)根据"焦作市加快焦新高速公路建设工作会议"要求,为了确保完成工程建设计划目标,在保证工程质量的前提下合理安排工期。焦新高速公路指挥部在1998年9月组织开展了"大干一百天"劳动竞赛活动,提出"树立精品意识,确保优质工程,争夺鲁班奖"的目标。

(5)为确保焦新高速公路的路基质量,减少路基填筑材料本身压缩沉降,在路基填筑过程中,采取了将路基压实标准在国家行业标准的基础上普遍提高一个级区的措施,以减少沉降。分别从90%提高至93%,93%提高至95%,95%提高至97%。并且提出了路基工程"成在压实度,败在压实度"的口号,优化施工工艺,严格控制路基填料,进入97区后,凡CBR值达不到要求的坚决不准使用。对路基压实度的高标准和严要求为确保该项目的工程质量打下了坚实基础。通过跟踪观测,证明此措施能够确保路基不发生压缩沉降。

(6)为确保焦新高速公路达到优良标准并争创鲁班奖,招投标时作为业主的焦作市公路管理局始终贯彻执行"优质优价"的原则,并将"工程达到优良者,业主将给予有效合同价3%的奖励;达不到优良者,对承包人给予相应金额的罚款"写进合同协议书,作为合同文件对双方进行约束。施工中,为了加快工程进度,焦新高速公路还多次开展了劳动竞赛活动,比质量、比进度,并出巨资对在劳动竞赛评比中获奖的单位和个人进行奖励。实践证明,激励体制的实施一方面加快了工程进度,另一方面也节约了投资。

3)设计变更

(1)稻田路段基底处理的设计变更

原施工图设计中对水稻田的处理采用厚50cm含灰6%的石灰土,因该处地下水位较高,故变更为50cm厚天然级配砂砾石垫层,经碾压稳定后再填筑路堤。

(2)桥台台背及涵洞两侧的路基填筑方案

为了解决桥头跳车这一高速公路通病,全线涵洞两侧根据现场情况采用碎石砂或石灰土进行填筑。

(3)对路基填土进行变更

上路床0~30cm(97压实区)的路基填土,根据室内试验结果,CBR值不能满足技术标准要求,对CBR值不能满足要求的上路床用石灰剂量为4%的石灰土进行路基填筑。

(4)对原设计路面的透层油进行变更

为了确保工程质量,加强路面结构各层之间的紧密结合,提高路面结构的整体性及已完基层的安全越冬,将原设计路面下面层与上基层之间的透层油变更为改性乳化沥青下封层,改性乳化沥青下封层技术要求及质量评定标准严格按照标准执行。

4)重大事件

(1)1998年8月18日晋新高速公路举行开工典礼,如图8-10-6所示。

图8-10-6 晋新高速公路开工典礼

(2)2001年7月23日 K13+000~K56+600段建成通车,如图8-10-7所示。

图 8-10-7　晋新高速公路通车典礼

(三) 复杂技术工程

晋新高速公路 K13+000～K28+000 段为可液化地基,结合本工程地质情况,设立试验段,通过调整夯击能与夯点布置等措施进行反复试验,最终摸索出了一套科学、系统的施工方法,效果明显,达到了预期目的,同时也为强夯法处理高速公路可液化地基积累了经验。

(四) 科技创新

1. 解决桥头跳车质量通病

桥台台后填料施工图设计为透水性材料,经有关专家论证,根据现场施工情况及规范要求,桥涵台后及锥坡回填采用 8% 石灰土进行填筑,以增强台后板体的早期强度,最大限度地减少工后沉降。

2. 科研项目

该项目与北京建筑工程学院、西安公路学院以及省交通厅质检站合作,对"重载交通高速公路路面结构和材料设计研究""SMA 在高等级道路中的应用研究"等 5 项科研项目进行了联合公关。其中 SMA 在高等级道路中的应用研究项目于 2002 年被河南省交通厅授予科技进步二等奖。

(五) 运营养护管理

1. 组织架构

该项目运营管理单位为焦作市新时代高速公路有限公司,设有综合办公室、财务部、人力资源部、养护工程部、营运收费部、监控指挥中心、行政管理部、经营开发部、工会办公室、路产保护部以及养护工区和服务区等部门。

2.收费设施

所辖有平原新区西、小徐岗、武陟、焦作4个收费站,见表8-10-6。平原新区西收费站有4个入口、7个出口共11条通行车道;小徐岗收费站有2个入口、6个出口,共8条通行车道;武陟收费站有2个入口、3个出口,共5条通行车道;焦作收费站有3个入口、6个出口,共9条通行车道。

G5512晋新高速公路新庄至焦作段收费设施一览表　　　　表8-10-6

收费站名称	桩　号	入口车道数		出口车道数	
		总车道	ETC车道	总车道	ETC车道
平原新区西收费站	K13+000	4	0	7	1
小徐岗收费站	K40+300	2	0	6	1
武陟收费站	K44+450	2	0	3	1
焦作收费站	K55+900	3	1	6	1

3.监控设施

该项目设置监控分中心1个,站级监控室5个,监控分中心负责郑焦晋高速公路全线高速公路监控及豫晋省界收费站、焦作收费站、武陟收费站、小徐岗收费站、平原新区西站区域的运营监管;站级监控室负责传达监控分中心的指示、命令,并做好各收费站的日常监控管理工作。

4.养护管理

1)路面维修工程

2007年投入917.6万元,对路面进行了专项养护,养护工程主要内容有车辙处理、预养护处理。

2010年投入1720.8万元,对K12+880~K58+389、K33+000~K60+447路面进行了专项养护,养护工程主要内容有高路堤连续沉陷段处治、平整度较差段处治、水泥混凝土路面改造、桥头跳车处治等。

2)桥梁检测、维修加固

根据2007年、2010年、2013年桥梁、涵洞定期检测结果,对全线路段内发现的三类桥涵进行维修加固,对老化、变形、移位的支座进行复位和更换,对全线结构物裂缝进行了封闭和灌缝处理。对全线评定为三类的桥梁及三类构件进行加固维修,确保桥梁处于安全良好的状态。

3)沿线设施的提升、改造

2015年,为提高晋新高速公路中央分隔带护栏等级,防止二次交通事故的发生,投入946.7万元对晋新高速公路K33+000~K48+697段现有的中央分隔带波形梁护栏改造为混凝土护栏，改造长度7791m。

4）绿化的提升、改造

中央分隔带种植的河南桧苗木在2001年建设期种植密度较大，随着苗木的生长，透风性差，加之车流量大，大型车辆居多，尾气污染严重，导致植物整体长势较差。为了配合焦作市创建森林城市，提升焦作市对外出入口的形象。2015年公司对K12+8800~K32+110段、K43+967~K58+389段中央分隔带绿化进行了改造，将原有苗木全部清除，更换为河南桧+大叶黄杨球+矮生紫薇+法国冬青绿篱+葱兰+红花酢浆草、河南桧柏+矮生紫薇+草坪、河南桧柏+榆叶梅+草坪、红叶石楠球+河南桧+法国冬青绿篱+矮生紫薇+葱兰、海桐球+红叶李+大叶黄杨+矮生紫薇+红花酢浆草五种模式。养护工区负责K12+880~K58+389、K33+000~K60+447晋新高速公路全线路基、路面、桥涵、交通安全设施的日常养护，并严格执行相关行业标准及公司养护制度进行日常保养保洁工作。

三、G5512晋新高速公路原阳至新庄段

（一）项目概况

1. 基本情况

1）功能定位

晋新高速公路原阳至新庄段起自京港澳高速公路国道主干线原阳县骆驼湾东南，沿线途径原阳县原武镇跨越省道310线，止于焦作至新庄段高速公路新庄互通立交，全长12.76km。该项目对完善河南省高速公路网布局，促进区域经济发展，改善交通投资环境具有重要意义。

2）技术标准

全封闭、全立交、双向四车道；设计行车速度：120km/h；路基宽度：28m；桥梁净宽：2×12.23m；桥涵设计荷载标准：汽车—超20级，挂车—120；路面设计标准轴载：BZZ-100；路面：收费广场采用水泥混凝土路面；路面结构：设计为沥青混凝土，主线采用三层式结构，4cm上面层AC-16I型中粒式SBS改性沥青混凝土+5cm中面层AC-20I型中粒式SBS改性沥青混凝土+7cm下面层AC-25I型粗粒式沥青混凝土；互通立交采用二层结构，厚为9cm，联结层采用1:1的煤油沥青透层，改性SBS-I-D沥青防水层和AH-70型质热沥青黏油层，基层厚度为36cm厚水泥稳定碎石，底基层为18cm厚水泥稳定土。

3）建设规模

主要工程量：路基土方291.3万m^3，路面228万m^3；全线设匝道收费站1处；表8-10-7为G5512晋新高速公路原阳至新庄段桥梁一览表。

G5512 晋新高速公路原阳至新庄段桥梁一览表

表 8-10-7

规 模	名 称	桥长（m）	主跨长度（m）	跨越障碍物			桥梁类型
				河流	沟谷	道路、铁路	
中桥	K0+550主线桥	53.04	16			√	简支梁桥
	贾屋灌渠桥	25.05	20		√		简支梁桥
	后宋庄灌渠桥	37.04	16	√			简支梁桥
	香王庄灌渠桥	25.04	20	√			简支梁桥
	杨庄灌渠桥	25.04	20	√			简支梁桥
	二干二支灌渠桥	45.04	16	√			简支梁桥
	荒庄灌渠桥	25.04	20	√			简支梁桥
	二干三支灌渠桥	45.04	20	√			简支梁桥
	刘庄排沟中桥	37.04	25		√		简支梁桥

4）主要控制点

新乡市（原阳县）。

5）地形地貌

依地貌成因类型划分，路区处于黄河冲积平原区，为黄河大冲积扇的北翼，地势平坦，地面高程93.5~70.5m，由西北向东南方向倾斜，自然坡降六千分之一左右。历史上黄河的多次泛滥改道，形成古河道、古河滩、古泛道、决口扇、背河洼地等地貌，类型复杂，差异显著，多见人工修筑的沟、渠、塘等，地表大部分为水稻田及麦田。

6）投资规模

概算投资4.26亿元，竣工决算投资4.38亿元，平均每公里造价3433.81万元。

7）开工及通车、竣工时间

2002年8月开工建设，2004年12月交工通车，2007年11月完成竣工验收。

2. 参建单位主要情况

(1) 建设单位：河南省新乡至郑州高速公路建设有限公司。

(2) 设计单位：河南交通规划勘察设计院。

(3) 质量监督单位：河南省交通基本建设质量检测监督站。

(4) 监理单位：河南省高等级公路建设监理部、陕西公路交通科技开发咨询公司。

(5) 土建施工单位：贵州省公路桥梁工程总公司、中港第二航务工程局。

(6) 路面施工单位：路桥集团第二公路工程局第六工程处。

(7) 绿化施工：偃师市绿业园林工程有限公司。

(8) 交通安全设施施工单位：河南现代交通工程有限公司。

(9) 交通机电施工单位：陕西汉唐计算机有限责任公司。

(二)建设情况

1. 项目准备阶段

1）项目审批文件

2002年3月,河南省计委批复《关于原阳至新庄高速公路工程可行性研究报告的批复》,文号为豫计委基础〔2002〕306号。2002年6月,河南省计委对该项目的施工图设计进行了批复,《关于原阳至新庄高速公路工程初步设计的批复》,文号为豫计设计〔2002〕828号。2002年9月,河南省交通厅对该项目的施工图设计进行了批复,《关于原阳至新庄高速公路工程施工图设计的批复》,文号为豫交计〔2002〕648号。2002年9月,河南省国土资源厅签发了关于该项目建设用地预审的意见,文号为豫国土资函〔2002〕260号。2004年4月,国土资源部批准了该项目的建设用地,文号为国土资函〔2004〕110号。2004年5月,河南省国土资源厅转发了国土资源部的批复,文号为豫国土资函〔2004〕167号。

2）资金筹措

该项目概算总投资为4.26亿元,其中35%为建设单位自有资金,其余65%为工商银行贷款。

3）合同段划分

根据各专业的工程内容划分标段如下:

(1)设计标段划分:土建、路面工程设计标段划分1个标段,机电工程设计1个标段。

(2)施工标段划分:根据工程内容的不同,土建工程2个标段,路面工程1个标段,机电工程1个标段,配电照明1个标段,绿化工程1个标段,交通安全设施1个标段。

(3)施工监理标段划分:根据工程内容设2个总监办公室,1个驻地监理标段。

4）招投标

(1)2002年7月共有45家土建工程施工单位参加投标,经评标专家委员会评审,最终确定8家施工单位参加该项目主线土建工程2个合同段的邀标,并报省厅备案。

(2)2003年10月共有6家路面工程施工单位通过资格预审,参加该项目路面工程1个合同段的投标。经过公开招标,评标委员会评确定1家中标单位。

(3)2003年9月共有5家机电工程施工单位通过资格预审,参加该项目机电工程1个合同段的投标。经过公开开标,确定1家中标单位。

(4)2003年9月共有6家配电照明施工单位通过资格预审,参加该项目配电照明工程1个合同段的投标。经过公开开标,确定1家中标单位。

(5)2003年10月有7家交通安全设施工程施工单位通过资格预审,参加交通安全设施1个合同段的投标。经过公开开标,确定了1家中标单位。

(6)2003年8月共有8家绿化工程单位通过资格预审,参加绿化工程1个合同段的投标。经过公开开标,确定了1家中标单位。

5)征地拆迁情况

征地102.5876hm^2。其中耕地99.1332hm^2,工矿居民用地0.2272hm^2,交通用地1.3311hm^2;沟渠用地1.8961hm^2。国土资源部下发国土资函〔2004〕110号文,同意将原阳县农村集体农用地99.840hm^2(其中耕地96.9619hm^2)转为建设用地,另征用农村集体建设用地0.5762hm^2,同意将国有农用地2.1713hm^2(均为耕地)转为建设用地,以上共计批准建设用地102.5876hm^2。

2. 项目实施阶段

1)实施过程

(1)主线工程于2002年8月开工,2004年11月完工。

(2)机电工程于2004年10月开工,2004年12月完工。

(3)配电照明工程于2004年6月开工,2004年12月完工。

(4)交通安全设施工程于2004年9月开工,2004年12月完工。

(5)绿化工程于2004年6月开工,2004年11月完工。

(6)2004年12月7~9日,河南省交通基本建设质量检测监督站组织专家对原阳至新庄高速公路建设项目进行了交工验收。

(7)2004年12月1~5日进行交工验收,得分为90.9分,工程质量评定为合格工程。

(8)2007年11月15日,河南省交通基本建设质量检测监督站对新庄高速公路进行了质量鉴定,工程质量鉴定得分91.37分,鉴定等级评为优良。

2)重大决策

(1)严格执照菲迪克条款和有关制度要求,成立质量监督处具体负责质量管理工作,按照要求建立了政府监督、监理抽查、承包商自检的三级质量管理体系,并建立了路基、路面工程全面质量管理办法,严格施工程序,规范施工内容,强化质量标准意识,明确规定质量标准责任。在此基础上增强公司质量监督处的巡查次数和密度,坚持重要的施工工序到现场监督检查,对道路基层、面层等重要部位委托第三方检测机构进行检测,严格实行行业主全面负责制和多级监督保证体系,加强合同监督的职能力度,形成"三级质保,多级监督"的质量监管局面。

(2)设立质量资金,开展质量评价活动,对质量控制较好的施工单位给予重奖。开展质量检查评比活动,对全线进行定期检查,由新郑公司、总监办组成检查组检查打分,排名考前的施工单位给予奖励,落后的施工单位坚决处罚。

(3)加强试验检测和材料管理。各施工单位、监理单位必须按照省质监站要求建立经资质认证的工地实验室,配备具有试验检测资格的人员对工程进行试验和检测。对关键材料进行外委试验检测、实行准入制度,防止不合格材料用到工程中。

3)设计变更

(1)贾屋排沟中桥变更设计,原阳南互通式立交的辅助车道延长90m,使贾屋排沟中桥处于全部加宽段上,据此,将贾屋排沟中桥进行变更。

(2)豫310线分离式立交变更,将豫310线分离式立交桥由$6×20m$空心板变更为$3×30m$箱梁。

(3)增加原新临时收费站,在K3+160设立收费广场,按照3进3出六车道进行设计,收费广场按照80m长设计,改为水泥混凝土路面。

(三)运营养护管理

1. 组织架构

该项目运营管理单位为河南省交通运输厅京珠高速公路新乡至郑州管理处,管理处现有员工1225人,其中,管理人员102人,一线人员1123人。设有综合办、计财科、养护科、路产科等11个部门。

2. 收费设施

设有原武收费站1处,有3个出口、3个入口,共6条通行车道,见表8-10-8

G5512晋新高速公路原阳至新庄段收费设施一览表　　表8-10-8

收费站名称	桩号	入口车道数		出口车道数	
		总车道	ETC车道	总车道	ETC车道
原武收费站	K3+160	3	1	3	1

3. 监控设施

设置监控室一个,负责原武收费站区域的运营监管。

4. 养护管理

1)路面维修工程

晋新高速公路原阳至新庄段由于交通量大、重载车多,路面在车辆渠化交通动荷载和自然因素(如温度、湿度的变化以及风化等)的作用下,路表面的平整度、抗滑等特性都在逐渐降低,为保证晋新高速公路路面行驶的安全、畅通,管理处分别在2012年、2015年对路面进行铣刨摊铺维修处治,如图8-10-8所示。

2）桥梁检测、维修加固

根据省交通厅及主管部门规范标准，每年委托检测单位都对全线桥涵结构物进行定期检测，及时掌握技术状况及病害情况，作为桥涵维修保养的依据。

图 8-10-8　路面铣刨摊铺施工

根据桥梁检测结果，对路段内发现的三类桥涵进行维修加固，如图 8-10-9 所示。

图 8-10-9　桥梁换梁施工

3）沿线设施的提升、改造

为提升晋新高速公路原阳至新庄段的行车安全性，消除安全隐患，在 2012 年和 2015 年对波形梁护栏进行翻新处治，进一步保障道路行驶安全。

日常养护 XZYH-2 项目部负责晋新高速公路原阳至新庄段高速公路全线路基、路面、桥涵、交通安全设施和绿化日常养护，并严格执行相关行业标准及管理处养护制度进行日常保养保洁工作。

第十一节 G59 呼和浩特至北海高速公路河南段
（灵宝市至西峡县）

G59 呼和浩特至北海高速公路河南段北接运城至三门峡高速公路,南连郧县至十堰高速公路,经灵宝、卢氏、西峡、淅川等县市,目前已建成通车路段为呼北高速公路灵宝至卢氏段、卢氏至西坪段、西坪至寺湾段三段,全长 202.615km。该项目对改善豫西交通投资环境,促进区域经济可持续发展,加快能源矿产资源、旅游资源整合开发,提高沿线人民群众生活水平具有重要意义。

一、G59 呼北高速公路灵宝至卢氏段

(一)项目概况

1. 基本情况

1)功能定位

呼北高速公路灵宝至卢氏段起于灵宝市东北,接连霍高速公路,止于卢氏县西南卢氏互通立交,全长 80.881km。该项目对改善豫西路网布局,带动沿线旅游和矿产资源开发,加快贫困地区脱贫致富,促进区域经济协调发展具有重要意义。

2)技术标准

全封闭、全立交、双向四车道;设计行车速度:80 km/h;路基宽度:24.5 m;桥梁净宽:2×11.75m;桥梁设计荷载:公路—Ⅰ级;主线路面结构:采用4cm 细粒式改性沥青混凝土(AC-13C)+6cm 中粒式沥青混凝土(AC-20C)+8cm 粗粒式沥青混凝土(AC-25C)+改性沥青封层+36cm 水泥稳定碎石+18cm 水泥稳定碎石。收费广场和服务区广场采用水泥混凝土路面。

3)建设规模

项目主要工程量:表 8-11-1 为 G59 呼北高速公路灵宝至卢氏段桥梁一览表;表 8-11-2 为G59 呼北高速公路灵宝至卢氏段隧道一览表;全线完成路基挖方总数量为 1158 万 m³,填方总数量为 870 万 m³,沥青混凝土路面96.3 万 m³;并配置有完善的供电、照明、通信、监控、收费等机电交通工程系统。另外,全线还设有防撞护栏、交通标志、标线、公路隔离栅等设施;房建工程共 6 处,其中:收费站 3 处,服务区、停车区、管理处各 1 处。

第八章 河南高速公路项目建设信息

G59 呼北高速公路灵宝至卢氏段桥梁一览表

表 8-11-1

规 模	名 称	桥长（m）	主跨长度（m）	跨越障碍物			桥梁类型
				河流	沟谷	道路、铁路	
特大桥	东沟特大桥	1941	40		√		简支梁桥
大桥	梨园大桥	466	33			√	连续梁桥
	南阳村大桥	142.7	38			√	连续梁桥
	神窝村 1 号大桥	197	16		√		连续梁桥
	闫家坪 1 号大桥	127	40		√		简支梁桥
	闫家坪 2 号大桥	127	30		√		简支梁桥
	闫家坪 3 号大桥	407.5	40		√		简支梁桥
	沟水坡 1 号大桥	407.5	40		√		简支梁桥
	沟水坡 2 号大桥	187	30		√		简支梁桥
	下村 2 号大桥	207	40		√		简支梁桥
	下村 3 号大桥	287	40		√		简支梁桥
	下村 4 好大桥	247	40		√		简支梁桥
	匝道大桥	124	33			√	连续梁桥
	晓坞村大桥	367	40			√	简支梁桥
	中河村 1 号大桥	217	30		√		简支梁桥
	中河村 2 号大桥	167	40		√		简支梁桥
	川口 1 号大桥	126	20		√		简支梁桥
	川口 2 号大桥	187	30		√		简支梁桥
	赵吾 1 号大桥	127	30		√		简支梁桥
	赵吾 2 号大桥	427	30		√		简支梁桥
	赵吾 3 号大桥	127	30		√		简支梁桥
	洼里大桥	593	30			√	简支梁桥
	南朝 1 号大桥	431	25	√			简支梁桥
	南朝 2 号大桥	537	40	√			简支梁桥
	毛峪 1 号大桥	173	40	√			简支梁桥
	毛峪 2 号	288.8	40	√		√	简支梁桥
	大柿园桥	329	40	√		√	简支梁桥
	东坡 1 号	257.5	25		√		简支梁桥
	东坡 2 号	363	25		√		简支梁桥
	周家嘴 1 号	330	40	√		√	简支梁桥
	周家嘴 2 号	918.5	40	√		√	简支梁桥
	邵家山桥	461.5	30	√	√		简支梁桥
	马家山桥	324.5	40	√		√	简支梁桥
	大井头 1 号大桥	333	40			√	简支梁桥

续上表

规 模	名 称	桥长(m)	主跨长度(m)	跨越障碍物 河流	跨越障碍物 沟谷	跨越障碍物 道路、铁路	桥梁类型
大桥	上行线大井头2号大桥	133	30		√		简支梁桥
	户峪大桥	156	30		√		简支梁桥
	陈家凹1号大桥	251	40		√		简支梁桥
	陈家凹2号大桥	250	30		√		简支梁桥
	苇子沟大桥	126	30		√		简支梁桥
	担岭大桥	126	30		√		简支梁桥
	官道口大桥	181	25		√		简支梁桥
	永渡大桥	178	25		√		简支梁桥
	干家沟大桥	127	40			√	简支梁桥
	十字路大桥	206	25	√			简支梁桥
	刘家村1号桥梁	146	20	√			简支梁桥
	刘家村2号桥梁	106	20	√			简支梁桥
	瑶峪1号桥	938	30		√		简支梁桥
	瑶峪2号桥	938	30		√		简支梁桥
	磨盘大桥左幅	921.2	30	√		√	简支梁桥
	磨盘大桥右幅	927	40	√		√	简支梁桥
	柳家凹大桥	737	25		√		简支梁桥
	李家沟大桥	412	25		√		简支梁桥
	白水峪大桥左幅	781.3	120	√			连续梁桥
	白水峪大桥右幅	787.2	120	√			连续梁桥
	九龙凹大桥左幅	207.08	40			√	简支梁桥
	九龙凹大桥右幅	167.08	40			√	简支梁桥
	东黑马渠大桥	407	40			√	简支梁桥
	西黑马渠大桥	256	25			√	简支梁桥
	浦峪河大桥	707	25	√		√	简支梁桥
	大柿园桥	114	30	√		√	连续梁桥
	卢氏互通L线大桥	106.08	25				简支梁桥
中桥	南阳村1号中桥	70.08	16			√	连续梁桥
	南阳村2号中桥	66	20			√	连续梁桥
	南阳村3号中桥	54.08	16			√	连续梁桥
	神窝村1号中桥	54	48			√	简支梁桥
	神窝村2号中桥	54	48			√	简支梁桥
	灰场分离式立交	87.12	20			√	简支梁桥
	闫家坪中桥	66	20			√	连续梁桥

续上表

规模	名称	桥长(m)	主跨长度(m)	跨越障碍物			桥梁类型
				河流	沟谷	道路、铁路	
中桥	阳店中桥	97	30			√	简支梁桥
	匝道中桥	96	30		√		连续梁桥
	南沟中桥	86	20		√		连续梁桥
	川口中桥	66	20		√		连续梁桥
	赵吾中桥	97	30		√		连续梁桥
	庄里中桥	26	20		√		连续梁桥
	沙子坡桥	73	20		√		连续梁桥
	下行线大井头2号中桥	72	30		√		简支梁桥
	豫西大峡谷左集散中桥	81	25			√	连续梁桥
	豫西大峡谷右集散中桥	81	25			√	连续梁桥
	P匝道中桥	66	20	√			连续梁桥
	塔子山中桥左幅	66	20			√	连续梁桥
	塔子山中桥左幅	86	20			√	连续梁桥

G59呼北高速公路灵宝至卢氏段隧道一览表　　　　　　表8-11-2

规模	名称	隧道全长(m)	隧道净宽(m)	隧道分类					洞门形式(进口/出口)
				按地质条件划分		按所在区域划分			
				土质隧道	石质隧道	山岭隧道	水底隧道	城市隧道	
长隧道	毛峪隧道左幅	1352	10.25		√	√			端墙式/端墙式
	毛峪隧道右幅	1348	10.25		√	√			端墙式/端墙式
	周家咀隧道左幅	1126	10.25		√	√			端墙式/端墙式
	岭南隧道	1011	10.25		√	√			端墙式/端墙式
	崤山隧道左幅	2955	10.25		√	√			削竹式/端墙式
	崤山隧道右幅	2960	10.25		√	√			削竹式/端墙式
	瓦庙岭隧道左线	1645	10.25		√	√			偏端式/端墙式
	瓦庙岭隧道右线	1590	10.25		√	√			偏端式/端墙式
中隧道	刘家凹隧道	930	10.25		√	√			端墙式
	刘家凹隧道	925	10.25		√	√			端墙式
	西凹隧道	520	10.25		√	√			削竹式/削竹式
	大蒜庄隧道	626	10.25		√	√			端墙/削竹
		646	10.25		√	√			端墙/削竹
	前村隧道	694	10.25		√	√			削竹/端墙
		705	10.25		√	√			削竹/端墙

续上表

规模	名称	隧道全长（m）	隧道净宽（m）	隧道分类					洞门形式（进口/出口）
				按地质条件划分		按所在区域划分				
				土质隧道	石质隧道	山岭隧道	水底隧道	城市隧道	
中隧道	岭西隧道	597	10.25		√	√			端墙式/端墙式
	瑶峪隧道	502	10.25		√	√			端墙式
	沙子坡1号隧道	862	10.25		√	√			端墙式/端墙式
	田家坪隧道左线	820	10.25		√	√			端墙式/削竹式
	田家坪隧道右线	850	10.25		√	√			端墙式/削竹式
短隧道	函谷关隧道	215	10.25	√		√			端墙式
	西凹隧道	427	10.25		√	√			削竹/削竹式
	寺坡隧道	434	10.25		√	√			削竹/端墙
		435	10.25		√	√			削竹/端墙
	沙子坡2号隧道	247	10.25		√	√			端墙式/端墙式
	宏伟隧道	275	10.25		√	√			削竹式
	塔子山棚洞	60	10.25		√	√			偏端式
	刘家凹隧道	370/328	10.25		√	√			端墙式
	九龙凹1号隧道	260/285	10.25		√	√			端墙式/端墙式
	九龙凹2号隧道	367/379	10.25		√	√			削竹式/端墙式

4）主要控制点

三门峡市（灵宝市、卢氏县）。

5）地形地貌

项目路线位于东经110°57′~111°01′、北纬34°39′~34°01′范围内，地处河南省西部，为华北地台南缘，拟建线路展布区海拔高程多在366~1337m，地形地貌复杂，线路区地势中部高两端低，线路区北部为黄河河谷平原阶地和黄土丘陵，中部为小秦岭和崤山山脉，南端为卢氏断陷盆地。该项目地貌类型总体属构造剥蚀—中山—中低山丘陵区，地形条件相对较为简单，具体可分四种地貌类型：河流冲积平原地貌区（Ⅰ）、侵蚀堆积黄土地貌区（Ⅱ）、构造剥蚀浅切割中低山地貌区（Ⅲ）、构造剥蚀中等切割中低山地貌区（Ⅳ）。

6）投资规模

概算投资64.5163亿元。

7）开工及通车、竣工时间

2010年9月开工建设，2012年12月交工通车。

2. 参建单位主要情况

（1）建设单位：河南弘卢路高速公路有限公司。

（2）设计单位：中交第二公路勘察设计研究院有限公司。

(3)质量监督单位:河南省交通基本建设质量检测监督站。

(4)监理单位:北京港通路桥工程监理有限责任公司、河南省高等级公路建设监理部有限公司(现改为:河南高建工程管理有限公司)、北京兴通工程咨询有限公司、河南清鸿建设监理有限公司。

(5)土建施工单位:许昌广莅公路工程建设有限责任公司、中铁七局集团有限公司、山东路桥集团有限公司、中交隧道工程局有限公司、中铁十五局集团第五工程有限公司、吉林省华一公路建设集团有限责任公司、东盟营造工程有限公司、中铁十五局集团第七工程有限公司、中交第三公路工程局有限公司、中铁十五局集团第一工程有限公司、中铁十八局集团第一工程有限公司、中铁十七局集团第三工程有限公司。

(6)路面施工单位:河南省公路工程局集团有限公司。

(7)房建施工单位:中铁航空港建设集团北京有限公司、广西五鸿建设集团有限公司、河南三建建设集团有限公司、河南华安建设有限公司、河南东方建设集团发展有限公司。

(8)绿化施工单位:河南华秀园林工程有限公司、河南莱泰园林发展有限公司、河南三宝园林股份有限公司、黄石市园林花木有限责任公司、河南省现代环境艺术有限公司。

(9)交通安全设施施工单位:河北欧达交通工程有限公司、武汉市华光交通工程有限公司、南京金长江交通设施有限公司、沙河市飞耀交通设施有限公司、河南省公路工程局集团有限公司、江苏泓益交通工程有限公司、盛世国际路桥建设有限公司、江苏耀鑫交通设施有限公司。

(10)交通机电施工单位:中铁一局集团电务工程有限公司、南京三乐照明有限公司、湖南六建机电安装有限责任公司、洛阳龙羽集团有限公司、平顶山华辰电力集团有限公司、重庆市华洋宁宝消防设备工程有限公司。

(二)建设情况

1. 项目准备阶段

1)项目审批文件

2010年6月12日,《关于三门峡至淅川高速公路灵宝至卢氏段项目核准的批复》,文号为豫发改交通〔2010〕758号。2010年9月1日,《关于三门峡至淅川高速公路灵宝至卢氏段工程初步设计的批复》,文号为豫发改设计〔2010〕1293号。2011年5月15日,同意三门峡至淅川高速公路灵宝至卢氏段项目占用征收林地140.3356公顷,文号为林资许准〔2011〕096号。2011年5月24日,《关于三门峡至淅川高速公路灵宝至卢氏段工程施工图设计的批复》,文号为豫交规划〔2011〕127号。2011年8月5日,《关于三门峡至淅川高速公路灵宝至卢氏段工程绿化方案设计的批复》,文号为豫交规划〔2011〕251号。2012年6月12日,《关于三门峡至淅川高速公路灵宝至卢氏段机电工程详细设计、供配电照明及10kV供电线路工程施工图设计的批复》,文号为豫交文〔2012〕422号。2012年6月20日,《关于三门峡至淅川高速公路灵宝至卢氏段工程建设用地的批复》,文号为国土资函〔2012〕490号。2012年7月10日,《关于三门峡至淅川高速公路灵宝至卢氏段房屋建筑工程施工图设计的批复》,文号为豫交文〔2012〕522号。2012年9月29日,在建设用地经国土资源部批复后,河南省交通运输厅补批三门峡至淅川高速公路灵宝至卢氏段公路工程施工许可申请书。

2)资金筹措

概算总投资为64.516亿元,其中25%为建设单位自有资金,其余75%为银行贷款。

3)合同段划分

(1)设计标段划分:土建工程设计、房建工程设计、绿化工程设计、机电工程设计共划分1个标段。

(2)施工标段划分:土建工程12个标段,机电工程6个标段,房建工程5个标段,绿化工程5个标段,交通安全设施工程8个标段。

(3)施工监理标段划分:设4个监理代表处,12个土建工程标段(含对应的交安、绿化、路面)驻地监理标段中,1~5标段为1个监理代表处,6~12标段为1个监理代表处;1个房建工程监理代表处;1个机电工程监理代表处。

4)招投标

(1)2010年8月15日召开土建工程施工招标开标会,2010年8月25日确定12家土建中标单位。

(2)2012年5月6日召开路面工程招标开标会,2012年6月12日确定了河南省公路工程局集团有限公司为中标单位。

(3)2012年8月13日召开房建工程招标开标会,2012年8月20日确定了5个中标单位。

(4)2012年7月2日召开交通安全设施工程招标开标会,2012年7月12日确定了8个中标单位。

(5)2012年7月2日召开绿化工程招标开标会,2012年7月11日确定了5个中标单位。

(6)2012年7月23日召开机电工程招标开标会,2012年7月30日确定了5个中标单位。

(7)2012年9月16日召开消防设备工程招标开标会,2012年10月23日确定了重庆市华洋宁宝消防设备工程有限公司为中标单位。

5)征地拆迁情况

征用土地 7019.7525 亩,其中灵宝段 2866.3335 亩,卢氏段 4153.419 亩;含永久、改路改渠线外占地、临时占地共计 8033.10595 亩,其中灵宝段 3368.63843 亩、卢氏段 4664.46752 亩。

2. 项目实施阶段

1)实施过程

(1)主线土建工程于 2010 年 9 月 9 日开工,2012 年 12 月 31 日完工。

(2)房建工程于 2012 年 8 月开工,2012 年 12 月完工。

(3)机电工程于 2012 年 8 月开工,2012 年 12 月完工。

(4)交通安全设施工程于 2012 年 7 月开工,2012 年 12 月完工。

(5)绿化工程于 2012 年 9 月开工,2012 年 12 月完工。

(6)2012 年 12 月 20~21 日,河南省交通基本建设质量检测监督站组织专家对呼北高速公路灵卢段进行了交工验收,工程质量鉴定等级为合格。

2)重大决策

先后在全线组织开展了每月的进度质量安全评比、"大干一百二十天"和"大干一百天"等多种形式的劳动竞赛活动。

3)设计变更

(1)路基路面变更

①隧道改路基变更:部分棚洞/明洞由于偏压较为严重,对其进行了隧道改路基的变更设计。具体有函谷关隧道右线明洞改路基、周家嘴左线隧道改路基。

②滑塌、滑坡治理的变更:K49+000~K51+800、YK67+100~YK67+400、YK71+650~YK73+450 等多处路段出现较大规模的滑坡、滑塌引起的变更。

③优化填石路基边坡防护,取消六棱块及拱形骨架防护。

(2)隧道变更

①路基改隧道:YK72+250~YK72+575 增设明挖式双连拱隧道一座,隧道长 325m。

②仰坡滑移变更:隧道洞口岩质比较复杂破碎,发生不同程度的滑移,采取挖除、加固方式。函谷关隧道进口左右线及左线出口、寺坡出口左右线、周家嘴右线进口、田家坪隧道左线进口。

4)重大事件

(1)2010 年 12 月 16 日,国家交通战备办公室批准项目为国防交通建设项目。

(2)2010 年、2011 年、2012 年连续 3 年被河南省人民政府表彰为"全省重点项目建设先进单位"。

(3)呼北灵卢段土建 8 标被交通部公示提名为部级"平安工地"示范工地。

(4)2013年4月,项目公司荣获河南省总工会"五一劳动奖状"。

(5)2014年,科研课题"复杂地质环境下隧道工程灾变理论与防控关键技术",获河南省科技进步一等奖。

(三)复杂技术工程

1.崤山隧道

崤山隧道长达5.915km(单洞总长),如图8-11-1所示。隧道400m浅埋段、尾矿坝不良地质段埋深9~50m,通过业主、监理、设计和施工单位联合科技攻关,采用短进尺、强支护,增加人力、设备投入,采用注浆堵水技术、超前支护预加固设计、岩溶涌水的公路隧道处治方式确保隧道施工安全。施工过程多次出现涌水、塌方,都及时进行了处治。

图8-11-1 崤山隧道

2.东沟特大桥

东沟特大桥长1941m,如图8-11-2所示。其中有23个薄壁墩,墩身最高50m,全部位于东沟峡谷中,地形条件差,山形陡峻,连绵起伏,山顶多呈尖顶,山脊线明显,沟谷以V形谷为主,墩台均位于陡坡峭壁上,垂直运输设备利用率差,施工场地布置困难,对进度影响较大,采用多塔吊、多点同时施工克服了困难。

3.白水峪大桥

该桥主墩采用了LG-240型工字木梁悬臂爬模施工工艺,木质面板、木梁背楞,模架三角支承、可整体后移、前后倾斜,可调斜撑、微调后移装置,与钢模相比,运输方便、可现场裁剪拼装、保温效果好、少设拉筋、高空作业安全系数高,既方便拆装、节省投资、减轻重量,又可解决变坡、变截面墩身施工等难题,经济、社会效益可观,推广前景广阔,如图8-11-3所示。

图 8-11-2　东沟特大桥

图 8-11-3　白水峪大桥

(四)科技创新

1. 伏牛山隧道群建设安全保障关键技术研究

采用超前探查、地质预报等措施结合常规围岩变形监测等多种手段,对隧道的围岩实现掘进面附近时空变形的预测和预报分析,并对隧道的衬砌状态进行评价,为施工设计提供指导性依据和现场监控手段,以达到安全施工和优化设计目的,保证施工过程质量,避免运营期的隧道由于施工质量问题,或者由于受环境、地震等因素的作用出现塌顶、开裂等病害,危及隧道的正常运行。

2. 隧道风化弃渣路用性能应用研究

将隧道弃渣以及削坡弃方用于公路路堤和基层的修筑,在大幅度节省工程费用的同时,缓解当地环境保护的压力,具有显著的经济、社会和环境效益。

3. 山区高速公路桥面融雪化冰技术研究

针对不良气候条件下对融雪桥面铺装进行系统研究,利用崤山隧道洞内的泉水,通过对桥面铺装内布设热力管道,将温水的水热传递至路面,使桥面不积雪,保证行车安全。

同时还辅助设置了一套桥面喷淋式热水融雪方案,在桥面铺装热力难以融化桥面积雪时,开启该套喷淋设备,内外同时对桥面积雪进行溶解,以达到桥面融雪化冰的目的,如图 8-11-4、图 8-11-5 所示。

图 8-11-4　热力管道

图 8-11-5　喷淋热水设置

4. 高速公路现浇混凝土护栏外观及防腐技术研究

通过在护栏混凝土中使用矿物掺和料(粉煤灰)取代一定量水泥,降低混凝土中水泥用量,节约了自然资源,提高了结构物的使用寿命,减少了加固改造费,整体上节约工程的投资,符合国家的节能减排方针和可持续发展战略政策,产生了显著的经济和社会效益,如图 8-11-6、图 8-11-7 所应。

5. 隧道应力状态及环境实时监测研究

在充分调研国内外研究现状、现场调查及分析隧道设计资料的基础上,以无线通信、有线通信、串口通信技术为依托,对风险信息采集及传输技术进行研究,设计一套集数据定时量测、在线量测、远程控制、支持无线传输等功能为一体的硬件数据采集传输体系。以 Visual Studio 2008、SQL Server 2008 为软件平台开发一套集数据采集、存储、预警于一体的隧道实时状态多因素综合监测预警系统。以微地震监测技术理论为基础,设计一套基于微地震技术的隧道监测系统。

图 8-11-6　护栏防腐前

图 8-11-7　护栏防腐后

(五)运营养护管理

1.组织架构

该项目运营管理单位为河南省交通运输厅高速公路三门峡管理处。管理处设有综合办公室、收费管理科、养护工程科、路产安全科、机电运维科、党群办公室、监察审计科、财务科、经营科、人事科 10 个科室及灵宝路政大队和卢氏路政大队。

2.服务设施

所辖路段设灵宝南停车区和官道口服务区各 1 处,见表 8-11-3。

G59 呼北高速公路灵宝至卢氏段服务场区一览表　　　　表 8-11-3

高速公路编码	服务区名称	桩　号	所 在 区 域	占地面积(m^2)	建筑面积(m^2)
G59	灵宝南停车区	K19+950	灵宝市川口乡庄里村	11898.35	1296.68
	官道口服务区	K48+900	卢氏县官道口镇	53360	6747.93

3. 收费设施

设有灵宝、豫西大峡谷、卢氏共 3 个收费站。灵宝东收费站有 6 个出口、4 个入口,共 10 条通行车道;豫西大峡谷收费站有 4 个出口、2 个入口,共 6 条通行车道;卢氏收费站有 5 个出口、2 个入口,共 7 条通行车道,见表 8-11-4。

G59 呼北高速公路灵宝至卢氏段收费设施一览表　　　　表 8-11-4

收费站名称	桩　号	入口车道数		出口车道数	
		总车道	ETC 车道	总车道	ETC 车道
灵宝东收费站	K11+262	3	1	5	1
豫西大峡谷收费站	K50+005	2	1	3	1
卢氏收费站	K79+294	2	1	4	1

4. 监控设施

设置监控中心 1 个,负责呼北高速公路灵宝至卢氏段、呼北高速公路卢氏至西坪三门峡段、洛卢高速公路三门峡段范围内主线、收费站及服务区的运营监管。

5. 养护管理

1) 桥梁、隧道检测、维修加固

依据 2015 年对呼北高速公路灵宝至卢氏段及洛卢高速公路三门峡段桥、隧定期检测报告和省交通厅及还贷管理中心《豫西五条路五类工程遗留问题处治意见》的要求,分别对评定为四类及存在四类构件的桥隧实施抢修加固,该项工程共计 2 座桥梁和 2 座隧道,批复预算 784.3 万元;另对呼北高速公路灵宝至卢氏段 156 座桥梁、19 座隧道和洛卢高速公路三门峡段 28 座桥梁的所有病害实施专项维修处治(图 8-11-8),批复预算 2706 万元;以上抢修及加固维修专项均于 2016 年 11 月已完工。

2) 新材料、新技术研发

呼北高速公路灵宝至卢氏段塔子山中桥 2015 年检测中存在四类构件,在抢修加固处理中:针对 R-4-4 号箱梁裂缝病害,建设单位已委托相关单位进行了加固设计及施工,处治措施为在梁底及腹板纵向粘贴碳纤维布。2015 年 7 月 29 日,委托设计检测单位对该桥进行了荷载试验,试验结果显示,该桥在荷载试验过程中未出现明显异常,通过对各片箱梁挠度、应变及数据的离散性进行横向对比分析,R-4-4 号箱梁挠度及应变在试验过程中较对称的 R-4-1 号梁变化幅度稍大,说明该梁刚度稍弱,为彻底处治该梁存在的病害,结合施工图审查专家意见,最后采用主动加固的方式,在该梁底面纵向张拉预应力碳纤维板进行加固处治。

图 8-11-8　维修加固

二、G59 呼北高速公路卢氏至西坪段

(一)项目概况

1. 基本情况

1)功能定位

呼北高速公路卢氏至西坪段北起卢氏县城西南与灵宝至卢氏段衔接,经卢氏、西峡县境,南至沪陕高速公路枢纽立交,接呼北高速公路西坪至寺湾段,全长 84.221km。该项目对改善豫西山区交通投资环境、促进区域经济发展,整合开发旅游、矿产资源以及提高沿线人民群众生活水平具有重要意义。

2)技术标准

全封闭、全立交、双向四车道;设计行车速度:80km/h;整体式路基宽度:24.5m;分离式路基宽度:12.75m;桥梁设计荷载等级为公路—Ⅰ级,桥涵设计洪水频率 1/100(特大桥 1/300);路面:收费广场和服务区广场采用水泥混凝土路面;路面采用沥青混凝土结构,路面设计标准轴载为双轮组单轴轴载 100kN;路面结构:主线为 4cm 细粒式沥青混凝土(AC-13C)+6cm 中粒式 SBS 改性沥青混凝土(AC-20C)+10cm 沥青碎石(ATB-25)+改性沥青同步碎石封层+乳化沥青透层+36cm 水泥稳定碎石基层(振动成型)+18cm 水泥稳定碎石(振动成型)。

3）建设规模

项目主要工程量：路基填方 891.4 万 m^3，挖方 999.2 万 m^3，沥青路面 114.892 万 m^2；收费站 3 处，养护管理所 2 处（与收费站合建），路政管理所 2 处（与收费站合建），隧道管理站 2 处（与收费站合建）；服务区 1 处，停车区 1 处；表 8-11-5 为 G59 呼北高速公路卢氏至西坪段桥梁一览表；表 8-11-6 为 G59 呼北高速公路卢氏至西坪段隧道一览表。

G59 呼北高速公路卢氏至西坪段桥梁一览表　　　表 8-11-5

规模	名称	桥长（m）	主跨长度（m）	跨越障碍物 河流	跨越障碍物 沟谷	跨越障碍物 道路、铁路	桥梁类型
特大桥	庄子 2 号特大桥	1254	40	√		√	连续梁桥
	田家村 3 号特大桥	1087	30		√		连续梁桥
	庙沟特大桥	1617	40	√	√		连续梁桥
	庄科特大桥	1231	25	√	√		连续梁桥
	童子沟特大桥	2327	40	√	√		连续梁桥
	后坪特大桥	1374.5	40		√		连续梁桥
	寨根特大桥	1211	30		√		连续梁桥
	花园关特大桥	1562	25	√			连续梁桥
	滥泥湖特大桥	1105	20		√		连续梁桥
大桥	高桥 1 号大桥	526	40		√		连续梁桥
	高桥 2 号大桥	431	25		√		连续梁桥
	高桥 3 号大桥	206	25		√		连续梁桥
	庄子 1 号大桥	256	25		√		连续梁桥
	田家村 1 号大桥	567	40	√			连续梁桥
	田家村 2 号大桥	247	30		√		连续梁桥
	杏树凹大桥	406	25		√		连续梁桥
	梁子凹 1 号大桥	167	40		√		连续梁桥
	梁子凹 2 号大桥	607	40		√		连续梁桥
	李家湾 1 号大桥	547	40	√			连续梁桥
	李家湾 2 号大桥	167	40	√			连续梁桥
	龙脖大桥	156	25	√		√	连续梁桥
	上垯大桥	159.5	25	√		√	连续梁桥
	大块地大桥	307	25	√			连续梁桥
	道回沟大桥	108	25	√		√	连续梁桥

续上表

规 模	名 称	桥长(m)	主跨长度(m)	跨越障碍物 河流	跨越障碍物 沟谷	跨越障碍物 道路、铁路	桥梁类型
大桥	九龙沟1号大桥	209.5	25		√		连续梁桥
	九龙沟2号大桥	211	25		√		连续梁桥
	古木窑大桥	366	40	√		√	连续梁桥
	红土坡大桥	557	30	√			连续梁桥
	毛坪大桥	794	25	√		√	连续梁桥
	小河面大桥	131	25	√		√	连续梁桥
	杨树沟大桥	207	40	√		√	连续梁桥
	黄耀沟大桥	167	40	√			连续梁桥
	杨家岭大桥	337	30			√	连续梁桥
	南岗子大桥	106	25		√	√	连续梁桥
	南坡大桥	110	26		√		连续梁桥
	路沟大桥	366	30		√	√	连续梁桥
	东岗子大桥	247	30			√	连续梁桥
	西河1号大桥	157	30		√		连续梁桥
	西河2号大桥	247	30		√		连续梁桥
	竹园1号大桥	517	40	√	√		连续梁桥
	竹园2号大桥	447	40	√			连续梁桥
	后湾大桥	805	40	√			连续梁桥
	段家沟大桥	567	40	√			连续梁桥
	瓦窑沟大桥	223	30		√		连续梁桥
	杨树沟大桥	190.5	30		√		连续梁桥
	龙潭沟大桥	54	40		√		连续梁桥
	槐树村大桥	100	30	√			连续梁桥
	桃子沟大桥	296	40		√		连续梁桥
	互通主线跨线桥	128	30	√			连续梁桥
	唐家沟1号大桥	249	30		√		连续梁桥
	唐家沟2号大桥	375	30		√		连续梁桥
	珠宝沟大桥	688	40		√		连续梁桥
	马沟口1号大桥	641.1	30		√		连续梁桥

续上表

规模	名称	桥长(m)	主跨长度(m)	跨越障碍物			桥梁类型
				河流	沟谷	道路、铁路	
大桥	马沟口2号大桥	338	30		√		连续梁桥
	上河大桥	577	30		√		连续梁桥
	捷道沟大桥	158	30			√	连续梁桥
	龙脖1号大桥	342	30	√			连续梁桥
	龙脖2号大桥	346	30		√		连续梁桥
	杨家庄大桥	668	30		√		连续梁桥
	方庄大桥	568	40		√		连续梁桥
	寨根大桥	428	30		√		连续梁桥
	油房大桥	314	30		√		连续梁桥
	关山沟大桥	549	30		√		连续梁桥
	姚家屋场大桥	339	30		√		连续梁桥
	界牌1号大桥	159	30	√			连续梁桥
	界牌2号大桥	406	40		√		连续梁桥
	王家屋场大桥	455	40		√		连续梁桥
	栎树嘴大桥	369	40		√		连续梁桥
	朱家庄大桥	807	40	√			连续梁桥
	营房大桥	450.5	40		√		连续梁桥
	庙岭大桥	616	40		√		连续梁桥
	龙头大桥	568	40		√		连续梁桥
	唐家湾大桥	656	25		√		连续梁桥
	峡河湾大桥	508	25	√			连续梁桥
	东营子1号大桥	256	25		√		连续梁桥
	东营子2号大桥	157	25		√		连续梁桥

G59呼北高速公路卢氏至西坪段隧道一览表　　表8-11-6

规模	名称	隧道全长(m)	隧道净宽(m)	隧道分类					洞门形式(进口/出口)
				按地质条件划分		按所在区域划分			
				土质隧道	石质隧道	山岭隧道	水底隧道	城市隧道	
特长隧道	西安岭隧道	3630	10.25		√	√			端墙式/端墙式
长隧道	马家凹隧道	1324	10.25		√	√			削竹式/削竹式
	双槐树隧道	1678	10.25		√	√			端墙式/端墙式

续上表

规模	名称	隧道全长(m)	隧道净宽(m)	土质隧道	石质隧道	山岭隧道	水底隧道	城市隧道	洞门形式(进口/出口)
长隧道	珠宝沟隧道	2692	10.25		√	√			端墙式/端墙式
	赛岭隧道	2513	10.25		√	√			端墙式/端墙式
	捷道沟 2 号隧道	1156	10.25		√	√			端墙式/端墙式
中隧道	豹子岔隧道	524	10.25		√	√			削竹式(左进)/端墙式(右进)/端墙式
	郭家湾 1 号隧道	593	10.25		√	√			端墙式/端墙式
	苇园沟隧道	507	10.25		√	√			削竹式/端墙式
	阳坡隧道	814	10.25		√	√			端墙式/端墙式
短隧道	龙脖隧道	210			√	√			端墙式/端墙式
	郭家湾 2 号隧道	423	10.25		√	√			端墙式/端墙式
	大瓦瓮隧道	286	10.25		√	√			端墙式/削竹式(左出)/端墙式(右出)
	桦栎树隧道	272	10.25		√	√			端墙式/端墙式
	椴树凹隧道	473	10.25		√	√			端墙式/削竹式
	宽坪 1 号隧道	400	10.25		√	√			端墙式/端墙式
	宽坪 2 号隧道	264	10.25		√	√			端墙式/端墙式
	捷道沟 1 号隧道	144	10.25		√	√			端墙式/削竹式
	油房隧道	168	10.25		√	√			端墙式/端墙式

4)主要控制点

三门峡市(卢氏县)、南阳市(西峡县)。

5)地形地貌

全线位于秦岭山脉的东延部分,总体地形是中段高,北、南两端低,线路中段跨越西安岭、熊耳山,海拔高程1200~1400m,相对高差200~500m,山势陡峭,峰林与沟谷相间密布;两端卢氏、西坪地面工程在400~600m,相对高差100m左右,地形相对变缓。整体上地势中段高,两端低,加上河谷及冲沟的切割,使地形更加复杂。

6)投资规模

概算投资99.73亿元。

7)开工及通车、竣工时间

2012年11月开工建设,2015年12月交工通车。

2. 参建单位主要情况

(1)建设单位:河南省三门峡至淅川高速公路项目有限公司。

(2)勘察设计单位:中交第二公路勘察设计研究院有限公司。

(3)质量监督单位:河南省交通基本建设质量检测监督站。

(4)监理单位:河南省豫通公路工程监理事务所、北京中通公路桥梁工程咨询发展有限公司、河南省豫通监理公司。

(5)土建施工单位:中铁十七局集团第四工程有限公司、安徽省交通建设有限责任公司、中铁五局(集团)有限公司、中铁十四局集团有限公司、中铁十八局集团有限公司、中交隧道工程局有限公司、葛洲坝集团第五工程有限公司、中国建筑第六工程局有限公司、中铁十九局集团有限公司、中铁十一局集团第二工程有限公司、中铁二十五局集团有限公司、中铁十三局集团第四工程有限公司、中铁十五局集团第七工程有限公司、中星路桥工程有限公司、中铁四局集团第四工程有限公司。

(6)路面施工单位:黑龙江省龙建路桥第四工程有限公司、中铁十二局集团第一工程有限公司、浙江正方交通建设有限公司、山西远方路桥(集团)有限责任公司。

(7)房建施工单位:河南省中创建筑工程有限公司、河南三林建设股份有限公司、河南富昌建设工程有限责任公司、湖南双江建设工程有限公司、河南宏岳建设有限公司。

(8)绿化施工单位:河南省国伟园林绿化工程有限责任公司、河南春晖园林工程有限公司、南阳市绿岛园林装饰工程有限公司、河南金蓝光园林绿化有限公司。

(9)交通安全设施施工单位:平安交通建设工程有限公司、贵州省交通工程有限公司、吉林省东吉公路建设有限公司、河北华顺交通设施有限公司。

(10)交通机电施工单位:

通信、收费、监控:科润智能科技股份有限公司、紫光捷通科技股份有限公司。

消防:安徽省工业设备安装有限公司、河北仁安消防安全工程有限公司。

照明:深圳市锦粤达科技有限公司、葛洲坝集团电力有限责任公司、中国铁建电气化局集团第一工程有限公司。

配电:中铁电气化局集团第三工程有限公司、中铁电气化局集团第三工程有限公司。

(二)建设情况

1. 项目准备阶段

1)项目审批文件

2010年5月31日,河南省文物局对该项目文物进行了批复,文号为豫文物函〔2010〕

33号。2010年11月17日,《关于三门峡至淅川高速公路卢氏至西坪段工程可行性研究报告的批复》,文号为豫发改基础〔2010〕1681号。2010年11月18日,《关于三门峡至淅川高速公路卢氏至西坪段工程初步设计的批复》,文号为豫发改设计〔2010〕1688号。2010年12月1日,该项目地质灾害危险性评性评估报告在国土资源厅备案登记。2012年4月27日,《关于三门峡至淅川高速公路卢氏至西坪段工程可行性研究调整报告的批复》,文号为豫发改基础〔2012〕493号。2012年6月8日,《关于三门峡至淅川高速公路卢氏至西坪段技术设计的批复》,文号为豫发改设计〔2012〕733号。2012年6月19日,《关于三门峡至淅川高速公路卢氏至西坪段施工图设计的批复》,文号为豫交文〔2012〕453号。2012年11月13日,河南省环境保护厅对该项目环境影响报告书进行了批复,文号为豫环审〔2012〕250号。2013年6月25日,国土资源厅对该项目的压覆矿产资源报告进行了批复,文号为豫国土资函〔2013〕457号。2010年11月17日和2015年5月14日,河南省国土资源厅批准并签发了该项目建设用地的审查意见,文号分别为豫国土资函〔2010〕693号和豫国土资函〔2015〕254号。2014年9月23日和2015年2月17日,国土资源部批准了该项目的建设用地,文号分别为国土资函〔2014〕446号和国土资函〔2015〕254号。

2)资金筹措

概算总投资为99.73亿元,其中25%为项目资本金,中央车购税补助10.89亿元,从政府还贷高速公路通行费中解决14.05亿元,申请国内银行贷款74.79亿元。

3)合同段划分

(1)设计标段划分:土建工程1设计个标段,房建工程设计1个标段,绿化工程设计1个标段,机电工程设计1个标段。

(2)施工标段划分:土建工程15个标段,机电工程2个标段,房建工程5个标段,绿化工程4个标段,交通安全设施4个标段。

(3)施工监理标段划分:设2个总监办公室,15个土建工程驻地监理标段,5个房建工程监理标段,1个机电工程监理标段。

4)招投标

(1)2012年7月25日~8月14日,确定了土建工程14家中标单位。

(2)2014年9月15~16日,确定了路面工程4家中标单位。

(3)2014年9月15~16日,确定了房建工程5家中标单位。

(4)2015年2月7日,确定了机电工程2家中标单位,确定了消防工程2家中标单位。

(5)2015年2月7日,确定了交通安全设施工程4家中标单位。

(6)2015年2月7日,确定了绿化工程4家中标单位。

(7)2015年4月16~26日,确定了照明工程3家中标单位,确定了配电工程2家单位。

5）征地拆迁情况

征地面积为 414.8245hm^2。其中农村集体农用地 368.5751hm^2，农村集体建设用地 15.6564hm^2，未利用地 11.265hm^2；国有建设用地 1.1538hm^2，未利用地 18.1742hm^2。

2. 项目实施阶段

1）实施过程

(1) 主线土建工程于 2012 年 11 月 10 日开工，2015 年 12 月 11 日交工。

(2) 路面工程于 2014 年 10 月开工，2015 年 11 月完工。

(3) 房建工程于 2014 年 11 月开工，2015 年 11 月完工。

(4) 机电工程于 2015 年 4 月开工，2015 年 11 月完工。

(5) 交通安全设施工程于 2015 年 4 月开工，2015 年 11 月完工。

(6) 绿化工程于 2015 年 4 月开工，2015 年 11 月完工。

(7) 2015 年 12 月 10～11 日，通过了交工验收，得分为 99.21 分，工程质量评定为合格工程。

2）重大决策

(1) 组织开展了"呼北杯"综合评比等一系列劳动竞赛，抢抓施工黄金季节，做好施工组织调度，保障了工程建设的顺利推进。

(2) 大力推广先进施工工法。在全线推广了桥梁下部钢筋笼自动化滚焊机制作、梁板预制智能张拉（压浆）、钢筋制作台架模具施工等 6 项系列施工工法，进一步促进了工程的标准化、规范化施工。

(3) 建立了"政府监督、法人管理、社会监理、企业自检"四级质量保证体系；制定出台了《呼北高速公路监理管理办法》《呼北高速公路检测管理办法》《呼北高速公路质量管理办法》等质量管理办法，有效提高了施工质量。

(4) 按照管理中心提出的"以不增加建设成本为前提，推行标准化建设，提高管理水平，促进工程进度"为目标，将标准化建设作为建设好项目的有力抓手贯穿于各项工作始终，取得了安全、质量、进度和社会效益的全面丰收。

(5) 在河南高速公路项目建设中率先将试验检测工作从监理工作职责中分离，独立招标检测单位，发挥质量管理、试验检测的监督制约作用，确保试验检测数据准确、可靠。

(6) 在土建施工招标中除要求投标人具有相应资质外，还要求投标企业注册资本金在 3 亿元（含 3 亿元）以上。实践证明，项目招标选择了一批技术力量强、业绩好、信用佳的施工单位，有效降低了质量安全风险，确保了工程进度。

(7) 为提高项目建设整体抵抗风险能力，改变以往的保险投保模式，报经省保监局批准并在其监督下,委托保险经纪公司公开招标多家保险公司,组团统一对项目进行保险服务,共同承担保险责任。实施组团保险不仅降低了保费支出,还增强了项目抗风险能力。

(8)积极探索新的安全生产管理办法,在全线推行"群安员"管理模式。

3)设计变更

为满足远期交通量及增设ETC车道要求,五里川收费站由2进3出变更为3进3出;朱阳关收费站由2进3出变更为3进4出;寨根收费站由2进3出变更为3进3出。

(三)科技创新

1."四机联动"桥面、隧道混凝土面层铺装施工工艺

"四机联动"桥面、隧道混凝土面层铺装流水化施工工艺采用排式振捣机进行混凝土的振捣作业、三辊轴整平机进行整平压实、抹光机进行抹光、小型铣刨机进行表面铣刨。该方法按照施工工艺流程顺序采用机械化连续作业,满足施工质量要求,简化了施工流程,提高了工作效率,缩短了工期,减少了施工能源消耗,具有较好的节能减排效果,如图8-11-9所示。

图8-11-9 "四机联动"桥面铺装施工工艺

2.山区高速公路施工过程风险控制与安全预警技术

针对山区高速公路安全施工对信息传输、处理和系统分析方法的需求,提出了山区高速公路施工过程风险控制与安全预警技术体系,提高了山区高速公路施工安全管理水平,降低了生产安全事故发生的可能性。本技术经专家鉴定达到国内领先水平,获得2016年河南省交通运输科学技术奖三等奖。

3. 灌注式半柔性路面技术

灌注式半柔性路面是将水泥胶浆灌入大空隙基体沥青混合料中经一定时间养生而形成的路面,是在大空隙基体沥青混合料(空隙率高达20%~30%)路面中灌入以水泥为主要成分的水泥胶浆而形成的路面,该产品兼具了水泥混凝土路面的刚性和沥青混凝土路面的柔性,是一种经济合理、技术可行、防裂性好且具有良好路用性能的高等级公路路面形式。

4. 基于定位架钢筋整体绑扎成型的T梁、箱梁预制施工工艺

在预制T梁、箱梁施工中采用自行设计的钢筋模架进行加工制作,并运用定位支架进行精准定位,严格控制施工工艺,解决了现有梁板钢筋安装费工费时、无可靠质量控制措施等问题,大大地缩短了安装作业时间,提高了施工质量。

5. 定型胎具钢筋整体绑扎成型混凝土墙式护栏施工工艺

在现浇混凝土墙式防撞护栏施工中采用自行设计的钢筋模架进行加工制作,并运用定位支架进行精准定位,严格控制施工工艺,解决了安装费工费时、无可靠质量控制措施等问题,大大地缩短了作业时间,提高了施工质量。

6. 超高韧性纤维混凝土桥面铺装技术

超高韧性纤维混凝土桥面铺装技术具有良好的力学性能和耐久性,可有效解决传统混凝土材料收缩与脆性特征致使混凝土桥梁桥面铺装反复出现新老混凝土脱粘、开裂、渗水,抗震、抗冲击能力差,使用寿命不长,综合维修成本高等问题。

(四)运营养护管理

1. 组织架构

该项目由河南省交通运输厅高速公路三门峡管理处(以下简称三门峡管理处)与河南省收费还贷高速公路南阳管理处(以下简称南阳管理处)共同运营管理。其中三门峡管理处管养呼北高速公路卢氏至西坪三门峡段,南阳管理处管养呼北高速公路卢氏至西坪南阳段。

三门峡管理处设有综合办公室、收费管理科、养护工程科、路产安全科、机电运维科、党群办公室、监察审计科、财务科、经营科、人事科10个科室及灵宝路政大队和卢氏路政大队。

南阳管理处下设办公室、考核督察办公室(经营科)、财务科、人事科、征收科、养护科、路产管理科、运维中心、工会办公室9个科室。

2. 服务设施

全线设五里川服务区1处,西坪停车区1处,见表8-11-7。

G59 呼北高速公路卢氏至西坪段服务场区一览表　　　　表 8-11-7

高速公路编码	服务区名称	桩　号	所 在 区 域	占地面积（m²）	建筑面积（m²）
G59	五里川服务区	K117+114	卢氏县五里川镇	79678	6149.81
	西坪停车区	K159+600	西峡县西平镇唐家洼村	40000	—

3. 收费设施

设有玉皇山收费站、朱阳关收费站和寨根收费站,见表 8-11-8。

G59 呼北高速公路卢氏至西坪段收费设施一览表　　　　表 8-11-8

收费站名称	桩　号	入口车道数		出口车道数	
		总车道	ETC 车道	总车道	ETC 车道
玉皇山收费站	K112+514	3	1	4	1
朱阳关收费站	K127+564	3	1	4	1
寨根收费站	K146+000	3	1	4	1

4. 监控设施

三门峡管理处设置监控中心 1 处,负责呼北高速公路灵宝至卢氏段、呼北高速公路卢氏至西坪三门峡段、洛卢高速公路三门峡段范围内主线、收费站及服务区的运营监管。

南阳管理处设置监控中心 1 处,负责沪陕高速公路南阳至西坪段和呼北高速公路南阳境内主线、收费站及服务区的运营监管。

三、G59 呼北高速公路西坪至寺湾段

(一)项目概况

1. 基本情况

1)功能定位

呼北高速公路西坪至寺湾段起自西峡县西坪镇柳林沟,与沪陕高速公路相交,向南沿淇河经淅川县西簧乡西、寺湾镇东,止于河南、湖北两省交界的鹁鸽峪附近,接湖北省郧县至十堰高速公路,全长 37.513km。该项目对促进沿线资源开发,改善区域交通环境,加快豫西经济发展,加强豫鄂两省联系具有重要意义。

2)技术标准

全封闭、全立交、双向四车道;桥隧比:47.26%;设计行车速度:80km/h;整体式路

基宽度:24.5m;分离式路基宽度:12.75m;桥梁设计荷载等级为公路—Ⅰ级,桥涵设计洪水频率 1/100(特大桥 1/300);路面:收费广场和服务区广场采用水泥混凝土路面;路面采用沥青混凝土结构,路面设计标准轴载为双轮组单轴轴载 100kN;路面结构:主线为 4cm 细粒式沥青混凝土(AC-13C)+6cm 中粒式 SBS 改性沥青混凝土(AC-20C)+10cm 沥青碎石(ATB-25)+改性沥青同步碎石封层+乳化沥青透层+36cm 水泥稳定碎石基层(振动成型)+18cm 水泥稳定碎石(振动成型);设计使用年限:设计年限为 100 年。

3)建设规模

主要工程量:路基填方 247.6 万 m^3,挖方 408.3 万 m^3,沥青路面 85.0183 万 m^2;枢纽型互通立交 1 处,服务型互通立交 2 处,分离式立交 2 处,天桥 1 座,通道 10 道,涵洞 59 道,主线收费站 1 处,匝道收费站 2 处,养护管理所 1 处(与收费站合建),路政管理所 1 处(与收费站合建),隧道管理站 1 处(与收费站合建);服务区 1 处,超限检查站 1 处;表 8-11-9 为 G59 呼北高速公路西坪至寺湾段桥梁一览表,表 8-11-10 为 G59 呼北高速公路西坪至寺湾段隧道一览表。

G59 呼北高速公路西坪至寺湾段桥梁一览表　　表 8-11-9

规　模	名　称	桥长(m)	主跨长度(m)	跨越障碍物			桥梁类型
				河流	沟谷	道路、铁路	
大桥	瓦房店淇河大桥	685	40		√		连续梁桥
	夏营 1 号大桥	230	25		√		连续梁桥
	夏营 2 号大桥	155	25		√		连续梁桥
	夏营 3 号大桥	130	25		√		连续梁桥
	后唐大桥	288	40		√		连续梁桥
	吴家大桥	605.045	40		√		连续梁桥
	阳故山大桥	480	25		√		连续梁桥
	龙峪沟大桥	328	40	√			连续梁桥
	狮子沟大桥	255	25		√		连续梁桥
	三坪沟大桥	288	40		√		连续梁桥
	毛庄大桥	205	25		√		连续梁桥
	王河村淇河大桥	334.62	30	√			连续梁桥
	陈家庄 1 号大桥	280	25		√		连续梁桥
	陈家庄 2 号大桥	128	40		√		连续梁桥
	陈家庄 3 号大桥	102.24	25		√		连续梁桥
	梅池大桥	688	40		√		连续梁桥
	战马崖大桥	205	25		√		连续梁桥

续上表

规模	名称	桥长(m)	主跨长度(m)	跨越障碍物			桥梁类型
				河流	沟谷	道路、铁路	
大桥	后湾大桥	325.045	40		√		连续梁桥
	大柿沟1号大桥	247	30	√			连续梁桥
	大柿沟2号大桥	397	30	√			连续梁桥
	小柿沟1号大桥	482.24	30			√	连续梁桥
	小柿沟2号大桥	152.24	30			√	连续梁桥
	上庄淇河大桥	368	40	√			连续梁桥
	高庄淇河大桥	562.1	40	√			连续梁桥
	佘家河村淇河大桥	448	40	√			连续梁桥
	刘沟大桥	122.24	30		√		连续梁桥
	崖屋淇河大桥	337	30	√			连续梁桥
	赵河村1号大桥	277	30			√	连续梁桥
	赵河村2号大桥	157	30		√		连续梁桥
	鹁鸽峪丹江大桥	780	25			√	连续梁桥
中桥	白庄中桥	97	30		√		连续梁桥
	高湾中桥	80	25		√		连续梁桥

G59 呼北高速公路西坪至寺湾段隧道一览表　　表 8-11-10

规模	名称	隧道全长(m)	隧道净宽(m)	隧道分类					洞门形式(进口/出口)
				按地质条件划分		按所在区域划分			
				土质隧道	石质隧道	山岭隧道	水底隧道	城市隧道	
长隧道	后唐沟隧道	1002	10.25		√	√			端墙式/端墙式(左出)/端墙式(右出)
	张马垭隧道	1370	10.25		√	√			端墙式/端墙式
	前湾隧道	1423	10.25		√	√			端墙式/削竹式
	西簧隧道	1136	10.25		√	√			端墙式/端墙式
中隧道	李家坪隧道	505	10.25		√	√			端墙式/削竹式
	黄楝树隧道	521	10.25		√	√			端墙式/端墙式
短隧道	后湾1号隧道	262	10.25		√	√			端墙式/端墙式
	后湾2号隧道	178	10.25		√	√			端墙式/端墙式

4)主要控制点

南阳市(西峡县、淅川县)。

5)地形地貌

全线位于南阳市西部,跨西峡县和淅川县两县。位于豫西南地山区,属秦岭山脉东段。全区山脉和水系严格受燕山运动以来所形成的构造格局控制,该区地形、地貌类型具有局部多样性和复杂性,其北靠伏牛山、东扶桐柏山、西依秦岭、南临汉江、三面环山,中间为略有起伏的广阔平原,是1个向南微斜且敞开的扇形山间盆地。平原、丘陵、山区各占21%、30.6%和48.4%,海拔高度在72.2～2212.5m地势呈阶梯状,由西北向东南倾斜,以河流为骨架,构成向南开口与江汉平原相连接的马蹄形盆地,素称南阳盆地。

6)投资规模

项目概算投资35.75亿元,平均每公里造价0.95亿元。

7)开工及通车时间

2012年12月开工建设,2015年12月交工通车。

2. 参建单位主要情况

(1)建设单位:河南省三门峡至淅川高速公路项目有限公司。

(2)勘察设计单位:河南省交通规划勘察设计院。

(3)质量监督单位:河南省交通基本建设质量检测监督站。

(4)监理单位:河南省宏力工程咨询有限公司、北京中交路通。

(5)土建施工单位:中铁七局集团有限公司、中铁隧道集团有限公司、山东泰山路桥工程公司、中铁十二局集团第二工程有限公司、中铁三局集团有限公司。

(6)路面施工单位:中铁建大桥工程局集团第一工程有限公司、河南省路桥建设集团有限公司。

(7)房建施工单位:河南隆基建设有限公司、河南弘益建设有限公司、河南宏岳建设有限公司、河南省永阳建设有限公司。

(8)绿化施工单位:河南瑞源景观园林工程有限公司、信阳市新凯瑞园林工程有限公司。

(9)交通安全设施施工单位:河南瑞源景观园林工程有限公司、信阳市新凯瑞园林工程有限公司。

(10)交通机电施工单位:陕西政合汉唐工程有限公司、北京市亚太安设备安装有限责任公司、浙江珍琪电器工程有限公司、深圳市锦粤达科技有限公司、中铁电气化局集团第三工程有限公司。

(二)建设情况

1. 项目准备阶段

1）项目审批文件

2010年5月31日,河南省文物局对该项目文物进行了批复,文号为豫文物函〔2010〕35号。2010年11月16日,该项目地质灾害危险性评性评估报告在国土资源厅备案登记。2010年11月16日,河南省环境保护厅对该项目环境影响报告书进行了批复,文号为豫环审〔2010〕294号。2010年11月17日,《关于呼北高速公路西坪至寺湾(豫鄂省界)段工程可行性研究报告的批复》,文号为豫发改基础〔2010〕1680号。2010年11月18日,《关于三门峡至淅川高速公路西坪至寺湾(豫鄂省界)段工程初步设计的批复》,文号为豫发改设计〔2010〕1689号。2012年4月19日,《关于三门峡至淅川高速公路西坪至寺湾(豫鄂界)段技术设计的批复》,文号为豫发改设计〔2012〕471号。2012年5月21日,《关于三门峡至淅川高速公路西坪至寺湾(豫鄂界)段施工图设计的批复》,文号为豫交文〔2012〕353号。2013年6月25日,国土资源厅对该项目的压覆矿产资源报告进行了批复,文号为豫国土资函〔2013〕459号。河南省国土资源厅于2010年12月10日及2014年10月28日批准并签发了该项目建设用地的审查意见,文号分别为豫国土资函〔2010〕741号和豫国土资函〔2014〕477号。2014年9月23日,国土资源部批准了该项目的建设用地,文号为国土资函〔2014〕447号。

2）资金筹措

概算总投资为35.75亿元,其中25%为项目资本金,拟申请中央车购税补助,其余部分从政府还贷高速公路通行费中解决,申请国内银行贷款24.8亿元。

3）合同段划分

(1)设计标段划分:土建工程1设计个标段,房建工程设计1个标段,绿化工程设计1个标段,机电工程设计1个标段。

(2)施工标段划分:土建工程5个标段,机电工程5个标段,房建工程4个标段,绿化工程2个标段,交通安全设施工程2个标段。

(3)施工监理标段划分:设1个总监办公室,5个土建工程驻地监理标段,1个房建工程监理标段,1个机电工程监理标段。

4）招投标

(1)2012年7月25日~8月14日,确定了土建工程5家中标单位。

(2)2014年9月15~16日,确定了路面工程2家中标单位。

(3)2014年9月15~16日,确定了房建工程4家中标单位。

(4)2015年2月7日,确定了机电工程1家中标单位,确定了消防工程1家中标单位。

(5)2015年2月7日,确定了交通安全设施工程2家中标单位。

(6)2015年2月7日,确定了绿化工程2家中标单位。

(7)2015年4月16~26日,确定了照明工程2家中标单位,确定了配电工程1家单位。

5)征地拆迁情况

征地面积为230.6737hm^2。其中农村集体农用地179.3654hm^2,农村集体建设用地7.7716hm^2,未利用地37.6160hm^2;国有农用地0.0545hm^2,国有建设用地0.4355hm^2,未利用地5.4307hm^2。拆迁房屋198户、拆迁面积约3.96万m^2,征地拆迁费用共计18169.72万元。

2. 项目实施阶段

1)实施过程

(1)主线土建工程于2012年12月19日开工,2015年12月11日交工。

(2)路面工程于2014年10月开工,2015年11月完工。

(3)房建工程于2014年11月开工,2015年11月完工。

(4)机电工程于2015年4月开工,2015年11月完工。

(5)交通安全设施工程于2015年4月开工,2015年11月完工。

(6)绿化工程于2015年4月开工,2015年11月完工。

(7)2015年12月10~11日,通过了交工验收,得分为99.15分,工程质量评定为合格工程。

2)重大决策

(1)大力推广先进施工工法。公司在全线推广了桥梁下部钢筋笼自动化滚焊机制作、梁板预制智能张拉(压浆)、钢筋制作台架模具施工等6项系列施工工法。

(2)建立了"政府监督、法人管理、社会监理、企业自检"四级质量保证体系;制定出台了《呼北高速公路监理管理办法》《呼北高速公路检测管理办法》《呼北高速公路质量管理办法》等质量管理办法,有效提高了施工质量。

(3)积极探索新的安全生产管理办法,在全线推行"群安员"管理模式。

3)设计变更

(1)呼北高速公路西坪至寺湾段寺湾收费站由2进4出变更为3进4出,文号为豫交文〔2014〕190号。

(2)陈家庄1号大桥(K14+375~K14+655)变更为整体式路基,增加直径6m钢波纹管涵一道,变更后路基填筑最大高度26m,文号为豫交文〔2015〕618号。

4)重大事件

2013年项目公司组织开展了"奋战30天,掀起施工高潮"和"呼北杯"综合评比竞赛活动。

(三)科技创新

此部分内容同本节"二、G59 呼北高速公路卢氏至西坪段 (三)科技创新"。

(四)运营养护管理

1. 组织架构

该项目运营管理单位为河南省收费还贷高速公路南阳管理处。管理处下设办公室、考核督察办公室(经营科)、财务科、人事科、征收科、养护科、路产管理科、运维中心、工会办公室9个科室。

2. 服务设施

全线设寺湾服务区一处,见表8-11-11。

G59 呼北高速公路西坪至寺湾段服务场区一览表　　　表8-11-11

高速公路编码	服务区名称	桩　　号	所 在 区 域	占地面积(m²)	建筑面积(m²)
G59	寺湾服务区	K199+430	淅川县寺湾镇大坪村	65000	4605.46

3. 收费设施

下设西簧、寺湾和豫鄂省界3个收费站,见表8-11-12。

G59 呼北高速公路西坪至寺湾段收费设施一览表　　　表8-11-12

收费站名称	桩　　号	入口车道数		出口车道数	
		总车道	ETC车道	总车道	ETC车道
西簧收费站	K186+000	3	1	5	1
寺湾收费站	K197+600	3	1	4	1
豫鄂省界收费站	K202+614	0	0	12	3

4. 监控设施

设置监控中心1处,负责沪陕高速公路南阳至西坪段和呼北高速公路南阳境内主线、收费站及服务区的运营监管。

第十二节　G30 连云港至霍尔果斯高速公路河南段
（永城市至灵宝市）

连霍高速公路河南段是河南省内第一条利用世界银行贷款修建的高速公路,路线起自永城县朱大厂村南500m皖豫两省交界处,自东向西依次经过商丘、开封、郑州、洛阳、三门峡5市,止于灵宝市杨家村北,与陕西渭潼高速公路终点相接,全长609.963km。该项目直接实现了豫、皖、陕3省高速公路的最有效连接,对加快河南省经济发展和对外联系,打通西出东进通道,改善投资环境,促进资源开发利用,加强国防建设具有重要意义。

一、G30连霍高速公路商丘(省界)至开封段

(一)项目概况

1. 基本情况

1)功能定位

连霍高速公路商丘(省界)至开封段起自永城县朱大厂村南500m皖豫两省交界处,止于开封至洛阳段高速公路,全长202.8km。该项目对拉动沿线经济、旅游、文化产业发展,缓解交通运输压力,进一步完善河南和全国公路网布局,促进豫东地区资源开发和利用具有重要意义。

2)技术标准

全封闭、全立交、双向四车道;设计行车速度:120km/h;路基宽度:26m;桥梁净宽:2×11m;桥涵设计荷载标准:汽车—超20级,挂车—120;路面设计标准轴载:BZZ-100;路面:收费广场和服务区广场采用水泥混凝土路面,其他均为沥青混凝土高级面层;路面结构:沥青混凝土路面结构(从上至下),4cm中粒式沥青混凝土+6cm粗粒式沥青混凝土+7cm粗粒式沥青混凝土+0.6cm改性沥青下封层+34.4(31.4)cm水泥稳定碎石+18cm水泥石灰稳定土。

3)建设规模

主要工程量:路基土方2549万m^3,路面485万m^2;主线收费站1处,匝道收费站9处;服务区4处,停车区2处,主体建筑面积42460m^2,占地475亩;表8-12-1为G30连霍高速公路商丘(省界)至开封段桥梁一览表。

G30连霍高速公路商丘(省界)至开封段桥梁一览表　　　　表8-12-1

规模	名称	桥长(m)	主跨长度(m)	跨越障碍物			桥梁类型
				河流	沟谷	道路、铁路	
大桥	王引河大桥	165.08	20	√			简支梁桥
	小白河大桥	105.06	20	√			简支梁桥
	龙沟大桥	165.08	16		√		简支梁桥
	响河大桥	245.08	20	√			简支梁桥
	新惠通渠大桥	225.1	20			√	简支梁桥
	东沙河大桥	105.06	20	√			简支梁桥
	包河大桥	165.08	20	√			连续梁桥
	上清水河大桥	145.06	20	√			连续梁桥

续上表

规模	名称	桥长(m)	主跨长度(m)	跨越障碍物 河流	跨越障碍物 沟谷	跨越障碍物 道路、铁路	桥梁类型
大桥	大沙河大桥	125.06	20	√			连续梁桥
	古宋河大桥	185.08	20	√			简支梁桥
	跨陇海铁路大桥	182.04	20			√	简支梁桥
	东立民沟中桥	101.06	16		√		简支梁桥
	沈沙河中桥	101.06	16	√			连续梁桥
	蔡河中桥	101.06	16	√			连续梁桥
	西沙支沟中桥	101.06	16		√		连续梁桥
中桥	郭沟中桥	53.04	16		√		简支梁桥
	沙清沟中桥	69.04	64		√		简支梁桥
	韩沟中桥	85.04	20		√		简支梁桥
	宋沟中桥	69.04	16		√		简支梁桥
	毛沟中桥	53.04	16		√		简支梁桥
	商永路-北镇	53.04	16			√	简支梁桥
	五香沟中桥	53.04	16		√		简支梁桥
	引黄干渠中桥	53.04	16	√			简支梁桥
	毛河故道大桥	65.04	16	√			简支梁桥
	桑固至夏邑油路中桥	53.04	16			√	简支梁桥
	夏邑小白河中桥	69.04	16	√			简支梁桥
	大侯乡至文集乡中桥	53.04	16			√	简支梁桥
	中心干渠中桥	85.04	20	√			简支梁桥
	运彩河中桥	69.04	16	√			简支梁桥
	文明沟中桥	85.04	16		√		简支梁桥
	南惠民沟中桥	85.04	16		√		简支梁桥
	中桥	37.04	16			√	简支梁桥
	周商永运河中桥	85.04	16	√			简支梁桥
	小红河中桥	53.04	16	√			简支梁桥
	五干渠中桥	25	20	√			简支梁桥
	陈良河中桥	53.04	16	√			简支梁桥
	中桥	53.04	16			√	简支梁桥
	吴庄沟中桥	37.04	16	√			简支梁桥
	孟李沟中桥	37.04	16		√		简支梁桥
	孙胡沟中桥	37.04	16		√		简支梁桥
	乔王沟中桥	37.04	16		√		简支梁桥

续上表

规模	名称	桥长（m）	主跨长度（m）	跨越障碍物 河流	跨越障碍物 沟谷	跨越障碍物 道路、铁路	桥梁类型
中桥	吴王沟中桥	25.04	20			√	简支梁桥
	黄茶排水沟中桥	85.04	20	√			简支梁桥
	碱河中桥	37.04	16	√			简支梁桥
	刘徐河中桥	53.04	16	√			简支梁桥
	蝎子河中桥	65.04	20	√			简支梁桥
	K432+833中桥	65.04	20			√	简支梁桥
	审家沟中桥	37.04	16	√			简支梁桥
	柳园河中桥	37.04	16	√			简支梁桥
	吴堂河中桥	85.4	20			√	简支梁桥
	民生河中桥	53.04	16			√	简支梁桥
	民权县城至火烧庙中桥	53.04	16			√	简支梁桥
	二干渠中桥	53.04	16			√	简支梁桥
	老惠通渠中桥	53.04	16	√			简支梁桥
	内黄沟中桥	37.04	16			√	简支梁桥
	崔堂沟中桥	37.04	16			√	简支梁桥
	K452+855中桥	53.04	16			√	简支梁桥
	K453+426中桥	37.04	16			√	简支梁桥
	K456+710中桥	25.04	20			√	简支梁桥
	K461+236中桥	65.04	20			√	简支梁桥
	同集河中桥	53.04	16	√			简支梁桥
	简河中桥	101.1	16	√			简支梁桥
	同集河中桥	38.04	16	√			简支梁桥
	城桂沟中桥	37.04	16	√			简支梁桥
	兰考县互通式立交	65.04	20			√	简支梁桥
	兰考互通立交跨匝道桥	65.04	20			√	简支梁桥
	杜庄河支中桥	69.04	16	√			简支梁桥
	中桥50	37.04	16	√			简支梁桥
	四干渠中桥	25.04	20	√			简支梁桥
	金狮沟中桥	37.04	16	√			简支梁桥
	曹新庄分离式立交	53.04	16			√	简支梁桥
	三老河桥	37.04	16	√			简支梁桥

续上表

规模	名称	桥长（m）	主跨长度（m）	跨越障碍物			桥梁类型
				河流	沟谷	道路、铁路	
中桥	兰杞干渠中桥	37.04	16	√			简支梁桥
	圈张东支中桥	53.04	16	√			简支梁桥
	青龙铺分支中桥	37.04	16	√			简支梁桥
	分离式立交桥72	53.04	16			√	简支梁桥
	围张东支中桥	33.04	16	√			简支梁桥
	中干渠中桥	37.04	16	√			简支梁桥
	中桥64	37.04	16	√			简支梁桥
	围庄河中桥	37.04	16	√			简支梁桥
	分离式立交	53.04	16			√	简支梁桥
	中桥66	37.04	16	√			简支梁桥
	中桥	37.04	16	√			简支梁桥

4) 主要控制点

商丘市(永城市、夏邑县、虞城县、宁陵县、民权县)、开封市(兰考县、开封县、开封市)。

5) 地形地貌

项目所经地区处于黄淮冲洪积平原的西南部。黄淮海平原是在大地坳陷的基础上，受到地质内外营力的作用而不断沉陷，同时受黄、淮、海诸河从黄土高原和山地带来的大量泥沙以大体平衡的速度所填充而逐渐形成的。从整体上看，除永城境内有较小面积的孤山、残丘外，大都地面平坦，平旷无垠，微地形则具有波浪起伏、碟形、槽形相互交错分布的地貌特征。地形上大体是由西北向东南微倾，海拔30~90m，平均坡降不足1/5000。

由于黄河故道横亘地区北部及永城东北部孤山、残丘的存在，地区大体分为废黄河高滩地、废黄河背河洼地、孤山残丘、河间低平地四个地貌单元。路线通过地区除大沙河以西兰考一带为废黄河背河洼地外，其余均为沱浍河及涡河河间低平区、芒山以南则属孤山、残丘地貌。

6) 投资规模

项目概算投资42.867亿元，竣工决算投资42.483亿元，投资节约0.3839亿元，平均每公里造价2089.88万元。

7) 开工及通车、竣工时间

1998年12月开工建设，2001年12月交工通车，2003年11月完成竣工验收。

2. 参建单位主要情况

(1) 建设单位：河南省商丘至开封高速公路建设有限公司。

(2) 设计单位：河南省交通规划勘察设计院。

(3) 质量监督单位：河南省交通基本建设质量检测监督站。

(4) 监理单位：北京华通公路桥梁监理咨询公司、河南省高等级公路建设监理部、中国公路工程咨询监理总公司、河南省卓越建设监理有限公司。

(5) 土建施工单位：中国第一冶金建设总公司、中国第十三冶金建设总公司、广东省第二建筑工程公司、铁道部第一工程局、铁道部第十九工程局第三工程处、交通部第一工程总公司第五工程公司、中国对外建设总公司、中国水利水电第十三工程局、广东省惠州市公路建设总公司、铁道部第十五工程局第五工程处、中国建筑第四工程局、交通部第二公路工程局第四工程处、哈尔滨市公路工程处、铁道部第二十工程局第二工程处、交通部第一工程总公司第一工程公司、河南省交通公路工程局、山西省路桥建设总公司、铁道部第二十二工程局第二工程处、江西省公路桥梁工程局、中国建筑第三工程局。

(6) 路面施工单位：铁道部第二十工程局第二工程处、铁道部第十九工程局第三工程处、交通部第一工程总公司第五工程公司、黑龙江桥梁建设总公司、河南省大河筑路公司、江西省公路桥梁工程局、交通部第二公路工程局第四工程处、铁道部第二十工程局第二工程处、交通部第二公路工程局第六工程处、河南省交通公路工程局、山西省路桥建设总公司。

(7) 房建施工单位：中建七局四公司、河南郾城县第二建筑安装公司、新乡建设集团、郑州正岩建筑安装工程公司、荥阳市建筑工程五公司、河南省第七建筑工程公司、中建七局一公司、郑州市建筑工程一公司、郑州三业建筑公司、河南中州建筑公司、荥阳市建筑工程一公司、郑州市华盛建筑工程公司、郑州建隆建筑公司、林州市建筑公司三公司、中国人民解放军总装备部特种技术安装总队、河南省兴达建筑公司、林州市建筑公司九公司、中建四局厦门公司。

(8) 绿化施工单位：河南育林绿化工程有限公司、河南省西华县花木风景园、河南万年青环境艺术公司、河南浩森工程有限公司、郑州市隆华园林绿化工程安装有限公司、河南省潢川县大地花木盆景绿化有限公司、河南泰山建筑装饰工程有限公司、安阳市园林建设工程处、河南金地园林艺术有限公司、许昌江北花木有限公司、开封市瑞航公路工程公司、深圳市苍龙实业发展有限公司。

(9) 交通安全设施施工单位：铁道部第二十工程局第二工程处、铁道部第十九工程局第三工程处、交通部第一工程总公司第五工程公司、黑龙江桥梁建设总公司、河南省大河筑路公司、江西省公路桥梁工程局、交通部第二公路工程局第四工程处、铁道部第二十工程局第二工程处、交通部第二公路工程局第六工程处、河南省交通公路工程局、山西省路桥建设总公司。

（10）交通机电施工单位：浚县黎源电力工程有限责任公司、山东送变电工程公司、商丘市电力安装公司、河南盈科交通工程公司、淄博张店海德灯具厂、中国核工业二三建设公司。

（二）建设情况

1．项目准备阶段

1）项目审批文件

1995年1月9日，国家计划委员会对商丘至开封高速公路项目建议书进行了批复，文号为计交能〔1995〕24号。1997年9月4日，国家计划委员会印发国家计委关于审批利用日本输出入银行贷款建设商丘（豫皖省界）至开封高速公路可行性研究报告的请示的通知，文号为计交能〔1997〕1547号。1998年1月9日，交通部对商丘（豫皖省界）至开封高速公路初步设计进行了批复，文号为交公路发〔1998〕12号。1999年8月17日，国土资源部对商丘至开封高速公路开封段工程建设用地进行了批复，文号为国土资函〔1999〕392号。1999年12月21日，国土资源部对商丘至开封高速公路商丘段工程建设用地进行了批复，文号为国土资函〔1999〕707号。2002年10月18日，河南省交通厅对商丘（省界）至开封高速公路施工图设计进行了批复，文号为豫交计〔2002〕714号。

2）资金筹措

概算总投资为42.8669亿元，其中：交通部补助94000万元（包含10000万元国债补助），省交通规费56669万元，国债转贷27000万元，日本国际协力银行贷款166000（约2亿美元）万元，国内银行贷款85000万元。

3）合同段划分

（1）设计标段划分：土建工程设计1个标段，房建工程设计1个标段，绿化工程设计1个标段，机电工程设计1个标段。

（2）施工标段划分：土建工程18个标段，路面工程6个标段，机电工程6个标段，房建工程18个标段，交通安全设施工程39个标段。

（3）施工监理标段划分：3个总监办公室，18个土建工程驻地监理标段，1个房建工程监理标段，1个机电工程监理标段。

4）招投标

（1）1998年9月25日，省交通厅发布土建工程施工与监理招投标资格预审通告，1998年11月20日，确定18家具有交通工程施工一级资质的施工单位中标。

（2）2000年9月，发布路面工程招标公告，最终确定11家标价合理、资质合格、业绩优良的施工队伍中标。

5)征地拆迁情况

征地面积为 19460.426 亩,拆迁房屋 1547 间,拆迁占地费用共计 33671.1 万元。

2. 项目实施阶段

1)实施过程

(1)主线土建工程于 1998 年 12 月 19 日开工,2000 年 12 月 6 日完工。

(2)房建工程于 2000 年 12 月开工,2001 年 11 月完工。

(3)机电工程于 2000 年 12 月开工,2001 年 11 月完工。

(4)交通安全设施工程于 2000 年 12 月开工,2001 年 11 月完工。

(5)绿化工程于 2000 年 12 月开工,2001 年 11 月完工。

(6)2001 年 11 月 19～21 日,由建设单位组织专家对连霍高速公路商丘至开封段进行了交工验收,得分为 88.53 分,工程质量评定为合格。

(7)2003 年 11 月 25～27 日,河南省交通厅对项目进行竣工验收,经竣工验收委员会评议,同意该项目通过竣工验收,工程质量等级评定为优良。

2)设计变更

(1)提出变更稀浆封层,改性沥青作下封层,提高了路面的防水性能和基层的抗冻性。

(2)将路面中面层厚度增加 1cm,保证路面工程的使用质量。

(3)2000 年 5 月经交通部质量检查组在对商开高速公路进行质量检查时,建议增加京九立交桥桥梁长度或采取其他有效补救措施,以减小桥台台背填土高度和降低路基沉降量,确保该桥使用效果。根据交通部质量检查组的建议和省指挥部的意见,将京九铁路立交变更为 $2×20m$ 空心板 + $(23+3×35+23)m$ 连续刚构 + $2×20m$ 空心板。下部结构不变。

(4)增加结构物:7 道通道。变更桥涵一处:K138 + 139 处由原 $4×3m$ 通道变更为 $6×3m$ 通道。

3)重大事件

(1)1999 年,河南省交通规划勘察设计院参与的《商丘至开封高速公路路基高度优化设计》,被中国质量管理协会评为 1999 年度工程建设优秀 QC 小组奖。

(2)1999 年 11 月 18 日,河南省交通规划勘察设计院商开路代表处参与的《公路路基结构可靠性研究(路堤部分)》,获交通部交通科学技术进步二等奖。

(三)科技创新

(1)"跨铁路线连续刚构桥施工受火车行驶振动影响及施工工艺和方法的研究",获河南省科技进步三等奖、厅科技进步一等奖。

(2)"商丘至开封高速公路低液限粉土路基填筑技术研究",获厅科技进步二等奖。

(3)"商丘至开封高速公路水泥稳定基层材料结构性能及施工工艺研究",获厅科技进步二等奖。

(4)"商开高速公路沥青路面结构研究",获厅科技进步一等奖。

(5)"商丘至开封高速公路水泥稳定粉砂性土底基层施工技术研究",获厅科技进步一等奖。

(6)根据交通部质量年活动要求,对公路质量通病进行了"高等级公里桥头跳车处理技术研究"和"水泥混凝土桥面沥青混凝土面层应用技术研究"的研究,获厅科技进步二等奖。

(四)运营养护管理

1.组织架构

该项目运营管理单位为河南高速公路发展有限责任公司商丘分公司和河南高速公路发展有限责任公司开封分公司共同运营管理,商丘分公司目前负责管理商丘市境内所辖路段,开封分公司负责管理开封商丘界至该项目终点。

商丘分公司的经营管理实行省公司领导下的经理负责制。设有办公室、财务科、人事科、征收科、养护科、路产科、监察室、考核办、政工科、工会团委10个部门。

开封分公司内设综合办公室、政工科、财务科、人事科、监察室、考核办、征收科、路产科、养护科、路域经济办公室10科室,下属开封收费站、开封东收费站、兰考收费站、开封路政大队、开封超限站、运维分中心、路警联合指挥中心7个单位。

2.服务设施

全线设豫皖界服务区、夏邑服务区、商丘服务区、宁陵服务区和民权服务区5处,见表8-12-2。

G30连霍高速公路商丘(省界)至开封段服务场区一览表　　　表8-12-2

高速公路编码	服务区名称	桩　　号	所 在 区 域	占地面积(m²)	建筑面积(m²)
G30	豫皖界服务区	K292+720	商丘市永城市	55910.69	10180
	夏邑服务区	K324+000	商丘市夏邑县	106667	9258.1
	商丘服务区	K379+000	商丘市睢阳区	146200	10000
	宁陵服务区	K422+000	商丘市宁陵县	146667	7000
	民权服务区	K462+000	商丘市民权县	120000	12000

3.收费设施

设有豫皖界、芒砀山、夏邑、虞城(南北幅共两个上下收费口)、商丘睢阳、商丘、宁陵、民权共8个收费站,见表8-12-3。豫皖界收费站有10个出口、10个入口,共20条通行车道;芒砀山收费站有3个出口、2个入口,共5条通行车道;夏邑收费站有3个出口、2个入口,共5条通行车道;虞城收费站有4个出口、4个入口,共8条通行车道;商丘睢阳收费站有5个出口、3个入口,共8条通行车道;商丘收费站有7个出口、4个入口,共11条通行车道;宁陵收费站有4个出口、3个入口,共7条通行车道;民权收费站有5个出口、3个入口,共8条通行车道。

G30 连霍高速公路商丘(省界)至开封段收费设施一览表　　　表 8-12-3

收费站名称	桩　号	入口车道数		出口车道数	
		总车道	ETC车道	总车道	ETC车道
豫皖界收费站	K291+000	10	2	10	2
芒砀山收费站	K296+812	2	0	3	1
夏邑收费站	K328+338	2	0	3	1
虞城收费站	K357+035	4	0	4	1
商丘睢阳收费站	K375+729	3	1	5	1
商丘收费站	K384+645	4	1	7	1
宁陵收费站	K412+600	3	1	4	1
民权收费站	K435+750	3	1	5	1

4. 监控设施

设置监控中心1个,负责连霍高速公路商丘(省界)至开封段的运营监管。

5. 养护管理

1)路面维修工程

2006—2010年开展了连霍高速公路商丘段路面再生工程、连霍高速公路豫皖省界段路面改善工程、夏邑服务区路面改造工程、连霍高速公路路面平整度专项工程、芒砀山收费站路面抢修工程、2015年连霍高速公路商丘段路面养护专项工程(K291~K396)70.09km,如图8-12-1~图8-12-3所示。

2)桥梁检测、维修加固

根据省交通厅及主管部门规范标准及公司制度,项目每3年委托检测单位对全线桥涵结构物进行定期检测,及时掌握技术状况及病害情况,作为桥涵维修保养的依据。

3)沿线设施的提升、改造

2006—2010年对连霍高速公路商丘段开展中央分隔带绿化改造工程、标牌整改工程和连霍桥梁防撞墙处治工程等一系列专项工程,进一步保障道路行驶安全,如图8-12-4所示。

第八章
河南高速公路项目建设信息

图 8-12-1　路面再生工程

图 8-12-2　路面改善工程

图 8-12-3　路面养护专项工程

图 8-12-4 沿线设施的提升、改造

2013年商丘分公司组织编写了《商丘分公司高速公路绿化养护指导手册》，实用性、指导性兼备，对绿化管养工作起到了指导作用。

2014年连霍高速公路商丘段K361~K467段组织开展改扩建工程，原有路面车道"四改八"，改扩建工程由河南德郑高速公路有限公司负责实施。

4）新材料、新技术研发

为提高路面整体性能，延长路面使用寿命，改善路面的外观质量，提高车辆行驶舒适度，商丘分公司对连霍高速公路 K290+870~K360+960 段采取专项措施进行养护，其中桥头跳车和全线平整度采用了复合有机水硬性（MOH）材料填补处理（图8-12-5）和2cm厚快速同步施工型改性沥青超薄磨耗层等新工艺和新材料进行处治（图8-12-6）。

图 8-12-5 复合有机水硬性（MOH）材料填补处理路面

二、G30 连霍高速公路商丘至兰考段改扩建工程

（一）项目概况

1. 基本情况

1）功能定位

连霍高速公路商丘至兰考段改扩建工程起于济广高速公路与连霍高速公路交叉的枢

纽互通式立交东端,终点位于兰考西枢纽互通式立交东端,全长118.587km。该项目对促进沿线地区经济、旅游产业的发展,增加连霍高速公路运输能力,缓解当地交通压力,加快中原经济区建设具有重要意义。

图8-12-6 快速同步施工型改性沥青超薄磨耗层

2)技术标准

改扩建后为八车道;设计行车速度:120km/h;路基宽度:扩建后42m;行车道宽度:$2\times4\times3.75m$;中央分隔带宽度:3.0m;左侧路缘带$2\times0.75m$;硬路肩宽度$2\times3.0m$;土路肩宽度$2\times0.75m$;最大纵坡:1.84%;最小坡长348.6m。桥面总宽:扩建后$2\times20m$;桥面净宽扩建后$2\times19m$;桥涵设计荷载:老桥,汽—超20级,挂车—120,加宽桥公路—Ⅰ级。路面结构:表面层为4cm AC-13C细粒式改性沥青混凝土(表面层老路和新建路段通铺);中面层为6cm AC-20C中粒式改性沥青混凝土(新建);下面层为12cm ATB-25密级配沥青稳定碎石(新建);基层为34cm水泥稳定碎石(新建);底基层为16cm低剂量水泥稳定碎石(新建);总厚度72cm。

3)建设规模

主要工程量:路基土石方866万m^3;路面底基层2003984m^2,基层2038228m^2,下面层2026992m^2,中面层2139054m^2,上面层2145654m^2;表8-12-4为G30连霍高速公路商丘至兰考段改扩建工程桥梁一览表。

4)主要控制点

张庄互通、商丘南、商丘西、史楼互通、宁陵、民权、兰考。

5)地形地貌

路线所经地区处于黄河冲洪积平原东部,泛属华北平原之东南隅,为黄河流域缓倾斜平原地貌单元。路区大部地形低平开阔,整体地势北高南低,由西北向东南微倾,地面高程为44.00~63.00m,总体地形较平坦。从微地形看,路线经过地区有近期黄河泛滥形成的近南北向起伏不大的垅岗、褶形沟谷及少量风积沙丘。

6) 投资规模

概算总投资为41.8亿元。

7) 开工及通车时间

2010年10月开工建设,2015年12月交工通车。

G30 连霍高速公路商丘至兰考段改扩建工程桥梁一览表　　表 8-12-4

规模	名称	桥长(m)	主跨长度(m)	跨越障碍物 河流	跨越障碍物 沟谷	跨越障碍物 道路、铁路	桥梁类型
大桥	包河大桥	165.08	20	√			简支梁桥
	古宋河大桥	185.12	20	√			简支梁桥
	京九铁路分离	236.12	35			√	简支梁桥
	上清水河大桥	145.06	20	√			简支梁桥
	大沙河大桥	125.06	20	√			简支梁桥
	省道S325分离	126.12	35			√	连续钢构桥
	新通惠渠大桥	225.06	20	√			简支梁桥
	陇海铁路分离	182.06	35			√	简支梁桥
中桥	蔡河中桥	101.06	16	√			简支梁桥
	文明沟中桥	80	16	√			简支梁桥
	南惠民沟中桥	85.04	16	√			简支梁桥
	陈集中桥	37.04	16				简支梁桥
	高庄分离	48	16			√	简支梁桥
	省道S04分离	65.04	20			√	简支梁桥
	老G105分离	53.04	16			√	连续钢构桥
	主线上跨	85.04	20			√	简支梁桥
	主线上跨	73.04	30			√	简支梁桥
	周商永运河中桥	85.04	16	√			简支梁桥
	小红河中桥	53.04	16	√			简支梁桥
	五干渠中桥	25.04	20				简支梁桥
	陈良河中桥	53.04	16	√			简支梁桥
	西沙支沟中桥	101.06	16				简支梁桥
	花坟中桥	53.04	16	√			简支梁桥
	郭村分离	53.04	16			√	简支梁桥
	马楼分离	20.04	20			√	简支梁桥
	吴庄沟中桥	37.04	16	√			简支梁桥
	梦李沟中桥	37.04	16				简支梁桥
	孙胡沟中桥	37.04	16				简支梁桥
	乔王沟中桥	37.04	16	√			简支梁桥

续上表

规模	名 称	桥长(m)	主跨长度(m)	跨越障碍物 河流	跨越障碍物 沟谷	跨越障碍物 道路、铁路	桥梁类型
中桥	吴王沟中桥	25.04	20	√			简支梁桥
	黄茶排水沟中桥	85.04	20	√			简支梁桥
	双阁村分离	21.04	16			√	简支梁桥
	乔楼乡分离	53.04	16			√	简支梁桥
	吴菜园分离	53.04	16			√	简支梁桥
	主线跨匝道道桥	65.04	20			√	简支梁桥
	主线跨被交道桥	65.04	20			√	简支梁桥
	碱河中桥	37.04	16	√			简支梁桥
	刘徐河中桥	53.04	16	√			简支梁桥
	蟹子河中桥	65.04	20	√			简支梁桥
	申家沟中桥	37.04	16	√			简支梁桥
	柳园河中桥	37.04	16	√			简支梁桥
	崔香吴分离	53.04	16			√	简支梁桥
	郭老家分离	53.04	16			√	简支梁桥
	宁陵至G310	53.04	16			√	简支梁桥
	逻岗至G310	57.04	20			√	简支梁桥
	伯党乡－民权县城	53.04	16			√	简支梁桥
	主线跨匝道道桥	65.04	20			√	简支梁桥
	主线跨被交道桥	65.04	20			√	简支梁桥
	K145+633.46中桥	25.04	20	√			简支梁桥
	尹店至花园乡	53.04	16			√	简支梁桥
	吴堂河中桥	85.04	20	√			简支梁桥
	K151+812.15中桥	25.04	20	√			简支梁桥
	K153+295.93中桥	25.04	20	√			简支梁桥
	民生河中桥	53.04	16	√			简支梁桥
	二干渠中桥	53.04	16	√			简支梁桥
	老通惠渠中桥	53.04	16	√			简支梁桥
	内黄沟中桥	37.04	16	√			简支梁桥
	崔堂沟中桥	37.04	16	√			简支梁桥
	第一干渠中桥	37.04	16	√			简支梁桥
	秣坡桥中桥	37.04	16	√			简支梁桥

续上表

规模	名称	桥长（m）	主跨长度（m）	跨越障碍物 河流	跨越障碍物 沟谷	跨越障碍物 道路、铁路	桥梁类型
中桥	桥口村分离	53.04	16			√	简支梁桥
	火烧庙分离	53.04	16			√	简支梁桥
	金师村分离	53.04	16			√	简支梁桥
	茅草河中桥	65.04	20	√			简支梁桥
	同集河中桥	53.04	16	√			简支梁桥
	高低河中桥	37.04	16	√			简支梁桥
	城桂沟中桥	37.04	16	√			简支梁桥
	杜庄河中桥	69.04	16	√			简支梁桥
	梓岗中桥	37.04	16	√			简支梁桥
	四干渠中桥	25.04	20	√			简支梁桥
	金狮沟中桥	37.04	16	√			简支梁桥
	刁楼分离	69.04	16			√	简支梁桥
	主线跨被交道桥	65.04	20			√	简支梁桥
	主线跨匝道道桥	65.04	20			√	简支梁桥
	曹辛庄分离	53.04	16			√	简支梁桥
	三老河中桥	37.04	16	√			简支梁桥
	兰杞干渠中桥	37.04	16	√			简支梁桥

2. 参建单位主要情况

(1) 建设单位：河南德郑高速公路有限公司。

(2) 设计单位：河南省交通规划勘察设计院有限责任公司。

(3) 监理单位：河南省豫通工程监理有限公司、河南省公路工程监理咨询有限公司。

(4) 质量监督单位：河南省交通基本建设质量监督检测站。

(5) 土建施工单位：中交二公局萌兴工程有限公司、河南省路桥建设集团有限公司、中铁七局集团第三工程有限公司、河南省公路工程局集团有限公司、中国凯瑞国际经济技术合作有限公司、中交一公局第五工程有限公司、开封市通达公路工程有限公司、中铁大桥局集团第一工程有限公司。

(6) 路面施工单位：河南省公路工程局集团有限公司。

(7) 交通安全设施施工单位：江西省赣江交通设施厂、岳阳市公路桥梁基建总公司、湖北利航交通开发公司、山东泰华路桥工程有限公司、郑州大发交通设施有限公司、江苏长城交通设施设备有限公司、湖南省金达工程建设有限公司、河北远征交通设施有限公司、河北瑞通公路配套设施有限公司、吉林省东吉公路建设有限公司、湖南通顺交通工程有限公司、湖南达陆基交通工程有限公司、山西路众道桥有限公司。

（二）建设情况

1. 项目准备阶段

1）项目审批文件

2010年3月30日，国家发展和改革委员会对河南省商丘至兰考公路改扩建工程可行性研究报告进行了批复，文号为发改基础〔2010〕629号。2010年8月30日，《关于商丘至兰考公路改扩建工程初步设计的批复》，文号为交公路发〔2010〕441号。2011年1月23日，《关于连霍高速公路商丘至兰考段改扩建工程施工图设计的批复》，文号为豫交规划〔2011〕35号。

2）资金筹措

初步设计概算批复金额为41.8亿元。其中省拨资金8.31亿元，中央拨款3.73亿元，共计12.04亿元作为项目资本金，约占总投资的28.8%，其余29.76亿元资金利用国内银行贷款解决。

3）合同段划分

（1）设计标段划分：土建工程设计8个标段（不含跨京九、陇海两个铁路标），房建工程设计2个标段，绿化工程设计2个标段，机电工程设计1个标段。

（2）施工标段划分：土建工程8个标段，机电工程1个标段，房建工程2个标段，绿化工程2个标段，交通安全设施13个标段。

（3）施工监理标段划分：设2个总监办公室，分2段管理。

4）招投标

（1）2009年10月15日，通过了该项目土建工程资格预审公告及资格预审文件。

（2）2009年10月30日，组织了土建工程资格预审。

（3）2010年6月8日，土建工程进行了公开开标评标，最终确定除土建2标、9标外的8个土建标段的中标单位。

（4）2013年6月28日，确定了一家路面BT标施工单位。

（5）2014年6月6日，确定了各交安标段的中标候选人。

2. 项目实施阶段

1）实施过程

（1）土建工程于2010年10月16日开工建设，2013年12月完工。

(2)路面标于2013年8月10日开工,2015年5月完工。

(3)全线护栏、标志牌、临时标线、隔离栅、声屏障等工程于2015年9月完工。

(4)2015年12月交工验收。

2)设计变更

京九铁路、陇海铁路分离式立交变更。

原批复改扩建方案按原桥跨径、净空等标准双侧拼宽。应铁路部门要求,为满足双层集装箱列车净空标准(桥下净空≥8.2m),同意提高京九、陇海分离式立交净空。将京九铁路分离式立交(23+3×35+23)m连续刚构拆除改建加宽为(23+3×35+23)m预应力组合箱梁,边跨空心板顶升拼宽;将陇海铁路分离式立交(23+35+23)m连接钢构拆除改建加宽为(18+35+28)m预应力组合箱梁,边跨空心板顶升拼宽,相应调整桥梁两侧路基纵断面。

三、G30 连霍高速公路开封至洛阳段

(一)项目概况

1. 基本情况

1)功能定位

G30连霍高速公路开封至洛阳段东起开封市县交界(东接国道106线),西至洛阳孟津公路,路线全长201.5km。该项目结束了河南省没有高速公路的历史,进一步完善了河南的干线公路网,解决了原有国道310线开封至洛阳段交通量超负荷、混合交通拥挤堵塞等问题,满足了高速增长的交通量的需要,有利于开封、郑州、洛阳3个中心城市的直接联系,带动了全省经济的快速发展。

2)技术标准

全封闭、全立交分道行驶,双向四车道;设计行车速度:120km/h(平丘区),100km/h(重丘区);路基宽度:26m(平丘区),24.5m(重丘区);桥梁净宽:2×11.0m;桥涵设计荷载标准:汽车—超20级,挂车—120;路面设计标准轴载:BZZ-100;路面:收费广场和服务区广场采用水泥混凝土路面,其他采用水泥混凝土+沥青混凝土复合式路面;路面结构:互通式立交收费站广场和隧道内及其洞口20m为水泥混凝土路面;开封至郑州段为RCC+AC复合式路面,面层5cm中粒式沥青混凝土路面,下层22cm碾压式混凝土,15cm水泥稳定碎石基层,15cm水泥石灰稳定土底基层;郑州至洛阳段为沥青混凝土路面,面层从上往下依次为4cm中粒式沥青混凝土,5cm粗粒式沥青混凝土,6cm热拌沥青碎石,1cm沥青砂封层,15cm二灰稳定碎石基层或15cm石灰、粉煤灰稳定土底基层,25cm或40cm石灰稳定土基层;设计使用年限为15年。

3）建设规模

主要工程量：共完成路基土方 3265 万 m^3，4cm 和 5cm 中粒式沥青混凝土 481.705 万 m^3，5cm 粗粒式沥青混凝土 253.414 万 m^3，6cm 热拌沥青碎石 271.865 万 m^3，22cm 碾压式混凝土 119.911 万 m^3，15cm 水泥稳定碎石基层 182.804 万 m^3，二灰碎石 283.089 万 m^3，二灰土 221.83 万 m^3，水泥土 58.046 万 m^3，石灰土底基层 260.062 万 m^3。表 8-12-5 为 G30 连霍高速公路开封至洛阳段桥梁一览表；表 8-12-6 为 G30 连霍高速公路开封至洛阳段隧道一览表。防撞护栏 850km，反光标线 15.315 万 m^2，反光标志 1158 块，隔离栅 402km，绿化工程 402km，收费雨棚、广场、收费岛 15 处，综合功能服务区 4 处。隧道 8 条，防噪声墙 4 处。郑洛段设机电工程中心 1 处、分中心 3 处，光缆铺设 18 芯×120km，800 兆集群收发信道机 3 套，程控交换机 3 套，紧急电话 2km 1 对，可变标志、限速标志，地图板显示的监控系统 1 套，计算机控制的封闭式收费系统布设于郑洛段收费站。

G30 连霍高速公路开封至洛阳段桥梁一览表　　　　表 8-12-5

规模	名 称	桥长（m）	主跨长度（m）	跨越障碍物 河流	跨越障碍物 沟谷	跨越障碍物 道路、铁路	桥 梁 类 型
大桥	伊洛河大桥	768.45	40	√			连续梁桥
	跨 310 国道分离式立交	150.04	35			√	简支梁桥
	贾鲁河桥	244.12	16	√			简支梁桥
	贾鲁河大桥	148.06	16	√			简支梁桥
	赵口总干渠桥	117.08	16	√			简支梁桥
	东风渠大桥	130.5	16	√			简支梁桥
	汜水河大桥	148.06	16	√			简支梁桥
	廖峪沟高架桥	232.5	45		√		连续梁桥
	东泗河中桥	100.04	16	√			简支梁桥
	西泗河中桥	101.04	16	√			简支梁桥
	索河中桥	100.04	16	√			简支梁桥
	英峪沟高架桥	232.5	45		√		连续梁桥
	仁存沟高架桥	232.5	45		√		连续梁桥
	石河道大桥	114.96	16	√			简支梁桥
	南水沟大桥	309.01	50	√			连续梁桥
	瀍河桥	312.53	50.0	√			连续梁桥

续上表

规模	名称	桥长（m）	主跨长度（m）	跨越障碍物			桥梁类型
				河流	沟谷	道路、铁路	
中桥	淤泥河桥	53.04	16			√	简支梁桥
	柳总干渠桥	69.08	16			√	简支梁桥
	大杜寨立交桥	36.04	16	√			简支梁桥
	盐广路立交桥	41.04	16			√	简支梁桥
	东干渠桥	42.07	16	√			简支梁桥
	郭楼立交桥	35.04	10			√	简支梁桥
	化肥河桥	35.04	10			√	简支梁桥
	开柳公路立交桥	53.04	16			√	简支梁桥
	黄汴河桥	33.04	16			√	简支梁桥
	黄汴河分洪渠桥	25.04	20	√			简支梁桥
	于良寨西干渠桥	53.04	16	√			简支梁桥
	马家河北支桥	35.04	10	√			简支梁桥
	运粮河桥	85.08	16				简支梁桥
	大孟沟桥	37.4	16	√			简支梁桥
	石沟桥	34.04	10		√		简支梁桥
	徐北沟桥	35.4	10		√		简支梁桥
	杨桥总干渠桥	52.04	16	√			简支梁桥
	胜天渠桥	36.04	16	√			简支梁桥
	索须河桥	52.04	16	√			简支梁桥
	邙山引黄干渠桥	36	16	√			简支梁桥
	须水河桥	68	16	√			简支梁桥
	枯河中桥	68	16	√			简支梁桥
	汜水支河中桥	68	16	√			简支梁桥
	牛庄立交中桥	31.58	20			√	简支梁桥
	偃师立交	35.74	20			√	简支梁桥
	K664+554 杨庄分离立交	34.76	20			√	简支梁桥
	杨庄分离立交	21.4	20			√	简支梁桥
	K665+258 桥	34.7	16			√	简支梁桥
	K669+250 桥	30.18	16			√	简支梁桥
	孟津立交	53.04	16			√	简支梁桥

续上表

规模	名称	桥长(m)	主跨长度(m)	跨越障碍物			桥梁类型
				河流	沟谷	道路、铁路	
中桥	207立交	31.44	20			√	简支梁桥
	朱仓桥	80	35			√	简支梁桥
	洛常立交	38.54	20			√	简支梁桥
	洛孟立交	33.54	20			√	简支梁桥

G30连霍高速公路开封至洛阳段隧道一览表　　表8-12-6

规模	名称	隧道全长(m)	隧道净宽(m)	隧道分类					洞门形式(进口/出口)
				按地质条件划分		按所在区域划分			
				土质隧道	石质隧道	山岭隧道	水底隧道	城市隧道	
中隧道	凤凰山隧道	830	10.75	√		√			端墙式
	伏羲台隧道	520	10.75	√		√			端墙式
	兴洛仓隧道	510	10.75	√		√			端墙式
短隧道	康店隧道	490	10.75			√			端墙式

4）主要控制点

开封市、郑州市（巩义、中牟、荥阳）、洛阳（偃师、孟津县）。

5）地形地貌

路线所经地区位于黄河以南陇海铁路以北走廊带，属黄河冲积平原，为砂性土和粉性土地质，近期隐伏断裂活动不明显，地震基本烈度Ⅵ度。

6）投资规模

概算投资32.0884亿元，竣工决算投资32.45亿元，平均每公里造价1611.22元。

7）开工及通车、竣工时间

开封至郑州段于1991年3月开工建设，1994年12月交工通车，1998年1月完成竣工验收。

郑州至洛阳段于1993年1月开工建设，1995年12月交工通车，1998年7月完成竣工验收。

2. 参建单位主要情况

(1)建设单位：河南省高等级公路建设指挥部。

(2)设计单位：河南省交通规划勘察设计院。

(3)质量监督单位：河南省交通基本建设质量检测监督站。

(4)监理单位：河南省高等级公路建设监理部。

(5)土建施工单位：开封公路总段机械化工程处、交通部第一公路工程总公司、中国建筑第一工程局、交通部第二公路工程局、河南省交通公路工程局、铁道部第十五工程局、交通部第一公路工程局、铁道部第十五工程局。

(二)建设情况

1. 项目准备阶段

1)项目审批文件

1988年,河南省交通厅、河南省发计经委对开封至洛阳段新建工程设计任务书的报告进行了批复,文号为豫交计〔1988〕143号、豫计经交498号。1988年8月22日,交通部对开封至洛阳公路新建工程设计任务书进行了批复,文号为交计字520号。1989年3月,交通部对关于国道310开封至洛阳段高速公路环境影响报告书的批复预审意见的函进行了批复,文号为环办字〔1989〕第253号。1989年,交通部对国道310线开封至洛阳段高速公路(新建半幅)初步设计进行了批复,文号为交工字〔1989〕385号。1990年5月10日,河南省计经委对开封至洛阳段高速公路开封接线工程初步设计进行了批复,文号为豫计经设〔1990〕590号。1991年5月3日,国家计划委员会下达《一九九一年基本建设新工大中型项目计划》的通知,文号为〔1991〕578号。1990年7月,国家环境保护总局通过了建设开封至洛阳高速公路对环境影响的评估,文号为环监字〔1990〕322号。1990年12月30日,《关于开封至洛阳高速公路开封至郑州段工程施工图设计的批复》,文号为豫交计〔1990〕510号。1992年,《关于转发交通部一九九二年公路建设计划(草案)的通知》,文号为豫交计〔1992〕134号。1992年,《关于下达一九九二年第一批基本建设项目单项工程计划的通知》,文号为豫计经资〔1992〕1087号。1993年9月18日,《连霍国道主干线开封至洛阳高速公路二期工程可行性研究报告》的请示,文号为豫交计〔1993〕356号。1994年,《关于开封至洛阳高速公路二期工程可行性研究报告的批复》,文号为交计发〔1994〕4号。1994年,《关于开封至洛阳高速公路二期工程初步设计的批复》,文号为交公路发〔1994〕598号。

2)资金筹措

概算金额为32.0884亿元。开封至郑州段为国内筹资建设,郑州至洛阳段一期属于世行贷款项目,二期为国内自筹资金项目。

3)合同段划分

(1)施工标段划分:土建工程10个标段,机电工程1个标段,房建工程14个标段,交通安全设施1个标段。

(2)施工监理标段划分:设1个总监办公室,8个工程监理标段。

4)招投标

河南省开洛高速公路设河南省高等级公路指挥部办公室,对工程项目实行全面管理,各市县设有指挥部,具体负责本境内施工过程中各种关系的协调配合。1990年12月10~12日在郑州市举行标前会议并组织投标人前往工地现场考察,1991年1月7日举行开标会,经过评议、议标,最后确定5个承包商承担一期工程6个合同段的土建施工任务。

1992年对郑州至洛阳段进行公开招标。郑州至洛阳段一期工程(北半幅)为世界银行贷款项目,实行国际竞争性招标。其中第十合同段经世界银行同意作为自营工程,已按世界银行贷款程序,通过国内公开竞争性招标优选施工单位,于1992年5月先期开工。第六至九合同段,按世界银行贷款程序,通过国际公开性招标优选了施工单位。

5)征地拆迁情况

征用土地19533.10亩(办理土地使用证面积19708.96亩,差额已补办征地手续),支付征地费7826.193万元。拆迁房屋599890.5m²,拆迁占地费用共计19405.23万元。

2. 项目实施阶段

1)实施过程

(1)开封至郑州段(北半幅)于1991年3月25日正式开工,开封至郑州段(南半幅)于1992年下半年开工,1994年12月全幅高速公路正式通车。

(2)郑州至洛阳段(北半幅)于1993年1月1日开工,郑州至洛阳段(南半幅)于1994年6月开工,1995年12月28日全线建成通车。

(3)1997年7月14日~8月10日,河南交通基本建设质量检测监督站对开封至洛阳高速公路进行了质量检测和鉴定。

(4)1998年1月,由河南省交通厅组织对开封至洛阳高速公路进行了交工验收。质量评分为89.07分,工程质量初评为合格。

(5)1998年9月,房建工程交工验收。

(6)机电工程由于国内审批和世行审批延期,于1997年进入合同谈判,通信、监控、收费三大系统,于2001年通过初验。

(7)截至2001年6月,交通部和省交通厅对该项目组织了交工验收,项目财务决算已通过审计,项目环保工程和竣工档案已分别通过国家环保局和省档案局的验收,土地使用证已全部办理完毕。

(8)根据《公路工程竣工验收办法》规定,竣工验收专家委员会对工程质量进行了评分,工程质量评分为84.73分,评定为合格。

2)设计变更

(1)开封市原设置互通立交一处,位置在王府砦附近,后开封市提出为了更符合市远景发展规划,建议此互通立交改在开岗附近,经反复论证并上报上级批准,重新设计开岗互通立交,为单喇叭旁置式互通立交。

(2)新增 1 孔 20m 空心板桥。黄汴河分洪桥原设计钢筋混凝土箱形涵洞,后开封市水利部门根据水利远景规划,申请增大桥跨,经报上级批准,最后改变设计为空心板桥。

(3)原设计 6 孔 16m 空心板石河道桥增加 1 孔。

(4)南水沟大桥东桥桥台南侧锥坡改变设计,由于路线与河岸斜交影响,在施工放线中比较了南侧锥坡的高锥坡方案与钢筋混凝土锥形挡墙方案,最后采用钢筋混凝土挡墙方案。

(5)原设计隧道方案为分离式半幅隧道,由于分期先建半幅高速公路,有较长时间需双向行车,故采用隧道净宽为 12m。后因建设程序改为分幅修建,全幅一次性建成,南半幅隧道也已提前施工,半幅隧道建成后只有单向行车,经计算确定隧道净宽改为 10.75m,拱圈厚度改为:深埋式隧道为 60cm,浅埋、偏压、明洞式隧道为 70cm。南北半幅隧道的洞口位置及长度,也根据放线后的实际地形地质情况,稍作调整。

(6)设计中原有通道 364 道,共增加 20 道,变更为 384 道;原有涵洞 491 道,共增加 21 道,变更为 512 道。变更理由主要为施工过程中沿线地方政府提出的多次增设涵洞通道,方便群众生产生活需要的请求,经实地调查、协商并上报上级批准,作出相应变更设计。

(三)复杂技术工程

1. 高架顶推连续梁

该项目共有 6 座顶推连续梁桥,桥型上部构造为 5×45m 单室空心箱梁,中墩为薄壁空心墩,最大墩高为 52m,河南省首次进行连续顶推箱梁施工,承担施工任务的铁道部十五局五处聘请了全国有关方面的专家做顾问,并详细研究了各省市及铁路系统顶推连续桥的施工经验教训,制定了较为周密细致的施工方案,由于进度要求,又采取了蒸汽养生等手段提前完成施工任务。

2. 软土地基处理

该项目第八合同段有 2.4km 软土地基,最大软土厚度 23m,业主、监理和施工单位多次邀请省内外一些专家研究处理方案,分别采取了等载预压、塑料排水板法,强夯碎石桩、碎石垫层等技术处理措施为保证后期残余沉降和路面整体平顺,业主、监理、承包部又组织专家论证,在外籍监理同意后,采用临时路面方案处理软土路基路段待路基整体稳定后,再铺筑面层中粒式沥青混凝土。1997 年 9 月,经测定路基沉降基本完成,面层实施铺筑。

(四)科技创新

RCC+AC 复合式路面在开封至郑州段 81km 全线采用,当时全国均处在试验阶段,这一新型路面新技术,开创了全国之最,为引进国外筑路先进技术做了有益的尝试,总结出了在设计、施工方面的宝贵经验;互通式立交设计由苜蓿叶形变更为喇叭形的探索,是针对中原属地人口密集,地少人多的特点,可节约良田占地,大幅减少材料费用,也使得桥型美观合理。

(五)运营养护管理

1. 组织架构

该项目运营管理单位为河南高速公路发展责任有限公司开封分公司(管理开封所辖范围路段)、河南高速公路发展责任有限公司郑州分公司(管理郑州所辖范围路段)和河南高速公路发展责任有限公司洛阳分公司(管理洛阳所辖范围路段)共同运营管理。

开封分公司内设综合办公室、政工科、财务科、人事科、监察室、考核办、征收科、路产科、养护科、路域经济办公室 10 个科室,下属开封收费站、开封东收费站、兰考收费站、开封路政大队、开封超限站、运维分中心、路警联合指挥中心 7 个单位。

郑州分公司经营管理实行董事会领导下的总经理负责制。设有办公室、财务科、路政科、养护科、资产科、考核办、政工科、人事科、监察科、运维分中心、1 个指挥部、1 个应急物资储备中心共 12 个部门。

洛阳分公司的前身是河南高速公路管理局洛阳分局,是河南省成立最早的 3 家高速公路管理机构之一,于 1995 年 12 月组建,于 2000 年 8 月改制为企业,于 2011 年 11 月与河南汝鑫高速公路有限责任公司合并。

2. 服务设施

全线下设开封、中牟、郑州北、巩义和洛阳服务区 5 处,见表 8-12-7。

G30 连霍高速公路开封至洛阳段服务场区一览表 表 8-12-7

高速公路编码	服务区名称	桩号	所在区域	占地面积(m²)	建筑面积(m²)
G30	开封服务区	K517+975	开封市金明区水稻乡	180000	6065.0
	中牟服务区	K546+764	中牟县	196896	10840
	郑州北服务区	K588+000	郑州市惠济区	220000	28463
	巩义服务区	K639+000	巩义市	533334	3605.5
	洛阳服务区	K681+000	洛阳市孟津县	146666	6384.5

3. 收费设施

开封至洛阳段全线下设有 19 个收费站,见表 8-12-8。

G30 连霍高速公路开封至洛阳段收费设施一览表 表 8-12-8

收费站名称	桩 号	入口车道数		出口车道数	
		总车道	ETC 车道	总车道	ETC 车道
兰考收费站	K470+033	4	1	6	1
开封东收费站	K493+272	2	1	4	1
开封收费站	K519+463	3	1	5	1
中牟收费站	K543+563	2	1	2	1
东三环北收费站	K567+146	4	1	6	1
柳林收费站	K574+850	8	1	8	1
花园路收费站	K577+300	4	1	6	2
文化路收费站	K579+674	3	1	6	1
惠济收费站	K583+238	5	1	5	1
沟赵收费站	K591+140	6	1	6	1
荥阳收费站	K605+192	6	1	7	1
上街收费站	K616+287	5	1	5	1
巩义东收费站	K635+942	8	2	7	2
巩义收费站	K642+890	3	1	3	1
偃师收费站	K663+970	3	1	5	1
孟津收费站	K676+500	2	1	2	1
洛阳东收费站	K681+500	2	1	4	1
孟津城区收费站	K691+600	4	1	6	1
洛阳收费站	K694+950	4	1	8	1

4. 监控设施

全线设置开封分中心、柳林中心和洛阳分中心 3 个监控中心,分别负责开封所辖范围、郑州所辖范围和洛阳所辖范围路段的运营监管。

5. 养护管理

1) 开封段

连霍高速公路开封段项目部负责连霍高速公路开封段全线路基、路面、桥涵、交通安全设施和绿化日常养护,并严格执行相关行业标准及公司养护制度进行日常保养保洁工作。

(1) 路面维修工程

中修工程:为确保路段的平整度符合 2011 年的国检要求,切实改善过往驾乘人员的行车舒适度,2010 年 4 月起,实施平整度治理改造工程。投入总金额为 2754.767 万元。

(2) 桥梁检测、维修加固

根据省交通厅及主管部门规范标准及公司制度,所辖路段每两年委托检测单位对全线桥涵结构物进行定期检测,及时掌握全线桥涵结构物的技术状况及病害情况,作为桥涵维修保养的制定依据。根据桥梁检测结果,对全线路段内发现的三类桥涵构件进行维修加固。

(3)沿线设施的提升、改造

自2014年2月中旬至3月下旬,公司所辖连霍高速公路积极开展路容路貌的专项整治活动。主要对路面保洁、中分带绿化区、收费站上下匝道区及老化受损设施进行了彻底的整改和治理,共完成清洗护栏板500km、更换护栏板647块、更换立柱69根、更换防眩板161块,安装高速公路导向牌20套,路面保洁4111km,灌缝728.5m,设施刷漆3860m²,绿化浇水2220t,补植树苗369棵,绿化带清理杂草108160m²,共完成费用约153万元。

2)郑州段

连霍高速公路郑州段日常养护由荥阳项目部和中牟项目部负责高速公路全线路基、路面、桥涵、交通安全设施和绿化日常养护,并严格执行相关行业标准及公司养护制度进行日常保养保洁工作。

(1)路面维修工程

针对服务区广场普遍存在的轻微破碎板、错台等病害,公司在新材料采用上大胆尝试,采购新型水泥修补材料效果较为明显,与传统挖补工艺比较有成本低、操作简单、养生时间短等优点。

根据国内外先进经验,针对路面细小裂缝开展雾封层预防性养护,增加路面防水性能,延长道路使用寿命。

(2)桥梁检测、维修加固

根据省交通厅及主管部门规范标准及公司制度,所辖路段每3年委托检测单位对全线桥涵结构物进行定期检测,及时掌握全线桥涵结构物的技术状况及病害情况,作为桥涵维修保养的制定依据。根据桥梁检测结果,对全线路段内发现的三类桥涵进行维修加固,如图8-12-7所示。

图8-12-7 桥梁维修与加固

（3）沿线设施的提升、改造

为提升连霍高速公路高填方路段的行车安全性，消除安全隐患，公司对部分高填方路段增设波形护栏，进一步保障道路行驶安全。

所辖服务区广场存在铁篦子断裂、变形等病害，影响行车安全，公司采取加焊钢板条的方式解决单板受力问题，效果明显。

通过对部分服务区路灯进行太阳能、风能改造，可完全实现由太阳能、风能供电系统供电，同时将原有灯具更换为 LED 节能型灯具，进一步节能降耗。

（4）新材料、新技术研发应用

①参与了"浅埋软岩隧道优化支付设计与施工关键技术"的科研工作，参与发明了"一种用于带土球苗木的挖树机"，并获得国家新型实用型专利。

②针对道路裂缝较多实际情况，引进新型施工工艺路面"焊缝"技术，不仅能够增强路面效果，而且能够还原路面结构强度，尤其处治基层反射裂缝效果明显。

③签于连霍高速公路车流量较大、桥面冬季易结冰的情况，引进倍福瑞自融冰材料涂刷桥面，通过雪后实地比较，涂刷该材料后能自行融化桥面降雪，同时能封闭桥面细小裂缝，预防性养护效果明显。

3）洛阳段

豫中养护中心孟津项目部和豫西养护中心新安项目部负责所辖路段的路基、路面、桥涵、交通安全设施和绿化日常养护。

（1）路面维修工程

2001 年对洛阳段进行 4cm 厚中粒式沥青混凝土（AC-16）统一罩面。

2004 年局部铣刨 5cm 厚沥青混凝土后摊铺 5cm 厚普通沥青混凝土，处理的工程量大约为 55493m²。

2006 年 1 月对损坏的路段先挖除路面结构 34cm 厚，采用 15cm 厚水泥混凝土 + 分层铺设 19cm 厚 AC-20 沥青混凝土补平。

2006 年 8 月南半幅 K716～K717、北半幅 K708～K710 段铣刨 10cm 厚沥青混凝土后，摊铺 10cm 厚改性沥青混凝土。

2007 年 6 月对 K650+000～K695+300 段进行局部基层处理后，全线加铺 4cm 厚 AC-16 改性沥青混凝土。

2007—2008 年局部更换伸缩缝装置、维修桥面铺装混凝土，更换伸缩缝 264.88m，维修桥面铺装混凝土 382.744m²。

（2）桥梁检测、维修加固

根据省交通厅及主管部门规范标准及公司制度，每两年委托检测单位对全线桥涵结构物进行定期检测，及时掌握技术状况及病害情况，作为桥涵维修保养的依据。

（3）新材料、新技术研发

2007年公司积极引进美的集团威特公司微波热再生技术，与LY.2标施工单位万里路桥合作进行微波热再生技术的推广应用，如图8-12-8所示。经过两年的推广应用，发现该技术在养护施工中具有以下优点：①修补质量高，修补后平整度效果好；②处理效率高，全面环保；③操作方便，适合养护作业；④与传统修补作业相比，经济效益好。

图8-12-8　微波热再生技术

四、G30连霍高速公路兰考至刘江段改扩建工程

（一）项目概况

1. 基本情况

1）功能定位

G30连霍高速公路兰考至刘江段改扩建工程起点位于兰考西北、连霍和日兰高速公路交叉的兰考西枢纽互通式立交，终点位于和京港澳高速公路交叉的刘江枢纽立交，全长80.010km，其中开封市境内48.554km，中牟县境内31.456km。该项目对完善河南高速公路网布局，缓解交通压力，促进沿线经济发展，旅游资源开发具有重要意义。

2）技术标准

改扩建后为全封闭、全立交、双向八车道；设计行车速度：120km/h；路基宽度：42m；桥梁总宽：2×20m，桥面净宽2×19m；桥涵设计荷载标准：老桥，汽—超20级，挂车—120；加宽桥，公路—Ⅰ级；路面设计标准轴载：BZZ-100；路面结构：4cm AC-13C细粒式改性沥青混凝土+6cm AC-20C中粒式改性沥青混凝土+12cm ATB-25密级配沥青稳定碎石+同步沥青碎石下封层+34cm水泥稳定碎石+16cm低剂量水泥稳定碎石，总厚度72cm。

3）建设规模

主要工程量：路基土方5147000m³，路面1623000m²；表8-12-9为G30连霍高速公路兰考至刘江段改扩建工程桥梁一览表。

G30连霍高速公路兰考至刘江段改扩建工程桥梁一览表 表8-12-9

规模	名称	桥长(m)	主跨长度(m)	跨越障碍物 河流	跨越障碍物 沟谷	跨越障碍物 道路、铁路	桥梁类型
大桥	赵口总干渠大桥	116	48	√			简支梁桥
中桥	圈张东枝桥	53.04	16	√			简支梁桥
中桥	青龙铺分枝中桥	37.04	16	√			简支梁桥
中桥	圈庄中支中桥	37.04	16	√			简支梁桥
中桥	中干渠中桥	37.04	16	√			简支梁桥
中桥	排水沟中桥	37.04	16	√			简支梁桥
中桥	圈庄河中桥	37.04	16	√			简支梁桥
中桥	排水沟中桥	37.04	16	√			简支梁桥
中桥	中桥	37.04	16	√			简支梁桥
中桥	淤泥河中桥	53.04	16	√			简支梁桥
中桥	东干渠中桥	41.04	16	√			简支梁桥
中桥	化肥河中桥	53.04	16	√			简支梁桥
中桥	黄汴河中桥	37.04	16	√			简支梁桥
中桥	黄汴河分洪渠	25.04	20	√			简支梁桥
中桥	西干渠桥	53.04	16	√			简支梁桥
中桥	马家沟北支桥	35.04	10	√			简支梁桥
中桥	运粮河中桥	85.04	16	√			简支梁桥
中桥	大孟沟中桥	37.04	16	√			简支梁桥
中桥	徐北沟小桥	35.04	10	√			简支梁桥
中桥	石沟桥小桥	35.04	10	√			简支梁桥
中桥	杨桥总干渠中桥	53.04	16	√			简支梁桥

4）主要控制点

开封市（兰考县）、郑州市（中牟县）。

5）地形地貌

路线所经地区为黄河冲积平原中南部，泛属华北平原之南隅，为黄河流域平原地貌单元。路区地势开阔，整体地势西高东低，稍有起伏，由西北向东南微倾，地面高程在63.00～85.50m。总体地形较平缓，其间沿淤泥河、运粮河、贾鲁河等地势较低洼；贺刚至秋米店一带风积沙丘和波状沙地广布，经多年整治，多已固定。

6）投资规模

项目概算投资 29.40 亿元。

7）开工及通车、竣工时间

项目开工时间为 2010 年 11 月 26 日,2015 年 04 月 20 日建成通车。

2. 参建单位主要情况

(1)建设单位:河南德郑高速公路有限公司。

(2)勘察设计单位:内蒙古交通设计研究院有限责任公司。

(3)质量监督单位:河南省交通基本建设质量检测监督站。

(4)监理单位:河南省高等级公路建设监理部有限公司、北京兴通工程咨询有限公司。

(5)土建施工单位:中铁二十四局集团有限公司、中铁十五局集团第五工程有限公司、华通路桥集团有限公司、中交一公局第六工程有限公司、中交一公局第五工程有限公司、河南省公路工程局集团有限公司、河南省路桥建设集团有限公司、(预制标)中铁七局集团有限公司、中交一公局第六工程有限公司。

(6)路面施工单位:中铁四局集团有限公司、中交第三公路工程局有限公司、北京城建道桥建设集团有限公司、龙建路桥股份有限公司。

(7)房建施工单位:安徽省工业设备安装有限公司。

(8)绿化施工单位:河南省金德园林绿化工程有限公司、鄢陵县花艺绿化工程有限公司。

(9)交通安全设施施工单位:内蒙古通安特交通工程科技有限责任公司、沙河市飞耀交通设施有限公司、陕西高速交通工贸有限公司、厦门合顺公路交通工程有限公司、中交路桥建设有限公司、武汉华光交通工程有限公司、科达集团股份有限公司、北京京通安交通设施制作有限公司、河南万方交通工程有限公司。

(10)交通机电施工单位:北京瑞华赢科技发展有限公司。

(二)建设情况

1. 项目准备阶段

1）项目审批文件

2010 年 7 月 22 日,国家发改委批复了《关于河南省兰考至刘江公路改扩建工程可行性研究报告》,文号为发改基础〔2010〕1612 号。2010 年 10 月 9 日,交通运输部批复了《关于兰考至刘江公路改扩建工程初步设计》,文号为交公路发〔2010〕541 号。2011 年 5 月 24 日,河南省交通运输厅批复了《关于连霍高速公路兰考至刘江段改扩建工程施工图设计》,文号为豫交规划〔2011〕128号。2010年11月11日,国家林业局出具了《使用林地审核同意书》,对项目占用征用林地进行了批复,文号为林资许准〔2010〕360号。2011年9月16日,国土资源部批复了《关于连霍高速公路兰考至刘江段改扩建工程控制工期单体工程先行用地的复函》,文号为国土资厅函〔2011〕830号。2010年12月15日,河南省国土资源厅批复了《河南省国土资源厅关于连霍高速公路商丘(济广高速)—郑州(刘江)段改扩建工程压覆矿重要矿产资源的审查意见》,文号为豫国土资函〔2010〕760号。2011年,交通运输部对项目施工许可证进行了审批,文号为交公路施工许可〔2011〕37号。2012年6月21日,国土资源部对项目建设用地进行了批复,文号为国土资函〔2012〕363号。

2) 资金筹措

估算总投资约为29.40亿元。其中,国家安排中央专项基金(车购税)2.51亿元;河南高速公路发展有限责任公司代河南省政府出资5.81亿元,共计8.32亿元作为项目资本金,约占总投资的28.3%;其余21.08亿元资金利用国内银行贷款。

3) 合同段划分

(1) 设计标段划分:1个标段。

(2) 施工标段划分:土建工程7个标段,1个预制标,路面工程4个标段,机电工程1个标段,房建工程1个标段,绿化工程2个标段,交通安全设施工程9个标段。

(3) 施工监理标段划分:设1个总监代表处,4个土建工程驻地监理;1个机电工程监理标段。

4) 招投标

(1) 2009年10月30日,101家土建工程施工单位通过资格预审。

(2) 2010年8月13日,确定了8家土建工程施工中标单位。

(3) 2012年9月28日,确定了4家路面工程施工中标单位。

(4) 2013年5月30日,确定了9家交通安全设施工程施工中标单位。

(5) 2013年8月7日,确定1家机电工程施工中标单位。

(6) 2014年2月20日,确定了2家绿化工程施工中标单位和1家房建工程施工中标单位。

5) 征地拆迁情况

征地面积为146.5429hm^2。其中耕地81.3026hm^2,建设用地46.8335hm^2,未利用地1.9742hm^2;国有农用地2.4290hm^2。征地总费用9716.8894万元。

2. 项目实施阶段

(1) 土建工程于2010年11月26日开工建设,2013年9月30日完工。

(2) 路面工程于2013年4月24日开工建设,2014年7月30日完工。

(3) 交通安全设施工程于2013年6月25日开工建设,2013年12月30日完工。

(4)绿化工程于2014年3月10日开工建设,2014年6月20日完工。

(5)机电工程于2013年9月12日开工建设,2016年11月30日完工。

(6)房建工程于2014年5月16日开工建设,尚未完工。

(7)2015年4月20日,连霍高速公路兰考至刘江段改扩建项目交工验收,工程质量评分值为96.12分,整体工程质量合格。

五、G30连霍高速公路刘江至广武段改扩建工程

(一)项目概况

1. 基本情况

1)功能定位

连霍高速公路刘江至广武段改扩建工程,起点位于郑州市金水区刘江枢纽,终点位于荥阳市郑州西南绕城高速公路与连霍高速公路交叉处广武枢纽互通,全长40.521km。该项目对缓解交通压力,满足日益增长的交通量需求,完善河南高速公路网布局,提高公路通行能力和服务水平,进一步促进区域经济发展具有重要意义。

2)技术标准

在原四车道高速公路两侧各加宽8.0m,拼宽为整体式双向八车道高速公路;设计行车时速120km/h;原路基宽度为26m,拼宽后路基宽度为42m;原桥面净宽2×11m,拼宽后桥面净宽2×19m;全线实现景观美化和全程监控;新建、拼接桥涵设计车辆荷载为公路—Ⅰ级,设计洪水频率为1/100;其余指标根据《公路工程技术标准》(JTG B01—2003)有关条文执行。

3)建设规模

主要工程量:全线共有路基填方1891338m^3,挖方432897m^3。路面工程:水泥稳定碎石底基层75.442万m^2;水泥稳定碎石基层77.068万m^2;沥青下封层78.05万m^2;ATB层65.354万m^2;沥青下面层76.905万m^2;沥青中面层77.277万m^2;沥青上面层77.277万m^2。表8-12-10为G30连霍高速公路刘江至广武段改扩建工程桥梁一览表。

G30连霍高速公路刘江至广武段改扩建工程桥梁一览表　　　表8-12-10

规模	名称	桥长(m)	主跨长度(m)	跨越障碍物			桥梁类型
				河流	沟谷	道路、铁路	
大桥	贾鲁河大桥	244.12	16.00	√			简支梁桥
	东风渠大桥	123.04	16.00	√			简支梁桥
	贾鲁河大桥	148.06	16.00	√			简支梁桥
	索河中桥	100.04	16.00	√			简支梁桥

续上表

规模	名　　称	桥长(m)	主跨长度(m)	跨越障碍物			桥梁类型
				河流	沟谷	道路、铁路	
中桥	索须河中桥	53.04	16.00	√			简支梁桥
	LK0+901胜天渠中桥	53.04	16.00	√			简支梁桥
	YK0+979胜天渠中桥	53.04	16.00	√			连续梁桥
	邙山引黄干渠中桥	36.00	16.00	√			简支梁桥
	须水河中桥	68	16.00	√			简支梁桥

4）主要控制点

郑州市（惠济区、金水区、高新区）。

5）地形地貌

路线所经地区位于河南省中部偏北，东经112°42′～114°14′，北纬34°16′～34°58′，北邻黄河，西依嵩山，东南为广阔的黄淮平原。

6）投资规模

概算投资16.59亿元，竣工决算投资16.83亿元，增加投资0.24亿元，平均每公里造价4153.1万元。

7）开工及通车时间

2006年6月开始建设，2008年12月建成通车。

2．参建单位主要情况

(1)建设单位：河南高速公路发展有限责任公司连霍郑州段改建工程项目部。

(2)设计单位：河南省交通规划勘察设计院。

(3)质量监督单位：河南省交通基本建设质量检测监督站。

(4)监理单位：湖南金路工程咨询监理有限公司、河南省豫通公路工程监理事务所。

(5)土建施工单位：湖南省建筑工程集团总公司、河南路桥工程集团有限公司、中铁二十局集团有限公司、中铁十一局集团第一工程公司、北京城建道桥工程有限公司、中铁十五局集团第五工程有限公司、四川路航建设工程有限责任公司、中国建筑工程总公司、路桥集团第一公路工程局第五工程有限公有司、江苏省镇江市路桥工程总公司。

(6)路面施工单位：中铁十五局集团第七工程有限公司、中铁四局集团有限公司、黄冈市楚通路桥工程建设有限公司、深圳市道路工程公司。

(7)房建施工单位：安阳市润安建筑有限责任公司、河南省建筑安装工程有限公司、河南省盛达建设有限公司。

(8)绿化施工单位：河南省绿土达园艺有限公司、河南省三星园林工程有限公司、河南地薇园林工程有限公司。

（9）交通安全设施施工单位：河北远征交通设施有限公司、中交一公局交通工程有限公司。

（10）交通机电施工单位：中铁电气化局集团第三工程有限公司。

（11）交通标志标线施工单位：安徽省交通建设有限责任公司、江苏平山交通设施有限公司。

（12）交通隔离栅施工单位：北京华凯交通科技有限公司、江苏华夏交通工程集团有限公司。

（二）建设情况

1. 项目准备阶段

1）项目审批文件

2005年6月7日，国土资源部对关于连霍国道主干线刘江至广武西南绕城段改扩建工程建设用地预审意见复函，文号为国土资预审字〔2005〕151号。2005年9月23日，水利部办公厅对关于连霍国道主干线刘江至西南绕城高速公路改扩建项目水土保持方案复函。2005年10月8日，国家环保总局对连霍国道主干线刘江至西南绕城段改扩建项目环境影响报告书进行了批复，文号为环审〔2005〕774号。2005年12月23日，《关于对连霍国道主干线刘江至广武公路改扩建工程可行性研究报告的批复》，文号为发改交运〔2005〕2751号。2006年10月10日，《关于对刘江至广武公路改扩建工程初步设计的批复》，文号为交公路发〔2006〕530号。2008年5月8日，《关于刘江至广武公路改扩建工程施工图设计的批复》，文号为豫交计〔2008〕109号。2009年2月6日，国土资源部对连霍国道主干线刘江至广武西南绕城段改扩建工程建设用地进行了批复，文号为国土资函〔2009〕155号。

2）资金筹措

概算总投资为16.59亿元，其中38%为建设单位自有资金，其余62%为银行贷款。

3）合同段划分

（1）设计标段划分：工程设计1个标段。

（2）施工标段划分：土建工程10个标段，路面工程4个标段，机电工程1个标段，房建工程3个标段，绿化工程3个标段，交通安全设施工程6个标段。

（3）施工监理标段划分：2个监理代表处，1个土建监理标段，1个路面及附属工程监理标段。

4）招投标

（1）2004年10月15日，发售土建工程NO.1～NO.3标施工招标文件，2004年10月23日公开开标，评审出3家中标单位。

（2）2005 年 5 月 19 日，发售土建工程 NO.4～NO.9 标施工招标文件，2005 年 6 月 3 日公开开标，评审出 6 家中标单位。

（3）2006 年 10 月 23 日，发售土建工程 NO.0 标施工招标文件，2006 年 11 月 7 日公开开标，评审出 1 家中标单位。

（4）2007 年 4 月 10 日，发售路面工程 1～4 标施工招标文件，2007 年 4 月 30 日公开开标，评审出 4 家中标单位。

（5）2007 年 4 月 10 日，发售绿化工程 1～3 标施工招标文件，2007 年 5 月 8 日公开开标，评审出 3 家中标单位。

（6）2007 年 8 月 17 日，发售交通安全设施工程（标志 1、标线 1、护栏 1～2、隔离栅 1～2 标）施工招标文件，2007 年 8 月 31 日公开开标，评审出 6 家中标单位。

（7）2008 年 2 月 2 日，发售房建及机电工程（房建 1～3 标、机电 1 标）施工招标文件，2008 年 2 月 25 日公开开标，评审出 6 家中标单位。

5）征地拆迁情况

征地面积为 1448.736 亩。其中农村集体农用地 74.2495hm²（其中耕地 50.1627hm²），农村集体建设用地 20.5225hm²，未利用地 0.0965hm²；国有建设用地 0.3695hm²，未利用地 1.3174hm²，作为连霍国道主干线刘江至广武公路改扩建工程建设用地。拆迁房屋 28195.87m²，拆迁占地费用共计 11182.5 万元。

2. 项目实施阶段

1）实施过程

（1）主线土建工程于 2006 年 6 月开始建设，2008 年 11 月建成通车。

（2）房建工程于 2008 年 3 月开工，2008 年 11 月完工。

（3）机电工程于 2008 年 3 月开工，2008 年 11 月完工。

（4）交通安全设施工程于 2007 年 10 月开工，2008 年 12 月完工。

（5）绿化工程于 2008 年 3 月开工，2008 年 12 月完工。

（6）2008 年 11 月，通过河南省交通基本建设工程质量监督站交工验收检测，工程项目评定质量为合格。

（7）2013 年 4 月，环保、水保通过验收。

（8）2015 年 4 月，通过河南省交通基本建设工程质量监督站竣工验收质量鉴定。

2）重大决策

（1）2006 年 8 月开展了"抓进度、保质量，大干 100 天"劳动竞赛活动，坚持每旬对施工单位的工程进度、工程质量、安全文明生产等进行全面检查评比，通过评比选出优胜施工单位，按完成产值计算奖励，颁发流动红旗。

（2）2007 年实行领导干部分段包干督导制：项目部领导和中层领导组成五个督导组，

分标段包干,责任到人,进驻施工单位,协调解决施工问题,保证施工的顺利进行。

(3)为了确保完成工程建设计划目标,在保证工程质量的前提下合理安排工期。项目公司在2007年开展以"保安全、保优质、保高效、保廉洁、保畅通、讲文明、讲协作"为主要内容的"五保二讲"劳动竞赛活动。

(4)2008年,围绕项目工程的总体目标,将要完成的各分项工程任务分解到月、旬,作为目标节点,及时下达到监理代表处和各施工单位。

(5)为了保证工程建设质量,项目公司建立健全质保体系,不断完善制度建设;建立质量责任分级管理体制,实行质量责任终身制,强化质量监督管理;实行分片包干制度,强化质量监督机制;建立互信、支持及监督机制,与业主紧密配合,充分发挥社会监理作用,严格工程质量管理。

3)设计变更

(1)边坡绿化设计变更。连霍高速公路郑州段改建项目位于郑州市市区,改建前连霍高速公路两侧边沟外有茂密的防护林,边坡有绿化,随着城市建设的快速发展,改建后连霍高速公路郑州段成为郑州市环城高速的一部分。按照郑州市政府创建全国园林城市和文明卫生城市的规划要求,连霍高速公路郑州段改建项目为了与郑州市市区绿化相协调,对边坡绿化进行变更,提高绿化标准,在路肩、边坡、护坡道及边沟外沿增种灌木、乔木,改善道路景观。

(2)增设声屏障设计变更。由于地方经济发展,村庄改建,连霍高速公路老路附近增加了部分民居住房,根据地方政府及村民的要求,连霍郑州段改建工程项目部会同设计单位、监理单位及土建施工单位有关人员对全线进行排查,根据现场实际情况,对原有声屏障设计中部分段落进行调整,并增设部分声屏障。

(3)沟赵分离式立交桥增加一孔设计变更。依据2008年4月22日省交通厅计划处主持召开的《关于郑州市西绕城公路与连霍高速公路交叉沟赵分离式立交改造协调会会议纪要》和《郑州市西绕城公路与连霍高速公路交叉沟赵分离式立交加孔桥联合实施协议》等要求,为满足郑州市政道路加宽改造的要求,该桥按方案需要在原有分离(3-16)的东侧增加1孔16m桥。

4)重大事件

2010年2月,由河南省交通规划勘察设计院设计的"G30连霍高速公路刘江至广武公路改扩建工程",获"2009年度河南省优秀工程勘察设计"二等奖。

(三)科技创新

(1)桥梁空心板使用聚苯乙烯泡沫代替充气胶囊,解决了梁板预制中充气胶囊上浮和顶板厚度不足的技术难题。保证内模定位准确,达到保证结构物设计尺寸的目的。

(2)新、老路基接合面尝试用注高聚物补强:高聚物注浆技术有别于传统的路面修复技术,有早强、防水、耐久性好、轻质、对环境无污染、快速、微损、可控等优点,多用于建筑物地基加固、地板沉降修复、道路及机场道路维修等方面,高速公路改建工程中新、老路基接合面是路基拼接中最薄弱的位置,采用高聚物对新老路基接合面补强,是改建工程的首次尝试,并取得了成功。

六、G30 连霍高速公路郑州至洛阳段改扩建工程

(一)项目概况

1. 基本情况

1)功能定位

连霍高速公路郑州至洛阳段改扩建工程是交通运输部第三批勘察设计典型示范工程,是全国首例单侧加宽的改扩建工程,起于郑州西南绕城枢纽立交西侧2km,止于洛阳西南绕城任庄枢纽立交,全长106.391km,其中郑州市境长51.4km,洛阳市境长55.0km。该项目极大提高了连霍高速公路郑州至洛阳段通行能力,对缓解局部交通压力,促进沿线资源的开发和利用,带动区域经济的快速发展和城市化进程具有重要意义。

2)技术标准

原四车道高速公路改扩建为八车道;设计行车速度:平原微丘区120km/h、重丘区100km/h;路基宽度:42m,分离式路基宽度20.5m,单侧加宽路基宽度19.5m;行车道宽度:2×4×3.75m;硬路肩宽度:3.0m;土路肩宽度:0.75m;平曲线一般最小半径:1000m;平曲线极限最小半径:650m;不设超高的最小平曲线半径:5500m;最大纵坡:3%;最小坡长:300m;凸形竖曲线一般最小半径:17000m;凹形竖曲线一般最小半径:6000m;停车视距:210m;桥梁设计荷载标准:公路—Ⅱ级;路面设计标准轴载:BZZ-100;桥梁净宽:2×19m(扩建后);设计洪水频率:1/100;地震基本烈度:Ⅶ度。

3)建设规模

主要工程量:全线共有路基填方 5986400m^3,挖方 4775000m^3,4% 路床水泥稳定土 1579600m^3;拆除匝道收费站 7 处,改建收费站 8 处,改建服务区 2 处;路面工程:水泥稳定碎石底基层 1988800m^3;水泥稳定碎石基层 1998700m^3;ATB-25 沥青稳定碎石基层 170838000m^2;AC-25 沥青混凝土路面下面层 1883520m^2;AC-20 沥青混凝土路面中面层 2306600m^2;AC-13 沥青玛蹄脂路面上面层 2306080m^2;表8-12-11 为 G30 连霍高速公路郑州至洛阳段改扩建工程桥梁一览表。

4)主要控制点

郑州市(荥阳市、上街区、巩义市)、洛阳市(偃师市、孟津县)。

G30 连霍高速公路郑州至洛阳段改扩建工程桥梁一览表　　表 8-12-11

规模	名　称	桥长（m）	主跨长度（m）	跨越障碍物 河流	跨越障碍物 沟谷	跨越障碍物 道路、铁路	桥梁类型
特大桥	伊洛河特大桥	2308.2	40	√			简支梁桥
大桥	汜水河大桥	149.08	16	√			简支梁桥
	东泗河大桥	277.12	16	√			简支梁桥
	石河大桥	133.08	16	√			连续梁桥
	瀍河大桥	947	50	√			简支梁桥
	周寨大桥	479	30	√			简支梁桥
	卫坡大桥	507	50	√			简支梁桥
	水泉沟大桥	129	40	√			简支梁桥
	庄沟大桥	632	50	√			简支梁桥
	朱家仓1号桥	245.04	20		√		简支梁桥
	朱家仓2号桥	265.04	20		√		简支梁桥
	文物3号桥	84	40		√		简支梁桥
	文物4号桥	105.04	20		√		简支梁桥
	玉冢大桥	335.04	20		√		简支梁桥
	任庄枢纽潘沟大桥	89	40		√		简支梁桥
	汜水河西侧高架桥	1312.8	30		√		简支梁桥
	十里铺高架桥	397.8	30		√		简支梁桥
	廖峪沟高架桥	259	50		√		简支梁桥
	英峪沟高架桥	409.12	50		√		简支梁桥
	金沟高架桥	698.12	50		√		简支梁桥
	洛口沟高架桥	537.96	50		√		简支梁桥
	沙峪沟高架桥	529.76	50		√		简支梁桥
	北寨沟高架桥	157.8	30		√		简支梁桥
	仁存沟高架桥	378.48	50		√		简支梁桥
	洪沟高架桥	169.6	40		√		简支梁桥
	胡坡沟（Ⅰ）号高架桥	531.8	25		√		简支梁桥
	胡坡沟（Ⅱ）号高架桥	206.8	25		√		简支梁桥
	胡坡沟（Ⅲ）号高架桥	181.8	25		√		简支梁桥
	胡坡沟（Ⅳ）号高架桥	181.8	25		√		简支梁桥
	北窑湾（Ⅰ）号高架桥	129.6	40		√		简支梁桥
	北窑湾（Ⅱ）号高架桥	129.6	30		√		简支梁桥
	康店（Ⅱ）号高架桥	156.8	25		√		简支梁桥
	叶岭（Ⅱ）号高架桥	187.8	30		√		简支梁桥
	叶岭（Ⅲ）号高架桥	106.8	25		√		简支梁桥

续上表

规模	名 称	桥长（m）	主跨长度（m）	跨越障碍物 河流	跨越障碍物 沟谷	跨越障碍物 道路、铁路	桥梁类型
大桥	水泉沟高架桥	127.8	30		√		简支梁桥
	大红西沟高架桥	129.6	40		√		简支梁桥
	门前沟（Ⅰ）号高架桥	309.12	50		√		简支梁桥
	门前沟（Ⅱ）号高架桥	127.8	30		√		简支梁桥
	游岭（Ⅰ）号高架桥	209.6	40		√		简支梁桥
	游岭（Ⅱ）号高架桥	209.6	40		√		简支梁桥
	西泗河中桥	101.04	16	√			简支梁桥
	枯河中桥	101.04	16	√			简支梁桥
中桥	汜水支河中桥	69.04	16	√			简支梁桥
	朱家仓枢纽上跨二广高速桥	79	35			√	简支梁桥
	洛阳东互通中桥	31.04	20			√	简支梁桥
	任庄枢纽霍村中桥	53.04	16			√	简支梁桥
	康店（Ⅰ）号高架桥	81.8	25		√		简支梁桥
	叶岭（Ⅰ）号高架桥	97.8	30		√		简支梁桥
	大红东沟高架桥	81.8	25		√		简支梁桥
	九队东沟高架桥	97.8	30		√		简支梁桥

5）地形地貌

路线所经地区处于我国第二阶梯向第三阶梯的过渡地带，地表起伏大，地势西高东低，为黄土高原东南边缘地带，黄土地貌发育完好，处于西南部山地与北部黄河之间，为由西向东延伸，长达近400km的黄土丘陵。因本地区开发历史悠久，植被破坏和水土流失严重，流水侵蚀剧烈，南北走向沟谷发育完整，黄土丘陵地带呈沟梁相间形态。

6）投资规模

项目概算投资50.42亿元，竣工决算投资54.16亿元，平均每公里造价5090万元。

7）开工及通车时间

2008年11月开工建设，2011年11月建成通车。

2. 参建单位主要情况

（1）建设单位：河南高速公路发展有限责任公司连霍郑洛段改建工程项目部。

（2）勘察设计单位：河南省交通规划勘察设计院有限责任公司、浙江省交通规划设计研究院、江苏伟信工程咨询有限公司。

（3）质量监督单位：河南省交通基本建设质量检测监督站。

（4）监理单位：河南省豫通公路工程监理事务所、北京中通公路桥梁工程咨询发展有限公司、河南省高等级公路建设监理部有限公司。

（5）土建施工单位：华通路桥集团有限公司、四川路航建设工程有限责任公司、中交一公局第一工程有限公司、河南省公路工程局集团有限公司、河南高速发展路桥工程有限公司、上海明凯市政工程有限责任公司、许昌广莅公路工程建设有限责任公司、中铁十一局集团第五工程有限公司、中铁一局一公司、中铁十一局一公司、南通路桥工程有限公司、青岛建工集团有限公司、中国建筑第二工程局、驻马店市公路工程开发公司、中国葛洲坝集团股份有限公司。

（6）路面施工单位：中铁十五局集团第七工程有限公司、华通路桥集团有限公司、开封通达公路工程有限公司、河南省路桥建设集团有限公司、河南省公路工程局集团有限公司、陕西路桥集团有限公司。

（7）房建施工单位：徐州通域空间结构有限公司、安徽省工业设备安装公司、湖南雄新建筑有限公司、河南省凯达建筑有限公司。

（8）绿化施工单位：河南鼎利华林绿化工程有限公司、河南瑞源景观园林工程有限公司、湖南海天园林绿化有限公司、南阳市杰达绿化工程有限公司、杭州萧山振大园林绿化有限公司、河南宏泰园林艺术工程有限公司、河南海景园林绿化工程有限公司、安阳市南天门园林工程有限责任公司。

（9）交通安全设施施工单位：北京华凯交通科技有限公司、河南省公路工程局集团有限公司、厦门合顺公路交通工程有限公司、河南豫龙交通工程有限公司、江苏中瑞路桥建设有限公司、潍坊东方交通设施工程有限公司、江苏长城交通设施设备有限公司、河南省公路工程局集团有限公司、中交第一公路工程局有限公司、江苏兴路交通工程有限公司。

（10）交通机电施工单位：郑州汉威光电技术有限公司、紫光捷通科技股份有限公司。

（11）交通照明施工单位：中铁一局集团电务工程有限公司、河南豫飞科技照明工程有限公司。

（12）交通标志标线施工单位：北京汉威达交通运输设备有限公司、河南省路桥建设集团有限公司、徐州众安交通设施有限公司、河南瑞航公路养护技术有限公司、河南瑞航公路工程有限公司、徐州众安交通设施有限公司、河南省公路附属设施有限公司、中交第二公路工程局有限公司。

（13）交通隔离栅施工单位：河北金辉交通工程有限公司、科达集团股份有限公司。

（14）旧路旧桥改造施工单位：中交二公局第三工程有限公司、武汉公路桥梁建设集团有限公司、中铁十五局集团第二工程有限公司、中铁十五局集团第五工程有限公司、河南省公路工程局集团有限公司、中铁七局集团有限公司、中交第三公路工程局有限公司。

(二)建设情况

1. 项目准备阶段

1) 项目审批文件

2006年6月26日,水利部对连霍高速公路郑州至洛阳段改扩建工程通过邙山陵墓群保护范围进行了批复,文号为文物保函〔2006〕690号。2006年7月14日,水利部对连霍国道主干线郑州至洛阳段高速公路改扩建项目水土保持方案复函,文号为水保函〔2006〕336号。2006年10月19日,国土资源部对连霍国道主干线郑州至洛阳段改扩建工程建设用地预审意见复函,文号为国土资预审字〔2006〕257号。2006年,交通部对郑州至洛阳高速公路改扩建工程可行性研究报告的审查意见进行了批复,文号为交函规划〔2006〕471号。2007年5月22日,国家发展和改革委员会对河南省郑州至洛阳高速公路改扩建工程可行性研究报告进行了批复,文号为发改交运〔2007〕1123号。2008年1月29日,交通运输部对郑州至洛阳高速公路改扩建工程初步设计进行了批复,文号为交公路发〔2008〕38号。2008年8月27日,国家林业局准予行政许可决定书《使用林地审核同意书》,文号为林资许准〔2008〕212号。2008年10月13日,国土资源部对郑州至洛阳高速公路改扩建工程建设用地进行了批复,文号为国土资函〔2008〕662号。2008年11月14日,国家环保总局对连云港至霍尔果斯国家高速公路郑州至洛阳段改扩建项目环境影响报告书进行了批复,文号为环审〔2008〕588号。2009年11月18日,河南省交通运输厅对连霍国道主干线郑州至洛阳高速公路改扩建工程施工图设计进行了批复,文号为豫交规划〔2009〕287号。

2) 资金筹措

概算总投资为50.42亿元,其中35%为建设单位自有资金,其余65%为银行贷款。

3) 合同段划分

(1)设计标段划分:工程设计3个标段。

(2)施工标段划分:土建工程16个施工标段(其中有2个预制标);路面工程6个标段;交通安全工程11个标段;房建工程4个标段;绿化工程8个标段;交通机电工程3个标段;旧路路面改造工程5个标段;旧桥涵加固3个标段;旧路交通安全设施改造工程9个标段。

(3)施工监理标段划分:3个监理代表处(其中1个是总监办)。

4) 招投标

(1)2008年6月7日,发售土建工程NO.1~NO.16标施工招标文件,2008年6月27日公开开标,由评标委员会评审出16家中标单位。

(2)2009年11月17日,发售路面工程1~6标施工招标文件,2009年12月18日公开开标,由评标委员会评审出6家中标单位。

(3)2010年3月18日,发售机电及配电照明工程(3个标)施工招标文件,2010年7月14日公开开标,由评标委员会评审出3家中标单位。

(4)2010年11月17日,发售交通安全设施工程(标志2、标线2、护栏1~5、隔离栅1~2标)施工招标文件,2010年12月30日公开开标,由评标委员会评审出11家中标单位。

(5)2011年1月27日,发售绿化工程1~8标施工招标文件,2011年3月1日公开开标,由评标委员会评审出8家中标单位。

(6)2011年1月27日,发售房建工程(房建1~4标)施工招标文件,2011年3月3日公开开标,由评标委员会评审出4家中标单位。

(7)2012年5月23日,发售旧路改造及旧桥涵加固工程(路面7~11标、加固1~3标)施工招标文件,2012年6月20日公开开标,由评标委员会评审出8家中标单位。

(8)2012年8月13日发售旧路交通安全设施改造工程(标志3~4标、标线3~4标、护栏6~10标)施工招标文件,2012年9月11日公开开标,由评标委员会评审出9家中标单位。

5)征地拆迁情况

项目建设征地面积为4962.111亩。其中农村集体农用地289.1676hm^2(其中耕地273.5418hm^2),农村集体建设用地32.2456hm^2,未利用地6.464hm^2;国有农用地1.4813hm^2(其中耕地1.4787hm^2),国有建设用地0.461hm^2、未利用地0.9879hm^2,作为郑州至洛阳高速公路改建工程建设用地。拆迁房屋132885m^2,拆迁占地费用共计77097.3916万元。

2. 项目实施阶段

1)实施过程

(1)项目主线工程于2008年11月26日开始建设,2011年11月底建成通车。旧路改造于2012年8月1日开工建设,2012年12月中旬改造完成,12月15日建成通车。

(2)交安工程于2011年3月开工,2011年12月完工。

(3)房建工程于2011年5月开工,2011年12月完工。

(4)机电工程于2010年9月开工,2011年12月完工。

(5)绿化工程于2011年4月开工,2011年11月完工。

(6)2011年11月,新建路段通过河南省交通基本建设工程质量监督站交工质量检测,工程质量评定为合格。

(7)2012年12月,旧路改造通过河南省交通基本建设工程质量监督站交工质量检测,工程质量评定为合格。

(8)2015年3月,新建路段、旧路改造均通过河南省交通基本建设工程质量监督站竣工质量鉴定。

2)重大决策

(1)2009年、2010年连续两年在全线连续掀起春季"大干一百二十天"和秋季"大干一百天"劳动竞赛热潮,强力推进了施工进度。项目部与各施工单位签订目标责任书,实行季包月、月包旬、旬包天的管理办法,层层落实年度责任目标,确保各分项工程能够均衡进展,如图8-12-9所示。

图8-12-9　秋季"大干一百天"动员会

(2)实行领导干部分段包干督导制。项目部领导和中层干部组成五个督导组,分标段包干,责任到人,深入工地现场督导,贴近服务,帮助施工单位解决各类难题,改善和优化了施工环境,保证施工的顺利进行。

3)设计变更

(1)朝阳互通:为改善地方交通环境,优化路网结构,便于洛阳市、孟津县车辆上下连霍高速公路,2010年11月25日省交通运输厅下发《关于连霍郑州至洛阳段改扩建工程增设朝阳互通式立交设计变更方案的批复》(豫交建管〔2010〕134号)对该变更进行了批复。

(2)收费站增加收费车道数:为提高连霍高速公路郑州至洛阳段部分出入口的通行能力,河南省交通运输厅于2012年4月19日以豫交文〔2012〕292号文批复了上街、巩义东、巩义和偃师四处收费站增加收费车道数。

(3)孟邙公路加宽:郑洛段改建项目在K94+050处孟津连接线公路相交叉,孟津县政府考虑长远发展规划,将现有孟邙公路由目前的17m拓宽为39m,为了与拓宽后道路通车能力相配套,应孟津县政府要求郑洛段改建项目新建孟邙周寨分离立交由18m同步加宽至39m(桥面宽为18+3+18m)。K0+000~K0+908.488引线按孟津县政府改造后的路面形式修筑。

(4)文物桥:该项目穿越国家文物重点保护单位邙山陵墓群,考古发现有曹休墓、玉冢等五处重点文物。根据国家文物局批复的《关于连霍高速公路郑至洛段改扩建项目朱家仓互通至洛阳服务区段涉及邙山陵墓群工程方案的批复》(文物保函〔2009〕1086号),以及洛阳市文物管理部门的意见,在朱家仓互通立交至洛阳服务区段采用桥梁方案跨越朱家仓、曹休墓、玉冢等文物保护区,增设5座文物桥。

(5)桥梁墙式护栏:根据河南省交通运输厅2009年6月下发《关于统一我省高速公路墙式护栏形式的通知》(豫交计〔2009〕124号)通知要求,取消了改建桥梁墙式护栏原设计方案,统一按防撞等级为SS级的F型钢筋混凝土护栏施工,对桥梁墙式护栏结构尺寸进行了调整。

4)重大事件

(1)2009年5月25日,河南省人民政府大型项目建设办公室向各省辖市政府、发改委、大项目办、省直有关部门、各重点项目建设单位下发红头文件对连霍高速公路郑州至洛阳段改扩建工程项目部进行通报表扬。

(2)2009年8月,由河南省交通规划勘察设计院有限责任公司完成的《连霍国家高速公路郑州至洛阳高速公路改扩建工程可行性研究报告》,获河南省工程咨询协会"2009年度河南省优秀工程咨询成果"一等奖。

(3)2010年8月16日,河南省交通厅运输厅下发《关于公布第一批全省高速公路建设"省级样板工程"的通知》,连霍高速公路郑州至洛阳段改扩建项目的庄沟大桥(K101+033.5)25m预制箱梁荣膺桥梁梁板预制样板工程,如图8-12-10所示。

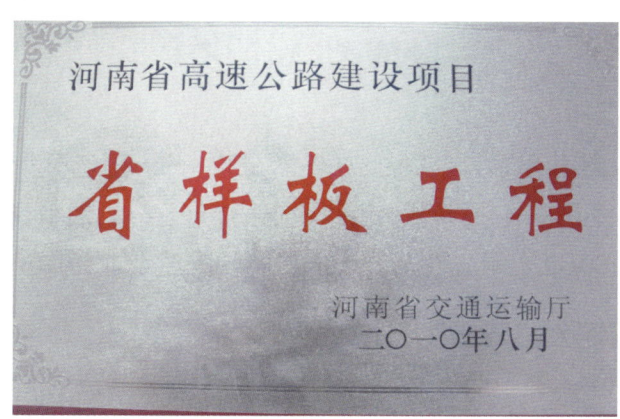

图8-12-10 郑洛段项目庄沟大桥25m预制箱梁荣膺桥梁梁板预制样板工程

(4)2010年8月18日,河南省交通厅运输厅下发《关于2010年第一次全省高速公路质量安全大检查情况的通报》,连霍高速公路郑州至洛阳段改扩建项目工程质量以总分第一,荣登在建项目组排名表榜首。

(5)2011年5月25日,连霍郑洛段改建工程荥阳互通式立交匝道桥锥坡分项工程,获第二批全省高速公路建设"省级样板工程"荣誉称号。

(6)2012年8月和2013年11月,由河南省交通规划勘察设计院有限责任公司完成的《郑州至洛阳高速公路改建工程》,分别获河南省勘察设计协会"2012年度河南省勘察设计行业创新奖"一等奖和"2013年度河南省优秀工程勘察设计奖"一等奖。

(三)科技创新

1.桩承式路基工作性状与设计理论方法研究

采用有限元软件建立了桩承式加筋路堤的三维有限元分析模型。从土拱效应、土工格栅的拉膜效应,以及桩土间刚度差异引起的应力集中等方面分析了桩承式路堤系统的工作机理;研究了填土高度、桩间距、桩帽尺寸、桩布置形式对桩土应力比、桩土摩擦、桩土差异沉降、格栅应力、路面应力和路基沉降的影响。对桩承式加筋路堤变形特性、应力的分布和传递、筋材受力特性进行分析。

此项技术成果在2008年获得了河南省建设厅科技进步一等奖。

2.郑洛高速公路改建立交前后中央带开口长度设置方案安全性研究

郑洛高速公路改建工程所采用的中央分隔带开口技术方案在国内外高速公路改扩建工程中尚属首例,可为未来的高速公路扩建方案的设计提供技术支持。本技术可应用于高速公路单侧加宽扩建工程中,能控制原中央分隔带内侧车辆和外侧车辆在立交、服务区出入口处安全舒适驶入和驶出提供开口长度、交通控制技术和拆除中央分隔带的路拱处理方案提供技术支持。

此项技术成果在2012年获得了河南省交通厅二等奖。

3.高性能混凝土在桥梁施工中的应用

以该项目为依托,阐述了高性能混凝土在桥梁施工中的应用表现及影响高性能混凝土的主要因素,重点讨论了利用现有原材料和硬件设施通过矿物掺合料和高性能外加剂进行混凝土配合比优化,提高混凝土耐久性及改善混凝土外观质量,同时节约工程投资造价。

七、G30连霍高速公路洛阳至三门峡段

(一)项目概况

1.基本情况

1)功能定位

连霍高速公路洛阳至三门峡段起于开封至洛阳高速公路终点,途经孟津县、新安县、

渑池县、义马市、三门峡市及陕县等市县,止于陕县城村,全长 136.382km。该项目对缓解 310 国道交通压力、促进豫西旅游、矿产资源开发利用、加快贫困地区脱贫致富、推动区域经济发展具有重要意义。

2）技术标准

采用全封闭、全立交、双向四车道;设计行车速度:100km/h;路基宽度:24.5m;路面横坡:2%;设计荷载:BZZ-100;桥涵设计荷载标准:汽车—超 20 级,挂车—120;桥面净宽:2×11m;涵洞、通道与路基同宽;路面:收费广场和服务区广场采用水泥混凝土路面,其他采用沥青混凝土路面;路面结构:主线为 5cm 中粒式沥青混凝土 +5cm 中粒式沥青混凝土 +7cm 粗粒式沥青混凝土 +34cm 石灰、粉煤灰稳定碎石基层 +20cm 石灰粉、煤灰稳定土底基层;设计使用年限:沥青混凝土路面为 15 年,水泥混凝土路面为 30 年。

3）建设规模

主要工程量:路基土方 5979.41 万 m^3,路面 277 万 m^2,匝道收费站 6 处,服务区 2 处,停车区 1 处;表 8-12-12 为 G30 连霍高速公路洛阳至三门峡段桥梁一览表。

G30 连霍高速公路洛阳至三门峡段桥梁一览表   表 8-12-12

规模	名称	桥长（m）	主跨长度（m）	跨越障碍物			桥梁类型
				河流	沟谷	道路、铁路	
特大桥	许沟特大桥	493.14	220		√		箱形拱
	洪阳河特大桥	1055.46	30	√			简支梁桥
大桥	卫坡大桥	359.16	50			√	简支梁桥
	龙泉沟大桥	128.04	40		√		简支梁桥
	庄沟大桥	259.28	50		√		简支梁桥
	潘沟大桥	88.04	40		√		简支梁桥
	金水河大桥	759.76	50	√			简支梁桥
	龙潭沟大桥	409.16	50		√		简支梁桥
	下杨沟大桥	514.35	50		√		简支梁桥
	何沟大桥	249.04	50		√		简支梁桥
	牌楼大桥	399.28	50		√		简支梁桥
	王庄一号大桥	159.04	50	√			简支梁桥
	王庄二号大桥	159.04	50	√			简支梁桥
	龙窝大桥	145.04	20		√		简支梁桥
	岳沟大桥	248.28	40		√		简支梁桥
	龙涧大桥	309.16	50		√		简支梁桥
	义昌大桥	208.04	40		√	√	简支梁桥
	荆家大桥（右幅）	259.28	50		√		简支梁桥
	荆家大桥（左幅）	159.28	50		√		简支梁桥

续上表

规模	名　称	桥长（m）	主跨长度（m）	跨越障碍物			桥梁类型
				河流	沟谷	道路、铁路	
大桥	王家庄大桥（右幅）	208.04	40		√		简支梁桥
	王家庄大桥（左幅）	128.04	40		√		简支梁桥
	茹沟大桥	125.02	20		√		简支梁桥
	石河大桥	654.4	40		√		简支梁桥
	崤村沟大桥	168.4	40		√		简支梁桥
	张沟大桥	209.04	40		√		简支梁桥
	崇沟大桥	159.04	50		√		简支梁桥
	大桥	185.1	30		√		简支梁桥
	焦院大桥	165.08	20		√		简支梁桥
	西董大桥	165.08	20		√		简支梁桥
	朱城大桥	254.14	30		√		简支梁桥
	东涧河大桥	428.9	30			√	简支梁桥
	小寺坡大桥	211.02	50		√		简支梁桥
	唐沟大桥	264.08	50		√		简支梁桥
	四道沟大桥	216.4	50		√		简支梁桥
	陕石至宫前乡公路立交	109.33	50		√		简支梁桥
	三道沟大桥	205.04	50		√		简支梁桥
	王庄大桥	228.41	50		√		简支梁桥
	曹家村大桥	270.72	50		√		简支梁桥
	郑家沟大桥	227.07	50		√		简支梁桥
	后沟大桥	310.34	50		√		简支梁桥
	南沟大桥	359.78	50		√		简支梁桥
	山口河大桥	277.26	30		√		简支梁桥
	青龙涧大桥	427.3	30	√			简支梁桥
	西贺家庄大桥	261.02	50		√		简支梁桥
	跨隧道桥	60.07	50		√		简支梁桥
	火烧阳沟大桥	311.02	50		√		简支梁桥
	苍龙涧大桥	247.26	30		√		简支梁桥
	灌煮沟大桥	187.26	30		√		简支梁桥
	陕县城西桥	101.7	30			√	简支梁桥
中桥	K695+504分离式立交跨线桥	58	24			√	简支梁桥
	魏家坡通道桥	25.04	20			√	简支梁桥

续上表

规模	名　　称	桥长(m)	主跨长度(m)	跨越障碍物 河流	跨越障碍物 沟谷	跨越障碍物 道路、铁路	桥梁类型
中桥	霍村分离式立交桥	53.04	16			√	简支梁桥
	五头分离式立交	53.04	16			√	简支梁桥
	新石立桥(跨线桥)	55.04	25			√	简支梁桥
	新电铁路分离式立交	57.04	20			√	简支梁桥
	乡村通道	30	20			√	简支梁桥
	洛玻铁道分离式立交	65.02	30			√	简支梁桥
	韩村通道桥	53.04	16			√	简支梁桥
	洪阳分离式立交	57.04	20			√	简支梁桥
	渑白立交	65	30			√	简支梁桥
	渑张公路立交	73	30			√	简支梁桥
	观音堂至洛宁公路连接线	41.07	25			√	简支梁桥
	中桥	35.04	10			√	简支梁桥
	交口分离式立交	53.04	16			√	简支梁桥
	峡东互通式立交	65.04	20			√	简支梁桥
	西贺家庄分离式立交	53.04	16			√	简支梁桥
	陕县城东桥	53.04	16			√	简支梁桥
	辛店沟中桥	97.26	30			√	简支梁桥
	峡西互通式立交	70	20			√	简支梁桥

4)主要控制点

洛阳市(新安县)、三门峡市(义马、渑池、陕县)。

5)地形地貌

路线跨洛阳、三门峡两市,洛阳地处黄河中游以南的伊洛河盆地,东傍嵩岳,西连秦岭崤山,北依黄河天险。三门峡位于豫西边陲,黄河之滨,为进出中原的咽喉要道。整体地势西高东低,东部多为低山丘陵,中西部则山峦重叠,溪涧纵横。沿线岩土类型较多,沟谷发育,地形地貌复杂,大致可分为两个地段:洛阳至新安段为黄土丘陵,多呈梁、峁地貌,局部呈黄土塬,冲沟发育,崖高达 20～40m 以上;新安至三门峡段穿越崤山山脉,为山岭重丘区,沟谷发育,局部呈鸡爪地形。沿线主要河流有:洛河、涧河、青龙涧河、苍龙涧河,均属黄河流域。

6)投资规模

概算投资 43.62327479 亿元,竣工决算投资 46.16693500 亿元。平均每公里造价 3419.00 万元。

7）开工及通车、竣工时间

1998年1月开工建设,2001年12月交工通车,2004年1月完成竣工验收。

2.参建单位主要情况

(1)建设单位:洛阳至三门峡高速公路建设指挥部。

(2)设计单位:河南省交通规划勘察设计院。

(3)质量监督单位:河南省交通基本建设质量检测监督站。

(4)监理单位:豫通国际咨询公司、河南省高等级公路建设监理部。

(5)土建及路面施工单位:交通部第一公路工程总公司、铁道部第十五工程局第五工程处、铁道部第三工程局第六工程处、铁道部第十一工程局第一工程处、陕西路桥工程总公司、交通部第二公路工程局、铁道部第二十工程局、北京城建集团有限责任公司、河南省交通公路工程局。

(6)房建施工单位:中海工程建设总局、洛阳城乡建筑公司、中牟城乡建设公司、铁道部电气化工程局、郑州黄河园林建筑公司、郑州邙山第三建筑公司、郑州市第二建筑公司、天津盛华建筑公司、中建七局三公司、河南省第二建筑公司、河南路鑫建设公司、中建七局、中建六局五公司。

(7)交通机电施工单位:河南盈科交通工程有限公司、河南第一火电建设公司、淄博张店海德灯具厂。

(二)建设情况

1.项目准备阶段

1）项目审批文件

1995年9月,《国家计委关于洛阳至三门峡(豫陕省界)公路项目建议书的批复》,文号为计交能〔1995〕1293号。1996年,国家环境保护局对洛阳至三门峡高速公路环境影响报告书进行了批复,文号为环监字〔1996〕687号。1997年1月,《印发国家计委关于审批洛阳至三门峡(豫陕省界)高速公路可行性研究报告的请示的通知》,文号为计交能〔1997〕25号。1997年3月21日,《关于洛阳至三门峡(豫陕省界)高速公路第一阶段工程洛阳至三门峡段及白家寨至杨家段初步设计的批复》,文号为交公路发〔1997〕138号。1997年,河南省土地管理局下发《关于洛阳至三门峡高速公路工程建设中有关用地问题的通知》,文号为豫土文〔1997〕165号。1997年,河南省人民政府对关于洛阳至三门峡高速公路征地补偿标准的进行了批复,文号为豫政文〔1997〕173号。1998年9月18日,《关于洛阳至三门峡(豫陕省界)高速公路第一阶段工程洛阳至三门峡段及白家寨至杨家段两阶段施工图设计的批复》,文号为豫交计〔1998〕430号。

2) 资金筹措

概算总投资为 43.62327479 亿元,其中世界银行贷款 1.86 亿美元,申请交通部车辆购置附加费 6.7 亿元,河南省自筹 20.2 亿元。

3) 合同段划分

(1) 设计标段划分:土建工程设计 1 个标段,房建工程设计 1 个标段,供配电工程设计 1 个标段。

(2) 施工标段划分:土建工程 9 个标段,机电工程 1 个标段,房建工程 13 个标段。

(3) 施工监理标段划分:设 1 个标段,3 个土建工程驻地监理标段,1 个房建工程监理标段,1 个机电工程监理标段。

4) 招投标

(1) 1996 年,项目进行国际公开招标,对 106 家投标商按照招标程序,通过编标、发标、投标、开标、评标等一系列工作,最终优选出 10 家中标单位,承担该项目的施工任务,其中第十标段为机电标。

(2) 采用国际竞争性公开招标,遵循国际咨询工程师联合会制定的"菲迪克"条款,实行监理工程师负责制,通过招标,监理工程师由中标单位——豫通国际咨询公司负责。为加强监理工程师力量,河南省高等级公路建设监理部配合豫通国际咨询公司参加该项目的监理工作,负责洛阳至三门峡高速公路 6~8 号 3 个标段的监理工作。

(3) 1999 年 9 月,经世界银行驻京办同意,洛阳至三门峡高速公路管理、养护及服务设施项目开始进行招标工作,共有 155 家施工单位报名,招投标工作于 2000 年 2 月开始,4 月 15 日开标,确定 13 家施工单位中标。

(4) 2001 年 5 月 20 日,配电照明工程按照国家基本建设程序,委托中国国际信托投资公司经纬商务有限公司负责招投标工作,在《河南日报》刊登招标公告,6 月 6 日对监理单位进行开标,6 月 10 日对施工单位进行开标,最终选择出 1 家监理单位,5 家施工单位,承揽 6 个合同项目的施工任务。

5) 征地拆迁情况

项目共征用土地 18558.1 亩,其中洛阳市 4673.03 亩,三门峡市 13885.07 亩(非耕地 553.53 亩)。征地补偿费用 12409.1666 万元,附着物补偿费用 18283.1934 万元。

2. 项目实施阶段

1) 实施过程

(1) 主线土建工程于 1998 年 1 月 8 日开工,2001 年 12 月 17 日完工。

(2) 沿线管养及服务设施工程于 2000 年 7 月开工,2001 年 9 月完工。

(3) 配电照明工程于 2001 年 7 月 16 日开工,2001 年 12 月 10 日完工。

(4) 2001 年 10 月 26 日~11 月 10 日,河南省交通基本建设质量检测监督站组织专家对项目进行了交工验收,工程质量评定为合格。

(5)洛阳至三门峡高速公路工程质量评分值为88.65分,洛阳至三门峡高速公路建设项目单位工程优良率达82.29%,工程项目质量等级为优良。

2)重大决策

(1)连续三年开展"公路建设质量年"活动,行业质量意识得到进一步的加强,质量责任制得到进一步落实,工程质量水平稳步提高。

(2)开展"精品工程奖""质量、管理综合奖"等评奖活动,促进文明规范施工。

3)设计变更

(1)路面结构由4cm中粒式沥青混凝土+7cm粗粒式沥青混凝土+7cm热拌沥青碎石+石灰、粉煤灰稳定碎石20cm和石灰、粉煤灰稳定土底基层(填方,35cm;土质挖方,39cm;石质挖方,15cm)变更为5cm中粒式沥青混凝土+5cm中粒式沥青混凝土+7cm粗粒式沥青碎石+34cm石灰、粉煤灰稳定碎石(或6:94水泥稳定碎石)基层+20cm石灰、粉煤灰稳定土(或水泥稳定土)底基层(石质挖方段:10cm C15混凝土)。

(2)由于路堑开挖后地质条件变化,增加部分防护工程。

(3)由于当地群众要求,增加部分天桥和通道、灌溉涵洞。

(4)根据地形变化增加部分挡土墙及加长个别桥梁。

(5)国家标准《道路交通标志和标线》(GB 5768—1999)于1999年4月5日发布,1999年6月1日实施。该路施工过程中将全线标志、标线按照新的国家标准重新设计。

4)重大事件

(1)2000年10月23~24日,国家交通部重点工程检查团检查洛三灵高速公路建设情况。

(2)2005年9月,由河南省交通规划勘察设计院设计的洛阳至三门峡高速公路,获2005年度河南省优秀工程设计一等奖。

(三)复杂技术工程

许沟特大桥是洛三高速公路的控制性工程,见图8-12-11,等截面悬链线箱形无铰拱的主跨达220m,居亚洲同类桥之首,施工难度较大,再加上主拱桥面以上10m处有三道110万V高压线通过,无法建立缆索吊装系统;主孔范围内沟底常年无水,地势比较平坦,施工条件较好,鉴于上述原因,许沟特大桥采用了支架多点卸落、拱上建筑施工技术。

作为支架施工的大跨度钢筋混凝土箱形拱桥,许沟特大桥关键施工技术难题主要有三个方面。

图 8-12-11 许沟特大桥

1. 支架设计

针对本桥的特点,为了确保安全和尽可能节约材料,对支架方案进行设计和完善,经反复研究和论证后,满堂支架比较适合本桥,项目决定采用撑架梁式结构,用制式军用器材组拼,见图 8-12-12。利用军用器材自身的特点,节约材料,降低工程成本。

图 8-12-12 许沟特大桥支架设计

2. 主拱圈落架方案

支架卸落在横桥向必须同时均匀卸落,在纵桥向必须从拱顶向拱脚逐排卸落,并保持左右两侧同步对称进行。

3. 拱上排架施工和架梁方案

许沟特大桥无法建立吊装系统,因而拱上排架采用现浇施工,空心板架设也只能采用拱脚到拱顶的顺序用架桥机架设,鉴于上述条件限制,为了保证拱上建筑施工过程中主拱圈的安全,就必须确定拱上建筑的合理施工顺序。经多次计算分析比较,确定了拱上排架同步施工等顺序。

(四)科技创新

许沟特大桥在全部的建设过程中,融入了7项国内首创的新工艺和新技术。
(1)建立整体支架计算分析模型,组拼梁杆复合式支架体系技术。
(2)大跨度主拱钢筋混凝土分层浇筑、逐段成形、拱脚合龙施工技术。
(3)大跨度主拱架无预压现浇线形控制技术。
(4)大跨度支架多点卸落控制技术。
(5)应力适时检测技术。
(6)拱上立柱及架梁施工,对称循环作业施工技术。
(7)运用计算机软件进行力学分析,以及网络计划控制技术。

许沟特大桥先后荣获2000年河南省公路工程优秀设计特等奖、2003年度建筑工程鲁班奖、2003年河南省科学技术进步奖;2003年度铁道部火车头优质工程一等奖。

(五)运营养护管理

1. 组织架构

该项目运营管理单位为河南高速公路发展有限责任公司洛阳分公司和河南高速公路发展有限责任公司三门峡分公司,其中洛阳至义马段由洛阳分公司管养,义马至三门峡段由三门峡分公司管养。

洛阳分公司的前身是河南高速公路管理局洛阳分局,是河南省成立最早的三家高速公路管理机构之一,于1995年12月组建,2000年8月改制为企业,2011年11月与河南汝鑫高速公路有限责任公司合并。

三门峡分公司经营管理实行董事会领导下的总经理负责制,设有综合科、财务科、政工科、养护科、路产科、人事科、监察室、考核办、经管科9个科室和1个机电运维中心。

2. 服务设施

下辖义昌、三门峡2处服务区,渑池西停车区1处,见表8-12-13。

G30 连霍高速公路洛阳至三门峡段服务场区一览表　　表8-12-13

高速公路编码	服务区名称	桩　号	所在区域	占地面积(m²)	建筑面积(m²)
G30	义昌服务区	K742+000	渑池县义昌	103930	3600
	渑池西停车南区	K768+900	渑池县英豪	47000	2800
	渑池西停车北区	K764+200	渑池县英豪	47414	2700
	三门峡服务区	K816+200	湖滨区岗上	84500	6040

3. 收费设施

洛阳至三门峡段高速公路设新安、新安西、义马、渑池、观音堂、三门峡东、三门峡西 7 个收费站，见表 8-12-14。

G30 连霍高速公路洛阳至三门峡段收费设施一览表　　　　　　表 8-12-14

收费站名称	桩　　号	入口车道数		出口车道数	
		总车道	ETC 车道	总车道	ETC 车道
新安收费站	K723+100	3	1	5	1
新安西收费站	K728+000	4	1	6	1
义马收费站	K749+000	3	1	5	1
渑池收费站	K758+800	3	1	5	1
观音堂收费站	K777+400	3	1	3	1
三门峡东收费站	K809+900	4	2	8	2
三门峡西收费站	K830+838	3	1	5	1

4. 监控设施

该项目设置监控中心 1 个，负责所辖道路和收费站的运营监管。

5. 养护管理

1) 路面维修工程

2004—2010 年，G30 连霍高速公路洛阳至三门峡段和三门峡至灵宝（省界）段共同进行了路面维修工程，见表 8-12-15。

G30 连霍高速公路洛阳至三门峡段和三门峡至灵宝（省界）段路面维修工程　　表 8-12-15

时　间	段　落	主要养护方案	处理工程量
2004 年	局部	铣刨 5cm 厚沥青混凝土后摊铺 5cm 厚普通沥青混凝土 AC-16I	面积大约为 48248m²
2005 年	局部	铣刨 5cm 厚沥青混凝土后摊铺 5cm 厚普通沥青混凝土 AC-16I	面积大约为 49131m²
2006 年	局部	铣刨 5cm 厚沥青混凝土后摊铺 5cm 厚改性沥青混凝土 AC-16I，微表处 1cm 厚	面积大约为 94485m²
2007 年	局部	铣刨 5cm 厚沥青混凝土后摊铺 5cm 厚改性沥青混凝土 AC-16I	面积大约为 111547m²
2007 年 4～5 月	K890+000～K901+000	超薄磨耗层罩面（RSMA）	约 24 万 m²
2007 年 9 月	K846+400～K849+300 K860+000～K861+100 K854+400～K857+850	29cm 泡沫沥青厂拌冷再生 + 5cm 厚改性沥青混凝土 AC-16C	2.8 万 m²

续上表

时　间	段　落	主要养护方案	处理工程量
2008年9~11月	局部	铣刨5cm厚沥青混凝土后摊铺5cm厚改性沥青混凝土AC-16C	面积大约为229377m²;热再生49252m²
2008年9~11月	北幅K847+845~K849+215 南幅K797+220~K798+020 K798+395~K802+320	增设了爬坡车道,在北幅K801+255设置了停车港湾,北幅K802+100设置了避险车道	
2010年5~11月	全幅K705+740~K890+000	旧路面处理后全段全幅罩面	超薄罩面面积约为210万m²;微表处面面积约为67万m²;4cm厚橡胶沥青混凝土及AC-13SBS罩面面积约为33万m²

2010—2014年,连霍高速公路洛阳至三门峡(豫陕界)段道路进行改扩建工程,见图8-12-13。

图8-12-13　路面施工

2)桥梁检测、维修加固

2009年、2012年委托检测单位对全线桥涵结构物进行定期检测,及时掌握技术状况及病害情况,作为桥涵维修保养的依据。2014年,道路改扩建后,桥梁尚在缺陷责任期,检测任务由改扩建建设单位承担。

根据2009年桥梁检测结果,对全线路段内发现的桥梁三类构件进行维修加固,确保桥梁处于安全良好的状态。2012年后,桥梁加固工程由改扩建单位实施,见图8-12-14。

3)沿线设施的提升、改造

2007年,进行了三门峡东收费站的改扩建,车道数由原来的8道增加到12道,大大提升了车辆出入站的效率。

2010—2014年,连霍高速公路洛阳至三门峡(豫陕界)段道路进行改扩建工程。

4)新材料、新技术研发应用

(1)ZB-X02快速修补料维修伸缩缝技术应用:为了提高路面整体性能和路面行驶舒适度,对桥梁伸缩缝进行维修。由于辖段为东西交通运输主动脉,车流量巨大,日均达4万辆,为了减轻保通压力,加快车辆通行速度,减少事故率,决定采用快速混凝土修补伸缩缝,经过试验,28天抗压强度均达到30MPa以上。采用快速混凝土修补伸缩缝施工工艺,既满足了质量要求,又缩短了道路维修时间,为道路安全运行提供了条件。

(2)早强自密实混凝土技术应用:自密实混凝土,简称SCC,是一种低水胶比,具有很高的流动性、黏聚性和抗离析性,仅靠自重而不经振捣便可流过密集的钢筋并填充整个复杂模型和包裹钢筋的混凝土。使用早强自密实混凝土工艺,大量缩短

图8-12-14 桥梁施工

抢修时间,缓解了连霍高速公路东西运输大动脉的交通压力,产生了很大的社会、经济效益,取得了良好的效果。

八、G30连霍高速公路三门峡至灵宝(省界)段

(一)项目概况

1. 基本情况

1)功能定位

G30连霍高速公路三门峡至灵宝(省界)段东起陕县与灵宝交界的城村(洛阳至三门峡高速公路终点),沿国道310线自东向西延伸,途经三门峡市陕县、灵宝市,西至灵宝市杨家村北,与陕西渭潼高速公路终点相接,全长69.281km。该项目对缓解310国道交通压力、促进豫西旅游发展、矿产资源开发利用、推动区域经济发展具有重要意义。

2)技术标准

采用全封闭、全立交、双向四车道;设计行车速度:100km/h;路基宽度:24.5m;桥梁净宽:2×11m;桥涵设计荷载标准:汽车—超20级,挂车—120;路面设计标准轴载:BZZ-100;路面:除收费广场和服务区广场采用水泥混凝土路面,其他均为沥青混凝土路面;路面结构:主线为5cm中粒式沥青混凝土(AC-16I),5cm中粒式沥青混凝土(AC-20I),7cm粗粒式沥青混凝土(AC-25I),基层为34cm水泥稳定碎石和20cm水泥稳定砂砾石;设计

使用年限:沥青混凝土为15年,水泥混凝土为30年。

3)建设规模

主要工程量:路基土方1372.03万 m³,路面139万 m²,主线收费站1处,匝道收费站3处;服务区1处,防护工程11万 m³;表8-12-16为G30连霍高速公路三门峡至灵宝(省界)段桥梁一览表。

G30连霍高速公路三门峡至灵宝(省界)段桥梁一览表　　表8-12-16

规模	名称	桥长(m)	主跨长度(m)	跨越障碍物 河流	跨越障碍物 沟谷	跨越障碍物 道路、铁路	桥梁类型
特大桥	函谷关特大桥	1159.52	50		√		简支梁桥
特大桥	阳平河特大桥	1260.81	50		√		简支梁桥
特大桥	枣乡河特大桥	1159.52	50		√		简支梁桥
大桥	沙河大桥	959.5	50		√		简支梁桥
大桥	金水河大桥	127.26	30		√		简支梁桥
大桥	老马谢河大桥	427.16	30		√		简支梁桥
大桥	好阳河大桥	459.16	50		√		简支梁桥
大桥	孟村大桥	307.07	30		√		简支梁桥
大桥	西寨1号大桥	160.32	50		√		简支梁桥
大桥	西寨2号大桥	261.6	50		√		简支梁桥
大桥	张嘴1号大桥	125.04	20		√		简支梁桥
大桥	张嘴2号大桥	305.06	20		√		简支梁桥
大桥	稠桑大桥	165.04	20		√		简支梁桥
大桥	大桥	164.04	20		√		简支梁桥
大桥	梨湾大桥	159.04	30		√		简支梁桥
大桥	635大桥	105.04	20		√		简支梁桥
大桥	阌乡大桥	299.04	50		√		简支梁桥
大桥	十二里河大桥	709.29	50		√		简支梁桥
大桥	双桥河大桥	485.36	30	√			简支梁桥
中桥	北朝村中桥	97.04	30		√		简支梁桥
中桥	孟村中桥	85.04	20		√		简支梁桥
中桥	焦寨中桥	65.04	20		√		简支梁桥
中桥	415中桥	85.04	20		√		简支梁桥
中桥	356中桥	65.04	20		√		简支梁桥
中桥	东上村1号中桥	97.04	30		√		简支梁桥
中桥	东上村2号中桥	97.04	30		√		简支梁桥
中桥	高柏中桥	53.04	25			√	简支梁桥
中桥	盘东中桥	69.04	16			√	简支梁桥

4)主要控制点

三门峡市(陕县、灵宝市)。

5)地形地貌

路线所经地区处于秦岭余脉北麓,汾渭地堑的东延部分,地形复杂、变化大,呈南高北低,由南向北逐渐成阶梯状下降。南部是陡峭的秦岭山脉,海拔大都在 1000m 以上。秦岭山脉北侧地势急剧下降,形成了山前洪积扇裙及山间河流冲积平原,相对平缓。山脉北侧为黄土台塬,呈带状近东西向分布。由于南北向河沟切割,台塬边缘树枝状冲沟发育,切割深度为 20~120m。台塬北侧,依次为黄河三级、二级和一级阶地及黄河漫滩和河床。黄河阶地高程为 32~540m。

6)投资规模

项目概算投资 20.56 亿元,竣工决算投资 21.5 亿元,平均每公里造价 3063.52 万元。

7)开工及通车、竣工时间

1998 年 12 月开工建设,2001 年 12 月交工通车,2003 年 12 月完成竣工验收。

2. 参建单位主要情况

(1)建设单位:洛阳至三门峡高速公路建设指挥部。

(2)设计单位:河南省交通规划勘察设计院。

(3)质量监督单位:河南省交通基本建设质量检测监督站。

(4)监理单位:北京育才监理公司、河南省高等级公路建设监理部、豫通国际咨询公司。

(5)土建施工单位:铁道部第三工程局、铁道部第十八工程局第四工程处、北京城建集团有限责任公司、铁道部第十二工程局一处、山西省路桥建设集团公司、交通部第二航务工程局、广东省公路建设集团公司、河南省大河集团有限公司、北京第一市政工程公司、中国建筑第二工程局、河南省交通公路工程局。

(6)路面施工单位:北京城建集团有限责任公司、大河筑路集团公司、山西运城路桥公司。

(7)房建施工单位:广东普宁建筑公司、太康县建筑安装总公司、郑州城市建筑安装公司、河南中原建设公司、山东滕州建筑安装公司、河南省七星建筑公司、郑州市建隆建安公司。

(8)交通机电施工单位:河南盈科交通工程有限公司、河南第一火电建设公司、淄博张店海德灯具厂、中国有色金属工业第六冶金公司、北京爱德威金属杆交通照明技术有限公司。

(二)建设情况

1. 项目准备阶段

1) 项目审批文件

1995年9月12日,国家计划委员会对连霍高速公路洛阳至三门峡(豫陕省界)的项目建议书进行了批复,文号为计交能〔1995〕1293号,同意该项目立项进行前期工作。1997年1月,国家计划委员会以《印发国家计委关于审批洛阳至灵宝(豫陕省界)高速公路可行性研究报告的请示的通知》对项目的工程可行性研究进行了批复,文号为计交能〔1997〕25号。1997年,河南省人民政府对洛阳至三门峡高速公路征用土地补偿标准进行了批复,文号为豫政文〔1997〕173号。1997年,河南省土地管理局下发了关于洛阳至三门峡高速公路工程建设中有关用地问题的通知,文号为豫土文〔1997〕165号。1998年11月13日,交通部对三门峡至灵宝(豫陕省界)公路进行了批复,文号为交公路发〔1998〕686号。2001年4月,国家环境保护总局对环境影响报告书进行了批复,文号为环审〔2001〕78号。

2) 资金筹措

项目概算总投资为20.56亿元人民币,其中12.7亿为开发银行贷款,其余由交通部及河南省投资。

3) 合同段划分

(1) 设计标段划分:土建工程设计1个标段,房建工程设计1个标段。

(2) 施工标段划分:土建工程11个标段,机电工程6个标段,房建工程7个标段。

(3) 施工监理标段划分:3个总监办公室,7个土建工程驻地监理标段,1个房建工程监理标段。

4) 招投标

按照国家颁布的《中华人民共和国招标投标法》的要求,该项目采用公开竞争性方式招标。在招标过程中公开、公正的选择施工单位,开标时邀请上级监督部门及公证处现场监督。资格审查中实行一票否决制,凡资质不合格单位坚决淘汰,在评标审查中聘请资质深、经验丰富的工程技术和经济专家进行评审,从投标商中优选出信誉好、实力强的承担该项目的施工任务。

5) 征地拆迁情况

项目征用土地7032.58亩,其中陕县94.24亩,灵宝市6938.34亩,临时征地730亩,现已全部复耕。拆迁补偿费用共计10207.37066万元。

2. 项目实施阶段

1) 实施过程

(1) 主线土建工程于1998年12月28日开工,2001年底完工。

（2）房建工程于 2001 年 11 月 10 日开工，2001 年 8 月 30 日完工。

（3）机电工程于 2001 年 8 月开工，2001 年 12 月完工。

（4）2001 年 12 月 23～25 日，河南省交通基本建设质量检测监督站组织专家对连霍高速公路三门峡至灵宝段进行了交工验收，工程质量评定为合格。

（5）三门峡至灵宝段高速公路建设项目评分为 89.73 分，质量等级为优良。

2）重大决策

（1）连续三年开展"公路建设质量年"活动，行业质量意识得到进一步的加强，质量责任制得到进一步落实，工程质量水平稳步提高。

（2）开展"精品工程奖""质量、管理综合奖"等评奖活动，促进文明规范施工。

3）设计变更

（1）路面结构厚度变更。鉴于已建成的渭南潼关高速公路设计路面的厚度为 76cm，从承接东西两端高速公路的连续性考虑，对三门峡至灵宝段高速公路路面结构进行设计变更。

（2）填方边坡原拱形防护改为紫穗槐防护。

（3）由于当地群众要求增加部分天桥和通道、灌溉涵，取消部分涵洞。

（4）挖方边坡全防护变更设计。

（5）挖方边坡放缓变更设计。

（6）根据三门峡至灵宝高速公路建设情况，取消了白杨线与国道 310 线连接的二级路部分，另半幅高速公路作为三门峡至灵宝高速公路项目同期实施。

4）重大事件

（1）1998 年 12 月 27 日，河南省交通厅在郑州发布了三门峡至灵宝（省界）高速公路开工新闻发布会。

（2）2000 年 10 月 23～24 日，国家交通部重点工程检查团检查洛三灵高速公路建设情况。

（3）2005 年 9 月，由河南省交通规划勘察设计院设计的"三门峡至灵宝高速公路"，获"2005 年度河南省优秀工程设计"二等奖。

（三）科技创新

开展湿陷性黄土地基处理及路基填筑加固施工技术研究，有效地消除黄土地基的湿陷性，提高地基承载力，防止不均匀沉降。该技术获得华夏建设科学技术奖和 2004 年省科学技术三等奖。

（四）运营养护管理

1. 组织架构

该项目运营管理单位为河南高速公路发展有限责任公司三门峡公司。公司经营管理实行董事会领导下的总经理负责制,设有综合科、财务科、政工科、养护科、路产科、人事科、监察室、考核办、经管科共9个科室和1个机电运维中心。

2. 服务设施

下辖灵宝服务区1处,见表8-12-17。

G30连霍高速公路三门峡至灵宝(省界)段服务场区一览表 表8-12-17

高速公路编码	服务区名称	桩　　号	所 在 区 域	占地面积(m²)	建筑面积(m²)
G30	灵宝服务区	K864+300	灵宝市西阎乡常阎村	90800	5385.00

3. 收费设施

设灵宝、灵宝西、豫灵、豫陕省界4个收费站,见表8-12-18。

G30连霍高速公路三门峡至灵宝(省界)段收费设施一览表 表8-12-18

收费站名称	桩　　号	入口车道数		出口车道数	
		总车道	ETC车道	总车道	ETC车道
灵宝收费站	K845+600	3	1	5	1
灵宝西收费站	K868+400	3	1	5	1
豫灵收费站	K893+500	2	1	3	1
豫陕省界收费站	K900+963	0	0	15	2

4. 监控设施

设置监控中心1个,负责所辖道路和收费站的运营监管。

5. 养护管理

1) 路面维修工程

2004—2010年,G30连霍高速公路洛阳至三门峡段和三门峡至灵宝(省界)段共同进行了路面维修工程,见表8-12-19。

G30连霍高速公路洛阳至三门峡段和三门峡至灵宝(省界)段路面维修工程 表8-12-19

时　　间	段　落	主要养护方案	处理工程量
2004年	局部	铣刨5cm厚沥青混凝土后摊铺5cm厚普通沥青混凝土(AC-16I)	面积大约为48248m²
2005年	局部	铣刨5cm厚沥青混凝土后摊铺5cm厚普通沥青混凝土(AC-16I)	面积大约为49131m²
2006年	局部	铣刨5cm厚沥青混凝土后摊铺5cm厚改性沥青混凝土(AC-16I),微表处1cm厚	面积大约为94485m²
2007年	局部	铣刨5cm厚沥青混凝土后摊铺5cm厚改性沥青混凝土(AC-16I)	面积大约为111547m²
2007年4~5月	K890+000~K901+000	超薄磨耗层罩面(RSMA)	约24万m²

续上表

时 间	段 落	主要养护方案	处理工程量
2007年9月	K846+400～K849+300 K860+000～K861+100 K854+400～K857+850	29cm泡沫沥青厂拌冷再生+5cm厚改性沥青混凝土(AC-16C)	2.8万m²
2008年9～11月	局部	铣刨5cm厚沥青混凝土后摊铺5cm厚改性沥青混凝土(AC-16C)	面积大约为229377m²；热再生49252m²
2010年5～11月	全幅 K705+740～K890+000	旧路面处理后全段全幅罩面	超薄罩面面积约为210万m²；微表处罩面面积约为67万m²；4cm厚橡胶沥青混凝土及(AC-13)SBS罩面面积约为33万m²

2010—2014年，连霍高速公路洛阳至三门峡（豫陕界）段道路进行改扩建工程，见图8-12-15。

图8-12-15　路面施工

2）桥梁检测、维修加固

2009年、2012年委托检测单位对全线桥涵结构物进行定期检测，及时掌握技术状况及病害情况，作为桥涵维修保养的依据。2014年，道路改扩建后，桥梁尚在缺陷责任期，检测任务由改扩建建设单位承担。

根据2009年桥梁检测结果，对全线路段内发现的桥梁三类构件进行维修加固，确保桥梁处于安全良好的状态。2012年后，桥梁加固工程由改扩建单位实施。

3）沿线设施的提升、改造

2008年，全线道路标志标牌进行了改造升级，大大提升了高速公路的良好形象，达到了"车行中原、一目了然"的效果。

4）新材料、新技术研发

（1）ZB-X02快速修补料维修伸缩缝技术应用：为了提高路面整体性能和路面行驶舒适度，对桥梁伸缩缝进行维修。由于辖段为东西交通运输主动脉，车流量巨大，日均达4万辆，为了减轻保通压力，加快车辆通行速度，减少事故率，决定采用快速混凝土修补伸缩缝，经过试验，28天抗压强度均达到30MPa以上。采用快速混凝土修补伸缩缝施工工艺，既满足了质量要求，又缩短了道路维修时间，为道路安全运行提供了条件，见图8-12-16。

图8-12-16　伸缩缝施工现场

（2）T梁体外预应力施工技术

公司在进行桥梁维修加固工程中，对西寨2号大桥（北幅）主梁加固，首次使用50m T梁体外预应力施工新工艺，通过施加体外预应力，提高了主梁的承载力，保证了桥梁及行车安全，见图8-12-17。

图8-12-17　西寨2号桥梁加固现场

九、G30 连霍高速公路洛阳至三门峡(豫陕界)段改扩建工程

(一)项目概况

1. 基本情况

1)功能定位

连霍高速公路洛阳至三门峡(豫陕界)段改扩建工程起点位于洛阳绕城高速公路与连霍高速公路相交的任村枢纽互通式立交西侧,接连霍高速公路郑州至洛阳段改建工程终点,过河南省豫陕省界收费站(河南站),止于省界(终点),接连霍高速公路潼关至西安高速公路起点,全长 194.908km。该项目对促进沿线地区经济,旅游产业发展,缓解当地交通运输压力,提高高速公路的运输效益具有重要意义。

2)技术标准

采用设计行车速度 100km/h 的双向八车道高速公路标准进行改建;单侧加宽路幅宽度为 19.5m,其中左侧路缘带宽 0.75m,行车道宽 4×3.75m,右侧硬路肩宽 3m(含右侧路缘带宽 0.5m),土路肩宽 0.75m;分离式路基路幅宽度为 20.5m,其中左侧硬路肩带宽 1m,行车道宽 4×3.75m,右侧硬路肩宽 3m(含右侧路缘带宽 0.5m),土路肩宽 2×0.75m;双侧拼宽路基宽度为 41.0m,其中行车道宽度 2×4×3.75m,中央分隔带宽度 2.0m,路缘带宽度 2×0.5m,硬路肩宽度 2×3.0m(含右侧路缘带宽 2×0.5m),土路肩宽度 2×0.75m;主线新建路面结构为:4cm 厚细粒式改性沥青混凝土(AC-13C) +6cm 厚中粒式改性沥青混凝土中面层(AC-20C) +10cm 厚密级配沥青稳定碎石(ATB-25) +改性乳化沥青下封层 +34cm 厚水泥稳定碎石基层 +20cm 低剂量水泥稳定碎石;设计车辆荷载等级:原有桥梁为汽车—超 20 级,挂车—120;特殊桥梁、位于单侧加宽段上的特大桥采用公路—Ⅰ级的 1.3 倍,一般桥梁、涵洞采用公路—Ⅰ级;桥梁宽度:双侧拼宽,桥梁两侧各拼宽 8m,拼宽后桥面净宽为 2×19m;单侧加宽整体式路基桥梁净宽 19.25m,全宽 20.25m;分离式路基路段新建桥梁净宽 19.5m,全宽 20.5m;设计洪水频率:特大桥 1/300,其他桥涵 1/100;其他有关标准按《公路工程技术标准》(JTG B01—2003)和《河南省高速公路设计技术要求》规定执行。

3)建设规模

主要工程量:路基挖方总数量为 2292.90 万 m^3,填方总数量为 941.71 万 m^3,沥青混凝土路面 359.45 万 m^2;并配置有完善的供电、照明、通信、监控、收费等机电交通工程系统。另外全线还设有防撞护栏、交通标志、标线、公路隔离栅等设施;新建房屋建筑面积 11777m^2,拆除 3008m^2,改造建筑面积 23221m^2。表 8-12-20 为 G30 连霍高速公路洛阳至三门峡(豫陕界)段改扩建工程桥梁一览表;表 8-12-21 为 G30 连霍高速公路洛阳至三门

峡(豫陕界)段改扩建工程隧道一览表。

G30连霍高速公路洛阳至三门峡(豫陕界)段改扩建工程桥梁一览表　　表8-12-20

规模	名称	桥长(m)	主跨长度(m)	跨越障碍物			桥梁类型
				河流	沟谷	道路、铁路	
特大桥	洪阳河特大桥	1057.80	30	√			连续梁桥
	许沟特大桥	971.92	156		√		组合梁桥
	南沟特大桥	1490.72	40		√		连续梁桥
	吉家河特大桥	1863.38	30		√		连续梁桥
	弘农涧河特大桥	1210.4	50	√			连续梁桥
	西寨特大桥	1698.6	50		√		组合梁桥
	阳平河特大桥	1260.12	50	√			连续梁桥
	枣乡河特大桥	1160.04	50	√			连续梁桥
大桥	金水河Ⅰ号大桥	759.6	50	√			连续梁桥
	金水河Ⅱ号大桥	131.8	25	√			连续梁桥
	史洼大桥	289.6	40		√		连续梁桥
	蔡庄大桥	289.6	40			√	连续梁桥
	五头分离式立交	113.68	20			√	简支梁桥
	赵沟村大桥	327.78	30			√	连续梁桥
	龙潭沟大桥	459.28	50		√		连续梁桥
	下杨沟大桥	509.28	50		√		连续梁桥
	何沟大桥	459.28	50		√		连续梁桥
	牌楼大桥	709.44	50			√	连续梁桥
	王庄水库Ⅰ号大桥	209.12	50	√			连续梁桥
	王庄水库Ⅱ号大桥	259.12	50	√			连续梁桥
	岳沟大桥	449.60	40		√		连续梁桥
	龙涧大桥	359.12	50		√		连续梁桥
	洛玻铁路分离式立交桥	129.60	40			√	连续梁桥
	陈家沟大桥	337.80	30		√		连续梁桥
	义昌大桥	529.60	40		√		连续梁桥
	荆家大桥	449.60	40			√	连续梁桥
	王家庄大桥	409.12	50			√	连续梁桥
	千秋大桥	156.8	25			√	连续梁桥
	龙王沟大桥	131.8	40		√		连续梁桥
	石河大桥	929.6	40		√		连续梁桥
	崤村沟大桥	169.6	40		√		连续梁桥
	张沟大桥	208.96	50		√		连续梁桥

第八章 河南高速公路项目建设信息

续上表

规模	名称	桥长（m）	主跨长度（m）	跨越障碍物 河流	跨越障碍物 沟谷	跨越障碍物 道路、铁路	桥梁类型
大桥	崇沟大桥	208.96	50		√		连续梁桥
	岭头大桥	187.8	30			√	连续梁桥
	西官庄大桥	157.8	30			√	连续梁桥
	延沟大桥	232.8	25	√			连续梁桥
	焦院大桥	165.72	20			√	简支梁桥
	沟东大桥	231.80	25			√	连续梁桥
	池底大桥	106.80	25			√	连续梁桥
	渑池—张村立交桥	148.8	35			√	简支梁桥
	朱城大桥	457.80	30			√	连续梁桥
	英豪大桥	577.80	30			√	连续梁桥
	单村大桥	337.80	30			√	连续梁桥
	西董村大桥	245.08	20			√	简支梁桥
	东涧河大桥	544.5	30.75	√			连续梁桥
	西英豪大桥	150	25			√	连续梁桥
	刘庄沟大桥	150	30		√		连续梁桥
	后沟大桥	408	40		√		连续梁桥
	南坡大桥左线	205	25			√	连续梁桥
	南坡大桥右线	180	25			√	连续梁桥
	青石岭大桥（左幅）	180	25		√		连续梁桥
	青石岭大桥（右幅）	455	25		√		连续梁桥
	南岭大桥	155	25		√		连续梁桥
	阴柿沟东大桥	259.1	50		√		连续梁桥
	阴柿沟西Ⅰ号大桥	158.96	50		√		连续梁桥
	阴柿沟西Ⅱ号大桥	359.1	50		√		连续梁桥
	阴柿沟西大桥	559.28	50		√		连续梁桥
	槐沟大桥	409.12	50		√		连续梁桥
	潘家Ⅰ号大桥左幅	130.16	25			√	连续梁桥
	潘家Ⅰ号大桥右幅	105	25			√	连续梁桥
	潘家Ⅱ号大桥	205	25			√	连续梁桥
	金银山大桥	180	25	√			连续梁桥
	上崖大桥左线	608	40		√		连续梁桥
	上崖大桥右线	488	40		√		连续梁桥
	硖石大桥	648	40		√		连续梁桥
	杨家村大桥	455	25		√		连续梁桥

续上表

规模	名称	桥长(m)	主跨长度(m)	跨越障碍物			桥梁类型
				河流	沟谷	道路、铁路	
大桥	前麦王沟大桥	457.00	30		√		连续梁桥
	杨树沟大桥	889.60	40		√		连续梁桥
	蔡家凹大桥	156.92	25		√		连续梁桥
	山口河大桥	278.08	30	√			连续梁桥
	青龙涧河桥	428.1	30	√			简支梁桥
	东贺家庄Ⅰ号大桥	156.800	25			√	连续梁桥
	东贺家庄Ⅱ号大桥	156.944	25			√	连续梁桥
	西贺家庄大桥(左幅)	209.080	50			√	连续梁桥
	西贺家庄大桥(右幅)	498.320	50			√	连续梁桥
	火烧阳沟大桥	309.320	50		√		连续梁桥
	跨陇海铁路隧道桥	58.92	50			√	连续梁桥
	苍龙涧河大桥	248.06	30	√			简支梁桥
	罐煮沟大桥	188.06	30		√		简支梁桥
	陕县城西分离式立交桥	100.716	30			√	简支梁桥
	金水河大桥	128.06	30	√			简支梁桥
	老马谢河大桥	427.18	30	√			简支梁桥
	好阳河大桥	463.96	50	√			连续梁桥
	孟村大桥	307.76	30			√	简支梁桥
	西寨1号大桥	208.92	50			√	连续梁桥
	张嘴1号大桥	325.56	20			√	简支梁桥
	张嘴2号大桥	125.66	20			√	简支梁桥
	稠桑大桥	505.9	20			√	简支梁桥
	焦寨1号大桥	646.08	20			√	简支梁桥
	焦寨2号大桥	105.66	20			√	简支梁桥
	梨湾村大桥	307.76	30			√	简支梁桥
	东上村1号大桥	157.76	30			√	简支梁桥
	东上村2号大桥	157.76	30			√	连续梁桥
	东上村3号大桥	125.67	20			√	简支梁桥
	沙河大桥	959.8	50	√			连续梁桥
	闵乡大桥	258.96	50			√	连续梁桥
	十二里河大桥	709.1	50	√			连续梁桥
	双桥河大桥	485.36	30	√			简支梁桥
	龙窝大桥	165.72	20			√	简支梁桥

续上表

规模	名称	桥长(m)	主跨长度(m)	跨越障碍物			桥梁类型
				河流	沟谷	道路、铁路	
中桥	老王沟中桥	81.72	25		√		连续梁桥
	庙头中桥	98.70	30			√	连续梁桥
	张沟中桥	97.8	30		√		连续梁桥
	东洼中桥	81.8	25			√	连续梁桥
	桐树洼中桥	98.04	30			√	连续梁桥
	槐沟中桥左幅	80	25		√		连续梁桥
	槐沟中桥右幅	80	25		√		连续梁桥
	金银山中桥	80	25		√		连续梁桥
	辛店沟中桥	97.96	30		√		简支梁桥
	北朝村中桥	97.8	30			√	简支梁桥
	孟村东中桥	85.64	20			√	简支梁桥
	焦寨原中桥	65.64	20			√	简支梁桥
	梨湾村中桥	65.64	20			√	简支梁桥
	王家岭中桥	65.06	16			√	简支梁桥
	高柏中桥	37.04	16			√	简支梁桥
	西牛庄中桥	69.06	16	√			简支梁桥

4）主要控制点

洛阳市（孟津县、新安县）、三门峡市（渑池县、义马市、陕县、湖滨区、灵宝市）。

G30连霍高速公路洛阳至三门峡（豫陕界）段改扩建工程隧道一览表　　表8-12-21

规模	名称	隧道全长(m)	隧道净宽(m)	隧道分类						洞门形式(进口/出口)
				按地质条件划分		按所在区域划分				
				土质隧道	石质隧道	山岭隧道	水底隧道	城市隧道		
长隧道	金银山隧道	1233	10.75		√	√				端墙式/削竹式
	金银山隧道	1187	10.75		√	√				端墙式/削竹式
	张茅隧道	2027	10.75		√	√				削竹式/削竹式
	张茅隧道	1916	10.75		√	√				削竹式/削竹式
中隧道	青石岭隧道	880	10.75		√	√				端墙式/削竹式
	青石岭隧道	870	10.75		√	√				端墙式/削竹式

5）地形地貌

路线所经地区岩土类型较多，地形起伏，沟壑纵横，地形地貌十分复杂，大致可分为3个地段：起点至新安段属黄土覆盖的中低山重丘地形，属邙山山脉，多呈梁、峁地貌，局部呈黄土塬地貌，冲沟发育。新安至三门峡段属黄土中低山地带，其西段间有侵蚀中起伏山峦,属崤山山脉,地势起伏较大,沟谷发育,局部呈鸡爪地形,地质灾害较多。三门峡至豫陕界段属于汾渭地堑的东延部分,地形复杂、地势南高北低,由南向北依次为黄土台塬,塬面平坦,略有起伏呈波状和带状近东西向分布,台塬北侧,依次为黄河三级、二级和一级阶地及黄河漫滩和河床。

6)投资规模

项目概算投资135.7674亿元,平均每公里造价6962.43万元。

7)开工及通车、竣工时间

2011年12月开工建设,2015年10月交工通车。

2.参建单位主要情况

(1)建设单位:河南省弘阳高速公路有限公司。

(2)勘察设计单位:河南省交通规划勘察设计院有限责任公司。

(3)质量监督单位:河南省交通基本建设质量检测监督站。

(4)监理单位:育才—布朗交通咨询监理有限公司、北京中通公路桥梁工程咨询发展有限公司、西安华兴公路工程咨询监理有限公司、郑州市豫通市政公用工程监理有限公司、北京天智恒业科技发展有限公司。

(5)土建施工单位:江西省公路机械工程局、华通路桥集团有限公司、河南省公路工程局集团有限公司、中交一公局第五工程有限公司、中交一公局第六工程有限公司、河南省路桥建设集团有限公司、许昌广莅公路工程建设有限责任公司、中铁七局集团有限公司、中铁十五局集团第一工程有限公司、中铁五局集团第一工程有限责任公司、中国凯瑞国际经济技术合作有限公司、河南中州路桥建设有限公司、中交二公局萌兴工程有限公司、开封市通达公路工程有限公司、中铁十五局集团第七工程有限公司、中交一公局第一工程有限公司、安阳市恒达公路发展有限责任公司、中国葛洲坝集团股份有限公司、中国建筑股份有限公司、中铁十五局集团第五工程有限公司、河南省公路工程局集团有限公司、河南省平顶山中亚路桥建设工程有限公司、中铁大桥局集团第一工程有限公司。

(6)路面施工单位:新疆北新路桥集团股份有限公司、上海警通建设(集团)有限公司、中交一公局海威工程建设有限公司、中铁十五局集团第五工程有限公司、龙建路桥股份有限公司、中铁十二局集团第一工程有限公司、中交一公局第一工程有限公司、中铁四局集团有限公司。

(7)房建施工单位:林州市二建集团建设有限公司、河南四建股份有限公司、郑州建工集团有限公司。

(8)交通安全设施施工单位:黑龙江省北龙交通工程有限公司、云南云桥建设股份有限公司、中交路桥建设有限公司、湖北省高速公路实业开发有限公司、陕西高速交通工贸有限公司、湖南省湘筑工程有限公司、湖南三和通信交通工程有限公司、厦门市科发交通工程有限公司、沙河市飞耀交通设施有限公司、广东省交通发展有限公司、河北远征交通设施有限公司、开封市通达公路工程有限公司、平湖市通顺交通设施有限公司、南京华路公路设备工程有限公司、湖南金安交通设施亮化景观建设有限公司、中交一公局交通工程有限公司、周口市公路交通设施有限公司。

(9)绿化施工单位:山东景亮工贸有限公司、河北国绿园林建设有限公司、郑州万年春园林绿化工程有限公司、许昌江北花木有限公司、河南创艺园林工程有限公司、河南新封园林绿化工程有限公司、河南瑞源景观园林工程有限公司、河南省方正园林绿化有限公司、河南省生态园林绿化建设有限公司。

(10)交通机电施工单位:郑州汉威光电技术有限公司、陕西汉唐计算机有限责任公司、河南豫达电力集团有限公司、南京中电熊猫照明有限公司、湖南六建机电安装有限责任公司。

(11)旧桥改造施工单位:中交第二航务工程局有限公司、中铁七局集团郑州工程有限公司、武汉二航路桥特种工程有限责任公司、中交第三公路工程局集团有限公司。

(二)建设情况

1. 项目准备阶段

1)项目审批文件

2009年9月9日,国家环保部对连霍国家高速公路洛阳至三门峡(豫陕界)改扩建工程环境影响报告书进行了批复,文号为环审〔2009〕410号。2009年10月28日,河南省国土资源厅关于连霍国家高速洛阳至三门峡(豫陕界)段改扩建项目建设用地预审意见复函,文号为豫国土资函〔2009〕411号。2010年12月3日,《国家发展改革委关于河南省洛阳至三门峡(豫陕界)公路改扩建工程可行性研究报告的批复》,文号为发改基础〔2010〕2840号。2011年6月30日,《关于洛阳至三门峡(豫陕界)公路改扩建工程初步设计的批复》,文号为交公路发〔2011〕325号。2011年6月30日,《关于洛阳至三门峡(豫陕界)公路改扩建工程施工图设计的批复》,文号为豫交文〔2012〕362号。2012年4月1日,水利部对连霍高速洛阳至三门峡(豫陕界)段改扩建工程水土保持方案进行了批复,文号为水保函〔2012〕72号。2012年11月28日,国土资源部对洛阳至三门峡(豫陕界)段改扩建工程建设用地进行了批复,文号为国土资函〔2012〕940号。

2)资金筹措

概算总投资为137.7674亿元,其中25%为建设单位自有资金,其余75%为工商银行贷款。

3）合同段划分

（1）设计标段划分：工程设计 2 个标段,分别负责洛阳至三门峡段和三门峡至灵宝（豫陕界）段的土建、路面、机电、房建、交安、绿化和旧桥改造设计。

（2）施工标段划分：土建工程 29 个标段,路面工程 8 个标段,机电工程 5 个标段,房建工程 3 个标段,绿化工程 9 个标段,交通安全设施 17 个标段,旧桥改造标段 5 个。

（3）施工监理标段划分：设 5 个总监办公室,其中 3 个土建工程总监办公室,1 个房建工程总监办公室,1 个机电工程总监办公室。

4）招投标

（1）2010 年 12 月 10 日,召开土建工程施工招标开标会,确定 28 家中标单位。

（2）2012 年 6 月 21 日,召开招标开标会,确定土建第 28 标中标单位。

（3）2013 年 3 月 18 日,召开路面工程开标会,确定 8 家中标单位。

（4）2013 年 11 月 12 日,召开绿化工程开标会,确定 9 家中标单位。

（5）2014 年 2 月 12 日,召开房建工程开标会,确定 3 家中标单位。

（6）2014 年 4 月 10 日,召开交通安全设施工程开标会,确定 17 家中标单位。

（7）2014 年 4 月 10 日,召开交通机电工程招标开标会,确定 4 家中标单位。

（8）2014 年 6 月 25 日,召开隧道消防工程招标开标会,确定 1 家消防中标单位。

（9）2014 年 8 月 13 日,召开旧桥加固工程开标会,确定 5 家中标单位。

5）征地拆迁情况

项目批复建设用地 570.6623 hm^2（合 8559.9345 亩）,实际共计征用土地 8515.8945 亩,其中洛阳段 988.693 亩,三门峡段 7527.2015 亩,与批复用地相比减少 44.04 亩,土地征用及拆迁安置补助费用为 126.238.96 万元。

2. 项目实施阶段

1）实施过程

（1）主线土建工程于 2011 年 12 月 1 日开工,2014 年 11 月完工。

（2）房建工程于 2014 年 4 月开工,2015 年 8 月完工。

（3）机电工程于 2014 年 5 月开工,2015 年 8 月完工。

（4）交通安全设施工程于 2014 年 4 月开工,2014 年 11 月完工。

（5）绿化工程于 2013 年 11 月开工,2014 年 9 月完工。

（6）2014 年 9 月 10～11 日,三门峡西至豫陕界段新路交工验收。

（7）2014 年 11 月 25～26 日,洛阳至三门峡西段新路交工验收。

（8）2015 年 9 月 22～23 日,房建、机电、绿化工程交工验收。

（9）2015 年 10 月 27～28 日,旧路旧桥改造工程交工验收。

（10）2016 年 11 月,申请政府审计。

2)重大决策

(1)采取分段、分级督导措施。成立3个业主代表处,在施工过程中,充分发挥业主代表处和监理现场督导作用,对所辖区段内标段项目控制性工程加大督导力度,确保均衡施工。

(2)全面持续掀起施工大干高潮。先后组织开展了"攻坚三季度、决战四季度确保完成年度施工任务"和"大干120天、掀起春季施工高潮""五比一创"劳动竞赛等多种形式的劳动竞赛活动,多次受到省厅和当地政府的高度表扬和通报表扬。

(3)定期召开工地例会,建立施工日报制度。每周召开工地例会,对计划完成情况进行总结,对施工中存在的问题进行分析,制定下月施工重点,切实做到日保旬、旬保月、月保季、季保年、年保通车总体目标,确保年度各项任务目标和总体任务目标按期完成。

(4)加强考核,确保按期完成施工任务。项目公司定期或不定期的到工地进行检查工程进度情况,并有针对性地开展履约考评工作,奖优罚劣,形成稳定的激励机制,确保按照整体工作目标推进工程建设任务。

3)设计变更

(1)路基路面变更。挖方土石比例变化变更;取消部分跨标段调运土石方变更;路基填料变更;滑塌、陷穴段治理的变更,对在TJ-4、TJ-21、TJ-22等标段出现的滑坡、陷穴进行治理。

(2)部分桥涵结构物变更。涵洞通道的变更,对部分涵洞、通道进行增减、移位、变动跨径、改变地基处理形式的变更;桥梁变更,在填方高差较大段将部分桥梁涵洞变更为桩板墙,对部分天桥进行增减、合并。

(3)隧道变更。调整青石岭隧道、金银山隧道和张茅隧道部分段落的围岩级别及支护形式,对个别洞口形式进行了优化调整;取消张茅隧道连接线。

(4)路线交叉变更。新增新安西互通式立交1座,增加三门峡市商务中心区通道6座。

(三)复杂技术工程

1.许沟特大桥施工

许沟特大桥施工单位为中交一公局第六工程有限公司连霍改建TJ-6标段。施工单位于2010年11月正式进场施工,历时46个月,2014年9月23日,主桥顺利完成合龙及附属工程施工。沟特大桥是连霍高速公路洛阳至三门峡段改扩建工程唯一一座连续刚构桥梁,主桥全长322.32m,采用跨径为(82.92+156+82.92)m,主梁采用单箱双室变截面PC连续箱梁,三向预应力体系。箱梁横桥向底板保持水平,顶板2%横坡由腹板高度的变化形成。支点处箱梁中心高9m,跨中位置箱梁中心高3.5m,从0号块外73.5m范围内梁高按 2 次抛物线变化;桥面宽 20.5m,悬臂长 4m。2~22 号梁段采用三角挂篮进行悬臂浇筑施工,2 号块为腹板高度最高梁段,腹板高度为 9m。桥面宽、挂篮大、施工难度较大。

2. 阴柿沟西大桥

阴柿沟西大桥施工单位为中铁十五局一公司连霍改建 TJ-11 标段。施工单位于 2011 年 8 月正式进场施工,历时 25 个月,2013 年 6 月,长达 559.28m 的桥梁全部施工完成。阴柿沟西大桥全长 559.28m,为预应力混凝土连续 T 梁,共有 11 孔,跨径 50m,桥面净宽 12m,大于 50m 墩有 4 个,最大墩高 80m。河床地质为亚黏土,除了 8 号墩位于河沟内采用钻机冲孔外,其余桩基施工均采用人工挖孔。桥台及其台后引道路堑边坡存在滑坡、崩塌等滑动失稳的可能性从而影响桥梁及路堑边坡安全,施工中采用了放坡或支挡加固措施,确保了施工的安全。

3. 青石岭隧道施工

青石岭隧道施工单位为中铁十五局一公司连霍改建 TJ-10 标段。施工单位于 2010 年 11 月正式进场施工,历时 43 个月,2014 年 6 月 26 日,长达 1750m(单洞总长)的洞身得以全部掘进贯通。青石岭隧道左线全长 880m,右线全长 870m,属公路隧道,围岩以泥岩、灰岩为主,均采用削竹式洞门。该隧道下穿兰—郑—长成品油管道,地质构造复杂,岩体破碎,地下水较为丰富,岩体遇水极易软化、滑移导致坍塌,使作业人员和设备工作效率平均降低 50%~60%,给施工建设提出了严峻的考验。施工单位遵循"短进尺,弱爆破,强支护,早封闭,勤量测"的施工原则,采用 CD 法开挖技术,攻克了多道技术难题,确保了施工的安全。

(四)科技创新

1. 开展跨径 30m 空心板桥抗剪加固试验与技术研究并推广应用

通过与河南省交通科学技术研究院有限公司等开展的 30m 空心板抗剪加固技术试验研究,针对 30m 空心板抗剪承载力不足等问题,在空心板内部设置气囊内模,浇筑高性能自流平免振微膨胀自密实混凝土,增大梁端截面积以提升 30m 空心板抗剪承载能力;针对梁底横向裂缝、抗弯承载力不足等问题,采用梁底粘贴预应力碳纤维板的加固方案。不仅减少了梁板拆除数量,减少了保通、安全压力,节能环保且降低工程造价。此方案于 2015 年获得了国家发明专利证书,有积极的借鉴、推广意义。

2. 双侧拼宽段高填方路基桩板墙技术方案研究

项目双侧拼宽路段土建 16、17 标,部分老路路基填土高度在 25m 以上,最大填高 36m。新路两侧各拼宽 8.25m,考虑高填及沉降原因,新老路均改建为桥梁,设计方案造价高、施工繁杂、困难,保通难度极大,且未充分利用老路。经过多次实地调研、反复研究,优化变更为利用老路、新桥变更为桩板墙路基拼宽方案。以桩板式挡墙收坡进行路基拼接的方法,具有安全可靠、施工快捷、降低造价、老路施工不断行等优点,节省建安费、保通费约5300万元,经济效益和社会效益显著,具有良好的推广应用前景。此方案于2013年9月获得了国家发明专利证书。

3. 开展了与高铁隧道交叉工程对策与方案研究

项目 TJ-19、TJ-21、TJ-24 标上跨郑西高铁函谷关隧道、阌乡隧道,隧道均位于北侧整体式加宽路段,以路基方式跨越,路基施工对隧道运营影响较大。为确保施工和运营过程中的高铁隧道安全与稳定,按照郑州铁路局和郑西高铁公司要求,项目公司组织对4种方案(无加固施工方案、拱桥式加固方案、桩基拱桥加固方案和路基浇筑混凝土面板方案)进行研究。通过聘请西南交通大学、中铁二院等科研单位对上跨高铁隧道段开展了安全影响分析与技术对策研发,并邀请专家对跨越方案进行了认真研究,最终选用浇筑混凝土面板为最终加固方案,实现以路基方式跨越。从而避免了高速路基、路面施工对郑西客运专线函谷关隧道、阌乡隧道不利影响,降低高速路基路面施工及高速公路运营时对高铁隧道造成的安全风险,确保了施工安全和高铁运营安全。

4. 山区高速公路长陡下坡路段交通安全体系设置指南研究

项目对山区高速公路长陡下坡路段交通安全体系进行了系统的研究,编制了山区高速公路长陡下坡路段交通安全体系设置指南,对山区高速公路长陡下坡交通安全体系设置提出了指导意见,为山区高速公路运营安全提供了技术指导和支持。

(五)运营养护管理

1. 组织架构

该项目运营管理单位为河南高速公路发展有限责任公司三门峡分公司和河南高速公路发展有限责任公司洛阳分公司管理养护。

2. 服务设施

下辖渑池服务区、三门峡服务区、灵宝服务区、豫陕界服务区4处,渑池西停车区1处,见表8-12-22。

G30 连霍高速公路洛阳至三门峡(豫陕界)段改扩建工程服务场区一览表 表8-12-22

高速公路编码	服务区名称	桩号	所在区域	占地面积(m²)	建筑面积(m²)
G30	渑池服务区	LK45+850	渑池县洪阳镇义昌村	106700	2800.00
	渑池西停车区	RK69+850	渑池县英豪庵北村	54000	2800.00
	三门峡服务区	K121+000	三门峡市崖底乡岗上村	136000	13600.00
	灵宝服务区	RK169+071	灵宝市西闫乡西邱村	106700	2800.00
	豫陕界服务区	K194+091	灵宝市豫灵镇张姚村	167800	8448.00

3. 收费设施

下设有新安、新安西、义马、渑池、观音堂、三门峡东、三门峡西、灵宝、灵宝西、豫灵和豫陕界 11 个收费站,具体见表 8-12-23。

G30 连霍高速公路洛阳至三门峡(豫陕界)段改扩建工程收费设施一览表　　表 8-12-23

收费站名称	桩　　号	入口车道数		出口车道数	
		总车道	ETC 车道	总车道	ETC 车道
新安收费站	RK28+103	3	1	5	1
新安西收费站	K33+500	4	1	6	1
义马收费站	LK52+941	3	1	6	1
渑池收费站	RK63+512	3	1	5	1
观音堂收费站	RK82+538	3	1	4	1
三门峡收费站	K114+475	5	2	7	2
三门峡西收费站	K134+990	3	1	5	1
灵宝收费站	RK150+456	3	1	5	1
灵宝西收费站	K173+609	3	1	4	1
豫灵收费站	K198+517	2	0	3	1
豫陕界收费站	K205+719	0	0	15	2

4. 监控设施

设置监控分中心 2 个,分别负责洛阳段和三门峡段的运营监管。

5. 养护管理

河南高速公路发展有限责任公司洛阳分公司和河南高速公路发展有限责任公司三门峡分公司负责连霍高速洛阳至三门峡(豫陕界)段全线路基、路面、桥涵、交通安全设施和绿化日常养护,并严格执行相关行业标准及公司养护制度进行日常保养保洁工作。

十、G3001 郑州西南绕城高速公路

(一)项目概况

1. 基本情况

1)功能定位

郑州西南绕城高速公路起点在荥阳市靳寨,与连霍高速公路相连,北接郑云高速公路,终点与京港澳高速公路相接,东接郑民高速公路,全长 52.02km,与京港澳、连霍国道主干线共同组成 110km 的郑州市环城高速公路。该项目为京港澳、连霍国道主干线在郑州实现快速转换提供了快速通道,对完善河南省高速公路网和干线公路网布局,缓解改善

郑州交通基础设施不完备和拥堵状况,分流过境车辆,减轻市区和其他干线交通压力、凸显郑州交通枢纽作用具有重要意义。

2)技术标准

采用全封闭、全立交、双向六车道;设计行车速度:120km/h;路基宽度:35m;设计荷载标准:汽车—超20级,挂车—120;路面:沥青混凝土路面;路面结构:面层由上往下依次为5cm AK-16A 型中粒式沥青混凝土,6cm AC-20I 型中粒式沥青混凝土,7cm AC-25I 型粗粒式沥青混凝土。

3)建设规模

主要工程量:路基土方 1088.3793 万 m^3,石方 133.887 万 m^3;匝道收费站 3 处;服务区 1 处;表 8-12-24 为 G3001 郑州西南绕城高速公路桥梁一览表。

G3001 郑州西南绕城高速公路桥梁一览表 表 8-12-24

规模	名称	桥长（m）	主跨长度（m）	跨越障碍物 河流	跨越障碍物 沟谷	跨越障碍物 道路、铁路	桥梁类型
大桥	索河大桥	286.65	20	√			简支梁桥
	跨陇海铁路大桥	522.08	35			√	简支梁桥
	南水北调大桥	128.96	40	√			简支梁桥
	须水河一支沟桥	226.88	20	√			简支梁桥
	须水河三支沟桥	166.93	20	√			简支梁桥
	大桥	106.96	20			√	简支梁桥
	须水河桥	158.96	30	√			简支梁桥
	孔河大桥	188.93	30	√			简支梁桥
	主线跨沟桥	128.95	30		√		简支梁桥
	贾鲁河大桥	491.8	40	√			简支梁桥
	K24+785 大桥	248.88	40	√			简支梁桥
	主线跨沟 1	208.96	40			√	简支梁桥
	主线跨沟 2	158.96	30			√	简支梁桥
	小庙嘴大桥	408.8	40	√			简支梁桥
	K30+112 大桥	286.88	20	√			简支梁桥
	K32+530 大桥	128.96	30	√			简支梁桥
	K32+760 大桥	188.96	30	√			简支梁桥
	K38+025 大桥	113.95	35			√	简支梁桥
	十八里河	218.96	30	√			简支梁桥
	十七里河大桥	166.93	20			√	简支梁桥
	南水北调大桥 2	239.12	50		√		简支梁桥
	K50+265	857.43	35			√	简支梁桥

续上表

规模	名称	桥长(m)	主跨长度(m)	跨越障碍物 河流	跨越障碍物 沟谷	跨越障碍物 道路、铁路	桥梁类型
中桥	中桥1	66.96	20		√		简支梁桥
	K48+138.5桥	44.04	13			√	简支梁桥
	K49+114桥	53.04	16			√	简支梁桥
	中桥2	44.04	13			√	简支梁桥
	K42+060中桥	66.95	20			√	简支梁桥
	K42+310中桥	53.04	16			√	简支梁桥
	K38+393中桥	66.96	20			√	简支梁桥
	K34+081.7中桥	53.04	16			√	简支梁桥
	小庙嘴西	44.04	13			√	简支梁桥
	中桥3	86.95	20		√		简支梁桥
	圈李	53.04	16		√		简支梁桥
	须水河四支沟桥	53.04	16	√			简支梁桥
	谷庄	53.04	16		√		简支梁桥
	须水河二支沟桥	85.04	16	√			简支梁桥
	中桥4	86.96	20			√	简支梁桥
	东兴国寺	44.04	13			√	简支梁桥

4）主要控制点

郑州市（荥阳市、管城区、中牟县）。

5）地形地貌

路线所经地区位于河南省中部，处于华北平原西南部的边缘地带，西南部与嵩山余脉相连，北部、东北部及东部与黄河泛滥平原相连接。路区地处河南省西部与东部平原的过渡地带，其中国道107以西属于低山丘陵区，以东属于黄河冲积平原地区。路区高程在110~236m，西南部路区冲沟发育，相对高差较大，多呈陡峭黄土立壁，为较典型的黄土丘陵地貌，东部路区地势平缓，多有小型风积沙丘。

6）投资规模

项目概算投资26.5548亿元，竣工决算投资29.01亿元，平均每公里造价5576.01万元。

7）开工及通车、竣工时间

2002年6月开工建设，2005年8月交工通车，2010年1月完成竣工验收。

2．参建单位主要情况

（1）建设单位：河南省郑州西南绕城高速公路建设有限公司。

（2）设计单位：河南省交通规划勘察设计院。

(3)质量监督单位:河南省交通基本建设质量检测监督站。

(4)监理单位:北京华通公路桥梁监理咨询公司(A监理代表处)、江苏东南交通工程咨询监理公司(B监理代表处)。

(5)土建施工单位:中铁一局集团有限公司、湖南省公路桥梁建设总公司、广东省基础工程公司、常州市交通工程总公司、山西远方路桥有限责任公司、中铁十六局集团第五工程有限公司。

(6)路面施工单位:河南省交通公路工程局、交通部二局(洛阳)第四工程处、陕西省路桥工程总公司。

(7)房建施工单位:河南华辰工程建设有限公司、中国建筑第六工程局第五建筑工程公司、河南胜达建筑工程有限公司、广厦建设集团有限责任公司。

(8)绿化施工单位:潢川荟园绿化工程有限公司、周口荣兴绿化工程有限公司、河南省交通园林绿化工程有限、鄢陵县花木盆景园。

(9)交通安全设施施工单位:潍坊东方交通设施工程有限公司、杭州京安交通工程设施有限公司、河南省公路局筑路机械厂、扬州市公路管理处机械厂、河南现代交通工程有限公司、扬州市公路管理处机械厂、北京华凯交通科技有限公司。

(10)供配电照明施工单位:山东淄博海德灯具厂、鹤壁市市政工程处、四川通达铁路工程有限公司。

(二)建设情况

1.项目准备阶段

1)项目审批文件

2001年9月29日,交通部对郑州西南绕城高速公路的可行性研究报告进行了批复,文号为交规划发〔2001〕577号,同意该项目进行前期工作。2002年5月17日,《关于国道主干线郑州西南绕城高速公路工程初步设计的批复》,文号为交公路发〔2002〕208号。2002年5月17日和5月20日,省国土资源厅和河南省地质科学研究所分别对该项目的压覆矿产资源报告和地质灾害危险性进行评估,出具审定意见,文号为豫国土资函〔2002〕56号。2002年5月22日,《关于郑州西南绕城高速公路工程施工图设计的批复》,文号为豫交计〔2002〕361号。2002年11月22日,水利部对项目的水土保持方案进行了批复,文号为水保〔2002〕506号。2004年4月19日,国土资源部批准了该项目的建设用地,文号为国土资函〔2004〕109号。

2)资金筹措

项目概算总投资为26.5548亿元,其中30%为建设单位自有资金,其余70%为工商银行贷款。

3）合同段划分

（1）设计标段划分：土建工程设计 2 个标段，房建工程设计 1 个标段，绿化工程设计 1 个标段，机电工程设计 1 个标段。

（2）施工标段划分：土建工程 7 个标段，机电工程 3 个标段，房建工程 4 个标段，绿化工程 4 个标段，交通安全设施 9 个标段。

（3）施工监理标段划分：共 2 个监理单位。

4）招投标

（1）2002 年 4 月 23～24 日，有 39 家土建工程施工单位通过资格预审，参加该项目主线土建工程 7 个合同段的投标。2002 年 6 月 18～19 日，土建工程施工开标，最终确定 7 家中标单位。

（2）2003 年 12 月 29～30 日，有 16 家路面工程施工单位通过资格预审，参加该项目路面工程 3 个合同段的投标。2004 年 6 月 6 日公开开标，评审出 3 家中标单位。

（3）2003 年 8 月 19～20 日，有 48 家供应商通过资格预审，参加该项目材料采购 6 个合同的投标。2003 年 7 月 21～23 日，通过公开开标、评审，确定 6 家玄武岩及石油沥青供货商。

（4）2004 年 8 月 29 日，对绿化、交安设施工程、交通机电工程进行公开开标，最终确定 4 家绿化工程中标单位，9 家交安设施中标单位和 1 家交通机电工程中标单位。

（5）2004 年 11 月 23 日，对房建工程进行公开开标，确定 4 家房建中标单位。

5）征地拆迁情况

征地面积为 7468.735 亩，其中农村集体农用地 416.3358 hm^2（其中耕地 362.7258 hm^2），农村集体建设用地 51.2884 hm^2，未利用地 7.1378 hm^2；国有农用地 7.8929 hm^2（其中耕地 3.4802 hm^2），国有建设用地 15.261 hm^2。拆迁房屋 20.5 万 m^2。

2. 项目实施阶段

1）实施过程

（1）主线土建工程于 2002 年 6 月 29 日开工，2005 年 7 月完工。

（2）房建工程于 2004 年 12 月开工，2005 年 7 月完工。

（3）机电工程于 2004 年 11 月开工，2005 年 8 月完工。

（4）交通安全设施工程于 2004 年 11 月开工，2005 年 7 月完工。

（5）绿化工程于 2004 年 11 月开工，2005 年 6 月完工。

（6）2005 年 11 月 15 日，河南省交通基本建设质量检测监督站对项目进行了交工验收，得分为 93.7 分，工程质量评定为合格。

（7）2009 年 3 月 27 日，河南省交通基本建设质量检测监督站对项目进行了质量鉴定。工程质量鉴定得分为 92.18 分，质量鉴定等级评为优良。

2）重大决策

（1）制定了豫郑绕设〔2002〕93号文、豫郑绕设〔2003〕6号文、豫郑绕设〔2004〕143号文等文件,分别对重要材料厂家、锚类、支座、土工材料、路面材料制定了准入制度,并严格执行。

（2）与各合同协议单位签订《目标责任书》,要求各施工单位合理安排工期,及时调整网络计划,加大人力、物力、财力的投入,对不能按期完成目标责任的施工单位给予严肃处理。

（3）为确保监理试验结果的准确性,组织两个监理代表处进行互查,对试验室的试验仪器和设备人员进行检查培训,使试验人员持证上岗率达到100%。

3）设计变更

（1）对沿线圬工防护进行了优化,增大了绿化植被面积。

（2）沥青路面原设计为普通沥青混凝土,考虑到河南多为重车辆,中上面层变更为改性沥青混凝土。

（3）全线多为微膨胀性黄土,为保证通车后的使用质量,在路槽顶增加了20cm的石灰改善土,并在改善土下层采用冲击式碾压。

（4）全线沟壑纵横,多出桥头排水设计存在排水冲刷桥台问题,对排水进行了优化变更。

（5）挖方段碎落台原设计为浆砌片石,为了达到景观美、造价低,将此处碎落台全部变更为绿色植被防护。

（6）原设计收费站和服务区形式单一,为了造型别致,进行了设计方案征集。

4）重大事件

2010年2月,由河南省交通规划勘察设计院设计的"郑州西南绕城高速公路工程",获河南省优秀工程勘察设计评选委员会"2009年度河南省优秀工程勘察设计"二等奖。

（三）复杂技术工程

K0+000~K11+500等多处挖方地段在路槽地面高程0.8m深度范围内为过湿土,不适宜做路基填土。公司会同监理代表处、驻地监理办公室共同成立了"膨胀土改性科研小组"。经过有关人员半年多的不懈努力,做了几十次试验,最终确定了"在原过湿土中掺加6%~8%的生石灰粉,充分拌和均匀"的处理方法。根据不同路段过湿土的实际情况,采用不同的生石灰粉掺量,通过现场取样检测,达到规范要求。

（四）科技创新

（1）K44+098.6南水北调大桥,3号、4号桩顶位于地下水位以下13.5m,地下水丰富且伴有涌砂现象,由于有系梁设计,工程一度无法进行。经过多方法论证,采用钢护筒隔水,袖阀管注浆骨节流沙层新技术,取得成功。

(2)应用DL高分子桥面防水新材料,用高压无气喷涂机进行明通道和桥梁表面的喷涂施工。

(3)根据项目公司改性沥青控制指标,路面标段采用泰普克基质沥青。泰普克AH-70号基质沥青常规无法生产出针入度≥40dm,软化点≥70℃,延度(5℃时)≥30cm的改性沥青,经过多次配比试验,在泰普克基质沥青中介入5.0%韩国锦湖KTR-101新型改性剂、加入0.7%助溶剂并在大型改性设备中生产,改性后各项指标满足要求,沥青混合料车辙、冷弯指标满足要求。

(4)与重庆交通大学合作进行柔性纤维混凝土在桥面铺装中的应用研究;与郑州大学合作进行了稳定土压实质量控制研究;与北京科技大学合作进行了高速公路不良地质路肩边坡稳定性研究和岩溶地区大桥桩基稳定性研究及应用等。经专家委员会鉴定研究均达到国内领先水平。

(五)运营养护管理

1. 组织架构

该项目运营管理单位为河南省交通运输厅京珠高速公路新乡至郑州管理处。管理处设有办公室、财务科、征稽科、养护科、路产部、经营科等部门。

2. 服务设施

所辖路段设郑州西服务区一处,见表8-12-25。2007年6月,郑州西服务区被共青团河南省直属机关工作委员会授予"省直青年文明号"的光荣称号。

G3001 郑州西南绕城高速公路服务场区一览表　　表8-12-25

高速公路编码	服务区名称	桩号	所在区域	占地面积(m²)	建筑面积(m²)
G3001	郑州西服务区	K16+800	荥阳市	104052	18800.00

3. 收费设施

下设科学大道、豫龙、中原西路、陇海西路、樱桃沟、大学南路、十八里河和轩辕故里几处收费站,见表8-12-26。

G3001 郑州西南绕城高速公路收费设施一览表　　表8-12-26

收费站名称	桩号	入口车道数		出口车道数	
		总车道	ETC车道	总车道	ETC车道
科学大道收费站	K5+800	4	1	6	1
豫龙收费站	K10+440	3	1	6	2
中原西路收费站	K13+000	4	1	6	2
陇海西路收费站	K15+300	4	2	6	2

续上表

收费站名称	桩 号	入口车道数		出口车道数	
		总车道	ETC车道	总车道	ETC车道
樱桃沟收费站	K27+000	3	1	7	1
大学南路收费站	K35+200	4	2	6	2
十八里河收费站	K38+000	3	1	7	2
轩辕故里收费站	K42+060	4	2	7	2

4.监控设施

项目设置监控室8个,负责科学大道收费站、豫龙收费站、中原西路收费站、陇海西路收费站、樱桃沟收费站、大学南路收费站、十八里河收费站和轩辕故里收费站的运营监管。

5.养护管理

1)路面维修工程

2013年立项郑州西南绕城高速公路路面预防性养护专项工程,对路面病害进行治理,施工图预算批复2363.3244万元。

2015年以迎国检为契机,项目投入7954.7060万元开展"2015年度西南绕城高速公路路面专项工程",对全线路面进行全面的维修处治,提升整体路况和路容路貌,顺利通过国检,见图8-12-18。

图8-12-18 路段全线路面整治施工

2)桥梁检测、维修加固

根据省交通厅及主管部门规范标准及公司制度,每三年委托检测单位对全线桥涵结构物进行定期检测,及时掌握技术状况及病害情况,作为桥涵维修保养的依据。

根据桥梁检测结果,2010年对郑州西南绕城高速公路军扬互通式立交桥梁进行加固,预算批复907.7万元。2012年投入360余万元对三类桥涵进行维修加固;2013年,投入72.5万元对K19+440分离式立交进行维修;2012—2015年,每年对破损的伸缩缝进行维修,见图8-12-19。

图8-12-19　桥梁加固施工

3)沿线设施的提升、改造

2010年,按照规范要求对郑州西南绕城沿线标志牌进行改造,保证道路标志指示清晰明确。

2013年,投入100万元对十八里河收费站下站广场进行拓宽改造,缓解站区通行压力。

第十三节　G36南京至洛阳高速公路河南段（沈丘县至孟津县）

G36南京至洛阳高速公路,简称宁洛高速。宁洛高速河南段起自河南安徽交接处的沈丘县长胜沟,经过沈丘、周口、漯河、平顶山、洛阳等城市,止于孟津县与连霍高速公路相交处的任屯互通式立交,全长367.133km。该项目对配合国家西部大开发,完善河南省路网布局,改善中西部地区投资环境,加强内地与东南沿海发达城市的联系,促进区域经济发展具有重要意义。

一、G36宁洛高速公路漯周界段

（一）项目概况

1.基本情况

1)功能定位

宁洛高速公路漯周界段是河南省公路规划网主要骨架中"洛阳至漯河至沈丘(省

界)"干线公路的重要组成部分,西起河南省漯河市、东至安徽省界首市,途经漯河市郾城区、周口市、商水县、川汇区、项城市、沈丘县、界首市,与京港澳、大广、商周三条高速公路交汇,全线122.765km。

其中漯河至周口段,西起许昌至漯河段高速公路,途经漯河市郾城区、商水县、周口市川汇区,止于商水县境内的周商公路,全长47.75km;周口至沈丘段西接漯河至周口高速公路,途经商水县、川汇区、项城市、沈丘县,东连安徽省界(首)至阜(阳)至蚌(埠)高速公路,止于河南安徽交接处的长胜沟,全长75.015km。

2)技术标准

采用全封闭、全立交、双向四车道;设计行驶速度:120km/h;路基宽度:26m;桥梁净宽:2×11.5m;桥涵设计车辆荷载标准:汽车—超20级,挂车—120;路面设计标准轴载:BZZ-100;路面:收费广场和服务区广场采用水泥混凝土路面,其他采用水泥混凝土+沥青混凝土复合式路面;路面结构:主线为4cm中粒式抗滑沥青混凝土(AC-13C)+5cm粗粒式沥青混凝土(AC-20C)+6cm粗粒式沥青混凝土(AC-25C),基层为32cm厚6%水泥稳定碎石,底基层为20cm厚石灰(水泥)稳定土;设计使用年限:沥青混凝土路面为15年,水泥混凝土为30年。

3)建设规模

漯河至周口段主要工程量:路基填方518万 m³,利用14万 m³,路基挖方16.3万 m³;收费站棚2处,管理、养护、服务、监控房屋建筑面积10187.5m²;表8-13-1为G36宁洛高速公路漯河至周口段桥梁一览表。

G36宁洛高速公路漯河至周口段桥梁一览表 表8-13-1

规模	名称	桥长(m)	主跨长度(m)	跨越障碍物			桥梁类型
				河流	沟谷	道路、铁路	
大桥	新枯河大桥	245.4	20	√			预应力混凝土空心板
中桥	K464+310桥	25.4	20			√	预应力混凝土空心板
	K464+780桥	25.4	20			√	预应力混凝土空心板
	K467+895桥	25.4	20			√	预应力混凝土空心板
	K469+205桥	25.4	20			√	预应力混凝土空心板
	K470+860桥	25.4	20			√	预应力混凝土空心板
	K507+560桥	30.4	20			√	预应力混凝土空心板
	K489+380桥	35.4	10			√	预应力混凝土空心板
	K494+090桥	35.4	10			√	预应力混凝土空心板
	K500+030桥	35.4	10			√	预应力混凝土空心板
	K494+290桥	37.4	16			√	预应力混凝土空心板
	K490+100桥	53.4	16			√	预应力混凝土空心板

续上表

规模	名称	桥长（m）	主跨长度（m）	跨越障碍物 河流	跨越障碍物 沟谷	跨越障碍物 道路、铁路	桥梁类型
中桥	K497+920 桥	65.4	20			√	预应力混凝土空心板
	K485+050 桥	25.4	20			√	预应力混凝土空心板
	K485+740 桥	25.4	20			√	预应力混凝土空心板
	K494+415 桥	25.4	20			√	预应力混凝土空心板
	K501+080 桥	25.4	20			√	预应力混凝土空心板
	K504+930 桥	25.4	20			√	预应力混凝土空心板
	K509+590 桥	25.4	20			√	预应力混凝土空心板
	K486+390 桥	35.4	10			√	预应力混凝土空心板
	K483+340 桥	37.4	16			√	预应力混凝土空心板
	K486+770 桥	85.4	20			√	预应力混凝土空心板
	K488+800 桥	85.4	20			√	预应力混凝土空心板
	K510+900 桥	85.4	20			√	预应力混凝土空心板
	漯阜铁路分离式立交	65.4	20			√	预应力混凝土空心板
	K464+505 桥	35.4	16		√		预应力混凝土空心板
	K495+040 桥	37.4	16		√		预应力混凝土空心板
	K495+480 桥	37.4	16		√		预应力混凝土空心板
	K501+330 桥	37.4	16		√		预应力混凝土空心板
	K473+990 桥	45.4	20		√		预应力混凝土空心板
	K497+020 桥	51.4	16		√		预应力混凝土空心板
	K464+950 桥	53.4	16		√		预应力混凝土空心板
	K493+440 桥	65.4	20		√		预应力混凝土空心板
	K498+670 桥	69.4	16		√		预应力混凝土空心板
	K475+070 桥	25.4	20		√		预应力混凝土空心板
	K500+390 桥	45.4	20		√		预应力混凝土空心板
	K509+940 桥	53.4	16		√		预应力混凝土空心板
	K469+510 桥	65.4	20		√		预应力混凝土空心板

周口至沈丘段主要工程量：路基填方978.9万 m^3，路基挖方22.3万 m^3；收费站棚3处；周口服务区1处；沈丘养护工区1处；管理、养护、服务、监控房屋建筑物建筑面积15950m^2；表8-13-2为G36宁洛高速公路周口至沈丘段桥梁一览表。

4）主要控制点

漯河市、周口市、川汇区、商水县、淮阳县、沈丘县。

G36 宁洛高速公路周口至沈丘段桥梁一览表

表 8-13-2

规模	名称	桥长（m）	主跨长度（m）	跨越障碍物 河流	跨越障碍物 沟谷	跨越障碍物 道路、铁路	桥梁类型
大桥	常胜沟大桥	125.4	20	√			预应力混凝土空心板
	新蔡河大桥	205.4	20	√			预应力混凝土空心板
	王庄沟大桥	105.4	20	√			预应力混凝土空心板
	沙颍河大桥	460.6	50	√			预应力混凝土空心板
	K462+920 大桥	105.4	20		√		预应力混凝土空心板
	西蔡河大桥	125.4	20	√			预应力混凝土空心板
中桥	八丈沟中桥	85.4	20		√		预应力混凝土空心板
	豆门河大桥	85.4	20	√			预应力混凝土空心板
	分离式立交	25.4	20			√	预应力混凝土空心板
	分离式立交	25.4	20			√	预应力混凝土空心板
	分离式立交	25.4	20			√	预应力混凝土空心板
	分离式立交	25.4	20			√	预应力混凝土空心板
	分离式立交	35.4	10			√	预应力混凝土空心板
	分离式立交	35.4	10			√	预应力混凝土空心板
	分离式立交	25.4	20			√	预应力混凝土空心板
	分离式立交	25.4	20			√	预应力混凝土空心板
	分离式立交	25.4	20			√	预应力混凝土空心板
	分离式立交	25.4	20			√	预应力混凝土空心板
	分离式立交	25.4	20			√	预应力混凝土空心板
	分离式立交	25.4	20			√	预应力混凝土空心板
	分离式立交	37.4	16			√	预应力混凝土空心板
	分离式立交	37.4	16			√	预应力混凝土空心板
	分离式立交	37.4	16			√	预应力混凝土空心板
	分离式立交	37.4	16			√	预应力混凝土空心板
	分离式立交	37.4	16			√	预应力混凝土空心板
	分离式立交	37.4	16			√	预应力混凝土空心板
	分离式立交	37.4	16			√	预应力混凝土空心板
	分离式立交	45.4	20			√	预应力混凝土空心板
	分离式立交	45.4	20			√	预应力混凝土空心板
	分离式立交	45.4	20			√	预应力混凝土空心板
	分离式立交	45.4	20			√	预应力混凝土空心板
	分离式立交	45.4	20			√	预应力混凝土空心板
	分离式立交	45.4	20			√	预应力混凝土空心板
	分离式立交	53.4	16			√	预应力混凝土空心板

续上表

规模	名 称	桥长(m)	主跨长度(m)	跨越障碍物			桥梁类型
				河流	沟谷	道路、铁路	
中桥	分离式立交	53.4	16			√	预应力混凝土空心板
	分离式立交	53.4	16			√	预应力混凝土空心板
	分离式立交	65.4	20			√	预应力混凝土空心板
	分离式立交	65.4	20			√	预应力混凝土空心板
	分离式立交	69.4	16			√	预应力混凝土空心板
	分离式立交	85.4	20			√	预应力混凝土空心板
	分离式立交	86.4	40			√	预应力混凝土空心板
	漯阜铁路分离式立交	65.4	20			√	预应力混凝土空心板
	十里铺中桥	25.4	20		√		预应力混凝土空心板
	中桥	45.4	20		√		预应力混凝土空心板
	中桥	45.4	20		√		预应力混凝土空心板
	中桥	65.4	20		√		预应力混凝土空心板

5）地形地貌

路线所经地区处于豫东平原，属于黄淮冲击区，地势平坦。路区内第四系沉积物堆积，分布于局部表层及地势低洼地带，在河床主流线附近埋藏较厚；岩性为灰黄色、灰色亚砂土、亚黏土层。

6）投资规模

漯河至周口段项目概算投资 9.5536 亿元，沿线房建工程概算 2068.4 万元，合计总造价 9.7604 亿元，实际完成工程投资 9.0067 亿元。

周口至沈丘段项目概算投资 15.2912 亿元。

7）开工及通车、竣工时间

漯河至周口段 1999 年 1 月开工建设，2001 年 11 月交工通车，2006 年 12 月竣工验收。

周口至沈丘段 2000 年 8 月开工建设，2002 年 12 月交工通车，2006 年 12 月竣工验收。

2. 参建单位主要情况

(1) 建设单位：河南省漯周界高速公路有限责任公司。

(2) 设计单位：河南省交通规划勘察设计院。

(3) 监理单位：

漯河至周口段：河南省高等级公路建设监理部有限公司、河南省卓越监理公司。

周口至沈丘段：北京华宏监理咨询公司、西安方舟监理咨询公司。

(4)土建施工单位

漯河至周口段:黑龙江路桥建设公司、河南省交通公路工程局、交通部一局一公司、中铁第十五局、沈阳高等级公路建设集团、中铁第十三局、中铁第十八局、武警第二总队、中国建筑一局。

周口至沈丘段:中建总公司、中交二局二处、中国地质集团公司、中铁五局集团、中国四冶集团公司、交一局五公司、上海宝钢工程公司、中铁十九局、上海市政工程公司、河南省交通公路工程局。

(5)路面施工单位:

漯河至周口段:河南省交通公路工程局、北京市政第二工程公司、黑龙江路桥建设公司。

周口至沈丘段:黑龙江路桥建设公司、天津市市政公司、交一局五公司、河南省交通公路工程局。

(6)交通安全设施施工单位:

漯河至周口段:焦作市公路工程处、新乡市通达路业有限公司、北京中路联交通设施工程有限公司、北京路桥机械厂、徐州众安交通设施有限公司、河南省公路局筑路机械厂、沈阳高等级公路建设公司、周口漯周界高速公路顺通贸易有限公司。

周口至沈丘段:周口市交通设施工程有限公司、杭州京安交通公司、浙江交通设施公司、北京路安科技发展公司、河南省现代交通设施公司、河南省公路局筑路机械厂、河南省三明交通设施有限公司、中国监理咨询总公司、北京汉威达设备运输公司。

(7)房建工程施工单位

漯河至周口段:漯河市建筑工程有限公司、河南四建股份有限公司、河南黄河工程局、中铁第十七局建筑工程处。

周口至沈丘段:河南省第五建筑集团公司。

(8)交通机电施工单位:

漯河至周口段:鄢城县电力安装公司、商水县电力安装公司、武进市高日照明电器厂。

周口至沈丘段:周口市交通设施工程有限公司等3家、河南省现代交通工程设施厂、河南省三明交通设施有限公司等2家、中国监理咨询总公司等2家。

(9)绿化工程施工单位:中荷农业有限公司等5家。

(二)建设情况

1.项目准备阶段

1)项目审批文件

漯河至周口段:1997年12月9日,《关于漯河至周口高速公路项目建议书的批复》,

文号为豫计交通〔1997〕1376号。1998年8月12日,《关于漯河至周口高速公路工程可行性研究报告的批复》,文号为豫计交通〔1998〕685号。1998年12月3日,《关于漯河至周口高速公路工程初步设计的批复》,文号为豫计设计〔1998〕1161号。1998年9月,省交通厅下达《关于漯河至周口高速公路招标文件的批复》。

周口至沈丘段:1998年8月21日,《关于周口至界首段高速公路项目建议书的批复》,文号为豫计交通〔1998〕760号。1999年1月25日,《关于周口至界首高速公路工程可行性研究报告的批复》,文号为豫计交通〔1999〕57号。1999年8月9日,《关于周口至界首高速公路工程初步设计的批复》,文号为豫计设计〔1999〕571号。2000年4月27日,《关于对漯周界高速公路周口至沈丘段工程项目报建的批复》,文号为豫交工〔2000〕168号。2000年5月13日,《关于周口至沈丘(省界)高速公路招标文件的批复》,文号为豫交工〔2000〕205号。

2)资金筹措

漯河至周口段项目概算投资9.5536亿元,建设资金来源由四部分组成:一是企业自筹2.3亿元;二是国家开发银行贷款5.92亿元;三是国债资金1.3亿元;四是其他借款1亿元。

周口至沈丘段项目概算总投资为15.2912亿元人民币,其中35%为建设单位自有资金,其余65%为国家开发银行贷款。

3)合同段划分

漯河至周口段:设计标段划分,土建工程设计标段划分1个标段,房建工程设计1个标段,绿化工程设计1个标段,机电工程设计1个标段。施工标段划分,土建工程10个标段,路面工程3个标段,房建工程4个标段,防撞护栏工程3个标段,标志牌工程1个标段,乳化沥青稀浆封层工程1个标段。施工监理标段划分,设1个总监办公室,1个监理标段。

周口至沈丘段:设计标段划分,土建工程设计标段划分1个标段,房建工程设计1个标段。施工标段划分,土建工程10个标段,路面工程4个标段,房建工程1个标段,交通工程11个标段,乳化沥青稀浆封层工程2个标段。施工监理标段划分,设2个总监办公室,2个监理标段。

4)招投标

漯河至周口段土建工程共出售资格预审文件324份,经省厅批准通过资格预审59家,9家施工单位中标(其中四标段、七标段为复合标);路面工程出售招标文件63份,3家施工单位中标。

周口至沈丘段各工程中标情况:土建、桥梁工程施工单位10家;稀浆封层施工单位2家;沥青路面工程施工单位4家;交通安全设施工程施工单位11家;房建工程施工单位1

家;绿化工程施工单位5家;监理单位2家。

5)征地拆迁情况

漯河至周口段全线占用土地总计4967亩,其中漯河市郾城区1719.4亩,商水县3117.8亩,周口市129.6亩。

周口至沈丘段全线占用土地总计6562.5亩。其中周口市255.17亩,商水县2026.19亩,项城市345.73亩,淮阳县1045.99亩,沈丘县2883.6亩,安徽省界首市5.78亩。

2.项目实施阶段

1)实施过程

(1)漯河至周口段

①主线工程于1999年1月正式开工,2001年11月15日完工。

②2001年10月9日~11月15日,河南省交通工程质量监督站对工程质量进行鉴定,单位工程优良率为100%,评定得分92.23分。

③2001年11月29日~12月1日,河南省交通厅对项目进行交工验收,工程项目质量等级为合格。

④2005年1月19~20日,河南省交通厅质量监督站对房建工程进行了质量鉴定,质量检查评为合格。

⑤2006年12月5日,河南省交通厅组织工程竣工验收工作,项目质量等级被评为合格。

(2)周口至沈丘段

①主线工程于2000年8月16日正式开工,2002年12月15日完工。

②2002年12月5~16日,河南省交通基本建设质量检测监督站组织专家分路基、桥梁、路面、交通安全设施4个专业组对周沈高速公路进行了质量鉴定。

③2002年12月24日交工验收,单位工程优良率为97.3%,工程质量评分值为89.8分,工程项目质量等级为合格。

④2005年1月19~20日,河南省交通厅质量监督站对房建工程进行了质量鉴定,质量检查评为合格。

⑤2006年12月5日,河南省交通厅组织工程竣工验收工作,项目质量等级被评为合格。

2)重大决策

为了确保完成工程建设计划目标,在保证工程质量的前提下合理安排工期。项目公司在2001年8月1日召开漯周界高速确保11月通车誓师动员会(图8-13-1),在2002年4月16日召开确保漯周界高速年底通车誓师动员会(图8-13-2),公司领导和各参建单位参加并提出了"大干一百天"的口号。

3) 设计变更

2001 年 5 月 28 日,河南省交通厅以豫交工〔2001〕272 号文件批复了《关于漯周高速公路路面结构层变更的批复》,同意路面结构层变更为 20cm 水泥石灰综合稳定土底基层,32cm 水泥稳定碎石基层,沥青混凝土面层原设计不变。

图 8-13-1　确保漯周高速公路 11 月通车誓师动员会

图 8-13-2　确保漯周界高速公路年底通车誓师动员会

(三)运营养护管理

1. 组织架构

该项目运营管理单位为河南省漯周界高速公路有限责任公司,公司实行董事会领导下的总经理负责制,下设行政综合部、人力资源部、稽核检查部、财务部、运营管理部、总工程师办公部、党委办公室、工会和路产路权管理大队 9 个部门。

2. 服务设施

下辖谭庄、周口、沈丘3处服务区,见表8-13-3。

G36宁洛高速公路漯周界段服务场区一览表　　　表8-13-3

高速公路编码	服务区名称	桩　　号	所在区域	占地面积(m²)	建筑面积(m²)
G36	谭庄服务区	K492+000	谭庄镇	173342	18000
	周口服务区	K458+000	路庄行政村	40000	3000
	沈丘服务区	K405+000	幸福集	40000	3000

3. 收费设施

下设谭庄、周口、沈丘、项城、纸店、豫皖界6个收费站,见表8-13-4。

G36宁洛高速公路漯周界段收费设施一览表　　　表8-13-4

收费站名称	桩　　号	入口车道数		出口车道数	
		总车道	ETC车道	总车道	ETC车道
谭庄收费站	K492+000	6	2	2	2
周口收费站	K463+000	5	1	7	1
沈丘收费站	K439+000	3	1	5	1
项城收费站	K414+530	3	1	5	1
纸店收费站	K393+650	3	0	3	1
豫皖界收费站	K385+900	4	1	8	1

漯河至周口段下设谭庄、周口2个收费站。谭庄收费站有2个出口、6个入口共8条通行车道;周口收费站有7个出口、5个入口共12条通行车道。

周口至沈丘段下设沈丘、项城、纸店、豫皖界4个收费站。沈丘收费站有5个出口、3个入口共8条通行车道;项城收费站有5个出口、3个入口共8条通行车道;纸店收费站有3个出口、3个入口共6条通行车道;豫皖界站有8个出口、4个入口共12条通行车道。

4. 监控设施

设置监控管理中心1个,负责周口、项城、谭庄、沈丘、纸店、豫皖界收费站区域的运营监管。

5. 养护管理

1)路面维修工程

为保证漯周界高速公路路面行驶的安全、畅通,于2007—2015年进行路面养护,累计投入养护资金47389.48万元。

2)桥梁检测、维修加固

根据省交通厅及主管部门规范标准及公司制度,每年委托检测单位对全线桥涵结构物进行定期检测,及时掌握技术状况及病害情况,作为桥涵维修保养的依据。

3) 沿线设施的提升、改造

为提升漯周段高速高填方路段的行车安全,2007 年以来对部分路段增设和更换了波形护栏、安全防护网、隔离栅等沿线防护设施,进一步保障道路行驶安全。

二、G36 宁洛高速公路漯河至平顶山段

(一)项目概况

1. 基本情况

1) 功能定位

G36 宁洛高速公路漯河至平顶山段东起漯河市的京港澳高速公路张庄互通式立交桥,西至平顶山市的叶县北,与平临高速公路相连接,全长 75.497km,其中许平南转宁洛互通至叶县廉村镇,路段长 4.2km,与 G4W2 许广高速公路共线。该路线将国道 106、107 及 207 线连接在一起,形成豫中南地区公路交通主骨架。该项目对完善河南省高速公路网布局,改善旅游投资环境,促进矿产资源开发利用,推动区域经济发展具有重要意义。

2) 技术标准

采用全封闭、全立交、双向四车道;设计行车速度:120km/h;路基宽度:28m;桥梁净宽:2×12.234m;桥涵设计荷载标准:汽车—超 20 级,挂车—120;路面设计标准轴载:BZZ-100;路面:除收费站广场采用水泥混凝土路面外,其余均采用沥青混凝土;路面结构:主线为 4cm 细粒式沥青混凝土(AC-13C),6cm 中粒式沥青混凝土(AC-20C),7cm 粗粒式沥青混凝土(AC-25C),基层为 34cm 厚的水泥稳定碎石,底基层为 18cm 厚石灰土;设计使用年限:沥青混凝土路面 15 年,水泥混凝土路面 30 年。

3) 建设规模

主要工程量:路基土方 1383 万 m^3,路面 195 万 m^2;匝道收费站 3 处;服务区 1 处;管理、养护、服务、监控房屋建筑面积 10016m^2;表 8-13-5 为 G36 宁洛高速公路漯河至平顶山段桥梁一览表。

G36 宁洛高速公路漯河至平顶山段桥梁一览表　　表 8-13-5

规模	名称	桥长(m)	主跨长度(m)	跨越障碍物			桥梁类型
				河流	沟谷	道路、铁路	
特大桥	K7+844.419 跨漯南编组站分离式立交桥	1685.54	50			√	组合梁
大桥	K26+026 溏河大桥	185.08	20	√			简支梁桥
	K44+110 澧河大桥	345.12	20	√			简支梁桥
	K50+695 骂子河大桥	105.08	20	√			简支梁桥
	K64+575 灰河大桥	105.08	20	√			简支梁桥

续上表

规模	名　称	桥长（m）	主跨长度（m）	跨越障碍物 河流	跨越障碍物 沟谷	跨越障碍物 道路、铁路	桥梁类型
大桥	K74+404.25 十里铺互通主线跨被交道	215.49	30			√	连续梁桥
中桥	K0+332 谢庄分离式立交	25.04	20			√	简支梁桥
中桥	K0+574 吕仓分离式立交	25.04	20			√	简支梁桥
中桥	K1+911 黑河中桥	25.04	20	√			简支梁桥
中桥	K3+512 分离式立交	82.04	25			√	简支梁桥
中桥	K4+485.65 分离式立交	44.04	13			√	简支梁桥
中桥	K5+293.3 娄庄分离式立交	44.04	13			√	简支梁桥
中桥	K6+643 解放路分离式立交	53.04	16			√	简支梁桥
中桥	K9+065 小村铺中桥	53.04	16			√	简支梁桥
中桥	K10+070 马沟中桥	53.04	16		√		简支梁桥
中桥	K14+540.6 漯舞路分离式立交	97.04	30			√	简支梁桥
中桥	K15+532.7 舞阜铁路分离式立交	85.04	20			√	简支梁桥
中桥	K18+209 周庄分离式立交	31.04	13			√	简支梁桥
中桥	K21+998 马沟河中桥	53.04	16	√			简支梁桥
中桥	K22+444 望天岗分离式立交	25.04	20			√	简支梁桥
中桥	K23+684.5 望天岗分离式立交	25.04	20			√	简支梁桥
中桥	K23+902.5 望天渠中桥	53.04	16		√		简支梁桥
中桥	K24+243.4 望天岗分离式立交	44.04	13			√	简支梁桥
中桥	K24+905 宁庄分离式立交	44.04	13			√	简支梁桥
中桥	K25+123 中桥	44.04	13			√	简支梁桥
中桥	K25+305 宁庄分离式立交	44.04	13			√	简支梁桥
中桥	K27+975 王庄分离式立交	25.04	20			√	简支梁桥
中桥	K28+239 王庄分离式立交	53.04	16			√	简支梁桥

续上表

规模	名 称	桥长（m）	主跨长度（m）	跨越障碍物			桥梁类型
				河流	沟谷	道路、铁路	
中桥	K29+130 伸张分离式立交	25.04	20			√	简支梁桥
	K30+827 中桥	44.04	13			√	简支梁桥
	K31+363 马岗分离式立交	25.04	20			√	简支梁桥
	K32+944 中桥	53.04	16			√	简支梁桥
	K33+208.9 王桥分离式立交	53.04	16			√	简支梁桥
	K33+393 中桥	53.04	16			√	简支梁桥
	K34+100 屈岗分离式立交	53.04	16			√	简支梁桥
	K34+473 屈岗分离式立交	37.04	16			√	简支梁桥
	K35+176 老溏河中桥	53.04	16	√			简支梁桥
	K35+362.6 胡岗分离式立交	25.04	20			√	简支梁桥
	K37+619 都岗分离式立交	25.04	20			√	简支梁桥
	K38+574 中桥	37.04	16			√	简支梁桥
	K43+604 左庄分离式立交	53.04	16			√	简支梁桥
	K45+670.5 刑王分离式立交	34.04	13			√	简支梁桥
	K45+975 刑王分离式立交	25.04	20			√	简支梁桥
	K46+610 刑王分离式立交	53.04	16			√	简支梁桥
	K47+235.895 孟寨互通主线跨被交道	82.04	25			√	简支梁桥
	K47+599.557 孟寨互通主线跨A匝道桥	65.04	20			√	简支梁桥
	K48+060 孟寨互通跨乡村公路	44.04	13			√	简支梁桥
	K51+461 盐店分离式立交	44.04	13			√	简支梁桥
	K51+890.2 吴庄分离式立交	25.04	20			√	简支梁桥

续上表

规模	名　称	桥长（m）	主跨长度（m）	跨越障碍物 河流	跨越障碍物 沟谷	跨越障碍物 道路、铁路	桥梁类型
中桥	K53+086.6 黄连寺分离式立交	25.04	20			√	简支梁桥
	K53+623.3 刘集分离式立交	25.04	20			√	简支梁桥
	K56+085 中桥	53.04	16			√	简支梁桥
	K57+130 乔庄分离式立交	25.04	20			√	简支梁桥
	K58+301 桥陈分离式立交	69.04	16			√	简支梁桥
	K59+147 齐贤王分离式立交	85.04	16			√	简支梁桥
	K60+058.5 齐庄分离式立交	25.04	20			√	简支梁桥
	K61+546 沙渚王分离式立交	31.04	13			√	简支梁桥
	K62+365 汪庄分离式立交	53.04	16			√	简支梁桥
	K65+811 坟台徐分离式立交	97.04	30			√	简支梁桥
	K67+544.69 甘刘互通主线跨匝道 F	65.04	20			√	简支梁桥
	K67+778.681 甘刘互通	111.08	40			√	组合梁桥
	K68+019.143 甘刘互通主线跨匝道 E	65.04	20			√	简支梁桥
	K68+453 刘店分离式立交	25.04	20			√	简支梁桥
	K71+208 胡村分离式立交	25.04	20			√	简支梁桥
	K71+923 胡村分离式立交	25.04	20			√	简支梁桥
	K72+580 余庄分离式立交	97.04	30			√	简支梁桥
	K72+845 张庄分离式立交	25.04	20			√	简支梁桥

4）主要控制点

漯河市（召陵区、源汇区、郾城区、舞阳县）、平顶山市（叶县）。

5）地形地貌

路线所经区域为河南省中部地区，在地貌类型及区划中属淮河冲积平原区。地形平坦,自西向东微有倾斜,路区分岗地、平原、洼地。高程一般在56~85m,区间内有澧河、溏河、骂子河等较大河流穿过,地表人工、天然沟渠发达。

6)投资规模

概算投资20.777亿元,竣工决算投资26.4034亿元,平均每公里造价3497.00万元。

7)开工及通车、竣工时间

2003年9月开工建设,2005年12月交工通车,2010年4月完成竣工验收。

2. 参建单位主要情况

(1)建设单位:河南省漯平高速公路发展有限责任公司。

(2)设计单位:河南省交通规划勘察设计院有限责任公司。

(3)质量监督单位:河南省交通基本建设质量检测监督站。

(4)监理单位:上海建通工程建设有限公司、秦皇岛保神交通建设监理有限公司、北京双环工程咨询有限公司。

(5)土建施工单位:中铁二十三局集团一公司、中铁二十二局集团四公司、中铁十一局集团公司、中铁十七局集团二公司、中铁十五局集团一公司、中铁四局集团公司、中铁七局集团公司、中铁十八局集团一公司、中铁十八局集团公司。

(6)路面施工单位:路桥集团一局五公司、路桥集团一局天津工程处、路桥集团国际建设公司。

(7)房建施工单位:河南华盛建筑公司、中铁六局集团公司、漯河建设工程公司。

(8)绿化施工单位:河南志和绿野实业公司、河南农大风景园林设计院、潢川县紫红花木草坪公司、河南豫建园林公司、潢川县三星园林公司、河南城艺环境工程公司、河南四季春园林公司。

(9)交通安全设施施工单位:浙江登峰交通集团肖山久久公司、湖北路路通公路设施公司、河南省三明交通设施公司、河南省三明交通设施公司。

(10)交通机电施工单位:北京瑞华赢科技发展公司。

(二)建设情况

1. 项目准备阶段

1)项目审批文件

2001年2月23日,国家计划委员会批准项目建议书,文号为计基础〔2001〕225号。2002年12月3日,国家环境保护总局对项目环境影响评价报告进行批复,文号为环审〔2002〕330号。2004年1月31日,国家发展和改革委员会对项目工程可行性研究报告进行批复,文号为发改交运〔2004〕562号。2004年,国土资源部国对项目工程建设用地进行批复,文号为国土资函〔2004〕297号。2004年,《关于漯河至平顶山高速公路工程初步设计的批复》,文号为豫发改办〔2004〕757号。2005年,河南省交通厅对项目施工图设计进行批复,文号为豫交计〔2005〕200号。2005年,《关于漯河至平顶山高速公路交通机电工程详细设计的批复》,文号为豫交计〔2005〕43号。2005年,《关于漯河至平顶山高速公路房建工程施工图设计及预算的批复》,文号为豫交计〔2005〕247号。2005年,《关于漯河至平顶山高速公路绿化工程施工图设计及预算的批复》,文号为豫交计〔2005〕270号。

2) 资金筹措

概算总投资为20.777亿元人民币,其中35%为建设单位自有资金,其余65%为工商银行贷款。

3) 合同段划分

(1) 设计标段划分:土建工程设计1个标段,房建工程设计1个标段,绿化工程设计1个标段,机电工程设计1个标段。

(2) 施工标段划分:土建工程12个标段(其中路面工程3个标段),机电工程1个标段,房建工程5个标段,绿化工程8个标段,交通安全设施工程4个标段。

(3) 施工监理标段划分:组建1个总监代表处,由3家监理公司共同承担全线土建、路面、房建、机电、绿化、交通安全设施工程监理工作。

4) 招投标

(1) 2003年7月15日,对路基、路面基层、桥梁、涵洞工程进行公开招标,确定了9家中标单位。

(2) 2004年7月20日,对沥青混凝土路面工程进行公开招标,确定了3家中标单位。

(3) 2005年2月6日,对房建、绿化、机电工程进行公开招标,确定了14家中标单位。

(4) 2004年12月13日,对交通安全设施工程进行公开招标,确定了4家中标单位。

(5) 2003年7月16日,对路基、路面、桥涵、排水、防护、绿化及环保工程,交通安全设施、交通工程、绿化工程、沿线房建设施、施工缺陷期的监理服务进行公开招标,确定了3家中标单位。

5) 征地拆迁情况

征地面积为514.587 hm^2。其中农村集体农用地494.7314 hm^2(其中耕地450.7562 hm^2),农村集体建设用地7.877 hm^2、未利用地0.9253 hm^2;国有农用地0.1532 hm^2,国有建设用地8.9342 hm^2、未利用地1.5376 hm^2。

2. 项目实施阶段

1) 实施过程

(1) 主线土建工程于2003年9月26日开工,2005年12月21日完工。

(2) 房建工程于2005年4月开工,2005年11月完工。

(3)机电工程于2005年4月开工,2005年12月完工。

(4)交通安全设施工程于2005年3月开工,2005年9月完工。

(5)绿化工程于2005年4月开工,2005年7月完工。

(6)2008年1月10日,河南省交通基本建设质量检测监督站对漯河至平顶山高速公路进行了质量鉴定,工程质量鉴定得分88.8分,工程质量鉴定等级评定为合格。

2)重大决策

(1)加强工程科学管理,推进工程进度

为保证漯平高速公路在2005年底建成通车,项目公司根据工程项目、工程数量、施工单位的能力及当地气候、土质状况等及时制订和调整施工进度计划网络图,科学组织,合理安排,严格管理,克服种种困难,圆满完成了工程建设任务,见图8-13-3。

图8-13-3 动员大会

(2)严格工程质量管理

为把漯平高速公路建成一流的精品工程,项目公司研究制定了《河南省漯平高速公路精品工程实施纲要》,明确了质量控制目标,先后出台了《河南省漯平高速公路项目建设质量、安全现场检查处罚办法的通知》《漯平高速公路土建工程质量考核办法的通知》《漯平高速公路施工监理考核评比办法的通知》等文件,见图8-13-4。

3)设计变更

(1)K4+000~K5+000段路基抬高,根据规划增加跨衡山路桥。

(2)K10+700、K12+508机耕天桥取消,增加K12+500涵洞。

(3)K19+809、K23+141.7、K42+423.5、K70+569.5机耕天桥取消。

(4)K50+107~K52+300段路基抬高,K51+430机耕天桥取消,增加3×13m分离式立交。

图 8-13-4　质量保证

（5）K57+900～K59+400 段路基抬高，K58+667 机耕天桥取消，增加通道；K57+130 机耕天桥取消；K65+105.2 机耕天桥取消。

（三）运营养护管理

1. 组织架构

该项目运营管理单位为河南省漯平高速公路发展有限责任公司，公司实行董事会领导下的总经理负责制，下设办公室、财务部、人事管理部、运营部、养护部、路产部、服务区管理部（漯河西服务区）、运维监控中心 8 个部门。

2. 服务设施

下辖漯河西服务区 1 处，见表 8-13-6。

G36 宁洛高速公路漯河至平顶山段服务场区一览表　　表 8-13-6

高速公路编码	服务区名称	桩号	所在区域	占地面积（m²）	建筑面积（m²）
G36	漯河西服务区	K530+000	源汇区大刘镇皇玉村	40000	4000

3. 收费设施

下设有漯河西、舞阳和叶县北 3 个收费站，见表 8-13-7。漯河西收费站有 5 个出口、3 个入口共 8 条通行车道；舞阳收费站有 2 个出口、4 个入口共 6 条通行车道；叶县北收费站有 4 个出口、3 个入口共 7 条通行车道。

G36 宁洛高速公路漯河至平顶山段收费设施一览表　　表 8-13-7

收费站名称	桩号	入口车道数		出口车道数	
		总车道	ETC 车道	总车道	ETC 车道
漯河西收费站	K522+800	3	1	5	1
舞阳收费站	K559+000	2	1	4	1
叶县北收费站	K585+000	3	1	4	1

4. 监控设施

设置监控中心 1 个,负责漯河西收费站区域、舞阳收费站和叶县北收费站区域的运营监管。

5. 养护管理

漯平高速公司养护部和养护施工队负责漯平高速全线路基、路面、桥涵、交通安全设施和绿化日常养护,并严格执行相关行业标准及漯平公司养护制度进行日常维修保养、路面保洁工作。

1)路面维修工程

预防性养护工程:2010 年 6 月,对下行 K547~K558 处部分路段行车道、超车道路面进行了单层 MS-3 型微表处,共计完成微表处约 3 万 m²,投入养护资金 180 万元,见图 8-13-5。

图 8-13-5　预防性养护

专项养护工程:为了改善行车条件,保持良好路况,2013 年、2015 年共计投入 850 万元对路面进行铣刨摊铺,摊铺里程 13km,见图 8-13-6。

图 8-13-6　专项养护

标线补划工程:2015年10月,对全线标线不清晰、脱落和磨损的路段进行了刷新补划,包括服务区、互通区匝道标线,共完成标线补划5万 m²,投入资金约60万元,见图8-13-7。

图8-13-7 刷新标线

2)桥梁检测、维修加固

根据省交通厅及主管部门规范标准及公司制度,每三年委托检测单位对全线桥涵结构物进行定期检测,及时掌握技术状况及病害情况,作为桥涵维修保养的依据。2013年共投入资金260万元对全线3座评定为三类的桥梁及构件进行了加固维修,确保桥梁处于安全良好状态,见图8-13-8。

图8-13-8 桥梁维修

3)沿线设施的提升、改造

2015年5月,漯平高速公路对辖区3个收费站内5个车道进行了称重设备改造,由单秤台改造为整车称重,见图8-13-9。

图 8-13-9　称重设备改造

三、G36 宁洛高速公路平顶山至临汝段

(一)项目概况

1. 基本情况

1)功能定位

G36 宁洛高速公路平顶山至临汝段东起平顶山市区东南侧的叶县,接漯河至平顶山高速公路,止于平顶山与洛阳两市交界处的汝州市临汝镇西营新村,接洛阳至大安高速公路,全长 106.45km。该项目对国家实施西部大开发战略,缓解平顶山地区矿产资源外运压力和改善沿线交通投资环境,带动区域经济的快速发展具有重要意义。

2)技术标准

采用全封闭、全立交、双向四车道;设计行车速度:120km/h;路基宽度:28m。

3)建设规模

主要工程量:完成土方 2301 万 m^3、路面面层 852 万 m^2;并配置有完善的供电、照明、通信、监控、收费等交通机电工程系统;表 8-13-8 为 G36 宁洛高速公路平顶山至临汝段桥梁一览表。另外全线还设有防撞护栏、交通标志、标线、公路隔离栅等设施;房建工程 8 处,其中收费站 6 处,分别为平顶山南收费站、平顶山西收费站、宝丰收费站、小屯收费站、汝州收费站、温泉收费站。服务区 2 处,分别为平顶山西服务区、汝州服务区。

G36 宁洛高速公路平顶山至临汝段桥梁一览表

表 8-13-8

规模	名称	桥长（m）	主跨长度（m）	跨越障碍物 河流	跨越障碍物 沟谷	跨越障碍物 道路、铁路	桥梁类型
特大桥	沙河特大桥	1848.8	40	√			连续梁桥
大桥	平舞铁路分离式立交	185.06	20			√	简支梁桥
	被交道跨地方线桥	107.4	25			√	连续梁桥
	平顶山轨枕厂铁路分离式立交	512.8	30			√	连续梁桥
	孟宝铁路分离式立交	528.8	40			√	连续梁桥
	湛河大桥	182.76	25	√			连续梁桥
	主线跨被交道桥	107.4	25			√	连续梁桥
	主线跨被交道桥	113.8	35			√	连续梁桥
	平煤集团专用铁路分离式立交	105.06	20			√	简支梁桥
	星峰集团专用铁路分离式立交	758	30			√	连续梁桥
	徐洼分离式立交	156	25	√			连续梁桥
	净肠河大桥	126.6	20	√			简支梁桥
	南水北调大桥	207.4	40	√			连续梁桥
	石河大桥	146.2	20	√			连续梁桥
	焦柳铁路分离式立交	488.8	40			√	连续梁桥
	蟒川河大桥	332.4	25	√			简支梁桥
	燕子河大桥	257.4	25	√			连续梁桥
	口子孙分离式立交	105.06	20			√	连续梁桥
	孙家渠分离式立交	148.8	35			√	连续梁桥
	汝河大桥	818.2	30			√	连续梁桥
中桥	周湾分离式立交	44.04	13			√	简支梁桥
	梁李分离式立交	45.04	20			√	简支梁桥
	汴城分离式立交	65.04	20			√	简支梁桥
	莲花盆分离式立交	98.2	30			√	连续梁桥
	李乡宜分离式立交	44.04	13			√	简支梁桥
	姚孟分离式立交	44.04	13			√	简支梁桥
	西环路分离式立交	65.04	20			√	简支梁桥
	主线跨匝道桥	65.04	20			√	简支梁桥
	井营Ⅰ号分离式立交	45.04	20			√	简支梁桥
	井营Ⅱ号分离式立交	53.04	16			√	简支梁桥
	白龟山干渠中桥	37.04	16	√			简支梁桥

续上表

规模	名 称	桥长（m）	主跨长度（m）	跨越障碍物			桥梁类型
				河流	沟谷	道路、铁路	
中桥	郑营中桥	45.04	20	√			简支梁桥
	郑营分离式立交	53.04	16			√	简支梁桥
	石桥营分离式立交	44.04	13			√	简支梁桥
	湛河Ⅰ号中桥	53.04	16	√			简支梁桥
	余官营Ⅰ号分离式立交	44.04	13			√	简支梁桥
	余官营Ⅱ号分离式立交	53.04	16			√	简支梁桥
	湛河Ⅱ号中桥	53.04	16	√			简支梁桥
	省道329分离式立交	98.2	30			√	连续梁桥
	南大沟中桥	37.04	16	√			简支梁桥
	宝丰互通立交主线跨被交道	69.04	16			√	简支梁桥
	赵庄中桥	44.04	13	√			简支梁桥
	栗坟村分离式立交	44.04	13			√	简支梁桥
	肖旗营分离式立交	44.04	13			√	简支梁桥
	昭平台干渠中桥	53.04	16	√			简支梁桥
	赵岭分离式立交	44.04	13			√	简支梁桥
	罗庄分离式立交	53.04	16			√	简支梁桥
	岭头王分离式立交	45.04	20			√	简支梁桥
	赵官营分离式立交	37.04	16			√	简支梁桥
	古城分离式立交	53.04	16			√	简支梁桥
	韩庄分离式立交	53.04	16			√	简支梁桥
	韩庄中桥	37.04	25		√		连续梁桥
	省道S241分离式立交	82.4	25			√	连续梁桥
	牛建冲中桥	53.04	16	√			简支梁桥
	崔辛庄2号分离式立交	45.04	20			√	简支梁桥
	小屯分离式立交	53.04	16			√	简支梁桥
	朝川矿铁路专线分离式立交	65.04	20			√	简支梁桥
	时屯分离式立交	65.04	20			√	简支梁桥
	时屯河中桥	85.04	20	√			简支梁桥
	朝川立交主线跨匝道	65.04	20			√	简支梁桥
	新南庄分离式立交	37.04	16			√	简支梁桥
	张吾庄中桥	37.04	16	√			简支梁桥

续上表

规模	名称	桥长（m）	主跨长度（m）	跨越障碍物 河流	跨越障碍物 沟谷	跨越障碍物 道路、铁路	桥梁类型
中桥	国道 G207 分离式立交	65.04	20			√	简支梁桥
	徐庄中桥	65.04	20		√		简支梁桥
	郭庄分离式立交	53.04	16			√	简支梁桥
	汝州收费站跨匝道桥	85	20			√	简支梁桥
	王庄中桥	69.04	16		√		简支梁桥
	郝庄中桥	53.04	16		√		简支梁桥
	杨虎路分离式立交	53.04	16			√	简支梁桥
	炉沟河中桥	85.04	20	√			简支梁桥
	黎良1号分离式立交	53.04	16			√	简支梁桥
	黎良2号分离式立交	45.04	20			√	简支梁桥
	小张寨分离式立交	65.04	20			√	连续梁桥
	西均田分离式立交	53.04	16			√	简支梁桥
	傅岭分离式立交	53.04	16			√	简支梁桥
	裴庄1号分离式立交	37.04	16			√	简支梁桥
	裴庄2号分离式立交	31.04	13			√	简支梁桥
	黑李庄分离式立交	44.04	13			√	简支梁桥
	侧崆庄分离式立交	53.04	16			√	简支梁桥
	蔡园分离式立交	53.04	16			√	简支梁桥
	郝寨分离式立交	53.04	16			√	简支梁桥
	陆浑渠中桥	65.04	20	√		√	简支梁桥
	暴雨河中桥	65.04	20	√			简支梁桥
	陆浑渠中桥	65.04	20	√		√	简支梁桥

4）主要控制点

叶县、宝丰县、汝州市。

5）地形地貌

沿线所经地区地形起伏不大，地势较平坦，按其成因和形态可划分为近代河流带状冲洪积平原、剥蚀残余丘陵、山前冲洪积垄岗和倾斜平原。

6）投资规模

概算投资 32.55 亿元，竣工决算投资 35.48 亿元。

7）开工及通车、竣工时间

2003 年 10 月开工建设，2006 年 5 月交工通车，2009 年 8 月完成竣工验收。

2. 参建单位主要情况

(1) 建设单位：平顶山平临高速公路有限责任公司。

(2) 设计单位：河南省交通规划勘察设计院。

(3) 监理单位：河北华达公路工程咨询监理有限公司、山西省交通建设工程监理总公司。

(4) 土建施工单位：中铁十四局集团有限公司、中铁五局集团有限公司、中铁二十二局有限公司、路桥集团第一公路工程局第五工程公司、中铁二局股份有限公司、中国葛洲坝水利水电工程集团有限公司、天津市公路工程总公司、中铁十三局集团有限公司、湖南路桥建设集团有限公司、湖南永州公路桥梁建设有限公司、陕西省机械施工公司、中铁五局三公司、中铁大桥局集团有限公司、中铁十五局集团有限公司、中国路桥（集团）总公司、沈阳市政建设工程总公司。

(5) 路面施工单位：路桥集团第一公路工程局第五工程公司、中铁十五局集团有限公司、平顶山中亚路桥建设工程有限公司、中铁四局集团第一工程有限公司。

(6) 交通安全设施施工单位：平顶山市交运彩色钢板有限公司、武安市交通安全设备有限公司、山西交研科学实验有限公司、江苏国强镀锌实业有限公司、新乡六通实业有限公司。

(二) 建设情况

1. 项目准备阶段

1) 项目审批文件

2002年5月29日，国家发展计划委员会批准该项目建议书，文号为计基础〔2002〕811号。2003年12月5日，国家发展计划委员会批准该项目工程可行性研究报告，文号为发改交运〔2003〕2121号。2004年9月10日，国土资源部批准该项目建设用地，文号为国土资函〔2004〕289号。2004年11月9日，河南省交通厅对项目施工图设计进行了批复，文号为豫交计〔2004〕362号。

2) 资金筹措

概算总投资为32.55亿元，资本金为10.8亿元，其余资金来源为商业银行贷款。

3) 合同段划分

(1) 设计标段划分：土建设计1个标段。

(2) 施工标段划分：土建工程15个标段，交通安全设施7个标段。

(3) 施工监理标段划分：2个监理标段。

4) 招投标

2003年6月24日，平临高速公司以《平顶山至临汝段高速公路项目勘察设计招标评标报告》上报省交通厅及发改委,并确定河南省交通规划勘察设计院为平临高速公路的勘察设计单位。

河南省交通厅、平顶山市发改委、市交通局和平临项目公司成立了平临高速公路招标委员会和评标专家工作组,具体委托中招国际招标公司组织实施。该项目的所有工程项目及重要材料石油沥青等都进行了公开招标,符合《公路工程招标投标管理办法》及其他法律法规的规定。

5)征地拆迁和协调情况

征地面积为 700.5065hm^2。其中叶县、湛河区、新华区、宝丰县、汝州市将村镇集体用地 530.1664hm^2(其中耕地 501.7323hm^2)转为建设用地并办理征地手续,另征用农村集体建设用地 32.677hm^2、未利用地 121.1916hm^2;将国有农用地 2.5111hm^2(其中耕地 0.6943hm^2)转为建设用地,使用国有建设用地 9.7444hm^2,未利用地 4.216hm^2。

2. 项目实施阶段

1)实施过程

(1)主线土建工程于 2003 年 10 月开工建设。

(2)2005 年 12 月,K20+000~K106+445 段交工验收,工程质量合格,满足通车试运营条件。

(3)2006 年 5 月,K0+000~K20+000 段交工验收,工程质量合格,满足通车试运营条件。

(4)2009 年 8 月 12~13 日,通过了竣工验收,工程质量鉴定得分为 87.93 分,工程质量等级及建设项目综合评价等级均为合格。

2)设计变更

(1)根据河南省交通厅 2004 年 6 月 13 日以豫交计〔2004〕194 号《关于印发"高速公路 28 米路基上布设六车道的设计指导原则"和"降低高速公路路基设计高度设计指导原则"的通知》的文件精神,平顶山至临汝高速公路初步设计调整为:路基宽度 28m、路基平均填土设计高度不大于 2.8m、双向六车道(四改六)标准设计。

(2)K8+712 油坊头天桥取消,增设 K8+712 通道。

(3)K19+184.525 平临高速公路跨苗洪线分离式立交上部结构原设计为四跨组合箱梁,变更为三跨组合钢箱梁(中间两跨变一跨)。

(4)增设 K83+925.8 杨虎路分离式立交桥,原改路设计取消。

(三)运营养护管理

1. 组织架构

该项目运营管理单位为平顶山平临高速公路有限责任公司,公司实行董事会领导下的总经理负责制,下设运营管理部、路政支队、工程养护部、服务区管理部、综合办公室、计划财务部等部门。

2. 服务设施

下辖平顶山西、汝州两处服务区,见表8-13-9。

G36宁洛高速公路平顶山至临汝段服务场区一览表　　　　表8-13-9

高速公路编码	服务区名称	桩　号	所 在 区 域	占地面积(m²)	建筑面积(m²)
G36	平顶山西服务区	K615+497	宁洛高速公路平临段宝丰周庄镇	100050	5593
	汝州服务区	K665+497	宁洛高速公路平临段汝州市王寨乡	100050	5673

3. 收费设施

下设平南、新城区、宝丰、小屯、汝州、温泉共6个收费站,见表8-13-10。平南收费站有4个入口、5个出口;新城区收费站4个入口、6个出口;宝丰收费站主场2个入口、3个出口;宝丰收费站副场2个入口、4个出口;小屯收费站2个入口、4个出口;汝州收费站2个入口、4个出口;温泉收费站3个入口、4个出口,共49条通行车道。

G36宁洛高速公路平顶山至临汝段收费设施一览表　　　　表8-13-10

收费站名称	桩　号	入口车道数		出口车道数目	
		总车道	ETC车道	总车道	ETC车道
平南收费站	K592+947	4	1	5	1
新城区收费站	K606+652	4	1	6	1
宝丰(主)收费站	K623+759	2		3	1
宝丰(副)收费站	K623+708	2		4	1
小屯收费站	K651+375	2		4	1
汝州收费站	K661+737	2		4	1
温泉收费站	K677+450	3	1	4	1

4. 监控设施

设置监控中心1处,负责平南收费站、新城区收费站、宝丰收费站、小屯收费站、汝州收费站、温泉收费站共6个收费站的运营监管。

5. 养护管理

平临高速公路日常养护工作由工程养护部负责,以公开招标方式选定有经验的养护施工单位及监理单位。

1) 路面维修工程

中修工程:近年来,为整治路面破损率严重超标、车辙严重及桥头跳车等病害,2012—2015年,前后投入约3000万元分路段实施沥青混凝土路面铣刨重铺专项工程,大大改善了路况。

预防性养护工程：自 2011 年，先后投入 790 多万元分 3 次进行微表处施工，见图 8-13-10。通过处治，路面严重车辙减少，路面平整度明显改观，路面行驶的舒适性、安全性得到提升。

图 8-13-10　路面维修工程

2）桥梁检测、维修加固

2015—2016 年对重要的 7 座桥梁病害采取封缝、注胶、环氧树脂砂浆修补等措施进行修补，对老化、变形严重的支座进行更换，其中修补裂缝近 7000 延米，更换支座 100 多个。另外，对新城区互通 F 匝道独柱式桥墩桥梁也进行了加固处理，见图 8-13-11。

图 8-13-11　桥梁检测、维修加固

3）沿线设施的提升、改造

为改善道路形象，投入约 180 万元实施局部路段路肩两侧增绿工程；投入约 300 万元对局部路段标线老化、脱落、变形病害进行维护。

4）新材料、新技术研发

2012年,为减少标志牌等设施在运输、安装、使用环节的磨损,提高周转率,平临高速公路设计出"便携式施工标志牌运输装置",并于2012年12月获得国家专利。

2013年,平临高速公路在总结中分带绿篱修剪经验的基础上,制造出了一款"便携式半机械化绿篱修剪平台",在实际应用中综合效益显著,见图8-13-12。

图8-13-12　便携式半机械化绿篱修剪平台

四、G36宁洛高速公路洛阳至汝阳(市界)段

(一)项目概况

1. 基本情况

1）功能定位

宁洛高速公路洛阳至汝阳(市界)段起于洛阳市东郊的白马寺镇大里王村,止于汝阳县内埠乡(洛阳市与平顶山市交界),全长50.191km。因河南省高速公路网路线命名编号调整,起点洛阳市东郊的白马寺镇大里王村至G55/G36枢纽为G55二广高速公路洛阳至大安段,路段长度46.463km;与郑少洛高速公路交界交叉处至终点汝阳县内埠乡(洛阳市与平顶山市交界)为G36宁洛高速公路洛阳至汝阳(市界)段,路段长度25.845km。G55/G36枢纽至郑少洛高速公路交界交叉处为宁洛高速公路与二广高速公路共线路段,长度22.117km。该项目对完善河南省高速公路网,改善旅游投资环境,促进矿产资源开发利用,推动区域社会经济发展具有重要意义。

2）技术标准

采用全封闭、全立交、双向四车道;设计行车速度:120km/h;路基宽度:26m;桥梁净宽:2×12.794m;桥涵设计荷载标准:汽车—超20级,挂车—120;路面设计标准轴载:

BZZ-100;路面:收费广场和服务区广场采用水泥混凝土路面;路面结构:主线路面结构为4cm中粒式沥青抗滑表层+5cm粗粒式沥青混凝土,6cm粗粒式沥青混凝土+1cm乳化沥青封层+18cm水泥稳定碎石(山岭重丘区该层厚16cm),18cm石灰粉煤灰稳定砂砾+20cm石灰砂砾土。

3)建设规模

主要工程量:路基土方1065.13万 m^3,沥青混凝土路面111.15万 m^2;收费站6处,服务区1处,停车区1处,管理设施1处;环境绿化50.192km;表8-13-11为洛阳至汝阳(市界)段桥梁一览表。

洛阳至汝阳(市界)段桥梁一览表　　　　表8-13-11

规模	名称	桥长(m)	跨径(m)	跨越障碍物			桥梁类型
				河流	沟谷	道路、铁路	
大桥	洛河特大桥	900	30	√			简支梁桥
	伊河特大桥	690	30	√			简支梁桥
	龙门立交主线2号桥	115	25			√	简支梁桥
	陈村互通式立交主线桥	167.5	27.5			√	简支梁桥
	刘窑沟大桥	210	30		√		简支梁桥
	高河(中)大桥	180	30	√			简支梁桥
	白降河大桥	210	70	√			简支梁桥
	沉淀池大桥	180	30	√			简支梁桥
	穆佳河大桥	120	30	√			简支梁桥
	申疙瘩1号大桥	160	20	√			简支梁桥
	曲河大桥	120	30	√			简支梁桥
中桥	陈村互通式立交主线铁路桥	70	30			√	连续梁桥
	东出口立交桥	30	30			√	简支梁桥
	关林主线桥	90	30			√	连续梁桥
	西吉桥	26.64	26.64	√			简支梁桥
	龙门立交主线1号桥	65	25			√	连续梁桥
	互通被交路桥	90	30			√	连续梁桥
	东干渠中桥	60	30	√			简支梁桥
	焦枝铁路立交	70	30			√	简支梁桥
	东一干渠中桥	60	20	√			简支梁桥
	申疙瘩2号桥	90	30	√			简支梁桥

4)主要控制点

洛阳市、洛阳市(偃师市、伊川县、汝阳县)。

5) 地形地貌

路线北起邙山南麓,南至万安山麓,横跨洛河、伊河盆地,万安山岭北侧地表土较厚,多为农田地,南侧岩石裸露,万安山南地形较复杂,局部呈鸡爪地形,伊川县东南部多低山剥蚀形成的浅丘,最高点位于白沙与石岭方向,高程约305m,最低点在洛河附近,高程约120m,相对高差约185m。

6) 投资规模

概算总投资12.945亿元,竣工决算投资11.9747亿元,平均每公里造价2385.83万元。

7) 开工及通车、竣工时间

2000年4月开工建设,2002年12月交工通车,2011年9月完成竣工验收。

2. 参建单位主要情况

(1) 建设单位:洛阳市公路管理局。

(2) 主要设计单位:河北省交通规划设计院、洛阳市公路规划勘察设计院、郑州铁路局郑州勘测设计院、铁道部隧道工程局勘测设计院、中咨泰克交通工程有限公司、交通部水运科学研究所。

(3) 质量监督单位:河南省交通基本建设质量检测监督站。

(4) 监理单位:北京路桥通工程监理咨询有限公司、天津新亚太工程建设监理有限公司、北京华路捷公路工程技术咨询有限公司、河南省豫通公路工程监理事务所。

(5) 路基及桥涵施工单位:北京城建集团有限公司、铁道部第五工程局、新疆生产建设兵团建设工程有限公司、洛阳市路桥建设总公司、河南省交通公路工程局、广东佛山公路工程公司、中国建筑第二工程局、甘肃省公路工程公司、中国铁道建筑总公司。

(6) 路面施工单位:河南省交通公路工程局、新疆生产建设兵团建设工程有限公司、洛阳路桥建设总公司。

(7) 房建施工单位:河南开封金星网架工程有限公司、洛阳市华绅建筑安装有限公司、洛阳市西建筑有限公司。

(8) 绿化施工单位:潢川县紫红花木草坪有限公司、洛阳市公路管理局绿化工程处、偃师市绿业园林工程有限公司、潢川县江海园林装饰工程有限责任公司、潢川县金卉园林绿化工程有限责任公司、河南金柳园林艺术工程有限责任公司、杭州萧山凌飞环境绿化有限公司、杭州萧山凌飞环境绿化有限公司、洛阳市华以牡丹集团有限公司。

(9) 交通安全设施施工单位:陕西乾通公路工程机械有限公司、淄博玉泰公路工程设施有限公司、洛阳市路桥建设总公司、河北中通交通设施有限公司、辽宁省交通工程公司、洛阳市路桥建设总公司、凯通交通工程有限公司、河南省公路局筑路机械厂、北京颐和安迅交通技术有限公司、北京荣瑞达智能交通技术公司、湖北省高等级公路事业开发公司、山东邹平县神正建设有限公司、河南现代交通工程有限公司。

(10)交通机电施工单位:清华紫光股份有限公司、陕西汉唐计算机有限责任公司、陕西汉唐计算机有限责任公司。

(二)建设情况

1. 项目准备阶段

1)项目审批文件

1998年8月12日,河南省计划委员会对项目建议书进行批复,文号为豫计交通〔1998〕717号。1998年12月16日,《关于洛界高速公路洛阳段工程可行性研究报告的批复》,文号为豫计交通〔1998〕1237号。1998年12月19日,《关于洛阳至大安高速公路工程初步设计的批复》,文号为豫计设计〔1998〕1287号。2001年7月18日,《关于洛阳至汝阳(市界)段高速公路施工图设计的批复》,文号为豫交计〔2001〕423号。2004年,河南省交通厅对关于洛阳至汝阳(市界)段施工图补充设计(K49+000~K50+190.899)段进行了批复,文号为以豫交计〔2004〕292号。2007年3月15日,《关于洛阳至大安高速公路增设关林互通立交设计变更的批复》,文号为豫发改设计〔2007〕255号。

2)资金筹措

概算总投资为12.3952亿元人民币,其中3.7226亿元为建设单位自筹资金,6.65亿元为国家开发银行基本建设贷款,1.75亿元为交通部拨款。

3)合同段划分

(1)设计标段划分:土建工程设计1个标段,房建工程设计1个标段,绿化工程设计1个标段,机电工程设计1个标段。

(2)施工标段划分:路基及桥涵工程8个标段,路面工程3个标段,机电工程3个标段,房建工程3个标段,绿化工程12个标段,交通安全设施15个标段。

(3)施工监理标段划分:设1个总监办公室,4个土建工程驻地监理标段,1个房建工程监理标段,1个机电工程监理标段。

4)招投标

(1)2000年1月24日,通过公开招标确定8家土建工程单位。

(2)2002年2月13日,通过公开招标确定3家房建工程单位。

(3)2002年4月2日,通过公开招标确定3家路面工程单位。

(4)2002年6月28日,通过公开招标确定12家绿化工程单位。

(5)2002年11月8日,通过公开招标确定3家机电工程单位。

(6)2002年11月20日,通过公开招标确定15家交通安全设施工程单位。

5)征地拆迁情况

征地面积为 372hm²。征用洛阳市郊区农村集体耕地 74.8hm²、农村居民点用地 1.8556hm²、水域 3.9666hm²、未利用地 3.3778hm²,合计 84hm²;偃师市农村集体耕地 59.8667hm²、农村居民点用地 1.3801hm²、水域 1.2hm²、未利用地 12.3536hm²,合计 74.8004hm²;伊川县农村集体耕地 132.0666hm²、农村居民点用地 0.1hm²、水域 1.17hm²、未利用地 31.7296hm²,合计 165.0662hm²;汝阳县农村集体耕地 40.2667hm²、未利用地 7.8667hm²,合计 48.1334hm²。拆迁房屋 34573m²,拆迁占地费用共计 10790.88 万元。

2. 项目实施阶段

1)实施过程

(1)2000 年 7 月 16 日,主线土建工程开工,2002 年 9 月 26 日完工。

(2)2002 年 6 月,绿化工程开工,2002 年 9 月完工。

(3)2002 年 11 月 30 日,交通安全设施工程开工,2002 年 12 月 30 日完工。

(4)2004 年 12 月 7 日,机电工程开工,2004 年 12 月 27 日完工。

(5)2005 年 4 月,房建工程开工,2008 年 12 月完工。

(6)2009 年 12 月 30 日交工验收,得分为 96.77 分,建设项目工程质量等级合格。

(7)2011 年 9 月竣工验收,得分为 86.6 分,评定等级为合格。

2)设计变更

(1)根据省厅《关于洛界高速公路洛阳段第一期、第二期设计变更的批复》(豫交计〔2003〕104 号)文件内容,具体批复如下:

①路基土石方工程,因设计与施工现场不符,同意增加填挖土方 22.15 万 m³,增加 403.13 万元,土方变石方 75 万 m³,增减相抵后增加 1668.75 万元,超运距 1082.402 万 m³,增加 1082.4 万元。软弱地基处理增加 150.35 万元。

②桥涵及结构物,根据地形、地貌实际情况及当地群众要求,同意增加结构物 12 处,减少结构物 7 处,二者相抵尚结余资金 114.54 万元。结构物变更 13 处,增加 78.78 万元。

③同意增加声测管(钢管直径 $\phi 57 \times 37$)148t,增加费用 59.2 万元,台背砂砾回填 11 万 m³,增加费用 373 万元。边角地增加 240.5 亩,增加费用 111.56 万元。

(2)根据省厅《关于洛界高速公路洛阳段第三期、第四期设计变更的批复》(豫交工〔2003〕72 号)文件内容,具体批复如下:

①同意将原设计 K32+957 处 1-6m 实心板通道变更为 K32+920 处 2-2.5m 预应力空心板天桥,以满足当地群众要求。

②同意增设老洛临路 1-3m 明板涵、K48+830 处 1-2m 明板涵和全线中央分隔带排水系统,以完善原设计。

③全线设置现浇25号混凝土路缘带替代相应部位的沥青混凝土以节省造价。

④全线路基边坡的混凝土格网防护变更为植物防护。

(3)根据省发改委《关于洛阳至大安高速公路增设关林互通立交设计变更的批复》(豫发改设计〔2007〕255号)文件内容,具体批复如下:

同意在洛阳市开元大道与洛阳至大安高速公路交叉处增设关林互通式立交1座。

(三)科技创新

1.钢筋混凝土柔性拱涵

在高填方涵洞中,国内首次采用钢筋混凝土柔性拱涵先进技术,减少圬工体积,使涵洞更安全。立项申报科研项目并通过鉴定,2005年获省科技进步三等奖、洛阳市科技进步二等奖。

2.真空预压+堆载预压技术在软基处理中的应用

司马沟、高河软基处理中,首次在河南省采用真空预压+堆载预压先进技术,立项申报科研项目并通过鉴定,2005年获得洛阳市科技进步二等奖。

(四)运营养护管理

1.组织架构

该项目运营管理单位为洛阳市公路管理局洛界高速公路管理处,下设综合办公室、财务科、养护科、征收科、路政科、后勤科、服务区办公室等部门。

2.服务设施

下辖龙门服务区1处,汝阳停车区1处,见表8-13-12。

洛阳至汝阳(市界)段服务场区一览表 表8-13-12

高速公路编码	服务区名称	桩号	所在区域	占地面积(m²)	建筑面积(m²)
G55	龙门服务区	K1162+830	偃师市诸葛镇	120290	3882.97
G36	汝阳停车区	K693+730	汝阳县	8439	1684

3.收费设施

下设白马寺、瀍河、关林、龙门、伊川、汝阳6个收费站,见表8-13-13。

洛阳至汝阳(市界)段收费设施一览表 表8-13-13

收费站名称	桩号	入口车道数		出口车道数	
		总车道	ETC车道	总车道	ETC车道
白马寺收费站	K1149+030	4	0	5	0
瀍河收费站	K1150+739	4	2	7	2
关林收费站	K1157+983	5	2	7	2
龙门收费站	K1164+417	2	1	3	1

续上表

收费站名称	桩　号	入口车道数		出口车道数	
		总车道	ETC车道	总车道	ETC车道
伊川收费站	K709+151	2	1	2	1
汝阳收费站	K694+642	2	1	2	1

4. 监控设施

设置监控中心1个，负责道路全线及服务区、收费站的运营监管。

5. 养护管理

洛界高速公路日常养护项目部负责洛界高速公路全线路基、路面、桥涵、交通安全设施和绿化日常养护，并严格参照相关行业标准及洛界高速公路管理处养护制度进行日常保养保洁工作。

1）路面维修工程

为保证路面行驶安全、畅通，对全线坑槽进行了热料修补，共完成坑槽修补15300m^2。

对全线下坡路段K702~K703（东）、K708~K712（东）、K707~K708（西）约4400m进行路面精铣刨，对铣刨路段及部分存在裂缝路段进行灌缝，共完成灌缝20000m。

2015年针对路基病害，排查全线裂缝、翻浆点，采用高分子聚合物压浆15510m^2，改性沥青聚合物密封胶路面灌缝48015.4m；针对路基积水，全线做盲沟56道，引导积水顺利排出；采用超薄磨耗层与铣刨重铺相结合的技术措施，铣刨重铺（AC-16C）改性沥青混凝土面层249460m^2，处理路面破损基层1170.5m^2。

2）桥梁检测、维修加固

（1）对全线桥梁锥坡六棱块进行修复，共完成484m^2。

（2）完成伊川互通区、汝阳互通区桥梁独柱墩加固工程，确保洛界高速公路桥梁运行安全。

（3）对刘窑沟、穆佳河梁板裂缝进行加固维修设计。

3）沿线设施的提升、改造

（1）伊川、汝阳收费站各增加2个车道。

（2）关林收费站增加4个车道。

五、G36宁洛高速公路洛阳西南绕城段

（一）项目概况

1. 基本情况

1）功能定位

G36宁洛高速公路洛阳西南绕城段起点位于任屯北连霍高速公路，设任屯互通式立

交与连霍高速公路连接,终点与洛阳市东南处洛阳至界首高速公路和少林寺至洛阳高速公路相交的彭婆互通相连,全长 36.576km,该项目承东启西、连南贯北,对完成过境交通流向转换,减少城市交通堵塞,改善投资环境,促进洛阳市社会经济发展具有重要意义。

2)技术标准

采用全封闭、双向四车道高速公路;设计行车速度:100km/h;路基宽度:26m;桥涵设计荷载标准:汽车—超20级,挂车—120;路面:除收费站广场为水泥混凝土路面外,其余均为沥青混凝土路面;路面结构:主线为4cm中粒式沥青混凝土(AC-16I)+6cm中粒式沥青混凝土(AC-20I)+8cm粗粒式沥青混凝土(AC-25I)+0.6cm乳化沥青稀浆封层+36cm水泥粉煤灰稳定碎石基层(初步设计批复为二灰稳定碎石基层)+18cm水泥粉煤灰稳定土底基层(初步设计批复为二灰稳定土);地震基本烈度为Ⅵ度。

3)建设规模

主要工程量:路基土石方 1191 万 m^3,沥青混凝土路面 100200m^2;收费站 4 处;表 8-13-14 为 G36 宁洛高速公路洛阳西南绕城段桥梁一览表。

G36 宁洛高速公路洛阳西南绕城段桥梁一览表　　　　　　表 8-13-14

规模	名　称	桥长(m)	主跨长度(m)	跨越障碍物			桥梁类型
				河流	沟谷	道路、铁路	
大桥	CK0+175 潘沟大桥	116	30		√		连续梁桥
	金水河大桥	217	30	√			简支梁桥
	董岭沟大桥	217	30		√		简支梁桥
	王村沟大桥	187	30		√		简支梁桥
	涧河大桥	157	30	√			简支梁桥
	西马沟大桥	187	30		√		简支梁桥
	北陈沟大桥	157	30		√		简支梁桥
	张落坪大桥	187	30		√		简支梁桥
	后五龙沟大桥	187	30		√		简支梁桥
	张沟大桥	337	30		√		简支梁桥
	洛河大桥	847	30	√			简支梁桥
	K20+237 分离式立交	147	20			√	连续梁桥
	K22+938 洛宜铁路桥	277	30			√	连续梁桥
	前黑羊大桥	247	30		√		简支梁桥
	梁村沟大桥	367	30		√		连续梁桥
	伊河大桥	757	30	√			简支梁桥
	K35+818 焦枝铁路桥	127	30			√	连续梁桥
中桥	DK0+535 潘沟中桥	88	40		√		连续梁桥
	冯疙瘩中桥	86.5	30		√		连续梁桥

续上表

规模	名称	桥长（m）	主跨长度（m）	跨越障碍物			桥梁类型
				河流	沟谷	道路、铁路	
中桥	K4+053.5 分离式立交	53.5	16			√	连续梁桥
	红山渠中桥	26.5	20	√			连续梁桥
	K5+742.37 跨陇海铁路桥	97	30			√	连续梁桥
	K7+045 分离式立交	66.5	20			√	连续梁桥
	K7+381 分离式立交	72	26			√	连续梁桥
	EK0+857 分离式立交	72	26			√	连续梁桥
	K7+686 尤西村中桥	47	20			√	连续梁桥
	K9+436 分离式立交	65	18			√	连续梁桥
	K9+800 分离式立交	65	18			√	连续梁桥
	K11+061 分离式立交	53.5	16			√	连续梁桥
	K11+250 中桥	97	30	√			简支梁桥
	K11+481 分离式立交	37	30			√	连续梁桥
	K11+810 分离式立交	65	18			√	连续梁桥
	K12+320 分离式立交	86.5	20			√	连续梁桥
	K12+714 中桥	87	20			√	连续梁桥
	K17+800 分离式立交	66.5	20			√	连续梁桥
	K18+011.178 主线桥	65	25			√	连续梁桥
	K32+018.090 主线桥	78	21			√	连续梁桥
	K32+156 主线桥跨匝道	65	25			√	连续梁桥
	K32+521 主线桥	91	35			√	连续梁桥
	K34+322 分离式立交	66.5	20			√	连续梁桥
	槐庄中桥	44	13			√	连续梁桥

4) 主要控制点

洛阳市(孟津县、伊川县)。

5) 地形地貌

路线所经地区地处豫西山区与东部平原的过渡地带。伊、洛二河自西南向东北经过,形成富饶的伊洛盆地。

6) 投资规模

概算投资 13.5233 亿元,竣工决算投资 13.0860 亿元,平均每公里造价 3630.5626 万元。

7) 开工及通车、竣工时间

2003 年 4 月开工建设,2005 年 9 月交工通车,2008 年 9 月完成竣工验收。

2.参建单位主要情况

(1)建设单位:河南省洛阳西南环城高速公路有限责任公司。

(2)设计单位:中国公路工程咨询监理总公司。

(3)质量监督单位:河南省交通基本建设质量检测监督站。

(4)监理单位:中国公路工程咨询监理总公司。

(5)土建施工单位:洛阳路桥建设总公司、南阳市公路桥梁工程公司、厦门大成工程股份有限公司、信阳万里交通集团有限公司、河南省交通公路工程局、中铁大桥局集团有限公司、郑州铁路建设集团有限公司。

(6)路面施工单位:路桥集团第一工程局第一工程公司、河南省交通公路工程局。

(7)房建施工单位:洛阳市丰李建筑工程有限公司。

(8)绿化施工单位:河南省豫建园林工程有限公司、潢川县绿宇园林绿化有限责任公司、潢川县泰昌园林绿化有限责任公司、河南省绿化工程有限公司。

(9)交通机电施工单位:陕西公路交通科技开发咨询公司、北京市泰克公路科学技术研究所。

(10)交通安全设施施工单位:河南路桥发展建设总公司、周口市公路交通设施有限公司、河南现代交通工程有限公司、河南省公路局筑路机械厂、湖北建通开发公司、浙江交通设施有限公司。

(二)建设情况

1.项目准备阶段

1)项目审批文件

2001年9月27日,河南省发展计划委员会对该项目建议书进行批复,文号为豫计基础〔2001〕1268号。2003年1月30日,《关于洛阳西南绕城高速公路任屯至尤西段初步设计的批复》,文号为豫计基础〔2003〕93号。2003年3月20日,《关于洛阳西南绕城高速公路可行性研究报告(修改)的批复》,文号为豫计基础〔2003〕359号。2003年3月20号,《关于洛阳西南环城高速公路尤西村至槐庄段施工图设计的批复》,文号为豫交计〔2003〕1019号。2004年3月30日,河南省环境保护局对该项目环境影响报告书进行批复,文号为豫环监〔2004〕52号。

2)资金筹措

概算总投资为13.5233亿元人民币,其中35%为建设单位自有资金,65%为银行贷款。

3)合同段划分

(1)设计标段划分:土建工程设计标段划分1个标段,房建工程设计1个标段,绿化工程设计 1 个标段,机电工程设计 1 个标段。

(2)施工标段划分:土建工程 8 个标段,路面工程 2 个标段,机电工程 2 个标段,房建工程 1 个标段,绿化工程 4 个标段,交通机电 2 个标段,防撞护栏 2 个标段,道路隔离栅 2 个标段,道路标志牌 2 个标段,道路标线 2 个标段。

(3)施工监理标段划分:1 个标段。

4)招投标

(1)2002 年 12 月 10 日,一期工程通过公开招标,确定 2 家(LH-01、LH-02)施工中标单位和 1 家监理单位。

(2)2003 年 5 月 19 日,一期土建工程通过公开招标,确定 LH-03 合同段至 LH-08 合同段共 6 家中标单位和 1 家监理单位。

(3)2004 年 10 月 18 日,交通安全设施工程施工招标采用公开招标的形式,确定 7 家中标单位。

(4)2004 年 11 月 13 日,路面工程、绿化工程、房建工程施工通过公开招标,确定 2 家路面工程中标单位、4 家绿化工程中标单位、1 家房建工程中标单位。

(5)2004 年 11 月 21 日,机电工程招标采用公开招标的形式,确定 2 家中标单位。

5)征地拆迁情况

征地面积为 4307 亩,沿线迁移 11 万 V 以上高压线路 12 处,1 万 V 以下电力线路近 40 处,各种光缆、通信电缆近 38 处,拆迁各类房屋 60000m^2。

2. 项目实施阶段

1)实施过程

(1)2002 年 12 月 30 日,该项目北段开工建设。

(2)2003 年 6 月 12 日,该项目南段开工建设。

(3)2005 年 9 月 26 日,全线建成通车。

(4)2007 年 12 月,省交通厅组织了工程验收工作,工程质量评分 92.12 分,质量等级为优良。

2)重大决策

全线开展"保优质、创精品工程竞赛"活动,从进度、质量、安全、文明施工等方面进行检查评比,实行质量一票否决,每月一次全面检查,并下发检查情况通报,对第一名颁发先进流动红旗,每季度评比奖罚兑现,通过激励措施,有效地提高了全体参建单位的质量意识。

(三)科技创新

1. 多孔混凝土排水基层的应用

与省交通科学技术研究院和长安大学合作研究的"多孔混凝土排水基层在高等级公

路沥青路面中的应用研究"科研项目,2005年经省厅邀请国内专家鉴定达到国际先进水平,2006年先后获得省交通厅科技进步一等奖和省科技进步二等奖,2007年获得中国公路学会科学技术三等奖。

2. 智能预应力及其在桥梁控制中的应用

与清华大学合作研究的"智能预应力及其在桥梁控制中的应用研究"科研项目,2005年经省厅邀请国内专家鉴定达到国际先进水平,2006年获得省交通厅科技进步一等奖。

3. 钢纤维混凝土在桥面铺装工程中的应用

与郑州大学合作的"钢纤维混凝土力学性能及在桥面铺装工程中的应用研究"科研项目,经省厅鉴定达到国内领先水平,2006年获得省交通厅科技进步二等奖。

(四)运营养护管理

1. 组织架构

该项目运营管理单位为河南省交通厅少新管理处高速公路少洛运管中心,中心实行管理中心主任领导下的科室负责制,下设综合部、财务部、政工部、养护部、路政部5个部门。

2. 收费设施

下设伊川北、新区、高新区、涧西4个收费站,见表8-13-15。

G36宁洛高速公路洛阳西南绕城段收费设施一览表　　　　表8-13-15

收费站名称	桩号	入口车道数		出口车道数	
		总车道	ETC车道	总车道	ETC车道
伊川北收费站	K723+168	3	1	5	1
洛阳新区收费站	K734+380	2	0	3	1
高新区收费站	K736+864	2	0	4	1
洛阳涧西收费站	K748+320	3	1	5	1

3. 监控设施

设置监控中心1个,负责伊川北收费站区域和涧西收费站区域的运营监管。

4. 养护管理

少洛高速公路日常养护、绿化养护项目部负责洛阳绕城段全线路基、路面、桥涵、交通安全设施和绿化日常养护,并严格执行相关行业标准、还贷中心制度及少洛中心养护制度,进行日常保养保洁工作。

1)路面维修工程

中修工程:为保证少洛高速公路路面行驶的安全、畅通,2011年投入291万元对路面进行铣刨摊铺及沉陷处理。2015年投入2970万元对少洛高速公路全线路面进行全面的维修处治。

预防性养护工程：2012年开展含砂雾封层预防性养护工程，铺设里程8km，见图8-13-13。

图8-13-13　路面维修工程

2）桥梁检测、维修加固

根据省交通厅及主管部门规范标准及还贷中心制度，项目每三年委托检测单位对全线桥涵结构物进行定期检测，及时掌握技术状况及病害情况，作为桥涵维修保养的依据。2012年和2015年共投入548万元对桥梁病害及三类构件进行加固维修，确保路段桥梁处于安全良好状态，见图8-13-14。

图8-13-14　桥梁检测、维修加固

3)沿线设施的提升、改造

为提升少洛高速公路高填方路段的行车安全性,消除安全隐患,2013年对部分路堑边坡路段增设挡土墙,进一步保障道路行驶安全。

2015年实施了全线防眩板、防抛网更换及增加危险品禁入、限重标志等安全设施工程,确保设施完好,各种标识明显醒目。

4)新材料、新技术研发

2015—2016年,对路段裂缝使用新材料自粘贴缝带进行处理,对全段行车道及紧急停车道裂缝、超车道裂缝进行处治,共处置裂缝50000余米,见图8-13-15。

图 8-13-15　裂缝处理

第十四节　G40 上海至西安高速公路河南段
（固始县至西峡县）

沪陕高速公路河南段东起豫皖交界处的叶集镇史河东岸,经固始、潢川、光山、罗山、信阳、泌阳、唐河、南阳、镇平、内乡、西峡等县市,止于西峡县西坪镇豫陕交界处,与商州至豫陕界高速公路相接,全线518.821km。该项目对完善河南省高速公路网布局,增强路网综合功能,缓解连霍高速公路交通压力,打通内陆出海快速通道,促进豫东南、豫西南地区经济发展具有十分重要的意义。

一、G40 沪陕高速公路叶集至信阳段

（一）项目概况

1.基本情况

1)功能定位

沪陕高速公路叶集至信阳段东起豫皖交界处的叶集镇史河东岸,终点止于信阳市北

国道107线,项目分东、西两段,东段(K0+000～K136+000)为叶集至罗山段半幅高速公路的扩建工程,西段罗山至信阳段(K136+000～K185+400)为全幅高速公路,全长185.4km。该项目对完善河南省高速公路网布局,促进区域经济发展,加快大别山革命老区旅游、矿产资源开发具有重要意义。

2）技术标准

采用全封闭、全立交、双向六车道;设计行车速度:120km/h;路基宽度:28m;桥梁净宽:2×13m;桥涵设计荷载标准:汽车—超20级,挂车—120;路面设计标准轴载:BZZ-100;路面结构:主线为4cm细粒混凝土+6cm中粒混凝土+8cm中粒混凝土+6cm改性沥青防水层+34cm水泥稳定碎石(6∶94)+18cm水泥石灰土稳定砂(6∶4∶26∶64),路面横坡2%;设计使用年限:沥青混凝土路面15年,水泥混凝土路面30年。

3）建设规模

服务区3处,主线收费站1处;表8-14-1为G40沪陕高速公路叶集至信阳段桥梁一览表。

G40沪陕高速公路叶集至信阳段桥梁一览表　　　　表8-14-1

规模	名称	桥长(m)	主跨长度(m)	跨越障碍物			桥梁类型
				河流	沟谷	道路、铁路	
特大桥	苏店河特大桥	1018.5	20	√			简支梁桥
大桥	大桥	288	40			√	简支梁桥
	龙山特大桥	574.7	30		√		简支梁桥
	刘小围子大桥	165.08	20		√		简支梁桥
	急流涧河大桥	105.08	20	√			简支梁桥
	石槽河大桥	325.12	20	√			简支梁桥
	清水河大桥	105.08	20	√			简支梁桥
	东沙河大桥	125.08	20	√			简支梁桥
	灌河大桥	605.24	20	√			简支梁桥
	界河大桥	125.08	16	√			简支梁桥
	玉桥河大桥	125.08	20	√			简支梁桥
	白露河大桥	365.18	20	√			简支梁桥
	吕堰大桥	125.08	20	√			简支梁桥
	滚龙沟大桥	105.04	20		√		简支梁桥
	小潢河大桥	907.42	30		√		简支梁桥
	张河沟2号桥	125.08	20	√			简支梁桥
	竹竿河大桥	697.36	30		√		简支梁桥
	养马河大桥	105.08	20	√			简支梁桥

第八章 河南高速公路项目建设信息

续上表

规模	名称	桥长(m)	主跨长度(m)	跨越障碍物 河流	跨越障碍物 沟谷	跨越障碍物 道路、铁路	桥梁类型
大桥	何冲大桥	165.1	20		√		简支梁桥
	南灌渠大桥	150	20	√			简支梁桥
	姚家湾大桥	205.1	20		√		简支梁桥
	狮河特大桥	574.7	30	√			简支梁桥
	北灌区大桥	145.1	20	√			简支梁桥
	邢台河大桥	334.9	30	√			连续梁桥
	贺家冲大桥	185.1	20		√		简支梁桥
	陆庙大桥	514.8	30		√		简支梁桥
	二十里河大桥	604.7	30		√		简支梁桥
	叶家湾大桥	105.1	20		√		简支梁桥
	彭家湾大桥	284.8	30		√		连续梁桥
中桥	龙山一支渠	65.04	20		√		简支梁桥
	梅家湖桥	53.04	16	√			简支梁桥
	马古井桥	25.04	20		√		简支梁桥
	五一农场桥	45	20		√		简支梁桥
	郑岗桥	85.06	20		√		简支梁桥
	曹孟沟中桥	65.04	20		√		简支梁桥
	后围子中桥	25.04	20		√		简支梁桥
	夹道子中桥	25.04	20		√		简支梁桥
	汪堰中桥	37.04	16		√		简支梁桥
	东羊行河中桥	69.04	16	√			简支梁桥
	南干渠中桥	37.04	16		√		简支梁桥
	西羊行河中桥	85.04	20	√			简支梁桥
	武庙中桥	85.04	20		√		简支梁桥
	上庄子中桥	53.04	16		√		简支梁桥
	钱集河中桥	65.04	20	√			简支梁桥
	六斗中桥	37.04	16		√		简支梁桥
	张瓦房中桥	53.04	16		√		简支梁桥
	南干渠中桥	53.04	16		√		简支梁桥
	樊院中桥	53.04	16		√		简支梁桥
	南干渠中桥	53.04	16		√		简支梁桥
	李集中桥	53.04	16		√		简支梁桥
	李武中桥	85.04	16		√		简支梁桥
	分离式立交桥	25.04	20			√	简支梁桥
	中桥	37.04	16		√		简支梁桥

续上表

规模	名称	桥长（m）	主跨长度（m）	跨越障碍物 河流	跨越障碍物 沟谷	跨越障碍物 道路、铁路	桥梁类型
中桥	柳沟河中桥	53.04	16	√			简支梁桥
	鲶鱼山中干渠中桥	53.04	16		√		简支梁桥
	杞河中桥	37.04	16		√		简支梁桥
	九塘中桥	53.04	16		√		简支梁桥
	鲇鱼山西干六支渠中桥	37.04	16		√		简支梁桥
	鲇鱼山西干渠中桥	45.04	20		√		简支梁桥
	徐小围子中桥	37.04	16		√		简支梁桥
	小仓房中桥	37.04	16		√		简支梁桥
	小仓房立交中桥	25.04	20		√		简支梁桥
	肖营子中桥	69.04	16			√	简支梁桥
	双轮河灌溉渠中桥	65.04	20	√			简支梁桥
	中桥	31.04	20		√		简支梁桥
	沟南中桥	57.04	20		√		简支梁桥
	简店河中桥	45.04	20	√			简支梁桥
	王河中桥	45.04	20	√			简支梁桥
	李集中桥	65.04	10		√		简支梁桥
	农山北干渠中桥	44.04	20	√			简支梁桥
	王岳干渠中桥	70.04	13		√		简支梁桥
	张河沟1号中桥	44.04	13		√		简支梁桥
	张寨中桥	65.04	20		√		简支梁桥
	上凹中桥	25.04	20		√		简支梁桥
	后徐寨中桥	85.04	20			√	简支梁桥
	汪冲中桥	25.04	20			√	简支梁桥
	赵堰中桥	44.04	13		√		简支梁桥
	格小渠中桥	44.04	13		√		简支梁桥
	桂湾中桥	57.04	13		√		简支梁桥
	历家堰中桥	85.06	20		√		简支梁桥
	朱店中桥	53.04	16		√		简支梁桥
	中桥	65.04	20			√	简支梁桥

4）主要控制点

信阳市（光山县、潢川县、商城县、固始县、罗山县、平桥区、浉河区）。

5）地形地貌

东段位于淮河南侧及大别山北前倾斜岗地，平原区，地势以南部和西部较高，逐渐向东北倾斜,山地;丘陵;龙岗和平原,由南向北呈现阶梯分布,属平原微丘区。起点叶集至上石桥段为大别山山前低丘平原区,低丘地形起伏较大,相对高差一般在 20~50m,岗间洼地多为稻田,一般海拔 50m 左右;平原区平缓开阔,相对高差一般在 5~20m。上石桥至东段终点段位于大别山北淮河以南的山前倾斜平原区,区域地形开阔,地表多呈垄状,相对高差一般 20~30m,平原区以稻田为主,岗地以旱地为主兼有部分荒地。

路线西段所经地区处于淮河南侧山前地带,地形起伏,岗凹相间,沟谷发育,多呈 NE 向展布。岗坡东缓西陡,岗顶平缓,由南向北东倾斜。龙岗的前缘或与河谷接触地带,形成丘陵化地貌景观,地形破碎,沟谷发育,多呈不连续的孤丘,在沟谷的陡壁处常常发生小型崩塌或错落,地面高程 44.5~135m。

6) 投资规模

概算总投资为 32.7798 亿元,竣工决算投资 41.910 亿元,超概算 9.1302 亿元,平均每公里造价 1784.92 万元。

7) 开工及通车、竣工时间

2003 年 7 月 20 日开工建设,2005 年 12 月 6 日交工通车,2008 年 5 月完成竣工验收。

2. 参建单位主要情况

(1) 建设单位:河南省叶集至信阳高速公路建设有限公司。

(2) 设计单位:河南省交通规划勘察设计院。

(3) 质量监督单位:河南省交通基本建设质量检测监督站。

(4) 监理单位:河南省豫通公路工程监理有限公司、湖南省交通建设工程监理有限公司、河南省高等级公路建设监理部、北京泰克华城技术信息咨询有限公司、湖南省交通建设工程监理有限公司。

(5) 土建施工单位:中铁十七局第三工程有限公司、路桥华南工程有限公司、路桥集团第二工程局、中铁三局集团有限公司、中铁十一局集团第四工程有限公司、中铁十二局集团有限公司、中铁十一局集团有限公司、中国路桥集团二公局(洛阳)四处、中铁四局集团有限公司、路桥集团第一公路工程局、湖北路桥公司、中铁大桥局集团有限公司、路桥集团第一公路工程局第五公司、河南省交通公路工程局、路桥集团第一公路工程局第三公司、陕西省路桥工程总公司、郑州铁路建设集团有限公司。

(6) 路面施工单位:中铁十九局集团第二工程有限公司、路桥华南工程有限公司、山东省路桥集团有限公司、二公局(洛阳)第四工程处、中铁四局集团有限公司、河南省交通集团有限公司、陕西路桥集团有限公司、河南省高远公路养护技术有限公司、河南中原高速路泰公路工程有限责任公司。

(7) 房建施工单位:中国有色金属工业第六冶金建设公司、中铁六局太原铁路建设公司、河南新蒲建设集团有限公司、湖南省建筑工程集团总公司、河南宏盛建筑有限公司、河南派普建设工程有限公司、石家庄第一建筑工程有限公司、河南润华建筑安装有限公司、河北长城工程建设有限公司、河南省长江建设实业有限公司、中建六局第五建筑有限公司、河南水利建筑工程公司、河南华宸工程建设有限公司、河南恒泰建设有限公司、中国十五冶金建设有限公司、江苏一环集团环保工程有限公司、宜兴蓝天水净化设备有限公司、商丘市第二建筑安装工程公司。

（8）绿化施工单位：河南派普园林绿化建设有限公司、鄢陵新绿洲园林绿化工程有限公司、潢川县金麒市政建筑园林工程有限责任公司、洛阳市春城绿化工程有限公司、潢川县绿亚园林工程有限责任公司、郑州宏科园林景观工程有限公司、河南育林绿化工程有限公司、河南省金德园林绿化工程有限公司、河南楚天园林工程有限公司、郑州中豫园林绿化工程有限公司、郑州宝地绿化工程有限公司、郑州市园林绿化实业有限公司、河南农大风景园林规划设计院、郑州宏森绿化工程有限公司、深圳市莲花山花木园、河南豫林科技园林公司、河南莱泰园林发展有限公司、河南省菁华生物工程有限公司。

（9）交通安全设施施工单位：

护栏工程：周口市公路交通设施有限公司、湖南省长路交通设施建设有限公司、湖南省永州公路桥梁建设有限公司、湖南省郴州公路桥梁建设有限公司、北京汉威达交通运输设备有限公司、河南路桥发展建设总公司、河南三合高速公路设施有限公司、高密市顺达交通工程有限公司、江阴市青舜冷弯型钢制造有限公司。

隔离栅工程：南京公路防护设施工程有限公司、江阴市青舜冷弯型钢制造有限公司、山东华龙交通设施有限公司、无锡市中路交通工程有限公司、杭州华兴交通设施工有限公司。

交通标志：河南现代交通工程有限公司、北京汉威达交通运输设备有限公司、北京路达交通设施有限责任公司。

交通标线：杭州京安交通工程设施有限公司、河南省三明交通设施工程有限公司、山西通畅公路工程有限公司。

（10）交通机电施工单位：河南盈科交通工程有限公司。

(二)建设情况

1. 项目准备阶段

1）项目审批文件

2002年10月28日，《关于罗山至信阳高速公路可行性研究报告的批复》，文号为豫计基础〔2002〕1391号。2002年11月18日，河南省发展计划委员会印发了《关于河南省罗山至信阳高速公路工程初步设计批复》，文号为豫计设计〔2002〕1548号。2002年12月12日，国家发展计划委员会印发了《关于河南省叶集至信阳高速公路可行性研究报告》，文号为计基础〔2002〕2711号。2003年6月3日，交通部批复了《关于河南省叶集至信阳高速公路初步设计》,文号为交公路发〔2003〕212号。2003年12月12日,河南省交通厅印发了《关于叶集至信阳高速公路施工图设计批复》,文号为豫交工〔2003〕979号。2003年12月17日,交通部批准叶集至信阳高速公路项目开工建设。

2)资金筹措

概算总投资为32.7798亿元,其中36%为建设单位自有资金,其余64%为银行贷款。

3)合同段划分

(1)设计标段划分:1个标段。

(2)施工标段划分:土建工程17个标段,路面工程9个标段,机电工程1个标段,房建工程20个标段,绿化工程18个标段,交通安全设施20个标段。

(3)监理标段划分:设6个总监办公室,7个土建工程驻地监理标段,1个房建工程监理标段,1个机电工程监理标段。

4)招投标

项目于2002年10月16日对勘察设计进行了邀请招标。评标工作于2002年11月10日结束。

从2003年1月22日发布《河南省叶集至信阳高速公路土建工程及施工监理招标资格预审通告》开始至2005年6月6日最后一项声屏障工程3家施工单位确定止,陆续完成了项目施工监理和第一、二期及附属工程的招标工作。

5)征地拆迁情况

征地面积为653.6818hm^2。其中农村集体农用地589.6628hm^2(其中耕地469.8458hm^2),农村集体建设用地36.7332hm^2,未利用地5.484hm^2;国有农用地20.2956hm^2(其中耕地7.0754hm^2),国有建设用地0.9751hm^2、未利用地0.5311hm^2。

2. 项目实施阶段

1)实施过程

(1)主线土建工程于2003年7月20日开工,2005年11月29日完工。

(2)房建工程于2005年3月开工,2006年7月完工。

(3)机电工程于2005年9月开工,2006年3月完工。

(4)交通安全设施工程于2005年7月开工,2005年11月完工。

(5)绿化工程于2005年5月开工,2005年11月完工。

(6)2005年11月29~30日,省质监站对项目工程实体的部分指标进行了复测、外观检查以及资料检查,依据交工验收前和竣工验收前的质量检测资料,形成了项目质量鉴定报告,质量鉴定得分为91.95分,质量评定等级评为合格。

2)重大决策

项目公司在2004年组织开展了"创文明、促进度、保质量"劳动竞赛活动;2005年7

月公司召开了 2005 年上半年总结表彰暨决战一百天动员会,确保通车目标的如期实现。

3) 设计变更

(1) 路面变更:由于地区自然气候原因,根据河南省交通厅豫交计〔2004〕325 号文《关于叶信高速公路路面变更设计的批复》将上面层及中面层由普通沥青混凝土调整为改性沥青混凝土。

(2) 不良地质地段处理变更:由于实际施工中存在软弱土层及淤泥质土,地基承载能力较差,为保证路基稳定,确保工程质量,根据叶信高速公路沿线地质情况及不同路堤填筑高度,新增东段原叶罗路路基北侧边坡下的软基处理,新增收费站、服务区软基处理,桥梁加长,高填路基改桥,清淤换填,增设深层水泥搅拌桩或碎石桩处理地基。

(3) 互通式立交变更:增设陈淋子互通式立交,洋河、G107 两座互通式立交由单喇叭变更为双喇叭形式,即在原设计方案的基础上增加跨越被交道匝道桥和连接被交道的环型匝道。

(4) 路基排水工程变更:原施工图设计挖方路堑及填方路基两侧均设置边沟,其护坡道、边沟采用 30~40cm 厚的浆砌片石铺砌,变更为东段挖方边沟、碎落台和路线西段边沟、护坡道、碎落台由浆砌片石调整为混凝土预制块。

(5) 服务区、收费站建筑规模变更:建设规模由原来设计的 28800m^2 增加 6412m^2,总面积为 35212m^2。

(三) 科技创新

公司参与的"高速公路路基路面病害诊治技术研究"荣获信阳市 2007 年科学技术进步一等奖和河南省 2007 年科学技术进步二等奖;"高速公路路基路面拓宽修筑关键技术研究"荣获 2007 年河南省交通厅科技进步二等奖。

(四) 运营养护管理

1. 组织架构

该项目运营管理单位为河南高速公路发展有限责任公司信阳分公司。公司管理实行总经理负责制,下设 10 个职能科室(办公室、财务资产科、人事劳动科、政工科、工会、监察室、考核办、养护管理科、路产管理科、通行费管理科)、1 个运维监控分中心、1 个路警联合指挥中心和 5 个路政大队,19 个收费站。

2. 服务设施

下辖商城、光山、罗山 3 个服务区,见表 8-14-2。

G40 沪陕高速公路叶集至信阳段服务场区一览表　　表 8-14-2

高速公路编码	服务区名称	桩　　号	所在区域	占地面积（m²）	建筑面积（m²）
G40	商城服务区	K820+000	商城	63333	5500
	光山服务区	K856+000	光山	98670	5500
	罗山服务区	K910+600	罗山	81333	5672

3. 收费设施

下设豫皖界、固始、商城、潢川、光山、仙居、罗山、信阳新区、信阳西 9 个收费站，见表 8-14-3。

G40 沪陕高速公路叶集至信阳段收费设施一览表　　表 8-14-3

收费站名称	桩　　号	入口车道数		出口车道数	
		总车道	ETC 车道	总车道	ETC 车道
豫皖界收费站	K6+240	12	2	4	2
固始收费站	K23+500	6	0	2	1
商城收费站	K45+700	4	0	4	1
潢川收费站	K81+500	3	0	2	1
光山收费站	K100+500	3	0	2	1
仙居收费站	K119+100	2	0	2	1
罗山收费站	K900+600	3	0	2	1
信阳新区收费站	K937+680	6	1	2	2
信阳西收费站	K948+680	2	0	2	1

4. 监控设施

设置监控中心 1 个，负责京港澳高速公路驻信段、沪陕高速公路叶信段全线及收费站和服务区的运营监管。

5. 养护管理

沪陕高速公路叶信段日常养护项目部负责沪陕高速公路叶信段全线路基、路面、桥涵、交通安全设施和绿化日常养护，并严格执行相关行业标准及信阳分公司养护制度进行日常保养保洁工作。

1）路面维修工程

中修工程：为保证路面行驶的安全、畅通，2013 年 5 月 31 日至 2014 年 10 月 16 日投入 2457.69 万元对路面进行铣刨摊铺、微表处、路面宽缝等处理。

2015 年 5 月 23 日～7 月 26 日，以迎国检为契机，投入 3002.8587 万元开展《沪陕高速公路叶信段 2015 年路面专项工程》对全线路面进行全面的维修处治。

2）桥梁检测、维修加固

每两年委托检测单位对全线桥涵结构物进行定期检测，及时掌握技术状况及病害情况,作为桥涵维修保养的依据。

2014年3月10日~5月30日投入275.8万元执行《沪陕高速公路叶信段2015年通道治理专项工程》对全线通道进行一次全方位的治理。

根据桥梁检测结果,对全线路段内发现的三类桥涵进行维修加固,在2015年5月16日~6月30日共投入208.84万元对全线被评定为三类的桥梁及三类构件进行加固维修,确保桥梁处于安全良好的状态。

3)新材料、新技术研发

为提高叶集至信阳高速公路的服务水平,公司依据省厅下发的高速公路技术要求,率先于其他高速公路,在全线185.4km按2km间距设置了全程监控系统,并在全线设置了凸起式振荡标线和南半幅行车道外侧铣刨式隆声带,有效地提高了监控信息水平和行车安全性能。

二、G40沪陕高速公路信阳至泌阳段

(一)项目概况

1. 基本情况

1)功能定位

沪陕高速公路信阳至泌阳段起自信阳市浉河区,接在建的叶集至信阳高速公路,经王岗、毛集、马谷田,止于泌阳,接泌阳至南阳高速公路,全长90.817km。该项目对完善河南省高速公路网布局,促进区域经济发展,加快地区旅游、矿产资源开发和贫困地区脱贫具有重要意义。

2)技术标准

采用全封闭、全立交、双向六车道;设计行车速度:120km/h;路基宽度:34.5m;最大纵坡:2.5%;最小平曲线半径:2400m;最小竖曲线半径:11320.9m;设计地震烈度:Ⅵ;停车视距:210m;设计车辆荷载:公路—Ⅰ级;设计洪水频率:特大桥1/300、其他1/100。

3)建设规模

主要工程量:路基完成土石方1529万m^3、路面面层263万m^2;并配置有完善的供电、照明、通信、监控、收费等机电交通工程系统。另外全线还设有防撞护栏、交通标志、标线、公路隔离栅等设施;房建工程共6处,其中:收费站3处,服务区2处,停车区1处。表8-14-4为G40沪陕高速公路信阳至泌阳段桥梁一览表。

4)主要控制点

信阳市(平桥区)、南阳市(桐柏县、泌阳县)。

G40 沪陕高速公路信阳至泌阳段桥梁一览表

表 8-14-4

规模	名 称	桥长（m）	主跨长度（m）	跨越障碍物 河流	跨越障碍物 沟谷	跨越障碍物 道路、铁路	桥梁类型
大桥	淮河大桥	934.44	30	√			连续梁桥
	鲁堂大桥	105.08	20		√		连续梁桥
	下涂大桥	145.08	20		√		连续梁桥
	新集大桥	145.08	20		√		连续梁桥
	殷庄大桥	185.12	20		√		连续梁桥
	老鸭河1号大桥	245	30	√			连续梁桥
	老鸭河2号大桥	154.96	30	√			连续梁桥
	肖庄大桥	165.12	20	√			连续梁桥
	柳河大桥	304.88	30	√			连续梁桥
	雷庄大桥	154.94	30	√			连续梁桥
	桐树庄1号大桥	185.12	20	√			连续梁桥
	高棚1号大桥	154.94	30	√			连续梁桥
	高棚2号大桥	215	30	√			连续梁桥
	蔡庄大桥	215	30		√		连续梁桥
	毛集河大桥	244.98	30	√		√	连续梁桥
	新庄大桥	424.74	30	√			连续梁桥
	高岗大桥	214.98	30	√			连续梁桥
	西邱庄大桥	105.08	20		√		连续梁桥
	孔河1号大桥	145.08	20	√			连续梁桥
	孔河2号大桥	145.08	20	√			连续梁桥
	南孔河大桥	105.08	20	√			连续梁桥
	王桥大桥	154.9	30	√			连续梁桥
	郭岗大桥	304.88	30	√			连续梁桥
	珂老庄大桥	154.96	30		√		连续梁桥
	贾庄大桥	124.94	30		√		连续梁桥
	王庄大桥	184.94	30	√			连续梁桥
	上安子沟大桥	105.08	20		√		连续梁桥
	小冲河大桥	214.98	30	√			连续梁桥
	韩沟大桥	105.08	20		√		连续梁桥
	羊角河大桥	184.94	30		√		连续梁桥
	K1039+988大桥	105.08	20			√	连续梁桥
中桥	柏树林中桥	69.04	16	√			连续梁桥
	肖店中桥	65.04	16			√	连续梁桥

续上表

规模	名　　称	桥长（m）	主跨长度（m）	跨越障碍物 河流	跨越障碍物 沟谷	跨越障碍物 道路、铁路	桥梁类型
中桥	K952+422中桥	85.04	20		√		连续梁桥
	K954+472中桥	65.04	20			√	连续梁桥
	冯湾中桥	65.04	20	√			连续梁桥
	K967+376中桥	65.04	20		√		连续梁桥
	K970+264中桥	53.04	16		√		连续梁桥
	付东中桥	37.04	16		√		连续梁桥
	廖庄中桥	65.04	20		√		连续梁桥
	胡大庄中桥	53.04	16		√		连续梁桥
	双园中桥	85.04	20		√		连续梁桥
	K977+228中桥	53.04	16		√		连续梁桥
	K983+848中桥	65.04	20		√		连续梁桥
	K984+474中桥	53.04	16		√		连续梁桥
	朱岗中桥	53.04	16		√		连续梁桥
	桐树庄中桥	85.04	20		√		连续梁桥
	K995+320中桥	21	21		√		连续梁桥
	K1002+200中桥	53.04	16			√	连续梁桥
	K1003+856中桥	65.04	20			√	连续梁桥
	核桃树庄中桥	53.04	16			√	连续梁桥
	瓦房庄中桥	65.04	20			√	连续梁桥
	齐老庄中桥	53.04	16		√		连续梁桥
	黄岗中桥	69.04	16	√			连续梁桥
	K1011+030中桥	53.04	16			√	连续梁桥
	枣树庄中桥	53.04	16		√		连续梁桥
	半截河中桥	37.04	16		√		连续梁桥
	杨楼中桥	65.04	20		√		连续梁桥
	蔡庄中桥	85.04	20		√		连续梁桥
	大南庄中桥	53.04	16		√		连续梁桥
	河湾中桥	57.04	16		√		连续梁桥
	龚庄中桥	53.04	16		√		连续梁桥
	栗园中桥	53.04	16		√		连续梁桥
	上马沟中桥	65.04	20		√		连续梁桥

5）地形地貌

路线所经区域位于河南省南部，起点位于桐柏山与伏牛山之间的交界地带，整体地势东高西低，根据沿线地形地貌形态和成因类型，将地貌类型划分为剥蚀岗地及河流冲击平原两大类型。

6) 投资规模

该项目概算总投资 34.5404 亿元,决算总额 37.927889 亿元,平均每公里造价 4163 万元。

7) 开工及通车、竣工时间

2004 年 9 月开工,2006 年 12 月 26 日通车试运营,2010 年 4 月 16 日竣工验收。

2. 参建单位主要情况

(1) 建设单位:河南信阳至南阳高速公路有限公司。

(2) 设计单位:河南省交通规划勘察设计院。

(3) 质量监督单位:河南省交通基本建设质量检测监督站。

(4) 监理单位:河南省豫通公路工程监理事务所、河南省高等级公路建设监理部、河南省豫通公路工程监理事务所、郑州中兴工程监理有限公司、北京世纪星天园林工程咨询有限公司、北京兴通工程监理有限责任公司。

(5) 土建施工单位:中铁大桥局集团有限公司、中铁二局股份有限公司、中国第四冶金建设公司、中铁十局集团第二工程有限公司、中铁十八局集团第五工程有限公司、中铁十一局集团第一工程有限公司、中铁十六局集团第五工程有限公司、中铁二十局集团第二工程有限公司、中铁十九局集团第三工程有限公司、广东佛山公路工程有限公司。

(6) 路面施工单位:路桥集团第三工程局有限公司、路桥集团第二公路工程局第六工程处、中铁四局集团有限公司、山西太行路桥有限公司、山东省路桥集团有限公司、东盟营造工程有限公司。

(7) 房建施工单位:郑州东风建筑工程有限公司、河南恒泰建设有限公司、中国建筑第七工程局第四建筑公司、福建建工集团总公司、光山县城建建筑安装工程有限公司、河南省中州路桥建设有限公司、路桥集团第一公路工程局天津工程处、江西省公路机械工程局、河南天马装饰工程有限公司、中国建筑第七工程局建筑装饰工程公司、曲阜市远东装饰有限公司、商丘市金龙水利工程有限公司、河南省商丘市市政工程处、江苏惠友环保设备有限公司、中国建筑第七工程局安装工程公司。

(8) 绿化施工单位:河南华泰园林工程有限公司、郑州绿苑环境艺术有限公司、驻马店市支点园林绿化工程有限公司、河南锦成园林绿化工程有限公司、河南省江河园林绿化有限公司、安阳市春苑园林工程有限责任公司、潢川县绿宇园林绿化工程有限责任公司。

(9) 交通安全设施施工单位:河南省新乡六通实业有限公司、北京市路桥方舟科技发展有限公司、江苏耀鑫交通设施有限公司、郑州彩达交通设施有限公司、厦门合顺公路交通工程有限公司、山西乾通公路工程机械有限公司、南京创程工程实业有限公司、北京中咨华科交通工程技术有限公司、北京深华科交通工程有限公司、河南省公路局筑路机械厂。

(10)交通机电施工单位:中国通信建设总公司、广州海特天高信息系统工程有限公司、漯河电业有限公司、郑州先锋电气技术公司、杭州天开市政园林工程有限公司、科泰电源设备(上海)有限公司、安阳市腾达市政建设有限责任公司。

(二)建设情况

1. 项目准备阶段

1)项目审批文件

2004年2月13日,《关于信阳至泌阳公路可行性研究报告的批复》,文号为交规划发〔2004〕52号。2004年8月2日,《关于信阳至泌阳公路初步设计的批复》,文号为交公路发〔2004〕426号。2005年9月28日,《关于信阳至泌阳高速公路工程施工图设计的批复》,文号为豫交计〔2005〕232号。

2)资金筹措

该项目概算批复总投资345404万元,资金来源由交通部补助,省管高速公路通行费、河南高速公路发展有限责任公司自筹资金、商业银行贷款等几部分组成。其中:交通部补助3.77亿元、省管高速公路通行费1.3亿元、河南高速公路发展有限责任公司自筹资金7.0191亿元、共计12.0891亿元,占总投资规模的35%,其余22.4513亿元利用商业银行贷款。

3)合同段划分

(1)设计标段划分:1个标段。

(2)施工标段划分:土建施工10个标段;路面施工6个标段;交通安全设施施工10个标段;房建施工17个标段;机电施工6个标段;绿化工程施工8个标段;声屏障工程2个标段;连接线工程1个标段。

(3)监理标段划分:7个标段。

4)招投标

(1)设计单位招标

由河南省交通规划勘察设计院中标。

(2)施工、监理单位的招标

2004年4月2日发布土建施工和监理资格预审公告,8月5日举行了土建施工和监理开标会,2005年5月20日发布路面施工和监理资格预审公告,6月28日举行路面施工和监理开标会,确定了中标单位。

5)征地拆迁情况

全线完成各类征地10031.11亩,拆迁占地费用共计36982.08万元。其中:主线永久征地8944亩;服务区、停车区变更新增用地186亩,天桥及线外征地901亩;协助施工单位完成临时用地1857亩;地面附着物全线共拆迁房屋118202m²;坟墓3174座,水井480眼,砍伐树木9057棵;动迁电力电线杆(塔)245处,901根。

2. 项目实施阶段

1)实施过程

(1)主线土建工程于2004年8月开工,2006年12月完工。

(2)房建工程于2006年2月开工,2006年12月完工。

(3)机电工程于2006年9月开工,2006年12月完工。

(4)绿化工程于2005年5月开工,2005年11月完工。

(5)2006年12月19～20日,河南省交通基本建设质量检测监督站对项目进行了交工验收,项目公司根据交工验收检查情况及平时掌握的情况,对各合同段的工程质量进行了评定,整个工程项目得分为97.4分,质量等级为合格。

(6)2008年5月10～12日,通过了竣工验收,工程质量鉴定得分为93.29分,鉴定等级评为优良。

2)重大决策

为了确保完成工程建设计划目标,在保证工程质量的前提下合理安排工期。项目公司在2006年组织了"信南高速公路大干100天确保年底通车动员大会",见图8-14-1。

图8-14-1 大干100天确保年底通车动员大会

3)设计变更

(1)路面设计变更:将主线路面面层:4cm细粒式改性沥青混凝土抗滑层+6cm中粒式改性沥青混凝土(AK-201)+8cm粗粒式沥青混凝土(AC-251)及匝道4cm细粒式沥青混凝土抗滑层(AK-13A)+6cm中粒式改性沥青混凝土(AC-201),统一变更为:4cm改性沥青玛蹄脂碎石混合料(SMA-13)+6cm 中粒式改性沥青混凝土(AC-20)+8cm 粗粒式沥青混凝土(AC-25)。

将原施工图设计批复的全线路基按双向六车道分批实施,变更为全线路面六车道一次实施,中央分隔带宽度由原批复 3m 变更为 2m。

(2)路基填料变更:根据《河南省高速公路设计技术要求》有关规定,新增 K997+940 新庄大桥一座,长 424.74m;将 K56+000~K63+000 路段上路床(自路基顶石向下,路堤段为 80cm 厚,路垫段为 30cm 厚)由掺灰处理变更为填砂砾垫层、风化石、水泥稳定碎石砂等。

(3)特殊路基处理变更:根据《河南省高速公路设计技术要求》有关规定并结合地方政府要求,对于软土地基处理深度超过 6m 或经过大片软土地基、坑塘的路段及软土处理深度大于 8m 的路段,由路基改为桥梁。主要变更内容为:新增桥梁 491.08m/5 座;加长柏树林中桥和孔河中桥 2 座,柏树林中桥变更为大桥,桥长由 69.04m 变更为 149.06m,桥长增加 80.02m,孔河中桥变更为大桥,桥长由 53.04m 变更为孔河Ⅰ号大桥(长 145.08m)和孔河Ⅱ号大桥(长 145.08m),桥长增加 237.08m。

(4)分离式立交变更:原设计天桥共 54 处,全部变更为上跨分离式立交;原设计公路与公路分离式立交共 33 处,变更后保留 13 处,取消 10 处,变更 10 处;另外新增 66 处;取消 GK66+674 跨已废弃的明毛铁路分离式立交一处。

(三)运营养护管理

1.组织架构

该项目运营管理单位为河南高速公路发展有限责任公司南阳分公司,公司实行董事会领导下的总经理负责制。设有养护科、征收科、路产科、人事劳动科、财务资产科、办公室、考核监察办公室、监察室、政工科、运维分中心共 10 个科室。

2.服务设施

全线设有信阳西服务区和泌阳服务区,见表 8-14-5。根据省厅高管局有关规定,2011 年实行独立经营,财务独立核算,目前主营业务有餐厅、超市及客房,汽修厂采用承包模式经营。

G40 沪陕高速公路信阳至泌阳段服务场区一览表　　　　表 8-14-5

高速公路编码	服务区名称	桩　　号	所 在 区 域	占地面积(m²)	建筑面积(m²)
G40	信阳西服务区	K27+162	信阳市	53326.93	5500
	泌阳服务区	K87+140	驻马店市泌阳县	77467.06	5500

3.收费设施

全线共有泌阳、桐柏、查山 3 个收费站,见表 8-14-6。泌阳收费站有 2 个出口、2 个入口共 4 条通行车道;桐柏收费站有 2 个出口、2 个入口共 4 条通行车道;查山收费站有 2 个出口、2个入口共4条通行车道。

G40 沪陕高速公路信阳至泌阳段收费设施一览表　　　　表 8-14-6

收费站名称	桩 号	入口车道数		出口车道数	
		总车道	ETC 车道	总车道	ETC 车道
泌阳收费站	K91+220	2	0	2	1
桐柏收费站	K49+500	2	0	2	0
查山收费站	K20+400	2	0	2	0

4. 养护管理

1）路面维修工程

大修工程：为保信南高速公路路面行驶的安全、畅通，2014年投入1641万元对路面进行铣刨摊铺。

2015年投入2014万元开展信南高速公路全线路面的维修处治。

中修工程：2011年投入430万对信南高速公路路面进行维修整治；投入229万对信南高速两侧水毁进行专项整治，见图8-14-2。

图 8-14-2　路面维修整治

2）桥梁检测、维修加固

根据省交通厅及主管部门规范标准及公司制度，每三年委托检测单位对全线桥涵结构物进行定期检测，及时掌握技术状况及病害情况，作为桥涵维修保养的依据。

2015年投入169万元针对部分桥梁开展了桥梁专项整治，以保证路段内桥梁结构的正常使用。

3）沿线设施的提升、改造

为提升信南高速高填方路段的行车安全性，消除安全隐患，2015年对信南高速全段进行标志牌整改，针对跨线桥和匝道桥设置限高牌。

4）新材料、新技术研发

针对南阳膨胀土特点进行研究，采用新技术进行路堑边坡防护，对全线高度大于2m小于6m的膨胀土挖方路堑边坡采用液力喷播；对于大于6m的膨胀土挖方路堑边坡采用锚杆挂铁丝网护坡，有效地避免了以往用拱形骨架生硬防护的传统做法。植物种子配比采用草、灌、花结合，尽量与沿线景观融为一体。另外选择一段6~11m高膨胀土路堑边坡采用生态改性剂进行改性试验研究，将表层0~1m的膨胀土改良为非膨胀土，不仅保证了边坡稳定而且表面喷播植草后达到了较好的绿化效果，探索了中弱等膨胀土路堑边坡防护的新方法。

三、G40沪陕高速公路泌阳至南阳段

（一）项目概况

1. 基本情况

1）功能定位

沪陕高速公路泌阳至南阳段起自泌阳县，与信阳至泌阳段高速公路相接，经南阳市唐河县、宛城区，止于南阳市卧龙区辛店北，与南阳至西坪高速公路相连接，全长92.087km，其中陈官营枢纽至南阳市卧龙区辛店段，与G55二广高速公路南阳市卧龙区辛店至陈官营枢纽段共线，路段长15.954km。该项目对完善河南省高速公路网布局，促进区域经济发展，加快地区旅游、矿产资源开发和贫困地区脱贫致富具有重要意义。

2）技术标准

采用全立交、全封闭、双向六车道；按高速公路技术标准设计，桥涵设计车辆荷载采用公路—Ⅰ级；除收费站、服务区和停车区场地除外全部采用沥青混凝土路面；设计行车速度：120km/h；路基宽度：34.5m；最大纵坡：2.5%；最小平曲线半径：2400m；最小竖曲线半径：11320.9m；设计地震烈度：Ⅵ；停车视距：210m；设计车辆荷载：公路—Ⅰ级；设计洪水频率：特大桥1/300、其他1/100。

3）建设规模

主要工程量：完成土石方1810万m^3，路面面层269万m^2；房建工程共7处，其中：收费站4处，服务区1处，停车区2处；表8-14-7为G40沪陕高速公路泌阳至南阳段桥梁一览表。

G40沪陕高速公路泌阳至南阳段桥梁一览表　　　　表8-14-7

规模	名称	桥长（m）	主跨长度（m）	跨越障碍物			桥梁类型
				河流	沟谷	道路、铁路	
特大桥	宁西铁路立交特大桥	1272	32			√	连续梁桥
	白河特大桥	1590.2	100	√			连续梁桥

续上表

规模	名称	桥长（m）	主跨长度（m）	跨越障碍物			桥梁类型
				河流	沟谷	道路、铁路	
大桥	桐河大桥	229.64	25	√			连续梁桥
	甜水河大桥	132.71	25	√			连续梁桥
	唐河大桥	990.77	35	√			连续梁桥
	K1046+818大桥	124.46	20	√			连续梁桥
	K1084+900大桥	229.64	25		√		连续梁桥
	K1118+187大桥	750	25		√		连续梁桥
	白桐灌渠大桥	229.64	30		√		连续梁桥
	翟庄互通区主线桥大桥	295.05	30		√		连续梁桥
	上跨103主线桥大桥	433	30			√	连续梁桥
中桥	K1041+960中桥	53.04	16		√		连续梁桥
	K1049+577中桥	42.98	13	√			连续梁桥
	K1052+160中桥	64.52	20		√		连续梁桥
	K1052+584中桥	33.58	10			√	连续梁桥
	K1054+126中桥	52.12	16		√		连续梁桥
	K1055+676中桥	52.02	16			√	连续梁桥
	K1055+974中桥	51.95	16			√	连续梁桥
	K1057+052中桥	42.98	13			√	连续梁桥
	K1061+028中桥	52.02	16		√		连续梁桥
	K1062+534中桥	64.59	20		√		连续梁桥
	K1064+358中桥	84.63	20		√		连续梁桥
	K1065+328中桥	52.02	16		√		连续梁桥
	K1066+126中桥	52.02	16		√		连续梁桥
	K1068+745中桥	42.98	13		√		连续梁桥
	K1069+182中桥	52.02	16		√		连续梁桥
	K1070+018中桥	35.98	16		√		连续梁桥
	K1070+563中桥	52.02	16		√		连续梁桥
	K1071+257中桥	52.02	16		√		连续梁桥
	K1073+032中桥	64.52	20		√		连续梁桥
	K1074+122中桥	42.98	13		√		连续梁桥
	K1075+055中桥	35.04	10		√		连续梁桥
	K1077+829中桥	42.98	13		√		连续梁桥

续上表

规模	名 称	桥长（m）	主跨长度（m）	跨越障碍物 河流	跨越障碍物 沟谷	跨越障碍物 道路、铁路	桥梁类型
中桥	K1078+523 中桥	42.98	13		√		连续梁桥
	K1078+777 中桥	42.98	13		√		连续梁桥
	K1080+041 中桥	42.98	13		√		连续梁桥
	K1080+775 中桥	42.98	13		√		连续梁桥
	K1081+474 中桥	42.98	13		√		连续梁桥
	K1082+233 中桥	42.98	13		√		连续梁桥
	K1085+715 中桥	42.98	13		√		连续梁桥
	K1086+121 中桥	44.04	13		√		连续梁桥
	K1086+403 中桥	33.58	10		√		连续梁桥
	K1086+967 中桥	33.58	10		√		连续梁桥
	K1088+860 中桥	33.58	10		√		连续梁桥
	K1088+939 中桥	42.98	13		√		连续梁桥
	K1089+185 中桥	33.58	10		√		连续梁桥
	K1089+693 中桥	42.98	13		√		连续梁桥
	K1090+756 中桥	44.04	13		√		连续梁桥
	K1092+148 中桥	33.58	10		√		连续梁桥
	K1092+674 中桥	42.98	13		√		连续梁桥
	K1092+950 中桥	42.98	13		√		连续梁桥
	梨沟头河中桥	64.52	20	√			连续梁桥
	K1096+874 中桥	42.98	10		√		连续梁桥
	K1097+935 中桥	42.98	13		√		连续梁桥
	K1098+248 中桥	42.98	13		√		连续梁桥
	K1098+269 中桥	33.58	10		√		连续梁桥
	K1102+513 中桥	33.58	10		√		连续梁桥
	K1102+590 中桥	42.98	13		√		连续梁桥
	K1103+320 中桥	84.52	20		√		连续梁桥
	K1103+326 中桥	64.52	20		√		连续梁桥
	K1103+740 中桥	42.98	13		√		连续梁桥
	K1103+742 中桥	42.98	13		√		连续梁桥
	K1104+242 中桥	42.98	13		√		连续梁桥
	K1104+260 中桥	52.02	16		√		连续梁桥
	K1104+618 中桥	64.52	20		√		连续梁桥
	K1104+846 中桥	33.58	10		√		连续梁桥
	K1105+558 中桥	33.58	10		√		连续梁桥

续上表

规模	名称	桥长（m）	主跨长度（m）	跨越障碍物			桥梁类型
				河流	沟谷	道路、铁路	
中桥	K1105+814中桥	52.02	16		√		连续梁桥
	K1106+082中桥	42.98	13		√		连续梁桥
	K1106+108中桥	42.98	13		√		连续梁桥
	K1106+627中桥	42.98	13		√		连续梁桥
	K1106+727中桥	52.02	16		√		连续梁桥
	K1107+127中桥	42.98	13		√		连续梁桥
	K1107+472中桥	52.02	16		√		连续梁桥
	K1107+836中桥	64.52	20		√		连续梁桥
	K1108+630中桥	64.52	20		√		连续梁桥
	K1108+870中桥	64.52	20		√		连续梁桥
	K1109+619中桥	64.52	20		√		连续梁桥
	K1109+888中桥	42.98	13		√		连续梁桥
	K1110+200中桥	42.98	13		√		连续梁桥
	K1110+300中桥	42.98	13		√		连续梁桥
	K1110+317中桥	42.98	13		√		连续梁桥
	K1111+320中桥	42.98	13		√		连续梁桥
	K1111+670中桥	64.52	20		√		连续梁桥
	K1113+245中桥	42.98	13		√		连续梁桥
	K1113+786中桥	52.02	16		√		连续梁桥
	K1114+614中桥	52.02	16		√		连续梁桥
	K1114+794中桥	64.52	20		√		连续梁桥
	上跨县乡道中桥	64.52	20		√		连续梁桥
	上跨县乡道中桥	64.52	20		√		连续梁桥
	K1116+034中桥	52.02	16		√		连续梁桥
	K1116+521中桥	84.73	20		√		连续梁桥
	K1118+772中桥	64.52	20		√		连续梁桥
	K1118+956中桥	42.98	13		√		连续梁桥
	K1119+176中桥	42.98	13		√		连续梁桥
	K1121+400中桥	42.98	13		√		连续梁桥
	K1121+950中桥	42.98	13		√		连续梁桥
	K1122+600中桥	64.52	20		√		连续梁桥
	K1122+700中桥	64.52	20		√		连续梁桥
	K1122+840中桥	42.98	13		√		连续梁桥
	K1126+450中桥	42.98	13		√		连续梁桥

续上表

规模	名　称	桥长 （m）	主跨长度 （m）	跨越障碍物			桥梁类型
				河流	沟谷	道路、铁路	
中桥	K1126+800 中桥	42.98	13		√		连续梁桥
	K1129+610 中桥	42.98	13		√		连续梁桥
	K1129+635 中桥	42.98	13		√		连续梁桥
	K1130+132 中桥	42.98	13		√		连续梁桥
	K1130+720 中桥	42.98	13		√		连续梁桥
	K1130+803 中桥	42.98	13		√		连续梁桥

4）主要控制点

驻马店市（泌阳县）、南阳市（唐河县、宛城区、卧龙区）。

5）地形地貌

路线所经区域位于河南省南部，起点位于桐柏山与伏牛山之间的交界地带，整体地势东高西低，根据沿线地形地貌形态和成因类型，将地貌类型划分为剥蚀岗地及河流冲积平原两大类型。

6）投资规模

项目概算投资 34.71 亿元，竣工决算投资 39.456 亿元，平均每公里造价 4002.37 万元。

7）开工及通车、竣工时间

项目于 2004 年 9 月开工，2006 年 12 月 26 日通车试运营，2010 年 4 月 16 日竣工验收。

2. 参建单位主要情况

(1) 建设单位：河南省信阳至南阳高速公路有限公司。

(2) 设计单位：中交第一公路勘察设计院。

(3) 质量监督单位：河南省交通基本建设质量检测监督站。

(4) 监理单位：湖南金路工程咨询监理有限公司、河南省豫通公路工程监理事务所、河南卓越工程管理有限公司、郑州市绿都园林工程监理有限公司、北京兴通交通工程监理有限责任公司。

(5) 土建施工单位：河南省交通公路工程局、福建建工集团总公司、中铁十七局集团第三工程有限公司、河南路桥发展建设总公司、中铁二十二局集团有限公司、路桥集团第二公路工程局第六工程处、路桥集团第一公路工程局第五工程公司、中国建筑第二工程局、中铁十二局集团有限公司、路桥集团第一公路工程局第一工程公司。

(6) 路面施工单位：甘肃五环公路工程有限公司、中铁十三局集团有限公司、陕西明泰工程建设有限责任公司、江西省交通工程集团公司、路桥集团第二公路工程局、路桥集团第二公路工程局第四工程处。

（7）房建施工单位：林州市建筑工程九公司、河南中原建设有限公司、河南胜达建筑工程有限公司、河南省合立建筑工程有限公司、郑州东风建筑工程有限公司、河南派普建设工程有限公司、江西省公路机械工程局、湖南省建设工程集团总公司、湖南建工集团装饰工程有限公司、徐州市现代钢结构有限公司、河南省信阳安装总公司、商丘市金龙水利工程有限公司、河南省第五建筑安装工程有限公司、江苏惠友环保设备有限公司、中国建筑第七工程局安装工程公司。

（8）绿化施工单位：焦作市神农园林绿化工程有限公司、河南聚龙园林绿化工程有限公司、河西林场三门峡城建苗圃、河南省绿春园实业发展有限公司、鄢陵北方花卉集团有限公司、郑州润泽园林绿化工程有限公司、河南省世锦园林工程有限公司、许昌恒丰园林有限公司、许昌江北花木有限公司。

（9）交通安全设施施工单位：山西乾通公路工程机械有限公司、周口市公路交通设施有限公司、无锡市中路交通工程有限公司、高密市顺达交通工程有限公司、杭州萧山金鹰交通设施有限公司、杭州京安交通工程设施有限公司、江苏耀鑫交通设施有限公司、北京荣瑞达智能交通技术有限责任公司、陕西省成通机械化公路工程有限公司、辽宁省交通工程公司。

（10）交通机电施工单位：广州海特天高信息系统工程有限公司、驻马店市华宇电力实业有限公司、河南新豫飞科技照明工程有限公司、上海鼎新电气销售有限公司、中铁电器化局集团第三工程有限公司。

（二）建设情况

1. 项目准备阶段

1）项目审批文件

2004年2月23日，交通部对泌南段的工可报告进行了批复，文号为交规划发〔2004〕66号。2004年8月2日，《关于泌阳至南阳公路初步设计的批复》，文号为交公路发〔2004〕425号。2005年6月24日，《关于信阳至南阳高速公路工程施工图设计的批复》，文号为豫交计〔2005〕150号。

2）资金筹措

该项目概算批复总投资347141万元人民币。资金来源：交通部补助3.67亿元，省管高速公路通行费1.8亿元，河南高速公路发展有限责任公司自筹资金6.6799亿元，共计12.1499亿元，占总数投资规模的35%，其余22.5642亿元利用商业银行贷款。

3）合同段划分

（1）设计标段划分：1个标段。

(2)施工标段划分:土建施工10个标段;路面施工6个标段;交通安全设施施工10个标段;房建施工17个标段;机电施工6个标段;绿化工程施工8个标段;声屏障工程2个标段。

(3)监理标段划分:7个标段。

4)招投标

(1)设计单位招标:由中交第一公路勘察设计院中标。

(2)施工、监理单位的招标:2004年4月2日发布土建施工和监理资格预审公告,8月5日举行了土建施工和监理开标会,2005年5月20日发布路面施工和监理资格预审公告,6月28日举行路面施工和监理开标会。

5)征地拆迁情况

全线完成征地11797.323亩,其中:主线永久征地10642.773亩,服务区、停车区变更新增用地199.52亩,天桥及线外征地936亩;协助施工单位完成临时用地1903亩;地面附着物全线共拆迁房屋86104.77m^2;坟墓2358座,水井698眼,砍伐树木9057棵;动迁电力电线杆(塔)288处,1029根。

2. 项目实施阶段

1)实施过程

(1)主线土建工程于2004年8月开工,2006年12月完工。

(2)房建工程于2006年2月开工,2006年12月完工。

(3)机电工程于2006年9月开工,2006年12月完工。

(4)绿化工程于2005年5月开工,2005年11月完工。

(5)2008年5月10~12日,进行了竣工验收,工程质量鉴定得分为93.11分,鉴定等级评为优良。

2)重大事件

(1)项目公司在2006年组织了"大干100天确保年底通车动员大会"。

(2)2006年8月,由公司和代表处制定了更加严格的质量管理办法,对施工单位的自检体系实行按需定人。

3)设计变更

(1)路面设计变更:将主线及匝道路面面层由4cm细粒式改性沥青混凝土抗滑面层(AK-13A)+6cm中粒式改性沥青混凝土(AC-20I)+8cm粗粒式沥青混凝土(AC-25I),变更为4cm改性沥青玛蹄脂碎石混合料(SMA-13)+6cm中粒式改性沥青混凝土(AC-20)+8cm粗粒式沥青混凝土(AC-25)。

(2)一般路段天桥由2553m/28处变更为3361.88m/26处。

(3)古城停车区K1070+567.8处分离式立交由主线下穿变更为主线上跨。

(4)唐河停车区 K1094+030 处天桥桥长由 84.1m 变更为 105.4m。

(5)K1074+645 分离式立交桥长由 84.1m 变更为 265.12m,桥梁结构由截面箱梁变更为现浇预应力混凝土箱梁+空心板。

(6)K1091+009.536 箱形通道由主线上跨变更为主线下穿。

(7)K1096+358 处天桥(桐寨互通区内)桥跨布置变更,桥长由 105.36m 变更为 109m。

(三)运营养护管理

1. 组织架构

该项目运营管理单位为河南高速公路发展有限责任公司南阳分公司,公司实行董事会领导下的总经理负责制。设有养护科、征收科、路产科、人事劳动科、财务资产科、办公室、考核监察办公室、监察室、政工科、运维分中心共 10 个科室。

2. 服务设施

下辖唐河服务区 1 处,见表 8-14-8。

G40 沪陕高速公路泌阳至南阳段服务场区一览表 表 8-14-8

高速公路编码	服务区名称	桩号	所在区域	占地面积(m²)	建筑面积(m²)
G40	唐河服务区	K1088	南阳市唐河县	133333	1200

根据省厅高管局有关规定,唐河服务区 2011 年实行独立经营,财务独立核算,目前主营业务有餐厅、超市及客房,汽修厂采用承包模式经营。

3. 收费设施

全线共有南阳南、唐河西、唐河、唐河东 4 个收费站,见表 8-14-9。南阳南收费站有 2 个出口、2 个入口,共 4 条通行车道;唐河西收费站有 2 个出口、2 个入口,共 4 条通行车道;唐河收费站有 2 个出口、2 个入口,共 4 条通行车道;唐河东收费站有 2 个出口、2 个入口,共 4 条通行车道。

G40 沪陕高速公路泌阳至南阳段收费设施一览表 表 8-14-9

收费站名称	桩号	入口车道数		出口车道数	
		总车道	ETC 车道	总车道	ETC 车道
南阳南收费站	K1120+000	2	1	2	1
唐河西收费站	K1099+000	2	0	2	1
唐河收费站	K1088+000	2	1	2	1
唐河东收费站	K1063+615	2	0	2	1

4. 养护管理

1)路面维修工程

此部分内容同此节"二、G40 沪陕高速公路信阳至泌阳段 (三)运营养护管理

4. 养护管理　1) 路面维修工程"。

2) 桥梁检测、维修加固

项目每三年委托检测单位对根据桥梁检测结果,对全线路段内发现的三类桥涵进行维修加固,2015年投入169万元针对部分桥梁开展了桥梁专项整治,以保证路段内桥梁结构的正常使用。

3) 沿线设施的提升、改造

为提升项目填方路段的行车安全性,消除安全隐患,在2015年对信南高速全段进行标志牌整改,针对跨线桥和匝道桥设置限高牌。

4) 新材料、新技术研发

(1) 针对南阳膨胀土特点进行研究,采用新技术进行路堑边坡防护,对全线高度大于2m小于6m的膨胀土挖方路堑边坡采用液力喷播;对于大于6m的膨胀土挖方路堑边坡采用锚杆挂铁丝网客土喷播,有效地避免了以往用拱形骨架生硬防护的传统做法。植物种子配比采用草、灌、花结合,尽量与沿线景观融为一体。另外选择一段6～11m高膨胀土路堑边坡采用生态改性剂进行改性试验研究,将表层0～1m的膨胀土改良为非膨胀土,不仅保证了边坡稳定而且表面喷播植草后达到了较好的绿化效果,探索了中弱等膨胀土路堑边坡防护的新方法。

(2) 排水方面:对于高于2m的挖方地段将排水边沟采用暗边沟,边沟盖板设计为钢纤维少筋混凝土花盆形结构,提高了绿化效果和排水功能;低于2m的挖方段及低于3m的填方段采用宽浅形边沟。超高段排水沟采用整切块石、L形预制块两种盖板形式,整齐划一,确保路面整洁美观。

四、G40 沪陕高速公路南阳至内乡段

(一) 项目概况

1. 基本情况

1) 功能定位

沪陕高速公路南阳至内乡段是上海至西安干线公路的重要组成部分,起点位于南阳市卧龙区辛店,与信阳至南阳高速公路连接,止于内乡县,与内乡至西坪(豫陕界)段高速公路相接,全长68.22km,其中南阳市卧龙区辛店至张华岗枢纽段,路段长5.046km,与G55二广高速公路张华岗枢纽至南阳市卧龙区辛店段共线。该项目对完善河南高速公路网布局,改善交通投资环境,促进南阳经济发展、旅游开发、矿产利用具有重要意义。

2) 技术标准

采用全封闭、全立交、双向六车道(其中南阳至镇平段双向八车道);设计行车速度:

120km/h;路基宽度:34.5m;桥梁净宽:2×15.25m;桥涵设计荷载标准:公路—Ⅰ级;路面设计标准轴载:BZZ-100;路面:收费广场和服务区广场采用水泥混凝土路面,其他采用水泥混凝土+沥青混凝土路面;路面结构:主线为4cm细粒式沥青混凝土抗滑层(改进型AK-13A)+6cm中粒式沥青混凝土(AC-20-I)+8cm厚粗粒式沥青混凝土(AC2-5-I),改性乳化沥青下封层(厚度不计)+38cm厚水泥稳定碎石基层+20cm厚水泥稳定砂砾底基层;设计使用年限:沥青混凝土路面为15年,水泥混凝土路面为30年。

3)建设规模

主要工程量:路基土石方1854.6万 m³,其中挖方863万 m³,填方991.6万 m³,路面191万 m²;收费站4个,服务区1处;表8-14-10为G40沪陕高速公路南阳至内乡段桥梁一览表。

G40 沪陕高速公路南阳至内乡段桥梁一览表　　　　　　表8-14-10

规模	名称	桥长(m)	主跨长度(m)	跨越障碍物			桥梁类型
				河流	沟谷	道路、铁路	
特大桥	焦枝铁路高架桥	1520	40.403			√	连续梁桥
	宁西铁路高架桥	1158.2	50			√	连续梁桥
大桥	赵河大桥	307.4	25	√			连续梁桥
	严陵河大桥	157.4	25	√			连续梁桥
	默河大桥	382.4	25	√			连续梁桥
	湍河大桥	582.4	25	√			连续梁桥
中桥	金孟线跨线桥	98	40			√	连续梁桥
	木沟河中桥	42.98	13	√			简支梁桥
	排河中桥	64.52	20	√			简支梁桥
	K1140+509中桥	64.52	20	√			简支梁桥
	K1141+707中桥	35.98	16	√			简支梁桥
	西沙河中桥	64.52	20	√			简支梁桥
	淇河中桥	64.52	20	√			简支梁桥
	K1147+810中桥	42.98	13			√	简支梁桥
	龙化沟中桥	42.98	13	√			简支梁桥
	蔡河中桥	42.98	13	√			简支梁桥
	黄土河中桥	64.52	20	√			简支梁桥
	礓石河中桥	42.98	13	√			简支梁桥
	徐庄中桥	64.52	20			√	简支梁桥
	黑河中桥	64.52	20	√			连续梁桥
	界牌河中桥	42.98	13	√			简支梁桥
	小燕河中桥	64.52	20	√			简支梁桥
	东小河中桥	42.98	13	√			简支梁桥

续上表

规模	名称	桥长(m)	主跨长度(m)	跨越障碍物			桥梁类型
				河流	沟谷	道路、铁路	
中桥	西小河中桥	42.98	13	√			简支梁桥
	K1185+403中桥	51.98	16			√	简支梁桥
	K1187+157中桥	42.98	13			√	简支梁桥
	K1187+605中桥	51.98	16			√	简支梁桥
	K1189+797中桥	64.52	20			√	简支梁桥
	螺狮河中桥	51.98	16	√			简支梁桥
	K1196+664中桥	51.98	16			√	简支梁桥
	K1196+865中桥	51.98	16			√	简支梁桥
	张家河中桥	64.52	20	√			简支梁桥
	DK0+301木沟河中桥	42.98	13	√			简支梁桥
	DK0+257龙化沟中桥	42.98	13	√			简支梁桥

4）主要控制点

南阳市（卧龙区、镇平县、内乡县）。

5）地形地貌

路线所经地区处于豫西南山地，跨南阳盆地西北边缘，属秦岭山系东段，山脉走向为北西—南东及北东—南西向。该项目大部分路段地处构造剥蚀基岩低中山区，局部路段为山间盆地，形成山川相间的地貌格局。沿线起伏较大，除部分路段位于山间盆地和微丘区外，大部分路段海拔高度一般在200~260m，相对高差600~700m。

6）投资规模

项目概算投资23.49亿元，竣工决算投资24.93亿元，平均每公里造价3655.43万元。

7）开工及通车、竣工时间

2004年10月开工建设，2007年10月交工通车，2012年12月完成竣工验收。

2. 参建单位主要情况

（1）建设单位：南阳市宛坪高速公路有限公司。

（2）设计单位：中交第一公路勘察设计研究院有限公司。

（3）质量监督单位：河南省交通基本建设质量检测监督站

（4）监理单位：河南省公路工程监理咨询有限公司、北京华路捷公路工程技术有限公司、河南省工程建设监理中心、北京中交路通交通工程咨询有限公司。

（5）土建施工单位：中铁四局集团第五工程有限公司、中国建筑第三工程局、河南路桥发展建设总公司、辽河石油勘探局筑路工程公司、中原油田建筑集团公司、路桥集团第一公路工程局第五工程公司、中铁二十局集团第四工程有限公司。

（6）路面施工单位：濮阳市通达公路工程有限公司、河南省路桥工程集团有限公司、广东晶通公路工程建设集团有限公司、河南省中原路桥建设（集团）公司、浙江正方交通建设集团股份有限公司、江西省公路机械工程局。

（7）房建施工单位：新乡市第三建筑工程公司、河南中鑫建筑工程有限公司、河南宏盛建筑有限公司、河南省第一建筑工程有限责任公司、林州市建筑工程三公司、中国建筑第六工程局第三建筑工程公司、郑州市第二建筑工程公司、徐州市现代钢结构有限公司。

（8）绿化施工单位：潢川县江海园林装饰工程有限责任公司、河南路港绿化工程有限公司、河南省艺都园林绿化工程有限公司、郑州万盛园林绿化工程有限公司、灵宝市三宝园林绿化工程有限责任公司、河南新封园林绿化工程有限公司。

（9）交通安全设施施工单位：河南省公路局筑路机械厂、河南通汇公路交通工程有限公司、中交一公局交通工程有限公司、河北泰兴交通设施有限公司、青海金运交通工程有限责任公司、南阳市豫通公路物资储运有限公司、陕西省成通机械化公路工程有限责任公司、山西通安交通工程公司、江西高新交通工程有限公司。

（10）交通机电施工单位：成都曙光光纤网络有限责任公司。

（二）建设情况

1. 项目准备阶段

1）项目审批

2001年11月14日，国家发展计划委员会下发了《国家计委关于西部开发8条公路干线规划建设有关问题的通知》，文件号为计基础〔2001〕2376号。2001年12月1日，交通部批复了《关于转发国家计委关于西部开发8条公路干线规划建设有关问题的通知》，文号为交规划发〔2001〕711号。2003年9月25日，河南省交通厅专家咨询委员会下达了对该项目工程可行性研究报告进行了的初步审查，文号为豫交咨〔2003〕27号。2003年10月3日，河南省国土资源厅对项目穿越南阳恐龙化石蛋群保护区问题进行了批复，文号为豫国土资函〔2003〕571号。2003年12月10日，河南省地震安全性评价委员会对该项目作出评审意见，文件号为豫震评〔2003〕98号。2004年2月13日，交通部对该项目可行性研究报告进行了批复，文号为交规划发（2004）53号。2004年4月9日，国家环境保护总局对该项目环境影响评价有关问题复函，文件号为环评函〔2004〕38号。2004年4月28日，国土资源厅分别对该项目的压覆矿产资源报告和地质灾害评估进行了批复，文号分别为〔2004〕185号。2004年7月29日，交通部对《关于南阳至内乡公路初步设计》进行了批复，文号为交公路发〔2004〕422号。2005年6月9日，河南省交通厅对南阳至内乡公路施工图设计进行了批复，文号为豫交计〔2005〕136号。

2)资金筹措

项目概算总投资为 23.49 亿元。其中申请交通部补助 2.69 亿元;项目自筹资金 5.5315 亿元;其余由银行提供项目贷款。

3)合同段划分

(1)设计标段划分:土建工程 1 个标段,房建工程 1 个标段,绿化工程 1 个标段,机电工程设计 1 个标段。

(2)施工标段划分:土建工程 7 个标段,机电工程 1 个标段,房建工程 8 个标段,绿化工程 6 个标段,交通安全设施 5 个标段。

(3)施工监理标段划分:设 2 个总监办公室,6 个土建工程驻地监理标段,1 个房建工程监理标段,1 个机电工程监理标段。

4)招投标

(1)2006 年 8 月 8 日,37 家路面工程施工单位通过资格预审。2006 年 8 月 19 日公开开标,评审出 6 家中标单位。

(2)2006 年 3 月 5 日,30 家房建工程施工单位通过资格预审。2005 年 3 月 20 日公开开标,确定了 8 家中标单位。

(3)2006 年 2 月 3 日,6 家机电工程施工单位通过资格预审。2005 年 4 月 13 日公开开标,确定 1 家中标单位。

(4)2006 年 3 月 5 日,18 家绿化工程单位通过资格预审。2006 年 3 月 20 日公开开标,确定了 6 家中标单位。

(5)2006 年 4 月 11 日,39 家交通安全设施工程施工单位通过资格预审。2006 年 6 月 10 日公开开标,确定了 5 家中标单位。

5)征地拆迁情况

项目征用土地共 451.5095hm^2,其中卧龙区 31.3034hm^2、镇平县 259.5611hm^2、内乡县 160.6450hm^2。拆迁房屋 3489m^2,拆迁占地费用共计 22165.45 万元。

2. 项目实施阶段

1)实施过程

(1)主线土建工程于 2005 年 4 月 7 日开工,2007 年 9 月 20 日完工。

(2)房建工程于 2006 年 8 月开工,2007 年 8 月完工。

(3)机电工程于 2007 年 4 月 12 日开工,2007 年 10 月 12 日完工。

(4)交通安全设施工程于 2007 年 5 月开工,2007 年 10 月完工。

(5)绿化工程于 2007 年 5 月开工,2007 年 9 月完工。

(6)2012 年 12 月,进行竣工验收,工程质量鉴定得分为 92.5 分,工程质量鉴定等级评为优良。

2)重大决策

2005年春节过后,由公司和代表处制定了严格的2005年质量管理办法,对施工单位的自检体系实行按需定人、定岗、定责、定设备、定计划,监理代表处考核合格后方能上岗。对监理人员实行浮动工资,每个月对质量和进度进行评比,奖优罚劣。

3)设计变更

(1)六车道改八车道。根据省政府和省交通厅有关文件的要求,在路基宽度为34.5m的情况下主线路面全线按六车道标准一次实施,同时将起点至镇平互通式立交路段的中央分隔带原设计变更为新泽西护栏加防眩板,并相应变更车道位置,在34.5m路基上布设八车道。

(2)房建工程:因服务区面积扩大、设计高程与实际地形不符等原因增加了场区开挖土石方工程;根据实际需要,宛坪管理分中心、南阳西收费站、镇平收费站及养护管理所、晁陂收费站、镇平服务区房建工程扩大了建设面积。

(3)湍河大桥、默河大桥增加跨数变更,以扩大行洪能力。

(三)科技创新

1. 宛坪高速公路沥青路面修筑关键技术研究

针对目前我国高速公路沥青路面结构早期损坏,在分析路面早期损坏机理及国内外路面结构使用性能的基础上,提出适合我国国情的高性能路面结构;其次,利用黏弹性力学理论,分析沥青路面结构层位功能特性;最后,贯串路面结构与材料一体化设计方法思想,研究基于层位功能的路面各结构层混合料组成设计方法及性能,使所设计的沥青路面在结构性使用性能和功能性使用性能两个方面实现高性能化,防止沥青路面出现早期损坏,提高沥青路面使用性能和使用寿命,降低全寿命周期成本。

2. 宛坪高速公路路基沉降监测与施工控制研究

线路沿线大部分路段地处构造剥蚀基岩低中山区,局部路段多处为山间盆地,形成山川相间的地貌格局,沿线高填方和半挖半填地段较多,路线沿线有80多公里的路段位于山岭重丘区,不良地质现象非常普遍,仅在80多公里的山岭重丘区路段,填方高度大于8m的高填方地段达到120处以上,膨胀土地段达60km以上,对路基稳定性和工后沉降变形具有重要影响,对路基施工提出了更高的要求,如何合理地控制和预估路基后期沉降量就成了高速公路建设中的一个重要问题。为此,针对沿线的具体地质条件,采用理论分析、数值计算和现场监测等多方面手段,开展路基沉降观测和沉降变形特性研究,为公路施工决策提供科学依据,并起到指导施工、保证工程质量的作用。

(四)运营养护管理

1. 组织架构

该项目运营管理单位为河南省收费还贷高速公路南阳管理处。管理处下设办公室、考核督察办公室(经营科)、财务科、人事科、征收科、养护科、路产管理科、运维中心、工会办公室9个科室。

2. 服务设施

下辖镇平服务区1处,见表8-14-11。

G40沪陕高速公路南阳至内乡段服务场区一览表　　　　表8-14-11

高速公路编码	服务区名称	桩　号	所在区域	占地面积(m²)	建筑面积(m²)
G40	镇平服务区	K1161+500	镇平县晁陂镇胡坡村	54000	5385.00

3. 收费设施

设有卧龙西、镇平、晁陂和内乡4个收费站,见表8-14-12。

G40沪陕高速公路南阳至内乡段收费设施一览表　　　　表8-14-12

收费站名称	桩　号	入口车道数		出口车道数	
		总车道	ETC车道	总车道	ETC车道
卧龙西收费站	K1132+400	3	1	5	2
镇平收费站	K1156+822	3	1	4	1
晁陂收费站	K1167+200	2	0	2	1
内乡收费站	K1189+822	3	1	6	2

4. 监控设施

设置监控中心1处,负责沪陕高速公路南阳至西坪段和呼北高速公路南阳境内主线、收费站及服务区的运营监管。

5. 养护管理

日常养护项目部负责全线路基、路面、桥涵、交通安全设施和绿化日常养护,并严格执行相关行业标准及宛坪养护制度进行日常保养保洁工作。

1)路面维修工程

2015年以迎国检为契机,投入5993万元开展"宛坪高速公路2015年路面养护工程",对宛坪高速公路全线路面进行全面的维修处治。

2)桥梁检测、维修加固

项目每三年委托检测单位对全线桥涵结构物进行定期检测,及时掌握技术状况及病害情况,作为桥涵维修保养的依据。

3)新材料、新技术研发

项目路面结构为6cm沥青混凝土+28cm水泥混凝土的复合式路面,反射裂缝已成为主要病害之一,2013年实施新技术、新材料、新工艺灌缝试验,连续两年使用"抗裂贴",取得满意效果。

五、G40沪陕高速公路内乡至西坪段

(一)项目概况

1. 基本情况

1)功能定位

沪陕高速公路内乡至西坪段起于内乡县与西峡县交界处,与南阳至内乡段高速公路终点顺接,向西经西峡县城北,止于西峡县西坪镇豫陕交界处,与沪陕高速陕西境内商州至豫陕界段高速公路终点相接,全长82.297km。该项目对完善河南高速公路网布局,改善交通投资环境,促进南阳经济发展、旅游开发和豫西贫困地区脱贫致富具有重要意义。

2)技术标准

采用全封闭、全立交、双向六车道;设计行车速度:120km/h;路基宽度:34.5m;桥梁净宽:2×15.25m;桥涵设计荷载标准:公路—Ⅰ级;路面设计标准轴载:BZZ-100;路面:收费广场和服务区广场采用水泥混凝土路面,其他采用水泥混凝土+沥青混凝土路面;路面结构:主线为4cm细粒式沥青混凝土抗滑层(改进型AK-13A)+6cm中粒式沥青混凝土(AC-20-I)+8cm厚粗粒式沥青混凝土(AC-25-I)+改性乳化沥青下封层(厚度不计)+38cm厚水泥稳定碎石基层+20cm厚水泥稳定砂砾底基层;设计使用年限:沥青混凝土路面15年,水泥混凝土路面30年。

3)建设规模

路基土石方2813万m³,其中挖方1589.4万m³,填方1223.6万m³;路面273.58万m²;收费站5个,服务区1处,停车区1处;表8-14-13为G40沪陕高速公路南阳至内乡段桥梁一览表;表8-14-14为G40沪陕高速公路内乡至西坪段隧道一览表。

G40沪陕高速公路南阳至内乡段桥梁一览表　　　　表8-14-13

规模	名称	桥长(m)	主跨长度(m)	跨越障碍物			桥梁类型
				河流	沟谷	道路、铁路	
大桥	周沟大桥	157.40	25.00		√		连续梁桥
	柴沟大桥	257.74	25.00		√		连续梁桥
	K13+683街坡水库大桥	157.40	25.00		√		连续梁桥
	窑沟大桥	137.50	30.00		√		连续梁桥

河南

续上表

规模	名称	桥长(m)	主跨长度(m)	跨越障碍物 河流	跨越障碍物 沟谷	跨越障碍物 道路、铁路	桥梁类型
大桥	清凉沟大桥	132.40	25.00		√		连续梁桥
	大沉沟大桥	109.00	25.00		√		连续梁桥
	回车河大桥	107.40	25.00	√			连续梁桥
	长岭水库大桥	206.80	25.00	√			连续梁桥
	八迭河大桥	282.40	25.00	√			连续梁桥
	古竹河大桥	132.68	25.00	√			连续梁桥
	柴家凹大桥	167.56	28.00		√		连续梁桥
	分离式立交桥	190.74	20.00			√	连续梁桥
	五眼泉大桥	104.48	20.00		√		连续梁桥
	老灌河大桥	482.42	25.00	√			连续梁桥
	谢沟大桥	185.69	25.00		√		连续梁桥
	吴家庄大桥	283.23	25.00		√		连续梁桥
	赵心沟大桥	339.02	25.00		√		连续梁桥
	苇园沟大桥	158.74	25.00		√		连续梁桥
	柳树营大桥	232.93	25.00		√		连续梁桥
	茶峪河大桥	107.68	25.00	√			连续梁桥
	木寨河大桥	107.40	25.00	√			连续梁桥
	大沟大桥	208.24	25.00		√		连续梁桥
	宣沟大桥	157.72	25.00		√		连续梁桥
	陈阳河大桥	157.40	25.00	√			连续梁桥
	马寨河大桥	309.97	30.00	√			连续梁桥
	杨家沟大桥	219.39	30.00		√		连续梁桥
	柳树沟大桥	188.20	30.00		√		连续梁桥
	小毛岭沟大桥	157.40	30.00		√		连续梁桥
	毛岭沟大桥	132.40	25.00		√		连续梁桥
	鱼池沟大桥	182.40	25.00		√		连续梁桥
	鸭子沟大桥	157.30	25.00		√		连续梁桥
	雪沟大桥	182.40	25.00		√		连续梁桥
	龙潭沟大桥	218.20	30.00		√		连续梁桥
	野狐沟大桥	195.01	30.00		√		连续梁桥
	大窑沟大桥	219.47	30.00		√		连续梁桥
	石板沟大桥	195.02	30.00		√		连续梁桥
	连接沟大桥	192.27	30.00		√		连续梁桥
	重阳水库大桥	664.58	50.00	√			连续梁桥

续上表

规模	名 称	桥长（m）	主跨长度（m）	跨越障碍物 河流	跨越障碍物 沟谷	跨越障碍物 道路、铁路	桥梁类型
大桥	王沟大桥	188.20	30.00		√		连续梁桥
	桃花沟大桥	166.50	40.00		√		连续梁桥
	宁西铁路	156.10	50.00			√	连续梁桥
	水峡河大桥	290.30	25.00		√		连续梁桥
	火石沟大桥	208.91	25.00		√		连续梁桥
	偏家沟大桥	161.10	30.00		√		连续梁桥
	上阳坡沟大桥	185.99	30.00		√		连续梁桥
	下阳坡沟大桥	209.56	25.00		√		连续梁桥
	船渔沟大桥	288.25	25.00		√		连续梁桥
	柳林沟大桥	144.80	25.00		√		连续梁桥
	双庙沟大桥	240.00	30.00		√		连续梁桥
	淇河大桥	674.61	30.00	√			连续梁桥
	黑漆河Ⅰ号大桥	305.60	25.00	√			连续梁桥
	沙沟大桥	158.34	25.00		√		连续梁桥
	黑漆河Ⅱ号大桥	257.40	25.00	√			连续梁桥
中桥	K11+668南庄中桥	67.98	16.00			√	简支梁桥
	老虎沟中桥	84.52	20.00		√		简支梁桥
	上河中桥	64.52	20.00	√			简支梁桥
	卓营中桥	48.00	16.00		√		简支梁桥
	张家营中桥	64.52	20.00		√		连续梁桥
	符竹圆中桥	64.48	20.00		√		简支梁桥
	幸福渠中桥	51.98	16.00	√			简支梁桥
	白羽路跨线桥	53.04	20.00			√	简支梁桥
	孔沟中桥	84.52	20.00		√		简支梁桥
	堂子沟中桥	84.52	20.00		√		简支梁桥
	主线桥	71.16	25.00			√	连续梁桥
	曾家沟中桥	57.03	16.00		√		简支梁桥

G40沪陕高速公路内乡至西坪段隧道一览表　　表8-14-14

规模	名 称	隧道全长（m）	隧道净宽（m）	隧道分类 按地质条件划分 土质隧道	隧道分类 按地质条件划分 石质隧道	隧道分类 按所在区域划分 山岭隧道	隧道分类 按所在区域划分 水底隧道	隧道分类 按所在区域划分 城市隧道	洞门形式（进口/出口）
短隧道	李营隧道（左幅）	155	14		√	√			端墙式/端墙式
	李营隧道（右幅）	155	14	√		√			端墙式/端墙式

续上表

规模	名称	隧道全长(m)	隧道净宽(m)	按地质条件划分		按所在区域划分			洞门形式(进口/出口)
				土质隧道	石质隧道	山岭隧道	水底隧道	城市隧道	
短隧道	吴家庄隧道(左幅)	335	14		√	√			削竹式/削竹式
	吴家庄隧道(右幅)	335	14		√	√			削竹式/削竹式
	新沟隧道(左幅)	132	14		√	√			端墙式/端墙式
	新沟隧道(右幅)	132	14		√	√			端墙式/端墙式
	樊营隧道(左幅)	293	14		√	√			端墙式/端墙式
	樊营隧道(右幅)	293	14		√	√			端墙式/端墙式
	赵心沟隧道(左幅)	244	14		√	√			端墙式/端墙式
	赵心沟隧道(右幅)	244	14		√	√			端墙式/端墙式
	柳树营隧道(左幅)	128	14		√	√			端墙式/端墙式
	柳树营隧道(右幅)	128	14		√	√			端墙式/端墙式
	枣园隧道(左幅)	267	14		√	√			端墙式/端墙式
	枣园隧道(右幅)	267	14		√	√			端墙式/端墙式
	桃花沟隧道(左幅)	190	14		√	√			端墙式/端墙式
	桃花沟隧道(右幅)	190	14		√	√			端墙式/端墙式
	五沟隧道(左幅)	108	14		√	√			端墙式/端墙式
	五沟隧道(右幅)	108	14		√	√			端墙式/端墙式
	郑家庄隧道(左幅)	149	14		√	√			端墙式/端墙式
	郑家庄隧道(右幅)	149	14		√	√			端墙式/端墙式
	小沟隧道(左幅)	134	14		√	√			端墙式/端墙式
	小沟隧道(右幅)	134	14		√	√			端墙式/端墙式
	阳坡隧道(左幅)	302	14		√	√			端墙式/端墙式
	阳坡隧道(右幅)	302	14		√	√			端墙式/端墙式
	刘家湾隧道(左幅)	220	14		√	√			端墙式/端墙式
	刘家湾隧道(右幅)	220	14		√	√			端墙式/端墙式
	河北庄湾隧道(左幅)	185	14		√	√			端墙式/端墙式
	河北庄湾隧道(右幅)	185	14		√	√			端墙式/端墙式
	庙湾湾隧道(左幅)	126	14		√	√			端墙式/端墙式
	庙湾湾隧道(右幅)	126	14		√	√			端墙式/端墙式
	丁家湾隧道(左幅)	240	14		√	√			端墙式/端墙式
	丁家湾隧道(右幅)	240	14		√	√			端墙式/端墙式

4）主要控制点

西峡县。

5）地形地貌

路线所经地区处于豫西南山地,跨南阳盆地西北边缘,属秦岭山系东段,山脉走向为北西—南东及北东—南西向。该项目大部分路段地处构造剥蚀基岩低中山区,局部路段为山间盆地,形成山川相间的地貌格局。沿线起伏较大,除部分路段位于山间盆地和微丘区外,大部分路段海拔高度一般在200～260m,相对高差600～700m。

6）投资规模

项目概算投资43.78亿元,竣工决算投资38.87亿元,平均每公里造价4722.96万元。

7）开工及通车、竣工时间

2004年10月开工建设,2007年10月交工通车,2012年12月完成竣工验收。

2. 参建单位主要情况

(1) 建设单位:南阳市宛坪高速公路有限公司。

(2) 设计单位:中交第一公路勘察设计研究院有限公司。

(3) 质量监督单位:河南省交通基本建设质量检测监督站。

(4) 监理单位:山西晋通公路工程监理有限公司、武汉市公路工程咨询监理公司、河南省工程建设监理中心、北京中交路通交通工程咨询有限公司。

(5) 土建施工单位:中铁十二局集团第三工程有限公司、湖南省郴州公路桥梁建设有限公司、中国第四冶金建设公司、中铁十一局第三工程有限公司、江西省交通工程集团公司、路桥集团第一公路工程局、山东通达路桥工程有限公司、中铁十八局集团第三工程有限公司、福建省第一公路工程公司、中铁十七局集团第六工程有限公司、中铁十七局集团第二工程有限公司、中铁十三局集团有限公司。

(6) 路面施工单位:中铁四局集团第一工程有限公司、中铁十局集团第二工程有限公司、西安萌兴高等级公路工程股份有限公司、中铁十一局集团有限公司、路桥集团第一公路工程局厦门工程处、天津大港油田集团路桥工程有限公司、路桥集团第二公路工程局、路桥集团第一公路工程局天津工程处。

(7) 房建施工单位:河南省商都建筑工程有限公司、郑州市中原建筑公司、河南水利建筑工程有限公司、中宇建设集团有限责任公司、林州市建筑工程三公司、林州市建筑工程九公司、河南省隆华建设发展有限公司、河南中森建设工程有限公司、河南国基装饰工程有限公司、徐州通域空间结构有限公司。

(8) 绿化施工单位:河南华泰园林工程有限公司、河南润丰园林绿化有限公司、洛阳市公路绿化工程处、商丘市春来环境绿化工程有限公司、郑州润泽园林绿化工程有限公司、潢川县金卉园林绿化工程有限责任公司、晋城市经济技术开发区园艺中心、河南省益春园实业发展有限公司。

（9）交通安全设施施工单位：沈阳选腾交通设施工程有限公司、杭州红萌交通设施有限公司、平顶山市交运彩色钢板有限公司、江西顺通交通设施工程有限公司、武安市交通安全设备有限公司、开封通达公路工程有限公司、北京华纬交通工程公司、衡阳公路桥梁建设有限公司、科达集团股份有限公司。

（10）交通机电施工单位：山西交研科学实验工程有限公司。

（二）建设情况

1. 项目准备阶段

1）项目审批文件

2001年11月14日，国家发展计划委员会下发《国家计委关于西部开发8条公路干线规划建设有关问题的通知》，文号为计基础〔2001〕2376号。

2001年12月1日，交通部下发了《关于转发国家计委关于西部开发8条公路干线规划建设有关问题的通知》，文号为交规划发〔2001〕711号。

2003年10月3日，河南省国土资源厅对该项目穿越南阳恐龙化石蛋群保护区问题进行了批复，文号为〔2003〕571号。

2003年12月10日，河南省地震安全性评价委员会对该项目作出评审意见，文号为豫震评〔2003〕98号。

2004年1月12日、2003年12月10日，国土资源厅分别对该项目的压覆矿产资源报告和地质灾害评估进行了批复，文号为豫国土资函〔2004〕9号、豫国土资函〔2003〕631号。

2004年2月25日，交通部对《关于内乡至西坪（豫陕界）公路可行性研究报告》进行了批复，文号为交规划发〔2004〕69号。

2004年4月9日，国家环境保护总局对该项目环境影响评价有关问题复函，文号为环评函〔2004〕38号。

2004年8月16日，交通部对《关于内乡至西坪（豫陕界）公路初步设计》进行了批复，文号为交公路发〔2004〕449号。

2005年6月9日，交通厅对内乡至西坪（豫陕界）公路施工图设计进行了批复，文号为豫交计〔2005〕126号。

2）资金筹措

概算总投资为43.78亿元人民币，其中申请交通部补助2.84亿，项目自筹资金

12.483亿,其余由银行提供项目贷款。

3)合同段划分

(1)设计标段划分:房建工程1个标段,绿化工程1个标段,机电工程1个标段。

(2)施工标段划分:土建工程12个标段,路面8个标段,机电工程1个标段,房建工程10个标段,绿化工程8个标段,交通安全设施9个标段。

(3)监理标段划分:设2个总监办公室,8个土建工程驻地监理标段,1个房建工程监理标段,1个机电工程监理标段。

4)招投标

该项目的勘察设计、施工监理和施工招标由河南省公路建设工程咨询公司、河南华中工程咨询公司实施招标代理。项目法人招标严格依据《中华人民共和国招标投标法》和交通部颁布的《公路工程施工招标投标管理办法》以及河南省对公路工程招投标的有关规定执行,项目采用国内公开招标的方式进行。选择信誉好、业绩优良、技术水平高、投标价合理的投标单位,确认中标单位无不良记录后,发中标通知书,中标单位在收到中标通知书14天内交来履约保证金或银行履约保函后,进行谈判并签合同。

5)征地拆迁情况

项目实际永久性征地面积为9148.9453亩,拆迁房屋51142m^2,拆迁占地费用共计34198.88万元。

2. 项目实施阶段

实施过程

(1)主线土建工程于2005年4月7日开工,2007年9月20日完工。

(2)房建工程于2006年8月开工,2007年8月完工。

(3)机电工程于2007年4月12日开工,2007年10月12日完工。

(4)交通安全设施工程于2007年5月开工,2007年10月完工。

(5)绿化工程于2007年5月开工,2007年9月完工。

(6)2012年12月,竣工验收,工程质量鉴定得分为92.5分,质量鉴定等级评为优良。

(三)科技创新

1. 山区高等级公路加筋高陡边坡研究及其可靠性分析

开展边坡加固技术的研究,形成深挖路堑边坡稳定实用成套技术,是解决我国山区高等级公路修筑的关键技术问题

2. 宛坪高速双连拱隧道工程可靠性评估研究

(1)提出了高效、通用的隧道初期支护可靠度计算方法。

(2)构建了求解隧道空间结构体系可靠度的一种新模式。

(3)提出了新的隧道结构抗震可靠度评估方法。

3.宛坪高速公路隧道围岩稳定性分析与信息化施工

紧密结合宛坪高速公路连拱隧道施工,通过系统理论分析和计算、室内试验、现场试验和长期观测等手段,研究了大跨度连拱隧道围岩稳定和变形控制技术,分析了隧道围岩结构施工力学行为,提出了大跨连拱隧道合理施工方法和变形控制基准,通过动态信息反馈,修正完善设计,提出相应处治措施,指导了现场施工,有效保证了工程质量。

(四)运营养护管理

1.组织架构

该项目运营管理单位为河南省收费还贷高速公路南阳管理处。管理处下设办公室、考核督察办公室(经营科)、财务科、人事科、征收科、养护科、路产管理科、运维中心、工会办公室9个科室。

2.服务设施

西峡服务区和重阳停车区于2007年10月1日投入运营,2011年实行独立经营,财务独立核算,见表8-14-15。

G40沪陕高速公路内乡至西坪段服务场区一览表 表8-14-15

高速公路编码	服务区名称	桩 号	所在区域	占地面积(m²)	建筑面积(m²)
G40	西峡服务区	K1230+500	西峡县	113790.2	8750.91
	重阳停车区	K1267+400	西峡县重阳镇		1680

3.收费设施

设有丹水、西峡、丁河、西坪、豫陕界5个收费站,见表8-14-16。

G40沪陕高速公路内乡至豫陕界段收费设施一览表 表8-14-16

收费站名称	桩 号	入口车道数		出口车道数	
		总车道	ETC车道	总车道	ETC车道
丹水收费站	K1210+400	2	0	4	1
西峡收费站	K1234+222	3	1	5	1
丁河收费站	K1251+200	2	0	2	1
西坪收费站	K1276+400	2	0	3	1
豫陕界收费站	K1276+600	5	2	11	2

4.监控设施

设置监控中心1处,负责沪陕高速公路南阳至西坪段和呼北高速公路南阳境内主线、收费站及服务区的运营监管。

5.养护管理

日常养护项目部负责宛坪高速公路全线路基、路面、桥涵、交通安全设施和绿化日常养护,并严格执行相关行业标准及宛坪养护制度进行日常保养保洁工作。

(1)路面维修工程

2013年开展加铺超薄磨耗层等预防性养护工程,铺设里程4.8km。

2015年以迎国检为契机,投入5993万元开展"宛坪高速公路2015年路面养护工程",对宛坪高速公路全线路面进行全面的维修处治。

(2)桥梁检测、维修加固

项目每三年委托检测单位对全线桥涵结构物进行定期检测,及时掌握全线桥涵结构物的技术状况及病害情况,作为桥涵维修保养的制定依据。

(3)新材料、新技术研发

项目路面结构为6cm沥青混凝土+28cm水泥混凝土的复合式路面,反射裂缝已成为主要病害之一,2013年实施新技术、新材料、新工艺灌缝试验,连续两年使用"抗裂贴",取得满意效果。

第十五节　S1郑州机场高速公路

一、S1机场高速公路

郑州机场高速公路北起郑州市中州大道陇海铁路立交南端,南至机场高速和航空港区迎宾大道连接的机场互通式立交南端,全长26.532km,与G4京港澳高速公路郑州至新郑段共线。此项目已在本章第二节G4北京香港澳门高速公路河南段中介绍。

二、S1机场高速公路改扩建工程

(一)项目概况

1.基本情况

1)功能定位

机场高速公路改扩建工程起于中州大道陇海铁路立交南侧,止于机场高速公路和航空港区迎宾大道连接的机场互通式立交南端,新建港区迎宾高架桥,自机场高速公路主线K24+800处与主线互通相连,高架1.73km双向八车道直达郑州新郑国际机场航站楼,全长26.532km。该项目对加强铁路、公路、民航之间的高效衔接,推动郑州综合交通枢纽建设,加快郑州航空港经济综合实验区和中原经济区建设具有重要意义。

2)技术标准

采用全封闭、全立交、双向八车道;设计行车速度:120km/h;路基宽度:起点至陇海路互通式立交衔接处路段保持现有路基宽度,西南绕城互通式立交段采用单侧加宽,其余路段均采用整体式双侧加宽,整体式路基宽度42m;路面结构:主线和互通匝道沥青混凝土路面厚度72cm(4cm细粒式改性沥青混凝土+6cm中粒式改性沥青混凝土+8cm粗粒式沥青混凝土+36cm水泥稳定碎石基层+18cm水泥稳定碎石底基层),匝道收费广场水泥混凝土路面厚度64cm(28cm水泥混凝土+18cm水泥稳定碎石基层+18cm水泥稳定碎石底基层);桥涵设计荷载标准:老桥梁沿用汽—超20级,挂车—120,新建桥梁及新增15座分离式立交桥采用公路—Ⅰ级标准;设计使用年限:沥青混凝土路面设计使用年限15年,水泥混凝土路面设计使用年限30年。

3)建设规模

路基填方1865021m³,挖土方435256m³,路面834021m²;机场互通南北各新建匝道收费站1处;新建智能应急施救处置指挥中心1处、交通应急物资储备中心1处、养护工区1处;表8-15-1为S1机场高速公路改扩建工程主线桥梁一览表。

S1机场高速公路改扩建工程主线桥梁一览表　　　　表8-15-1

规模	名　　称	桥长(m)	主跨长度(m)	跨越障碍物			桥梁类型
				河流	沟谷	道路、铁路	
大桥	十八里河大桥	185.12	20	√			简支梁桥
	潮河大桥	105.08	20	√			简支梁桥
	南水北调大桥	126	40	√			连续梁桥
中桥	七里河桥	85.08	20	√			简支梁桥
	K13+226.946 祥云寺东河桥	37	16	√			简支梁桥
	耿庄排河桥	45	20	√			简支梁桥
	YK13+241.017 祥云寺东河桥	37.04	16	√			简支梁桥

郑州市新增15处分离式立交,其中2处为箱形通道,长88.746m,预应力空心板桥11处,长1116.04m,装配式箱梁桥2处,长219.926m。

4)主要控制点

项目沿线经过郑州市管辖的管城区、经开区、航空港区和新郑市。

5)地形地貌

项目通过地区为郑州市东南部,京广铁路以东,陇海铁路以南。属淮河流域,在地貌类型及区划中属黄河冲积扇形平原南部,地势自北向南,由低到高,其海拔高度在112~155m。区内沙丘岗地呈片状分布,地形起伏不大。

6)投资规模

估算投资 23.03 亿元,概算投资 22.08 亿元。

7)开工及通车、竣工时间

2014 年 3 月开工建设,2016 年 6 月交工通车。

2. 参建单位主要情况

(1)建设单位:河南中原高速公路股份有限公司机场高速公路改扩建工程项目部。

(2)设计单位:河南省交通规划勘察设计院有限责任公司。

(3)质量监督单位:河南省交通基本建设质量检测监督站。

(4)监理单位:河南中宇交通科技发展有限责任公司、中国公路工程咨询集团有限公司。

(5)BT 承建单位:河南省公路工程局集团有限公司。

(二)建设情况

1. 项目准备阶段

1)项目审批文件

2013 年 10 月 28 日,河南省发改委对郑州机场高速公路改扩建工程前期工作的函进行了批复,文号为豫发改基础〔2013〕300 号。2013 年 11 月 28 日,河南省住建厅对规划选址意见书进行了批复,选字第 410000201300079 号。2014 年 3 月 13 日,河南省国土资源厅对《关于郑州机场高速公路改扩建工程建设项目用地预审的意见》进行了批复,文号为豫国土资函〔2014〕79 号。2014 年 4 月 2 日,河南省环保厅对郑州至航空港高速公路项目环境影响报告进行了批复,文号为豫环审〔2014〕114 号。2014 年 4 月 3 日,河南省发改委对《河南省固定资产投资项目节能登记表》进行了批复,文号为豫发改能评备〔2014〕34 号。2014 年 4 月 14 日,《关于郑州机场高速公路改扩建工程项目申请报告核准的批复》,文号为豫发改基础〔2014〕593 号。2014 年 9 月 18 日,《关于郑州机场高速公路改扩建工程初步设计的批复》,文号为豫发改设计〔2014〕1365 号。2015 年 8 月 17 日,《关于郑州机场高速公路改扩建工程主体工程施工图设计的批复》,文号为豫交文〔2015〕417 号、418 号。

2)资金筹措

该项目概算总投资为 22.08 亿元,征地拆迁投资为 5.6 亿元(由郑州市政府负责并承担相关工作),剩余资金中 25% 为建设单位自有资金,其余 75% 为工商银行贷款。

3)合同段划分

(1)项目设计标段划分:工程设计 1 个标段。

(2)BT 施工标段划分:土建工程 4 个施工标段,机电工程 1 个标段,绿化工程 1 个标段。

(3)施工监理标段划分:设 1 个总监办公室,4 个土建工程驻地监理标段,1 个机电工程监理标段。

4）招投标

(1)2014 年 5 月 9 日,项目勘察设计招标,确定 1 家中标单位。

(2)2014 年 10 月 10 日,项目施工监理、试验检测招标,确定施工监理中标单位 1 家,确定试验检测中标单位 1 家。

(3)根据河南省交通运输厅豫交文〔2014〕142 号文件批复,同意该项目采取 BT 模式进行建设。2014 年 8 月,本 BT 施工招标,确定 1 家中标单位。

(4)2015 年 2 月 3 日,机电监理招标,确定机电监理中标单位 1 家。

5）征地拆迁情况

征地面积为 76.1967hm^2。其中农村集体农用地 62.5126hm^2（其中耕地 36.8813hm^2），农村集体建设用地 10.0092hm^2,未利用地 0.5378hm^2；国有农用地 0.2621hm^2（其中耕地 0.0964hm^2），国有建设用地 2.5504hm^2,未利用地 0.3246hm^2。

2. 项目实施阶段

1）实施过程

(1)主线土建工程于 2014 年 3 月 28 日开工,2016 年 6 月 25 日完工。

(2)房建工程于 2015 年 4 月开工,2015 年 9 月完工。

(3)机电工程于 2015 年 9 月开工,2016 年 6 月完工。

(4)交通安全设施工程于 2014 年 5 月开工,2016 年 6 月完工。

(5)绿化工程于 2016 年 1 月开工,2016 年 6 月完工。

(6)2016 年 6 月 20 日,通过了交工验收,质量评分为 99.66 分,质量等级评为合格。

2）重大决策

(1)为保证交通转换及年度建设目标的实现,开展了"大干五十天""大干一百天"的劳动竞赛活动,见图 8-15-1；组织召开了"通车倒计时一年誓师大会",见图 8-15-2。

图 8-15-1 "大干五十天"活动动员会

图 8-15-2 通车倒计时一年誓师大会

（2）采取召开推进会、倒排工期、班子领导分片包干、加大人员设备投入等措施，加快项目建设。在各参建单位的努力下，机场高速公路改扩建工程主线基层、底基层等分项工程超额完成，顺利完成两次交通转换，新增15座分离式立交全部完成，提前完成了机场收费站的搬迁，确保了年度建设目标的顺利实现。项目部被中原高速公路股份有限公司评为"2015年度先进集体"。

3）设计变更

该项目较大设计变更2项，分别为迎宾桥第二联挂篮现浇箱梁变更为分阶段支架现浇箱梁和南四环立交增设保通辅道等。

（三）运营养护管理

1. 组织架构

河南中原高速公路股份有限公司机场高速公路改扩建工程项目部管理实行总经理负责制，下设办公室、财务部、通管部、养护部、路产部、运维分中心、三产分中心、党群监察部、人事部9个部门。

2. 收费设施

设有郑州南收费站和机场收费站（南北口）共三个收费站（表8-15-2）。郑州南收费站有15个出口、8个入口，共23条通行车道；机场收费站北口有16个出口、8个入口，共24条通行车道；机场收费站南口有8个出口、5个入口，共13条通行车道。

S1机场高速公路改扩建工程收费设施一览表　　　　表8-15-2

收费站名称	桩　　号	入口车道数		出口车道数	
		总车道	ETC车道	总车道	ETC车道
郑州南收费站	K8+762	8	2	15	2
机场收费站北口	K22+391	8	3	16	3
机场收费站南口	K25+166	5	2	8	2

3. 监控设施

该项目未设置监控中心,郑州南收费站区域和机场收费站区域的运营归航空港监控分中心管理。

4. 养护管理

中原高速公路航空港分公司负责机场高速公路全线路基、路面、桥涵、交通安全设施和绿化日常养护,并严格执行相关行业标准及航空港公司养护制度进行日常保养保洁工作。

1)路面维修工程

为保证机场高速公路安全运营,除养护日常例行巡查外,航空港分公司不定期组织养护单位进行路面保养保洁抽查。自2016年6月以来,航空港分公司已完成机场高速公路多处路面维修,如K23+425东幅水毁修复、K24+380分离式立交整体修复工程等工程。

2)桥梁检测、维修加固

根据省交通运输厅及主管部门规范标准及公司制度,中原高速公路航空港分公司不定期委托检测单位对全线桥涵结构物进行定期检测,及时掌握技术状况及病害情况,作为桥涵维修保养的依据。

3)沿线设施的提升、改造

根据《河南省交通运输厅关于编制郑州周边高速公路提升改造方案的通知》(豫交文〔2016〕90号)文件要求,为满足河南省举办大型活动的需求,树立郑州周边交通运输窗口形象,2017年启动机场高速公路沿线绿化提升改造工程。

第十六节 S22 南乐至林州高速公路

南林高速公路位于河南省北部,途经南乐、清丰、内黄、安阳市文峰区、龙安区、安阳县、林州7个县市区,全长188.193km。该项目为晋南及豫北地区通往山东半岛及沿海地区提供一条更为便捷的陆路通道,对打开太行山千古屏障,促进沿线经济发展及旅游资源开发,改善交通投资环境具有重要意义。

一、S22 南林高速公路豫鲁省界至南乐段

(一)项目概况

1. 基本情况

1)功能定位

南林高速公路豫鲁省界至南乐段起自豫鲁省界夏紫金村、刘寨村之间的徒骇河东,止

于留固店北,接南林高速安阳至南乐段,全长 19.605km。该项目对完善河南省高速公路网布局,加快区域经济发展,促进豫北地区旅游资源开发具有重要意义。

2)技术标准

采用全封闭、全立交、双向四车道;设计行车速度:120km/h;路基宽度:28m;桥涵设计荷载标准:公路—Ⅰ级;路面设计标准轴载:BZZ-100;路面:收费广场采用水泥混凝土路面,其他采用沥青混凝土路面;路面结构:主线为4cm细粒式改性沥青混凝土(AC-13C)+6cm中粒式沥青混凝土(AC-20C)+8cm粗粒式沥青混凝土(AC-25C)+同步沥青碎石下封层+36cm水泥稳定碎石基层+18cm水泥稳定碎石底基层。

3)建设规模

主要工程量:路基填方 520.49 万 m^3,路面 85.8 万 m^2;沥青路面 83.89 万 m^2;设主线收费站 1 处(14 出),匝道收费站 2 处,服务区 1 处;表 8-16-1 为 S22 南林高速公路豫鲁省界至南乐段桥梁一览表。

S22 南林高速公路豫鲁省界至南乐段桥梁一览表　　表 8-16-1

规模	名　称	桥长(m)	主跨长度(m)	跨越障碍物			桥梁类型
				河流	沟谷	道路、铁路	
大桥	徒骇河大桥	337	30	√			预应力混凝土组合箱梁
	永顺沟大桥	127	30	√			预应力混凝土组合箱梁
	马颊河支流大桥	247	30	√			预应力混凝土组合箱梁
	马颊河大桥	257	25	√			预应力混凝土组合箱梁
	千口主线跨 S209 大桥	147	35			√	预应力混凝土组合箱梁
	大广枢纽互通主线跨被交道桥	682	30			√	预应力混凝土组合箱梁
中桥	老王落沟中桥	53.04	16		√		简支梁桥
	梁村沟中桥	44.04	13		√		简支梁桥
	大屯沟中桥	53.04	16		√		简支梁桥
	猪龙河中桥	53.04	16		√		简支梁桥
	南乐南互通主线跨 G106 桥	97	30			√	简支梁桥
	张果屯沟中桥	53.04	16		√		简支梁桥

4)主要控制点

濮阳市南乐县杨村乡、近德固乡。

5)地形地貌

路线所经地区处于黄河冲积平原,境内除西北、东南两黄河故道区有沙丘起伏外,其余地势平坦,地面高程为 42~50m,比降1/4000,为主要的农作物生产区和城镇区域。

6）投资规模

项目概算投资 19.89 亿元。

7）开工及通车、竣工时间

2013 年 5 月开工建设，2015 年 11 月交工通车。

2. 参建单位主要情况

（1）建设单位：河南省南林高速公路南乐段建设有限公司。

（2）勘察设计单位：河南省交通规划勘察设计院有限责任公司。

（3）质量监督单位：河南省交通基本建设质量检测监督站。

（4）监理单位：河北路通监理咨询有限公司、河南省交通科学技术研究院有限公司、北京中交路通交通工程咨询有限公司。

（5）土建施工单位：江西省宜春公路建设集团有限公司、山东黄河工程集团有限公司、中铁七局集团有限公司、中铁十二局集团第一工程有限公司。

（6）路面施工单位：湖南尚上公路桥梁建设有限公司、河北燕峰路桥建设集团有限公司。

（7）房建施工单位：安阳建工（集团）有限责任公司、河南兴瑞建设有限公司、河南省正方建业集团有限公司、开封安利达金属工程有限公司。

（8）绿化施工单位：河南永春园林绿化工程有限公司、河南合禹园林景观工程有限公司。

（9）交通安全设施施工单位：邯郸市立通道路设施有限公司、湖南通顺交通工程有限公司、安徽省公路桥梁工程有限公司、北京万里明交通工程有限公司。

（10）交通机电施工单位：湖南省湘筑交通科技有限公司、平顶山华辰电力集团有限公司。

（二）建设情况

1. 项目准备阶段

1）项目审批文件

河南省文物局，《关于南乐至林州高速公路豫鲁省界至南乐段工程文物保护工作的函》，文号为豫文物函〔2011〕19 号。2012 年 5 月 24 日，河南省水利厅，《准予水行政许可决定书》，文号为豫水行许字〔2012〕80 号。河南省地震局，《对南乐至林州高速公路豫鲁省界至南乐段工程场地地震安全性评价报告的批复》，文号为豫震安评〔2012〕137 号。2012 年 6 月 26 日，河南省环境保护厅，《关于南乐至林州高速公路豫鲁省界至南乐段工程环境影响报告书的批复》，文号为豫环审〔2012〕103 号。2012 年 7 月 10 日，河南省发展和改革委员会,《关于南乐至林州高速公路豫鲁省界至南乐段工程可行性研究报告的批复》,文号为豫发改基础〔2012〕957号。2012年11月12日,河南省发展和改革委员会,《关于南乐至林州高速公路豫鲁省界至南乐段工程初步设计的批复》,文号为豫发改设计〔2012〕1748号。2012年12月30日,河南省交通运输厅,《关于南乐至林州高速公路豫鲁省界至南乐段工程施工图设计的批复》,文号为豫交文〔2012〕1015号。2014年7月5日,《国土资源部关于南乐至林州高速公路豫鲁省界至南乐段工程建设用地的批复》,文号为国土资函〔2014〕238号。

2) 资金筹措

项目概算总投资为19.89亿元,其中4.88亿元为建设单位自有资金,其余为银行贷款。

3) 合同段划分

(1) 设计标段划分:土建工程、房建工程、绿化工程、机电工程各1个标段。

(2) 施工标段划分:土建工程4个标段,机电工程2个标段,房建工程4个标段,绿化工程2个标段,交通安全设施工程4个标段。

(3) 施工监理标段划分:土建工程、房建工程监理各1个标段,机电工程监理1个标段。

4) 招投标

(1) 2013年4月28日,土建工程施工确定了4家中标单位。

(2) 2014年7月16日,路面工程施工确定了2家中标单位。

(3) 2014年10月30日,房建工程施工确定了4家中标单位。

(4) 2014年12月23日,绿化工程施工确定了2家中标单位。

(5) 2015年3月6日,机电工程施工确定2家中标单位。

(6) 2015年4月3日,交通安全设施工程施工确定了4家中标单位。

5) 征地拆迁情况

征地面积为216.7417 hm^2。其中农民集体所有农用地205.0382 hm^2(其中耕地186.6017 hm^2)、建设用地3.1861 hm^2、未利用地3.0133 hm^2,国有农用地0.2515 hm^2、建设用地4.0923 hm^2、未利用地1.1603 hm^2。批复拆迁占地费用共计26173万元。

2. 项目实施阶段

1) 实施过程

(1) 主线土建工程于2013年5月20日开工,2015年11月6日完工。

(2) 房建工程于2014年11月开工,2015年11月完工。

(3) 机电工程于2015年5月开工,2015年11月完工。

(4) 交通安全设施工程于2015年5月开工,2015年11月完工。

(5)绿化工程于2015年3月开工,2015年11月完工。

(6)2015年11月6日,通过了交工验收,得分为97.54分,工程质量评定为合格工程。

2)重大事件

(1)2013年5月,南林高速豫鲁省界至南乐段开工建设。

(2)2015年11月,南林高速豫鲁省界至南乐段建成通车。

3)设计变更

2014年8月25日,河南省交通运输厅以豫交文〔2014〕563号批复较大设计变更3个。

(1)取消水泥搅拌桩:根据现场实地勘测,经设计院沉降分析和验算,路基填土高度在7m以下的桥头路段工后沉降均可满足设计要求,故变更取消路基填土高度7m以下桥头段的水泥搅拌桩。

(2)徒骇河大桥优化:由15~25m预应力组合箱梁桥变更为11~30m预应力组合箱梁桥。

(3)新增南乐南互通F匝道桥:由原FK0+325位置2-6×4m盖板涵变更为FK0+339.5位置(18+25+18)m预应力钢筋混凝土连续箱梁桥,以适应现场通行要求。

(三)科技创新

基于耐久性能的混凝土桥梁标准化施工关键技术研究。

以桥梁耐久性为主线,以该项目桥梁工程建设为依托,将桥梁耐久性与桥梁施工有机结合,较为系统地分析了环境因素、人为因素、自然灾害等对桥梁耐久性影响的机理、影响因素及其后果;对桥梁工程中常见的钢筋锈蚀和裂缝病害、桥面铺装病害以及伸缩缝病害等的成因、影响因素和病害防治对策进行了详细的阐述,并分别依据弹塑性力学理论和断裂力学理论推导出了钢筋混凝土的临界锈胀力计算公式;建议了提高混凝土桥梁耐久性的主要技术参数和构造措施,提出了混凝土桥梁施工参数控制的工序能力控制法、灰色预测控制法和灰色神经网络预测控制法,为确保桥梁施工质量和耐久性奠定了理论基础;通过大量试验,系统地研究了粉煤灰、硅粉、纤维分别在"单掺"和"混掺"情况下对高性能混凝土材料性能的影响规律,推荐了不同掺和条件下各掺和料的合理掺和比例,为高性能混凝土在桥梁工程中的推广应用提供了技术支持;将桥梁标准化施工与桥梁的耐久性能要求有机结合,形成了适合混凝土桥梁结构特点的、满足桥梁耐久性要求的混凝土桥梁标准化施工技术,为混凝土耐久桥梁的建设提供了重要的技术保障。

(四)运营养护管理

1. 组织架构

该项目运营养护单位为河南省交通运输厅高速公路濮阳至鹤壁管理处,下设办公室、财务科、经营科、养护科、路政科、党办、工会等8个科室;两个具有管理职能的二级单位:监控运营维护中心、濮阳濮鹤高速公路服务管理有限公司;两个运营管理中心:安新运营管理中心、安南运营管理中心;下设18个收费站、2个绿色通道验货站、6个服务区、5个停车区、6个路政大队。

2. 服务设施

下辖南乐服务区1处,见表8-16-2。

S22南林高速公路豫鲁省界至南乐段服务场区一览表　　表8-16-2

高速公路编码	服务区名称	桩号	所在区域	占地面积(m^2)	建筑面积(m^2)
S22	南乐服务区	K13+430	南乐县冯村乡	59760	5107.66

3. 收费设施

设有豫鲁界、南乐东和南乐南3个收费站(表8-16-3)。豫鲁界收费站有14个出口、14个入口,共28条通行车道;南乐东收费站有4个出口、3个入口,共7条通行车道;南乐南收费站有5个出口、3个入口,共7条通行车道。

S22南林高速公路豫鲁省界至南乐段收费设施一览表　　表8-16-3

收费站名称	桩号	入口车道数		出口车道数	
		总车道	ETC车道	总车道	ETC车道
豫鲁界收费站	K7+785	14	2	14	2
南乐东收费站	K9+150	3	1	4	1
南乐南收费站	K24+200	3	1	5	1

4. 监控设施

设置监控中心1个,负责主线及收费、服务区域的运营监管。

5. 养护管理

濮鹤管理处养护科负责全线路基、路面、桥涵、交通安全设施和绿化日常养护,并严格执行相关行业标准及濮鹤管理处养护制度进行日常保养保洁工作。

二、S22南林高速公路安阳至南乐段

(一)项目概况

1. 基本情况

1)功能定位

南林高速公路安阳至南乐段起点位于安阳市区南10km,与京港澳高速公路相交,东与大广高速公路相连,是京港澳高速公路与大广高速公路连接的重要纽带,也是连接安

阳、濮阳两市的重要通道,路线经安阳市的文峰区、安阳县、内黄县、濮阳市的清丰县、南乐县,全长62.522km。该项目对完善豫北地区公路网主骨架,加快贫困地区脱贫致富,促进区域经济快速发展具有重要意义。

2)技术标准

采用全立交、全封闭、双向六车道;设计行车速度:120km/h;路基宽度:28m;桥梁净宽:2×12.5m;桥涵设计荷载标准:公路—Ⅰ级的1.3倍;路面设计标准轴载:BZZ-100;路面:互通式立交收费广场为水泥混凝土路面,其他均为沥青混凝土路面。路面结构:5cm细粒式改性沥青混凝土上面层+6cm中粒式改性沥青混凝土中面层+7cm粗粒式沥青混凝土下面层+36cm水泥稳定碎石基层+18cm水泥稳定碎石底基层。

3)建设规模

主要工程量:路基填方898.5万m^3;沥青混凝土路面1816000m^2;服务区1处,停车区2处;管理监控所1处,匝道收费站2处。管理、养护、服务、监控房屋建筑面积22010m^2;表8-16-4为S22南林高速公路安阳至南乐段桥梁一览表。

S22南林高速公路安阳至南乐段桥梁一览表　　　　表8-16-4

规模	名　称	桥长(m)	主跨长度(m)	跨越障碍物 河流	跨越障碍物 沟谷	跨越障碍物 道路、铁路	桥梁类型
大桥	跨线桥	770.96	30			√	连续梁桥
	洪河大桥	840.72	50	√		√	组合梁桥
	跨省道S303桥	105.08	20			√	连续梁桥
	跨县乡油路Y006桥	106.08	20			√	连续梁桥
	万合渠大桥	154.92	30	√			组合梁桥
	大桥	105.08	20		√		连续梁桥
	安阳河大桥	244.88	30	√			组合梁桥
	环北渠大桥	125.08	20	√			连续梁桥
	卫河大桥	874.54	30	√			组合梁桥
	跨线桥	155.16	30			√	连续梁桥
	硝河大桥	154.96	30	√			组合梁桥
	跨省道S213桥	105.08	20			√	连续梁桥
	第三濮清南干渠大桥	154.96	30	√			组合梁桥
	濮清南干渠大桥	184.92	30	√			组合梁桥
中桥	西小寒中桥	65.04	20		√		连续梁桥
	跨乡间土路+水渠桥	53.04	16	√		√	连续梁桥
	东小寒中桥	65.05	20		√		连续梁桥
	跨乡间土路+水渠桥	54.04	16	√		√	连续梁桥
	跨乡间油路桥	85.04	16			√	连续梁桥

续上表

规模	名称	桥长（m）	主跨长度（m）	跨越障碍物			桥梁类型
				河流	沟谷	道路、铁路	
中桥	跨土路桥	53.04	16			√	连续梁桥
	西瓦店中桥	53.04	16			√	连续梁桥
	跨老省道S219线桥	65.04	20			√	连续梁桥
	杨奇中桥	65.04	20			√	连续梁桥
	跨土路桥	53.04	16			√	连续梁桥
	跨村道桥	53.04	16			√	连续梁桥
	跨县道X006桥	65.04	20			√	连续梁桥
	袁太保中桥	69.04	16			√	连续梁桥
	跨乡间土路桥	53.04	16			√	连续梁桥
	跨路+水渠桥	53.04	16	√		√	连续梁桥
	跨路+水渠桥	53.04	16	√		√	连续梁桥
	赵固中桥	53.04	16	√			连续梁桥
	连庄中桥	65.04	20	√		√	连续梁桥
	跨油路桥	53.04	16			√	连续梁桥
	跨规划二级路桥	53.04	16			√	连续梁桥
	杏园沟中桥	65.04	20			√	连续梁桥
	跨匝道桥	85.08	20			√	连续梁桥
	张马沟中桥	65.04	20			√	连续梁桥
	跨县道X016桥	65.04	20			√	连续梁桥
	跨县道X014桥	65.04	20			√	连续梁桥
	中桥	25.02	20	√			连续梁桥
	跨规划三级路桥	53.04	20			√	连续梁桥

4）主要控制点

安阳市文峰区、安阳县、内黄县，濮阳市清丰县、南乐县。

5）地形地貌

路线所经地区处于河南省北部安阳市、濮阳市境内，地处太行山东麓缓倾斜平原区及延津—内黄微起伏平原区、属太行山前冲积倾斜平原及黄河冲积平原。地势开阔平整，起伏微弱，自西向东依次为倾斜的洪积（山麓冲积）平原、古黄河洼地、泛滥平坦地、古黄河洼地、砂丘砂地等。

6）投资规模

项目概算投资22.329亿元。

7）开工及通车、竣工时间

2006年3月开工建设，2008年12月建成通车，2014年12月完成竣工验收。

2. 参建单位主要情况

(1) 建设单位:河南省安阳至南乐高速公路有限公司。

(2) 设计单位:河南省交通规划勘察设计院、河南省景观园林规划设计有限公司、安阳优创电力设计院、濮阳市蓝图电力设计有限公司。

(3) 质量监督单位:河南省交通基本建设质量检测监督站。

(4) 监理单位:湖南金路工程咨询监理有限公司、北京双环工程咨询有限责任公司、郑州市豫通市政公用工程监理有限公司、中国公路工程咨询集团有限公司。

(5) 土建施工单位:中铁十九局集团第四工程有限公司、路桥华祥国际工程有限公司、江苏省镇江市路桥工程总公司、哈尔滨市公路工程处、长庆石油勘探局筑路工程总公司、北京海威工程建设有限责任公司、中铁十五局集团第五工程有限公司、黄冈市楚通路桥工程建设有限公司、河南省公路工程局集团有限公司、中铁二十局集团第四工程有限公司、中铁十五局集团第二工程有限公司。

(6) 路面施工单位:驻马店市公路工程开发公司、河南省公路工程局集团有限公司。

(7) 房建施工单位:河南省恒基建设工程有限公司、北京城建建设工程有限公司、郑州市现代建设有限公司、徐州市现代钢结构有限公司。

(8) 绿化施工单位:灵宝市三宝园林绿化工程有限责任公司、湖南芙蓉园林环境工程有限公司、安阳市南天门园林工程有限责任公司、河南鼎利华林绿化工程有限公司、商丘市春来环境绿化工程有限公司、聊城市华东园林工程有限公司、河南省幸福园林绿化工程有限公司。

(9) 交通安全设施施工单位:潍坊宝利交通设施工程有限公司、常州市交通设施有限公司、潍坊东方交通设施工程有限公司、河南省公路局筑路机械厂、贵州省交通工程有限公司、河南瑞航公路养护技术有限公司、河南通汇公路交通工程有限公司。

(10) 交通机电施工单位:江苏智运科技发展有限公司、商丘市天宇电力工程有限公司。

(二) 建设情况

1. 项目准备阶段

1) 项目审批文件

2004年4月20日,河南省国土资源厅对安阳至南乐高速公路压覆矿产资源情况进行了批复,文号为豫国土资函〔2004〕129号。2005年11月3日,河南省环境保护局,《关于〈安阳至南乐公路环境影响报告书〉的批复》,文号为豫环监〔2005〕154号。2005年11月7日,河南省发展和改革委员会,《关于安阳至南乐高速公路工程可行性研究报告核准的批复》,文号为豫发改交通〔2005〕1603号。2005年12月28日,《关于安阳至南乐高速公路工程初步设计的批复》,文号为豫发改设计〔2005〕1957号。2006年6月22日,河南省水利厅,《关于安阳至南乐高速公路水土保持方案报告书的复函》,文号为豫水保〔2006〕42号。2006年12月20日,《关于安阳至南乐高速公路施工图设计批复》,文号豫交计〔2006〕326号。2007年11月19日,国土资源部以国土资函〔2007〕898号文批准了该项目的建设用地。2008年1月10日,河南省交通厅下发《关于安阳至南乐高速公路机电工程详细设计、通信管道、供配电照明、10kV线路工程施工图设计的批复》,文号为豫交计〔2008〕15号。2008年2月2日,河南省交通厅下发《关于安阳至南乐高速公路房建工程施工图设计的批复》,文号为豫交计〔2008〕32号。2008年5月29日,河南省交通厅下发《关于安阳至南乐高速公路瓦店互通立交连接线工程施工图设计的批复》,文号为豫交计〔2008〕148号。2009年1月5日,河南省交通厅下发《关于安阳至南乐高速公路绿化工程施工图设计的批复》,文号为豫交计〔2009〕2号。

2)资金筹措

项目概算总投资为22.329亿元,其中资本金总额7.82亿元,其余均为银行贷款。竣工决算投资25.568亿元。

3)合同段划分

设计标段划分:土建工程1个标段,房建工程1个标段,绿化工程1个标段,机电工程1个标段。

施工标段划分:土建工程11个标段,机电工程2个标段,房建工程4个标段,绿化工程7个标段,交通安全设施工程8个标段。

施工监理标段划分:设2个土建工程、路面工程、绿化工程、交通安全设施工程监理标段,1个房建工程监理标段,1个机电工程监理标段。

4)招投标

该项目的线路设计由河南省交通规划勘察设计院作为中标单位。

2005年11月8~9日进行公开招标,选择了11家土建施工单位和2家土建监理单位。

2007年8月28日~9月3日进行公开招标,选择了4家房建施工单位和1家房建监理单位。

2007年11月5~9日进行公开招标,选择了2家机电工程施工单位、7家绿化工程施工单位和1家机电工程监理单位。

2008年1月16~18日、2008年1月21~22日,分别选择了2家路面工程施工单位。

2008年4月2~3日、2008年4月7~9日,分别选择了8家交通安全设施工程施工单位和2家桥梁伸缩缝采购与安装工程施工单位。

5)征地拆迁情况

项目征收农村集体农用地411.3470hm²(其中耕地377.8658hm²),征收集体建设用地 4.6290hm²、未利用地 8.9614hm²，转用国有农用地 0.6465hm²（其中耕地 0.5703hm²），使用国有建设用地 2.7389hm²、未利用地 1.0979hm²，共计批准建设用地 429.4207hm²，目前已办结土地手续。

2. 项目实施阶段

1）实施过程

（1）主线土建工程于 2006 年 3 月 20 日开工，2008 年 8 月 10 日完工。

（2）路面工程于 2008 年 4 月开工，2008 年 10 月完工。

（3）房建工程于 2008 年 3 月开工，2008 年 11 月完工。

（4）机电工程于 2008 年 3 月 1 日开工，2008 年 11 月 25 日完工。

（5）交通安全设施工程于 2008 年 7 月开工，2008 年 11 月完工。

（6）绿化工程于 2008 年 3 月开工，2008 年 11 月完工。

（7）2008 年 11 月 24~26 日，由河南省安阳至南乐高速公路有限公司组织进行了该项目的交工验收工作，交工验收质量评分 95.8 分，质量等级评定为合格。

（8）2011 年 4 月对项目进行了质量鉴定，质量鉴定评分为 94 分，工程质量等级为优良。

（9）2014 年 12 月 2~3 日组织进行了南林高速公路安阳至南乐高速工程的竣工验收。对工程质量进行了评分，结果为 88.34 分。综合交工验收和质量鉴定得分计算，该项目工程质量评分为 93.23 分，质量等级为优良。

2）重大决策

2007 年项目公司和施工单位共同提取奖励基金，开展"安南杯"检查评比活动，对全线进行质量、进度、文明施工检查，由项目公司、监理代表处组成检查组进行检查评比。

3）重大事件

（1）2005 年 11 月 28 日，举行开工典礼，见图 8-16-1。

图 8-16-1　开工典礼

(2)2008年8月5日,召开项目交工验收会,见图8-16-2。

图 8-16-2　项目交工验收会

（三）科技创新

项目基层设计为水泥稳定碎石基层,通过河南省交通技术科学技术研究院对配合比进行优化设计,提出采用 S 形级配,击实标准采用振动击实法。

(1)通过室内比对试验 S 形级配的干缩系数、温缩总应变系数比规范中值级配小,即收缩量减小,对减少收缩裂缝能取得较好效果。

(2)采用 S 形级配,能够有效减轻施工中的离析现象。

(3)采用振动击实法与重型击实法相比在满足设计强度要求的同时可减少水泥用量,节约成本。

(4)在相同水泥剂量下,振动击实比重型击实试件 90 天劈裂强度高很多,即抵抗弯拉应力的能力强。

(5)在相同水泥剂量下振动击实标准成型的试件比重型击实标准成型的试件其干缩、温缩都小。

(6)通过对水泥、碎石、石屑提出相应技术指标,对减少收缩起一定作用。

(7)通过对现场摊铺设备的改造,施工中有效地控制了离析现象的发生。

(8)从全线裂缝调查情况看,2007 年 4 月至 2007 年 11 月施工的基层(未进行沥青路面施工)经过一个冬季的验证(最低气温 -10℃),裂缝出现的平均间距为 250m。2008 年 4 月以后施工的基层直至 2008 年 9 月基本未出现裂缝。

(四)运营养护管理

1. 组织架构

濮鹤管理处隶属于河南省收费还贷高速公路管理中心,设有综合办公室、党委办公室、人事劳动科、计划财务科、征稽科、路政管理科、工程养护科、运营维护中心、经营管理科9个科室和工会;2个运营管理中心(安新运营管理中心、安南运营管理中心)。

2. 服务设施

安阳东服务区占地140余亩,将台停车区占地45余亩,内黄停车区占地43余亩,为驾乘人员提供餐饮、购物、加油、停车休息等多种服务,见表8-16-5。

S22 南林高速公路安阳至南乐段服务场区一览表 表8-16-5

高速公路编码	服务区名称	桩 号	所 在 区 域	占地面积(m²)	建筑面积(m²)
S22	安阳东服务区	K74+050	安阳县辛村镇袁周太保村	94714	9960
	将台停车区	K91+010	安阳市文峰区高庄乡将台村	30548	3393.4
	内黄停车区	K49+900	安阳市内黄县	29067	3393

3. 收费设施

S22安南运管中心下设有安阳东、内黄2个收费站。安阳东收费站有2个出口、2个入口,共4条通行车道;内黄收费站有3个出口、2个入口,共5条通行车道,见表8-16-6。

S22 南林高速公路安阳至南乐段收费设施一览表 表8-16-6

收费站名称	桩 号	入口车道数		出口车道数	
		总车道	ETC车道	总车道	ETC车道
安阳东收费站	K84+040	2	0	2	1
内黄收费站	K55+600	2	0	3	1

4. 监控设施

设置监控中心1个,监控室2处,负责安阳东收费站区域、内黄收费站区域的运营监管。

5. 养护管理

2015年投入7493.6万元开展"2015年度濮鹤管理处大广路面专项工程"对大广高速公路濮阳段、安新段及南林高速公路安阳至南乐段全线进行全面的维修处治。

(1)路面维修工程

微表处355950m²,铣刨重铺670202.99m²,大广高速公路濮阳段处治桥头跳车18处,大广高速公路安新段处治桥头跳车178处,南林高速公路安南段处治桥头跳车38处,如图8-16-3所示。

图 8-16-3 桥头跳车处治

（2）桥梁检测、维修加固

委托河南省公路工程试验检测中心有限公司每两年对南林高速公路安南段的桥梁进行检测 1 次,竣工后桥梁无维修加固过。

南林高速公路安南段日常维修保养工程项目部负责南林高速公路安南段全线路基、路面、桥涵、交通安全设施和绿化日常维修保养,并严格执行相关行业标准及濮鹤管理处各项养护制度进行日常维修保养工作。

三、S22 南林高速公路安阳至林州段

（一）项目概况

1. 基本情况

1）功能定位

南林高速公路安阳至林州段起点位于安阳市区南 10km,与京珠高速公路相交,路线终点位于林州市横水镇东南,与 301 省道相交,全长 52.467km。该项目对缓解省道 301 线交通压力,进一步完善河南省干线公路网布局,促进沿线旅游、矿产资源开发,推动区域经济发展具有重要意义。

2）技术标准

采用全封闭、全立交、双向四车道;设计行车速度:100km/h;路基宽度:26m;桥梁净宽:2×11.25m;桥涵设计荷载标准:汽车—超 20 级,挂车—120;路面设计标准轴载:BZZ-100;路面:收费广场和服务区广场采用水泥混凝土路面,其他采用沥青混凝土路面、水泥稳定碎石基层、水泥稳定砾料底基层;路面结构:主线为 4cm 细粒式沥青混凝土(AC-13I)+6cm 中粒式沥青混凝土(AC-20I)+8cm 粗粒式沥青混凝土(AC-25I)+改性乳化沥青

下封层+18cm水泥稳定碎石+20cm二灰稳定碎石+18cm级配碎石掺3%水泥(石质挖方路段无此层);设计使用年限:使用年限为15年。

3)建设规模

主要工程量:路基土石方866.0626万m³,路面底基层约122.2602万m²,基层约126.1917万m²,路面面层约133.4997万m²;房建工程5处:其中收费站4处,服务区1处;全线设置供电、照明、通信、监控、收费、防撞护栏、交通标志、标线、公路隔离栅等机电交通工程系统及设施;项目实际征地5918.0247亩;表8-16-7为S22南林高速公路安阳至林州段桥梁一览表。

S22南林高速公路安阳至林州段桥梁一览表　　　　表8-16-7

规模	名称	桥长（m）	主跨长度（m）	跨越障碍物			桥梁类型
				河流	沟谷	道路、铁路	
大桥	跨京广铁路桥	208.31	208.31			√	连续梁桥
	横水大桥	180.00	180.00	√			简支梁桥
	科泉公公分离式立交桥	194.00	194.00			√	简支梁桥
	南水北调大桥	145.60	145.60	√			简支梁桥
	毛仪涧大桥	145.00	145.00	√			简支梁桥
	彰武大桥	305.00	305.00	√			简支梁桥
	翟曲大桥	140.00	140.00	√			简支梁桥
	洪水河大桥	145.00	145.00	√			简支梁桥
	金线河大桥	145.00	145.00	√			简支梁桥
	王古道大桥	305.00	305.00		√		简支梁桥
	安汤快速通道桥	245.00	245.00			√	连续梁桥
	下堡公公分离式立交桥	225.00	225.00			√	简支梁桥
中桥	毛仪涧五八渠中桥	25.00	25.00	√			简支梁桥
	魏家营互通区通道桥	28.10	28.10			√	简支梁桥
	魏家营公公分离式立交桥	87.00	87.00			√	简支梁桥
	宗村公公分离式立交	29.20	29.20			√	简支梁桥
	羊毛屯公公分离式立交	65.00	65.00			√	简支梁桥
	五里庙中桥	81.00	81.00			√	简支梁桥
	梁张庄五八渠中桥	25.00	25.00	√			简支梁桥
	周家庄彰南渠中桥	65.00	65.00	√			简支梁桥
	安家沟漳南渠中桥	52.00	52.00	√			简支梁桥
	水冶公铁分离式立交桥	84.00	84.00			√	简支梁桥

续上表

规模	名称	桥长(m)	主跨长度(m)	跨越障碍物			桥梁类型
				河流	沟谷	道路、铁路	
中桥	水鹤线公公分离式立交桥	65.00	65.00			√	简支梁桥
	大白线公公分离式立交桥	65.00	65.00			√	简支梁桥

4）主要控制点

安阳市、林州市。

5）地形地貌

路线经过区域地处河南省西北部，地势大体上西高东低，安阳市区及安阳县属平原微丘区，向西进入林州市境，渐入太行山脉，属山岭重丘区。东部平原微丘区海拔高58.5m，西部重丘区最高点海拔319.0m，东西极点相对高差260.5m。地貌单元由东向西，大致可分为4个类型：冲积平原区、丘陵区、剥蚀基岩低山区、山间凹地。

6）投资规模

概算投资15.41亿元，平均每公里造价2756.91万元。

7）开工及通车、竣工时间

2004年5月31日开工建设，2006年10月30日建成通车，2008年8月15日完成竣工验收。

2．参建单位主要情况

（1）建设单位：河南鼎祥高速公路有限公司。

（2）设计单位：辽宁省交通勘测设计院。

（3）质量监督单位：河南省交通基本建设质量检测监督站。

（4）监理单位：河北通达工程监理咨询有限公司、北京港通路桥工程监理有限责任公司、河南卓越工程管理有限公司、陕西公路交通科技开发咨询公司。

（5）土建施工单位：北京市海龙公路工程公司、中铁七局集团有限公司、路桥集团第二公路工程局、江西省路桥工程有限公司、中铁十五局集团第二工程有限公司、中铁二局集团股份有限公司、中铁十七局集团第三工程有限公司。

（6）路面施工单位：中铁十五局集团第七工程有限公司、中铁二局第五工程有限公司、东盟营造工程有限公司。

（7）房建施工单位：河南省第一建筑工程有限责任公司、漯河建设工程有限公司、河南国际建筑安装工程有限公司、中国建筑第二工程局第二建筑公司、河南四建股份有限公司。

(8) 绿化施工单位：安阳市春苑园林工程有限责任公司、河南农大风景园林规划设计院、安阳市龙祥花卉园林工程有限责任公司、河南四季春园林艺术工程有限公司、洛阳市公路绿化工程处、郑州市园林绿化实业有限公司、河南佳宜景观工程有限公司、南京中天园林建设有限责任公司、信阳创艺园林绿化工程有限公司。

(9) 交通安全设施施工单位：河南路桥建设集团有限公司、北京路恒源交通工程技术开发有限公司、连云港市云路交通设备厂、北京路桥方舟交通科技发展有限公司、北京华纬交通工程公司、天津市莱茵环保新技术开发有限公司。

(10) 交通机电施工单位：湖北凯乐新材料科技股份有限公司、扬州市鸿信线路器材有限公司、亿阳集团股份有限公司。

(11) 其他施工单位：衡水中铁建工程橡胶有限责任公司、河南光谱光电工程有限公司。

(二) 建设情况

1. 项目准备阶段

1) 项目审批文件

2003年5月29日，河南省发展计划委员会对项目建议书进行了批复，文号豫计基础〔2003〕734号。2003年9月30日，《关于安阳至林州高速公路工程可行性研究报告的批复》，文号为豫计基础〔2003〕1738号。2003年4月25日，河南省水利厅对该项目的水土保持方案进行了批复，文号为豫水土函〔2003〕34号。2003年10月28日，省国土资源厅分别对该项目的地质灾害评估进行了批复，文号为豫国土函〔2003〕559号。2004年3月31日，《关于安阳至林州高速公路工程初步设计的批复》，文号为豫发改办〔2004〕553号。2004月4月8日，国土资源部对项目压覆矿产资源报告进行了批复，文号为国土资厅函〔2004〕145号。2004年5月10日，河南省环境保护局对环境影响报告书进行了批复，文号为豫环监〔2004〕74号。2004年7月30日，《关于同意安阳至林州等第七条高速公路环评批复意见的复函》，文号环办函〔2004〕478号。2004年9月10日，国土资源部批准了该项目的建设用地，文号为国土资函〔2004〕288号。2005年6月9日，《关于安阳至林州高速公路工程施工图设计的批复》，文号豫交计〔2005〕130号。2005年11月14日，省交通厅对机电工程详细设计进行了批复，文号为豫交计〔2005〕279号。2005年11月22日，省交通厅对房建工程施工图设计及预算进行了批复，文号为豫交计〔2005〕292号。2008年4月8日，河南省文物管理局对该项目文物环境影响评价书进行了批复，文号为豫文物基〔2008〕34号。

2) 资金筹措

项目概算总投资为15.414853亿元，其中35%为建设单位自有资金，其余65%为银行贷款。

3)合同段划分

(1)设计标段划分:土建工程设计1个标段。

(2)施工标段划分:土建工程7个标段,房建工程5个标段,路面工程3个标段,管道工程2个标段,机电工程2个标段,绿化工程9个标段,交通安全设施工程7个标段。

(3)施工监理标段划分:设2个土建工程监理标段,1个房建工程监理标段,1个机电工程监理标段,1个路面交通设施绿化工程监理标段。

4)招投标

(1)2003年10月20日,发布土建工程施工招标公告,2004年1月10日开标,确定6家施工单位和2家监理单位。土建2标主要是跨京广铁路立交桥,考虑施工的特殊性,单独进行了招标,确定了1家中标单位。

(2)2005年1月23日,发布路面工程施工招标公告,4月20日开标,确定3家施工单位、1家监理单位。

(3)2004年11月26日,发布房建工程招标公告,12月20日完成资格预审,2005年9月15日开标,确定5家施工单位。

5)征地拆迁情况

征地面积为5918.0247亩。其中安阳县2071.9997亩、龙安区1449.5895亩、林州市814.9845亩、文峰区1080.0205亩、开发区501.4305亩。

2. 项目实施阶段

1)实施过程

(1)主线土建工程于2004年5月31日开工,2005年11月30日完工。

(2)房建工程于2005年4月开工,2006年10月完工。

(3)机电工程于2006年4月10日开工,2006年10月20日完工。

(4)交通安全设施工程于2006年6月10日开工,2006年11月1日完工。

(5)绿化工程于2006年6月开工,2006年10月完工。

(6)2006年10月21日,河南省交通基本建设质量检测监督站组织专家对安林高速公路进行了交工验收,得分为91.6分,工程质量评定为合格工程。

(7)2008年8月14、15日,该项目进行了竣工验收,工程质量鉴定得分为92.3分,等级评为优良。

2)重大决策

(1)2004年5月24日,公司向各施工标段下达总开工令;5月31日,第七合同段路基试验段工作正式开始,标志着安林高速公路的建设正式拉开序幕;8月20日,安林高速公路组织各参加单位召开"大干120天劳动竞赛"动员会,掀起大干高潮。

（2）由公司和代表处制定了更加严格的质量管理办法，对施工单位的自检体系实行按需定人，定人则定岗、定责、定设备、定计划，试验人员实行条条管理，监理代表处考核合格后方能上岗。对监理人员实行浮动工资，根据履约评价，对工资上浮或下调10%。

（3）项目公司对文明施工高度重视，水泥混凝土路面施工一开始，即确定了打通右半幅的总体思路，施工单位及时补齐断口，5月底全线贯通，为边坡防护提供了工作面，上下坡道统一采用碎石或二灰碎石铺垫，避免污染，对施工过程中污染路面的现象实行重罚，严禁在路面上拌和砂浆，并对杂物及时清理，要求工程结束现场整理结束，监理代表处对各种标志规格、颜色进行统一，规范了施工单位的行为，提高了整体管理水平。

3）设计变更

（1）在K10+123~K10+263段增加K10+193毛仪涧大桥，增加费用3469316元。

（2）在K16+990处增加安家沟漳南渠中桥（3~16m预应力空心板），增加费用1963211元。

（3）对K28+600~K28+870段、K29+400~K30+360段、K30+460~K30+940段、K31+506~K31+860段进行软土地基处理。

（4）K35+488.73下堡中桥变更为K35+585下堡大桥。

（5）对K35+836~K36+000等段石方爆破施工工艺进行变更。

（6）对县级文物慈源寺实施整体迁移保护。

4）重大事件

（1）2006年10月30日，安林高速公路通车典礼，如图8-16-4所示。

图8-16-4　通车典礼

(2)安林高速公路竣工验收大会,如图8-16-5所示。

图8-16-5 竣工验收会

(三)复杂技术工程

县级文物慈源寺整体迁移保护:安林高速公路在K45+460处通过林州市文物保护单位慈源寺,在维持原设计线路的位置下,迁移慈源寺,实施异地保护,如图8-16-6所示。2004年12月27日,河南省人民政府以豫政文〔2004〕223号《关于对慈源寺进行迁移保护的批复》进行了批复。

图8-16-6 慈源寺迁址

(四)科技创新

"矿物纤维沥青混合料改性机理和应用研究"获得2007年度河南省科学技术进步二等奖(证书号:2007-J-053-D02/02),如图8-16-7所示。在施工中,还大规模采用了最近几年国内外已成功实践的新技术、新设备、新工艺、新材料。

图8-16-7 河南省科学技术进步奖

(五)运营养护管理

1.组织架构

许平南公司下设的安林运营管理处具体负责该项目的运营管理工作。管理处有综合办公室、收费管理部、路产部、财务室、养护中心、监控中心6个部室。林州服务区统一划归河南双丰高速公路开发有限责任公司负责管理。

2.服务设施

曲沟服务区地处南林高速公路K123处,位于河南省安阳县水冶镇境内,总占地面积90亩,建筑面积$5000m^2$,于2006年10月开业运营,是集餐饮、住宿、加油、购物、汽车修理为一体的高速公路驿站,见表8-16-8。

S22 南林高速公路安阳至林州段服务场区一览表 表8-16-8

高速公路编码	服务区名称	桩 号	所在区域	占地面积(m^2)	建筑面积(m^2)
S22	曲沟服务区	K123	安阳县水冶镇东高平村	59940	5000

3.收费设施

安林运营管理处下设有安林段和林长段两个路段。安林段收费站有安阳开发区收费站5个出口、3个入口,共8条通行车道;安阳西收费站有6个出口、3个入口,共9条通行车道;水冶收费站6个出口、3个入口,共9条通行车道;林州收费站7个出口、4个入口,共11条通行车道,见表8-16-9。

S22 南林高速公路安阳至林长段收费设施一览表 表8-16-9

收费站名称	桩 号	入口车道数		出口车道数	
		总车道	ETC车道	总车道	ETC车道
安阳开发区收费站	K103+000	3	1	5	1
安阳西收费站	K118+000	3	1	6	1
水冶收费站	K130+000	3	1	6	1
林州收费站	K150+000	4	1	7	2

4.监控设施

设置监控中心1个,于2013年投入使用,负责安林段收费站区域的运营监管,监控中心位于林州市安林运营管理处。

5. 养护管理

1）路面维修工程

中修工程：为保证路面行驶的安全、畅通，2011 年投入 23 万元对桥头跳车处路面进行铣刨、撒布黏层油 2328.75m²、摊铺沥青混凝土 2794.5m²；2012 年投入 78 万元对安林路面病害处治 7000m²；2013 年投入 32 万元对安林高速公路"桥头跳车"处治 10187.103m²（1cm 厚）。

预防性养护工程：2012 年对主线行车道 10km 采用精细抗滑保护层；2013 年进行预防性养护工作，完成路面车辙 1.2 万 m²、精细磨耗层 3.4 万 m²、微表处 7500m²；2014 年投入 426 万元进行微表处施工，完成微表处 229482.4m²；2015 年投入 154 万元进行微表处施工，完成微表处 21.7km，合计 80700.8m²，如图 8-16-8 所示。

图 8-16-8　微表处施工

2）桥梁检测、维修加固

根据桥梁检测结果，对全线路段内发现的三类桥涵进行维修加固：2011 年对张家庄天桥进行加固处置投入 86 万元；2012 年对安林高速公路五里庙中桥、5 座通道桥及翟曲大桥进行维修加固处置投入 190.6987 万元；2013 年对安林高速公路 17 座桥涵进行维修加固处置投入 142.1637 万元；2014 年由郑州市公路工程公司对 AK1+055.709 水冶互通匝道桥和 K147+250 横水大桥、2 个三类桥处置病害桥梁进行加固处置投入 83.38 万元；2015 年由郑州市公路工程公司负责安林高速公路五里庙中桥、翟曲大桥、横水大桥、翟曲北公共式分离式立交 4 座评定为三类桥的桥梁维修加固处置工作，并对全线 42 座涵通裂缝进行了集中处理，共计投入 90 万元，如图 8-16-9 所示。

3）沿线设施的提升、改造

每年增加部分标志牌如"团雾路段、减速慢行""严禁超限超载车辆驶入高速公路"等，进一步保障道路行驶安全。

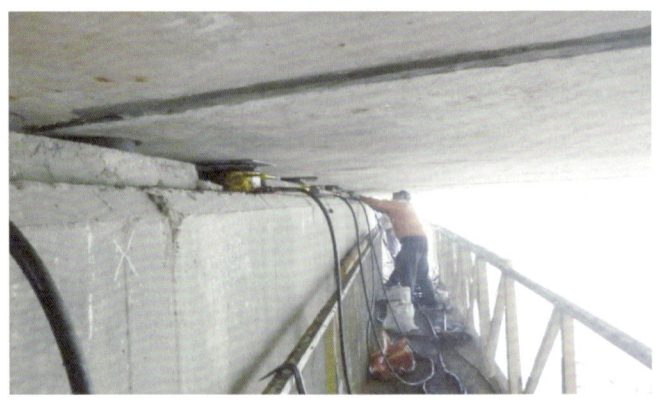

图 8-16-9　桥梁加固处置

2015年,以迎国检为契机,对安林高速公路进行养护维修,提升整体路况和路容路貌,顺利通过国检预检工作。

2016年计划对互通区及收费站区进行绿化提升,提高站区工作环境,打造"畅、洁、舒、美、安"的通行环境。

4)新材料、新技术研发

公司联合中交国通公路工程技术有限公司、陕西海威软件工程有限公司完成"许平南高速路面养护对策系统研究",并于2013年11月3日被南阳市科学技术局评为科技成果二等奖,如图8-16-10所示。

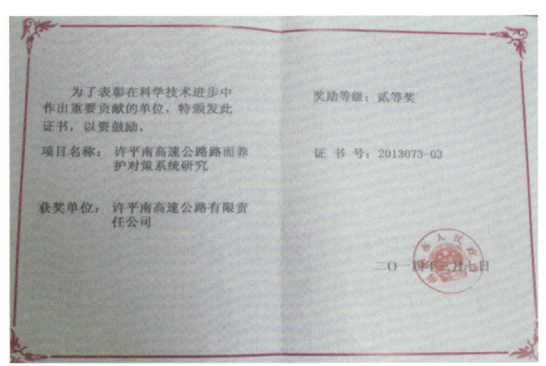

图 8-16-10　南阳市科技进步奖

四、S22 南林高速公路林州至长治(省界)段

(一)项目概况

1. 基本情况

1)功能定位

南林高速公路林州至长治(省界)段起于林州市横水镇东南,与已建成的安阳至林州

高速公路连接,经林州市陵阳镇、河顺镇、姚村镇、任村镇,在省界与山西省段相接,全长39.705km。该项目对完善豫北地区公路网主骨架,打开太行山千古屏障,促进晋南、冀南及豫北地区经济发展和旅游资源开发具有重要意义。

2)技术标准

采用全封闭、全立交、双向四车道;设计行车速度:100km/h、80km/h;路基宽度:26m、24.5m;桥梁净宽:$2\times11.25m$、$2\times11.5m$;桥涵设计荷载标准:公路—Ⅰ级,特大桥采用公路—Ⅰ级的1.3倍;路面设计标准轴载:BZZ-100;路面:收费广场和服务区广场采用水泥混凝土路面,特长、长隧道洞身段(出入口500m以内)采用水泥混凝土路面,其余主线、互通采用沥青混凝土路面;主线为4cm细粒式玛蹄脂碎石混合料(SMA-13)+6cm中粒式改性沥青混凝土(AC-20C)+10cm密级配沥青碎石(ATB-25)+改性乳化沥青下封层+40cm水泥稳定碎石+20cm低剂量水泥稳定碎石;设计使用年限:使用年限为15年。

3)建设规模

主要工程量:路基土方739万m^3,路面258.8万m^2,主线收费站1处,匝道收费站2处;服务区1处;管理、养护、服务、监控房屋建筑面积32722m^2;表8-16-10为S22南林高速公路林州至长治(省界)段桥梁一览表;表8-16-11为S22南林高速公路林州至长治(省界)段隧道一览表。

S22 南林高速公路林州至长治(省界)段桥梁一览表　　表8-16-10

规模	名称	桥长(m)	主跨长度(m)	跨越障碍物 河流	跨越障碍物 沟谷	跨越障碍物 道路、铁路	桥梁类型
特大桥	露水河大桥	596	170	√			简支梁桥
大桥	杨家营大桥	156	25			√	简支梁桥
	安姚分离式立交桥	106	25			√	简支梁桥
	东寨大桥	206	25	√			简支梁桥
	申村大桥	406	25			√	简支梁桥
	焦家屯大桥	106	25	√			简支梁桥
	井头村大桥	474.2	29.2	√		√	简支梁桥
	和谐大桥左幅	306	25		√		简支梁桥
	和谐大桥右幅	256	25		√		简支梁桥
	南丰1号大桥	156	25		√		简支梁桥
	南丰2号大桥左幅	131	25		√		简支梁桥
	南丰2号大桥右幅	231	25		√		简支梁桥
	尖庄1号大桥	156	25		√		简支梁桥
	尖庄2号大桥左幅	156	25		√		简支梁桥
	尖庄2号大桥右幅	157	25		√		简支梁桥
	白家庄大桥左幅	256.5	30		√		连续梁桥

河南

续上表

规模	名称	桥长(m)	主跨长度(m)	跨越障碍物 河流	跨越障碍物 沟谷	跨越障碍物 道路、铁路	桥梁类型
大桥	白家庄大桥右幅	256.5	32.25		√		连续梁桥
中桥	兴华村中桥	43	13	√			简支梁桥
中桥	K161+352中桥	36	13			√	简支梁桥
中桥	K162+716中桥	57	13	√			简支梁桥
中桥	焦家屯分离式立交桥	51	13			√	简支梁桥
中桥	红旗渠互通主线桥	61	23		√		连续梁桥

S22南林高速公路林州至长治(省界)段隧道一览表　　表8-16-11

规模	名称	隧道全长(m)	隧道净宽(m)	按地质条件划分 土质隧道	按地质条件划分 石质隧道	按所在区域划分 山岭隧道	按所在区域划分 水底隧道	按所在区域划分 城市隧道	洞门形式(进口/出口)
特长隧道	太行屋脊隧道左洞	3240	10.25		√	√			削竹式/端墙式
特长隧道	太行屋脊隧道右洞	3162	10.25		√	√			端墙式/削竹式
长隧道	林虑山隧道左洞	2263	10.25		√	√			端墙式/削竹式
长隧道	林虑山隧道右洞	2341	10.25		√	√			削竹式/端墙式
中隧道	关家岭隧道左洞	735.2	10.25		√	√			削竹式/端墙式
中隧道	关家岭隧道右洞	733.2	10.25		√	√			端墙式/削竹式
短隧道	分水岭隧道左洞	336	10.25		√	√			削竹式/削竹式
短隧道	分水岭隧道右洞	314	10.25		√	√			削竹式/削竹式
短隧道	太行平湖隧道左洞	168	10.25		√	√			削竹式/端墙式
短隧道	太行平湖隧道右洞	135	10.25		√	√			削竹式/端墙式
短隧道	大峡谷隧道左洞	412	10.25		√	√			端墙式/端墙式
短隧道	大峡谷隧道右洞	273	10.25		√	√			端墙式/端墙式
短隧道	将军岭隧道左洞	343	10.25	√		√			端墙式/端墙式
短隧道	将军岭隧道右洞	396	10.25	√	√	√			端墙式/端墙式

4)主要控制点

安阳市、林州市。

5)地形地貌

路线所经地区处于太行山地与华北平原的过渡地带,也是黄土高原的东沿,地势西高东低,地貌分为中山、低山、丘陵、盆地4种类型。

6)投资规模

概算投资27.1594亿元,平均每公里造价6177.5万元。

7)开工及通车、竣工时间

2010年3月开工建设,2012年11月交工通车,2014年12月完成竣工验收。

2. 参建单位主要情况

(1)建设单位:河南林长高速公路有限责任公司。

(2)设计单位:河南省交通规划勘察设计院有限责任公司。

(3)质量监督单位:河南省交通基本建设质量检测监督站。

(4)监理单位:北京中交公路桥梁工程监理有限公司、河北通达工程监理咨询有限公司、北京港通路桥工程监理有限责任公司、河南省育兴建设工程管理有限公司、陕西公路交通科技开发咨询公司。

(5)土建施工单位:山东省滨州公路工程总公司、天津第二市政公路工程有限公司、中铁七局集团第三工程有限公司、中铁十五局集团第一工程有限公司、中铁十五局集团第二工程有限公司、中铁大桥局股份有限公司、中铁十五局集团第七工程有限公司、中铁二局股份有限公司。

(6)路面施工单位:安阳市恒达公路发展有限责任公司、中交第二公路工程局有限公司。

(7)房建施工单位:河南省九建工程有限公司、河南省盛达建设有限公司、河南七建工程有限公司、河南振兴建设工程集团有限公司。

(8)绿化施工单位:河南中林绿化工程有限公司、河南森泰园林景观工程有限公司。

(9)交通安全设施施工单位:周口市公路交通设施有限公司、河南省路桥建设集团有限公司、淄博顺达交通设施工程有限公司。

(10)交通机电施工单位:紫光捷通科技股份有限公司、国铁建电气化局集团第一工程有限公司。

(二)建设情况

1. 项目准备阶段

1)项目审批文件

2009年3月17日,河南省环境保护厅,《关于林州至长治(省界)高速公路工程环境影响报告书的批复》,文号为豫环审〔2009〕12号。2009年4月10日,河南省国土厅对林州至长治(省界)高速公路项目用地预审进行批复,文号为豫国土资函〔2009〕156号。2009年8月24日,河南省发展与改革委员会,《关于林州至长治(省界)高速公路核准的批复》,文号为豫发改交通〔2009〕1440号。2009年11月19日,河南省发展与改革委员会,《关于林州至长治(省界)高速公路工程初步设计的批复》,文号为豫发改设计〔2009〕

1905号。2010年10月9日,河南省交通运输厅,《关于林州至长治(省界)高速公路工程施工图设计的批复》,文号为豫交规划〔2010〕338号。2012年1月21日,国土资源部以《关于林州至长治(省界)高速公路工程建设用地的批复》(国土资函〔2012〕52号),批复该项目建设用地。

2)资金筹措

概算总投资为27.1594亿元,其中25%为建设单位自有资金,其余75%为银行贷款。平均每公里造价6177.5万元。

3)合同段划分

(1)设计标段划分:土建工程、路面工程、房建工程、绿化工程、交安工程、机电工程各有1个标段。

(2)施工标段划分:土建工程8个标段,机电工程2个标段,房建工程5个标段,绿化工程3个标段,交通安全设施3个标段。

(3)施工监理标段划分:设6个总监办公室,8个土建工程驻地监理标段,1个房建工程监理标段,1个机电工程监理标段。

4)招投标

(1)2009年9月16日,有110家土建工程施工单位通过资格预审,参加该项目主线土建工程8个合同段的投标。2009年12月22日,在郑州市公开开标,由评标委员会评审出8家中标单位。

(2)2010年11月11日,有36家路面工程施工单位通过资格预审,参加该项目路面工程2个合同段的投标。2010年12月30日,在郑州市公开开标,由评标委员会评审出2家中标单位。

(3)2011年5月10日,有45家房建工程施工单位通过资格预审,参加该项目房建工程5个合同段的投标。2011年5月31日,在郑州市公开开标,由评标委员会确定了5家中标单位。

(4)2011年10月28日,有12家机电工程施工单位通过资格预审,参加该项目机电工程1个合同段的投标。2012年2月2日,在郑州市公开开标,由评标委员会进行评审,确定1家中标单位。

(5)2011年10月28日,有14家交通安全设施工程施工单位通过资格预审,参加交通安全设施2个合同段的投标。2012年3月1日,在郑州市公开开标,确定了2家中标单位。

(6)2011年12月9日,有18家绿化工程单位通过资格预审,参加绿化工程2个合同段的投标。2012年3月1日,在郑州市公开开标,确定了2家中标单位。

5)征地拆迁情况

项目实际征用土地3123.983亩,其中:横水镇606.5715亩、河顺镇592.371亩、陵阳镇 89.75 亩、姚村镇 594.5775 亩、任村镇 1229.595 亩、公路铁路 11.118 亩。

2. 项目实施阶段

1）实施过程

（1）主线土建工程于 2010 年 3 月 20 日开工，2012 年 10 月 20 日完工。

（2）房建工程于 2011 年 8 月开工，2012 年 10 月完工。

（3）机电工程于 2012 年 3 月 16 日开工，2012 年 10 月 22 日完工。

（4）交通安全设施工程于 2012 年 5 月开工，2012 年 10 月完工。

（5）绿化工程于 2012 年 4 月开工，2012 年 9 月完工。

（6）2012 年 10 月 25 日～11 月 10 日，河南省交通基本建设质量检测监督站组织专家对南林高速公路林州至长治（省界）段进行了交工验收，项目得分为 96 分，质量等级为合格。

（7）2015 年 1 月 22～24 日，河南省交通基本建设质量检测监督站对林州至长治（省界）高速公路进行了质量鉴定，鉴定得分为 93.30 分，等级评为优良。

2）设计变更

（1）原设计 K15+019 通道，改为 2-13m 的混凝土空心板小桥。

（2）K16+351～K16+408 段原设计为路基，变更为 K16+380 处 4-13m 的预应力混凝土空心板中桥。

（3）红旗渠收费站收费广场由五车道变更为八车道。

3）重大事件

（1）2009 年 6 月 25 日，林州至长治（省界）高速公路开工典礼，如图 8-16-11 所示。

图 8-16-11　开工典礼

（2）2010 年 3 月 20 日，林州至长治（省界）高速公路召开施工动员会，如图 8-16-12 所示。

图 8-16-12　项目施工动员会

（3）2010年6月，林州至长治（省界）高速公路迎接省厅质量安全大检查动员会，如图 8-16-13 所示。

图 8-16-13　质量安全大检查动员会

（4）林长高速公路建成通车，如图 8-16-14 所示。

图 8-16-14　建成通车

(三)复杂技术工程

1. 露水河特大桥

露水河特大桥位于林长高速公路 K180+286 处,跨越一条主槽宽约 160m 的河流,是林长高速公路工程的主要控制性工程,主桥设计为 90m+170m+90m,预应力混凝土连续刚构箱梁,全桥左、右线分离。主桥 6、7 号墩墩身采用等截面双肢薄壁矩形空心墩,肢净间距为 8m,单肢截面尺寸为 6.5m×3m,壁厚 0.7m,墩高 39.395~54.63m,主桥墩身采用滑模施工。该桥位于半径 800m 和 1100m 曲线、纵坡 2.97%、横坡 4% 超高路段上,墩高 74m,桥面到河底高度 130m,特殊的桥型在国内也属罕见,如图 8-16-15 所示。

图 8-16-15　露水河特大桥建设过程

露水河特大桥地处山区,冬季气温低,桥面易结冰,容易诱发交通事故,为减缓冬季路面结冰,引进欧洲先进技术,在桥面沥青混凝土内掺加了路丽美防冰材料。

2. 太行屋脊隧道

太行屋脊隧道起点位于林长高速公路 K181+676 处,终点止于 K184+916 处,该隧道为河南省已通车项目(2012 年前)中最长的隧道。分为两个施工标段。两个标段的施工单位于 2010 年 3 月 20 日正式开始施工,历时 23 个月,至 2012 年 3 月 13 日,长达 6402m(单洞总长)的洞身得以全部掘进贯通,单洞平均月进尺达 140m。太行屋脊隧道在施工期间,承建单位克服了地下涌水、冒顶、塌方等诸多风险,采取超前预报、监控量测等技术工艺,通过设计单位、施工单位、建设单位、外聘专家等多次联合商讨,在隧道涌水、处治塌方等公路隧道处治方面积累了经验,取得了创新性成果,确保了隧道施工安全,如图 8-16-16 所示。

图 8-16-16 太行屋脊隧道建设过程

(四)科技创新

露水河特大桥跨越一条主槽宽约 160m 的河流,是林长高速公路工程的主要控制性工程,如图 8-16-17 所示。项目第一次采用滑模施工工艺,施工经验较少,墩身的施工质量直接影响到自身的结构安全和上部预应力混凝土连续刚构箱梁合龙线形,为此开展了提升滑模施工墩身线性质量课题,获得了河南省工程建设优秀质量管理二等奖和全国工程建设优秀质量管理小组三等奖,如图 8-16-18 所示。

图 8-16-17 露水河特大桥高墩滑模施工

图 8-16-18 获奖情况

(五)运营养护管理

1. 组织架构

许平南公司下设的安林运营管理处负责项目的运营管理工作。下设综合办公室、收费管理部、路产部、财务室、养护中心、监控中心6个部室。林州服务区统一划归河南双丰高速公路开发有限责任公司负责管理。

2. 服务设施

林州服务区于2013年11月投入运营,由河南双丰高速公路开发有限责任公司运营管理,占地面积约90余亩,为驾乘人员提供餐饮、住宿、购物、加油、汽车维修、停车休息等多种服务,餐厅可容纳200余人就餐,南北区广场设有免费停车位180个,实行大型车、小型车分区停放管理,见表8-16-12。

S22 南林高速公路林州至长治(省界)段服务场区一览表   表8-16-12

高速公路编码	服务区名称	桩号	所在区域	占地面积(m²)	建筑面积(m²)
S22	林州服务区	K162	林州市姚村镇军营村	63336	5400

3. 收费设施

安林运营管理处下设的安林段和林长段两个路段。林长段收费站有红旗渠开发区收费站5个出口、3个入口共8条通行车道;红旗渠收费站5个出口、3个入口共8条通行车道;豫晋省界收费站10个出口、10个入口共20条通行车道,见表8-16-13。

S22 南林高速公路林州至长治(省界)段收费设施一览表   表8-16-13

收费站名称	桩号	入口车道数 总车道	入口车道数 ETC车道	出口车道数 总车道	出口车道数 ETC车道
红旗渠开发区收费站	K157+379	3	1	5	1
红旗渠收费站	K170+936	3	1	5	1
豫晋省界收费站	K175+186	10	2	10	2

4. 监控设施

设置监控中心1个,于2013年投入使用,负责安林段和林长段收费站区域的运营监管,监控中心位于林州市安林运营管理处。

5. 养护管理

林长高速公路日常养护项目部和林长高速公路绿化养护项目部负责全线路基、路面、桥涵、交通安全设施和绿化日常养护,并严格执行相关行业标准及公司养护制度进行日常保养保洁工作。

1)桥梁检测、维修加固

项目每三年委托检测单位对全线桥涵结构物进行定期检测,及时掌握技术状况及病害情况,作为桥涵维修保养的依据。

2)沿线设施的提升、改造

(1)林长高速公路沿线共有 7 座隧道,全长 7420.7m,其中特长隧道 1 座、长隧道 1 座,2015 年进行了隧道定检,均评定为一、二类,无明显病害。长隧道、特长隧道内路面采用的是混凝土路面,经过三年多的运营发现,其抗滑能力有所下降。2015 年 8 月在林虑山隧道下行混凝土路面上加铺了彩色铺装 1139m^2;2015 年 12 月在太行屋脊隧道下行混凝土路面选取了 800m 进行铣刨、刻槽处置,经检测,施工后混凝土路面抗滑系数大幅提高,如图 8-16-19 所示。

图 8-16-19 抗滑性能改造

(2)边坡防护专项加固,林长高速公路地处山岭重丘区,地形地貌复杂,边坡形式多变,尤其是一些风化严重的边坡,汛期易受到雨水侵害,易发生水毁、落石。因此,2015 年管理处对 K147、K167、K178+500 三段防护进行了加固处置,防护类型为浆砌片石拱形骨架防护、双向聚酯土工格栅防护网、SNS 主动防护网,处置后,三处安全隐患得到消除,确保了道路运营安全,如图 8-16-20 所示。

图 8-16-20 边坡处置

第十七节　S26 台前至辉县高速公路

台辉高速公路是河南省东北部重要的东西走向高速公路,起自濮阳台前,经范县,在濮阳连接 G45 大广高速公路,经鹤壁连接 G4 京港澳高速公路,止于辉县,目前已建成路段为濮阳至范县段、濮阳至鹤壁段,全长 117.405km。该项目对打通豫鲁快捷出口,促进两省城际间联系,加快豫东北地区经济发展具有重要意义。

一、S26 台辉高速公路濮阳至范县段

(一)项目概况

1. 基本情况

1)功能定位

台辉高速公路濮阳至范县段起点位于濮阳市高新区胡村乡,于范县龙王庄乡袁庄东、邢楼西设枢纽互通式立交与德上高速公路范县段相接到达终点,全长 54.552km。该项目是濮阳市通往山东沿海地区的一条东西运输大通道,对于改变濮阳市交通状况、推进经济结构调整、扩大对外开放,加快中原经济区建设具有重要意义。

2)技术标准

采用全封闭、全立交、双向四车道;设计行车速度:100km/h;路基宽度:26m;桥涵设计荷载标准:公路—Ⅰ级;路面设计标准轴载:BZZ-100;路面结构:面层采用沥青混凝土,底基层、基层采用水泥稳定碎石。

3)建设规模

主要工程量:土方总量 677 万 m^3;主线临时收费站 1 处;服务区 1 处;主线占地面积 5826 亩;表 8-17-1 为 S26 台辉高速公路濮阳至范县段桥梁一览表。

S26 台辉高速公路濮阳至范县段桥梁一览表　　　　　　表 8-17-1

规模	名　称	桥长(m)	主跨长度(m)	跨越障碍物			桥梁类型
				河流	沟谷	道路、铁路	
大桥	久甘河大桥	105.08	20	√			简支梁桥
	马颊河大桥	244.88	30	√			简支梁桥
	前任渠大桥	105.08	20	√			简支梁桥
	金堤河大桥	674.66	40	√			简支梁桥
	K44+850.6 跨铁路桥	364.81	30			√	简支梁桥
	K46+231 大桥	125.04	20	√			简支梁桥
	K47+953 大桥	125.08	20	√			简支梁桥

续上表

规模	名 称	桥长（m）	主跨长度（m）	跨越障碍物			桥梁类型
				河流	沟谷	道路、铁路	
中桥	K9+174.414中桥	78	18			√	简支梁桥
	后铁炉中桥	53.04	16			√	简支梁桥
	K13+726.22中桥	65.04	20			√	简支梁桥
	猪笼河桥	65	20	√			简支梁桥
	K24+266中桥	65	20	√			简支梁桥
	K25+414中桥	65	20	√			简支梁桥
	K28+101中桥	65	20	√			简支梁桥
	K28+586中桥	69	16	√			简支梁桥
	K41+501中桥	65.04	20	√			简支梁桥
	K43+323中桥	65.04	16	√			简支梁桥

4）主要控制点

濮阳市南乐县、清丰县、濮阳县、范县、汤阴、台前。

5）投资规模

概算投资26.42亿元。

6）开工及通车时间

2006年12月开工建设，2012年8月28日建成通车。

2. 参建单位主要情况

(1) 建设单位：濮范高速公路有限公司。

(2) 设计单位：河南省交通规划勘察设计院。

(3) 质量监督单位：河南省交通基本建设质量检测监督站。

(4) 监理单位：江苏伟信工程咨询有限公司、河北华达公路工程咨询监理有限公司、河南省育兴工程管理有限公司。

(5) 土建施工单位：路桥华南工程有限公司、山东通达路桥工程有限公司、濮阳市通达公路工程有限公司、山西运城路桥有限责任公司、中铁七局集团有限公司、中交二公局萌兴工程有限公司、河北广通路桥工程有限公司、核工业西北工程建设总公司、北京城建集团有限责任公司、山西太行路桥有限公司。

(6) 路面施工单位：濮阳市通达公路工程有限公司、河南高速发展路桥工程有限公司、中交二公局萌兴工程有限公司、河南省公路工程局集团有限公司。

(7) 房建施工单位：河南省永阳建设有限公司、郑州市第二建筑工程有限责任公司、河南七建工程有限公司、南阳市寅兴实业有限公司。

(8)绿化施工单位:河南华泰园林工程有限公司、河南天域园林绿化工程有限公司、河南锦添园林景观工程有限公司、河南林峰园林绿化工程有限公司、河南新封园林绿化工程有限公司、河北风景园林工程有限公司。

(9)交通安全设施施工单位:山东通达路桥工程有限公司、河北欧达交通工程有限公司、厦门合顺交通工程有限公司、河南通达交通设施有限公司、南京华路公路设备工程有限公司、郑州彩达交通设施工程有限公司、江苏泓益交通工程有限公司。

(10)交通机电施工单位:北京兴兴交通通信工程技术公司、濮阳市城市照明安装服务中心、社旗县电业局电气安装有限公司。

(二)建设情况

项目准备阶段

1)资金筹措

概算总投资为21.38亿元,其中30%为建设单位自有资金,其余70%为银行贷款。

2)合同段划分

(1)设计标段划分:土建设计1个标段,房建工程设计1个标段,绿化工程设计1个标段,机电工程设计1个标段。

(2)施工标段划分:土建工程10个标段,机电工程2个标段,房建工程4个标段,绿化工程6个标段,交通安全设施8个标段。

(3)施工监理标段划分:设1个总监办公室,4个土建工程驻地监理标段,1个房建工程监理标段,1个机电工程监理标段。

3)招投标

按照国家颁布的《中华人民共和国招标投标法》和交通部颁布的《公路工程施工招标投标管理办法》《公路工程施工招标资格预审办法》《公路工程施工招标评标办法》的要求,该项目采用公开竞争性方式招标。在招标过程中公开、公正的选择施工单位,严格按照程序向行业主管部门报批、报备土建工程、路面工程等工程招标资格预审文件、招标文件和评标报告,并采用随机的办法在省交通厅、省发改委专家库中抽取专家进行评标,且所有的招标过程均在相关部门的监督下进行。

(三)运营养护管理

1. 组织架构

该项目运营管理单位为河南省交通运输厅高速公路濮阳至范县管理处。管理处隶属于河南省收费还贷高速公路管理中心,设有综合办公室、党委办公室、计划财务科、征稽科、路政管理科、工程养护科、运营维护中心、机电科8个科室和工会,1个运营管理中心;

濮范高速公路管理处。

2. 服务设施

设东北庄停车区 1 处。

3. 收费设施

下设范县、濮城、濮阳北 3 个收费站，见表 8-17-2。

S26 台辉高速公路濮阳至范县收费设施一览表　　表 8-17-2

收费站名称	桩　号	入口车道数		出口车道数	
		总车道	ETC 车道	总车道	ETC 车道
范县收费站	K7+900	2	0	3	0
濮城收费站	K18+200	2	0	3	0
濮阳北收费站	K41+800	3	0	5	0

4. 监控设施

设置监控中心 1 个，负责濮范高速公路道路沿线及 3 个收费站区域的运营监管。

5. 养护管理

日常养护项目部负责全线路基、路面、桥涵、交通安全设施和绿化日常养护，并严格执行相关行业标准及濮范管理处养护制度进行日常保养保洁工作。

二、S26 台辉高速公路濮阳市华龙区王什乡至濮阳市华龙区太行村

S26 台辉高速公路濮阳市华龙区王什乡至濮阳市华龙区太行村，里程桩号为 K54+552～K59+052，路段长 4.5km，与 G45 大广高速公路濮阳段共线。

三、S26 台辉高速公路濮阳至鹤壁段

(一)项目概况

1. 基本情况

1) 功能定位

台辉高速公路濮阳至鹤壁段起始于濮阳西侧孔村南侧，沿线经过濮阳市、安阳市、鹤壁市，终止于京港澳国道干线淇滨互通立交桥，全长 58.353km，该项目对增大豫东北地区的公路网密度，改善交通投资环境，加速区域对外开放，促进经济发展具有重要意义。

2) 技术标准

采用全封闭、全立交、双向四车道；设计行车速度：120km/h；路基宽度：26m；桥梁净

宽:2×12.794m;桥涵设计荷载标准:汽车—超20级,挂车—120;路面设计标准轴载:BZZ-100;路面:收费广场和服务区广场采用水泥混凝土路面,其他采用沥青混凝土路面;路面结构:主线为4cm中粒式沥青混凝土(AC-16I)上面层,粗粒式沥青混凝土(AC-25I)中面层,粗粒式沥青混凝土(AC-30I)下面层,基层为2×17cm厚水泥稳定碎石,32cm水泥石灰稳定土底基层;按长寿命路面设计。

3)建设规模

主要工程量:路基土方776.4万 m³,路面167.5万 m²;主线收费站2处,匝道收费站3处;停车区1处;管理、养护、服务、监控房屋建筑面积6301m²;表8-17-3为S26台辉高速公路濮阳至鹤壁段桥梁一览表。

S26台辉高速公路濮阳至鹤壁段桥梁一览表　　　　表8-17-3

规模	名称	桥长(m)	主跨长度(m)	跨越障碍物 河流	跨越障碍物 沟谷	跨越障碍物 道路、铁路	桥梁类型
特大桥	共产主义渠特大桥	1065	20	√			连续梁桥
大桥	卫河特大桥	725	20	√			连续梁桥
大桥	肖河坡大桥	145	20		√		连续梁桥
大桥	善堂互通式被交道桥	120	25			√	连续梁桥
大桥	刘河大桥	101	16	√			简支梁桥
中桥	小宿排沟中桥	45	20			√	连续梁桥
中桥	石庄排沟中桥	37	16		√		连续梁桥
中桥	小柴排沟中桥	25	20			√	简支梁桥
中桥	浚内沟中桥	53	16		√		连续梁桥
中桥	东许洼Ⅱ号排沟中桥	25	20		√		简支梁桥
中桥	沙嘴排沟中桥	25	20		√		简支梁桥
中桥	东桥庄排沟中桥	25	20	√			简支梁桥
中桥	苏村排沟中桥	37	16		√		连续梁桥
中桥	长丰渠排沟中桥	65	20		√		连续梁桥
中桥	席营渠排沟中桥	65	20		√		连续梁桥
中桥	韩庄排沟中桥	37	16			√	连续梁桥
中桥	凌湖Ⅰ号排沟中桥	65	20			√	连续梁桥
中桥	凌湖Ⅱ号排沟中桥	85	16		√		连续梁桥
中桥	东许洼排沟中桥	25	20		√		简支梁桥
中桥	K56+977中桥	25	20	√			简支梁桥

4)主要控制点

濮阳市、安阳市内黄县、鹤壁市浚县。

5）地形地貌

全线地处华北平原西缘，总地势西高东低。卫河以西为山前倾斜平原，为丘陵地形，岗地与坳地相间分布，高程 65~120m；卫河以东为黄河冲积平原，砂丘、沙地发育，局部为沙丘地貌，高程 50~70m。

6）投资规模

概算投资 15.6281 亿元，竣工决算投资 15.6 亿元，平均每公里造价 2442.44 万元。

7）开工及通车、竣工时间

2002 年 4 月开工建设，2004 年 11 月交工通车，2006 年 11 月完成竣工验收。

2. 参建单位主要情况

(1) 建设单位：河南豫濮高速公路发展有限公司。

(2) 设计单位：河南省交通规划勘察设计院。

(3) 质量监督单位：河南省交通基本建设质量检测监督站。

(4) 监理单位：河南省高等级公路建设监理部、北京双环工程咨询有限责任公司、北京泰克华诚技术信息咨询有限公司。

(5) 土建施工单位：河南黄河工程局、河南省大河筑路有限公司、中铁第十三工程局、河南省交通公路工程局、山西远方路桥集团总公司、中铁第十七工程局第三工程处、路桥集团一局五公司、深圳市建设投资控股公司。

(6) 路面施工单位：河南路桥发展建设总公司、河南省交通公路工程局、山西远方路桥建设有限责任公司、太原路桥建设有限公司。

(7) 房建施工：郑州亚新建筑装饰工程有限公司、郑州铁路建设集团有限公司、河南省第七建筑工程公司、荥阳市建筑工程总公司、郑州泰宏房屋营造有限公司。

(8) 绿化施工：河南省春竹园林绿化有限公司、灵宝市三宝园林绿化工程有限公司、郑州市万花园林绿化工程有限公司、潢川县佳美园林工程有限公司、潢川荟圆绿化工程有限公司、驻马店支点园林工程公司、河南宏泰园林工程公司、安阳吉昌实业发展有限责任公司、鄢陵县大自然园林绿化公司。

(9) 交通安全设施施工单位：山西运城路桥有限公司、山西路达实业总公司、四川路桥建设集团交通工程有限公司、北京华纬交通工程公司、河北科力交通设施有限公司、四川京川公路工程(集团)有限公司、四川京川公路工程(集团)有限公司、山西晋中路桥建设集团有限公司、山西长达交通设施有限公司、徐州众安交通设施有限公司、潍坊东方交通设施工程有限公司、山东天业交通设施工程有限公司、北京华纬交通工程公司、四川成都双羽实业股份公司。

(10) 交通机电施工单位：中铁电气化局第三集团有限公司、浙江珍琪电气工程有限公司、陕西公路交通科技开发及咨询公司。

(二)建设情况

1. 项目准备阶段

1）项目审批文件

1998年7月20日,国家计委批准了该项目的项目建议书,文号为计交能〔1998〕1384号。1999年9月3日,国家计委批准了该项目的工程可行性研究报告,文号为计基础〔1999〕1182号。1999年11月30日,河南省计委批复了该项目的初步设计,文号为豫计设计〔1999〕1026号。2001年3月3日,国土资源部批准了该项目的建设用地(濮阳段、鹤壁段),文号为国土资函〔2001〕128。2001年7月27日,河南省交通厅批复了该项施目工图设计,文号为豫交设计〔2001〕442号。2002年12月30日,河南省计委批准了该项目的概算调整,调整后该项目总概算为156281.1515万元。文号为豫计设计〔2002〕1768。2003年9月3日,国土资源部批准了该项目的建设用地(安阳市内黄段),文号为国土资函〔2003〕309号。

2）资金筹措

项目概算总投资为156281.1515万元,其中35%为建设单位自有资金,其余65%为银行贷款。

3）合同段划分

(1)设计标段划分:土建工程设计1个标段,路面工程设计标段划分1个标段,房建工程设计1个标段,绿化工程设计1个标段,机电工程设计1个标段。

(2)施工标段划分:根据工程内容的不同,土建工程8个标段,路面工程4个标段,机电工程3个标段,房建工程5个标段,绿化工程9个标段,交通安全设施14个标段。

(3)施工监理标段划分:设1个总监办公室,8个土建工程驻地监理标段,1个房建工程监理标段,1个机电工程监理标段。

4）招投标

(1)2001年8月,确定了8家土建工程中标单位。

(2)2003年8月7日,30家路面工程施工单位通过资格预审。2003年10月12日,确定了4家中标单位。

(3)2003年8月7日,39家房建工程施工单位通过资格预审。2003年9月2日,确定了5家中标单位。

(4)2004年4月6日,16家机电工程施工单位通过资格预审。2005年4月13日,确定3家中标单位。

(5)2003年12月18日,64家交通安全设施工程施工单位通过资格预审。2004年4月25日,确定了14家中标单位。

（6）2004年5月28日，67家绿化工程单位通过资格预审。2004年7月13日，确定了9家中标单位。

5）征地拆迁情况

全线计划占用土地5983.32亩，实际征用5700.768亩，其中濮阳市610.77亩，安阳市1595.643亩，鹤壁市3494.355亩。拆迁房屋2156.1m²，拆迁占地费用共计8677.9万元。

2. 项目实施阶段

1）实施过程

（1）主线工程于2002年4月18日开工，2004年11月15日完工。

（2）房建工程于2003年11月1日开工，2004年11月15日完工。

（3）机电工程于2004年7月开工，2004年10月30日完工。

（4）交通安全设施工程于2004年4月开工，2004年11月完工。

（5）绿化工程于2004年9月1日开工，2004年10月30日完工。

（6）2004年10月26日~11月11日，该项目进行了交工验收。

2）设计变更

全线软基段及桥、涵、通台背下增设水泥深层搅拌桩；桥梁增加4座，涵洞增加19座。

（三）运营养护管理

1. 组织架构

该项目运营管理单位为河南省交通运输厅高速公路濮阳至鹤壁管理处，设有综合办公室、党委办公室、人事劳动科、计划财务科、征稽科、路政管理科、工程养护科、运营维护中心、工会9个经营管理科科室和2个运营管理中心。

2. 服务设施

下辖内黄停车区1处，见表8-17-4。

S26台辉高速公路濮阳至鹤壁段服务场区一览表　　表8-17-4

高速公路编码	服务区名称	桩　　号	所在区域	占地面积(m²)	建筑面积(m²)
S26	内黄停车区	K83+500	内黄县梁庄镇二杨庄村	64666.99	1600.00

3. 收费设施

下设濮阳、内黄南、浚县东、浚县西4个收费站，见表8-17-5。濮阳收费站有7个出口、4个入口，共11条通行车道；内黄南收费站有2个出口、2个入口，共4条通行车道；浚县东收费站有2个出口、2个入口，共4条通行车道；浚县西收费站有4个出口、2个入口，共 6 条通行车道。

S26 台辉高速公路濮阳至鹤壁段收费设施一览表　　　表 8-17-5

收费站名称	桩　　号	入口车道数		出口车道数	
		总车道	ETC 车道	总车道	ETC 车道
濮阳收费站	K67+000	4	1	7	1
内黄南收费站	K73+500	2	0	2	1
浚县东收费站	K94+300	2	0	2	1
浚县西收费站	K109+300	2	0	4	1

4．监控设施

设置监控中心 1 个,负责濮阳站收费站区域、内黄南收费站区域、浚县东收费站区域、浚县西收费站区域的运营监管。

5．养护管理

日常养护项目部负责濮鹤高速公路全线路基、路面、桥涵、交通安全设施和绿化日常养护,并严格执行相关行业标准及濮鹤公司养护制度进行日常保养保洁工作。

1）路面维修工程

2015 年投入 6322 万元开展"2015 年度濮鹤管理处台辉高速公路濮鹤段路面专项工程",对台辉高速公路濮阳至鹤壁段全线路面进行全面的维修处治,如图 8-17-1 所示。

主要工程量:铣刨回铺 670749.9m², 超薄磨耗层 196050m², 桥头跳车处治 19 处。

图 8-17-1　2015 年度台辉高速公路濮鹤段路面专项工程

2）桥梁检测、维修加固

该项目委托河南省公路工程试验检测中心有限公司每两年对 S26 台辉高速公路濮阳至鹤壁段的桥梁进行一次检测。

第十八节　S38 新蔡至泌阳高速公路

新阳高速公路项目位于驻马店市境内,起于新蔡县孙召乡北侧,经平舆、汝南、驻马店、确山,止于泌阳县城东南马谷田镇,是大广、京港澳、沪陕等国家重点公路的重要连接线,全长 171.715km。该项目南连许广高速公路可达湖北,西接沪陕高速公路可达陕西,在河南省东南部又增加了一条东西出省大动脉,将大大缩短豫东南到南京、苏州、上海的行车时间,对完善河南高速公路网布局,改善交通投资环境,进一步增加驻马店的吸引力和辐射力,拉动沿线地区社会经济发展及旅游开发具有重要意义。

一、S38 新阳高速公路化庄至新蔡段

(一)项目概况

1. 基本情况

1)功能定位

新阳高速公路化庄(省界)至新蔡段起点位于新蔡县化庄东北豫皖两省交界处,与安徽省阜新高速公路相接,向西与县道 X002 及省道 S335 相交,在新蔡县孙召乡北与新蔡至泌阳高速公路相接,全长 25.815km。该项目对改善阜阳至新蔡段的交通环境,加快区域经济发展,缩短驻马店至阜阳、至淮南、至合肥、至上海等地的运输里程具有重要意义。

2)技术标准

采用全封闭、全立交、双向四车道;设计行车速度:100km/h;路基宽度:26m;桥梁设计荷载:公路—Ⅰ级;设计洪水频率:100 年;桥面净宽:2×11.5m;路面:收费广场和服务区广场采用水泥混凝土路面,其他采用水泥混凝土 + 沥青混凝土路面;路面结构:采用 5cm 中粒式沥青混凝土(AC-16C) + 6cm 中粒式改性沥青混凝土(AC-20C) + 7cm 粗粒式改性沥青混凝土(AC-25C) + 改性沥青混凝土 + 36cm 水泥稳定碎石 + 18cm 低剂量水泥稳定碎石,总厚度 72cm;路面设计使用年限:15 年。

3)建设规模

主要工程量:路基土方 350 万 m³;收费站 2 处(含省界收费站 1 处),省界超限站 1 处;表 8-18-1 为 S38 新阳高速公路化新段段桥梁一览表。

4)主要控制点

化庄、棠村镇、栎城乡。

S38 新阳高速公路化新段段桥梁一览表

表 8-18-1

规模	名称	桥长(m)	主跨长度(m)	跨越障碍物 河流	跨越障碍物 沟谷	跨越障碍物 道路、铁路	桥梁类型
大桥	谷河大桥	105.04	20	√			简支梁桥
大桥	塘湖大桥	325.06	20	√			简支梁桥
大桥	栎城互通匝道桥	125.04	30			√	简支梁桥
大桥	互通分离立交	105.04	40			√	简支梁桥
中桥	小孙庄中桥	44.04	13	√			简支梁桥
中桥	卢港中桥	44.04	13			√	简支梁桥
中桥	王寨中桥	44.04	13	√			简支梁桥
中桥	东刘营中桥	44.04	13	√			简支梁桥
中桥	梁庄中桥	65.04	20		√		简支梁桥
中桥	关庄中桥	44.04	13	√			简支梁桥
中桥	梁营中桥	69.04	16	√			简支梁桥
中桥	韩庄中桥	53.04	16	√			简支梁桥
中桥	土楼中桥	53.04	16	√			简支梁桥
中桥	杜庄中桥	65.04	20		√		简支梁桥
中桥	涧头大港中桥	65.04	20	√			简支梁桥
中桥	K12+072.014	44.04	13	√			简支梁桥
中桥	K13+605	53.04	16			√	简支梁桥
中桥	K13+979	44.04	13		√		简支梁桥
中桥	K17+413	57.04	13	√			简支梁桥
中桥	龙口二港中桥	69.04	16	√			简支梁桥
中桥	中桥	37.04	16			√	简支梁桥
中桥	马庄中桥	85.04	20	√			简支梁桥
中桥	刘庄中桥	35.04	10			√	简支梁桥
中桥	龙口大港中桥	85.04	20	√			简支梁桥

5）地形地貌

路线由东向西经过新蔡县境内国道 G106 的以东地区，地势西高东低，为淮北冲积平原区，有多条洪河支流横穿路线，路线所经地区多为平坦开阔的田地，村稠人多；路区为广阔的平原区，依地貌成因类型划分，路区为堆积平原中的洪、汝河冲积平原，总趋势由西北向东南方向倾斜，地面高程 34～40m，局部有微状起伏，其中 K11+000～K17+000 地势较高，地面高程 39～40m，东西两边较低。

6) 投资规模

工程概算投资为 11.78 亿元。

7) 开工及通车、竣工时间

2009 年 9 月开工建设,2011 年 12 月初完成交工验收,2011 年 12 月 16 日通车。

2. 参建单位主要情况

(1) 建设单位:河南新欣高速公路有限公司。

(2) 设计单位:河南省交通规划勘察设计研究院有限公司。

(3) 质量监督单位:河南省交通基本建设质量检测监督站。

(4) 监理单位:河南三元工程监理咨询有限公司、北京华路捷公路工程咨询有限公司。

(5) 土建施工单位:河南省公路工程局集团有限公司、驻马店市公路工程开发公司、郑州市公路工程公司。

(6) 路面施工单位:河南省平顶山中亚路桥建设工程有限公司、河南省路桥建设集团有限公司。

(7) 房建施工单位:河南润安建设集团有限公司、徐州市现代钢结构有限公司。

(8) 绿化施工单位:河南省双喜园林绿化有限公司。

(9) 交通安全设施施工单位:江苏东方交通工程集团有限公司、安徽恒通交通工程集团有限公司、河南省路桥建设集团有限公司、河南万方交通工程有限公司、北京市高速公路交通工程有限公司。

(10) 交通机电施工单位:云南康迪科技有限公司。

(11) 配电照明施工单位:社旗县电业局电气安装有限公司。

(二) 建设情况

1. 项目准备阶段

1) 项目审批文件

2006 年 3 月 30 日,河南省人民政府,《河南省人民政府关于印发河南省高速公路网规划的通知》,文号为豫政〔2006〕16 号。2006 年 6 月 6 日,河南省国土资源厅,《关于化庄(省界)至新蔡公路工程建设用地压覆矿产资源的审查意见》,文号为豫国土资函〔2006〕286 号。2006 年 12 月 5 日,国家环境保护总局,《关于化庄(省界)至新蔡高速公路环境影响报告表的批复》,文号为环审〔2006〕624 号。2008 年 4 月 16 日,河南省高速公路发展有限责任公司与驻马店市人民政府签订《化庄(省界)至新蔡高速公路项目投资框架协议书》。2008 年 6 月 3 日,省发改委和省交通厅审查了通过了《化庄(省界)至新蔡工程可行性研究报告》。2008 年 8 月 26 日,河南省地震局,《对化庄(省界)至新蔡高速公路工程现场地震安全性评价工作报告的批复》，文号为豫震安评〔2008〕128号。2008年9月23日，河南省水利厅，《关于化庄（省界）至新蔡高速公路工程水土保持方案报告书的审批》，文号为豫水行许字〔2008〕299号。2008年10月16日，国家开发银行，《国家开发银行关于河南高速公路发展有限责任公司化庄（省界）至新蔡高速公路项目贷款承诺的函》，文号为开行函〔2008〕292号，对项目资金进行了承诺。2009年1月20日，河南省发改委，《关于化庄（省界）至新蔡高速公路项目申请报告核准的批复》文号为豫发改交通〔2009〕110号。2009年5月20日，河南省发改委，《关于化庄（省界）至新蔡高速初步设计的批复》，文号为豫发改设计〔2009〕776号。2009年12月30日，国土资源部，《关于化庄（省界）至新蔡高速公路建设用地的批复》，文号为国土资〔2009〕1408号。2010年1月29日，河南省交通运输厅，《关于化庄（省界）至新蔡高速公路施工图设计的批复》，文号为豫交规划〔2010〕24号。2010年4月12日，河南省交通运输厅批复了化庄（省界）至新蔡高速公路施工许可申请书。

2）资金筹措

本工程概算为11.78亿元，投资主体自筹项目投资25%的资本金，其余75%的资本金通过银行贷款方式筹措，工程建成通车后，通过收取车辆通行费偿还本息。

3）合同段划分

（1）设计标段划分：土建工程设计1个标段。

（2）施工标段划分：土建工程3个标段，机电工程1个标段，房建工程2个标段，绿化工程1个标段，交通安全设施5个标段。

（3）施工监理标段划分：设1个总监办公室，1个土建房建工程驻地监理标段，1个机电工程监理标段。

4）招投标

（1）2008年12月5日，勘察设计招标资格预审，2009年2月19日开标，确定1家中标单位。

（2）2009年4月16日，土建招标资格预审，2009年7月2日开标，确定3家中标单位。

（3）2009年4月16日，土建监理招标资格预审，2009年7月2日开标，确定2家中标单位。

（4）2010年7月29日，房建工程招标资格预审，2010年1月13日开标，确定1家中标单位。

（5）2010年7月29日，路面工程招标资格预审，2010年12月6日开标，确定2家中标单位。

（6）2010年8月16日，绿化工程招标资格预审，2011年2月11日开标，确定1家中标单位。

(7) 2010年8月16日,机电工程招标资格预审,2010年1月13日开标,确定1家中标单位。

(8) 2011年1月20日,房建工程招标资格预审,2011年3月24日开标,确定1家中标单位。

(9) 2011年4月13日,交安工程招标资格预审,2011年7月5日开标,确定5家中标单位。

5) 征地拆迁情况

征地面积为2259.18亩。拆迁占地费用11601.03万元。

2. 项目实施阶段

1) 实施过程

(1) 主线土建工程于2009年9月2日开工,2011年12月2日完工。

(2) 房建工程于2010年3月开工,2011年12月完工。

(3) 机电工程于2011年9月开工,2011年12月完工。

(4) 交通安全设施工程于2011年9月开工,2011年12月完工。

(5) 绿化工程于2011年3月开工,2011年12月完工。

(6) 2011年12月6~7日,化庄(省界)至新蔡高速公路工程交工验收委员会在驻马店市组织了交工验收,对该项目评定得分95.8分。

2) 重大决策

为了确保完成工程建设计划目标,在保证工程质量的前提下合理安排工期。项目公司在2010年组织了"大干一百天"劳动竞赛。

3) 重大变更

2010年7月2日,省交通运输厅批复了路基土方掺灰处理方案,文号为豫交建管〔2010〕78号。

(三) 科技创新

(1) "工程哲学在化新高速公路建设中的运用与实践"获驻马店市"2010年度社会科学规划项目一等奖"。

(2) "高速公路路基沉降预测控制及处置关键技术研究"获河南省交通运输科学技术二等奖。

(3) "刚柔两种排水基层在高速公路沥青路面中的应用研究"获河南省交通运输科学技术二等奖。

(4) "高速公路分期修建期间耐久性下封层技术研究",经河南省交通运输厅鉴定为国际先进水平。

(四)运营养护管理

1. 组织架构

该项目运营管理单位为河南高速公路发展有限责任公司驿阳分公司。公司管辖新阳高速公路、许广高速公路泌阳段、许广高速公路泌阳至桐柏段,经营管理实行省公司领导下的总经理负责制,设有财务管理科、人事科、通行费管理科、路产管理科、养护管理科、办公室、政工科、监察室、考核办。

2. 服务设施

新蔡停车区位于新蔡县徐竹园村北,占地138.74亩,其中场区占地30亩,见表8-18-2。

S38 新阳高速公路化新段服务场区一览表 表8-18-2

高速公路编码	服务区名称	桩号	所在区域	占地面积(m²)	建筑面积(m²)
S38	新蔡停车区	K19+300	新蔡县徐竹园村北	20000	0

3. 收费设施

项目在栎城互通设置栎城匝道收费站和省界主线收费站,见表8-18-3。

S38 新阳高速公路化新段收费设施一览表 表8-18-3

收费站名称	桩号	入口车道数		出口车道数	
		总车道	ETC车道	总车道	ETC车道
栎城互通省界主线收费站	K14+500	0	0	12	2
栎城收费站	K15+300	2	0	2	0

4. 监控设施

项目全线实施 A2 级监控规模,项目内不设监控管理分中心,外场监控设备纳入新阳高速驻马店管理分中心。

5. 养护管理

日常养护项目部和绿化养护项目部负责项目全线路基、路面、桥涵、交通安全设施和绿化日常养护,并严格执行相关行业标准及驿阳公司养护制度进行日常保养保洁工作。

二、S38 新阳高速公路新蔡至驻马店段

(一)项目概况

1. 基本情况

1)功能定位

新阳高速公路新蔡至驻马店段起于新蔡县孙召乡北侧与国道106线交会处,向西经平舆、汝南,止于驻马店市驿城区朱古洞乡东侧与京港澳高速公路相交处,全长82.26km。该项目对完善河南区域路网布局,增强驻马店的吸引力和辐射力,促进沿线社会经济发展及旅游业的开发具有重要意义。

2)技术标准

采用全封闭、全立交、双向四车道;设计行车速度:100km/h;路基宽度:26m;桥梁净宽:2×11.25m;桥涵设计荷载标准:汽车—超20级,挂车—120;路面设计标准轴载:BZZ-100;路面:收费广场和服务区广场采用水泥混凝土路面,其他采用沥青混凝土路面、水泥稳定碎石基层、底基层;路面结构:主线为上面层5cm中粒式改性沥青混凝土(AC-16C)、中面层6cm中粒式沥青混凝土(AC-20C)、下面层7cm粗粒式沥青混凝土(AC-25C)、基层采用36cm水泥稳定碎石,底基层采用18cm低剂量水泥稳定碎石(部分路段为18cm水泥、石灰稳定土);设计使用年限:沥青混凝土路面设计使用年限15年,水泥混凝土路面设计使用年限30年。

3)建设规模

主要工程量:路基土方1077万m^3,路面169万m^2;主匝道收费站3处;服务区2处;管理、养护、服务、监控房屋建筑面积20055.98m^2;表8-18-4为S38新阳高速公路新蔡县至驻马店段桥梁一览表。

S38新阳高速公路新蔡县至驻马店段桥梁一览表　　　　表8-18-4

规模	名称	桥长(m)	主跨长度(m)	跨越障碍物			桥梁类型
				河流	沟谷	道路、铁路	
特大桥	宿鸭湖特大桥	1251.18	40	√			连续梁桥
大桥	小洪河大桥	256.88	25	√			连续梁桥
	大广互通主线桥	128.95	30			√	简支梁桥
	分离立交	133.04	16			√	简支梁桥
	分离立交	128.93	20			√	简支梁桥
	中桥	105.04	20			√	简支梁桥
	王庄大桥	205.04	20			√	简支梁桥
	分离立交	133.04	16			√	简支梁桥
	北汝河大桥	381.77	25	√			连续梁桥
	小冯庄中桥	101.04	16		√		简支梁桥
	跨京港澳互通主线桥	725.04	40			√	连续梁桥
中桥	新蔡互通中桥	65.04	20			√	简支梁桥
	黑港中桥	35.04	10			√	简支梁桥
	分离式立交	35.04	10			√	简支梁桥
	王寨中桥	31.04	13			√	简支梁桥

续上表

规模	名称	桥长（m）	主跨长度（m）	跨越障碍物 河流	跨越障碍物 沟谷	跨越障碍物 道路、铁路	桥梁类型
中桥	李白港中桥	85.04	20			√	简支梁桥
	中桥	44.04	13	√			简支梁桥
	分离式立交	53.04	16			√	简支梁桥
	时楼分离式立交	44.04	13			√	简支梁桥
	分离立交	44.04	10			√	简支梁桥
	中桥	35.04	10	√			简支梁桥
	大广互通主线跨E匝道桥	53.04	16			√	简支梁桥
	大广互通主线跨F匝道桥	53.04	16			√	简支梁桥
	分离立交	44.04	13			√	简支梁桥
	鲁河中桥	44.04	13	√			简支梁桥
	小清河支流中桥	69.04	16	√			简支梁桥
	万金店分离立交	53.04	16			√	简支梁桥
	李寨中桥	53.04	16	√			简支梁桥
	中桥	37.04	16		√		简支梁桥
	中桥	53.06	16			√	简支梁桥
	分离立交	45.04	13			√	简支梁桥
	中桥	45.04	13	√			简支梁桥
	分离立交	65.04	20			√	简支梁桥
	平舆互通立交跨匝道立交	85.04	20			√	简支梁桥
	赵湾中桥	35.04	10		√		简支梁桥
	小付庄分离立交	35.04	10			√	简支梁桥
	小霍庄分离立交	37.04	16			√	简支梁桥
	分离立交	31.04	13			√	简支梁桥
	分离立交	35.04	10			√	简支梁桥
	纪庄中桥	45.04	13	√			简支梁桥
	张庄分离立交	45.04	13			√	简支梁桥
	天水湖中桥	85.04	20			√	简支梁桥
	分离立交	65.04	20			√	简支梁桥
	分离立交	35.04	10			√	简支梁桥
	分离立交	35.04	10			√	简支梁桥
	分离立交	35.04	10			√	简支梁桥
	中桥	65.04	20			√	简支梁桥

续上表

规模	名称	桥长（m）	主跨长度（m）	跨越障碍物 河流	跨越障碍物 沟谷	跨越障碍物 道路、铁路	桥梁类型
中桥	分离立交	31.04	13			√	简支梁桥
	中桥	35.04	10			√	简支梁桥
	中桥	35.04	10			√	简支梁桥
	分离立交	35.04	10			√	简支梁桥
	分离立交	35.04	10			√	简支梁桥
	分离立交	35.04	10			√	简支梁桥
	汝南互通式立交	65.04	20			√	简支梁桥
	汝南互通跨匝道桥	65.04	20			√	简支梁桥
	分离式立交	35.04	10			√	简支梁桥
	分离式立交	35.04	10			√	简支梁桥
	分离式立交	35.04	10			√	简支梁桥
	中桥	44.04	13			√	简支梁桥
	中桥	44.04	13			√	简支梁桥
	中桥	35.04	10			√	简支梁桥
	中桥	45.04	13			√	简支梁桥
	分离式立交	31.04	13		√		简支梁桥
	分离式立交	45.04	13			√	简支梁桥
	分离式立交	85.04	16			√	简支梁桥
	中桥	35.04	10			√	简支梁桥
	中桥	35.04	10	√			简支梁桥
	分离式立交	45.04	13			√	简支梁桥
	分离式立交	35.04	10			√	简支梁桥
	分离式立交	35.04	10			√	简支梁桥
	分离式立交	45.04	13			√	简支梁桥

4）主要控制点

驻马店市（新蔡县、平舆县、汝南县）。

5）地形地貌

该项目区域地形为平原区，地势西高东低，地面高程40～80m，由西北向东南方向倾斜，局部有微状起伏。

6）投资规模

概算投资25.56亿元，竣工决算投资30.55亿元，平均每公里造价3713.40万元。

7）开工及通车、竣工时间

2004年12月开工建设，2007年12月交工通车，2010年6月完成竣工验收。

2. 参建单位主要情况

(1)建设单位:河南新驿高速公路有限公司。

(2)设计单位:河南省交通规划勘察设计院有限公司。

(3)质量监督单位:河南省交通基本建设质量检测监督站。

(4)监理单位:河北翼民公路工程咨询有限公司、山西省交通建设工程监理总公司、中国公路工程咨询集团有限公司。

(5)土建施工单位:二公局(洛阳)第四工程处、中国铁路工程总公司、中铁十七局集团第二工程有限公司、北京城建三建设发展有限公司、沈阳高等级公路建设总公司、中铁十四局集团第四工程有限公司、唐山市路桥建设有限公司、中铁十七局集团第一工程有限公司。

(6)路面施工单位:中交一公局第五工程有限公司、湖北中南路桥有限责任公司、中交二公局第六工程有限公司、中铁十五局集团第五工程有限公司、河南省公路工程局集团有限公司。

(7)房建施工单位:周口市建筑工程有限公司、中国建筑第二工程局第二工程公司、河南省信阳建筑总公司、河南隆翔建筑工程有限公司、河南省第七建筑工程公司、焦作市海宇公路工程有限公司。

(8)绿化施工单位:河南省绿色工程有限公司、河南农业大学园林艺术工程公司、河南三星园林工程有限公司、河南黄河环境艺术有限公司、鄢陵锦添园林景观工程有限公司、许昌江北花木有限公司、潢川县顺利达花木盆景有限责任公司、鄢陵县大自然园林绿化有限公司、河南省春竹园林绿化有限公司、河南省菁华生物工程有限公司。

(9)交通安全设施施工单位:郑州彩达交通设施工程有限公司、河北泰兴交通设施有限公司、河北中通交通设施有限公司、山西乾通公路工程机械有限公司、河南鸿志实业有限公司、郑州大发交通安全设施有限公司、河南天泰路桥工程有限公司、周口市公路交通设施有限公司、潍坊东方交通设施工程有限公司。

(10)交通机电、照明、配电施工单位:北京兴兴交通通讯工程技术公司、常州市横山桥电力工程有限公司、河南搏力机电设备有限公司、南阳飞龙电力供电集团有限公司。

(11)硅芯管施工单位:河南众通塑胶管道有限公司、北京市清河塑料厂顺平县联营厂。

(12)伸缩缝施工单位:衡水橡胶股份有限公司、衡水黄河工程橡胶有限公司、衡水市橡胶总厂有限公司、衡水中铁建工程橡胶有限责任公司。

(二)建设情况

1. 项目准备阶段

1)项目审批文件

2004年3月26日,河南省发展和改革委员会对新蔡至泌阳高速公路工程可行性研究报告进行了批复,文号为豫计基础〔2004〕473号。2004年4月2日,河南省国土资源厅批准了新蔡至泌阳高速公路压覆矿产资源情况的审查意见,文号为豫国土资函〔2004〕100号。2004年6月29日,河南省发展和改革委员会对新蔡至泌阳高速公路工程初步设计进行了批复,文号为豫发改设计〔2004〕1148号。2005年12月8日,河南省国土资源厅批准了新蔡至泌阳高速公路建设用地的审查意见,文号为豫国土资函〔2005〕285号。2007年1月11日,河南省交通厅对新蔡至泌阳高速公路新蔡至驻马店段工程施工图设计进行了批复,文号为豫交计〔2007〕6号。2008年2月20日,国土资源部批准了新蔡至泌阳高速公路建设用地,文号为国土资函〔2008〕70号。

2)资金筹措

项目概算总投资为25.45亿元,资金来源由河南省高速公路发展有限责任公司自筹。

3)合同段划分

(1)设计标段划分:土建工程、房建工程、绿化工程、机电工程各1个标段。

(2)施工标段划分:土建工程8个标段,路面工程5个标段,机电工程7个标段,房建工程8个标段,绿化工程10个标段,交通安全设施8个标段。

(3)施工监理标段划分:设1个总监办公室,4个土建工程驻地监理标段,1个房建工程监理标段,1个机电工程监理标段。

4)招投标

(1)2004年4月7~8日,对该项目17个合同段发出公开招标资格预审公告。

(2)2004年4月27~30日,经评审,通过资格预审的投标单位共101家。

(3)2004年8月9~10日,出售招标文件,通过资格预审的78家施工单位购买了招标文件。

(4)2004年8月31日公开开标,确定了各中标单位。

5)征地拆迁情况

项目征地面积为8425.714亩。其中农村集体农用地975.2541hm^2(其中耕地825.7493hm^2),农村集体建设用地19.2487hm^2,未利用地13.0122hm^2;国有建设用地2.281hm^2、未利用地0.0679hm^2。拆迁占地费用25063.35万元。

2. 项目实施阶段

1)实施过程

(1)主线土建工程于 2004 年 12 月开工,2007 年 12 月完工。

(2)房建工程于 2007 年 2 月开工,2007 年 12 月完工。

(3)机电工程于 2007 年 5 月开工,2005 年 11 月 17 日完工。

(4)交通安全设施工程于 2005 年 7 月开工,2005 年 11 月完工。

(5)绿化工程于 2007 年 9 月开工,2007 年 12 月完工。

(6)2007 年 12 月 12、13 日,河南新驿高速公路有限公司组织了交工验收工作,项目得分为 95.1 分,质量等级为合格。

(7)2009 年 12 月 17、18 日,河南省交通基本建设质量检测监督站对项目实体进行了复测、外观检查及竣工资料检查,工程质量鉴定得分为 89.1 分,等级评为合格。

2)设计变更

(1)部分路基材料变更为山皮石,部分路段进行掺灰处理,急流槽两侧及边沟处增加 2m 宽的浆砌六棱块防护。

(2)路面上面层由普通沥青石灰岩变更为改性沥青玄武岩,透层、封层普通沥青变更为改性沥青。

(3)原设计通道改为天桥,增加涵洞 37 道。

(4)原桥涵锥坡为浆砌片石防护,实际施工中由于原材料缺乏,变更为浆砌六棱块。

(三)运营养护管理

1. 组织架构

该项目运营管理单位为河南高速公路发展有限责任公司驿阳分公司。公司管辖新阳高速公路新蔡至泌阳段、许广高速公路泌阳段、许广高速公路泌阳至桐柏段,经营管理实行省公司领导下的总经理负责制,设有财务管理科、人事科、通行费管理科、路产管理科、养护管理科、办公室、政工科、监察室、考核办。

2. 服务设施

所辖 2 个服务区,分别为平舆服务区和汝南服务区,见表 8-18-5。

S38 新阳高速公路新蔡至驻马店段服务场区一览表　　表 8-18-5

高速公路编码	服务区名称	桩　号	所在区域	占地面积(m²)	建筑面积(m²)
S38	平舆服务区	K48+640	平舆县万金店乡	69676.8	5520
	汝南服务区	K103+000	汝南县	80000	8000

3. 收费设施

设有新蔡、平舆和汝南 3 个收费站(表 8-18-6)。新蔡收费站有 2 个出口、2 个入口,共4条通行车道;平舆收费站有2个出口、2个入口,共4条通行车道;汝南收费站有2个出口、2个入口,共4条通行车道。

S38新阳高速公路新蔡至驻马店段收费设施一览表　　　　表8-18-6

收费站名称	桩　　号	入口车道数		出口车道数	
		总车道	ETC车道	总车道	ETC车道
新蔡收费站	K26+450	2	1	2	1
平舆收费站	K56+710	2	1	2	1
汝南收费站	K82+410	2	1	2	1

4.监控设施

设置监控中心1个,负责新阳高速公路新蔡至驻马店全段的运营监管。

5.养护管理

1)路面维修工程

中修工程:为保证新阳高速公路路面行驶的安全、畅通,新阳高速公路新蔡至驻马店段、驻马店至泌阳段2014年共处理桥头跳车16处,铣刨摊铺面积10800m^2。

2015年,以迎国检为契机,投入1955万元对投入开展"2015年新阳高速公路路面养护专项工程",对全线路面进行维修处治,如图8-18-1所示。

图8-18-1　路面维护

2)桥梁检测、维修加固

根据省交通厅及主管部门规范标准及公司制度,每两年委托检测单位对全线桥涵结构物进行定期检测,及时掌握技术状况及病害情况,作为桥涵维修保养的依据,如图8-18-2所示。

3)新材料、新技术研发

为深入推进养护规范化管理水平,提高道路绿化苗木景观效果,2013年8月省公司绿化观摩会和上半年养护经验交流推广会在公司召开,公司推出的"修剪五步法"和"四相互工作法",得到一致好评。

图 8-18-2 桥梁检测维修加固

三、S38 新阳高速公路驻马店至泌阳段

(一)项目概况

1. 基本情况

1)功能定位

新阳高速公路驻马店至泌阳段东起驻马店市驿城区朱古洞乡东侧与京港澳高速公路相交处,向西经确山县、泌阳县,止于泌阳县东南的马谷田镇马道村,通过枢纽立交与沪陕高速公路转接,全长 80.91km。2015 年,河南省高速公路网路线命名编号调整,新阳高速公路驻马店至泌阳段后 17.3km 并入 G4W2 许广高速公路驻马店至泌阳段。该项目对于促进区域经济发展,加快驻马店地区旅游资源开发和脱贫致富,改善交通投资环境具有重要意义。

2)技术标准

采用全封闭、全立交、双向四车道;设计行车速度:100km/h;路基宽度:26m;桥梁净宽:2×11.5m;桥涵设计荷载标准:公路—Ⅰ级;路面:收费广场和服务区广场采用水泥混凝土路面,其他采用水泥混凝土+沥青混凝土复合式路面;路面结构:路面采用5cm 中粒式改性沥青混凝土(AC-16C)+6cm 中粒式改性沥青混凝土(AC-20C)+7cm 粗粒式沥青混凝土(AC-25C)+36cm 水泥稳定碎石+20cm 水泥稳定碎石,路面总厚度74cm;设计使用年限:按长寿命路面设计,使用年限为 50 年。

3）建设规模

主要工程量：全线完成路基土石方1317.7万 m^3，沥青混凝土路面168.7万 m^2，水泥稳定碎石178万 m^2，水泥稳定碎石底基层190万 m^2；全线设收费站4处、服务区1处、收费通信监控中心1处；表8-18-7为S38新阳高速公路驻马店至泌阳段桥梁一览表。

S38新阳高速公路驻马店至泌阳段桥梁一览表　　　　　表8-18-7

规模	名称	桥长（m）	主跨长度（m）	跨越障碍物 河流	跨越障碍物 沟谷	跨越障碍物 道路、铁路	桥梁类型
大桥	跨京广铁路分离式立交	725.04	40			√	简支梁桥
	天中互通跨G107主线桥	315.04	40			√	连续梁桥
	K116+560大桥	105.04	20			√	简支梁桥
	十里河大桥	207	25	√			连续梁桥
	石龙山1号大桥	248.2	30			√	连续梁桥
	石龙山2号大桥	309	30	√			连续梁桥
	张庄大桥	182.4	25	√			连续梁桥
	黄过河大桥	133	25	√			连续梁桥
	龙山口大桥	107.4	25	√			连续梁桥
	韩庄河大桥	208	25	√			连续梁桥
	臻头河大桥	258.2	25	√			连续梁桥
	小黄庄大桥	132.6	25	√			连续梁桥
	葛花口大桥	307.55	25	√			连续梁桥
	K165+220大桥	145.04	20		√		连续梁桥
	分离式立交	218.2	30	√			连续梁桥
	泌阳河大桥	207.4	25	√			连续梁桥
	马沙河大桥	233.1	25	√			连续梁桥
	上周河大桥	182.5	25	√			连续梁桥
	泌阳东互通主线桥	359.6	28	√			连续梁桥
	K188+200大桥	158.3	25	√			连续梁桥
	K150+940大桥	100.5	16		√		简支梁桥
	椿树庄大桥	100.5	16	√			简支梁桥
中桥	分离式立交	65.04	20			√	简支梁桥
	分离式立交	65.04	20			√	简支梁桥
	分离式立交	65.04	20		√		简支梁桥
	K110+428中桥	65.04	20			√	简支梁桥

续上表

规模	名　称	桥长（m）	主跨长度（m）	跨越障碍物			桥梁类型
				河流	沟谷	道路、铁路	
中桥	分离式立交	65.04	20			√	简支梁桥
	分离式立交	65.04	20			√	简支梁桥
	葛河中桥	85.04	16	√			简支梁桥
	K116+150中桥	65.04	20	√			简支梁桥
	K117+520中桥	35.04	10			√	简支梁桥
	大石桥中桥	69.04	16	√			简支梁桥
	K120+200中桥	33.6	10		√		简支梁桥
	分离式立交	64.7	20			√	简支梁桥
	分离式立交	64.7	20			√	简支梁桥
	分离式立交	69.04	16			√	简支梁桥
	周庄中桥	53.04	16	√			简支梁桥
	确山西分离式立交	43.1	13			√	简支梁桥
	张庄中桥	64.5	20		√		简支梁桥
	郭楼中桥	84.6	20	√			简支梁桥
	K140+650中桥	52.1	16		√		简支梁桥
	后皮凹中桥	52.04	16			√	简支梁桥
	K142+260中桥	44.04	13			√	简支梁桥
	K143+940中桥	35.04	10			√	简支梁桥
	K144+750中桥	85.04	16	√			简支梁桥
	茨园中桥	53.04	16	√			简支梁桥
	分离式立交	57.04	13			√	简支梁桥
	前程庄1号中桥	53.04	16		√		简支梁桥
	前程庄2号中桥	85.04	20		√		简支梁桥
	焦竹园中桥	44.04	13	√			简支梁桥
	山头其中桥	85.04	20		√		简支梁桥
	K161+521中桥	35.04	10		√		简支梁桥
	小高庄中桥	69.04	16		√		简支梁桥
	K163+870中桥	65.04	20			√	简支梁桥
	大周庄2号中桥	53.04	16	√			简支梁桥
	东沟中桥	53.04	16	√			简支梁桥
	分离式立交	35.04	10			√	简支梁桥
	小屯中桥	44.04	13	√			简支梁桥

续上表

规模	名称	桥长（m）	主跨长度（m）	跨越障碍物			桥梁类型
				河流	沟谷	道路、铁路	
中桥	北斗庄中桥	44.04	13	√			简支梁桥
	西干渠中桥	65.04	20	√			简支梁桥
	高邑互通主线桥	85.04	20			√	简支梁桥
	史洼中桥	57.04	13	√			简支梁桥
	南干渠中桥	44.04	13	√			简支梁桥
	熊庄中桥	65.04	20	√			简支梁桥
	分离式立交	65.04	20			√	简支梁桥
	分离式立交	98.36	30	√			简支梁桥
	K187+100中桥	44.04	13	√			简支梁桥
	K187+850中桥	53.04	16	√			简支梁桥

4）主要控制点

驻马店市（确山县、泌阳县）。

5）地形地貌

项目所经驻马店至确山区域附近为平原地形，地面高程75~90m，确山至泌阳段区域为低山和丘陵，低山地貌多为剥蚀而成，地势总体西高东低由西南向东北倾斜。

6）投资规模

概算投资25.46亿元，竣工决算投资24.67亿元，平均每公里造价3049.26万元。

7）开工及通车、竣工时间

2004年9月开工建设，2007年9月交工通车，2010年5月完成竣工验收。

2. 参建单位主要情况

（1）建设单位：河南驿阳高速公路有限公司。

（2）设计单位：中交第一公路勘察设计研究院。

（3）质量监督单位：河南省交通基本建设质量检测监督站。

（4）监理单位：河南豫通公路工程监理事务所、河南省公路工程监理咨询有限公司、北京中交路通交通工程咨询有限公司。

（5）土建施工单位：中铁七局集团有限公司、中铁十七局集团第五工程有限公司、东北军辉路桥集团有限公司、中铁十五局集团有限公司、路桥集团第二公路工程局第六工程处、中铁四局集团有限公司、洛阳路桥建设集团有限责任公司、中铁十三局集团有限公司。

（6）路面施工单位：陕西路桥集团有限公司、河南路桥建设集团有限公司、湖南娄底路桥建设有限责任公司、中铁十五局集团第七工程有限公司、东北军辉路桥集团有限公司。

（7）房建施工单位：河南泰宏房屋营造有限公司、驻马店市建筑公司、河南省广英设计安装装饰工程有限公司、许昌中原建设集团有限公司、中铁十五局建团第七工程有限公司、河南省第一建筑工程有限责任公司。

（8）交通安全施工单位：淄博顺达交通设施工程有限公司、河南省公路工程局集团有限公司、河北中通交通设施有限公司、杭州京安交通工程设施有限公司、江苏路成工程有限公司、开封市路达公路工程有限公司、天津市环路公路设施有限责任公司、北京华纬交通工程有限公司、安徽省交通建设有限责任公司、邢台路桥建设总公司、杭州萧山金鹰交通设施有限公司、郑州彩达交通设施工程有限公司、四川金城栅栏工程有限公司。

（9）机电工程施工单位：北京云星宇交通工程有限公司、河南辰星交通实业有限公司、湖南天弘交通建设工程有限公司。

（10）绿化工程施工单位：中国通信建设总公司、中铁电气化集团第三工程公司、河南奥星园林绿化工程有限公司、保定市晨光园林绿化工程有限公司、信阳市园林绿化工程有限公司。

（11）机电工程施工单位：中铁电气化局集团第三工程有限公司、中铁建电气化局集团第一工程有限公司。

（12）交通安全施工单位：武安市交通安全设备有限公司、江苏一环集团环保工程有限公司。

（二）建设情况

1. 项目审批文件

2003年12月5日，河南省发展计划委员会对驻马店至泌阳高速公路的项目建议书进行了批复，同意项目立项进行前期工作，文号为豫计基础〔2003〕2227号。2004年3月26日，河南省发展和改革委员会对新蔡至泌阳高速公路工程可行性研究报告进行了批复，文号为豫发改办〔2004〕473号。2004年4月2日，河南省国土资源厅对新蔡至泌阳高速公路压覆矿产资源报告进行了批复，文号为豫国土资函〔2004〕100号。2004年6月29日，河南省发展和改革委员会对新蔡至泌阳高速公路工程初步设计进行了批复，文号为豫发改设计〔2004〕1148号。2005年12月8日，河南省国土资源厅批准了新蔡至泌阳高速公路建设用地的审查意见，文号为豫国土资函〔2005〕285号。2006年4月4日，驻马店市文物考古管理所出具该项目文物保护工作报告。2006年4月12日，河南省水利厅对该项目的水土保持方案进行了批复，文号为豫水保〔2006〕19号文。2007年8月6日，河南省交通厅对驻马店至泌阳高速公路工程施工图设计进行了批复，文号为豫交计〔2007〕

240号。2008年2月20日,国土资源部批准了新蔡至泌阳高速公路建设用地,文号为国土资函〔2008〕70号。

2. 资金筹措

本项目概算总投资为25.46亿元,其中35%为建设单位自有资金,其余65%为银行贷款。

3. 合同段划分

(1)设计标段划分:土建工程设计1个标段,房建工程设计1个标段,绿化工程设计1个标段,机电工程设计1个标段。

(2)施工标段划分:土建工程15个标段,机电工程5个标段,房建工程6个标段,绿化工程5个标段,交通安全设施15个标段。

(3)施工监理标段划分:设2个监理代表处,其中第一监理代表处设7个监理办公室,第二监理代表处设6个监理办公室。

4. 招投标

(1)2006年4月7日,发布路面工程、绿化工程施工资格预审公告。2006年8月9日举行了路面施工开标会,2006年10月10日举行了绿化施工开标会,确定了各中标单位。

(2)2006年10月31日,发布交通安全设施、沿线房屋及建筑工程、声屏障工程资格预审公告。2006年11月20日举行了沿线房屋及建筑工程开标会,2007年1月15日举行了交通安全设施、声屏障工程施工开标会,确定了各中标单位。

(3)2007年1月9日,发布机电、供电照明及施工监理资格预审公告。2007年4月18日举行了机电、供电照明及施工监理开标会,确定了各中标单位。

5. 征地拆迁情况

项目征地面积为6722.24亩。征地拆迁费共计19231.7172万元。

(三)运营养护管理

1. 组织架构

该项目运营管理单位为河南高速公路发展有限责任公司驿阳分公司。公司管辖新阳高速公路、许广高速公路泌阳段、许广高速公路泌阳至桐柏段,经营管理实行省公司领导下的总经理负责制,设有财务管理科、人事科、通行费管理科、路产管理科、养护管理科、办公室、政工科、监察室、考核办。

2. 服务设施

所辖铜山湖服务区1处,见表8-18-8。

S38 新阳高速公路驻马店至泌阳段服务场区一览表　　　　表8-18-8

高速公路编码	服务区名称	桩　　号	所 在 区 域	占地面积(m²)	建筑面积(m²)
S38	铜山湖服务区	K172+000	泌阳县	86667	6417

3. 收费设施

下设天中、确山西、竹沟和泌阳东4个收费站(表8-18-9)。天中收费站有3个出口、2个入口,共5条通行车道;确山西收费站有2个出口、2个入口,共4条通行车道;竹沟收费站有2个出口、2个入口,共4条通行车道;泌阳东收费站有2个出口、2个入口,共4条通行车道。

S38新阳高速公路驻马店至泌阳段收费设施一览表　　　　表8-18-9

收费站名称	桩　　号	入口车道数		出口车道数	
		总车道	ETC车道	总车道	ETC车道
天中收费站	K114+200	2	1	3	1
确山西收费站	K127+300	2	1	2	1
竹沟收费站	K146+750	2	1	2	1
泌阳东收费站	K175+350	2	1	2	1

4. 监控设施

设置运维监控中心1个,负责驿阳分公司所辖路段和所属各收费站的运营监管。

5. 养护管理

1)路面维修工程

中修工程:为保证新阳高速公路路面行驶的安全、畅通,新阳高速公路新蔡至驻马店段、驻马店至泌阳段2014年共处理桥头跳车16处、铣刨摊铺面积10800m²。

2015年,以迎国检为契机,投入1955万元对投入开展"2015年新阳高速公路路面养护专项工程",对全线路面进行维修处治。

2)桥梁检测、维修加固

根据省交通厅及主管部门规范标准及公司制度,每两年委托检测单位对全线桥涵结构物进行定期检测,及时掌握技术状况及病害情况,作为桥涵维修保养的依据。

3)新材料、新技术研发

为深入推进养护规范化管理水平,提高道路绿化苗木景观效果,2013年8月省公司绿化观摩会和上半年养护经验交流推广会在公司召开,公司推出的"修剪五步法"和"四相互工作法",得到一致好评。

第十九节　S39 濮阳至商城高速公路

S39 濮商高速公路淮滨至固始段

(一)项目概况

1. 基本情况

1)功能定位

濮商高速公路淮滨至固始段西与淮滨至息县高速公路连接,向南跨越淮河,东至淮滨县城西台头乡,终点在固始县方集镇沙子岗与沪陕高速公路相交,全长 66.586km,其中淮滨县境内 21.612km,固始境内 44.974km。该项目有效解决了豫东南地区高速公路网密度偏低问题,对促进区域经济发展,加快大别山革命老区脱贫致富具有重要意义。

2)技术标准

采用全封闭、全立交、双向四车道;设计行车速度:100km/h;路基宽度:26m;桥梁净宽:2×12.197m;桥涵设计荷载标准:公路—Ⅰ级;路面设计标准轴载:BZZ-100;路面:收费广场和服务区广场采用水泥混凝土路面,其他采用沥青混凝土路面;路面结构:主线为 4cm 细粒式改性沥青混凝土(AC-13C)+6cm 中粒式沥青混凝土(AC-20C)+8cm 粗粒式沥青混凝土(AC-25C),基层为 25cm 水泥稳定碎石,底基层为 25cm 水泥稳定碎石;设计使用年限:路面设计使用年限为 20 年。

3)建设规模

主要工程量:路基土方 780 万 m^3;停车区 1 处、服务区 1 处收费站 2 处;表 8-19-1 为 S39 濮商高速公路淮滨至固始段桥梁一览表。

S39 濮商高速公路淮滨至固始段桥梁一览表　　表 8-19-1

规模	名称	桥长(m)	主跨长度(m)	跨越障碍物			桥梁类型
				河流	沟谷	道路、铁路	
特大桥	淮河特大桥	3568.2	70	√			连续梁桥
	白露河特大桥	2527.6	30	√			连续梁桥
大桥	曹营大桥	204.9	20			√	组合梁桥
	S216 分离式立交桥	104.73	25			√	组合梁桥
	余庄大桥	104.94	20			√	组合梁桥
	分离式立交桥	126.94	30			√	组合梁桥
	龙窝大桥	367.08	30	√			组合梁桥

第八章 河南高速公路项目建设信息

续上表

规模	名　称	桥长（m）	主跨长度（m）	跨越障碍物 河流	跨越障碍物 沟谷	跨越障碍物 道路、铁路	桥梁类型
大桥	离沟大桥	149.1	16			√	组合梁桥
	严营子大桥	197.1	16		√		组合梁桥
	灌河大桥	727.16	30	√			组合梁桥
	固始互通 G312 跨线桥	322.06	35			√	组合梁桥
	周小河大桥	104.96	20			√	组合梁桥
	鲇鱼山中干渠大桥	244.92	20			√	组合梁桥
	上六河大桥	164.9	20	√			组合梁桥
	沙河大桥	817.2	30	√			组合梁桥
中桥	分离式立交桥	44.04	13			√	简支梁桥
	分离式立交桥	54.04	16			√	简支梁桥
	分离式立交桥	44.04	13			√	简支梁桥
	红营子中桥	53.04	16			√	简支梁桥
	分离式立交桥	44.04	13			√	简支梁桥
	分离式立交桥	57.04	13			√	简支梁桥
	分离式立交桥	53.04	16			√	简支梁桥
	王洼中桥	53.04	16			√	简支梁桥
	分离式立交	53.04	16			√	简支梁桥
	分离式立交	53.04	16			√	简支梁桥
	万沟中桥	53.04	16			√	简支梁桥
	鲇鱼山中干渠	85.04	16		√		简支梁桥
	马岗干渠中桥	69.04	16		√		简支梁桥
	分离式立交桥	53.04	16			√	简支梁桥
	下离河中桥	85.04	16		√		简支梁桥
	北沙河中桥	53.04	16	√			简支梁桥
	分离式立交	69.04	16			√	简支梁桥
	淮堰 1 号中桥	53.04	16		√		简支梁桥
	南干八支渠中桥	69.04	16		√		简支梁桥
	分离式立交	53.04	16			√	简支梁桥
	六支渠中桥	53.04	16		√		简支梁桥
	分离式立交	53.04	16			√	简支梁桥
	梅山南干渠中桥	53.04	16		√		简支梁桥
	梅山支渠中桥	44.04	13		√		简支梁桥
	分离式立交桥	44.04	13			√	简支梁桥
	荒庄中桥	53.04	16			√	简支梁桥

续上表

规模	名称	桥长（m）	主跨长度（m）	跨越障碍物			桥梁类型
				河流	沟谷	道路、铁路	
中桥	贺大庄中桥	69.04	16			√	简支梁桥
	分离式立交桥	53.04	16			√	简支梁桥
	孙桥河中桥	69.04	16	√			简支梁桥
	分离式立交桥	53.04	16			√	简支梁桥
	分离式立交桥	69.04	16			√	简支梁桥

4）主要控制点

信阳市（固始、淮滨县）。

5）地形地貌

淮滨县位于黄淮平原南部，淮河中上游，地势总的比较平坦，西北略高，东南较低，受地质构造控制地貌大体分为岗地、平原和洼地三种类型。平原地区地面海拔高度为33～42m，岗地为32.5～52m，洼地为25～32.5m之间。沿淮河一带是洼地，有明显的河岸线。沿河洼地宽窄不一，一般为1.5～5.0km。

固始县位于河南省东南端，系豫皖两省交界、华东与中原地带交融处。县境地势大体由西南向东北呈倾斜状，平均坡降1/1200，最高处曹家寨海拔1025.6m，最低处三河尖建湾村海拔23m，也是河南省海拔最低点，境内有山区、丘陵、平原、洼地、湿地、滩地等地形。按照自然地形的高低走势，分为南部低山区，中西部丘陵、垄岗、平原区，东北部低洼易涝区，并呈现出由东北部低洼易涝区向中西部丘陵、垄岗、平原区和南部低山区地形逐渐抬升特征。

6）投资规模

概算投资为34.1248亿元。概算平均每公里造价5124.8万元。

7）开工及通车时间

2010年9月开工建设，2012年10月交工通车。

2.参建单位主要情况

(1)建设单位：河南豫淮高速公路有限公司。

(2)质量监督单位：河南省交通基本建设质量检测监督站。

(3)设计单位：河南省交通规划勘察设计院有限责任公司。

(4)监理单位：河南三元工程监理咨询有限公司、北京中通公路桥梁工程咨询发展有限公司、陕西公路交通科技开发咨询公司、河南育兴建设监理有限公司。

(5)土建施工单位：河南省公路工程局集团有限公司、河南省平顶山中亚路桥建设工程有限公司、华通路桥集团有限公司、路桥华南工程有限公司、中铁四局集团第四工程有限公司、江西有色工程有限公司、山东鑫泰公路工程有限公司、中交第三公路工程局有限公司、中交一公局第三工程有限公司。

(6)路面施工单位:河南省公路工程局集团有限公司。

(7)房建施工单位:河南科兴建设有限公司、河南鸿宸建设有限公司。

(8)绿化施工单位:信阳市光州园林绿化工程有限公司、山东顺达绿化工程有限公司。

(9)交通安全设施施工单位:中交第一公路工程局有限公司、河北远征交通设施有限公司、沙河市飞耀交通设施有限公司、南京华路公路设备工程有限公司、山西长达交通设施有限公司、河南省通汇路桥工程有限公司、北京路路达交通设施有限责任公司、盛世国际路桥建设有限公司、河南万里路桥集团有限公司、邯郸市立通道路设施有限公司、山东泰华路桥工程有限公司。

(10)交通机电施工单位:中铁一局集团电务工程有限公司、陕西高速电子工程有限公司、信阳华祥电力建设集团有限责任公司。

(二)建设情况

1. 项目准备阶段

1)项目审批文件

河南省发展和改革委员会,《河南省发展和改革委员会关于淮滨至固始高速公路核准的批复》,文号为豫发改交通〔2010〕751号。河南省发展和改革委员会,《关于淮滨至固始高速公路工程初步设计的批复》,文号为豫发改设计〔2010〕1242号。河南省交通运输厅,《关于淮滨至固始高速公路工程施工图设计的批复》,文号为豫交规划〔2011〕130号。河南省交通运输厅,《关于淮滨至固始高速公路房屋建筑工程(不含服务区、停车区)施工图设计的批复》,文号为豫交规划〔2012〕139号。国土资源部,《关于淮滨至固始高速公路工程建设用地的批复》,文号为国土资函〔2012〕379号。

2)资金筹措

工程概算为34.1248亿元,投资主体自筹项目投资25%的资本金,其余75%的资本金通过银行贷款方式筹措。

3)合同段划分

(1)设计标段划分:土建工程1个标段,房建工程设计1个标段,绿化工程设计1个标段,机电工程设计1个标段。

(2)施工标段划分:土建工程9个标段,机电工程2个标段,房建工程2个标段,绿化工程2个标段,交通安全设施11个标段。

(3)施工监理标段划分:设1个总监办公室,9个土建工程驻地监理标段,1个房建工程监理标段,1个机电工程监理标段。

4）招投标

（1）2010年5月7日,有4家单位通过勘察设计资格预审,4家单位通过勘察设计监理资格预审。2010年6月7日,确定1家勘察设计中标单位、1家勘察设计监理中标单位。

（2）2010年6月17～19日,有128家土建工程施工单位通过资格预审。2010年8月18日确定8家中标单位,2010年10月9日确定1家中标单位。

（3）2010年6月17～19日,有16家监理单位通过资格预审,2010年8月18日确定1家中标单位。

（4）2012年4月23日,有3家监理单位通过资格预审,2012年5月30日确定1家中标单位。

（5）2012年5月14日,评审出2家收费站房建工程中标单位。

（6）2012年6月14日,评审出2家绿化工程中标单位。

（7）2012年6月18日,评审出1家通信监控收费系统工程中标单位。

（8）2012年6月18日,评审出1家配电照明工程中标单位。

（9）2012年6月28日,有4家监理单位通过机电工程施工监理资格预审,2012年8月13日评审出1家中标单位。

（10）2012年7月11日,评审出11家交通安全工程中标单位。

（11）2013年5月3日,评审出1家服务区房建工程中标单位。

5）征地拆迁情况

征地面积为5472.25亩,作为高速公路工程建设用地。拆迁房屋325694m^2,拆迁占地费用共计26464.38万元。

2. 项目实施阶段

（1）主线土建工程于2010年9月开工,2012年10月完工。

（2）房建工程于2012年6月开工,2012年10月完工。

（3）机电工程于2012年7月开工,2012年10月完工。

（4）交通安全设施工程于2012年8月开工,2012年10月完工。

（5）绿化工程于2012年11月开工,2014年10月完工。

（6）2012年10月,河南省交通基本建设质量检测监督站组织专家对项目进行了交工验收,评定质量等级为合格工程。

（三）科技创新

1. 使用抗裂型水泥稳定碎石进行基层大厚度施工

与重庆交通大学、重庆鹏方路面工程技术研究院有限公司进行合作,结合已有抗裂型水泥稳定碎石基层相关技术成果,研究大厚度施工条件下的材料特征,分析比较大厚度施工和分层施工对于基层耐久性方面的影响,提出相应的大厚度施工技术、质量控制和验收评价指标,解决了诸如不同压实功条件下材料密度增长趋势以及压实功与材料密度关系、大厚度施工对水泥稳定碎石耐久性的影响、压实度差异控制、水泥稳定碎石基层大厚度施工工艺下相应的摊铺、碾压技术、压实度检测方法与控制标准等高速公路基层大厚度摊铺的一系列问题。

2.使用玄武岩纤维聚合物水泥混凝土用于桥面铺装

与河南省交通科学技术研究院有限公司进行合作,利用调研、咨询、试验和理论分析等手段,通过研究混凝土桥玄武岩纤维增强聚合物混凝土桥面铺装的结构形式、影响桥面铺装界面间黏结的影响因素以及玄武岩纤维增强聚合物混凝土桥面铺装的施工工艺,提出了玄武岩纤维聚合物混凝土的配合比设计方法及桥面铺装施工工艺,提高了混凝土桥梁桥面的使用寿命及工作状态,减少了混凝土桥梁桥面铺装的修补工作,从整个桥梁使用周期考虑,降低了桥梁整个寿命周期的工程造价,符合国家节能减排的方针政策,创造了良好的经济效益和社会效益。

3.自流平高性混凝土的使用

为保证空心板绞缝施工质量,项目公司下发了"空心板绞缝创优施工措施",采用"自流平高性混凝土"这一新的材料工艺,保证了空心板绞缝施工质量,提高了桥梁空心板的横向连接强度。

(四)运营养护管理

1.组织架构

该项目运营管理单位为河南高速公路发展有限责任公司潢淮分公司。公司设有办公室、考核督察办公室、监察室、政工科、人事劳动科、财务资产科、通行费管理科、养护管理科、路产管理科9个科室。

2.服务设施

所辖白露服务区和固始停车区,详见表8-19-2。

S39 濮商高速公路淮滨至固始段服务场区一览表　　表8-19-2

高速公路编码	服务区名称	桩　号	所在区域	占地面积(m^2)	建筑面积(m^2)
S39	白露服务区	K71+910	固始县	—	—
	固始停车区	K99+950	固始县	—	—

3.收费设施

设有淮滨南站和固始站两个收费站。淮滨南站的车道配置为3个出口、2个入口共5

条通行车道,固始站的车道配置为 5 个出口、2 个入口共 7 条通行车道,详见表 8-19-3。

S39 濮商高速公路淮滨至固始段收费设施一览表　　　表 8-19-3

收费站名称	桩号	入口车道数		出口车道数	
		总车道	ETC 车道	总车道	ETC 车道
淮滨南站收费站	K59+065	2	1	3	1
固始站收费站	K88+130	2	1	5	1

4. 监控设施

项目设置监控分中心 1 个,负责濮商高速公路淮滨至固始段和淮信高速公路淮滨至息县段主线及收费站区域的运营监管。

第二十节　S49 林州至汝州高速公路

林州至汝州高速公路起自林州市北豫冀交界,接河北省太行山高速公路,经辉县、焦作、温县、巩义、登封,在汝州市小屯镇长营村接宁洛高速公路。林汝高速公路是河南、河北、山西三省交界区域高速公路网的重要组成部分,目前已建成通车路段有焦作至温县段、巩义至登封段、登封至汝州段,全长 136.295km。该项目将在京港澳高速公路和二广高速公路之间形成一条新的纵向大通道,不仅可以加强晋、豫、冀三省的经济交流和合作,而且对拉动沿线经济和社会的发展具有重要意义。

一、S49 林汝高速公路焦作至温县段

(一)项目概况

1. 基本情况

1)功能定位

林汝高速公路焦作至温县段起点北接晋新高速公路与省道新济公路(丰收路),终点南接焦作黄河大桥北岸引道,全长 30.291km。该项目对进一步完善河南省公路网布局,减轻郑州至豫西北公路运输压力,促进焦作市沿线地区经济可持续发展、投资环境优化,加快晋煤南运、东运具有重要意义。

2)技术标准

采用全封闭、全立交、双向四车道;设计行车速度:100km/h;路基宽度:26m;桥梁净宽:23m;桥涵设计荷载标准:汽车—超 20 级,挂车—120;路面设计标准轴载:BZZ-100;路面:收费广场水泥混凝土路面,其他采用沥青混凝土路面;路面结构为 4cm 细粒式沥青混凝

土(AC-16I)上面层 +6cm 中粒式沥青混凝土(AC-20I)中面层 + 7cm 粗粒式沥青混凝土(AC-25I)下面层 + 5%水泥稳定碎石基层(右幅20cm 厚,左幅18cm 厚) +5%水泥稳定砂砾上底基层(右幅20cm 厚,左幅18cm 厚) + 4%水泥稳定砂砾下底基层(18cm 厚)。

3)建设规模

主要工程量:路基土石方 414 万 m³,路面底基层 754086m²,路面基层 1314482m²,路面面层 2039640m²;防护工程 79979.4m³;表 8-20-1 为 S49 林汝高速公路焦作至温县段桥梁一览表。

S49 林汝高速公路焦作至温县段桥梁一览表 表 8-20-1

规模	名称	桥长(m)	主跨长度(m)	跨越障碍物			桥梁类型
				河流	沟谷	道路、铁路	
特大桥	沁河特大桥	1774.664	70	√			简支梁桥连续梁、T梁
大桥	焦作互通	416.08	20			√	连续梁桥
	大石河大桥	386.24	20	√			简支梁桥
	幸福河大桥	127.06	25.2	√			简支梁桥
中桥	聂村分离立交	74.38	20			√	连续梁桥
	和庄分离立交	63	20			√	简支梁桥
	杨庄分离跨线	91.12	25			√	连续梁桥
	程卜昌中桥	45.29	13			√	简支梁桥
	博爱互通	81	25			√	连续梁桥
	勒马河桥	41	10	√			简支梁桥
	运粮河中桥	81.02	25	√		√	简支梁桥
	西碑分离跨线	74.3	19			√	连续梁桥
	北里村分离立交	84.08	32			√	连续梁桥
	新蒋沟中桥	45	13	√			简支梁桥
	孝敬乡跨线桥	58.38	16			√	连续梁桥
	徐堡分离立交	54	16			√	简支梁桥
	济河中桥	66	20	√			简支梁桥
	苏王跨线	58.38	16			√	连续梁桥
	南涝河中桥	54	16	√			简支梁桥
	周村分离式立交	60	18			√	简支梁桥
	徐吕跨线桥	74.3	20			√	连续梁桥
	荣涝河中桥	54	16	√			简支梁桥
	蚰蜒河中桥	54	16	√			简支梁桥

4)主要控制点

焦作、温县。

5) 地形地貌

项目所在区域处于黄河、沁河冲积平原,总的地势是北高南低,西高东低,特别在起点至 K6+000 段,其西高东低缓倾斜状极为明显,而 K6+000 至终点则相对平缓,地面均高为 104.0~130.0m,属冲积平原基本地貌单元。

6) 投资规模

概算投资 8.53927 亿元,竣工结算投资 8.85 亿元,平均每公里造价 2921.62 万元。

7) 开工及通车、竣工时间

2003 年 3 月开工建设,2005 年 7 月交工通车,2007 年 11 月完成竣工验收。

2. 参建单位主要情况

(1) 建设单位:焦作市焦温高速公路发展有限公司。

(2) 设计单位:中交第二公路勘察设计研究院。

(3) 质量监督单位:河南省交通基本建设质量检测监督站。

(4) 监理单位:黑龙江省公路工程监理咨询公司。

(5) 土建施工单位:黑龙江嘉昌路桥建筑有限公司、中国煤炭国际经济技术合作总公司。

(6) 路面施工单位:黑龙江嘉昌路桥建筑有限公司、中国煤炭国际经济技术合作总公司。

(7) 房建施工单位:新乡获嘉建设集团公司五公司直属工程处。

(8) 绿化施工单位:上蔡县森光花木有限责任公司。

(9) 交通安全设施施工单位:北京深华科交通工程有限公司。

(10) 交通机电施工单位:北京万众方友技术有限公司。

(二) 建设情况

1. 项目准备阶段

1) 项目审批文件

2002 年 5 月 14 日,河南省发展计划委员会对项目建议书进行了批复,文号为豫计基础〔2002〕541 号。2002 年 6 月 12 日,国土资源厅对项目的工程建设用地地质灾害危险性评估初步评审,文号为豫国土资函〔2002〕136 号。2002 年 11 月 13 日,《关于焦作至温县高速公路工程可行性研究报告的批复》,文号为豫计基础〔2002〕1492 号。2002 年 12 月 20 日,《关于焦作至温县高速公路工程初步设计的批复》,文号为豫计设计〔2002〕1698 号。2003 年 1 月 23 日,河南省环境保护局对环境影响报告书进行了批复,文号为豫环监〔2003〕15 号。2003 年 6 月 25 日,批准了项目建设用地,文号为焦政土字〔2003〕79 号。

2003年7月22日,《关于焦作至温县高速公路工程施工图设计的批复》,豫交计〔2003〕489号文。

2)资金筹措

概算总投资为8.54亿元,其中35%为建设单位自有资金,其余65%为工商银行贷款。

3)合同段划分

(1)设计标段划分:土建工程设计2个标段,房建工程设计1个标段,绿化工程设计1个标段,机电工程设计1个标段。

(2)施工标段划分:土建工程2个标段,机电工程1个标段,房建工程1个标段,绿化工程1个标段,交通安全设施1个标段。

(3)施工监理标段划分:设1个总监办公室,2个土建工程驻地监理标段,1个房建工程监理标段,1个机电工程监理标段。

4)招投标

根据《中华人民共和国招标投标法》,国家计委等七部委《评标委员会和评标方法暂行规定》及交通部的有关规定,焦作市焦温高速公路发展有限公司及所委托的招标代理机构吉林省交通招标咨询中心,在交通厅的领导下进行招标工作,成立了评标委员会,下设评标专家组和工作组,制定了详细可行的招标方案。择优选择出中国煤炭国际经济技术合作总公司、黑龙江嘉昌路桥建筑有限责任公司两家实力强,技术素质高的施工队伍中标。监理单位经过议标由黑龙江省公路工程监理咨询公司承担监理任务。

5)征地拆迁情况

征地面积为7423.6亩,路线永久占地2813.9亩,取土场、临时占地4609.7亩,拆迁电力、电信杆379根,架高23根,拆迁光缆270m,升高铁塔1座,另需增设铁塔2座,拆迁变压器5台,拆迁各类房屋2910m^2,拆迁大棚800m^2,砍树11145株。

2. 项目实施阶段

1)实施过程

(1)主线土建工程于2003年4月15日开工,2005年6月30日完工。

(2)房建工程于2004年5月开工,2005年1月完工。

(3)机电工程于2005年1月12日开工,2005年6月完工。

(4)交通安全设施工程于2004年10月开工,2005年6月完工。

(5)绿化工程于2004年11月开工,2005年5月完工。

(6)2005年6月28日,通过了交工验收,得分为94.25分,工程质量评定为合格工程。

(7)2007年11月,通过了竣工验收,得分为91.8分,工程质量鉴定等级评为优良。

2)设计变更

(1)清除含水率过大土方,换填6%低剂量石灰土。

(2)路基土方掺灰由4%增加至6%。

(3)底基层由原设计32cm(34cm)二灰土统一改为20cm水泥稳定砂砾;基层由原设计30cm(32cm)水泥稳定碎石调整为复合式结构,即上部为18cm(20cm)5%水泥稳定碎石,下部调整为18cm(20cm)5%水泥稳定砂砾。

(4)将排水形式由管道排水改为路面明槽排水。

(5)把原设计边坡防护形式变更为灌木与草混播的防护形式。

(三)复杂技术工程

沁河特大桥位于内都村东,跨越沁河至徐堡镇西,中心桩号为 K19+877,全长1774.664m,交角90°,桥位河道宽(两岸堤防间距)约1270m。堤内河道及南岸跨堤桥孔采用40m跨径的先简支后连续钢构预应力混凝土 T 形组合梁,堤外引桥采用20m预应力混凝土简支宽幅空心板,北岸跨堤桥孔采用的跨径组合为(40+70+40)m 预应力混凝土箱梁连续钢构,上部构造采用的跨径组合为(80×20)m+(40+70+40)m+(29×40)m+(32.5+52+32.5)m+(9×20)m,共5联。下部构造桥墩除南北两岸跨堤孔主墩为薄壁墩,双排钻孔灌注桩基础外,其余桥墩为双柱式墩、单排钻孔灌注桩基础,桥台为承台分离式台,双排钻孔灌注桩基础,桥台为承台分离式台,双排钻孔灌注桩基础。

(四)运营养护管理

1.组织架构

该项目运营管理单位为焦作中宸高速公路有限公司,公司实行总经理负责制,设有行政办、财务部、征稽部、养护部、路产部5个部门。

2.收费设施

设有焦作站、博爱站、温县站3个收费站,见表8-20-2。焦作收费站有4个出口、3个入口,共7条通行车道;博爱收费站有4个出口、2个入口,共6条通行车道;温县收费站有4个出口、3个入口,共7条通行车道。

S49 林汝高速公路焦作至温县段收费设施一览表　　　　　表8-20-2

收费站名称	桩　　号	入口车道数		出口车道数	
		总车道	ETC 车道	总车道	ETC 车道
焦作收费站	K0+350	3	1	4	1
博爱收费站	K9+900	2	0	4	1
温县收费站	K29+000	3	1	4	1

3. 监控设施

设监控中心监控室 1 个,分中心监控室 2 个,分别负责焦作收费站区域、博爱收费站区域和温县收费站区域的运营监管。

4. 养护管理

1) 路面维修工程

2012 年投入 90 万元对 12 处桥头跳车进行处理,2015 年投入 130 万元对 14 处桥头跳车进行处理,如图 8-20-1 所示。

图 8-20-1　处理桥头跳车

2) 桥梁检测、维修加固

根据省交通厅及主管部门规范标准及公司制度,每三年委托检测单位对全线桥涵结构物进行定期检测,及时掌握技术状况及病害情况,作为桥涵维修保养的依据。

3) 沿线设施的提升、改造

2014 年和 2015 年对部分高填方路段增设波形护栏。

二、S49 林汝高速公路巩义至登封段

(一)项目概况

1. 基本情况

1) 功能定位

林汝高速公路巩义至登封段起于站街枢纽互通式立交(连霍高速公路),止于程堂枢纽互通式立交(郑少洛高速公路),全长 43.267km。该项目对促进豫西山区经济发展,改善交通投资环境,加快少林寺旅游产业的开发,完善河南高速公路网布局具有重要意义。

2) 技术标准

采用全封闭、全立交、双向四车道;设计行车速度:100km/h;路基宽度:整体式路基宽度26m,分离式路基宽度2×13.0m;桥面净宽:23m;桥涵设计荷载标准:1.3倍公路—Ⅰ级;地震动峰值加速度:0.10g;地震烈度:Ⅶ度;设计洪水频率:特大桥 1/300、大中桥和涵洞 1/100;路面设计标准轴载:BZZ-100;路面设计使用年限:15 年。

3) 建设规模

主要工程量:路基挖土石方 750 万 m^3,填方 450 万 m^3,路面底基层 908km^2,基层 836km^2,下面层(ATB-25)872km^2,中面层(Sup-20)1154km^2,上面层(AC-13C)1154km^2;收费站 2 处,服务区 1 处;表 8-20-3 为 S49 林汝高速公路巩义至登封段桥梁一览表;表 8-20-4 为 S49 林汝高速公路巩义至登封段隧道一览表。

S49 林汝高速公路巩义至登封段桥梁一览表　　　表 8-20-3

规模	名称	桥长(m)	主跨长度(m)	跨越障碍物			桥梁类型
				河流	沟谷	道路、铁路	
特大桥	西泗河特大桥	1168.6	40	√			连续梁桥
	后寺河特大桥	1129	40	√			连续梁桥
大桥	主线跨连霍高速特大桥	808.4	28			√	连续梁桥
	小黄冶大桥	489	40		√		连续梁桥
	站街互通西泗河桥	101.06	16			√	简支梁桥
	东后沟大桥	248.2	30		√		连续梁桥
	付沟大桥	188.2	30		√		连续梁桥
	汪寨大桥	188.2	30		√		连续梁桥
	杨树沟大桥	107.4	25		√		连续梁桥
	南大沟大桥	132.4	25		√		连续梁桥
	吕树沟一号桥	218.2	30		√		连续梁桥
	吕树沟二号桥	518.2	30		√		连续梁桥
	老井沟Ⅰ号大桥	766.5	50		√		连续梁桥
	罗泉沟Ⅰ号大桥	126	30		√		连续梁桥
	罗泉沟Ⅱ号大桥	521.1	30		√		连续梁桥
	姜沟东里河大桥	158.1	30	√			连续梁桥
	姜沟上岭大桥	158.2	30		√		连续梁桥
	跨省道 S237 分离式立交桥	111.52	40			√	连续梁桥
	吴家门大桥	404	30			√	连续梁桥
	寺沟大桥	182.4	25		√		连续梁桥
	石淙河大桥	161	25	√			连续梁桥
中桥	向阳分离式立交桥	65.02	20			√	简支梁桥
	杨庄分离式立交桥	65.02	20			√	简支梁桥

第八章 河南高速公路项目建设信息

续上表

规模	名称	桥长(m)	主跨长度(m)	跨越障碍物 河流	跨越障碍物 沟谷	跨越障碍物 道路、铁路	桥梁类型
中桥	老井沟Ⅱ号大桥	99.6	30		√		连续梁桥
	老井沟中桥	87	20		√		连续梁桥
	孝大铁路分离式立交桥	65.02	20			√	简支梁桥

S49 林汝高速公路巩义至登封段隧道一览表　　表8-20-4

规模	名称	隧道全长(m)	隧道净宽(m)	隧道分类 按地质条件划分 土质隧道	石质隧道	按所在区域划分 山岭隧道	水底隧道	城市隧道	洞门形式(进口/出口)
长隧道	北庄隧道左线	2505	10.75		√	√			端墙式/削竹式
	北庄隧道右线	2530	10.75		√	√			削竹式/削竹式
	石嘴隧道左线	1011	10.75		√	√			削竹式/削竹式
	石嘴隧道右线	1074	10.75		√	√			削竹式/削竹式
中隧道	御路岭隧道左线	940	10.75		√	√			削竹式/削竹式
	御路岭隧道右线	975	10.75		√	√			削竹式/削竹式

4）主要控制点

巩义、登封。

5）地形地貌

项目位于河南中部、郑州市西部即巩义站街至登封唐庄。地形复杂,属丘陵山区,区内南有雄伟险峻的丛山,中有错综复杂的丘陵,北有邙岭。地势南端、北端较低,区内沟谷发育,山地属伏牛山系、嵩山北侧,南、中部山区海拔500m以上,坡度在20°以上;北部丘陵位于伊洛河南岸与低山之间,海拔150～400m,为黄土沟谷地貌,土层较深,岭脊高、沟豁多;北端河滩海拔105～120m之间,地势平坦。

6）投资规模

概算投资28.7783亿元,平均每公里造价6679万元。

7）开工及通车、竣工时间

2010年2月开工建设,2012年12月18日交工通车。

2. 参建单位主要情况

（1）建设单位:河南如意高速公路有限公司。

（2）设计单位:中交第一公路勘察设计院有限公司。

（3）质量监督单位:河南省交通基本建设质量检测监督站。

（4）监理单位:河南豫通公路工程监理事务所、北京路恒源交通工程技术开发有限公司、河南新恒丰建设监理有限公司。

(5)土建施工单位：河南省第三公路工程有限公司、河南省第二公路工程有限公司、中铁三局集团第六工程有限公司、河南省第二公路工程有限公司、中铁七局集团有限公司、路桥集团国际建设股份有限公司、河南省第一公路工程有限公司、中铁十五局集团第五工程有限公司、郑州市铁路局洛阳工程指挥部。

(6)路面施工单位：河南省第一公路工程有限公司。

(7)房建施工单位：河南省公路工程局集团有限公司。

(8)绿化施工单位：河南省高速公路园林绿化工程有限公司。

(9)交通安全设施施工单位：河南省公路工程局集团有限公司。

(10)交通机电施工单位：南京东大智能化系统有限公司、中铁电气化局集团第三工程有限公司。

(二)建设情况

1.项目准备阶段

1)项目审批文件

2004年12月15日,河南省国土资源厅出具了压覆矿产资源的审查意见。2008年11月5日,河南省水利厅对水土保持方案进行了批复。2009年1月19日,河南省环境保护局对环境影响报告书进行了批复。2009年5月31日,河南省发展和改革委员会做出《河南省发展改革委关于焦作至桐柏高速公路巩义至登封段核准的批复》,文号为豫发改交通〔2009〕843号。2009年8月12日,《关于焦作至桐柏高速公路巩义至登封段初步设计的批复》,文号为豫发改设计〔2009〕1347号。2010年7月2日,《关于焦作至桐柏高速公路巩义至登封段施工图设计的批复》,文号为豫交规划〔2010〕224号。2011年7月21日,河南省文物局对文物保护工作进行了批复。2012年5月21日,国土资源部批准了本项目的建设用地,文号为国土资函〔2012〕346号。

2)资金筹措

概算总投资为28.778亿元,投资主体自筹项目投资25%的资本金,其余75%的资本金通过银行贷款方式筹措。

3)合同段划分

(1)设计标段划分：土建工程、路面工程、绿化工程、机电工程设计1个标段,房建工程设计2个标段。

(2)施工标段划分：土建工程10个标段,机电工程3个标段,房建工程2个标段,绿化工程1个标段,交通安全设施1个标段。

(3)施工监理标段划分：设1个土建监理标段,1个房建工程监理标段,1个机电工程监理标段。

4）招投标

(1) 2009年9月24日，完成选定BT承建单位的开标评标工作，最终确定BT承建中标单位为河南省公路工程局集团有限公司。

(2) 2009年12月29日，完成土建施工监理招标工作。

(3) 2010年12月19日，完成了隧道施工的招标工作。

(4) 2012年4月10日，完成下穿陇海铁路和上跨郑西高铁施工招标工作。

(5) 2012年4月，完成机电、房建施工监理招标工作。

(6) 2012年8月8日，完成交通机电招标工作。

5）征地拆迁情况

征地面积为4264.2465亩。

2. 项目实施阶段

1）实施过程

(1) 主线土建工程于2010年2月25日开工，2012年11月30日完工。

(2) 房建工程于2012年4月开工，2012年11月完工。

(3) 机电工程于2012年9月开工，2012年11月完工。

(4) 交通安全设施工程于2012年8月开工，2012年11月完工。

(5) 绿化工程于2012年8月开工，2012年11月完工。

(6) 2012年12月8日，通过了交工验收，得分为96.69分，工程质量评定为合格工程。

2）设计变更

(1) 路面变更：将原设计4cm厚细粒式改性沥青玛蹄脂（SMA-13）上面层优化为4cm厚细粒式改性沥青混凝土（AC-13C），其余结构层与原设计一致。

(2) 北庄隧道围岩类别变更：根据补充地质勘察资料对北庄隧道No.3合同段围岩支护级别进行调整。

(3) 老井沟中桥变更：K17+683~K17+764段原施工图设计为高填方路基，并且为高低路基，施工图已批复。施工中发现，实测山体剖面线与设计图纸相差较大，线路左侧地形陡峭，受实际地形及地方公路限制，无法按原设计放坡，同时也无法设置挡土墙。经项目业主、设计单位、监理单位及施工单位相关人员现场勘察，确定对该处增设处桥梁。在桩号K17+719.5处左幅新建一座4×20m预应力混凝土空心板桥跨越高填方路段，交角90°，桥梁起点桩号为K17+675.99，终点桩号为K17+763.01，桥长87.02m。

(4) 站街枢纽互通式立交：为避免未来温巩项目建设再次影响连霍高速公路正常通行，站街枢纽互通立交高速公路以北部分由巩登项目实施。

(5) 对桃园服务区加油系统进行二次详细设计，同时对与实际情况不符的工程数量进行了修正。

(三)运营养护管理

1. 组织架构

该项目运营管理单位为河南高速公路发展有限责任公司郑州分公司。公司设有办公室、考核督察办公室、监察室、政工科、人事劳动科、财务资产科、通行费管理科、养护管理科、路产管理科共9个科室和桃园服务区。

2. 服务设施

下辖桃园服务区1处,见表8-20-5。

S49 林汝高速公路巩义至登封段服务场区一览表　　　　表8-20-5

高速公路编码	服务区名称	桩号	所在区域	占地面积(m²)	建筑面积(m²)
S49	桃园服务区	K77	巩义市涉村镇桃园村	80400	6388.6

3. 收费设施

下设有巩义南站和涉村站2个收费站,见表8-20-6。

S49 林汝高速公路巩义至登封段收费设施一览表　　　　表8-20-6

收费站名称	桩号	入口车道数		出口车道数	
		总车道	ETC车道	总车道	ETC车道
巩义南收费站	K57+000	3	1	3	1
涉村收费站	K73+500	2	0	2	0

4. 监控设施

设置监控中心1个,负责焦桐高速公路桩号K49+300~K92+567范围内主线、收费站及服务区的运营监管。

5. 养护管理

1)路面维修工程

2015年项目通车3年,以迎国检为契机,投入68.6万元开展"林汝高速公路巩登段2015年路面养护专项工程",对全线路面进行全面的维修处治,如图8-20-2所示。

2)桥梁检测、维修

根据省交通运输厅及主管部门规范标准和公司制度,每三年委托检测单位对全线桥涵结构物进行定期检测,及时掌握术状况及病害情况,作为桥涵维修保养的依据。

根据桥梁检测结果,对全线路段内发现的桥梁伸缩缝损坏进行修复。2015年共投入68.6万元对全线13处损坏的桥梁伸缩缝维修,确保桥梁处于安全良好的状态。

图 8-20-2　路面养护专项工程施工现场

3）沿线设施的提升、改造

对于事故高发地段设置防撞桶及安装爆闪灯；2016 年共投入 57.54 万元，在全线桥梁有安全隐患的地方进行了防抛网增设专项工程，减少了桥梁安全隐患，如图 8-20-3 所示；2017 年全线连续弯道前架设警示标示牌防止安全隐患；在每个隧道入口处架设隧道标志提示牌，并且隧道入口前增设减速标线。

图 8-20-3　防抛网专项施工现场

4）新材料、新技术研发

现有技术中,对于苗木修剪一直采用人工,使用苗木剪进行修剪。缺点是速度缓慢,需要大量人力,在酷夏天气不太好进行施工作业。项目部结合养护部门的意见在领导支持下,借鉴好的技术,自主开发苗木修剪机,并经过试验投入实际施工作业中大大提高了工作效率,如图 8-20-4 所示。

图 8-20-4　苗木修剪机施工现场

三、S49 林汝高速公路程堂互通至卢店互通段

林汝高速公路程堂互通至卢店互通段,里程桩号为 K92+567～K96+627,路段长 4.06km,与 G1516 盐洛高速公路禹州至登封段共线。

四、S49 林汝高速公路登封至汝州段

(一)项目概况

1. 基本情况

1）功能定位

林汝高速公路登封至汝州段起自禹州至登封高速公路卢店互通立交,于告成西跨颍河后南行,在汝州市小屯镇长营村与宁洛高速公路相接,全长 58.677km。该项目对进一步完善河南中西部地区高速公路网布局,改善交通投资环境,提高京港澳高速公路及二广高速公路综合运输能力,加快旅游资源开发具有重要意义。

2）技术标准

采用全封闭、全立交、双向四车道;设计行车速度:100km/h;路基宽度:26m;桥梁净宽:2×12.75m;桥涵设计荷载标准:公路—Ⅰ级;路面设计标准轴载:BZZ-100;路面:收费

广场和服务区广场采用水泥混凝土路面,其他采用沥青混凝土路面;路面结构为4cm细粒式SBS改性沥青混凝土(AC-13C)上面层+6cm中粒式SBS改性沥青混凝土(AC-20C)中面层+8cm粗粒式沥青混凝土(AC-25C)下面层+SBS改性沥青下封层+34cm水泥稳定碎石基层+18cm低剂量水泥稳定碎石底基层,总厚度为70cm;设计使用年限30年。

3)建设规模

主要工程量:路基挖土 $3814452m^3$、挖石 $8771222m^3$、填土 $5235938m^3$、填石 $4262677m^3$;沥青混凝土路面 $1491690m^2$,水泥混凝土路面 $18336m^2$;排水防护圬工总量 $396580.81m^3$;服务区1处,匝道收费站4处;表8-20-7为S49林汝高速公路登封至汝州段桥梁一览表;表8-20-8为S49林汝高速公路登封至汝州段隧道一览表。

S49林汝高速公路登封至汝州段桥梁一览表 表8-20-7

规模	名称	桥长(m)	主跨长度(m)	跨越障碍物 河流	跨越障碍物 沟谷	跨越障碍物 道路、铁路	桥梁类型
特大桥	汝河特大桥	1116.814	30	√			简支梁桥
大桥	五渡河大桥	397.1	30		√		简支梁桥
大桥	竹园大桥	336.94	30		√		简支梁桥
大桥	颍河大桥	517.084	30	√			简支梁桥
大桥	白江河1号桥	607.136	30	√			简支梁桥
大桥	白江河2号桥	501.945	30	√			简支梁桥
大桥	寨沟水库大桥	336.94	30		√		简支梁桥
大桥	红旗大桥(右幅)	105.06	20		√		简支梁桥
大桥	里山坪大桥(左幅)	104.904	20		√		简支梁桥
大桥	里山坪大桥(右幅)	124.904	20		√		简支梁桥
大桥	程窑大桥	246.892	30			√	简支梁桥
大桥	陈家庄大桥左线	277.04	30		√	√	简支梁桥
大桥	陈家庄大桥右线	427.12	30		√	√	简支梁桥
大桥	王家门大桥左线	488.12	40		√		简支梁桥
大桥	王家门大桥右线	488.12	40		√		简支梁桥
大桥	黄窑大桥左线	448.11	40		√	√	简支梁桥
大桥	黄窑大桥右线	528.03	40		√	√	简支梁桥
大桥	石板沟大桥左线	306.94	30		√		简支梁桥
大桥	石板沟大桥右线	366.94	30		√		简支梁桥
大桥	吴家窑大桥左线	726.78	30		√		简支梁桥
大桥	吴家窑大桥右线	726.78	30		√		简支梁桥
大桥	大泉黄涧河大桥左线	367.94	40		√		简支梁桥
大桥	大泉黄涧河大桥右线	367.94	40		√		简支梁桥

续上表

规模	名称	桥长（m）	主跨长度（m）	跨越障碍物			桥梁类型
				河流	沟谷	道路、铁路	
大桥	石界岭黄涧河大桥左线	404.44	40		√		简支梁桥
	石界岭黄涧河大桥右线	404.44	40		√		简支梁桥
	孟窑大桥	276.82	30		√		简支梁桥
	许台黄涧河大桥	368.04	40		√		简支梁桥
	寨沟大桥	207.96	40			√	简支梁桥
	胡林大桥	167.96	40		√		简支梁桥
	常沟大桥	156.96	30		√		简支梁桥
	陆浑二干渠大桥	144.894	20		√		简支梁桥
	纸坊乡黄涧河大桥	264.828	13		√		简支梁桥
中桥	红旗大桥（左幅）	82.1	25		√		简支梁桥
	汝河中桥	65.04	20	√			简支梁桥

S49 林汝高速公路登封至汝州段隧道一览表　　　　表 8-20-8

规模	名称	隧道全长（m）	隧道净宽（m）	隧道分类					洞门形式（进口/出口）
				按地质条件划分		按所在区域划分			
				土质隧道	石质隧道	山岭隧道	水底隧道	城市隧道	
短隧道	石门隧道	167	10.75		√	√			端墙式/端墙式
短隧道	石门隧道	165	10.75		√	√			端墙式/端墙式
短隧道	大峪隧道	163	10.75		√	√			削竹式/端墙式
短隧道	大峪隧道	164	10.75		√	√			削竹式/端墙式
短隧道	石界岭 1 号隧道	225	10.75		√	√			端墙式/削竹式
短隧道	石界岭 1 号隧道	228	10.75		√	√			端墙式/削竹式
短隧道	安沟隧道	253	10.75		√	√			削竹式/削竹式
短隧道	安沟隧道	259	10.75		√	√			削竹式/削竹式
短隧道	石界岭 2 号隧道	224	10.75		√	√			端墙式/端墙式
短隧道	石界岭 2 号隧道	248	10.75		√	√			端墙式/端墙式

4）主要控制点

郑州市（登封市/县）、平顶山市（汝州市/县）。

5）地形地貌

路线所经地区处于嵩山南麓，经过的区域地形条件较复杂，路线跨越丘陵岗地、中低山区、山前倾斜平原和河流冲积平原区。整体地势北高南低，地形起伏较大，地面高程最高的在登封程窑附近海拔 562m 左右，地面高程最低的汝州北汝河河漫滩海拔 154m 左右，相对高差 408m。线路中段跨越的中低山区沟谷发育，山谷陡峻，地势险要，河流及沟谷多呈"V"形，沟的深度范围在 50～100m 之间；线路北段跨越的丘陵地形起伏变化很大，沟谷发育,河谷多呈"U"形发育,沟谷深度范围在10~30m之间;线路南段跨越的颍河及北汝河两岸冲积平原,颍河地面高程256~326m,北汝河地面高程152~156m,地势相对平坦,阶地沿两岸分布。

6)投资规模

项目概算投资44.0546亿元,平均每公里造价7508.00万元。

7)开工及通车时间

2013年5月开工建设,2016年9月交工通车。

2. 参建单位主要情况

(1)建设单位:河南如意高速公路有限公司。

(2)勘察设计单位:河南省交通规划勘察设计院。

(3)质量监督单位:河南省交通基本建设质量检测监督站。

(4)监理单位:河南高建工程管理有限公司、河南省豫通工程监理有限公司。

(5)土建施工单位:中交一公局第五工程有限公司、中交一公局第六工程有限公司、中交一公局第一工程有限公司、中交一公局华祥工程有限公司、中交一公局第三工程有限公司。

(6)路面施工单位:中交一公局第六工程有限公司、中交一公局第三工程有限公司。

(7)房建施工单位:中交一公局北京建筑分公司。

(8)绿化施工单位:北京路桥诺亚方舟园林绿化有限公司。

(9)交通安全设施施工单位:中交一公局交通工程有限公司。

(10)交通机电施工单位:河南中天高新智能科技开发有限责任公司。

(二)建设情况

1. 项目准备阶段

1)项目审批文件

2011年12月31日,河南省水利厅对项目的水土保持方案进行了批复,文号为豫水土〔2011〕404号。2012年5月18日,国土资源厅对地质灾害进行了批复。2012年6月5日,河南省国土资源厅对项目的建设用地进行了批复,文号为豫国土资函〔2012〕443号。2012年7月25日,河南省环境保护局对环境影响报告书进行了批复,文号为豫环审〔2012〕140号。2012年9月11日,《关于焦桐高速公路登封至汝州段工程可行性研究报告的批复》,文号为豫发改基础〔2012〕1418号。2013年4月16日,河南省文物管理局对项目文物环境影响评价书进行了批复,文号为〔2013〕26号。2013年6月26日,《关于焦桐高速公路登封至汝州段工程初步设计的批复》,文号为豫发改设计〔2013〕847号。2013

年10月15日,《关于焦桐高速公路登封至汝州段工程施工图设计的批复》,文号为豫交设计〔2013〕664号。2015年6月26日,国土资源厅对项目登封境内的压覆矿产资源报告进行了批复,文号为〔2015〕392号。2015年10月12日,国土资源厅对项目汝州境内的压覆矿产资源报告进行了批复,文号为〔2015〕644号。

2) 资金筹措

本项目概算总投资为44.0546亿元,其中20%为建设单位自有资金,其余80%为银行贷款。

3) 合同段划分

(1) 设计标段划分:土建工程设计1个标段,房建工程设计1个标段。

(2) 施工标段划分:土建工程5个标段,路面工程2个标段,机电工程1个标段,房建工程1个标段,绿化工程1个标段,交通安全设施1个标段。

(3) 施工监理标段划分:设1个总监办公室,2个总监理代表处,5个土建工程驻地监理标段,1个房建工程驻地监理标段,1个机电工程驻地监理标段。

4) 招投标

(1) 2013年1月31日,发布BT投融资建设招标公告。

(2) 2013年3月29日,开标。

(3) 2013年4月10日,向中交一公局发中标通知书。

5) 征地拆迁情况

项目征地面积为6629.08亩,其中耕地5765.83亩,菜地43.8亩,宅基地31.44亩,果园70.33亩,林地565.84亩,经济林8.04亩,荒地140.64亩。拆迁占地费用共计37279.167万元(含附着物赔偿费用)。

2. 项目实施阶段

1) 实施过程

(1) 主线土建工程于2013年5月开工,2016年9月完工。

(2) 房建工程于2014年12月开工,2016年9月完工。

(3) 机电工程于2015年7月10日开工,2016年9月完工。

(4) 交通安全设施工程于2015年7月开工,2016年9月完工。

(5) 绿化工程于2015年7月开工,2016年9月完工。

(6) 2016年9月6日,通过了交工验收,得分为96.34分,工程质量评定为合格工程。

2) 设计变更

汝河特大桥单侧加宽:汝河特大桥原设计为37×30m预应力组合箱梁,桥面净宽2×11.75m。应汝州市政府要求,为满足汝河两岸群众通行需要,对汝河特大桥右侧加宽5m,并对加宽部分与高速公路行车道全封闭隔离。

3）重大事件

（1）2014年组织了第一、二季度"百日劳动竞赛",第三季度"大干80天"劳动竞赛及"决战第四季度"劳动竞赛。

（2）2015年组织了第一、二季度"严格程序、强化执行、提整质量120天劳动竞赛",第三、四季度"统筹推进、战略协同、敢于决战、全面实现登汝高速通车目标"劳动季赛。

（三）复杂技术工程

汝河特大桥全长1116.8m,如图8-20-5所示,桥梁跨径布置为37×30m先简支后连续预应力连续箱梁施工,下部结构依次为盖梁、墩柱系梁和单排桩基础,基础采用水下灌注桩施工。2013年10月1日开始施工,2015年8月12日施工完毕并通过第三方验收合格。桩基施工期间利用河流枯水有利时机增加冲击钻数量及相应的配套设备,在第二年的6月涨水之前完成主河槽内桩基施工;墩身及盖梁施工采用定型模板不仅加快了施工进度,而且提高了混凝土外观质量;上部箱梁施工采用在汝河特大桥桥头路基上建立箱梁预制场,箱梁预制完成后采用架桥机架设箱梁,缩短了运输距离,加快了施工进度,节约了成本。

图8-20-5　汝河特大桥

（四）科技创新

发明了桥梁护栏钢筋保护层模架,获得了国家专利,如图8-20-6所示。

（五）运营养护管理

1. 组织架构

该项目运营管理单位为河南高速公路发展有限责任公司禹登分公司。公司实行省公司董事会领导下的总经理负责制,下设办公室、财务科、路产科、养护科等科室部门。

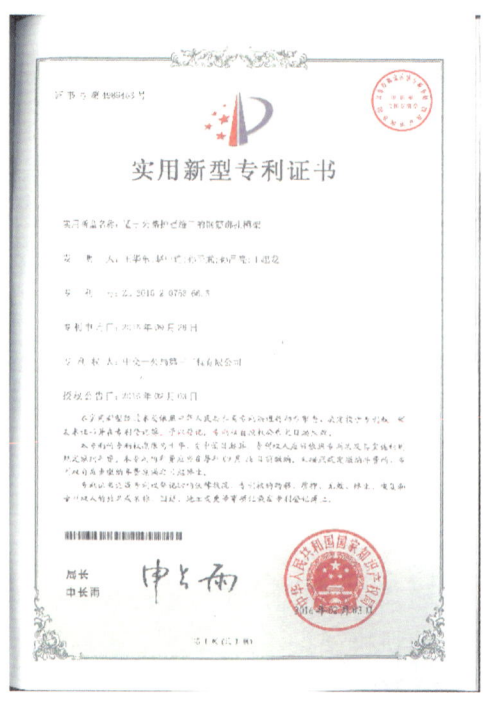

图 8-20-6　桥梁护栏钢筋保护层模架专利证书

2. 服务设施

下辖汝州东服务区 1 处,见表 8-20-9。

S49 林汝高速公路登封至汝州段服务场区一览表　　表 8-20-9

高速公路编码	服务区名称	桩　　号	所　在　区　域	占地面积(m²)	建筑面积(m²)
S49	汝州东服务区	K48+100	河南平顶山汝州市纸坊镇	56620	5652.24

3. 收费设施

下设告成、白坪、大峪和汝州东 4 个收费站,见表 8-20-10。告成收费站有 4 个出口、3 个入口,共 7 条通行车道;白坪收费站有 4 个出口、3 个入口,共 7 条通行车道;大峪收费站有 4 个出口、3 个入口,共 7 条通行车道;汝州东收费站有 6 个出口、4 个入口,共 10 条通行车道。

S49 林汝高速公路登封至汝州段收费设施一览表　　表 8-20-10

收费站名称	桩　　号	入口车道数		出口车道数	
		总车道	ETC 车道	总车道	ETC 车道
告成收费站	K6+026	3	1	4	1
白坪收费站	K16+900	3	1	4	1
大峪收费站	K27+626	3	1	4	1
汝州东收费站	K40+100	4	2	6	2

第二十一节 S60 商丘至登封高速公路

商丘至登封高速公路起点于商丘市区西侧,接连霍高速公路,并设主线收费站与省道 S325 相交,向西经宁陵、睢县、杞县、通许、尉氏、新郑、新密等县市,先后分别与大广高速公路、兰南高速公路、机西高速公路、京港澳高速公路、郑尧高速公路相接,在登封市东与盐洛高速少林寺至洛阳段高速公路相接,全长约 222km。2015 年 12 月 19 日,商登高速公路商丘段、开封段建成通车,建成通车路段全长 161.496km。商登高速公路与连霍高速公路平行,形成连霍高速公路的复线,该项目对完善河南中部地区高速公路网布局,扩大新郑机场辐射范围,巩固提升郑州综合交通枢纽地位,促进沿线地区经济发展,加快中原经济区建设具有重要意义。

一、S60 商登高速公路商丘段

(一)项目概况

1. 基本情况

1)功能定位

商登高速公路商丘段东起商丘市梁园区水池铺乡,向西止于睢县西陵乡,全长 62.465km。该项目对完善豫东地区高速公路网布局,推动商丘经济发展和资源开发,缓解城市交通压力,改善投资环境,加强与东部省市的联系具有重要意义。

2)技术标准

采用全封闭、全立交、双向四车道;设计行车速度:120km/h;路基宽度:28m;桥梁净宽:2×12.5m;桥涵设计荷载标准:汽车—超 20 级,挂车—120;路面设计标准轴载:BZZ-100;路面:收费广场和服务区广场采用水泥混凝土路面,设计使用年限为 30 年,主线采用沥青混凝土路面;路面结构:主线为 18cm 沥青混凝土路面,其中 4cm 细粒式改性沥青混凝土,6cm 中粒式改性沥青混凝土,8cm 粗粒式改性沥青混凝土,基层为 34cm 厚水泥稳定碎石,底基层为 18cm 低剂量稳定碎石;设计使用年限为 15 年。

3)建设规模

主要工程量:路基土方 1044 万 m^3,路面 169 万 m^2;匝道收费站 4 处;服务区 1 处;管理、养护、服务、监控房屋建筑面积 10230.19m^2;表 8-21-1 为 S60 商登高速公路商丘段桥梁一览表。

S60 商登高速公路商丘段桥梁一览表　　　　　　表 8-21-1

规模	名称	桥长（m）	主跨长度（m）	跨越障碍物 河流	跨越障碍物 沟谷	跨越障碍物 道路、铁路	桥梁类型
大桥	惠济河大桥	379.1	50	√			简支梁桥
中桥	盛周庄中桥	45.04	20	√			简支梁桥
中桥	清水河中桥	65.04	20	√			简支梁桥
中桥	吴八沟中桥	65.04	20	√			简支梁桥
中桥	前畅店中桥	65.04	20	√			简支梁桥
中桥	大沙河中桥	85.06	40	√			简支梁桥
中桥	乔八楼中桥	65.04	20	√			简支梁桥
中桥	洮河中桥	65.04	20	√			简支梁桥
中桥	谢集沟中桥	65.04	20	√			简支梁桥
中桥	郭小集中桥	44.04	13	√			简支梁桥
中桥	废黄河中桥	65.04	20	√			简支梁桥
中桥	帝丘支渠中桥	53.04	16	√			简支梁桥
中桥	申家沟老道中桥	53.04	16	√			简支梁桥
中桥	申家沟中桥	65.04	20	√			简支梁桥
中桥	利民河中桥	65.04	20	√			简支梁桥
中桥	小沙河支沟中桥	44.04	13	√			简支梁桥
中桥	周塔河中桥	55.08	16	√			简支梁桥
中桥	祁河中桥	53.04	16	√			简支梁桥
中桥	祁河西支中桥	53.04	16	√			简支梁桥

4）主要控制点

商丘梁园区、宁陵县、睢县。

5）地形地貌

全线位于华北冲积平原东南部,地形开阔平坦,高差不大,局部低洼。总体地势西北高,东南低。该地区零星分散着一些蝶形洼地,其形成原因多与河流泛滥淤积滞水有关,所以在一些地方故河道高出两侧的平地,呈微微突起的状态。

6）投资规模

项目概算投资 36 亿元。

7）开工及通车时间

2012 年 12 月开工建设,2015 年 12 月交工通车。

2. 参建单位主要情况

（1）建设单位:河南中原高速公路股份有限公司商杞分公司。

（2）勘察设计单位。河南省交通规划勘察设计院有限责任公司。

（3）质量监督单位：河南省交通基本建设质量检测监督站。

（4）监理单位：北京华通公路桥梁监理咨询有限公司、河南省高等级公路建设监理部有限公司。

（5）土建施工单位：龙建路桥股份有限公司、中国水电建设集团路桥工程有限公司、中交三公局第二工程有限公司、中铁十八局集团有限公司、湖南尚上公路桥梁建设有限公司、江西省宜春公路建设集团有限公司、中铁十二局集团第四工程有限公司。

（6）路面工程施工单位：正平路桥建设股份有限公司、中南建设集团有限公司。

（7）交通安全设施施工单位：江苏兴路交通工程有限公司、周口市公路交通设施有限公司、河北瑞通公路配套设施有限公司、山东景亮工贸有限公司、山西交研科学实验工程有限公司、湖南通顺交通工程有限公司。

（二）建设情况

1. 项目准备阶段

1）项目审批文件

2012年8月1日，河南省国土资源厅对商登高速公路商丘段工程建设场地地质灾害危险性评估报告进行了审查备案。2012年8月3日，河南省地震局对商登高速公路商丘段工程场地地震安全性评估报告进行了批复，文号为豫震安评〔2012〕246号。2012年9月4日，河南省文物局对商登高速公路商丘段对线路选址方案进行了批复，文号为豫文物函〔2012〕39号。2012年9月12日，商丘市国土资源局对商登高速公路商丘段工程建设项目压覆重要矿产资源进行了审查批复，文号为商国土资〔2012〕404号。2012年10月23日，河南省水利厅对商登高速公路商丘段工程的水土保持方案进行了审批，文号为豫水行许字〔2012〕207号。2012年11月1日，河南省住房和城乡建设厅颁发了商登高速公路商丘段建设项目选址意见书，文号为选字第410000201200072号。2012年12月11日，河南省环保厅对商登高速公路商丘段项目环境影响报告书进行了批复，文号为豫环审〔2012〕278号。2012年12月20日，河南省国土资源厅对商登高速公路商丘段建设项目用地预审进行了批复，文号为豫国土资函〔2012〕1292号。2012年12月31日，省发改委，豫发改基础〔2012〕2324号文，《关于商登高速公路商丘段工程可行性研究报告的批复》。2013年3月1日，初步设计获省发改委批复，文号为豫发改设计〔2013〕350号。2013年12月29日，《关于商登高速公路商丘段工程施工图设计的批复》，文号为豫交设计〔2013〕1064号。

2）资金筹措

概算总投资为36亿元，其中25%为建设单位自有资金，其余75%为银行贷款。

3)合同段划分

(1)设计标段划分:土建工程、房建工程、绿化工程设计标段划分1个标段,机电工程设计1个标段。

(2)施工标段划分:土建工程7个标段,机电工程3个标段,房建工程4个标段,绿化工程3个标段,交通安全设施6个标段。

(3)施工监理标段划分:设2个总监办公室,7个土建工程驻地监理标段,4个房建工程驻地监理标段,1个机电工程监理标段。

4)招投标

(1)2013年6月14日,确定了7家土建工程中标单位。

(2)2014年12月8日,确定了2家路面工程中标单位。

(3)2014年6月10日,确定了4家房建工程中标单位。

(4)2014年12月21日,确定3家机电工程中标单位。

(5)2015年2月10日,确定了6家交通安全设施工程中标单位。

(6)2015年3月16日,确定了3家绿化工程中标单位。

5)征地拆迁情况

商登高速公路商丘段永久性征地面积为5944亩。耕地344.5469hm^2,园地2.0282hm^2,林地28.9416hm^2,交通运输用地7.4925hm^2,城镇村及工矿用地5.0486hm^2,水域及水利设施用地7.9999hm^2,拆迁面积约193100m^2,拆迁占地费用共计22772.002万元。

2.项目实施阶段

(1)主线土建工程于2012年12月12日开工,2015年12月3日完工。

(2)房建工程于2014年7月开工,2015年10月完工。

(3)机电工程于2015年1月开工,2015年11月完工。

(4)交通安全设施工程于2015年3月开工,2015年10月完工。

(5)绿化工程于2015年4月开工,2015年10月完工。

(6)2015年12月18日,通过了交工验收,得分为95.78分,工程质量评定为合格工程。

(三)科技创新

该项目沿线大部分为粉砂土,水稳性较差,路肩排水原设计采用的预制混凝土急流槽相对笨重、不方便安装,为便于施工,同时保证路肩排水设施的耐久性,将路肩排水改为集水井加暗埋PVC管的排水方式。

此方案取代常规圬工式急流槽排水,有效地解决了以往路肩排水对边坡的损坏,且极大地降低了运营后的养护费用。

(四)运营养护管理

1. 组织架构

该项目运营管理单位为河南中原高速公路股份有限公司商杞分公司,公司实行总经理负责制,下设办公室、财务部、通管部、养护部、路产部、人事考核部、党群纪检部7个部门。

2. 服务设施

下辖睢县服务区1处,见表8-21-2。

S60 商登高速公路商丘段服务场区一览表　　　　表8-21-2

高速公路编码	服务区名称	桩　号	所 在 区 域	占地面积(m²)	建筑面积(m²)
S60	睢县服务区	K47+700	睢县河集乡徐庄村	59000	3200

3. 收费设施

营运部下设有机场、宁陵南、睢县东、睢县西4个收费站,见表8-21-3。机场收费站有6个出口、4个入口,共10条通行车道;宁陵南收费站有4个出口、3个入口,共7条通行车道;睢县东收费站有4个出口、3个入口,共7条通行车道;睢县东收费站有6个出口、4个入口,共10条通行车道。

S60 商登高速公路商丘段收费设施一览表　　　　表8-21-3

收费站名称	桩　号	入口车道数		出口车道数	
		总车道	ETC车道	总车道	ETC车道
机场收费站	K1+100	4	2	6	2
宁陵南收费站	K17+500	3	1	4	1
睢县东收费站	K37+600	3	1	4	1
睢县西收费站	K47+700	4	2	6	2

4. 监控设施

设置监控中心1个,睢县分中心负责机场收费站、宁陵南收费站、睢县东收费站、睢县西收费站区域的运营监管。

5. 养护管理

商登高速公路商丘段睢县养护工区负责商登高速公路商丘段全线路基、路面、桥涵、交通安全设施和绿化日常养护,并严格执行相关行业标准及睢县分公司养护制度进行日常保养保洁工作。

二、S60 商登高速公路开封段

(一)项目概况

1. 基本情况

1) 功能定位

商登高速公路开封段起于河坡李北商丘和开封交界处,与同期实施的商登高速公路商丘市境段终点相接,自东向西依次经过杞县、通许,在尉氏县胡家西北接商登高速公路郑州段起点,全长 99.031km。该项目进一步扩大了新郑机场辐射范围,对完善河南省公路网布局,实现公路、航空等多种运输方式的互相衔接,提高公路通达深度和服务水平,促进区域经济快速发展,加快中原经济区建设具有重要意义。

2) 技术标准

采用全封闭、全立交、双向四车道;设计速度:120km/h;路基宽度:28m;桥梁设计:荷载采用公路—Ⅰ级;行车道宽:2×2×3.75m 中央分隔带宽 3m,左侧路缘带宽 2×0.75m,硬路肩宽 2×3.5m,土路肩 2×0.75m;路面:沥青混凝土路面结构,自上而下依次为:4cm 细粒式改沥青混凝土(AC-13C)+6cm 中粒式沥青混凝土(AC-20C)+8cm 粗粒式沥青混凝土(AC-25C)+34cm 水泥稳定碎石基层+18cm 水泥稳定碎石底基层。No.8 标段采用平原微丘区双向六车道高速公路标准;设计速度:120km/h;路基宽度:34.5m;桥梁设计:荷载采用公路—Ⅰ级。

3) 建设规模

该项目主要工程量:全线挖方 65.62 万 m^3,填方 1048.59 万 m^3,沥青混凝土路面 210.15 万 m^3;服务区 2 处、养护工区 1 处(与收费站合建)、路政管理所 1 处(与收费站合建)、监控分中心 1 处(与收费站合建)、匝道收费站 4 处;表 8-21-4 为 S60 商登高速公路开封市境段桥梁一览表。

S60 商登高速公路开封市境段桥梁一览表　　表 8-21-4

规模	名称	桥长(m)	主跨长度(m)	跨越障碍物 河流	跨越障碍物 谷沟	跨越障碍物 道路、铁路	桥梁类型
大桥	铁底河大桥	125	20	√			简支梁桥
	小清河大桥	125	20	√			简支梁桥
	涡河故道大桥	145	20		√		简支梁桥
	惠贾渠大桥	105	20	√			简支梁桥
	涡河大桥	225	20	√			简支梁桥
	百邸河大桥	145.08	20	√			简支梁桥

第八章
河南高速公路项目建设信息

续上表

规模	名称	桥长（m）	主跨长度（m）	跨越障碍物 河流	跨越障碍物 谷沟	跨越障碍物 道路、铁路	桥梁类型
大桥	贾鲁河大桥	427.09	30	√			简支梁桥
	浮清河大桥	231	25	√			简支梁桥
	岳寨分离式立交	105	25			√	简支梁桥
	S326分离式立交桥	127	20			√	简支梁桥
	百邸河大桥（拼宽）	125.28	20	√			简支梁桥
	S218分离式立交桥	105	25			√	简支梁桥
	朝杞铁路1号分离式立交	664	45			√	简支梁桥
	朝杞铁路2号分离式立交	715	45			√	简支梁桥
	S325分离式立交	157.08	30			√	简支梁桥
	S219分离式立交	105	25			√	简支梁桥
	S223分离式立交桥	231	25			√	简支梁桥
	郑港三路分离式立交	106	25			√	简支梁桥
	人文路分离式立交	168	40			√	简支梁桥
	规划五路分离式立交	127	30			√	简支梁桥
	规划四路分离式立交	248	40			√	简支梁桥
	规划三路分离式立交	127	30			√	简支梁桥
中桥	东二干中桥	44.04	13	√			简支梁桥
	小蒋河中桥	85.04	16	√			简支梁桥
	草寺排水沟桥	44.04	13		√		简支梁桥
	潘屯排水沟桥	44.04	13		√		简支梁桥
	苏木分离式立交	53.04	16			√	简支梁桥
	孔寨分离式立交	53.04	16			√	简支梁桥
	幸福干渠中桥	44.04	13	√			简支梁桥
	小白河中桥	44.04	13	√			简支梁桥
	岭西分离式立交	48.04	16			√	简支梁桥
	于任沟中桥	39.04	13		√		简支梁桥
	真会分离式立交	48.04	16			√	简支梁桥
	岭阴公路分离式立交	127	16			√	简支梁桥
	前柏岗排沟中桥	44.04	13		√		简支梁桥
	车岗分离式立交桥	53.04	16			√	简支梁桥
	王进庄排沟桥	37	16		√		简支梁桥
	小武庄分离式立交	53.04	16			√	简支梁桥
	耿武沟中桥	53.04	16		√		简支梁桥
	东三干渠中桥	85.04	16	√			简支梁桥

续上表

规模	名称	桥长（m）	主跨长度（m）	跨越障碍物 河流	跨越障碍物 谷沟	跨越障碍物 道路、铁路	桥梁类型
中桥	西三干渠中桥	53.04	16	√			简支梁桥
	郭佛分离式立交	97	30			√	简支梁桥
	明改河中桥	53.4	16	√			简支梁桥
	明家沟中桥	53.04	16			√	简支梁桥
	西三分干渠中桥	53.04	16			√	简支梁桥
	郝家分离式立交	97	30			√	简支梁桥
	芦家分离式立交	69.04	16			√	简支梁桥
	后黄家分离式立交	97	30			√	简支梁桥
	后黄家排沟小桥	31.04	13		√		简支梁桥
	郭沟中桥	44.04	13		√		简支梁桥
	北康沟中桥	69.04	16		√		简支梁桥
	小黑河中桥	53	16	√			简支梁桥
	小姜家分离式立交	53	16			√	简支梁桥
	宋家排沟中桥	53.04	16		√		简支梁桥
	黎明河中桥	53	16	√			简支梁桥

4) 主要控制点

开封市（杞县、通许县、尉氏县）。

5) 地形地貌

项目所在地区位于华北平原西南部的边缘地带，西部与嵩山余脉相连接，北部及东部与黄河泛滥平原相连接。总体地势西高东低。西部为丘陵岗地，冲沟发育，地面起伏变化稍大，地面高程在 50～430m 之间变化，项目沿线所经地区由丘陵岗地、波状平原、倾斜平原三个地貌单元区构成。项目按地形条件以郑尧高速为界，以东路段为平原微丘区，以西路段为重丘区。

6) 投资规模

项目概算总投资为 55.87 亿元。

7) 开工及通车时间

2013 年 7 月开工建设，于 2015 年 12 月交工通车。

2. 参建单位主要情况

(1) 建设单位：河南中原高速公路股份有限公司杞新分公司。

(2) 勘察设计单位：河南省交通规划勘察设计院有限责任公司。

(3) 质量监督单位：河南省交通基本建设质量检测监督站。

(4) 监理单位：河南省高等级公路建设监理部有限公司、河南豫通公路工程监理事务所、北京兴通工程咨询有限公司。

（5）路基、路面、绿化、交通安全设施、房建施工单位：河南省公路工程局集团有限公司。

(二)建设情况

1.项目准备阶段

1)项目审批文件

2012年12月1日，河南省住房和城乡建设厅对商丘至登封高速公路(连霍复线)开封市境段工程项目建设选址给出选址意见，文号为选字第410000201200071号。2012年12月11日，河南省环保厅对商丘至登封高速公路(连霍复线)开封市境段项目环境影响报告书进行批复，文号为豫环审〔2012〕227号。2012年12月26日，河南省国土资源厅对商丘至登封高速公路(连霍复线)开封市境段建设项目用地预审进行了批复，文号为豫国土资函〔2012〕1321号。2013年1月11日，河南省发展和改革委员会对商丘至登封高速公路开封市境段项目申请报告进行了核准立项，文号为豫发改基础〔2013〕48号。2013年4月22日，《关于商丘至登封高速公路开封市境段工程初步设计的批复》，文号为豫发改设计〔2013〕525号。2013年5月29日，《关于商丘至登封高速公路开封市境段工程主体K60+220～K142+710段的施工图设计的批复》，文号为豫交文〔2013〕340号。2013年7月1日，河南省交通运输厅对该项目采用BT投融资模式进行建设进行了批复，文号为豫交文〔2013〕427号。2014年4月9日，《关于商登高速开封境航空港区段工程初步设计变更的批复》，文号为豫发改设计〔2014〕573号。2014年5月23日，《关于对港区段施工图设计的批复》，文号为豫交文〔2014〕313号。2014年5月30日，《河南省交通运输厅关于商丘至登封高速公路开封市境段房屋建筑工程方案设计的批复》，文号为豫交文〔2014〕337号。2014年8月16日，《关于商丘至登封高速公路开封市境段房屋建筑工程施工图设计的批复》，文号为豫交文〔2014〕516号。2015年2月5日，《河南交通投资集团有限公司关于商丘至登封高速公路开封市境段绿化工程施工图设计的批复》，文号为豫交集团工〔2015〕19号。2015年4月13日，《关于商丘至登封高速公路开封市境段机电工程详细设计、供配电照明工程施工图设计批复》，文号为豫交文〔2015〕185号。2015年4月13日，《关于商丘至登封高速公路开封市境段房屋建筑工程污水处理系统施工图设计的批复》，文号为豫交集团工〔2015〕47号。2015年7月15日，河南省交通运输厅，《关于商丘至登封高速公路开封市境段10kV供电线路工程施工图设计的批复》，文号为豫交文〔2015〕358号文。

2)资金筹措

项目概算总投资为55.87亿元，其中建设单位自筹25%，国内银行贷款75%。

3)合同段划分

(1)施工标段划分:8个土建标段,5个路面标段,1个房建标段,1个交通安全设施标段,1个绿化标段和1个机电标段。

(2)施工监理标段划分:设2个总监办。

4)招投标

(1)2013年2月1日,确定1个工程设计中标单位。

(2)2013年5月7日,确定2个土建工程施工监理中标单位。

(3)2015年1月27日,确定1个机电工程施工监理中标单位。

(4)2013年7月2日上午,确定1个路基、路面、绿化、交通安全设施、房建工程施工中标单位。

5)征地拆迁情况

项目先后两次进行了土地勘界及附着物清点工作,商丘至登封高速公路开封市境段工程批准建设用地652.07hm^2,实际征用土地规模为593.5142hm^2,征地拆迁费用为93755万元。

2. 项目实施阶段

1)实施过程

(1)主线土建工程于2013年7月9日开工,2015年9月20日完工。

(2)房建工程于2014年8月开工,2015年10月30日完工。

(3)机电工程于2015年5月开工,2015年11月25日完工。

(4)交通安全设施工程于2015年5月开工,2015年11月26日完工。

(5)绿化工程于2015年3月开工,2015年11月30日完工。

(6)2015年12月13~16日,通过了交工验收,交工质量检测为合格。

2)重大决策

项目公司每年根据施工季节的不同,组织开展"大干一百天"(图8-21-1)、"大干九十天,决战第四季度""大干六十天、迅速掀起商登高速公路开封境航空港区段施工高潮""掀起春季施工高潮""五比一创"多种形式的劳动竞赛活动。

3)设计变更

(1)TJ-6标郭佛分离式立交上跨S219,经项目公司联合开封市公路局经现场踏勘,结合开封市国省干线公路现状和发展规划,并征求尉氏县政府意见,将该分离式立交由4孔变为3孔,以S219道路作为桥梁中心线上跨穿过。

(2)四车道改六车道。根据河南省人民政府省长办公会议纪要〔2013〕58号文件精神要求商登高速公路实验区段按照双向六车道标准建设,并于2014年4月9日,省发改委以豫发改设计〔2014〕573号文对商登高速公路开封境航空港区段工程初步设计变更进行批复,较之前四车道技术标准增加概算金额 20505 万元。

图 8-21-1 "大干一百天"劳动竞赛动员大会

(三)科技创新

商登高速公路开封段沿线总结、推广了桥面铺装四机联动施工工法,全线采用了"四机联动"施工工艺,施工过程中利用液压式振捣梁、全自动桁架式三辊轴摊铺机、驾驶型抹光机、手推式铣刨机 4 个设备的有效组合,施工作业过程流水化、机械化,以一联或一个桥为单位一次性半幅整体铺装施工,施工效率高,有效提高标准化程度。

(四)运营养护管理

1. 组织架构

该项目运营管理单位为航空港分公司,公司实行总公司董事会领导下的总经理负责制,下设办公室、通行费管理稽查部、人事考核部、路产管理部、工程养护部、财务资产部、党群监察部、运营监督管理分中心、三产分中心。

2. 服务设施

下辖通许、尉氏两处服务区,见表 8-21-5。

S60 商登高速公路开封市境段服务场区一览表 表 8-21-5

高速公路编码	服务区名称	桩　　号	所 在 区 域	占地面积(m²)	建筑面积(m²)
S60	通许服务区	K81+920	通许县	67300	5385.00
	尉氏服务区	K125+300	尉氏县大庙杨村	67300	6450.00

3. 收费设施

共设有杞县南、通许南、尉氏北和岗李 4 个收费站,见表 8-21-6。杞县南收费站有 3 个入口、4 个出口,共 7 条通行车道;通许南收费站有 3 个入口、4 个出口,共 7 条通行车道;尉氏北收费站有 3 个入口、4 个出口,共 7 条通行车道;岗李收费站有 5 个入口、7 个出口,共 12 条通行车道。

S60 商登高速公路开封市境段收费设施一览表   表 8-21-6

收费站名称	桩　号	入口车道数		出口车道数	
		总车道	ETC 车道	总车道	ETC 车道
杞县南收费站	K65+680	3	1	4	1
通许南收费站	K100+399	3	1	4	1
尉氏北收费站	K122+075	3	1	4	1
岗李收费站	K145+600	5	2	7	2

4. 监控设施

该路段不设置监控分中心,商登高速公路开封段 K108+460 以西至本路段终点 K150+755 桩号内约 42km 路段监控设备纳入郑州陈楼管理分中心,开封段 K108+460 以东至本路段起点 K60+220 桩号内约 49km 路段监控设备纳入商丘睢县管理分中心。

5. 养护管理

河南通瑞高速公路养护工程有限责任公司通许养护工区和河南通瑞高速公路养护工程有限责任公司岗李养护工区负责商登高速公路开封市境段全线路基、路面、桥涵、交通安全设施和绿化日常养护,并严格执行相关行业标准及河南中原高速公路股份有限公司养护制度,进行日常养护、路面保洁、路产损失修复、突发事件处理、冬季除雪融冰等工作。

第二十二节　S62 淮滨至信阳高速公路

淮信高速是河南省高速公路网规划中 12 条东西横线中的一条,路线先后经过淮滨、息县、正阳、信阳。目前已建成通车淮滨至息县段。该项目对打造信阳中心城区至各县城"一小时交通圈"、县城至各乡镇"半小时交通圈",对统筹信阳城乡一体化发展,带动区域经济增长、优化投资环境具有重要意义。

S62 淮信高速公路淮滨至息县段

(一)项目概况

1. 基本情况

1)功能定位

淮信高速公路淮滨至息县段起点位于淮滨县台头乡东侧,在息县杨店镇冯庄北与大广高速公路相交,全长 49.235km,其中淮滨境内 23.94km,息县境内 25.295km。该项目对解决目前豫东南地区高速公路网密度偏低问题,完善河南省高速公路网布局,增强综合运输功能,加快大别山革命老区经济发展和脱贫致富具有重要作用。

2) 技术标准

采用全封闭、全立交、双向四车道;设计行车速度:100km/h;路基宽度:26m;桥梁净宽:2×12.197m;桥涵设计荷载标准:公路—Ⅰ级;路面设计标准轴载:BZZ-100;路面:收费广场和服务区广场采用水泥混凝土路面,其他采用沥青混凝土路面;路面结构:主线为 4cm 细粒式沥青混凝土(AC-13C)+6cm 中粒式沥青混凝土(AC-20C)+8cm 粗粒式沥青混凝土(AC-25C),基层为 25cm 厚水泥稳定碎石,底基层为 25cm 厚水泥稳定碎石;设计使用年限:路面设计使用年限为 20 年。

3) 建设规模

主要工程量包括:借土填方 604.0 万 m^3,挖方 13.74 万 m^3,基桩 1343 根,立柱 659 根,现浇箱梁 24 孔,预制箱梁 595 片,空心板 2523 片,水泥搅拌桩 178.37 万 m,换填中粗砂 145.49 万 m^3;表 8-22-1 为 S62 淮信高速公路淮滨至息县段桥梁一览表。

S62 淮信高速公路淮滨至息县段桥梁一览表　　　　　表 8-22-1

规模	名称	桥长(m)	主跨长度(m)	跨越障碍物 河流	跨越障碍物 沟谷	跨越障碍物 道路、铁路	桥梁类型
大桥	京九铁路分离式立交	876.72	30			√	组合梁桥
	乌龙港大桥	246.87	30			√	组合梁桥
	间河大桥	577.04	30			√	组合梁桥
	跨 G106 主线桥	104.96	20			√	组合梁桥
中桥	分离式立交	53.04	16			√	组合梁桥
	分离式立交	53.04	16			√	简支梁桥
	中桥	53.04	16			√	简支梁桥
	分离式立交桥	44.04	13			√	简支梁桥
	前刘店中桥	44.04	13			√	简支梁桥
	大曹寨中桥	44.04	13			√	简支梁桥
	分离式立交桥	53.04	16			√	简支梁桥
	分离式立交桥	53.04	16			√	简支梁桥
	方圆村中桥	57.04	13			√	简支梁桥
	李庄中桥	48.84	13			√	简支梁桥
	分离式立交	44.04	13			√	简支梁桥
	岳小庄中桥	53.04	16			√	简支梁桥
	分离式立交	53.04	16			√	简支梁桥
	分离式立交	44.04	13			√	简支梁桥

续上表

规模	名　称	桥长（m）	主跨长度（m）	跨越障碍物 河流	跨越障碍物 沟谷	跨越障碍物 道路、铁路	桥梁类型
中桥	分离式立交	44.04	13			√	简支梁桥
	西刘庄中桥	53.04	16			√	简支梁桥
	分离式立交	44.04	13			√	简支梁桥
	分离式立交	44.04	13			√	简支梁桥
	陶楼中桥	57.04	13			√	简支梁桥
	王庄中桥	53.04	16			√	简支梁桥
	魏楼中桥	44.04	13			√	简支梁桥
	乌龙港中桥	84.912	20	√			简支梁桥
	张围孜中桥	53.04	16	√			简支梁桥
	分离式立交	53.04	16			√	简支梁桥
	分离式立交	69.04	16			√	简支梁桥
	分离式立交	44.04	13			√	简支梁桥
	分离式立交	53.04	16			√	简支梁桥
	分离式立交	44.04	13			√	简支梁桥
	分离式立交	53.04	16			√	简支梁桥
	分离式立交桥	55.96	13			√	简支梁桥
	分离式立交桥	44.04	13			√	简支梁桥
	陈庄中桥	44.04	13			√	简支梁桥
	分离式立交桥	44.04	13			√	简支梁桥
	分离式立交桥	44.04	13			√	简支梁桥
	分离式立交桥	44.04	13			√	简支梁桥
	分离式立交桥	53.04	16			√	简支梁桥
	魏大庄中桥	44.04	13			√	简支梁桥
	南湾干渠中桥	57.04	13		√		简支梁桥

4）主要控制点

信阳市（息县、淮滨县）。

5）地形地貌

息县位于河南省东南部、信阳市东北部，地处大别山北麓，黄淮平原南缘，地形以低平的平原和缓丘为主，呈西北向东南略为倾斜，平均海拔47m；受地质构造控制地貌大体分为岗地、平原和洼地三种类型。平原地区地面海拔高度为33～42m，岗地为32.5～52m，洼地为25～32.5m。沿淮河一带是洼地，有明显的河岸线。沿河洼地宽窄不一，一般为1.5～5.0km。

6)投资规模

项目概算投资 23.3 亿元,概算平均每公里造价 4732.00 万元。

7)开工及通车时间

2010 年 9 月开工建设,2012 年 10 月交工通车。

2. 参建单位主要情况

(1)建设单位:河南豫淮高速公路有限公司。

(2)设计单位:河南省交通规划勘察设计院有限责任公司。

(3)质量监督单位:河南省交通基本建设质量检测监督站。

(4)监理单位:河南豫通公路工程监理事务所、北京天智恒业科技发展有限公司、河南卓越工程管理有限公司。

(5)土建施工单位:中铁七局集团郑州工程有限公司、郑州市公路工程公司、河南省路桥建设集团有限公司、中铁十五局集团第一工程有限公司、中铁四局集团第四工程有限公司、中铁二十四局集团有限公司。

(6)路面施工单位:河南省公路工程局集团有限公司。

(7)房建施工单位:河南省第二建设集团有限公司、河南城建建设集团有限公司、河南华安建设有限公司。

(8)绿化施工单位:河南省三星园林工程有限公司、河南三鸣园林绿化工程有限公司。

(9)交通安全设施施工单位:兰州金路交通设施有限责任公司、郑州彩达交通设施工程有限公司、河南省路桥建设集团有限公司、科达集团股份有限公司、河北龙威交通工程有限公司、中交第一公路工程局有限公司。

(10)交通机电施工单位:北京瑞华赢科技发展有限公司、中铁电气化局集团第三工程有限公司。

(二)建设情况

1. 项目准备阶段

1)项目审批文件

河南省发展和改革委员会,《关于淮滨至息县高速公路核准的批复》,文号为豫发改交通〔2010〕723 号。河南省发展和改革委员会,《关于淮滨至息县高速公路工程初步设计的批复》,文号为豫发改设计〔2010〕1131 号。河南省交通运输厅,《关于淮滨至息县高速公路工程施工图设计的批复》,文号为豫交规划〔2011〕84 号文。国土资源部对淮滨至息县高速公路工程建设用地进行了批复,文号为国土资函〔2012〕378 号。河南省交通运输厅,《关于淮滨至息县高速公路房屋建筑工程(不含停车区)施工图设计的批复》,文号为豫交规划〔2012〕138号。

2）资金筹措

工程概算为23.303亿元，投资主体自筹项目投资25%的资本金，其余75%的资本金通过银行贷款方式筹措。

3）合同段划分

（1）设计标段划分：土建工程1个标段，房建工程设计1个标段，绿化工程设计1个标段，机电工程设计1个标段。

（2）施工标段划分：土建工程6个标段，机电工程2个标段，房建工程2个标段，绿化工程2个标段，交通安全设施6个标段。

（3）施工监理标段划分：设1个总监办公室，6个土建工程驻地监理标段，1个房建工程监理标段，1个机电工程监理标段。

4）招投标

（1）2010年5月7日，有4家单位通过勘察设计资格预审，4家单位通过勘察设计监理资格预审。2010年6月7日，确定1家勘察设计中标单位、1家勘察设计监理中标单位。

（2）2010年6月17~19日，有174家土建工程施工单位通过资格预审。2010年8月16日，评审出6家中标单位。

（3）2010年6月17~19日，有16家监理单位通过资格预审。2010年8月18日，确定1家中标单位。

（4）2012年4月23日，有3家监理单位通过资格预审。2012年5月30日，确定1家中标单位。

（5）2012年5月14日，有13家施工单位参加该项目收费站房建工程的投标，确定2家中标单位。

（6）2012年5月25日，有3家施工单位参加该项目路面BT工程的投标，确定1家中标单位。

（7）2012年6月14日，有35家施工单位参加该项目绿化工程的投标，确定2家中标单位。

（8）2012年6月18日，有8家施工单位参加该项目通信监控收费系统工程的投标，确定1家中标单位。

（9）2012年6月18日，有12家施工单位参加该项目配电照明工程的投标，确定1家中标单位。

（10）2012年6月28日，有4家监理单位通过资格预审。2012年8月13日，确定1家中标单位。

(11)2012年7月11日,有49家施工单位参加该项目交通安全工程的投标,确定6家中标单位。

(12)2013年5月3日,有57家施工单位参加该项目寨河收费站房建工程的投标,确定1家中标单位。

5)征地拆迁情况

征地4349.22亩。征地、拆迁费用17733.08万元。

2.项目实施阶段

(1)主线土建工程于2010年9月开工,2012年10月完工。

(2)房建工程于2012年6月开工,2012年10月完工。

(3)机电工程于2012年7月开工,2012年10月完工。

(4)交通安全设施工程于2012年8月开工,2012年10月完工。

(5)绿化工程于2012年11月开工,2014年10月完工。

(6)2012年10月,河南省交通基本建设质量检测监督站组织专家对项目进行了交工验收,工程质量评定为合格工程。

(三)科技创新

1.使用抗裂型水泥稳定碎石进行基层大厚度施工

与重庆交通大学、重庆鹏方路面工程技术研究院有限公司进行合作,结合已有抗裂型水泥稳定碎石基层相关技术成果,研究大厚度施工条件下的材料特征,分析比较大厚度施工和分层施工对于基层耐久性方面的影响,提出相应的大厚度施工技术、质量控制和验收评价指标,解决了诸如不同压实功条件下材料密度增长趋势以及压实功与材料密度关系,大厚度施工对水泥稳定碎石耐久性的影响,压实度差异控制,水泥稳定碎石基层大厚度施工工艺下相应的摊铺、碾压技术,压实度检测方法与控制标准等高速公路基层大厚度摊铺的一系列问题。

2.使用玄武岩纤维聚合物水泥混凝土用于桥面铺装

与河南省交通科学技术研究院有限公司进行合作,利用调研、咨询、试验和理论分析等等手段,通过研究混凝土桥玄武岩纤维增强聚合物混凝土桥面铺装的结构形式、影响桥面铺装界面间黏结的影响因素以及玄武岩纤维增强聚合物混凝土桥面铺装的施工工艺,提出了玄武岩纤维聚合物混凝土的配合比设计方法及桥面铺装施工工艺,提高和改善了混凝土桥梁桥面的使用寿命及工作状态,减少了混凝土桥梁桥面铺装的修补工作,从整个桥梁使用周期考虑,降低了桥梁的工程造价,符合国家节能减排的方针政策,创造了良好的社会效益和经济效益。

3.将均相橡胶沥青应用于路面施工

与重庆交通大学、重庆鹏方路面工程技术研究院有限公司进行合作,通过以试验研究为主、理论分析为辅的方法,形成均相废橡胶沥青应用技术,并将其应用于淮息项目建设中,使路面性能得到了提高,提高了路面的使用耐久性,能有效降低或延缓路面后期的维修投入,为淮息高速公路的整体运营降低了成本。

4.自流平高性混凝土的使用

为保证空心板绞逢施工质量,项目公司下发了"空心板绞缝创优施工措施",采用"自流平高性混凝土"这一新的材料工艺,保证了空心板绞逢施工质量,提高了桥梁空心板的横向连接强度。

(四)运营养护管理

1.组织架构

该项目运营管理单位为河南高速公路发展有限责任公司潢淮分公司。公司设有办公室、考核督察办公室、监察室、政工科、人事劳动科、财务资产科、通行费管理科、养护管理科、路产管理科9个科室。

2.服务设施

所辖淮滨停车区,详见表8-22-2。

S62淮信高速公路淮滨至息县段服务场区一览表 表8-22-2

高速公路编码	服务区名称	桩 号	所 在 区 域	占地面积(m²)	建筑面积(m²)
S62	淮滨停车区	K28+207	淮滨县	—	—

3.收费设施

设有小茴和淮滨2个收费站,见表8-22-3。小茴站车道配置为3个出口、2个入口,共5条通行车道;淮滨站车道配置为5个出口、2个入口,共7条通行车道。

S62淮信高速公路淮滨至息县段收费设施一览表 表8-22-3

收费站名称	桩 号	入口车道数		出口车道数	
		总车道	ETC车道	总车道	ETC车道
小茴店收费站	K14+117	2	1	3	1
淮滨收费站	K48+710	2	1	5	1

4.监控设施

项目设置监控分中心1个,负责淮信高速公路淮滨至息县段和濮商高速公路淮滨至固始段主线及收费站区域的运营监管。

第二十三节 S81 商丘至南阳高速公路

商南高速公路北起商丘市梁园区双八镇,与济广高速公路相连,途经商丘、周口、上蔡、遂平、舞钢、南阳,止于南阳北,在龚河互通与大广高速公路相连,目前已建成通车路段有商丘段二期工程、商丘段、周口段、兰南高速公路祝庄互通至二广高速公路龚河互通段,全长188.481km。该项目对优化和改善全省高速公路网结构,加快贫困地区脱贫致富,促进豫东北、豫西南间资源共享、产业互补和经济互促具有重要意义。

一、S81 商南高速公路商丘段二期工程

(一)项目概况

1. 基本情况

1)功能定位

商南高速公路商丘段二期工程起点位于商南高速公路与连霍高速公路相交的史楼枢纽互通区立交处,在魏庄东设魏庄互通式立交与济广高速公路相连接到达终点,全长26.991km。该项目对进一步完善豫东地区高速公路网布局,改善商丘投资环境、促进区域经济发展,减少过境交通对城市的干扰具有重要意义。

2)技术标准

采用全封闭、全立交、双向四车道;设计行车速度:120km/h;路基宽度:29m;桥梁净宽:2×13.717m;桥涵设计荷载标准:公路—Ⅰ级;路面设计标准轴载:BZZ-100;路面:收费广场采用水泥混凝土路面;主线路面结构为4cm细粒式改性沥青混凝土(AC-13) + 6cm中粒式改性沥青混凝土(AC-20) + 10cm密级配沥青碎石(ATB-25) + 改性沥青下封层 + 34cm水泥稳定碎石 + 16cm水泥稳定碎石;沥青混凝土路面设计使用年限为15年,水泥混凝土路面设计使用年限为30年。

3)建设规模

主要工程量:路基填方549.86万m^3、挖方58.98万m^3;路面85.8829万m^2;匝道收费站1处;管理、养护、服务、监控房屋建筑面积3271.25m^2;表8-23-1为S81商南高速公路商丘段二期工程桥梁一览表。

4)主要控制点

商丘市。

5)地形地貌

项目所在区域地势为西北高、东北低的微倾平原,绝大部分地区地势平坦,沿线主要

S81商南高速公路商丘段二期工程桥梁一览表

表8-23-1

规模	名称	桥长(m)	主跨长度(m)	跨越障碍物			桥梁类型
				河流	沟谷	道路、铁路	
大桥	东沙河大桥	104.52	20	√			简支梁桥
中桥	史楼1号桥	64.48	20			√	简支梁桥
	夏营分离立交	64.48	20			√	简支梁桥
	曹庄分离立交	51.98	16			√	简支梁桥
	大坡河中桥	64.48	20	√			简支梁桥
	常程沟中桥	42.98	13	√			简支梁桥
	X015分离立交	64.48	20			√	简支梁桥
	民主路立交	55.98	20			√	简支梁桥
	古宋河中桥	84.52	20	√			简支梁桥
	叶庄分离立交	51.98	16			√	简支梁桥
	刘庙集中桥	42.98	13			√	简支梁桥
	朱庄分离立交	51.98	16			√	简支梁桥
	康林沟中桥	42.98	13	√			简支梁桥
	包河中桥	84.48	20	√		√	简支梁桥
	小汪河中桥	24.46	20	√			简支梁桥
	郑阁干渠中桥	64.48	20	√			简支梁桥
	S207分离立交	64.48	20			√	简支梁桥
	后曹楼立交	51.98	16			√	简支梁桥
	东干渠中桥	64.48	20	√			简支梁桥
	凯旋北路立交	64.48	20			√	简支梁桥
	王庄天桥	61.16	20			√	连续梁桥
	大杏园中桥	51.98	16			√	简支梁桥
	周庄中桥	42.98	13			√	简支梁桥

为湖河相沉积低平地。

6)投资规模

概算投资12.40亿元,竣工决算投资13.52亿元,平均每公里造价5007.59万元。

7)开工及通车时间

2010年1月开工建设,2011年12月交工通车。

2.参建单位主要情况

(1)建设单位:河南德馨高速公路有限公司。

(2)设计单位:河南省交通规划勘察设计院有限责任公司。

(3) 质量监督单位:河南省交通基本建设质量检测监督站。

(4) 监理单位:湖南金路工程咨询监理有限公司、江苏伟信工程咨询有限公司、西安普迈项目管理有限公司。

(5) 土建施工单位:河南省公路工程局集团有限公司、安阳市恒达公路发展有限责任公司、河南省路桥建设集团有限公司、中铁三局集团第五工程有限公司、中铁十局集团有限公司、华通路桥集团有限公司。

(6) 路面施工单位:河南省公路工程局集团有限公司、河南省路桥建设集团有限公司。

(7) 房建施工单位:河南省天宇建设集团有限公司。

(8) 绿化施工单位:河南润丰园林绿化有限公司。

(9) 交通安全设施施工单位:河南省公路工程局集团有限公司、潍坊恒建交通工程有限公司、河南豫龙交通工程有限公司、湖南省郴州公路桥梁建设有限责任公司、江苏东方交通工程有限公司、河南省路桥建设集团有限公司。

(10) 交通机电施工单位:郑州汉威光电技术有限公司、内乡县晟达电力工程建设有限责任公司。

(二)建设情况

1. 项目准备阶段

1) 项目审批文件

2009年5月26日,河南省交通运输厅《关于报送商丘至周口高速公路商丘段二期工程可行性研究报告审查意见的函》,文号为豫交计〔2009〕115号。2009年6月3日,商丘市环境保护局对环境影响报告书进行了批复,文号为商环审〔2009〕105号。2009年7月6日,国土资源厅对该项目的压覆矿产资源报告进行了批复,文号为豫国土资函〔2009〕423号。2009年8月31日,国土资源厅对该项目的地质灾害评估进行了批复,文号为豫震评〔2009〕143号。2009年11月5日,河南省发展和改革委员会《关于商丘至周口高速公路商丘段二期工程核准的批复》,文号为豫发改交通〔2009〕1830号。2009年11月11日,河南省发展和改革委员会《关于商丘至周口高速公路商丘段二期工程初步设计的批复》,文号为豫发改设计〔2009〕1935号。2010年1月13日,河南省水利厅对该项目的水土保持方案进行了批复,文号为豫水行许可〔2010〕1号。2010年6月17日,国土资源部批准了该项目的建设用地,文号为国土资函〔2010〕447号。2010年8月27日,河南省文物局对该项目文物环境影响评价书进行了批复,文号为豫文物基〔2010〕75号。2010年10月9日,省交通运输厅《关于商丘至周口高速公路商丘段二期工程施工图设计的批复》,文号为豫交规划〔2010〕337号。

2)资金筹措

概算总投资为12.40亿元,其中25%为建设单位自有资金,其余75%为银行贷款。

3)合同段划分

(1)设计标段划分:全线工程设计1个标段。

(2)施工标段划分:土建工程6个标段,路面工程2个标段,机电工程1个标段,房建工程1个标段,绿化工程1个标段,交通安全设施6个标段。

(3)施工监理标段划分:设1个总监办公室,6个土建工程驻地监理标段,2个路面工程驻地监理标段,1个房建工程监理标段,1个机电工程监理标段。

4)招投标

(1)2009年10月27日,49家土建工程施工单位通过资格预审,参加该项目主线土建工程SZEQTJ-1、SZEQTJ-2、SZEQTJ-3、SZEQYZ-6四个合同段的投标。因SZEQTJ-4、SZEQTJ-5标段购买资格预审文件申请人的数量不足5家,进行了二次公告招标,在2009年11月4日完成SZEQTJ-4、SZEQTJ-5标段二次资格预审工作,共通过资格预审6家。2009年12月9日公开开标,确定6家中标单位。

(2)2010年6月28日,46家路面工程施工单位通过资格预审,参加该项目路面工程2个合同段的投标。2010年8月31日公开开标,确定2家中标单位。

(3)2010年11月19日,14家房建工程施工单位通过资格预审,参加该项目房建工程1个合同的投标。2011年4月7日公开开标,确定1家中标单位。

(4)2010年11月19日,10家机电工程施工单位通过资格预审,参加该项目机电工程1个合同段的投标。2011年2月26日公开开标,确定1家中标单位。

(5)2010年11月19日,7家供配电工程施工单位通过资格预审,参加该项目供配电工程1个合同段的投标。2011年2月26日公开开标,确定1家中标单位。

(6)2011年3月1日,143家交通安全设施工程施工单位通过资格预审,参加交通安全设施6个合同段的投标。2011年5月17日公开开标,确定6家中标单位。

(7)2010年11月19日有,37家绿化工程单位通过资格预审,参加绿化工程1个合同段的投标。2011年2月26日公开开标,确定1家中标单位。

5)征地拆迁情况

征地面积为154.7042hm^2,折合2320.563亩。其中:集体所有153.849hm^2,折合2307.735亩;国有0.8552hm^2,折合12.828亩。征地补偿81082115元、青苗补偿1518971元、附着物11735587元,共计94336673元。

2.项目实施阶段

1)实施过程

(1) 主线土建工程于 2010 年 1 月 1 日开工,2011 年 12 月 21 日完工。

(2) 房建工程于 2011 年 5 月开工,2011 年 12 月 21 日完工。

(3) 机电工程于 2011 年 5 月开工,2011 年 12 月 21 日完工。

(4) 交通安全设施工程于 2011 年 8 月开工,2011 年 12 月完工。

(5) 绿化工程于 2011 年 6 月开工,2011 年 12 月完工。

(6) 2011 年 12 月 20~21 日,通过了交工验收,得分为 95.85 分,工程质量评定为合格工程。

(7) 2014 年 6 月 25 日,通过了竣工验收,工程质量鉴定得分为 90.80 分,工程质量鉴定等级评为优良。

2) 重大决策

项目公司推行"白加黑""5+2"的施工方案,实行 24 小时不间断作业计划,利用夜间延展施工时间,大干快上。为防止夜间施工计划流于形式,领导班子带队进行夜间施工检查,详细了解各标段夜间施工情况,对不按要求进行夜间施工的标段进行通报批评,并督促其负责人抓紧时间落实夜间施工措施,每日汇总夜巡记录,月底统计后进行奖惩。

为全面加强和规范施工管理,确保创建优质工程目标,先后制定和完善了《创优质工程目标责任管理制度》《首件工程认可制度》《主要原材料及模板准入制度》《质量创优一票否决制度》《安全生产一票否决制度》《样板工程现场观摩会制度》等多项管理措施,严格管控工程质量。

2010 年组织了"决战四季度、确保完成年度建设目标",2011 年组织了"大干一百天,确保年底按时通车"两次劳动竞赛。

3) 设计变更

(1) 路基宽度变更:初步设计批复路基宽度为 28m,根据河南省交通运输厅印发的《关于下发河南省部分 28m 宽路基高速公路横断面路幅布置方案的通知》(豫交计〔2009〕173 号)的断面执行,施工图阶段路基宽度按照 29m 进行设计。

(2) 全线碎石桩处理变更为水泥搅拌桩:在碎石桩施工过程中,经多方检测不合格,另施工单位反映碎石桩施工过程中对附近房屋振动严重,经过业主组织召开多次专家会议,认真研究认为碎石桩的设计符合当地地质条件,但综合考虑多方面的因素最终达成一致意见,将碎石桩调整为水泥搅拌桩。

(三) 复杂技术工程

商南二期高速公路在 K12+134.072 与陇海线交叉(铁路中心里程 DK378+835.2),道路与既有铁路斜交,主线与陇海铁路交角 94.4°,桥孔跨为(14.2+14.7)m,

按顶进施工。铁路为双线电气化无缝线路,上下行中心距5m,并行等高,与公路相交处轨顶高程为52.59m,钢轨为60轨。上行线为钢筋混凝土Ⅲ型枕,下行线为钢筋混凝土Ⅱ型枕,碎石道床。穿越陇海铁路箱桥起始里程:K12+115.942～K12+157.820,全长41.878m范围内的箱桥预制及顶进、线路加固以及主体两侧各10m引道施工。

顶进施工过程中铁路变形和运营期箱桥下穿路面积水是公铁交叉项目存在的主要安全风险和控制要点。经数据分析和研究探讨,提出了降水井点布设及铁路路基加固的方案,进而提出了箱桥下穿施工过程中铁路路基变形的控制措施;同时针对公铁交叉路段运营排水这一难题,提出了沉井+渗井的解决方案,对平原地区高速公路下穿铁路解决积水问题提供了很好的借鉴。

(四)科技创新

1. 高速公路穿越高速铁路施工关键技术及安全控制研究

2011年与西安建筑科技大学、郑州大学共同开展了"高速公路穿越高速铁路施工关键技术及安全控制研究"。该科研项目通过对高速公路穿越高速铁路顶进施工及其安全控制、降水技术、路基变形分析及控制、引道单片梁大体积混凝土施工控制、施工安全评价及安全管理进行研究,解决以下高速公路穿越高速铁路关键科学问题:影响顶进施工的各种安全风险因素及顶进施工与土体间的相互作用机理的确定;降水施工对铁路周边土体沉降作用机理的确定;影响铁路路基变形的相关因素和各影响因素与路基变形的内部关系,以及变形控制指标体系和指标限制的确定;工程安全风险评估指标体系、安全评估模型、安全技术措施以及安全管理措施的确定。

"商南二期高速公路穿越高速铁路施工关键技术及安全控制研究"获得2015年商丘市人民政府科技进步二等奖。

2. 公路混凝土桥梁结构耐久性设计与施工关键技术研究

2011年与郑州大学共同开展了"公路混凝土桥梁结构耐久性设计与施工关键技术研究"。通过调研、咨询、试验和理论分析等手段,结合河南省高速公路建设的实际情况,研究公路混凝土桥梁结构耐久性问题,提出混凝土桥梁结构耐久性设计方法和施工技术建议。研究内容主要有:影响混凝土桥梁耐久性的因素分析、混凝土桥梁耐久性设计规范的确定、混凝土桥梁结构耐久性优化设计方法研究、确保桥梁耐久性的构造设计、确保桥梁结构耐久性的施工关键技术。

"公路混凝土桥梁结构耐久性设计与施工关键技术研究"获得2013年河南省教育厅科技成果二等奖。

(五)运营养护管理

1. 组织架构

该项目运营管理单位为河南高速公路发展有限责任公司商丘分公司,公司实行省公司领导下的经理负责制,设有办公室、财务科、人事科、征收科、养护科、路产科、监察室、考核办、政工科、工会团委 10 个部门。

2. 收费设施

下设有商丘西收费站,见表 8-23-2。商丘西收费站有 3 个出口、2 个入口,共 5 条通行车道。

S81 商南高速公路商丘段二期工程收费设施一览表　　表 8-23-2

收费站名称	桩　号	入口车道数		出口车道数	
		总车道	ETC 车道	总车道	ETC 车道
商丘西收费站	K17+600	2	1	3	0

3. 养护管理

1)路面维修工程

2015 年商南高速公路路面专项工程(K1+009~K28+000),如图 8-23-1 所示。

图 8-23-1　路面专项工程

2)桥梁检测、维修加固

根据省交通运输厅及主管部门规范标准及公司制度,每两年委托检测单位对全线桥涵结构物进行定期检测,及时掌握技术状况及病害情况,作为桥涵维修保养的依据。

二、S81 商南高速商丘段

(一)项目概况

1.基本情况

1)功能定位

商南高速公路商丘段北起商丘市夏营东侧与连霍国主干线交叉,向西南止于商丘市与周口市交界处的柘城县铁关镇刘楼村,全长68.493km。该项目为豫东地区经济发展提供了有力的基础设施保障,对商丘市建设局域性中心城市,增强商丘市在豫、鲁、苏、皖四省接合部位的经济发展动力,带动周边地区共同富裕具有重要意义。

2)技术标准

全封闭、全立交、双向四车道(四车道改六车道);设计行车速度:120km/h;路基宽度:28m;桥涵设计荷载标准:汽车—超20级,挂—120;路面设计标准轴载:BZZ-100;路面:收费广场和服务区广场采用水泥混凝土路面,其他采用水泥混凝土+沥青混凝土复合式路面;主线路面结构为4cm细粒式改性沥青混凝土(AC-13I)上面层+5cm中粒式改性沥青混凝土(AC-20I)中面层+9cm粗粒式改性沥青混凝土(AC-25I)下面层+沥青封层+18.5cm水泥稳定碎石(6:94)上基层+18cm水泥稳定碎石(6:94)下基层+18cm水泥稳定碎石(4:96)底基层。

3)建设规模

主要工程量:路基土方约7472185m^3;路面基层约1790670m^3,路面面层约1978300m^3;匝道收费站3处;服务区1处,停车区1处;管理、养护、服务、监控房屋建筑面积10230.19m^2;表8-23-3为S81商南高速公路商丘段桥梁一览表。

S81 商南高速公路商丘段桥梁一览表　　　　表8-23-3

规模	名　称	桥长(m)	主跨长度(m)	跨越障碍物			桥梁类型
				河流	沟谷	道路、铁路	
大桥	商周运河大桥	145.12	20	√			简支梁桥
	清水河大桥	105.4	20	√			简支梁桥
	沙河大桥	225.16	20	√			简支梁桥
	太平沟大桥	105.04	20	√			简支梁桥
	永安沟中桥	101.04	16		√		简支梁桥
	惠济河大桥	367.48	30	√			连续梁桥
	大沙河大桥	285.24	20	√			简支梁桥
	涡河大桥	337.48	30	√			简支梁桥
	跃进渠中桥	101.04	16	√			简支梁桥

续上表

规模	名　　称	桥长（m）	主跨长度（m）	跨越障碍物 河流	跨越障碍物 沟谷	跨越障碍物 道路、铁路	桥梁类型
中桥	官庄分离式立交	77.08	20			√	连续梁桥
	刘庄分离式立交	77.04	20			√	简支梁桥
	陈两河中桥	65.04	20	√			简支梁桥
	程楼分离式立体交叉桥	77.08	20			√	连续梁桥
	王平楼排沟中桥	53.04	16			√	简支梁桥
	司集排沟中桥	44.04	13		√		简支梁桥
	罗堂排沟中桥	44.04	13	√			简支梁桥
	风洼沟中桥	53.04	16	√			简支梁桥
	梁老家分离式立体交叉桥	77.08	20			√	连续梁桥
	固堆集排沟中桥	53.04	16	√			简支梁桥
	杨楼分离式立体交叉桥	65.04	20			√	连续梁桥
	小沙河中桥	65.04	20	√			简支梁桥
	仿宋河中桥	65.04	20	√			简支梁桥
	废黄河中桥	85.04	16	√			简支梁桥
	冯堂分离式立体交叉桥	77.08	20			√	连续梁桥
	大李分离式立体交叉桥	65.04	20			√	连续梁桥
	马庙分离式立体交叉桥	77.08	20			√	连续梁桥
	洪河中桥	85.04	16	√			简支梁桥
	大胡村分离式立体交叉桥	77.08	20	√			连续梁桥
	鲁庄排沟中桥	53.04	16	√			简支梁桥
	运粮河中桥	65.04	20	√			简支梁桥
	后彭排沟中桥	65.04	20	√			简支梁桥
	鲁台沟中桥	65.04	20		√		简支梁桥
	刘洼排沟中桥	45.32	20		√		简支梁桥
	郑庄分离式立体交叉桥	77.08	20			√	简支梁桥
	红泥沟中桥	45.37	20		√		简支梁桥
	前李楼排沟中桥	65.04	20		√		简支梁桥
	刘楼排沟中桥	85.04	16			√	简支梁桥

4）主要控制点

商丘市、柘城县。

5）地形地貌

路线所经区域地势平坦,由西北向东南微倾,海拔 30～70m,坡降为 1/5000～1/7000,地貌按成因和形态类型的特征分为黄河冲积平原、淮河冲积平原、剥蚀残丘三大类型区,主要为冲积平原区。

6）投资规模

概算投资 18.825 亿元,竣工决算投资 22.145 亿元,平均每公里造价 3233.15 万元。

7）开工及通车、竣工时间

2004 年 3 月 4 日开工建设,2006 年 12 月 15 日交工通车,2010 年 4 月完成竣工验收。

2. 参建单位主要情况

(1) 建设单位:商丘市路鑫高速公路发展有限公司。

(2) 勘察设计单位:中国公路工程咨询总公司。

(3) 质量监督单位:河南省交通基本建设质量检测监督站。

(4) 监理单位:河南公路工程监理咨询有限公司。

(5) 土建施工单位:河南路桥发展建设总公司、上海警通路桥建设有限公司、中铁十八局集团第四工程有限公司、河南路桥发展建设总公司、青岛公路建设集团有限公司、驻马店市公路工程开发公司、河南省交通公路工程局。

(6) 路面施工单位:河南路桥发展建设总公司、路桥集团第二公路工程局、中铁十局集团第二工程有限公司、湖北长江路桥股份有限公司、路桥集团第一公路工程局第三工程公司。

(7) 房建施工单位:河南中凯建设工程有限公司、太原市第一建筑工程公司、河南华宸工程建设有限公司、商丘市尚雅世纪建筑工程有限公司、南阳市恒康建筑有限责任公司、南阳市卧龙建筑工程有限责任公司、河南省永阳建筑安装有限公司、商丘正宏路桥建设有限公司、河南华盛建筑工程有限公司、商丘市石湾陶瓷有限公司、商丘市华建建筑装饰工程有限公司、商丘市水利局凿井队、江苏惠友环保设备有限公司。

(8) 绿化施工单位:河南长绿园林实业有限公司、河南省洛阳市公路绿化工程处、潢川县金卉园林绿化工程有限责任公司、河南蓝德斯园林喷泉发展有限公司、河南佳宜景观工程有限公司。

(9) 交通安全设施施工单位:河北中通交通设施有限公司、北京汉威达交通运输设备有限公司、信阳金路交通工程有限公司、湖南省永州公路桥梁建设有限公司、江苏耀鑫交通设施有限公司、河南路桥建设集团总公司、陕西高速交通工贸有限公司、陕西高速交通工贸有限公司、河南现代交通工程有限公司。

(10) 交通机电施工单位:中咨泰克交通工程有限公司、虞城县豫中电力安装有限公司、常州市横山桥电力工程有限公司。

（二）建设情况

1. 项目准备阶段

1）项目审批文件

2003年7月24日,河南省发展计划委员会对商丘至周口高速公路商丘段项目建议书进行批复,文号为豫计基础〔2003〕1232号。2003年7月,《河南省商丘至周口高速公路商丘境内段工程可行性研究报告》批复。2003年7月,《河南省商丘—周口高速公路商丘境内段工程工可报告专家组评估意见》批复。2003年9月3日,河南省发展计划委员会文件《关于商丘至周口高速公路商丘段工程可行性研究报告的批复》,文号为豫计基础〔2003〕1544号。2003年9月,《河南省商丘—周口高速公路商丘段两阶段初步设计》批复。2003年,河南省发展计划委员会文件《关于商丘至周口高速公路商丘段工程初步设计的批复》,文号为豫计基础〔2003〕1885号。2003年9月3日,河南省发展计划委员会对商丘至周口高速公路商丘段工程可行性研究报告进行批复。2004年,河南省交通厅文件《关于商丘至周口高速公路商丘段工程施工图设计的批复》,文号为豫计〔2004〕405号。

2）资金筹措

概算总投资为18.825亿元,其中35%由项目法人负责向股东筹措,其余65%由项目法人申请国内银行贷款。

3）合同段划分

（1）设计标段划分:土建工程设计1个标段,房建工程设计1个标段,绿化工程设计1个标段,机电工程设计1个标段。

（2）施工标段划分:土建工程7个标段,路面工程5个标段,机电工程3个标段,房建工程10个标段,绿化工程5个标段,交通安全设施9个标段。

（3）施工监理标段划分:设2个监理代表处,7个土建工程驻地监理标段,1个房建工程监理标段,1个机电工程监理标段。

4）招投标

商丘市路鑫高速公路发展有限公司负责组织该项目招标工作,并在后续的建设过程中,对工程相关项目陆续进行了招标。

2003年8月15日,发布勘察设计招标资格预审通告。2003年8月31日公开开标,确定了1家中标单位。

2003年9月4~7日,发布施工、监理招标资格预审通告。通过资格预审的施工单位共有89家,监理单位6家。2003年11月6日公开开标,确定了7家土建工程中标单位,2家监理中标单位。

2005年7月11日,发布路基面层工程施工招标资格预审通告。通过资格预审的单位共有33家,2005年9月7日公开开标,确定了5家中标单位。

2005年7月11日,发布安全设施工程施工招标资格预审通告。通过资格预审的单位共有45家,2005年9月7日公开开标,确定了9家中标单位。

2005年8月24日,发布绿化工程施工招标资格预审通告。通过资格预审的单位共有50家,2006年3月17日公开开标,确定了5家中标单位。

2005年12月2日,发布房建工程工程施工招标资格预审通告。通过资格预审的单位共有34家,2006年3月6日公开开标,确定了10家中标单位。

2006年3月3日,发布机电工程施工招标资格预审通告。通过资格预审的单位共有3家,2006年6月12日公开开标,确定了1家中标单位。

2006年3月24日,发布供配电及照明工程工程施工招标资格预审通告。通过资格预审的单位共有10家,2006年6月12日公开开标,确定了2家中标单位。

2006年6月30日,发布房建附属工程工程施工招标资格预审通告。通过资格预审的单位共有15家,2006年8月15日公开开标,确定了3家中标单位。

5)征地拆迁情况

河南省发展计划委员会以豫计设计〔2003〕1885号文件批复用地8186亩;国土资源部以国土资函〔2004〕295号文件批准建设用地539.3715hm^2(折合8090.5725亩),其中耕地501.3361hm^2;2005年9月12日,河南省发展和改革委员会以豫发改设计〔2005〕1276号文件,调整总用地数量为558.348hm^2(折合8375.22亩),该项目实际征地8960.1642亩。拆迁房屋6536.6m^2。拆迁占地费用2894.04万元。

2. 项目实施阶段

1)实施过程

(1)主线土建工程于2004年3月4日开工,2006年12月8日完工。

(2)房建工程于2006年4月开工,2006年12月完工。

(3)机电工程于2006年9月开工,2006年12月15日完工。

(4)交通安全设施工程于2006年7月开工,2006年11月完工。

(5)绿化工程于2006年5月开工,2006年11月完工。

(6)2006年11月19~24日,通过了交工验收,得分为92.63分,工程质量评定为合格。

(7)2010年2月1日,通过了竣工验收,工程质量鉴定得分为92.54分,工程质量鉴定等级评为优良。

2)设计变更

(1)四车道改六车道:根据省政府和省交通厅有关文件的要求,在路基宽度为28m的情况下,通过变更中央分隔带的宽度,设置为六车道。

(2)路面结构设计变更:将原来施工图设计的复合式路面结构变更为 4cm 细粒式沥青混凝土上面层+5cm 中粒式沥青混凝土面层+9cm 粗粒式沥青混凝土下面层+沥青封层+18.5cm 水泥稳定碎石上基层+18cm 水泥稳定碎石下基层+18cm 水泥稳定碎石底基层,原设计建安费用为 49903.8259 万元,变更后为 599445.5846 万元。

(3)中央分隔带设计变更:取消原中央分隔带波形梁护栏、绿化及中央分隔带排水设施,全线变更为新泽西钢筋混凝土护栏,并在其上加设防眩板。

(三)科技创新

(1)借"专家"管项目。借助第三方咨询服务目前是一种国际发展趋势,公司分别与江苏省科技咨询中心、南京东交工程咨询有限公司签订《关于商周高速公路沥青路面试验与技术服务》合同,针对商南高速公路交通、气候条件,重点研究了原材料的选择、集料的试验及沥青硬性指标的检测,为工程定期提供相关内容质量评价、到现场试验室对沥青混合料配合比设计及生产配合比设计进行技术指导,把他们丰富的科研成果、先进的工程技术、科学的施工理念直接应用于工程建设,提升参建单位技术水平,减少问题的出现。

(2)与长安大学签订"沥青路面质量缺陷与支付方式研究"课题合同,研究内容主要包括:沥青质量缺陷与路面寿命关系,建立关键指标与费用调整的标准,开展沥青路面质量缺陷率与支付方式的研究,取得很好的经济效益和社会效益。

(四)运营养护管理

1.组织架构

该项目运营管理单位为河南高速公路发展有限责任公司商丘分公司,公司实行省公司领导下的经理负责制,下设有办公室、财务科、人事科、征收科、养护科、路产科、监察室、考核办、政工科、工会团委 10 个部门。

2.服务设施

下辖柘城服务区 1 处,见表 8-23-4。

S81 商南高速公路商丘段服务场区一览表 表 8-23-4

高速公路编码	服务区名称	桩 号	所在区域	占地面积(m²)	建筑面积(m²)
S81	柘城服务区	K128+375	柘城县朱庄乡	80000	5670

3.收费设施

设有毛堌堆、柘城北和柘城西 3 个收费站,见表 8-23-5。毛堌堆收费站有 3 个出口、2 个入口,共 5 条通行车道;柘城北收费站有 3 个出口、2 个入口,共 5 条通行车道;柘城西收费站有 3 个出口、2 个入口,共 5 条通行车道。

S81 商南高速公路商丘段收费设施一览表　　　　表 8-23-5

收费站名称	桩 号	入口车道数		出口车道数	
		总车道	ETC 车道	总车道	ETC 车道
毛堌堆收费站	K114+700	2	0	3	1
柘城北收费站	K135+280	2	0	3	1
柘城西收费站	K140+350	2	0	3	1

4. 养护管理

1) 路面维修工程

2010 年商南高速公路商丘段实施路面专项工程;2011 年商南高速公路商丘段实施路面养护专项工程,共治理 8.4km;2015 年商南高速公路商丘段 K28+000~K96+493 段实施路面养护专项工程,如图 8-23-2 所示。

图 8-23-2　路面养护专项工程

2) 桥梁检测、维修加固

2010 年商南高速公路商丘段实施桥头跳车治理专项工程;2010 年商南高速公路商丘段程楼天桥实施专项治理工程;2015 年商南高速公路(史楼互通)独柱墩桥梁实施维修加固专项工程,如图 8-23-3 所示;2015 年商南高速公路商丘段通道雨棚实施养护维修专项工程。

3) 沿线设施的提升、改造

2010 年和 2014 年商南高速公路商丘段实施交通标志整改专项工程,如图 8-23-4 所示;2013 年结合商南高速公路实际情况,选择了 5km 路段,在边沟外隔离栅里侧种植了花椒树试验段。

图 8-23-3　独柱墩桥梁维修加固专项工程

图 8-23-4　交通标志整改专项工程

三、S81 商南高速公路周口段

（一）项目概况

1. 基本情况

1）功能定位

商南高速公路周口段起自周口市太康县张集乡东南，止于商水县邓城镇、张庄乡杨湖村西，与漯周界高速公路相连，全长 68.75km。该项目对完善河南中东部公路网布局，提高综合运输效益，改善周口市投资环境，促进区域经济发展和旅游资源开发利用具有重要意义。

2)技术标准

全封闭、全立交、双向四车道;设计行车速度:120km/h;路基宽度:28m;桥梁净宽:净-2×12m;桥涵设计荷载标准:汽车—超20级,挂车—120;路面设计标准轴载:BZZ-100;路面:收费广场采用水泥混凝土路面,其他为沥青混凝土路面。沥青混凝土路面设计使用年限15年,水泥混凝土路面设计使用年限30年。

3)建设规模

主要工程量:路基土方812.83万 m^3;沥青混凝土路面176.9895万 m^2;收费站4处,服务区1处,管理中心1处;表8-23-6为S81商南高速公路周口段桥梁一览表。

S81商南高速公路周口段桥梁一览表　　表8-23-6

规模	名　称	桥长(m)	主跨长度(m)	跨越障碍物			桥梁类型
				河流	沟谷	道路、铁路	
大桥	清水河大桥	232.4	25	√			连续梁桥
	汾河大桥	257.34	25	√			连续梁桥
	泥河大桥	182.4	25	√			连续梁桥
	漯阜铁路分离式立交桥	507.4	40			√	连续梁桥
	靳庄分离立交桥	185.12	20			√	连续梁桥
中桥	宋营通道桥	44.04	13			√	简支梁桥
	驸马沟中桥	65.04	20	√			简支梁桥
	张苞楼通道桥	37.04	16			√	简支梁桥
	王亮通道桥	31.04	13			√	简支梁桥
	何埠口排沟中桥	53.04	16	√			简支梁桥
	位庄通道桥	45.04	20			√	简支梁桥
	九次沟中桥	37.04	16	√			简支梁桥
	张寨南干渠中桥	44.04	13		√		简支梁桥
	桃花沟中桥	37.04	16	√			简支梁桥
	大王庄通道桥	44.04	13			√	简支梁桥
	曹河中桥	85.04	20	√			简支梁桥
	白龟沟中桥	44.04	13	√			简支梁桥
	史庄排沟中桥	37.04	16	√			简支梁桥
	十八里沟中桥	44.04	13	√			简支梁桥
	铵公庙通道桥	37.04	13			√	简支梁桥
	洪河中桥	44.04	16	√			简支梁桥
	大丁庄通道桥	31.04	13			√	简支梁桥
	年沟中桥	31.04	13	√			简支梁桥
	小师庄中桥	45.04	20			√	简支梁桥
	月牙河Ⅰ号中桥	65.04	20	√			连续梁桥

续上表

规模	名称	桥长(m)	主跨长度(m)	跨越障碍物 河流	跨越障碍物 沟谷	跨越障碍物 道路、铁路	桥梁类型
中桥	月牙河Ⅱ号中桥	65.04	20	√			连续梁桥
	小黄庄排沟中桥	44.04	13		√		简支梁桥
	月牙河Ⅲ号中桥	53.04	16	√			连续梁桥
	扈庄排沟中桥	44.04	13		√		简支梁桥
	赵黄公路分离式立交桥	53.04	16			√	简支梁桥
	刘庄分离式立交桥	65.04	20			√	简支梁桥
	张寨分离式立交桥	44.04	13			√	简支梁桥
	刘寨分离立交桥	57.04	13			√	简支梁桥
	张老家分离式立交桥	53.04	16			√	简支梁桥
	李老家分离式立交桥	65.04	20			√	简支梁桥
	小靳庄分离式立交桥	53.04	16			√	简支梁桥
	霍庄分离式立交桥	65.04	20			√	简支梁桥
	曹庄分离式立交桥	65.04	20			√	简支梁桥
	小师庄分离式立交桥	53.04	16			√	简支梁桥
	前营分离式立交桥	53.04	16			√	简支梁桥
	文楼分离式立交桥	53.04	16			√	简支梁桥

4)主要控制点

川汇区、西华县、淮阳县、太康县、商水县、柘城县。

5)地形地貌

项目区域地貌成因均属堆积地形,根据成因类型及形态特征,大致以颍河为界划分为两个区:东北部属黄河冲积平原,西南部属淮河冲积平原。黄河冲积平原地形平坦、高程40~50m,相对高差0.5~1m,自西北向东南微倾斜;淮河冲积平原,高程50m左右,相对高差1~2m。

6)投资规模

概算投资14.50亿元,竣工决算投资16.68亿元,平均每公里造价2426.18万元。

7)开工及通车、竣工时间

2004年2月28日开工建设,2006年12月15日交工通车,2012年12月完成竣工验收。

2.参建单位主要情况

(1)建设单位:河南通衢高速公路有限公司。

(2)设计单位:中国公路工程咨询集团有限公司。

(3)质量监督单位:河南省交通基本建设质量检测监督站。

（4）监理单位：一期土建监理 A：河南省豫通公路工程监理事务所（K96+493～K135+943）；一期土建监理 B：北京华路捷公路工程咨询有限公司（K135+943～K165+243）；二期路面监理单位：河南省宏力工程监理咨询公司（全线路面、绿化、交通安全设施、防护工程监理）；机电工程监理单位：北京泰克华诚技术信息咨询有限公司（全线机电、照明工程监理）；房建监理单位：河南省新恒丰建设监理有限责任公司（全线房建监理）；连接线监理单位：周口宏达监理公司（周口东连接线监理）。

（5）土建施工单位：河南路桥发展建设总公司、中铁十四局集团有限公司、湖南环达公路桥梁建设总公司、中铁二十二局集团四公司、温州交通建设集团有限公司、连云港华祥国际工程有限公司、中铁二十局集团有限公司、郑州市公路工程公司、中铁十一局集团有限公司、中国有色金属工业第六冶金建设公司、中铁一局集团第二工程有限公司、路桥二公局第三工程有限公司、河南周口源达公路建设有限公司。

（6）路面施工单位：驻马店市公路工程开发公司、河南中州路桥建设有限公司、河南中州路桥建设有限公司、二公局（洛阳）四公司、河南省中原路桥建设集团公司。

（7）房建施工单位：林州市建筑工程公司、河南省广厦建设工程有限公司、河南省对外建设有限公司、三门峡水利水电技术开发公司、中国建筑第七工程局第四建筑公司。

（8）绿化施工单位：潢川县顺利达花木盆景有限公司、周口市鑫怡绿化工程有限公司、河南省豫南园林绿化有限公司、潢川县紫红花木草坪有限责任公司、潢川县绿宇园林绿化工程有限责任公司。

（9）交通安全设施施工单位：北京华凯交通科技有限公司、杭州京安交通工程设施有限公司、江苏国强镀锌实业有限公司、武安市交通安全设备有限责任公司、河南富昌道路设施有限公司、周口市公路交通设施有限公司、河南路桥建设集团有限公司、河南路桥建设集团有限公司、江苏耀鑫交通设施有限公司。

（10）交通机电施工单位：亿阳信通股份有限公司、淄博海德实业有限公司。

（二）建设情况

1. 项目准备阶段

1）项目审批文件

2003 年 8 月 15 日，河南省国土资源厅对项目的压覆矿产资源报告进行了批复，文号为〔2003〕373 号。2003 年 8 月 20 日，河南省国土资源厅对项目的地质灾害评估进行了批复，文号为〔2003〕387 号。2003 年 9 月 2 日，河南省发展计划委员会对商丘至周口高速公路工程可行性研究报告进行了批复，文号为豫计基础〔2003〕1537 号。2003 年 12 月 22 日，《关于商丘至周口高速公路周口段工程初步设计的批复》，文号为豫计设计〔2003〕1914 号。2004 年 2 月 20 日，河南省水利厅对项目水土保持方案进行了批复，文号为

〔2004〕4号。2004年3月22日,河南省环境保护局对项目环境影响报告书进行了批复,文号为豫环监〔2004〕46号。2004年9月10日,国土资源部批准了项目建设用地,文号为国土资函〔2004〕293号。2004年12月3日,《关于商丘至周口高速公路周口段工程施工图设计的批复》,文号为豫交设计〔2004〕403号。

2)资金筹措

概算总投资为14.50亿元,其中项目资本金7.6亿元,由当时的业主周口恒达公司(周口市公路管理局出资98.1%,周口市公路桥梁总公司出资1.9%共同组建)负责筹措,其余65%申请国内银行贷款。

3)合同段划分

(1)设计标段划分:土建工程设计1个标段,房建工程设计1个标段,绿化工程设计1个标段,机电工程设计1个标段。

(2)施工标段划分:土建工程13个标段,路面工程5个标段,房建工程7个标段,绿化工程5个标段,交通安全设施10个标段,配电照明2个标段,交通机电1个标段。

(3)施工监理标段划分:一期土建工程监理2个标段,二期工程设1个路面监理代表处、1个房建监理代表处、1个机电监理代表处,连接线设有1个标段和1个监理代表处。

4)招投标

一期:2003年9月1~5日发布土建工程和监理招标资格预审通告,通过资格预审的共有74家单位。2003年10月22日开标,确定了12个土建施工标段和A、B监理代表处的中标单位。

二期:2005年12月24~28日,发布路面、交通安全设施、绿化、房建、机电、二期监理和房建监理招标资格预审通告,通过资格预审的共有180家单位。2006年3月20日开标,中标单位为22家,2006年6月26日机电标开标,中标单位为1家。

5)征地拆迁情况

征地面积为516.7728hm^2(合7751.5920亩)。

2. 项目实施阶段

1)实施过程

(1)主线土建工程于2004年2月28日开工,2006年12月15日完工。

(2)房建工程于2006年4月20日开工,2006年12月11日完工。

(3)机电工程于2006年8月15日开工,2006年12月15日完工。

(4)交通安全设施工程于2006年7月10日开工,2006年12月10日完工。

(5)绿化工程于2006年4月8日开工,2006年11月5日完工。

(6)2008年12月,通过了交工验收,得分为91.7分,工程质量评定为合格工程。

(7)2012年12月28、29日,通过了竣工验收,工程质量鉴定得分为92.44分,工程质量鉴定等级评为优良。

2)设计变更

路基布设六车道。原方案按四车道高速公路设计,按照《河南省高速公路设计技术要求》的有关规定,在28m路基上布设六车道,减少中央分隔带宽度,在中央分隔带设置新泽西护栏,并安装防眩板,路基两侧设置紧急停车岛。

(三)科技创新

(1)2005年8月至2007年6月,河南扶项高速公路有限公司与长安大学联合,共同开展了"高模量沥青混凝土路面应用研究"。通过室内试验,对使用外掺剂的高模量沥青混凝土路面的混合料配合比设计方法和路用性能进行了系统研究,并通过实体工程的铺筑和检测,详细研究了高模量沥青混凝土路面施工工艺。

(2)2006年6月至2008年3月,河南扶项高速公路有限公司与江苏交通科学研究院有限公司联合,共同开展了"Superpave在河南扶项高速公路中的应用研究"。2006年沥青路面施工期间,扶项高速公路全线采用了Superpave混合料,是河南省首次大规模应用Superpave。经过多年的通车运营,Superpave路面表现出良好的抗车辙、抗水损害性能,未出现常见的早期病害。

(四)运营养护管理

1. 组织架构

该项目运营管理单位为河南高速公路发展有限责任公司周口分公司,公司设有办公室、财务资产科、人事劳动科、政工科、工会、监察室、考核办、养护科、路产科、通行费管理科、路域经济办公室11个部门和1个运维监控分中心、项城管理处、扶沟管理处、项城路政大队、扶沟路政大队、周口路政大队。

2. 服务设施

下辖淮阳服务区1处,见表8-23-7。

S81商南高速公路周口段服务场区一览表　　表8-23-7

高速公路编码	服务区名称	桩　号	所在区域	占地面积(m^2)	建筑面积(m^2)
S81	淮阳服务区	K119+050	淮阳县白楼乡劳楼村	80000.4	6680.84

3. 收费设施

设有四通、淮阳、周口北、康楼4个收费站,见表8-23-8。四通收费站有2个出口、2个入口,共4条通行车道;淮阳收费站有3个出口、2个入口,共5条通行车道;

周口北收费站有 4 个出口、2 个入口,共 6 条通行车道;康楼收费站有 3 个出口、2 个入口,共 5 条通行车道。

S81 商南高速公路周口段收费设施一览表　　　表 8-23-8

收费站名称	桩　　号	入口车道数		出口车道数	
		总车道	ETC 车道	总车道	ETC 车道
四通收费站	K2021+954	2	0	2	1
淮阳收费站	K2047+754	2	0	3	1
周口北收费站	K2072+314	2	0	4	1
康楼收费站	K2093+475	2	0	3	1

4. 监控设施

设置监控中心 1 个,负责四通、淮阳、周口北、康楼收费站区域的运营监管。

5. 养护管理

1)路面维修工程

2015 年投入 1388 万元开展商南高速公路周口段路面预防性养护专项工程,对周口段进行微表处预防性养护处理,如图 8-23-5 所示。

图 8-23-5　路面微表处预防性养护

2)桥梁检测、维修加固

根据省交通厅及主管部门规范标准及公司制度,每三年委托检测单位对全线桥涵结构物进行定期检测,及时掌握技术状况及病害情况,作为桥涵维修保养的依据。2012 年和 2015 年共投入 113 万元,确保桥梁处于安全良好的状态,如图 8-23-6 所示。

3)沿线设施的提升、改造

2015 年对全线通道雨棚进行了专项维修;2015 年对商南高速公路周口段全线进行了轮廓标更换。

图 8-23-6　桥梁维修加固专项工程

四、S81 商南高速公路兰南高速公路祝庄互通至二广高速公路龚河互通段

S81 商南高速公路兰南高速公路祝庄互通至二广高速公路龚河互通段,里程桩号为 K265+243~K289+490,路段长 24.247km,为 G55 二广高速公路分水岭至南阳段联络线,已在本章第九节中介绍。

第二十四节　S82 郑州至民权高速公路

郑民高速公路起自郑州西南绕城高速公路,经中牟、开封、通许、杞县,止于商丘市民权县与连霍高速公路相接。该线路为河南省高速公路网规划中郑州放射线中的一条,是河南省中东部地区重要运输通道,全长 119.39km。该项目对完善河南高速公路网布局,改善投资环境,缓解连霍交通压力,加快郑州航空港建设,助推中原经济区发展,服务国防战备需要具有重要意义。

一、S82 郑民高速公路郑州段

(一)项目概况

1. 基本情况

1)功能定位

郑民高速公路郑州段西起京港澳高速公路和郑州西南绕城高速公路连接处,向东经中牟县九龙、郑庵、姚家、韩寺、官渡 5 个乡镇,终点位于中牟县店李口村郑州市和开封市交界处,全长 33.225km。该项目对促进沿线地区经济,旅游产业的发展,缓解交通运输压力,进一步完善河南公路网布局具有重要意义。

2)技术标准

全封闭、全立交、双向四车道;设计行车速度:120km/h;路基宽度:29m;桥涵设计荷载采用公路—Ⅰ级;设计洪水频率:特大桥为 1/300,其他构造物及路基为 1/100;路面设计标准轴载:BZZ-100;路面:收费广场和服务区广场采用水泥混凝土路面,其他采用沥青混凝土路面;路面结构为:4cm 改性沥青玛蹄脂碎石混合料(SMA-13) + 6cm 中粒式改性沥青混凝土(AC-20C) + 10cmATB 沥青碎石(ATB-25) + 0.8cm 改性乳化沥青稀浆封层 + 36cm 水泥稳定碎石基层 + 18cm 水泥稳定碎石底基层,路面总厚 74cm;设计年限:15 年。

3)建设规模

主要工程量:主线挖方 27 万 m^3,填方 399 万 m^3,沥青混凝土路面 78 万 m^2;服务区 1 处;表 8-24-1 为郑州至民权高速公路郑州境段桥梁一览表。

郑州至民权高速公路郑州境段桥梁一览表　　　表 8-24-1

规模	名称	桥长(m)	主跨长度(m)	跨越障碍物 河流	跨越障碍物 沟谷	跨越障碍物 道路、铁路	桥梁类型
大桥	祥云寺互通立交主线 2 号桥	800.3	35			√	组合梁桥
	祥云寺互通立交主线 3 号桥	127.2	30			√	组合梁桥
	中牟西互通立交主线桥	107.33	25			√	组合梁桥
	贾鲁河大桥	337	30	√			组合梁桥
	西干渠大桥	105.08	20	√			组合梁桥
中桥	祥云寺互通立交主线 1 号桥	44.04	13			√	组合梁桥
	芦祥芦分离立交桥	53.04	16			√	组合梁桥
	花马沟中桥	69.04	16		√		组合梁桥
	规划前程路分离式立交桥	82	25			√	组合梁桥
	规划雁鸣路分离式立交桥	67	30			√	组合梁桥
	老丈八沟中桥	53.04	16		√		组合梁桥
	毕台路分离式立交桥	53.04	16			√	组合梁桥
	黑大路通道桥	44.04	13			√	组合梁桥
	广惠街分离式立交桥	83	25			√	组合梁桥
	台前河小桥	44.04	13	√			组合梁桥
	大小路通道桥	44.04	13			√	组合梁桥
	建设南路分离式立交桥	53.04	16			√	组合梁桥

续上表

规模	名称	桥长（m）	主跨长度（m）	跨越障碍物			桥梁类型
				河流	沟谷	道路、铁路	
中桥	南干渠中桥	53.04	16	√			组合梁桥
	中牟东互通立交主线桥	51.04	20			√	组合梁桥
	中牟东互通立交主线桥	63.12	25			√	组合梁桥
	小清河中桥	65.04	20	√			组合梁桥
	荣兴路通道桥	44.04	13			√	组合梁桥
	中韩路分离式立交桥	51.04	20			√	组合梁桥
	邵岗支渠中桥	44.04	13	√			组合梁桥
	郑小路通道桥	44.04	13			√	组合梁桥
	中店路分离式立交桥	53.04	16			√	组合梁桥
	水溃沟中桥	65.04	20	√			组合梁桥

4）主要控制点

郑州市（中牟县）。

5）地形地貌

项目区域内地形较为平坦，地貌属黄河冲积（泛滥）平原区，地势西高东低，南北高中间低，呈槽状。

6）投资规模

概算投资14.0556亿元，平均每公里造价4230.43万元。

7）开工及通车时间

2009年6月开工建设，2011年12月建成通车。

2. 参建单位主要情况

（1）建设单位：河南中原高速公路股份有限公司。

（2）设计单位：郑州市交通规划勘察设计研究院。

（3）质量监督单位：河南省交通基本建设质量检测监督站。

（4）监理单位。中公交通监理咨询河南有限公司、北京中交路通交通工程咨询有限公司。

（5）土建施工单位：河南省公路工程局集团有限公司、中国建筑第七工程局有限公司、河南省中原路桥建设（集团）有限公司、中铁十五局集团第七工程有限公司、华通路桥集团有限公司。

（6）路面施工单位：路桥华祥国际工程有限公司、河南中州路桥建设有限公司。

（7）房建施工单位：河南宝鼎建设工程有限公司、河南省永阳建设有限公司、河南派普建设工程有限公司、中交一公局第一工程有限公司。

(8)绿化施工单位:河南昊天园林绿化工程有限公司、许昌锦绣北方园林绿化有限公司。

(9)交通安全设施施工单位:中交一公局有限公司、山东衡达交通设施有限公司、河南省公路工程局集团有限公司、河南省公路附属设施有限公司、江苏泓益交通工程有限公司。

(10)交通机电施工单位:河南中天高新智能科技开发有限责任公司、河南省盛发电力工程有限公司。

(二)建设情况

1. 项目准备阶段

1)项目审批文件

2006年3月21日,河南省环境保护厅文对《环境影响报告表》进行了批复,文号为豫环监表〔2006〕21号。2006年4月17日,河南省国土资源厅批准了该项目建设用地的预审意见,文号为豫国土资源函〔2006〕185号。2006年4月29日,河南省发展和改革委员会对工程可行性研究报告进行批复,文号为豫发改交通〔2006〕488号。2006年6月27日,《关于开封至新郑国际机场高速公路(郑州境段)工程初步设计的批复》,文号为豫发改设计〔2006〕827号。2009年8月28日,河南省国土资源厅批准了关于该项目压覆矿产资源的审查意见,文号为豫国土资源函〔2006〕581号。2010年10月11日,河南省交通运输厅下发《关于郑州至民权高速公路工程施工图设计的批复》,文号为豫交规划〔2010〕339号。2010年12月29日,国土资源部对该项目建设用地进行了批复,文号为国土资函〔2010〕1079号。2013年8月8日,河南省水利厅下发了水土保持设施验收鉴定书,文号为豫水保函〔2013〕21号。

2)资金筹措

该项目概算总投资为14.0556亿元,其中35%为建设单位自有资金,其余65%为工商银行贷款。

3)合同段划分

(1)设计标段划分:土建、路面、交通安全设施、绿化工程设计各1个标段,房建工程设计1个标段,机电工程设计1个标段。

(2)施工标段划分:土建工程5个标段,机电工程3个标段,房建工程4个标段,绿化工程2个标段,交通安全设施5个标段。

(3)施工监理标段划分:设1个总监办公室,5个土建工程驻地监理标段,1个机电工程监理标段。

4)招投标

(1)2009年6月30日,有35家土建工程施工单位通过资格预审,参加该项目主线土建工程 TJ-2/3/4/5 标合同段的投标;2009 年 9 月 24 日,评标委员会评审出 4 家中标单位;2009 年 6 月 30 日,有 17 家土建工程施工单位通过资格预审,参加该项目主线土建工程 TJ-1 标合同段的投标;2009 年 11 月 25 日,评标委员会评审出 1 家中标单位。

(2)2010 年 8 月 17 日,有 47 家路面工程施工单位通过资格预审,参加该项目路面工程 2 个合同段的投标;2010 年 9 月 27 日,确定了 2 家中标单位。

(3)2010 年 10 月 15 日,有 49 家房建工程施工单位通过资格预审,参加房建工程施工 4 个合同段的投标;2011 年 4 月 20 日,进行了公开开标、评标,确定了 4 名中标人。

(4)2010 年 12 月 1 日,对郑州交通安全设施工程 5 个标段的 133 份资审文件进行预审,共有 78 家单位通过;2011 年 3 月 18 日,进行了公开开标、评标,确定了 5 名中标人。

(5)2010 年 12 月 1 日,有 36 家绿化工程单位通过资格预审,参加绿化工程 2 个合同段的投标;2011 年 4 月 29 日,进行了公开开标、评标,确定了 2 名中标人。

(6)2010 年 12 月 14 日,有 12 家机电工程施工单位通过资格预审,参加该项目机电工程 2 个合同段的投标;2011 年 4 月 22 日,进行了公开开标、评标,确定了 2 名中标人;2011 年 4 月 15 日,有 7 家供配电施工单位通过资格预审,参加该项目机电供配电合同段的投标;2011 年 10 月 18 日,进行了公开开标、评标,确定了 1 名中标人。

5)征地拆迁情况

征地面积为 226.0290hm^2。其中农村集体农用地 214.14hm^2(其中耕地170.2523hm^2),农村集体建设用地 3.9088hm^2、未利用地 3.8230hm^2;国有农用地2.0604hm^2,国有建设用地 1.3038hm^2、未利用地 0.7930hm^2,作为郑州至民权高速公路郑州段工程建设用地。

2. 项目实施阶段

1)实施过程

(1)主线土建工程于 2009 年 6 月开工,2011 年 12 月完工。

(2)房建工程于 2011 年 4 月开工,2011 年 12 月完工。

(3)机电工程于 2011 年 8 月,2011 年 12 月完工。

(4)交通安全设施工程于 2011 年 8 月开工,2011 年 12 月完工。

(5)绿化工程于 2011 年 8 月开工,2011 年 12 月完工。

2)重大事件

(1)2011 年 3 月 1 日~6 月 10 日,开展郑民高速公路"春季百天会战"动员大会,如图 8-24-1 所示。

(2)2009 年 6 月 26 日,郑民高速公路郑州境段、开封段(一期工程)项目等 7 条高速公路集中开工仪式在中牟县举行,如图 8-24-2 所示。

图 8-24-1　"春季百天会战"动员大会

图 8-24-2　开工典礼

（3）2009 年 11 月 20 日,召开第一次工程技术专家研讨会,确定郑民高速公路的整体目标与创优理念,如图 8-24-3 所示。

图 8-24-3　专家研讨会

（4）2009年12月7日，郑民高速公路"国家517工程"开工奠基仪式在开封举行，如图8-24-4所示。

图8-24-4　开工奠基仪式

（5）2010年7月16日，河南省重点工程建设项目优化环境办公室授（挂）牌仪式在郑民项目公司举行，如图8-24-5所示。

图8-24-5　挂牌仪式

（6）2011年12月29日，郑民高速公路建成通车，如图8-24-6所示。

（三）运营养护管理

1. 组织架构

该项目运营管理单位为郑开管理公司，公司管辖路段为郑民高速公路郑州段和郑民高速公路开封段（一期工程）两个路段，设有资产管理部、人力资源部、办公室、党委办公室、工会、监察室、考核办、通行费管理稽查部、路产管理部、养护管理部、三产管理分中心、超限室12个部门和运营监督管理分中心、郑庵收费站、姚家收费站、杏花营收费站、南苑收费站、路政大队、中牟南服务区、金明服务区8个基层单位。

图 8-24-6　通车仪式

2. 服务设施

下辖中牟南服务区,见表 8-24-2。

S82 郑民高速公路郑州至开封段服务场区一览表　　　　表 8-24-2

高速公路编码	服务区名称	桩　号	所 在 区 域	占地面积(m²)	建筑面积(m²)
S82	中牟南服务区	K11+640	中牟县郑庵镇大庄村	40000	6788.00

中牟南服务区于 2013 年 6 月 1 日投入运营,占地面积约 60 余亩,具有为驾乘人员提供超市购物、加油、停车休息等多种服务,东、西区广场设有免费停车位 236 个,实行大型、小型分区停放管理。

3. 收费设施

该项目下设有郑庵、姚家 2 个收费站,见表 8-24-3。郑庵收费站、姚家收费站有 4 个出口、2 个入口共 6 条通行车道。

S82 郑民高速公路郑州至开封段收费设施一览表　　　　表 8-24-3

收费站名称	桩　号	入口车道数		出口车道数	
		总车道	ETC 车道	总车道	ETC 车道
郑庵收费站	K8+291	2	0	4	1
姚家收费站	K18+823	2	0	4	1

4. 监控设施

按照《高速公路监控技术要求》,郑民高速公路郑州至开封段监控系统为二级管理体制,设置郑开运营监督管理分中心,负责本路段交通机电系统管理、外场设备数据采集分析和交通信息的发布工作;收费站设站级监控室,负责收费业务的监控管理。全路段共设置站级车道监控摄像机 29 个、收费广场摄像机 8 个;外场道路监控摄像机 44 个、车检器 11 个、可变情报板 13 个、能见度检测器 2 个。

5. 养护管理

1) 路面维修工程

2015 年投入 22.06 万元对祥云寺互通区路容路貌进行综合整治,如图 8-24-7 所示。

图 8-24-7　路容路貌综合整治

预防性养护工程:2014 年、2015 年开展全线徒步调查工作,针对调查结果列出计划,进行修复实施,有效地消除了道路安全隐患,降低了养护成本,如图 8-24-8 所示。

图 8-24-8　全线徒步调查

2）桥梁检测

项目每两年委托检测单位对全线桥涵结构物进行定期检测，及时掌握技术状况及病害情况，作为桥涵维修保养计划制订的依据，如图 8-24-9 所示。

图 8-24-9　桥涵结构定期检测

3）沿线设施的提升、改造

2013 年投入 66.7 万元实施了祥云寺互通区绿化专项工程；2014 年投入 97.98 万元实施了金明服务区绿化专项工程；2014 年投入 340.26 万元对全线防排工程进行了全面整治；2014 年投入 45850 元对机场跑道轮廓标进行了专项维修；2015 年投入 159.8 万元对大广互通立交波形护栏安装和沿线标志标牌整修进行了专项工程施工。

二、S82 郑民高速公路开封段

（一）项目概况

1. 基本情况

1）功能定位

郑民高速公路开封段起自郑民郑州段终点，止于开封市东南陈留镇七里湾枢纽立交，全长 38.375km。该项目对促进郑汴区域间经济、物流的快速发展，加快旅游资源开发具有重要意义。

2）技术标准

此部分内容同本节"一、S82 郑民高速公路郑州段　（一）项目概况　1.基本情况　2）技术标准"。

3）建设规模

主要工程量：主线挖方 17 万 m^3，填方 453 万 m^3，沥青混凝土路面 77 万 m^2；停车区 1 处；表 8-24-4 为 S82 郑州至民权高速公路开封段（一期工程）桥梁一览表。

S82 郑州至民权高速公路开封段(一期工程)桥梁一览表

表 8-24-4

规模	名称	桥长（m）	主跨长度（m）	跨越障碍物 河流	跨越障碍物 沟谷	跨越障碍物 道路、铁路	桥梁类型
大桥	开扶铁路分离式立交桥	149.72	30			√	组合梁桥
	运粮河大桥	385.6	20	√			组合梁桥
	惠贾河大桥	165.6	20	√			组合梁桥
	吴楼互通式立交跨线桥	157.4	30			√	组合梁桥
	陈留分干渠大桥	205.6	20	√			组合梁桥
中桥	白芋沟中桥	44.04	13		√		组合梁桥
	韩寨分离式立交桥	44.04	13			√	组合梁桥
	邢村Ⅰ号分离式立交桥	44.04	13			√	组合梁桥
	邢村新桥分离式立交桥	44.04	13			√	组合梁桥
	马寨排沟中桥	44.04	13		√		组合梁桥
	马寨分离式立交桥	44.04	13			√	组合梁桥
	龙王庙分离式立交桥	44.04	13			√	组合梁桥
	马家沟中桥	65.04	20		√		组合梁桥
	S219 分离式立交桥	81.4	25			√	组合梁桥
	仙人庄支渠中桥	53.04	16	√			组合梁桥
	东一干支渠中桥	44.04	13	√			组合梁桥
	袁府村分离式立交桥	44.04	13			√	组合梁桥
	K49+807.5 分离式立交桥	44.04	13			√	组合梁桥
	K50+261 分离式立交桥	44.04	13			√	组合梁桥
	百亩岗支渠中桥	44.04	13	√			组合梁桥
	韦政岗沟中桥	44.04	13		√		组合梁桥
	杨楼分离式立交桥	44.04	13			√	组合梁桥
	杨楼支渠中桥	44.04	13	√			组合梁桥
	X020 分离式立交桥	65.04	20			√	组合梁桥
	郭庄支渠中桥	44.04	13	√			组合梁桥
	张田排沟中桥	44.04	13		√		组合梁桥
	张田分离式立交桥	83.04	13			√	组合梁桥
	石碑湾分离式立交桥	44.04	13			√	组合梁桥
	跃进渠中桥	53.04	16	√			组合梁桥
	小屯分离式立交桥	44.04	13			√	组合梁桥
	吴楼互通式立交跨B匝道桥	53.04	16			√	组合梁桥
	北铁底河中桥	53.04	16	√			组合梁桥
	S218 分离式立交桥	65.04	20			√	组合梁桥
	马庄分离式立交桥	44.04	13			√	组合梁桥
	石庙分离式立交桥	44.04	13			√	组合梁桥

K34+357~K36+958 段挖方 0.9m³,填方 24.8 万 m³,沥青混凝土路面 27.6 万 m²;通道 4 道,涵洞 2 座;服务区 1 处。

4)地形地貌

项目区域内地形较为平坦,地貌属黄河冲、洪积平原,地势西北略高,向东南渐低,西部多沙丘和沙地。

5)投资规模

项目概算投资 19.1748 亿元,平均每公里造价 4862.26 万元。

6)开工及通车、竣工时间

2009 年 6 月开工建设,2011 年 12 月建成通车,尚未组织竣工验收。

2. 参建单位主要情况

(1)建设单位:河南中原高速公路股份有限公司。

(2)设计单位:中国公路工程咨询集团有限公司。

(3)质量监督单位:河南省交通基本建设质量检测监督站。

(4)监理单位:河南省高等级公路建设监理部有限公司、北京泰克华诚技术信息咨询有限公司。

(5)土建施工单位:开封市通达公路工程有限公司、山东沂蒙交通工程有限公司、中交第三公路工程局有限公司、濮阳市通达公路工程有限公司、河南省公路工程局集团有限公司、河南省路桥建设集团有限公司、山东通达路桥工程有限公司。

(6)路面施工单位:山东沂蒙交通工程有限公司、河南省路桥建设集团有限公司。

(7)房建施工单位:郑州市正岩建设有限公司、河南省豫兴建筑安装有限公司、河南省凯达建筑有限公司、广西五鸿建设集团有限公司、河南省大成建设工程有限公司。

(8)绿化施工单位:河南新封园林绿化工程有限公司、平顶山市国政园林绿化有限公司。

(9)交通安全设施施工单位:中交第一公路工程局有限公司、广东省交通发展有限公司、河南省公路工程局集团有限公司、开封市通达公路工程有限公司、河南省路桥建设集团有限公司。

(10)交通机电施工单位:北京兴兴交通通信工程技术公司、葛洲坝集团电力有限责任公司、河南省盛发电力工程有限公司。

(二)建设情况

1. 项目准备阶段

1)项目审批文件

2004年11月24日,河南省环境保护局对该项目《环境影响报告表》进行了批复,文号为豫环监表〔2004〕189号。2005年1月10日,河南省发展和改革委员会《关于开封至郑州新郑国际机场高速公路开封段工程可行性研究报告的批复》,文号为豫交发交通〔2005〕46号。2008年6月6日,河南省国土资源厅批准了该项目建设用地的预审意见,文号为豫国土资源函〔2008〕367号。2009年12月18日,河南省发展和改革委员会对初步设计进行了批复,文号为省发改设计〔2009〕2060号。2010年3月24日,河南省国土资源厅批准了关于该项目压覆矿产资源的审查意见,文号为豫国土资源函〔2010〕122号。2010年10月11日,河南省交通运输厅对施工图设计进行了批复,批复文号为豫交规划〔2010〕340号。2013年8月8日,河南省水利厅对该项目下发了水土保持设施验收鉴定书,文号为豫水保函〔2013〕22号。2015年2月17日,国土资源部对该项目建设用地进行了批复,文号为国土资函〔2013〕55号。

2)资金筹措

该项目概算总投资为19.1748亿元,其中25%为建设单位自有资金,其余75%银行贷款。

3)合同段划分

(1)设计标段划分:土建、路面、房建、机电、交通安全设施、绿化工程各1个标段。

(2)施工标段划分:土建工程7个标段,机电工程3个标段,房建工程5个标段,绿化工程2个标段,交通安全设施5个标段。

(3)施工监理标段划分:设1个总监办公室,7个土建工程驻地监理标段,1个机电工程监理标段。

4)招投标

(1)土建工程:2009年11月25日,TJ-1/3/4/5/6/7标合同段确定了各自中标单位。2009年12月16日,TJ-2标合同段确定了中标单位。

(2)路面工程:2010年9月27日,LM-1/2标合同段确定了中标单位。

(3)交通安全设施工程:2010年12月1日,JA-1/2/3/4/5标各合同段,通过资格预审的JA-1标段为16份,JA-2标段为23份,JA-3标段为27份,JA-4标段为42份,JA-5标段为30份。

2011年3月18日上午10时,共计77家投标人按照招标文件要求递交了122份投标文件,其中JA-1标段为14份,JA-2标段为21份,JA-3标段为20份,JA-4标段为39份,

JA-5 标段为 28 份,经过评标确定最终中标人。

（4）机电、供配电:JD-1、GPD-1 标合同段共有 21 份资格预审申请文件通过了本次资格预审,其中 JD-1 标段为 11 份,GPD-1 标段为 10 份。2011 年 4 月 22 日,共计 18 家投标人递交了投标文件,其中 JD-1 标段为 10 份,GPD-1 标段为 8 份,经过评标确定中标人。

GPD-2 标合同段,共有 7 家供配电施工单位通过资格预审。2011 年 10 月 18 日,经过评标确定了中标人。

（5）房建工程:FJ-1/2/3/4/标合同段 2010 年 10 月 15 日进行了资格预审,通过资格预审的 FJ-1 标段为 19 份,FJ-2 标段为 21 份,FJ-3 标段为 14 份,FJ-4 标段为 15 份。2011 年 4 月 20 日,共计 46 家投标人按照招标文件要求递交了 65 份投标文件,经过评标确定了中标人。

（6）绿化工程:LH-1/2 标段于 2010 年 12 月 1 日和 2010 年 12 月 13 日进行资格预审,共有 36 家单位的 57 份资格预审申请文件通过了本次资格预审,其中 LH-1 标段为 25 份,LH-2 标段为 32 份。2011 年 4 月 29 日,经过公开开标确定中标人。

（7）监理单位:2009 年 9 月 24 日进行了公开开标确定了中标人。

5）征地拆迁情况

征地面积为 287.1554hm^2。其中农村集体农用地 270.8061hm^2（其中耕地 240.9621hm^2）,农村集体建设用地 2.5214hm^2,未利用地 0.6232hm^2;国有农用地 12.9371hm^2,未利用地 0.2676hm^2。

2. 项目实施阶段

1）实施过程

（1）主线土建工程于 2009 年 6 月开工,2011 年 12 月完工。

（2）房建工程于 2011 年 4 月开工,2011 年 12 月完工。

（3）机电工程于 2011 年 8 月开工,2011 年 12 月完工。

（4）交通安全设施工程于 2011 年 8 月开工,2011 年 12 月完工。

（5）绿化工程于 2011 年 8 月开工,2011 年 12 月完工。

2）重大事件

（1）2009 年 6 月 26 日,郑民高速公路郑州境段、开封段(一期工程)项目等 7 条高速公路集中开工仪式在中牟县举行。

（2）2011 年 12 月 29 日郑民高速公路建成通车。

（三）复杂技术工程

复杂技术工程主要为高速公路飞机跑道安全及助航设施研究在工程中的应用。

郑民高速公路飞机跑道项目位于郑民高速公路开封境一期工程中的一段,跑道全长2600m。2007年9月郑州至民权高速公路飞机跑道项目得到交通部、总后勤部的批准(交规划发〔2007〕517号文件)。这是河南境内第一条高速公路飞机跑道,也是国家"十一五"期间批准建设的全国唯一一条高速公路飞机跑道。

项目现场调研济德高速公路、大新高速公路、沈大高速公路等高速公路机场跑道的护栏设计方案和使用效果,对其安全性和机动性进行了分析,提出了有针对性的护栏机动性设计标准。项目在原设计方案的基础上,通过结构优化,增设了倾倒滑动轮、承重轮和导向轮,并重新设计了连接构件,实现了中央分隔带护栏安全性和机动性的统一。同时该项目还对高速公路机场跑道的路面标线的协调性进行了分析,提出了改进建议。

项目设计出了三种不同形式的机动式护栏,申报了三项发明专利,在核心期刊上发表论文一篇;其中机动式混凝土护栏已实现了量产,编写了操作手册。2011年12月28日,军区在郑民高速公路上对机动式混凝土护栏进行了实际检验,其机动性和安全性得到了充分的认可。

(四)运营养护管理

1.组织架构

该项目运营管理单位为郑开管理公司,公司管辖路段为郑民高速公路郑州段和郑民高速公路开封段(一期工程)两个路段。公司设有财务资产部、人力资源部、办公室、党委办公室、工会、监察室、考核办、通行费管理稽查部、路产管理部、养护管理部、三产管理分中心、超限室12个部门和运营监督管理分中心、郑庵收费站、姚家收费站、杏花营收费站、南苑收费站、路政大队、中牟南服务区、金明服务区8个基层单位。

2.服务设施

下辖金明服务区,见表8-24-5。

S82郑民高速公路郑州至开封段服务场区一览表 表8-24-5

高速公路编码	服务区名称	桩　　号	所 在 区 域	占地面积(m²)	建筑面积(m²)
S82	金明服务区	K35+600	开封市祥符区西姜寨乡韩寨村	182758	6800.00

金明服务区于2014年5月1日投入运营,占地面积约274余亩,具有为驾乘人员提供餐饮、住宿、购物、加油、汽车维修、停车休息等多种服务,东、西区广场设有免费停车位360个,实行大型、小型分区停放管理。

3.收费设施

分公司下设有杏花营和南苑2个收费站,见表8-24-6。杏花营收费站有3个出口、3

个入口共 6 条通行车道；南苑收费站有 6 个出口、5 个入口共 11 条通行车道。

S82 郑民高速公路郑州至开封段收费设施一览表　　表 8-24-6

收费站名称	桩　号	入口车道数		出口车道数	
		总车道	ETC 车道	总车道	ETC 车道
杏花营收费站	K37+701	3	1	3	1
南苑收费站	K45+320	5	1	6	1

4. 监控设施

此部分内容参见本节"一、S82 郑民高速公路郑州段　（三）运营养护管理　4. 监控设施"。

5. 养护管理

1）路面维修工程

2015 年投入 22.06 万元对祥云寺互通区路容路貌进行综合整治。

2014 年、2015 年开展全线徒步调查工作，针对调查结果列出计划，进行修复实施，有效地消除了道路安全隐患，降低了养护成本。

2）桥梁检测、维修加固

项目每两年委托检测单位对全线桥涵结构物进行定期检测，及时掌握技术状况及病害情况，作为桥涵维修保养计划制订的依据。

3）沿线设施的提升、改造

2013 年投入 66.7 万元实施了祥云寺互通区绿化专项工程；2014 年投入 97.9 万元实施了金明服务区绿化专项工程；2014 年投入 340.26 万元对全线防排工程进行了全面整治；2014 年投入 45850 元对机场跑道轮廓标进行了专项维修；2015 年投入 159.80 万元对大广互通立交波形护栏安装和沿线标志标牌整修进行了专项工程施工。

三、S82 郑民高速公路开封至民权段

(一) 项目概况

1. 基本情况

1）功能定位

郑民高速公路开封至民权段起点位于开封市东南陈留镇七里湾枢纽立交，终于民权县城西南，与连霍高速公路相接，全长 47.79km。该项目对完善河南公路网布局，减轻连霍高速公路交通压力，促进区域经济发展和资源整合，加强沿线产业开发，推进郑州航空港建设具有重要意义。

2）技术标准

全封闭、全立交、双向四车道；设计行车速度：120km/h；路基宽度：29m；桥涵设计荷载采用公路—Ⅰ级；设计洪水频率：特大桥为1/300，其他构造物及路基为1/100；路面结构为18cm改性沥青混凝土+52cm水泥稳定碎石；设计使用年限：15年。

3）建设规模

主要工程量：挖方20.893万 m^3，填方844.268万 m^3；2处匝道收费站、1处服务区、1处养护工区、1处管理监控通信站、1处路政管理所（与收费站合建）；表8-24-7为S82郑民高速公路开封至民权段桥梁一览表。

S82郑民高速公路开封至民权段桥梁一览表 表8-24-7

规模	名称	桥长（m）	主跨长度（m）	跨越障碍物 河流	跨越障碍物 沟谷	跨越障碍物 道路、铁路	桥梁类型
大桥	淤泥河大桥	305	25	√			简支梁桥
大桥	茅草河大桥	130	25		√		简支梁桥
大桥	七里湾主线桥	125	20			√	简支梁桥
大桥	惠济河大桥	305	25	√			简支梁桥
中桥	孙营排沟中桥	44.04	13		√		简支梁桥
中桥	跃进渠中桥	44.04	13		√		简支梁桥
中桥	惠南西干渠中桥	57.08	13		√		简支梁桥
中桥	崔林河中桥	53.08	16		√		简支梁桥
中桥	杞兰干渠中桥	85.12	16		√		简支梁桥
中桥	茅草河东支中桥	44.04	13		√		简支梁桥
中桥	柏木岗河中桥	44.04	13		√		简支梁桥
中桥	通惠渠中桥	69.08	16		√		简支梁桥
中桥	老通惠渠中桥	65.08	20		√		简支梁桥
中桥	龙西沟中桥	44.04	13		√		简支梁桥
中桥	王庄排沟中桥	53.08	16		√		简支梁桥
中桥	邢庄排沟中桥	44.04	13		√		简支梁桥
中桥	吴堂沟中桥	69.08	16		√		简支梁桥

4）主要控制点

开封市（开封县、杞县）、商丘市（民权县）。

5）地形地貌

项目位于华北地区（Ⅰ级构造单元）相对沉降的坳陷盆地之中，为秦岭～昆仑纬向构造体系和第二沉降带的复合交接部位。全线均属于黄河冲洪积平原，地层主要由松散物沉积而成，岩性为灰黄、黄灰色轻亚砂土、亚砂土、亚黏土、厚层中细砂、粉细砂。

6）投资规模

项目概算投资 29.05 亿元。

7）开工及通车时间

2014 年 4 月开工建设，2016 年 9 月建成通车。

2. 参建单位主要情况

（1）建设单位：河南高速公路发展有限责任公司。

（2）BT 承办人（施工及勘察设计总承包单位）：中交第一公路工程局有限公司与河南省交通规划勘察设计院有限公司联合体。

（3）质量监督单位：河南省交通基本建设质量检测监督站。

（4）监理单位：河南省公路工程监理咨询有限公司与河南高速公路监理咨询有限公司联合体。

（5）土建施工单位：中交一公局第三工程有限公司、路桥华祥国际工程有限公司。

（6）路面施工单位：中交一公局第三工程有限公司、路桥华祥国际工程有限公司。

（7）房建施工单位：中交第一公路工程局有限公司北京建筑分公司、中交世通重工（北京）有限公司。

（8）绿化施工单位：深圳市万信达生态环境股份有限公司。

（9）交通安全设施施工单位：中交世通重工（北京）有限公司。

（10）交通机电施工单位：中交一公局交通工程有限公司。

（二）建设情况

1. 项目准备阶段

1）项目审批文件

2010 年 5 月 11 日，《关于郑州至民权高速公路开封至民权段工程场地的证安全性评价工作报告的评审意见》，文号为豫震评〔2010〕75 号。《关于郑州至民权高速公路开封至民权段工程场地的证安全性评价工作报告的批复》，文号为豫震安评〔2010〕75 号。2010 年 8 月 23 日，《关于郑州至民权高速公路开封至民权段工程环境影响报告书的批复》，文号为豫环审〔2010〕205 号。2010 年 9 月 25 日，《准予水行政许可决定书（许可事项：关于对郑州至民权高速公路开封至民权段工程水土保持方案报告书的审批）》，文号为豫水行许字〔2010〕68 号。2010 年 12 月 24 日，《关于郑州至民权高速公路开封至民权段建设项目用地预审的意见》，文号为豫国土资函〔2010〕795 号。2013 年 5 月 12 日，《关于郑州至民权高速公路开封至民权段工程选线的批复》，文号为豫交物基〔2013〕29 号。2013 年 7 月 1 日，《关于郑州至民权高速公路开封至民权段工程可行性研究报告审查意见的函》，文号为豫交文〔2013〕433号。2013年7月4日，《关于郑州至民权高速公路开封至民权段建设项目用地预审的意见》，文号为豫国土资函〔2013〕479号。2013年8月9日，《关于郑州至民权高速公路开封至民权段项目申请报告核准的批复》，文号为豫发改基础〔2013〕1081号。2013年，《关于郑州至民权高速公路开封至民权段工程初步设计的批复》，文号为豫发改设计〔2013〕1504号。2014年，《关于郑州至民权高速公路开封至民权段绿化工程施工图设计的批复》，文号为豫交文〔2014〕782号。施工许可于2014年4月23日获得批复，文号为豫交许可〔2014〕7号。2014年，《关于郑州至民权高速公路开封至民权段房屋建筑工程施工图设计的批复》，文号为豫交文〔2014〕823号。2015年，《关于郑州至民权高速公路开封至民权段机电工程施工图设计的批复》，文号为豫交文〔2015〕441号。2016年3月，《关于郑州至民权高速公路开封至民权段建设项目用地的批复》，文号为国土资函〔2016〕824号。

2）资金筹措

工程概算为29.0534亿元，采用BT+EPC模式建设，河南高速公路发展有限责任公司作为BT发包人，中交第一公路工程局有限公司与河南省交通规划勘察设计院有限公司联合体中标为BT承办人。发包人承担建设期概算第三部分费用筹措，25%资金自筹，75%银行贷款。BT承办人负责概算第一部分建安费、第二部分设备及工器具购置费等费用的筹措，25%自有资金，75%银行贷款。

3）合同段划分

（1）设计标段划分：土建、房建、绿化、交通安全设施、机电工程各1个标段。

（2）施工标段划分：土建工程2个标段，机电工程1个标段，房建工程3个标段，绿化工程1个标段，交通安全设施1个标段。

（3）施工监理标段划分：设1个总监办公室，3个土建工程驻地监理标段，1个房建工程监理标段，1个机电工程监理标段。

4）招投标

（1）2013年6月14～20日购买初步设计资审文件，2013年6月27日进行资审评审，2013年8月21～27日发售招标文件，2013年9月11日开标。

（2）2013年9月26～30日购买BT+EPC资审文件，2013年10月10日进行资审评审，2013年11月12～18日发售招标文件，2013年12月3日开标。

（3）2013年9月26～30日购买土建施工监理资审文件，2013年10月10日进行资审评审，2013年11月12～18日发售招标文件，2013年12月3日开标。

（4）2015年8月11日购买机电监理资审文件，2015年9月1日进行资审评审，2015年8月11～17日发售招标文件，2015年9月1日开标。

5）征地拆迁情况

项目共征用土地4533.012亩,其中:开封市境2917.4415亩,商丘市境1615.5705亩。根据《河南省实施〈土地管理法〉办法》和其他相关法律、法规的规定,项目公司分别与开封市高速公路建设指挥部、商丘市高速公路建设指挥部签订了征地拆迁补偿协议书,共支付征地、拆迁费248931719.2元,其中开封市境185873213.8元,商丘市境63058505.4元。

2. 项目实施阶段

1)实施过程

(1)主线土建工程于2014年4月23日开工,2016年9月23日完工。

(2)房建工程于2014年4月开工,2016年9月完工。

(3)机电工程于2015年3月开工,2005年9月完工。

(4)交通安全设施工程于2014年9月开工,2016年9月完工。

(5)绿化工程于2015年6月开工,2016年9月完工。

(6)2016年9月23~25日,通过了交工验收,得分为97.7分,工程质量评定为合格工程。

2)设计变更

根据施工图设计优化会《专家意见》和设计单位《执行情况报告》,结构物台背回填材料由碎石土变更为4%水泥土。

原设计中路基排水边沟采用C25混凝土预制块进行防护。为了使边沟绿化效果更佳、方便施工、节省工期、降低投资,根据河南省内其他高速公路项目的成功经验,取消排水边沟预制块防护,采用撒播草籽植草防护。

植物纤维毯作为成熟的高速公路边坡防护形式,能够保证边坡防冲刷的效果,在河南省内和国内高速公路中应用较为广泛,且施工方便,造价较拱形骨架大幅度降低。在保证工程质量、不影响工程使用功能的前提下,为了节约工期,降低投资额,达到降本增效的目的,将全线路基填土高度$5m < H \leqslant 8m$路段边坡防护形式由C25预制块拱形骨架内植草灌变更为植物纤维毯。

3)重大事件

该项目2015年组织了"大干一百天"(图8-24-10)、2016年组织了"大干四个月,决胜上半年"两次劳动竞赛(图8-24-11)。

(三)科技创新

1. 采用DTJ水泥稳定土动态质量监控系统

在已有水泥稳定土拌和楼自动化生产系统的基础上,进一步开发出适用于水泥稳定土施工质量控制的实时监测系统。其主要工作原理是通过植入拌和楼自身计量系统,以一定的时间频率(一般为1min),对拌和楼原材料的进料数据进行采集,真实、准确记录各种材料动态计量情况。通过流量、配合比的换算,利用统计原理和施工动态控制的方法,能为质量控制提供最为基础、真实、快捷的施工数据,并通过预先设定的警戒值,及时判断、预警到施工的不合理波动,从而达到提高施工质量的稳定性,减小变异系数,加强施工控制的目的,如图8-24-12所示。

图8-24-10 "大干一百天"动员会

图8-24-11 "大干四个月,决胜上半年"劳动竞赛动员会

2. 采取DTJ沥青路面施工质量控制的实时监测系统

通过植入拌和站自身计量系统,实时、高效采集各料仓的进料数据,真实、准确记录各种材料动态计量情况。通过实时监控拌和过程中各种材料的进料配合比,利用统计原理和施工动态控制的方法,能为质量控制提供最为基础、真实、快捷的施工数据,并通过预先

设定的警戒值,及时判断、预警到施工的不合理波动,从而达到提高施工质量的稳定性,减小变异系数,加强施工控制的目的,如图8-24-13所示。

图8-24-12　实时监测系统

图8-24-13　沥青路面施工监测系统

3.混凝土构件节水保湿养生膜养生技术应用

对结构物养生采取保湿养护膜节水养生技术,保湿养护膜只需覆盖施工时浇一次水,28d养护期间内可保持相对湿度90%以上,保湿效果非常理想,使混凝土面始终处于均衡湿润状态,平缓了昼夜温差,有效抑制了混凝土面微裂缝的产生,并排除了浇水养护时流水或积水引发的结构性裂缝,揭膜后混凝土面颜色均一,混凝土面无浮砂,混凝土构件强度上升快且均匀。保湿养护膜节水养生技术有效保证了结构物混凝土强度及外观质量,且大量节省了水资源和人工养生成本,具有明显的社会效益、经济效益和环保效益,如图8-24-14所示。

图 8-24-14　结构物保湿养生

4. 落实"四机联动"新工艺,推广桥面铺装抛丸新技术

为落实河南省交通运输厅《关于推广三淅高速公路桥面铺装施工工艺的通知》文件精神,在该项目桥面铺装施工过程中全面落实了"四机联动"的铺装层施工工法,有效地控制了铺装层的平整度,同时针对"四机联动"工艺中浮浆过厚的问题,增加桥面抛丸技术来去除浮浆,提高了铺装粗糙度,增加了桥面铺装黏结力,如图8-24-15、图 8-24-16 所示。

图 8-24-15　全自动桁架滚轴摊铺机

5. 推广 360°可视影像预警系统创新成果

在压路机上安装 360°可视影像预警系统,当驾驶员倒车时,LED 显示屏上一目了然,可清晰看到后方施工人员、障碍物离车的距离,它消除了盲区倒车造成的事故隐患,提高

了压路机倒车时的安全性能,避免机械伤害事故发生。确保了精准碾压,实现两侧可视,碾压到边,防止漏压和啃边,如图8-24-17所示。

图 8-24-16　液压式振捣梁

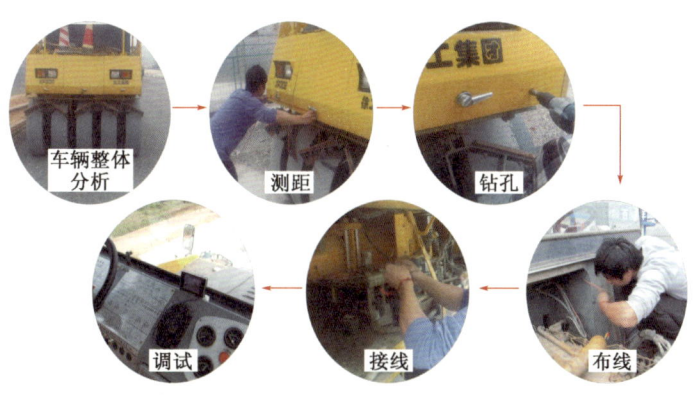

图 8-24-17　360°可视影像预警系统

6. 沥青改性用多聚磷酸质量标准级应用关键技术研究

使用改性沥青是改善沥青路面使用性能,提高路面服务水平的有效措施,尤其是开发性价比高的改性技术,对于我国目前大规模的沥青路面新建和养护改造任务来说具有重要的现实意义,尤其是近年来世界经济不景气,国内通货膨胀压力增大,公路基础建设资金紧张的情况下,更具有迫切的研究价值。为此该项目着眼于多聚磷酸,研究基于此的高效低价沥青改性技术,并通过实体工程进行效果验证,研究成果可有效降低路面工程造价,改善路面使用质量。

7. 承力骨架型沥青混合料设计技术研究

该项目针对上面层集料对抗滑耐磨性能的特殊要求,首先开发室内沥青路面抗滑耐久性评价设备与方法,进而系统研究不同类型和规格集料的抗滑耐磨性能,以及沥青路面的抗滑耐久性衰败规律,最终提出基于沥青路面抗滑耐久性评价的集料质量控制标准,从而有效增强沥青路面上面层集料选取的有效性,增强本地材料的利用,取得路面抗滑性能和建设费用的合理平衡。

(四)运营养护管理

1. 组织架构

该项目运营管理单位为:河南高速公路发展有限责任公司开封分公司。公司内设综合办公室、政工科、财务科、人事科、监察室、考核办、征收科、路产科、养护科、路域经济办公室10科室。管辖路段为连霍高速公路开封段、大广高速公路开通段和郑民高速公路开封至民权段。

2. 服务设施

下辖杞县服务区1处,见表8-24-8。

S82 郑民高速公路开封至民权段服务场区一览表 表8-24-8

高速公路编码	服务区名称	桩 号	所在区域	占地面积(m^2)	建筑面积(m^2)
S82	杞县服务区	K25+670	杞县	65333.366	6243.02

3. 收费设施

下设杞县和白云寺2个收费站,见表8-24-9。

S82 郑民高速公路开封至民权段收费设施一览表 表8-24-9

收费站名称	桩 号	入口车道数		出口车道数	
		总车道	ETC车道	总车道	ETC车道
杞县收费站	K16+048	4	2	6	2
白云寺收费站	K36+300	3	1	4	1

4. 监控设施

该项目设置监控管理所1个,位于杞县收费站处,负责杞县收费站区域和白云寺收费站区域的运营监管。

第二十五节 S83 兰考至南阳高速公路

兰南高速公路起于兰考县与连霍高速公路互通处,途经通许、尉氏、鄢陵、许昌、襄城、平顶山、叶县、方城,止于南阳市宛城区陈官营枢纽互通,与沪陕高速公路、二广高速公路相连,全长 308.281km。该项目不仅完善了河南省高速公路网布局,而且直接将开封、许昌、南阳等地级市联系在一起,结束了需要绕行郑州的历史,对促进河南省东北地区与西南地区的经济发展,加快中原经济区建设,提高人民群众生活水平具有重要意义。

一、S83 兰南高速公路 S83/G30 互通至开封市祥符区罗王乡段

兰南高速公路 S83/G30 互通至开封市祥符区罗王乡段,里程桩号为 K0+000~K1+822,路段长 1.822km,建设期属于 G1511 日兰高速公路王楼(省界)至兰考段中的一部分,已在本章第四节中介绍。

二、S83 兰南高速公路兰考至尉氏段

(一)项目概况

1. 基本情况

1)功能定位

兰南高速公路兰考至尉氏段起于开封市祥符区罗王乡,途经通许县,止于尉氏县东北十八里河乡西南,全长 61.03km。该项目充分发挥了豫鲁两省骨架公路网的整体效益,对带动豫东、豫中及豫西南地区的经济发展,改善交通投资环境,加快旅游资源开发具有重要意义。

2)技术标准

全封闭、全立交、双向四车道;设计行车速度:120km/h;路基宽度:28m;桥梁净宽:2×11.75m;桥涵设计荷载标准:汽车—超 20 级,挂车—120;路面:收费广场和服务区广场采用水泥混凝土路面,其他采用沥青混凝土路面;路面结构:主线为 4cm 细粒式改性沥青混凝土抗滑层(改进型 AK-13A)+6cm 中粒式改性沥青混凝土(AC-20Ⅰ)+8cm 粗粒式沥青混凝土(AC-25Ⅰ)+沥青表处封层(单层式)+36cm 水泥稳定碎石+18cm 水泥稳定土。

3)建设规模

主要工程量:路基土方 700.1 万 m^3;表 8-25-1 为 S83 兰南高速公路兰考至尉氏段桥梁一览表。水泥石灰综合稳定土地基层 61.03km,1629.378km^2;水泥稳定碎石基层 61.03km,1563.58km^2;沥青混凝土面层 61.03km,1796.294km^2;路缘石 233685m,防撞护栏 61.03km,反光标志 354 块,收费站棚 3 处。主线收费站 0 处,匝道收费站 3 处;服务区 1 处,停车区 1 处;管理、养护、服务、监控房屋建筑面积 13646.4 m^2。

S83兰南高速公路兰考至尉氏段桥梁一览表

表 8-25-1

规模	名称	桥长(m)	主跨长度(m)	跨越障碍物			桥梁类型
				河流	沟谷	道路、铁路	
大桥	陇海铁路大桥	790	40			√	简支梁桥
	圈章河大桥	144.76	20	√			简支梁桥
	淤泥河大桥	184.88	20	√			简支梁桥
	惠济河大桥	244.56	20	√			简支梁桥
	小青河大桥	104.52	20	√			简支梁桥
	国河大桥	184.88	20			√	简支梁桥
	孙城河大桥	124.68	20	√			简支梁桥
	涡河大桥	265.04	20	√			简支梁桥
	百邸沟大桥	124.68	20	√			简支梁桥
中桥	圈章河支渠中桥	51.98	13	√			简支梁桥
	曹寺中桥	42.98	13			√	简支梁桥
	柏慈沟中桥	42.98	13		√		简支梁桥
	郗贵寨中桥	51.98	16			√	简支梁桥
	土山岗中桥	51.98	16		√		简支梁桥
	刘府中桥	51.98	16			√	简支梁桥
	月林中桥	51.98	16			√	简支梁桥
	大泄水渠中桥	64.48	20		√		简支梁桥
	赵寨中桥	51.98	16			√	简支梁桥
	北铁底河中桥	42.98	13	√			简支梁桥
	南铁底河中桥	42.98	13	√			简支梁桥
	运梁河中桥	42.98	13	√			简支梁桥
	枣林沟中桥	51.98	16		√		简支梁桥
	唐水河中桥	42.96	13	√			简支梁桥
	小双沟中桥	64.48	20			√	简支梁桥
	惠家渠中桥	64.48	20	√			简支梁桥
	姜清河中桥	42.98	13	√			简支梁桥
	东赵亭中桥	51.98	16			√	简支梁桥
	李庄中桥	34.04	30			√	简支梁桥
	南河口中桥	42.98	13	√			简支梁桥
	胜利渠中桥	42.98	13	√			简支梁桥
	天周沟中桥	51.98	16	√			简支梁桥

4）主要控制点

开封市（开封县、通许县、尉氏县）。

5）地形地貌

该项目所经地区处于黄河冲积平原泛滥区,地形单一,地势由西北向东南倾斜,自然坡降 1/1000～1/6000,地面高程多在 60～70m。沿线以平原为主,除小数自然河流和人工形成的沟、渠、路、坑、堤、坝外,地势平坦,可划分为黄河冲积平原泛滥区,决口扇两个地貌单元,相对高差 3m 左右。

6)投资规模

概算投资 21.67 亿元,竣工决算投资 23.08 亿元,平均每公里造价 3783.00 万元。

7)开工及通车、竣工时间

2003 年 9 月开工建设,2005 年 11 月交工通车,2008 年 5 月完成竣工验收。

2. 参建单位主要情况

(1)建设单位:开封市兰尉高速公路发展有限公司。

(2)设计单位:中交第一公路勘察设计研究院。

(3)质量监督单位:河南省交通基本建设质量检测监督站。

(4)监理单位:江苏伟信监理咨询有限公司土建工程、绿化工程监理。

(5)土建施工单位:中铁十四局集团第四工程有限公司、中铁十八局集团有限公司、中铁十八局集团第三工程有限公司、开封市通达公路工程有限公司、信阳万里交通集团有限公司、许昌公路工程建设总公司、深圳华泰企业公司。

(6)路面施工单位:河北冀通路桥建设有限公司、许昌公路工程建设总公司、中铁二十三局集团第三工程有限公司、开封市通达公路工程有限公司。

(7)房建施工单位:开封市第六建筑工程有限公司、河南华盛建筑工程有限公司、开封贸展工程有限公司、开封市第五建筑工程有限公司、曲阜远大工程有限公司。

(8)绿化施工单位:郑州宏科园林景观工程有限公司、河南鸿宝园林绿化工程有限公司、河南绿色工程公司、河南锦成园林绿化有限公司、郑州华绿园林绿化有限公司、潢川紫红园林绿化工程有限公司。

(9)交通安全设施施工单位:周口市公路交通设施有限公司、山西运城路桥有限责任公司、山西乾通公路工程机械有限公司、开封市通达公路工程有限公司、郑州彩达交通设施工程有限公司、徐州众安交通设施有限公司。

(10)交通机电施工单位:北京公科飞达交通工程发展有限公司、中国化学工程第十一建设公司。

(二)建设情况

1. 项目准备阶段

1)项目审批文件

2003年3月17日,河南省发展计划委员会《关于日南高速公路兰考至尉氏段高速公路项目建议书的批复》,文号为豫计基础〔2003〕335号。2003年5月14日,《关于日南高速公路兰考至尉氏段高速公路可行性研究报告的批复》,文号为豫计基础〔2003〕713号。2003年9月28日,《关于日南高速公路兰考至尉氏段高速公路初步设计的批复》,文号为豫设计〔2003〕1352号。2003年12月29日,《关于日南高速公路兰考至尉氏段高速公路施工图设计的批复》,文号为豫交设计〔2003〕1063号。2004年8月23日,国家发展改革委员会办公厅、国土资源部办公厅联合下发《关于印发土地市场治理整顿期间河南省第一批重点急需建设项目确认意见的通知》,文号为发改办投资〔2004〕1434号。

2)资金筹措

概算总投资为21.67亿元,其中35%为建设单位自有资金,其余65%国内银行贷款。

3)合同段划分

(1)设计标段划分:土建工程设计1个标段,房建工程设计1个标段,绿化工程设计1个标段,机电工程设计1个标段。

(2)施工标段划分:根据工程内容的不同,土建工程8个标段,机电工程2个标段,房建工程4个标段,绿化工程6个标段,交通安全设施6个标段。

(3)施工监理标段划分:根据工程内容设1个总监办公室,8个土建工程驻地监理标段,1个房建工程监理标段,1个机电工程监理标段。

4)招投标

按照国家颁布的《中华人民共和国招标投标法》和交通部颁布的《公路工程施工招标投标管理办法》《公路工程施工招标资格预审办法》《公路工程施工招标评标办法》的要求,该项目采用公开竞争性方式招标。

5)征地拆迁情况

征地面积为6462.384亩。其中农村集体农用地364.8178hm^2(其中耕地344.2397hm^2),农村集体建设用地4.6727hm^2,未利用地0.856hm^2;国有农用地1.6513hm^2。拆迁房屋3012.8m^2,拆迁占地费用共计9228.65万元。

2. 项目实施阶段

1)实施过程

(1)主线土建工程于2004年3月20日开工,2005年5月15日完工。

(2)房建工程于2005年4月开工,2005年10月30日完工。

(3)机电工程于2005年6月18日开工,2005年10月20日完工。

(4)交通安全设施工程于2005年6月19日开工,2005年10月22日完工。

(5)绿化工程于2005年8月31开工,2005年10月18日完工。

(6)路面工程于 2005 年 4 月 21 日开工,2005 年 10 月 17 日完工。

(7)2005 年 11 月 5～8 日,河南省交通基本建设质量检测监督站组织专家对兰南高速兰尉段进行了交工验收。

(8)2008 年 9 月,进行了竣工工程质量检测和鉴定。工程质量鉴定得分为 90.4 分,工程质量鉴定等级评为优良。

2)设计变更

(1)四车道改六车道。根据省政府和省交通厅有关文件的要求,变更为 28m 路基六车道标准,增加路面宽度 1.5m。

(2)2004 年 7 月 9 日,项目工程业主由开封市路达高速公路发展有限公司,变更为开封市兰尉高速公路发展有限公司,原监理单位、施工单位与业主发生的合同关系不变。

3)重大事件

2004 年 8 月 23 日,国家发改委办公厅、国土资源部办公厅联合下发《关于印发土地市场治理整顿期间河南省第一批重点急需建设项目确认意见的通知》(发改办投资〔2004〕1434 号),将该项目列为河南省重点建设项目。

(三)运营养护管理

1.组织架构

该项目运营管理单位为开封市兰尉高速公路发展有限公司,公司管理实行董事会领导下的总经理负责制,下设综合部、财务部、通行费管理部、养护部、监控运维部、路政队 6 个部门和开封兰尉高速公路服务有限公司(通许服务区)。

2.服务设施

下辖通许服务区 1 处,见表 8-25-2。

S83 兰南高速公路兰考至尉氏段服务场区一览表   表 8-25-2

高速公路编码	服务区名称	桩　号	所 在 区 域	占地面积(m²)	建筑面积(m²)
S83	通许服务区	K54+500	通许县竖岗镇南河口村	81010	5988.00

3.收费设施

通行费管理部下设有二郎庙收费站、通许收费站尉氏收费站,见表 8-25-3。二郎庙收费站有 2 个出口、2 个入口共 4 条通行车道;通许站收费站有 3 个出口、2 个入口共 5 条通行车道;尉氏收费站有 4 个出口、2 个入口共 5 条通行车道。

S83 兰南高速公路兰考至尉氏段收费设施一览表　　　　表 8-25-3

收费站名称	桩号	入口车道数		出口车道数	
		总车道	ETC 车道	总车道	ETC 车道
二郎庙收费站	K11+200	2	0	2	1
通许收费站	K41+600	2	0	3	1
尉氏收费站	K59+700	2	0	4	1

4. 监控设施

设置监控中心 1 个，负责尉氏收费站区域、通许收费站区域和二郎庙收费站区域的运营监管。

5. 养护管理

兰尉高速公路日常养护项目部负责兰尉高速公路全线路基、路面、桥涵、交通安全设施和绿化日常养护，并严格执行相关行业标准及兰尉公司养护制度进行日常保养保洁工作。

1) 路面维修工程

中修工程：2010 年投入 180 万元，对所辖路段部分桥梁桥头跳车进行专项整治处理，共计治理桥头跳车 25 处。2014 年投入 300 万元，对所辖路段部分桥梁桥头跳车现象进行专项整治处理，共计治理桥头跳车 70 处。2015 年投入 700 万元，对兰尉高速公路全线路面进行全面的维修处治，对路面行车道进行铣刨摊铺，摊铺里程 2.9km（图 8-25-1、图 8-25-2）；采用维表处填充车辙及微表处罩面改善路面技术状况，累计处治里程 37km。

图 8-25-1　路面铣刨

2) 桥梁检测、维修加固

2010 年 1 月，兰尉高速公路委托平顶山市公路工程质量检测中心对全线所辖桥梁、涵洞进行定期检测，未发现三类及三类以上桥梁。

图 8-25-2　桥头摊铺

2011 年 11 月,兰尉高速公路委托开封市天平路桥工程检测有限公司对全线所辖桥梁、涵洞进行定期检测。发现三类桥梁一座,无三类以上桥梁。

2012 年 6 月兰尉高速公路对所辖路段三类桥梁进行维修治理,由于 K61+800 通道桥该桥梁下部受秸秆焚烧,造成桥梁墙身、预应力混凝土空心板下部水泥混凝土脱皮漏筋。由于墙身及预应力混凝土空心板总体现状较好,经桥梁加固维修设计,采用凿除松脱、剥离等已松动的混凝土,对暴露的钢筋进行除锈、防锈处理,用环氧树脂砂浆或其他高强材料修补。

2014 年 7 月,兰尉高速公路委托开封市天平路桥工程检测有限公司对全线所辖桥梁、涵洞进行定期检测。未发现三类及三类以上桥梁。

3)沿线设施的提升、改造

2008 年根据河南省高管局统一安排部署,投资 180 万元,对全线标志标牌进行专项整改,迁移标志牌 88 处,新增标志牌 20 处,取消标志牌 15 处。

2011—2013 年,连续累计投资 50 万元,对所辖范围部分路段边沟排水不畅问题进行整改,累计整改 12km。

2015 年 5 月根据河南省交通运输厅及高管局统一安排部署,投资 120 万元,对尉氏、通许、二郎庙收费站下道安装 ETC 收费设施;由于通许收费站车流量较大,2015 年 4 月对通许收费站站区进行改造,新增上站车道一道。

三、S83 兰南高速公路尉氏至许昌段

(一)项目概况

1. 基本情况

1)功能定位

兰南高速公路尉氏至许昌段,北起开封市尉氏县东北十八里河乡西南侧,向南经过鄢

陵县、长葛市和许昌县，止于许平南高速公路孙刘赵互通式立交，全长64.284km。其中许昌东互通式立交至孙刘赵互通式立交，路段长14.004km，与G1516盐洛高速公路许昌东互通式立交至孙刘赵互通式立交段共线。该项目是河南省第一条民营企业投资建设的高速公路，也是第一条实现低路基和"四改六"的高速公路，对探索高速公路建设投融资模式，完善河南省干线公路网布局，促进区域经济发展、加快郑州航空港建设具有重要意义。

2）技术标准

采用全封闭、全立交、双向四车道；设计行车速度：120km/h；路基宽度：28m；桥梁净宽：2×11.5m；桥涵设计荷载标准：汽车—超20级，挂车—120；路面设计标准轴载：BZZ-100；路面：收费广场和服务区广场采用水泥混凝土路面，其他采用沥青混凝土路面；路面结构：主线为4cm细粒式沥青混凝土（AC-13C）+2cm应力吸收层+28cm厚水泥混凝土+1.5cm厚稀浆封层+18cm厚水泥稳定碎石基层；设计使用年限：按长寿命路面设计，使用年限为50年。

3）建设规模

主要工程量：路基土方1057万 m^3，路面169万 m^2；匝道收费站2处；服务区1处；管理、养护、服务、监控房屋建筑面积10230.19m^2；表8-25-4为S83兰南高速公路尉氏县至许昌段桥梁一览表。

S83兰南高速公路尉氏县至许昌段桥梁一览表　　　　　表8-25-4

规模	名称	桥长（m）	主跨长度（m）	跨越障碍物			桥梁类型
				河流	沟谷	道路、铁路	
大桥	贾鲁河大桥	485.1	20	√			简支梁桥
	康沟河大桥	225.06	20	√			简支梁桥
	双洎河大桥	385.1	20	√			简支梁桥
	汶河大桥	125.04	20	√			简支梁桥
	陈化店特大桥	708.14	23			√	简支梁桥
	老漊河大桥	125.04	20	√			简支梁桥
	小黑河大桥	185.04	20	√			简支梁桥
	清漊河大桥	225.04	20	√			简支梁桥
中桥	东三北干渠中桥	65.04	20	√			简支梁桥
	沙门分离式立交桥	65.04	20			√	简支梁桥
	崔庄分离式立交桥	34.04	10	√			简支梁桥
	东三干渠中桥	69.04	16	√			简支梁桥
	西三干渠中桥	69.04	16	√			简支梁桥
	中三河中桥	53.04	16	√			简支梁桥

续上表

规模	名称	桥长（m）	主跨长度（m）	跨越障碍物 河流	跨越障碍物 沟谷	跨越障碍物 道路、铁路	桥梁类型
中桥	后孙分离式立交桥	65.04	20			√	简支梁桥
	代貉沟中桥	44.04	10		√		简支梁桥
	蔡庄沟中桥	65.04	20	√			简支梁桥
	佘茶岗分离式立交桥	34.04	10			√	简支梁桥
	鄢陵北分离式立交桥	57.04	20			√	简支梁桥
	西干渠中桥	85.04	20	√			简支梁桥
	K33+711分离式立交桥	34.04	10			√	简支梁桥
	陈家分离式立交桥	34.04	10			√	简支梁桥
	二道河中桥	53.04	16	√			简支梁桥
	杨柳分离式立交桥	34.04	10			√	简支梁桥
	云汉村东分离式立交桥	53.04	16			√	简支梁桥
	引黄补源中桥	53.04	16	√			简支梁桥
	孟庄分离式立交桥	53.04	16			√	简支梁桥
	张寨分离式立交桥	57.04	20			√	简支梁桥
	K54+914分离式立交桥	53.04	16			√	简支梁桥
	小洪河中桥	53.04	16	√			简支梁桥

4）主要控制点

开封市（尉氏县）、许昌市（鄢陵县、许昌县）。

5）地形地貌

路线所经地区处于黄淮冲洪积平原（尉氏县西部毗邻黄河二级阶地），地形平坦。地势由西北向东南倾斜，自然坡降1/1000～1/6000，地面高程多在60～70m，地形地貌简单。地面上有波状沙地、零星沙丘、垄状或链状沙岗和岗地、丘间和岗间洼地、泛流洼地和背河洼地、黄河故道等地貌景观。

6）投资规模

概算投资20.05亿元，竣工决算投资18.88亿元，平均每公里造价2937.00万元。

7）开工及通车、竣工时间

2003年11月开工建设，2005年11月交工通车，2008年5月完成竣工验收。

2. 参建单位主要情况

(1) 建设单位：河南瑞贝卡实业有限公司。

(2) 质量监督单位：河南省交通基本建设质量检测监督站。

(3) 设计单位：上海市政工程设计研究院。

(4) 监理单位：河南豫通公路工程监理事务所、北京华路捷公路工程技术有限公司、许昌市方宇工程建设监理有限公司。

(5)土建施工单位:北京城建道桥工程有限公司、山东省路桥集团总公司、山东泰山路桥工程公司、中铁十三局集团有限公司、中铁十九局集团第三工程有限公司、中铁二十局集团第三工程有限公司、中铁十一局集团第二工程有限公司。

(6)路面施工单位:山东省路桥集团有限公司、开封市通达公路工程有限公司、路桥华南工程有限公司、中铁二十三局集团第三工程有限公司、许昌公路工程建设总公司。

(7)房建施工单位:许昌中原建设集团有限公司、许昌金质建设有限公司。

(8)绿化施工单位:许昌锦绣北方园林绿化有限公司、鄢陵县绿峰绿化工程有限公司、鄢陵县园林绿化工程公司、许昌恒丰园林有限公司、鄢陵县鑫隆园林绿化有限公司。

(9)交通安全设施施工单位:江苏华夏交通工程集团有限公司、河北中通交通设施有限公司、河南现代交通工程有限公司、江苏耀鑫交通设施有限公司、南京创程工程实业有限公司、无锡市锡广高速公路养护有限公司。

(10)交通机电施工单位:中国通信建设总公司、中铁电气化集团第三工程公司。

(二)建设情况

1. 项目准备阶段

1)项目审批文件

2003年3月17日,河南省发展计划委员会对尉氏至许昌高速公路的项目建议书进行了批复,文号为豫计基础〔2003〕338号。2003年3月28日和4月28日,河南省国土资源厅分别对该项目的压覆矿产资源报告和地质灾害评估进行了批复,文号分别为〔2003〕99号和135号。2003年5月4日,《关于尉氏至许昌高速公路工程可行性研究报告的批复》,文号为豫计基础〔2003〕712号。2003年6月20日,河南省文物管理局对该项目文物环境影响评价书进行了批复,文号为〔2003〕35号。2003年9月12日,《关于尉氏至许昌高速公路工程初步设计的批复》,文号为豫计设计〔2003〕1570号。2003年9月23日,河南省水利厅对该项目的水土保持方案进行了批复,文号为豫水土〔2003〕40号。2003年10月7日,河南省环境保护局对环境影响报告书进行了批复,文号为豫环监〔2003〕116号。河南省国土资源厅分别于2003年10月30日、12月5日批准并签发了该项目建设用地的审查意见,文号分别为豫国土资源函〔2003〕584号、658号和661号。2003年12月29日,《关于尉氏至许昌高速公路工程施工图设计的批复》,文号为豫交设计〔2003〕1064号。2004年9月10日,国土资源部批准了该项目的建设用地,文号为国土资函〔2004〕307号。

2)资金筹措

概算总投资为20.05亿元,其中35%为建设单位自有资金,其余65%为银行贷款。

3)合同段划分

(1)设计标段划分:土建工程设计1个标段,房建工程设计1个标段,绿化工程设计1个标段,机电工程设计1个标段。

(2)施工标段划分:根据工程内容的不同,土建工程7个标段,机电工程2个标段,房建工程2个标段,绿化工程5个标段,交通安全设施6个标段。

(3)施工监理标段划分:根据工程内容设1个总监办公室,4个土建工程驻地监理标段,1个房建工程监理标段,1个机电工程监理标段。

4)招投标

(1)2003年7月27日,53家土建工程施工单位通过资格预审。2003年8月6日~9月3日,确定了7家中标单位。

(2)2004年8月8日,路面工程施工单位通过资格预审。2004年8月19日,确定了5家中标单位。

(3)2005年3月5日,房建工程施工单位通过资格预审。2005年3月20日,确定了2家中标单位。

(4)2005年2月3日,机电工程施工单位通过资格预审。2005年4月13日,确定1家中标单位。

(5)2005年4月11日,交通安全设施工程施工单位通过资格预审。2005年5月10日,确定了6家中标单位。

(6)2005年3月5日,绿化工程单位通过资格预审。2005年3月20日,确定了3家中标单位。

5)征地拆迁情况

征地面积为6462.384亩。其中农村集体农用地406.8381hm^2(其中耕地341hm^2),农村集体建设用地11.6983hm^2,未利用地5.1044hm^2;国有农用地4.2848hm^2(其中耕地0.2981hm^2),国有建设用地2.2846hm^2,未利用地0.6154hm^2,作为尉氏至许昌高速公路工程建设用地。拆迁房屋60872m^2,拆迁占地费用共计15671.61万元。

2. 项目实施阶段

1)实施过程

(1)主线土建工程于2003年11月8日开工,2005年11月15日完工。

(2)房建工程于2005年4月开工,2006年5月完工。

(3)机电工程于2005年7月12日开工,2005年11月17日完工。

(4)交通安全设施工程于2005年7月开工,2005年11月完工。

(5)绿化工程于2005年5月开工,2005年11月完工。

(6)2005年11月13~15日,通过了交工验收,得分为92.63分,工程质量评定为合格工程。

(7)2008年5月10~12日,通过了竣工验收,工程质量鉴定得分为90.60分,质量鉴定等级评为优良。

2)重大决策

(1)为了确保完成工程建设计划目标,在保证工程质量的前提下合理安排工期。项目公司在2004年组织了"大干一百天"和"金秋大决战"两次劳动竞赛,如图8-25-3所示。

图8-25-3 "金秋大决战"动员会

(2)2005年春节后,由项目公司和代表处制定了更加严格的2005年质量管理办法,对施工单位的自检体系实行按需定人,定人则定岗、定责、定设备、定计划,试验人员实行条条管理,监理代表处考核合格后方能上岗。对监理人员实行浮动工资,根据履约评价,对工资上浮或下调10%。

(3)项目公司对文明施工高度重视,2005年,水泥混凝土路面施工一开始,即确定了打通右半幅的总体思路,施工单位及时补齐断口,5月底全线贯通,为边坡防护提供了工作面。上下坡道统一采用碎石或二灰碎石铺垫,避免污染,对施工过程中污染路面的现象实行重罚,严禁在路面上拌和砂浆,并对杂物及时清理,要求工程结束现场整理结束,监理代表处对各种标志规格、颜色进行统一,规范了施工单位的行为,提高了整体管理水平。

3)设计变更

四车道改六车道。根据省政府和省交通厅有关文件的要求,在路基宽度为28m的情况下,通过变更中央分隔带的宽度,设置为六车道。

4)重大事件

2012年6月,尉许高速公路完成了股权交接。

(三)科技创新

1. BS-100土壤固化剂在路基封顶层中的应用

因项目附近的土场土质为极不均匀黏土和砂性粉土互层,给路基施工的质量控制带来较大困难,根据实际情况,业主同意使用BS-100土壤固化剂进行路基封顶层施工,自2004年8月固化土试验段施工成功以来,已在全线施工7km,经河南省质检站验收,施工质量良好。

2. 混凝土蒸汽加热养护工艺在制梁工程中的应用

由于项目工期短,预制箱梁工程量相对较大,为了缩短箱梁预制中每槽梁的循环周期,加快预制进度,在施工过程中采取了混凝土蒸汽加热养护工艺,此工艺利用制梁台座的坑槽结构形成简易的蒸汽室,用篷布作为蒸汽套,用锅炉加热提供蒸汽;在养护过程中严格按照静放、升温、恒温、降温四个阶段进行控制;此工艺在保证养护温度80℃养护时间24h内可使混凝土强度增长62%,极大地缩短了箱梁预制中拆模周期,使正常养护一槽梁预制需要5d的循环周期缩短为3d,并且在冬季户外可以正常预制施工。这种工艺的应用在全线7个标段中得到了全面推广,确保了预制梁的施工质量,而最重要的是极大地提高了预制箱梁工程的施工进度,大大节约了工期。

3. 长寿命路面结构

为避免出现尉许高速公路前修后坏、设计使用周期不长的情况,开展了"高速公路长寿命路面结构"的课题研究和工程实践。尉许高速公路采用的"长寿命路面结构"是一种"刚柔并济、优势互补"的新型路面结构。其中"高速公路长寿命路面典型结构成套技术研究"获得2006年度河南省科学技术进步奖一等奖(证书号:2006-J-003-D01/03),如图8-25-4所示。

图8-25-4 河南省科学技术进步奖

(四)运营养护管理

1. 组织架构

该项目运营管理单位为河南瑞贝卡实业有限公司,公司管理实行董事会领导下的总经理负责制,下设综合部、财务部、营运部、养护部、路产部5个部门和鄢陵瑞贝卡高速公路服务有限公司(鄢陵服务区)。

2.服务设施

下辖鄢陵服务区1处,见表8-25-5。

S83兰南高速公路尉氏至许昌段服务场区一览表 表8-25-5

高速公路编码	服务区名称	桩 号	所在区域	占地面积(m²)	建筑面积(m²)
S83	鄢陵服务区	K98+902	鄢陵县柏梁镇陈家村	54000	5385.00

3.收费设施

营运部下设有鄢陵西和鄢陵北2个收费站,见表8-25-6。鄢陵西收费站有3个出口、4个入口,共7条通行车道;鄢陵北收费站有3个出口、3个入口,共6条通行车道。

S83兰南高速公路尉氏至许昌段收费设施一览表 表8-25-6

收费站名称	桩 号	入口车道数		出口车道数	
		总车道	ETC车道	总车道	ETC车道
鄢陵西收费站	K102+278	3	1	4	1
鄢陵北收费站	K90+822	3	1	3	1

4.监控设施

设置监控中心1个,尉许分中心负责鄢陵西收费站区域和鄢陵北收费站区域的运营监管。

5.养护管理

日常养护项目部和绿化养护项目部负责尉许高速公路全线路基、路面、桥涵、交通安全设施和绿化日常养护,并严格执行相关行业标准及尉许公司养护制度进行日常保养保洁工作。

1)路面维修工程

中修工程:2011年投入151万元对路面进行铣刨摊铺,摊铺里程1.7km;2015年投入3591万元对全线路面进行全面的维修处治,如图8-25-5所示。

预防性养护工程:2013年开展加铺超薄磨耗层等预防性养护工程,铺设里程4.8km。

2)桥梁检测、维修加固

根据省交通运输厅及主管部门规范标准及公司制度,每三年委托检测单位对全线桥涵结构物进行定期检测,及时掌握技术状况及病害情况,作为桥涵维修保养的依据。

2012年和2015年共投入734万元对全线11座评定为三类的桥梁及三类构件进行加固维修。

图 8-25-5　尉许高速公路路面养护工程

3）沿线设施的提升、改造

2014 年和 2015 年对部分高填方路段增设波形护栏,进一步保障道路行驶安全,如图 8-25-6 所示。

4）新材料、新技术研发

尉许高速公路路面结构为 6cm 沥青混凝土 +28cm 水泥混凝土的复合式路面,反射裂缝已成为尉许高速公路的主要病害之一。公司联合长安大学、河南万里路桥集团有限公司开展"尉许高速公路复合式长寿命路面反射涨裂防治技术研究",取得良好的效果,并申请了专利,获得了许昌市科技进步奖二等奖,如图 8-25-7 所示。

图 8-25-6　增设波形护栏　　　　图 8-25-7　科学进步奖证书

四、S83 兰南高速公路许平南段

(一)项目概况

1.基本情况

1)功能定位

兰南高速公路许平南段途经许昌县、襄城县、叶县、方城县、南阳市宛城区,全长163.244km。其中起点孙刘赵互通式立交至盐洛/许广互通段,路段长13.60km,与G1516盐洛高速公路孙刘赵互通式立交至盐洛/许广互通段共线;盐洛/许广互通段至许平南转宁洛互通段,路段长48.1km,与G4W2许广高速公路盐洛/许广互通段至许平南转宁洛互通段共线。该项目是许昌、平顶山、南阳等三地市连接省会郑州的主要通道,对完善河南高速公路网布局,促进区域经济发展,助推中原经济区建设具有重要意义。

2)技术标准

全封闭、全立交、双向四车道;设计行车速度:120km/h;路基宽度:28m;桥梁净宽:2×12.25m;桥涵设计荷载标准:汽车—超20级,挂车—120;路面设计标准轴载:BZZ-100;路面:收费广场和服务区广场采用水泥混凝土路面,其他采用沥青混凝土路面;路面结构:主线为4cm细粒式改性沥青混凝土(AC-13C)+6cm厚中粒式沥青混凝土AC-16+11cm厚ATB-30沥青稳定碎石+0.6cm厚稀浆封层+35cm水泥稳定碎石基层+18cm厚水泥稳定碎石底基层;设计使用年限:沥青混凝土路面使用年限为15年。

3)建设规模

主要工程量:路基土方2738万m^3,路面438万m^2;匝道收费站7处,服务区3对,管理、养护、服务、监控房屋建筑面积37165m^2;表8-25-7为S83兰南高速公路许平南段桥梁一览表。

S83 兰南高速公路许平南段桥梁一览表　　　　表8-25-7

规模	名称	桥长(m)	主跨长度(m)	跨越障碍物			桥梁类型
				河流	沟谷	道路、铁路	
大桥	清泥河大桥	125.04	20	√			简支梁桥
	小泥河大桥	105.04	20	√			简支梁桥
	颍河大桥	397.06	30	√			简支梁桥
	文化河大桥	225.05	20	√			简支梁桥
	北汝河大桥	307.05	30	√			简支梁桥
	孟宝铁路大桥	157.46	30			√	简支梁桥
	湛河大桥	165.04	20	√			简支梁桥

第八章
河南高速公路项目建设信息

续上表

规模	名称	桥长（m）	主跨长度（m）	跨越障碍物 河流	跨越障碍物 沟谷	跨越障碍物 道路、铁路	桥梁类型
大桥	沙河大桥	457.06	30	√			简支梁桥
	灰河大桥	165.04	20	√			简支梁桥
	马河大桥	125.04	20	√			简支梁桥
	澧河特大桥	577.07	30	√			简支梁桥
	刘庄排沟大桥	125.04	20		√		简支梁桥
	二道沟大桥	125.04	20		√		简支梁桥
	娄郭庄排沟大桥	145.04	20		√		简支梁桥
	杜庄排沟大桥	105.04	20		√		简支梁桥
	柳庄南水北调大桥	330	90	√			连续梁桥
	吕楼排沟大桥	145.04	20		√		简支梁桥
	焦龙潭大桥	217.08	30	√			简支梁桥
	张庄大桥	125.04	20		√		简支梁桥
	保安镇（1号）排沟中桥	105.04	20	√			简支梁桥
	砚河大桥	185.06	20		√		简支梁桥
	蔡庄河大桥	105.04	20		√		简支梁桥
	贾河大桥	205.06	20		√		简支梁桥
	干疆河大桥	105.04	20		√		简支梁桥
	潘河大桥	185.06	20		√		简支梁桥
	三里河大桥	125.04	20		√		简支梁桥
	姬庄大桥	165.04	20		√		简支梁桥
	清河大桥	105.04	20		√		简支梁桥
	赵河大桥	277.08	30		√		简支梁桥
	南水北调大桥	157.06	30		√		简支梁桥
中桥	李简庄排沟中桥	65.04	20		√		简支梁桥
	喜湄河中桥	85.04	20	√			简支梁桥
	郑庄排沟中桥	53.04	16		√		简支梁桥
	楼张（1号）灌渠中桥	25.04	20			√	简支梁桥
	楼张（2号）灌渠中桥	37.04	16			√	简支梁桥
	楼张（3号）灌渠中桥	37.04	16			√	简支梁桥
	运粮河排沟中桥	85.04	20			√	简支梁桥
	阎柳排沟中桥	37.04	16			√	简支梁桥
	张贺李排沟中桥	25.04	20			√	简支梁桥
	常贾灌渠中桥	85.04	16			√	简支梁桥
	田庄灌渠中桥	45.04	20			√	简支梁桥

续上表

规模	名称	桥长(m)	主跨长度(m)	跨越障碍物			桥梁类型
				河流	沟谷	道路、铁路	
中桥	叶岗排沟中桥	45.04	20			√	简支梁桥
	范庄排沟中桥	53.04	16			√	简支梁桥
	杨树孙排沟中桥	53.04	16			√	简支梁桥
	黑刘马排沟中桥	53.04	16			√	简支梁桥
	石台河中桥	65.04	20			√	简支梁桥
	台刘灌渠中桥	25.04	20			√	简支梁桥
	边庄(1号)排沟中桥	37.04	16			√	简支梁桥
	边庄(2号)排沟中桥	37.04	16			√	简支梁桥
	八支渠中桥	53.04	16			√	简支梁桥
	甘刘(1号)排沟中桥	37.04	16			√	简支梁桥
	甘刘(2号)排沟中桥	37.04	16			√	简支梁桥
	刘店灌渠中桥	65.04	20			√	简支梁桥
	刘宋庄排沟中桥	25.04	20			√	简支梁桥
	岳包李灌渠中桥	65.04	20			√	简支梁桥
	姚寨排沟中桥	37.04	16			√	简支梁桥
	娄庄排沟中桥	53.04	16			√	简支梁桥
	柏树李排沟中桥	25.04	20			√	简支梁桥
	湾赵排沟中桥	25.04	20			√	简支梁桥
	蔡庄灌渠中桥	53.04	16			√	简支梁桥
	夏洼排沟中桥	65.04	20			√	简支梁桥
	孤石滩灌渠中桥	85.04	20			√	简支梁桥
	伟岗铺排沟中桥	53.04	16			√	简支梁桥
	保安镇(2号)排沟中桥	53.04	16			√	简支梁桥
	老堡洼中桥	37.04	16			√	简支梁桥
	唐店中桥	69.04	16			√	简支梁桥
	扳倒井中桥	69.04	16			√	简支梁桥
	脱脚河中桥	85.04	20			√	简支梁桥
	和庄中桥	65.04	20			√	简支梁桥
	扳倒井中桥	69.04	16			√	简支梁桥
	三里庄中桥	45.04	20			√	简支梁桥
	龙王庙中桥	53.04	16			√	简支梁桥
	小郑庄中桥	53.04	16			√	简支梁桥
	小吴庄中桥	37.04	16			√	简支梁桥
	小赵河中桥	85.04	16			√	简支梁桥

续上表

规模	名称	桥长（m）	主跨长度（m）	跨越障碍物 河流	跨越障碍物 沟谷	跨越障碍物 道路、铁路	桥梁类型
中桥	二分渠小河岗中桥	53.04	16			√	简支梁桥
	官庄中桥	37.04	16			√	简支梁桥
	前古营中桥	65.04	20			√	简支梁桥
	二分渠老君庄中桥	53.04	16			√	简支梁桥
	鸭东干渠中桥	53.04	16			√	简支梁桥
	小清河大郭庄中桥	65.04	20			√	简支梁桥
	小清河田庄中桥	69.04	16			√	简支梁桥
	小清河张苏庄中桥（一）	53.04	16			√	简支梁桥
	小清河张苏庄中桥（二）	53.04	16			√	简支梁桥
	鸭东一分干渠中桥	53.04	16			√	简支梁桥
	社旗干渠中桥	53.04	16			√	简支梁桥
	白庄中桥	37.04	16			√	简支梁桥
	小清河田庄中桥	69.04	16			√	简支梁桥

4) 主要控制点

许昌市（许昌县、襄城县），平顶山市（叶县），南阳市（方城县、宛城区）。

5) 地形地貌

路线穿越淮河冲积平原西侧的沙颍河河谷冲积平原（地面高程61~90m）和南阳盆地山前波状倾斜平原（地面高程130~160m），地势平坦。在南阳盆地山前波状倾斜平原中可见零星剥蚀残山，其中以隐山最高（海拔高程为210m）。在两平原之间的旧县镇至方城县县城为全国九大隘口之一的方城缺口。该缺口为带状走廊，两侧为低山，地形为垄岗和波状岗地，地面高程多大于160m。该走廊是南阳盆地与淮河平原、伏牛山脉与桐柏山脉、长江流域与淮河流域的分界线。

6) 投资规模

概算投资38.78亿元，竣工决算投资38.41亿元，平均每公里造价2353.11万元。

7) 开工及通车、竣工时间

2002年7月开工建设，2004年12月交工通车，2007年3月完成竣工验收。

2. 参建单位主要情况

（1）建设单位：河南省许平南高速公路有限责任公司。

（2）设计单位：河南省交通规划勘察设计院、中交第一公路勘察设计研究院、西南交通大学建筑勘察设计研究院。

（3）质量监督单位：河南省交通基本建设质量检测监督站。

（4）监理单位：天津新亚太工程建设监理有限公司、河北通达工程监理咨询有限责任公司、湖南省交通建设监理有限公司、河南省高等级公路建设监理部、北京华通公路桥梁监理咨询公司、陕西公路交通科技开发咨询公司。

（5）土建施工单位：中铁十五局集团第二工程有限公司、郑州铁路建设集团有限公司、中铁第二十工程局第一工程处、路桥集团第一公路工程局、黑龙江省公路桥梁建设集团有限公司、陕西省路桥工程总公司、吉林省交通建设集团有限公司、太原铁路建设集团有限公司、哈尔滨铁路建设集团有限公司、岳阳市公路桥梁基建总公司、四川华西集团有限公司、湖南省公路桥梁建设总公司、中国水利水电第三工程局、中国建筑第七工程局、广东省佛山公路工程局、中铁二局股份有限公司、中铁第十四工程局第四工程处、哈尔滨市公路工程处、路桥集团第一公路工程局第五工程公司、深圳市道路工程公司、襄樊市公路建设有限责任公司、孝感市公路工程建设开发总公司、中铁第十四工程局第一工程处、中国航空港建设第十工程有限公司。

（6）路面施工单位：中铁四局集团第一工程有限公司、吉林省交通建设集团有限公司、四川路桥建设股份有限公司、路桥集团第一公路工程局、路桥集团第一公路工程局第五工程公司、中铁四局集团有限公司。

（7）房建施工单位：中铁十五局集团第二工程公司、中扶建设有限责任公司、河南省第一建筑工程有限责任公司、河南省南阳市建筑工程总公司、河南同洲建筑安装有限公司、河南隆基建设有限公司、河南水利建筑工程有限公司、中铁十四局集团有限公司、中国建筑第七工程局。

（8）绿化施工单位：四川省燎原草业科技有限责任公司、藁城市风景园林建设工程有限公司、河北国绿园林建设有限公司、郑州市新境界园林工程有限公司。

（9）交通安全设施施工单位：沈阳三鑫公路工程有限公司、徐州光环交通设施有限公司、河北中通交通设施有限公司、河北银达交通工业集团有限公司、河南路桥发展建设总公司、杭州萧山金鹰交通设施有限公司、江苏耀鑫交通设施有限公司、四川金城栅栏工程有限公司、河南现代交通工程有限公司、山西长达交通设施有限公司、山西路达实业总公司、路桥集团第一公路工程局。

（10）交通机电施工单位：清华紫光股份有限公司、湖北凯乐新材料科技股份有限公司、成都瑞德塑胶制品有限公司、扬州市鸿信线路器材有限公司。

（二）建设情况

1. 项目准备阶段

1）项目审批文件

1998年8月12日，河南省发展计划委员会批复了河南许昌至南阳高速公路工程项目建议书,文号为豫计交通〔1998〕713号。2000年12月31日,《关于审批河南许昌至南阳公路可行性研究报告的请示的通知》,文号为计基础〔2000〕2510号。2001年5月28日,《关于许(昌)平(顶山)南(阳)高速公路工程初步设计的批复》,文号为豫计设计〔2001〕631号。2001年9月30日,《关于许(昌)平(顶山)南(阳)高速公路施工图设计的批复》,文号为豫交设计〔2001〕609号。

2)资金筹措

概算总投资为38.78亿元,其中35%为建设单位自有资金,其余65%为国家开发银行和商业银行贷款。

3)合同段划分

(1)设计标段划分:工程设计1个标段。

(2)施工标段划分:根据工程内容的不同,土建工程30个标段,机电工程12个标段,房建工程11个标段,绿化工程6个标段,交通安全设施12个标段。

(3)施工监理标段划分:7个监理标段。

4)招投标

(1)2001年9月30日,176家土建工程施工单位通过资格预审。2001年12月14日,确定了24家中标单位。

(2)2001年9月30日,25家监理单位通过了资格预审。2001年12月14日开标,确定了2家中标单位,其他四个标段因进入评标的家数不足3家,推迟至12月23日开标,确定了4家中标单位。

(3)2003年8月10日,42家路面工程施工单位通过资格预审。2003年9月2日,确定了6家中标单位。

(4)2003年12月3日,6家机电工程施工单位通过资格预审。2004年1月6日,确定1家中标单位。

(5)2004年1月11日,60家交通安全设施工程施工单位通过资格预审。2004年2月5日,确定了12家中标单位。

(6)2004年1月20日,32家绿化工程单位通过资格预审。2004年2月8日,确定了6家中标单位。

(7)2004年3月5日,40家房建工程施工单位通过资格预审。2004年3月21日,确定了11家中标单位。

5)征地拆迁情况

征地面积为1216.4026hm²。其中农村集体农用地953.3151hm²(其中耕地933.2352hm²),农村集体建设用地50.3501hm²,未利用地4.7382hm²,国有建设用地207.9992hm²。作为许昌至南阳高速公路工程建设用地。拆迁房屋44550m²,拆迁占地费用共计34857.7万元。

2. 项目实施阶段

1）实施过程

(1) 主线土建工程于2002年7月9日开工，2004年11月15日完工。

(2) 房建工程于2004年4月开工，2004年8月完工。

(3) 机电工程于2004年7月开工，2004年11月完工。

(4) 交通安全设施工程于2004年4月开工，2004年11月完工。

(5) 绿化工程于2004年7月开工，2004年11月完工。

(6) 2004年11月8日，河南省交通基本建设质量检测监督站出具了质量检测报告。整个工程项目得分为91.3分，质量等级为合格。

(7) 2007年3月，对许平南高速公路进行了质量鉴定，工程质量鉴定得分为90.9分，工程质量鉴定等级评为优良。

2）重大决策

(1) 为了确保完成工程建设计划目标，在保证工程质量的前提下合理安排工期。项目公司在2004年组织了"大干100天"和"金秋大决战"两次劳动竞赛。

(2) 2002年10月公司组织了"大干60天"（图8-25-8），完成投资2.5亿元的劳动竞赛。

图8-25-8 "大干60天"动员大会

(3) 为保障工程的顺利实施，公司要求各合同段在路基还没有成形时，积极准备基层材料，并根据备料情况，及时为各合同段拨付材料款，缓解资金紧张状况。

3）设计变更

主线路面沥青层由原设计16 cm厚变更为21 cm厚，下层采用11 cm厚的ATB沥青稳定碎石。

4）重大事件

（1）2008年5月，许平南公司获得省五一劳动奖状。

（2）2008年9月，由河南省交通规划勘察设计院设计的许（昌）平（顶山）南（阳）高速公路获河南省勘察设计协会"2008年度河南省勘察设计行业创新奖"一等奖。

（3）2008年11月，许平南高速公路获得中国公路建设协会交通优质工程二等奖。

（4）2009年9月，由河南省交通规划勘察设计院设计的河南省许平南高速公路平顶山收费站、养护工区及监控分中心获河南省勘察设计协会"2009年度河南省勘察设计行业创新奖"三等奖。

（三）科技创新

为避免出现路面开裂、较严重的水损害和路面早期破坏，路面面层厚度21cm下采用沥青稳定碎石，如图8-25-9所示。

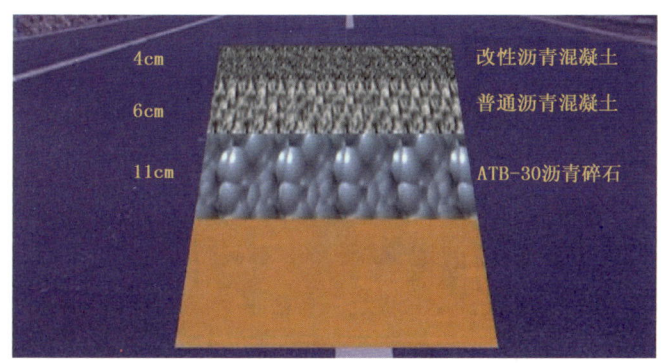

图 8-25-9　沥青路面结构

（四）运营养护管理

1. 组织架构

该项目运营管理单位为河南省许平南高速公路有限责任公司，公司经营管理实行董事会领导下的总经理负责制，下设许平南和安林2个管理处，公司本部设有办公室、财务部、计划经营部、养护工程部、路产部、监察审计部、投资发展部7个部门和双丰高速公路开发有限责任公司（服务区）。

2. 服务设施

下辖许昌南、平顶山、方城3处服务区，见表8-25-8。

S83兰南高速公路许平南段服务场区一览表　　　　表8-25-8

高速公路编码	服务区名称	桩　号	所　在　区　域	占地面积(m²)	建筑面积(m²)
S83	许昌南服务区	S32K245+608	许昌县长村张乡	67000	5160
	平顶山服务区	K180+881	叶县龚店乡	67000	5160
	方城服务区	K259+781	方城县清河乡	67000	5160

3. 收费设施

许平南共有许昌南、襄县、平顶山、叶县、旧县、方城、南阳7个收费站,见表8-25-9。

S83兰南高速公路许平南段收费设施一览表　　　　表8-25-9

收费站名称	桩　号	入口车道数		出口车道数	
		总车道	ETC车道	总车道	ETC车道
许昌南收费站	K249+793.4（G1516）	2	1	5	1
襄县收费站	K160+586	2	1	5	1
平顶山收费站	K174+736	2	1	4	1
叶县收费站	K194+132	2	1	4	1
旧县收费站	K210+286	2	0	4	0
方城收费站	K245+309	3	1	5	1
南阳收费站	K290+177	3	1	4	1

4. 监控设施

设置监控中心1个,负责全线的运营监管。

5. 养护管理

许平南高速公路日常养护项目部和许平南高速公路绿化养护项目部负责许平南高速公路全线路基、路面、桥涵、交通安全设施和绿化日常养护,并严格执行相关行业标准及养护制度进行日常保养保洁工作。

1) 路面维修工程

中修工程:2013实施预防性养护(精细化抗滑磨耗层)69km,投入485万元;路桥面病害处治(铣刨热铺)9.9km,投入278万元(图8-25-10)。2014年实施预防性养护(精细化抗滑磨耗层)27km,投入190万元;路桥面病害处治(铣刨热铺)13km,投入364万元。2015年实施预防性养护(微表处)65km,投入521万元(图8-25-11);路桥面病害处治85km,投入2960万元。

2) 桥梁检测、维修加固

根据省交通厅高管局及养护规范,每三年委托检测单位对全线桥涵结构物进行定期检测(图8-25-12),及时掌握技术状况及病害情况,作为桥涵维修保养的依据。

图 8-25-10　沥青路面摊铺

图 8-25-11　微表处施工

图 8-25-12　桥梁定期检查

2012年和2015年共投入447万元对全线27座评定为三类的桥梁及三类构件进行加固维修,如图8-25-13所示。

图8-25-13　桥梁伸缩缝

3)沿线设施的提升、改造

2013年在许昌段设置了振荡标线,在平顶山和南阳段对标线磨损严重的路段进行了补画,完善了交通安全设施,为行车提供一个良好的行车环境。

4)新材料、新技术研发

路面结构采用4cm厚AC-13改性沥青混凝土+6cm厚AC-20沥青混凝土+11cm厚ATB-30沥青稳定碎石,面层厚度达21cm,属于新技术,ATB-30沥青稳定碎石属于一种新材料,沥青稳定碎石基层材料与施工工艺研究为省科学技术成果,如图8-25-14所示。

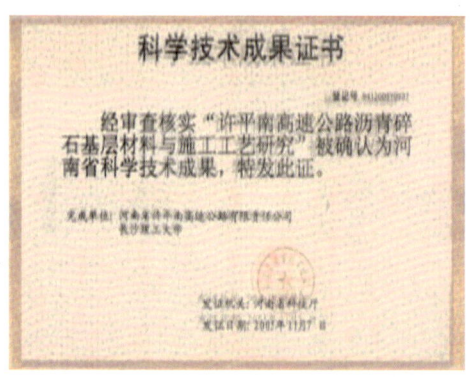

图8-25-14　沥青碎石科技成果

在路面养护期间,与长沙理工大学、河南万里路桥工程有限公司合作研发了用于修补路面坑槽的冷补沥青混合材料。通过大量的室内试验研究,采用SBS、PE、混合溶剂、增塑剂、防水剂和补强剂等为原料,研制了冷补改性沥青混合料用冷补改性沥青添加剂,提出了适用于不同气候条件下的冷补改性沥青添加剂最优配方;采用研制的冷补改性沥青添加剂与稀释剂、沥青及矿料等混合,配制了适应不同气温和不同矿料级配的冷补沥青混合料,具有初始强度高、初期抗水性强、低温施工性能好等优点。该材料为省科学技术成果,如图8-25-15所示。

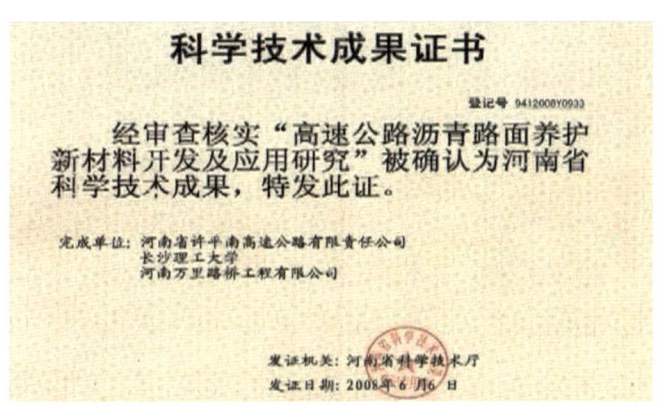

图8-25-15　路面养护材料科技成果

五、S83兰南高速公路南阳至陈官营枢纽段

兰南高速公路南阳至陈官营枢纽段,全长17.901km,建设期属于G55二广高速公路南阳至邓州(省界)段的一部分,后因河南省高速公路网路线命名编号调整,原南阳至邓州高速公路南阳至陈官营枢纽段调整为兰南高速公路。该项目已在本章第九节中介绍。

第二十六节　S85郑州至少林寺高速公路

(一)项目概况

1. 基本情况

1)功能定位

郑少高速公路起自郑州市二七区西南部马寨镇,途经新密市,止于登封中岳庙东3km处,与少林寺至洛阳高速公路相连,全长53.664km。其中程堂西侧至登封韩村,路段长3.179km,2015年,河南省高速公路网路线命名编号调整,将其并入G1516盐洛高速公路。该项目对树立郑州对外开放形象和登封国际旅游城市地位,促进区域经济发展,加快全面建设小康社会进程具有重要意义。

2）技术标准

全封闭、全立交、双向四车道；设计行车速度：100km/h；路基宽度：26m；行车道宽度：2×7.5m；桥梁宽度：26m；桥涵设计荷载标准：汽车—超20级，挂车—120；路面结构：收费广场和服务区广场为水泥混凝土路面，主线行车道沥青混凝土路面，路面面层4cm细粒式沥青混凝土+6cm中粒式沥青混凝土+8cm粗粒式沥青混凝土；路面底基层为石灰稳定土底基层。填方、挖土段、挖石段和互通式立交匝道路面底基层、厚度均不相同。在纵坡大于3%的约10km路段的中面层和上面层使用改性沥青。

3）建设规模

主要工程量：路基土石方1737.05万 m^3；沥青混凝土路面121.59万 m^2；收费站4个，停车区1处；表8-26-1为S85郑少高速公路桥梁一览表。全线共永久性征地6030亩（其中耕地5250亩），施工临时占地768亩，拆迁房屋2960m^2，搬迁学校2座。

S85郑少高速公路桥梁一览表　　　　　表8-26-1

规模	名称	桥长（m）	主跨长度（m）	跨越障碍物			桥梁类型
				河流	沟谷	道路、铁路	
大桥	刘胡垌立交	105.08	30			√	简支梁桥
	水磨北沟大桥	187.06	30	√			简支梁桥
	西南绕城立交	107	25			√	简支梁桥
	刘红沟大桥	157	30	√			简支梁桥
	董沟大桥	217.06	30	√			简支梁桥
	牛马坑大桥	247.06	30	√			简支梁桥
	皇帝岭大桥	157.06	30	√			简支梁桥
	沟西大桥	127.06	30	√			简支梁桥
	赵家岗大桥	157.06	30	√			简支梁桥
	黑峪沟大桥	337.06	30	√			简支梁桥
	石洞山大桥	127.06	30	√			简支梁桥
	慕家沟大桥	562.53	50	√			简支梁桥
	常家沟大桥	210.24	50	√			简支梁桥
	小台沟大桥	187.06	30	√			简支梁桥
	清河大桥	127.06	30	√			简支梁桥
	姚山沟大桥	127.04	20	√			简支梁桥
	张家门大桥	116.47	30	√			简支梁桥
	杨树洼大桥	127.05	30	√			简支梁桥
	甄坟沟大桥	167	40	√			连续梁桥
	月台绥大桥	247.06	30	√			简支梁桥
	石淙河大桥	165.06	30	√			简支梁桥

续上表

规模	名称	桥长（m）	主跨长度（m）	跨越障碍物			桥梁类型
				河流	沟谷	道路、铁路	
大桥	刘胡垌立交桥	53.04	16			√	简支梁桥
	水磨桥	57.04	20			√	简支梁桥
	柳树沟桥	53.04	16			√	简支梁桥
	刘堂桥	53.04	16			√	简支梁桥
	山白桥	65.04	20			√	简支梁桥
	黑峪沟桥	53.04	16			√	简支梁桥
	西南绕城立交桥	53	16			√	简支梁桥
	小台沟桥	53.04	16			√	简支梁桥
	袁庄桥	53.04	16			√	简支梁桥
	杨岗立交桥	67.05	20			√	简支梁桥
	杨岗立交桥	63.05	20			√	简支梁桥
	范村中桥	93.12	20			√	简支梁桥
	寺泉沟中桥	97.06	30	√			简支梁桥
	分离式立交桥	30.04	16			√	简支梁桥
	分离式立交桥	30.04	16			√	简支梁桥
	后河中桥	97.06	30	√			简支梁桥
	分离式立交桥	30.44	16			√	简支梁桥
	唐庄立交桥	67.04	20			√	简支梁桥
	唐庄立交桥	67.04	20			√	简支梁桥
	程楼中桥	77.12	20	√			简支梁桥
	任村中桥	36.04	20			√	简支梁桥
	焦河中桥	73.3	20			√	简支梁桥

4）主要控制点

郑州市二七区、新密市、登封市。

5）地形地貌

郑少高速公路位于河南省西部山地与东部平原的过渡地带，属豫西低山丘陵地，整体地势西北高东南低，地形地貌复杂，地貌从中山～地山～丘陵～平原过渡。山地丘陵、平原之间分界明显，境内中山海拔在1000m，低山海拔高度在200m以下，其中大部分在150m以下。新密和登封市西临嵩山和箕山，属山地丘陵区，地势起伏大，丘谷交错，山丘较破碎分散，谷地较为平坦，地势起伏由西向东逐渐减弱。山脉与水系相间相列，沿线主要河流为双洎河和颍河及其支流，流域多有冲积形成的盆地和小平原。

6）投资规模

工程批复及调整概算金额为200302万元，其中初步设计批复概算金额为140990万元,调整概算批复增加金额为59312万元。

7)开工及通车、竣工时间

2001年9月16日开工建设,2003年12月28日建成通车,2008年8月完成竣工验收。

2.参建单位主要情况

(1)建设单位:郑州通达公路开发有限公司。

(2)设计单位:铁道部第一勘察设计院。

(3)质量监督单位:河南省交通基本建设质量检测监督站。

(4)监理单位:北京港通公路工程监理有限责任公司、北京华通公路桥梁监理咨询公司。

(5)土建施工单位:中国新兴建设开发总公司、路桥集团第一公路工程局、河南省交通公路工程局、河南省大河筑路(集团)有限公司、中港四航局第一工程公司、路桥集团一局五公司、广东省建筑工程机械施工有限公司、路桥集团第一公路工程局第二工程公司、路桥集团第二公路工程局第二工程处、中铁十九局集团有限公司、中国航空港建设总公司。

(6)路面施工单位:郑州市公路工程公司、二公司(洛阳)第四工程处、连云港华祥国际工程有限公司、中国路桥集团总公司。

(7)房建施工单位:郑州市东风建筑工程公司、郑州国基建筑安装工程有限公司。

(8)绿化施工单位:河南万年青环境艺术有限公司、河南地薇园林公司郑少高速绿化二标项目经理部、灵宝市三宝园林绿化工程有限公司、郑州中信园林景观工程公司、鄢陵园林绿化工程公司、河南鼎利华林绿化工程有限公司、许昌市苑兴园林工程有限公司、河南豫建园林绿化工程公司、河南四季春园林艺术工程有限公司、安阳市吉昌实业发展有限责任公司。

(9)交通安全设施施工单位:潍坊东方交通设施工程有限公司、福建省漳州市公路机械修配厂、北京京华路捷交通设施有限公司、苏州市安泰交通设施工程公司、北京汉威达交通运输设备有限公司、中国公路工程咨询监理总公司海南公司、临安市公路建设工程有限公司、信阳金路交通工程有限公司。

(10)交通机电施工单位:中铁电气化局集团第三工程有限公司、中铁电气化局集团第二工程有限公司、中铁电气化局集团第一工程有限公司。

(二)建设情况

1.项目准备阶段

1)项目审批文件

1998年7月15日,河南省发展计划委员会对该项目项目建议书进行批复,文号为豫计交通〔1998〕594号。1998年10月15日,河南省发展计划委员会对该项目可行性研究报告进行批复,文号为豫计交通〔1998〕984号。2000年6月19日,河南省发展计划委员会对该项目初步设计进行批复,文号为豫计设计〔2000〕698号。2000年6月19日,河南省环境保护局对该项目环境影响进行审查,文号为豫环然〔2000〕13号文。2000年9月,国家发展计划委员会批复该项目立项。2000年10月9日,国土资源部通过该项目建设用地的审查,文号为国土资发〔2000〕267号。2000年11月3日,河南省交通厅对该项目两阶段施工图进行批复,文号为豫交计〔2000〕524号。2001年9月13日,河南省交通厅对该项目开工报告进行批复,文号为豫交计〔2001〕564号。2005年3月30日,河南省发展和改革委员会对该项目设计变更进行批复,文号豫发改设计〔2005〕351号。2000年6月19日,河南省环境保护局对该项目环境影响进行审查,文号为豫环然〔2000〕13号文。

2) 合同段划分

设计标段划分:土建工程设计10个标段,房建工程设计1个标段,绿化工程设计10个标段,机电工程设计3个标段。

施工标段划分:土建工程11个标段,路面工程4个标段,机电工程3个标段,房建工程1个标段,绿化工程10个标段,交通安全设施10个标段。

施工监理标段划分:主体工程划分为2个合同段,北京港通公路工程监理有限责任公司中标监理第一代表处,承担土建1~5标及二期路面、交通安全设施的工程监理任务;北京华通公路桥梁监理咨询公司中标监理第二代表处,承担土建6~10标的工程监理任务。

3) 招投标

(1) 2000年8月,在获得河南省交通厅批准后,郑少高速公路土建工程施工及监理招标工作开始。

(2) 2001年8月31日,郑州市政府、省交通厅、市交通局、市公路局在交通厅召开的联席会议,对郑少高速公路土建工程各投标单位所报的投标文件、投标报价进行清查、核对和评标工作。根据评标委员会的评分和意见,最后确定一期土建工程中标单位。

(3) 2003年1月,进行了公开招标二期工程路面面层、交通安全设施工程及沥青采购和机电工程、房建工程,确定了中标单位。

(4) 2003年7月,进行了公开招标,确定了沿线景观绿化工程中标单位。

4) 征地拆迁情况

项目征用永久性土地379.229hm^2。其中农村集体农用地329.0065hm^2(其中耕地319.1525hm^2),农村集体建设用地28.2597hm^2,未利用地21.1598hm^2;国有农用地0.803hm^2(其中耕地0.2211hm^2)。

2. 项目实施阶段

1）实施过程

（1）主线土建工程于 2001 年 9 月 16 日开工，2003 年 12 月 28 日主体工程完工。

（2）2007 年 10 月，完成剩余的附属工程建设，进行竣工决算。

（3）2007 年 11 月 7～10 日，该项目进行了竣工验收，工程质量评定为 87.05 分，质量等级评为优良。

2）重大决策

（1）2001 年 8 月河南省交通厅根据《河南省人民政府关于加快全省公路建设的意见》（豫政文〔2001〕16 号）和《郑州市人民政府关于郑少高速公路建设有关问题的通知》（郑政文〔2001〕181 号）中关于变更投资主体的决定，以及郑州市人民政府《关于对郑少高速公路项目资本金出资的承诺》，在豫交计〔2001〕546 号文《河南省交通厅关于郑少高速公路建设项目法人资格的批复》中"认为郑州通达公路开发有限公司具备郑少高速公路建设项目法人资格，为此同意为郑少高速公路建设项目法人，承担该项目的建设、运营及还贷"。

（2）为了确保完成工程建设计划目标，在保证工程质量的前提下合理安排工期。项目部在 2002 年 6 月组织了"大干一百天"和在 2003 年 3 月开展"掀起春季施工高潮活动"两次劳动竞赛。

（3）2003 年 4～5 月的"非典"和 6～10 月的超长雨季，对郑少高速公路施工进度影响较大，为落实郑少高速公路 2003 年底通车的总体目标，10 月以后，项目经理部动员各施工单位抓紧利用有限的好天气，采取了各项措施，确保阶段性进度：一是加大人员、机械设备的投入，积极备料，科学组织，多开工作面，并对大型专用设备如摊铺机、灰土拌和机、压路机等派专人跟踪维修，保证机械正常运转，实行 24 小时连续作业；二是积极协调施工环境，简化工程程序，实行现场办公，尽量避免非正常因素对施工进度的影响；三是抓好工程建设资金的落实情况，保证工程计量款按照合同要求及时足额到位。

3）设计变更

（1）路面基层结构变更

①为提高路面防水性、加强路面强度，改善路面性能，将路面面层结构由原设计 4cm 中粒式沥青混凝土＋5cm 中粒式沥青混凝土＋6cm 粗粒式沥青混凝土，变更为 4cm 细粒式沥青混凝土＋6cm 中粒式沥青混凝土＋8cm 粗粒式沥青混凝土。

②原设计 5∶5∶90 水泥石灰稳定土路面底基层变更为石灰稳定土。

③为增强路面中面层和上面层的高温稳定性，提高抗车辙能力，在纵坡大于 3% 的约 10km 路段的中面层和上面层使用改性沥青。

(2)照明供电方案设计变更

原多点接外线方案变更为供电专用路线方案。该变更省交通厅于2003年10月17日以豫交计〔2003〕792号文给予批复。

(3)绿化景观及人文景观方案

有管理、养护、收费、服务基地绿化工程和人文雕塑景观工程等。该变更省交通厅以豫交计〔2003〕588号文给予批复。

(4)刘胡垌互通式立交工程变更

由半苜蓿叶形变更为全苜蓿叶形。该变更河南省发展计划委员会以豫计设计〔2002〕622号给予批复。

4)重大事件

(1)1998年3月23日,成立郑州市"郑少高速公路筹建办公室";1998年10月28日,成立郑少高速公路建设领导小组。先后完成了项目工程可行性研究审批、初步设计、征地拆迁调查、文物调查、环境影响评估与审批、建设用地审批等工程前期工作。

(2)1998年11月5日,成立通达公路开发有限公司,具体负责郑少高速公路的开发、融资、建设和管理工作。

(3)2001年9月7日,省交通厅批复郑州通达公路开发有限公司为郑少高速公路建设项目法人,承担该项目的建设、运营及还贷。

(4)2001年9月14日,成立郑少高速公路工程建设项目经理部。项目部内部设综合处、计划处、工程管理处、财务处、征迁处、安全生产处、物资机械管理处、监察室等。

(5)2001年9月16日,郑少高速公路工程举行了开工典礼。

(6)2002年11月6日,慕家沟大桥合龙。

(7)2003年12月28日,郑少高速公路工程举行了通车典礼。

(三)运营养护管理

1.组织架构

该项目运营管理单位为郑州郑少高速公路发展有限公司,公司自2003年12月成立,下设综合事务部、计划财务部、征收管理部、交通工程部、工程技术部、路产安全部、开发经营部、政工部8个部室。

2.服务设施

新密停车区位于郑少高速公路K25处,见表8-26-2,占地约42亩,绿化面积5000余平方米,隶属于郑州路桥建设投资集团建设发展分公司,新密停车区于2005年10月投入使用,除公共设施外其他项目采取对外承包模式经营。

S85 郑少高速公路服务场区一览表　　　　表 8-26-2

高速公路编码	服务区名称	桩　号	所 在 区 域	占地面积(m²)	建筑面积(m²)
S85	新密停车区	K25	郑州市新密市袁庄乡	28255	1332

3. 收费设施

下设有郑州西南、新密、新密北、新密西、唐庄四个收费站,见表8-26-3。郑州西南收费站有9个出口、7个入口,共16条通行车道;新密收费站有4个出口、3个入口,共7条通行车道;新密西收费站有2个出口、2个入口,共4条通行车道;唐庄收费站有2个出口、2个入口,共4条通行车道。

S85 郑少高速公路收费设施一览表　　　　表 8-26-3

收费站名称	桩　号	入口车道数		出口车道数	
		总车道	ETC车道	总车道	ETC车道
郑州西南收费站	1.6	7	2	9	2
新密收费站	19.8	3	1	4	1
新密西收费站	29.48	2	1	2	0
唐庄收费站	47.32	2	1	2	0

4. 监控设施

设置监控中心1个,监控分中心2个。监控中心负责新密西收费站和唐庄收费站区域的运营监管,以及全路监控工作监管;郑州西南分中心负责郑州西南收费站区域的运营监管,新密分中心负责新密收费站区域的运营监管。

5. 养护管理

1) 路面维修工程

预防性养护工程:2011年开展微表处预防性养护工程,铺设工程量25949m²。2014—2015年开展微表处预防性养护工程,铺设工程量305651m²。

中修工程:2011年开展路面铣刨摊铺,摊铺里程为17km;2014年对全线路面进行全面的维修处治,如图8-26-1所示。

2) 桥梁检测、维修加固

根据省交通厅及主管部门规范标准及公司制度,每三年委托检测单位对全线桥涵结构物进行定期检测,及时掌握技术状况及病害情况,作为桥涵维修保养的依据。

3) 沿线设施的提升、改造

为提升郑少高速公路高填方路段的行车安全性和舒适性,消除安全隐患,郑少高速公路于2011—2015年加装跨路天桥限载标牌66块;郑州西南收费站出口安装标志牌59块;补充天桥防抛网、浸塑隔离栅;增设交通安全宣传标牌12块、主线桥梁安装限载标牌

94块;更改刘胡垌立交于西四环互通处标志15块,进一步保障了道路行驶安全,如图8-26-2所示。

图8-26-1 路面维修整治

图8-26-2 标志标牌安装

为提升郑少高速公路机电智能化管理,2007年计重收费系统升级改造更换全路费额显示器,2008年对各站区及票款室安装安防报警系统,对各站收费站进行防雷设施改造;2009年对郑少高速公路计重设备进行升级改造;2010年对郑少高速公路各收费站安装全车牌自动识别器,对郑少高速公路路段监控、通信系统进行联网改造;2011年对郑少高速公路西南站两车道进行ETC升级改造;2012年对郑州西南站新密停车区供电线路进行改造,对郑少高速公路信息板及车检器通信线路进行升级改造;2013年对郑少高速公路新密站两车道进行ETC升级该造;2014年对郑州西南站站级监控室监控系统进行升级改造;2015年对郑州西南站3个收费车道进行复式收费车道改造,对郑州西南站、新密西站、唐庄站3个站共计4个收费车道进行ETC改造,实现全国联网。

第二十七节　S87 郑州至云台山高速公路

郑云高速公路南起郑州西南绕城高速公路军扬枢纽,途经武陟,止于焦作修武云台山景区,全长 65.088km。该项目对完善河南省公路网布局,改善交通投资环境,加快豫西、晋南等沿太行山地区经济发展和旅游资源开发具有重要意义。

一、S87 郑云高速公路桃花峪黄河大桥段

(一)项目概况

1.基本情况

1)功能定位

郑云高速公路桃花峪黄河大桥段起自晋新高速公路冯村西北枢纽互通立交,南跨黄河,在郑州西南绕城高速公路与连霍高速公路相交处与郑州西南绕城高速公路对接,全长 28.158km。该项目对加速郑州大都市圈形成,增强省会城市辐射能力,缓解交通压力,促进区域经济发展具有重要意义。

2)技术标准

全封闭、全立交、双向六车道;设计行车速度:120km/h;路基宽度:33.5m;桥梁净宽:2×15.25m;桥涵设计荷载标准:黄河特大桥采用公路—Ⅰ级的 1.3 倍,接线桥涵采用公路—Ⅰ级;路面设计标准轴载:BZZ-100;路面:收费站广场、停车区广场为水泥混凝土路面,隧道内路面为复合式路面,主线、匝道为沥青混凝土路面,黄河大桥主桥钢桥面采用双层环氧沥青铺装,其余桥面铺装采用沥青混凝土;路面结构:4cm 细粒式沥青混凝土(AC-13C)+6cm 中粒式改性沥青混凝土(AC-20C)+8cm 密级配沥青碎石(ATB-25)+2×19cm5% 水泥稳定碎石+20cm 3.5% 水泥稳定碎石;设计使用年限:沥青混凝土路面使用年限 15 年,水泥混凝土路面使用年限为 30 年。

3)建设规模

该项目有特大桥 1 座,总长 7.703km,为主跨 406m 的双塔自锚式悬索桥。北接线长 8.923km,南接线长 12.012km,表 8-27-1 和表 8-27-2 分别为 S87 郑云高速公路桃花峪黄河大桥段桥梁和隧道一览表;收费站 2 处,停车区 1 处,监控通信分中心 1 处。

4)主要控制点

郑州市(荥阳市)、焦作市(武陟县)。

5)地形地貌

该项目沿线地势分为两个典型的地貌单元,以黄河为界,黄河南岸为黄河三级阶地地形起伏不平,沟壑纵横;北岸为广阔坦荡的黄河河漫滩及黄河冲积平原,地形平坦。

S87 郑云高速公路桃花峪黄河大桥段桥梁一览表　　　　表 8-27-1

规模	名称	桥长 （m）	主跨长度 （m）	跨越障碍物			桥梁类型
				河流	沟谷	道路、铁路	
特大桥	桃花峪黄河大桥	7703	406	√			钢索式悬索桥
大桥	樊河北沟大桥	368	30	√			连续梁桥
	枯河大桥	308	30	√			连续梁桥
中桥	毛老永中桥	65.68	20	√			连续梁桥
	张山中桥	86.08	20	√			连续梁桥

S87 郑云高速公路桃花峪黄河大桥段隧道一览表　　　　表 8-27-2

规模	名称	隧道全长 （m）	隧道净宽 （m）	隧道分类					洞门形式 （进口/出口）
				按地质条件划分		按所在区域划分			
				土质隧道	石质隧道	山岭隧道	水底隧道	城市隧道	
中隧道	桃花峪隧道	575	15.15	√		√			削竹式

6）投资规模

该项目概算投资 39.9513 亿元。

7）开工及通车、竣工时间

2009 年 12 月开工建设,2013 年 9 月交工通车。

2.参建单位主要情况

(1)建设单位:河南省桃花峪黄河大桥投资有限公司。

(2)设计单位:山东省交通规划设计院。

(3)质量监督单位:河南省交通基本建设质量检测监督站。

(4)监理单位:河南省豫通公路工程监理事务所、中国公路工程咨询集团有限公司、湖南金路工程咨询监理有限公司、陕西公路交通科技开发咨询公司。

(5)土建施工单位:河南省路桥建设集团有限公司、中交一公局第五工程有限公司、中铁十八局集团有限公司、河南省公路工程局集团有限公司、中铁大桥局股份有限公司、中交隧道工程局有限公司、中铁十五局第七工程有限公司。

(6)路面施工单位:中交第二公路工程局有限公司、中交一公局第五工程有限公司、山东省路桥集团有限公司。

(7)交通安全设施施工单位:天津市环路公路设施有限责任公司、厦门合顺公路交通工程有限公司。

(8)房建施工单位:河南四建股份有限公司、郑州市第二建筑工程有限公司、河南省建设集团有限公司、郑州建工集团有限公司。

(9)机电施工单位:河南中天高新智能科技开发有限责任公司。

(10)供配电施工单位:河南富达电力集团有限公司。

(11)绿化施工单位:河南绿亚园林有限责任公司、河南泰合园林工程有限公司。

(12)沥青采购单位:河南现代交通道路科技有限责任公司。

(二)建设情况

1. 项目准备阶段

1)项目审批文件

2009年3月23日,《河南省国土资源厅关于武西高速公路桃花峪黄河大桥项目用地初步意见的函》,文号为豫国土资函〔2009〕126号。2009年5月22日,河南省发展和改革委员会核准批复该项目的工程可行研究报告,文号为豫发改交通〔2009〕827号。2009年11月9日,《关于武西高速公路桃花峪黄河大桥工程初步设计的批复》,文号为豫发改设计〔2009〕1851号文。2010年4月25日,国土资源部办公厅对该项目控制工程单体工程先行用地进行了批复,文号为国土资厅函〔2010〕393号。2010年10月11日,《关于武西高速公路桃花峪黄河大桥工程施工图设计的批复》,文号为豫交规划〔2009〕341号。2010年10月12日,河南省交通运输厅对该项目施工许可进行了批复,文号为豫交施工许可〔2010〕10号。2011年4月13日,国土资源部对该项目的工程建设用地批复,文号为国土资函〔2011〕178号。2011年6月2日,《关于武西高速公路桃花峪黄河大桥房屋建筑工程概念设计的批复》,文号为豫交规划〔2011〕136号。2012年7月8日,《关于武西高速公路桃花峪黄河大桥房屋建筑工程施工图设计的批复》,文号为豫交文〔2012〕504号。2012年7月17日,《关于武西高速公路桃花峪黄河大桥绿化工程施工图设计的批复》,文号为豫交文〔2012〕536号。2012年9月4日,《关于武西高速公路桃花峪黄河大桥机电工程详细设计、供配电照明及10kV供电线路工程施工图设计的批复》,文号为豫交文〔2012〕675号。

2)资金筹措

该项目概算总投资为39.9513亿元,其中25%为建设单位自有资金,其余75%为银行贷款。

3)合同段划分

(1)设计标段划分:土建工程设计标段划分9个标段,路面工程设计3个标段,房建工程设计4个标段,交通安全设施设计2个标段,机电工程设计2个标段,绿化工程设计2个标段。

(2)施工标段划分:根据工程内容的不同,土建工程9个标段,路面工程3个标段,机电工程2个标段,房建工程4个标段,绿化工程2个标段,交通安全设施2个标段。

(3)施工监理标段划分:根据工程内容设3个土建工程监理代表处,1个机电工程监理代表处。

4）招投标

（1）2009年10月20日，土建工程施工投标单位进行资格预审。2009年11月16日，确定了9家中标单位。

（2）2012年7月13日，路面工程施工投标单位进行资格预审。2012年7月14日，确定了2家中标单位。

（3）2012年7月13日，交通安全设施工程施工投标单位进行资格预审。2012年7月14日，确定了2家中标单位。

（4）2012年9月3日，房屋建筑工程施工投标单位进行资格预审。2012年9月4日，确定了4家中标单位。

（5）2012年9月25日，绿化工程施工投标单位进行资格预审。2012年9月26日，确定了2家中标单位。

（6）2012年10月8日，交通机电工程施工投标单位进行资格预审。2012年10月9日，确定了2家中标单位。

5）征地拆迁情况

永久性征地面积为3591.4815亩。其中荥阳市永久征地面积为1690.5105亩，武陟县永久征地面积为1900.971亩。拆迁占地费用共计20600万元。

2. 项目实施阶段

1）实施过程

（1）主线土建工程于2010年3月16日开工，2013年9月6日完工。

（2）房建工程于2012年9月开工，2013年9月完工。

（3）机电工程于2012年11月7日开工，2013年6月27日完工。

（4）交通安全设施工程于2012年8月开工，2013年9月完工。

（5）绿化工程于2012年11月开工，2013年9月完工。

（6）2013年9月24日交工验收，得分为99.58分，工程质量评定为合格工程。

2）重大决策

为了确保完成工程建设计划目标，在保证工程质量的前提下合理安排工期。项目公司在2010年不失时机地组织了"大干一百天"劳动竞赛。

桃花峪黄河大桥项目"大干一百天"活动第一阶段计划完成7722万元，实际完成8425万元，实际完成占计划的109%。对任务完成好的先进单位通报表扬并以资鼓励，对于进度滞后的标段进行了处罚并要求尽快加大设备投入，抢开工点，均衡施工，确保关键线路上的施工任务不延迟，确保"大干一百天"节点计划和年度目标任务的完成，如图8-27-1所示。

图 8-27-1 "大干一百天"活动

3)设计变更

郑云高速公路项目在实施中,存在诸多大项变更,具体变更如下。

(1)全线路面结构层变更

由于路面招标时路面原材料价格与概算编制价格相比涨幅较大,同时施工图相对于初步设计方案调整造成工程量变化,若采用原设计批复的路面结构层,经核算费用较高,超概算严重,因此对该项目路面结构层进行变更。

(2)桃花峪隧道进口段设计变更

为便于施工组织和出渣,该隧道施工过程中在出口设置了一个主要工区,从出口往进口方向(大桩号往小桩号端)掘进。在施工时出现地表沉降、开裂现象,裂缝由地面贯通至隧道开挖面,雨后出现初期支护受力过大现象,导致 ZK37+202~ZK37+207 段衬砌整体沉降约 40cm;若采用暗挖方案施工风险更大;为保证安全,避免各风险导致的隧道塌方、工期延误等不利后果,根据隧道动态设计理念,决定对该段落设计方案进行变更。拟对该段落采用明挖方案。其中,K36+640~K36+685 段改做路基,K36+685~K36+802 段采用明挖回填方案。

4)重大事件

(1)2010 年 3 月 16 日,郑云高速公路桃花峪黄河大桥段开工,如图 8-27-2 所示。

(2)2011 年 1 月 13 日,河南省交通运输厅在郑州组织召开"全省高速公路工作会议"。郑云高速公路桃花峪黄河大桥项目荣获"先进单位"称号,为交通运输系统争得了荣誉,如图 8-27-3 所示。

(3)2012 年 6 月,交通运输部确定了全国公路水运工程"平安工地"第二批部级示范项目提名名单,共 69 个项目上榜。郑云高速公路桃花峪黄河大桥项目获公路示范工程提名,成为河南省唯一获提名的示范工程。

图 8-27-2　开工仪式

图 8-27-3　荣获"先进单位"称号

（4）2012 年 8 月，经全国工程建设质量审定委员会评定，桃花峪黄河大桥"钢箱梁焊接质量控制 QC 小组"获得全国工程建设优秀质量管理组二等奖。

（三）科技创新

1. 超大跨径自锚式悬索桥

采用三跨竖向支承体系，委托重庆交通大学进行全桥模型试验研究，全桥模型的几何缩尺比 $C_L=1/30$，力的缩尺比取为 1∶1。对施工阶段及运营阶段进行模拟测试，实测成桥主梁挠度、主塔最大偏位以及吊索最大索力均比理论值偏小。

1）主缆锚固段设计

主桥桥面距水面 50 多米，采用钢结构锚固形式。将散索套设置在锚固段内部，主缆锚固段委托清华大学进行缩尺模拟试验，纵桥向模型选取缩尺模型 I、H、G 梁段，同时进行主缆锚固区有限元分析。结果表明：桃花峪黄河大桥主缆锚固区纯钢锚固方案可行，安全储备高,整个锚固系统传力明确,设计可靠。

2)钢箱梁高墩大跨单向顶推技术

确定顶推方案:提出了顶推梁体无应力线形高精度实现的相位变换控制技术,考虑梁段组拼的线形误差;实时求取和评价已拼梁体实际无应力线形;适应于均匀温度场的变化。顶推合龙后实测线形与理论线形误差控制最大为1.8cm。

3)塔梁同步施工技术

主塔上塔柱和上横梁施工与钢箱梁单向多点顶推施工安装同步进行。

为保证主塔线形符合设计要求,模拟顶推施工对塔柱线形的影响分析,提前进行预偏,最大预偏量12mm;为保证为顶推施工留出空间,上横梁采用"π"形托架法异步施工,不落地托架法现浇,采用(5+3)m两次浇筑,下层预应力筋张拉30%。

4)主缆锚固段高位支架拼装技术

钢箱梁加工场在黄河北岸,南锚固段在南岸。组装完成后,南锚固段的3个节段质量在310~540t之间,如通过地面运输,需设置超大吨位的钢栈桥,并在南岸增设一套大吨位的提升设备,施工成本极高。如在桥上顶推过河,则由于锚固段截面高度异于标准梁段而无法实施,因此最终采用现场高位支架总拼技术。

2013年6月22日,由桃花峪黄河大桥项目公司承办,为期三天的"中外自锚式悬索桥设计及建造技术论坛"在郑州落下帷幕,国内外数十位交通行业的专家教授参加了论坛,如图8-27-4所示。

图8-27-4 中外自锚式悬索桥设计及建造技术论坛

2. 跨大堤桥

跨大堤桥为75m+135m+75m=285m的波形钢腹板预应力混凝土连续箱梁桥,上、下行两幅。波形钢腹板组合箱梁桥是一种新型的钢-混凝土组合结构桥梁形式,它以波形钢腹板代替混凝土作为箱梁的腹板,与传统预应力混凝土箱梁桥相比,有如下优点:自重降低,抗震性能好;节约建材,改善经济指标;改善结构性能,提高预应力效率;减少现场作业和节段数量,缩短工期;体外束可更换,便于维修和补强;消除腹板开裂病害,耐久性能好;造型美观。

3. 桃花峪隧道

桃花峪隧道为大断面小净距浅埋黄土隧道,特点地质条件差:隧道围岩为新黄土,成拱能力差;整体浅埋:该隧道整体处于浅埋状态(顶板厚度小于45m),隧道开挖后松弛范围较大,极易发生塌方,特别是距隧道进口不远的浅埋段,顶板厚度仅1m;隧道跨度大、净距小:隧道开挖跨度17m多,两幅间最小净距不到4m;地表建筑需保护:隧道下穿桃花峪村,确保地表既有建筑安全是重中之重。

小净距设计施工增加了初次衬砌厚度,钢支撑采用大型号格栅拱架;加强了拱架锁脚设计,取消了系统锚杆;洞身超浅埋段设计采用盖挖法施工,其余采用暗挖法施工,既保证了安全又最大限度地减少对地表植被的破坏;增加了初期支护背后注浆设计,确保初支与围岩密贴,减少后期沉降;隧道进口段不具备临时便道与洞口场地布置施工条件,仅能从隧道出口端独头施工;隧道施工总体按照先左洞后右洞的顺序,右洞开挖面滞后左洞衬砌工作面1~2个衬砌段。

4. 大桥伸缩缝锚固混凝土采用玄武岩纤维

玄武岩纤维是火山岩变成丝状的产品,是一种近年来用于高速公路、桥梁隧道、铁路等交通基础设施领域的绿色高新材料。玄武岩纤维混凝土不仅保证了混凝土的强度,更满足抗拉强度、高韧性、抗冲击疲劳性能、抗渗性能等。

5. 大桥下面层添加 Duroflex 抗车辙剂

桃花峪黄河大桥原桥面铺装为上面层4cm细粒式改性沥青混凝土 AC-13C + 下面层6cm中粒式改性沥青混凝土 AC-20C。为增加桥面沥青层的抗车辙能力,在下面层中添加 Duroflex 抗车辙剂。掺加抗车辙剂后,可以提高改性沥青混合料稳定度。抗车辙剂的掺加能够在很大程度上提高混合料的高温抗车辙性能,并且随着抗车辙剂掺量的增加高温抗车辙性能显著提高。

6. 隧道低碳环保沥青路面

原隧道路面由下面层 AC-13 细粒径沥青混凝土及中面层 AC-20 中粒径沥青混凝土组成,在隧道内空气不通畅环境,其施工对环境及施工人员健康影响较大。采用温拌技术施工的低碳环保沥青,可以减少隧道沥青路面施工过程中的污染物排放,满足环保要求,同时采用全新的封装薄层技术与沥青表层构成结构性长效抗滑组合,对于提高沥青路面使用安全性、耐久性都具有重要意义。同时,该技术满足交通基础设施"减量化、资源化、生态化"需求,全面实现隧道路面工程建设中降低能耗、降低污染物排放、提高服役寿命的总目标。

(四)运营养护管理

1. 组织架构

该项目运营管理单位为河南高速公路发展有限责任公司桃花峪黄河大桥项目部,经营管理实行董事会领导下的总经理负责制。目前,设有办公室、政工科、人事劳动科、财务资产科、监察室、考核督查办公室、通行费管理科、路产管理科、养护管理科、运维分中心10个部门和河南省高速公路实业开发有限公司(桃花峪停车区)。

2. 服务设施

下辖桃花峪停车区1处,见表8-27-3。

S87 郑云高速公路桃花峪黄河大桥段服务场区一览表　　表8-27-3

高速公路编码	服务区名称	桩号	所在区域	占地面积(m²)	建筑面积(m²)
S87	桃花峪停车区	K37+681	荥阳市广武镇王顶村东侧	29120	1828.05

3. 收费设施

下设有广武和嘉应观2个收费站,见表8-27-4。广武收费站有3个出口、3个入口,共6条通行车道;嘉应观收费站有3个出口、3个入口,共6条通行车道。

S87 郑云高速公路桃花峪黄河大桥段收费设施一览表　　表8-27-4

收费站名称	桩号	入口车道数		出口车道数	
		总车道	ETC车道	总车道	ETC车道
广武收费站	K3+100	3	1	3	1
嘉应观收费站	K23+600	3	1	3	1

4. 监控设施

设置监控分中心1个。

5. 养护管理

1)路面维修工程

郑云高速公路桃花峪黄河大桥段自2013年9月27日通车后,路面状况良好,未进行任何维修。

2)桥梁检测、维修加固

根据省交通运输厅及主管部门规范标准及公司制度,每年委托检测单位对全线桥涵结构物进行定期检测,及时掌握技术状况及病害情况,作为桥涵维修保养依据。

二、S87郑云高速公路武陟至云台山段

（一）项目概况

1. 基本情况

1）功能定位

郑云高速公路武陟至云台山段项目起于新赤庄西与S306交叉处，在冯村西北与晋新高速公路交叉，与武西高速公路桃花峪黄河大桥北接线顺接，全长36.93km。该项目承担着加强焦作和中原城市群直接联系的作用，对改善区域出行条件，促进云台山旅游资源开发，带动沿线经济快速发展具有重要意义。

2）技术标准

全封闭、全立交、双向四车道；设计行车速度：100km/h；路基宽度：26m；桥梁净宽：2×11.75m；桥涵设计荷载标准：公路—Ⅰ级（特大桥公路—Ⅰ级的1.3倍）；路面设计标准轴载：BZZ-100；路面：收费广场和服务区广场采用水泥混凝土路面；路面结构：主线为4cm细粒式沥青混凝土（AC-13C）+6cm中粒式沥青混凝土（AC-20C）+8cm粗粒式沥青混凝土（AC-25C）+改性沥青同步碎石下封层+34cm水泥稳定碎石+18cm低剂量水泥稳定碎石；设计使用年限：路面设计使用年限为30年、桥梁设计使用年限为100年。

3）建设规模

主要工程量：填挖方共675万 m^3，沥青混凝土路面上、中、下三层共293万 m^2；全段设服务区1处、收费站2处，分别为云台山服务区及云台山主线收费站和修武城区匝道收费；管理、养护、服务、路政房屋建筑面积11017.52 m^2；表8-27-5为S87郑云高速公路武陟至云台山段桥梁一览表。

S87郑云高速公路武陟至云台山段桥梁一览表　　　表8-27-5

规模	名称	桥长（m）	主跨长度（m）	跨越障碍物			桥梁类型
				河流	沟谷	道路、铁路	
特大桥	南水北调特大桥	327.48	175	√			预应力混凝土梁
大桥	中州铝厂分离式立交桥	247	240			√	组合梁桥
	主线跨原焦高速公路桥	474	38			√	连续梁桥
	大沙河大桥	757	30	√			连续梁桥
	电厂铁路分离式立交桥	527	25			√	连续梁桥
	中铝铁路分离式立交桥	157	30			√	连续梁桥
	新焦铁路分离式立交桥	450	25			√	连续梁桥
	纸坊河大桥	307	30	√			组合梁桥

续上表

规模	名称	桥长（m）	主跨长度（m）	跨越障碍物 河流	跨越障碍物 沟谷	跨越障碍物 道路、铁路	桥梁类型
中桥	K8+501 武嘉灌渠中桥	37.04	16	√			简支梁桥
	NK22+665.012 被交道桥	53.04	16	√			简支梁桥
	K3+833 徐庄分离式立交桥	65	20			√	简支梁桥
	K6+291 省道309分离式立交桥	97	30			√	简支梁桥
	K5+032.5 省道104分离式立交桥	97	30			√	简支梁桥
	K16+688 省道S308分离式立交桥	97	30			√	组合梁桥
	K17+970 葛庄中桥	65	40	√			组合梁桥
	K18+498 葛庄通道桥	37.04	16			√	组合梁桥
	K13+100 主线桥	53.04	53.04			√	组合梁桥
	常庄分离式立交桥	53.04	16			√	简支梁桥
	焦庄分离式立交桥	53.04	16			√	简支梁桥
	庞屯通道桥 K19+499	37.04	16			√	简支梁桥
	碑桥通道桥	37.04	16			√	简支梁桥
	东水寨通道桥	53.04	16			√	简支梁桥
	五里源通道桥	37.04	16			√	简支梁桥
	李固通道桥	53.04	48			√	简支梁桥
	赵固铁路分离式立交桥	24.074	24.074			√	连续梁桥
	赤庄中桥	37.04	32		√		简支梁桥

4）主要控制点

焦作市（武陟县、修武县）、新乡市（辉县市）。

5）地形地貌

项目沿线区域分布主要有太行山地、低山丘陵地、太行山前倾斜平原、太行山前交接洼地等，位于我国第二级地貌台阶向第三级地貌台阶地过渡地带。地势由西北向东南呈阶梯形下降，相对高差不大，地势比较平坦。沿线地形地势对该项目线位影响不大，较为适合布线。

6）投资规模

项目概算投资25.2亿元，竣工决算未完成，平均每公里造价约6824万元。

7）开工及通车、竣工时间

2013年12月25日开工建设，2016年11月26日交工通车。暂未完成竣工验收。

2. 参建单位主要情况

(1)建设单位:河南武云高速公路有限公司。

(2)设计单位:河南省交通规划勘察设计院有限责任公司。

(3)质量监督单位:河南省交通基本建设质量检测监督站。

(4)监理单位:河南省公路工程监理咨询有限公司、中咨公路工程监理咨询有限公司。

(5)土建工程施工单位:河南省公路工程局集团有限公司。

(6)绿化工程施工单位:河南省公路工程局集团有限公司。

(7)交通安全设施工程施工单位:河南省公路工程局集团有限公司。

(8)房建工程施工单位:河南省公路工程局集团有限公司。

(9)机电工程施工单位:河南中天高新智能科技开发公司。

(二)建设情况

1.项目准备阶段

1)项目审批文件

2010年,《武陟至西峡高速公路项目环境影响报告书》,文号为豫环审〔2010〕215号。2012年,《关于武陟至云台山高速公路项目申请报告》,文号为豫发改基础〔2012〕1515号。2012年,《河南省水利厅准予水行政许可决定书》,文号为豫水行许字〔2012〕81号。2012年,《河南省文物局关于武陟至云台山高速公路工程选址意见的复函》,文号为豫文物函〔2012〕26号。2012年,《河南省文物局关于武陟至云台山高速公路工程选址补充意见的复函》,文号为河南省文物局文及〔2012〕33号。2012年,河南省地震局对该项目场地地震安全性评价报告进行批复,文件号为豫震安评〔2012〕207号。2013年,河南省发展和改革委员会对该项目工程初步设计进行批复,文号为豫发改设计〔2013〕869号。2013年,河南省交通运输厅对该项目主体工程施工图设计进行批复,文号为豫交文〔2013〕665号。2014年,河南省交通运输厅对该项目南水北调特大桥施工图设计进行批复,文号为豫交文〔2014〕246号。

2)资金筹措

项目概算总投资252021万元,其中资本金63005.25万元(占总投资的25%),其余189015.75万元申请国内银行贷款(占总投资的75%)。项目资金按照BT合同,由BT承包方以自有资金和中长期融资作为项目建设资金保障。项目暂未完成竣工决算。

3)合同段划分

(1)设计标段划分:设1个设计标段。

(2)施工标段划分:4个土建工程标段、2个路面工程标段、1个绿化工程标段、1个交通安全设施工程标段、1个房建工程标段、1个机电工程标段。

(3)施工监理标段划分:土建工程监理1个标段、机电工程监理1个标段。

4)招投标

(1)2012年10月8~12日,4家设计单位通过了资格预审。2012年11月19日,确定1家中标单位。

(2)2013年5月16~23日,BT投融资建设招标发布。2013年6月17日,开确定1家中标单位。

(3)2013年5月16~23日,10家土建工程监理单位通过了资格评审。2013年8月28日,确定1家中标单位。

(4)2015年9月1~10日,机电工程监理招标。2015年9月25日开标,确定1家中标单位。

5)征地拆迁情况

项目永久性征地面积为258.3683hm^2(3728.8305亩),其中集体农用地233.7934hm^2(其中耕地207.7593hm^2),建设用地21.3168hm^2,未利用地3.2581hm^2,作为武陟至云台山高速公路工程建设用地。

2. 项目实施阶段

1)实施过程

(1)主线土建工程于2013年12月25日开工,2016年10月完工。

(2)路面工程于2016年4月开工,2016年7月完工。

(3)房建工程于2015年10月开工,2016年10月完工。

(4)机电工程于2016年3月开工,2016年10月完工。

(5)交通安全设施工程于2016年4月开工,2016年10月完工。

(6)绿化工程于2016年3月开工,2016年10月完工。

(7)2016年11月15日,通过了交工验收,得分为98.96分,工程质量评定为合格工程。

2)重大决策

为了确保完成工程建设计划目标,在保证工程质量的前提下合理安排工期。项目公司在项目建设期间和各个阶段,为确保按期完成工期节点目标和年度目标,项目公司先后在全线组织开展了"2014年下半年劳动竞赛活动""2016年1月31日前路线贯通关键节点施工计划""大干五十天、攻坚保目标""五比一创""安全生产月"等多种形式的劳动竞赛活动,如图8-27-5所示,为确保实现2016年通车目标奠定了坚实的基础。

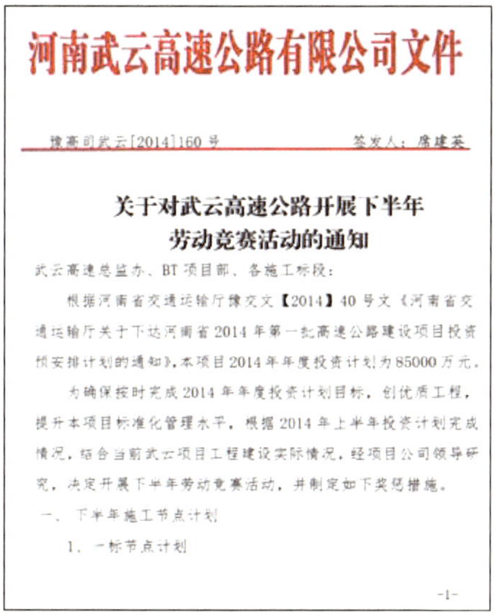

河南武云高速公路有限公司文件

豫高司武云[2014]160号　　签发人：席建英

关于对武云高速公路开展下半年
劳动竞赛活动的通知

武云高速总监办、BT项目部、各施工标段：

根据河南省交通运输厅豫交文【2014】40号文《河南省交通运输厅关于下达河南省2014年第一批高速公路建设项目投资预安排计划的通知》，本项目2014年年度投资计划为85000万元。

为确保按时完成2014年年度投资计划目标，创优质工程，提升本项目标准化管理水平，根据2014年上半年投资计划完成情况，结合当前武云项目工程建设实际情况，经项目公司领导研究，决定开展下半年劳动竞赛活动，并制定如下奖惩措施。

一、下半年施工节点计划

1、一标节点计划

-1-

图 8-27-5　2014 年下半年劳动竞赛活动

在项目建设期间，公司严格加强质量控制管理，认真做好工程质量控制管理工作，确保工程质量安全，无质量和安全事故发生。成立了以领导班子成员、监理、施工单位负责人和质监工作人员组成的质量管理领导小组。制定了《武云高速公路项目质量保证体系》《工程质量管理办法》《质量监督动态管理办法》等一系列质量监督管理文件。

3）设计变更

（1）采空区处理变更。武云项目初步设计概算中采空区处理预留费用为 1 亿元，经采空区处理方案优化后省交通运输厅批复的施工图设计总预算约为 1882 万元，比初步设计节约费用约 8118 万元。

（2）修武北停车区变更。因武云项目规划的修武北停车区与相邻服务区（或停车区）距离较近，建成后使用效率不高，为节约资源，进一步降低工程造价，报省交通运输厅审核、审批后同意取消修武北停车区，节约费用约 468 万元。

（3）附属工程变更。云台山服务区管理设施整合：对原设计云台山服务区内的监控分中心和管养中心与桃花峪黄河大桥管理公司进行整合优化；将监控分中心并入桃花峪监控中心，并在云台山服务区内增设管养中心，优化了房屋建筑规模。交通安全设施：根据实际情况对部分挖方段护栏设置进行优化，节约费用约 294 万元。

（4）路基防排变更。特殊路基处理：根据现场施工情况，结合当地地下水位较高的特性，对特殊路基处理方案进行了优化，节约费用约 1022 万元。

（5）边坡防护。为更好地贯彻集团“降本增效”原则，结合该项目实际情况，对原设计边坡防护进行优化，将各类型的防护高度进行了调整，极大地节约了工程造价，节约费用约1741万元。

（6）边沟变更。结合项目实际情况，对沿线水位较低、土质较好的部分路段主线及大文案互通区内侧、云台山互通区内侧的浆砌片石边沟取消，变更为土边沟，节约费用约999万元。

（7）部分桥涵结构物变更。涵洞通道的变更：结合项目实施过程中遇到的实际问题，对部分涵洞、通道进行增减、移位、变动跨径、改变地基处理形式等变更设计，节约费用约311万元。

（8）桥梁变更。在项目实施过程中，根据现场具体情况和地方政府要求，对部分天桥进行了增减、合并，节约费用约1542万元。

4）重大事件

由于项目沿线各县市的发展规划调整，根据地方政府的要求，并报上级相关部门批准，原设计五里源互通移位至葛庄互通。

考虑到武云高速公路是联系云台山及北部太行山景区和省会郑州市最直接的交通纽带，交通流量大，原设计8条车道未必能满足高峰期车流量需求，变更为12车道，车道数变更增加后，项目全线总占地面积均未超出省国土资源厅土地预审工程拟占地面积。

考虑到修武北停车区建成后与附近已有服务区（或停车区）及规划云台山服务区距离较近，建成后使用效率不高，为节约土地资源，尽量保护环境，进一步降低工程造价，取消修武北停车区。

（三）复杂技术工程

南水北调斜拉桥（图8-27-6）共88根空间索，索长最长185.25m，最短48.52m；最大索径163mm，最小索径126mm；最大索重17.525t，最小索重2.74t，斜拉索总重（按钢丝理论重量计）801.3t。南水北调斜拉桥具有"三高""两大""三新""一紧"九大特点。"三高"是指高度高——96m索塔；标准高——绿色施工零排放；追求目标高——工期异常紧张情况下的清水混凝土效果。"两大"是指施工难度大——塔梁索同步交叉施工；单体构件工程量大——大直径超长桩基，大体积承台，7m长、27m宽节段悬浇箱梁施工，6m高节段塔柱爬模施工。"三新"是指首次跨越通水后南水北调主干渠——国内新建后跨越第一座斜拉桥；新材料、新工艺——多功能新型全封闭挂篮、大节段全封闭液压爬模施工、清水混凝土工艺、1770MPa高强低松弛镀锌平行钢丝斜拉索。"一紧"是指施工工期紧——南水北调斜拉桥为正常工期需要30个月的全线控制性工程，但开工时间比全线其他工程滞后8个月，施工又跨2个冬季、2个春节，故实际有效施工时间不足24个月。通过反复研究调整关键线路后需25个月工期。

图 8-27-6 175m+93m+49m 斜拉桥

施工过程中边跨箱梁采用满堂支架法施工,分两段浇筑,长度分别为70m、60m。0号块(含横梁)现浇段长度25.87m(边跨12m,主跨13.78m),如图8-27-7所示,采用满堂支架法施工。主跨箱梁采用挂篮悬浇施工,节段长度7m,共22节段。下塔柱采用大型钢模结合脚手架施工,分两段浇筑。中上塔柱采用液压爬模法施工,共13个节段,如图8-27-8所示。

图 8-27-7 斜拉桥配跨

(四)科技创新

1. 废胎胶粉复合改性沥青路面应用

为节约沥青资源,加强废旧轮胎循环利用保护环境的优点,武云高速公路首次在河南省新建高速公路中使用废胎胶粉复合改性沥青混合料。邀请国内在胶粉复合改性沥青领域有突出贡献的专家和学者进行研讨和论证,并指出"废胎胶粉复合改性沥青路面路用性能优越,具有明显的经济、社会及环境效益,建议遵循交通部绿色公路建设相关政策,加快落实并推广应用"。武云高速公路铺筑试验段 K19+300~K28+300,全长 9km,可循环利用废旧轮胎约 9.09 万条,节约堆放土地资源约 6.24 亩,节约标准油 86.79t,减少排放二氧化碳(CO_2)52.84t、二氧化硫(SO_2)0.42t、一氧化碳(CO)0.44t、细颗粒物(PM2.5)0.04t,可吸入颗粒物(PM10)0.08t;疲劳寿命增加 32.2%。

图 8-27-8　斜拉桥主塔与拉索

参与编制了河南省地方标准《废胎胶粉复合改性沥青路面施工技术规范》(DB41/T 1286—2016)。

2. 后跨越南水北调总干渠合理桥型研发及零污染建造技术

针对南水北调中线工程建设管理局,关于后跨越南水北调总干渠桥梁在技术、环保及工程质量等方面提出的一系列要求,结合河南桥梁建设实际,拟在桥型方案、桥梁设计、桥梁施工和运营管理方面进行系统研究,以实现后跨越南水北调总干渠桥梁对南水北调总干渠无干扰、无污染、无危害的特性,与河南省交通规划设计研究院股份有限公司共同进行了"后跨越南水北调总干渠合理桥型研发及零污染建造技术"的科学研究。最终顺利完成了在南水北调总干渠通水情况下悬臂浇筑合龙施工。

3. 高速公路下伏采空区沉陷机理及治理关键技术研究

针对压覆矿产采空区地段,项目深入开展了"高速公路下伏采空区沉陷机理及治理关键技术研究"。根据典型地质条件下采空区地表沉陷的勘察等,研究采空区地表沉陷的形成机理及类型,确定地表沉陷的核心影响因素,得出采空区的赋存深度及需处理范围;采用理论计算与数值模拟技术相结合的方法,对采空区路基填筑过程中二次应力场和变形场重新分布规律、赋存采矿区状态下路基沉陷变形特征以及路基沉降变形的控制性因素进行研究;确定合理的采空区治理方法及质量评价技术。初步概算批复采空区处治费用1亿元,通过研究优化后,采用土工格栅处治方案,施工处治总费用仅为1339万元。

(五)运营养护管理

1. 组织架构

该项目运营管理单位为河南武云高速公路有限公司,公司实行董事会领导下的总经理负责制,下设综合办公室、财务科、征收科、养护科、路产科、考核办公室等部门和河南高速公路发展有限责任公司云台山服务区。

2. 服务设施

下辖云台山服务区一处,见表8-27-6。

S87郑云高速公路武陟至云台山段服务场区一览表　　表8-27-6

高速公路编码	服务区名称	桩号	所在区域	占地面积(m²)	建筑面积(m²)
S87	云台山服务区	K38+100	修武县七贤镇赤庄村	45296	4568.42

3. 收费设施

设有修武城区站和云台山2个收费站,见表8-27-7。修武城区站收费站有4个出口、3个入口,共7条通行车道;云台山收费站有7个出口、5个入口,共12条通行车道。

S87郑云高速公路武陟至云台山段收费设施一览表　　表8-27-7

收费站名称	桩号	入口车道数		出口车道数	
		总车道	ETC车道	总车道	ETC车道
修武城区收费站	K17+970	3	1	4	1
云台山收费站	K37+365	5	2	7	2

4. 监控设施

设置监控中心1个,桃花峪分中心负责修武城区收费站区域和云台山收费站区域的运营监管。

5. 养护管理

郑云高速公路日常养护项目部和郑云高速公路绿化养护项目部负责郑云高速公路全线路基、路面、桥涵、交通安全设施和绿化日常养护,并严格执行相关行业标准及河南高速公路发展有限责任公司桃花峪黄河大桥分公司养护制度进行日常保养保洁工作。

第二十八节　S88 郑州至西峡高速公路

郑西高速公路起于郑州市二七区侯寨乡,经新郑、长葛、禹州、郏县、宝丰、鲁山、栾川,止于西峡县二百丈沟附近,设西峡西互通与沪陕高速公路连接,全长约 325km。该项目将豫西北、豫西南地区焦作云台山、鲁山石人山、嵩县白云山、西峡伏牛山、内乡宝天曼等多个国家级风景名胜联结一起,是一条名副其实的"黄金旅游专线高速公路",对完善河南高速公路网布局,加快区域经济发展、助推小康社会建设具有重要意义。2007 年 12 月郑州至尧山段高速公路建成通车。

郑西高速公路郑州至尧山段

(一)项目概况

1. 基本情况

1)功能定位

郑西高速公路郑州至尧山段起于郑州市二七区侯寨,途经郑州市的新密市、新郑市,许昌市的长葛市、禹州市,平顶山市的郏县、宝丰县、鲁山县,止于国道 G311,直达石人山风景区,全长 183.743km。该项目的建设开辟了豫西南一条新的运输大通道,对完善河南高速公路网布局,加快旅游资源、矿产资源开发、农产品运输,促进区域经济发展具有重要意义。

2)技术标准

K0+000～K59+200 段属平原微丘区,采用简易六车道高速公路;K59+200～K149+334.269 段采用平原微丘区,按四车道高速公路标准;设计行车速度:K0+000～149+334.269 段为 120km/h,K149+334.269～K183+479 段为 100km/h;路基宽度:K0+000～K58+900 段为 28.5m,K58+900～K149.334.269 段为 28m,K149+334.269～K183+479 段为 26m;桥梁净宽:K0+000～K58+900 段为 2×12.5m,K58+900～K149+334.269 段为 2×12m,K149+334.269～K183+479 段为 2×11.5m;桥涵设计荷载标准:公路—Ⅰ级的 1.3 倍;路面:收费站采用水泥混凝土路面,其他采用沥青混凝土路面;路面结构:沥青路面总厚度为 74cm(K0+000～K81+510.91)或 72cm(K81+510.91～K183+479)。设计使用年限:沥青混凝土路面设计使用年限 15 年,水泥混凝土路面设计使用年限 30 年。

3)建设规模

项目永久占地 20436 亩;服务区 4 处,停车区 1 处,管理中心 2 处;新建郑州西南环立交连接线一级路 2km,改建岳庄立交连接线二级路 11km,新建宝丰立交连接线二级路 8km;表 8-28-1 和表 8-28-2 分别为 S88 郑西高速公路郑州至尧山段桥梁和隧道一览表。

S88 郑西高速公路郑州至尧山段桥梁一览表 表 8-28-1

规模	名称	桥长(m)	主跨长度(m)	桥底净高(m)	跨越障碍物 河流	跨越障碍物 沟谷	跨越障碍物 道路、铁路	桥梁类型
特大桥	南水北调特大桥	1167.6	30		√			钢箱梁混凝土板斜拉桥
	余官营互通主线桥	1122.02	30				√	钢箱梁混凝土板斜拉桥
	北汝河特大桥	1027.6	30		√			钢箱梁混凝土板斜拉桥
大桥	梨园大桥(右幅)	257	25				√	连续梁桥
	梨园大桥(左幅)	232	25				√	连续梁桥
	樱桃园北大桥	107	25			√		连续梁桥
	于寨大桥	207	25			√		连续梁桥
	王口大桥	207	25			√		连续梁桥
	曲梁北大桥	182	25				√	连续梁桥
	曲梁水库大桥	282	25		√			连续梁桥
	曲梁南大桥	105.4	20			√		连续梁桥
	曲梁互通立交桥	129	40				√	连续梁桥
	富村中桥	101.04	16		√			简支梁桥
	京广铁路立交桥	682	25				√	连续梁桥
	前草岗大桥	145.04	20			√		连续梁桥
	侯秀沟大桥	409.24	25			√		连续梁桥
	王嘴大桥	258.4	25				√	连续梁桥
	双洎河大桥	727	30		√			连续梁桥
	地方铁路立交桥	607	25				√	预弯混凝土梁桥
	贾沟大桥	357	25			√		连续梁桥
	贾沟南大桥	257	25			√		连续梁桥
	张庄水库大桥	507	25		√			连续梁桥
	南李嘴大桥	207	25			√		连续梁桥
	寨沟大桥	207	25			√		连续梁桥
	侯楼大桥(左幅)	132	25			√		连续梁桥
	侯楼大桥(右幅)	157	25			√		连续梁桥
	下涧坡大桥	125.04	20				√	简支梁桥
	马沟南大桥	132	25			√		简支梁桥
	老泉沟大桥	107	25			√		简支梁桥
	千户寨大桥	232	25				√	连续梁桥
	千户寨南大桥	157	25				√	简支梁桥
	沂河大桥	407	25		√			连续梁桥

续上表

规模	名称	桥长(m)	主跨长度(m)	桥底净高(m)	跨越障碍物 河流	跨越障碍物 沟谷	跨越障碍物 道路、铁路	桥梁类型
大桥	大槐树大桥（左幅）	207	25				√	连续梁桥
	大槐树大桥（右幅）	182	25				√	连续梁桥
	南水北调大桥	209	40		√			连续梁桥
	沙河大桥	145.04	20		√			简支梁桥
	清泥河大桥	105.04	20		√			简支梁桥
	主线跨A匝道桥	432	25				√	连续梁桥
	颍河大桥	307	25		√			连续梁桥
	互通立交桥	412	30				√	简支梁桥
	吕梁江大桥	105.04	20				√	简支梁桥
	秦楼大桥	127.6	30				√	箱梁
	蓝河大桥	127.6	30		√			钢箱梁混凝土板斜拉桥
	肖河大桥	105.686	20		√			预应力混凝土梁斜拉桥
	跨线分离式立交桥	247	30				√	钢箱梁混凝土板斜拉桥
	刘集分离式立交桥	182	40				√	钢箱梁混凝土板斜拉桥
	S231分离式立交桥	217.6	30				√	钢箱梁混凝土板斜拉桥
	旺河大桥	187.6	30		√			钢箱梁混凝土板斜拉桥
	九间房大桥	247.6	30				√	钢箱梁混凝土板斜拉桥
	岳家坡大桥	697.6	30				√	箱梁
	应河大桥	145.54	20		√			预应力混凝土梁斜拉桥
中桥	分离式立交桥主线上跨	97	30			√		连续梁桥
	李庄分离式立交桥	65.574	20				√	预应力混凝土梁斜拉桥
	樱桃园中桥	65.04	20			√		简支梁桥
	排沟中桥1	65.04	20			√		简支梁桥
	排沟中桥	53.04	16			√		简支梁桥
	刘口中桥	65.04	20			√		简支梁桥
	分离式立交桥主线上跨	53.04	16				√	简支梁桥
	电厂运煤专用线	69.04	16				√	简支梁桥
	810中桥	65.04	20				√	简支梁桥
	王庄中桥	69.04	16			√		简支梁桥
	马沟北中桥	85.04	20				√	简支梁桥
	主线上跨1	53.04	16				√	简支梁桥

第八章
河南高速公路项目建设信息

续上表

规模	名 称	桥长（m）	主跨长度（m）	桥底净高（m）	跨越障碍物 河流	跨越障碍物 沟谷	跨越障碍物 道路、铁路	桥 梁 类 型
中桥	主线上跨（大槐树—胡家沟）	53.04	16				√	简支梁桥
	大槐树中桥	65.04	20				√	简支梁桥
	分离式立交桥（祁王—定王陵）	65.04	20				√	简支梁桥
	洪石峡中桥	65.04	20				√	简支梁桥
	孔庄中桥	53.04	16				√	简支梁桥
	分离式立交桥（开封—洛阳）	65.04	20				√	简支梁桥
	分离式立交桥	65.04	20				√	简支梁桥
	马泉河中桥	85.04	20		√			简支梁桥
	被交道桥	65.04	20				√	简支梁桥
	王庄分离式立交桥	53.04	16				√	简支梁桥
	山货分离式立交桥	53.04	16				√	简支梁桥
	李蛮庄中桥	53.04	16				√	简支梁桥
	张涧分离式立交桥	53.04	16				√	简支梁桥
	中桥1	85.04	20				√	简支梁桥
	立交桥（史庄）	53.04	16				√	简支梁桥
	白沙干渠中桥	65.04	20		√			简支梁桥
	分离式立交桥	45.04	20				√	简支梁桥
	分离式立交桥（范坡乡—吕庄）	85.04	20				√	简支梁桥
	主线跨A匝道桥	65.04	20				√	简支梁桥
	中桥	65.04	20				√	简支梁桥
	分离式立交桥(关庄)	53.04	16				√	简支梁桥
	分离式立交桥（关庄—万泉）	53.04	16				√	简支梁桥
	分离式立交桥（于庄—万泉）	53.04	16				√	简支梁桥
	分离式立交桥（关庄—杨庄）	53.04	16				√	简支梁桥
	分离式立交桥（司村~张保乡）	53.04	16				√	简支梁桥
	分离式立交桥（张庄—溪口）	53.04	16				√	简支梁桥

续上表

规模	名称	桥长(m)	主跨长度(m)	桥底净高(m)	跨越障碍物 河流	跨越障碍物 沟谷	跨越障碍物 道路、铁路	桥梁类型
中桥	李楼中桥	65.546	20				√	空心板梁
	仝村分离式立交桥	22.82	16				√	预应力混凝土梁斜拉桥
	陈寨中桥	53.542	16				√	预应力混凝土梁斜拉桥
	天地庙分离式立交桥	97.6	30				√	钢箱梁混凝土板斜拉桥
	X099分离式立交桥	85.625	20				√	预应力混凝土梁斜拉桥
	刘庄中桥	65.574	20				√	预应力混凝土梁斜拉桥
	胡河中桥	65.54	20		√			预应力混凝土梁斜拉桥
	侯店中桥	65.572	20				√	预应力混凝土梁斜拉桥
	孔楼分离式立交桥	65.574	20				√	预应力混凝土梁斜拉桥
	西宋庄分离式立交桥	53.552	16				√	预应力混凝土梁斜拉桥
	邱庙河中桥	53.574	16		√			预应力混凝土梁斜拉桥
	双庙河中桥	53.552	16		√			预应力混凝土梁斜拉桥
	王庄分离式立交桥	65.54	20				√	预应力混凝土梁斜拉桥
	跨S236分离式立交桥	97.6	30				√	钢箱梁混凝土板斜拉桥
	周营分离式立交桥	53.572	16				√	预应力混凝土梁斜拉桥
	马庄中桥	53.574	16				√	预应力混凝土梁斜拉桥
	王龙庙小桥	22.82	16		√			预应力混凝土梁斜拉桥
	东龙王庙中桥	53.574	16				√	预应力混凝土梁斜拉桥
	小陆庄中桥	53.552	16				√	预应力混凝土梁斜拉桥
	小杨庄分离式立交桥	53.542	16				√	预应力混凝土梁斜拉桥
	东皇庄分离式立交桥	53.552	16			√		预应力混凝土梁斜拉桥
	二分干渠中桥	53.574	16			√		预应力混凝土梁斜拉桥
	前凤凰岭分离式立交桥	85.57	20				√	预应力混凝土梁斜拉桥
	李庄中桥	53.574	16				√	预应力混凝土梁斜拉桥
	宝丰主线桥	93.4	30				√	预应力混凝土梁斜拉桥
	薛谭中桥	53.574	16				√	预应力混凝土梁斜拉桥
	金鸭河中桥	82.008	25		√			钢箱梁混凝土板斜拉桥

S88郑西高速公路郑州至尧山段隧道一览表　　表8-28-2

规模	名称	隧道全长(m)	隧道净宽(m)	隧道分类 按地质条件划分 土质隧道	隧道分类 按地质条件划分 石质隧道	隧道分类 按所在区域划分 山岭隧道	隧道分类 按所在区域划分 水底隧道	隧道分类 按所在区域划分 城市隧道	洞门形式(进口/出口)
长隧道	始祖山隧道	1653	12	√	√				削竹式/削竹式

4）主要控制点

郑州市（新密市、新郑市），许昌市（长葛市、禹州市），平顶山（郏县、宝丰县、鲁山县）。

5）地形地貌

许昌市灵井以西为海拔100~500m的浅山丘陵区，以东为海拔100m以下的冲积平原。全市山区面积436.9km²，占总面积的10.7%，全在禹州市西部；丘陵、岗地面积729.8km²，占17.9%，分布在建安区、长葛市及禹州市境内；平原面积2903.3km²，分布在各县区市。

平顶山市处于豫西山地和淮河平原的过渡地带。全市土地面积8868km²。流水侵蚀剥蚀地貌面积4744km²，其中中山面积399km²，占总面积的4.5%；低山面积1729km²，占总面积的19.6%；丘陵面积2616km²，占总面积的29.5%。流水堆积地貌（主要为流水堆积作用所形成的各种平原）面积4079km²，占总面积的46%，包括山麓倾斜平原和河谷平原。黄土丘陵面积约45km²，占总面积的0.5%。

6）投资规模

项目概算投资87.68亿元，竣工决算投资87.13亿元，平均每公里造价4748.77万元。

7）开工及通车、竣工时间

2005年11月开工建设，2007年12月交工通车，2012年完成竣工验收。

2. 参建单位主要情况

(1) 建设单位：河南中原高速公路股份有限公司郑石分公司。

(2) 设计单位：河南交通规划勘察设计研究院、铁道第四勘察设计院、广西壮族自治区交通规划勘察设计研究院。

(3) 质量监督单位：河南省交通基本建设质量检测监督站。

(4) 监理单位：中交第二公路勘察设计研究院、郑州市中原公路工程监理有限公司、北京华通公路桥梁监理咨询公司、河南省豫南公路工程监理事务所、河南省高等级公路建设监理部、北京泰克华诚技术信息咨询有限公司、北京中交路通交通工程咨询有限公司。

(5) 土建施工单位：洛阳路桥建设集团有限责任公司、中铁五局集团第一工程有限责任公司、天津大港油田集团路桥工程有限责任公司、山东省路桥集团有限公司、江西交建工程集团有限公司、中铁隧道集团有限公司、中铁十七局集团第三工程有限公司、深圳市市政工程总公司、中铁七局集团有限公司、山东省路桥集团有限公司、安徽宿州市路桥工程公司、常州交通工程有限公司、中铁十五局集团第六工程有限公司、中铁二十局集团第四工程有限公司、中铁十五局集团有限公司、中铁四局集团第一工程有限公司、福建省第二公路工程公司、路桥集团第一公路工程局第五工程公司、天津市公路工程总公司、中铁十九局集团第四工程有限公司、中铁三局集团第二工程有限公司、中铁大桥局股份有限公司、中铁大桥局股份有限公司、河南省路桥工程集团有限公司、湖北兴达交通工程建设股份有限公司、江西交通工程集团公司、中铁十九局集团有限公司、浙江鼎盛交通建设有限公司。

（6）路面施工单位：中交建设工程公司、路桥二公局第六工程有限公司、广东冠粤路桥有限公司、河南路桥建设集团有限公司、现萌兴高速公路工程股份有限公司、山东天诚市政公路工程有限公司、中国建筑第六工程局、河南中州路桥建设有限公司、中铁十九局集团第二工程有限公司、天津第一市政公路工程有限公司、河南省中原路桥建设（集团）公司、河南省公路工程局集团有限公司、河北北方公路工程建设集团有限公司。

（7）房建施工单位：河南省第五建筑安装工程有限公司、华通路桥集团有限公司、湖南省建筑工程集团总公司、河南省合理建筑工程有限公司、中国建筑第八工程局第三建筑公司、郑州市现代建设有限公司、河南省第七建筑工程公司、河南新城建设有限公司、北京顺鑫天宇建设工程有限公司、安阳市城乡建设有限责任公司、河南省中原建设有限公司、北京城建二建工程建设有限公司、山西建筑工程（集团）总公司、河南省信阳建筑总公司、河南省永阳建筑安装有限公司、河南派普建设工程有限公司、郑州建筑工程有限公司、中国建筑第六工程局、开封安利达金属材料有限公司、江苏江都建设工程有限公司、江苏省第一建筑安装有限公司、中国建筑第七工程局安装工程公司、河南省信阳安装总公司、宜兴市金盛环保设备有限公司。

（8）绿化施工单位：许昌市兆基园林装饰建设工程有限公司、河南境艺绿化工程有限公司、新乡市益康园林工程有限公司、洛阳市春城绿化工程有限公司、河南省金德园林绿化工程有限公司、河南育林绿化工程有限公司、鄢陵县园艺场、河南省江河园林绿化有限公司、河南省豫南园林绿化有限责任公司、鄢陵县建设园林绿化工程有限公司、郑州黄河园林绿化工程公司。

（9）交通安全设施施工单位：中交一公局第五工程有限公司、山东通达路桥工程有限公司、潍坊东方交通设施工程有限公司、江西高新交通工程有限公司、河南省公路工程局集团有限公司、潍坊宝利交通设施工程有限公司、平顶山市交运彩色钢板有限责任公司、宜兴市公路交通设施有限公司、福建省漳州市公路机械修配厂、江苏耀鑫交通设施有限公司、郑州彩达交通设施工程有限公司、河南通汇公路交通工程有限公司、四川金城栅栏工程有限公司。

（10）交通机电施工单位：中铁电气化局集团第三工程有限公司、郑州汉威光垫技术有限公司、遂平县电力实业有限公司、中铁电气化局集团第二工程有限公司、漯河市环城电力安装有限公司、中铁建电气化局集团第一工程有限公司、中铁建电气化局集团第一工程有限公司、焦作市政工程建设有限公司、深圳深港建设工程发展有限公司、郑州市亚通照明工程有限公司。

(二)建设情况

1. 项目准备阶段

1)项目审批文件

2005年8月30日,河南省发展和改革委员会对该项目可行性研究报告进行了批复,文号为豫发改交通〔2005〕1209号。2006年5月18日,河南省发展和改革委员会对该项目初步设计进行了批复,文号为豫发改设计〔2006〕599号。2007年1月9日,河南交通厅对该项目施工图设计进行了批复,文号为豫交计〔2007〕12号。2007年4月,河南省交通厅对该项目机电工程详细设计、机电土建、通信管理、供配电照明工程施工图设计进行了批复,文号为豫交计〔2007〕69号。2007年4月3日,河南省交通厅对该项目房建工程施工图设计进行了批复,文号为豫交计〔2007〕69号。2007年6月5日,河南省交通厅对该项目绿化工程方案设计进行了批复,文号为豫交计〔2007〕144号。2007年11月19日,国土资源部对该项目建设用地进行了批复,文号为国土资函〔2007〕900号。2007年11月30日,河南省交通厅对该项目10kV供电线路工程施工图设计进行了批复,文号为豫交计〔2007〕422号。

2)资金筹措

项目核定概算总投资87.68亿元。

3)合同段划分

(1)设计标段划分:设计标段3家。

(2)施工标段划分:土建施工标段31个,路面施工标段13个,房建施工标段24个,绿化施工标段11个,机电工程施工标段2个,供配电照明施工标段8个,隧道消防施工标段1个,交通安全设施施工标段25个,新泽西护栏施工标段2个,结构物涂装施工标段4个。

(3)施工监理标段划分:土建监理标段4个,机电监理标段2个。

4)招投标

(1)2005年6月21日,20家监理通过了资格预审,确定4家中标单位。

(2)2005年5月31日,20家土建单位通过了资格预审,确定4家中标单位。

(3)2005年7月13日,151家土建单位通过了资格预审,确定26家中标单位。

(4)2005年12月16日,起点连接线工程,开标时共收到7份投标文件,确定1家中标单位。

(5)2006年5月19日,101家路面工程施工单位通过了资格预审,确定13家中标单位。

(6)2007年1月10日,169家房建工程施工单位通过资格预审,确定19家中标单位。

(7)2007年2月3日,确定新泽西护栏预制安装工程2家中标单位。
(8)2007年4月27日,确定机电工程招2家中标单位。
(9)2007年8月10日,107家交通安全设施单位通过了资格预审,确定25个中标单位。

5)征地拆迁情况

项目征收农村集体农用地1201.3452hm^2(其中耕地997.2532hm^2),征收集体建设用地54.6023hm^2、未利用地17.2952hm^2,转用国有农用3.0817hm^2,使用国用建设用地1.4681hm^2,共计批准建设用地1277.7925hm^2,其中服务设施用地范围内的经营性用地由当地政府按有偿方式提供;该路等用地9.7532hm^{2}由当地政府按照规划和设计合理安排使用;其余建设用地拨给河南中原高速公路股份有限公司,作为该工程建设用地。同时,核减申请用地7.0000hm^2。

2. 项目实施阶段

1)实施过程

(1)主线土建工程于2005年9月开工,2007年11月完工。
(2)路面工程于2006年8月开工,2007年11月完工。
(3)房建工程于2006年12月开工,2007年12月完工。
(4)交通安全设施工程于2007年4月开工,2007年11月完工。
(5)绿化工程于2007年3月开工,2007年12月完工。
(6)机电工程于2007年8月开工,2007年12月完工。
(7)2007年12月11~12日,进行了交工验收,工程质量评分97.8分,工程质量评定为合格工程。

2)重大决策

建立完善有效的工程质量保证体系,严格质量责任追究制度。定期开展质量大检查活动,及时纠正工程质量管理中出现的偏差;采取技术措施,建设耐久高速。对软土地基、膨胀土路基、湿陷性黄土地基等进行处理,提高地基承载力,保证路基耐久性,选择强度高、透水性强,易于碾压密实的材料进行路基填筑。

3)重大变更

(1)绿化工程的设计变更主要有:

①增加郑尧管理分中心和郑州市连接线道路两侧的绿化,对全线宽浅边沟段及绿化较差路段进行绿化。
②在原绿化方案基础上增加了部分常绿乔木并提高种植密度。
③在全线互通区、站区及具茨山隧道口等路段增加微地形处理。

(2)房建工程的设计变更有:

①增加了部分站区的土方工程。

②增加了部分站区的路面硬化面积。
③提高房建工程的装修标准。
④由于实际的地址情况与设计不符,增加水井的工程量。
⑤根据实际需要,部分站区增加消防、供水、污水处理等设备,同时将普通的庭院灯变成风光电新型灯。

(三)复杂技术工程

始祖山隧道位于郑州市和许昌市交接地带,于 2005 年 6 月开工建设,于 2007 年 12 月交工通车,是一座上、下行分离的四车道高速公路长隧道。

主要技术成果如下:

(1)全面提出了包括不良地质、不同围岩条件下的公路隧道施工监控量测成套技术,具体包括监测项目选择、技术要求、元件选定、埋设工艺、数据采集、处理方法和辨别指标等。

(2)首先提出了覆盖公路隧道施工主要工序的施工质量控制表格,填补了国内空白。

(3)采用调研归纳的方法,系统地给出了包括不良地质在内的公路隧道围岩分类。

(4)系统地给出了不同地质类别围岩公路隧道控制量测的内容和技术要求。

(5)详细地给出了不同地质类别公路隧道监控量测实施过程和元件埋设工艺流程。

(6)给出了不同地质类别公路隧道监控量测数据的采集程序和分析处理技术。

(7)给出了不同地质类别公路隧道围岩稳定性的判别指标。

(8)给出了公路隧道施工过程数值模拟的流程。

(9)结合始祖山公路隧道,完成了其施工监控量测以及塌方处治的方案研究。

(四)科技创新

1. 特殊地基处理

郑尧高速公路沿线地质复杂,需特殊处理的地基达 40 余公里。为了优化设计、改善处理效果、减少不必要的浪费,先后召开了 3 次特殊地基处理研讨会,并优化了设计方案,最终达到了理想的处理效果,并节约资金上亿元。

2. SEAM 的应用

作为一种新型的沥青混合料添加剂,SEAM 具有特殊的应用前景:在使用普通道路石油沥青的情况下,沥青混合料的路用性能指标接近 SBS 改性沥青混合料;SEAM 沥青混合料的成本与普通沥青混合料接近,远远低于 SBS 改性沥青混合料;SEAM 沥青混合料的施工成型温度比 SBS 改性沥青混合料低 50℃、比普通沥青混合料低 30℃ 左右,施工方便、安全、节约能源。

3. 温拌沥青混合料的应用

温拌沥青混合料不但施工温度低（100℃左右）、易碾压成型、环保、节约能源，而且在特定施工环境下具有巨大的优势。郑尧高速公路在始祖山隧道内沥青路面施工中全部采用了温拌沥青混合料，不但沥青混合料性能达到了SBS改性沥青混合料的指标要求，而且在通风设备没有安装到位的情况下，解决了隧道内摊铺沥青混合料造成的高温、空气质量差、施工人员身体健康容易受到伤害等问题，沥青路面摊铺得以顺利进行，施工质量得到了保证。

4. 高模量沥青混凝土的应用

高模量沥青混凝土具有强度高、刚度大、抵抗车辙能力强等特点。郑尧高速公路在广泛调研、论证、试验的基础上，铺筑了高模量沥青混凝土试验路段，为河南省沥青路面材料的使用进行了新尝试和探索。

5. 花岗岩风化料在底基层中的应用

郑尧高速公路接近终点的30余公里范围内，花岗岩风化料分部广泛、性能稳定。为了充分利用当地材料、节约成本、减少弃方占地、保护环境，郑石分公司与高校联合对花岗岩风化料的路用性能进行了大量的试验研究。结果表明，用水泥稳定花岗岩风化料作为底基层，其各项性能指标均满足要求，而且质量稳定，便于施工控制。在此基础上，郑石公司铺筑了10km底基层试验段。

6. 复杂地质隧道施工过程中的质量与安全监控

郑尧高速公路的始祖山隧道全长1.6km，而且地质复杂、围岩质量差。为此，郑石分公司聘请国内知名隧道专家、学者对施工工艺、质量控制措施、安全监控等进行了研究和论证，并对施工质量和安全进行了安全监测和监控，确保了始祖山隧道的施工质量与安全生产。

7. 桥面处理与防水黏结新技术的应用

2007年9月9日，郑石分公司邀请专家召开了郑尧高速公路中桥面处理及防水黏结方案论证会，交通部公路科学研究院、河南省交通厅计划处、工程管理处、定额站、设计院、科研院等9位领导和专家出席了本次会议。与会领导和专家听取了关于郑尧高速公路在建设过程采用的桥面铣刨、喷砂凿毛处理工艺和采用抗裂防水黏结膜等新材料、新技术和新工艺的汇报，察看了施工现场，进行了充分论证。一致认为：

（1）郑尧高速公路在施工过程中采用的"桥面铣刨处理""喷砂凿毛工艺"，对提高桥面铺装层的平整度、保证桥面水泥混凝土铺装层与沥青混合料铺装层之间的黏结、提高工程质量具有非常良好的作用。

（2）郑尧高速公路在施工过程中依据桥梁施工后的现状，所分别采用的"桥面铣刨处理＋黏结抗裂防水黏结膜""桥面喷砂凿毛处理＋黏结抗裂防水黏结膜"以及"桥面铣刨＋喷砂凿毛＋黏结抗裂防水黏结膜"方案，是目前河南省在桥面铺装处理与黏结方面最全面的方案组合,对公路桥面水泥混凝土铺装层处理及黏结防水技术具有普遍的参考作用,建议推广使用。

(五)运营养护管理

1. 组织架构

该项目郑州至许昌段运营管理单位为河南中原高速公路股份有限公司郑州分公司,公司成立于2007年12月,管辖郑州至尧山高速公路郑州段、许昌段,内设办公室、劳动人事部、财务会计部、通行费管理稽查部、养护工程管理部、路产管理部、党委办公室、监察室8个部(室)。

该项目郏县至尧山段运营管理单位为河南中原高速公路股份有限公司平顶山分公司,公司成立于2007年12月,管辖郑州至尧山高速公路郏县至尧山段,内设办公室、劳动人事部、财务会计部、通行费管理稽查部、养护工程管理部、路产管理部、党委办公室、监察室8个部(室)。

2. 服务设施

下辖郑州南、禹州、平南、尧山4处服务区,见表8-28-3。

S88郑西高速公路郑州至尧山段服务场区一览表　　　表8-28-3

高速公路编码	服务区名称	桩号	所在区域	占地面积(亩)	建筑面积(m²)
S88	郑州南服务区	K7+300	新郑市龙湖镇陕西桥村	260	6000
	禹州服务区	K52+500	禹州市古城镇蔡坡村	124	6500.00
	平南服务区	K127+500	宝丰县辛集乡	131868	52000
	尧山服务区	K183+600	鲁山县赵村乡	73260	6494

3. 收费设施

下设郑州侯寨、轩辕丘、新郑西、长葛西、禹州东、禹州南、郏县、平西、鲁山、下汤、尧山11处收费站,见表8-28-4。

S88郑西高速公路郑州至尧山段收费设施一览表　　　表8-28-4

收费站名称	桩号	入口车道数		出口车道数	
		总车道	ETC车道	总车道	ETC车道
郑州侯寨收费站	K0+000	6	2	14	2
轩辕丘收费站	K15+547	2	0	2	1
新郑西收费站	K30+962	2	0	3	1
长葛西收费站	K49+233	2	0	3	1

续上表

收费站名称	桩号	入口车道数		出口车道数	
		总车道	ETC车道	总车道	ETC车道
禹州东收费站	K63+976	2	0	2	1
禹州南收费站	K74+268	2	0	3	1
郏县收费站	K95+000	2	0	3	1
平西收费站	K122+250	2	0	4	1
鲁山收费站	K135+000	2	0	3	1
下汤收费站	K160+000	2	0	2	1
尧山收费站	K183+000	4	1	6	2

4. 监控设施

该项目设置监控中心2个,负责全线的运营监管。

5. 养护管理

1) 桥梁检测、维修加固

中修工程:根据省交通厅及主管部门规范标准及公司制度,每两年委托检测单位对全线桥涵结构物进行定期检测,及时掌握技术状况及病害情况,作为桥涵维修保养的依据。2015年,对评定结果为三类和墙式护栏漆面剥落严重的桥梁进行了专项维修处理。

2) 沿线设施的提升、改造

2013年,对车流量增幅较大的新郑西收费站、长葛西收费站、禹州南收费站进行了各增加1个出口车道的改扩建工程(收费天棚未同时扩建)。2015年,对郑西高速公路侯寨收费站、轩辕丘收费站、禹州东收费站实施加宽改造。改造项目包括:侯寨收费站新增1个入口车道和1个出口内1拖4车道,扩建后车道数为7个入口车道和17个出口车道;轩辕丘收费站新增1个入口车道和1个出口车道,1个入口车道改出口车道,改扩建后车道数为2个入口车道和4个出口车道;禹州东收费站新增1个出口车道,扩建后车道数为2个入口车道和3个出口车道。

第二十九节　S89郑州机场至周口西华高速公路

S89机西高速公路一期工程

(一)项目概况

1. 基本情况

1) 功能定位

机西高速公路一期工程是郑州航空港经济综合实验区"三纵两横"高速公路布局的

重要组成部分,路线起自尉氏县大营乡东北,与商登高速公路相交,途经开封、许昌、周口三市,止于西华县李大庄乡,全长106.302km。该项目增强了郑州机场的辐射能力,有利于构建便捷的区域综合运输体系,对促进尉氏新尉工业园区建设、打造郑州至鄢陵半小时经济圈、增强扶沟有机蔬菜集散功能、打造"三机"西华,加快航空港区及中原经济区发展具有重要意义。

2) 技术标准

采用全立交、全封闭、双向四车道;设计行车速度为120km/h;路基宽28m,其中行车道宽4×3.75m,中央分隔带宽3m,左侧路缘带宽2×0.75m,紧急停车带2×3.5m,土路肩宽2×0.75m;桥梁设计荷载等级为公路—Ⅰ级;桥涵设计洪水频率1/100(特大桥1/300);路面采用沥青混凝土结构,路面设计标准轴载为:BZZ-100。主线路面及互通区匝道路面结构(自上而下)为:4cm细粒式改性沥青混凝土(AC-13C)+6cm中粒式沥青混凝土(AC-20C)+8cm密集配沥青碎石(ATB-25)+1cm同步改性乳化沥青碎石下封层+36cm水泥稳定碎石基层+18cm水泥稳定碎石底基层,总厚度72cm。

3) 建设规模

主要工程量:路基填方1856万 m^3,挖方1856万 m^3,沥青路面272.9万 m^2;匝道收费站5处,主线收费站1处;服务区2处;养护管理所2处,路政管理所2处(与收费站合建),监控分中心1处;表8-29-1为S89机西高速公路一期工程桥梁一览表。

S89机西高速公路一期工程桥梁一览表 表8-29-1

规模	名称	桥长(m)	主跨长度(m)	跨越障碍物 河流	跨越障碍物 沟谷	跨越障碍物 道路、铁路	桥梁类型
大桥	K46+172 商登互通跨线桥	126.96	30			√	简支梁桥
	K55+111 新开铁路大桥	457.09	30			√	连续桥梁
	K58+065 花张大桥	126.91	30			√	连续桥梁
	K63+198 杜工河大桥	145.04	20	√			简支梁桥
	K84+530 双洎河大桥	366.68	30	√			简支梁桥
	K96+753 禹亳铁路桥	906.980	30			√	连续桥梁
	K105+966 斜河大桥	104.96	20	√			连续桥梁
	K108+731 汲下大桥	126.94	30			√	连续桥梁
	K109+703 幸福河大桥	156.98	30	√			连续桥梁
	K113+208 丰收河大桥	126.95	30	√			简支梁桥
	K122+549 跃进河大桥	157.04	30	√			连续桥梁
	K133+687 东风运河大桥	157.04	30	√			连续桥梁
	K150+149 商周跨线大桥	346.92	30			√	简支梁桥

续上表

规模	名 称	桥长（m）	主跨长度（m）	跨越障碍物 河流	跨越障碍物 沟谷	跨越障碍物 道路、铁路	桥梁类型
中桥	K47+238 张家中桥	85.04	20			√	简支梁桥
	K47+727 尚王中桥	65.04	20			√	简支梁桥
	K49+592 跨省道S102中桥	96.94	30			√	简支梁桥
	K50+329 南康沟1号中桥	44.04	13	√			简支梁桥
	K51+304 宋家中桥	31.04	13			√	简支梁桥
	K52+094 南康沟2号中桥	85.04	20	√			连续桥梁
	K55+986 密家中桥	65.04	20			√	连续桥梁
	K56+379 郝寺中桥	44.04	13	√			连续桥梁
	K60+240 双庄中桥	31.04	13			√	连续桥梁
	K60+847 新庄中桥	65.04	20			√	连续桥梁
	K64+341 六五干渠中桥	65.04	20	√			简支梁桥
	K64+597 许官寺中桥	65.04	20			√	简支梁桥
	K67+278 七七干渠中桥	44.04	13	√			简支梁桥
	K68+938 后庄中桥	44.04	13			√	简支梁桥
	K69+748 焦史中桥	65.04	20			√	简支梁桥
	K70+921 泥张中桥	65.04	20			√	简支梁桥
	K71+372 三楼中桥	44.04	13			√	简支梁桥
	K73+469 寨角王中桥	65.04	20			√	简支梁桥
	K75+749 南河沟刘中桥	65.04	20	√			简支梁桥
	K77+467 引黄补源干渠中桥	96.96	30	√			简支梁桥
	K78+126 孙庄中桥	96.94	30			√	简支梁桥
	K79+350 洪业沟1号中桥	65.04	20	√			简支梁桥
	K80+615 曹庄中桥	40.04	13	√			连续桥梁
	K80+932 洪业沟2号中桥	85.04	20	√			连续桥梁
	K83+054 慕寨中桥	53.04	16			√	连续桥梁
	K85+131 北新庄中桥	44.04	13			√	连续桥梁
	K87+685 前白1号中桥	40.04	13			√	连续桥梁
	K88+090 前白2号中桥	40.04	13		√		连续桥梁
	K89+788 马坊中桥	69.04	20		√		连续桥梁
	K90+231 前寨1号中桥	44.04	13			√	连续桥梁
	K91+014 朱河1号中桥	44.04	13	√			连续桥梁
	K91+486 朱河2号中桥	44.04	13	√			连续桥梁
	K91+990 拐张中桥	44.040	13			√	简支梁桥
	K92+975 王家中桥	44.040	13			√	简支梁桥

第八章 河南高速公路项目建设信息

续上表

规模	名称	桥长（m）	主跨长度（m）	跨越障碍物 河流	跨越障碍物 沟谷	跨越障碍物 道路、铁路	桥梁类型
中桥	K93+180 湾郭中桥	44.040	13	√			简支梁桥
	K93+674 烟雾山中桥	44.040	13	√			简支梁桥
	K94+362 大岗中桥	53.040	16			√	简支梁桥
	K98+204 扶沟西跨线桥	96.960	30			√	连续桥梁
	K99+921 谢岗中桥	37.040	16			√	简支梁桥
	K100+280 朱岗中桥	44.040	13			√	简支梁桥
	K101+159 密曹江中桥	69.040	16	√			简支梁桥
	K101+975 翟楼中桥	44.04	13			√	连续桥梁
	K102+721 寺后中桥	31.04	13			√	连续桥梁
	K104+324 支亭寺中桥	44.04	13			√	连续桥梁
	K105+524 从河中桥	44.04	13			√	连续桥梁
	K106+233 塔湾中桥	31.04	13			√	连续桥梁
	K107+526 张屯中桥	44.04	13			√	连续桥梁
	K108+949 唐庄跨匝道桥	96.96	30			√	连续桥梁
	K110+463 前赵岗1号中桥	31.04	13	√			简支梁桥
	K111+271 前赵岗2号中桥	53.04	16			√	简支梁桥
	K112+329 秦岭中桥	53.04	16			√	简支梁桥
	K112+833 双楼中桥	65.04	20			√	简支梁桥
	K114+249 毛庄1号中桥	53.04	16	√			简支梁桥
	K114+948 毛庄2号中桥	44.04	13			√	简支梁桥
	K115+521 毛庄3号中桥	97.02	30			√	简支梁桥
	K119+698 马村干渠中桥	44.04	13	√			简支梁桥
	K120+840 虎岗中桥	44.04	13			√	简支梁桥
	K121+360 瓦岗中桥	44.04	13	√			简支梁桥
	K123+960 赤狼中桥	37.04	16			√	连续桥梁
	K125+518 牛庄中桥	65.04	20			√	连续桥梁
	K126+525 水坑王1号中桥	37.04	16			√	连续桥梁
	K127+130 水坑王2号中桥	44.04	13			√	连续桥梁
	K127+728 三岗中桥	44.04	13			√	连续桥梁
	K130+338 刘庄中桥	37.04	16			√	连续桥梁
	K133+031 肖横中桥	31.04	13			√	连续桥梁
	K134+135 农场1号中桥	65.04	20			√	简支梁桥
	K134+346 农场2号中桥	44.04	13			√	简支梁桥
	K134+870 农场3号中桥	44.04	13			√	简支梁桥

续上表

规模	名　称	桥长（m）	主跨长度（m）	跨越障碍物 河流	跨越障碍物 沟谷	跨越障碍物 道路、铁路	桥梁类型
中桥	K135+466 谢桥中桥	44.04	13			√	简支梁桥
	K137+840 农场4号中桥	44.04	13			√	简支梁桥
	K140+524 刘庄中桥	44.04	13			√	简支梁桥
	K141+739 张庄中桥	65.04	20			√	简支梁桥
	K143+685 石坡中桥	45.04	20			√	简支梁桥
	K146+032 龙坡中桥	44.04	13			√	简支梁桥
	K149+438 叶庄跨线桥	65.04	20			√	简支梁桥
	K149+752 霍坡中桥	65.04	20			√	简支梁桥

4）主要控制点

开封市（尉氏县）、许昌市（鄢陵县）、周口市（扶沟县和西华县）。

5）地形地貌

项目沿线地貌类型复杂多样，但规律明显，地势低下而平缓，全线为平原微丘区。抗震设防烈度为Ⅶ度，地震动峰值加速度为 $0.10g$，K80+200～终点抗震设防烈度为Ⅵ度，地震动峰值加速度为 $0.05g$。

6）投资规模

项目概算总投资 63.91 亿元。

7）开工及通车时间

2013 年 8 月开工建设，2015 年 12 月交工通车。

2. 参建单位主要情况

（1）建设单位：河南省机西高速公路建设有限公司。

（2）勘察设计单位：河南省交通规划勘察设计院有限责任公司。

（3）质量监督单位：河南省交通基本建设质量检测监督站。

（4）监理单位：河南省豫通工程监理有限公司、河南高建工程管理有限公司。

（5）检测单位：河南省交院工程检测加固有限公司、河南交院公路工程技术有限公司。

（6）施工单位：浙江正方交通建设有限公司、中交三公司第二工程有限公司、甘肃路桥第三公路工程有限公司、中铁十五局集团第二工程有限公司、中交一公局第六工程有限公司、中铁十二局集团第二工程有限公司、江苏省交通工程集团有限公司、朔州路桥建设有限责任公司、中交二公局第六工程有限公司、中铁十二局集团有限公司、吉林省交通建设集团有限公司。

（7）房建施工单位：湖南万众建筑安装工程有限公司、惠浦建设发展有限公司、河南锦源建设有限公司、郑州市第二建筑工程有限责任公司、河南永畅建工集团有限公司、江西建工第三建筑有限责任公司。

（8）绿化施工单位：河南森泰园林景观工程有限公司、鄢陵县佳禾园林绿化工程有限公司、河南金泰园林工程有限公司、焦作市兆基园林绿化工程有限公司。

（9）交通安全设施施工单位：湖南金安交通设施亮化景观建设有限公司、江西赣东路桥建设集团有限公司、江西省赣江交通设施厂、山东胜达公路工程建设技术中心、河北金辉交通工程建设技术中心、武安市恒德交通安全设施有限公司、河北科力交通设施有限公司、南京华路公路设备工程有限公司。

（10）交通机电施工单位：北京路安交通科技发展有限公司、德京集团股份有限公司、安阳优创实业有限责任公司、信阳华祥电力建设集团有限责任公司、河南博元电力科技股份有限公司。

（二）建设情况

1. 项目准备阶段

1）项目审批文件

2012年7月31日，河南省地震局对该项目场地地震安全性评价报告进行了批复，文号为豫震安评〔2012〕247号。2012年8月31日，河南省国土资源厅对该项目地灾进行了批复。2012年8月10日，河南省文物局对该项目选址意见进行了批复，文号为豫文物函〔2012〕35号。2012年10月29日，河南省国土资源厅对该项目用地预审进行了批复，文号为豫国土资函〔2012〕656号。2012年11月7日，河南省发改委对该项目可行性研究报告进行了批复，文号为豫发改基础〔2012〕1741号。2012年12月31日，河南省发改委对该项目初步设计进行了批复，文号为豫发改基础〔2012〕2289号。2013年2月19日，河南省国土资源厅对该项目土地复垦方案进行了批复，文号为豫土整理函〔2013〕16号。2013年2月28日，河南省交通运输厅对该项目施工图设计进行了批复，文号为豫交文〔2013〕99号。

2）资金筹措

项目概算总投资为63.91亿元，其中25%为建设单位自有资金，其余75%为银行贷款。

3）合同段划分

根据各专业的工程内容划分标段如下。

（1）设计标段划分：1个标段（土建、房建、绿化等）。

（2）施工标段划分：根据工程内容的不同，主体工程11个标段，机电工程5个标段，房建工程6个标段，绿化工程4个标段，交通安全设施8个标段。

(3)施工监理标段划分:根据工程内容设2个总监办公室,11个主体工程驻地监理标段,1个房建工程监理标段,1个绿化工程监理标段,1个机电工程总监办公室。

4)招投标

按照国家颁布的《中华人民共和国招标投标法》和交通部颁布的《公路工程施工招标投标管理办法》《公路工程施工招标资格预审办法》《公路工程施工招标评标办法》的要求,该项目采用公开竞争性方式招标。

(1)2013年4月10日~6月4日,主体施工单位开标,确定了11家中标单位。

(2)2014年9月12日~2015年1月4日,房建施工单位开标,确定了3家中标单位。

(3)2014年11月21日~2015年1月7日,绿化施工单位开标,确定了4家中标单位。

(4)2014年12月18日~2015年2月16日,房建施工单位开标,确定了2家中标单位。

(5)2015年1月15日~4月28日,机电施工工单位开标,确定了4家中标单位。

(6)2015年2月15日~4月2日,房建施工单位开标,确定了1家中单位。

(7)2015年3月3日~4月2日,交通安全设施施工单位开标,确定了8家中标单位。

(8)2015年4月28日,机电施工单位开标,确定了1家中标单位。

(9)2015年8月3日~9月11日,污水处理施工单位开标,确定了2家中标单位。

5)征地拆迁情况

项目征地面积为11208.234亩。其中农村集体农用地707.7094 hm^2(其中耕地626.1076 hm^2),建设用地2.9902 hm^2,未利用地2.8508 hm^2;国有农用地20.1114 hm^2(其中耕地16.9963 hm^2),建设用地6.2325 hm^2,未利用地7.3213 hm^2。

2. 项目实施阶段

1)实施过程

(1)主线土建工程于2013年8月开工,2015年12月完工。

(2)房建工程于2014年12月开工,2015年12月完工。

(3)机电工程于2015年4月开工,2015年11月完工。

(4)交通安全设施工程于2015年4月开工,2015年12月完工。

(5)绿化工程于2015年1月开工,2015年12月完工。

(6)污水处理工程于2015年9月开工,2015年12月完工。

(7)2015年11月31日~12月1日,通过了交工验收,得分为98.93分,工程质量评定为合格工程。

2)重大决策

为了确保高质量完成机西高速公路一期工程建设目标,项目公司开展驻地建设、拌和站、钢筋场、预制场、中心试验室等标准化建设,如图8-29-1所示。

图 8-29-1　标准化预制梁场

2013年8月15日,由省交通运输厅组织的"全省新开工高速公路项目工地建设标准化现场观摩会"在机西高速公路项目召开,如图8-29-2所示。

图 8-29-2　全省新开工高速公路项目工地建设标准化现场观摩会现场

3)设计变更

(1)对 K51+750~K61+000 段路线整体向西平移,同时将鄢陵北互通立交向西南偏移130m,将匝道出口由主线东侧调至西侧。

(2)对高度小于或等于8m的路段统一采用植物纤维毯边坡防护,大于8m的路段维持原拱形骨架护坡方案不变。

(3)对 K81+700~K123+700 段除低填浅挖段以外的上路堤70cm及下路床40cm共110cm 素土填筑路基掺4%生石灰处治。

(4) K78+596~K81+700、K123+700~K131+773 段仅对96区第二层(20cm厚)素土填筑路基掺4%生石灰处治。

(5)K27+711.8 增加空心板中桥,取消 K27+735(暗)通道及 K27+864 通道。

(6)商登互通 K25+600~K27+500 段及商登互通 A、D、G、H 匝道填高大于或等于5m的深层软土区段,采用挤密碎石桩处治;路基填高小于5m段,采用50cm地表3%水泥土处治。

(7) K25+600～K26+020 段四车道变更为六车道，K25+740 处 3-13m 变更为 1-20m，并加宽桥面。

(8) 优化 K57+200 处 3-13m 中桥为 1-6×3.5m（暗）涵洞。

(9) 取消 K68+184 处天桥，抬高 K67+400～K68+950 段路基，在 K68+185 处设 3-13m 分离式立交桥。

(10) K68+950 通道、K69+342 通道、K69+726 通道、K70+028 通道、K71+005 通道、K97+800 通道、K103+372 通道、K111+240 通道变更为 1-13m 分离式立交桥直接跨越。

(11) K70+731 涵洞处路基填高 6.25m，若变更为一孔桥需设置扶壁台、群桩基础，造价较高。故经比选变更为 3-13m 分离式立交桥直接跨越。

(12) 取砂场抛填 4m 厚片石挤淤，淤泥挤出压实后铺设 50cm 厚碎石垫层，边坡增加浆砌片石护坡设计。

(13) 禹亳铁路桥小桩号处增加一孔，由原设计 29 孔变更为 30 孔，中心桩号由 K77+369 变更为 K77+353.965。

(14) 扶沟西服务区场区及匝道调整 A、B 匝道和场区纵坡，场区填高平均减少约 1m，减少填方 196253m^3。

(15) 抬高 K94+566～K95+755 段路基，取消 K95+100 处涵洞和改路设计，在 K95+088.5 处增设 3-13m 的预应力混凝土空心板桥，保证净宽大于 7m，净高大于 3.5m，以满足泛区农场和当地村民的生产生活需求。

(16) K104+737 处变更为 1-6×4m（明）通道即可满足村民生产生活需求。

(17) 取消该处天桥，抬高 K109+380～K110+500 段路基，在 K109+934 处设 1-13m 分离式立交。

(18) 洪业沟软基处理第一段：清淤泥至粉质黏土层，随后分层抛填片石至常水位（每层厚 0.5m 左右），并用重型压路机分层碾压直至抛石密实、地基稳定。压实后铺设 50cm 厚碎石垫层，并进行冲击碾压，碾压完成后以上部分回填符合规范要求的路基土，以上每填筑 2m 冲击碾压一次（15 遍）至 94 区顶。第二、三段洪业沟：清淤泥至粉质黏土层，随后分层抛填片石（每层厚 0.5m 左右），并用重型压路机分层将片石压入软基挤出淤泥，反复抛填碾压直至抛石密实、地基稳定，最后强夯挤淤处理至常水位以上 50cm，淤泥挤出压实后其上铺设 50cm 厚碎石垫层。

(19) 马村干渠软基处理清淤泥至粉质黏土层，随后分层抛填片石（每层厚 0.5m），并用重型压路机分层将片石压入软基挤出淤泥，反复抛填碾压直至抛石密实、地基稳定，要求处理至常水位，淤泥挤出压实后其上铺设 50cm 厚碎石垫层。路基两侧超宽抛填片石至路基坡脚线以外 2m，以保证路基稳定性。在沟渠和原地面结合处，严格按要求挖台阶填筑路基。

(20)尉氏西收费站增加收费车道,将原设计中3进4出收费车道变更为5进7出收费车道(含一对 ETC 收费车道),影响段落为尉氏西互通 AK0+377.5~AK0+661.112段。需加宽收费广场,增加征地4.9亩;增加5条收费车道,并相应增加收费设施;加长收费站大棚,收费站大棚结构变更为 H 形钢结构。

(三)科技创新

1. 涵洞盖板施工台车

对于盖板现浇施工,提高了工作效率,提升了工程质量。河南省"十二五"技术创新活动中,被评为河南省百项职工优秀技术创新成果,并获得国家级工法。

2. 沥青拌和站质量监控系统开发及配套技术研究

研究应用集料有效密度及混合料合理体积参数计算方法,建立了骨架密实结构混合料的模型。通过拌和站数据采集和图像分析进行热料仓热料自动筛分,实现对沥青混合料的级配、油石比的实时监控和统计分析,实现了实时监测与数据处理。该成果被河南省科技厅评定为河南省科学技术成果。

(四)运营养护管理

1. 组织架构

该项目运营管理单位为河南省收费还贷高速公路管理中心航空港管理处,下设综合办公室、财务管理科、收费管理科、养护工程科、路产安全科、机电运维科和监察审计科7个科室。

2. 服务设施

下辖扶沟西、西华西2处服务区,见表8-29-2。

S89 机西高速公路一期工程服务区一览表　　　　　表8-29-2

高速公路编码	服务区名称	桩号	所在区域	占地面积(亩)	建筑面积(m²)
S89	扶沟西服务区	K94+920	扶沟县霍家村	100.28	6116.00
	西华西服务区	K142+600	西华县石坡村	99.135	6198.00

3. 收费设施

收费管理科下设有6个收费站,见表8-29-3。尉氏西收费站有7个出口、5个入口,共12条通行车道;鄢陵彭店收费站有4个出口、3个入口,共7条通行车道;扶沟西收费站有4个出口、3个入口,共7条通行车道;西华北收费站有4个出口、3个入口,共7条通行车道;西华西收费站有4个出口、3个入口,共7条通行车道;周口西收费站有10个出口、5个入口,共15条通行车道。

S89 机西高速公路一期工程收费设施一览表　　　　表 8-29-3

收费站名称	桩　　号	入口车道数		出口车道数	
		总车道	ETC 车道	总车道	ETC 车道
尉氏西收费站	K48+923	5	2	7	2
鄢陵彭店收费站	K78+673	3	1	4	1
扶沟西收费站	K98+745	3	1	4	1
西华北收费站	K128+704	3	1	4	1
西华西收费站	K135+917	3	1	4	1
周口西收费站	K150+800	5	2	10	2

4. 监控设施

设置监控中心 1 个,负责机西高速公路一期全线区域的运营监管。

5. 养护管理

机西高速公路一期共有 2 个养护施工单位和 1 个监理单位,养护施工单位负责机西高速公路全线路基、路面、桥涵、交通安全设施的日常养护,并严格执行相关行业标准及航空港管理处养护制度进行日常保养保洁工作。

第三十节　S96 洛阳至栾川高速公路

洛栾高速公路是连接古都洛阳和旅游名城栾川之间的"高速经济通道",途经洛阳市、洛龙区、伊川县、嵩县、栾川县,先后和 G36 宁洛高速公路洛阳绕城段、省道 S323、洛栾快速通道、省道 S247、县道 X062、省道 S249、武西高速公路等多条线路相交,全长 129.229km。该项目对完善河南省高速公路网布局,拉动豫西山区区域经济快速发展,改善当地交通投资环境,加快旅游资源、矿产资源开发利用具有重要意义。

一、S96 洛栾高速公路洛阳至嵩县段

(一)项目概况

1. 基本情况

1)功能定位

洛栾高速公路洛嵩段起点位于洛龙区古城乡溢坡村东北,设连接线与孙辛路相连,途经伊川县、嵩县,终点位于嵩县纸房乡后地村东,与嵩县至栾川段相接,全长 62.69km。该项目对完善河南省高速公路网布局,加快豫西山区伏牛山旅游资源、矿产资源开发利用,促进区域经济快速发展具有重要意义。

2)技术标准

全封闭、全立交、双向四车道;设计行车速度:100km/h;路基宽度:26m;桥梁净宽:2×11.75m;桥涵设计荷载标准:公路—Ⅰ级(特殊桥梁1.3倍公路—Ⅰ级);路面设计标准轴载:BZZ-100;路面:收费广场和服务区广场采用水泥混凝土路面,其他采用沥青混凝土路面;路面结构:主线采用4cm中粒式SBS改性沥青混凝土(AC-13C)+6cm中粒式SBS改性沥青混凝土(AC-20C)+8cm密级配沥青稳定碎石(ATB-25)+热喷SBS改性沥青下封层+34cm水泥稳定碎石+18cm水泥稳定砂砾,路面总厚度70cm;设计使用年限为15年。

3)建设规模

主要工程量:全线路基挖方1173万m^3、填方1079万m^3,沥青混凝土路面165.1万m^2;沿线设停车区1处,服务区1处,互通式立交4处,主线收费站1处,匝道收费站3处;表8-30-1为S96洛栾高速公路洛嵩段桥梁一览表;表8-30-2为S96洛栾高速公路洛嵩段隧道一览表。

S96洛栾高速公路洛嵩段桥梁一览表 表8-30-1

规模	名称	桥长(m)	主跨长度(m)	跨越障碍物			桥梁类型
				河流	沟谷	道路、铁路	
特大桥	乾涧沟特大桥	1111	50	√			连续梁桥
大桥	前溪河大桥	577.2	30		√		连续梁桥
	梁刘互通主线桥	307.2	30			√	连续梁桥
	梁刘大桥	247.1	30		√		连续梁桥
	于营大桥	637.1	30		√		连续梁桥
	何家湾大桥	337.2	30		√		连续梁桥
	张堂大桥	860.9	50		√		连续梁桥
	南姚沟大桥	365.9	40		√		连续梁桥
	南姚沟大桥	408.8	40		√		连续梁桥
	袁沟大桥	328.8	40		√		连续梁桥
	康沟1号大桥	568.7	40		√		连续梁桥
	康沟2号大桥	187.2	30		√		连续梁桥
	杜沟大桥	288.8	40		√		连续梁桥
	瓦北大桥	157.2	30		√		连续梁桥
	瓦西大桥	448.8	40		√		连续梁桥
	楼子沟大桥(左幅)	367.1	30		√		连续梁桥
	楼子沟大桥(右幅)	337.1	30		√		连续梁桥
	堂洼大桥	106.3	25		√		连续梁桥
	下元大桥	106.3	25		√		连续梁桥
	银河大桥	106.3	25	√			连续梁桥
	顺阳河大桥	281.4	25	√			简支梁桥
	干河大桥	231.3	25	√			简支梁桥

续上表

规模	名 称	桥长（m）	主跨长度（m）	跨越障碍物 河流	跨越障碍物 沟谷	跨越障碍物 道路、铁路	桥梁类型
大桥	伊河大桥	506.3	25	√			连续梁桥
	陆浑水库总干渠大桥	168.8	40	√			连续梁桥
	古城互通式立交分离式立交	181.3	25			√	连续梁桥
	古城互通式立交主线跨被交道桥	128.7	40			√	连续梁桥
	古城互通式立交匝道A跨被交道桥	128.7	40			√	连续梁桥
	山神庙沟桥	127.1	30		√		连续梁桥
	花庙桥	157.2	30		√		连续梁桥
	姜公庙桥	210.1	50		√		连续梁桥
	纸房桥	610.6	50		√		连续梁桥
	白河沟桥	510.6	50		√		连续梁桥
	盆瑶桥	310.3	50		√		连续梁桥
	八道河桥	378.7	130	√			悬臂梁桥
	K46+058 河后大桥	105.1	20		√		简支梁桥
	K47+536 老虎沟大桥	510.60	50		√		简支梁桥
	K48+388 牛家沟大桥	187.2	30		√		连续梁桥
	K49+179 洪里沟大桥	260.2	50		√		简支梁桥
	K51+100.04 泥河沟大桥	810.8	50		√		简支梁桥
	K52+225 陶院沟大桥	328.8	40		√		连续梁桥
	滴水崖大桥	205.1	20		√		简支梁桥
	草寺沟大桥	560.6	50	√			连续梁桥
	梁古屯大桥	610.60	50		√		连续梁桥
	豹子沟大桥	360.36	50		√		连续梁桥
	王家大桥	160.12	50		√		连续梁桥
	机耕天桥	105.04	20			√	连续梁桥
中桥	西干渠中桥	65.04	20	√			连续梁桥
	宋店中桥	81.32	25		√		连续梁桥
	中溪中桥	81.35	25	√			简支梁桥
	K30+829 分离式立交	57.04	13			√	简支梁桥
	K32+124 分离式立交	44.04	13			√	简支梁桥
	马回营分离式立交（主线上跨）	65.04	20			√	简支梁桥
	分离式立交桥	25.04	20			√	简支梁桥
	分离式立交桥	85.04	20			√	简支梁桥

续上表

规模	名　　称	桥长(m)	主跨长度(m)	跨越障碍物			桥梁类型
				河流	沟谷	道路、铁路	
中桥	永昌渠中桥	81.31	25			√	连续梁桥
	芦屯	97.12	30			√	连续梁桥
	K48+663分离式立交	71.68	20			√	连续梁桥
	K39+443桥	81.29	25		√		连续梁桥

S96洛栾高速公路洛嵩段隧道一览表　　　　表8-30-2

规模	名　　称	隧道全长(m)	隧道净宽(m)	隧道分类					洞门形式(进口/出口)	备注
				按地质条件划分		按所在区域划分				
				土质隧道	石质隧道	山岭隧道	水底隧道	城市隧道		
中隧道	姜公庙隧道	505	10.8		√	√			削竹式/削竹式	
	玉皇庙隧道	815	10.8	√		√			削竹式/端墙式	
短隧道	大坡隧道	80	14.4	√					端墙式	明挖隧道

4) 主要控制点

洛阳市、伊川县、嵩县。

5) 地形地貌

沿线地形非常复杂,尤其是山岭区,山大沟深,路线所经过的主要地貌单元为黄土丘陵区,高程200~500m,相对高差50~150m,沟谷发育,地形起伏。其次有伊河河谷平原及中起伏低山。伊河河谷平原由超漫滩和一级阶地组成,一级阶地两侧不对称,东窄西宽,阶面宽300~500m,倾向河床;中起伏低山区,山峰叠峦,沟谷发育,切割强烈。

6) 投资规模

项目概算投资40.77亿元,竣工决算投资43.85亿元,平均每公里造价6994万元。

7) 开工及通车时间

2010年03月开工建设,2012年12月交工通车。

2. 参建单位主要情况

(1) 建设单位:河南嵩阳高速公路有限公司。

(2) 质量监督单位:河南省交通基本建设质量检测监督站。

(3) 设计单位:河南省交通规划勘察设计院有限责任公司。

(4) 监理单位:河南省宏力工程咨询有限公司、河南省高等级公路建设监理部有限公司、江苏省交通规划设计院有限公司(设计监理)、河南省豫通公路工程监理事务所(机电监理)。

(5) 土建施工单位:河南省公路工程局集团有限公司、中铁十五局集团第七工程有限公司、濮阳市通达公路工程有限公司、山东鲁桥建设有限公司、中交二公局第四工程有限公司、中铁十五局集团第五工程有限公司、浙江登峰交通集团有限公司、中铁十五局集团第二工程有限公司、中铁七局集团第三工程有限公司、湖南省建筑工程集团总公司。

(6)路面施工单位:云南路桥股份有限公司、吉林省亿丰路桥工程有限公司、吉林省长城路桥建工有限责任公司。

(7)房建施工单位:河南派普建设工程有限公司、林州市太行建设工程有限公司、河南天河建设工程有限公司、河南省第二建设集团有限公司、河南省建设集团有限公司。

(8)交通安全设施施工单位:广东省交通发展有限公司、中交第一公路工程局有限公司、科达集团股份有限公司。

(9)绿化施工单位:上海十方园林发展股份有限公司、鄢陵倚天园林绿化有限公司、许昌江北花木有限公司、河南翰墨园林工程有限公司。

(10)机电施工单位:栾川县恒源电力有限责任公司、河南黎阳建设有限公司、中铁十三局集团电务工程有限公司、中国铁建电气化局集团第一工程有限公司、广东飞达交通工程有限公司、中国铁建电气化局集团第一工程有限公司、河南新豫飞科技照明工程有限公司。

(11)沥青采购单位:河南普天商贸有限公司、江苏宝利沥青股份有限公司。

(二)建设情况

1. 项目准备阶段

1)项目审批文件

洛阳市环境保护局对洛阳至栾川高速公路洛阳至嵩县段建设项目环境影响报告书进行了批复,文号为洛市环监〔2009〕43号。河南省地震局对洛阳至栾川高速公路洛阳至嵩县段工程场地地震安全性评价工作报告进行了批复,文号为豫震安评〔2009〕178号。河南省发展和改革委员会《关于洛阳至栾川高速公路洛阳至嵩县段核准的批复》,文号为豫发改交通〔2009〕1831号文。河南省发展和改革委员会《关于洛阳至栾川高速公路洛阳至嵩县段工程初步设计的批复》,文号为豫发改设计〔2009〕2005号。洛阳市规划局对洛栾高速公路洛阳至嵩县段路线走向进行了审批,文号为〔2009〕379号。河南省水利厅对洛阳至栾川高速公路洛阳至嵩县段工程水土保持方案报告书进行了审批,文号为豫水行许字〔2010〕24号。河南省交通运输厅《关于洛阳至栾川高速公路洛阳至嵩县段施工图设计的批复》,文号为豫交规划〔2010〕305号。河南省交通运输厅对洛阳至栾川高速公路洛阳至嵩县段房屋建筑工程概念设计进行了批复,文号为豫交计〔2010〕345号。河南省国土资源厅对洛阳至栾川高速公路洛阳至嵩县段工程压覆矿产资源进行了审查,文号为豫国土资函〔2010〕414号。国土资源部对洛阳至栾川高速公路洛阳至嵩县段工程建设用地进行了批复,文号为国土资函〔2011〕183号。

2)资金筹措

项目概算总投资为40.77亿元,其中25%为建设单位自有资金,其余75%为工商银行贷款。

3）合同段划分

（1）设计标段划分：土建工程 1 个标段、房建工程设计 1 个标段、绿化工程设计 1 个标段、机电工程设计 1 个标段。

（2）施工标段划分：设 10 个土建工程施工标段、3 个路面工程施工标段、4 个交通安全设施工程施工标段、1 个交通机电工程施工标段、2 个配电照明工程施工标段、2 个通信管道工程施工标段、2 个 10kV 供电施工标段、4 个绿化工程施工标段、5 个房建工程施工标段。

（3）施工监理标段划分：设 2 个土建路面工程监理标段（含路面、交通安全设施）、1 个机电工程监理标段。

4）招投标

（1）2009 年 8 月 14 日，确定 1 个设计中标单位。

（2）2009 年 12 月 10 日，确定 10 个土建工程中标单位。

（3）2010 年 2 月 1 日，确定 2 个土建施工监理中标单位。

（4）2011 年 11 月 28 日，确定 3 个路面工程中标单位。

（5）2012 年 5 月 18 日，确定 4 个房建工程中标单位。

（6）2012 年 6 月 25 日，确定 4 个交通安全设施工程中标单位。

（7）2012 年 6 月 25 日，确定 4 个绿化工程中标单位。

（8）2012 年 7 月 18 日，确定 5 个机电工程中标单位。

（9）2012 年 8 月 17 日，确定 3 个沥青采购中标单位。

（10）2012 年 8 月 17 日，确定 2 个机电施工监理中标单位。

5）征地拆迁情况

建设用地 430.2557hm^2，实际征用土地规模为 469.6534hm^2；林业用地于 2010 年 2 月 2 日经河南省林业厅审核批准，文号为豫林资许〔2010〕016 号；沿线永久性用地申报材料经河南省国土资源厅于 2009 年 10 月 13 日正式批准并签发了预审意见，文号为豫国土资函〔2009〕662 号，并经河南省政府上报国务院批准，2011 年 4 月 13 日国土资源部批复，文号为国土资函〔2011〕183 号。

2. 项目实施阶段

1）实施过程

（1）2010 年 10 月 11 日，省交通运输厅正式批复了洛栾高速公路洛嵩段施工许可申请书。

（2）2012 年 11 月 16 日，全线土建工程、路面工程及控制性工程全部完工。

（3）附属工程 2012 年 11 月 20 日，房建、机电、交通安全设施工程完工。

（4）2012 年 12 月 13~16 日，河南省交通基本建设质量检测监督站组织专家对洛栾高速公路洛嵩段进行了交工验收，得分为 98.02 分，工程质量评定为合格工程。

(5)2014年12月22~24日,河南省交通基本建设质量检测监督站对洛栾高速公路洛嵩段进行了质量鉴定。鉴定认为洛栾高速公路洛嵩段经过两年多的试运营,工程平、纵线形流畅;桥梁外观质量合格,伸缩缝伸缩有效;小桥、通道、涵洞、排水工程的外观质量合格;路面平整度、车辙等指标经复测满足规范和标准要求;标志、标线、防撞护栏外观及使用效果满足要求。

2)重大决策

(1)项目公司在2009年开展"决战四季度、大干80天,确保年度投资目标圆满完成"的劳动竞赛,并制定"大干80天、确保年度投资目标圆满完成"考核监督办法。

(2)2010年春节后,由公司和代表处制定了严格的2010年质量、进度管理办法;在此基础上,召开洛阳至栾川高速公路项目建设"大干100天,暨安全、质量两保活动100天"动员大会,如图8-30-1所示。

图8-30-1 "大干100天"动员大会

3)重大变更

(1)路基路面变更

①挖方土石比例变化的变更:由于项目位于豫西山岭重丘区,沿线地形、地质复杂多变,挖方段土石比例变化相对较大,根据现场实际和地质情况,调整土石方比例。

②取消部分跨标段调运土石方变更:由于项目沿线山高路陡、沟壑纵横,远距离跨标段调运不易实施,另外各标段进度不协调,在施工时很难同步进行跨标段调配土石方。

③路基填料变更:由于跨标段调运土石方无法实施、挖方段土方CBR值不足或为不良土质等原因,根据项目所在地实际情况,部分标段变更为借土填方或借砂砾填方等。

④滑塌、滑坡路段治理的变更:在K40+065~K40+600、K40+930~K41+120等多处路段出现较大规模的滑坡、滑塌等,需要加固治理。

(2)部分桥涵结构物变更

①涵洞通道的变更:结合项目实施过程中遇到的实际问题,对部分涵洞、通道进行增

减、移位、变动跨径、改变地基处理形式等变更设计。

②桥梁变更:在 K9+818.9、K14+162、K25+825、K30+905、K33+215 处增加 5 座天桥;增加 K26+286 一孔 20m 小桥(相应取消 K26+338 盖板涵);取消 K33+314、K52+928、K54+475、K55+2554 座天桥。

(3)隧道变更

①根据现场实际和开挖的围岩地质情况,姜公庙隧道和玉皇庙隧道分别调整了不同路段的围岩级别及支护形式,以达到支护与围岩的辩证统一,以体现"动态设计、动态施工"的隧道新奥法设计思路。同时结合洞口段实际地形情况,对个别洞门形式进行了优化调整。

②根据现场实际和开挖情况以及沿线的社会环境,在 K55+225~K55+305 增设明挖式双连拱隧道 1 座,隧道长 80m。

(4)路线交叉变更

由于项目沿线各县市的发展规划调整,根据地方政府的要求,并报上级相关部门批准,伊川西互通立交、嵩县互通立交均做了相应的调整。

4)重大事件

(1)2011 年 9 月 16 日,由河南省交通规划勘察设计院有限责任公司完成的"洛阳至嵩县高速公路机载三维激光雷达扫描测量"获河南省测绘局"2011 年度河南省优质测绘工程(成果)"二等奖。

(2)2011 年 9 月,由河南省交通规划勘察设计院有限责任公司完成的"洛阳至栾川高速公路洛阳至嵩山段工程可行性研究报告"获河南省工程咨询协会"2011 年度河南省优秀工程咨询成果奖"三等奖。

(3)2013 年 6 月,由河南省交通规划勘察设计院有限责任公司完成的"洛阳至嵩县高速公路梁圪塔滑坡治理专项设计"获河南省勘察设计协会"2013 年度河南省勘察设计行业创新奖"一等奖。

(4)2013 年 11 月 8 日,由河南省交通规划勘察设计院有限责任公司完成的"洛阳至嵩县高速公路工程地质勘察"获河南省优秀工程勘察设计评选委员会"2013 年度河南省优秀工程勘察设计奖"一等奖。

(5)2014 年 6 月,由河南省交通规划勘察设计院有限责任公司完成的"洛阳至栾川高速公路洛阳至嵩县段"获河南省勘察设计协会"2014 年度河南省勘察设计行业创新奖"一等奖。

(三)科技创新

1.沥青路面抗车辙材料与路面结构成套技术开发研究

考虑到洛栾高速公路地处豫西山岭重丘区,长大纵坡较多,防治车辙将是路面设计与施工中的重点,原路面设计为双层改性沥青混合料。但是由于材料涨价等原因,导致建设资金紧张,亟须寻找经济有效的车辙防治技术,力争在不增加预算的前提下,确保路面的抗车辙能力。为此进行了沥青路面抗车辙材料与路面结构成套技术的开发,如图8-30-2所示。经过认真研究,开发了抗车辙效果明显、价格低且节能的硫化复合改性沥青混合料,从而取代了昂贵的复合改性沥青材料,有效增强了抗车辙能力。该研究项目获得2014年"河南省交通运输科学技术奖"一等奖。

图8-30-2　路面施工铺筑试验路段

2.公路半刚性基层透层乳化沥青渗透效果及评价指标研究

在我国高等级公路路面结构中,以半刚性材料为基层的沥青路面占大多数。这种路面设计采用的是双圆垂直均布荷载作用下的多层弹性连续体系理论,即在设计上要求沥青路面结构及有关材料能达到层间完全连续,同时也是沥青路面保持良好运营状态、延长使用寿命的必要条件。为此进行了公路半刚性基层透层乳化沥青渗透效果及评价指标研究(图8-30-3)。该研究项目获得2014年"河南省交通运输科学技术奖"一等奖。

图8-30-3　高渗透乳化沥青在半刚性基层中的应用

(四)运营养护管理

1. 组织架构

该项目运营管理单位为河南省交通运输厅高速公路洛阳管理处,下设办公室、人事科、党委办公室、财务科、征收科、运维中心、养护科、路产科、经营科9个科室。

2. 服务设施

下辖陆浑服务区1处,见表8-30-3。

S96洛栾高速公路洛阳至嵩县段服务场区一览表　　　　　表8-30-3

高速公路编码	服务区名称	桩　号	所 在 区 域	占地面积(m²)	建筑面积(m²)
S96	陆浑服务区	K51	嵩县饭坡镇南庄村	104757	7888.12

3. 收费设施

设有洛龙、伊川西、嵩县产业集聚区和嵩县4个收费站,见表8-30-4。洛龙收费站有10个出口、6个入口,共16条通行车道;伊川西收费站有3个出口、2个入口,共5条通行车道;嵩县产业集聚区收费站有3个出口、2个入口,共5条通行车道;嵩县收费站有3个出口、2个入口,共5条通行车道。

S96洛栾高速公路洛阳至嵩县段收费设施一览表　　　　　表8-30-4

收费站名称	桩　号	入口车道数		出口车道数	
		总车道	ETC车道	总车道	ETC车道
洛龙收费站	K0+370	6	2	10	2
伊川西收费站	K14+312	2	0	3	1
嵩县产业集聚区收费站	K36+133	2	0	3	1
嵩县收费站	K62.633	2	0	3	1

4. 监控设施

设置监控中心1个,负责洛栾高速公路和洛卢高速公路的运营监管。

5. 养护管理

2016年3~8月共投入2210万元对洛卢高速公路7座桥梁、洛栾高速公路6座桥梁与3座隧道的所有病害进行专项维修处治。

2015年对洛栾高速公路洛嵩段团雾多发路段进行治理,加装了标志标牌、太阳能爆闪灯、能见度检测仪、语音喇叭、雷达测速提示屏等安全设施;2015年对洛栾高速公路沿线部分路段交安设施进行了提升。

二、S96 洛栾高速公路嵩县至栾川段

(一)项目概况

1．基本情况

1）功能定位

洛栾高速公路嵩县至栾川段先后和 G36 宁洛高速公路洛阳绕城段、省道 S323、洛栾快速通道、省道 S247、县道 X062、省道 S249 和武西高速公路等多条干线公路相交,全长 66.539km。该项目对实施国家中部崛起战略,完善河南省高速公路网布局,改善豫西山区交通投资环境,加快沿线旅游、矿产资源开发,促进区域经济快速协调发展具有重要意义。

2）技术标准

全封闭、全立交、双向四车道;设计行车速度:80km/h;路基宽度:24.5m;桥梁净宽:2×11.38m;桥涵设计荷载标准:公路—I级(特殊桥梁1.3倍公路—I级);路面设计标准轴载:BZZ-100;路面:收费广场和服务区广场采用水泥混凝土路面,其他采用沥青混凝土路面;路面结构:主线路面结构采用4cm 中粒式 SBS 改性沥青混凝土(AC-13C)+6cm 中粒式 SBS 改性沥青混凝土(AC-20C)+8cm 密级配沥青稳定碎石(ATB-25)+改性乳化沥青下封层+34cm 水泥稳定碎石+16cm 水泥稳定碎石,路面总厚度68cm;设计使用年限为15年。

3）建设规模

全线路基挖方1303万 m^3、填方880万 m^3,沥青混凝土路面136.6万 m^2;沿线设停车区1处,服务区1处,互通式立交4处,匝道收费站4处。表8-30-5 为 S96 洛栾高速公路嵩栾段桥梁一览表;表8-30-6 为 S96 洛栾高速公路嵩栾段隧道一览表。

S96 洛栾高速公路嵩栾段桥梁一览表　　　　表 8-30-5

规模	名称	桥长(m)	主跨长度(m)	跨越障碍物			桥梁类型
				河流	沟谷	道路、铁路	
特大桥	栗子坪特大桥	368.12	170	√			连续梁桥
大桥	纸房大桥	204.880	25	√			连续梁桥
	吕沟口大桥	248.160	40	√			连续梁桥
	下窑大桥	104.934	25		√		连续梁桥
	牌家岭一号大桥	328.040	40		√		连续梁桥
	牌家岭2号大桥	308.36	50		√		连续梁桥
	三道沟大桥	207.96	40		√		连续梁桥
	岭后大桥	248	40		√		连续梁桥
	五道沟门大桥	508.00	50	√			连续梁桥
	吉山沟分离式立交	458.6	50			√	连续梁桥
	古山岭大桥	358.36	50		√		连续梁桥

第八章
河南高速公路项目建设信息

续上表

规模	名称	桥长（m）	主跨长度（m）	跨越障碍物			桥梁类型
				河流	沟谷	道路、铁路	
大桥	前瓜岭大桥	154.954	25		√		连续梁桥
	八里滩大桥	207.96	40		√		连续梁桥
	俩沟大桥	728.2	40		√		连续梁桥
	朱凹1号大桥（左幅）	144.96	20		√		简支梁桥
	朱凹1号大桥（右幅）	124.94	20		√		简支梁桥
	朱凹2号大桥	367.94	40		√		简支梁桥
	柳扒伊河大桥（左幅）	658.6	50	√			简支梁桥
	柳扒伊河大桥（右幅）	658.6	50	√			简支梁桥
	桃坡岭分离式立交	408.36	50			√	简支梁桥
	前范岭1号大桥（左幅）	104.94	20		√		简支梁桥
	前范岭1号大桥（右幅）	104.94	20		√		简支梁桥
	前范岭2号大桥	292.12	90		√		简支梁桥
	上元湾伊河大桥（左幅）	658.6	50	√			简支梁桥
	上元湾伊河大桥（右幅）	708.84	50	√			简支梁桥
	三峡大桥	124.94	20		√		简支梁桥
	蛮峪河大桥（左幅）	247.94	40	√		√	简支梁桥
	蛮峪河大桥（右幅）	288.03	40	√		√	简支梁桥
	老道沟伊河大桥（右幅）	458.38	50	√			简支梁桥
	老道沟伊河大桥（左幅）	458.38	50	√			简支梁桥
	九丈沟伊河大桥（右幅）	408.36	50	√			简支梁桥
	九丈沟伊河大桥（左幅）	408.36	50	√			简支梁桥
	刘坪1号大桥（右幅）	129.94	25		√		连续梁桥
	刘坪1号大桥（左幅）	104.94	25		√		连续梁桥
	刘坪2号大桥（右幅）	104.94	25		√		连续梁桥
	刘坪2号大桥（左幅）	229.94	25		√		连续梁桥
	刘坪3号大桥（右幅）	129.94	25		√		连续梁桥
	刘坪3号大桥（左幅）	129.94	25		√		连续梁桥
	石板沟大桥（右幅）	287.85	40		√		连续梁桥
	石板沟大桥（左幅）	247.95	40		√		连续梁桥
	东湾1号大桥（右幅）	168	40		√		连续梁桥
	东湾1号大桥（左幅）	168	40		√		连续梁桥
	东湾2号大桥（右幅）	287.95	40		√		连续梁桥
	水牛沟大桥（右幅）	327.96	40	√			连续梁桥
	水牛沟大桥（左幅）	728.16	40	√			连续梁桥
	任岭大桥	104.94	25		√		连续梁桥

续上表

规模	名称	桥长（m）	主跨长度（m）	跨越障碍物 河流	跨越障碍物 沟谷	跨越障碍物 道路、铁路	桥梁类型
大桥	上河1号大桥	104.93	25		√		简支梁桥
	上河2号大桥（右幅）	155	25		√		简支梁桥
	上河2号大桥（左幅）	180	25		√		简支梁桥
	绿豆沟大桥	156.95	30		√		简支梁桥
	下湾1号大桥（右幅）	129.95	25		√		简支梁桥
	下湾1号大桥（左幅）	154.96	25		√		简支梁桥
	下湾2号大桥	126.94	30		√		简支梁桥
	沟门1号大桥	306.916	30		√		简支梁桥
	沟门2号大桥	126.94	30		√		简支梁桥
	老虎沟大桥	156.954	30		√		简支梁桥
	东村大桥	396.94	30		√		简支梁桥
	马沟大桥	204.88	25		√		简支梁桥
	龙潭河大桥	479.94	25	√			简支梁桥
	谷峪沟大桥	404.35	20	√		√	连续梁桥
	金洞沟大桥	336.94	30			√	连续梁桥
	姬家湾大桥	277.03	30		√		连续梁桥
	姬家湾大桥	246.94	30				连续梁桥
	铁炉沟大桥	288.03	40	√		√	连续梁桥
	大练沟大桥	408.04	40	√		√	连续梁桥
	小李沟大桥	167.96	40		√		连续梁桥
	小练沟大桥	288.03	40		√	√	连续梁桥
	河西1号大桥	408	40		√		连续梁桥
	河西2号大桥	208	40		√		连续梁桥
	河西3号大桥	280	25		√		连续梁桥
	石门伊河大桥	559	50	√		√	连续梁桥
	五成沟1号大桥	358	50		√		连续梁桥
	五成沟2号大桥	575	25		√		连续梁桥
	秋花印1号伊河大桥	288.03	40	√			简支梁桥
	秋花印2号伊河大桥	528.12	40	√			简支梁桥
	平良河大桥	248.16	40	√			简支梁桥
	龙勃大桥	126.94	30		√		简支梁桥
	大宋西沟大桥	156.96	30		√		简支梁桥
	台上大桥	246.92	30		√		连续梁桥
	磨湾大桥	336.94	30		√		连续梁桥
	王院大桥	186.88	30		√		连续梁桥

续上表

规模	名称	桥长（m）	主跨长度（m）	跨越障碍物			桥梁类型
				河流	沟谷	道路、铁路	
大桥	对角沟大桥	186.96	30		√		连续梁桥
	山羊圈大桥	126.94	30		√		连续梁桥
	滹沱大桥（左幅）	397	30		√		连续梁桥
	滹沱大桥（右幅）	337	30		√		连续梁桥
	鸭池沟大桥（左幅）	368	40		√		连续梁桥
	鸭池沟大桥（右幅）	328	40		√		连续梁桥
	金牛岭1号伊河大桥	528	40	√			连续梁桥
	金牛岭2号伊河大桥	408	40	√			连续梁桥
	草庙湾伊河大桥	328	40	√			连续梁桥
	李家庄大桥	247	30		√		连续梁桥
	后岭大桥	187	30		√		连续梁桥
	黄柏沟伊河大桥	528	40	√			连续梁桥
	两河口伊河大桥	277	30	√			连续梁桥
	K125+065桥	277.01	30		√		连续梁桥
	K125+401.0桥	104.92	25			√	连续梁桥
中桥	河西2号中桥（左幅）	85	20		√		连续梁桥
	狮子坪中桥	65	20		√		简支梁桥
	小宋西沟中桥	97	30		√		简支梁桥
	龙勃中桥	65	20		√		简支梁桥
	台上中桥	85	20		√		连续梁桥
	王院中桥	85	20		√		连续梁桥
	山羊圈中桥	85	20		√		连续梁桥

S96洛栾高速公路嵩栾段隧道一览表　　　　表8-30-6

规模	名称	隧道全长（m）	隧道净宽（m）	隧道分类					洞门形式（进口/出口）
				按地质条件划分		按所在区域划分			
				土质隧道	石质隧道	山岭隧道	水底隧道	城市隧道	
长隧道	狮子坪1号隧道	2392	10.25		√	√			端墙式
中隧道	刘坪2号隧道（右幅）	517	10.88		√	√			端墙式
	龙勃4号隧道	523	10.25		√	√			端墙式/端墙式
	上秋花印隧道	938	10.25		√	√			削竹式/端墙式
	羊圈隧道	753.00	10.25		√	√			端墙式/端墙式
	鸭池沟隧道（左幅）	585	10.25		√	√			端墙式/端墙式
	鸭池沟隧道（右幅）	622	10.25		√	√			端墙式/端墙式

续上表

规模	名　称	隧道全长(m)	隧道净宽(m)	隧道分类					洞门形式(进口/出口)
				按地质条件划分		按所在区域划分				
				土质隧道	石质隧道	山岭隧道	水底隧道	城市隧道	
短隧道	山峡隧道(右幅)	192	10.25		√	√			端墙式/削竹式
	山峡隧道(左幅)	213	10.25		√	√			削竹式/端墙式
	刁崖1号隧道(右幅)	337	10.25		√	√			端墙式/削竹式
	刁崖1号隧道(左幅)	372	10.25		√	√			削竹式/端墙式
	刁崖2号隧道(右幅)	410	10.25		√	√			端墙式/削竹式
	刁崖2号隧道(左幅)	407	10.25		√	√			削竹式/端墙式
	五道庙1号隧道(左幅)	354	10.88		√	√			端墙式
	五道庙1号隧道(右幅)	342	10.88		√	√			端墙式
	五道庙2号隧道(左幅)	210	10.88		√	√			端墙式
	五道庙2号隧道(右幅)	308	10.88		√	√			端墙式
	刘坪1号隧道(左幅)	325	10.88		√	√			端墙式
	刘坪1号隧道(右幅)	336	10.88		√	√			端墙式
	刘坪2号隧道(左幅)	208	10.88		√	√			端墙式
	刘坪3号隧道(左幅)	185	10.88		√	√			端墙式
	东湾隧道(左幅)	140	10.88		√	√			端墙式
	东湾隧道(右幅)	183	10.88		√	√			端墙式
	姬家湾隧道(左幅)	325	10.25		√	√			端墙式
	姬家湾隧道(右幅)	300	10.25		√	√			端墙式
	龙勃1号隧道	192	10.25		√	√			端墙式/端墙式
	龙勃2号隧道	348	10.25		√	√			端墙式/端墙式
	龙勃3号隧道	157	10.25		√	√			端墙式/端墙式
	狮子坪2号隧道	380	10.25		√	√			端墙式/端墙式
	台上隧道	302	10.25		√	√			端墙式/削竹式
	王院隧道	161	10.25		√	√			端墙式/端墙式
	大羊蹄沟隧道	480	10.25		√	√			端墙式/端墙式
	西沟一号隧道	69	10.25		√	√			端墙式/端墙式
	西沟二号隧道	124	10.25		√	√			端墙式/端墙式

4)主要控制点

嵩县、栾川。

5)地形地貌

全线位于豫西山区,经过的区域地形条件复杂,其间山岭纵横,层峦叠嶂,河沟交织。地势西南高,东北低,地形起伏大,地面高程最高的秃尖山海拔1000m左右,地面高程最低的嵩县纸房乡海拔350m左右,相对高差700m。

线路中段跨越的中低山区沟谷发育,山谷陡峻,地势险要,河流及沟谷多呈"V"形,沟的深度范围在50~200m之间;线路北段跨越的低山丘陵地形起伏变化很大,沟谷发育,以"V"形为主,沟谷深度范围在10~60m之间;河谷多呈"U"形发育;线路中段跨越的伊河及明白河两岸冲积平原,地面高程350~500m,地势相对平坦,阶地沿两岸分布。地形复杂,地貌多变,有大起伏中山、中起伏中山、中起伏低山、小起伏低山、河谷平原等地貌组成。

6)投资规模

项目概算投资63.1795亿元。

7)开工及通车时间

2010年10月开工建设,2012年12月交工通车。

2. 参建单位主要情况

(1)建设单位:河南嵩阳高速公路有限公司。

(2)设计单位:河南省交通规划勘察设计院有限责任公司。

(3)监理单位:河南省高等级公路建设监理部有限公司、河南省公路工程监理咨询有限公司、中交第一公路勘察设计研究院有限公司(设计监理)、北京路恒源交通工程技术开发有限公司(机电监理)。

(4)质量监督单位:河南省交通基本建设质量检测监督站。

(5)土建施工单位:河南省公路工程局集团有限公司、中铁七局集团有限公司、中铁十五局集团第二工程有限公司、中国葛洲坝集团股份有限公司、中铁七局集团郑州工程有限公司、中铁十五局集团第一工程有限公司、中铁十五局集团第五工程有限公司、陕西明泰工程建设有限责任公司、中交一公局第六工程有限公司、中铁十五局集团第七工程有限公司。

(6)路面BT施工单位:河南省公路工程局集团有限公司。

(7)房建施工单位:河南光大建设工程有限公司、河南锦源建设有限公司、郑州市正岩建设有限公司、河南天河建设工程有限公司、河南省第二建设集团有限公司。

(8)交通安全设施施工单位:邯郸市立通道路设施有限公司、杭州红萌交通设施有限公司、海南中咨泰克交通工程有限公司、北京路桥方舟交通科技发展有限公司。

(9)绿化施工单位:河南乾方园林绿化工程有限公司、河南省益康园林工程有限公司、郑州万年春园林绿化工程有限公司、河南新封园林绿化工程有限公司。

(10)机电施工单位:紫光捷通科技股份有限公司、中国铁建电气化局集团第一工程有限公司、中铁十三局集团电务工程有限公司、郑州市亚通照明工程有限公司、河南省泛光照明工程有限公司、安阳优创实业有限责任公司、平顶山华辰电力有限公司。

(二)建设情况

1. 项目准备阶段

1)项目审批文件

河南省国土资源厅对地质灾害危险性评估报告备案登记表进行了审批,文号为国土资地灾评资字〔2005〕168号。洛阳市水利局对洛阳市水利局准予水行政许可决定书进行了审批,文号为洛水行许字〔2010〕50号。河南省水利厅对洛阳至栾川高速公路嵩县至栾川段工程水土保持方案报告书进行了批复,文号为豫水行许字〔2010〕73号。河南省地震安全性评定委员会对洛阳至栾川高速公路嵩县至栾川段工程场地地震安全性评价工作报告进行了批复,文号为豫震安评〔2010〕114号。河南省环境保护厅对洛阳至栾川高速公路嵩县至栾川段工程环境影响报告书进行了批复,文号为豫环审〔2010〕152号。河南省国土资源厅对洛阳至栾川高速公路嵩县至栾川段建设项目用地预审进行了批复,文号为豫国土资函〔2010〕214号;河南省国土资源厅对洛阳至栾川高速公路嵩县至栾川段建设项目用地预审进行了批复,文号为豫国土资函〔2010〕501号。河南省发展和改革委员会《关于洛阳至栾川高速公路嵩县至栾川段项目核准的批复》,文号为豫发改基础〔2010〕1076号。河南省发展和改革委员会《关于洛阳至栾川高速公路嵩县至栾川段工程初步设计的批复》,文号为豫发改设计〔2010〕1534号。国家林业局对《使用林地审核同意书》国家林业局准予行政许可决定书进行了批复,文号为林资许准〔2011〕085号。河南省交通运输厅《关于洛阳至栾川高速公路嵩县至栾川段工程施工图设计的批复》,文号为豫交规划〔2011〕125号。洛阳市文物管理局对洛阳至栾川高速公路嵩县至栾川段路线走向进行了批复。河南省交通运输厅对洛阳至栾川高速公路嵩县至栾川段房屋建筑工程(不含服务区、停车区)施工图设计进行了批复,文号为豫交文〔2012〕223号。河南省交通运输厅对洛阳至栾川高速公路嵩县至栾川段绿化工程施工图设计进行了批复,文号为豫交工〔2012〕252号。

2)资金筹措

项目概算总投资为66.1795亿元,其中25%为建设单位自有资金,其余75%为工商银行贷款。

3)合同段划分

(1)设计标段划分:土建工程10个标段、机电工程设计1个标段。

(2)施工标段划分:10个土建施工标段、1个路面施工标段、4个交通安全设施施工标段、1个机电施工标段、2个配电照明施工标段、2个通信管道施工标段、2个10kV供电施工标段。

(3)施工监理标段划分:设2个土建路面监理标段(含路面、交通安全设施)、1个机电监理标段。

4)招投标

(1)2010年6月1日,确定1家工程设计中标单位。

(2)2010年11月22日,确定10家土建工程中标单位。

(3)2010年11月22日,确定2家土建施工监理中标单位。

(4)2012年5月18日,确定4家收费站房建工程中标单位。

(5)2012年6月4日,确定1家路面工程中标单位(BT模式)。

(6)2012年6月25日,确定4家交通安全设施工程中标单位。

(7)2012年6月25日,确定4家绿化工程中标单位。

(8)2012年7月18日,确定7家机电工程中标单位。

(9)2012年7月25日,确定1家服务区房建工程中标单位。

(10)2012年8月17日,确定1家机电施工监理中标单位。

5)征地拆迁情况

建设用地400.2568hm^2,实际征用土地规模为402.8653hm^2。林业用地于2011年5月6日经国家林业局审核批准,文号为林资许准〔2011〕085号。沿线永久性用地申报材料经河南省国土资源厅于2010年10月13日正式批准并签发了预审意见,文号为豫国土资函〔2010〕501号。

2. 项目实施阶段

1)实施过程

(1)主线工程于2010年11月8日开工,2012年11月6日完工。

(2)房建、机电、交通安全设施工程主体于2014年12月10日完工。

(3)2012年12月13~15日,河南省交通基本建设质量检测监督站组织专家对洛栾高速公路嵩栾段进行了交工验收,工程质量评定为合格工程。

(4)2014年12月22~24日,河南省交通基本建设质量检测监督站对洛栾高速公路洛嵩段进行了质量鉴定。鉴定认为洛栾高速公路洛嵩段经过两年多的试运营,工程平、纵线形流畅;桥梁外观质量合格,伸缩缝伸缩有效;小桥、通道、涵洞、排水工程的外观质量合格;路面平整度、车辙等指标经复测满足规范和标准要求;标志、标线、防撞护栏外观及使用效果满足要求。

2)重大决策

为了完成工期节点目标和年度目标,公司先后在全线组织开展了"大干一百天劳动竞赛活动"和"优质工程杯"等多种形式的劳动竞赛活动,如图8-30-4所示。

3)设计变更

(1)路基路面变更

图 8-30-4 "大干一百天"劳动竞赛活动

①取消部分跨标段调运土石方变更。由于项目沿线山高路陡、沟壑纵横,远距离跨标段调运不易实施,另外各个标段进度不协调,施工时很难同步进行跨标段调配土石方。

②路基填料的变更。由于跨标段调运土石方无法实施、挖方段土方 CBR 值不足或为不良土质等原因,根据项目所在地实际情况,部分标段变更为借土填方或借砂砾填方等。

③路面结构的变更。根据业主要求,对 40m 以内短路基(路堑)部分路面结构变更为复合式路面结构。

④滑塌、滑坡路段治理的变更。根据 2012 年 5 月 23 日设计变更方案审查意见,对 K67+450~K67+805 左侧滑坡段,采取渗沟+坡脚挡墙加固处理方案;对 K84+495~K84+890 滑坡段,采取抗滑桩+渗沟+拱形骨架植草+坡脚挡墙加固处理方案。

⑤边坡防护结构的变更。结合项目实施中遇到的实际情况,对部分段落边坡防护结构变更设计。

(2)部分桥涵结构物变更

①涵洞通道的变更。结合项目进展中遇到的实际问题,对部分涵洞、通道进行增减、移位、变动跨径、改变地基处理形式等变更设计。

②桥梁的变更。

上部结构:根据 2011 年 7 月 15 日专家咨询意见,河西 1 号中桥 3×20m 预应力混凝土组合箱梁取消,变更为路基;河西 2 号中桥 4×20m 预应力混凝土组合箱梁变更为 3×30m 预应力混凝土组合箱梁;九龙山互通 E 匝道 11×30m 现浇箱梁变更为预应力混凝土组合箱梁。根据 2012 年 5 月 23 日设计变更审查意见,嵩栾 6 标五成沟 2 号大桥左线第 24~27 跨和右线第 22~25 跨变更为路基。根据业主要求,桥梁伸缩缝变更为型钢单缝式和模数式伸缩装置。

下部结构:结合项目进展中实际情况,优化下部结构部分桩长,并将部分桥梁桩柱式桥台变更为扩大基础。

③天桥的变更。结合项目进展中遇到的实际问题,对部分天桥进行增减等变更设计。

(3)隧道变更

根据现场实际开挖的围岩地质情况,以及地质超前预报结果,隧道分别调整了不同段落的围岩级别及支护形式,正、负变更工程量基本平衡,以达到支护与围岩的辩证统一,以体现"动态设计、动态施工"的隧道新奥法设计思想。个别隧道在施工过程中,不同程度出现了塌方情况,现场及时给予了处理措施并及时提供了处治方案;同时,结合洞口段实际地形情况,对个别洞门形式进行优化调整。

根据2012年5月23日厅豫西指挥部组织专家评审会评审意见,龙勃1号隧道进口端右线90m长的隧道浅埋段变更为路堑。

根据2012年2月16日厅豫西指挥部组织专家评审会意见员会及业主要求的晚进洞方案,对王院隧道左线出口端采取晚进洞方案,取消原设计的抗滑桩。

(4)路线交叉变更

应栾川县地方政府的要求,对栾川互通进行变更设计,并获得豫西指挥部的审批。

4)重大事件

(1)2011年9月,由河南省交通规划勘察设计院有限责任公司完成的"洛阳至栾川高速公路嵩县至栾川段工程可行性研究报告"获河南省工程咨询协会"2011年度河南省优秀工程咨询成果奖"三等奖。

(2)2012年9月19日,由河南省交通规划勘察设计院有限责任公司完成的"嵩县至栾川高速公路机载三维激光雷达扫描测量"获河南省测绘局"2012年度河南省优质测绘工程(成果)"一等奖。

(3)2013年6月,由河南省交通规划勘察设计院有限责任公司完成的"嵩县至栾川高速公路施工图设计(隧道群设计)"获河南省勘察设计协会"2013年度河南省勘察设计行业创新奖"一等奖。

(4)2015年4月,由河南省交通规划勘察设计院有限责任公司完成的"洛阳至栾川高速公路嵩县至栾川段"获中国公路勘察设计协会"2014年度交通优秀设计奖"三等奖。

(5)2016年6月,由河南省交通规划勘察设计院有限责任公司完成"嵩县至栾川高速公路工程地质勘察"获河南省勘察设计协会"2016年度河南省勘察设计行业创新奖"一等奖。

(三)科技创新

1. 洛栾高速公路隧道群修建关键技术研究

针对复杂山岭地区隧道设计、施工、运营中遇到的洞口软弱围岩、进洞难度大,尤其是在设计阶段围岩级别判断与实际施工阶段情况差异较大、易造成施工浪费或质量缺陷以及在运营过程中耗电大、运营成本高等问题,以洛栾高速公路隧道群建设为依托,进行相关研究及工程实践应用,对提高隧道修建技术、降低工程造价等具有重要的意义。该研究项目获得2013年"河南省交通运输科学技术奖"一等奖。

2. 豫西山区高速公路大纵坡对桥梁结构力学性能的影响及解决方法研究

在山岭区,有些路段地表(或河沟)的自然纵坡比标准规定的最大纵坡都大,若严格执行标准要求,势必会出现很多高填、深挖、长大桥梁及隧道。据统计,洛阳至栾川高速公路有1/3以上的路段存在超过3%的纵坡,而其中不少路段甚至出现超过4%的纵坡。

基于上述背景,研究高速公路大纵坡对装配式T梁、现浇连续箱梁、大跨径连续刚构和现浇变截面连续箱梁桥等力学性能的影响,并结合依托工程进行检验,提出减轻大纵坡对结构受力和敏感构件(如支座、伸缩缝等)不利影响的具体措施和方法,对设计和施工提出针对性的指导意见,对国内外后续项目提供参考依据。该研究项目获得2014年"中国公路学会科学技术奖"三等奖。

(四)运营养护管理

1. 组织架构

该项目运营管理单位为河南省交通运输厅高速公路洛阳管理处,下设办公室、人事科、党委办公室、财务科、征收科、运维中心、养护科、路产科、经营科9个科室。

2. 服务设施

下辖旧县服务区1处,见表8-30-7。

S96洛栾高速公路嵩县至栾川段服务场区一览表　　表8-30-7

高速公路编码	服务区名称	桩号	所在区域	占地面积(m²)	建筑面积(m²)
S96	旧县服务区	K92+087	洛阳嵩县旧县镇	40153.81	5500.00

3. 收费设施

设有旧县、九龙山、重渡沟和栾川4个收费站,见表8-30-8。旧县收费站有2个出口、2个入口,共4条通行车道;九龙山收费站有2个出口、2个入口,共4条通行车道;重渡沟收费站有2个出口、2个入口,共4条通行车道;栾川收费站有5个出口、4个入口,共9条通行车道。

S96洛栾高速公路嵩县至栾川段收费设施一览表　　表8-30-8

收费站名称	桩号	入口车道数		出口车道数	
		总车道	ETC车道	总车道	ETC车道
旧县收费站	K91+693	2	0	2	1
九龙山收费站	K96+681	2	0	2	1
重渡沟收费站	K111+505	2	0	2	1
栾川收费站	K125+547	4	1	5	1

4.监控设施

该项目设置监控中心 1 个,负责洛栾高速公路和洛卢高速公路的运营监管。

5.养护管理

根据 2015 年洛栾高速公路桥梁定期检查情况,2016 年 3~8 月共投入 2210 万元对洛卢高速公路 7 座桥梁、洛栾高速公路 6 座桥梁与 3 座隧道的所有病害进行专项维修处治。

2015 年对洛栾高速公路嵩栾段沿线部分路段交通安全设施进行了提升改造,2016 年对洛栾高速公路嵩栾段的部分机电设施进行了提升改造。

第三十一节　S97 洛阳至卢氏高速公路

(一)项目概况

1.基本情况

1)功能定位

洛卢高速公路起于高新区孙旗屯乡前五龙沟村东九都路和孙辛路交叉处,接九都路,经宜阳、洛宁县,在卢氏县官道口镇南侧到达终点,并与三门峡至淅川高速公路连接,全长 137.186km。建设期分洛阳至洛宁段、洛宁至卢氏段。该项目是河南省 2010 年重点建设项目,是中原城市群西南向辐射通道之一,兼具连霍高速公路南辅道及三淅、二广高速公路联络线功能,对完善豫西高速公路网布局,促进区域经济发展和矿产、旅游资源开发,改善交通投资环境,具有重要意义。

2)技术标准

(1)洛阳至洛宁段

全封闭、全立交、双向四车道;设计行车速度:100km/h;路基宽度:26m;桥梁净宽:2×11.75m;桥涵设计荷载等级:公路—Ⅰ级;路面设计标准轴载:BZZ-100;路面:主线路面结构采用 4cm 细粒式改性沥青混凝土(AC-13C) + 6cm 中粒式沥青混凝土(AC-20C) + 8cm 密级配沥青碎石(ATB-25) + SBS 改性乳化沥青下封层 + 34cm 水泥稳定碎石 + 18cm 水泥稳定砂砾石,路面总厚度 70cm;设计使用年限:路面设计使用年限为 15 年。

(2)洛宁至卢氏段

全封闭、全立交、双向四车道;设计行车速度:前 28.9km 为 100km/h,后 39.6km 为 80km/h;路基宽度:26m;桥梁净宽:前 28.9km 为 2×12.13m,后 39.6km 为 2×12.00m;桥涵设计荷载等级:公路—Ⅰ级;路面设计标准轴载:BZZ-100;路面:4cm 细粒式改性沥青混凝土（AC-13C）+6cm 中粒式沥青混凝土（AC-20C）+8cm 密级配沥青碎石（ATB-25）+SBS 改性乳化沥青下封层+34cm 水泥稳定碎石+18cm 水泥稳定砂砾石，路面总厚度 70cm；设计使用年限：路面设计使用年限为 15 年。

3）建设规模

洛阳至洛宁段主要工程量：路基挖方 1036.385 万 m^3，填方 760.086 万 m^3；路面 1880.066 万 m^2；特大桥 2 座，大桥 28 座，中桥 5 座，见表 8-31-1；分离式立交 6 座，天桥 24 座，通道 94 道，涵洞 52 道；主线收费站 1 处，匝道收费站 3 处，停车区 1 处。

S97 洛卢高速公路洛阳至洛宁段桥梁一览表　　　　　　　表 8-31-1

规模	名　称	桥长（m）	主跨长度（m）	跨越障碍物			桥梁类型
				河流	沟谷	道路、铁路	
特大桥	大柳树特大桥（左幅）	1209.52	50		√		组合梁桥
	大柳树特大桥（右幅）	1259.52	50		√		组合梁桥
	甘棠河特大桥	1059.2	50	√			连续梁桥
大桥	后五龙沟大桥	505	25		√		组合梁桥
	上姚沟大桥	180	25		√		组合梁桥
	K5+790 于家门大桥	368	40		√		连续梁桥
	K6+620 西史家沟大桥	488	40		√		连续梁桥
	K7+580 柳行寨后大桥	328	40		√		连续梁桥
	K8+480 张家门大桥	408	40		√		连续梁桥
	K9+875 昌沟大桥	558.68	50		√		连续梁桥
	何沟大桥	270	30		√		组合梁桥
	三官庙大桥	420	30		√		组合梁桥
	于家沟大桥	187	30		√		组合梁桥
	郭坑大桥	307	30		√		组合梁桥
	楚凹大桥	608.8	50		√		连续梁桥
	上房窑大桥	448	40		√		组合梁桥
	黄庄大桥	368	40		√		组合梁桥
	宋家门 1 号大桥	367	30		√		简支梁桥
	宋家门 2 号大桥	157	30		√		简支梁桥
	坪凹大桥	155	30		√		简支梁桥
	寨沟大桥	217	30		√		简支梁桥
	黑河大桥（左幅）	337	30		√		简支梁桥
	黑河大桥（右幅）	367	30		√		简支梁桥
	赵家凹大桥	105	30		√		简支梁桥
	水兑河大桥	977.4	50		√		简支梁桥
	柳泉河大桥	185	20	√			简支梁桥
	汪河大桥	230	25	√			简支梁桥

续上表

规模	名称	桥长(m)	主跨长度(m)	跨越障碍物 河流	跨越障碍物 沟谷	跨越障碍物 道路、铁路	桥梁类型
大桥	韩城河大桥	667	30	√			简支梁桥
	秦王寨大桥	155	25		√		简支梁桥
	仁厚河大桥	157	30	√			连续梁桥
	上沟大桥	307	30		√		连续梁桥
	桑梓沟大桥	187	30		√		连续梁桥
	连昌河大桥	205	20	√			连续梁桥
	吉家庙分离式立交桥	128	40			√	连续梁桥
	渡洋河大桥	280	20	√			组合梁桥
中桥	分离式立交	79.08	32				连续梁桥
	小凹中桥	45	20		√		简支梁桥
	张沟天桥	77	32				连续梁桥
	鱼泉分离式立体交叉	79.08	32				连续梁桥
	被交道跨主线	95	20				简支梁桥
	仁厚中桥	80	25	√			连续梁桥
	三乡分离式立交桥	65	20			√	连续梁桥

洛宁至卢氏段主要工程量：全线路基挖方843.3万 m^3，填土方738.3万 m^3；服务区、停车区各1处，监控、通信管理所1处。表8-31-2为S97洛卢高速公路洛宁至卢氏段桥梁一览表。表8-31-3为S97洛卢高速公路洛阳至洛宁段隧道一览表。

S97洛卢高速公路洛宁至卢氏段桥梁一览表 表8-31-2

规模	名称	桥长(m)	主跨长度(m)	跨越障碍物 河流	跨越障碍物 沟谷	跨越障碍物 道路、铁路	桥梁类型
特大桥	洛河特大桥	1426.48	40	√			连续梁桥
	小铁钩特大桥	675.48	160		√		连续刚构
	大铁沟特大桥	856.48	160	√	√	√	连续刚构桥
大桥	小元大桥	365	30	√			连续梁桥
	坡头大桥	166	40		√		连续梁桥
	大原大桥	286	40		√		连续梁桥
	陈宋沟大桥	120	30		√		连续梁桥
	东上大桥	150	30		√		预弯钢筋混凝土梁桥
	山河大桥	160	16	√			简支梁桥
	洛宁西互通主线桥	100	30			√	连续梁桥
	沙河大桥(左幅)	484.94	30		√		预弯钢筋混凝土梁桥

续上表

规模	名称	桥长（m）	主跨长度（m）	跨越障碍物			桥梁类型
				河流	沟谷	道路、铁路	
大桥	沙河大桥（右幅）	514.94	30		√		预弯钢筋混凝土梁桥
	庙沟大桥	406.2	40		√		预弯钢筋混凝土梁桥
	礼村大桥	406.2	40		√		预弯钢筋混凝土梁桥
	刘沟大桥	215.12	30		√		预弯钢筋混凝土梁桥
	洛河大桥	926	40	√	√	√	预弯钢筋混凝土梁桥
	上刘坡大桥	120	30		√		预弯钢筋混凝土梁桥
	沪池大桥	330	30	√	√		预弯钢筋混凝土梁桥
	下低洼大桥	480	40		√		预弯钢筋混凝土梁桥
	杨庄大桥	575.98	120		√		
	刘坡大桥	485	30		√		连续梁桥
	上沟大桥	405	40		√		组合梁桥
	树下大桥	755.82	80	√	√	√	连续刚构桥
	西马蹄大桥	406.16	40		√		连续刚梁桥
	张坑大桥	245	30		√		连续刚梁桥
	桑树大桥	416	80	√			连续刚构桥
	柏树咀大桥	286	40	√			连续刚梁桥
	窑头沟大桥	245	30		√		连续刚梁桥
	前坡大桥（左幅）	245	30	√			连续刚梁桥
	前坡大桥（右幅）	305	30	√			连续刚梁桥
	西马蹄天桥	141.16	32			√	连续刚梁桥
	庙坡大桥	485.00	40	√		√	连续梁桥
	桥沟大桥	155.00	30		√		连续梁桥
	下院大桥	125.00	30		√		连续梁桥
	后村大桥	245.00	30		√		连续梁桥
	瓦子坡大桥	295.32	170			√	连续梁桥
	小沟湾1号大桥	366	40		√		连续梁桥
	小沟湾2号大桥	275	30		√		连续梁桥

续上表

规模	名称	桥长（m）	主跨长度（m）	跨越障碍物			桥梁类型
				河流	沟谷	道路、铁路	
大桥	半坡1号大桥	375.48	120		√		连续刚构桥
	半坡2号大桥	286	40		√		连续梁桥
	下枣洼大桥	445.32	80		√		连续刚构桥
	前邢家河大桥	495.48	120		√		连续刚构桥
	K130+636后凹大桥	406	40		√		简支梁桥
	K132+918前麻窝大桥	475	80	√	√	√	连续刚构桥
	K133+617沅子沟大桥	316	40		√	√	连续梁桥
	K134+125郭家垴大桥	355	80	√	√		连续刚构桥
	K134+419郭家垴1号大桥	125	30	√	√		简支梁桥
	桥沟大桥	345.5	40		√		连续梁桥
	东坪大桥	246	40		√		连续梁桥
	西坪大桥	405	40		√		连续梁桥
	跨G209北主线桥	153.5	45		√		连续梁桥
	南主线桥	206	40		√		连续梁桥
	跨G209南主线桥	183.5	45		√		连续梁桥
中桥	陆南中桥	53.08	16		√		简支梁桥
	草庄分离	53.08	16			√	简支梁桥
	中益分离	53.08	16			√	简支梁桥
	小元分离	53.08	16			√	简支梁桥
	方寸分离式立交桥	48	16			√	简支梁桥
	南洞中桥	80	16			√	简支梁桥
	孙洞1号中桥	69.08	16		√		简支梁桥
	孙洞2号中桥	53.08	16		√		简支梁桥
	沙河分离式立交桥	53.08	16		√		简支梁桥

S97洛卢高速公路洛阳至洛宁段隧道一览表　　　　表8-31-3

规模	名称	隧道全长（m）	隧道净宽（m）	隧道分类					洞门形式（进口/出口）
				按地质条件划分		按所在区域划分			
				土质隧道	石质隧道	山岭隧道	水底隧道	城市隧道	
短隧道	西王村隧道	412	8	√		√			端墙式/削竹式
	神树隧道	193	10.25	√		√			端墙式/端墙式

4）主要控制点

洛阳市（宜阳县、洛宁县、卢氏县）。

5）地形地貌

洛阳至洛宁段路线所经区域为黄河流域，项目区主要河流为洛河及其支流水兑河、黑河、韩城河、渡洋河等，主要地貌单元有黄土丘陵区、丘前斜地、洛河一级阶梯。工程地质和水文地质项目区域以老地层为主，岩性为浅黄色、褐红色、黄褐色粉质黏土、黏土，呈硬塑～坚硬状，含大量卵砾石及姜石，局部富集成姜石层，其工程地质性质较好。

洛宁至卢氏段项目所在区域西南以山地地貌为骨架，东北以黄土原地貌为主，形成自西南向东北缓慢下降的自然地势，并以此分布着中山、低山、低山丘陵、河谷和冲积平原等不同类型的特征地貌。

6）投资规模

洛阳至洛宁段概算投资37.21亿元，竣工决算投资41.14亿元，平均每公里造价5969.44万元。

洛宁至卢氏段概算投资48.93亿元，竣工决算投资57.66亿元，平均每公里造价8414.6万元。

7）开工及通车时间

洛阳至洛宁段2010年10月开工建设，2012年12月交工通车。

洛宁至卢氏段2010年12月开工建设，2012年12月交工通车。

2. 参建单位主要情况

（1）建设单位：河南卢阳高速公路有限公司。

（2）设计单位：河南省交通规划设计研究院股份有限公司。

（3）质量监督单位：河南省交通基本建设质量检测监督站。

（4）监理单位：

①洛阳至洛宁段：河南省高等级公路建设监理部有限公司、河南省宏力工程咨询有限公司、郑州中兴工程监理有限公司、陕西公路交通科技开发咨询公司。

②洛宁至卢氏段：河南中宇交通科技发展有限责任公司、河南省高等级公路建设监理部有限公司、河南建基工程管理有限公司、陕西公路交通科技开发咨询公司。

（5）土建施工单位：

①洛阳至洛宁段：中铁航空港集团第一工程有限公司、中铁十五局集团第一工程有限公司、中铁七局集团郑州工程有限公司、中铁四局集团第四工程有限公司、中铁十七局集团第三工程有限公司、中铁十一局集团有限公司、河南中州路桥建设有限公司、河南省大河筑路有限公司。

②洛宁至卢氏段：山东天诚市政公路工程有限公司、驻马店市公路工程开发公司、中铁航空港集团第一工程有限公司、北京市公路桥梁建设集团有限公司、中交一公局第六工程有限公司、中铁十五局集团有限公司、中铁三局集团第五工程有限公司、中铁十五局集

团第七工程有限公司、中国水电建设集团路桥工程有限公司、中国建筑第七工程局有限公司、中国中铁股份有限公司、中铁四局集团有限公司。

（6）路面施工单位：

①洛阳至洛宁段：河南省公路工程局集团有限公司。

②洛宁至卢氏段：河南省公路工程局集团有限公司。

（7）房建施工单位：

①洛阳至洛宁段：河南水利建筑工程有限公司、润华建设有限公司、河南宏盛建筑有限公司、河南省豫兴建筑安装有限公司、河南现代建设集团有限公司、江苏联方钢结构工程有限公司、河南省中亿化工设备安装有限公司、河南省广宇建设集团有限公司。

②洛宁至卢氏段：河南现代建设集团有限公司、河南宏岳建设有限公司、林州市二建集团建设有限公司、江苏鑫鹏钢结构工程有限公司、河南省信阳安装总公司、商丘市金龙水利工程有限公司、河南振兴建设工程集团有限公司。

（8）绿化施工单位：

①洛阳至洛宁段：河南省豫建市政园林工程有限公司、河南花中园林发展有限公司、河南世通建设工程有限公司、河南省碧海园林绿化工程有限公司。

②洛宁至卢氏段：河南翰墨园林工程有限公司、安徽奥申园林有限责任公司、河南三鸣园林绿化工程有限公司、河南绿建园林景观工程有限公司。

（9）交通安全设施施工单位：

①洛阳至洛宁段：吉林省东吉公路建设有限公司、黑龙江省北龙交通工程有限公司、河北龙威交通工程有限公司、科达集团股份有限公司、郑州彩达交通设施工程有限公司、河南省路桥建设集团有限公司、北京路桥方舟交通科技发展有限公司、河南万方交通工程有限公司、河南豫龙交通工程有限公司。

②洛宁至卢氏段：黑龙江省北龙交通工程有限公司、哈尔滨交研交通工程有限责任公司、江西赣东路桥建设集团有限公司、陕西现代公路机械工程有限公司、河南省通汇路桥工程有限公司、龙岩市新鑫公路工程有限公司、盛世国际路桥建设有限公司、河南万里路桥集团有限公司、河南省路桥建设集团有限公司。

（10）交通机电施工单位：

①洛阳至洛宁段：紫光捷通科技股份有限公司、河南新豫飞科技照明工程有限公司、河南国基电力安装有限公司、安阳优创实业有限责任公司。

②洛宁至卢氏段：中铁电气化局集团第三工程有限公司、郑州祥和电力建筑安装工程有限公司、扬州市星慧照明有限公司、洛阳龙羽集团有限公司。

(二)建设情况

1. 项目准备阶段

1）项目审批文件

(1)洛阳至洛宁段:2010 年 7 月 9 日,河南省发展和改革委员会对该项目进行了核准批复,文号为豫发改基础〔2010〕937 号。2010 年 7 月 19 日,河南省环境保护局对该项目环境影响报告书进行了批复,文号为豫环审〔2010〕150 号。2010 年 7 月 21 日,河南省国土资源厅对该项目的压覆矿产资源报告进行了批复,文号为豫国土资函〔2010〕370 号。2010 年 8 月 19 日,河南省文物局对该项目工程选址进行了批复,文号为豫文物基〔2010〕72 号。2010 年 10 月 11 日,河南省发展和改革委员对该项目五龙沟至洛宁步设计进,文号为豫发改设计〔2010〕1519 号。2010 年 11 月 1 日,河南省水利厅对该项目的水土保持方案进行了批复,文号为豫水行许字〔2010〕126 号。2011 年 1 月 30 日,河南省交通运输厅对该项目五龙沟至洛宁段施工图设计行了批复,文号为豫交规划〔2011〕38 号。2011 年 6 月 28 日,河南省发展和改革委员会对该项目洛阳至五龙沟段初步设计行了批复,文号为豫发改设计〔2011〕1017 号。2011 年 12 月 30 日,河南省交通运输厅对该项目洛阳至五龙沟段施工图设计行了批复,文号为豫交规划〔2011〕564 号。

(2)洛宁至卢氏段:2010 年 8 月 21 日,《河南省发展和改革委员会关于郑州至卢氏高速公路洛宁至卢氏段项目核准的批复》,文号为豫发改基础〔2010〕1248 号。2010 年 10 月 9 日,《河南省发展和改革委员会关于郑州至卢氏高速公路洛宁至卢氏段工程初步设计的批复》,文号为豫发改设计〔2010〕1651 号。2011 年 3 月 29 日,《关于郑州至卢氏高速公路洛宁至卢氏段工程施工图设计的批复》,文号为豫交规划〔2011〕126 号。

2）资金筹措

洛阳至洛宁段项目总概算 372109 万元。其中资本金 93027 万元(占总投资的 25%),由河南高速公路发展有限责任公司筹措拨付,国内商业银行贷款 279082 万元(占总投资的 75%)。

洛宁至卢氏段项目总概算为 489237 万元。其中资本金 122309 万元(占总投资的 25%),由河南高速公路发展有限责任公司筹措拨付,国内商业银行贷款 366928 万元(占总投资的 75%)。

3）合同段划分

(1)洛阳至洛宁段

①设计标段划分:土建工程设计标段划分 1 个标段,房建工程设计 1 个标段,绿化工程设计 1 个标段,机电工程设计 1 个标段。

②施工标段划分:土建工程 8 个标段,机电工程 4 个标段,房建工程 10 个标段,绿化

工程 4 个标段,交通安全设施工程 10 个标段。

③施工监理标段划分:设 2 个总监办公室,8 个土建工程驻地监理标段,1 个房建工程监理标段,1 个机电工程监理标段。

(2)洛宁至卢氏段

①设计标段划分:土建工程设计标段划分 1 个标段,房建工程设计 1 个标段,绿化工程设计 1 个标段,机电工程设计 1 个标段。

②施工标段划分:土建工程 12 个标段,机电工程 4 个标段,房建工程 8 个标段,绿化工程 4 个标段,交通安全设施工程 9 个标段。

③施工监理标段划分:设 2 个总监办公室,12 个土建工程驻地监理标段,1 个房建工程监理标段,1 个机电工程监理标段。

4)招投标

(1)洛阳至洛宁段

①2010 年 8 月 17 日,举行了洛阳至洛宁段土建工程施工招标开标会。2010 年 8 月 30 日,确定中铁一局集团第一工程有限公司等 7 家中标单位。

②2010 年 11 月 17 日,举行了洛阳至洛宁段土建三标施工招标开标会。2010 年 11 月 26 日,确定中铁七局集团郑州工程有限公司为中标单位。

③2012 年 5 月 8 日,举行了洛阳至洛宁高速公路洛阳至嵩县段路面工程招标开标会。2012 年 6 月 19 日,确定河南省公路工程局集团有限公司为 BT 中标单位。

④2012 年 6 月 4 日,举行了洛阳至洛宁高速公路绿化工程招标开标会。2012 年 6 月 21 日,确定河南省豫建市政园林工程有限公司等 4 家中标单位。

⑤2012 年 6 月 11 日,举行了洛阳至洛宁高速公路机电工程招标开标会。2012 年 7 月 2 日,确定紫光捷通科技股份有限公司等 4 家中标单位。

⑥2012 年 6 月 25 日,举行了洛阳至洛宁高速公路收费站房建工程招标开标会。2012 年 7 月 11 日,确定河南水利建筑工程有限公司等 8 家中标单位。

⑦2012 年 7 月 13 日,举行了洛阳至洛宁高速公路交通安全设施工程施工招标开标会。2012 年 7 月 27 日,确定吉林省东吉公路建设有限公司等 10 家中标单位。

⑧2012 年 9 月 13 日,举行了洛阳至洛宁高速公路收费站房建工程招标开标会。2012 年 9 月 25 日,确定河南省中亿化工设备安装有限公司为中标单位。

(2)洛宁至卢氏段

①2010 年 11 月 17 日,举行土建工程施工招标开标会。2010 年 11 月 26 日,12 家中标单位。

②2012 年 5 月 8 日,举行了路面工程招标开标会。2012 年 6 月 19 日,确定 1 家 BT 中标单位。

③2012年6月4日,举行了绿化工程招标开标会。2012年6月21日,确定4家中标单位。

④2012年6月25日,收费站房建工程招标开标会。2012年7月11日,确定5家中标单位。2012年9月25日,确定2家中标单位。

⑤2012年7月13日,举行交通安全设施工程施工招标开标会。2012年7月27日,确定10家中标单位。

⑥2012年6月11日,举行机电工程招标开标会。2012年7月2日,确定了中4家中标单位。

5) 征地拆迁情况

洛阳至洛宁段征地6799.8亩,征地拆迁相关费用共计69916万元。

洛宁至卢氏段征地6434.7亩,征地拆迁相关费用共计44797万元。

2. 项目实施阶段

1) 实施过程

(1) 洛卢高速公路洛阳至洛宁段主线土建工程于2010年10月20日开工,2012年12月30日完工;洛卢高速公路洛宁至卢氏段主线土建工程于2010年12月开工,2012年12月30日完工。

(2) 房建工程于2012年9月开工,2012年12月30日完工。

(3) 机电工程于2012年9月开工,2012年12月30日完工。

(4) 交通安全设施工程于2012年9月开工,2012年12月30日完工工。

(5) 绿化工程于2012年9月开工,2012年12月30日完工。

(6) 2012年12月24日交工验收,工程质量评定为合格工程。

2) 重大决策

在项目建设期间和各个阶段,为确保按期完成工期节点目标和年度目标,公司先后在全线组织开展了"大干120天,全面掀起施工高潮暨质量、安全双保100"和"优质工程杯"等多种形式的劳动竞赛活动,如图8-31-1所示。

3) 设计变更

洛宁至卢氏段:

(1) 取消K74+962拱形通道设计变更。K74+962拱形通道(1-2×2.0m)是为保护国防光缆而设计,国防光缆管理单位已与业主达成协议,对光缆进行地埋处理,该通道已经起不到应有作用。

(2) 取消K83+746拱形涵洞(1-2×2m),在K83+725拱形通道内增加盖板水沟。K83+746里程处线路上游冲沟作为K83+820~K84+040段深挖路堑的弃土场,弃土后原地形发生了变化,故取消冲沟内K83+746排水涵洞。

第八章
河南高速公路项目建设信息

图 8-31-1 劳动竞赛

(3) K84+220~K85+280 段洛宁停车区 AB 匝道路基、路面工程。根据河南省收费还贷高速公路管理中心豫高管中心工〔2011〕215 号文件,提出洛宁停车区缓建的要求。

(4) K106+063 小铁沟特大桥主跨连续梁梁段节段减少,节长增加。K110+420 大铁沟特大桥主跨连续梁梁段节段减少,节长增加。大、小铁沟特大桥为三跨预应力混凝土连续刚构桥,施工难度大,经过专家论证后,连续梁段节段减少、节长增加可有效缩短工期。

(三) 复杂技术工程

1. 后五龙沟大桥

后五龙沟大桥为预应力混凝土组合箱梁,且为曲线段,具有工程量大、工期紧张、技术要求高等特点,而且部分承台、立柱、盖梁、现浇梁的结构尺寸较大,混凝土浇筑、养护难度较大。部分墩柱高度超过 20m,高墩柱定型大体积钢模板的安装与拆除、墩身钢筋及混凝土的浇筑又是难点之一。

甘棠河特大桥共设桩基 156 根,最长 64m(12 号墩),最短 25m(0 号台),立柱 28 根,方墩 56 根,空心墩 18 座,平均墩高较大,墩高变化也较大,设计最大墩高 55m(13 号墩),最小墩高 7m(1 号墩),全桥空心墩墩身高于 40m 共 14 座,施工难度较大。

通过监理单位、设计单位和施工单位的联合科技攻关,创新了很多优良高效的施工方法和工艺。

1) 主桥承台施工

主桥承台属于大体积混凝土,需采取相应措施避免裂缝产生。为保证承台钢筋的绑扎质量,在基坑底铺设 10cm 厚 C15 垫层,承台混凝土灌注采用分层连续灌注,一次成型,分层厚度宜为 30cm 左右,分层间隔灌注时间不得超过试验所确定的混凝土初凝时间,以防出现施工冷缝。承台模板采用大块钢模板拼装。混凝土浇筑时在混凝土内部预埋测温仪,进行温度监控。同时在承台内部进行预埋冷却水管,混凝土浇筑完成后,开始通水进行冷却,通水时间为15d。

2)薄壁墩、柱式墩施工

由于墩身较高,采取分节灌注成形的方法进行施工。薄壁空心墩施工采用爬模法施工。施工人员上下采用工业电梯,材料的提升采用塔吊。墩身采用定型钢模,在墩身四周搭设架子,作为墩身的人工脚手架,模板的支撑靠自身支撑,风缆固定。模板固定采取在模板外侧加槽钢背肋,拉力钢筋加固在模板外侧槽钢上。钢筋在墩身上绑扎成形。墩身内共设置5道横隔板,横隔板采用拖后施工法,在墩身施工到横隔板的位置时,设置横隔板预留钢筋,待墩身施工超过横隔板的位置后,再进行横隔板的浇筑。横隔板的支架采用墩身预埋钢板搭设牛腿法施工。墩身模板的高度为4.5m,共需周转27个循环。为确保墩身节段施工时节段刚度能平稳过渡,施工缝严格禁止设置在横隔板交界面的顶端,按照要求,设在交界面上不小于3m的位置处,模板支立时,严格按照要求设置。混凝土在拌和站集中拌和,输送车运送,高压地泵泵送至墩顶,插入式振捣棒捣固,塑料薄膜覆盖养护。

3)张家门大桥下穿高压线架梁

K8+480张家门大桥位于洛阳高新区辛店镇北侧约300m跨越一羽毛形冲沟,在该桥5号墩上部K8+485处有一条高压线,此高压线为华中电网牡嘉Ⅱ回路500kV高压线,距离桥面最小距离为14.89m。根据《电力安全工作规程》,从中查出线下关于设备不停电时的安全空间距离,即任何物体与相应电压等级带电体之间必须要保证的空间安全距离,500kV要求大于8.5m;220kV高压线要求大于4.5m。

现场架梁使用的架桥机为TG260/40m型双导梁架桥机,从张家门大桥由大里程向小里程方向架设,架桥机架梁作业时的轮廓高度为9m,所测出500kV高压线距梁顶的最小距离为6m,不能满足高压线的最小安全距离,如果不采取措施,架设梁体时,线下不符合安全距离,这是不允许的。从架梁的情况来看,550kV高压线影响第4、5、6跨箱梁的安装,220kV高压线影响该桥第1、2、3跨箱梁的安装,即该桥1~6跨箱梁的安装均为线下施工,需要采取安全措施才能保证架梁的施工安全。经与设计院、华中电网洛阳分公司的专家及技术人员积极沟通,采取对架桥机进行改装处理的措施,由原来的9m高降为5.874m,加大架梁施工人员的投入,以满足与超高压线之间的安全距离。改造后的架桥机作业动力有电控系统和液压系统。液压系统主要用于支腿轮转换和架桥机纵移、横移后退。电控系统主要用于行车、起吊、限位和报警,其具有运、装、拆方便、机动、快速、安全的特性,可使中梁或边梁纵横移动、安装、就位,安全性能高。为保证边梁一次到位,前支横移梁与中托横移梁两端为加强悬臂,悬臂两端及小车横移均设有限位开关。前后支腿处采用可以拆装的活动标准节,以此调整纵坡的高低,保证架桥机的整体平行。

2. 西王村隧道双侧壁开挖

西王村隧道在施工期间,隧道穿越仰韶文化遗址,属于黄土浅埋隧道,隧道围岩稳定性差,施工工艺较为复杂。通过科研、设计和施工单位联合科技攻关,采用双侧壁开挖方面取得创新性成果,确保隧道施工安全。至 2012 年 8 月 20 日,长达 412m(单洞总长)的洞身得以全部掘进贯通,单洞平均月进尺达 27.5m。

3. 洛河大桥 50m 薄壁空心墩液压爬模快速施工

该桥共有承台 48 个,墩柱 77 个,盖梁 48 个,40m 预制箱梁 133 片;桥台、柱式墩及桥面防撞护栏采用 C30 钢筋混凝土,主墩、空心墩、双柱薄壁空心墩及其盖梁采用 C40 钢筋混凝土,预制预应力箱梁采用 C50 混凝土,现浇箱梁采用 C55 混凝土。通过对 50m 薄壁空心墩液压爬模快速施工的深入研究,以大铁沟特大桥主桥墩身施工为实践,获得了施工中的第一手资料,初步摸索出了高墩液压爬模快速施工中的方法及控制要点,通过方案比选,将传统节高 4.5m 的模板优化为节高 6m 的模板,减少了模板爬升次数和板间施工缝隙,纠偏容易,施工误差可逐层消除,缩短工期并增强了混凝土实体的观瞻性,施工效率高,线形控制得到保障;高墩模板采用 VSIA 板,比普通钢模板施工转运周期减少 1 周,大大提高了施工效率及工期。

4. 大铁沟特大桥

(1)百米薄壁空心墩液压爬模快速施工技术,如图 8-31-2 所示。

图 8-31-2　6m 长阶段模板

(2)双线大跨百米以上高墩连续刚构桥墩梁固结 0 号块施工技术,如图 8-31-3 所示。

(3)跨深谷高墩大跨连续刚构桥悬臂浇筑及同步施工技术,如图 8-31-4 所示。

(4)大铁沟特大桥主墩间横隔板搭设临时平台法施工技术,如图 8-31-5 所示。

(5)大铁沟特大桥高墩桥梁大吨位挂篮制造、安装及应用施工技术:为了使挂篮在施

图 8-31-3　顺桥向托架提前安装

图 8-31-4　现浇段与引桥架设同步施工

图 8-31-5　墩间横隔板平台安装

工过程中移动方便、安全可靠,在挂篮加工制作的方案上进行了优化和比选,将挂篮所有吊点及大多数锚点采用钢板吊带承重,取代以前的精轧螺纹钢承重,从而增大了安全系数,保证挂篮在高峰深谷、有强风的条件下安全使用。其次,优化了挂篮的整体结构,杆件之间由螺栓连接变为销轴铰接(图8-31-6),简化了拼装过程,提高了挂篮拼装速度。挂篮走行部分由滑板变为滚轮(图8-31-7),走行时减小了摩擦阻力,加快了挂篮整体走行速度,节约了工期。将内模变为可调式支撑模架,使内模调整、支撑简单快速,改善了箱梁内施工条件。外模刚度大,便于控制位置,保证了箱梁内施工条件。

图8-31-6 杆件之间变为销轴铰接

图8-31-7 挂篮走行部分由滑板变为滚轮

(6)大铁沟特大桥一次性浇筑大体积混凝土承台温度裂缝控制技术:利用FEA软件模拟承台混凝土浇筑水化反应生热的过程,研究出通过优化配合比和有效使用冷却管降温系统的方法降低了一次性浇筑大体积承台混凝土的水化热,采取严格的温度监控措施、施工过程控制方法和周密的养护措施,有效地保证了工程实体的质量,如图8-31-8所示。

图 8-31-8　大体积混凝土一次性浇筑

(四)科技创新

1. 山区高速公路长陡下坡路段交通安全体系设置与应用研究

洛卢高速公路洛阳至洛宁段路线全长 69.001km。其中 K102+050~K108+330 路段坡长 6273m,高差 178.1m,平均纵坡 2.84%;此路段纵坡较大,坡长较长,K102+050~K108+330 路段的行车安全问题可能影响到其路网功能的充分发挥,此项目主要针对该长陡下坡路段的行车安全问题开展安全体系设置与应用研究。通过分析道路、环境、车辆对驾驶员的直接信息刺激、间接信息反馈作用及其影响因素,提出了在信息传输的不同阶段借助安保工程措施强化对驾驶员视觉、触觉器官刺激作用进而纠正其驾驶行为的解决方案。通过对信息传输过程各个阶段特点的分析,结合常用的安全保障设施,提出了"视线诱导""视觉警示""触觉强制减速"和"紧急救援"四层次交通安全保障工程设计思想,并详细论述了四层次交通安全保障设施的设计原则、设计方法和设计要点。

项目获得 2014 年"河南省交通运输科技进步奖"二等奖和 2014 年度"中国公路学会科学技术奖"。

2. 低碳智能型多功能改性沥青开发及应用研究

为改善沥青的低碳环保功能,选择压、热电材料电气石对沥青改性,制备电气石改性沥青,并采用电性能试验研究电气石改性沥青的压、热电性能,借助傅立叶变换红外光谱(FTIR)试验分析其作用机理,采用动态剪切流变试验(DSR)、弯曲梁流变试验(BBR)和 Brookfield 旋转黏度试验,系统分析电气石掺量及类型对电气石改性沥青高温性能、低温性能和黏温特性的影响规律;在此基础上,对电气石改性沥青的低碳功能进行全面研究。研究结果表明:电气石添加到沥青后,其压、热电性能的发挥不受影响;电气石能明显改善沥青的高温流变性能,随掺量增加,电气石改性沥青的动态剪切流变性能逐渐升高,电气石负离子粉改性沥青的高温性能最佳;电气石改性沥青低温性能良好,其黏度随电气石掺量的增加而增大,随负离子释放量的增大而降低;电气石改性沥青具有热拌减排、阻燃抑烟及净化空气等功能。

（五）运营养护管理

1. 组织架构

该项目运营管理单位为河南卢阳高速公路有限公司,公司设有办公室、人事科、党委办公室、财务科、征收科、运维中心、养护科、路产科、经营科等9个科室。

2. 服务设施

下设韩城服务区和故县服务区,见表8-31-4。

S97洛卢高速公路服务场区一览表　　　　表8-31-4

高速公路编码	服务区名称	桩　号	所在区域	占地面积(m²)	建筑面积(m²)
S97	韩城服务区	K183+500	宜阳县韩城镇福昌村	40000.02	5641.2
	故县服务区	K256+000	洛宁县故县镇梨树坡村	46341	5351

韩城服务区占地面积约60余亩,于2014年1月投入使用,具有餐饮、住宿、购物、加油、汽车维修、停车休息等多种服务,南、北区广场设有免费停车位107个,实行大型、小型分区停放管理。2015年,在全国高速公路服务区服务质量等级评定中,韩城服务区被评为"达标服务区"。

故县服务区占地面积约69余亩,于2014年2月投入使用,具有为驾乘人员提供餐饮、住宿、购物、加油、汽车维修、停车休息等功能,餐厅可容纳100余人就餐,南、北区广场设有免费停车位,实行大型、小型分区停放管理。

3. 收费设施

洛卢高速公路共设周山、宜阳西、韩城、洛宁、洛宁西、长水、上戈7个收费站,见表8-31-5。

洛卢高速公路收费设施一览表　　　　表8-31-5

收费站名称	桩　号	入口车道数		出口车道数	
		总车道	ETC车道	总车道	ETC车道
周山收费站	K134+459	4	2	7	2
宜阳西收费站	K149+181	3	1	5	1
韩城收费站	K175+778	2	0	3	1
洛宁收费站	K201+331	3	1	5	1
洛宁西收费站	K219+246	2	0	3	1
长水收费站	K229+365	2	0	2	1
上戈收费站	K247+214	2	0	2	0

洛阳至洛宁段设周山、宜阳西、韩城和洛宁4个收费站。周山收费站有7个出口、4个入口,共11条通行车道;宜阳西收费站有5个出口、3个入口,共8条通行车道;韩城收费站有3个出口、2个入口,共5条通行车道;洛宁收费站有5个出口、3个入口,共8条通行车道。

洛宁至卢氏段设洛宁西、长水、上戈3个收费站。洛宁西收费站有3个出口、2个入口,共5条通行车道;长水收费站有2个出口、2个入口,共4条通行车道;上戈收费站有2个出口、2个入口,共4条通行车道。

4. 监控设施

项目设置洛龙监控中心1个,负责洛栾高速公路和洛卢高速公路洛阳段的运营监管。

5. 养护管理

(1) 桥梁检测、维修加固

2016年3~8月对洛卢高速公路6座桥梁与3座隧道的所有病害进行专项维修处治。

(2) 沿线设施的提升、改造

2015年对洛卢高速公路洛阳至洛宁段团雾多发路段进行治理,加装了标志标牌、太阳能爆闪灯、能见度检测仪、语音喇叭、雷达测速提示屏等安全设施。

2015年对洛卢高速公路沿线部分路段交安设施进行了提升改造。

为提升洛卢高速公路洛阳至洛宁段的行车安全性,消除安全隐患,卢阳公司在2016年对洛卢高速公路洛阳至洛宁段的部分机电设施进行提升改造。新增韩城服务区安防监控新增45路摄像机及配套设施;收费站安防设施周山站地下通道增加2路摄像机;宜阳站地下通道增加2路摄像机,办公区4路监控摄像机;韩城站办公区增加4路监控摄像机;桥梁、隧道、易滑坡等安全隐患路段新增加监控摄像机增加12处;36芯收费、24芯外场光缆损耗超标地段进行更换。

第三十二节 S98内乡至邓州高速公路

(一) 项目概况

1. 基本情况

1) 功能定位

内邓高速公路起点在内乡县赵店乡莲花村与沪陕高速公路相接,设莲花枢纽互通,向南穿越中条山后,到达南水北调中线渠首九重镇,再向东南与二广高速公路在邓州市桑庄镇相接,设桑庄枢纽互通,是南水北调渠首工程的配套工程,也是二广高速公路和沪陕高速公路的重要区域联络线,全长89.107km。该项目对完善河南省高速公路网布局,促进豫西南旅游、矿产资源开发具有重要意义,是一条展示南阳形象的开放路、促进区域经济发展的致富路。

2)技术标准

全封闭、全立交、双向四车道;设计行车速度:120km/h;路基宽度:28m;桥梁净宽:2×12.500m;桥涵设计汽车荷载等级:公路—Ⅰ级;路面设计标准轴载:BZZ-100;路面:主线采用沥青路面结构,收费广场和服务区广场采用水泥混凝土路面;路面结构:4cm细粒式改性沥青混凝土(AC-13C)+6cm中粒式改性沥青混凝土(AC-20C)+10cm密级配沥青稳定碎石(ATB-25)+透层及改性乳化沥青下封层、水泥稳定碎石;沥青面层间设置黏层。

3)建设规模

主要工程量:填土方837.126万m^3,填石方425.457万m^3,挖土方165.452万m^3,挖石方167.407万m^3;路面2305338m^2,隧道路面32173m^2;全线设置互通式立交7处,服务区2处;表8-32-1为S98内邓高速公路桥梁一览表;表8-32-2为S98内邓高速公路隧道一览表。

S98内邓高速公路桥梁一览表 表8-32-1

规模	名称	桥长(m)	主跨长度(m)	跨越障碍物			桥梁类型
				河流	沟谷	道路、铁路	
大桥	黄水河大桥	181.4	25	√			连续梁桥
	闫河大桥	206.4	25	√			连续梁桥
	后洼大桥	156.4	25		√		连续梁桥
	清凉庙大桥	247.2	30			√	连续梁桥
	王疙瘩排沟大桥	187.538	30	√			连续梁桥
	王疙瘩排沟大桥	247.2	30		√		连续梁桥
	南岗头大桥	277.2	30		√		连续梁桥
	刁河大桥	131.4	25	√			连续梁桥
	李河大桥	106.4	25	√			连续梁桥
	南水北调大桥	426.56	120	√			连续梁桥
	刁南干渠大桥	208.8	40	√			连续梁桥
	跨焦柳铁路大桥	253	35			√	连续梁桥
	刁河大桥	547.2	30	√			连续梁桥
	师岗分离式立交	106.4	25			√	连续梁桥
	小薛岗分离式立交	106.4	25			√	连续梁桥
中桥	郑家排沟中桥	86.04	20	√			简支梁桥
	太山庙主干渠中桥	81.4	25	√			连续梁桥
	太山庙主干渠中桥	81.4	25	√			连续梁桥
	唐家湾排沟中桥	54.04	16	√			简支梁桥
	吕楼排沟中桥	54.04	16		√		简支梁桥
	谢家排沟中桥	86.04	20	√			简支梁桥
	孙寨排沟中桥	86.04	20	√			简支梁桥
	厚寨灌渠中桥	45.04	13	√			简支梁桥

续上表

规模	名　称	桥长（m）	主跨长度（m）	跨越障碍物			桥梁类型
				河流	沟谷	道路、铁路	
中桥	杨岗排沟中桥	45.04	13	√			简支梁桥
	皂角树灌渠中桥	66.04	20	√			简支梁桥
	唐偃河中桥	54.04	16	√			简支梁桥
	唐庄1号排沟中桥	54.04	16		√		简支梁桥
	唐庄2号排沟中桥	66.04	20		√		简支梁桥
	前邓湾灌渠中桥	54	16	√			简支梁桥
	新增电灌渠中桥	45.04	13	√			简支梁桥
	彭桥排沟中桥	66.04	20	√			简支梁桥
	刁南总干渠中桥	81.4	25	√			连续梁桥
	贺营排沟中桥	66.04	20	√			简支梁桥
	傅庄中桥	54.04	16		√		简支梁桥
	张庄排沟中桥	54.04	16	√			简支梁桥
	穆庄排沟中桥	45.04	13	√			简支梁桥
	王义庄排沟中桥	66.04	20	√			简支梁桥
	龙堰排沟中桥	45.04	13	√			简支梁桥
	小河中桥	86.04	20	√			简支梁桥
	刁北干渠中桥	54.04	16	√			简支梁桥
	孙寨分离式立交	54.04	16			√	简支梁桥
	蒋营分离式立交	54.04	16			√	简支梁桥
	河头分离式立交	54.04	16			√	简支梁桥
	任岗分离式立交	66.04	20			√	简支梁桥
	大王营分离式立交	54.04	16			√	简支梁桥
	孔庄分离式立交	45.04	13			√	简支梁桥
	新村分离式立交	54.04	16			√	简支梁桥

S98 内邓高速公路隧道一览表　　表 8-32-2

规模	名　称	隧道全长（m）	隧道净宽（m）	隧道分类					洞门形式（进口/出口）
				按地质条件划分		按所在区域划分			
				土质隧道	石质隧道	山岭隧道	水底隧道	城市隧道	
长隧道	中条山隧道（左线）	1871	11.5		√	√			端墙式
	中条山隧道（右线）	1914	11.5		√	√			端墙式

4）主要控制点

内乡县、淅川县、邓州市。

5）地形地貌

路线所经地区地势呈阶梯状,由西北向东南倾斜,地面高程在 494.2~94.28m 之间,最高海拔高度 512m 左右。根据地貌形态特征和成因类型,将公路走廊带范围内划分低山丘陵区、山麓堆积区、剥蚀垄岗区、冲洪积平原区 4 个地貌单元。项目区范围村庄密布,路网发达,为主要的农作物生产区和城镇地区。

6）投资规模

概算投资 39.24 亿元,竣工决算尚未开始。

7）开工及通车时间

2010 年 6 月开工建设,2016 年 1 月建成通车。

2. 参建单位主要情况

(1)建设单位:南阳宛达昕高速公路建设有限公司。

(2)设计单位:河南省交通规划勘察设计院有限责任公司、南阳通途公路勘察设计有限公司。

(3)质量监督单位:河南省交通基本建设质量检测监督站。

(4)监理单位:河北华达公路工程咨询监理有限公司、河南三元工程监理咨询有限公司。

(5)土建施工单位:中铁二十局集团有限公司工程部、广东水电二局股份有限公司、河南省大河筑路有限公司工程部、郑州铁路局(工程管理所)、河南省中原路桥建设(集团)有限公司。

(6)房建施工单位:郑州市正岩建设有限公司、重庆远海建工(集团)有限公司、大连博源建设集团有限公司、河南七建工程有限公司、黑龙江省建工集团有限责任公司、河南润安建设集团有限公司、河南省大成建设工程有限公司。

(7)绿化施工单位:河南佳卉园林景观工程有限公司、郑州绿苑园林绿化工程有限公司、鄢陵县昊天园林绿化工程有限公司、鄢陵县建设园林绿化工程有限公司、驻马店支点园林绿化工程有限公司、河南德信园林建设工程有限公司、河南省绿洲园林有限公司、潢川县佳美园林工程有限责任公司。

(8)交通安全设施施工单位:河南豫龙交通工程有限公司、周口市公路交通设施有限公司、江苏长城交通设施设备有限公司。

(9)交通机电施工单位:四川高路交通信息工程有限公司、驻马店市华宇电力实业有限公司。

(二)建设情况

1. 项目准备阶段

1)项目审批文件

2009年7月20日,内乡至邓州高速公路工程可行性研究报告审查意见的函得到批复,文号为豫交计〔2009〕172号。2009年8月3日,河南省水利厅对项目水土保持方案进行批复,文号为豫水行许字〔2009〕144号。2009年10月7日,南阳市环境保护局对项目环境影响报告书进行了批复,文号为宛环审〔2009〕253号。2009年11月2日,《关于内乡至邓州高速公路核准的批复》,文号为豫发改交通〔2009〕1819号。2009年12月31日,《关于内乡至邓州高速公路工程初步设计的批复》,文号为豫发改设计〔2009〕2171号。2010年2月4日,河南省国土资源厅对项目压覆矿产资源报告评估进行了批复,文号为豫国土资函〔2010〕51号。2010年9月2日,《关于内乡至邓州高速公路施工图设计的批复》,文号为豫交规划〔2010〕299号。2011年6月1日,国土资源部批准了项目建设用地,文号为国土资函〔2011〕310号。2011年12月21日,河南省文物局对项目文物保护工作的函进行批复,文号为豫文物函〔2011〕77号。

2)资金筹措

概算总投资为39.24亿元,资金来源为建设单位自有资金及银行贷款。

3)合同段划分

(1)设计标段划分:土建工程设计标段划分1个标段,房建工程设计2个标段,绿化工程设计1个标段,机电工程设计1个标段。

(2)施工标段划分:土建工程5个标段,机电工程2个标段,房建工程7个标段,绿化工程9个标段,交通安全设施3个标段。

(3)施工监理标段划分:设2个总监办公室,4个土建工程驻地监理标段,2个房建工程监理标段,1个机电工程监理标段。

4)招投标

(1)2009年12月14日,确定5家单位分别中标承建土建工程No.1~No.5合同段。

(2)2011年12月23日,确定21家单位分别中标承建内邓高速公路项目二期工程。

5)征地拆迁情况

征地面积为565.0861hm^2。其中农村集体农用地539.6474hm^2(其中耕地483.9637hm^2),农村集体建设用地8.3785hm^2,未利用地7.7721hm^2;国有农用地0.2410hm^2,国有建设用地5.4492hm^2、未利用地3.5979hm^2。

2. 项目实施阶段

1)实施过程

(1)主线土建工程于2010年6月9日开工,2016年1月26日完工。

(2)房建工程于2012年2月开工,2016年1月26日完工。

(3)机电工程于2012年4月开工,2016年1月26日完工。

(4)交通安全设施工程于2012年9月开工,2016年1月26日完工。

（5）绿化工程于2017年5月1日开工，2017年6月30日完工。

2）重大决策

为了确保完成工程建设计划目标，项目公司在2010年和2011年组织了"大干百天"两次劳动竞赛，如图8-32-1所示。

图8-32-1 "大干百天"劳动竞赛动员大会

3）设计变更

四车道改六车道。根据河南省政府和省交通厅有关文件的要求，在路基宽度为28m的情况下，通过变更中央分隔带的宽度，设置为六车道。

（三）运营养护管理

1. 组织架构

该项目运营管理单位为南阳内邓高速公路有限公司。

2. 服务设施

所辖路段设有厚坡服务区和邓州服务区，厚坡服务区已开通运营，邓州服务区暂未开通运营，见表8-32-3。

S98 内邓高速公路服务场区一览表　　表8-32-3

高速公路编码	服务区名称	桩　　号	所在区域	占地面积(m²)	建筑面积(m²)
S98	厚坡服务区	K32+000	淅川县厚坡镇	66000	8778
	邓州服务区	K70+100	邓州市陶营乡	64267	6168

3. 收费设施

下设内乡西、师岗、渠首、陶营、龙堰5个收费站，见表8-32-4。内乡西收费站有4个出口、3个入口，共7条通行车道；师岗收费站有2个出口、2个入口，共4条通行车道；渠首收费站有5个出口、3个入口，共8条通行车道；陶营收费站有4个出口、2个入口，共6

条通行车道;龙堰收费站有 3 个出口、2 个入口,共 5 条通行车道。

S98 内邓高速公路收费设施一览表 表 8-32-4

收费站名称	桩 号	入口车道数		出口车道数	
		总车道	ETC 车道	总车道	ETC 车道
内乡西收费站	K3+500	3	1	4	1
师岗收费站	K22+084	2	0	2	0
渠首收费站	K46+504	3	1	5	1
陶营收费站	K64+640	2	1	4	0
龙堰收费站	K76+881	2	0	3	1

4. 监控设施

设置监控中心 1 个,负责主线、收费站及服务区的运营监管。

附 录
河南高速公路大事记

1991—2000 年

1991年4月,连霍高速公路开封至洛阳段开工建设,项目全长201.4km,批复概算投资21.1亿元,建设工期3年。

1993年4月1日,郑州至漯河高速公路开工建设,项目全长141.9km,批复概算投资24.3亿元,建设工期5年。

1994年9月,安阳至新乡高速公路开工建设,项目全长121.7km,批复概算投资20.4亿元,建设工期3年。

1994年12月,连霍高速公路开封至洛阳段通车,实际完成投资33.7亿元。

1997年11月,安阳至新乡高速公路通车,实际完成投资21.7亿元。

1998年1月,洛阳至三门峡高速公路开工建设,项目全长135.5km,批复概算投资43.6亿元,建设工期3年。

1998年8月,郑焦晋高速公路开工建设,项目全长72.96km,批复概算投资43.62118亿元,建设工期3年。

1998年12月,三门峡至灵宝(豫陕省界)高速公路开工建设,项目全长70.26km,批复概算投资20.56亿元,建设工期3年。

1998年12月1日,郑州至漯河高速公路建成通车。

1999年1月,漯河至周口(豫皖界)高速公路开工建设,项目全长126.13km,批复概算投资24.84亿元,建设工期3年。

1999年3月,漯河至驻马店高速公路项目开工建设,项目全长67.18km,批复概算投资16.3亿元,建设工期2年。

2000年1月,二广高速公路洛阳段开工建设,项目全长50.19km,批复概算投资12.95亿元,建设工期3年。

2001 年

2001年4月,信阳至九里关高速公路开工建设,项目全长38.25km,批复概算投资13.06亿元,建设工期2年。

2001年9月,驻马店至信阳高速公路开工建设,项目全长95.73km,批复概算投资

21.57 亿元,建设工期 2 年。

2001 年 9 月,郑州至少林寺高速公路开工建设,项目全长 53.67km,批复概算投资 20.03 亿元,建设工期 2 年。

2001 年 9 月,漯河至驻马店高速公路建成通车。

2001 年 12 月 7 日,洛阳至三门峡高速公路建成通车。

2001 年 12 月,商丘至开封高速公路建成通车。

2001 年 12 月 17 日,三门峡至灵宝(豫陕省界)高速公路建成通车。

2001 年 12 月,二广高速公路洛阳段建成通车。

2002 年

2002 年 4 月,京珠国道主干线河南新乡至郑州段高速公路开工建设,项目全长 92.87km,批复概算投资 43.4 亿元,建设工期 3 年。

2002 年 6 月,郑州西南环城高速公路开工建设,项目全长 52.02km,批复概算投资 29.35 亿元,建设工期 3 年。

2002 年 7 月,许昌至平顶山至南阳高速公路开工建设,项目全长 163.25km,批复概算投资 48.78 亿元,建设工期 3 年。

2002 年 10 月,商丘至营廓集(省界)高速公路开工建设,项目全长 45.63km,批复概算投资 12.56 亿元,建设工期 3 年。

2002 年 12 月,济源至洛阳高速公路开工建设,项目全长 46.08km,批复概算投资 32 亿元,建设工期 3 年。

2002 年 12 月,洛阳西南环城高速公路开工建设,项目全长 36.04km,批复概算投资 12.94 亿元,建设工期 3 年。

2002 年 12 月,漯河至周口(豫皖界)高速公路建成通车。

2003 年

2003 年 1 月 22 日,焦(作)温(县)高速公路开工建设,项目全长 30.28km,概算投资 8.54 亿元。

2003 年 2 月 9 日,河南省副省长李新民视察郑州黄河公路特大桥。

2003 年 2 月 18 日,河南省副省长李新民视察郑少高速公路工程全线 10 个标段。

2003 年 3 月 4 日,河南省副省长李新民视察少林寺至洛阳高速公路 1~5 标段。

2003 年 4 月 8 日,河南省副省长李新民视察商亳高速公路。

2003 年 5 月 19 日,河南省副省长李新民视察驻马店至信阳(省界)高速公路。

2003 年 6 月 3 日,河南省省长李成玉在商丘市委书记刘满仓、代市长毛凤兰的陪同下,视察商亳高速公路。

2003年6月9日,济焦新高速公路济源至焦作段开工建设,项目全长54.442km,建设工期为30个月,总投资17.09亿元。

2003年7月3日,河南省省长李成玉视察驻信高速公路。

2003年8月5日,河南省省长李成玉在省计委主任张大卫、省交通厅厅长安惠元的陪同下,视察郑新高速公路郑州黄河二桥建设工地。

2003年8月27日,河南省省长李成玉视察濮鹤高速公路。

2003年9月26日,日照至南阳高速公路兰考至尉氏段、上海至洛阳高速公路漯河至平顶山段开工建设。

2003年10月20日,郑洛高速公路、许漯高速公路、郑州黄河公路大桥养护工程顺利完工。

2003年11月8日,新乡至郑州高速公路黄河特大桥主桥最后一跨钢管拱合龙,标志着黄河特大桥主桥主体工程基本结束,对新乡至郑州高速公路全线贯通具有决定性的重要意义。

2003年11月19日,商丘至周口高速公路商丘段开工建设,项目全长69.32km,总投资19.4亿元,建设工期为36个月。

2003年11月25日,商丘至周口高速公路周口段开工建设,项目全长67.6km,总投资18.5亿元,建设工期为36个月。

2003年11月27日,安阳至林州高速公路开工建设,全长51.989km,总投资14.8亿元,建设工期为36个月。

2003年12月2日,京珠国道主干线驻马店至信阳高速公路建成通车。

2003年12月25日,阿荣旗至深圳国道主干线河南新乡段开工建设。项目全长38.83km,概算总投资11.9亿元。

2003年12月28日,郑州至少林寺高速公路建成通车。

2003年12月29日,阿深高速公路安阳段、河南商丘至山东菏泽高速公路开工建设,项目全长12.033km,概算总投资3.99亿元。

2004年

2004年1月14、15日,洛阳至三门峡、三门峡至灵宝高速公路工程通过竣工验收,综合评定等级均评为优良。

2004年2月23~26日,河南省副省长李新民长视察新郑高速公路全线10个标段、席薛高速公路2个标段,并全程察看了少林寺至洛阳高速公路建设情况。

2004年3月10日,河南省委副书记陈全国视察漯河至平顶山高速公路和常付线(原洛界路)绕城段新建工程。

2004年3月17日，河南省副省长李新民视察G107辅道新建工程。

2004年3月18日，河南省省长李成玉视察京珠国道主干线新乡至郑州高速公路，实地察看了新郑项目刘江互通式立交、黄河公路特大桥主桥施工现场。

2004年3月28日，亚洲占地面积最大的立交桥，连接京珠高速公路、连霍国道主干线的枢纽工程——刘江立交顺利合龙。

2004年4月20~22日，河南省副省长李新民视察济源至洛阳、济源至焦作高速公路及商周、商亳、商菏高速公路施工现场。

2004年4月26日，河南省第一座钢箱梁立交桥——许（昌）平（顶山）南（阳）高速公路孙刘赵互通式立交桥正式合龙。

2004年5月19日，河南省副省长李新民视察京珠国道主干线新（乡）郑（州）和席薛高速公路建设工地。

2004年6月21~23日，河南省副省长李新民视察许平南高速公路平顶山、许昌段项目进展情况。

2004年7月29日，阿深高速公路驻马店段开工建设，项目全长52.1km，概算投资约16亿元。

2004年7月30日，阿深高速公路开封至通许段、黄河大桥段开工建设。

2004年7月31日，郑州市G107辅道新建工程建成通车。

2004年8月20日，京珠国道主干线许昌至漯河段高速公路局部改造工程顺利完工。

2004年9月9日，内蒙古自阿荣旗至广东深圳高速公路河南信阳段开工建设，项目全长133km，概算总投资45.2亿元。

2004年9月14日，河南省副省长李新民视察开封王楼至兰考高速公路。

2004年9月30日，京珠国道主干线新乡至郑州高速公路和郑州席庄至薛店高速公路正式建成通车。

2004年10月16日，新蔡至泌阳高速公路开工建设，项目全长164.1km，概算投资51亿元。

2004年10月18日，济源至东明高速公路焦作至修武段开工奠基，项目全长29.41km，概算投资10.2亿元。

2004年10月25日，济源至东明高速公路获嘉（市界）至新乡段开工建设，项目全长50.37km，概算投资21.4亿元。

2004年11月15日，濮（阳）鹤（壁）高速公路建成通车。

2004年11月15日，太澳高速公路洛阳黄河大桥合龙。

2004年11月30日,许(昌)亳(州)高速公路周口境内扶沟段太康段开工建设,项目全长72km,概算投资22.4亿元。

2004年12月12日,许(昌)平(顶山)南(阳)高速公路建成通车。

2004年12月16日,原(阳)新(庄)高速公路建成通车。

2004年12月29日,济(源)东(明)高速公路新乡长垣段开工建设,项目全长35.45km,概算总投资11.5亿元。

2004年12月30日,太澳高速公路连霍至洛阳段试通车。

2005年

2005年1月6日,河南省副省长李新民视察阿(荣旗)至深(圳)高速公路安阳段和濮阳段。

2005年3月17日,河南省副省长李新民视察日南高速公路王楼至兰考至尉氏段。

2005年3月23日,河南省副省长李新民视察平(顶山)临(汝)高速公路。

2005年3月31日,河南省副省长李新民视察叶(集)信(阳)高速公路、阿(荣旗)深(圳)线信阳段高速公路建设情况。

2005年4月26日,河南省常务副省长王明义视察安(阳)林(州)高速公路。

2005年5月24日,河南省副省长李新民视察济(源)洛(阳)、济(源)焦(作)等四条高速公路。

2005年7月9日,焦(作)温(县)高速公路建成通车。

2005年12月3日,洛阳至南阳高速公路洛阳段开工建设。

2005年12月26日,漯平高速公路和平临高速公路建成通车。

2006年

2006年1月6日,泌(阳)桐(柏)高速公路举行开工奠基仪式,项目全长36.366km,概算投资17.677亿元。

2006年1月8日,京珠高速公路(现更名为京港澳高速公路)沿线京、冀、豫、鄂、湘、粤五省一市的路政、交警等高速公路管理单位,在郑州共同签署了《京珠高速公路安全畅通公约》。

2006年2月17日上午,河南省副省长张大卫视察建设中的郑开城市通道工程。

2006年4月10日,河南省出台《河南省高速公路网规划》,明确全省高速公路网的发展目标和任务。

2006年4月19日,河南省省长李成玉、副省长张大卫视察郑开城市通道工程建设情况。

2006年5月31日,平(顶山)临(汝)高速公路1~3标段建成通车。

2006年6月4日,河南省副省长张大卫副视察郑州至开封快速通道工程建设。

2006年6月21日,河南省人大常委副主任张以祥视察许禹高速公路建设情况。

2006年7月23日,河南省副省长张大卫视察大广高速公路开封至通许段。

2006年9月6日,郑州机场高速公路改造工程顺利完工。

2006年9月28日,济(南)广(州)高速公路商丘至菏泽段建成通车。

2006年10月30日,安阳至林州高速公路建成通车。

2006年11月6日,河南省副省长张大卫视察信阳至南阳高速公路建设情况。

2006年12月1日,德(州)至商(丘)高速公路范县鄄城县黄河公路大桥开工建设。

2006年12月15日,商(丘)周(口)高速公路建成通车。

2006年12月20日,河南省首个高速公路电子收费(ETC)系统正式投入使用。

2006年12月25日,濮(阳)范(县)高速公路开工建设,项目全长56km,总概算投资21.38亿元。

2006年12月26日,沪陕高速公路信阳至南阳段建成通车。

2007 年

2007年1月30日,交通部部长李盛霖在河南省政府副省长张大卫及省交通厅厅长安惠元等领导的陪同下,视察郑州长途汽车客运中心站的春运准备情况。

2007年3月22日,河南省副省长张大卫到郑石高速公路调研建设情况。

2007年5月30日,河南省委书记、省人大常委会主任徐光春在副省长张大卫的陪同下,深入高速公路建设工地,看望慰问奋战在一线的施工人员,调查了解郑石高速公路和鲁山县"村村通"工程建设情况。

2007年6月18日,河南省副省长张大卫视察郑州黄河公铁两用桥工程建设。

2007年9月6日,新乡至焦作高速公路建成通车。

2007年9月6日,二(连浩特)广(州)高速济晋南段建成通车。

2007年9月28日,驻马店至泌阳高速公路建成通车。

2007年10月8日,许昌至扶沟、禹州至登封高速公路建成通车。

2007年10月8日,长济高速公路新乡至长垣段建成通车。

2007年10月10日,大广高速公路平舆至新县段建成通车。

2007年10月12日,宛坪高速公路建成通车,标志着河南省高速公路在全国率先突破4000km大关。

2007年11月19日,河南省副省长张大卫、省长助理何东成到郑州黄河公铁两用桥施工一线视察并慰问。

2007年11月22日,泌(阳)桐(柏)高速公路建成通车。

2007年11月22日,河南省委常委、常务副省长李克到郑石高速公路工程建设一线视察并慰问参建单位和职工。

2007年11月30日,永(城)登(封)高速公路周口段建成通车。

2007年12月8日,永(城)登(封)高速公路许(昌)禹(州)段建成通车。

2007年12月9日,洛(阳)南(阳)高速公路南召至南阳段建成通车。

2007年12月19日,新(蔡)(泌)阳高速公路新蔡至驻马店段建成通车。

2007年12月19日,安(阳)信(阳)快速通道明港至信阳段开工建设。

2007年12月21日,郑(州)石(人山)高速公路建成通车。

2008年

2008年1月20日,河南省副省长张大卫到连霍高速公路洛阳新安段视察高速公路保通情况。

2008年4月16日,焦(作)桐(柏)高速公路泌阳段开工,项目全长44.219km,概算总投资为18.56亿元。

2008年4月23日,沪陕高速公路叶(集)至信(阳)段通过竣工验收并被评为优良工程。

2008年7月18日,河南省交通厅和银联商务(集团)有限公司签署了河南省高速公路银联卡电子支付系统协议书,标志着银联卡电子收费系统在河南省高速公路全面推广。

2008年8月12日,郑(州)少(林寺)高速公路顺利通过竣工验收。

2008年11月28日,由河南高速公路发展有限责任公司投资的湖南岳阳至常德高速公路举行开工典礼仪式。项目全长141km,概算总投资约101亿元。

2008年12月1日,连霍高速公路郑州段改扩建工程建成通车。

2008年12月5日,安阳至南乐高速公路建成通车。

2008年12月21日,国家工程建设质量奖审定委员在北京人民大会堂召开"2008年度国家优质工程颁奖会",河南省通车4年多的濮阳至鹤壁高速公路项目荣获国家优质工程银质奖。

2008年12月26日,大广高速公路省界至南乐段开工建设,项目全长14.15km,概算总投资8.1亿元。

2009年

2009年1月12日,交通运输部副部长冯正霖到京港澳高速公路安新段绿色通道检验办证点视察指导工作。

2009年1月19日,河南省委常委、洛阳市委书记连维良一行到连霍高速公路改建项目工地慰问奋战在施工一线的工程人员。

2009年4月9日,国务院副总理张德江在省委常委、洛阳市委书记连维良、副省长张大卫陪同下,到高发公司汝鑫公司视察工作。

2009年5月6日,河南省委副书记、省长郭庚茂,副省长张大卫视察郑新黄河大桥项目建设情况。

2009年5月10日,河南省副省长张大卫到武西高速公路桃花峪黄河大桥项目拟选桃花峪桥位处进行现场办公。

2009年5月31日,焦作至桐柏高速公路巩义至登封段项目在郑少洛与永登高速公路交汇处举行点式开工仪式。

2009年6月28、29日,郑州市两大跨越式发展交通枢纽重点项目——郑州市花园口互通式立交新建工程和京广铁路客运专线郑州东站新建工程分别举行隆重的启动仪式。河南省委副书记、省长郭庚茂,铁道部副部长卢春房,省委常委、常务副省长李克,省委常委、郑州市委书记王文超,副省长张大卫,省长助理、省政府秘书长安惠元等出席郑州东站新建工程启动仪式。

2009年7月12日,京港澳高速公路许昌北站项目举行开工仪式。

2009年7月15日,林长高速公路(省界)投资协议签署仪式在安阳举行,副省长张大卫等以及项目投资方省投资集团的负责人出席了签署仪式。

2009年9月4~7日,连霍高速公路洛阳至豫陕界改扩建工程可行性研究报告咨询评估会在郑州召开。

2009年11月3日,河南省委常委、省纪委书记叶青纯,省纪检委副书记、省监察厅厅长王流章一行到郑新黄河大桥视察工作。

2009年11月7日,中央纪委副书记、监察部部长马馼在省委常委、省纪委书记叶青纯,省委常委、市委书记王文超陪同下,视察郑州综合交通枢纽配套工程和郑州黄河公铁两用桥项目。

2009年11月30日,河南省高速公路联网监控收费通信服务有限公司在郑东新区省联网中心举行揭牌仪式。

2009年12月26日,内乡至邓州高速公路项目举行开工仪式。

2009年12月26日,河南省委书记卢展工到京港澳高速公路漯河服务区视察工作。

2010年

2010年3月22日,武(陟)西(峡)高速公路桃花峪黄河大桥开工建设。项目总投资39.95亿元,全长28.64km。

2010年4月21日,河南省副省长张大卫到叶舞高速公路工地视察工程建设情况。

2010年6月9日,河南省高速公路联网中心系统项目通过交工验收,标志着河南省高速公路省级路网管理平台初步建成。

2010年6月28、29日,豫东南和西南地区的淮滨至息县、淮滨至固始、三门峡至淅川高速灵卢段、郑州至卢氏高速洛宁段、济宁至祁门5条高速公路开工建设。这5条高速公路总长308km,由河南交通投资集团投资建设,总投资达172亿元。

2010年7月5日,G107线郑州段改建工程下穿京港澳高速公路通行便道投入使用。

2010年8月18日,河南省收费还贷高速公路管理中心在省交通运输厅成立,张大卫副省长出席成立仪式并为中心揭牌。

2010年9月9日,三淅高速公路灵宝至卢氏段项目开工建设。

2010年9月15日,郑少高速公路郑州市区至航海路连接线新建工程开工建设。

2010年9月29日,连霍高速公路商丘至兰考、兰考至刘江段改扩建工程开工建设,项目全长198.597km,总投资约70.4亿元。

2010年10月28日,京港澳高速公路安阳至新乡段改扩建工程建成。

2010年11月1日京港澳高速公路郑州至漯河改扩建工程建成。

2010年12月8日,济源至运城高速公路(济源至闻喜段)全线建成通车,并与大运高速公路对接,标志着河南省又增加一条出省高速通道。

2010年12月26日,焦(作)桐(柏)高速公路叶县至舞钢段、永(城)登(封)高速公路任庄至小新庄段、大(庆)广(州)高速公路冀豫界至南乐段建成通车。

2011年

2011年7月12日,鹤辉高速公路林州段开工建设。项目全长约62.6km,概算总投资38.8亿元。

2011年7月26日,河南省委常委、郑州市委书记连维良一行到郑开大道与京港澳高速公路互通式立交工程现场调研指导工作。

2011年8月3日,河南省委书记卢展工在省委常委、郑州市委书记连维良,副省长张大卫等陪同下,调研考察郑开大道与京港澳高速公路互通式立交项目建设。

2011年12月16日,化庄(省界)至新蔡高速公路建成通车。

2011年12月22日,三门峡至淅川高速公路卢氏至西坪段、西坪至寺湾段和德州至商丘高速公路范县段奠基,3个项目全长141km。

2011年12月26日,河南高速公路网"十一五"期间规划建设的重点项目——商丘至周口高速公路商丘段二期工程建成通车。

2011年12月28日,焦作至桐柏高速公路登封至汝州段开工建设,项目全长55.72km,概算总投资34.83亿元。

2011年12月29日,郑开大道与京港澳高速公路互通式立交建成通车,河南省副省长张大卫出席通车仪式。

2011年12月29日,郑州至民权高速公路一期工程暨飞机跑道建成通车,河南省副省长张大卫出席通车仪式并发布通车令。

2012年

2012年2月20日,交通运输部对京港澳高速公路驻信(豫鄂界)段改扩建工程项目初步设计进行了批复(交路发〔2012〕43号),标志着该项目进入施工图设计阶段,为当年开工奠定了坚实基础。

2012年3月29日,河南省副省长张大卫一行赴晋豫鲁铁路通道跨安林高速公路特大桥施工现场视察指导工作。

2012年6月25日,济祁高速公路永城段(二期工程)项目开工建设。

2012年6月28、29日,先后开工建设南乐至林州高速公路豫鲁省界至南乐段、焦作至桐柏高速公路温县至巩义段、武西高速公路武陟至云台山段、登封至郑州机场至尉氏高速公路等5个高速公路项目,开工建设里程205km,估算总投资154亿元。

2012年8月6日,南阳邓州至淅川渠首、新野县城至二广高速公路两个"10+1"高速公路快速通道项目建成通车。

2012年8月29日,郑州机场至周口西华高速公路开工建设。

2012年10月16日,淮滨至息县、淮滨至固始高速公路建成通车。

2012年10月11日,河南省副省长张大卫出席河南省"10+1"快速通道项目暨滑县至大广高速公路快速通道项目通车仪式并下达通车令。至此,河南省"10+1"快速通道项目全部建成通车。

2012年11月22日,林州至长治(省界)高速公路建成通车,河南省副省长张大卫出席通车仪式并下达通车令。

2012年12月12日,济宁至祁门高速公路永城段(一期工程)建成通车。

2012年12月12日,商丘至登封高速公路(连霍复线)商丘段开工建设。

2012年12月15日,连霍高速公路郑州至洛阳段旧路改造工程完工并通车。该路段由原先的双向四车道扩建为标准的八车道高速公路。

2012年12月18日,焦作至桐柏高速公路巩义至登封段建成通车。

2012年12月21日,京港澳高速公路漯河至驻马店、驻马店至信阳段改扩建工程开工建设。

2012年12月30日,内(乡)邓(州)高速公路建成通车。

2012年12月30日,邓州至豫鄂省界高速公路开工建设。

2012年12月31日,豫西高速公路大通道5个项目(洛栾高速公路洛阳至嵩县段、嵩县至栾川段,郑卢高速公路洛阳至洛宁段、洛宁至卢氏段,三淅高速公路灵宝至卢氏段)348km 路段建成通车。

2013 年

2013 年 1 月 7 日,郑新快速通道与西南绕城高速公路互通式立交开工建设。

2013 年 3 月 19 日,河南省收费还贷高速公路管理中心与开封、许昌、周口三市政府签订了郑州机场至周口西华高速公路建设项目支持协议。

2013 年 3 月 22 日,济源市政府与河南省收费还贷高速公路管理中心正式签订济源至阳城高速公路建设项目支持协议书。

2013 年 4 月 9 日,郑少高速公路郑州市区航海路连接线建成通车。

2013 年 7 月 8 日,郑州至民权高速公路开封至民权段项目投资框架协议正式签署。

2013 年 8 月 16 日,河南省副省长赵建才一行视察桃花峪黄河大桥项目建设,并召开现场会。

2013 年 9 月 27 日,桃花峪黄河大桥建成通车,成为郑州市第四座跨越黄河天堑的公路大桥。

2013 年 12 月 4 日,连霍高速公路兰考至刘江段改扩建工程扩建部分宣布建成通车,原四车道扩建至八车道,通行能力大幅提高。

2014 年

2014 年 3 月 28 日,郑州航空港区高速公路项目开工建设。港区高速公路项目包括商登高速港区郑州段、港区开封段和郑州机场高速改扩建工程 3 个项目,是环绕郑州航空港经济综合实验区的重要高速通道,由河南交通投资集团负责承建。商登高速公路港区段全长 16.972km,其中港区郑州段 8.936km、港区开封段 8.036km。

2014 年 7 月 29、30 日,河南省副省长赵建才一行到连霍高速公路洛阳至三门峡(豫陕界)段改扩建项目、三淅高速公路卢氏至西坪段项目检查指导工作。

2014 年 12 月 17 日,连霍高速公路洛阳至三门峡(豫陕界)段改扩建项目新建路段全部建成通车。

2015 年

2015 年 6 月 10 日,邓州至豫鄂省界高速公路开工建设,项目全长 13.065km,概算总投资 8.35 亿元。

2015 年 6 月 26 日,郑州机场至周口西华高速公路二期工程开工建设,项目全长 45.1km,概算总投资 50.03 亿元。

2015 年 11 月 16 日,(山东)德州至(江西)上饶高速公路范县段和南林高速公路豫鲁省界至南乐段建成通车。

2015年12月18日,台(前)辉(县)高速公路豫鲁省界至范县段工程奠基。项目全长38km,由黄河特大桥及接线组成,其中黄河特大桥长10.25km,投资总额45.2亿元。

2015年12月19日,(山东)德州至(江西)上饶高速公路永城段(二期工程)建成通车。

2015年12月19日,商丘至登封高速公路商丘段、开封段、郑州航空港区段建成通车。

2015年12月23日,由河南省收费还贷高速公路管理中心负责建设的郑州机场至周口西华高速公路(一期工程)建成通车。

2015年12月25日,三门峡至淅川高速公路豫晋省界至灵宝段开工建设。

2016 年

2016年6月27日,郑州机场高速公路改扩建工程项目建成,实现双向八车道通行;同时,迎宾路高架桥也同步开通,下机场高速公路可通过迎宾路高架直达T2航站楼。

2016年8月5日,国内最大复合型前支点牵索超重挂篮在武云高速公路南水北调特大桥成功下放。

2016年8月6日,渑垣高速公路控制性工程——绿地南村黄河大桥开工建设,项目全长约61km,全线设计速度80km,双向四车道,其中河南段长约42km,总投资约50亿元。

2016年9月6日,林州至汝州高速公路登封至汝州段建成通车。

2016年9月26日,济阳高速公路济源段开工建设。

2016年9月27日,河南省郑西高速公路尧山至栾川段、台辉高速公路豫鲁省界至范县段、济源至(山西)阳城高速公路济源段、周口至南阳高速公路、淮滨至信阳高速公路息县至邢集段5个高速公路项目,G107官渡黄河大桥、G234焦作至荥阳黄河大桥项目,共7个重点交通项目集中开工建设。河南省人民政府在栾川县庙子镇鱼庄村(郑西高速公路尧山至栾川段)施工现场举行集中开工动员会,河南省副省长赵建才致辞并宣布项目集中开工建设。

2016年11月26日,济源至洛阳西高速公路项目、三门峡黄河公铁两用桥南引桥及南引线工程、洛栾高速公路、尧栾高速公路、栾双高速公路庙子枢纽互通项目同时开工建设。